EUROPA LEHRMITTEL

EUROPA-FACHBUCHREIHE
für Medien-/Veranstaltungstechnik

# Fachkunde Veranstaltungstechnik

**1. Auflage**

VERLAG EUROPA-LEHRMITTEL · Nourney, Vollmer GmbH & Co. KG
Düsselberger Straße 23 · 42781 Haan-Gruiten

**Europa-Nr.: 60877**

**Autoren:**

Fünders, Jochen – Leck-Klintum

Hille, Roland – Jena

Honisch, Norbert – Köln

Lück, Michael – Oelde

Nies, Andreas – Aachen

Thomczek, Jan – Frankfurt

Zanini, Falco – Köln

**Unterstützung:**

Für die großzügige Hilfe und Unterstützung bei der Erstellung der Kapitel 7 und 11 dieses Buches bedankt sich der Arbeitskreis „Fachkunde Veranstaltungstechnik" besonders bei den Autoren des Arbeitskreises „Fachkunde Elektrotechnik".

**Verlagslektorat:**

Dipl.-Ing. Andreas J. Nies

**Bildbearbeitung:**

Zeichenbüro des Verlages Europa-Lehrmittel, Ostfildern

Grafische Produktionen Neumann, Rimpar

1. Auflage 2024, korrigierter Nachdruck 2026

Druck 5 4

Alle Drucke derselben Auflage sind parallel einsetzbar, da sie bis auf die Korrektur von Druckfehlern identisch sind.

ISBN 978-3-8085-6087-7

Bei Fragen zur Produktsicherheit wenden Sie sich bitte an produktsicherheit@europa-lehrmittel.de.



www.europa-lehrmittel.de

Layout, Satz: Grafische Produktionen Neumann, 97222 Rimpar

Umschlaggestaltung: braunwerbeagentur, 42477 Radevormwald

Umschlagfotos: WOA Festival GmbH, Wacken; © Frédéric Prochasson, © Medienzunft Berlin, @ fefufoto – stock.adobe.com sowie Fotos der Autoren

Druck: mediaprint solutions GmbH, 33100 Paderborn

## Inhalte

„Fachkunde Veranstaltungstechnik“ ist das Standardwerk für den Einstieg in die Branche der Veranstaltungstechnik. In 11 Kapiteln werden die relevanten Gewerke durchleuchtet und die entsprechenden Normen und Vorschriften verständlich aufbereitet.

Zahlreiche farbige Abbildungen wecken das Interesse, erleichtern das Verständnis und beschleunigen den Wissenserwerb. In jedem Kapitel gibt es zahlreiche Wiederholungsfragen mit denen der Lernerfolg sowohl im schulischen Kontext als auch im Selbststudium kontrolliert werden kann. Ein Farbleitsystem erleichtert die Orientierung und das Wieder-Auffinden von bereits gelesenen Inhalten.

## Zielgruppe

Autoren und Verlag empfehlen „Fachkunde Veranstaltungstechnik“ für Auszubildende im Beruf „Fachkraft für Veranstaltungstechnik“. Für Zusatzqualifikationen sowie für Meister und Meisterinnen für Veranstaltungstechnik dient das Werk zum Nachschlagen der Grundkenntnisse und als wertvolle Ergänzung. Beispiele für Zusatzqualifikationen sind: Sachkunde PSA, Pyrotechnik, Sachkunde für Veranstaltungsrigging, Grundlagen Theatertechnik, Sachkunde Traversen, Elektrofachkraft, Lichtdesign, Laserschutzbeauftragte und Grundlagen Medientechnik.

## Die Autoren

Unter den Autoren sind Lehrer, Ingenieure und Unternehmer. Durch ihre jahrelange Erfahrung in der Veranstaltungstechnik und Lehrtätigkeit in wichtigen Fortbildungen der Branche ist ein praxisnahes Buch mit erprobten und relevanten Inhalten entstanden.

## Feedback

Wenn Sie mithelfen möchten, dieses Buch für die kommenden Auflagen zu verbessern, schreiben Sie uns unter lektorat@europa-lehrmittel.de. Wir freuen uns über Ihre Hinweise und Verbesserungsvorschläge.

Sommer 2024

1 Arbeits- und Gesundheitsschutz
2 Versammlungsstätten
3 Mechanik
4 Rigging
5 Bühnenmaschinerie
6 Fliegende Bauten
7 Energieversorgung
8 Beleuchtungstechnik
9 Tontechnik
10 Medientechnik
11 Beruf, Betrieb und Logistik

# Inhaltsverzeichnis

**Hinweis:**

Bis eine gendergerechte Darstellung allgemein eingeführt werden kann, wird in diesem Buch nur ein grammatisches Geschlecht bei Berufs- und Gruppenbezeichnungen eingesetzt. Dieses generische Maskulinum umfasst sprachlich alle Menschen dieser Berufe und Gruppen, unabhängig vom biologischen Geschlecht.

# 1 Arbeitssicherheit und Gesundheitsschutz

# 1 Arbeitssicherheit und Gesundheitsschutz

## 1.1 Rechtsgrundlagen Arbeitssicherheit und Gesundheitsschutz

### 1.1.1 Das duale System im Arbeitsschutz, grundsätzliche Regelungen

***„Sicherheit schaffen ist besser als Vorsicht fordern"***

*Im Sektor der Veranstaltungswirtschaft sorgt die Einhaltung der zahlreichen Vorschriften des Arbeits- und Gesundheitsschutzes zusätzlich für die Sicherheit der Mitwirkenden, Zuschauer und Besucher der Veranstaltungen.*

Mit *Arbeitsschutz* wird die Gesamtheit der Maßnahmen zum Schutz Beschäftigter vor Unfällen und arbeitsbedingten Erkrankungen und zur menschengerechten Gestaltung der Arbeitsplätze bezeichnet. Jeder Arbeitgeber ist verpflichtet, die mit den verschiedenen Tätigkeiten verbundenen, möglichen Gefährdungen zu erfassen, zu bewerten und Schutzmaßnahmen abzuleiten. Die Grundlage hierfür bilden das aus europäischen Richtlinien abgeleitete **Arbeitsschutzgesetz** (ArbSchG), das **Produktsicherheitsgesetz** (ProdSG), die Verordnungen zum ArbSchG, wie z. B. **Betriebssicherheitsverordnung** (BetrSichV), **Arbeitsstättenverordnung** (ArbStättV), **Gefahrstoffverordnung** (GefStoffV) und weitere Regelwerke.

Als deutsche Besonderheit sind die **gesetzlichen Unfallversicherungsträger** (Deutsche Gesetzliche Unfallversicherung – DGUV) über das Sozialgesetzbuch VII (SGB VII) ermächtigt, Prävention vor Arbeitsunfällen und berufsbedingten Erkrankungen zu fördern. Im Schadenfall übernehmen die **Berufsgenossenschaften** (für die Privatwirtschaft) und **Unfallkassen** (für öffentliche Arbeitgeber) die Wiederherstellung und Rehabilitation von Geschädigten. Die Beiträge hierfür werden ausschließlich von den Arbeitgebern/Unternehmern geleistet. Der Bereich Veranstaltungstechnik, bzw. Bühnen und Studios wird in der DGUV durch die Verwaltungsberufsgenossenschaft (VBG) betreut.

Die staatlichen Arbeitsschutzvorschriften benennen den **Arbeitgeber** als Verantwortlichen **für den Arbeitsschutz**, die Unfallverhütungsvorschriften dagegen den **Unternehmer** und das Unternehmen. Beide sind normalerweise deckungsgleich. Bei der Ermittlung von Gefährdungen und der Ableitung von Schutzmaßnahmen sind grundsätzlich alle relevanten Texte zu berücksichtigen.

#### Produktsicherheit

Alle Hersteller, Händler oder Importeure von **Produkten**, also einer Ware, einem Stoff oder eines Gemischs, das durch einen Fertigungsprozess hergestellt worden ist, müssen in der europäischen Union (EU) das **Produktsicherheitsgesetz** (ProdSG) anwenden. Dies gilt auch, wenn ein Produkt für den **Eigengebrauch** hergestellt wird, sobald Produkte im Rahmen einer Geschäftstätigkeit auf dem Markt bereitgestellt, ausgestellt oder erstmals verwendet werden.

Im ProdSG wird unter anderem die Pflicht zur Bereitstellung von Gebrauchs- und Bedienungsanleitungen, Sicherheitshinweisen, Montageanweisungen verlangt. Zusätzlich zum CE-Zeichen kann ein Produkt mit einem GS-Zeichen (Geprüfte Sicherheit) ausgestattet werden. Dieses basiert auf dem ProdSG und teilt dem Verbraucher mit, dass das Produkt bei bestimmungsgemäßer Nutzung sicher und gefahrlos benutzt werden kann. Inverkehrbringer können ihre Produkte bei einer zugelassenen GS-Stelle prüfen lassen.

**Bild 1:** CE-Zeichen und GS-Zeichen

## 1.1.2 Stand der Technik, ISO/EN/DIN

Der Gesetzgeber entscheidet in seinen Regelwerken, welches Sicherheitsniveau gelten soll.

Nach einem Beschluss des Bundesverfassungsgerichts werden drei verschiedene **technische Standards** unterschieden:

- die allgemein anerkannten Regeln der Technik,
- der Stand der (Sicherheits-) Technik,
- der Stand von Wissenschaft und Technik

Für das Bundesverwaltungsgericht (BVerwG) sind **anerkannte Regeln der Technik** Prinzipien und Lösungen, „die in der Praxis erprobt und bewährt sind und sich bei der Mehrheit der Praktiker durchgesetzt haben". In Deutschland zählen hierzu die Normen des DIN, die VDI-Richtlinien, die VDE-Vorschriften und ähnliche technische Regelwerke. Nach einer Entscheidung des Bundesgerichtshofs sind **DIN-Normen** jedoch private technische Regelungen mit Empfehlungscharakter und können deshalb die allgemein anerkannten Regeln der Technik nicht verbindlich bestimmen.

Nach dem ArbSchG sind bei Maßnahmen zum Arbeitsschutz der **Stand von Technik**, Arbeitsmedizin und Hygiene sowie sonstige gesicherte arbeitswissenschaftliche Erkenntnisse zu berücksichtigen. Der Stand der Technik ist z. B. nach der GefStoffV „der **Entwicklungsstand fortschrittlicher Verfahren**, Einrichtungen oder Betriebsweisen, der die **praktische Eignung einer Maßnahme** zum Schutz der Gesundheit und zur Sicherheit der Beschäftigten gesichert erscheinen lässt. Bei der Bestimmung des Standes der Technik sind insbesondere vergleichbare Verfahren, Einrichtungen oder Betriebsweisen heranzuziehen, die mit Erfolg in der Praxis erprobt worden sind".

Hierbei handelt es sich z. B. um Produkte, die dem ProdSG, der BetrSichV und den technischen Regeln zu weiteren Verordnungen zum ArbSchG entsprechen oder entsprechend verwendet werden. Die **Unfallverhütungsvorschriften** der Berufsgenossenschaften dienen ebenfalls als Erkenntnisquelle sowie speziell für die Veranstaltungsbranche die **Standards der Qualität** (SQ) der Interessengemeinschaft der Veranstaltungswirtschaft (IGVW).

Der **Stand der Wissenschaft und Technik** gilt als höchstes Sicherheitsniveau, bei dem der „Grundsatz der bestmöglichen Gefahrenabwehr und Risikovorsorge" eingehalten werden muss. Hierbei reicht es, wenn ein Schadensereignis „praktisch ausgeschlossen erscheint". Dieser Stand wird in der Regel **nur bei der Katastrophenabwehr und dem Schutz der Öffentlichkeit** verwendet.

## 1.1.3 Betriebsmittel/Arbeitsmittel, Betriebssicherheitsverordnung, Prüfungen

Bei der Bereitstellung von Arbeitsmitteln durch das Unternehmen, der Nutzung von Arbeitsmitteln bei der Arbeit und zur Ermittlung von Prüffristen und Prüfpersonen ist die Betriebssicherheitsverordnung (BetrSichV) anzuwenden. Konkretisierungen finden sich in den *Technischen Regeln zur Betriebssicherheit* (TRBS) und manchen DGUV-Informationen, DGUV-Regeln oder DGUV-Grundsätzen.

Alle vom Arbeitgeber zur Verfügung gestellten Arbeitsmittel sind regelmäßig zu prüfen. Dies umfasst z. B. auch Leitern, Hubwagen, Regale oder Traversen. Bewährt haben sich mindestens **jährliche Prüfungen**, die je nach Nutzungsintensität und Umgebungsbedingungen auch in kürzeren Zeitabständen erforderlich sein können. Die Art und der Umfang der Prüfungen sowie die Anforderung an Prüfpersonen wird über eine **Gefährdungsbeurteilung** bestimmt.

Prüfungen müssen durch eine befähigte Person oder bei bestimmten Arbeitsmitteln durch Sachverständige durchgeführt werden. In der BetrSichV sind die Prüfungen von **maschinentechnischen Arbeitsmitteln der Veranstaltungstechnik** verbindlich geregelt. Prüfungen von sicherheitstechnischen und maschinentechnischen Einrichtungen der Veranstaltungstechnik dürfen nur die von der VBG ermächtigten Sachverständigen vornehmen.

### 1.1.4 Arbeitsstätten in Gebäuden und im Freien

Die Arbeitsschutzanforderungen an Arbeitsplätze, die in Arbeitsstätten in Gebäuden und im Freien eingerichtet sind, finden sich in der **Arbeitsstättenverordnung** (ArbStättV). Zusammen mit den Arbeitsstättenrichtlinien (ASR) werden hier **Grundanforderungen** an das Einrichten und Betreiben von Arbeitsräumen, Beleuchtung, Lüftung, Sanitäranlagen oder auch Brandschutzmaßnahmen, Verkehrswege und Fluchtwege festgelegt. In den ASR finden sich die Grundlagen für die Sicherheits- und Gesundheitsschutzkennzeichnung, wie z.B. Notausgangsschilder, Warnzeichen oder Warnungen vor anderen Gefahren (Kapitel 1.1.6).

Der Arbeitgeber, bzw. der Betreiber einer Arbeitsstätte wird durch die ArbStättV verpflichtet, Arbeitsstätten so einzurichten und zu betreiben, dass die Gefährdungen für die Sicherheit und Gesundheit der Beschäftigten möglichst vermieden und die verbleibenden Gefährdungen möglichst gering gehalten werden. Dazu ist eine **Gefährdungsbeurteilung** für jede Arbeitsstätte, jeden Arbeitsraum und jeden Arbeitsplatz durchzuführen. Dies gilt **auch bei temporären Arbeitsstätten**, wie einem Open-Air oder Räumen auf Messen und Special-Events, wie z.B. einem Technikraum auf einem Messestand oder einem Video-Regie-Raum.

Der Betreiber einer Arbeitsstätte muss außerdem mögliche Instandhaltungs- oder Wartungsarbeiten berücksichtigen und auch Technikräume entsprechend planen und betreiben. Die besonderen Bedürfnisse von Menschen mit Behinderungen sind ebenfalls zu beachten und Barrierefreiheit ist sicherzustellen.

Während des Betriebs der Arbeitsstätte, fest oder temporär, hat der Betreiber die Verpflichtung, alle Sicherheitseinrichtungen regelmäßig zu prüfen, instand zu halten und alle Fluchtwege und Notausgänge benutzbar zu halten.

### 1.1.5 Gefahrstoffe, Gesundheitsschutz

Alle Tätigkeiten mit Gefahrstoffen sind durch die Gefahrstoffverordnung (GefStoffV) geregelt. Diese bestimmt umfassend die Schutzmaßnahmen **beim Umgang** mit Stoffen, Gemischen und Erzeugnissen, die bestimmte physikalische oder chemische Eigenschaften besitzen, wie z.B. entzündbar, akut toxisch, ätzend oder krebserzeugend **(Tabelle 1, Seite 13)**. In den *Technischen Regeln für Gefahrstoffe* (TRGS) werden konkrete Anforderungen für einzelne Stoffe oder Stoffgruppen erläutert.

Gesundheitsgefahren können durch das Einatmen, den Hautkontakt oder auch durch Brand und Explosion entstehen. Die entsprechenden Informationen befinden sich in dem zu jedem Produkt gehörenden **Sicherheitsdatenblatt** (SDB). Die Sicherheitsdatenblätter muss der anwendende Betrieb beschaffen, auswerten und vorhalten. Zusätzlich muss der Arbeitgeber ein **Gefahrstoffverzeichnis** erstellen und im Rahmen einer Gefährdungsbeurteilung bestimmen, ob ein weniger gefährlicher Stoff oder ein weniger gefährliches Verfahren gewählt werden kann. Diese **Substitutionsprüfung** muss vor der geplanten Beschaffung erfolgen. Dabei unterstützen der Betriebsarzt und die Fachkraft für Arbeitssicherheit.

Auf jeder Verpackung sind die Gefahren, die von dem Produkt oder Stoff ausgehen können, in sogenannten **H-Sätzen** (H = Hazard, engl. für Gefahr) mit einer Ordnungsnummer und einer Kurzbeschreibung abgedruckt. Die vorgesehenen Schutzmaßnahmen werden in den **P-Sätzen** (P = Prevention, engl. für Prävention) auf der Verpackung ausgedrückt.

Bei der Arbeit und dem Umgang mit Gefahrstoffen müssen die Anwender je nach Stoff **persönliche Schutzausrüstung** verwenden. Dazu zählen beispielsweise spezielle Handschuhe, Augenschutz, Atemschutz oder auch Schutzkleidung. Der Anwender kann sich zusätzlich dadurch schützen, dass er Lebensmittel und Getränke nicht im selben Raum aufbewahrt, in dem die Arbeiten ausgeführt werden und dass nach der Arbeit mit Gefahrstoffen Hände, Unterarme und Gesicht gründlich gewaschen werden.

Je nach Stoffeigenschaften werden erweiterte Anforderungen an die **Lagerung von Gefahrstoffen** gestellt. Grundsätzlich sollen Gefahrstoffe nicht am Arbeitsplatz gelagert werden, da nicht nur Gesundheitsgefahren durch Dämpfe entstehen können, sondern auch Brand- oder Explosionsgefährdungen. Eine Lösung stellt ein spezieller, belüfteter **Gefahrstoffschrank** dar.

**Tabelle 1:** Gefahrenpiktogramme nach GHS-System

| **Brand- und Explosionsgefahren** | | **Gesundheitsgefahren** | |
|---|---|---|---|
|  | GHS01<br>explosive Stoffe, selbstzersetzliche Stoffe |  | GHS05<br>hautätzend, schwere Augenschädigung; korrosiv gegenüber Metallen |
|  | GHS02<br>entzündbare Gase, Flüssigkeiten, Feststoffe, Aerosole |  | GHS06<br>akute Toxizität |
|  | GHS03<br>oxidierende Gase, Feststoffe, Flüssigkeiten (brandfördernd) |  | GHS07<br>akute Toxizität, Reizwirkung, narkotisierend, Atemwegsreizung; die Ozonschicht schädigend |
| | |  | GHS08<br>keimzellschädigend, krebserregend, Schädigung der Fortpflanzungsfähigkeit |
| **Physikalisch-chemische und Umweltgefahren** | | | |
|  | GHS04<br>Gase unter Druck |  | GHS09<br>akut/langfristig gewässergefährdend |

## Wiederholungsfragen

1. Welche Person ist im Betrieb verantwortlich für den Arbeitsschutz?
2. Welche Besonderheit gibt es im Arbeitsschutzsystem in Deutschland?
3. Was sagt die CE-Kennzeichnung aus?
4. Wie unterscheiden sich „Stand der Technik“ und „anerkannte Regeln der Technik“ und in welchen Regelwerken finden sich diese wieder?
5. Für welche Tätigkeiten werden „befähigte Personen“ benötigt?
6. Wie stellen Sie fest, welche Prüfungen an Arbeitsmitteln durchzuführen sind und in welchen Zeitabständen diese zu erfolgen haben?
7. Wie stellen Sie fest, welche möglichen Gesundheitsgefahren von z. B. Lacken oder Reinigungsmitteln ausgehen?
8. Welche Gefahren können von Gefahrstoffen ausgehen und wie können Sie sich schützen?

### 1.1.6 Sicherheitskennzeichnung am Arbeitsplatz

Zur Minimierung von Sicherheits- und Gesundheitsrisiken für Beschäftigte besteht die Möglichkeit, mittels Sicherheits- und Gesundheitsschutzkennzeichnung auf Gefahren aufmerksam zu machen, zu warnen, Verbote oder Gebote auszusprechen oder auf Rettungsmöglichkeiten oder Brandschutzeinrichtungen hinzuweisen. Beispiele hierfür finden sich in **Tabelle 1**.

**Tabelle 1:** Sicherheits- und Gesundheitsschutzkennzeichnung (Auswahl)

| **Warnung** | | **Verbot** | | **Gebot** | |
|---|---|---|---|---|---|
|  | W008<br>Warnung vor Absturzgefahr |  | D-P006<br>Zutritt verboten |  | M018<br>Auffanggurt benutzen |
|  | W012<br>Warnung vor elektrischer Spannung |  | P010<br>Berühren verboten |  | M021<br>Vor Wartung/Reparatur freischalten |
|  | W014<br>Warnung vor Flurförderzeugen |  | P006<br>Für Flurförderzeuge verboten |  | M015<br>Warnweste benutzen |
|  | W015<br>Warnung vor schwebender Last |  | P023<br>Abstellen oder Lagern verboten |  | M003<br>Gehörschutz benutzen |
|  | W004<br>Warnung vor Laserstrahl |  | P012<br>Keine schwere Last |  | M014<br>Kopfschutz benutzen |
|  | W027<br>Warnung vor optischer Strahlung |  | P004<br>Für Fußgänger verboten |  | M020<br>Rückhaltesystem benutzen |

Grundsätzlich werden folgende Zeichen unterschieden, denen jeweils eine bestimmte Farbe zugeordnet ist:

**Verbotszeichen** untersagen ein Verhalten, durch das eine Gefahr entstehen kann.

**Warnzeichen** warnen vor einem Risiko oder einer Gefahr.

**Gebotszeichen** schreiben ein bestimmtes Verhalten oder das Tragen von bestimmter Schutzausrüstung vor.

**Rettungszeichen** kennzeichnen Fluchtwege, Notausgänge, den Weg zu einer Erste-Hilfe-Einrichtung oder die Einrichtung selbst.

**Brandschutzzeichen** kennzeichnen Standorte von Feuermelde- und Feuerlöscheinrichtungen.

Die Zeichen sind entsprechend der Gefährdungsbeurteilung auszuwählen und anzubringen. Dabei können diese kombiniert oder durch Zusatzschilder, wie z. B. Pfeile ergänzt werden. Die Erkennbarkeit der Zeichen ist durch eine Sicherheitsbeleuchtung oder durch lang nachleuchtende Materialien sicherzustellen. Dabei ist auch auf die Erkennungsweite (z. B. bei Open-Air-Veranstaltungen) zu achten, aus der sich ggf. die erforderliche Größe ergibt.

Als Grundlage für die Kennzeichnung dient in Deutschland die ASR A 1.3 (siehe Kapitel 1.1.4), die die international gültige DIN EN ISO 7010 und die nationale DIN 4844-2 einbettet. In der ASR werden vorgeschriebene Farben, Formen und Kennzeichengrößen definiert.

Hier findet sich auch die Grundlage für rot-weiße oder gelb-schwarze Kennzeichnung von Hindernissen und Gefahrenstellen mit Klebeband, Farbauftrag oder Flatterband **(siehe Tabelle 1)**.

**Tabelle 1:** Markierung für Hindernisse und Gefahren

| **Ständig (z. B. Anstoßen, Quetschen, Stürzen usw.)** | **Zeitlich begrenzt (z. B. Baugruben)** |
|---|---|
|  |  |

Weiterhin werden Leuchtzeichen, Schallzeichen, Handzeichen (z. B. zum Einweisen von Fahrzeugen) und die Gestaltung von Flucht- und Rettungswegen in der ASR A1.3 geregelt wie in **Tabelle 2** gezeigt.

**Tabelle 2:** Handzeichen (allgemein und vertikal)

| **Bedeutung** | **Bildliche Darstellung** | **Bedeutung** | **Bildliche Darstellung** |
|---|---|---|---|
| Achtung<br>Anfang<br>Vorsicht | 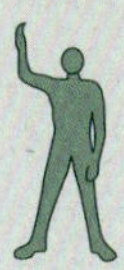 | Heben<br>Auf | 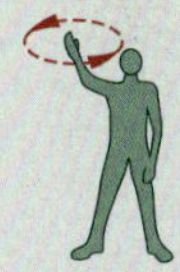 |
| Halt<br>Unterbrechung<br>Bewegung nicht weiter ausführen |  | Senken<br>Ab | 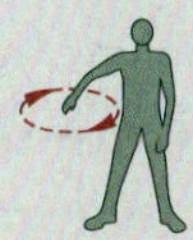 |
| Halt – Gefahr | 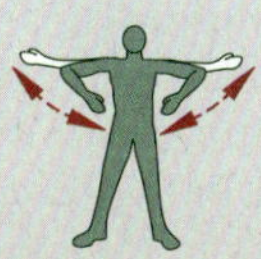 | Langsam |  |
| **Handzeichen (horizontal)** | | | |
| Abfahren | 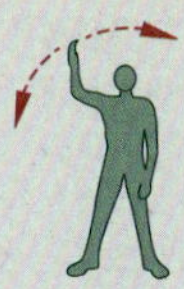 | Rechts fahren – vom Einweiser aus gesehen | 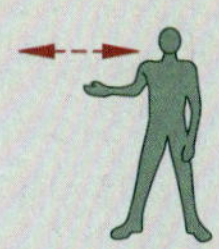 |
| Herkommen |  | Links fahren – vom Einweiser aus gesehen | 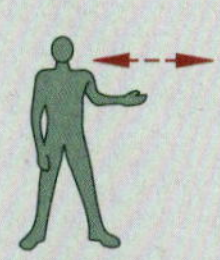 |
| Entfernen | 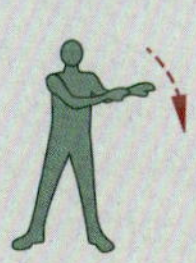 | Anzeige einer Abstandsverringerung | 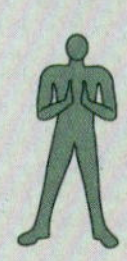 |

## 1.2 Betriebliche Arbeitsschutzorganisation

Der Arbeitgeber bzw. der Unternehmer ist grundsätzlich verpflichtet, in seinem Betrieb den Arbeits- und Gesundheitsschutz zu organisieren. Siehe hierzu auch Kapitel 1.1.1. Da dem Unternehmer oft die spezifische sicherheitstechnische und arbeitsmedizinische Fachkunde fehlt, ist im Arbeitssicherheitsgesetz (ASiG) bestimmt, dass **Fachkräfte für Arbeitssicherheit** und **Betriebsärzte** bereits ab dem ersten Angestellten zu bestellen sind. Diese sollen den Arbeitgeber bei allen Fragen der Sicherheitstechnik und der Arbeitsmedizin nach DGUV Vorschrift 2 unterstützen und mit weiteren betrieblichen Beauftragten zusammenarbeiten.

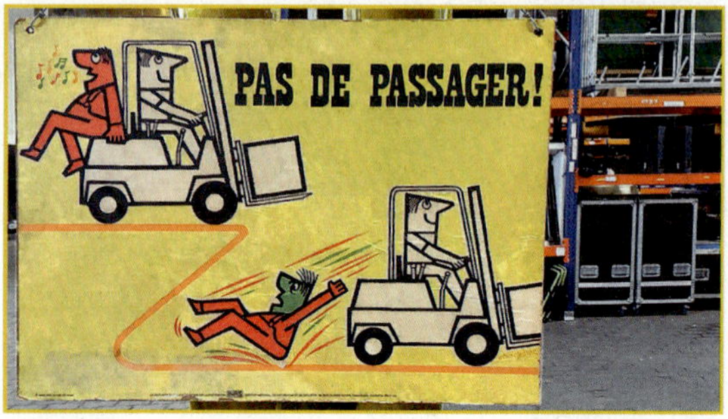


**Bild 1**: Hinweisschild „Kein Passagiertransport"

Grundsätzlich sollten diese Spezialisten **regelmäßige Begehungen des Betriebes** durchführen. Außerdem sollen sie bei Unternehmen mit regelmäßig mehr als 20 Beschäftigten an Sitzungen des **Arbeitsschutz-Ausschusses** teilnehmen, der viermal jährlich zusammenkommen soll. An den ASA-Sitzungen sollen zusätzlich noch die Sicherheitsbeauftragten und ggf. der Betriebs-/Personalrat teilnehmen.

### 1.2.1 Pflichten, Pflichtenübertragungen

Zur Sicherstellung der notwendigen Aufgaben im Arbeitsschutz auf allen Ebenen der betrieblichen Organisation kann und soll der Arbeitgeber Aufgaben, für die er direkt nach Gesetz allein verantwortlich ist, auf andere Personen übertragen. Dabei müssen die gedachten Empfänger der **Pflichtenübertragung** sorgfältig ausgewählt, angewiesen und regelmäßig überwacht werden.

Zu den Empfängern einer Pflichtenübertragung gehören zuerst die Führungskräfte des Unternehmens, wie z. B. Betriebsleiter, Lagerleiter, Werkstattleiter oder Technischer Leiter. Damit die Übertragung wirksam wird, muss diese **schriftlich** erfolgen. Dies kann bereits per Stellenbeschreibung oder im Arbeitsvertrag ausdrücklich festgelegt sein oder muss im Nachhinein per Pflichtenübertragung separat geregelt werden. Pflichtenübertragungen können auch temporär, z. B. für einzelne Projekte oder Tourneen erteilt werden. Die Führungskräfte müssen anhand der delegierten Rechte, Pflichten und Kompetenzen eigenständig tätig werden und für die Einhaltung der Anordnungen und Weisungen des Arbeitgebers im Arbeitsschutz sorgen.

In Betrieben ab 20 regelmäßig Beschäftigten sind **Sicherheitsbeauftragte (SiB)** zu bestellen und diese sind in Seminaren bei der Berufsgenossenschaft aus- und in regelmäßigen Abständen weiterzubilden. Sicherheitsbeauftragte unterstützen den Arbeitgeber bei den Arbeitsschutzaufgaben, allerdings ohne Weisungsbefugnis. Sie informieren ihre Kollegen und Kolleginnen über sicherheitsgerechtes Verhalten und melden Sicherheitsmängel dem Vorgesetzten. Außerdem überzeugen sie sich vom Vorhandensein und der Funktion von Schutzeinrichtungen bei Maschinen und von persönlicher Schutzausrüstung in der Kollegenschaft. Die SiB nehmen an den ASA-Sitzungen teil.

Alle Beschäftigten haben die Pflicht, sich selbst sicherheitsgerecht zu verhalten, Arbeitsschutzmaßnahmen zu unterstützen, persönliche Schutzausrüstungen zu tragen, Mängel zu melden und darauf zu achten, dass keine anderen Beschäftigten gefährdet oder geschädigt werden. Sicherheitswidrige Anweisungen dürfen grundsätzlich nicht ausgeführt werden.

Der Betriebsrat, bzw. Personalrat hat im Arbeitsschutz diverse Aufgaben, wie z. B. bei Arbeitsschutzfragen mitzubestimmen, auf die Einhaltung der Regelwerke im Sinne der Beschäftigten zu achten und Vorschläge oder Anregungen der Beschäftigten entgegenzunehmen.

## 1.2.2 Gefährdungsbeurteilung und deren Folgen

Als zentrales Werkzeug des betrieblichen Arbeitsschutzes gilt die **Gefährdungsbeurteilung (GBU)**. Unternehmer sind gesetzlich dazu verpflichtet, GBUs nach einem festen Schema durchzuführen. Dieses beginnt mit der Festlegung der jeweils zu betrachtenden Einheit, wie z. B. Arbeitsplätze, Tätigkeiten, Arbeitsmittel, Arbeitsstoffe und die Arbeitsstätte selbst, die alle untersucht werden müssen. Hierbei sind auch Wechselwirkungen zu berücksichtigen. Sollte es spezifische Verfahren geben, wie z. B. Grenzwerte bei Beleuchtung oder Gefahrstoffen, sind diese anzuwenden.

Als nächstes werden alle möglichen Gefährdungen und Belastungen im Zusammenhang mit der Einheit als Ist-Zustand ermittelt. Es wird bewertet, wie wahrscheinlich ein Schadenseintritt sein kann und wie groß das Ausmaß des Schadens sein wird. Dazu bedienen sich Arbeitsschutzfachleute häufig einer Zahlenwertmatrix **(siehe Tabelle 3)**. Die daraus resultierende Risikomaßzahl verdeutlicht einen möglichen Handlungsbedarf.

Beispielhafte Definition der Wahrscheinlichkeit eines Schadenseintritts:

**Tabelle 1:** Wahrscheinlichkeit des Schadeneintritts

| Kategorie | Beschreibung |
|---|---|
| sehr wahrscheinlich | Wird häufig bzw. sehr wahrscheinlich auftreten. Gefahr im Verzug. |
| erhöhte Wahrscheinlichkeit | Wird mit erhöhter Wahrscheinlichkeit auftreten. Mit dem Schadenseintritt muss häufig gerechnet werden. |
| wahrscheinlich | Eintritt des Schadensereignisses ist wahrscheinlicher als sein Ausbleiben. |
| unwahrscheinlich | Ausbleiben des Schadensereignisses ist wahrscheinlicher als sein Eintritt. |
| sehr unwahrscheinlich | Eintritt des Schadensereignisses ist mit an Sicherheit grenzender Wahrscheinlichkeit auszuschließen. |

Beispielhafte Definition des möglichen Schadensausmaßes:

**Tabelle 2:** Gefährlichkeit (Schadensausmaß)

| Kategorie | Konsequenzen für Personen |
|---|---|
| Lebensgefahr | möglicher Tod, Katastrophe |
| sehr hohe Gefahr | Verletzungen, die eine stationäre Behandlung notwendig machen oder irreversibler Körperschaden |
| hohe Gefahr | Verletzungen, die ambulant versorgt werden müssen |
| mittlere Gefahr | leichte Verletzungen; Behandlungen aus Erster Hilfe möglich |
| geringe Gefahr | keine erheblichen Verletzungen (z. B. blauer Fleck) |

Risikomatrix mit hinterlegten Zahlenwerten für die Risikomaßzahl. Die Risikomaßzahl ergibt sich aus der Multiplikation von W (Wahrscheinlichkeit, siehe **Tabelle 1**) und G (Gefährlichkeit, siehe **Tabelle 2**).

**Tabelle 3:** Risikomatrix – W × G = R

| | | | | | | |
|---|---|---|---|---|---|---|
| W | **5** | 5 | 10 | 15 | 20 | 25 |
| | **4** | 4 | 8 | 12 | 16 | 20 |
| | **3** | 3 | 6 | 9 | 12 | 15 |
| | **2** | 2 | 4 | 6 | 8 | 10 |
| | **1** | 1 | 2 | 3 | 4 | 5 |
| **G** | | **1** | **2** | **3** | **4** | **5** |

**Tabelle 1:** Risikofaktor

| Kategorie | Einordnung des Ergebnisses |
|---|---|
| **hohes Risiko Risikofaktor 12 – 25** | Risiken sind zwingend durch Schutzmaßnahmen zu minimieren. Ist das Risiko durch Anwendung von Schutzmaßnahmen nicht weiter minimierbar, kann der Vorgang nicht durchgeführt werden. |
| **mittleres Risiko Risikofaktor 6 – 10** | Risiken sind durch Schutzmaßnahmen zu minimieren. Ist das Risiko durch Anwendung von Schutzmaßnahmen nicht weiter minimierbar, kann der Vorgang bei Beachtung besonderer Sorgfalt durchgeführt werden. |
| **geringes Risiko Risikofaktor 1 – 5** | Akzeptabel bei geeigneter Überwachung oder bei Anwendung von Schutzmaßnahmen. Keine zusätzlichen Schutzmaßnahmen erforderlich |

Sobald sich aus der Bewertung des Risikos (**Tabelle 3, Seite 17**) ergibt, dass Sicherheitsmängel vorliegen, sind Schutzmaßnahmen abzuleiten und umzusetzen. Dabei sind zuerst technische Schutzmaßnahmen einzusetzen, erst danach organisatorische und zuletzt personenbezogene. Dies ergibt das sogenannte T-O-P-Prinzip (**Tabelle 2**). In manchen Zusammenhängen wird als erste Maßnahme ein Ersatz gefährlicher Tätigkeiten oder Arbeitsmittel, die Substitution, angestrebt. Es wird dann vom S-T-O-P-Prinzip gesprochen (**Tabelle 2**).

Bei der Erstellung der GBU soll sich der Unternehmer von fachkundigen Personen, wie z. B. Fachkräften für Arbeitssicherheit oder anderen Spezialisten, unterstützen lassen.

Die Wirksamkeit der festgelegten Maßnahmen ist regelmäßig, z. B. durch Begehungen oder Beobachtungen, zu überprüfen. Zusätzlich zu der Wirksamkeitskontrolle sollten GBUs in regelmäßigen Abständen, z. B. alle 3 bis 5 Jahre, überprüft werden.

Gefährdungsbeurteilungen sind außer als Erst-Beurteilung auch durchzuführen, wenn sich Verfahren, Organisation oder Regelwerke ändern. Besonders bei Neuanschaffungen von Maschinen ist die GBU bereits in den Beschaffungsprozess zu integrieren. Eine neue Veranstaltung, eine neue Tournee oder eine neue Produktion sind ebenfalls Anlässe für eine GBU. Zusätzlich sollten GBUs bei einer Häufung von Unfällen, Krankmeldungen oder Beschwerden überprüft und aktualisiert werden.

**Tabelle 2:** Rangfolge der Schutzmaßnahmen

| | |
|---|---|
| **1. Gefahrenquelle vermeiden/beseitigen (Substitution)**<br>Durch Arbeitsgestaltung, Auswahl geeigneter Technik, Arbeitsmittel und Arbeitsstoffe wird das Entstehen von Gefahrenquellen vermieden. (z. B. Hubarbeitsbühnen statt Leitern einsetzen) | **S** |
| **2. Sicherheitstechnische Maßnahmen**<br>Maßnahmen, damit Gefahrenquellen nicht wirksam werden. Vorhandene oder zu erwartende Gefährdungen werden beherrscht. (z. B. Absturzsicherung wie Geländer oder Fallschutznetz) | **T** |
| **3. Organisatorische Sicherheitsmaßnahmen**<br>Durch organisatorische Maßnahmen wird verhindert, dass die Person einer Gefahrenquelle ausgesetzt wird. Dies kann durch zeitliche oder räumliche Trennung von Gefahrenquellen und Personen erreicht werden. (z. B. Abstand zu Gefährdungen, freie Bühne bei Rig-Fahrten, erforderliche Qualifikation) | **O** |
| **4. Persönliche Schutzausrüstungen (PSA) verwenden (personenbezogen)**<br>PSA werden zur Verringerung der Verletzungs- und Erkrankungsrisiken eingesetzt. (z. B. Helm, Sicherheitsschuhe, Gehörschutz) | **P** |
| **5. Verhaltensbezogene Sicherheitsmaßnahmen (personenbezogen)**<br>Wirkung von Gefahrenquellen wird durch ein sicherheitsgerechtes Verhalten der Beschäftigten verringert. (z. B. Unterweisungen, Betriebsanweisungen, Hinweise) | |

**Notfallmaßnahmen und Erste Hilfe**

Der Arbeitgeber bzw. Unternehmer ist verpflichtet, die Beschäftigten vor besonderen Gefahren zu schützen sowie Notfallmaßnahmen zu planen, zu ermöglichen und für eine wirksame Erste Hilfe und Rettung zu sorgen.

Zu den besonderen Gefahren gehören z. B. Brände, Situationen, bei denen die Beschäftigten sich unverzüglich in Sicherheit bringen oder gerettet werden müssen und auch Wettergefahren bei Arbeiten im Freien. Erforderliche Maßnahmen zur Gefahrenabwehr sind hier z. B. die Bereithaltung und Freihaltung von Flucht- und Rettungswegen, das Aufstellen von Alarmplänen, Brandschutzmaßnahmen oder auch eine Sicherheitsbeleuchtung (Brandschutz siehe Kapitel 1.4.2).

In **Alarmplänen** werden Abläufe und Maßnahmen für den Notfall festgelegt und Aufgaben auf einzelne Personen oder Stellen übertragen. Einen speziellen Alarm- bzw. Notfallplan stellt das Höhenrettungskonzept dar, das bei Arbeiten mit Absturzgefahr und Verwendung von persönlicher Schutzausrüstung gegen Absturz aufzustellen ist (siehe Kapitel 1.3.2).

Bei allen Fällen, bei denen Beschäftigte bei der Arbeit im Freien **Wettergefahren** ausgesetzt sein können, wie z. B. Kälte, Hitze, Sonne oder Gewitter, hat der Unternehmer besondere Schutzmaßnahmen zu treffen. Dies können z. B. Aufwärmräume und -pausen, temporäre Räume/Container, spezielle Schutzkleidung oder auch Wetterwarnpläne sein.

Damit sich Beschäftigte bei Verletzung zunächst selbst helfen können, müssen **Verbandkästen** oder weitere Erste-Hilfe-Mittel zur Verfügung stehen. Dies können je nach Art der Gefahren beispielsweise Augenspülflaschen, ein Erste-Hilfe-Raum, Rettungsgeräte (z. B. für Höhenrettung) oder andere Transportmittel sein. In Deutschland gibt es zwei verschiedene Verbandkästen: den kleinen Verbandkasten nach DIN 13157 und den großen Verbandkasten nach DIN 13169 (**Tabelle 1**).

Zur **Erste-Hilfe-Leistung** ist jede Person verpflichtet, auch ohne besondere Kenntnisse. Der Unternehmer hat zur Verbesserung der Erste-Hilfe-Leistung im Betrieb zusätzlich eine bestimmte Menge von **betrieblichen Ersthelfern** auszubilden und zu bestellen. So müssen ab 2 bis 20 anwesenden Beschäftigten 1 Ersthelfer und bei mehr als 20 anwesenden Beschäftigten in Verwaltungsbetrieben 5 % der Beschäftigten und in sonstigen Betrieben 10 % als Ersthelfer ausgebildet und bestellt sein. Die eintägige Ausbildung zum Ersthelfer wird von der Berufsgenossenschaft bezahlt und ist regelmäßig vor Ablauf von zwei Jahren zu wiederholen.

Für Baustellen ist vorgeschrieben, dass bei mehr als 100 Versicherten auf einer Baustelle mindestens ein Betriebssanitäter zur Verfügung steht.

Mindestens ein **Betriebssanitäter** muss auch anwesend sein, falls in einer Betriebsstätte (auch im Freien) mehr als 250 Versicherte anwesend sind und die Art, Schwere und Zahl der Unfälle den Einsatz erfordern.

**Tabelle 1:** Richtwerte für die Zahl der Verbandkästen

| Betriebsart | Zahl der Versicherten | Verbandkasten klein | Verbandkasten groß |
|---|---|---|---|
| Verwaltungs- und Handelsbetriebe | 1 – 50 | 1 | |
| | 51 – 300 | | 1 |
| Herstellung und vergleichbare Betriebe | 1 – 20 | 1 | |
| | 21 – 100 | | 1 |
| | Ab 101 | | 2 |

Zu den organisatorischen Erste-Hilfe-Maßnahmen gehört, dass ein Ersthelfer dazu bestimmt wird, das Material in den Verbandkästen regelmäßig auf Vollständigkeit und Alter zu prüfen. Alle Beschäftigten müssen darin unterwiesen werden, jede Entnahme aus dem Verbandkasten und jede Erste-Hilfe-Leistung in ein Dokumentationsblatt einzutragen und dem Unternehmer weiterzureichen. Dies dient dazu, dass bei möglichen späteren Schäden oder Beschwerden aufgrund einer Verletzung der Berufsgenossenschaft gegenüber nachgewiesen werden kann, dass die Verletzung während der Arbeit stattgefunden hat.

Mit einem Aushang und mittels Unterweisung muss der Unternehmer alle Beschäftigten über die Notfallnummern, Krankenhäuser und Erste-Hilfe-Maßnahmen informieren. Dies gilt sowohl im Betrieb als auch auf Außenproduktionen. Für die Aushänge gibt es spezielle Plakate der DGUV.

### 1.2.3 Anweisungen und Unterweisungen

Ausgehend von der GBU muss der Arbeitgeber/Unternehmer seine Beschäftigten über die mit der Arbeit verbundenen Gefährdungen und die abgeleiteten Schutzmaßnahmen informieren. Dies geschieht in Form von **Unterweisungen**, die auf die jeweilige Arbeitssituation zugeschnitten sein müssen. In den Unterweisungen werden **konkrete Gefährdungen, Verhaltensregeln für gesundes und sicheres Arbeiten** sowie Notfallmaßnahmen genannt. Außerdem werden arbeitsplatz- bzw. aufgabenbezogene Anweisungen erteilt. Unterweisungen sollen den Beschäftigten das notwendige Wissen, Wollen sowie Können vermitteln und müssen als Erstunterweisung bei Einstellung erfolgen und regelmäßig, mindestens jährlich, wiederholt werden. Bei neuen Veranstaltungen, neuen Produktionen usw. muss ebenfalls eine spezifische Unterweisung erfolgen.

Für besondere Arbeitsmittel, Maschinen, Tätigkeiten, persönliche Schutzausrüstung oder Gefahrstoffe können **Betriebsanweisungen (BA)** erstellt werden. Hierzu muss es dann ebenfalls Unterweisungen geben. Dabei sind Form, Farbgebung und Inhalt einer Betriebsanweisung festgelegt. So sollte das Format eine Seite DIN-A4 nicht überschreiten und die BA müssen konkret verfasst sein. Die BA für die Bedienung von Maschinen oder für Arbeitsverfahren sollen *blau* sein, solche für Gefahrstoffe *orange*.

Unterweisungen jeder Art müssen in einer dem zu Unterweisenden verständlichen Sprache verfasst sein und persönlich/mündlich durchgeführt werden. **Ein reines Durchlesen durch den Beschäftigten reicht nicht aus** und die zu Unterweisenden müssen in der Lage sein, Rückfragen an die unterweisende Führungskraft zu stellen. Die durchgeführte Unterweisung muss dokumentiert werden und ist daher von den Beschäftigten zu unterschreiben.

Als Hilfsmittel sind auch elektronische Unterweisungen zulässig. Hierbei muss zusätzlich zu den genannten Anforderungen eine Verständnisprüfung bzw. Erfolgskontrolle stattfinden und ein Gespräch zwischen dem Unterweisenden und den Beschäftigten muss möglich sein.

Beim Einsatz von Beschäftigten, die von einer Arbeitnehmerüberlassung entliehen worden sind, hat der Entleiher die Pflicht, die Zeitarbeitskräfte betriebs- und einsatzspezifisch zu unterweisen.

**Bild 1:** Betriebsanweisung (allgemein und Gefahrstoffe)

### 1.2.4 Koordination nach ArbSchG und BaustellV

Die enge Zusammenarbeit mehrerer Arbeitgeber und Unternehmer im Rahmen von Veranstaltungen aller Art ist ein wesentliches Branchenmerkmal. Nach allen maßgeblichen Regelwerken (ArbSchG, BetrSichV, DGUV Vorschrift 1, DGUV Vorschrift 17/18) haben die Beteiligten hierbei die **Zusammenarbeit formell zu koordinieren**. Zur Vermeidung einer möglichen gegenseitigen Gefährdung ist eine koordinierende Person zu bestimmen, die die Arbeiten aufeinander abstimmt. Die Qualifikation der koordinierenden Person ist hier nicht näher bestimmt.

Bereits in der DGUV Vorschrift 17/18 *Veranstaltungs- und Produktionsstätten für szenische Darstellung* (siehe Kapitel 1.3.1) wird im Paragraf 15 zu Leitung und Aufsicht festgelegt, dass „vor Gastspielen, Außenaufnahmen oder Nutzung der Veranstaltungs- oder Produktionsstätten durch Dritte die Zuständigkeit hinsichtlich Leitung und Aufsicht festgelegt wird". Die Leitung und Aufsicht der Arbeiten darf nur **Bühnen- und Studiofachkräften** übertragen werden.

Besondere Anforderungen werden an den Auftraggeber von Arbeiten oder Dienstleistungen gestellt. Dieser muss sich je nach Art der beauftragten Tätigkeiten vergewissern, dass die Beschäftigten anderer Arbeitgeber, die in seinem Betrieb tätig werden, hinsichtlich der Gefahren während ihrer Tätigkeit in seinem Betrieb angemessene Anweisungen erhalten haben. Der Auftraggeber hat außerdem die Pflicht, sich die **Fachkunde der Auftragnehmer** bzw. dessen Beschäftigter **nachweisen** zu lassen. Alle zusammenarbeitenden Arbeitgeber/Unternehmer müssen bei ihren Gefährdungsbeurteilungen zusammenwirken und die Schutzmaßnahmen so abstimmen und durchführen, dass diese wirksam sind.

Tätigkeiten, mit denen besondere Gefahren verbunden sind, wie z. B. Arbeiten mit Absturzgefahr, müssen zusätzlich durch **Aufsichtführende** überwacht werden. Dem Koordinator sind von den beteiligten Arbeitgebern alle erforderlichen sicherheitsrelevanten Informationen zur Verfügung zu stellen. Dazu gehören z. B. Qualifikationsnachweise, Prüfprotokolle, Montageanweisungen sowie Informationen zu den festgelegten Schutzmaßnahmen, wie z. B. Gefährdungsbeurteilungen oder Betriebsanweisungen. Selbstverständlich ist weiterhin jeder Arbeitgeber für die Einhaltung aller Schutzmaßnahmen in seinem Unternehmen verantwortlich.

Eine Sonderform der Koordination stellt die **Baustellenverordnung (BaustellV)** dar. Diese wurde aufgrund einer EU-Richtlinie 1998 in nationales Recht eingeführt, nachdem Untersuchungen der schweren und schwersten Unfälle auf europäischen Baustellen ergeben hatten, dass die Ursachen dafür zu 35 % Planungsfehler und zu 28 % mangelnde Organisation waren.

Bei *Baustellen* handelt es sich in der Regel um die Orte, an denen **bauliche Anlagen** aus **Bauprodukten** errichtet oder abgebrochen werden, inklusive aller vor- und nachbereitenden Arbeiten. Dabei können bauliche Anlagen auch durch eigene Schwere auf dem Boden ruhen. Nach den **Landesbauordnungen (LBO)** sind Ausstellungsplätze und Gerüste ausdrücklich bauliche Anlagen.

Im Gegensatz zu den oben genannten Regelwerken ist der Koordinationsprozess in der BaustellV klar und strikt geregelt: Die zentrale Rolle als koordinierende Person trägt der **Sicherheits- und Gesundheitsschutzkoordinator (SiGeKo)**. An den SiGeKo werden klare Qualifikationsanforderungen gestellt, die durch einen zweiwöchigen Kurs erlangt werden. Nach BaustellV zu koordinierende Bauvorhaben müssen bei der zuständigen Behörde **vorangekündigt** werden. Es muss ein **Sicherheits- und Gesundheitsschutzplan** bereits vor Baustelleneinrichtung erstellt und laufend gepflegt werden. Zudem muss eine sogenannte *Unterlage für spätere Arbeiten* (nach Übergabe des Bauwerks) erstellt werden.

Der SiGeKo muss bereits bei den ersten Planungen bestellt und mit einbezogen werden. Details werden in den *Regeln auf Baustellen – (RAB)* festgelegt. Der SiGeKo holt von allen beteiligten Unternehmen alle Informationen zu den geplanten Arbeiten, Gefährdungen, Arbeitsmitteln und Arbeitsverfahren ein, prüft diese und koordiniert. Zusätzlich kontrolliert der SiGeKo die Qualifikationen der Auftragnehmer und die sicherheitsgerechte Ausführung der Arbeiten.

## 1.3 Branchenspezifische Besonderheiten

Die Veranstaltungsbranche lebt davon, dass dem Gast oder Besucher besondere Erlebnisse geboten werden. Diese können durch baulichen Aufwand, spektakuläre Effekte unterschiedlicher Art oder künstlerische Tätigkeiten erzeugt werden. Bei der Gestaltung, Erzeugung und der Vor- und Nachbereitung dieser Erlebnisse für den Besucher entstehen oft besondere Gefährdungen durch Stoffe, Arbeitsmittel, Tätigkeiten oder Kombinationen daraus für die damit beschäftigten Personen.

### 1.3.1 DGUV Vorschrift 17/18

Bereits seit 1998 regelt die **DGUV Vorschrift 17** einige Besonderheiten der Veranstaltungsbranche aus Sicht der Berufsgenossenschaften. Die inhaltlich komplett gleichlautende DGUV Vorschrift 18 gilt historisch bedingt für Mitgliedsbetriebe der Unfallkassen als Unfallversicherungsträger der öffentlichen Hand. Da die DGUV Vorschrift 17/18 durch die DGUV nicht mehr überarbeitet werden wird, muss auch die **DGUV Regel 115-002**, welche die Vorschrift konkretisiert, beachtet werden.

Der Anwendungsbereich der DGUV Vorschrift 17/18 umfasst **alle Veranstaltungsstätten in Gebäuden oder im Freien** mit Bühnen oder Szenenflächen für Darstellungen. Ebenso gilt die Vorschrift in allen Produktionsstätten für Film, Fernsehen, Hörfunk sowie Spiel- und Szenenflächen bei Außenaufnahmen. In beiden Fällen sind die erforderlichen Einrichtungen und Geräte ebenfalls mit eingeschlossen.

In dieser Vorschrift werden folgende essenzielle Dinge geregelt.

Alle **Flächen und Aufbauten** müssen so beschaffen sein, dass Standsicherheit und Tragfähigkeit jederzeit, auch während des Auf- und Abbaus, gewährleistet sind. Bei geneigten Flächen ist eine maximale Neigung von 8 % als Richtwert anzusehen. Bei größeren Neigungen muss eine GBU erstellt werden.

Die **sichere Begehbarkeit** von Flächen, Aufbauten und Dekorationen ist zu gewährleisten. Unter anderem dürfen betriebsbedingte Spalten und Öffnungen **maximal 20 mm** breit sein oder müssen abgedeckt werden. Bühnenböden müssen eben, splitterfrei und fugendicht sein. Bodenbeläge sind gegen Verrutschen zu sichern.

Falls Aufbauten aus mehreren Bauteilen bestehen, müssen diese **gegen Auseinandergleiten gesichert** sein.

Auch wenn der Raum auf Hinter- und Nebenbühnen betriebsbedingt dunkel sein muss, müssen sich Beschäftigte dort **sicher orientieren** können. Dies kann z. B. mit Bodenmarkierungen aus nachleuchtenden oder hellen/weißen **Markierungen**, z. B. aus Klebeband oder mit **Orientierungslichtern** mit blauen oder roten Leuchtmitteln oder Vorsatzfiltern erreicht werden.

Ein wichtiger Bestandteil der Schutzmaßnahmen für alle Beteiligten bei Veranstaltungen ist der **Schutz gegen herabfallende Gegenstände** auf Arbeitsplätze, Verkehrs- und Szenenflächen. Daher müssen alle ortsveränderlichen Betriebsmittel, wie z. B. Leuchten, Lautsprecher, Projektoren oder Verteiler, die über Personen aufgehängt werden, **Eigensicherheit** und **Einfehlersicherheit** erreichen.

Die Forderung nach der **Eigensicherheit** wird zunächst dadurch erreicht, dass die konstruktiven Anforderungen an die tragenden und die Sicherungselemente erfüllt werden (siehe auch Kapitel 5.1). Hierbei muss die Herstellungsqualität nach den einschlägigen Normen gegeben sein, die korrekte Funktion bei sicherheitsrelevanten Verbindungen muss erkennbar sein und die Verbindungen müssen gegen Selbstlösen oder Lockern gesichert sein. Zusätzlich muss der Hersteller die Betriebsmittel hinreichend kennzeichnen und Benutzerinformationen zur Verfügung stellen. Die **Eigensicherheit** beim **Halten von Lasten über Personen** wird durch eine Verdoppelung der sogenannten Betriebskoeffizienten erreicht. Hierbei wird eine Aufhängung, die nach Industrienormen für z. B. 100 kg Last ausgelegt ist, in Anwendungen der Veranstaltungstechnik nur noch mit 50 kg belastet. Zusätzlich müssen regelmäßige Prüfungen durch befähigte Personen stattfinden, die Gegenstände sind fachgerecht zu verwenden und besondere Sorgfalt bei Handhabung oder Lagerung muss aufgewendet werden.

Mit einer **zweiten, unabhängigen Sicherung** des Betriebsmittels, dem sogenannten **Safety** bzw. Sicherungsdrahtseil, wird die **Einfehlersicherheit** erreicht. Damit werden Montagefehler, das Selbstlösen von Verbindungen und Handhabungsfehler ausgeglichen. Hierbei ist der Safety so anzubringen, dass möglichst kein Fallweg entstehen kann. Ein **maximaler Fallweg von 20 cm** darf nicht überschritten werden können, da bereits dabei Kräfte bis zum 50-Fachen der fallenden Last entstehen **können.**

Details, wie z.B. die Stärke des Drahtseils und des Verbindungsmittels in Abhängigkeit vom Gewicht des zu sichernden Gegenstands und weitere wichtige Informationen können der **DGUV Information 215-313** *Lasten über Personen* entnommen werden.

Neben dem Schutz vor herabfallenden Gegenständen muss der Arbeitgeber/Unternehmer sicherstellen, dass sich **Gegenstände nicht unbeabsichtigt aufwärts oder abwärts bewegen können**, wenn z.B. Halteseile oder Triebwerke versagen. Daher müssen alle beweglichen Einrichtungen von Ober- und Untermaschinerie in festen Häusern oder in der mobilen Veranstaltungstechnik mit Sicherungen ausgestattet sein. Diese Sicherungen können in geeignet dimensionierten Triebwerken sowie zusätzlichen Bremsen, Sicherungsstiften oder Gegengewichten mit Feststelleinrichtungen bestehen.

Im Fehlerfall, wie z.B. Kippen, Aushängen, Abstürzen, unkontrolliertes Absinken, Versagen des Antriebs oder der Feststelleinrichtung müssen die bewegten Lasten sicher zum Stillstand gebracht werden können.

## 1.3.2 Absturzgefahr

In vielen Situationen vor, bei und nach Veranstaltungen besteht **Absturzgefahr.** Diese besteht an der Bühnenvorderkante bei Podesten und Setbauten sowie beim Klettern auf Gerüste oder Traversenkonstruktionen.

**Bild 1:** Dreiteiliger Seitenschutz

Sobald der Höhenunterschied zu benachbarten Flächen **mindestens 1 m** beträgt, wird von Absturzgefahr gesprochen. Die Anbringung von **Absturzsicherungen** an allen betroffenen Kanten ist dann verbindlich.

Im Betrieb kann es auch bei geringeren Höhenunterschieden als 1 m bereits erforderlich sein, die **Absturzkante** zu sichern. Dies gilt besonders bei Dunkelheit oder betriebsmäßig verdunkelten Flächen und Räumen. Die Erfordernis wird über eine Gefährdungsbeurteilung festgestellt. Als technische Absturzsicherung ist hierbei grundsätzlich ein dreiteiliger Seitenschutz in Form eines **Geländers** mit Handlauf, Knieholm und Kantensicherung wie in **Bild 1** vorzusehen.

Nur wenn aus zwingenden szenischen Gründen ein Geländer z.B. an Podesten nicht möglich ist, kann als Schutzmaßnahme die Absturzkante **deutlich sichtbar gekennzeichnet** werden. Dann müssen alle Betroffenen in die Gefahr unterwiesen werden.

Auch während des **Auf- oder Abbaus** von Eventbauten bzw. Fliegenden Bauten besteht Absturzgefahr. Besonders zu nennen sind hier Bühnen, Gerüsttürme für Regieplätze (sogenannte Front of House/FoH-Plätze), Plattformen für Verfolgerscheinwerfer (Followspots), Gerüsttürme für Delaylines (siehe Kapitel 6.1 und 6.6) und Videowände.

Als erste Schutzmaßnahme sehen die Vorschriften und technischen Regeln hier den **Verzicht auf das Klettern** vor und stattdessen den Einsatz von Hubarbeitsbühnen (HAB), Liften, Leitern (siehe Kapitel 1.3.3) oder Rollgerüsten. Der Einsatz von Hubarbeitsbühnen erfordert bei Bedienpersonen eine **körperliche Eignung und eine Qualifikation** nach DGUV Grundsatz 308-008 sowie einen vom Arbeitgeber/Unternehmer ausgestellten **Fahrauftrag.** Zusätzlich müssen sich Bedienpersonen und mitfahrende Personen ggf. mit einem Rückhaltesystem **in der Plattform sichern.** So wird ein Herausgeschleudert-Werden oder beim Umstürzen der HAB ein Eingequetscht-Werden möglichst verhindert. Bei Teleskop-HABs ist diese Sicherung zwingend erforderlich.

Eine weitere Möglichkeit, Personen sicher in die Höhe zu befördern, sind **Personenlifte.** Es wird in Lifte unterschieden, die mit Auslegern gegen Umkippen gesichert werden, und solche, die einen ausreichend großen Ballast eingebaut haben. Sollte der Lift über Ausleger verfügen, sind immer **alle Ausleger** zu benutzen, um ein Umstürzen zu verhindern. Die Lifte dürfen generell nicht verschoben werden, während Personen sich im Korb befinden. Sollten HAB oder Personenlifte im Freien benutzt werden, sind die Arbeiten bei Windstärken ab 6Bft. in der Regel einzustellen.

**Rollgerüste** sind eine einfache und praktische Möglichkeit, in der Höhe zu arbeiten. Wie bei allen Flächen ab 1 m Höhe besteht auch hier die Pflicht, ein dreiteiliges Geländer zu montieren. Ein Rollgerüst darf erst bestiegen werden, wenn alle Bremsen angezogen sind.

Viele Eventbauten werden aus **Standard-Gerüstbaumaterial** errichtet. Dabei werden die Materialien oft von Hand in der Breite und der Höhe transportiert und zusammengebaut. Nach den einschlägigen TRBS muss auch hier bei der Montage und Demontage für den Schutz der Beschäftigten gesorgt werden. Dies kann wie im Gerüstbau mittels eines vorlaufend einzubauenden Seitenschutzes erfolgen. Bedingt durch die besondere Konstruktionsweise und Ausstattung der meisten branchenüblichen Eventbauten ist dieses oft nicht praktikabel.

Im Rahmen der Gefährdungsbeurteilung muss daher der Arbeitgeber/Unternehmer alternative Schutzmaßnahmen ableiten. Üblich ist hierbei das Tragen von **persönlicher Schutzausrüstung gegen Absturz (PSAgA)** mit Falldämpfern und einem Y-Verbindungsmittel, um einen tödlichen Absturz zu verhindern **(Bild 1)**.

**Bild 1**: Y-Verbindungsmittel und Rollersafety

Für den Fall, dass eine komplette Konstruktion oder hohe Modulteile bestiegen werden müssen, sind Auffangsysteme zu montieren und zu benutzen, die aus einem Führungs- bzw. Anschlagseil in Form einer sogenannten *Life-Line* und einem mitlaufenden Auffanggerät bestehen, welches zusammen mit der PSAgA mit der Life-Line verbunden ist (siehe auch Kapitel 4.4).

**Absturzgefahr für Personen** besteht beim Besteigen von Traversentowern, auf Traversen, sowie beim Besteigen von Strickleitern. Diese werden häufig benutzt, um Verfolgerspotkanzeln oder Traversen zu erreichen. Beim Besteigen von Strickleitern ist die Sicherung der besteigenden Person mit einem Höhensicherungsgerät (HSG), einem sogenannten *Rollersafety* **(Bild 1)**, erforderlich und eine weitere Person sollte die Leiter am unteren Ende festhalten.

Diese Arbeiten sind nur nach GBU und abgeleiteten Schutzmaßnahmen auszuführen. Sollte bspw. die Möglichkeit bestehen, dass Traversen begangen werden müssen, um z. B. defekte Lampen auszutauschen, ist von vornherein eine Life-Line fachgerecht zu installieren. Eine Sicherung an Elementen der Traverse ist nicht zulässig, da die bei einem Sturz entstehenden Lasten i. d. R. nicht von der Traverse aufgenommen werden können.

Bei allen Arbeiten mit Absturzgefahr müssen die Beschäftigten **körperlich geeignet** sein und regelmäßig bzw. jährlich ausreichende Unterweisungen erhalten. Da es sich bei PSAgA um PSA handelt, die vor tödlichen Gefahren schützt, muss die Unterweisung in Form einer **Schulung mit Theorie und Praxis durch eine dafür qualifizierte Person** erfolgen. Die PSAgA ist jährlich durch eine befähigte Person zu prüfen.

### 1.3.3 Leitern und Tritte

Weitere Mittel zum Aufstieg von Personen oder zum Arbeiten in der Höhe sind Leitern oder Tritte. Diese sind regelmäßig durch eine befähigte Person zu prüfen. Zusätzlich sollte jeder Nutzer eine Leiter vor der Benutzung kurz auf Unversehrtheit kontrollieren. Beim Auf- oder Abstieg sollte stets mindestens eine Hand frei sein und es sollten keine Gegenstände transportiert werden, die mehr als 10 kg wiegen. Wird eine Leiter an Verkehrswegen aufgestellt, sollte eine zweite Person die Leiter zusätzlich sichern.

Leitern, die als Zugang zu hochgelegenen Arbeitsplätzen dienen, sind nur zulässig, wenn der zu überwindende Höhenunterschied maximal 5 m beträgt. Am Ausstieg sollte die Leiter noch 1 m hinausragen, damit die Beschäftigten sich sicher festhalten können.

Als hochgelegener Arbeitsplatz dürfen nur Leitern bis zu einer Standhöhe von 2 m verwendet werden. Bei einer Standhöhe von 2 m bis maximal 5 m dürfen nur Arbeiten von maximal 2 Stunden pro Schicht ausgeführt werden und dies auch nur, wenn die Verwendung sichererer Arbeitsmittel nicht möglich ist. Zusätzlich muss die Leiter in diesem Fall Stufen statt Sprossen aufweisen.

### 1.3.4 Besondere szenische Darstellung

Neben der Darbietung von Musik, Gesang, Sprache oder optischen Showeffekten können **besondere szenische Darstellungen** den künstlerischen Ausdruck unterstützen oder alleinig den Mittelpunkt einer Aufführung darstellen. Dies sind z.B. Artistik und Akrobatik, sportliche Aktionen sowie die Mitwirkung von Tieren oder Waffen. Bei diesen Darstellungen besteht ein **besonders hohes Risiko von Verletzungen bis hin zum Tod des Akteurs**. Daher sind hier besonders strikte Schutzmaßnahmen anzusetzen, um mögliche Auswirkungen so weit wie möglich zu beherrschen und zu minimieren.

Nachfolgend werden einige Darstellungen beschrieben, bei denen die Fachkraft für Veranstaltungstechnik aktiv werden kann und ggf. muss.

Bei besonderen szenischen Darstellungen muss der Unternehmer besondere Sorgfalt darauf verwenden, nur tatsächlich geeignete Personen einzusetzen und die Darstellungen von fachlich geeigneten Personen beaufsichtigen zu lassen.

Je nach Vorhaben müssen weitere Spezialisten für eine individuelle Gefährdungsbeurteilung hinzugezogen werden, wie z.B. Waffenexperten oder Stuntmaster. Die geplanten Einsätze oder Szenen sind ausreichend zu proben. Ausführliche Informationen bietet die **DGUV Information 215-315** *Besondere szenische Darstellungen*.

Bei manchen Darstellungen werden Abstürze als dramaturgisches Element genutzt und Absturzsicherungen oder Auffangeinrichtungen sollen nicht verwendet werden. In diesem Fall sind bei Darstellungen mit Absturzhöhen bis 3 m Vorkehrungen zu treffen, dass die abstürzende Person die Absturz- bzw. Absprungkante deutlich erkennt und sicher auf dem Boden landet. Dies wird u.a. dadurch erreicht, dass der Aufprallbereich mit nachgiebigen, den Fall absorbierenden Matten abgedeckt wird und dort keine Gegenstände stehen oder liegen, die eine Verletzung ermöglichen. Ab 3 m Absturzhöhe muss ein Stunt Coordinator oder Trainer die Stürze betreuen.

Unmittelbar mit Absturzgefahr verbunden sind **Artistik und Akrobatik**, da hier häufig Arbeitsmittel wie z.B. Vertikalstangen, Trapeze und anderes verwendet werden, um die Darstellungen darauf, daran oder damit durchzuführen **(Bild 1)**.

Für einen sicheren Stand oder eine sichere Aufhängung werden diese Arbeitsmittel mit geeigneten, **von der jeweiligen Location bereitgestellten Anschlagpunkten verbunden** oder auf geeigneten Flächen aufgestellt. Die Eignung der Anschlagpunkte ist von den Darstellern persönlich zu prüfen und **die Arbeitsmittel sind vom Darsteller selbst aufzubauen.**

**Bild 1**: Personen im Fluggeschirr

Dabei sind möglichst geeignete Materialien, wie z.B. Normteile zu verwenden, die der Auftraggeber bzw. Veranstalter auf diese Weise nachvollziehbar überprüfen kann. Eine Sonderform der besonderen szenischen Darstellung findet sich im sogenannten *Fliegen von Personen*.

Detaillierte Auskunft gibt die **DGUV Information 215-320** *Arbeitsmittel zum szenischen Bewegen von Personen*. Hierunter verstehen sich Darstellungen, bei denen Personen an oder in sogenannten Flugwerken hängen und im Raum bewegt werden. Hierbei kann ein Fliegen, Schweben oder Fallen dargestellt werden. In manchen Flugwerken sind Rotationen um alle Achsen möglich. Als Flugwerk gelten auch an Punktzügen aufgehängte Plattformen **(Bild 2)** oder Lifte.

**Bild 2**: Schwebende Plattform

### 1.3.5 Optische Gefährdung

Veranstaltungen leben vom Licht und davon, dass Darsteller und Dekorationen sichtbar sind oder dass mit Licht selbst gestaltet wird. Das erforderliche Licht wird durch Scheinwerfer aller Art als **inkohärente optische Strahlung** oder durch Laser als **kohärente optische Strahlung** emittiert. Je nach Strahlungsintensität entstehen dadurch spezielle Gefährdungen für den Menschen und **besonders das Augenlicht**.

Wie bei allen anderen Arbeitsmitteln muss eine mögliche Gefährdung von Künstlern, Personal oder Besuchern mittels einer Gefährdungsbeurteilung festgestellt werden und es müssen Schutzmaßnahmen abgeleitet werden. Die notwendigen Informationen liefert der Hersteller oder Inverkehrbringer in den technischen Unterlagen. Grenzwerte für Strahlung finden sich in der *Arbeitsschutzverordnung zu künstlicher optischer Strahlung* – OstrV und den dazugehörenden *Technischen Regeln für Optische Strahlung* – TROS. Zusätzlich sind die Vorgaben der **DIN EN 62471** zu beachten, in der **Risikogruppen (RG)** definiert und für die Hersteller **Kennzeichnungspflichten** vorgegeben werden (siehe auch Seite 314).

Eine grundsätzliche Gefährdung ergibt sich durch die **Blendung** der Beteiligten, bei der die Sehfunktion kurzfristig gestört wird. Eine geblendete Person kann danach z. B. stürzen oder stolpern.

Eine weitere Gefährdung für das Auge und die Haut entsteht bei **UV-Strahlung**, ähnlich der Bestrahlung im Sommer durch die Sonne. Hierbei können kurzfristige und langfristige biologische Reaktionen auftreten, die zu einem Sonnenbrand, Grauem Star oder Hauttumoren führen oder die Augen „verblitzen", bzw. blenden. Als eine mögliche Schutzmaßnahme dienen spezielle Linsen, Schutzgläser oder UV-Filter, die besonders bei Entladungslampen notwendig sein können.

Zusätzliche Gefährdung geht vom ausgesendeten **Blaulicht** aus, das bei modernen Lampen besonders stark emittiert wird. Auch bei Bildschirmen aller Art (Monitor, Smartphone) entsteht eine **Blaulichtgefährdung**, die dort durch entsprechende Funktionen allerdings ausgeschaltet werden kann.

Die Gefährdung für die Augen entsteht hauptsächlich **beim Hineinschauen** in die Lichtquelle, z. B. bei Wartung oder Fokussieren der Lampen. Hier sollte unbedingt eine Schutzbrille getragen werden.

Besonders hohe Gefährdungen sind mit dem **Betrieb von Laseranlagen und Showlasern** verbunden. Beim Laser handelt es sich um **stark gebündeltes Licht, das je nach Wellenlänge** in den Farben violett, blau, grün, gelb, orange, rot, aber auch als nicht sichtbare Strahlung im Ultraviolett (UV)- oder Infrarot (IR)-Bereich auftreten kann.

Durch die **Bündelung des Laserstrahls** kann die Haut verbrennen und die Augen können verletzt werden. Hierbei sind die **direkte Bestrahlung und die Reflexion auf metallischen oder polierten/verchromten Oberflächen** problematisch. Die Showlaser der **Laserklassen** 3R, 3B und 4 nach DIN EN 60825-1 gelten als besonders gefährlich. Daher muss der Betrieb von Lasern durch vom Verwender zu bestellende und auszubildende **Laserschutzbeauftragte (LSB)** überwacht werden. Zu den Aufgaben des LSB ge-

**Bild 1:** Darstellung der verschiedenen Bereiche (Rot = Schutzbereich)

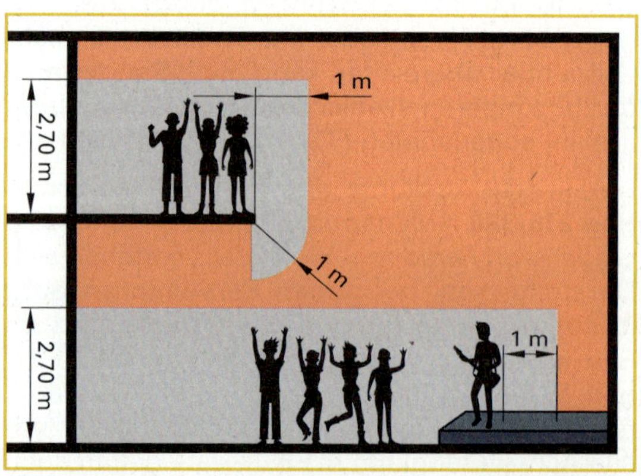


**Bild 2:** Abgrenzung zwischen dem Zuschauerbereich (grau) und dem Showlaserbereich (rot)

hört unter anderem die Einstellung und Kennzeichnung der Laserschutzbereiche am Aufstellort **(Bild 1 und 2, Seite 26)** und die Unterweisung der sich im Schutzbereich aufhaltenden Personen. Zusätzlich ist eine Abnahme des Lasers vor Ort durch einen **Laser-Sachverständigen** erforderlich.

Die Unterschiede in der Klassifizierung der Gefährlichkeit von inkohärenter und kohärenter Strahlung werden in **Tabelle 1** gegenübergestellt. Die ungefährliche Risikogruppe 1 und die bedingt gefährlichen Klassen 1M und 2 werden dort nicht erwähnt.

**Tabelle 1:** Unterschiede der Klassifizierung zwischen Laser und Scheinwerfer

| Laser – Laserklasse | Scheinwerfer-Risikogruppe nach EN 62471 | Gefährdung | Sicherheitsphilosophie (Fachverband Strahlenschutz) |
|---|---|---|---|
| 2M | Risikogruppe 2 | Bei Einsatz von optisch sammelnden Instrumenten für das Auge gefährlich | Sicherheit basiert auf Abwendungsreaktionen |
| 3R | Risikogruppe 3 | Gefährlich für das Auge | Potenziell gefährlich. Schutzmaßnahmen notwendig |
| 3B | | Immer gefährlich für das Auge | |
| 4 | | Immer gefährlich für Auge und Haut | |

## 1.3.6 Effekte, feuergefährliche Handlungen und Pyrotechnik

Special Effects (aus dem Englischen auch SFX oder auch FX genannt) gestalten die künstlerische Darstellung entweder plakativ z. B. in Form von Pyrotechnik oder unterstützend, beispielsweise beim Einsatz von Nebel. In allen Fällen des Einsatzes von **szenischen Effekten** ist besondere Sorgfalt und Vorsicht geboten und es müssen Sicherheitsmaßnahmen getroffen werden, je nach eingesetztem Effekt. Ausführliche Informationen liefert die **DGUV Information 215-312** *Pyrotechnik, Nebel und andere szenische Effekte*.

Ein niedrigschwelliger Effekt ist **Bühnennebel**. Dieser kann z. B. erzeugt werden, indem Blöcke von **tiefkaltem (–78,5 Celsius)** und damit festem **Kohlenstoffdioxid** als sogenanntes Trockeneis in kochendes Wasser gelegt werden. Die dabei sofort entstehenden dichten Dampfe, die schwerer als Luft sind, werden über einen Schlauch auf den Bühnenboden geleitet und bilden eine dicke Schicht Nebel.

Besondere Gefahren bestehen dabei darin, dass auf dem Bühnenboden **Kondenswasser** entstehen und zu **Rutschgefahren** führen kann. Außerdem gefährdet das tiefkalte Trockeneis die Haut des Technikers. Diese kann **gefrieren** und an dem Eis festkleben. Daher müssen unbedingt Handschuhe beim Handling getragen werden. Bei der Änderung des Aggregatzustandes von fest zu flüssig wird gasförmiges Kohlenstoffdioxid frei, das zu **Erstickung und Vergiftung** führen kann. Dies ist besonders zu beachten, wenn sich unterhalb des Bühnenniveaus ein Orchestergraben befindet.

Heute wird Nebel überwiegend durch **Verdampfung** oder **Zerstäubung** über entsprechende Nebelmaschinen mit dafür produzierter Nebelflüssigkeit erzeugt. Der erzeugte Dunst wird regelmäßig dazu genutzt, die Strahlen der Showbeleuchtung sichtbar zu machen **(Bild 1)**.

Besondere Gefahren beim Umgang mit Nebelmaschinen sind einerseits Sichtbehinderungen auf der Bühne und andererseits Rutschgefahren. Letztere entstehen besonders bei der Nebelerzeugung durch Zerstäubung mit „Crackern". Dabei schlägt sich immer ein Rest der Nebelflüssigkeit auf dem Boden nieder. Die im Raum verteilten Flüssigkeiten können bei einzelnen Akteuren zusätzlich zu Atembeschwerden und anderen Gesundheitsschäden führen, wenn z. B. hygienische Vorgaben im Handling nicht beachtet werden.

**Bild 1**: Bühnennebel

## Feuergefährliche Handlungen

Ein weiterer „special effect" sind **feuergefährliche Handlungen**. Hierunter werden alle Handlungen verstanden, bei denen mit Feuer umgegangen wird, z. B. Feuerspucken, Tragen von Fackeln oder Flammen in Form von Flammenstößen.

Da nach den Versammlungsstättenverordnungen der Länder die Verwendung von offenem Feuer, brennbaren Flüssigkeiten, Gasen und Pyrotechnik zunächst verboten ist, sind hier **Gefährdungsbeurteilungen** zu erstellen und besondere Vorsichtsmaßnahmen zu treffen. Sollten feuergefährliche Handlungen geplant werden, sind der Betreiber der Versammlungsstätte und die örtliche Brandschutzdienststelle vorher mit einzubeziehen. In der Regel werden die Anwesenheit einer Brandsicherheitswache und weitere Vorsichtsmaßnahmen vorgeschrieben.

Feuergefährliche Handlungen, besonders im Publikumsbereich, sind **ausreichend zu proben** und Einsatzkräfte sowie alle Beteiligten sind einzuweisen. Zu den üblichen feuergefährlichen Handlungen zählen das Tragen von Fackeln oder das Feuerspucken. Dabei sollten **Sicherheitsfackeln** genutzt werden, die selbsttätig beim Loslassen verlöschen. **Feuerspucken** darf nur von erfahrenen Feuerspuckern unter Beachtung der Schutzmaßnahmen und Einsatz zugelassener Flüssigkeiten durchgeführt werden.

Obwohl dies bereits herstellerseitig verboten ist, zählt das Abbrennen von Wunderkerzen im Zuschauerraum ebenfalls zu den üblichen feuergefährlichen Handlungen. Wunderkerzen erzeugen giftige Gase und sind nicht für den Einsatz in Innenräumen vorgesehen.

**Bild 1**: Showflammenprojektion

**Bild 2**: Flüssiggas-Flammen

**Bild 3**: Flammen mit Isopar

Eindrucksvolle und kräftige **Flammenprojektionen** können mittels Flüssiggas **(Bild 1 und Bild 2)** erzeugt werden. Hierzu sind auf dem Markt spezielle **Showflammenanlagen** erhältlich, die einen sicheren Umgang mit Flüssiggas unter Beachtung der Bestimmungen ermöglichen. Hierbei ist z. B. die **DGUV Vorschrift 79** *Flüssiggas* zum Umgang, zum Transport und zur Lagerung von Flüssiggas zu beachten. Besonderes Augenmerk muss auf die Verlegung und den Anschluss der temporären Leitungen gelegt werden. Als weitere Sicherheitsmaßnahme muss eine Flammenüberwachung stattfinden, sodass ohne Zündflamme kein Gas austreten kann.

Eine andere Möglichkeit, Flammen auf der Bühne zu erzeugen, besteht darin, **Flammenanlagen mit Isopropanol oder Isopar(raffin)** zu betreiben **(Bild 3)**. Dieses wird in einem **Druckbehälter mit Treibgas versetzt**, kontrolliert über Düsen versprüht und dabei gezündet. Hierbei sind alle Vorschriften und **technischen Regeln zum Betrieb von Druckgasanlagen** (BetrSichV) zu beachten und befähigte bzw. sachkundige Personen einzusetzen, die die Anlagen installieren und betreiben. Zusätzlich sind die **Druckanlagen** durch eine zugelassene Überwachungsstelle regelmäßig zu prüfen.

**Pyrotechnik**

Beim **Einsatz von Pyrotechnik** sind weitere Vorschriften zu beachten. Die Planung von Pyrotechnik und das Zünden von pyrotechnischen Sätzen oder Gegenständen ist nur nach den Vorgaben des **Sprengstoffgesetzes (SprengG)** zulässig. Danach muss ein Unternehmer, der Pyrotechnik einführen möchte und damit umgehen möchte, eine **Erlaubnis der zuständigen Behörde** besitzen. Der Pyrotechniker, also die Person, die die Pyrotechnik plant und vor Ort zündet und ggf. beim **Erlaubnisscheininhaber** angestellt ist, muss über einen **Befähigungsschein nach SprengG** verfügen. Dieser wird für die Dauer von fünf Jahren ausgestellt und muss vor Ablauf nach Absolvierung eines Wiederholungslehrgangs auf Antrag verlängert werden. Dies gilt auch für Pyrotechniker aus dem Ausland. Sollten diese nicht über die Erlaubnis nach SprengG verfügen, muss zusätzlich ein deutscher Befähigungsscheininhaber beauftragt werden.

**Tabelle 1:** Pyrotechnische Gegenstände und Sätze

| Kategorie | Beschreibung |
|---|---|
| **Feuerwerkskörper** | |
| **F1** | Feuerwerkskörper, die sehr geringe Gefahr darstellen, einen vernachlässigbaren Schallpegel besitzen und in geschlossenen Bereichen verwendet werden sollen – eingeschlossen Feuerwerkskörper, die zur Verwendung innerhalb von Wohngebäuden vorgesehen sind. |
| **F2** | Feuerwerkskörper, die eine geringe Gefahr darstellen, einen geringen Schallpegel besitzen und zur Verwendung in abgegrenzten Bereichen im Freien vorgesehen sind. |
| **F3** | Feuerwerkskörper, die eine mittelgroße Gefahr darstellen, zur Verwendung in weiten offenen Bereichen im Freien vorgesehen sind und deren Schallpegel die menschliche Gesundheit nicht gefährdet. |
| **F4** | Feuerwerkskörper, die eine große Gefahr darstellen, nur von Personen mit Fachkunde verwendet werden dürfen (Feuerwerkskörper für den professionellen Gebrauch) und deren Schallpegel die menschliche Gesundheit nicht gefährdet. |
| **Pyrotechnische Gegenstände für Bühne und Theater** | |
| **T1** | Pyrotechnische Gegenstände für die Verwendung auf Bühnen, die eine geringe Gefahr darstellen. |
| **T2** | Pyrotechnische Gegenstände für die Verwendung auf Bühnen, die zur ausschließlichen Verwendung durch Personen mit Fachkunde vorgesehen sind. |
| **Pyrotechnische Sätze** | |
| **S1** | Pyrotechnische Sätze geringer Gefährlichkeit, die z. B. auf Bühnen, in Theatern oder vergleichbaren Einrichtungen zur Strömungsmessung oder zur Ausbildung von Rettungskräften dienen. |
| **S2** | Pyrotechnische Sätze großer Gefährlichkeit, deren Umgang und Verkehr an eine besondere Befähigung und Erlaubnis gebunden ist. |

Pyrotechnische Gegenstände der Kategorien F3, F4 und T2 sowie Sätze der Kategorie S2 dürfen nur Personen überlassen werden, die aufgrund einer Erlaubnis oder eines Befähigungsscheines befähigt sind oder mit diesen Gegenständen umgehen dürfen.

Auch bei der Verwendung von Pyrotechnik der Kategorien F2 und T1 wird empfohlen, diese nur unter Aufsicht eines Erlaubnis- oder Befähigungsscheininhabers mit nachgewiesener Fachkunde und nach SprengG anzuwenden.

In Deutschland darf grundsätzlich nur Pyrotechnik gezündet werden, die über eine Prüfnummer der BAM, der *Bundesanstalt für Materialprüfung*, verfügt. Spätestens zwei Wochen vor Verwendung der Pyrotechnik muss dies bei der jeweils zuständigen Behörde formell angezeigt werden.

### 1.3.7 Sicherheitstechnische Einrichtungen

Zur Erkennung und Abwehr von Gefahren in Versammlungsstätten werden **sicherheitstechnische Einrichtungen** in den Gebäuden, ob fest oder temporär, eingebaut. Dabei handelt es sich nach der DGUV Vorschrift 17/18 um „alle technischen Anlagen und Betriebsmittel, die der **Abwehr unmittelbarer Gefahren** dienen". Dies können sein:

- Ersatzstromversorgung und Sicherheitsbeleuchtung
- Feuermelde- und Feuerlöscheinrichtungen
- Gebäudefunkanlagen
- Gefahrenmeldeanlagen
- Rauchabzugseinrichtungen
- Schutzvorhänge, wie z. B. der *eiserne Vorhang*
- Rauchschutzvorhänge

Bei diesen Einrichtungen handelt es sich hauptsächlich um Anlagen und Einrichtungen, die baurechtlich begründet sind und dem Schutz des Gebäudes und der darin befindlichen Personen dienen (siehe auch Kapitel 1.4 Brandschutz). Damit sichergestellt werden kann, dass diese Einrichtungen im Ernstfall funktionieren, sind sie nicht nur bei Inbetriebnahme und jährlich durch eine befähigte Person zu prüfen, sondern auch **alle drei Jahre im Rahmen der wiederkehrenden Prüfung** durch einen Prüfsachverständigen nach Landesrecht.

Im Betrieb der Versammlungsstätte ist darauf zu achten, dass die Wirksamkeit der sicherheitstechnischen Einrichtungen nicht durch Dekorationen, Ausrüstungen oder Ausstattung beeinträchtigt ist. Dies könnte z. B. durch Kabel geschehen, die durch den Schließbereich des eisernen Vorhangs geführt werden.

### 1.3.8 Lärm

Unter *Lärm* werden alle Geräusche verstanden, die unerwünscht, störend, belästigend und/oder schädigend sind bzw. sein können. Die Veranstaltungsbranche lebt davon, möglichst häufig und deutlich *Lärm* zu erzeugen, der von den jeweiligen Besuchergruppen als angenehm empfunden wird. Im Jahr 2018 z. B. war aufgrund dessen jede dritte anerkannte Berufskrankheit *Lärmschwerhörigkeit*. Dies betrifft Musiker und Techniker gleichermaßen.

Die Gefährdung für das Ohr entsteht dadurch, dass keine natürlichen Schutzmechanismen das Gehör vor übermäßigem Lärm bewahren. Lärm wirkt vor allem langfristig auf das Hörvermögen und eine einmal eingetretene Schädigung kann nicht wieder rückgängig gemacht werden. Auch kann Lärm dafür sorgen, dass Warnsignale oder gefahrankündigende Geräusche nicht gehört werden.

In der **DGUV Information 209-023** *Lärm am Arbeitsplatz* werden die Wirkung von Lärm bzw. Schall auf das Gehör sowie die erforderlichen Schutzmaßnahmen beschrieben. Die physiologischen Grundlagen werden dort ab Punkt 6.2 tiefergehend erläutert.

Lärmpausen tragen zur Regeneration bei. Bei kurzzeitig extrem lauten Schallereignissen, wie z. B. beim Zünden eines pyrotechnischen Satzes, kann es jedoch zu akuten, lebenslang andauernden Gehörschäden kommen.

Grundsätzlich ist eine lärmbedingte Schwerhörigkeit nicht heilbar. Gehörschädigungen führen dazu, dass z. B. Gesprächen, besonders in lauter Umgebung, schlecht gefolgt werden kann. Das **Richtungshören** wird eingeschränkt und einzelne Frequenzbereiche können stärker betroffen werden als andere. Dies kann sich z. B. beim Mischen von Sound auf Konzerten besonders negativ bemerkbar machen.

**Drei verschiedenen Arten von Lärm** sind je nach dem Kreis der Betroffenen zu unterscheiden. **Tabelle 1** zeigt diese zusammen mit den einschlägigen Regelwerken.

**Tabelle 1:** Lärm nach Betroffenen

| Betroffene | Regelwerk |
|---|---|
| Beschäftigte | Arbeitsschutzgesetz, Arbeitsstättenverordnung, Lärm-Vibrations-Arbeitsschutzverordnung (LärmVibrationsArbSchV), Technische Regeln TRLV |
| Besucher einer Veranstaltung | DIN 15905-5 |
| Anwohner | Bundesimmissionsschutzgesetz, Technische Anleitung zum Schutz gegen Lärm (TA Lärm), Freizeitlärmrichtlinie |

In der **LärmVibrationsArbSchV** wird der sogenannte **Tages-Lärmexpositionspegel** bezogen auf eine 8-Stunden-Schicht mit einem **unteren Auslösewert von 80 dB(A)** und einem **oberen Auslösewert von 85 dB(A)** festgelegt. Sobald der untere Auslösewert erreicht wird, muss der Arbeitgeber **persönlichen Gehörschutz** zur Verfügung stellen und die Beschäftigten entsprechend unterweisen. Bei Überschreiten des oberen Auslösewertes muss der Arbeitgeber dafür sorgen, dass der Gehörschutz getragen wird. Der **Lärmbereich** muss gekennzeichnet werden. Zusätzlich ist **arbeitsmedizinische Vorsorge** anzubieten.

Da Schallenergie nicht linear ansteigt, nimmt das menschliche Ohr eine Steigerung der gemessenen dB-Zahl um 3 dB als Verdoppelung des Gehörten wahr. Dies ist besonders wichtig bei der Ermittlung von Expositionszeiten. Eine Verdoppelung des Schalls muss im Arbeitsschutz jeweils zu einer Halbierung der Expositionszeit führen **(Tabelle 1)**.

**Tabelle 1:** Lärmsteigerung

| Geräuschpegel dB(A) | Maximale Expositionszeit/ 8-Stunden-Schicht |
|---|---|
| 85 | 8 Stunden |
| 88 | 4 Stunden |
| 91 | 2 Stunden |
| 94 | 1 Stunde |
| 97 | 30 Minuten |
| 100 | 15 Minuten |

Im Rahmen der **Gefährdungsbeurteilung** sind grundsätzlich technische und organisatorische Schutzmaßnahmen der persönlichen Schutzausrüstung vorzuziehen. Es sollte zunächst versucht werden, den Lärm zu vermeiden oder die Zeiten der Lärmbelastung so gering wie möglich zu halten.

Der Schutz des Gehörs ist für einen Veranstaltungstechniker nicht nur während einer Veranstaltung wichtig, sondern auch bei Auf- und Abbau, wenn z.B. Traversenbolzen **(Bild 1)** mit Hämmern in die Verbindungsstellen eingeschlagen werden müssen. Hier kann eine **Lärmreduzierung** dadurch erreicht werden, dass nicht mit Stahl- oder Kupferhämmern, sondern mit sogenannten Schonhämmern gearbeitet wird, die einen Kunststoffkopf tragen.

**Bild 1**: Traversenbolzen (Pins)

Für den **Schutz der Besucher** vor zu hohen Schalldruckpegeln muss ein Veranstalter im Rahmen seiner Verkehrssicherungspflicht die **DIN 15905-5** anwenden. Hierbei geht es um *Maßnahmen zum Vermeiden einer Gehörgefährdung des Publikums durch hohe Schallemissionen elektroakustischer Beschallungstechnik*. Dabei muss der **Beurteilungspegel** über die gesamte Veranstaltung in **30-Minuten-Fenstern** gemessen und dokumentiert werden.

Der Beurteilungspegel von 99 dB und der Spitzenpegel von 135 dB dürfen bei keiner **30-Minuten-Messung** überschritten werden. Je nach erreichten Werten sind die in **Tabelle 2** angegebenen Handlungen durch den Veranstalter vorgesehen. Die Messungen müssen von befähigten Personen mit einem **Messgerät der Klasse II** durchgeführt und dokumentiert werden.

**Tabelle 2:** Informationspflichten DIN 15905-1

| Grenzwert | Handlung |
|---|---|
| Ab 85 dB | Publikum informieren, wenn 86 db(A) zu erwarten sind. Über Eintrittskarte, Flyer, Aushang vor Ort, Anzeige |
| Ab 95 dB | Gehörschutz bereitstellen, dem Publikum das Tragen von bereitgestelltem Gehörschutz empfehlen. |
| Ab 95 dB | Optische Anzeige für das Bedienpersonal von 95 dB bis 99 dB gelb; ab 99 dB rot |

Der **Lärm, der die unbeteiligten Dritten, wie z.B. Anwohner belästigen kann,** ist in zwei verschiedene Regelungsgrundlagen aufgeteilt. Zum einen der Lärm, der von den sogenannten **Freizeitanlagen** ausgeht, wie z.B. aus Zelten, Volksfeste und ähnlichen Traditionsveranstaltungen, Musikdarbietungen, allerdings auch Konzerte in Sportanlagen, Zirkusveranstaltungen oder regelmäßige Feuerwerke. Hier wird der Lärm in den **Freizeitlärmerlassen oder -richtlinien** der jeweiligen Bundesländer geregelt.

Zum anderen greift bei der „Benutzung von Lautsprechern und Musikinstrumenten auf öffentlichen Verkehrsflächen sowie auf solchen Anlagen, Verkehrsräumen und Verkehrsmitteln, die der allgemeinen Benutzung dienen (z.B. bei Rockmusikkonzerten im Freien, Platzkonzerten oder Musikdarbietungen in innerstädtischen Fußgängerzonen)" das **Immissionsschutzgesetz** (LImSchG) des jeweiligen Bundeslandes. Dieses basiert auf dem Bundesimmissionsschutzgesetz (BImSchG). Als Grundlage für Messungen und für die Anwendung der oben genannten Gesetze und Richtlinien dient die *Technische Anleitung zum Schutz gegen Lärm* (TA Lärm) des Bundes.

Die Nachtruhe beginnt nach den vorgenannten Regeln um 22:00 Uhr und endet um 06:00 Uhr. Alle lärmerzeugenden Vorhaben sind nach der jeweils anzuwendenden Rechtsquelle genehmigungspflichtig und der Schutz der Nachtruhe ist zu beachten. Zur Klärung, ob eine geplante Veranstaltung genehmigungsfähig ist und welche Auflagen seitens der Ordnungsbehörden gemacht werden können, sollten die Behörden frühzeitig beteiligt sowie eine sorgfältige Planung der Schallemissionen und damit auch der Beschallungsanlagen durchgeführt werden.

**Tabelle 1:** Immissionsrichtwerte für Immissionsorte außerhalb von Gebäuden (Auszug nach TA Lärm) – Tag/Nacht

| | |
|---|---|
| Industriegebiete | 70 dB(A) |
| Gewerbegebiete | 65 dB(A)/ 50 dB(A) |
| Urbane Gebiete | 63 dB(A)/ 45 dB(A) |
| Kern-, Dorf-, Mischgebiete | 60 dB(A)/ 45 dB(A) |
| Allg. Wohngebiete | 55 dB(A)/ 40 dB(A) |
| Reine Wohngebiete | 50 dB(A)/ 35 dB(A) |

## Wiederholungsfragen

1. Wer ist im Betrieb für den Arbeitsschutz verantwortlich?
2. Kann diese Verpflichtung in Teilen auf andere Personen übertragen werden? Wenn ja, was ist dabei zu beachten?
3. Was ist in Betrieben mit mehr als 20 Beschäftigten zusätzlich zu beachten?
4. Welche Pflichten im Arbeitsschutz haben Sie als Angestellter der Firma?
5. Erstellen Sie eine Gefährdungsbeurteilung für den Aufbau eines Traversenvierecks mittels Materialliften. Besprechen Sie diese mit Ihrem Ausbilder und der Fachkraft für Arbeitssicherheit Ihres Betriebes.
6. Schreiben Sie ausgehend von der GBU eine kurze Unterweisung für das Hilfspersonal, das Sie bei dieser Tätigkeit unterstützt.
7. Stellen Sie eine Liste zusammen, in der Sie die notwendigen Qualifikationen zu beauftragender Dienstleister erfassen.
8. Wie unterscheiden sich Eigensicherheit und Einfehlersicherheit?
9. Ab welcher Höhe besteht Absturzgefahr und welche Schutzmaßnahmen müssen Sie dann ergreifen? Gibt es Ausnahmen für den Bühnenbetrieb?
10. Nennen Sie besondere szenische Darstellungen mit Absturzgefahren.
11. Welches sind die Aufgaben eines Laserschutzbeauftragten?
12. Welche Besonderheiten sind bei Showflammenanlagen zu beachten?
13. Welche Rolle spielt der Befähigungsscheininhaber bei Pyrotechnik?
14. Lärm ist in drei verschiedenen Rechtsquellen geregelt. Welche sind diese und welche Personengruppen werden jeweils dadurch geschützt?
15. Zu welchem Zweck werden Kabelbrücken hauptsächlich vorgesehen? Was ist bei der Verlegung zu beachten?

### 1.3.9 Kabelbrücken

Die temporäre Verlegung von Kabeln auf Fußböden in Gebäuden oder im Freien gehört zu einer der häufigsten Aufgaben in der Veranstaltungstechnik. Im Idealfall können diese entlang von Wänden verlegt werden. Sollen Kabel im Raum bzw. auf der Fläche verlaufen (zu den grundsätzlichen Verlegearten siehe Kapitel 7.8.1), sind diese vor jeder Art von mechanischen Einflüssen wie z. B. darauf treten, überrollt werden usw. zu schützen.

Dies gilt umso mehr für den Schutz von Signalleitungen. Die Grundlage dafür geben u.a. die DIN VDE 0100-711, die Arbeitsstättenrichtlinien und die VStättVO der Länder.

Als Schutz sollten **Führungssysteme für Kabel und Leitungen** nach DIN EN 61537 VDE 0639 **(Bild 1)** benutzt werden.

Umgangssprachlich werden diese Führungssysteme häufig **Kabelbrücken** und in der Veranstaltungsbranche auch nach dem ersten Hersteller *Yellow Jacket* genannt.

**Bild 1**: Kabelbrücken offen und geschlossen

Der Einsatz von Kabelbrücken dient dabei also in erster Linie nicht dazu, Stolpergefahren im Sinne der Verkehrssicherungspflicht zu reduzieren. Dennoch sollte auf eine möglichst barrierefreie Verlegung geachtet werden.

Kabelbrücken existieren in vielen verschiedenen Größen vom Netzwerkkabel bis zu Starkstromkabel. Es sollten immer passende Größen verwendet werden.

In **Bild 2** ist ein Produkt zu sehen, in dem mehrere Kanalelemente nebeneinander liegen und mit sehr flachen Rampenelementen ergänzt wurden. Diese ermöglichen ein einfaches Überfahren mit Transportkisten (Cases), Transportwagen (Dollies) oder Rollstühlen.

**Bild 2**: Barrierefreie Kabelbrücken

In der Praxis ist auch zu beachten, dass vor Türen im Verlauf von Fluchtwegen keine Schwellen vorhanden sein dürfen. Damit verbietet sich die Verlegung von Kabeln vor Türen generell – auch geschützt von einer Matte oder einer Kabelbrücke.

Im Freien gilt die Kabelbrücke als Hindernis bzw. Gefahrenstelle, vor der der Verantwortliche mit entsprechenden Hinweisschildern andere Verkehrsteilnehmer, wie z. B. Fahrradfahrer, warnen muss.

## 1.4 Brandschutz

> *„Es entspricht der Lebenserfahrung, dass mit der Entstehung eines Brandes praktisch jederzeit gerechnet werden muss. Der Umstand, dass in vielen Gebäuden jahrzehntelang kein Brand ausbricht, beweist nicht, dass keine Gefahr besteht, sondern stellt für den Betroffenen einen Glücksfall dar, mit dessen Ende jederzeit gerechnet werden muss*
>
> *OVG Münster am 11.12.1987 unter Aktenzeichen 10A 363/86.“*

**Bild 1**: Ringtheaterbrand „Neue illustrierte Zeitung“, 18.12.1881

Ein solcher Glücksfall trat am 8. Dezember 1881 in Wien nicht ein. An diesem Tag brannte das mit 1 760 Besuchern vollbesetzte Ringtheater vollständig ab und hinterließ offiziell 384 Tote. Diese Katastrophe war zurückzuführen auf aus heutiger Sicht nicht ausreichende Brandschutzvorschriften in Verbindung mit dem Nicht-Befolgen der existierenden Vorschriften. Als Folge des Brandes wurden Brandschutzvorschriften für Versammlungsstätten verschärft oder erstmalig eingeführt. So wurden der **eiserne Vorhang** (siehe Seite 59) und **nach außen öffnende Türen** zur Pflicht und die Imprägnierung entflammbarer Stoffe wurde vorgeschrieben. Auch die uniformierte **Brandsicherheitswache** wurde damals eingeführt.

Folgende **Schutzziele** sind im Brandschutz zu erreichen:

- Brandentstehung verhindern
- Rauchentwicklung minimieren
- Brandausbreitung minimieren
- Flucht, Rettung und Brandbekämpfung ermöglichen

Grundsätzlich kann zwischen dem baulichen Brandschutz, dem technischen Brandschutz, dem organisatorischen Brandschutz und dem abwehrenden Brandschutz unterschieden werden **(Bild 2)**. Die Begriffe „organisatorischer Brandschutz“ und „betrieblicher Brandschutz“ werden hier synonym verwendet. Die Bezeichnung variiert mit der zugrundeliegenden Vorschrift. Eine alternative Bezeichnung für den abwehrenden Brandschutz lautet „Brandbekämpfung“.

**Bild 2**: Brandschutz

In diesem Kapitel werden der **organisatorische Brandschutz** und die **Brandbekämpfung** behandelt. Der bauliche Brandschutz und der technische Brandschutz finden sich in Kapitel 2.8.

Der Arbeitgeber bzw. Unternehmer ist verpflichtet, die notwendigen betrieblichen Maßnahmen gegen das Entstehen von Bränden oder Explosionen festzulegen und zu dokumentieren. Dazu müssen von einer fachkundigen Person, wie z. B. einem **Brandschutzsachverständigen** oder einem **Brandschutzbeauftragten**, im Rahmen einer Gefährdungsbeurteilung alle aus den betrieblichen Prozessen, ob **in der Betriebsstätte, auf Tournee** oder **bei Special Events**, existierenden und möglichen Brandgefahren und Zündquellen ermittelt, bewertet und Schutzmaßnahmen zur Erreichung der vier wesentlichen Schutzziele im Brandschutz abgeleitet werden.

Im betrieblichen Brandschutz liegen außer den in Kapitel 1.4.2 genannten Zündquellen die möglichen Gefahrenquellen in der **Lagerung und Verwendung brennbarer und explosiver Gefahrstoffe** (siehe Kapitel 1.1.5). Die in den Sicherheitsdatenblättern genannten Vorsichtsmaßnahmen hinsichtlich Zusammenlagerung, Lagermengen und Verwendung sind immer zu beachten. Dies gilt umso mehr für entzündliche Flüssigkeiten und Gase, wie z. B. Propan als Flüssiggas oder Stoffe in Sprühdosen/Aerosole. Auch bei Lagerung und Umgang von Stoffen für **Pyrotechnik oder feuergefährliche Handlungen** (siehe Kapitel 1.3.6) sind alle erforderlichen Vorsichtsmaßnahmen zu treffen.

Eine weitere Gefährdung, besonders in **Betrieben mit Holzverarbeitung**, entsteht durch die anfallenden Holzstäube, die bei falscher Behandlung zu einer **Staubexplosion** führen können. Hier ist auf sachgerechtes Absaugen und rechtzeitiges Entfernen der Stäube zu achten.

**Batterieladeplätze**, wie sie z. B. für Elektro-Hubwagen erforderlich sind, stellen ebenfalls ein Explosions- oder Brandrisiko dar, da durch den Ladevorgang **Knallgas** entstehen kann. Daher sind Ladegeräte immer mit einem **Abstand von 2,5 m zu brennbaren Gegenständen** und nicht in Regalen aufzustellen.

**Selbstentzündung** in Werkstätten oder an Plätzen, an denen Materialpflege durchgeführt wird, ist ebenfalls ein Risiko. Dort fallen üblicherweise **Putzlappen** an, die mit Reinigungsmitteln und Abrieb verschmutzt sind. Diese Lappen können sich **selbst entzünden** und müssen daher immer in metallenen Behältern mit festschließendem Deckel aufbewahrt werden.

## 1.4.1 Rechtsgrundlagen des Brandschutzes

Die Rechtsgrundlagen für den Brandschutz finden sich in verschiedenen Regelwerken (**Tabelle 1**). Zusätzlich stellen die **Gebäudeversicherungen** in ihren **Versicherungsbedingungen** Forderungen. Jeder Gebäudebesitzer oder -betreiber, ob Versammlungsstätte oder Geschäftsgebäude mit Lager z. B. eines technischen Dienstleisters für Veranstaltungstechnik, hat entsprechende Verträge unterschrieben. Sie verpflichten sich darin zu umfassenden **Brandschutzvorkehrungen baulicher, technischer und organisatorischer** Art.

| **Tabelle 1:** Rechtsgrundlagen Brandschutz |
|---|
| Produktsicherheitsgesetz |
| Arbeitsschutzgesetz, § 10 |
| Betriebssicherheitsverordnung |
| Gefahrstoffverordnung und Technische Regeln Gefahrstoffe (TRGS) zu Brand- und Explosionsschutz |
| Arbeitsstättenverordnung |
| Arbeitsstättenrichtlinie ASR A2.2 – Maßnahmen gegen Brände |
| ASR A2.3 Fluchtwege und Notausgänge, Flucht und Rettungspläne |
| DGUV Vorschrift 17/18 und DGUV Regel 115-002 |
| Bauordnungen der Länder |
| Versammlungsstättenverordnungen der Länder |

**DGUV Information 205-001**
Betrieblicher Brandschutz in der Praxis

### 1.4.2 Brandursachen/Brandentstehung

Die Verteilung der **Brandursachen** in Deutschland in den letzten 20 Jahren ist in **Bild 1** dargestellt. Allerdings waren in 21 % aller Brände die Ursachen nicht zu ermitteln.

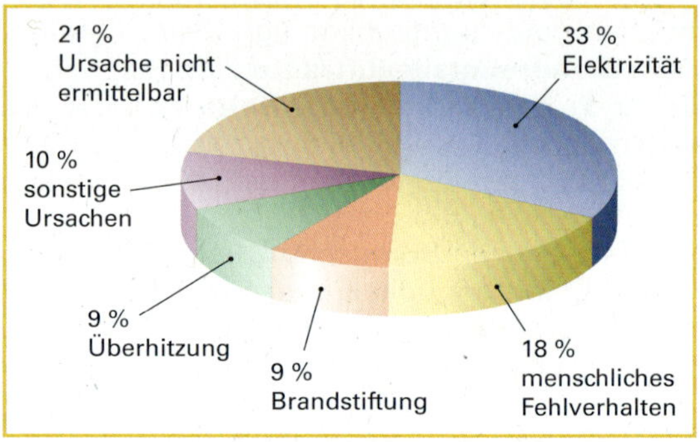


**Bild 1**: Brandursachen in Deutschland

Opfer eines Brandes sterben mehrheitlich am **Einatmen der hochgiftigen Rauchgase** und damit an einer **Rauchvergiftung**. Diese führt bei gesunden Menschen bereits nach ca. drei bis vier Atemzügen zu Bewusstlosigkeit oder direkt zum Tod.

Im beruflichen Umfeld sind die Hauptursachen fehlende Wartung, Prüfung und Instandhaltung, fehlerhafte oder überlastete elektrische Anlagen, mangelndes Gefahrenbewusstsein beim Umgang mit Zündquellen und fehlende Unterweisung.

In der Veranstaltungsbranche gibt es eine große Menge an Zündquellen in Form von **elektrischen Geräten und Kabeln**, sehr **starken Leuchten**, vielen **Dekorationen** und dazu noch **Flammeneffekten und Pyrotechnik**, die in den letzten Jahren sehr beliebt geworden sind.

Ein Feuer bzw. die Verbrennung ist ein chemischer Vorgang, zu dem **drei Bedingungen** gegeben sein müssen **(Bild 2)**.

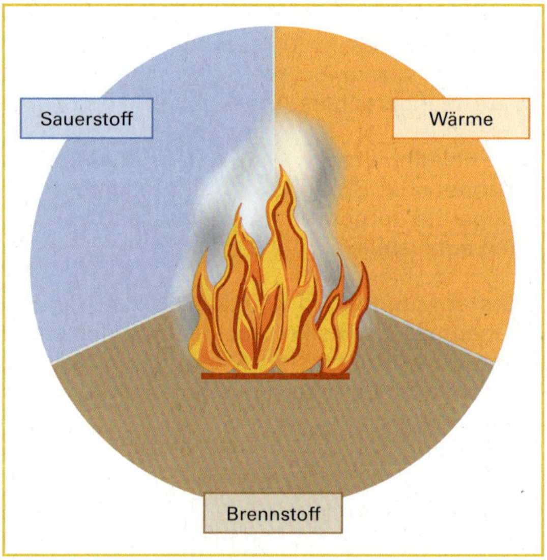


**Bild 2**: Das Branddreieck

**Brennbarer Stoff**: Dieser kann gasförmig, flüssig oder fest sein. Dabei kann es sich auch um Dämpfe, Nebel oder Stäube (Holzstaub, Metallstaub) handeln. Die Erscheinungsform des brennbaren Stoffs beeinflusst die Art und Weise eines Brandes maßgeblich. So kann ein Holzklotz sehr lange brauchen, bis er schließlich brennt. Holzstaub, der aus dem Klotz erzeugt wird, kann sich explosionsartig entzünden. Genauso kann Stahlwolle aufgrund der sehr großen Oberfläche sehr leicht bereits durch eine 9V-Blockbatterie entzündet werden.

**Brennbare Flüssigkeiten** brennen nicht selbst, sondern das **Dampf-Luft-Gemisch**, das über dem Flüssigkeitsspiegel steht, kann sich bereits bei relativ niedrigen Temperaturen entzünden. Dies wird bei Flammeneffekten genutzt, bei denen ein sonst unbedenklicher Stoff versprüht wird.

**Sauerstoff** als zweite Bedingung ist farb- und geruchlos und zu 21 % in der Atemluft enthalten. Bei Erhöhung des Sauerstoffgehalts erhöht sich die Verbrennungsgeschwindigkeit sehr stark.

**Zündquellen** stehen, wie oben erwähnt, in der Veranstaltungstechnik reichlich zur Verfügung. Kabel können durch nicht fachgerechtes Anschließen überhitzen, genauso wie Geräte. Funken aus einem Effekt können in der Dekoration zu einem Schwel- und dann zu einem Vollbrand führen. Brennpaste unter einer Warmhalteschale kann überschwappen, wenn jemand an den Tisch stößt. Eine starke Lampe kann zu lange mit zu geringem Abstand auf dieselbe Stelle eines Vorhangs leuchten und vieles mehr. Daher muss der **Brandschutz bei Veranstaltungen** und Events aller Art ständig und frühzeitig mitgeplant und berücksichtigt werden.

### 1.4.3 Brandschutzordnung und Pläne

Zur Abrundung des Brandschutzes im Betrieb dient der organisatorische Brandschutz. Die Schutzmaßnahmen, die im Rahmen der Gefährdungsbeurteilung des Brandschutzes abgeleitet wurden, müssen allen Personen, die sich in der Betriebsstätte aufhalten, nicht nur eigenen Beschäftigten, durch **gut sichtbare Aushänge** bekannt gemacht werden. Dies gilt nicht nur, wenn erhöhte Gefährdung vorliegt, sondern auch, wenn ein **Flucht- und Rettungswegeplan** (siehe unten) ausgehängt werden muss und wenn häufig Fremdfirmen oder Besucher in der Betriebsstätte anwesend sind. Dies erfolgt in der Regel als **Brandschutzordnung (BSO) Teil A** nach DIN 14096 **(Bild 1)**.

**Bild 1**: Brandschutzordnung Teil A

Die Maßnahmen, die **alle Beschäftigten** beachten müssen, sind in der **BSO Teil B** zu nennen und die Maßnahmen für **Beschäftigte mit besonderen Brandschutzaufgaben**, wie z. B. Brandschutz- oder Räumungshelfer werden in der **BSO Teil C** bekannt gegeben. **Alle Beschäftigten sind** erstmalig bei Einstellung und jährlich wiederkehrend in die Schutzmaßnahmen im Brandschutz zu unterweisen **(Tabelle 1)**.

Im Fall einer **Tourneeproduktion**, die ständig an **wechselnden Orten** gastiert oder einem Special Event, das einmalig z. B. in einer ungewöhnlichen Location stattfindet, sind die Unterweisungspflichten im Brandschutz, wie auch generell, auf die Produktion als solches anzuwenden, wie aus **Tabelle 1** hervorgeht. Das bedeutet, dass auch für eine temporäre Produktion die entsprechenden Brandgefahren, die aus der Produktion entstehen können, zu unterweisen sind. Dies gilt auch für die in der Regel **täglich wechselnden Fluchtwegesituationen und Notfallprozeduren** der verschiedenen Spielorte.

**Tabelle 1:** Regelmäßige Brandschutz-Unterweisung für alle Beschäftigten

| Unterweisungsdauer nach Notwendigkeit | | | | |
|---|---|---|---|---|
| **bei Tätigkeiten auftretende Brandgefährdungen** | | **Maßnahmen zur Abwendung von Brandgefährdungen** | | |
| Brandgefahren am Arbeitsplatz (z. B. Gefährdungsbeurteilung) | Umgang mit Zündquellen (z. B. Betriebsanweisungen) | Maßnahmen gegen Entstehungsbrände und Explosionen | Verhalten im Brandfall (z. B. Brandschutzordnung Teil A+B) | Flucht- und Rettungswege (z. B. Evakuierung, Flucht- und Rettungsplan) |
| Ziel: Arbeitssicherheit durch sicheren Umgang mit Brandgefahren am Arbeitsplatz und richtiges Verhalten im Brandfall durch selbstständiges Verlassen (Flucht) bei unmittelbarer Gefahr | | | | |
| Kenntnisse der betriebsspezifischen Gefahren und Schutzmaßnahmen (Gefährdungsbeurteilung und Betriebsanweisungen bzw. Brandschutzordnung) | | | | |

In jedem Betrieb sind mindestens **5 % der Beschäftigten als Brandschutzhelfer** zu bestellen und zu schulen. Bei der Schulung werden die theoretischen Grundlagen des Brandschutzes und praktische Übungen mit Feuerlöschern durchgeführt, die alle 2 bis 5 Jahre wiederholt werden sollten.

Als besondere Unterstützung im Betrieb, speziell bei erhöhter Brandgefährdung, gilt der **Brandschutzbeauftragte (BSB)**, der eine zweiwöchige Schulung absolviert und vom Unternehmer bestellt werden sollte. Eine Verpflichtung aus den Regelwerken zur Bestellung eines BSB besteht nicht. Unter Umständen werden BSB von Genehmigungsbehörden oder Sachversicherern gefordert. Der BSB **berät und unterstützt den Unternehmer in allen Fragen des Brandschutzes**. Zu den Aufgaben gehören u. a.:

- Ermittlung von Brand- und Explosionsgefährdungen
- Erstellung der Notfallplanung, wie z. B. BSO, Feuerwehrpläne, Flucht- und Rettungspläne
- Aus- und Fortbildung von Beschäftigten im Brandschutz
- Begehungen der Betriebsstätte

Eine weitere wesentliche Aufgabe bei der **Organisation des betrieblichen Brandschutzes** besteht darin, falls es trotz aller Vorbeugung zu einem Brand und damit oft zu einem Alarm kommt, die dann notwendige sofortige **Räumung** des betroffenen Gebäudes oder Ortes im Vorhinein zu planen. Dazu ist es erforderlich, einen **Alarmplan** aufzustellen, in dem die zu benachrichtigenden Personen genannt werden. Zusätzlich sollte ein **Räumungskonzept** nach VDI 4062 aufgestellt werden. Darin werden alle für einen geregelten Räumungsablauf notwendigen Anweisungen, Abläufe und Informationen zusammengestellt. Ein Räumungskonzept wird auch in den Versammlungsstättenverordnungen der Länder gefordert. Die nachfolgend genannten Pläne sollten Bestandteil des Räumungskonzeptes sein.

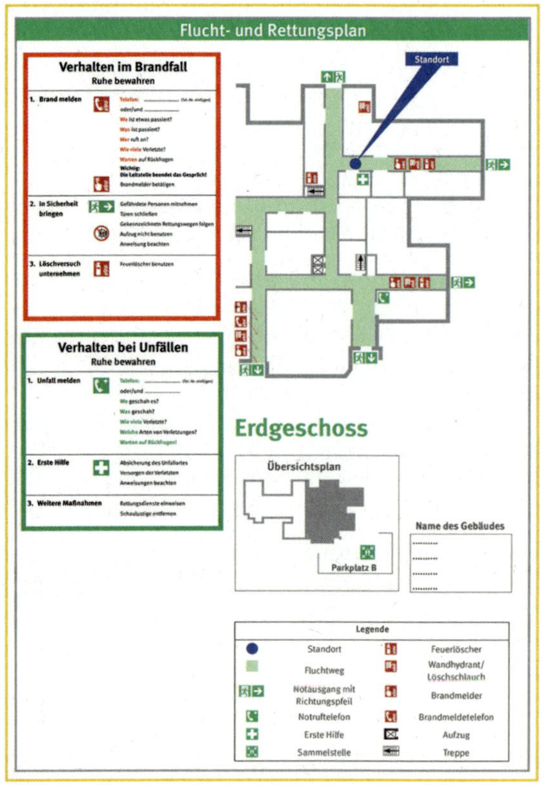


**Bild 1**: Flucht- und Rettungswegeplan

**Flucht- und Rettungswegepläne** sind vom Arbeitgeber nach Arbeitsstättenrichtlinie A 2.3 dann anzubringen, wenn die Lage, die Ausdehnung oder die Art der Benutzung der Arbeitsstätte dies erfordern **(Bild 1)**. So z. B. bei einem hohen Anteil an ortsunkundigen Personen oder bei einer erhöhten Gefährdung. Aus dem Plan muss der **Verlauf der Fluchtwege** und die **Lage der Notausgänge** ersichtlich sein, sowie die **Position von Erste-Hilfe- und Brandschutzeinrichtungen**. Zur Erleichterung der Orientierung ist der Plan immer **lagerichtig** auf den Standort des Betrachters bezogen auszurichten. Die Inhalte des Planes sind Bestandteil der Unterweisung.

**Feuerwehrpläne** müssen im Zuge behördlicher Auflagen und in Abstimmung mit der jeweiligen Brandschutzdienststelle erstellt werden **(Bild 2)**. Nach DIN 14095 sind die Inhalte und die Gestaltung vorgeschrieben. In einem Feuerwehrplan sind die baulichen und technischen Einrichtungen, die für die Brandbekämpfung und Rettung vorhanden sind, mit genormten Symbolen darzustellen.

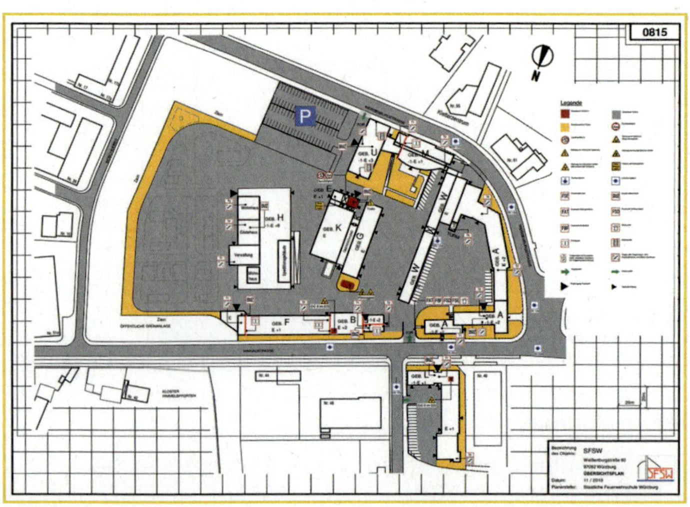


**Bild 2**: Feuerwehrplan

## 1.4.4 Brandverhalten von Baustoffen und Brandschutznachweise

Zur Vorbeugung von Bränden und zur Unterstützung der Schutzziele im Brandschutz sehen die Versammlungsstättenverordnungen in den Bundesländern vor, dass in Versammlungsstätten Vorhänge, Ausstattungen und Ausschmückungen mindestens schwerentflammbar sein müssen. Dies kann, wie bereits in Kapitel 1.4.3 erwähnt, anhand der nationalen DIN 4102-1 oder der europäischen DIN EN 13501-1 nachgewiesen werden.

Zum Nachweis der Eigenschaften muss ein Prüfzeugnis eines Prüfinstituts vorgelegt werden. Dieses wird üblicherweise mehrere Seiten mit detaillierten Prüfergebnissen enthalten. Der Verwender sollte dieses Prüfzeugnis ebenso genau prüfen wie die Location, in die der Stoff eingebracht werden soll. In dem Prüfzeugnis wird die Gültigkeitsdauer genannt, die i.d.R. fünf Jahre betragen wird und die Bedingungen, unter denen die Eigenschaft *schwerentflammbar* gültig ist. Je nach Region werden diese Brandschutznachweise von den örtlichen Behörden sehr genau geprüft und bei Abweichungen eine Verwendung oft nicht zugelassen.

In anderen europäischen Ländern, besonders Großbritannien und Frankreich, gelten teilweise andere nationale Normen für die Ermittlung des Brandverhaltens, die von den vorgenannten abweichen können. Auch hier sollte vor einem Gastspiel genau geprüft werden, ob die Stoffe überhaupt verwendbar sind.

## 1.4.5 Abschalten von Brandmeldeanlagen

Bei Veranstaltungen wird regelmäßig künstlicher Nebel eingesetzt, um die Lichteffekte richtig zur Geltung kommen zu lassen. Dieser Nebel kann Brandmeldeanlagen fälschlich auslösen und zu einer Unterbrechung der Veranstaltung oder sogar einer Auslösung der Löscheinrichtungen führen. Daher ist kann es erforderlich sein, Teile der Brandmeldeanlage abzuschalten. Dies darf ausschließlich durch die hierfür bestellte Person der Location und mit deren Zustimmung durchgeführt werden. Die Abschaltung ist im Betriebsbuch der Anlage zu vermerken und für die Zeit der Abschaltung sind Kompensationsmaßnahmen umzusetzen.

## 1.4.6 Brandbekämpfung

Nach Entdecken eines Brandes ist **zuerst ein Notruf** abzusetzen. Dies kann per Telefon unter der Notrufnummer 112 erfolgen oder mittels eines Druckknopfmelders.

Anschließend ist **sofort ein Löschversuch** mit den nächstliegenden Löscheinrichtungen, wie z. B. einem Feuerlöscher **(Bild 1)** oder einem Wandhydranten vorzunehmen. Wenn möglich, sollten mehrere Löscher gleichzeitig eingesetzt werden. Dabei ist die eigene Sicherheit zu berücksichtigen. Informationen zum richtigen Löschen finden sich in **Bild 1, Seite 40.** Diese sind auch bei der DGUV als Plakat oder Faltkarte erhältlich.

**Bild 1**: Handhabung Feuerlöscher (Beispiel)

**Bild 1**: Feuerlöscher richtig einsetzen – DGUV-Information 205-039

## Wiederholungsfragen

1. Welche Arten von Brandschutz kennen Sie und in welcher Rangfolge werden diese angewendet?
2. Informieren Sie sich über die Brandschutzmaßnahmen in Ihrem Betrieb und ordnen Sie diese der Rangfolge aus Nr. 1 nach ein.
3. Was ist in diesem Zusammenhang bei Batterieladeplätzen für Elektrostapler aber auch anderen batteriebetriebenen (z. B. Li-ion Akku) Geräten zu beachten?
4. Beschaffen Sie sich die ASF (Allgemeine Sicherheitsvorschriften der Feuerversicherer) aus dem Internet und vergleichen Sie diese mit Ihrer betrieblichen Praxis. Nennen Sie Abweichungen.
5. Nennen Sie die konkreten Brandrisiken in Ihrem Betrieb.
6. Welche Person berät und unterstützt den Unternehmer bei Brandschutzfragen?
7. Mit welchen Dokumenten wird der betriebliche Brandschutz und Notfallmaßnahmen unterstützt und dokumentiert?
8. Was ist bei der Abschaltung von Brandmeldeanlagen zu beachten? Kann eine Location dies verweigern?
9. Was tun Sie nach Entdecken eines Brandes, in welcher Reihenfolge?

# 2 Versammlungsstätten

# 2 Versammlungsstätten

**Bild 1**: Römische Versammlungsstätte „Kolosseum"

Orte, an denen Veranstaltungen stattfinden nennt man, da sich hier eine große Zahl von Menschen versammelt, Versammlungsstätten. Versammlungsstätten gab es bereits sehr früh in der Menschheitsgeschichte. So kannten die Römer beispielsweise Theater mit halbrunden Zuschauerräumen und Amphitheater[1] mit Zuschauerräumen in Form eines geschlossenen Ovals. Ein berühmtes Exemplar eines bis heute erhaltenen römischen Amphitheaters ist das Kolosseum in Rom **(Bild 1)**.

Große Menschenansammlungen in Bauwerken bergen immer besondere Gefahren. Um diesen zu begegnen, gab es von der Antike bis heute immer Vorschriften dazu, wie die entsprechenden Versammlungsstätten aussehen mussten. Heute werden diese Vorschriften Baurecht genannt. Historische Beispiele für baurechtliche Vorschriften sind das „Corpus Juris" aus dem römischen Reich sowie der „Schwabenspiegel", der „Sachsenspiegel" und das „Stangenrecht" aus dem Mittelalter.

Im Jahre 27 kam es in Fidenae, nördlich vom antiken Rom, zu einer massiven Katastrophe, die ca. 50000 Menschenleben kostete. Dort wurde im Auftrag von Kaiser Tiberius unter Aufsicht eines entlassenen Sklaven ein hölzernes Amphitheater errichtet. Aufgrund vieler Konstruktionsfehler stürzte das Theater am Eröffnungstag ein. Anschließend wurden die ersten strengen Baugesetze erlassen, die sich unter anderem auf die finanzielle Leistungsfähigkeit des Bauherrn und die Standsicherheit bezogen. Nach dem Brand von Rom 67 n. Chr. erließ Kaiser Nero weitere Bauvorschriften.

Die heute in Deutschland gültigen baurechtlichen Grundlagen sind die Bauordnungen der Bundesländer sowie im Bereich von Veranstaltungen die jeweiligen Versammlungsstättenverordnungen. Diese werden in **Kapitel 2.1** behandelt.

Ziel der oben genannten Rechtsvorschriften war und ist es, Schäden an Personen und Sachgütern zu vermeiden. Hierzu wird zunächst die Besucherzahl auf ein verantwortbares Maß beschränkt **(Kapitel 2.3)**. Weiterhin gibt es Vorschriften, die bei einer sicheren und schnellen Evakuierung im Gefahrenfall helfen sollen. Hierzu zählen die Bestuhlungs-Vorschriften **(Kapitel 2.7)**, die Regelungen zu den Rettungswegen **(Kapitel 2.4)**, die Vorschriften zur Barrierefreiheit **(Kapitel 2.6)** sowie die Sicherheitsbeleuchtung **(Kapitel 2.9)**. Zur Gefahrenprävention und -abwehr gibt es darüber hinaus Brandschutzvorschriften **(Kapitel 2.8)** und eine klare Festlegung von Verantwortlichkeiten **(Kapitel 2.10)**.

[1] amphi (griech.) = ringsherum

## 2.1 Rechtsgrundlagen

Die heute gültigen rechtlichen Voraussetzungen für den Bau von Gebäuden in Deutschland werden unter dem Begriff „Baurecht" zusammengefasst. Wenn es um Versammlungsstätten geht, bewegt man sich dabei im Bereich des Bauordnungsrechtes **(Bild 1)**. Das grundlegende Element des Bauordnungsrechtes sind die jeweiligen Landesbauordnungen (LBOs).

> Die Regulierung von Bauvorhaben obliegt in der Bundesrepublik Deutschland den Bundesländern.

Um die verschiedenen Bauordnungen der Länder zu vereinheitlichen, wird von der Bauministerkonferenz die sogenannte **Musterbauordnung (MBO)** herausgegeben. Die Bauministerkonferenz, auch genannt ARGEBAU, bezeichnet das jährliche Zusammentreffen der Fachminister und Senatoren des Fachbereiches aus allen Bundesländern.

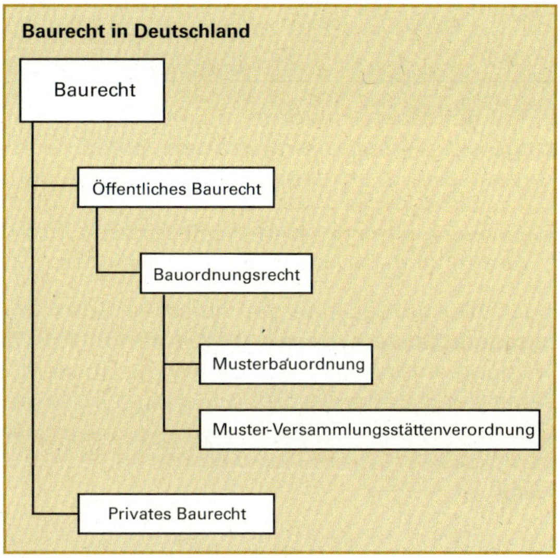


**Bild 1:** Baurecht in Deutschland

> Die Musterbauordnung dient den Ländern als Vorlage bei der Erstellung und Änderung ihrer jeweiligen **Landesbauordnungen**. Im Einzelnen können die Regelungen jedoch davon abweichen.

**Tabelle 1** kann entnommen werden, welche Verordnung für das jeweilige Bundesland gilt und wann sie zuletzt geändert wurde.

**Tabelle 1:** Umsetzung der Musterbauordnung in den Ländern

| Titel | Abkürzung | Datum | Letzte Änderung |
|---|---|---|---|
| Landesbauordnung für **Baden-Württemberg** | LBO | 05.03.2010 | 18.07.2019 |
| **Bayerische** Bauordnung | BayBO | 14.08.2007 | 25.05.2021 |
| Bauordnung für **Berlin** | BauO Bln | 26.09.2005 | 14.05.2020 |
| **Brandenburgische** Bauordnung | BbgBO | 17.09.2008 | 20.05.2016 |
| **Bremische** Landesbauordnung | BauO | 04.09.2018 | 14.05.2019 |
| **Hamburgische** Bauordnung | HBauO | 14.12.2005 | 28.01.2014 |
| **Hessische** Bauordnung | HBO | 28.05.2018 | 03.06.2020 |
| Landesbauordnung **Mecklenburg-Vorpommern** | LBauO M-V 2015 | 15.10.2015 | 19.11.2019 |
| **Niedersächsische** Bauordnung | NBauO | 03.04.2012 | 10.11.2021 |
| Bauordnung für das Land **Nordrhein-Westfalen** – Landesbauordnung 2018 | BauO NRW 2018 | 21.07.2018 | 02.07.2021 |
| Landesbauordnung **Rheinland-Pfalz** | LBauO | 24.11.1998 | 15.06.2015 |
| Landesbauordnung **(Saarland)** | LBO | 18.02.2004 | 15.07.2015 |
| **Sächsische** Bauordnung | SächsBO | 28.05.2004 | 20.03.2020 |
| Bauordnung des Landes **Sachsen-Anhalt** | BauO LSA | 10.09.2013 | 17.07.2014 |
| Landesbauordnung für das Land **Schleswig-Holstein** | LBO | 22.01.2009 | 29.11.2018 |
| **Thüringer** Bauordnung | ThürBO | 13.03.2014 | 22.03.2016 |

Die (M)BO gilt für bauliche Anlagen und Bauprodukte. Bauliche Anlagen sind demnach:

> *... mit dem Erdboden verbundene, aus Bauprodukten hergestellte Anlagen; eine Verbindung mit dem Boden besteht auch dann, wenn die Anlage durch eigene Schwere auf dem Boden ruht ...*

In § 2 der Musterbauordnung werden die Gebäude in 5 Gebäudeklassen sowie Sonderbauten eingeteilt. Versammlungsstätten zählen nach dieser Regelung, ähnlich wie beispielsweise Verkaufsstätten, Krankenhäuser, Wohnheime und Schulen, zu den Sonderbauten.

Für Versammlungsstätten gilt neben der Landesbauordnung auch die **Versammlungsstättenverordnung** des jeweiligen Bundeslandes.

Auch hier gibt es eine gemeinsame Grundlage der Länder, die sogenannte **Muster-Versammlungsstättenverordnung** (MVStättVO). Aus **Tabelle 1** kann die im jeweiligen Land gültige Verordnung entnommen werden. Wie man sieht, haben Thüringen und Bremen keine eigenen Versammlungsstättenverordnungen und in Hessen gibt es statt einer Verordnung eine Richtlinie.

**Tabelle 1:** Umsetzung der Muster-Versammlungsstättenverordnung in den Ländern

| Titel | Abkürzung | Datum | Letzte Änderung |
|---|---|---|---|
| **Baden-Württemberg:** Verordnung des Ministeriums für Landesentwicklung und Wohnen über den Bau und Betrieb von Versammlungsstätten | VStättVO | 28.04.2004 | 21.12.2021 |
| **Bayern:** Verordnung über den Bau und Betrieb von Versammlungsstätten | VStättV | 02.11.2007 | 07.08.2018 |
| **Berlin:** Verordnung über den Betrieb von baulichen Anlagen | BetrVO | 10.10.2007 | 10.05.2019 |
| **Brandenburg:** Verordnung über den Bau und Betrieb von Versammlungsstätten im Land Brandenburg | BbgVStättV | 28.11.2017 | – |
| **Bremen:** keine Landesverordnung; MVStättVO wird von Behörden mit Ermessensspielraum angewandt | BauO | – | – |
| **Hamburg:** Verordnung über den Bau und Betrieb von Versammlungsstätten | VStättVO | 05.08.2003 | 01.03.2011 |
| **Hessen:** Hessische Verwaltungsvorschrift Technische Baubestimmungen (H-VV TB), Anhang HE 10: Hessische Richtlinie über den Bau und Betrieb von Versammlungsstätten | H-VV TB<br>H-VStättR | 01.11.2022 | – |
| **Mecklenburg-Vorpommern:** Verordnung über den Bau und Betrieb von Versammlungsstätten | VstättVO M-V | 02.01.2018 | – |
| **Niedersachsen:** Niedersächsische Versammlungsstättenverordnung | NVStättVO | 08.11.2004 | 23.11.2021 |
| **Nordrhein-Westfalen:** Verordnung über Bau und Betrieb von Sonderbauten | SBauVO | 05.01.2017 | 02.08.2019 |
| **Rheinland-Pfalz:** Landesverordnung über den Bau und Betrieb von Versammlungsstätten | VStättVO | 13.03.2018 | 15.11.2018 |
| **Saarland:** Verordnung über den Bau und Betrieb von Versammlungsstätten | VStättVO | 25.08.2008 | 16.11.2012 |
| **Sachsen:** Verordnung des Sächsischen Staatsministeriums des Innern über den Bau und Betrieb von Versammlungsstätten | Sächs-VStättVO | 07.09.2004 | 04.12.2019 |
| **Sachsen-Anhalt:** Verordnung über den Bau und Betrieb von Versammlungsstätten | VStättVO | 20.05.2008 | 26.05.2015 |
| **Schleswig-Holstein:** Landesverordnung über den Bau und Betrieb von Versammlungsstätten | VStättVO | 06.09.2022 | – |
| **Thüringen:** keine Landesverordnung, Bekanntmachung des Ministeriums für Infrastruktur und Landwirtschaft zum Vollzug der Thüringer Bauordnung: Verweis auf MVStättVO | VollzBek-ThürBO | 30.07.2018 | – |

## 2.2 Anwendungsbereich der MVStättVO

Fällt ein Veranstaltungsort nicht in den Anwendungsbereich der (M)VStättVO, so muss der Betreiber lediglich die Regeln der Landesbauordnung erfüllen. Fällt er hingegen hinein, so sagt man: „Die (M)VStättVO ist anwendbar." Mit anderen Worten: Die zusätzlichen strengeren Regeln aus der jeweiligen Versammlungsstättenverordnung des Landes sind zwingend anzuwenden.

Zu den Versammlungsstätten zählen nach MVStättVO alle baulichen Anlagen, die für die gleichzeitige Nutzung vieler Menschen bei Veranstaltungen bestimmt sind und explizit auch alle Schank- und Speisewirtschaften. Als Beispiel für Veranstaltungen werden solche „erzieherischer, wirtschaftlicher, geselliger, kultureller, künstlerischer, politischer, sportlicher oder unterhaltender Art" genannt. Ob für eine Versammlungsstätte die (M)VStättVO einschlägig ist, hängt wesentlich von der Anzahl der Besucherplätze ab **(Tabelle 1)**.

**MVStättVO**
§ 1, § 2

**Tabelle 1:** Anwendungsbereich MVStättVO in Abhängigkeit der Besucherzahlen

| Besucher | Art der Nutzung |
|---|---|
| > 200 | Versammlungsräume |
| > 1000 | im Freien mit Szenenfläche und Tribüne |
| > 5000 | Sportstadien und Freisportanlagen |

**Die Besucherzahlen** müssen stets wie auf **Seite 47 gezeigt** ermittelt werden.

### 2.2.1 Versammlungsräume

Für Versammlungsräume, die mehr als 200 Besucher fassen, ist die MVStättVO maßgeblich. Dies gilt auch, wenn mehrere einzelne Räume in Summe mehr als 200 Besucher fassen **(Bild 1)** und gemeinsame Rettungswege nutzen – selbst dann, wenn nur ein Raum im Gebrauch ist. Anders als im Freien kommt es dabei nicht darauf an, ob die Räume eine Szenenfläche haben oder nicht. Als Szenenflächen werden Bereiche für „künstlerische und andere Darbietungen" mit einer Fläche von 20 m$^2$ oder mehr definiert.

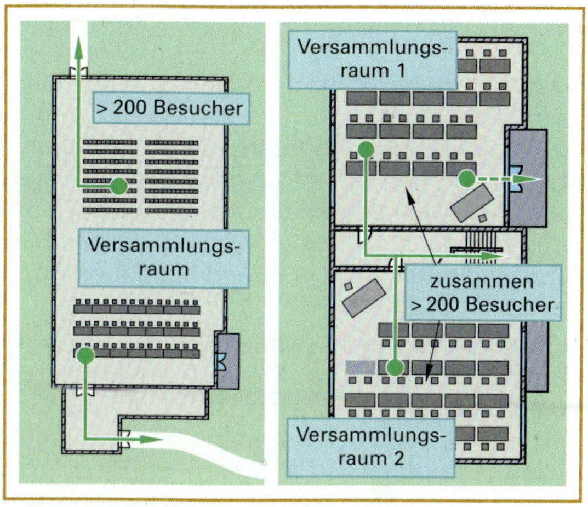

**Bild 1**: Versammlungsräume

### 2.2.2 Im Freien

Versammlungsstätten im Freien fallen ab einem Fassungsvermögen von 1000 Besuchern unter die Verordnung, jedoch nur dann, wenn sie sowohl eine Szenenfläche als auch tribünenartig angelegte Besucherbereiche haben. Ein Beispiel hierfür sind Freilichttheater. Hingegen fallen frei zugängliche Straßenfeste oder sonstige bloße Menschenansammlungen unter freiem Himmel nicht unter die Regelung. Auch temporäre Veranstaltungsorte auf Freiflächen, z. B. bei Festivals, werden nicht erfasst. Dort greift die Ausnahme für „Fliegende Bauten" (siehe Seite 46).

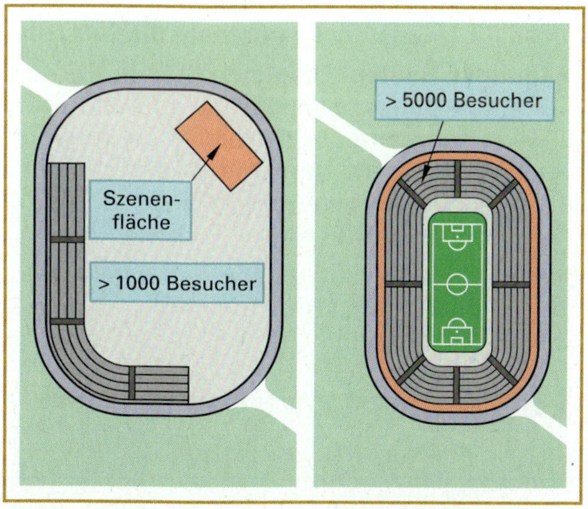

**Bild 2**: Versammlungsstätten im Freien

Sportstadien und Freisportanlagen brauchen sich bei bestimmungsgemäßer Verwendung erst ab 5000 Besucherplätzen nach der (M)VStättVO zu richten. Gemeint sind solche Anlagen mit Besuchertribünen und nicht überdachten Sportflächen.

### 2.2.3 Ausnahmen

In vier Ausnahmefällen findet die MVStättVO keine Anwendung: Erstens bei Räumen, die dem Gottesdienst gewidmet sind, zweitens bei Unterrichtsräumen in allgemein- und berufsbildenden Schulen, drittens bei Ausstellungsräumen in Museen und viertens bei Fliegenden Bauten.

Wenn Anlagen, die laut Baugenehmigung für andere Zwecke gedacht sind, im vorliegenden Fall als Versammlungsstätte genutzt werden, muss die MVStättVO angewendet werden. Die oben genannten Ausnahmen sind, solange die Zweckbindung nicht erfüllt wird, nicht gültig.

**Räume, die dem Gottesdienst gewidmet sind**: Wichtig ist, dass diese bereits in der Baugenehmigung als solche deklariert worden sein müssen. Dann gilt die Verordnung während der Dauer des Gottesdienstes nicht **(Bild 1)**. Wird allerdings eine andere Veranstaltung, beispielsweise ein Konzert eines Orchesters dort abgehalten, müssen die Regeln der (M)VStättVO beachtet werden **(Bild 2)**.

**Bild 1**: Gottesdienst

**Bild 2**: Konzert in einer Kirche

**Unterrichtsräume**: Zu beachten ist, dass die Ausnahme nur allgemeinbildende und berufsbildende Schulen betrifft, beispielsweise also keine Universitäten mit eingeschlossen sind. Auch in den Schulen gilt die Ausnahme nur für Unterrichtsräume, nicht aber für Aulen, Mehrzweckhallen oder Pausenräume. Darüber hinaus ist auch hier die Zweckbindung maßgeblich. Für eine Abschlussfeier oder eine Schuldisco in einem besonders großen Unterrichtsraum wäre z. B. die (M)VStättVO anzuwenden.

**Ausstellungsräume in Museen**: Betroffen sind ausdrücklich nur die Ausstellungsräume der Museen, da dort ein großer Teil des Platzes von den Ausstellungsgegenständen eingenommen wird **(Bild 3)**. Bewirtungsflächen, Veranstaltungsräume, Tagungsräume, Eingangshallen oder ähnliche Einrichtungen innerhalb von Museen zählen nicht dazu. Zudem können auch die Ausstellungsräume bei entsprechenden Umnutzungen ihren Ausnahmestatus zeitweise verlieren. Ein Beispiel hierfür wäre die Verwendung der Ausstellungsfläche für einen Vortrag mit mehr als 200 Zuhörern.

**Bild 3**: Ausstellung im Museum

**Fliegenden Bauten**: Fliegende Bauten sind Anlagen für die temporäre Aufstellung, die wiederholt auf- und abgebaut werden können (**Bild 4** und **Kapitel 6**). In der neuesten Version der MVStättVO wird explizit betont, dass Versammlungsstätten im Freien, Sportstadien und Freisportanlagen nur für die Anwendung der Verordnung infrage kommen, wenn sie keine Fliegenden Bauten sind.

**Bild 4**: Fliegende Bauten bei einem Musikfestival

Über die Art der Nutzung(en) entscheidet grundsätzlich der Bauherr im Bauantrag. Wird zu einem späteren Zeitpunkt ein anderer Gebrauch beabsichtigt, ist eine neue Genehmigung erforderlich:

> ***MBO § 59:*** *„Die Errichtung, Änderung und Nutzungsänderung von Anlagen bedürfen der Baugenehmigung, soweit … nichts anderes bestimmt ist."*

Sollen z. B. Sporthallen oder Lagerhallen vorübergehend für Konzerte, Karnevalsveranstaltungen oder sonstige Feiern genutzt werden, ist die Genehmigung der Nutzungsänderung erforderlich. Dabei kann es vorkommen, dass die genehmigenden Behörden zusätzliche Maßnahmen vorschreiben. Ein begrenzendes Element sind bei Nutzungsänderungen häufig die Kapazitäten der Rettungswege **(Kapitel 2.6)**.

 

## 2.3 Besucherzahl

Die Ermittlung der Besucherzahl ist aus drei Gründen wichtig. Erstens, um zu entscheiden, ob eine Versammlungsstätte in den Anwendungsbereich der (M)VStättVO fällt **(Kapitel 2.3)**. Zweitens für die Feststellung der benötigten lichten Breite der Rettungswege **(Kapitel 2.6)**. Und drittens für Regelungen innerhalb der (M)VStättVO, wie z.B. die Bemessung der Toiletten, Rollstuhlplätze etc.

Wie man in den Definitionen rechts sieht, wird dabei grundsätzlich zwischen der Besucherzahl und der Personenzahl unterschieden. Dabei gelten zeitweise mitwirkende Zuschauer, z.B. im Rahmen eines Programmpunktes auf der Bühne, im Sinne der Verordnung weiterhin als Besucher.

Die Anwendbarkeit der Verordnung sowie ggf. die Anzahl der erforderlichen Toiletten, Rollstuhlplätze und Behindertenparkplätze werden über die **Besucherzahl** festgestellt. Die Bemessung der Rettungswege muss jedoch anhand der **Personenzahl** erfolgen.

**↦ MVStättVO** § 1

Die **Besucherzahl** im Sinne der Verordnung meint die Anzahl passiv beteiligter also zuschauender bzw. zuhörender Personen. Dabei spielt es keine Rolle, ob ihnen der Zugang über eine kostenpflichtige Eintrittskarte oder kostenlos gewährt wurde.

Die **Personenzahl** im Sinne der Verordnung ist die Summe aus der Besucherzahl und der Anzahl aktiv an der Durchführung der Veranstaltung Beteiligter, wie z. B. Servicekräfte, Ordnungskräfte oder Künstler.

**Tabelle 1:** Ermittlung der Besucherzahlen

| Art der Plätze | Anzahl Besucher |
|---|---|
| Sitzplätze an Tischen | 1 pro $m^2$ |
| Sitzplätze in Reihen | 2 pro $m^2$ |
| Stehplätze | 2 pro $m^2$ (min.) |
| Ausstellungsräume | 1 pro $m^2$ |
| Stehplätze in Stufenreihen | 2 pro lfm |

**Beispiel 1: Besucherzahl einer Gaststätte**

Grundfläche: 230 $m^2$
Für Besucher unzugängliche Bereiche: 25 $m^2$
Anzurechnende Fläche: 205 $m^2$
Besucherzahl: 205

**Beispiel 2: Besucherzahl einer Diskothek**

Grundfläche: 1250 $m^2$
Für Besucher unzugängliche Bereiche: 96 $m^2$
Anzurechnende Fläche: 1154 $m^2$
Besucherzahl: 2308

**Beispiel 3: Besucherzahl eines Mehrzweckraumes**

Grundfläche: 25 m · 35 m = 875 $m^2$
Für Besucher unzugängliche Flächen: 195 $m^2$
Anzurechnende Fläche: 680 $m^2$
Besucherzahl, Sitzplätze an Tischen: 680
Besucherzahl, Stehplätze (mind.): 1360

### 2.3.1 Bemessungsformel

Wie aus **Tabelle 1** hervorgeht, werden die anzusetzenden Besucherzahlen anhand der Fläche bzw. bei Stufenreihen pro laufendem Meter bestimmt. Der Grundgedanke der Festlegung ist es, die Anzahl der Anwesenden auf ein „sicherheitsrechtlich unbedenkliches Maß" zu begrenzen.

Wie in den **Beispielen 1 und 2** zu sehen, erreichen Gaststätten ab ca. 200 $m^2$ Fläche und Diskotheken ab bereits ca. 100 $m^2$ Fläche die Besucherzahl von 200 Personen und fallen damit in den Anwendungsbereich der (M)VStättVO **(Kapitel 2.3)**. Wie gezeigt zählt dabei grundsätzlich nur die den Besuchern zugängliche Fläche, also beispielsweise nicht der Bereich hinter einem Tresen etc.

**Beispiel 3** zeigt die Unterschiede zwischen Tischplätzen und Stehplätzen. Die neueste MVStättVO räumt den genehmigenden Behörden einen Spielraum ein, beispielsweise bei Sitzplätzen für Bierzeltgarnituren. Hinsichtlich der Stehplätze darf bei den Planungen jedoch nicht nach unten hin abgewichen werden **(Tabelle 1)**, da dies für die Genehmigung nicht nachweisbar wäre.

Es kommt weder auf die tatsächliche Anzahl von Menschen im Einzelfall noch auf die theoretisch mögliche Anzahl an, sondern auf die Anzahl bei **bestimmungsgemäßer Benutzung.** Hierüber entscheidet der Bauherr im Bauantrag.

## 2.4 Rettungswege

Rettungswege in Versammlungsstätten können aus folgenden Elementen bestehen: Gänge, Stufengänge, Ausgänge, Flure, Treppen, Wege sowie im Brandfall sicher begehbare Balkone und Dachterrassen (**Bild 1**). Diese Elemente können sich sowohl im Inneren von Gebäuden als auch unter freiem Himmel befinden.

> Das Ende eines Rettungsweges ist erst an einer öffentlich zugänglichen Fläche im Freien erreicht.

→ **MVStättVO**
§ 6, § 7, § 8, § 9, § 31, § 32, § 44

→ **Begründung ARGEBAU 2014**
§ 6, § 7, Seite 2

→ **MFlBauR**[1]
Abschnitte 2.2, 5.1

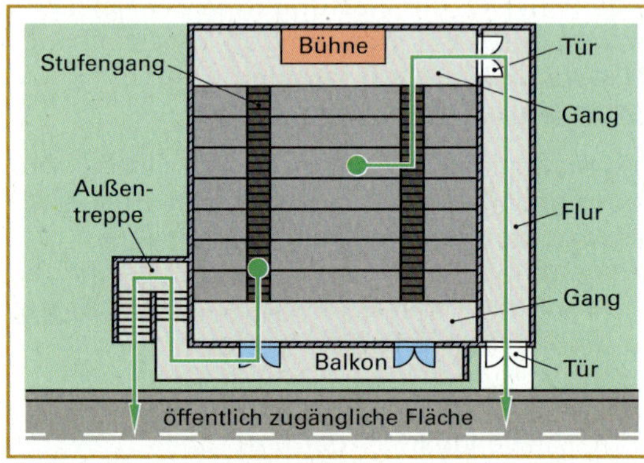


**Bild 1**: Rettungswege

### 2.4.1 Anzahl der Ausgänge aus Räumen

> Hat ein Raum eine Fläche von mehr als 100 m² oder ist er für mehr als 100 Besucher gedacht, so muss er mindestens zwei Ausgänge haben.

Diese Ausgänge müssen möglichst weit voneinander entfernt sein, in entgegengesetzte Richtungen führen und die erforderliche Mindestbreite der Rettungswege möglichst gleichmäßig untereinander aufteilen.

### 2.4.2 Zulässige Entfernung der Ausgänge

Die Entfernung bis zum nächsten Ausgang aus dem Versammlungsraum darf normalerweise von keinem Besucherplatz aus länger als 30 m sein. Nur bei Räumen, die höher als 5 m sind, verlängert sich der zulässige Weg (**Tabelle 1**), da im Brandfall der Rauch nach oben steigt. Je höher also die Decke ist, desto länger bleibt der für die Evakuierung wichtige untere Bereich rauchfrei. Auf diese Weise kann die Entfernung bis auf maximal 60 m erhöht werden.

**Tabelle 1:** Zulässige Entfernung bis zum Ausgang aus dem Versammlungsraum

| Deckenhöhe | Entfernung |
|---|---|
| 5,0 m | 30 m |
| 7,5 m | 35 m |
| 10,0 m | 40 m |
| 12,5 m | 45 m |
| 15,0 m | 50 m |
| 17,5 m | 55 m |
| ≥ 20,0 m | 60 m |

### 2.4.3 Breite der Rettungswege

> Die Bemessungsgrundlage der Breite von Rettungswegen ist nicht die Besucherzahl, sondern die Zahl aller darauf angewiesenen Personen.

Darin sind auch alle Beschäftigten enthalten. Die Mindestbreite von Rettungswegen kann **Tabelle 2** entnommen werden. Neben den dort aufgeführten Ausnahmen gilt für die meisten Fälle:

> Die lichte Breite eines Rettungsweges muss an jeder Stelle mindestens 1,20 m betragen.

Erhöht sich die Personenzahl, so erhöht sich auch die erforderliche Mindestbreite der Rettungswege (**Tabelle 2**). Dies kann je nach Landes-Verordnung in Schritten oder gleitend erfolgen (Seite 49). Dies gilt sowohl für Räume in Fliegenden Bauten als auch für Versammlungsstätten nach MVStättVO. Hier liegt eine Evakuierungszeit von 2 Minuten in Räumen und 6 Minuten im Freien zugrunde.

**Tabelle 2:** Mindestbreite von Rettungswegen

| Situation | Breite |
|---|---|
| Arbeitsgalerien | 0,8 m |
| im Bühnenhaus | 0,9 m |
| Räume < 200 Besucherplätze | 0,9 m |
| sonstige Räume | 1,2 m / 200 Pers. |
| im Freien und in Sportstadien | 1,2 m / 600 Pers. |
| Ausstellungshallen | 3,0 m |

[1] MFlBauR: Muster-Richtlinie über den Bau und Betrieb Fliegender Bauten

Unterschiede in der Berechnung der Mindestbreite ergeben sich aus den verschiedenen Ständen der Verordnungen. Die neueste Fassung der MVStättVO erlaubt eine Interpolation der Breiten, während ältere Fassungen sowie die MFlBauR eine Staffelung vorsehen. Wie in **Bild 1** zu sehen, bräuchten 650 Personen im Innenraum beispielsweise gestaffelt 4,20 m Breite (Punkt B) und interpoliert 3,90 m (Punkt A). Diese Änderung der MVStättVO wurde bisher nicht in allen Bundesländern umgesetzt.

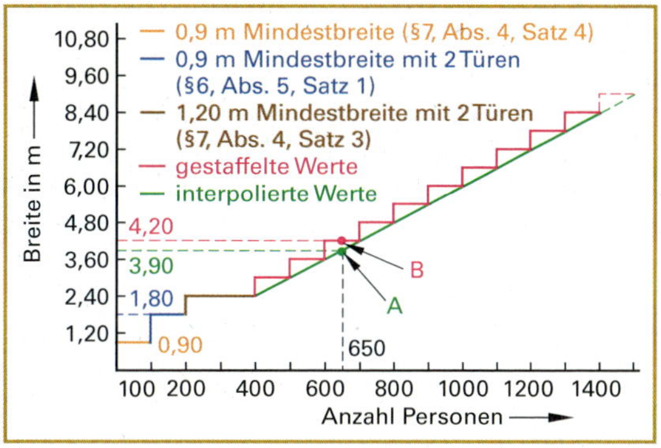


**Bild 1**: Mindestbreite der Rettungswege in Räumen

## 2.4.4 Türen

Befinden sich Türen in einem Rettungsweg, so müssen diese in Fluchtrichtung öffnen. Sie dürfen keine Schwellen haben und müssen sich von innen leicht in voller Breite öffnen lassen.

> Während des Betriebes einer Versammlungsstätte dürfen die Türen in Rettungswegen nicht abgeschlossen werden.

Drehkreuze und Drehtüren sind nur dann zulässig, wenn sie im Notfall leicht und in voller Breite von innen geöffnet werden können. Schiebetüren sind nur zulässig, wenn sie sich automatisch öffnen und den Fluchtweg nicht beeinträchtigen.

Aus baurechtlichen Gründen müssen in Gebäuden Brandabschnitte gebildet werden. Die zugehörigen Türen müssen Brandschutztüren sein. Diese müssen selbstschließend sein, was mit sogenannten Türfeststellanlagen **(Bild 2)** realisiert wird, die mit der Brandmeldeanlage verbunden sind. Sie dürfen nicht mit Keilen oder ähnlichen Mitteln offengehalten werden.

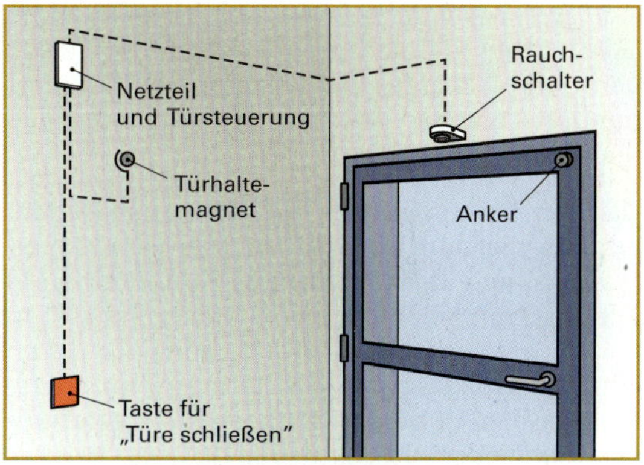


**Bild 2**: Türfeststellanlage

## 2.4.5 Kennzeichnung und Betriebsvorschriften

Die Rettungswege und insbesondere die Ausgänge müssen durch Sicherheitszeichen wie in **Bild 3** gut sichtbar gekennzeichnet werden.

**Bild 3**: Sicherheitszeichen Rettungsweg

> Rettungswege sowohl innen als auch außen müssen ständig freigehalten werden.

**Bild 4** zeigt hierfür vorgesehene Schilder. Die Rettungswege sind regelmäßig zu überprüfen.

Für die ordnungsgemäße Funktion der Rettungswege ist es wichtig, dass die Zahl der genehmigten Besucherplätze nicht überschritten wird. Auch muss die genehmigte Anordnung der Besucherplätze eingehalten werden.

**Bild 4**: Schilder zur Freihaltung von Rettungswegen

> Ausschlaggebend für die Genehmigung und den Aufbau der Besucherbereiche ist der Bestuhlungs- und Rettungswegeplan.

## 2.5 Abschrankungen und Schutzvorrichtungen

Um Abstürze von Erhöhungen auf tieferliegende Flächen zu verhindern, schreibt die Versammlungsstättenverordnung selbst für kleine Höhenunterschiede Abschrankungen, beispielsweise in Form von Geländern, Zäunen oder Wänden, vor:

> „*Flächen, die im Allgemeinen zum Begehen bestimmt sind und unmittelbar an tieferliegende Flächen angrenzen, sind mit Abschrankungen zu umwehren, soweit sie nicht durch Stufengänge oder Rampen mit der tieferliegenden Fläche verbunden sind.*“

Durch Stufengänge (treppenartige Verbindungen innerhalb der Räume) oder Rampen verbundene Flächen fallen also nicht unter die Regelung.

Darüber hinaus gibt es nur drei Ausnahmen: erstens die den Besuchern zugewandte Seite der Bühne **(Bild 1)**, zweitens Stufenreihen in Tribünen mit einer Höhe von weniger als 0,5 m **(Bild 2)** und drittens Stufenreihen, die durch eine davorliegende Rückenlehne mit mindestens 0,65 m Höhenunterschied zur betreffenden Reihe geschützt sind **(Bild 3)**.

> Die erforderliche Höhe der Abschrankungen beträgt normalerweise 1,10 m.

Vor Zuschauerplätzen in Form von Sitzplatzreihen oder Stufenreihen gibt es wiederum Ausnahmen, um den Besuchern eine bessere Sicht zu ermöglichen. Dort hängt die Mindesthöhe der Brüstung mit deren Breite **(Bild 3)** und dem Höhenunterschied der angrenzenden Flächen, der sogenannten Absturzhöhe, zusammen **(Tabelle 1)**. Die Werte stammen aus der MVStättVO und variieren in einigen Bundesländern.

Alle Abschrankungen müssen so bemessen sein, dass sie dem Druck einer Personengruppe standhalten **(vgl. Kapitel 6)**.

Für den Fall der Anwesenheit von Kleinkindern müssen die Abschrankungen außerdem so ausgeführt sein, dass sie ein Überklettern erschweren. Außerdem darf der Abstand zweier Geländerteile, z. B. der vertikalen Füllstäbe, nicht größer sein als 12 cm.

> In den begehbaren Flächen dürfen sich keine Öffnungen befinden, durch die Personen abstürzen könnten.

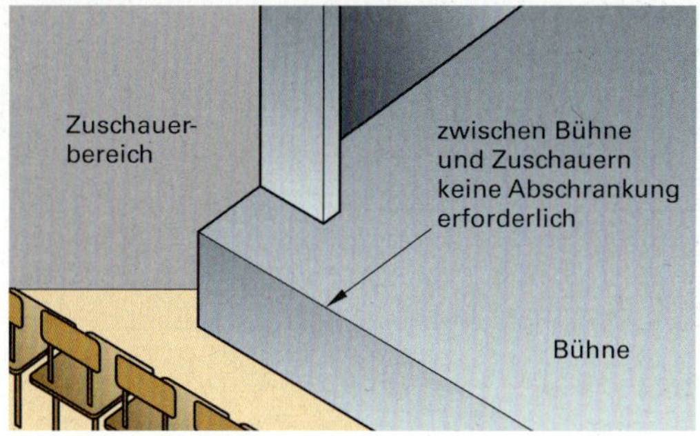


**Bild 1**: Ausnahme an der Bühne

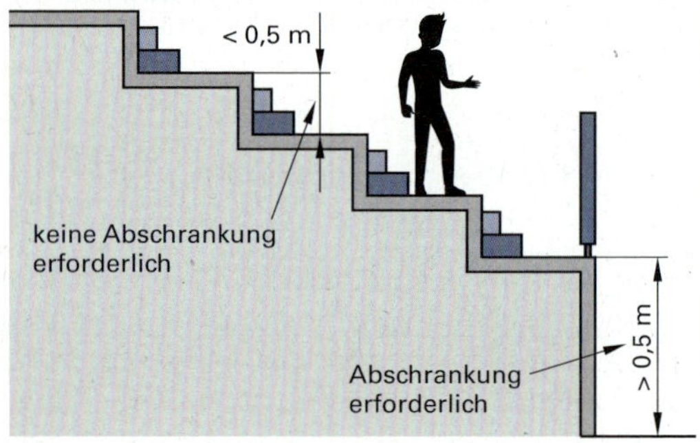


**Bild 2**: Ausnahme bei niedrigen Stufenreihen

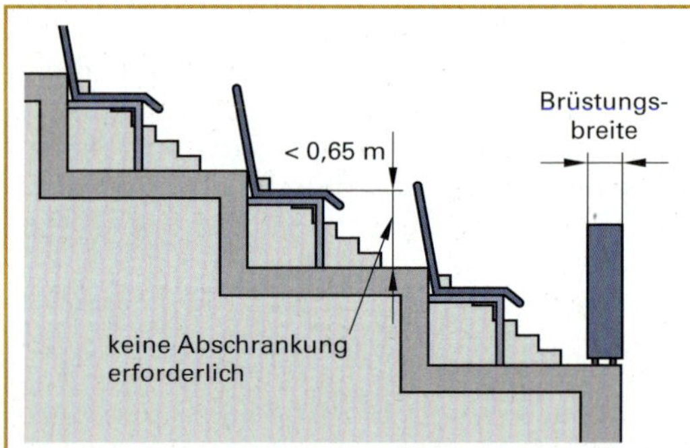


**Bild 3**: Ausnahme bei Stufenreihen und Rückenlehnen

**Tabelle 1:** Erforderliche Geländerhöhe **vor Sitzplatzreihen**

| Absturzhöhe | Brüstungs breite | Geländer höhe |
|---|---|---|
| > 1,0 m | < 20 cm | 0,9 m |
| > 1,0 m | ≥ 20 cm | 0,8 m |
| > 1,0 m | ≥ 50 cm | 0,7 m |
| > 0,5 m; < 1,0 m | egal | 0,65 m |
| < 0,5 m | egal | / |

## 2.5.1 Abschrankungen von Stehplätzen vor Szenenflächen

Sobald Stehplätze vor Szenenflächen angeordnet werden, sind diese von der Szenenfläche durch **Abschrankungen** abzutrennen. Die lichte Durchgangsweite dieses branchenüblich **„Graben"** genannten freien Bereichs sollte 2 m betragen. Mit der Abschrankung soll einerseits verhindert werden, dass Besucher gegen die Bühnenvorderkante gedrückt werden. Andererseits kann sich dort Security-Personal aufstellen, um Besuchern in Notlagen Hilfe zu leisten oder sie aus dem Stehbereich über die Abschrankung hinwegziehen zu können. Sie dient auch dazu, aggressiven Besuchern den Zutritt zur Bühne zu verwehren und das Publikum zu lenken. Im Graben kann bei Bedarf auch der Sanitätsdienst tätig werden.

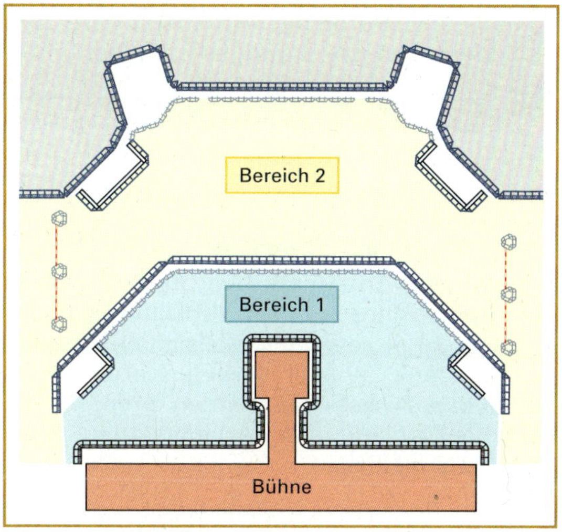

**Bild 1**: Anordnung von Abschrankungen

Diese Abschrankung ist nach der (M)VStättVO aufzubauen, wenn die Art der Veranstaltung es erfordert. Ab einer Besucherzahl von 5000 Stehplätzen sind zusätzlich zu der Abschrankung vor der Szenenfläche mit zwei weiteren Reihen aus Gittern **abgetrennte Stehplatzbereiche** zu bilden **(Bild 1)**. Diese dienen dazu, gefährliche Bewegungen im Besucherbereich, wie z.B. das Drücken oder Schieben, zu verhindern. Durch diese Art von Bewegungen können Menschen schwer verletzt oder getötet werden. Die Befüllung der Bereiche mit Besuchern wird von den Seiten durchgeführt. Da die Bereiche abgeschrankt sind, dürfen hier nur so viele Personen Einlass bekommen, wie es deren Nettofläche erlaubt.

**Bild 2**: Polizeigitter und Crash-Barriers

Die Abschrankung wird in der Regel aus Bühnenabsperrgittern, auch Crash-Barriers oder MoJo-Gitter genannt, errichtet **(Bild 2)**. Die einzelnen Module des Systems sind klappbar und können beliebig breit durch Verschraubung untereinander zusammengesetzt werden. Zur Anpassung an manche Bühnenformen verfügen Crash-Barriers über Eckmodule und Kabeldurchlässe. Die in die Gitter integrierten Trittflächen werden den Besuchern zugewandt. So beschweren diese die Gitter und verhindern ein Verrutschen und Verrücken der Gitterlinie. Dieser Effekt kann durch untergelegte Gummiriefenmatten verstärkt werden.

**Bild 3**: Mannesmann-Gitter

Eine weitere Art von Gittern für die Abschrankung von Personen sind die klassischen Polizeigitter **(Bild 2)**, auch Hamburger Gitter genannt. Diese können mit Haken untereinander verbunden werden und verfügen ebenfalls über eine Gitter-Trittfläche. Polizeigitter werden seit den 1960er Jahren von den Städten und der Polizei eingesetzt, um bei Demonstrationen Personengruppen oder Aufmarschwege abzutrennen. In der Veranstaltungstechnik werden damit häufig die Rückseiten der zweiten und dritten Abschrankung gesichert, damit dort ebenfalls Ordnungsdienst und Sanitätsdienst unbehindert agieren können.

Die sogenannten Mannesmann-Gitter **(Bild 3)** sind der dritte Typ von Absperrgittern. Diese sind auch als Mannheimer Gitter oder als Bike-Rack bekannt. Der Einsatzzweck besteht hauptsächlich in der Wegeführung und Personenstromlenkung bei geringem möglichem Personendruck.

## 2.6 Barrierefreiheit

Im Jahr 1994 wurde die Aufgabe der Inklusion von Menschen mit Behinderung in das Grundgesetz aufgenommen:

> *„Niemand darf wegen seiner Behinderung benachteiligt werden".*
> *- Grundgesetz, Artikel 3*

Dies drückt sich in entsprechenden weiteren Gesetzen und Vorschriften aus, wie dem Sozialgesetzbuch, Neuntes Buch (SGB IX). Danach sind Arbeitgeber verpflichtet, Arbeitsplätze für schwerbehinderte Menschen zur Verfügung zu stellen. Die Arbeitgeber müssen durch geeignete Maßnahmen sicherstellen, dass die vorgeschriebene Zahl schwerbehinderter Menschen Beschäftigung finden kann. Diese Maßnahmen umfassen u. a. die behinderungsgerechte Einrichtung der Arbeitsstätten, Arbeitsplätze, Maschinen und des Umfeldes.

Über das Behindertengleichstellungsgesetz (BGG) wird die Errichtung barrierefreier baulicher Anlagen bzw. großer Umbauten gefordert. Dort wird das Wort „barrierefrei" zum ersten Mal eingeführt und definiert:

> *„Barrierefrei sind bauliche und sonstige Anlagen, Verkehrsmittel, technische Gebrauchsgegenstände, Systeme der Informationsverarbeitung, akustische und visuelle Informationsquellen und Kommunikationseinrichtungen sowie andere gestaltete Lebensbereiche, wenn sie für behinderte Menschen in der allgemein üblichen Weise, ohne besondere Erschwernis und grundsätzlich ohne fremde Hilfe zugänglich und nutzbar sind".*
> *(BGG § 4)*

Daraus resultiert, dass Barrierefreiheit in allen Bauvorschriften wie den Landesbauordnungen, Versammlungsstättenverordnungen und anderen technischen Regeln, z. B. der ASR V3a.2 „Barrierefreie Gestaltung von Arbeitsstätten" gefordert wird. Es ist zu unterscheiden zwischen Regelungen für Besucher und Nutzer einer Anlage (MBO, VStättVO) und solchen für die dort Beschäftigten (ArbSchG, ArbStättV).

- **Grundgesetz, Artikel 3**
- **SGB IX**
  Sozialgesetzbuch, 9. Buch
- **BGG**
  Behindertengleichstellungsgesetz
- **MVStättVO**
- **DIN 18040**
- **DGUV Informationen**
  215-111, 215-112, 215-121, 215-123

**Bild 1**: Hinweisschild für Rollstuhlbenutzer

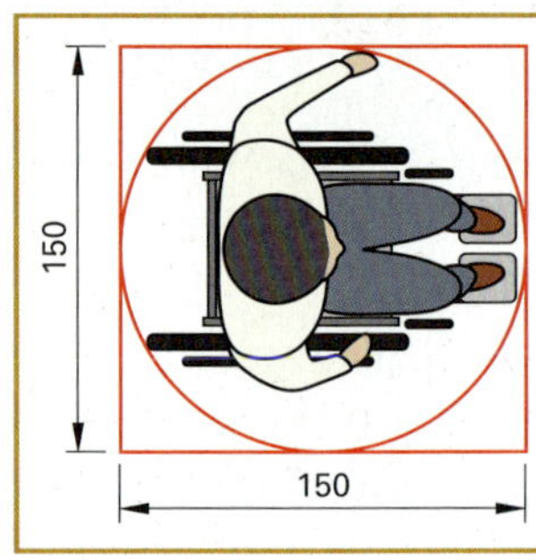


**Bild 2**: Bewegungsfläche für Rollstühle

Konkrete Anforderungen an das barrierefreie Bauen in öffentlich zugänglichen Gebäuden, wie z. B. Versammlungsstätten, werden in der DIN 18040 aufgestellt. Soll eine Teilhabe für möglichst alle erreicht werden, sind verschiedene Gestaltungsprinzipien und Ergonomie-Anforderungen zu beachten. So ist für diejenigen zu planen, die die weitreichendsten Bedürfnisse haben. Hierzu zählen z. B. Rollstuhlfahrer bzw. Rollstuhlbenutzer **(Bild 2)**. Zusätzlich wird durch Berücksichtigung des Zwei-Kanal-Prinzips eine Fähigkeit durch eine weitere ersetzt. So z. B. das Treppensteigen durch eine Rampe oder das Türöffnen von Hand durch einen elektrischen Türschließer. Die maximale Steigung einer Rampe sollte 6 % nicht überschreiten und an beiden Seiten sind Handläufe zu installieren.

Als drittes kommt das Zwei-Sinne-Prinzip als wichtiges Element der barrierefreien Gestaltung hinzu. Dabei müssen mindestens zwei der drei Sinne Hören, Sehen, Tasten angesprochen werden. So kann z. B. zusätzlich zu optischer Gestaltung des Bodens eine Riffelung eingebaut werden.

Bei der Planung von Versammlungsstätten oder Veranstaltungen werden die Bedürfnisse der eingeschränkten Besucher zunächst durch spezielle Anforderungen an PKW-Stellplätze, Toiletten und das Ermöglichen von Flucht und Rettung in den VStättV der Länder vorgegeben. Zusätzlich sollten bei der Planung die o. g. Gestaltungsprinzipien berücksichtigt werden. Das kann dazu führen, dass durch Gebärdendolmetscher das Gesagte für die Gehörlosen übersetzt wird oder Infrarot- oder Induktive Höranlagen für Hörgerätenutzer installiert werden.

Hinweise sollten deutlich sichtbar und möglichst mit Piktogrammen versehen sein. Je nach Zielgruppe werden sie ergänzend mit Braille-Schrift[1] versehen. Hindernisse und Gefahrenstellen sollten noch deutlicher und kontrastreich gekennzeichnet werden. Davon können auch nicht eingeschränkte Personen profitieren. Zudem muss der jeweilige Platzbedarf der Personen berücksichtigt werden **(Bild 1)**.

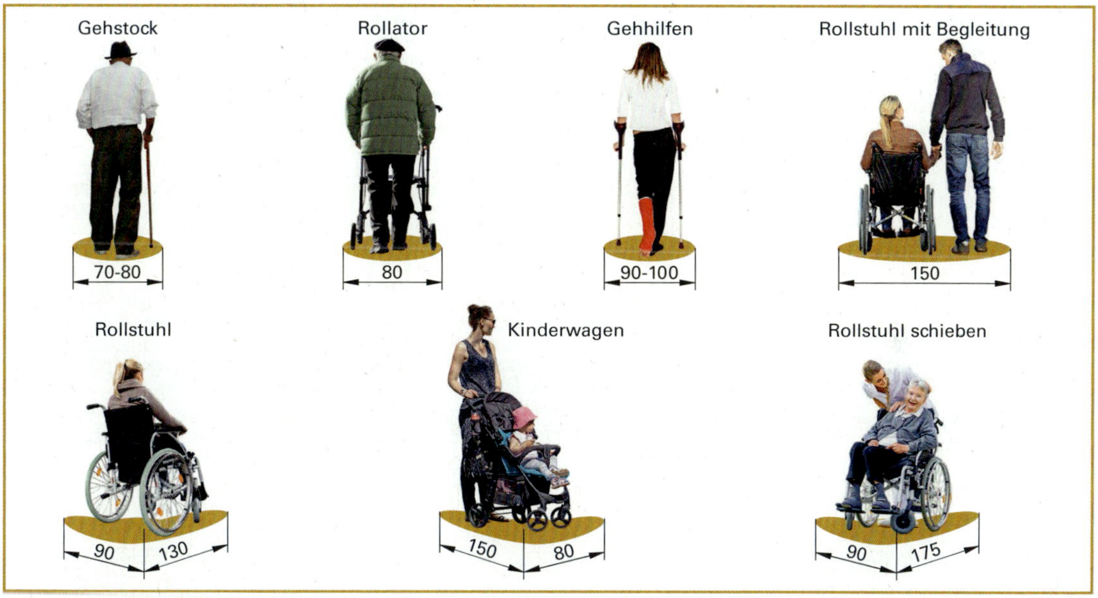


**Bild 1**: Beispiele für Platzbedarf

## 2.6.1 Anzahl der Besucherplätze für Rollstuhlbenutzer

In Versammlungsstätten mit Reihenbestuhlung muss eine bestimmte Anzahl von Besucherplätzen für Rollstuhlbenutzer ausgelegt sein. Bis zu 5000 Plätzen muss die Anzahl mindestens 1 % und bei mehr als 5000 Plätzen mindestens 0,5 % der darüber hinaus vorhandenen Besucherplätze betragen.

**MVStättVO**
§ 10: (7); § 13; § 44 (5); § 12
**DIN 18040**

Hat eine Versammlungsstätte mehrere Räume, so gelten diese Werte nach der Aktualisierung der MVStättVO 2014 für jeden einzelnen Versammlungsraum und nicht mehr nur bezogen auf die gesamte Versammlungsstätte. Auf diese Weise wird die Benutzbarkeit jedes einzelnen Raumes für Menschen mit Behinderung ermöglicht.

Auch wenn die Berechnung anhand der Prozentzahlen kleinere Werte ergibt, müssen dennoch stets mindestens 2 Plätze für Rollstuhlbenutzer zur Verfügung stehen. Dies kann beispielsweise vorkommen, wenn ein einzelner Raum weniger als 200 Besucherplätze hat.

Die betreffenden Plätze müssen gut sichtbar gekennzeichnet sein, ebenso wie die Wege, die zu ihnen führen. Weitere Anforderungen sind zugehörige Plätze für Begleitpersonen, eine Erkennbarkeit im Bestuhlungs- und Rettungswegeplan sowie die Lage in der Nähe der Ausgänge.

## 2.6.2 Barrierefreie Kfz-Parkplätze

Auch die Anzahl der barrierefreien Stellplätze für Kraftfahrzeuge ist in der MVStättVO geregelt. Sie muss mindestens der Hälfte der erforderlichen Besucherplätze für Rollstuhlbenutzer entsprechen.

[1] Brailleschrift: Eine nach ihrem Erfinder, Louis Braille, benannte Blindenschrift, die aus kleinen, punktförmigen Erhöhungen besteht.

## 2.7 Bestuhlung und Gänge

Wie in **Bild 1** zu sehen, müssen Sitzplatzreihen nach bestimmten Vorgaben angeordnet werden. Hinzuzufügen ist, dass sich die Mindestbreiten der Durchgänge als Teile der Rettungswege nach der Anzahl der darauf angewiesenen Besucher richten **(vgl. Kapitel 2.4)**. Außerdem dürfen höchstens 30 Reihen hintereinanderstehen und diese dürfen maximal 10 Plätze bei einem Seitengang und 20 Plätzen zwischen zwei Seitengängen haben. Die Anzahl der möglichen Plätze pro Reihe verdoppelt sich für Versammlungsstätten im Freien und Sportstadien. Dann sind 20 Plätze neben einem Gang und 40 Plätze zwischen zwei Gängen erlaubt. Diese Verdoppelung gilt allerdings nicht für Fliegende Bauten.

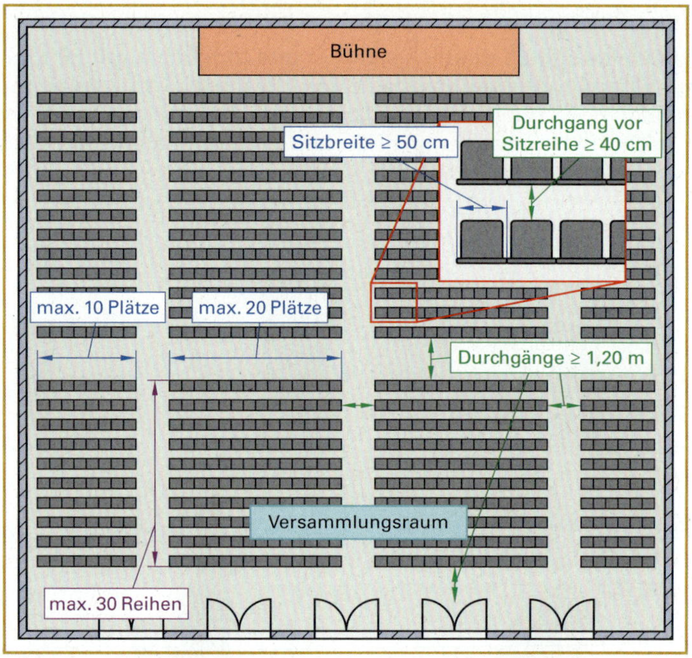


**Bild 1**: Anordnung der Bestuhlung

50 Sitzplätze pro Reihe sind erlaubt, wenn je vier Sitzreihen auf beiden Seiten des Raumes eine 1,20 m breite Tür haben.

→ **MVStättVO**
§ 10: (1) bis (6), (8); § 33

→ **MFlBauR**
5.6, 2.1.5, 2.4.5

Generell müssen die Sitzplätze unverrückbar befestigt sein. Ausnahmen gibt es für Versammlungsstätten mit weniger als 5000 Besucherplätzen. Werden Stuhlreihen dort nur vorübergehend aufgestellt, müssen die Stühle wie in **Bild 2** lediglich innerhalb der Reihen fest miteinander verbunden sein. Für Gaststätten, Kantinen und Logen entfällt die Forderung komplett. Mit Logen sind hier abgegrenzte, ebenerdige Bereiche gemeint, die dann maximal 20 und in Fliegenden Bauten maximal 10 Sitzplätze haben dürfen.

**Bild 2**: Verbindung zwischen Stühlen

Die Sitze selbst müssen ab 5000 Besuchern aus mindestens schwerentflammbarem Material hergestellt sein. In Fliegenden Bauten ist zudem gehobeltes Holz erlaubt. In festen Versammlungsstätten ist außerdem eine Unterkonstruktion aus einem nichtbrennbaren Material gefordert.

Tische müssen einen Mindestabstand von 1,50 m zueinander haben. Außerdem darf der Weg von jedem Platz am Tisch bis zu einem Gang höchstens 10 m lang sein.

Besondere Regelungen gelten für Biertischgarnituren, wenn diese in Fliegenden Bauten aufgestellt werden. Dann beträgt die Sitzplatzbreite nur 44 cm und der Mindestabstand von 1,50 m entfällt.

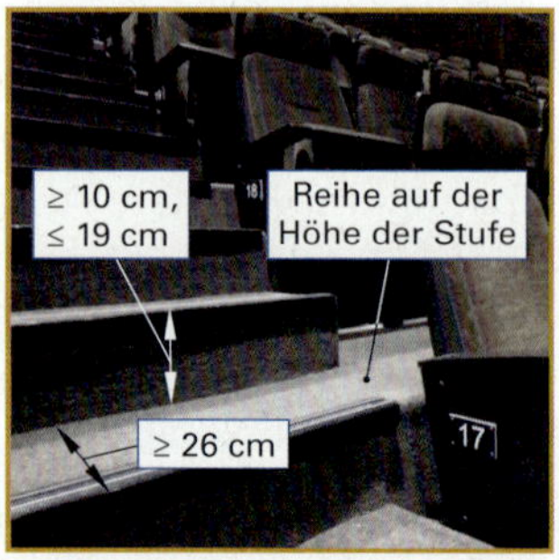


**Bild 3**: Treppenstufen

Stufen in Gängen müssen den in **Bild 3** gezeigten Maßen genügen. Grenzen sie an Sitz- oder Stehplatzreihen an, so müssen sie mit diesen auf einer Höhe liegen. Bei mehr als 5000 Besuchern müssen sie deutlich farblich gekennzeichnet werden.

## 2.8 Brandschutz

Grundsätzlich kann zwischen dem baulichen Brandschutz, dem technischen Brandschutz, dem organisatorischen Brandschutz (bzw. dem betrieblichen Brandschutz) und dem abwehrenden Brandschutz (bzw. der Brandbekämpfung) unterschieden werden **(Bild 1)**.

→ **Organisatorischer Brandschutz**
→ **Brandbekämpfung**
Siehe Kapitel 1

**Organigramm Brandschutz**

- Brandschutz
  - Baulicher Brandschutz (Kapitel 2.8.1)
  - Technischer Brandschutz (Kapitel 2.8.2)
  - Organisatorischer Brandschutz / betrieblicher Brandschutz (Kapitel 1)
  - Brandbekämpfung / abwehrender Brandschutz (Kapitel 1)

**Bild 1**: Brandschutz

### 2.8.1 Baulicher Brandschutz

Brände, die außer Kontrolle geraten sind, haben in der Geschichte der Menschheit immer wieder ganze Stadtviertel und Städte vernichtet. Deshalb wird im Brandschutz ein großes Gewicht auf den baulichen Brandschutz gelegt.

**Die Landesbauordnungen kennen folgende Ziele im Brandschutz:**

- Brandentstehung verhindern
- Ausbreitung von Feuer und Rauch vorbeugen
- Rettung von Menschen und Tieren ermöglichen
- wirksame Löscharbeiten ermöglichen

→ **DIN 4102, Teile 1; DIN EN 13501, Teil 1**
Brandverhalten von Baustoffen

→ **MVStättVO, §§ 3, 4, 5**
Bau von Versammlungsstätten

→ **MVStättVO, §§ 33, 34, 35**
Stoffe, Ausschmückungen, Requisiten

Bei Neu-, Aus- und Umbau müssen daher die Anforderungen des Brandschutzes und die Erfordernisse des Betriebes gleichermaßen bedacht werden. Dazu muss der Bauherr sich neben Architekten auch mit Brandschutzsachverständigen beraten und über ein Brandschutzkonzept die Anforderungen an das Gebäude bewerten und ggf. anpassen lassen. Zusätzlich können hier Brandschutzdienststellen, Baugenehmigungsbehörden und Sachverständige der Versicherung unterstützen. Bei allen Baumaßnahmen sind Baustoffe und Bauteile zu berücksichtigen, die einem Brand möglichst lange widerstehen und damit die Ausbreitung des Brandes auf die Nachbarschaft so lange wie möglich verhindern.

> „*Versammlungsstätten sind so zu planen, zu errichten und zu betreiben, dass es für die Personenrettung in der Regel nicht der Mitwirkung der Feuerwehr bedarf.*
>
> *- Begründung MVStättVO 2014, zu § 42, Abs. 1*“

Die DIN 4102 kennt zwei Baustoffklassen: Klasse A, nicht brennbare Baustoffe und Klasse B, brennbare Baustoffe. Darüber hinaus definiert sie die sogenannte Feuerwiderstandsklasse. Diese beschreibt, wie lange ein Bauteil im Brandfall seine Funktion behält **(Tabelle 1)**. Die Funktion kann beispielsweise in der Tragfähigkeit oder im Abschluss gegen Brand- oder Rauchausbreitung bestehen. Die Kennzeichnung der Baustoffklasse kann an eine Bauteilbezeichnung angehängt werden. Ein Bauteil der Klasse F30-A wäre beispielsweise eine aus einem nichtbrennbaren Baustoff gefertigte Decke, Wand oder Gebäudestütze, welche im Brandfall für 30 Minuten ihre Funktion behält.

**Tabelle 1**: Feuerwiderstandsklassen

| **Bauteile** | |
|---|---|
| F | Wände, Decken, Gebäudestützen |
| T | Feuerschutzabschlüsse (Türen, Tore) |
| G | Brandschutzverglasungen |
| K | Absperrungen in Lüftungsleitungen |

| **Wände, Decken, Gebäudestützen (Auszug)** | |
|---|---|
| Bauaufsichtliche Benennung | Feuerwiderstandsklasse nach DIN 4102 (Zahl = Dauer) |
| feuerhemmend | F 30 |
| hochfeuerhemmend | F 60 |
| feuerbeständig | F 90 |

Im Vergleich zur **DIN 4102** verfügt die europäische Norm **DIN EN 13501** über eine größere Bandbreite an Eigenschaften und Widerstandsdauern. In anderen europäischen Ländern können zudem abweichende **nationale Normen** für die Ermittlung des Brandverhaltens gelten. Dies kann insbesondere im Tourneebetrieb bei ausländischen Gastspielen zu Problemen führen, wenn deren Baustoffe (zB. Vorhänge) nach den dort geltenden Normen klassifiziert wurden.

Verschiedene Baustoffe haben verschiedene **Eigenschaften im Brandfall**. Da sich Stahl bei Wärme ausdehnt, kann Stahl nur mit zusätzlichen Maßnahmen eine ausreichende Widerstandsfähigkeit gegen Brandauswirkungen erfüllen. Hierzu zählen Brandschutzanstriche, Schalungen und Ummantelungen. Holzbauteile hingegen halten einem Brand länger stand. So verkohlen Holzträger zwar bei einem Feuer, abhängig von der Materialstärke bleibt die Tragfähigkeit jedoch länger erhalten als bei Stahl.

Als weiterer zugelassener Baustoff gelten **Brandschutzverglasungen**, wie bei Glastrennwänden oder Rauch- und Brandschutztüren. Diese müssen als System über eine bauaufsichtliche Zulassung verfügen. So gibt es **raumabschließende** G-Verglasung und **raumabschließende und wärmedämmende** F-Verglasungen. Diese Systeme müssen fachgerecht eingebaut und der Einbau dokumentiert werden.

Diese Bauteile dienen dazu, in einem Gebäude **Brandabschnitte** zu bilden. Dadurch soll die Ausbreitung von Feuer in einem Gebäude oder das Überspringen auf die Nachbarschaft verhindert werden. In der Praxis empfiehlt es sich, Betriebsräume oder Bereiche mit **besonderer Brandgefahr** als **feuerbeständig abgetrennten Raum** zu planen und auszuführen. So z. B. Gefahrstofflager, Betriebswerkstätten, haustechnische Anlagen, Bühnenräume (wenn mittels eisernem Vorhang verschließbar, vgl. Kapitel 2.8.3) oder elektrische Betriebsräume. Alle Öffnungen oder Durchführungen durch Brandwände, Wände und Decken von feuerbeständig abgetrennten Räumen müssen entsprechend geschützt sein. Wenn solche Durchbrüche oder Öffnungen nachträglich geschaffen werden, sind diese fachgerecht mit entsprechenden Materialien brandsicher zu verschließen und der Verschluss ist zu kennzeichnen. In Versammlungsstätten werden häufig dauerhafte Kabeldurchführungen durch Brandwände installiert. Diese sind mit sogenannten Brandschutzkissen zu verschließen.

**Feuerschutztüren (Bild 1)** sind selbstschließende Feuerschutzabschlüsse, die entsprechend gekennzeichnet sind. Diese Türen sind ständig geschlossen zu halten. Das in der Praxis beliebte Verkeilen, bzw. Feststellen oder gar geöffnet Festbinden ist verboten. In der Planung dieser Türen sollte die Funktion der Tür und die mögliche Notwendigkeit, sie geöffnet zu halten berücksichtigt werden. In diesem Falle kann eine mit der Brandmeldeanlage verbundene Feststellanlage mit Schließfunktion eingeplant werden (Seite 49). Dabei ist daran zu denken, den Schließbereich mit einer Bodenmarkierung zu versehen und die Türen selbst auf beiden Seiten mit einer entsprechenden Aufschrift wie z. B. *Brandschutztür – Schließbereich freihalten* zu beschriften.

**Bild 1**: Feuerschutztür

**Rauchschutztüren** sind selbstschließend und sollen die Ausbreitung von Rauch zwischen zwei Räumen behindern. Diese sind keine Feuerschutzabschlüsse, jedoch können Feuerschutztüren zusätzlich mit der Funktion des Rauchschutzes ausgerüstet werden. Weiter gilt dasselbe wie bei den Feuerschutztüren.

Zusätzlich zu allen anderen Maßnahmen werden bei neueren Bauten **Rauch- und Wärmeabzugsanlagen (RWA)** oder Rauchschürzen eingebaut. Der Rauchabzug dient der Freihaltung der Flucht- und Rettungswege und ermöglicht den gezielten und sicheren Einsatz der Rettungskräfte. Der Wärmeabzug dient dem Schutz der Gebäudekonstruktion durch Verminderung der Wärmelast. Alle Treppenräume, die als Fluchtwege ausgewiesen sind, müssen über eine Rauchableitung oder Rauchfreihaltung verfügen.

## 2.8.2 Technischer Brandschutz

> **DGUV Vorschrift 17/18**
> Sicherheitstechnische Einrichtungen
>
> **MVStättVO, § 20**
> Sonstige technische Anlagen
>
> **MVStättVO, § 24**
> Automatische Brandmeldeanlagen (BMA)

Der technische Brandschutz bzw. automatische Brandschutzanlagen sind dazu da, die Auswirkungen eines Brandes so gering wie möglich zu halten. Dazu zählen Anlagen zur Branderkennung, zur Bekämpfung von Entstehungsbränden, zur Alarmierung von Personen im Gebäude, zur Alarmierung der Feuerwehr und zur Aktivierung einer RWA (Seite 56). Zur frühzeitigen Erkennung von Bränden werden beispielsweise Handmelder **(Bild 1)** eingesetzt. Sie dienen der Alarmierung anwesender Personen und, je nach Schaltung der BMA (Brandmeldeanlage), auch der Feuerwehr. Die Steuerung von RWA kann auf ähnliche Weise erfolgen **(Bild 2)**. Ebenfalls Bestandteile einer Brandschutzanlage sind Brandschutztüren **(Bild 2, Seite 49)** und deren manuelle Türschließer **(Bild 3)**. Darüber hinaus kann auch das Auslösen von Löschanlagen (z. B. Sprinkler) eine Funktion einer Brandschutzanlage sein.

**Bild 1**: Handmelder

Als Merkmale zum Erkennen von Bränden durch BMA dienen Rauch, Flammenstrahlung und Wärme. Dabei können Melder verschiedener Arten kombiniert werden, z. B. Rauch- und Wärmemelder. Dies reduziert die Wahrscheinlichkeit eines Fehlalarmes.

**Bild 2**: Rauchabzug

Reine Rauchmelder sprechen bereits bei geringsten Mengen Rauch an und sind daher relativ weit verbreitet. In der Praxis bei Events ist das Vorhandensein dieser Melder regelmäßig zu bedenken, da der für Lichteffekte oft notwendige Kunstnebel diese auslöst. So kann ein unbedachter und nicht mit dem Location-Betreiber besprochener Einsatz von Kunstnebel den kostenpflichtigen Fehleinsatz der Feuerwehr auslösen oder gar eine Sprinkleranlage.

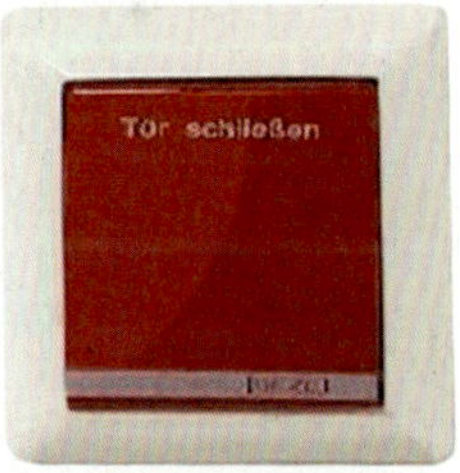


**Bild 3**: Manueller Türschließer

Sollte eine BMA in Wartung sein oder wegen des Einsatzes von Pyrotechnik, Flammeneffekten und anderen feuergefährlichen Effekten ausgeschaltet sein, bieten sich **mobile Brandmeldeanlagen** an. Diese werden auf die entsprechend ausgerüstete bestehende BMA aufgeschaltet und arbeiten mit Funkübertragung des Alarms auf die BMA oder auf eine ständig besetzte Stelle.

**Möglichkeiten der Alarmierung**

- BMA mit Sprachalarmanlagen (SAA) oder akustischen Signalgebern, wie z. B. Hupe oder Sirene
- Hausalarmanlagen
- Optische Alarmierungssysteme (Blitzleuchten usw.)
- Telefonanlagen
- Megafone
- Handsirenen
- Persönliche Warneinrichtungen

## Löschmittel, Löschanlagen und Löschgeräte

**MVStättVO, § 19**
Feuerlöschanlagen

**Feuerlöschanlagen** dienen dazu, erkannte Brände schnellstmöglich zu löschen. Diese können automatische, von der BMA gesteuerte Anlagen, wie z. B. Sprinkleranlagen oder manuelle Anlagen sein, wie z. B. Wandhydranten oder trag- oder fahrbare Feuerlöscher. Die Feuerlöschanlagen sind regelmäßig zu warten und zu prüfen. Für diese Anlagen ist vom Betreiber ein Betriebsbuch zu führen. In diesem werden Abschaltungen, Wartungen oder Ähnliches dokumentiert.

**Bild 1**: Sprinkleranlage

Die am häufigsten eingebaute Löschanlage ist die **Sprinkleranlage**, die aus einem im gesamten Gebäude verlegten Rohrleitungsnetz besteht, in dem sich permanent Wasser befindet. Die Sprinkleranlage ist selbsttätig und wirkt immer nur in den Bereichen, in denen bestimmte Temperaturen überschritten werden. Die Auslösung erfolgt über ein Auslöseelement in jedem Sprinklerkopf, welches bei Überschreiten einer vorher festgelegten Temperatur den jeweiligen Kopf auslöst und Wasser großflächig verteilt **(Bild 1)**.

**Bild 2**: Einspeisepunkt für Löschwasserleitungen

In Versammlungsstätten, wie z. B. Theatern, befindet sich häufig eine **Sprühwasser-Löschanlage**, da bei einer Brandausbreitung auf der Bühne ohne Verzögerung gelöscht werden muss. Hier sind die Löschdüsen offen und das Löschwasser wird aus einem Tank flächendeckend im gesamten Raum verteilt. In der Vergangenheit wurden im Rahmen einer Wartung, bzw. Prüfung oft Sprühwasserlöschanlagen versehentlich ausgelöst und dabei großer Schaden verursacht. Daher ist bei Prüfung und Wartung dieser Anlagen Fachkunde und größte Sorgfalt anzuwenden.

Weitere Arten von Löschanlagen können in besonderen Bereichen eines Gebäudes eingesetzt werden. So ist es z. B. in Anlagen mit elektronischen Geräten wie Daten-Servern üblich, eine **Gaslöschanlage** zu verwenden. Diese wird mit inertem/reaktionsträgem Gas, wie z. B. $CO_2$ betrieben. Das $CO_2$ setzt den Sauerstoffgehalt der Luft herunter, um eine Löschwirkung zu erzielen. Daher muss vor einem Löschvorgang immer eine Warnung an möglicherwiese im Raum befindliche Personen gegeben werden.

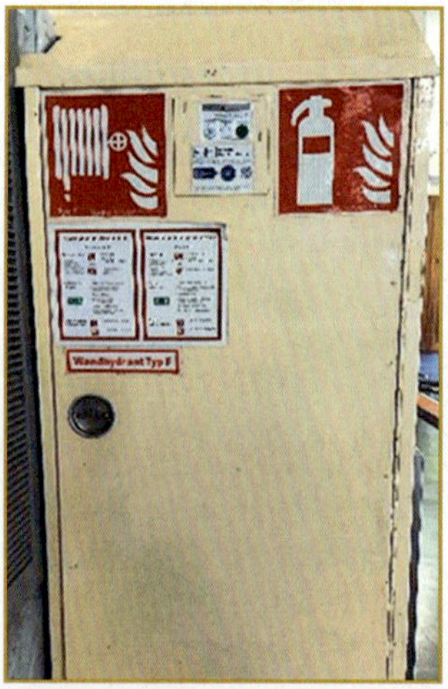

**Bild 3**: Wandhydrant

Einen weiteren Bestandteil von Löschanlagen stellen **Löschwasserleitungen** dar. Hauptsächlich in mehrgeschossigen Gebäuden werden sogenannte „Steigleitungen trocken" eingebaut. Dies sind leere Rohrleitungen, in die die Feuerwehr vom Erdgeschoss aus Löschwasser einspeist, das in jeder Etage von den Löschkräften entnommen werden kann, damit keine Löschschläuche für die Brandbekämpfung verlegt werden müssen **(Bild 2)**.

Bei **Wandhydranten** handelt es sich um Selbsthilfeeinrichtungen zur Brandbekämpfung, die vorzugsweise an den Eingängen in der Wand installiert sein sollten. Darin befindet sich ein formstabiler, auf einer Haspel aufgerollter Schlauch mit Strahlrohr. Die dem

Wandhydranten Wasser zuführende Löschwasserleitung ist ständig mit Wasser gefüllt und vom Trinkwassernetz getrennt **(Bild 3)**.

Ein immer noch häufig bereitgestelltes Löschmittel ist die **Löschdecke**. Diese war hauptsächlich zum Löschen von Personenbränden und Fettbränden in der Küche gedacht. Nach verschiedenen Versuchen wurde festgestellt, dass sie nicht mehr dem Stand der Technik entspricht und die entsprechende DIN-Norm wurde zurückgezogen. Ein effektives Ablöschen von Fettbränden ist in der Praxis nicht möglich und bringt eine erhebliche Verbrennungsgefahr für die löschende Person mit sich. Auch zur Bekämpfung von Personenbränden ist die Löschdecke nicht geeignet, da beim Löschvorgang die brennende Person in die Decke vollständig eingewickelt und zu Boden gebracht werden müsste. Im weiteren Verlauf müsste die Decke zum Löschen möglichst angedrückt werden. Dabei würden glühende Stoffteile in die Haut eingedrückt werden.

Zum Löschen von brennenden Personen ist immer ein Feuerlöscher zu verwenden. Es ist vom Hals abwärts zu löschen.

**Feuerlöscher** sind die in der Regel sichtbarsten und wichtigsten Löscheinrichtungen. Am häufigsten kommen dabei die tragbaren Feuerlöscher vor, die ein Gesamtgewicht von bis zu 20 kg und eine Füllmenge von bis zu 12 kg haben können. Jeder Feuerlöscher ist mit eindeutigen Hinweisen zur korrekten Bedienung beschriftet. Das im Feuerlöscher befindliche Löschmittel wird nach Entfernen einer Sicherung und dem anschließenden Betätigen des Handgriffs mit Druckgas ausgestoßen, das sich ebenfalls im Löscher befindet. Die Mindestfunktionsdauer eines im Betrieb üblichen Löschers mit bis zu 6 kg beträgt 9 Sekunden. Für die Bekämpfung großer Entstehungsbrände können entsprechend der Gefährdungsbeurteilung auch fahrbare Feuerlöscher bereitgestellt werden, die bis zu 150 Liter Wasser oder Schaum enthalten können.

## Brandschutzvorhang

Nach dem katastrophalen Brand des Ringtheaters 1881 **(Kapitel 1)**, der von der Bühne ausging, wurde erstmalig ein metallener Schutzvorhang in Versammlungsstätten vorgeschrieben **(Bild 1)**, die ein dreiseitig umschlossenes Bühnenhaus haben. Diese daher auch „eiserner Vorhang" genannte Schutzeinrichtung muss nach § 23 MVStättVO im Falle eines Brandes in maximal 30 s schließen und den Zuschauerraum bei einem Bühnenbrand für mindestens 30 Minuten vor dem Übergreifen der Flammen und vor Raucheintritt schützen. Dabei muss der Vorhang formschlüssig auf dem Boden aufliegen. Es dürfen keine Ausstattungen, Requisiten oder Ausschmückungen darunter angebracht sein. Das Schließen muss automatisch auch bei Stromausfall funktionieren, darf jedoch bei Antrieb durch Schwerkraft nicht ungebremst passieren. Beim Fahren des Tores muss ein Warnsignal gut hörbar sein. Eine Durchgangstür mit maximal 1 m Breite darf im Vorhang vorhanden sein.

**Bild 1**: Eiserner Vorhang

**MVStättVO, § 23**
Schutzvorhang

*Der Schutzvorhang muss täglich vor der ersten Vorstellung oder Probe durch Aufziehen und Herablassen auf seine Betriebsbereitschaft geprüft werden.* ***Der Schutzvorhang ist nach jeder Vorstellung herabzulassen und zu allen arbeitsfreien Zeiten geschlossen zu halten.***

*- § 36, Abs. 1, MVStättVO*

### 2.8.3 Brandklassen, Löschvermögen und Anzahl von Feuerlöschern

Nicht jeder brennende Stoff kann mit jedem Löschmittel gleich gut gelöscht werden oder darf vielleicht auch überhaupt nicht mit einem bestimmten Löschmittel gelöscht werden. Daher werden die brennbaren Stoffe in verschiedene Brandklassen eingeteilt, nach denen die geeigneten Löschmittel bestimmt werden, wie in **Bild 1** aufgeführt. Zur weiteren Erläuterung der verschiedenen Löschmittel siehe **Tabelle 1 auf Seite 61**.

| Arten von Feuerlöschern | A<br>feste, glutbildende Stoffe | B<br>flüssige oder flüssig werdende Stoffe | C<br>gasförmige Stoffe, auch unter Druck | D<br>brennbare Metalle | F<br>Speisefette und Öle in Frittier- und Fettbackgeräten (Fettbrand) |
|---|---|---|---|---|---|
| | z. B. Holz, Papier, Kunststoffe, Kohle, Textilien, Autoreifen, Stroh | z. B. Lacke, Farben, Alkohole, Benzine, Wachse, Teer, viele Kunststoffe | z. B. Methan, Acetylen, Erdgas, Propan, Wasserstoff | z. B. Aluminium, Natrium, Kalium, Magnesium | z. B. Speiseöle und Speisefette |
| Pulverlöscher mit ABC-Löschpulver | ● | ● | ● | – | – |
| Pulverlöscher mit BC-Pulver | – | ● | ● | – | – |
| Pulverlöscher mit Metallbrandpulver | – | – | – | ● | – |
| Kohlendioxidlöscher | – | ● | – | – | – |
| Wasserlöscher (auch mit Zusätzen, z. B. Netzmittel, Frostschutzmittel oder leistungssteigernden Mitteln) | ● | – | – | – | – |
| Wassernebellöscher | ● | – | – | – | ● (orange) |
| Schaumlöscher | ● | ● | – | – | – |
| Fettbrandlöscher | (●) | (●) | – | – | ● |

● geeignet  ● (orange) bedingt geeignet, soweit für diese Brandklasse zugelassen  – nicht geeignet

(●) Mögliche Brandklassen-Kombination mit der Bandklasse F nach geprüfter Eignung und Zulassung.

**Bild 1**: Brandklassen (DGUV Information 205-001)

In der Veranstaltungstechnik besteht eine hohe Wahrscheinlichkeit, dass eine Stromverteilung oder ein elektrisches Gerät brennt.

Sollten Wasserlöscher für das **Löschen an elektrischen Anlagen bis zu 1 000 Volt Spannung** geeignet sein, muss dies auf dem jeweiligen Löscher deutlich sichtbar genannt sein.

Dabei ist üblicherweise ein Mindestabstand einzuhalten. Das Löschen von Bränden in elektrischen Betriebsstätten mit Wasser oder Schaum muss auf jeden Fall vorher mit dem Anlagenverantwortlichen abgesprochen sein.

| **Tabelle 1:** Eigenschaften von Feuerlöschern | |
|---|---|
| **Löscher** | **Eigenschaften** |
| **Wasserlöscher** | Hier wird Wasser als Löschmittel benutzt. Es können Frostschutzmittel oder leistungssteigernde Zusätze beigemischt sein. |
| **Schaumlöscher** | Der Schaum wird durch Verschäumung eines Wasser-/Schaummittelgemisches mit Luft erzeugt. Die Löschwirkung besteht aus dem erstickenden und kühlenden Effekt. |
| **Pulverlöscher** | Als Löschpulver wird ABC- oder BC-Pulver verwendet. Der Löscheffekt besteht in einem chemischen Eingriff in den Verbrennungsprozess. |
| **$CO_2$-/Kohlendioxidlöscher** | Als Löschmittel dient $CO_2$. Die Löschwirkung besteht in der sauerstoffverdrängenden Wirkung des $CO_2$. Bei der Anwendung besteht Erstickungsgefahr in kleinen Räumen. |
| **Fettbrandlöscher** | Ausschließlich diese Löscher sind beim Löschen von Fettbränden einzusetzen. Dabei kommt ein spezielles Löschmittel zum Einsatz, das eine chemische Reaktion hervorruft, bei der der Brand abgedeckt und damit erstickt wird. |

## Löschvermögen und Löschmitteleinheiten

Wie leistungsfähig ein Feuerlöscher ist, um einen Brand zu löschen, drückt sich im sogenannten Löschvermögen, auch genannt Löschleistung, aus. Das Löschvermögen wird durch eine Buchstaben-Zahlenkombination gekennzeichnet. Dabei stehen die Buchstaben A, B, C, D und F für die jeweilige Brandklasse des Feuerlöschers. Die Zahl davor steht für das Löschvermögen an einen Norm-Prüfobjekt.

**Tabelle 2:** Löschmitteleinheiten

| LE | Brandklasse A | Brandklasse B |
|---|---|---|
| 1 | 5A | 21B |
| 2 | 8A | 34B |
| 3 | | 55B |
| 4 | 13A | 70B |
| 5 | | 89B |
| 6 | 21A | 113B |
| 9 | 27A | 144B |
| 10 | 34A | |
| 12 | 43A | 183B |
| 15 | 55A | 233B |

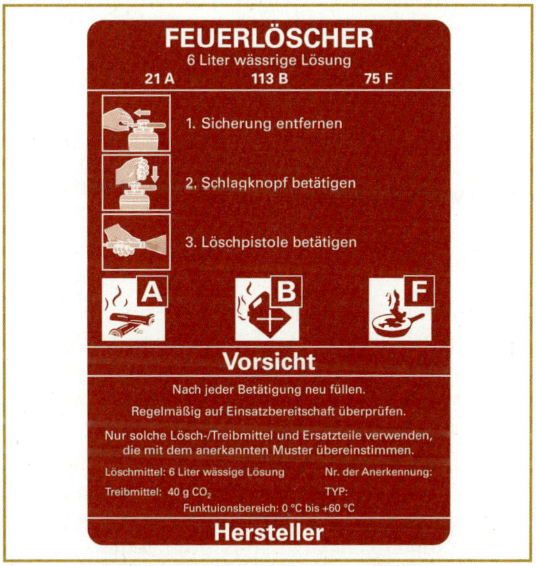


**Bild 1**: Aufschrift auf Feuerlöscher (Bsp.)

In der Brandklasse A steht die Zahl für die Länge eines genormten Holzstapels. Ein 21A-Löscher **(Bild 1)** kann beispielsweise einen solchen Stapel mit 2,1 m Länge löschen. In der Brandklasse B wäre ein 113B-Löscher **(Bild 1)** in der Lage, ein Behältnis mit 113 Litern eines brennbaren, flüssigen Gemisches zu löschen. Für die Klassen C und D wird nur die Eignung des Löschers festgestellt. In der Klasse F steht die Zahl, wie bei der Klasse B, für die löschbare Anzahl von Litern. Beispielsweise bedeutet die Zahl 75 auf dem Löscher mit der Klasse F in Bild 1, dass dieser Löscher einen Fettbrand mit 75 Liter Speisefett löschen kann.

Für die Vergleichbarkeit von Feuerlöschern und damit zur Festlegung der nötigen Anzahl von Feuerlöschern wurden zusätzlich die sogenannten Löschmitteleinheiten (LE) eingeführt. Mit den Löschmitteleinheiten kann für die Brandklassen A und B ein Gesamtlöschvermögen ermittelt werden. Hierzu werden die Werte aus **Tabelle 2** verwendet.

## Ausstattung von Arbeitsstätten mit Feuerlöschern

Laut MVStättVO sind alle Räume einer Versammlungsstätte mit „geeigneten Feuerlöschern in ausreichender Zahl" auszustatten. Konkretere Angaben finden sich hier nicht. Es gibt jedoch Anhaltspukte dazu in der Arbeitsstättenverordnung. Auch diese Regelung ist für Versammlungsstätten einschlägig, da diese ja gleichzeitig auch Arbeitsstätten sind.

→ **MVStättVO, § 19**
Feuerlöscheinrichtungen und -anlagen

→ **ASR A2.2**
Maßnahmen gegen Brände

Im Rahmen einer fachkundig durchgeführten Gefährdungsbeurteilung muss der Gebäudebetreiber, bzw. der Arbeitgeber, ermitteln oder ermitteln lassen, welche Art und Menge von Feuerlöscheinrichtungen und Feuerlöschern im Betrieb gemäß der Arbeitsstättenverordnung bereitgestellt werden müssen. Bei Neu- oder Umbauten von Gebäuden wird dies für gewöhnlich ein Brandschutzsachverständiger im Rahmen der Erstellung des Brandschutzkonzeptes durchführen.

Bei der nötigen Anzahl der Löschmitteleinheiten wird dabei von der Summe der Grundflächen aller Ebenen innerhalb des Gebäudes ausgegangen **(Tabelle 1)**. Die so ermittelten erforderlichen Löschmitteleinheiten werden mit **Tabelle 1 auf Seite 61** abgeglichen, um die Art, Anzahl und Größe der erforderlichen Feuerlöscher zu bestimmen. Die Summe der Löscheinheiten der Feuerlöscher muss je Brandklasse mindestens der Summe der ermittelten erforderlichen Löscheinheiten entsprechen.

**Tabelle 1:** Löschmitteleinheiten in Abhängigkeit von der Grundfläche in m²
Für die Grundausstattung werden nur Löscher angerechnet, die über mindestens 6LE verfügen

| Grundfläche bis ... m² | LE | Grundfläche bis ...m² | LE |
|---|---|---|---|
| 50 | 6 | 600 | 24 |
| 100 | 9 | 700 | 27 |
| 200 | 12 | 800 | 30 |
| 300 | 15 | 900 | 33 |
| 400 | 18 | 1000 | 36 |
| 500 | 21 | Je weitere 250 | +6 |

Zusätzlich ist zu berücksichtigen, ob in einem Gebäude eine erhöhte Brandgefährdung im Sinne der ASR A2.2 vorliegt. Dies ist nach der Richtlinie beispielsweise im Lager mit Gefahrstoffen, in Kinos, auf Theaterbühnen, in Küchen, in Elektrowerkstätten und Holzwerkstätten der Fall. Hierdurch werden einige zusätzliche Maßnahmen erforderlich, die vom Brandschutzsachverständigen festgelegt werden.

In der mobilen Veranstaltungstechnik hat es sich bewährt, $CO_2$-Löscher an Dimmern und Starkstromverteilungen aufzustellen. Ebenso sollten Räume zur Vorbereitung von Pyrotechnik mit geeigneten Löschern ausgestattet sein.

Die Bestimmung der genauen **Positionierung von Feuerlöschern** sollte ebenfalls im Rahmen einer fachkundigen Gefährdungsbeurteilung ermittelt werden. Grundsätze dabei sind:

- gut sichtbar und leicht erreichbar
- hauptsächlich in Fluchtwegen, im Ausgangsbereich, an Zugängen zu Treppenhäusern oder an Kreuzungen von Verkehrswegen
- in einer Entfernung von maximal 20 m Lauflänge für einen schnellen Zugriff
- geschützt vor Witterungseinflüssen und Beschädigung
- Griffhöhe zwischen 0,80 m und 1,20 m und ohne Schwierigkeiten auszuhängen
- Leicht erkennbar gekennzeichnet mit Brandschutzzeichen F001, wenn nötig mit Richtungspfeil oder als Fahnen- oder Dreiecksschild ausgeführt.

## 2.9 Sicherheitsbeleuchtung

Notbeleuchtungen haben den Zweck, die Beleuchtung im Falle eines Ausfalles des allgemeinen Stromnetzes sicherzustellen. Zu den Notbeleuchtungen zählen Ersatzbeleuchtungen und Sicherheitsbeleuchtungen. Antipanikbeleuchtungen sind eine Unterart von Sicherheitsbeleuchtungen. Die Begriffe unterscheiden sich wie folgt:

**Ersatzbeleuchtungen** sind für Arbeitsplätze vorgesehen, an denen Tätigkeiten unter allen Umständen fortgesetzt werden müssen. Beispielsweise verfügen Operationssäle in Krankenhäusern über Ersatzbeleuchtungen.

**Sicherheitsbeleuchtungen** haben die Aufgabe, bei Netzausfall Panik zu verhindern und Rettungswege zu beleuchten. Sie helfen Menschen dabei, ein Gebäude sicher und koordiniert zu verlassen und sind für Versammlungsstätten und Fliegende Bauten vorgeschrieben. Laut MVStättVO muss die Sicherheitsbeleuchtung so beschaffen sein, dass sich alle Anwesenden

> „*... auch bei vollständigem Versagen der allgemeinen Beleuchtung bis zu öffentlichen Verkehrsflächen hin gut zurechtfinden können.*"

Dabei kann man zwischen Rettungszeichenleuchten **(Bild 1)** und normalen weißen Sicherheitsleuchten **(Bild 2)** unterscheiden. Die im Bild gezeigte weiße Sicherheitsleuchte wird im Bedarfsfall automatisch eingeschaltet.

**Antipanikbeleuchtungen** verringern die Wahrscheinlichkeit des Aufkommens einer Panik. Sind in großen Hallen, z. B. bei Konzerten, Vorträgen oder Sportereignissen, mehrere Fluchtwege möglich, erlaubt die installierte Antipanikbeleuchtung eine Orientierung.

### 2.9.1 Stellen mit Sicherheitsbeleuchtung

An folgenden Stellen müssen laut MVStättVO und DIN 1838 Sicherheitsbeleuchtungen angebracht sein:

**Türen:** An den Türen der Rettungswege müssen innen Rettungszeichenleuchten oder beleuchtete Rettungszeichen und außen in maximal 2 m horizontalem Abstand weiße Sicherheitsleuchten sein.

**Rettungswege:** Bei Richtungsänderungen und Kreuzungspunkten müssen Rettungszeichenleuten oder beleuchtete Rettungszeichen sein **(Bild 1)**. An jeder Stelle des Rettungsweges muss mindestens ein Rettungszeichen erkennbar sein. Die für die Rettungswege notwendigen Treppen und Flure sowie deren Verbindungen müssen Sicherheitsleuchten haben.

**Besucherräume:** Die Versammlungsräume sowie alle für Besucher zugängigen Räume (z. B. Toiletten, Foyers und Garderoben) müssen Sicherheitsleuchten haben.

**Bereiche für Mitwirkende:** Räume für Mitwirkende mit Ausnahme von Büroräumen müssen über Sicherheitsbeleuchtung verfügen, wenn sie größer als 20 m$^2$ sind. Unabhängig von der Fläche gilt dies auch für Bühnen, Szenenflächen,

→ **MVStättVO**
§ 15, § 36, § 47
→ **MFlBauR**
2.5, 5.5, 6.3
→ **VDE 0108-100**
→ **DIN EN 1838**
→ **DIN 4844**

**Bild 1:** Rettungszeichenleuchte

**Bild 2:** Sicherheitsleuchte

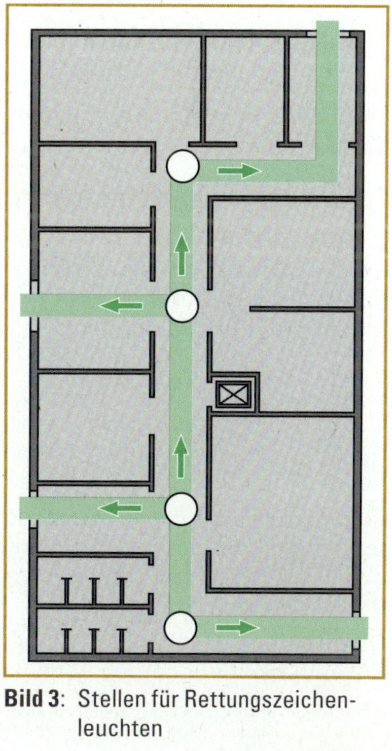

**Bild 3:** Stellen für Rettungszeichenleuchten

Bildwerferräume, Scheinwerferräume sowie elektrische Betriebsräume und Räume für haustechnische Anlagen.

**Hervorzuhebende Stellen**

Einige Orte in Versammlungsstätten sind durch Sicherheitsbeleuchtungen besonders hervorzuheben. So müssen Stellen mit erhöhter Sturzgefahr wie Stufen, Treppen, Rampen, Podeste und sonstige Niveauänderungen im maximalen horizontalen Abstand von 2 m eine Sicherheitsbeleuchtung aufweisen.

Außerdem gilt dies für Feuerlöscher, Feuermelder, sonstige Einrichtungen zur Brandbekämpfung, Erste-Hilfe-Einrichtungen und alle relevanten Einrichtungen für Menschen mit Behinderung (Toiletten, Schutzbereiche, Kommunikationseinrichtungen, Alarmeinrichtungen und Fluchtgeräte).

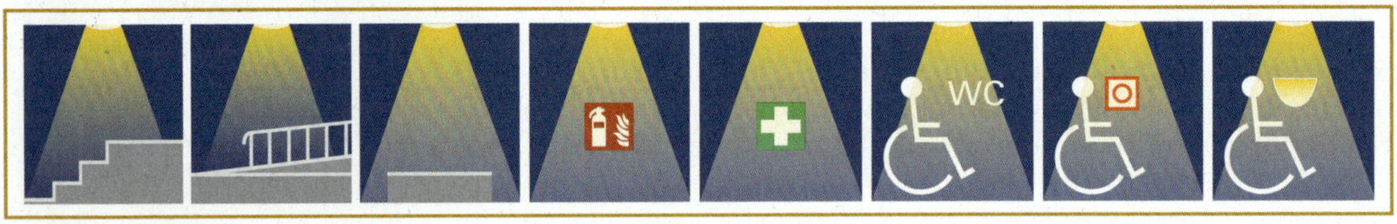


**Bild 1**: Sicherheitsbeleuchtung markanter Stellen

## 2.9.2 Einschalten der Sicherheitsbeleuchtung

Die Sicherheitsbeleuchtung in Versammlungsstätten muss eingeschaltet sein, sobald sich Personen in den Räumen aufhalten.

Eine Zuwiderhandlung stellt eine Ordnungswidrigkeit nach § 47 der MVStättVO dar. Hiervon gibt es nur zwei Ausnahmen: Erstens, wenn die Räume ausreichend durch das Tageslicht erhellt sind. Zweitens, wenn die Räume betriebsmäßig verdunkelt sein müssen, wie z. B. bei Theatervorstellungen. In diesem Falle muss aber einerseits die Sicherheitsbeleuchtung in Bereitschaftsstellung gehalten werden und andererseits müssen Ausgänge, Gänge und Stufen jederzeit weiter beleuchtet sein[1]. Bereitschaftsstellung bedeutet laut VDE ein automatisches Einschalten nach spätestens 1 s, sobald die Netzspannung ausfällt.

Die Sicherheitsbeleuchtung Fliegender Bauten muss bei Dunkelheit gleichzeitig mit der Hauptbeleuchtung eingeschaltet werden.

Die Sicherheitsbeleuchtung muss sowohl in Fliegenden Bauten als auch in Versammlungsstätten bei Netzausfall mindestens 3 Stunden lang leuchten können.

## 2.9.3 Prüfung und Instandhaltung

Bei jedem Betrieb der Anlage sollte die Funktionsfähigkeit der Sicherheitsbeleuchtung geprüft werden. Dies kann je nach Absprache in den Bereich der Fachkraft für Veranstaltungstechnik fallen. Diese Prüfung ist nicht zu verwechseln mit den vorgeschriebenen regelmäßigen Überprüfungen, Wartungen und Instandhaltungen der Anlage durch eine Fachfirma.

## 2.9.4 Anforderungen an die Sicherheitsbeleuchtung

Die Beleuchtungsstärke auf einem Rettungsweg muss folgenden Mindestwerten genügen. In der Mitte des Weges muss sie an jeder Stelle mindestens 1 Lux betragen. 0,5 m rechts und links neben dem Weg müssen es mindestens 0,5 Lux sein. Gemessen wird 2 cm über dem Boden.

Entlang des Laufweges muss zusätzlich auf die Gleichmäßigkeit der Beleuchtungsstärke geachtet werden, da die Augen sich nicht so schnell an veränderte Lichtverhältnisse gewöhnen. Die maximale Beleuchtungsstärke darf deshalb nur höchstens 40-mal so groß sein wie die minimale Beleuchtungsstärke.

Darüber hinaus sollte der Farbwiedergabeindex (Kapitel 8.2.9) mindestens 40 sein. Dies ist für die Erkennbarkeit der Farben von Piktogrammen wichtig.

[1] Bei Gängen in Versammlungsräumen mit auswechselbarer Bestuhlung sowie bei Sportstadien mit Sicherheitsbeleuchtung ist eine Stufenbeleuchtung nicht erforderlich (MVStättVO).

## 2.10 Verantwortlichkeiten

Neben den Verantwortlichkeiten aus dem Arbeitsrecht, dem Arbeitsschutzrecht und den Verkehrssicherungspflichten spielen in Versammlungsstätten besonders die Verantwortlichkeiten aus dem Baurecht nach (M)VStättVO eine zentrale Rolle. In § 38 werden ausdrücklich die Pflichten der **Betreiber**, Veranstalter und Beauftragten genannt. Entgegen der landläufigen Meinung ist der Betreiber einer Versammlungsstätte für die Sicherheit der Veranstaltung und die Einhaltung aller relevanten Vorschriften verantwortlich. Der Betreiber muss während des Betriebes der Versammlungsstätte selbst in Person anwesend sein oder einen **Veranstaltungsleiter** nach (M)VStättVO beauftragen, der die Anwesenheit umsetzt. Mit „Betrieb" ist hierbei der Zeitraum gemeint, währenddessen sich Besucher in der Versammlungsstätte befinden.

Die Aufgabe des Veranstaltungsleiters kann unter eng begrenzten Bedingungen auf einen Veranstalter übertragen werden. Hierbei ist unbedingt sicherzustellen, dass diese Person mit der Versammlungsstätte und deren Einrichtungen vertraut ist. Die Beauftragung sollte schriftlich erfolgen. Dies gilt für alle Beauftragungen und Übertragungen von Pflichten, die Unternehmer bzw. Betreiber laut der einschlägigen Vorschriften treffen.

Zu den **Betreiberpflichten** gehört, den Betrieb einzustellen, sobald für die Sicherheit der Versammlungsstätte notwendige Anlagen, Einrichtungen oder Vorrichtungen nicht betriebsfähig sind oder wenn Betriebsvorschriften nicht eingehalten werden können. Außerdem muss der Betreiber die Zusammenarbeit von (intern) Ordnungsdienst, Brandsicherheitswache und Sanitätswache mit (extern) der Polizei, der Feuerwehr und dem Rettungsdienst gewährleisten.

Auf der technischen Seite wird der Betreiber von der/dem **Verantwortlichen für Veranstaltungstechnik (VfV)** nach § 39 und § 40 (M)VStättVO oder der **Fachkraft für Veranstaltungstechnik (FfV)** mit dreijähriger Berufserfahrung nach § 40 (4) (M)VStättVO unterstützt. Diese Funktionsträger müssen mit den technischen Einrichtungen der Versammlungsstätte vertraut sein und deren Sicherheit und Funktionsfähigkeit, insbesondere hinsichtlich des Brandschutzes, während des Betriebs gewährleisten. Hierzu zählen beispielsweise bühnen-, studio- und beleuchtungstechnische Anlagen. Sie übernehmen entgegen oft geäußerter Meinung keine Aufgaben der Besuchersteuerung. Die Personalanforderung richtet sich nach der Größe der Halle, der Größe der Szenenfläche und der Komplexität der Aufgabe **(Tabelle 1)**. Für einfache Aufbauten, geringe Gefährdungen oder kleine Szeneflächen können Erleichterungen greifen.

**Tabelle 1:** Personalanforderungen für Veranstaltungstechnik

| | Anzahl erforderliche VfV | | Anzahl erforderliche FfV | | Ausnahme nach § 40 (5) möglich | |
|---|---|---|---|---|---|---|
| 50 m² < Szenenfläche ≤ 200 m² | | | 1 | 1 | x | x |
| Szenenfläche > 200 m² | 1 | 2 | | | | x |
| Großbühne[1] | 1 | 2 | | | | x |
| Mehrzweckhalle < 5 000 Besucherplätze | | | 1 | 1 | x | x |
| Mehrzweckhalle > 5 000 Besucherplätze | 1 | 2 | | | | x |
| Auf- oder Abbau bühnen-, studio- und beleuchtungstechnischer Einrichtungen | | | | | | |
| Generalproben, Veranstaltungen, Sendungen oder Aufzeichnungen | | | | | | |

Bei Veranstaltungen mit erhöhten Brandgefahren und bei Szenenflächen von mehr als 200 m² muss eine Brandsicherheitswache bestellt werden. Grundsätzlich hat der Betreiber nach § 42 eine Brandschutzordnung und ab 1000 Besucher zusätzlich ein gesondertes Räumungskonzept aufzustellen.

Sollte es die Art der Veranstaltung erfordern, z. B. durch schwierige Besucher oder gefährliche Technik, jedoch auf jeden Fall ab 5000 Besucherplätzen, muss gemäß § 43 ein Ordnungsdienst eingerichtet und ein Sicherheitskonzept aufgestellt werden. Im Sicherheitskonzept sind alle betrieblichen Sicherheitsmaßnahmen und Organisationsstrukturen für die Veranstaltung festzulegen. Der Ordnungsdienst ist von einem dafür bestellten Ordnungsdienstleiter zu führen.

[1] Definition Großbühnen: > 200 m² Szenenfläche, lichte Höhe über Oberbühne > 2,5 m **oder** Unterbühne vorhanden

## Wiederholungsfragen

1. Wer erstellt in Deutschland die baurechtlichen Vorschriften für Versammlungsstätten und wie heißen diese Vorschriften?
2. Ab welcher Besucherzahl greifen die Vorschriften der (M)VStättVO?
3. Wo liegt der Unterschied zwischen Besucherzahl und Personenzahl? Für welche Festlegungen muss die Besucherzahl und wann die Personenzahl berücksichtigt werden?
4. Warum hängt die zulässige Rettungsweglänge innerhalb von Gebäuden von der Deckenhöhe ab?
5. Welche drei mobilen Gittertypen zur Abschrankung von Bereichen werden in der Veranstaltungstechnik unterschieden und welche Anwendungsgebiete haben sie jeweils?
6. Erklären Sie die Begriffe Zwei-Kanal-Prinzip und Zwei-Sinne Prinzip.
7. Wie sind in Brand geratene Personen zu löschen?
8. Welche Brandklassen gibt es und warum darf z. B. ein Fettbrand nicht mit jedem Feuerlöscher gelöscht werden?
9. Was ist beim Löschen von Bränden an elektrischen Anlagen zu beachten?
10. Wann muss die Sicherheitsbeleuchtung in einer Versammlungsstätte eingeschaltet werden?
11. Wonach richtet sich die Pflicht zur Anwesenheit von Fachkräften für Veranstaltungstechnik oder Verantwortlichen für Veranstaltungstechnik?

# 3 Mechanik

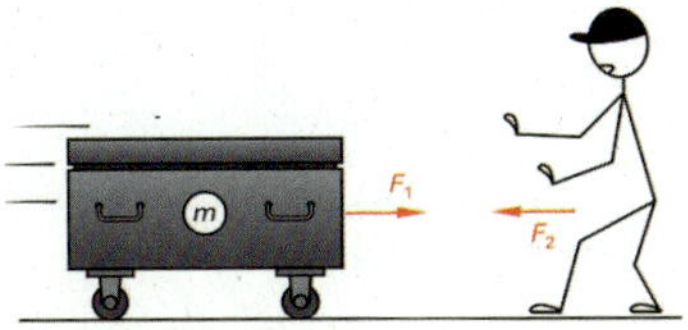
m
$F_1$
$F_2$

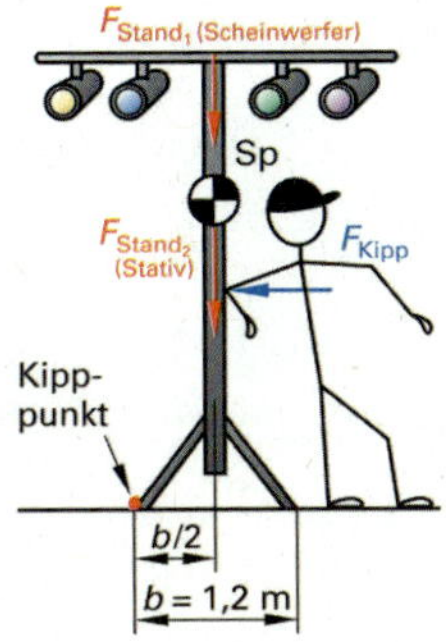
$F_{Stand_1}$ (Scheinwerfer)
Sp
$F_{Stand_2}$ (Stativ)
$F_{Kipp}$
Kipp-
punkt
b/2
b = 1,2 m

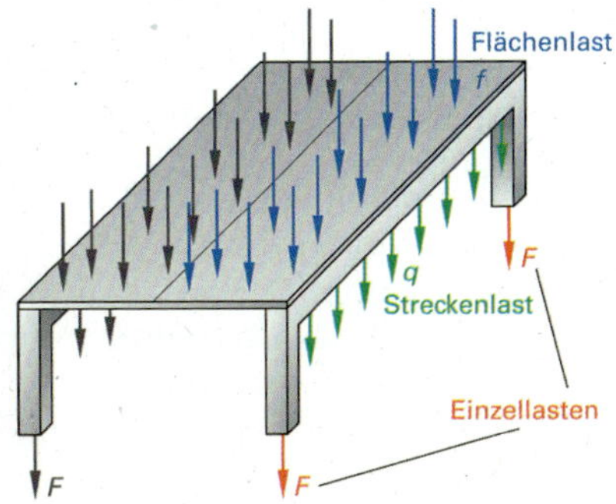
Flächenlast
f
q
Streckenlast
F
Einzellasten
F
F

# 3 Mechanik

## 3.1 Statik

Egal, ob eine Leiter aufgestellt wird, eine Traverse einen Vorhang hält, ein Bolzen einen Lautsprecher sichert oder dünne Aluminiumfüße ein schweres Podest tragen: Alle diese Aufbauten sollen, wenn sie einmal aufgebaut sind, in Ruhe verharrend und bis zum Abbau fest und sicher stehen, hängen und halten. Auch sich darauf und darunter bewegende Fachkräfte, Gäste, Mitwirkende und das Wetter sollen daran nichts ändern.

**Bild 1**: Künstlerfoto „Punktlast im Universum"

### 3.1.1 Kräfte

Kraft beschreibt eine physikalische Größe, unter deren Einwirkung ein Körper deformiert, in Bewegung versetzt oder in seiner Bewegung verändert werden kann. Mit ihr kann Arbeit verrichtet und damit der energetische Zustand eines Körpers verändert werden. Sie ist eine Größe mit Richtung und Betrag, die an einem bestimmten Angriffspunkt ansetzt.

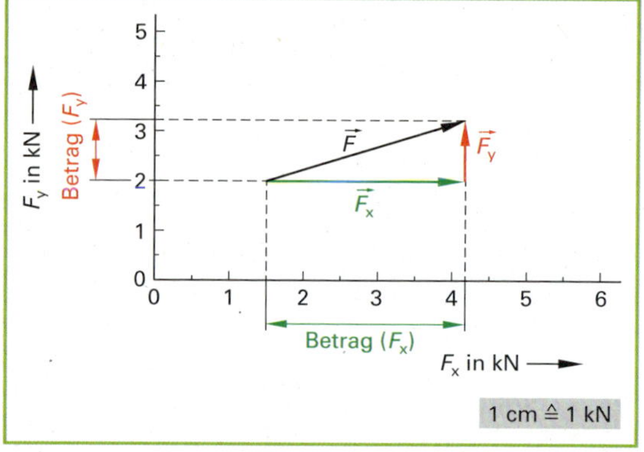


**Bild 2**: Kraftvektor

Je nach Ursache werden Kräfte spezifisch benannt: Auf statische Systeme wirkt beispielsweise immer die Gewichtskraft (auch Gravitation oder Erdanziehungskraft genannt). In der Kinetik, die bewegte Systeme beschreibt, wirken zusätzlich sogenannte Trägheitskräfte, die der Beschleunigung entgegengerichtet sind. Auf rotierende Körper wirken sogenannte Zentripetal- und Zentrifugalkräfte.

Hinweis: In der Baustatik werden für spezielle Kräfte je nach Anwendung auch andere Formelbuchstaben verwendet (siehe Kapitel 6.4.1).

**Beispiel: Gewichtskraft einer Person**

Wie groß ist die Gewichtskraft einer (mit PSA und schwerer Winterkleidung) 100 kg schweren Veranstaltungsfachkraft?

$F_g = 100\ \text{kg} \cdot 9{,}81\ \frac{\text{m}}{\text{s}^2} = 981\ \text{N} \approx 1000\ \text{N} = 1\ \text{kN}$

| Kraft | |
|---|---|
| Formelbuchstabe: | $F$ |
| Einheit: | Newton $\left(\frac{\text{kg} \cdot \text{m}}{\text{s}^2}\right)$ |
| Einheitszeichen: | N |
| **Formel** | $\boldsymbol{F = m \cdot a}$ |

$F$ Kraft
$m$ Masse
$a$ Beschleunigung

## 3.1.2 Kräftesummen

Mehrere Kräfte, die im gleichen Punkt angreifen, können zu resultierenden Kräften zusammengefasst werden. Eine Kraft kann ebenso in ihre Kraftbestandteile zerlegt werden, z.B. Anteil in $x$-Richtung und Anteil in $y$-Richtung in einem Koordinatensystem. Beides kann zeichnerisch oder rechnerisch gelöst werden.

### Zeichnerische Lösung von Kräftesummen

Zeichnerisch können Kräfte als Pfeile mit Angriffspunkt, Wirkungsbetrag und Wirkungsrichtung dargestellt werden. Der Wirkungsbetrag ergibt sich aus der Pfeillänge vom Startpunkt bis zur Pfeilspitze. Bei zeichnerischen Lösungen ist es wichtig, den gleichen Maßstab für das gesamte System zu verwenden z.B. 1 cm ≙ 1 kN.

Die Kraftpfeile können verschoben werden, wenn ihre Länge und ihre Richtung dabei nicht verändert werden. Dazu empfiehlt sich die Parallelverschiebung mit Geodreieck und Lineal.

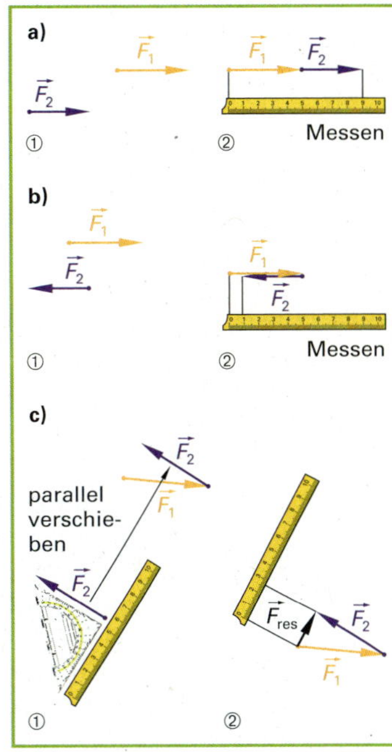


**Bild 1**: Kräftevektoren zeichnerisch addieren

### Lineare Kräftesysteme

Haben Kräfte die gleiche Wirkungslinie, so spricht man von einem linearen Kräftesystem. Ist die Wirkungsrichtung zudem gleich, so können sie aneinandergesetzt und zusammen gemessen werden **(Bild 1 a)**. Haben sie entgegengesetzte Wirkungsrichtungen, jedoch die gleiche Wirkungslinie, so wird der Angriffspunkt des einen Pfeils ($F_1$) an die Pfeilspitze des anderen ($F_2$) geschoben und die Differenz gemessen **(Bild 1 b)**.

### Zentrale Kräftesysteme

Haben Kräfte unterschiedliche Wirkungslinien, greifen aber am selben Punkt an, so spricht man von einem zentralen Kräftesystem. Zur Addition kann der Angriffspunkt des einen Pfeils ($F_2$) an die Pfeilspitze des anderen ($F_1$) parallel verschoben werden **(Bild 1 c)**. Der resultierende Kraftpfeil ($F_{res}$) kann dann vom Anfangspunkt des einen ($F_1$) zur Pfeilspitze des anderen ($F_2$) gezeichnet und gemessen werden.

### Kräftesummen rechnerisch

Bei der rechnerischen Lösung werden die Kräftevektoren in ihre Komponenten von $x$-Richtung und $y$-Richtung zerlegt und jeweils addiert. Die resultierende Kraft wird über den Satz des Pythagoras aus der Summe der Kräfte in $x$- und $y$-Richtung gebildet **(Bild 2)**.

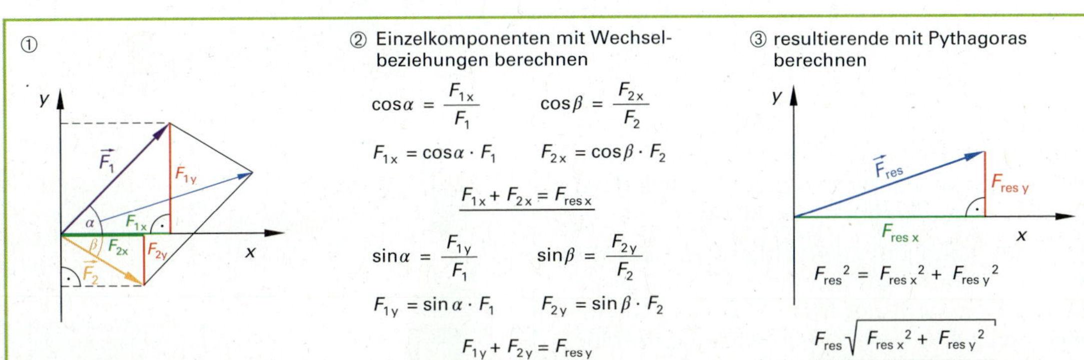


**Bild 2**: Kräftevektoren rechnerisch addieren

### 3.1.3 Momente

Momente (Drehmomente) werden in der Mechanik als Kraft *F* mit einem bestimmten Wirkabstand *r* um einen Punkt definiert. Ein Moment ohne entsprechendes Gegenmoment bewirkt eine Drehung eines Körpers um einen Punkt. Es ist eine gerichtete Größe und wird mit dem Formelbuchstaben *M* bezeichnet. Dabei liegt der Berechnung die Kraft mit einer rechtwinklig zum Radius verlaufenden Wirkungslinie zugrunde. Verläuft die Wirkungslinie nicht rechtwinklig zum Radius, so wird die Kraft in Komponenten zerlegt. Verläuft die Wirkungslinie durch den Drehpunkt, besitzt die Kraft keinen senkrecht zum Drehpunkt liegenden Wirkabstand; sie erzeugt dann kein Moment.

Bewirkt eine Kraft das Kippen eines Bauteils um den Auflagepunkt, wird dies als Kippmoment bezeichnet. Führt eine Kraft zur Biegung eines Bauteils, nennt man dies Biegemoment **(Bild 1)**.

Nach der gängigen Vereinbarung haben Momente, die im Uhrzeigersinn wirken (also in mathematisch negativer Richtung), negative Werte. Momente entgegen dem Uhrzeigersinn (also in mathematisch positiver Richtung) haben positive Werte. Als zusätzliche Kennzeichnung der Wirkrichtung werden kreisförmig gebogene Pfeile mit der jeweiligen Drehrichtung verwendet:

↺M: positiver Wert
↻M: negativer Wert

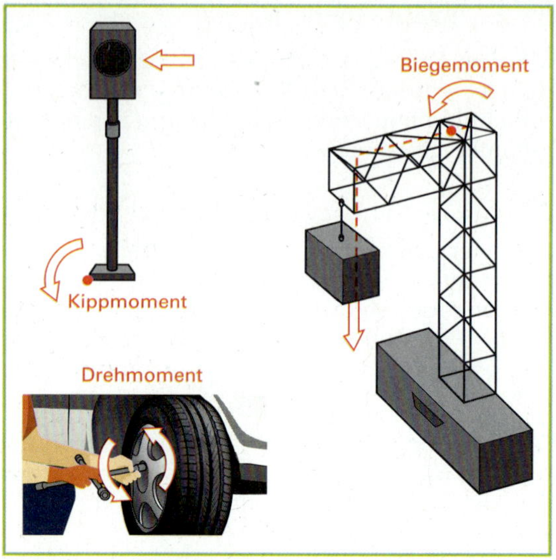


**Bild 1**: Dreh-, Kipp- und Biegemoment

| **Moment** | |
|---|---|
| Formelbuchstabe: | *M* |
| Einheit: | Newtonmeter |
| Einheitszeichen: | Nm |
| **Formel** | $M = F \cdot r$ |

*M* Moment
*F* Kraft
*r* Radius

### 3.1.4 Hebelgesetz

Ein an einem Drehpunkt beweglich gelagerter Körper ist im Gleichgewicht, wenn die Summe der auf ihn wirkenden Drehmomente gleich null ist.

$M_1 = M_2$
$F_1 \cdot r_1 = F_2 \cdot r_2$

Der senkrechte Abstand *r* vom Angriffspunkt der Kräfte zum Drehpunkt wird Hebelarm genannt. Bei einseitigen Hebeln wirken die Kräfte auf einer Seite, bei zweiseitigem Hebel auf beiden Seiten des Drehpunktes **(Bild 2)**.

Praktisch kann bei zweiseitigen Hebeln das fünffache Gewicht mit einem gegenüberliegenden Hebelarm, der fünfmal so lang ist, aufgewogen werden. Bei einem einseitigen Hebel benötigt man mit einem fünfmal so langen Hebelarm nur ein Fünftel der Kraft.

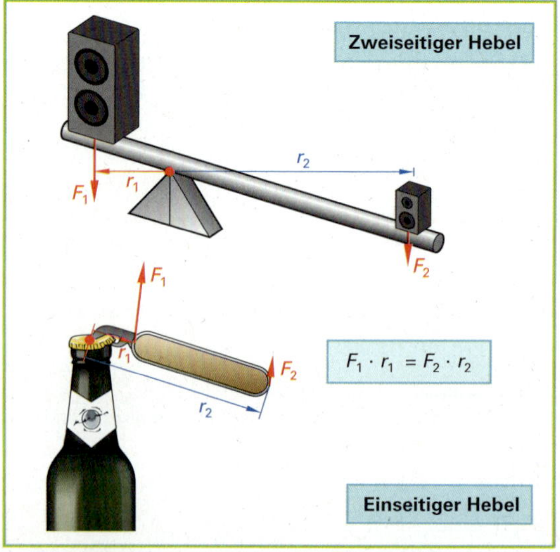


**Bild 2**: Einseitiger und zweiseitiger Hebel

### 3.1.5 Lastarten

Die Last bzw. Belastung beschreibt die äußeren Kräfte und Momente, welche auf einen Körper einwirken. Dabei unterscheidet man zwischen ständigen Lasten, wie beispielsweise der Eigenlast (durch Gravitation), und veränderlichen Lasten, wie beispielsweise Wind-, Schnee- oder Verkehrslasten. Veränderliche Lasten werden durch Normen für unterschiedliche Regionen, Gelände und Höhen festgelegt. Sie sind als veränderliche Einwirkung im *Eurocode 1* geregelt **(vgl. Kapitel 6.4)**.

Temperaturbedingte Längenänderungen können Zwängungen erzeugen. Diese sind zwar zu bedenken, sind jedoch in der Veranstaltungstechnik meist nicht relevant und werden daher vernachlässigt.

#### Punktlast

Die Punktlast ist eine Einzellast, die als Kraft in genau einem Punkt angreift, wie beispielsweise ein Scheinwerfer an einer Traverse. Punktlasten werden oft als Eigengewichte der lastausübenden Körper angegeben und müssen zur Berechnung in Kräfte umgerechnet werden.

#### Streckenlast

Die Streckenlast beschreibt, meist als gleichförmige *Linienlast*, die Verteilung einer Belastung über eine bestimmte Länge, wie beispielsweise ein Vorhang entlang einer Traversenstrecke. Sie wirkt wie viele kleine Einzellasten, die entlang einer Linie angeordnet sind.

#### Flächenlast

Die Flächenlast beschreibt die kontinuierliche Verteilung einer Belastung über eine Fläche und ergibt sich wie beim Druck aus einer resultierenden Kraft pro Fläche. Schnee mit konstanter Dicke auf einem Dach oder ein einheitlicher Bodenbelag erzeugen eine einheitliche Flächenlast. Die Tragfähigkeit von bspw. Bühnenböden oder Podesten werden für eine maximale Flächenlast ausgelegt, wobei meist das maximal zulässige Gewicht pro Quadratmeter angegeben wird.

Achtung: Zur Einführung in das Thema werden hier die Formelbuchstaben *F*, *q* und f für Punkt-Strecken- und Flächenlasten verwendet. In der Baustatik verwendet man abweichende Formelzeichen **(vgl. Kapitel 6.4.1)**. Großbuchstaben bezeichnen jedoch immer Punktlasten, Kleinbuchstaben Strecken- oder Flächenlasten.

| **Punktlast** | |
|---|---|
| Formelbuchstabe: | $F$ |
| Einheit: | Newton |
| Einheitenzeichen: | N |
| **Formel:** | $F = m \cdot a$ |

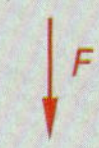


| **Streckenlast** | |
|---|---|
| Formelbuchstabe: | $q$ |
| Einheit: | Newton pro Meter |
| Einheitenzeichen: | $\frac{N}{m}; \frac{kN}{m}$ |
| **Formel:** | $q = \frac{F}{l}$ |

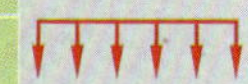

| **Flächenlast** | |
|---|---|
| Formelbuchstabe: | $f$ |
| Einheit: | Newton pro Quadratmeter |
| Einheitenzeichen: | $\frac{N}{m^2}; \frac{kN}{m^2}$ |
| **Formel:** | $f = \frac{F}{A}$ |

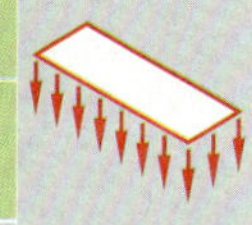

*m* Masse
*a* Beschleunigung
*l* Länge
*A* Fläche

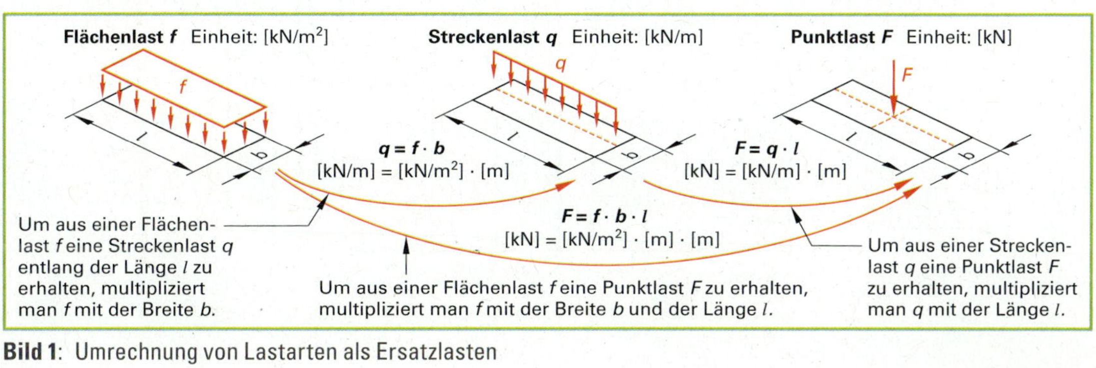


**Bild 1**: Umrechnung von Lastarten als Ersatzlasten

### 3.1.6 Lasteinzugsbereiche

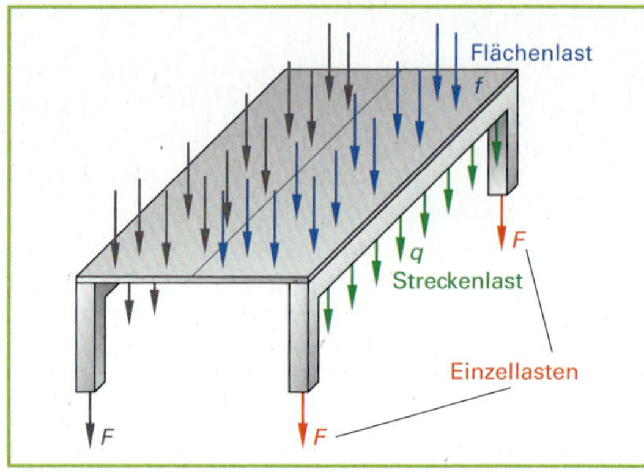


**Bild 1:** Lasteinzugsbereiche am Podest

Die Last auf eine Fläche wird meist durch Träger an den Randbereichen abgetragen. Für die auftretenden Streckenlasten entlang dieser Träger müssen die Lasteinzugsbereiche betrachtet werden. Also: Welcher Anteil der gesamten Flächenlast wird an den jeweiligen Trägern wirksam?

Der Lasteinzugsbereich gibt den Teilbereich einer Strecken- oder Flächenlast an, der auf die jeweiligen Träger abgetragen wird. Dabei ergeben homogene Lastverteilungen meist symmetrische Lasteinzugsbereiche, die sich geometrisch bestimmen lassen. Die Voraussetzung dafür ist, dass die tragenden Bereiche symmetrisch verteilt und alle Felder belastet sind. In **Bild 1** übernimmt der vordere Träger beispielsweise den blau gezeichneten Teil der Flächenlast. Die grün gezeichnete Streckenlast teilt sich hälftig auf die beiden Füße auf.

In **Tabelle 1** sind Beispiele für Lasteinzugsbereiche zu sehen. Die farbig gekennzeichneten Streckenlasten werden auf die Personen der entsprechenden Farbe abgetragen. Die farbig gekennzeichneten Flächenlasten werden auf die farblich zugeordneten Träger abgetragen. Wie man sieht, trägt eine Person oder ein Träger (ein sogenannter Unterzug) in der Mitte die meiste Last ab, da der zugehörige Lasteinzugsbereich am größten ist.

**Tabelle 1:** Beispiele für homogene Lastverteilung mit symmetrischen Stützpunkten

| | 1 Punkt | 2 Punkte | 3 Punkte (geteilter Körper) | 3 Punkte (durchgehender Körper) |
|---|---|---|---|---|
| Streckenlast | 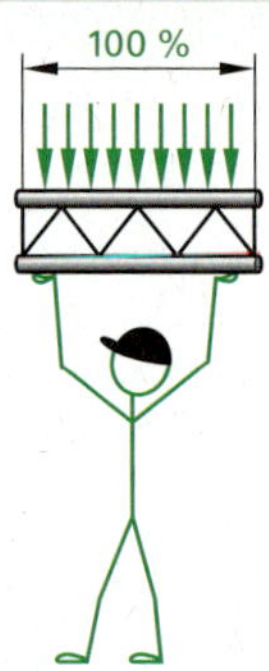 | 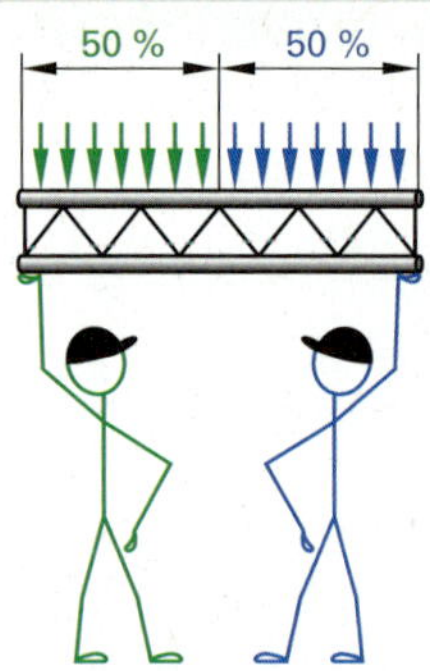 | 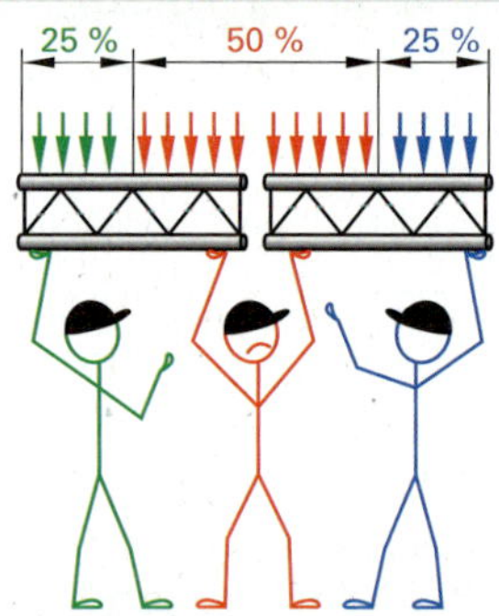 |  |
| Flächenlast | Träger seitlich | Träger rundum | Träger rundum<br>2 Felder, geteilte Platte | Träger rundum<br>2 Felder |
| | 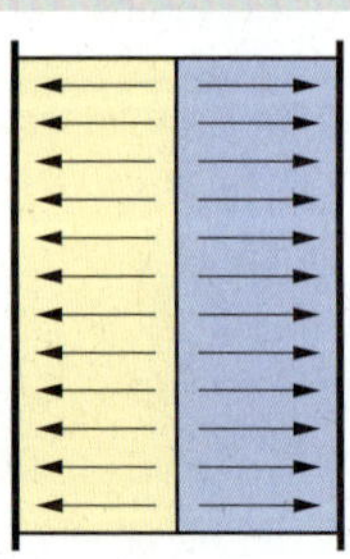 | 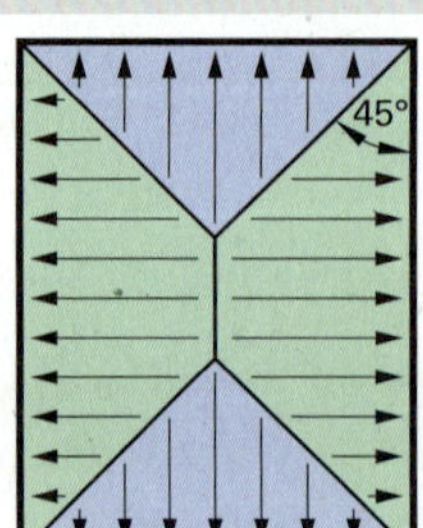 | 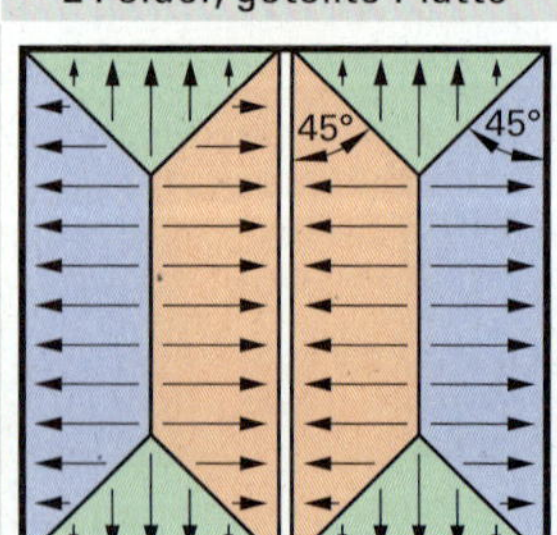 | 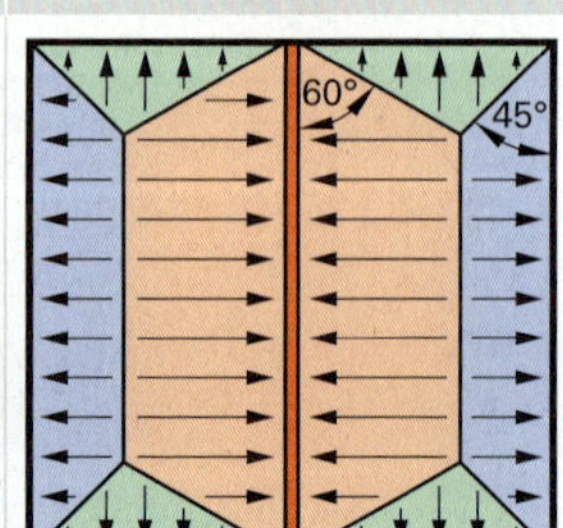 |
| | | Dreieckslast/<br>Trapezlast unter 45° | Dreieckslast/Trapezlast<br>unter 45° | durchgängige Platte<br>Dreieckslast/Trapezlast<br>unter 60° |

### 3.1.7 Gleichgewichtsbedingungen (GGB)

In der Statik ist es Bedingung, dass sich ein Körper im mechanischen Gleichgewicht befindet. Alle am Körper angreifenden Kräfte müssen also zueinander im Gleichgewicht stehen, damit dieser in Ruhe verharrt. Anders formuliert: Die resultierende Kraft aller am Körper angreifenden Kräfte ist gleich null. Bei ausschließlicher Berechnung in der zweidimensionalen Ebene ergeben sich Gleichgewichtsbedingungen in vertikaler und horizontaler Richtung, sowie ein Moment in einem bestimmten Punkt. Die meisten dreidimensionalen Fälle lassen sich in mehrere zweidimensionale Betrachtungen zerlegen. Somit ergeben sich folgende drei Bedingungen:

Die Summe aller Kräfte ist null.

1. In x-Richtung: $\Sigma F_x = F_1 + F_2 + F_3 + \ldots = 0$
2. In y-Richtung: $\Sigma F_y = F_1 + F_2 + F_3 + \ldots = 0$

Die Summe aller Momente ist null.

3. $\Sigma M = M_1 + M_2 + M_3 + \ldots = 0$

Zur Bestimmung der Kraftrichtung werden die Vorzeichen verwendet. Bei den Momenten kennzeichnen die Vorzeichen die Drehrichtung. Der Punkt, auf den sich die Momente beziehen, wird in Klammern dahinter geschrieben.

Die Festlegungen der positiven und negativen Richtungen sowie die Lage des Koordinatensystems sind frei wählbar, solange das System über die gesamte Rechnung beibehalten wird. Üblicherweise wird zur besseren Übersicht der Richtungssinn des kartesischen Koordinatensystems verwendet. Positive Kräfte gehen also nach rechts bzw. nach oben und die positive Drehrichtung ist linksherum, also gegen den Uhrzeigersinn.

In **Bild 1** versucht ein Bagger einen Stein, welcher zum Teil auf einer seiner Ecken und zum Teil auf einem Baumstamm liegt, zu bewegen. Solange die Kraft des Baggers in $x$-Richtung nicht größer als die im Auflager B entgegenwirkende Kraft $F_{Bx}$ ist, verharrt der Stein in Ruhe.

Zur Vereinfachung können (nur) zum Aufstellen der Gleichgewichtsbedingungen und zum Bestimmen der Auflagerreaktionen Streckenlasten mit einer Punktlast als Ersatzlast in der Mitte des Wirkbereichs ersetzt werden **(Bild 2)**.

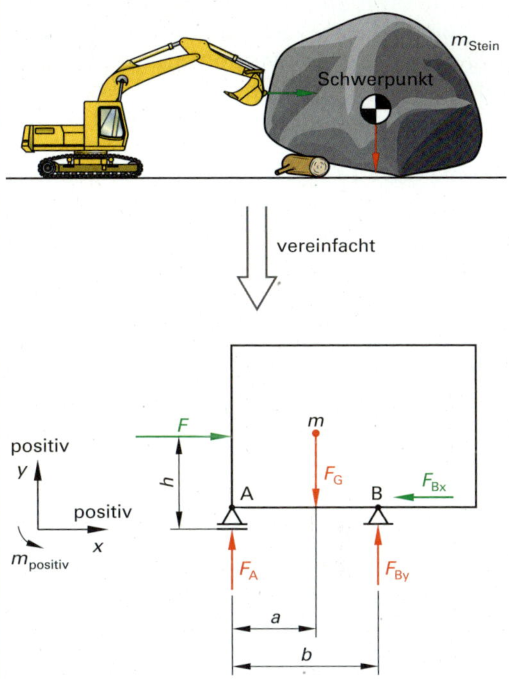


1. Die Summe aller Kräfte in x-Richtung:

$$F_x = F - F_{Bx} = 0$$

2. Die Summe aller Kräfte in y-Richtung:

$$F_y = F_A + F_B - F_G = 0$$

3. Die Momente um Punkt A:

$$M(A) = F_A \cdot 0 + F_B \cdot b - F_G \cdot a - F \cdot h = 0$$

Werden diese Bedingungen erfüllt, ruht der Stein im Gleichgewicht und bewegt sich nicht.

**Bild 1**: Ein Körper ruht im Gleichgewicht

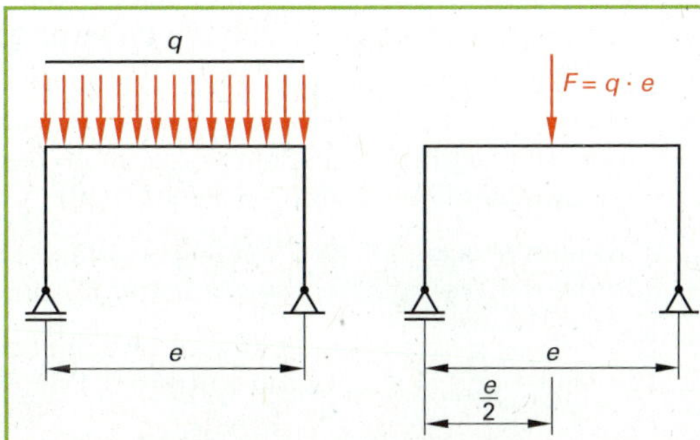


**Bild 2**: Ersatzlast einer Streckenlast

### 3.1.8 Auflagerreaktionen

Lager nennt man in der Mechanik die Verbindung eines Körpers mit seiner Umgebung. Als Auflagerreaktionen werden Stütz- und Haltekräfte oder Momente bezeichnet, welche ein Bauteil im Gleichgewicht und damit in statischer Ruhe verharren lassen. Sie können entgegen eines Absinkens, eines Abhebens, einer Verschiebung oder einer Verdrehung wirken. Sie blockieren eine Bewegung oder Drehung in der entsprechenden Wirkrichtung.

Die Anzahl der Wirkrichtungen eines Lagers wird mit der Wertigkeit ausgedrückt **(Tabelle 1)**. Die Richtungen, in denen keine Auflagerreaktionen stattfinden, werden Freiheitsgrade genannt. Dabei unterscheidet man in der Ebene drei Lagerarten **(Bild 1)**:

**Loslager:** Fixiert Vertikalbewegung (nach oben und unten)

**Festlager:** Fixiert Vertikal- und Horizontalbewegung (zu den Seiten)

**Einspannung:** Fixiert Vertikal-, Horizontal- und Drehbewegungen (um einen Punkt)

Ist der Körper oder ein System aus Körpern statisch bestimmt gelagert, lassen sich über die drei Gleichgewichtsbedingungen **(Kapitel 3.1.7)** alle Auflagerreaktionen bestimmen.

**Tabelle 1:** Arten von Lagern

| Bezeichnung | Loslager | Festlager | Einspannung |
|---|---|---|---|
| Symbol |  |  | 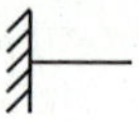 |
| Freiheitsgrade | ↔ ↻ | ↻ | keine |
| Wirkrichtung | ↕ | ↔ ↕ | ↔ ↕ ↺ |
| Wertigkeit | 1 | 2 | 3 |

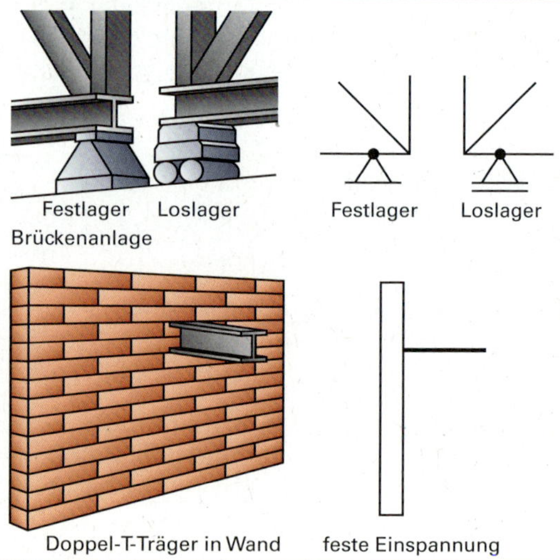


**Bild 1:** Beispiele für Lagerarten

Ein starrer Körper (ein starres System) ist statisch bestimmt gelagert, wenn die Summe der Wertigkeiten der Lager gleich 3 ist.

Ansonsten ist der Körper statisch unbestimmt gelagert. Wird die Bewegung eines Körpers in eine Richtung an mehreren Lagern behindert, kann nicht eindeutig ermittelt werden, in welchem Lager die Kraft aufgenommen wird. Die Summe der Wertigkeiten der Lager ist dann > 3 und die Lagerung ist statisch überbestimmt. In der Praxis kann dies zu Zwängungen des Körpers führen, beispielsweise, wenn er sich bei Wärme ausdehnt. Ist die Bewegung in eine bestimmte Richtung hingegen nicht behindert, ist der Körper in dieser Richtung verschiebbar. Die Summe der Wertigkeiten der Lager ist dann < 3 und die Lagerung nennt man statisch unterbestimmt.

**Beispiel:**

1. Hängt ein Kragträger[1] fest eingespannt an der Wand mit einer Last an seinem freien Ende, ist die Wertigkeit der Einspannung = 3. Das System ist statisch bestimmt.
2. Wird eine Brücke auf zwei Festlager gestellt, besitzt jedes der beiden Lager die Wertigkeit 2. Die Summe der Wertigkeiten beider Lager ist gleich 4. Das System ist statisch überbestimmt.
3. Eine Brücke wird auf ein Festlager und ein Loslager gestellt. Die Summe der Wertigkeit aus Loslager mit 1 und Festlager mit 2 ergibt 3. Das System ist in den Auflagern statisch bestimmt.

[1] Ein Kragträger (Kragarm) ist ein einseitig gelagerter waagerechter Träger.

## 3.1.9 Tragwerke

Tragwerke sind die tragenden Strukturen von Konstruktionen. Sie sorgen für die nötige Standsicherheit und Steifigkeit und nehmen äußere Lasten auf. Es wird zwischen Flächentragwerken **(Tabelle 1)** und Stabtragwerken (Stabwerken, **Tabelle 2**) unterschieden.

**Tabelle 1:** Flächentragwerke

| Scheibentragwerk | Plattentragwerk | Schalentragwerk | Faltwerke | Membrantragwerk |
|---|---|---|---|---|
| gläserne Bürowand | Steckfußpodest | Theaterhaus Potsdam | Dachkonstruktion | Traglufthalle |
|  |  |  | 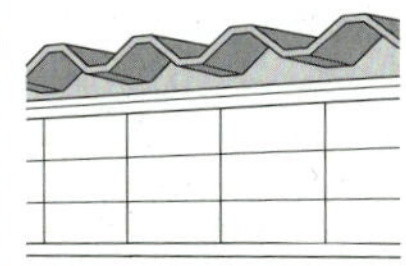 | 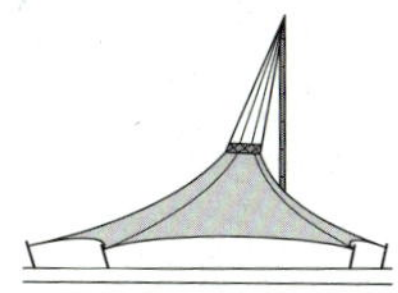 |

**Tabelle 2:** Stabtragwerke

| Stabtragwerk | Balkentragwerk | Rahmentragwerk | Fachwerk | Seiltragwerk (Netz) |
|---|---|---|---|---|
| Eisenbahnbrücke | Dachstuhl | Wintergarten | Traverse | Brücke |
| 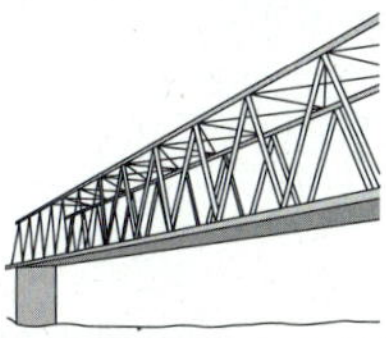 | 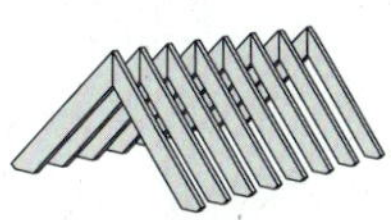 | 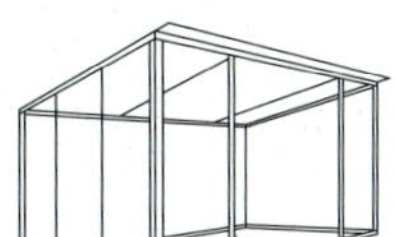 | 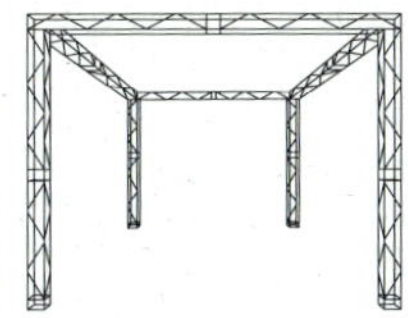 | 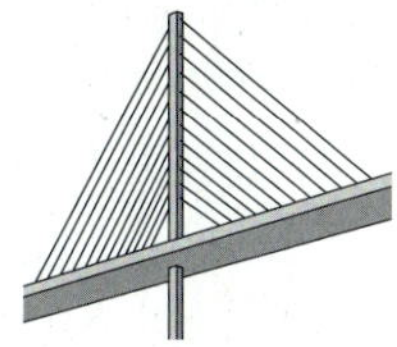 |

In der Praxis werden oft Mischformen aus den verschiedenen Tragwerksformen eingesetzt und die Konstruktionen lassen sich nicht eindeutig zuordnen. Dabei werden die konstruktiven Vorzüge und gestalterischen Möglichkeiten verschiedener Tragwerksarten kombiniert, um den Anforderungen möglichst umfassend gerecht zu werden. So lässt sich beispielsweise eine Bühnenkuppeldachkonstruktion **(Bild 1)** äußerlich als gekrümmtes *Schalen-Flächentragwerk* in *Membranbauweise* erkennen, besitzt aber ein aus Stäben zusammengesetztes sphärisches *räumliches Fachwerk* als Skelett.

**Bild 1**: Geodätische Kuppel

Wichtige Faktoren für Tragwerke in der Veranstaltungstechnik sind:

- oft temporärer Einsatz
- kurze Auf- und Abbauzeit
- wenig Gewicht
- wenig Transportvolumen
- einfache, kostengünstige Konstruktion
- Wetterbeständigkeit und Schutz vor Wettereinflüssen
- künstlerische Gestaltungsmöglichkeiten und Variabilität
- anpassungsfähig an verschiedene Untergründe

In der Veranstaltungstechnik sind viele Tragwerksarten zu finden: als Bühnenkonstruktion, als Bühnenbild, als Zuschauersituation oder in der Konstruktion der Veranstaltungsstätte an sich. Zum Großteil werden dabei Strukturen aus Traversen oder Gerüstsystemen verwendet, die vereinfacht und idealisiert als Fachwerk betrachtet und berechnet werden können. Die Planung und Auslegung komplexer Tragwerke werden von Architekten, Statikern oder den Anbietern der Systeme durchgeführt (siehe auch Kapitel 6.2).

## 3.1.10 Fachwerke

Fachwerke **(Bild 1)** sind Stabwerke, deren Stäbe nur durch Normalkräfte, also Druck- oder Zugkräfte beansprucht werden. Im Unterschied zu Stabwerken nehmen die Stäbe bei Fachwerken also keine Querkräfte oder Biegemomente auf. An den Knoten, also den Punkten, an denen die Stäbe aufeinandertreffen, werden daher idealisiert Gelenke angenommen. Diese Idealisierung gilt auch für Schweißverbindungen in Traversen oder für Knotenbleche in Brückenkonstruktionen. Als Fächer werden die einzelnen Drei- und Vierecke innerhalb des Gesamtsystems bezeichnet.

Bei der vorwiegenden Verwendung von dreieckigen Fächern ergibt sich eine enorme Steifigkeit und es braucht nur wenig Material eingesetzt zu werden. Bei rechteckigen Konstruktionen werden in der Praxis dreieckige Fächer durch das Einsetzen von Diagonalen erzeugt. Umgangssprachlich wird dies als *ausdiagonalisieren* bezeichnet.

### Abzählformel

Um ein Fachwerk mithilfe der Gleichgewichtsbedingungen **(Kapitel 3.1.7)** berechnen zu können, muss dieses in sich statisch bestimmt sein. Ob dies der Fall ist, kann mit der Abzählformel (Formel siehe rechts) überprüft werden.

**Beispiel 1:**

Das Viereck aus **Bild 2 a** besteht aus vier Stäben und vier Knoten. Setzt man dies in die Abzählformel ein, erhält man:

$s = 2 \cdot k - 3$

$4 = 2 \cdot 4 - 3$

$4 = 5$ ↯

Die Abzählformel ist also nicht erfüllt. Das Fachwerk ist nicht in sich statisch bestimmt.

**Beispiel 2:**

Fügt man, wie in **Bild 2 b**, eine Diagonale hinzu, bleibt die Anzahl der Knoten weiterhin bei vier. Die Anzahl der Stäbe erhöht sich auf fünf. Eingesetzt in die Abzählformel erhält man:

$s = 2 \cdot k - 3$

$5 = 2 \cdot 4 - 3$

$5 = 5$ ✓

**Beispiel 3:**

Mit der Abzählformel lassen sich beliebig komplexe Fachwerke behandeln. Das Fachwerk aus **Bild 1** hat neun Stäbe und sechs Knoten. Das Abzählkriterium ist also ebenfalls erfüllt:

$s = 2 \cdot k - 3$

$9 = 2 \cdot 6 - 3$

$9 = 9$ ✓

**Bild 1**: Statisch bestimmtes Fachwerk

**Annahmen zur Idealisierung von Fachwerken:**

- Stäbe gerade und starr
- Stäbe in Knotenpunkten gelenkig verbunden
- Achslinien der Stäbe schneiden sich in Knotenpunkten
- Statisch bestimmt gelagert
- Abzählformel erfüllt

**Abzählformel für statisch bestimmte Fachwerke**

**Formel:** $s = 2 \cdot k - 3$

$s$ Stäbe
$k$ Knoten
3 gehemmte Freiheitsgrade in den Auflagern

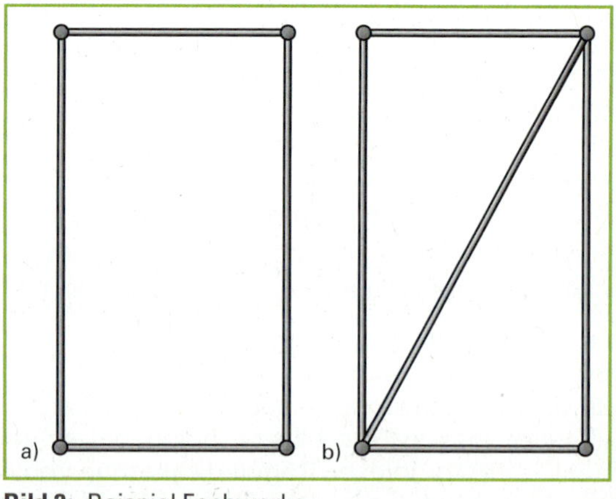


**Bild 2**: Beispiel Fachwerke

## 3.1.11 Kippsicherheit

Wer eine Dekoration, ein Arbeitsmittel oder eine maschinentechnische Einrichtung der Veranstaltungstechnik aufstellt, muss diese gegen ein unbeabsichtigtes Bewegen sichern. Dazu zählt insbesondere die Sicherung gegen das Umkippen. Eine Fachkraft für Veranstaltungstechnik muss einen Kippsicherheitsnachweis für die anzunehmenden Lasten und den Faktor der Kippsicherheit berechnen können. Der Nachweis der Kippsicherheit ist zudem Bestandteil des Standsicherheitsnachweises für Fliegende Bauten (Kapitel 6.5).

Die Kippsicherheit ist umso größer, je größer das Standmoment ist. Das Standmoment hängt von den Hebelverhältnissen und den stabilisierenden Lasten ab.

Ein Körper bleibt auf seiner Standfläche stehen, wenn diese vom Lot durch den Körper-Schwerpunkt getroffen wird **(Bild 1)**.

### Kippsicherheitsnachweis

In **Beispiel 1** wird ein einfacher Kippsicherheitsnachweis geführt: Das Kippmoment wird durch Multiplikation der kippenden (destabilisierenden) Kraft mit dem zugehörigen Hebel berechnet. Der Hebel ist in diesem Falle die Höhe vom Boden, in der diese Kraft angreift.

Das Standmoment ergibt sich aus zwei (stabilisierenden) Komponenten. Die erste Komponente hängt mit der Gewichtskraft aus dem Gewicht der Scheinwerfer zusammen, die zweite Komponente mit der Gewichtskraft aus dem Eigengewicht des Stativs. Der Hebel entspricht in beiden Fällen dem horizontalen Abstand zwischen dem Kipppunkt und einem Lot durch die Schwerpunkte.

Da das Standmoment kleiner ist als das Kippmoment, würde das Stativ in der gezeigten Situation kippen. Dies zeigt sich auch darin, dass der ermittelte Faktor $\nu$ kleiner ist als 1. $\nu = 1$ entspräche der Kippgrenze. Bei $\nu \geq 1{,}2$ bei Fliegenden Bauten spricht man von einem sicheren Stand.

### Maßnahmen gegen das Kippen

Ist das Standmoment zu gering, so müssen Maßnahmen getroffen werden, um das Kippmoment aufzunehmen. Dazu wird mit Ballastierung, Verschraubung, Erdankern, zusätzlicher Stützweite u. a. je nach Bedingungen und Untergrund gearbeitet. Achtung: Auch ein genügend ballastierter Aufbau kann Probleme hinsichtlich der Tragfähigkeit mit sich bringen, z. B. muss das Vertikalrohr des Statives das Biegemoment, welches aus der horizontalen Kraft resultiert, tragen können! Standsicherheit wird durch gleichzeitige Kippsicherheit und Tragfähigkeit erreicht (Kapitel 6.5).

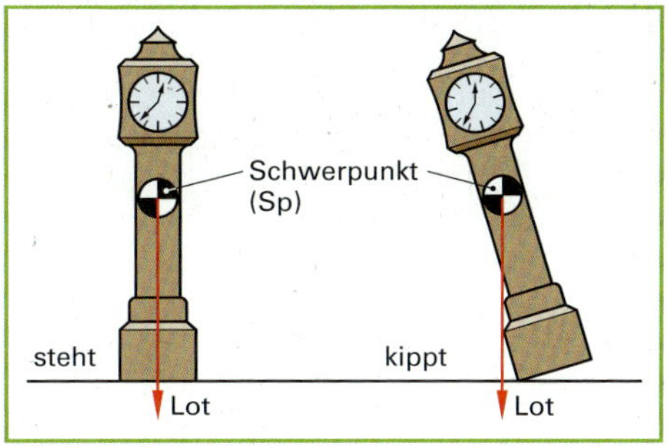


**Bild 1**: Körper mit Lot

**Bedingung für Kippsicherheit**

**Formel:** $M_K < M_S$

$M_K$ Kippmoment
$M_S$ Standmoment

**Faktor der Kippsicherheit**

**Formel:** $\nu = \dfrac{M_S}{M_K}$

$\nu$ Faktor der Kippsicherheit

**Beispiel 1: Kippsicherheit eines Lichtstativs**

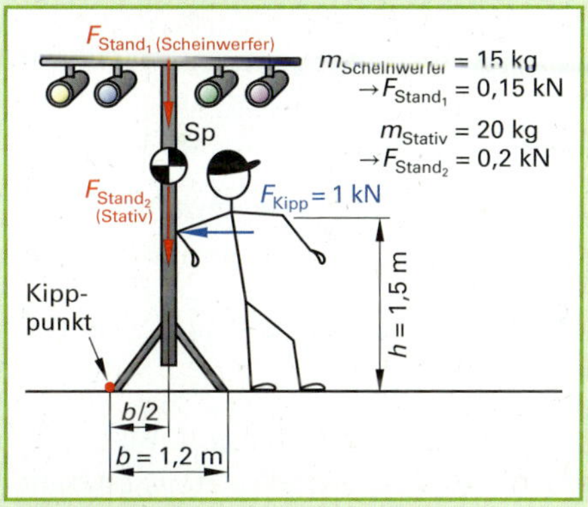


Kippmoment:

$M_K = F_K \cdot h$

$M_K = 1\ \text{kN} \cdot 1{,}5\ \text{m} = 1{,}5\ \text{kNm}$

Standmoment:

$M_S = F_{S1} \cdot \dfrac{b}{2} + F_{S2} \cdot \dfrac{b}{2}$

$M_S = 0{,}2\ \text{kN} \cdot 0{,}6\ \text{m} + 0{,}15\ \text{kN} \cdot 0{,}6\ \text{m} = 0{,}21\ \text{kNm}$

Vergleich:

$M_K = 1{,}5\ \text{kNm} > M_S = 0{,}21\ \text{kNm}$

$\nu = \dfrac{M_S}{M_K} = \dfrac{0{,}21\ \text{kNm}}{1{,}5\ \text{kNm}} = 0{,}14$

Das Stativ würde kippen.

## 3.2 Kinetik

Auf der Bühne müssen bei szenischen Verwandlungen viele Bewegungen ausgeführt werden. Man unterscheidet geradlinige Bewegungen von kreisförmigen Bewegungen sowie gleichförmige Bewegungen von beschleunigten Bewegungen.

### 3.2.1 Bewegungsarten

**Gleichförmig geradlinige Bewegung**

Bei gleichförmig geradlinigen Bewegungen bleiben Richtung und Geschwindigkeit konstant. Ein Beispiel aus der Veranstaltungstechnik ist ein vertikal verfahrbarer, geständerter Traversenaufbau. Wie man **Bild 1a** entnehmen kann, entspricht der Graph dieser Bewegung einer Geraden durch den Ursprung. Die Geschwindigkeit entspricht dem Quotienten aus dem Streckenunterschied zum Zeitunterschied.

**Gleichmäßig beschleunigte Bewegung**

Bei gleichmäßig beschleunigten (geradlinigen) Bewegungen ändert sich die Geschwindigkeit eines Körpers über die Zeit, während die Richtung gleich bleibt. Jeder Anfahr- oder Abbremsprozess entspricht einer beschleunigten Bewegung, wobei die Richtung der Beschleunigung jeweils entgegengesetzt ist. Wie in **Bild 1b** zu sehen, entspricht der Graph der Bewegung einer Parabel.

**Gleichförmige Kreisbewegung**

Bei Kreisbewegungen ist die Bahnlinie kreisförmig, daher ändert sich die Richtung ständig. Ist die Geschwindigkeit auf dieser Kreisbahn an jedem Ort konstant, so spricht man von einer gleichförmigen Kreisbewegung **(Bild 1c)**. Dreht sich eine Drehbühne mit einer konstanten Winkelgeschwindigkeit $\omega$, so benötigt jede vollständige Drehung $n$ die Umlaufzeit $T$. Je weiter außen auf der Drehscheibe ein Punkt sich befindet, desto größer ist seine Kreisbahngeschwindigkeit $v$. Würde sich ein Punkt von der Drehbühne lösen, würde er sich mit seiner Kreisbahngeschwindigkeit $v$ tangential geradlinig weiterbewegen (vgl. Geschwindigkeitspfeil in **Bild 1c**).

**Beschleunigte Kreisbewegung**

Ändert eine Kreisbewegung ihre Geschwindigkeit, so spricht man von einer beschleunigten Kreisbewegung **(Bild 1d)**. Dabei ändert sich auch die Kreisbahngeschwindigkeit jedes Punktes auf einer Drehbühne.

$$v = \frac{s}{t}$$

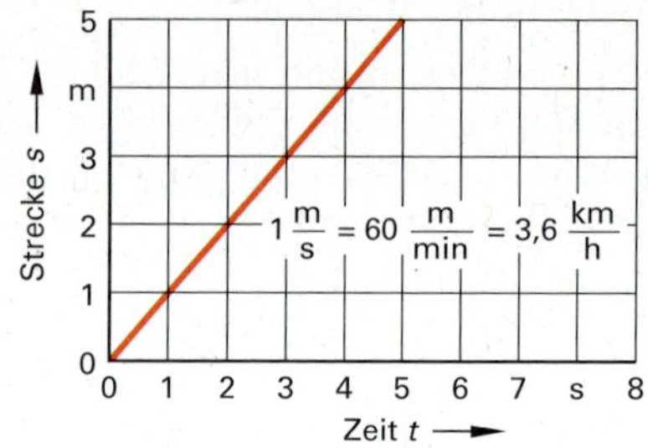


a) Gleichförmig geradlinige Bewegung

$$s = \frac{a}{2} \cdot t^2$$

$$v = a \cdot t$$

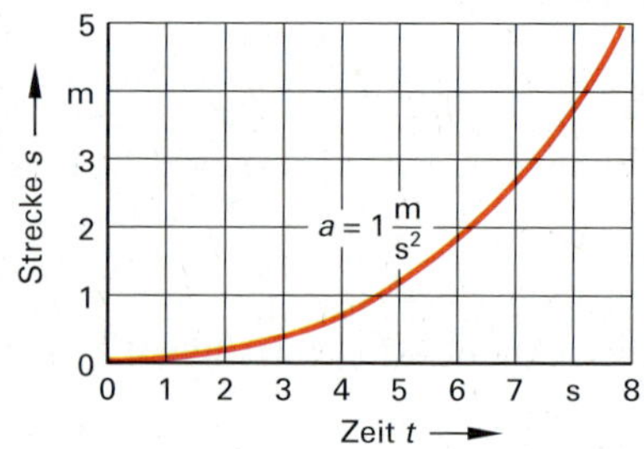


b) Gleichmäßig beschleunigte Bewegung

$$\omega = \frac{\Delta\varphi}{t}$$

$$v = r \cdot \frac{\Delta\varphi}{t}$$

$$T = \frac{t}{n}$$

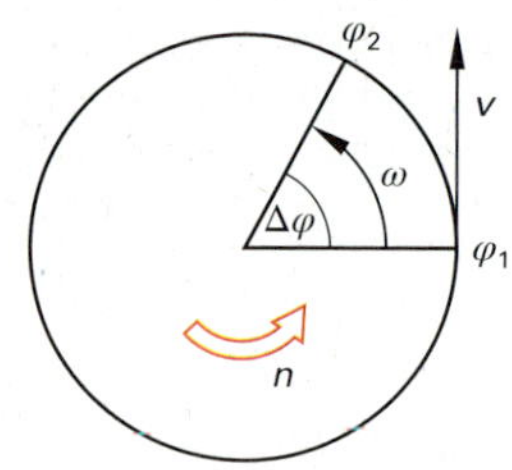


c) Gleichförmige Kreisbewegung

$$\alpha = \frac{\Delta\varphi}{\Delta t}$$

$$\varphi = \frac{a}{2} \cdot t^2$$

$$\alpha = \frac{\Delta\varphi}{t}$$

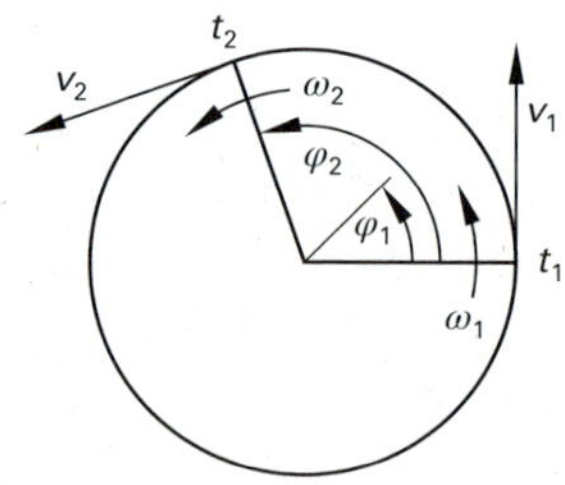


d) Beschleunigte Kreisbewegung

- $v$ Geschwindigkeit
- $s$ Weg
- $\varphi$ Drehwinkel
- $r$ Radius
- $T$ Umlaufzeit
- $n$ Umlaufzahl
- $a$ Beschleunigung
- $\Delta\varphi$ Winkeldiffernez ($\varphi_2 - \varphi_1$)
- $t$ Zeit für Weg- oder Winkeländerung
- $\omega$ Winkelgeschwindigkeit

**Bild 1**: Bewegungsarten

Für die Grenzwerte der Drehgeschwindigkeit im Veranstaltungsbereich ist die Kreisbahngeschwindigkeit entscheidend. Diese beschreibt die Geschwindigkeitsdifferenz, die eine Person beim Betreten einer Drehscheibe überwinden muss. Hier und auch für andere szenische Bewegungsvorgänge gelten Richtwerte für angemessene maximale Geschwindigkeiten **(siehe auch Kapitel 5.4)**:

1,2 m/s ohne Personen

1,0 m/s bei Drehscheiben mit Personen ohne deren Zu- oder Abgang

0,7 m/s bei Bühnenwagen, Laufbändern, Hubpodien und Versenkeinrichtungen mit Personen ohne deren Zu- oder Abgang

0,3 m/s für Bühnenwagen, Laufbänder und Drehscheiben mit Zu- oder Abgang von Personen

In der Praxis wird häufig von einer Beschleunigungsrampe gesprochen. Diese erklärt sich aus der linear ansteigenden oder abfallenden Geraden in der Darstellung von Beschleunigungen im *v*-*t*-Diagramm **(Bild 1)**.

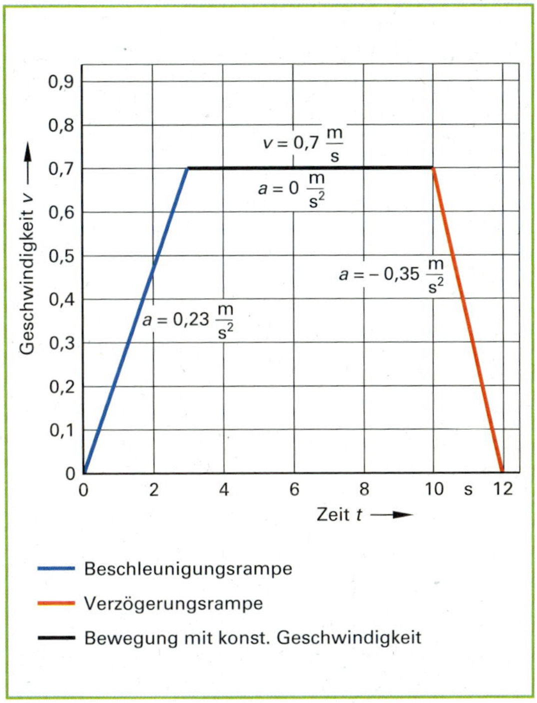


**Bild 1**: Beschleunigungsrampe im *v*-*t*-Diagramm

## 3.2.2 Trägheitsgesetz und Wechselwirkungsgesetz

Um einen Körper in Bewegung zu versetzen oder zu bremsen, also in verschiedenen Richtungen zu beschleunigen, bedarf es einer Kraft entsprechend des 1. Newton'schen Gesetzes. Gleichen sich alle angreifenden Kräfte aus, bleibt der Körper im Ursprungszustand, also in Bewegung oder in Ruhe. Dementsprechend bedarf es nach dem Wechselwirkungsgesetz: Kraft = Gegenkraft (lat. *actio = reactio*) großer Kräfte, wenn sehr schwere Gegenstände bewegt oder Gegenstände sehr schnell beschleunigt werden sollen **(Bild 2)**.

Beim Bewegen von schwer beladenen Traversen oder anderem schweren Material an Zügen sind entsprechend des Trägheitsgesetzes die entstehenden dynamischen Kräfte im Bereich der *Hubdynamik* zu beachten. Beim Bremsen eines mit Kabeln vollgeladenen Flight Case[1] am unteren Ende einer Rampe lässt sich das Trägheitsgesetz sehr gut nachvollziehen.

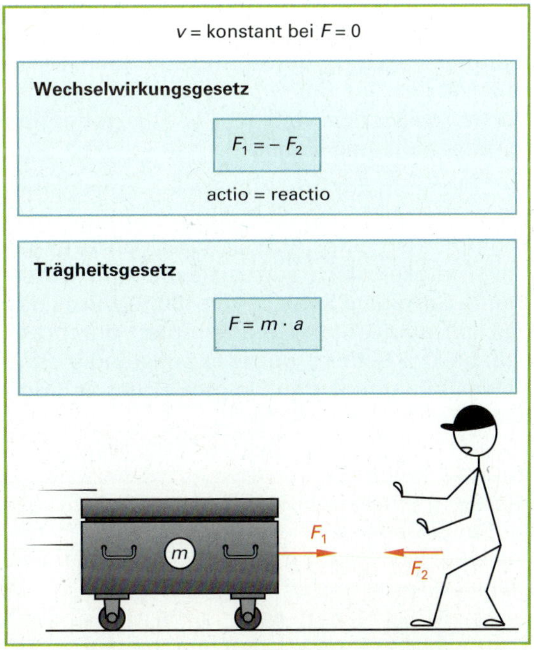


**Bild 2**: Das Trägheits- und Wechselwirkungsgesetz

[1] Rollkiste

### 3.2.3 Reibungskräfte

Bei jedem Vorgang treten zwischen einander berührenden Körpern bewegungshemmende Kräfte, die sogenannten Reibungskräfte $F_r$, auf. Diese werden bei idealisierten Rechnungen zur Vereinfachung gern vernachlässigt und sind schwer eindeutig zu bestimmen, da sie sehr von der entsprechenden Reibungszahl $\mu$ abhängen. Dieser materialabhängige Koeffizient verändert sich aufgrund seiner Oberflächenbeschaffenheit abhängig von Nässe, Temperatur, Rauheit, Verschmutzung, etc. und ist oft nur experimentell zu bestimmen.

Befindet sich ein Körper gegenüber einer berührenden Oberfläche in Ruhe, muss mit einer Antriebskraft die **Haftreibungskraft** überwunden werden, um ihn in Bewegung zu versetzen. Die Haftreibung setzt sich aus der Normalkraft des Körpers auf die berührende Fläche und der materialspezifischen Haftreibungszahl zusammen.

Wenn der Körper sich bereits in Bewegung gegenüber der berührenden Oberfläche befindet, erfordert es das Ausgleichen oder Überwinden der **Gleitreibungskraft**, um den Körper in Bewegung zu halten oder zu beschleunigen. Zum Bremsen eines Körpers kann diese genutzt werden, wie z. B. bei Bremsklötzen auf einer Bremsscheibe.

Runden Körpern wie Rädern, Walzen oder Wellen, die aufgrund einer Antriebskraft auf einer berührenden Oberfläche rollen, wirkt die **Rollreibungskraft** ihrer Bewegung entgegen. Diese ist zusätzlich zur *Rollreibungszahl* $\mu_{RR}$ und der Normalkraft noch vom Radius des rollenden Körpers abhängig **(Tabelle 1)**.

Des Weiteren kommt es bei allen angetriebenen oder gebremsten Rollbewegungen zum Schlupf, also einer Abweichung von Drehgeschwindigkeit der Radoberfläche zum Untergrund. Bei einem Schlupf von 100 % würde das Rad auf dem Untergrund komplett durchdrehen, bei 0 % Schlupf würde es vollständig ohne Abweichung mitlaufen. Je größer der Schlupf, desto größer der Verschleiß.

**Reibungskräfte**

Haft- und Gleitreibung

$F_R = \mu \cdot F_N$

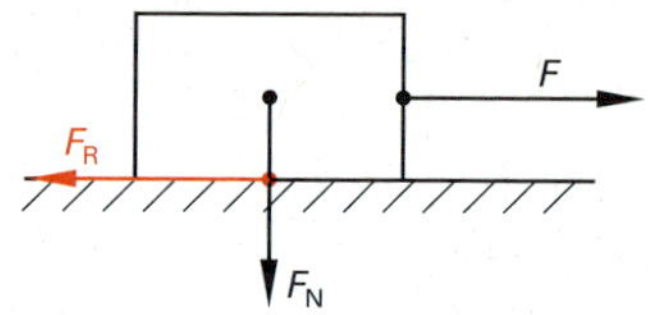


Rollreibung

$s = \mu_{RR} \cdot \frac{F_N}{r}$

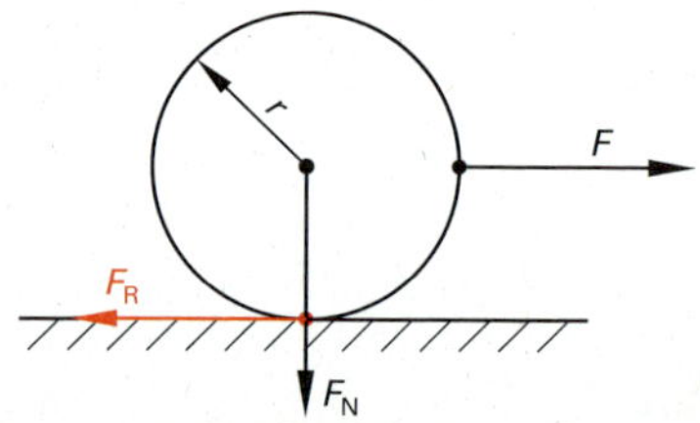


Einheit: Newton N

$F$ Kraft
$F_R$ Reibungskraft
$r$ Radius
$\mu_{HR}$ Haftreibungszahl
$\mu_{GR}$ Gleitreibungszahl
$\mu_{RR}$ Rollreibungszahl

**Tabelle 1:** Beispielwerte Reibungszahlen

| (Untergrund sauber und trocken) | Haftreibung $\mu_{HR}$ | Gleitreibung $\mu_{GR}$ | Rollreibung $\mu_{RR}$ |
|---|---|---|---|
| Gummi:Beton | 0,65 | 0,5 | – |
| Holz:Holz | 0,6 | 0,4 | – |
| Reifen:Asphalt | 0,8 | 0,5 | 0,035 |
| Stahl:Stahl | 0,15 | 0,1 | 0,002 |
| Stahl:Beton | 0,45 | 0,2 | – |
| Holz:Stahl | 0,58 | 0,4 | – |

**Beispiel 1: Haftreibung**

Ein 85 kg schweres Flightcase (ohne Rollen) voller NF-Kabel steht auf dem Boden einer Industriehalle aus Beton. Welche Kraft $F$ benötigt eine Fachkraft, um die Kiste schiebend in Bewegung zu versetzen?

$F = F_R = \mu_{HR} \cdot F_G = 0{,}45 \cdot 85\ \text{kg} \cdot 9{,}81\ \frac{\text{m}}{s^2} = 375\ \text{N}$

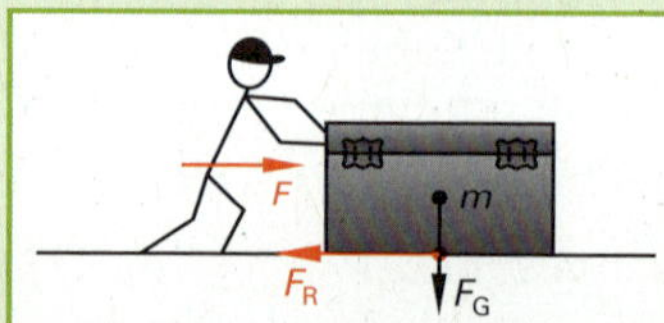

### 3.2.4 Federkraft

Für die Auslenkung eines federnden Körpers muss die Federkraft überwunden werden. Diese ist abhängig von der *Federkonstante D* und der *Auslenkung s*. Ein System aus Feder und einer Masse wird *Federschwinger* genannt. Dieser führt nach Auslenkung durch die Federkraft in Abhängigkeit der Masse und seiner durch Materialelastizität und Form bestimmten Federkonstante eine *gedämpfte Schwingung* mit der entsprechenden *Eigenfrequenz* aus.

Konstruktionen aus Metall können aufgrund der Elastizität in bestimmten Konstruktionsformen auch Federschwinger darstellen. Erfolgt eine wiederholte Auslenkung (Erregerfrequenz) mit ausreichend Kraft entsprechend der Eigenfrequenz der Konstruktion, kann es zur sog. Resonanz und einer Überlastung der sonst vorhandenen statischen Standsicherheit kommen. Die Berechnung dieser Vorgänge ist je nach Konstruktion recht komplex. Sie sollte jedoch bei szenischen Vorgängen mit bspw. großen Darstellergruppen, die im Gleichschritt über eine Bühnenkonstruktion marschieren, ggf. von einem Statiker nachgerechnet werden.

**Hooke´sches Gesetz**

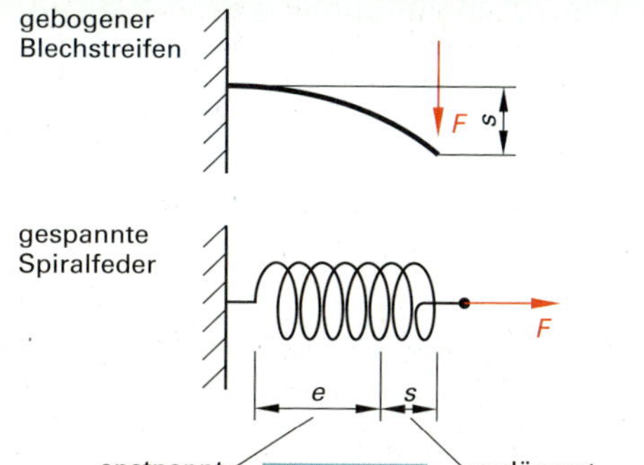


$F = D \cdot s$

Einheit: Newton N

$F$ Federkraft
$D$ Federkonstante
$s$ Auslenkung

### 3.2.5 Fliehkraft

Die Zentrifugalkraft beschreibt eine auf einen rotierenden Körper wirkende Kraft, die ihn in Abhängigkeit von seiner *Masse m*, dem Abstand zum Drehpunkt *Radius r* und seiner Drehgeschwindigkeit vom Drehpunkt weg *fliehen* lässt. Die Zentripetalkraft, auch Radialkraft $F_R$, ist die ihr entgegengesetzte Kraft, welche entlang des Bahnradius wirken muss, um den Körper auf einer festen Kreisbahn zu führen.

So werden beispielsweise Astronauten in einer Zentrifuge auf besonders starke Beschleunigungskräfte trainiert. Da Schauspieler und Musiker aber nicht wie trainierte Astronauten belastet werden dürfen und um Risiken durch Drehschwindel oder Stolpern gering zu halten, gelten auch hier bei Fahrten Richtwerte für angemessene Drehgeschwindigkeiten:

- 1,2 m/s ohne Personen
- 1,0 m/s mit Personen ohne Zu- oder Abgang
- 0,3 m/s mit Zu- oder Abgang von Personen

**(siehe Kapitel 5.4)**

**Kräfte in der Kreisbewegung**

Radialkraft

$F_r = m \cdot \frac{v^2}{r}$ $F_r = m \cdot \omega^2 \cdot r$ $F_r = m \cdot \frac{4\pi^2}{T^2} \cdot r$

Zentrifugalkraft

$F_Z = -F_r$

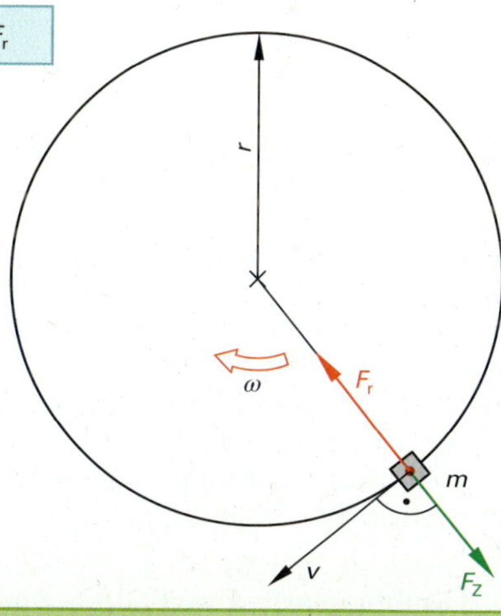


Einheit: Newton N

$F_r$ Radialkraft
$F_Z$ Zentrifugalkraft
$r$ Radius
$\omega$ Winkelgeschwindigkeit
$v$ Bahngeschwindigkeit

### 3.2.6 Impuls und Drehimpuls

Der Impuls $p$ beschreibt den Bewegungszustand eines Körpers in Abhängigkeit seiner Geschwindigkeit und seiner Masse in Richtung seiner Geschwindigkeit. Wird keine kontinuierliche Kraft, sondern mit einem Kraftstoß $I$ über eine bestimmte Zeit auf einen Körper eine bestimmte Kraft ausgeübt, ändert man den Impuls des Körpers.

Erfolgt die Bewegung in Form einer Drehung mit einer Winkelgeschwindigkeit entlang einer Kreisbahn, besitzt der Körper einen Drehimpuls $L$.

Stößt ein bewegter Körper auf einen unbewegten Körper, gilt dabei der Impulserhaltungssatz, insofern keine Energie durch Verformung, Reibung u. a. verloren geht (elastischer Stoß). Das bedeutet, dass der Impuls des bewegten Körpers erhalten bleibt und auf den unbewegten Körper übertragen wird. Bei idealisierter Betrachtung ohne Verluste würde bspw. ein Flightcase beim Stoß auf ein gleich schweres Flightcase selbst zum Stehen kommen und das angestoßene Flightcase mit derselben Geschwindigkeit weiter rollen. Ist das angestoßene Case halb so schwer, würde es nach dem Stoß mit der doppelten Geschwindigkeit rollen.

**Impuls**

Impuls

$p = m \cdot v$

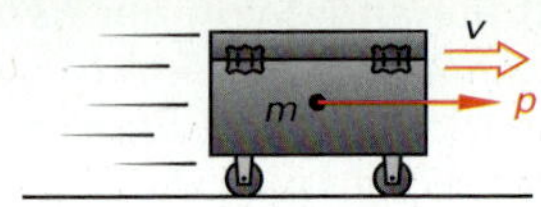


Drehimpuls

$L = m \cdot r^2 \cdot v$

Kraftstoß

$J = F \cdot \Delta t$

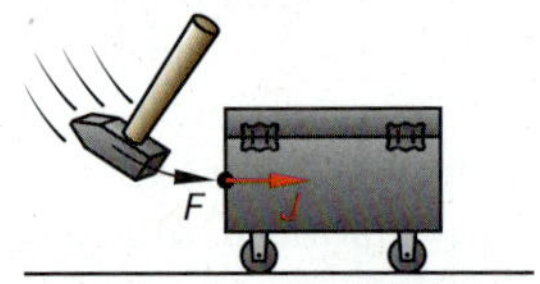


Impulserhaltungssatz

$p_1 = m_1 \cdot v_1 = m_2 \cdot v_2 = p_2$

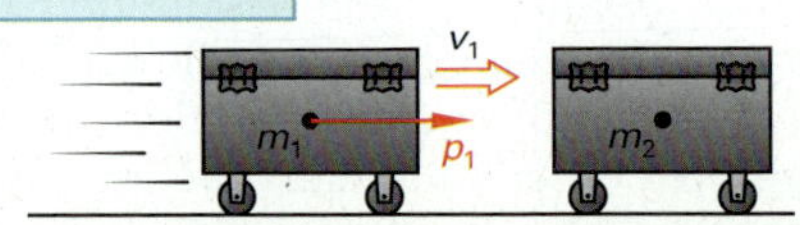


Einheit: Newtonsekunde $N \cdot s$ $(= \frac{kg \cdot m}{s})$

| | |
|---|---|
| $P$ Impuls | $m$ Masse |
| $L$ Drehimpuls | $v$ Geschwindigkeit |
| $I$ Kraftstoß | $r$ Radius |
| $t$ Zeit | |

### 3.2.7 Mechanische Arbeit

Wird bei einem Prozess ein Körper durch eine Kraft verformt oder über einen Weg bewegt, so wird mechanische Arbeit verrichtet und dem Körper Energie zu- oder abgeführt. In der Kinetik sind die Hubarbeit und die Beschleunigungsarbeit oder zur Überwindung der Reibung bei diesen Vorgängen die Reibungsarbeit von besonderer Bedeutung.

Wird Reibungsarbeit verrichtet, wird auch immer ein Teil der Bewegungsenergie in Wärmeenergie umgewandelt. Diesen „Verlust" zu berechnen ist mitunter sehr komplex und wird daher meist vernachlässigt.

**Formen mechanischer Arbeit**

Hubarbeit

$W_{Hub} = F_G \cdot h$

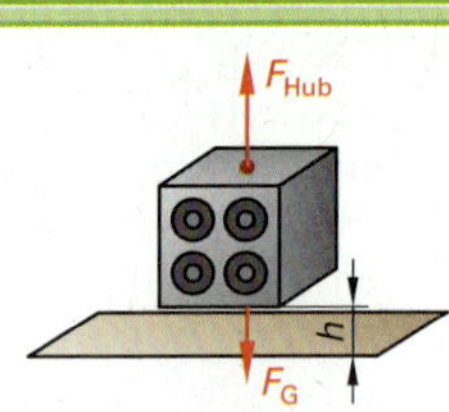


Reibungsarbeit

$W = F_R \cdot s$

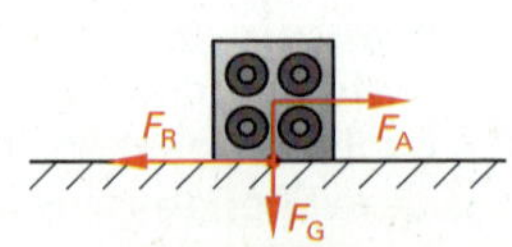


Einheit: Joule $J$ $(= W \cdot s = N \cdot m)$

| | |
|---|---|
| $W$ Arbeit | $h$ gehobene Höhe |
| $F_R$ Reibungskraft | $s$ bewegte Strecke |
| $F_G$ Gewichtskraft | |

## 3.2.8 Kraftumformende Einrichtungen

Im Sinne einer kraftumformenden Einrichtung wirkt eine geneigte Ebene. Soll ein Körper senkrecht hochgehoben werden, muss dessen komplette Gewichtskraft überwunden werden. Anstatt dessen kann auch eine Schräge eingesetzt werden. Hierbei muss, entsprechend der Kräftezerlegung, lediglich eine Teilkomponente der Gewichtskraft überwunden werden. Der Anteil berechnet sich in Abhängigkeit des Winkels. Mit einem Hebel lassen sich auch Kräfte in Abhängigkeit des Hebelaufbaus und der Hebellänge in Richtung und Betrag umformen. Kommt eine Rolle zum Einsatz, kann die Richtung der Kraft umgelenkt werden oder bei mehreren kombinierten Rollen in einem Flaschenzug die Kraftbeträge aufteilen **(Bild 1)**.

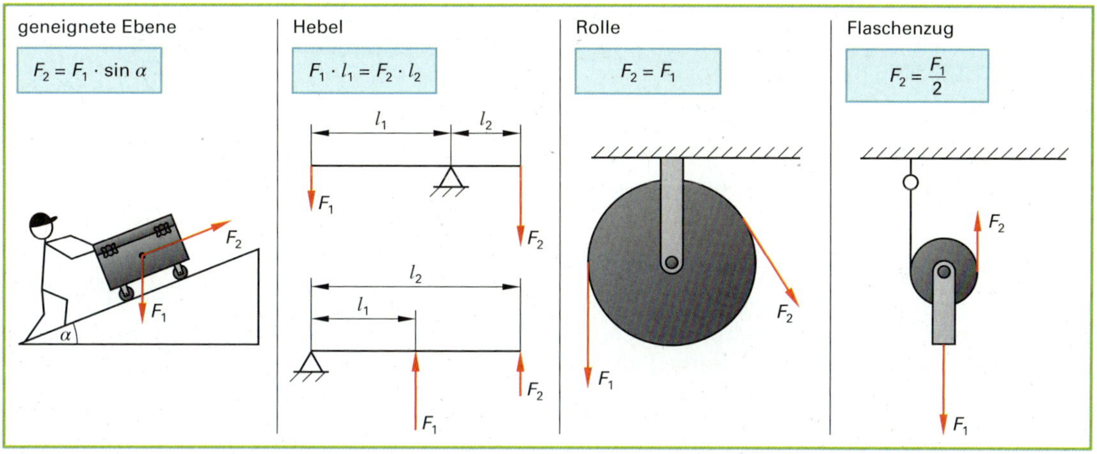


**Bild 1**: Beispiele für kraftumformende Einrichtungen

## 3.2.9 Goldene Regel der Mechanik

Für alle einfachen kraftumformenden Einrichtungen gilt, dass die zugeführte mechanische Arbeit für Vorgänge gleich der abgegebenen mechanischen Arbeit ist, ohne Betrachtung von Reibungsverlusten. Als Konsequenz bedeutet das, wenn ein Vorgang, bei dem mechanische Arbeit verrichtet wird, mit weniger Kraft passieren soll, verlängert sich der Weg, über den die Arbeit passiert. Schiebt man also eine Rollkiste eine lange flache Rampe herauf, braucht man weniger Kraft, aber legt mehr Weg zurück, als würde man sie die überwundene Höhe direkt hochheben **(Bild 2)**. Wird ein Gewicht über einen Flaschenzug mit zwei Rollen hochgehoben, muss nur mit „halber Kraft" gezogen werden, aber dafür mit der doppelten Länge an Seil **(siehe Kapitel 5.2.3 Handkonterzug)**.

Beispiel:
Kraft bei Fachkraft ①

$F_1 = F_G \cdot \sin\alpha$
$= 50\ \text{kg} \cdot 9{,}81\ \frac{\text{m}}{\text{s}^2} \cdot \sin 20°$
$= \mathbf{168\ N}$

Arbeit bei Fachkraft ①

$W_1 = F_1 \cdot s = 168\ \text{N} \cdot 2{,}9\ \text{m}$
$= \mathbf{490\ J}$

Kraft bei Fachkraft ② & ③

$F_2 = F_G = 50\ \text{kg} \cdot 9{,}81\ \frac{\text{m}}{\text{s}^2}$
$= \mathbf{490\ N}$

Arbeit bei Fachkraft ② & ③

$W_2 = F_2 \cdot h = 490\ \text{N} \cdot 1\ \text{m}$
$= \mathbf{490\ J}$

Goldene Regel der Mechanik

$W_1 = W_2$

$(F_1 \cdot s_1 = F_2 \cdot s_2)$

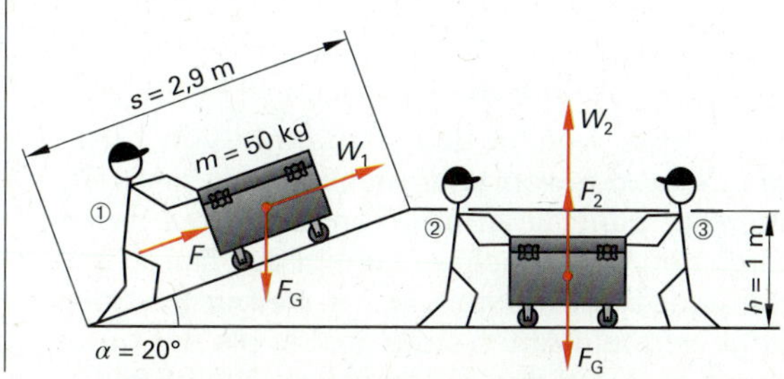


**Bild 2**: Goldene Regel der Mechanik

### 3.2.10 Mechanische Energie

Alles, was auf, vor und hinter der Bühne bewegt wird, bedarf Energie und Arbeitsleistung. Entsprechend des Energieerhaltungssatzes kann dabei keinerlei Energie verloren gehen, sondern nur umgewandelt werden. Ohne Betrachtung der Verluste wie Reibung und Wärme wird meist Bewegungsenergie in Lageenergie umgewandelt und umgekehrt. Dabei wird entsprechende mechanische Arbeit verrichtet. Es gilt also der folgende Zusammenhang: Die Änderung des Energiezustandes entspricht der für diese Änderung benötigten Arbeit.

$$\Delta E = W$$

Besitzt ein Körper aufgrund seiner Lage das Potenzial, in Form von Bewegung Arbeit zu verrichten, besitzt er potenzielle Energie. Wie bspw. ein Gegengewichtsschlitten eines Handkonterzugs mit einem bestimmten Gewicht in einer bestimmten Höhe. Befindet sich ein Körper in Bewegung, wie dem freien Fall, der Schwingung oder in Rotation, führt also einen kinetischen Vorgang aus, besitzt er in Abhängigkeit von seiner Masse und seiner Geschwindigkeit kinetische Energie.

Energieerhaltungssatz

$$E_{pot} = E_{kin} \quad \text{bzw.} \quad E_{pot} + E_{kin} = \text{konstant}$$

### 3.2.11 Mechanische Leistung

Zur Beschreibung, wie schnell eine mechanische Arbeit verrichtet wird, dient die physikalische Größe der mechanischen Leistung $P$. Werden also Lasten bewegt, kann über die benötigte mechanische Arbeit bzw. Kraft und Zeit oder Geschwindigkeit die benötigte Leistung berechnet werden. Weiterführend können im Bereich der Elektrotechnik dann bspw. Aussagen über benötigte elektrische Leistungen getroffen werden.

### 3.2.12 Wirkungsgrad

Die Größe, welche das Verhältnis von nutzbarer zu aufgewendeter mechanischer Arbeit, Energie oder Leistung kennzeichnet, wird durch den Wirkungsgrad abgebildet. Durch unvermeidbare Verluste wie z.B. Reibung ist der aufgewendete Anteil stets größer als der nutzbare Anteil und der Wirkungsgrad stets kleiner als eins.

**Gesetzmäßigkeiten der Energie**

**potentielle Energie**

Lageenergie

$$E_{pot} = m \cdot g \cdot h$$

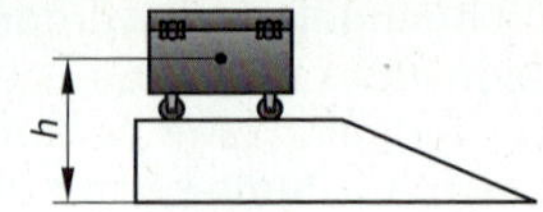


Spannenergie

$$E_{pot} = \frac{D \cdot s^2}{2}$$

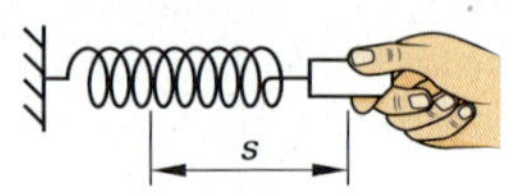


**kinetische Energie**

Translationsenergie

$$E_{kin} = \frac{m \cdot v^2}{2}$$

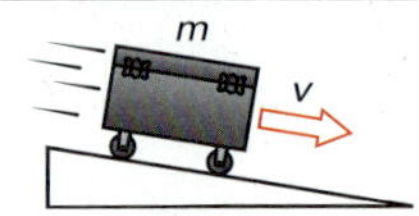


Rotationsenergie

$$E_{kin} = \frac{m \cdot r^2}{2} \cdot \omega^2$$

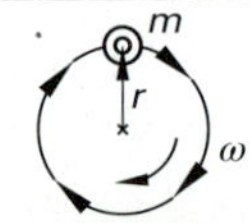


Einheit: Joule $J$ (= $W \cdot s$ = $N \cdot m$)

| | | | |
|---|---|---|---|
| $E_{pot}$ | potenzielle Arbeit | $h$ | Höhe |
| $E_{kin}$ | kinetische Arbeit | $s$ | Auslenkung |
| $\omega$ | Winkelgeschwindigkeit | $v$ | Geschwindigkeit |
| $D$ | Federkonstante | $g$ | Erdbeschleunigung |

**Mechanische Leistung**

| | |
|---|---|
| Formelbuchstabe: | $P$ |
| Einheit: | Watt |
| Einheitszeichen: | $W (= \frac{J}{s} = N \cdot \frac{m}{s})$ |
| **Formel** | $P = \frac{W}{t}$ |

$M$ Moment $F$ Kraft $r$ Radius

**Wirkungsgrad**

| | | |
|---|---|---|
| Formelbuchstabe: | | $\eta$ |
| **Formeln** | **Arbeit** | $\eta = \frac{W_{nutz}}{W_{auf}}$ |
| | **Leistung** | $\eta = \frac{P_{nutz}}{P_{auf}}$ |
| | **Energie** | $\eta = \frac{E_{nutz}}{E_{auf}}$ |

$W_{nutz}$ nutzbare Arbeit
$W_{auf}$ aufgewendete Arbeit
$P_{nutz}$ nutzbare Leistung
$P_{auf}$ aufgewendete Leistung
$E_{nutz}$ nutzbare Energie
$E_{auf}$ aufgewendete Energie

# 3.3 Festigkeitslehre

## 3.3.1 Werkstoffe

Im Bereich der Veranstaltungstechnik werden meist die drei Werkstoffgruppen Metall, Holz und Kunststoff verwendet. Am häufigsten sind Stahl- und Aluminiumlegierungen in Tragwerkskonstruktionen oder Maschinenteilen zu finden. Diese werden beispielsweise durch Schraub-, Bolz-, Niet-, Klebe- oder Schweißverbindungen gefügt. Holz wird zumeist als Plattenmaterial oder in Form von Latten im Kulissen- und Dekorationsbau eingesetzt. Kunststoffe kommen als Formteile, Verkleidungen, Bodenbeläge oder Verbrauchsmaterialien weit über Klebeband und Kabelbinder hinaus in allen Variationen vor.

### Metalle

Eisen wird zumeist in Form von Stahl als Legierung aus Eisen und Kohlenstoff (Gehalt unter 2 %) einer sogenannten Eisen-Kohlenstoff-Verbindung verwendet. Konstruktionen aus Stahl besitzen ein gutes Verhältnis von Stabilität zu Volumen, wodurch schlanke Einzelträger relativ große Lasten tragen können. Aufgrund des relativ hohen Gewichts der Bauteile eignen sich diese eher für tragende Unterkonstruktionen, Ständerwerke oder Bauteile, die durch das Eigengewicht Vorteile in der Kippsicherheit bekommen.

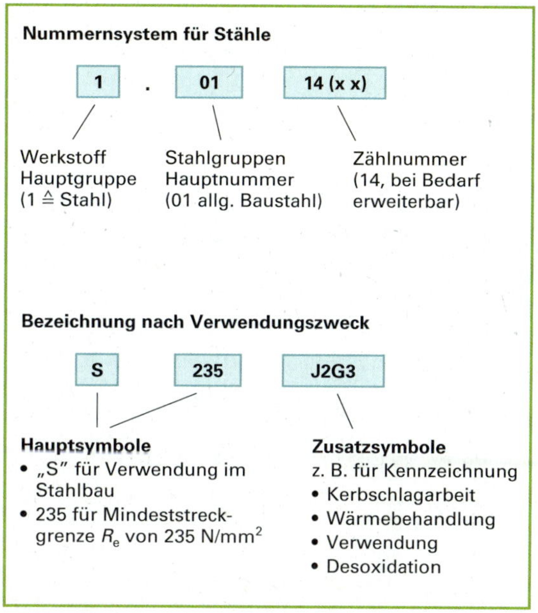


**Bild 1**: Bezeichnungen von Stählen

Je nach Legierung, also durch Hinzufügen weiterer Metalle in bestimmten Mischverhältnissen, werden gezielt Eigenschaften des Stahls verstärkt und die Materialien können für die gewünschten Anwendungsbereiche angepasst werden **(Bild 1)**. Niedrig legierte Baustähle lassen sich gut verarbeiten und verformen, sind günstig in der Herstellung, neigen aber meist stark zur Oxidation, also Ausbildung von *Rost*. Hochlegierte Spezialstähle, wie z.B. *Edelstahl rostfrei* mit einem Chromanteil, bilden eine schützende Oxidschicht an der Oberfläche und sind dadurch weniger rostanfällig. Sie sind aber kostenintensiver in der Herstellung und erfordern besondere Verfahren beim Schweißen.

Durch Nachbehandlung wird mit Wärme beim *Glühen* und *Härten* die Festigkeit, Elastizität und Reaktionsfreudigkeit verändert. Bei nachträglichen Wärmebehandlungen, beispielsweise durch Schweißen oder Löten, müssen mögliche negative Einflüsse in der Wärmeeinflusszone **(Bild 1, Seite 86)** beachtet werden. Hier kann sich das Material verändern und in der Folge können leichter Sprödbrüche entstehen.

Werden Metalle in besonders kalten Umgebungstemperaturen eingesetzt, sind bei manchen niedrig legierten Stählen höhere Sprödigkeit und verminderte Kerbschlagzähigkeit[1] zu bedenken. Durch Oberflächenbehandlung, wie z.B. Verzinken, Verchromen, Lackieren, Ölen oder Fetten, können die Widerstandsfähigkeit gegen Rost, die Oberflächenhärte und die Optik verändert werden. Jedoch ist eine Verbindung durch Schweißen nach der Oberflächenbehandlung schwierig und häufig mit dem Entstehen von gesundheitsschädlichen Stoffen verbunden.

[1] Widerstandsfähigkeit gegen eine schlagende Beanspruchung

Konstruktionen aus handelsüblichem Stahl haben eine hohe Belastungsgrenze, sind aber relativ schwer. Aluminium-Legierungen besitzen im Vergleich dazu ein besseres Verhältnis von Festigkeit zu Gewicht, sind allerdings aufgrund der aufwendigeren Herstellung meist etwas teurer. Wegen ihres Gewichtsvorteiles werden sie für höher belastete Leichtbau-Konstruktionen dennoch mehrheitlich eingesetzt. Insbesondere zählen hierzu Traversen oder Schellen.

Moderne Stahl-Legierungen können zwar ein noch besseres Verhältnis von Gewicht zu Festigkeit aufweisen als Aluminium, sind jedoch noch nicht der Standard, da sie meist sehr teuer sind.

Für die Festigkeitsberechnung von Aluminiumkonstruktionen wird im Gegensatz zu Konstruktionen aus Baustahl die beim Schweißen entstehende Wärmeeinflusszone (WEZ, **Bild 1**) berücksichtigt.

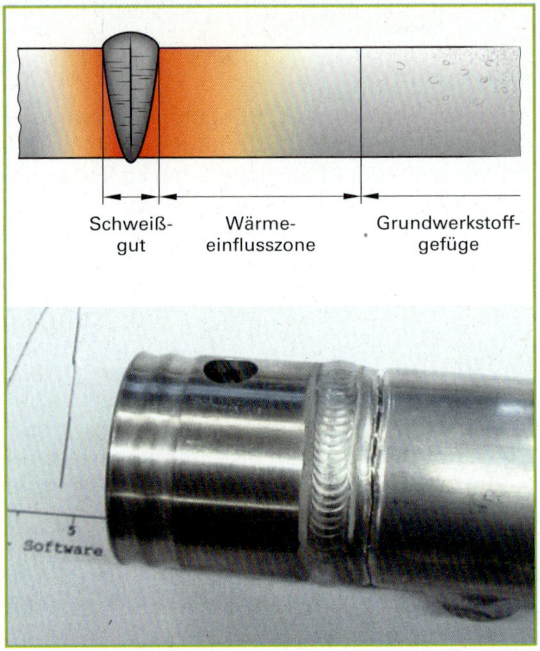


**Bild 1**: Wärmeeinflusszone

Aluminium-Legierungen neigen auch zur Oxidation, bilden dabei jedoch eine optisch wenig störende, leicht graue Schutzschicht ohne erhebliche Bauteilschwächung. Häufig werden Oberflächenbehandlungen, wie Lackierung, Pulverbeschichtung (Aufschmelzen eines farbigen Pulvers) oder Anodisierung (farbige Oxidschicht durch einen elektrochemischen Prozess) vorgenommen, um das Material zu schützen und optisch aufzuwerten. Bezeichnungen der Werkstoffe werden entsprechend europäischer Normung nach Art der Herstellung und Seriennummer oder nach den Legierungsbestandteilen vorgenommen **(Bild 2)**.

**Kurznamen von Aluminiumwerkstoffen**

EN AW – 6060 T66

- EN: Europäische Norm
- AW: Herstellung:
  - AW für Knetlegierungen
  - AL für Gusslegierungen
- 6060: Seriennummer
- T66: Werkstoffzustand z. B. „T" für wärmebehandelt „6" für warmausgelegt

**Numerisch-chemischer Kurzname (nach Legierungsbestandteilen)**

Al Zn4,5 Mg1

- Al: Aluminium
- Zn4,5: Zink zu 4,5 %
- Mg1: Magnesium zu 1 %

**Bild 2**: Bezeichnungen für Aluminium

Mit Metallen können Bauteile mit hoher Festigkeit und geringem Materialvolumen gebaut werden, deren Eigenschaften im gesamten Bauteil homogen sind, wenn man von den Schwächungen in der WEZ absieht.

Zur Verarbeitung und berechenbaren Ausführung von Schweißkonstruktionen müssen Personen mit entsprechender Schulung und Betriebe mit entsprechender Zertifizierung eingesetzt werden.

Verbindungen mit Schrauben, Bolzen oder Nieten lassen häufig eine leichter auszuführende und berechenbarere Verbindung zu. Je nach Stückzahl, Einsatzzweck und Bauteil- bzw. Verbindungsform muss die geeignete Verbindungsart gewählt werden. Das spezifische Gewicht, die Neigung zur Oxidation und die relativ aufwendige Gewinnung sowie die damit verbundene Umweltbelastung sollten in die Überlegung zur Verwendung stets mit einfließen.

## Holz

Durch seine Vielseitigkeit und die leichten Bearbeitungsmöglichkeiten wird Holz besonders häufig als Hauptgestaltungsmaterial zum Kulissen- und Dekorationsbau im Theater eingesetzt **(Bild 1)**. Die Klang- und Schall-Reflexionseigenschaften begünstigen den Einsatz auf Bühnen und in Tonstudios als Wand- und Deckenvertäfelung oder in Form von Akustikelementen.

**Bild 1**: Dekorationsbau mit Holz im Theater

Als natürliches Material besitzt es je nach Wuchs des Baumes nie komplett homogene Eigenschaften und verformt sich beim Trocknen und unter Temperatur- sowie Feuchtigkeitseinfluss. Daher werden seltener Konstruktionsvollhölzer (KVH) und häufiger verleimte Kompositvarianten verwendet. Dazu zählen in Schichten verleimte Sperrholz-, Furnierholz- oder Dreischichtplatten, keilgezinkte Latten (Theaterlatten) oder aus Holzstäbchen zusammengesetzte Tischlerplatten. Diese ermöglichen den Bau von Dekorationen mit geraden und formtreuen Einzelkomponenten. Die leichten, weichen und schnell wachsenden Nadelhölzer ermöglichen eine einfache Verarbeitung und eine günstige Herstellung. Bei der Verbindung von Holzteilen durch Leimen, Schrauben oder Stecken muss die Neigung zur Verformung (ugs. das Arbeiten) des Holzes stets bedacht werden, da es durch auftretende innere Spannungen der Einzelkomponenten zueinander zu Entleimungen oder Rissen kommen kann.

**Bild 2**: Bemalte Holztreppe in Marmoroptik

Die von Herstellern angegebenen Festigkeitswerte zur Berechnung von Tragfähigkeiten variieren in Abhängigkeit des Feuchtegehalts und sollten mit entsprechenden Reserven, je nach Einsatzzweck, angewendet werden. Bei tragenden Balken aus Vollholz sollten eventuelle Schwächungen entsprechend der Güteklassen durch Einwüchse oder Ungleichmäßigkeiten nicht unbeachtet bleiben. Verlässliche genormte einheitliche Werte für bspw. Theaterlatten für tragende Konstruktionen dürfen nicht angenommen werden. Die Neigung zum Splittern an Schnittkanten oder beschädigten Stellen kann eine Verletzungsgefahr darstellen.

Unbehandeltes Holz verwittert unter Umwelteinfluss, quillt bei großer Feuchtigkeit auf oder bildet optisch veränderte Oxidschichten an der Oberfläche. Bei längerem Einsatz im Freien ist daher in der Regel eine Oberflächenbehandlung mit Farbe, Lack, Öl oder Wachs nötig, wenn die natürliche Verfärbung nicht optisch gewollt ist. Für Bauteile wie Podestplatten, Bühnenteile oder Transportkisten, die für die Verwendung im Freien konzipiert sind, werden häufig im Siebdruckverfahren mit Phenolharz getränkte Multiplexplatten, sogenannte Siebdruckplatten, eingesetzt. Im Innenbereich werden auch kostengünstige Pressholzplatten aus dem Möbelbau verwendet. Die Oberflächen können durch Einfärbung oder Aufbringen von Beschichtungen wie Papier, Kunststoffschichten oder Echtholzfurnieren veredelt werden. Sowohl hochdichte (HDF) und mitteldichte (MDF) Holzfaserplatten als auch die aus groben Holzschnitzeln bestehenden Pressholzplatten (OSB) sind günstig, aber relativ schwer und nur wenig tragfähig.

Durch die Möglichkeit, Holz mit fast allen Oberflächenbehandlungen optisch zu gestalten, können Theatermaler jede Materialoberfläche täuschend echt auf Holzdekorationen erscheinen lassen **(Bild 2)**. Im Theater- und Dekorationsbau wird Pappmaschee aus Papier und Tapetenleim auf einer Stützstruktur aus Holz oder Drahtgeflecht für besonders komplexe Oberflächen und Formen eingesetzt. Diese Dekorationen sind besonders leicht, einfach herzustellen und billig, benötigen aber aufgrund ihrer empfindlichen Oberfläche große Sorgfalt beim Transport und außerdem beim Bespielen besonderen Schutz gegen Umwelteinflüsse.

### Kunststoffe

Die drei Hauptgruppen Thermoplaste, Duroplaste und Elastomere sind auch im Veranstaltungsbereich vertreten. So werden Kunststoffe aufgeschäumt als Schaumstoffe u. a. zur Isolation oder als Schwingungs- bzw. Schlagdämpfung in Akustikelementen, Verpackung oder Wärmeisolierung eingesetzt. Styropor dient als leichtes und gut formbares Material beim Kaschieren von Dekorationselementen. Faserverstärkte Planen können als Dekorationen und Regenschutz in beliebigen Größen zusammengeschweißt, bedruckt, aufgehangen oder gespannt werden. Auch lassen sich aus Kunststoff besonders feste, aber leichte Schutzausrüstungen, wie Helme, Körperprotektoren oder Arbeitsschutzkleidung, kostengünstig herstellen. Das optisch interessante und vielfältig einsetzbare Acrylglas (ugs. Plexiglas®) ersetzt Glas auf Bühnen und wird für diverse künstlerische Konstruktionen in allen Varianten eingesetzt. Elastische Kunststoffe als Reifen, Dichtungen, Gummibänder, Klebebänder u. v. m. sind gerade im täglichen Handwerkszeug nicht wegzudenken. Faserverstärkte Kunststoffe werden aufgrund der enormen Formfähigkeit und hohen Stabilität bei minimalem Gewicht häufig im Fahrzeug- und Flugzeugbau eingesetzt, sind aber auf der Bühne nur selten zu finden, da die Berechnung, Verarbeitung und Reparatur spezielle Verfahren erfordert.

Kunststoffe sind vielseitig, leicht und kostengünstig. Beim Einsatz bedacht werden sollten die je nach Art vorhandene Sprödigkeit sowie die Hitze-, UV- und Witterungs-Empfindlichkeit. Auch die erhöhte Umweltbelastung gerade bei Verbrauchsmaterialien und die mögliche Gesundheitsbelastung beim Verbrennen müssen bei der Entscheidung für die Verwendung eine Rolle spielen.

### Brandverhalten von Baustoffen

Beim Dekorationsbau muss immer der Brandschutz bedacht werden (siehe auch Kapitel 1.4.3). Es gibt fünf Baustoffklassen: nichtbrennbar ohne Anteil von brennbaren Stoffen (A1), nichtbrennbar mit Anteil von brennbaren Stoffen (A2), schwerentflammbar (B1), normalentflammbar (B2) und leichtentflammbar (B3).

Holz als organisches Material kann je nach Dicke und Oberflächenbeschaffenheit als normalentflammbar, leichtentflammbar oder schwerentflammbar eingestuft werden **(Tabelle 1)**. Plattenmaterial kann vom Hersteller als schwerentflammbar zertifiziert geliefert werden. Zur Verzögerung der Entflammung werden für Holz oder kaschierte Oberflächen auch spezielle Grundierungen oder sogenannte Dämmschichtbildner verwendet.

Fast alle Kunststoffe sind brennbar **(Tabelle 1)**. Sie können zudem toxische Rauchgase bei der Verbrennung freisetzen und brennend abtropfen. Da eine pauschale Aussage über das Brandverhalten schwierig ist, sollten die Verwendbarkeitsnachweise der Hersteller als Grundlage der Beurteilung dienen. Mit Zusätzen können die Materialien schwerentflammbar ausgerüstet sein, erzeugen aber dann bei der Verbrennung eine starke und oft toxische Rauchentwicklung. Spezielle Bühnen-Textilien werden meist schwerentflammbar ausgerüstet oder aus dauerhaft schwerentflammbaren Garnen hergestellt (z. B. Trevira CS).

**Tabelle 1:** Übersicht Brandverhalten

| | |
|---|---|
| Glas | Nichtbrennbar (A1) |
| Glasgewebe | Nichtbrennbar (A2) |
| Holz | • Normalentflammbar (B2)<br>• Leichtentflammbar (B3) bei Dicke < 2 mm<br>• Schwerentflammbar (B1) bei Vollholz mit glatter Oberfläche, Kanten gebrochen |
| Kunststoff | • leichtentflammbar (B3) bis normalentflammbar (B2) entspr. Herstellerangabe<br>• Plexiglas® normalentflammbar (B2)<br>• Makrolon® schwerentflammbar (B1) |
| Pflanzliche Materialien | brennbar |
| Synthetik | • Meist nicht brennbar, evtl. jedoch nach Färben<br>• Trevira CS dauerhaft schwerentflammbar (B1) |
| Tierische Materialien | • Reines Material meist nichtbrennbar (A1)<br>• Mischgewebe können brennbar sein |

**DGUV Information 215-316**
Brandschutz im Dekorationsbau

## 3.3.2 Belastungen am Körper

Für alle Bauteile muss sichergestellt werden, dass diese fähig sind, die zu erwartenden statischen Belastungen zu tragen. Dazu wird durch Rechnungen nachgewiesen, dass bei den verwendeten tragenden Bauteilen die maximale Belastungsgrenze nicht überschritten wird oder es wird ermittelt, welche Dimensionierung der Bauteile nötig ist, um die gewünschte Belastung zu ermöglichen. Belastungen sollen lediglich elastische Verformungen und keine bleibenden plastischen Formänderungen an Bauteilen erzeugen. Es wird also ausschließlich für den elastischen Bereich berechnet. Eine definierte Sicherheit zur Belastungsgrenze hin ist genauso wichtig wie die Vermeidung einer zu starken Überdimensionierung. Ersteres bietet Spielraum für unerwartet hohe Belastungen und letzteres vermeidet zu große und zu schwere Konstruktionen.

### Teilsicherheitskonzept

Bei statischen Berechnungen treten Rechen-Ungenauigkeiten, Geometrie-Toleranzen sowie Unsicherheiten der repräsentativen Werte und modellhaft idealisierten Beanspruchungen auf. Um dies auszugleichen, wird jedem berechneten Teil ein Sicherheitsfaktor hinzugefügt. Im aktuellen europäischen Bau-Normungs-Konzept (Eurocodes, **Tabelle 1**) heißt dieser Sicherheitsfaktor **Teilsicherheitsbeiwert**. Die charakteristischen Werte für verschiedene Bauteile und Materialien entstehen durch statistische Auswertungen oder aus Materialuntersuchungen. Über den Index wird zwischen Teilsicherheitsbeiwerten der Widerstandsgrößen $\gamma_M$ (abhängig vom Bauteil) und Teilsicherheitsbeiwerten für Einwirkungen $\gamma_F$ (abhängig von den Lasten) unterschieden. Widerstandsgrößen werden durch den Beiwert $\gamma_M$ dividiert, also gemindert (siehe Seite 97). Einwirkungen werden mit dem Beiwert $\gamma_F$ multipliziert, also erhöht. Für die Kombination von Einwirkungen gibt es Kombinations-Beiwerte, die mit den Teilsicherheitsbeiwerten multipliziert werden.

### Bauteilnachweis

Der Bauteilnachweis erfolgt über die Gegenüberstellung der Beanspruchungen und der Beanspruchbarkeiten. So wird beispielsweise eine vorhandene Zugbeanspruchung in einem Profil mit der Beanspruchbarkeit des Profils abgeglichen. Die Beanspruchbarkeit resultiert hier aus der Querschnittsfläche und der Materialfestigkeit.

### Betriebskoeffizienten

Zusätzlich zu den Teilsicherheitsbeiwerten gibt es einen weiteren Sicherheitsfaktor, den sogenannten Betriebskoeffizienten. Im Gegensatz zum Teilsicherheitsbeiwert kommt dieser nicht aus den Eurocodes, sondern aus der Maschinenrichtlinie. Mit dem Betriebskoeffizienten kann aus der Mindestbruchkraft die Tragfähigkeit errechnet werden (siehe Formel oben). Die Mindestbruchkraft (MBL, minimum breaking load) ist die Kraft, bei der ein Bauteil rechnerisch tatsächlich versagt. Die Tragfähigkeit (WLL, work load limit) ist die Last, die bei bestimmungsgemäßer Verwendung und ohne Berücksichtigung dynamischer Kräfte höchstens getragen werden darf. Sie ist also stets kleiner als die Mindestbruchkraft. In der Veranstaltungstechnik gibt es zudem häufig Lasten über Personen. In diesem Falle werden die Betriebskoeffizienten zusätzlich verdoppelt (**Tabelle 3**), die Sicherheit wird also größer.

**Tabelle 1:** Beispiele Eurocodes (EC)

| | |
|---|---|
| EC 0, EN 1990 | Grundlagen Tragwerksplanung |
| EC 1, EN 1991 | Allgemeine Einwirkungen |
| EC 2, EN 1992 | Stahlbeton und Spannbeton-tragwerke |
| EC 3, EN 1993 | Stahlbauten |
| EC 4, EN 1994 | Verbundtragwerke |
| EC 5, EN 1995 | Holzbauten |
| EC 6, EN 1996 | Mauerwerksbauten |
| EC 7, EN 1997 | Geotechnik |
| EC 8, EN 1998 | Erdbeben |
| EC 9, EN 1999 | Aluminium |

**Bauteilnachweis**

$$\frac{S_D}{R_D} \leq 1 \text{ oder } S_D \leq R_D$$

$S_D$ vorhandene Beanspruchung
$R_D$ Bauteilresistenz

**Tabelle 3:** Betriebskoeffizienten

| | | |
|---|---|---|
| Anschlagketten | 4 | 8 |
| Drahtseile | 5 | 10 |
| Lastbänder | 7 | 14 |
| Lasthaken | 4 | 8 |
| Ovalring | 4 | 8 |
| Schäkel | 5 | 10 |
| Steelflex | 5 | 10 |
| keine Last über Personen | | |
| Lasten über Personen | | |

**Betriebskoeffizient**

$$WLL = \frac{MBL}{Betriebskoeffizient}$$

WLL Tragfähigkeit
MBL Mindestbruchkraft

**DGUV Informat. 215-313**
Lasten über Personen

## Belastungsarten

**Tabelle 1:** Belastungen am Körper

| Normalkräfte | | | Querkraft | Biegemoment | |
|---|---|---|---|---|---|
| Knickung | Zugkraft | Druckkraft | Scherung | Biegung | Torsion |
|  | 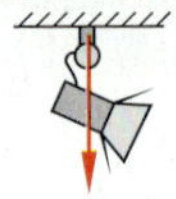 | 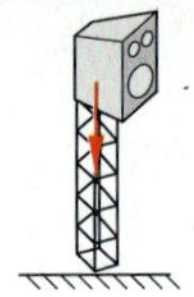 | 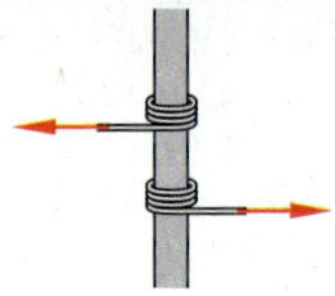 | 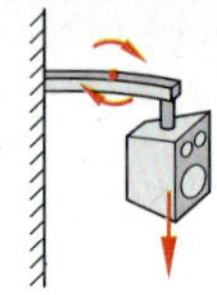 | 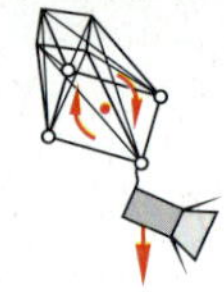 |

Wirken Kräfte von außen auf einen Körper, erzeugen sie im Inneren *Normalkräfte*, *Querkräfte* und *Biegemomente* **(Tabelle 1)**. Diese werden als Schnittlasten (auch genannt Schnittkräfte oder Schnittgrößen) bezeichnet. Sie werden auf den Querschnitt und die Körperachsen bezogen **(Bild 1)**.

**Normalkräfte** wirken senkrecht auf die Querschnittsfläche entlang der Längsachse des Körpers und treten in Form von Zug- oder Druckkräften auf. Sie erzeugen im Körper *Normalspannungen*, welche besonders bei Stäben von Fachwerken oder bei Seilen von Bedeutung sind. In Fachwerkstäbe wirken nur Zug- und Druckkräfte. Seile nehmen nur Zugkräfte auf.

**Querkräfte** wirken quer zur Querschnittsfläche und erzeugen im Inneren des Körpers *Schubspannungen*. Dabei werden die Abschnitte vor und hinter dem betrachteten Querschnitt gegeneinander verschoben. Dies kann bei zu großer Belastung zum Abscheren führen.

**Biegemomente** werden durch Hebelwirkungen erzeugt. Wirken sie um die Quer- oder Hochachse, erzeugen sie *Biegespannungen* im Inneren des Körpers und führen zum Verbiegen. Biegemomente um die Längsachse erzeugen *Torsionsspannungen* und damit Torsionen (Verdrehungen) der Körper.

Die **Festigkeit** des Materials gibt an, welchen inneren Widerstand er äußeren Belastungen entgegensetzen kann. Als Materialkennwert wird der Elastizitätsmodul, kurz *E-Modul*, angegeben **(Bild 2)**. Er beschreibt das Verhältnis aus Spannung und Dehnung. Dehnen sich Materialien bereits sehr stark bei geringen Spannungen, besitzen sie einen kleinen E-Modul. Sehr feste Materialien mit einem hohen E-Modul können spröde sein und schlagartig und ohne große Dehnung brechen (bspw. Grauguss). Die genauen Werte eines bestimmten Werkstoffs können innerhalb ihrer Materialgruppe sehr variieren und werden genormt in Zugversuchen[1] ermittelt.

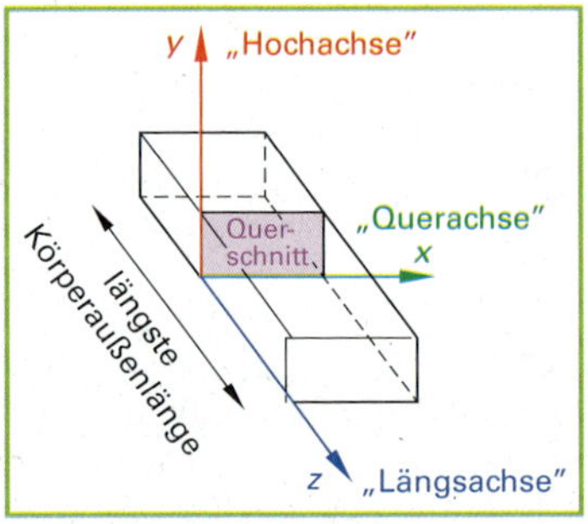


**Bild 1**: Körperachsen

| Spannung (mechanisch) | |
|---|---|
| Formelbuchstabe: | $\sigma$ |
| Einheitszeichen: | $\frac{N}{mm^2}$ |
| **Formel** | $\sigma = \frac{F}{A}$ |

$F$ Kraft
$A$ Querschnittsfläche

| E-Modul | |
|---|---|
| Formelbuchstabe: | $E$ |
| Einheitszeichen: | $\frac{N}{mm^2}$ |
| **Formel** | $E = \frac{\sigma}{\varepsilon}$ |

$\sigma$ Spannung
$\varepsilon$ Dehnung

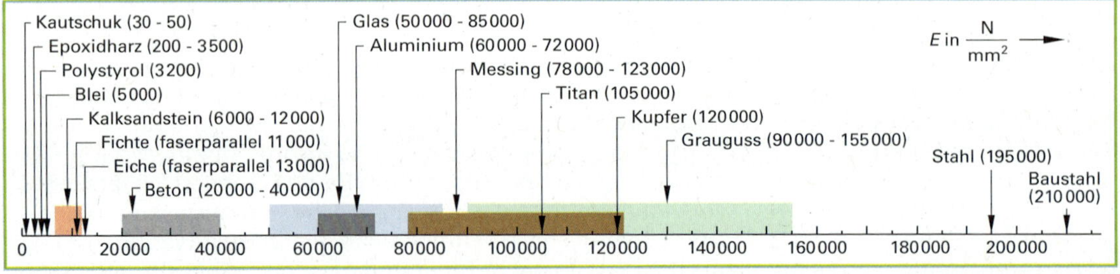


**Bild 2**: E-Modul im Vergleich

[1] Messen der Zugkraft bis zum Bruch

## Flächenträgheitsmoment

Das Flächenträgheitsmoment, genauer das *Flächenträgheitsmoment 2. Grades I*, ist ein Maß dafür, mit welchem Widerstandsvermögen sich ein Körper Biegespannungen entgegensetzt. Es wird anhand der Querschnittsgeometrie des Profils für Belastungen in x- oder y-Richtung berechnet **(Tabelle 1)**. Prinzipiell kann die Biegespannung in jeder Faser berechnet werden. Das Widerstandsvermögen ist mit zunehmendem Abstand vom Querschnittsschwerpunkt größer und in der Randfaser maximal **(Bild 1)**. Da es im Schwerpunkt minimal ist, wird dieser auch „neutrale Faser" genannt. Dies führt dazu, dass Hohlprofile nur ein geringfügig kleineres Widerstandsvermögen als Vollprofile mit denselben Außenmaßen besitzen. Hohlprofile mit leicht größeren Außenmaßen als Vollprofile haben die gleiche Belastbarkeit bei wesentlich kleinerer Masse.

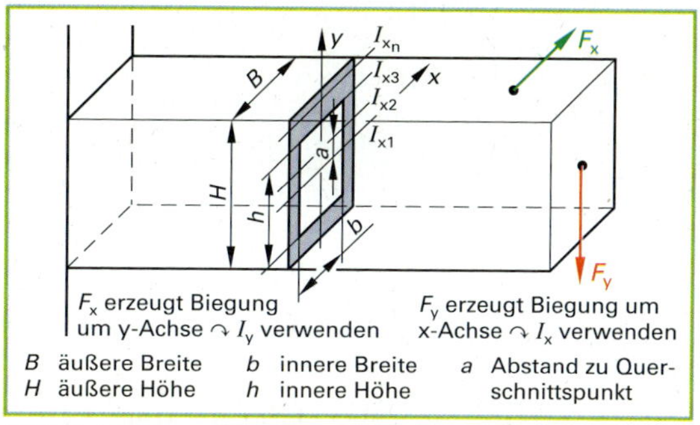


**Bild 1**: Flächenträgheitsmoment *I*

| Flächenträgheitsmoment (Formel: Tabelle 1) | |
|---|---|
| Formelbuchstabe: | $I$ |
| Einheit: | $mm^4$; $cm^4$ |

## Widerstandsmoment

Die maximalen Spannungen treten ebenfalls in der Randfaser auf. Sie sind für Berechnungen am aussagekräftigsten. Das Flächenträgheitsmoment dividiert durch den maximalen Abstand zum Schwerpunkt heißt *Widerstandsmoment W*. Erfährt der Körper eine Belastung entlang der y-Achse, findet eine Biegung um die x-Achse statt. Zur Berechnung wird dann das axiale Widerstandsmoment in x-Richtung $W_x$ benötigt **(Bild 2)**. Je nach Geometrie des Querschnitts ist das Widerstandsmoment in den Achsen unterschiedlich hoch.

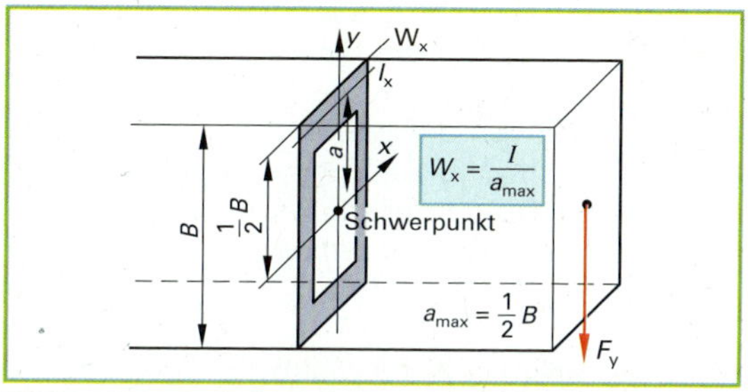


**Bild 2**: Beispiel Widerstandsmoment $W_x$

| Widerstandsmoment (Formel: Tabelle 1) | |
|---|---|
| Formelbuchstabe: | $W$ |
| Einheit: | $mm^3$; $cm^3$ |

**Tabelle 1:** Flächenträgheitsmomente und Widerstandsmomente gängiger Querschnitte

| Form | Rund | | Rechteck | | Doppel-T |
|---|---|---|---|---|---|
| Querschnitt | voll | hohl | voll | hohl | |
| | 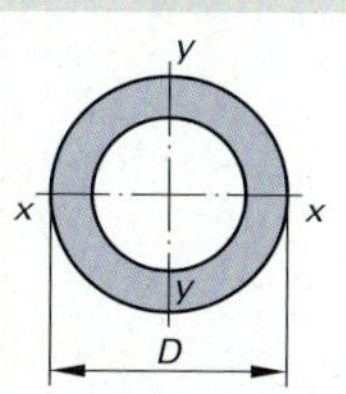 | 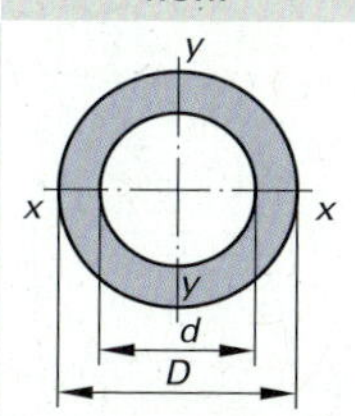 | 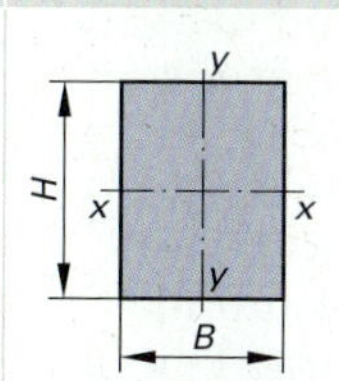 | 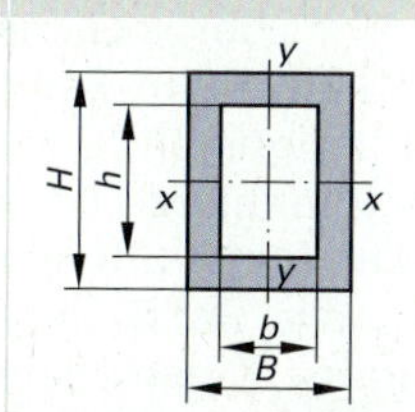 | 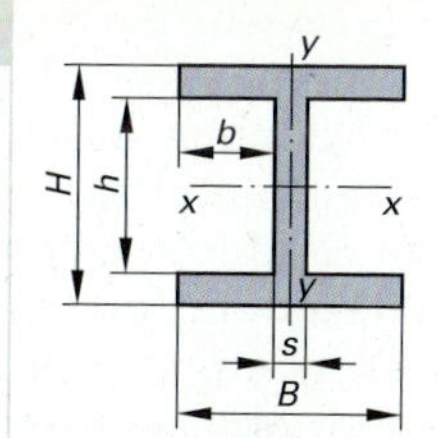 |
| Flächenträgheitsmoment | $I = \frac{\pi \cdot d^4}{64}$ | $I = \frac{\pi \cdot (D^4 - d^4)}{64}$ | $I_x = \frac{b \cdot h^3}{12}$<br>$I_y = \frac{h \cdot b^3}{12}$ | $I_x = \frac{B \cdot H^3 - b \cdot h^3}{12}$<br>$I_y = \frac{H \cdot B^3 - h \cdot b^3}{12}$ | $I_x = \frac{B \cdot H^3 - 2b \cdot h^3}{12}$<br>$I_y = \frac{2 \cdot t \cdot B^3 + h \cdot s^3}{12}$ |
| Widerstandsmoment | $W = \frac{\pi \cdot d^3}{32}$ | $W = \frac{\pi \cdot (D^4 - d^4)}{32 \cdot D}$ | $W_x = \frac{b \cdot h^2}{6}$<br>$W_y = \frac{h \cdot b^2}{6}$ | $W_x = \frac{B \cdot H^3 - b \cdot h^3}{6 \cdot H}$<br>$W_y = \frac{H \cdot B^3 - h \cdot b^3}{6 \cdot B}$ | $W_x = \frac{B \cdot H^3 - 2b \cdot h^3}{6 \cdot H}$<br>$W_y = \frac{2 \cdot t \cdot b^3 + h \cdot s^3}{6 \cdot B}$ |

### 3.3.3 Berechnung von inneren Spannungen

Im Bühnenalltag sind die maximal zulässigen Belastungen für Bauteile und Systeme durch die Hersteller für standardisierte Einsatzfälle vorgegeben. Sie finden sich in Tabellen oder innerhalb einer Software oder in digitalen Rechentabellen. Da die realen Belastungsfälle oft nicht den durch Hersteller angegebenen Fällen entsprechen, muss der individuelle Fall oft rechnerisch geprüft werden. Grundsätzlich dürfen die vom Hersteller angegebenen Maximalwerte für die zulässigen Lasten und materialspezifischen Spannungen nicht überschritten werden.

#### Beanspruchungen auf Zug und Druck

Der Quotient aus Normalkraft und Querschnittsfläche bildet die Normalspannung $\sigma_N$. Druckspannung und Zugspannung unterscheiden sich lediglich im Vorzeichen **(Bild 1)**.

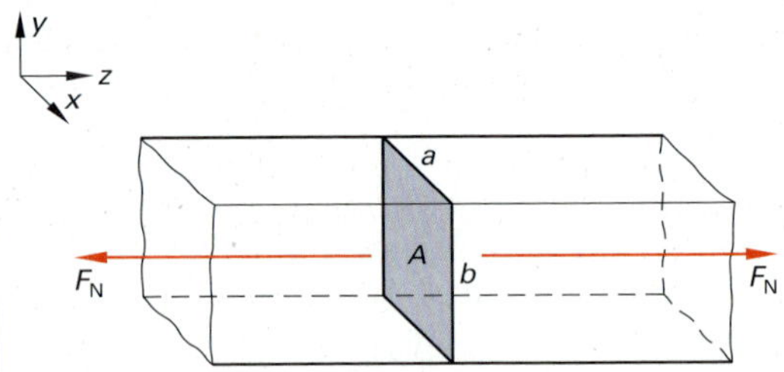


$$\sigma = \frac{F_N}{A}$$

$F_N$ Normalkraft
$A$ Querschnittsfläche
$(+)F_N$ Zugkraft
$(-)F_N$ Druckkraft

**Bild 1**: Normalspannung

#### Querschnittsfläche

Besteht der belastete Körper aus mehreren Einzelkörpern, wird die Querschnittsfläche aller Einzelquerschnitte addiert oder die Kraft auf alle Einzelflächen aufgeteilt. So können bspw. bei der Berechnung der Zugspannung in einem Stahlseil die Durchmesser der einzelnen Drähte zur Gesamtfläche addiert werden **(Bild 2)**.

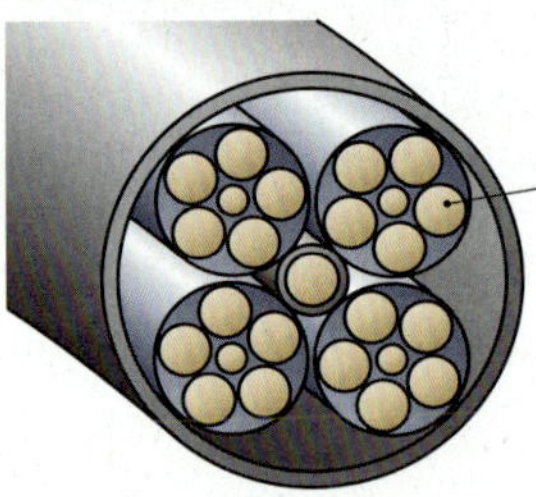

Drahtstärke $d$

$A_{Draht} = \frac{\pi}{4} \cdot d^2$

bei 20 Einzeldrähten:

$A_{ges} = 20 \cdot \frac{\pi}{4} d^2$

**Bild 2**: Querschnitt im Stahlseil

#### Beanspruchung auf Knickung

Werden besonders schlanke Bauteile mit konstantem Querschnitt, wie Stäbe eines Fachwerks oder Füße eines Steckfußpodestes, auf Druck belastet, können zu hohe Normalspannungen zum Ausknicken führen, bevor die maximal zulässige Normalspannung des Materials erreicht ist. Die zulässige Normalkraft vor dem Ausknicken lässt sich „nach Euler"[1] berechnen **(Bild 3)**.

Hierzu werden vier Fälle der Lagerung und die dementsprechend zu berücksichtigenden Knicklängen unterschieden: Im Fall 1 ist die Lagerung unten fest (biegesteif) und oben ist der Stab frei. Ein Beispiel hierzu ist ein Stativ mit einer festen unteren Platte und einer freien Last oben. Im Fall 2 wäre der Stab oben und unten gelenkig gelagert. Dieser Fall tritt bei Fachwerken auf. Fall 3 ergibt sich bei einer oben gelenkigen und unten festen Lagerung. Fall 4 hat sowohl oben als auch unten eine biegesteife Lagerung. Dies kommt bei oben und unten fest verankerten Stützen in einem Bühnenraum vor.

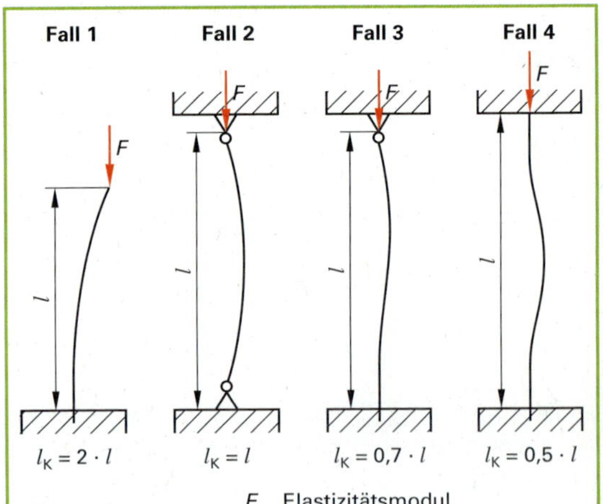


$$F_{zul} = \frac{\pi^2 \cdot E \cdot I}{l_K^2 \cdot \nu}$$

$E$ Elastizitätsmodul
$I$ Flächenträgheitsmoment
$\nu$ Sicherheitsfaktor
$l_K$ Knicklänge

**Bild 3**: Belastungsfälle nach Euler

[1] Untersuchung des Biegeknickens nach Leonhard Euler. Die 4 Fälle werden auch Eulerfälle genannt.

## Beanspruchung auf Scherung

Querkräfte verursachen eine Verschiebung innerhalb des Bauteils entlang des Querschnitts und erzeugen eine *Scherspannung* $\tau_a$. Diese wird auch als Schubspannung bezeichnet. Sie ist vom Verhältnis der wirkenden Querkraft zu der Größe der belasteten Querschnittsfläche abhängig **(Bild 1)**. Diese Scherwirkung beansprucht z. B. Bolzen oder Pins in Traversenverbindungen und kann bei Überbelastung zum Abscheren führen.

## Beanspruchung auf Biegung

Aufgrund äußerer Belastungen tritt im Bauteil durch Hebelwirkungen die *Biegespannung* $\sigma_b$ auf. Dabei ergeben sich ober- und unterhalb der Biegeachse Zug- und Druckspannungen, die in der Randfaser maximal sind. Die äußeren Bereiche werden mit dem Quotienten aus Biegemoment und Widerstandsmoment untersucht, um nachzuweisen, dass die zulässige Biegespannung des Materials nicht überschritten wird **(Bild 2)**.

Die Biegemomente errechnen sich entsprechend der *Biegebelastungsfälle* in Abhängigkeit von der Lagerung und der Art der Belastung. Für Biegemomente aus Einzelkräften und Streckenlasten werden Formeln für standardisierte symmetrische Fälle angegeben **(Tabelle 1)**. Für unsymmetrische Fälle mit mehr als zwei Auflagern und komplexen Lastfällen gibt es ausführlichere Tabellen in der Baustatik[1].

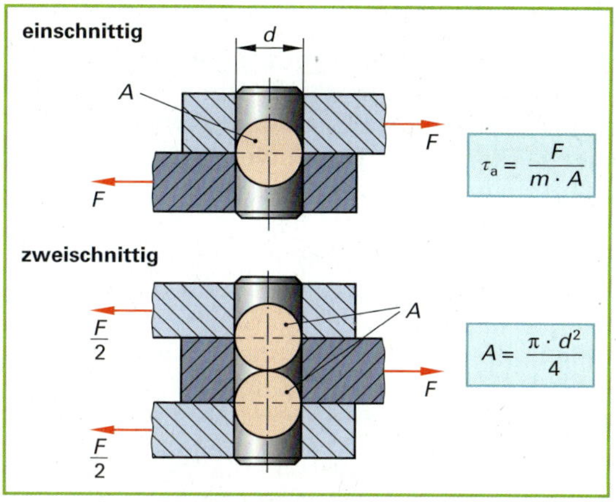


**Bild 1**: Scherspannung

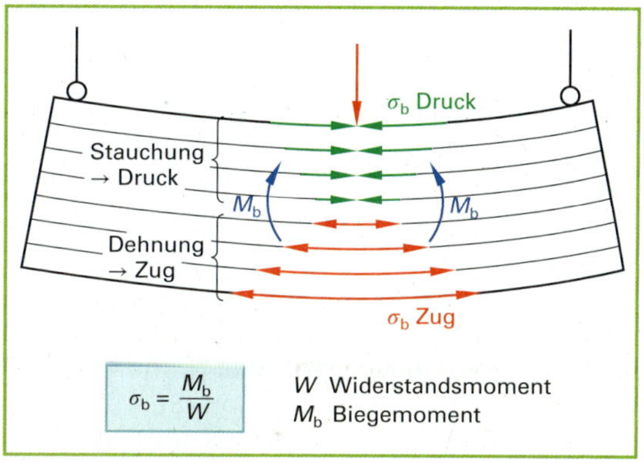


**Bild 2**: Biegespannung

**Tabelle 1:** Biegebelastungsfälle

| Belastung durch Einzelkräfte | | Belastung durch Streckenlasten | |
|---|---|---|---|
| einseitig eingespannt 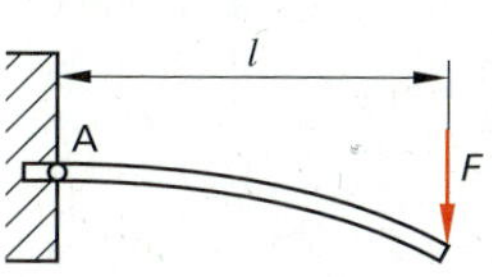 | $M_b = F \cdot l$ | einseitig eingespannt 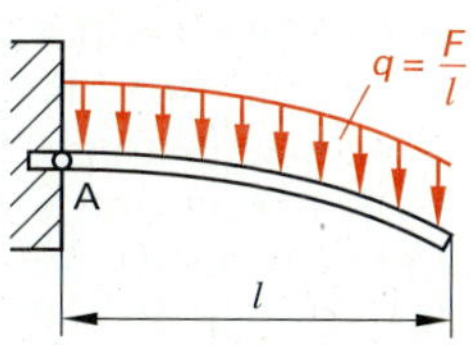 | $F_A = q \cdot l$ |
| | $F_A = F$ | | $M_b = \frac{q \cdot l^2}{2}$ |
| auf zwei Stützen 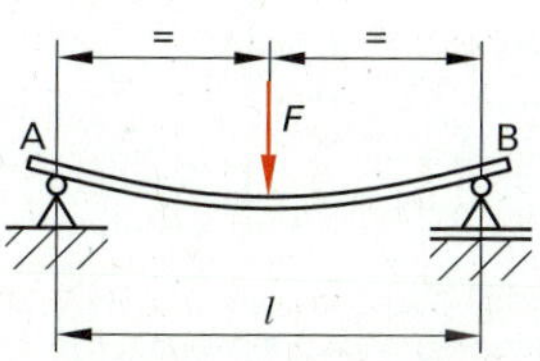 | $M_b = \frac{F \cdot l}{4}$ | auf zwei Stützen 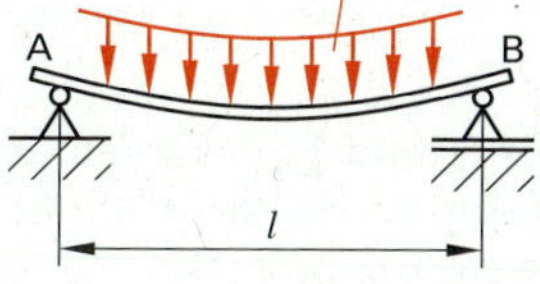 | $M_b = \frac{q \cdot l^2}{8}$ |
| | $F_A = F_B = \frac{F}{2}$ | | $F_A = F_B = \frac{q \cdot l}{2}$ |

*F* Kraft; $F_A$ Kraft in Auflager A; *q* Streckenlast; *l* Länge; $M_b$ Biegemoment

[1] z. B. „Bautabellen für Ingenieure“ - Reguvis Fachmedien GmbH (ugs.: Schneider-Bautabellen)

## Querkraftverlauf

Eine weitere Möglichkeit zur Bestimmung der Biegemomente ist das Erstellen von Querkraftverläufen und Biegemomentverläufen in einem Diagramm. Dabei werden alle quer zur untersuchten Trägerlänge auftretenden Belastungen bestimmt. Diese werden in einem Diagramm mit einer *y*-Achse für die Größe der Querkräfte und einer *z*-Achse für die Angriffspunkte entlang der Trägerlänge eingetragen **(Bild 1)**. Zu diesen Belastungen zählen: Lagerkräfte ($F_A$, $F_B$, ...), das Eigengewicht ($q$) und die Nutzlasten ($F_1$, $F_2$, $F_3$, ...).

Zur Vereinfachung werden die Belastungen in der zweidimensionalen Ebene betrachtet. In vielen Fällen sind die auftretenden Lasten tatsächlich lediglich zweidimensional. Sie liegen dann in der Ebene der Lagerkräfte. Bei komplexen dreidimensionalen Fällen werden für jede Ebene separat Verläufe erstellt.

**Einzellasten** werden als Kraftpfeile entsprechend ihres Vorzeichens und ihres Betrags an der jeweiligen Stelle der *z*-Achse angetragen. Der *y*-Wert des Pfeils startet beim Endwert des Vorgängers **(Bild 1)**.

**Streckenlasten** werden bei negativem Wert, also mit Wirkrichtung „nach unten", als abfallende Gerade, dargestellt **(Bild 2)** und positive Werte mit einer aufsteigenden Geraden. Die Gesamtgröße der Streckenlast gibt die Steigung über die Wirklänge vor. Der Endwert errechnet sich aus dem Produkt der Streckenlast und der wirkenden Länge: $F = q \cdot l$.

Näherungsweise kann man sich Streckenlasten wie mehrere kleine Einzellasten vorstellen. Das Eigengewicht eines Trägers von 400 kg und einer Länge von 4 m erzeugt beispielsweise eine Streckenlast von –1 kN/m. Diese lässt sich z. B. grob vereinfacht in 4 Einzellasten zu je –1 kN zerlegen, die bei 1 m, 2 m, 3 m und 4 m angreifen. Diese Beispiel-Last würde als Gerade bei 0 m Länge mit $F_q = 0$ starten und bei 4 m Länge mit $F_q = 4$ kN enden **(Bild 2)**. Zerlegt man die Streckenlast in immer mehr kleine Einzellasten, nähert man sich dem wirklichen Verlauf immer weiter an.

Überlagerungen von Einzel- und Streckenlasten ergeben in diesen Diagrammen Sprünge in den Geraden der Streckenlasten **(Bild 3)**. Die Querkräfte addieren sich und die Punkte des Verlaufs verschieben sich entlang der *y*-Achse. Auch hier kann eine Aufteilung der Streckenlast in mehrere kleine Einzellasten das Erstellen vereinfachen.

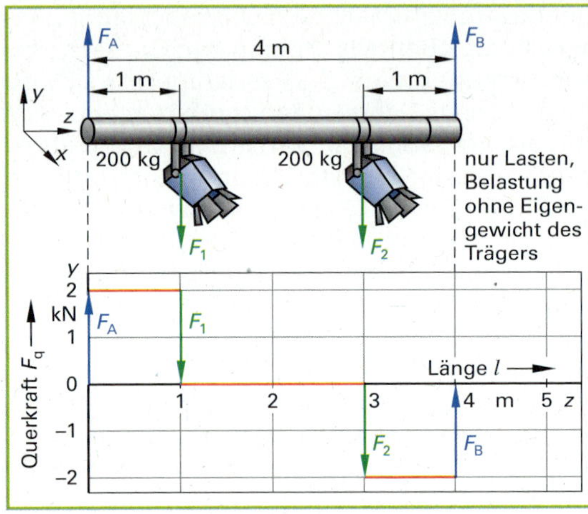


**Bild 1**: Querkraftverlauf von Einzellasten

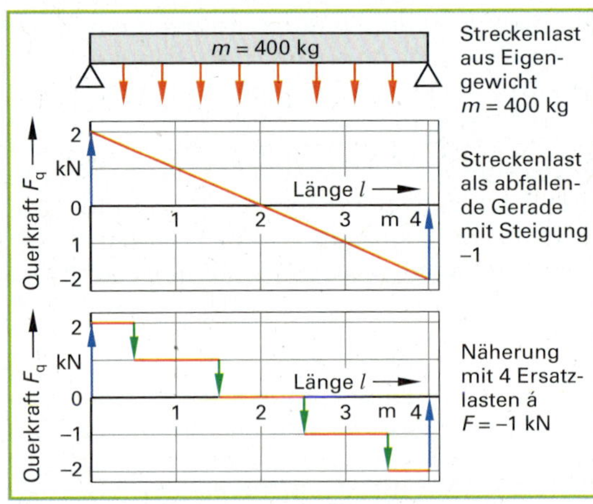


**Bild 2**: Querkraftverlauf von Streckenlasten

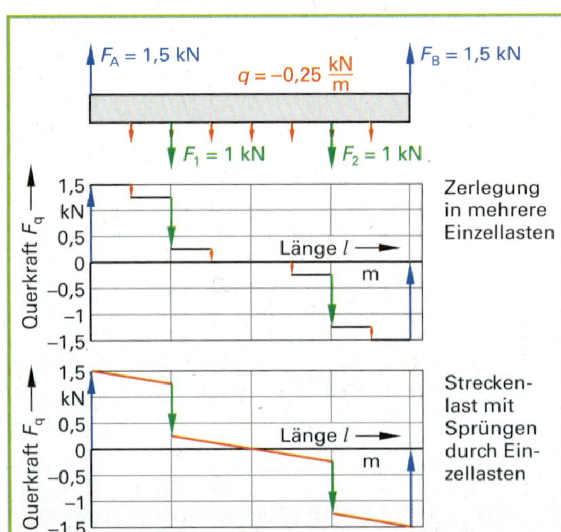


**Bild 3**: Überlagerte Lasten

## Biegemomentverlauf

Die Werte für den Biegemomentverlauf ergeben sich aus der Fläche zwischen Querkraftverlauf und Koordinatenachse. Dazu wird der Verlauf in Bereiche zwischen jeder Querkraftänderung unterteilt. Das Produkt aus dem Wert der Querkraft und der entsprechenden Wirklänge ergibt die Änderung des Biegemoments: $\Delta M_B = F_q \cdot l$. Dabei ergeben Flächen oberhalb der Achse positive und unterhalb der Achse negative Werte. Die Fläche kann zum leichteren Berechnen in Teilflächen, z. B. Dreiecke und Rechtecke, zerlegt werden. Der Biegemomentverlauf wird bei negativem Wert der Streckenlast als abfallende Gerade dargestellt. Positive Werte ergeben eine aufsteigende Gerade. Der errechnete Flächeninhalt ergibt die Änderung des Biegemoments, also die Steigung über die Wirklänge **(Bild 1)**. Der Wert der Änderung wird immer vom vorherigen Wert aus, also relativ zum Vorgängerwert angetragen. Der relative Wert des Biegemoments muss also in der Auswertung vom absoluten Wert unterschieden werden.

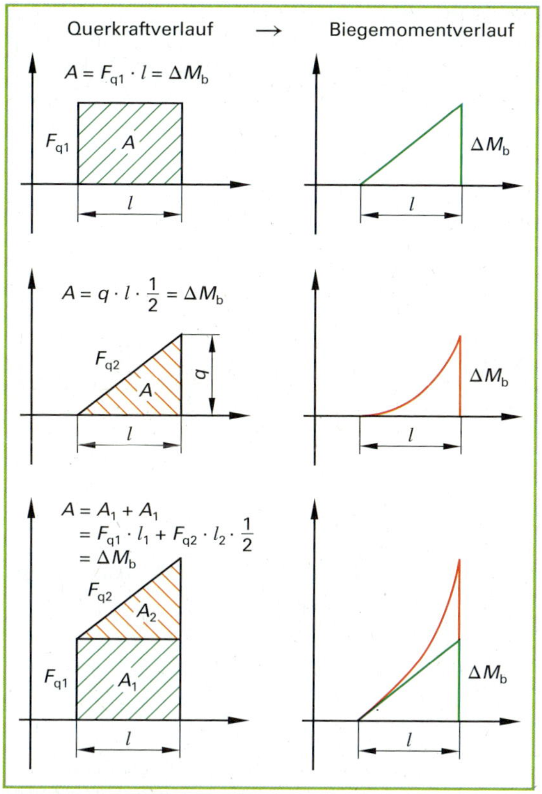


**Bild 1**: Umrechnungsbeispiele

Für die Lasten aus dem Beispiel von Bild 1, Seite 94 ohne Betrachtung des Eigengewichts ergeben sich drei Bereiche **(Bild 2)**:

Im Bereich a) ist die Änderung des Biegemoments $\Delta M_B = 2\ \text{kN} \cdot 1\ \text{m} = 2\ \text{kNm}$. Die Gerade startet also bei 0 und steigt bis $l = 1$ m auf $M_B = 2$ kNm an.

Im Bereich b) ist die Querkraft gleich 0. Es ergibt sich also keine Änderung des Biegemoments ($\Delta M_B = 0$). Der Wert bleibt von $l = 1$ m bis $l = 3$ m bei $M_B = 2$ kNm.

Im Bereich c) ist die Querkraft negativ und ergibt eine Änderung des Biegemoments um $\Delta M_B = -2\ \text{kN} \cdot 1\ \text{m} = -2\ \text{kNm}$. Die Gerade startet also bei $l = 3$ m beim vorherigen Wert $M_B = 2$ kNm und fällt mit der Änderung von $\Delta M_B = -2$ kNm auf $M_B = 0$ bei $l = 4$ m ab.

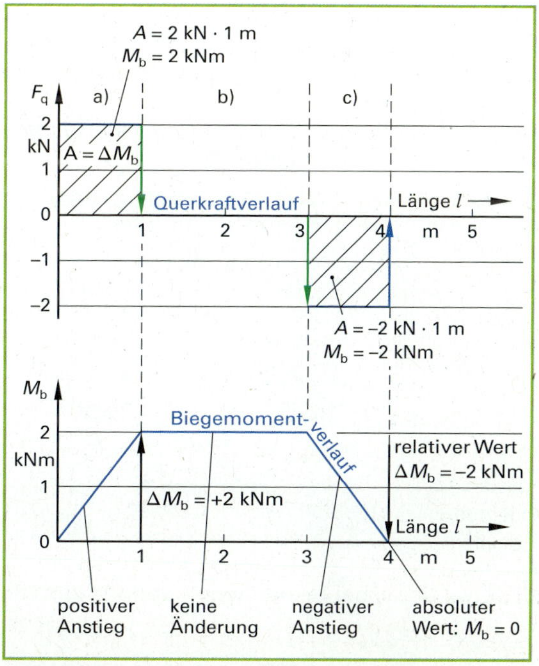


**Bild 2**: Ermittlung des Biegemomentverlaufs

### Aussagen der Querkraft- und Biegemomentverläufe

In den Diagrammen zu den Querkraft- und Biegemomentverläufen lassen sich auch bei komplexen Lastfällen mit mehreren Überlagerungen die absoluten Maximalwerte der Querkraft und des Biegemomentes ablesen. Die Stellen, an denen der Träger besonders beansprucht wird, sind gut zu erkennen.

## Durchbiegung

Die Deformation aufgrund äußerer Belastungen zeigt sich bei einem Träger in einer Durchbiegung *f*. Diese kann oft ausschlaggebender sein als der Nachweis der maximalen Biegespannung. Bei Schienensystemen oder gut sichtbaren Trägern können zu starke Durchbiegungen die Funktion der Schiene oder das optische Erscheinungsbild stören. Für einfache Standardfälle an Trägern mit konstantem Querschnitt können Durchbiegungen durch Einzelkräfte oder Streckenlasten berechnet werden **(Tabelle 1)**. Dabei können für näherungsweise Berechnungen komplexe Lastfälle zu vereinfachten Lastannahmen zusammengefasst werden, um die Formeln der Standardfälle verwenden zu können. Beispielsweise lassen sich mehrere ähnliche Einzellasten zu Streckenlasten zusammenfassen **(Bild 1)**.

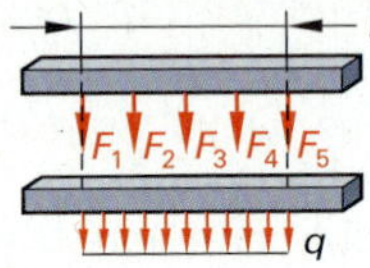


$$\frac{F_1 + F_2 + F_3 + F_4 + F_5}{l} = q$$

**Bild 1**: Zusammenfassen von Lasten

**Tabelle 1:** Formeln für Durchbiegung

| Einseitig Eingespannt | | auf zwei Stützen | |
|---|---|---|---|
| 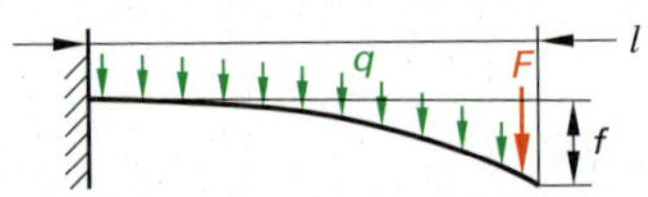 | | 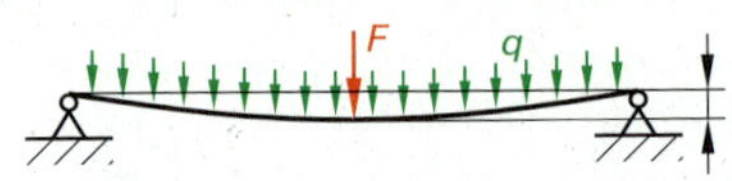 | |
| Einzellast am Ende | Streckenlast auf Gesamtlänge | Einzellast Mitte | Streckenlast auf Gesamtlänge |
| $f = \frac{F \cdot l^3}{3 \cdot E \cdot I}$ | $f = \frac{g \cdot l^4}{8 \cdot E \cdot I}$ | $f = \frac{F \cdot l^3}{48 \cdot E \cdot I}$ | $f = \frac{5 \cdot g \cdot l^4}{384 \cdot E \cdot I}$ |

*E* E-Modul; *f* Durchbiegung; *F* Kraft; *I* Flächenbiegheitsmoment; *l* Trägerlänge; *g* Streckenlast

## Beanspruchung auf Torsion

Werden durch Belastungen Biegemomente um eine Körperachse eines Körpers erzeugt, bewirken diese ein Verwinden und eine *Torsionsspannung* $\tau_t$ um diese Körperachse **(Bild 2)**. Meist ist die Torsion entlang der Längsachse eines Bauteils entscheidend, da die schmalen Abmaße der verwindenden Belastung am wenigsten Widerstand entgegensetzen. Zur Berechnung wird das *polare Widerstandsmoment* $W_p$ verwendet **(Tabelle 2)**.

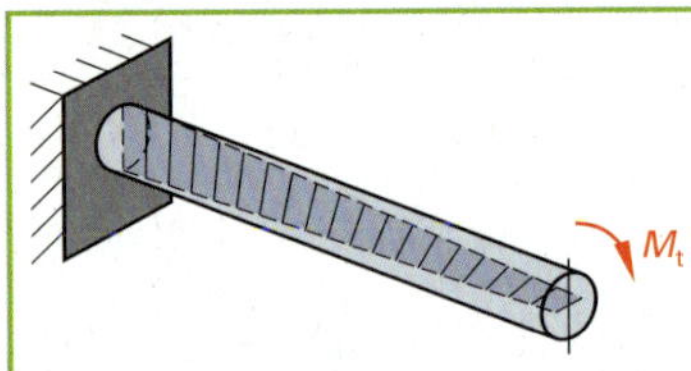


$$T_t = \frac{M_t}{W_p}$$

$T_t$ Torsionsspannung
$M_t$ Torsionsmoment
$W_p$ polares Widerstandsmoment

**Bild 2**: Torsionsspannung

**Tabelle 2:** Polare Widerstandsmomente gängiger Querschnitte

| Form | Rund | | Rechteck | |
|---|---|---|---|---|
| Querschnitt | voll | hohl | voll | hohl |
| | 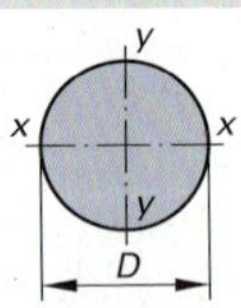 | 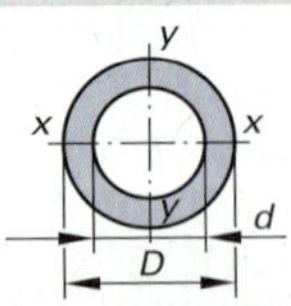 | 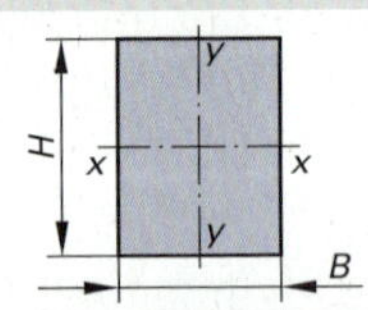 | 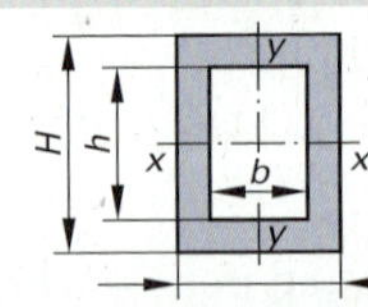 |
| Polares Widerstandsmoment | $W_p = \frac{\pi \cdot d^3}{16}$ | $W_p = \frac{\pi \cdot (D^4 - d^4)}{16 \cdot D}$ | $W_p = \eta \cdot B^2 \cdot H$ <br> **Für *b* = *h*:** $W_p = 0{,}208 \cdot b^3$ | $W_p = \frac{s \cdot (H + h) \cdot (B + b)}{2}$ |

Hilfswert für $\eta$ bei rechteckigen Vollprofilen für jeweiliges Seitenverhältnis $\frac{H}{B}$

| Verhältnis *H*/*B* | 1 | 1,5 | 2 | 3 | 4 | 6 | 8 | 10 |
|---|---|---|---|---|---|---|---|---|
| $\eta$ | 0,208 | 0,231 | 0,246 | 0,267 | 0,282 | 0,299 | 0,307 | 0,313 |

## Beanspruchung Lochleibung

Sind Bauteile mit Bolzen verbunden, werden diese durch Löcher in den Bauteilen gesteckt und übertragen die Kräfte von einem Bauteil über den Bolzen in das andere Bauteil. Dabei entstehen in den Löchern Zugkräfte an den Bohrungsflanken, welche zur Überbeanspruchung des Materials und zur plastischen Verformung der Löcher führen können **(Bild 1)**. Die in den Löchern entstehende *Lochleibungsspannung* $\sigma_l$ tritt bspw. bei Stativen mit Auszug auf, deren ineinandergeführte Rohre die Traglast über den Sicherungsbolzen übertragen.

Die Berechnung erfolgt ähnlich wie bei der Scherspannung, jedoch wird statt der Querschnittsfläche die Fläche der Bohrungswandung, also die Projektion der Leibungsfläche **(Bild 1)** berücksichtigt.

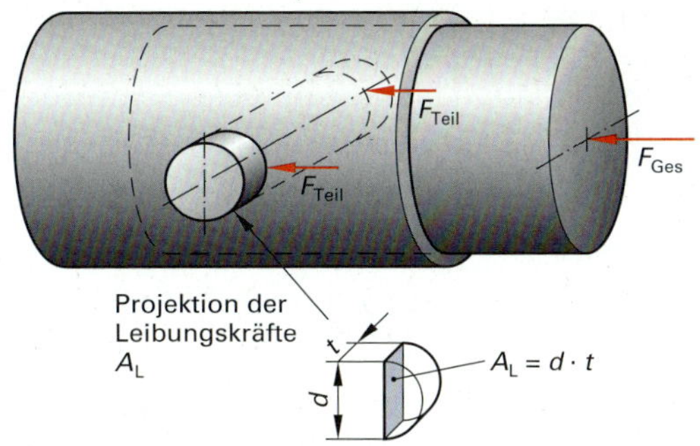


$$\sigma_l = \frac{F}{A_L} = \frac{F_{Teil}}{d \cdot t}$$

$d$ Durchmesser Bohrung
$t$ Materialstärken
$A_L$ Leibungsflächenprojektion
$F_{Teil}$ Anteil der Gesamtkraft

**Bild 1**: Lochleibungsspannung

## Zulässige Spannungen für Stahl und Aluminiumlegierungen

Für überschlägige Rechnungen sind in **Tabelle 1** Festigkeitswerte gemäß dem allgemeinen Spannungsnachweis häufig verwendeter Metalle aufgeführt. Die zulässigen Spannungen enthalten die Sicherheiten des allgemeinen Spannungsnachweises und dürfen voll ausgenutzt werden. Auf eine Berechnung nach Eurocode wird in diesem Buch aufgrund der Komplexität der normativen Vorgaben verzichtet. Dies fällt in den Aufgabenbereich qualifizierter Tragwerksplaner mit entsprechender Zertifizierung.

### Stahl

Die Bruchgrenze $f_{u,b,k}$ gibt die Spannung an, bei der ein Bauteil bricht (bisher Zugfestigkeit $R_m$). Ab Erreichen der Spannung der Streckgrenze $f_{y,b,k}$, bleibt eine plastische Verformung zurück (bisher $R_e$).

Die zulässige Grenzspannung $R_D$ errechnet sich mit dem Teilsicherheitsbeiwert:

$$R_D = \frac{f_{y,b,k}}{\gamma_m}$$

Dabei gilt $\gamma_m = 1{,}1$ bei allgemeinem Stahlbau für Dekorationen.

### Aluminium

Für Aluminiumlegierungen sind die Werte der Mindestzugfestigkeit $R_m$ ausschlaggebend.

Ein Kurzzeichen hinter der DIN-Werkstoffkennzeichnung kann angegeben sein und gibt Auskunft über den Wert der Mindestzugfestigkeit, z. B. F18 für $R_m$ = 180 N/mm².

$$R_D = \frac{R_m}{\gamma_m}$$

**Tabelle 1:** Zulässige Spannungen für den allgemeinen Spannungsnachweis von Profilen

| | Streck- bzw. Dehngrenze** $f_0$ (kN/cm²) | Zug-festigkeit $f_u$ (kN/cm²) | zulässige Spannung* Normalkraft / Biegung zul $\sigma$ (kN/cm²) | Schub zul $\tau$ (kN/cm²) |
|---|---|---|---|---|
| **Baustähle bis 40 mm Dicke** | | | | |
| S235 | 23,5 | 36,0 | 16,0 | 9,2 |
| S355 | 35,5 | 49,0 | 24,0 | 13,9 |
| **Alu-Legierung bis 5 mm Dicke, stranggepresst** | | | | |
| EN AW-6060 T6 | 14,0 | 17,0 | 8,0 | 4,6 |
| EN AW-6005A T6 | 20,0 | 25,0 | 11,5 | 6,8 |
| EN AW-6061 T6 | 24,0 | 26,0 | 12,5 | 7,2 |
| EN AW-6082 T6 | 25,0 | 29,0 | 14,5 | 8,4 |
| **Alu-Legierung bis 5 mm Dicke, stranggepresst, 100% wärmebeeinflusst durch WIG Schweißen*** | | | | |
| EN AW-6060 T6 WEZ | 6,0 | 10,0 | 4,4 | 2,4 |
| EN AW-6005A T6 WEZ | 11,5 | 16,5 | 7,2 | 4,2 |
| EN AW-6061 T6 WEZ | 11,5 | 17,5 | 7,6 | 4,4 |
| EN AW-6082 T6 WEZ | 12,5 | 18,5 | 8,0 | 4,6 |

* Ausbreitung der WEZ ca. 30mm um die Schweißnaht
** für Stahl Beginn des Fließens, für Aluminium 0,2% plastische Dehnung
Quelle: Expo Engineering GmbH

### 3.3.4 Verbindungstechnik

Es gibt mehrere Arten, um die Bauteile oder Materialien einer Konstruktion zusammenzufügen: *Lösbare Verbindungen* können ohne Zerstörung der einzelnen Bauteile gelöst werden. Bei *unlösbaren Verbindungen* ist zum Lösen eine Zerstörung nötig. Bei *bedingt lösbaren* Methoden muss nur das zum Fügen nötige Hilfsmittel zerstört werden.

Darüber hinaus wird in formschlüssige, kraftschlüssige und stoffschlüssige Verbindungen unterschieden:

**Formschlüssige Verbindungen:** Greifen mindestens zwei Teile ineinander und behindern sich gegenseitig, wird die Tragfähigkeit der Verbindung lediglich durch die Form und Größe der Elemente erzeugt. Beispiele hierfür sind Bolzen, Stifte oder Keile.

**Kraftschlüssige Verbindungen:** Wird eine Verbindung aufgrund von Druck- und Reibungskräften erzielt, ist die Tragfähigkeit abhängig von der Vorspannung und der Materialbeschaffenheit. Dies wird auch als Reibschluss bezeichnet, da eine Normalkraft auf die zu verbindenden Teile eine Haftreibungskraft zwischen ihnen erzeugt, sodass sie sich nicht gegeneinander verschieben können. Beispiele sind Seilklemmen und Flügelschrauben an Notenstativen.

**Stoffschlüssige Verbindungen:** Ist die Verbindung zweier Teile durch atomare oder molekulare Kräfte gegeben, lässt sich eine Trennung nur durch Zerstörung der Teile (unlösbar, z. B. Schweißen) oder Zerstörung der verbindenden Hilfsmittel (bedingt lösbar, z. B. Kleben, Löten) erreichen. Bedingt lösbare Verbindungen können teilweise mit chemischen Lösungsmitteln getrennt werden.

In der Veranstaltungstechnik sind Konstruktionen zur Aufnahme von Lasten, insbesondere Lasten über Personen, durch formschlüssige Verbindungen herzustellen (DGUV-Information 215-313 „Lasten über Personen").

## Wiederholungsfragen – Mechanik, Kinetik, Festigkeitslehre

1. Der 4 m breite und 6 m hohe Backdrop einer Band ist aus einem kompletten Stück bedruckter LKW-Plane gefertigt und wiegt 40 kg. Welche Streckenlast ist anzunehmen, wenn er entlang eines Rohres mit Befestigungsgummis alle 20 cm angehangen wird?
2. Könnte man das „Haus vom Nikolaus" als idealisiertes Fachwerk mit Hilfe der Gleichgewichtsbedingungen berechnen?
3. Bewegung: Ein 50 kg schweres Flightcase rollt mit 3 m/s auf Sie zu. Wie schwer sollten Sie sein, um es auf einen Meter innerhalb von 1 s zum Stillstand zu bringen?
4. Eine Fachkraft will eine 8 m lange Traverse als Hebel nutzen, um mit dem eigenen Gewicht von 70 kg ein 200 kg schweres Case auf Bühnenhöhe zu heben. Bei welcher Länge muss der Auflagepunkt gewählt werden?
5. Wenn eine Bühnentechnikerin einen 16 kg schweren Scheinwerfer auf eine 83 cm hohe Bühne hebt, welche Arbeit hat sie dann verrichtet?

# 4 Rigging

# 4 Rigging

→ **DGUV[1] Information 215-313**
Lasten über Personen

→ **IGVW SQO2[2]**
Veranstaltungsrigging
Organisation und Arbeitsverfahren

In der Veranstaltungstechnik steht beim Rigging das Montieren und Benutzen von Lastaufnahmeeinrichtungen zur Installation von Bühnenkonstruktionen, Beschallung, Licht und Dekorationen im Vordergrund. Klassische Tätigkeiten sind das Anschlagen, Halten und Bewegen von Lasten. Auch wenn durch das Arbeiten in der Höhe oft Ähnlichkeiten zu Techniken und Arbeitsmaterialien des Sportkletterns zu finden sind, können die Qualifikationen nicht mit Inhalten von Kletterscheinen (Toprope/Vorstieg) verglichen werden.

## 4.1 Sicherheitsgrundsätze und Verantwortung

Beim Arbeiten mit großen Höhenunterschieden besteht ein enormes Gefährdungspotenzial durch Absturz von Personen oder herabfallende Gegenstände. Für ein sicheres Arbeiten müssen daher folgende Grundsätze eingehalten werden:

- Es müssen technische und organisatorische Schutzmaßnahmen beachtet werden.
- Die persönliche Schutzausrüstung (PSA) muss ggf. benutzt werden.
- Körperliche und psychische Überlastung müssen vermieden werden.
- Es darf nie unter Zeitdruck gearbeitet werden.
- Es darf keine Arbeiten auf übereinanderliegenden Ebenen gleichzeitig geben.
- Vor dem Beginn der Arbeiten muss ein Rettungskonzept für alle zu erwartenden Notfallsituationen erarbeitet und eine Gefährdungsbeurteilung erstellt werden.
- Die grundlegenden Verantwortungen müssen geklärt sein **(Tabelle 1)**.
- Die beteiligten Personen müssen über ausreichendes Wissen und Erfahrung verfügen **(Kapitel 4.2)**.

**Tabelle 1:** Verantwortungen im Rigging

| Veranstalter | Betreiber | Riggingunternehmen | Rigger |
|---|---|---|---|
| **Grundlegende unternehmerische Gesamtverantwortung:**<br>• Betreiberverantwortung und Pflichten<br>• Auswahl qualifizierter und fachkundiger Rigginguntenehmen<br>• Festlegung klarer Verantwortungen: Veranstalter / Tourneeveranstalter -> ggf. Einsatz weisungsbefugter Koordinatoren<br>• Abstimmung verschiedener Unternehmen am Veranstaltungsort<br>• Eingreifen bei Gefährdungen, Überforderung oder Übermüdung | **Allgemeine Verkehrssicherungspflicht für Gelände und Gebäude:**<br>• Sicherung der Arbeitsstätte und Arbeitsumgebung (z.B. techn. Maßnahmen gegen Absturz)<br>• Errichtung von dauerhaften Anschlageinrichtungen zur Benutzung von Persönlicher Schutzausrüstung (PSA)<br>• Sicherung von Gefahrenbereichen vor Betreten<br>• Abstimmung mit Haustechnik, Gebäudereinigung und Security | **Ausreichende Sachkunde und Erfahrung in jeweiligen Tätigkeiten:**<br>• Auswahl geeigneter Personen entsprechend Qualifizierungsstufen (Level 1 – 3)<br>• Sichere und fachkundige Planung<br>• Sichere und fachkundige Durchführung auf dem Stand der Technik<br>• Verhindern von sicherheitswidrigem Arbeiten | **Sorgfalt bei allen sicherheitsrelevanten Tätigkeiten:**<br>• Fachliche Verantwortung im eigenen Tätigkeitsbereich<br>• Eigene Sicherheit<br>• Sicherheit der von seinem Handeln Betroffenen<br>• Feststellung der eigenen gesundheitlichen Eignung |

[1] **DGUV** = **D**eutsche **G**esetzliche **U**nfall**v**ersicherung e. V.
[2] **IGVW** = **I**nteressen**g**emeinschaft **V**eranstaltungs**w**irtschaft; **SQO2** = **S**tandard der **Q**ualität, Bereich **O**rganisation, Nummer **2**

## 4.2 Ausbildung in Qualifizierungsstufen

Für die Ausbildung im Rigging gibt es den IGVW Qualifizierungsstandard SQQ2[1] „Sachkunde für Veranstaltungsrigging". Die Ausbildung erfolgt in drei Stufen (Level 1 – 3), welche aufeinander aufbauen. Die jeweils geforderten Kompetenzen können **Bild 1** entnommen werden.

**20 Einsatztage in 12 Monaten** → **50 Einsatztage in 12 Monaten** →

**Kompetenzen Level 1**
- Anschlagen von Lasten an vorgegebenen Anschlagpunkten von Tragwerken und Traversen
- Montage und Anschlagen von Traversen
- Handhabung von Anschlagmitteln
- Handhabung von Hebezeugen
- Verkabelung und Bedienung von Hebezeugen und Systemsteuerungen
- Verwendung von PSAgA
- Anwendung von Knoten
- Alle Arbeiten erfolgen ausschließlich weisungsgebunden und bedürfen mind. einen Rigger Level 2 oder 3

**Kompetenzen Level 2**
- Durchführung von Unterweisungen
- Erstellung und Auswertung von Plänen
- Erstellung von Gefährdungsbeurteilungen
- Gewährleistung und Durchführung von Rettungsmaßnahmen
- Koordination von Riggingtätigkeiten, Teamleitung und Beaufsichtigung von Level 1 Riggern
- Planung und Erstellung temporärer Anschlagpunkte
- Planung von Hilfstragwerken
- Planen von Rettungskonzepten, sowie Durchführung von Rettungsmaßnahmen
- Inbetriebnahme von Motorsteuerungen und Lastüberwachungssystemen

**Kompetenzen Level 3**
- Auswertung komplexer statischer Berechnungen
- Erstellung technischer Gesamtdokumentationen
- Koordination des Arbeitsschutzes im Bereich Rigging
- Koordination des gesamten Gewerks Rigging
- Erstellung technischer Gesamtdokumentationen
- Planung von Rettungskonzepten mit erhöhtem Gefährdungspotential
- Koordinieren von Rettungsmaßnahmen

**Bild 1:** Kompetenzen der Qualifizierungsstufen

Ein Quereinstieg in höhere Stufen ohne die vorangegangene Qualifizierungsstufe ist nicht möglich. In jeder Stufe muss praktische Erfahrung in Form von Einsatztagen als Sachkundiger im Veranstaltungsrigging mit einem Tätigkeitsnachweis dokumentiert und nachgewiesen werden. Die Ausbildung jeder Stufe schließt mit einer praktischen und einer theoretischen Prüfung ab. Mathematische Grundkenntnisse in Grundrechenarten, Trigonometrie und Gleichungssystemen sind Grundvoraussetzungen. Lehrinhalte sind: Recht, Arbeitsschutz, Gefährdungsbeurteilung, elektrotechnische Grundlagen, Statik, technische Arbeitsmittel, persönliche Schutzausrüstung, technische Kommunikation, Projekt- und Personalkoordination, Systemauswahl, Sicherungssysteme sowie personale Kompetenzen.

Welches Level für den jeweiligen Einsatz nötig ist, hat der Unternehmer zu entscheiden. Er leitet dies aus der Gefährdungsbeurteilung ab. Die Komplexität der Aufgabe und der damit verbundenen Inhalte und Verantwortungen müssen dabei berücksichtigt werden. Grundvoraussetzung zur Ausbildung im Bereich Rigging sind: die Vollendung des 18. Lebensjahrs, 3 Jahre Arbeitserfahrung mit fachbezogenem Tätigkeitsschwerpunkt, eine arbeitsmedizinische Eignungsuntersuchung für Arbeiten mit Absturzgefahr (G41) und eine Ausbildung in Erster Hilfe.

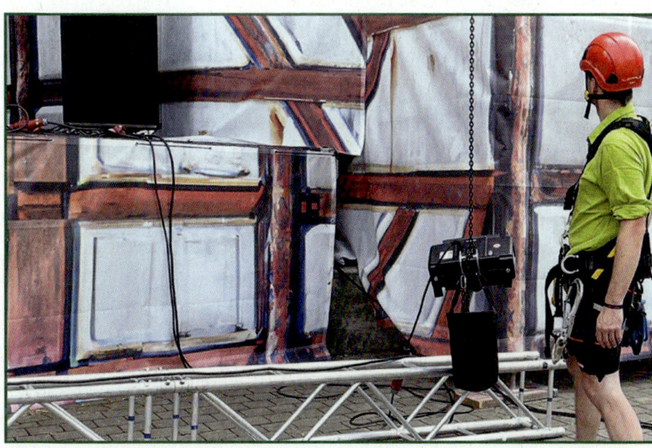

**Bild 2:** Rigger mit PSA

[1] **IGVW** = **I**nteressen**g**emeinschaft **V**eranstaltungs**w**irtschaft; **SQQ2** = **S**tandard der **Q**ualität, Bereich **Q**ualifizierung, Nummer **2**

## 4.3 Lastaufnahmeeinrichtung

Eine **Lastaufnahmeeinrichtung (Bild 1)** ist ein System aus Lastaufnahmemittel, Anschlagmittel und Hebezeug inklusive Tragmittel.

**Hebezeuge** sind maschinentechnische Einrichtungen, die zum Heben und Bewegen von Lasten verwendet werden. Beispiele sind: Kettenzüge, Bandzüge und Seilzüge **(s. Kapitel 5.2)**.

**Lastaufnahmemittel** sind Arbeitsmittel zur Aufnahme von Lasten. Dazu gehören: Laststangen, Traversen, Traversenaufhängungen, Haken von Punktzügen oder Flugrahmen von Projektoren.

**Tragmittel** sind fest mit der maschinentechnischen Einrichtung verbunden und nehmen die Last beim Heben auf. Dazu zählen: Seile, Ketten und Stahlbänder.

**Anschlagmittel** verbinden Lastaufnahmemittel und Last. Beispiele hierfür sind: Rundschlingen, Schellen, Seile und Ketten.

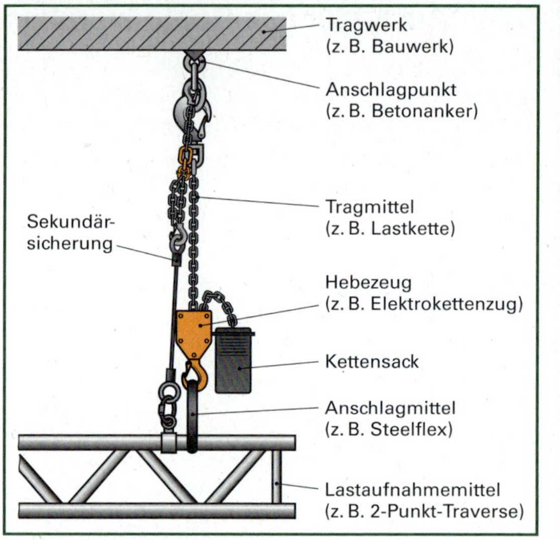

**Bild 1**: Lastaufnahmeeinrichtung Übersicht

**Mindestbruchkraft – MBL**
(Minimum Breaking Load)
**Ist die Kraft, bei der das Bauteil rechnerisch tatsächlich versagt und bricht.**

**Maximale Arbeitslast – WLL**
**(Working Load Limit, auch *Tragfähigkeit oder Nenntraglast*) Ist die statische Nutzlast in kg, wobei für hängende Lasten über Personen der Wert halbiert werden muss.**

### 4.3.1 Lastaufnahmemittel

**Schellen (Coupler)** sind über ein Scharnier aufklappbare Verbindungen aus zwei Halbschellen **(Bild 2)**. An der dem Scharnier gegenüberliegenden Seite befindet sich eine schwenkbare Schraube mit Flügelmutter, mit der die Schelle auf der Auflageplatte zusammengedrückt werden kann. Schellen werden zum Befestigen von Lasten an Rohren verwendet. Sie sind meist aus Aluminium in unterschiedlichen Breiten gefertigt und in Varianten für 48,8 mm oder 60 mm durchmessende Rohre ausgelegt. Bei Lasten über Personen dürfen sie nur mit der Hälfte der angegebenen WLL belastet werden.

**Bild 2**: Schelle (Coupler)

**Trussadapter**[1] sind Lastaufnahmemittel für Traversen **(Bild 3)**. Sie bestehen aus zwei Schellen, einem Vierkant und einer Ringschraube und können zum Aufhängen von Lasten an eine Traverse oder zum Aufhängen einer Traverse verwendet werden. Dabei sind nicht nur die Taglasten der Einzelkomponenten zu beachten, sondern auch die Herstellerangabe für die Traglast des gesamten Systems.

**Bild 3**: Trussadapter

**C-Haken** sind Scheinwerferhaken in C-Form **(Bild 4)**. Dies ist eine preiswerte Möglichkeit, Lasten an Rohre zu hängen. Die Last lässt sich damit erst aufhängen und dann festschrauben, was in der Praxis hilfreich ist. Jedoch können diese nur für hängende Lasten verwendet werden, sind nicht eigensicher und müssen daher zusätzlich gesichert werden. Je nach Bauweise hinterlassen sie Kratzer und Druckstellen am Tragrohr und sollten dementsprechend nicht für empfindliche Aluminiumrohre verwendet werden.

**Bild 4**: C-Haken

[1] Auch: Universalverbinder, Lifting Bracket, Loadbar oder Gizmo

### Traversen

Als Laststrecke zum Einhängen von Scheinwerfern, Tontechnik und Dekorationen werden sehr häufig Fachwerkträger aus Aluminiumlegierungen verwendet, die sogenannten Traversen **(Bild 1)**. Diese können als Systembaukasten in unterschiedlichen Längen und Bauformen über passende Verbindungselemente wie Ecken, Winkel, Kreuze oder Ständer zu den unterschiedlichsten tragenden Konstruktionen kombiniert werden. Sie besitzen ein sehr gutes Verhältnis von Tragfähigkeit zu Eigengewicht.

In **Bild 2** sind die häufigsten Bauformgen gezeigt: 2-Punkt-, 3-Punkt- und 4-Punkt-Traversen. Sie unterscheiden sich in der Anzahl der Gurtrohre und in ihrer Höhe.

Die maximal zulässigen Nutzlasten sollten den Tabellen der Hersteller entnommen werden **(Bild 3)**. Diese treffen Aussagen über die zulässigen Punkt- und Streckenlasten.

**Bild 4** zeigt, an welchen Stellen in einer Traverse Druck- und Zugkräfte entstehen, wenn diese horizontal gelagert ist und eine Kraft nach unten wirkt.

Die einzelnen Elemente können je nach Ausführung über *konische Verbinder, Flanschplatten*, genietete Hülsen mit Bolzen oder *Gabelverbindungen* mit Bolzen verbunden werden. Am häufigsten kommen konische Verbinder zum Einsatz **(Bild 5)**. Bei diesen ist es wichtig, dass immer alle Trusspins eingesetzt werden. Die Auflagerung der Traversen und das Aufhängen großer Lasten sollte nur an Knotenpunkten erfolgen. Systeme verschiedener Hersteller dürfen nicht gemischt werden, außer der Hersteller gibt ausdrückliche Kompatibilität an.

Vor jeder Benutzung muss eine Sichtprüfung und einmal jährlich eine Sachkundigenprüfung erfolgen. Nicht mehr benutzt werden dürfen Traversen mit Löchern, Rissen, beschädigten Schweißnähten oder geknickten Elementen. Zudem dürfen sie nicht insgesamt verbogen sein und Dellen dürfen nicht größer sein als die Materialstärke.

In Verbindung mit Traversen dürfen niemals Stahlschellen aus dem Gerüstbau zum Befestigen von Lasten verwendet werden, da diese unweigerlich Kratzer und Dellen hinterlassen.

[1] **SQP1** = **S**tandard der **Q**ualität, Bereich **P**raxis, Nummer **1**

**IGVW-SQP1**[1]
Traversen

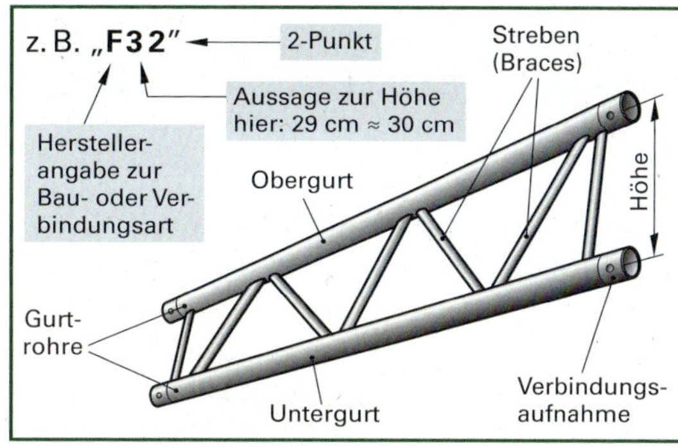


**Bild 1**: Aufbau einer Traverse

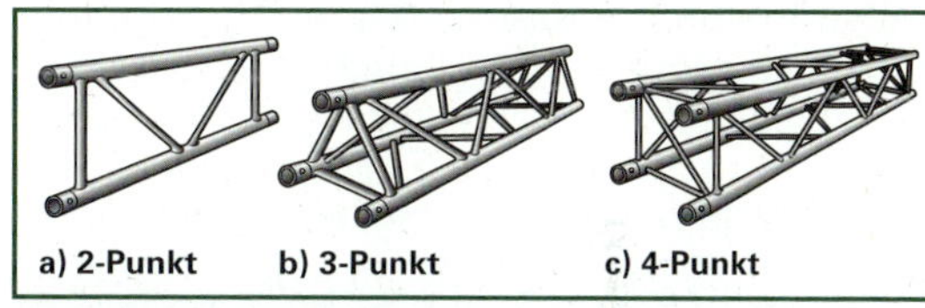


**Bild 2**: Traversen-Typen

| Spannweite | Streckenlast | | Punktlast | | 1/3 Punktlast | |
|---|---|---|---|---|---|---|
| | kg/m | mm | kg | mm | kg(2x) | mm |
| 2 | 570 | 2 | 855 | 2 | 570 | 3 |
| 3 | 379 | 6 | 687 | 6 | 426 | 7 |
| 4 | 284 | 15 | 565 | 12 | 368 | 13 |

**Bild 3**: Beispiel Nutzlasttabelle

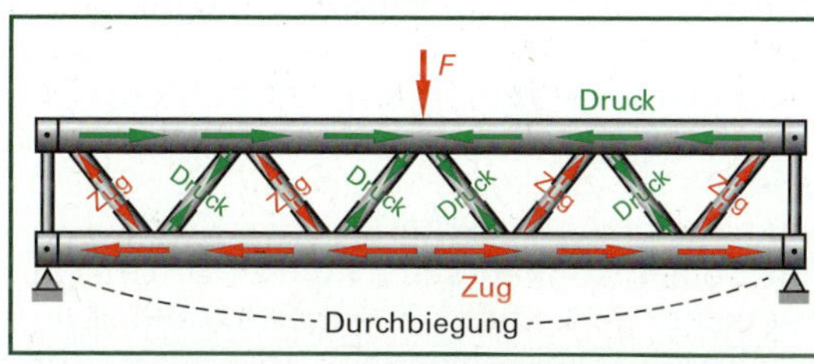


**Bild 4**: Beispiel Belastungen in der Traverse

**Bild 5**: Traversenverbindung (Konus und Pins)

## 4.3.2 Tragmittel

### Stahlseile

Es wird meistens drehungsfreies Stahlseil aus mehreren *Litzen*, welche aus Einzeldrähten verdrillt sind, verwendet **(Bild 1)**. Dabei wird das Kernseil (*Seele*) entgegengesetzt zur Schlagrichtung der umliegenden Litzen (*Decklitzen*) verdrillt. Dann kompensieren sich unter Last die Drehmomente von Kernseil und Decklitzen. Häufig kommt *Kabelschlagseil* mit Fasereinlage (*FE*) zum Einsatz, was flexibler, aber auch weniger tragfähig im Vergleich zu Seilen mit Stahlkern ist.

**Bild 1**: Aufbau Stahlseil

Bei der Benutzung dürfen die Seile nicht über scharfe Kanten geknickt werden. Der Radius der Kante muss größer oder gleich dem Seildurchmesser sein. Auch zu kleine Schäkel können scharfe Kanten oder Biegeradien bilden.

**Seilendverbindungen** schaffen die Verbindung zum Hebezeug, reduzieren jedoch auch die Tragfähigkeit des Stahlseils. Es gibt folgende Typen: Als **feste Verbindungen** können *Presshülsen* mit Kausche **(Bild 2)** verwendet werden. Diese haben dann 90 % der Tragfähigkeit des Seiles. Alternativen sind *gespleißte Kauschen* oder ein sogenanntes *Flämisches Auge* aus zwei zu einer Schlaufe ineinander verseilten Seilhälften mit Stahlpresshülse. Als in der Länge flexibel **einstellbare Verbindungen** kommen *Seilschlösser* (80 % der Tragfähigkeit) oder für nicht dynamische Lasten ebenfalls *Drahtseilhalter* zum Einsatz **(siehe Seite 107)**.

**Bild 2**: Kausche mit Presshülse

Knoten oder *Seilklemmen* dürfen nicht als Verbindungen verwendet werden!

In der Veranstaltungstechnik dürfen keine Seile mit Kunststoffummantelungen oder Beschichtungen eingesetzt werden. Bei diesen können Drahtbrüche einzelner Litzen nicht erkannt werden und es können sich ggf. Säuren unter dem Kunststoff bilden, welche eine Oxidation begünstigen. Drahtseile sollten vor der Verwendung einer Sichtprüfung unterzogen werden. Ablegekriterien, also Kriterien zum Aussortieren von Seilen, können sein: Knicke, Brüche mehrerer Drähte, Quetschungen, Rost, schadhafte Seilendverbindungen und beschädigte Fasereinlagen.

**Bild 3**: Kernmantelseil

**Praxistipp:**
Bei dynamischen Lasten kann laut DGUV 215-313 mit der 1,2-fachen statischen Last gerechnet werden.

### Faserseile

Im Bereich der Bühnentechnik werden Naturfaserseile bspw. für Kommandotaue von Handkonterzügen **(siehe Kapitel 5.2.3)** oder Seilzüge mit geringen Belastungen (< 20 kg) verwendet.

Für **Seile im Rigging** werden meist *Kernmantelseile* aus Polyamid wie im Bergsport verwendet. Dabei ist ein tragender Kern von einem schützenden Mantel umwoben **(Bild 3)**. Unterschieden wird in *dynamische Seile*, welche mit einer definierten Dehnung Fangstöße bei Sturzbelastungen absorbieren, und *halbstatische Seile* mit geringerer Dehnung zum Abseilen oder bei einem Rettungsvorgang. Gängige Durchmesser liegen bei 9 mm – 11 mm. Generell sollten Kletterseile nie über scharfe Kanten geführt und vor jeder Verwendung einer Sichtprüfung unterzogen werden. Einmal jährlich muss eine ausführliche Sichtprüfung des Mantels, sowie eine Tastprüfung des Kerns zur Feststellung von Unregelmäßigkeiten erfolgen. Kriterien zum Ablegen (s. Seite 110) sind: Beschädigung des Mantels, starke Deformation, Schmelz- und Verbrennungsspuren, aufgeriebener Mantel (Pelz) und Kontakt mit Chemikalien (Säure, Schmiermittel). Kletterseile werden vom Hersteller zum Nachstellen von Bergunfällen mit genormten Belastungsversuchen untersucht und müssen mindestens fünf dieser „Normstürze" aushalten.

### 4.3.3 Anschlagmittel

Alle in der Veranstaltungstechnik verwendeten verbindenden Teile zwischen Lastaufnahmemittel und Last sollten mit CE-Kennzeichnung versehen sein und somit den europäischen Richtlinien entsprechen. Die vom Hersteller angegebene und meist aufgeprägte Arbeitslast wird mit definierten Betriebskoeffizienten[1] bestimmt. Für Lasten über Personen müssen die Arbeitslastangaben halbiert werden **(Tabelle 1).**

Ausführliche Belastungstabellen sind in **DGUV Information 209-021** *Belastungstabellen für Anschlagmittel* zu finden.

**Tabelle 1:** Betriebskoeffizienten

| | | |
|---|---|---|
| Anschlagketten | 4 | 8 |
| Drahtseile | 5 | 10 |
| Lastbänder | 7 | 14 |
| Lasthaken | 4 | 8 |
| Ovalring | 4 | 8 |
| Schäkel | 5 | 10 |
| Steelflex | 5 | 10 |
| keine Last über Personen | | |
| Last über Personen | | |

#### Stahlseile (als Anschlagmittel)

Es werden Anschlagseile entsprechend DIN EN 13414 ab 4 mm Durchmesser verwendet. Häufig kommen dabei Seile mit flexibler Fasereinlage (z. B. 6x19 FE) zum Einsatz. **(Tabelle 2)**

**Tabelle 2:** Lasten über Personen: 6x19 FE Drahtseil

| Ø | Mindestbruchkraft (MBL) | Last |
|---|---|---|
| 4 mm | 9,6 kN | 80 kg |
| 5 mm | 15,0 kN | 130 kg |
| 6 mm | 23,3 kN | 190 kg |
| 8 mm | 41,4 kN | 350 kg |
| 10 mm | 64,7 kN | 500 kg |
| Nennfestigkeit 1770 N/mm², Faktor 0,9 für Kausche mit Presshülse integriert | | |

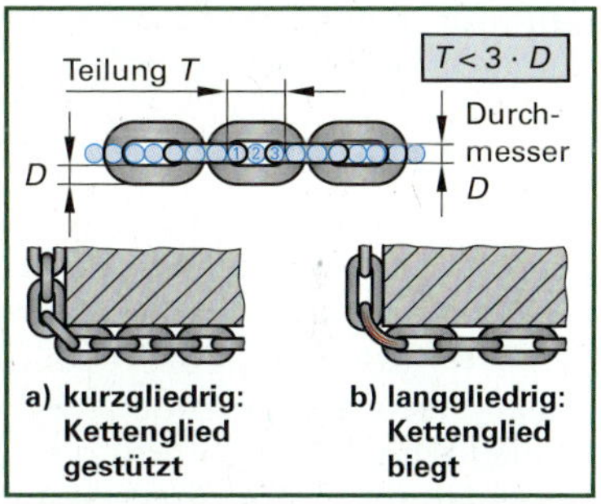


**Bild 1:** Teilung von Anschlagketten

#### Ketten (als Anschlagmittel)

Nur geprüfte kurzgliedrige Ketten nach DIN EN 818, Güteklasse 8 (GK 8) dürfen eingesetzt werden. Die Teilung darf nicht größer sein als das Dreifache des Kettenglieddurchmessers, damit die benachbarten Kettenglieder das an der Kante liegende Kettenglied stützen und dieses nicht verbogen werden kann **(Bild 1).**

Abhängig vom verwendeten Stahl werden Anschlagketten in Güteklassen mit bestimmter Tragfähigkeit eingeteilt. Die Güteklasse lässt sich an der Form und Farbe des Kettenanhängers erkennen **(Tabelle 3)**. Die Anhänger sind mit Kettennenndicke, Strangzahl, Tragfähigkeit und max. Neigungswinkel beschriftet. Fehlt bei diesen speziellen Ketten der Anhänger, so muss die Tragfähigkeit auf GK 2 heruntergesetzt werden. Für Lasten über Personen ist die Tragfähigkeitsangabe zu halbieren **(Tabelle 4)**.

**Tabelle 3:** Beispielwerte Tragfähigkeit von Ketten

| GK | WLL | Anhänger |
|---|---|---|
| 2 | 1000 kg | / |
| 5 | 2000 kg | grün, fünfeckig |
| 8 | 3200 kg | rot, achteckig |
| für 10 mm Ketten, Einzelstrang, senkrecht | | |

**Tabelle 4:** Beispielwerte Tragfähigkeit für Ketten GK8

| Ø (mm) | WLL (kg) | MBL (kN) | DGUV V17 (kg) |
|---|---|---|---|
| 6 | 1000 | 40 | 500 |
| 8 | 2000 | 80 | 1000 |
| 10 | 3200 | 128 | 1600 |

Vor dem Verwenden von Ketten muss eine Sichtprüfung und jährlich eine Sachkundigenprüfung erfolgen: Kennzeichnung auf dem Anhänger vorhanden und leserlich, keine Brüche, Schnitte, Kerben, Korrosionen, Quetschungen, Verfärbung durch Wärme oder chemische Einflüsse, Durchmesser des Kettenglieds nicht mehr als 10 % Abweichung zur Nenndicke, Längung des äußeren Nennmaßes nicht mehr als 3 %. Alle drei Jahre muss eine elektromagnetische Rissprüfung (z. B. durch den Hersteller) stattfinden. Bei Verkürzerketten **(Bild 1, Seite 106)** muss bei Hubvorgängen mit Lastwechseln eine Verschlusssicherung eingesetzt werden.

[1] Betriebskoeffizient = Mindestbruchkraft / Tragfähigkeit **(vgl. Seite 102)**

## Sicherungsseile (Safety)

Befestigungen von Lasten über Personen müssen eigensicher **(siehe Kapitel 5.1)**, gegen Selbstlösen gesichert, im Brandfall tragfähig und nur mit Werkzeug lösbar sein. Wird eine dieser Bedingungen nicht erfüllt, ist eine unabhängige *Sekundärsicherung* wie in **Bild 2** erforderlich. Diese Sicherung soll möglichst keinen Fallweg zulassen. Bei Werkzeugen, Geräten, Maschinen oder Anlagen, die nach der Montage noch ausgerichtet werden müssen, darf das Spiel der Sicherung einen Fallweg von maximal 20 cm zulassen. Sie muss an dem vom Hersteller definierten und gekennzeichneten Befestigungspunkt des Arbeitsmittels eingehängt werden und nicht an Griffe o. Ä. Die Herstellerangabe auf der Plakette gibt die maximal zulässige zu sichernde Last an. Die Ausführung mit Falldämpfer, einer zusätzlich verpressten Schlaufe, ermöglicht durch Dehnung eine Abmilderung des Fallstoßes.

**Bild 1**: Verkürzerkette

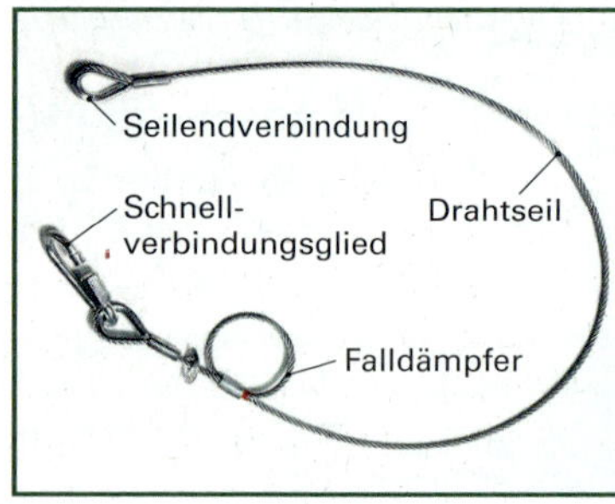


**Bild 2**: Sicherungsseil

## Auslenkung (Bridle)

Alle Tragfähigkeitsangaben der Hersteller sind für senkrechten Zug angegeben. Bei seitlicher Auslenkung, wie bei mehrsträngigen Anschlagvarianten (Bridle, siehe Seite 108) zur Schaffung von Lastverteilung an Lastaufnahmemitteln **(Bild 3)**, ist die tatsächliche Belastung in Abhängigkeit vom Winkel erhöht. Das erfordert eine angepasste Bemessung der Anschlagmittel. Die Auslenkungen sind möglichst gering zu halten und Winkel über 60° sind nicht zulässig.

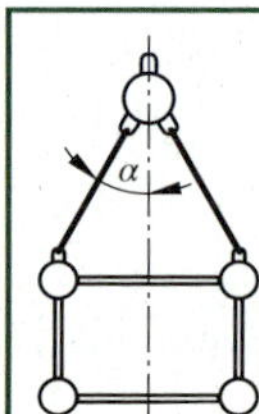


| Auslenkung $\alpha$ | Verlust |
|---|---|
| 22,5° | 10 % |
| 30° | 20 % |
| 45° | 30 % |
| 60° | 50 % |

**Bild 3**: Bridle-Auslenkung

## Rundschlingen

**Lastbänder**[1] aus Polyester dürfen beim Anschlagen von Lasten über Personen nur mit der Hälfte der durch den Hersteller angegebenen Tragfähigkeit bemessen werden und benötigen eine ausreichend dimensionierte sekundäre Sicherung. Im Falle eines Brandes oder enormer Hitze könnten die Fasern schmelzen und die Tragfähigkeit verloren gehen.

Der Einsatz von **Steelflex-Rundschlingen** mit Stahldrahteinlage macht eine Sekundärsicherung unnötig. Die Schlinge besteht aus einem viele Male gewickelten Stahlseil, das über eine Kontrollöffnung in der Polyester-Ummantelung geprüft werden kann. Diese innere Sichtkontrolle ist vor jeder Benutzung vorgeschrieben. Der Mindestbiegeradius darf nicht unterschritten werden.

Eine farbliche Codierung der Lastbänder oder Steelflex-Rundschlingen **(Tabelle 1)** gibt eine Aussage zur Tragfähigkeit.

Prüfung auf: Beschädigung der Ummantelung oder Nähte, vorhandenes Typenschild, farbliche Veränderung, Schmelzbrennspuren, Korrosion oder Beschädigung der Beschlagteile.

**Tabelle 1:** Beispielwerte Rundschlingen

| Farbe | WLL direkt | WLL geschnürt | WLL umgelegt |
|---|---|---|---|
| Lila | 1000 kg | 800 kg | 2000 kg |
| Grün | 2000 kg | 1600 kg | 4000 kg |
| Gelb | 3000 kg | 2400 kg | 6000 kg |
| Grau | 4000 kg | 3200 kg | 8000 kg |
| Rot | 5000 kg | 4000 kg | 10000 kg |

**DGUV Information 209-021**
*Belastungstabellen Anschlagmittel* – ausführliche Tabellen zur Tragfähigkeit und Tragfähigkeitsminderung

**Praxistipp:**
Keine Steelflex, Seile o. Ä. direkt um Doppel-T-Träger legen, wegen harter Biegekanten. Vorher mit Stoff umschlingen oder Holzklötze mit größerem Radius an den Kanten unterlegen.

[1] Auch „Schlupf" oder „Endloshebeband"

## Verbindungselemente

**Karabinerhaken (Bild 1)** werden für die PSAgA **(siehe Kapitel 4.4)** verwendet. Häufig kommen Aluminium- und Stahlkarabiner aus dem Bergsport zum Einsatz. Erhältlich sind verschiedene Formen und Sicherungsarten für die jeweiligen Verwendungszwecke: Es gibt Einhand- und Zweihandbedienung. Bei dem gelben Karabinerhaken im Bild wird die Sicherung nach unten gezogen, dann kann der Karabiner aufgeklappt werden. Die blaue Sicherung hat eine kleine Kugel, die vor dem Drehen und Aufklappen gedrückt werden muss. Die silberne wird gedreht, bevor aufgeklappt werden kann. Die Tragfähigkeitsangaben der Hersteller sind eingeprägt. Ein ungewolltes Öffnen wird durch Verriegelungsmechanismen verhindert. Dennoch sind bei der Verwendung viel Sorgfalt und ein Doppelcheck durch den Partner wichtig.

**Firehooks (Bild 2)** sind größere Stahlkarabiner mit 60 mm *Schnapperöffnung.* Sie werden häufig für *Lifelines* **(siehe Kapitel 4.4)** genutzt. Firehooks dürfen nicht zum direkten Einklinken in eine Traverse verwendet werden, da Traversen nur für die Belastung durch Scheinwerfer und Lautsprecher ausgelegt werden, nicht aber für die dynamischen Fangstöße, die beim Verhindern eines Absturzes entstehen. Stattdessen müssen geeignete Anschlagpunkte im Gebäude, die dafür vorgesehenen Lifelines oder dafür ausgelegte tragende Konstruktionen verwendet werden.

**Drahtseilhalter (Bild 3)** sind einstellbare Seilendverbindungen. Diese werden mit Hutmuttern befestigt, welche nur „handfest", also ohne Werkzeug, angezogen und unter Last nochmals von Hand nachgezogen werden. Lasten sollten immer an zwei Drahtseilhaltern hängen. So wird ein Verdrehen der Last und damit das Lösen der Drahtseilhalter verhindert. Wichtig ist, dass Drahtseilhalter nicht für dynamische Lasten, wie z. B. Elektrokettenzüge, geeignet sind, da sie sich durch die dort auftretenden Vibrationen lösen könnten. Zudem sollte vor und nach dem Gebrauch das Seil auf Quetschungen kontrolliert werden.

**Lasthaken (Bild 4):** Zum Einhängen von Lasten werden selbstverriegelnde Haken (GK 8) verwendet, deren Mechanik gegen unbeabsichtigtes Öffnen gesichert ist. Die in der Veranstaltungstechnik anzunehmende Traglast wird mit der Hälfte der vom Hersteller angegebenen Tragfähigkeit bemessen. Ist die Maulöffnung um mehr als 10 % erweitert, dürfen sie nicht weiterverwendet werden.

**Ovalringe bzw. O-Ringe (Bild 5):** Bei der Verwendung müssen die Tragfähigkeiten aus dem Datenblatt entnommen werden, da diese nicht aufgeprägt sind. Zudem muss mit der Hälfte der vom Hersteller gegebenen Werte gearbeitet werden. Eingesetzt werden Ringe in GK 8, deren Tragfähigkeit bei mehrsträngigem Einsatz eventuell reduziert werden muss.

**Schäkel (Bild 6):** Für statische Lasten wird Form A mit Augbolzen und für bewegte Lasten Form C mit überstehendem Bolzen, Mutter und Splint verwendet. Beide sind auch in geschweifter Form zur Aufnahme von bis zu 3 Elementen verfügbar. Wichtig ist, dass die Bolzen nur mit Handkraft, also nicht mit einem Werkzeug verschlossen werden.

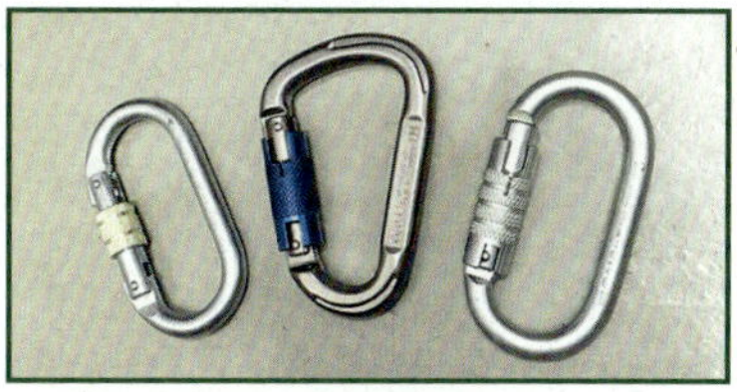

**Bild 1:** Karabinerformen

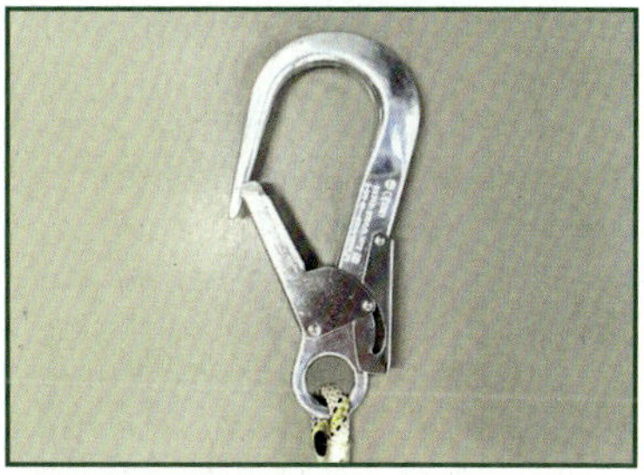

**Bild 2:** Firehook

**Bild 3:** Drahtseilhalter

**Bild 4:** Lasthaken

**Bild 5:** Ovalring

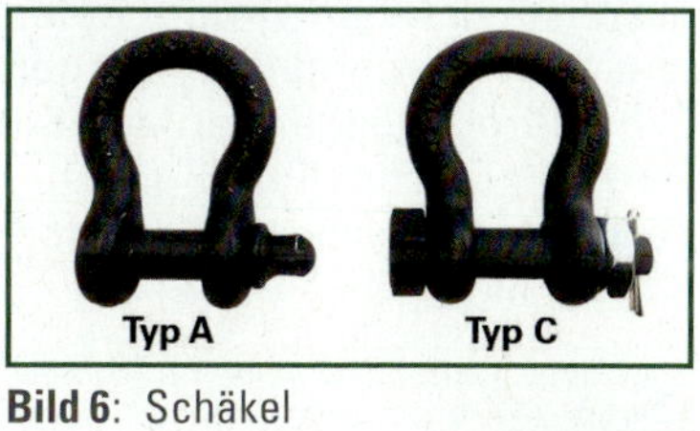


**Bild 6:** Schäkel

**Schnellverbindungsglieder**[1] **(Bild 1)** werden nach DIN 56927 speziell für die Veranstaltungstechnik bereits mit dem Betriebskoeffizienten 10 hergestellt und können in diesem Fall direkt mit dem angegebenen WLL belastet werden. Werden Schäkel aus dem industriellen Hebezugbetrieb mit gestempeltem Betriebskoeffizienten 5 eingesetzt, erfolgt die Bemessung mit der Hälfte der Tragfähigkeit. Beim Einbau ist vorgesehen, dass die Mutter nach unten läuft.

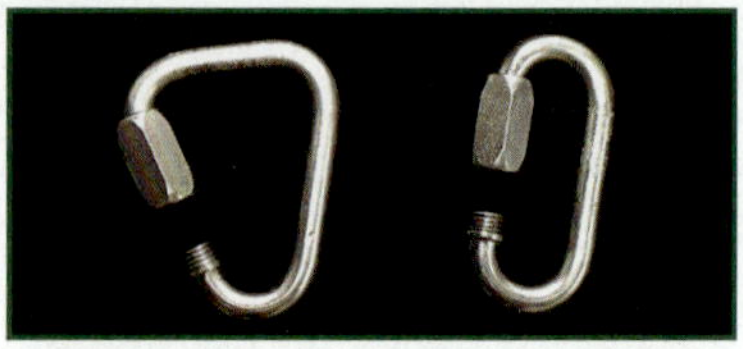

**Bild 1**: Schnellverbindungsglieder

**Seilschlösser (Bild 2):** Zum Einstellen von Stahlseillängen und zum Anschlagen können symmetrische und asymmetrische Formen von Seilschlössern verwendet werden. Die Herstellerangaben zur Tragfähigkeit müssen halbiert werden. Für das Seil muss mit 20 % Tragfähigkeitsverlust, also Faktor 0,8 der angegebenen Tragfähigkeit, gerechnet werden. Die Einbaulage darf nur eine Belastung auf Zug zulassen. Das Seilschloss sollte gegen unbeabsichtigtes Öffnen gesichert werden, indem das nicht tragende Seilende mit einer Drahtseilklemme fixiert wird. Das soll auch ein Durchrutschen des Seils und Lösen des Keils bei einem Schlaffseil[2] verhindern. Aus der Kennzeichnung von Gehäuse, Keil und Bolzen können die Hersteller und die Eigenschaften (Durchmesser und Festigkeitsklasse) des zu verwendenden Stahlseils abgeleitet werden.

**Bild 2**: Seilschloss

**Spannschlösser (Bild 3)** werden zum Verkürzen der Distanz zwischen Anschlagpunkt und Seil und somit zum Spannen des Seils eingesetzt. Zum Halten von Lasten dürfen sie dabei nur eingesetzt werden, wenn die Tragfähigkeit und der Betriebskoeffizient bekannt sind. Zum Heben von Lasten dürfen sie nicht benutzt werden. Bei der Verwendung sind sie gegen unbeabsichtigtes Ausdrehen zu sichern und nur die Varianten mit Auge oder Gabel sind einzusetzen. Zudem dürfen nur genormte Spannschlösser mit Werkzeugnis verwendet werden, wobei auch hier die Hälfte der herstellerseitigen Tragfähigkeitsangabe anzusetzen ist.

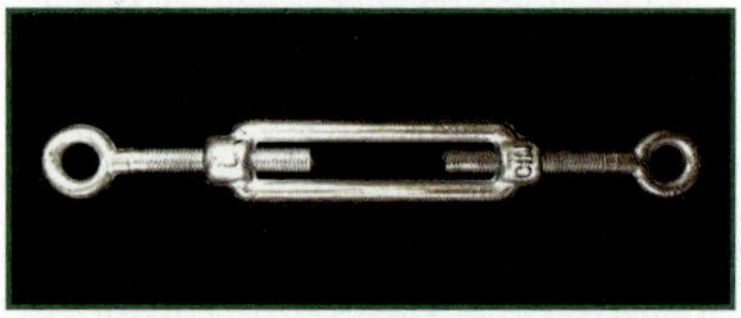

**Bild 3**: Spannschloss

**Trägerklemmen (Bild 4)** dürfen nur senkrecht zur Trägerachse belastet werden und nicht mit Schrägzug. Der Schließmechanismus muss zwangsgeführt (z. B. Gewindespindel) sein. Bei eigensicherer Konstruktion kann auf eine Sekundärsicherung verzichtet werden. Sie sollten nur an geeigneten, ausreichend tragfähigen Trägern ohne Brandschutzbeschichtung verwendet werden.

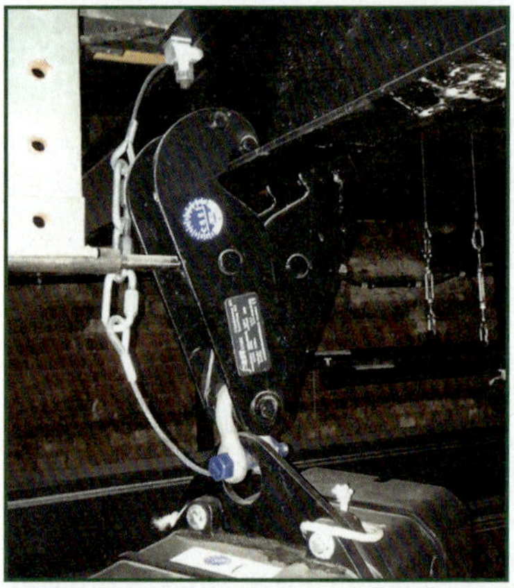

**Bild 4**: Trägerklemme

**Bridle:** Eine Kombination verschiedener Verbindungselemente als sogenannter Bridle (siehe auch Seite 106) findet sich in **Bild 5**. Die Abbildung zeigt eine an einem Punktzug angeschlagene Traverse. Von oben nach unten ist dort zunächst die Flasche des Seilzuges zu sehen. Mit einem Schnelltrennglied ist daran ein O-Ring befestigt. In dem O-Ring sind weitere Schnelltrennglieder eingehängt, die ihrerseits Seile mit Schnelltrenngliedern an den Enden halten. Am unteren Ende sind diese Schnelltrennglieder mit Ringmuttern an Schellen verbunden, welche die Traverse halten.

**Bild 5**: Bridle

[1] ugs. auch „Kettenschnellverbindungsglieder" oder „Schnelltrennglieder"
[2] Ein Seil, das so sehr außer Last gerät, dass es schlaff und ohne Spannung ist.

# 4.4 Persönliche Schutzausrüstung (PSA)

Können keine organisatorischen oder technischen Maßnahmen gegen Verletzungen bei bestimmten Tätigkeiten durchgeführt werden **(s. Kapitel 4.1)**, muss der Unternehmer geeignete persönliche Schutzausrüstung zur Verfügung stellen. Der Nutzer muss darin unterwiesen werden und ist verpflichtet, sie zu tragen. Dazu gehören Schutzbrillen, Arbeitsschutzschuhe, Handschuhe, Gehörschutz, Sonnenschutz u.v.m. Wird es im Rahmen der Arbeit nötig, sichere Verkehrswege zu verlassen und unter erhöhter Absturzgefahr tätig zu sein, müssen zu jedem Zeitpunkt wirksame Maßnahmen gegen Absturz getroffen werden. Dies gilt auch im Bereich Rigging mit der *Persönlichen Schutzausrüstung gegen Absturz* (PSAgA).

Bild 1: PSAgA und Helm

→ **DGUV Regel 112-198**
Benutzung von persönlicher Schutzausrüstung gegen Absturz PSAgA

→ **SQO 2**
Veranstaltungsrigging, Organisation und Arbeitsverfahren

## Bestandteile einer PSA im Rigging

Ein **Schutzhelm (Bild 1)** aus widerstandsfähigem und dennoch leichtem Kunststoff zum Schutz gegen pendelnde Lasten, Anstoßen an harte Gegenstände und leichten herabfallenden Gegenständen soll den Kopf schützen. Er sollte in allen Bewegungslagen, bei Sturz und Rettung sicher am Kopf sitzen. Nach einem harten Schlag sollte er durch eine sachkundige Person geprüft werden.

Der **Auffanggurt (Bild 1)** besteht aus Gurtbändern, die den Körper umschließen: Brust-, Hüft- und Beingurte. Diese übertragen die beim Fangstoß auftretenden Kräfte auf geeignete Teile des Körpers und halten ihn in einer aufrechten Lage. Über verschiedene Auffangösen am hinteren und vorderen Bereich des Körpers kann der Gurt mit Auffanggeräten wie Seilen oder Falldämpfern verbunden werden. Seitliche Halteösen und Abseilösen im Bauchbereich sind nicht zur Aufnahme von Fangstoßkräften geeignet.

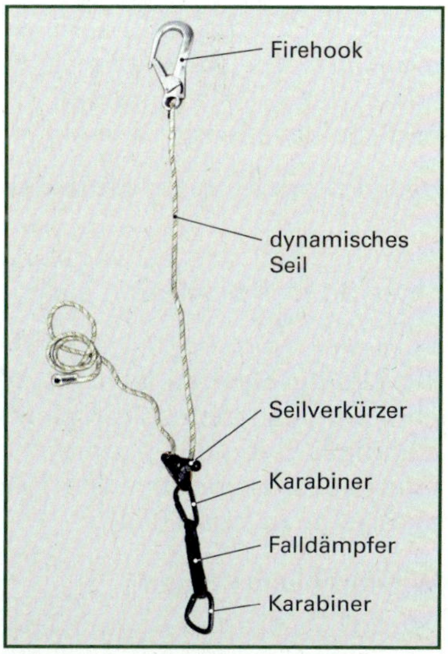


Bild 2: Falldämpfer

Ein **Falldämpfer (Bild 2)** ist ein Bestandteil des Auffangsystems. Er verringert die Wirkung der Fangstoßkräfte auf die im Auffanggurt gehaltene Person auf ein körperlich erträgliches Maß. Er verbindet die Person im Auffanggurt über Verbindungsmittel (Seile, Karabiner, Gurtbänder etc.) mit dem Anschlagpunkt. Die meisten Falldämpfer sind für ein Körpergewicht von maximal 100 kg ausgelegt. Darüber hinaus sollten die Herstellerangaben geprüft werden.

**Handschuhe** sollten im Rigging möglichst enganliegend und mit der Möglichkeit zum Bedienen der PSA-Komponenten und Werkzeuge ausgeführt sein. Hierzu finden meist Modelle ohne Daumen- und Zeigefingerkuppe aus dem Segel- und Bergsportbereich Anwendung.

Als **Schuhwerk** sollten für Höhentätigkeiten Bergsportschuhe eingesetzt werden und bei Bodentätigkeiten Sicherheitsschuhe der Klasse S1P oder S3 mit Zehenschutzkappe sowie durchtrittssicheren und antistatischen Sohlen.

## Prüfung und Dokumentation

Vor und nach jeder Benutzung ist eine Sichtprüfung auf ordnungsgemäßen Zustand und Funktion sowie zur frühzeitigen Feststellung von Schäden und Abnutzungserscheinungen durchzuführen. Eine wiederkehrende Prüfung durch einen Sachkundigen muss spätestens alle 12 Monate oder bei außergewöhnlichen Ereignissen erfolgen. Die Ergebnisse, das Prüfdatum und die geprüften Elemente müssen in einem Begleitheft dokumentiert werden.

## Ablegereife

Die *Gebrauchsdauer*, welche mit der Herstellung beginnt, hängt von den Herstellerangaben ab. In der Regel sind die Zeiträume für Gurte 6 – 8 Jahre, Verbindungsmittel 4 – 6 Jahre und Helme 5 Jahre lang. Die *Lebensdauer* hängt von der Häufigkeit und Art des Einsatzes ab. Das Ende der Lebensdauer kann vor Ablauf der Gebrauchsdauer erreicht werden. Eine Ablegereife auch einzelner Elemente kann aufgrund von Bruch, Knickung, Rost, Verformung oder fehlendem Typenschild gegeben sein. Einzelteile dürfen nur mit vom Hersteller autorisierten Teilen ersetzt werden.

## Lagerung

Grundsätzlich sollten alle Teile entsprechend der Herstellerangaben aufbewahrt werden. Generell sollten Feuchtigkeit, direkte UV- oder Sonnenstrahlung, Kontakt zu aggressiven Chemikalien, Feuchtigkeit und direkter Kontakt zu Wärmequellen vermieden werden. Bei Verschmutzung wird die Ausrüstung mit warmem Wasser gewaschen und gut belüftet getrocknet. Mechanische Teile werden mit einigen Tropfen Öl eingerieben, ohne dabei die Textilien zu verschmutzen.

## Anschlagmöglichkeiten für PSAgA

Anschlagpunkte sollten die nötige Tragfähigkeit aufweisen. Für die Fangstoßkraft wird mit 6 kN pro Person einschließlich der für die Rettung anzusetzenden Lasten gerechnet. Weiterhin ist darauf zu achten, dass kein unbeabsichtigtes Lösen des Auffangsystems (z. B. bei freien Rohrenden) möglich ist.

Zudem müssen die Punkte so gewählt werden, dass die Systemlänge möglichst kurz ist. Insbesondere dürfen Auffangsysteme nicht so lang sein, dass ein Sturz bis zum Boden möglich wäre. Eine maximale Systemlänge von 2 m ist einzuhalten, um die auftretenden Kräfte gering zu halten und körperliche Schäden zu vermeiden.

Des Weiteren können **mitlaufende Auffanggeräte (Bild 1)** eingesetzt werden, die während der Bewegung automatisch auch bei Auf- und Abwärtsbewegungen mitlaufen. Im Falle eines Sturzes blockieren sie automatisch, wie ein Anschnallgurt im Auto.

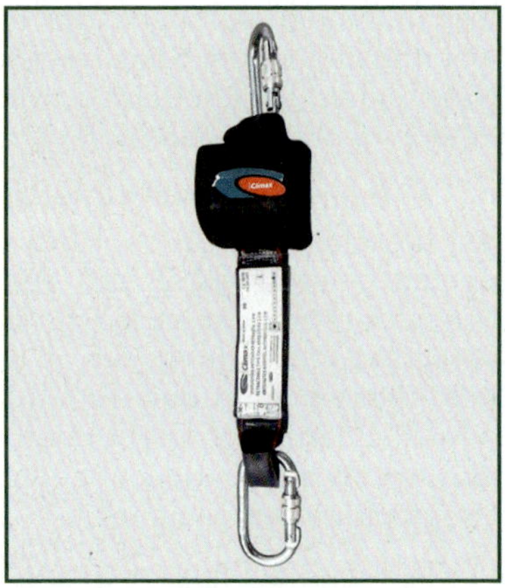

**Bild 1**: Mitlaufendes Auffanggerät

Ein **Lifeline-System** ist ein temporär oder dauerhaft zwischen zwei geeigneten Befestigungspunkten gespanntes, horizontales Seil. Dieses ermöglicht das Arbeiten entlang einer Linie mit ständiger Verbindung zum Anschlagpunkt. Es muss über eine Längeneinstellvorrichtung immer straff gehalten werden. Die Traglastangaben des Herstellers müssen den zu erwartenden Fangstoßlasten entsprechen.

## Wiederholungsfragen

1. Auf einer Arbeitsgalerie soll ein Kettenzug an einer Trägerklemme montiert werden. Dürfen gleichzeitig im darunterliegenden Bühnenbereich Traversenteile mit konischen Verbindern zusammengefügt werden?
2. Nennen Sie mindestens drei Möglichkeiten, eine Traverse an einen Punktzug anzuschlagen.
3. An einer Lastschlaufe wurden vom Bühnenbildner die Typenschilder abgeschnitten, da sie farblich zu deutlich erkennbar waren. Ist das zulässig? Was ist zu tun?

# 5 Bühnenmaschinerie

# 5 Bühnenmaschinerie

**Bild 1**: Technische Anlagen auf der Bühne

Bühnenmaschinerie umfasst alle technischen Einrichtungen zum Halten und Bewegen von Arbeitsmitteln, Dekorationen und Darstellern. Mit ihr werden Bühnen- und Zuschauersituationen hergestellt und Schutzeinrichtungen geschaffen. Sie ist an jedem Veranstaltungsort individuell.

In **Bild 2** finden sich Positionen, Orte und Begrifflichkeiten. Grundsätzlich wird zwischen Obermaschinerie, Untermaschinerie, Flächen und Aufbauten unterschieden. Einrichtungen oberhalb des Bühnenniveaus heißen Obermaschinerie. Unterhalb des Bühnenniveaus oder auf Höhe des Bühnenbodens befindet sich die Untermaschinerie. Flächen und Aufbauten sind in allen Bereichen eingesetzte Elemente zur Herstellung von Oberflächen oder Raum- und Sichtbereichsbegrenzung.

Zwischen festen Häusern und mobil errichteten Bühnen finden sich häufig Unterschiede. Grundsätzliche Positionen, Orte und Begrifflichkeiten sind bei beiden zu finden.

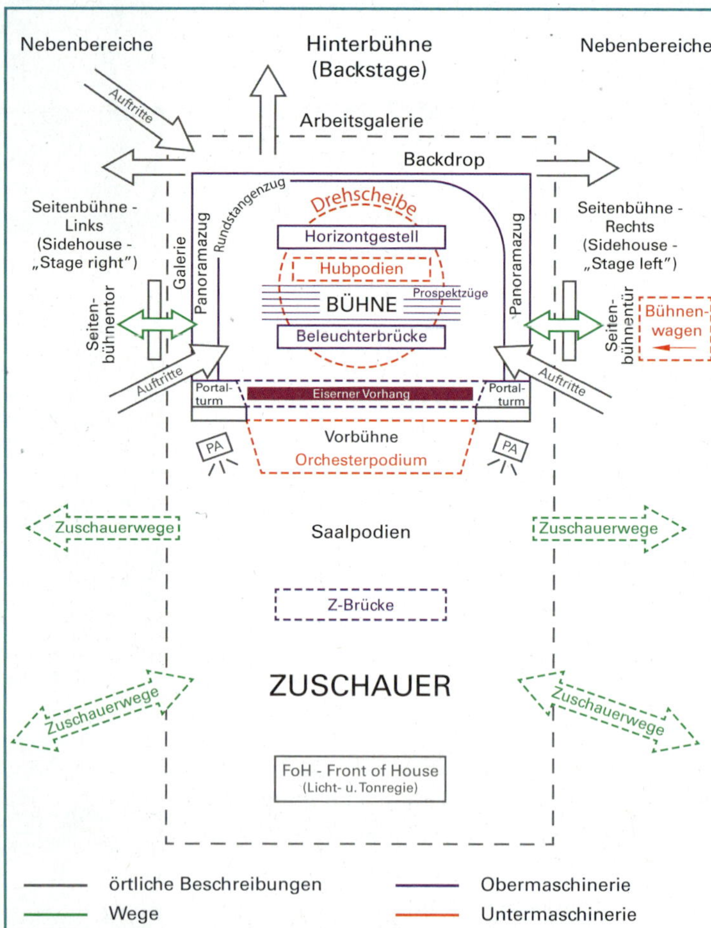


**Bild 2**: Grundriss der Anordnung der Bühnenmaschinerie bei Veranstaltungsorten

# 5.1 Maschinentechnische Einrichtungen

Eine Maschine ist gemäß der Maschinenrichtline[1] (Richtlinie 2006/42/EG) die Gesamtheit von miteinander verbundenen Teilen, von denen mindestens eines bewegt wird. Ausgenommen sind solche, die mit Muskelkraft betrieben werden, außer sie werden zum Heben von Lasten verwendet (**Bild 1**). Werden Anlagen und Betriebsmittel in Veranstaltungsorten und Produktionsstätten eingesetzt, sind es **maschinentechnische Einrichtungen**. Sofern sie in den Geltungsbereich der DGUV-Vorschrift 17/18 fallen, also bei szenischen Einsätzen oder Lasten, die über Personen bewegt werden, ist die EN 17206 anzuwenden. Konkretisiert werden die Ausführungen in der DGUV Regel 115-002 *Veranstaltungs- und Produktionsstätten für szenische Darstellung*. Die Prüfung der Einrichtungen wird auf Grundlage der Betriebssicherheitsverordnung und im DGUV-Grundsatz 315-390 *Prüfung von maschinentechnischen Arbeitsmitteln der Veranstaltungstechnik* festgelegt.

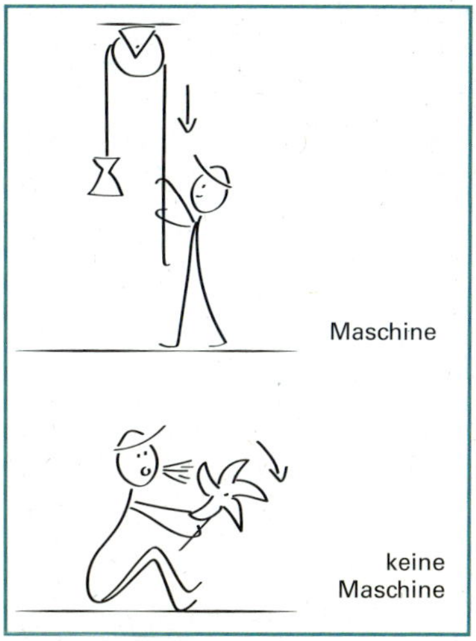

**Bild 1**: Maschine

**Eigensicherheit**
(DGUV Information 215-313)
durch Verdopplung der Betriebskoeffizienten, regelmäßige Prüfung und besondere Sorgfalt bei Lagerung, Transport, Aufbau und Abbau

### Sicherheit

Ein sicheres Verwenden frei von unvertretbaren Risiken soll stattfinden. Dabei sollten die Maschinen und Konstruktionen eigensicher durch Redundanz und durch Überdimensionierung sein. Überdimensionierung ist z. B. die Verdopplung des Betriebskoeffizienten. In redundanten Systemen kann beim Ausfall eines Teils dessen Funktion durch ein zusätzliches Teil mit derselben Funktion übernommen werden, wie z. B. bei einer zweiten Bremse.

Es wird eine Funktionszuverlässigkeit in Form von Betriebssicherheit gefordert, wobei der Hersteller für die **Produktsicherheit**[2] und der Betreiber für die Betriebssicherheit[3] verantwortlich ist. So müssen Einrichtungen gegen unbefugtes Benutzen abgesichert werden und funktionstüchtige Schutzeinrichtungen zur Sicherung von Gefahrenstellen müssen benutzt und dürfen nicht abgebaut werden. Besonders Gefahrenstellen an bewegten maschinentechnischen Einrichtungen müssen durch Schaltleisten, Lichtschranken oder ständige Beobachtung gesichert sein.

Beim Benutzen der Einrichtungen und Anlagen sollten der Bewegungsvorgang sowie die Umgebung von der Bedienperson jederzeit vollständig eingesehen werden können. Bei eingeschränkter Sicht muss die Bewegung mit Zeichen-, Bild- oder Sprachübertragung eindeutig signalisiert werden. Bühnenwagen, Laufbänder, Drehscheiben, Hubpodien und Versenkeinrichtungen müssen so beschaffen sein, dass ein gefahrloses Betreten, Agieren und Verlassen sowie eine gefahrlose Zuführung und Abnahme von Dekorationen möglich sind. Des Weiteren sollen durch regelmäßiges Prüfen und Dokumentieren Fehlfunktionen und Schäden frühzeitig erkannt und rechtzeitig abgestellt werden **(Kapitel 1.3)**. Die Kennzeichnung der Anlage (**Tabelle 1**) soll eine klare Erkennbarkeit des Gerätenamens und die Zuordnung der Anlageneigenschaften ermöglichen. Zudem muss der Zeitpunkt der nächsten turnusgemäßen Prüfung gut lesbar angebracht sein (**Bild 2**).

| **Tabelle 1:** Kennzeichnung maschinentechnischer Einrichtungen |
|---|
| 1. Hersteller oder Lieferant |
| 2. Baujahr |
| 3. Typenbezeichnung |
| 4. Seriennummer |
| 5. zulässige Belastung |

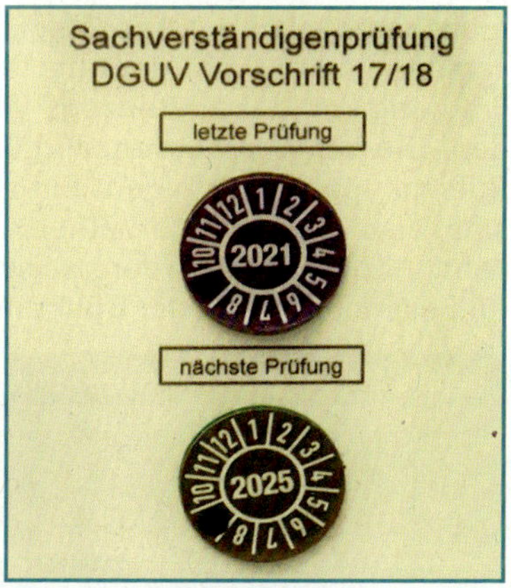

**Bild 2**: Prüfsiegel

[1] ab 20.01.2027: Europäische Maschinenverordnung – Verordnung (EU) 2023/1230 über Maschinen
[2] Erfüllen der Regeln zur sicheren Bereitstellung eines Produkts (entspr. Produktsicherheitsgesetz - ProdSG)
[3] Freiheit von Betriebsgefahren

## 5.2 Obermaschinerie

Alle maschinentechnischen Anlagen, die sich oberhalb des Bühnenbodens befinden, werden der Obermaschinerie zugeordnet.

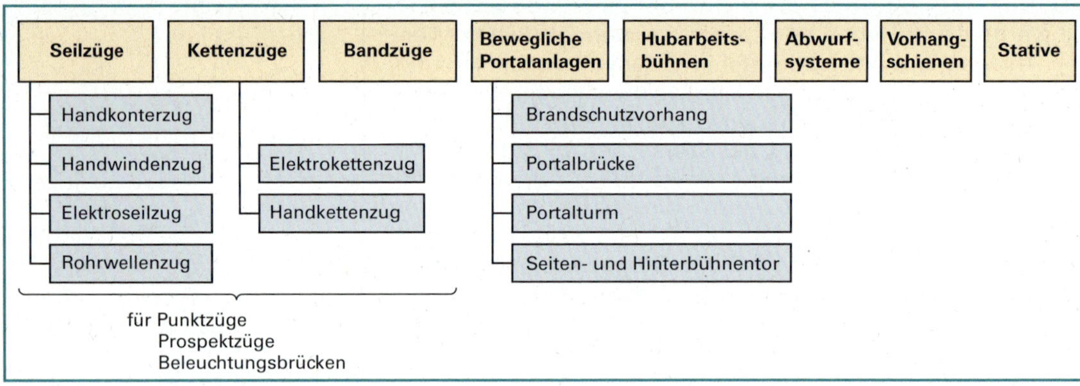


**Bild 1**: Übersicht über Obermaschinerie

### 5.2.1 Kettenzüge

#### Elektrokettenzüge

Mit einem Elektrokettenzug können Lasten motorisch durch eine Rundstahlkette als Tragmittel[1] bewegt werden **(Bild 2)**. Elektrokettenzüge werden in der Veranstaltungstechnik in drei Gruppen unterschieden **(Tabelle 1)**.

**D8-Elektrokettenzüge** sind Kettenzüge aus der Fördertechnik in der Industrie, die den Vorgaben der DGUV Vorschrift 54 entsprechen. Sie dürfen aufgrund ihrer Auslegung lediglich zum Heben und Senken von Lasten benutzt werden, unter denen sich keine Personen befinden. Zum Halten von Lasten müssen sie generell mit einer Sekundärsicherung ohne Fallweg festgesetzt werden (ugs. „tot-hängen"). Dazu müssen verkürzbare Anschlagketten oder Anschlagseile mit mindestens der doppelten Tragfähigkeit des Kettenzugs verwendet werden. Die Überlastbegrenzung kann über eine Rutschkupplung erfolgen. Ein szenischer Einsatz, also ein Einsatz in einer Aufführung, ist nicht möglich. Sie werden meist lediglich für den Auf- und Abbau im mobilen Einsatz und selten für Festeinbauten in der Bühnenmaschinerie verwendet.

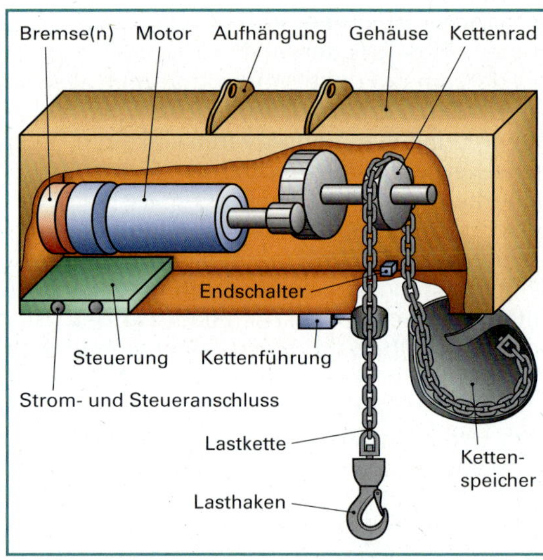


**Bild 2**: Elektrokettenzug (einsträngig)

**Tabelle 1:** Typen von Elektrokettenzügen

| Name | Symbol | Lasten über Personen | Sicherheits-faktor | Anzahl Bremsen | Not-Endschalter |
|---|---|---|---|---|---|
| **D8** | △ | Nein (Halten mit Sekundärsicherung) | 1 | 1 | nein |
| **D8+** | □ | nur Halten | 2 | 2 | nein |
| **C1** | ○ | Halten und Bewegen | 2 | 2 | ja |

[1] Als Tragmittel werden die Ketten, Seile und Stahlbänder der Ketten-, Seil- oder Bandzüge bezeichnet (siehe Kapitel 4.3.2).

**D8-Plus-Elektrokettenzüge** sind mit technischen Zusatzmaßnahmen für das Halten von Lasten über Personen ausgestattet. Sie besitzen eine zweite Bremse entsprechend der Einfehlersicherheit (siehe Info-Kasten rechts) und alle Bauteile im Kraftfluss sind im Stillstand mit mindestens der doppelten Tragfähigkeit ausgelegt. Die vom Hersteller garantierte maximale Traglast der Lastkette im Stillstand muss um das Achtfache größer sein als die angegebene maximale Tragfähigkeit (Betriebskoeffizient = 8). Eine integrierte Rutschkupplung darf nur als Schutz des Motors wirken, jedoch nicht als Hubkraftbegrenzung dienen. Weiterhin können indirekt wirkende Hubkraftbegrenzungen, wie z.B. Dehnungsmessstreifen (DMS) oder Endschalter, zur Fahrwegsbegrenzung verbaut sein. Auch diese Züge eignen sich nur für den Auf- und Abbau, bieten aber im Vergleich zu D8-Zügen eine enorme Zeitersparnis, da die zusätzliche Sicherung im Stillstand entfallen kann. Im Bewegungsvorgang dürfen sich jedoch keine Personen unter der Last befinden.

**Tabelle 1:** Übersicht der Vorschriften zu Elektrokettenzügen

| | | | |
|---|---|---|---|
| Bis 2014 | BGV D8 | BGV D8+ | BGV C1 |
| Nach 2014 | DGUV Vorschr. 54 | DGUV Vorschr. 54 | DGUV Vorschr. 17 |

**Einfehlersicherheit**
(DGUV Information 215-313)
durch zusätzliche Sicherungselemente gegen: Handhabungsfehler, Selbstlösen, Verwendung nicht anforderungsgerechter Arbeitsmittel, nicht formschlüssige Verbindungen, nicht erfüllte Festigkeitswerte, uneindeutige Erkennbarkeit der Funktion oder nicht erkannte Schäden

**C1-Elektrokettenzüge** entsprechen der DGUV-Vorschrift 17/18 (§7, §8). Sie können Lasten über Personen halten und bewegen. Sie müssen über eine Überlastabschaltung, eine Lastmessung auch im Stillstand, zwei Bremsen und eine doppelte Sicherheit der Belastungsgrenzen des Antriebes verfügen. Damit können C1-Kettenzüge auch szenisch verwendet und bspw. für Bewegungen bei Verwandlungen während der Show eingesetzt werden. Wie bei allen Zügen für Lasten über Personen muss auch hier die Steuerung nach der geforderten Vorschrift ausgeführt sein.

Eine Übersicht über die Benennung von Elektrokettenzügen zeigt **Tabelle 1.** Seit 2014 sind die Anforderungen an Elektrokettenzüge u.a. in der DGUV-Vorschrift 54 und der DGUV-Vorschrift 17/18 geregelt. Bis dahin wurden die Nummerierungen BGV D8 und BGV C1 verwendet. In der Veranstaltungstechnik wird meist die etablierte Bezeichnung nach den alten Vorschriften verwendet.

Elektrokettenzüge für den Veranstaltungsbereich sind häufig von spezialisierten Fachfirmen angepasste „Industrie-Kettenzüge“. Diese werden dazu zunächst abgelastet, das heißt, die angegebene maximal zulässige Traglast wird verringert. Außerdem werden sie mit zusätzlichen Bremsen, Sensoren und angepassten Steuerungen versehen. Aber auch speziell für die Bühne entwickelte Elektrokettenzüge sind in großem Variantenreichtum erhältlich. Die Geräuschentwicklung bedingt durch den Kontakt der einzelnen Kettenglieder sollte bei der Auswahl entsprechend des Einsatzes berücksichtigt werden.

Das Kettenrad von Kettenzügen hat nicht die Form eines Kreises, sondern die eines Vieleckes (eines Polygones). Dadurch schwankt der Abwickelradius (**Bild 1**) und damit die Geschwindigkeit der Kette bei gleichbleibender Drehgeschwindigkeit des Rades.

Der Polygoneffekt kann bei Kettenzügen zu einem unruhigen Lauf führen. Dadurch können lange Traversen sich ggf. aufschaukeln. Deshalb ist auf eine entsprechend langsame Fahrt, ggf. mit Pausen, zu achten.

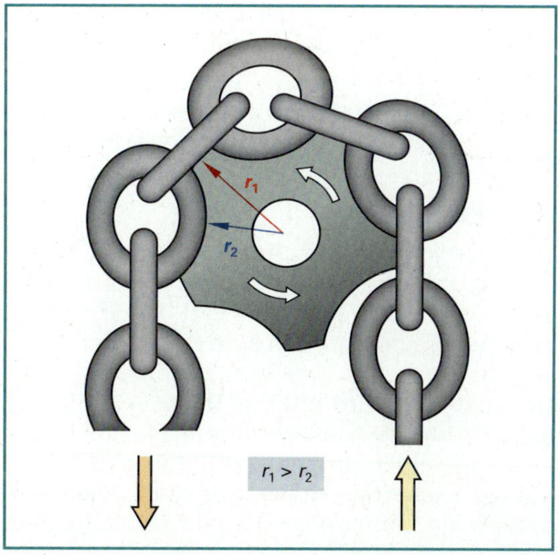


**Bild 1**: Polygoneffekt eines Kettenrades

**Aufhängung**

Die **Aufhängung** der Geräte ist vielseitig und meist modular umrüstbar. So können Einlochaufhängeösen, Hakenaufhängungen, Verbindungen für Trägerklemmen oder Aufhängungen mit Rollfahrwerken für Schienensysteme zum Einsatz kommen. Dabei können die Züge jeweils abgehängt oder als Kletterzug montiert werden **(Bild 1)**. Abgehängt nennt man es, wenn der Zug selbst am Anschlagpunkt befestigt ist. Es wird nur die Last per Lastkette befördert. Ein Kletterzug hingegen ist an der Last befestigt und befördert sich selbst mit der Last an der Lastkette in Richtung Anschlagpunkt.

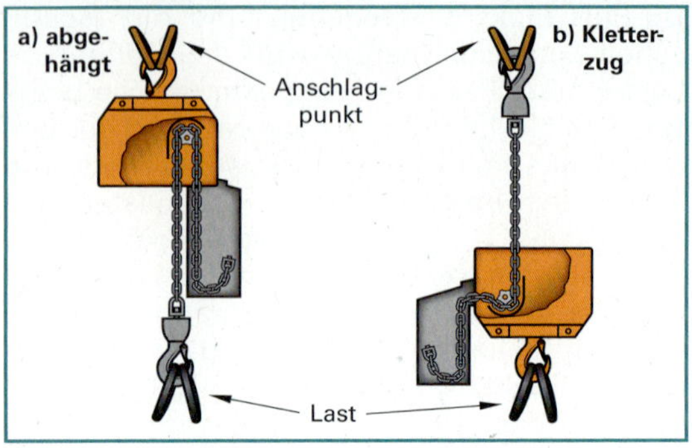


**Bild 1**: Abgehängter Zug und Kletterzug

Nach dem Prinzip des Flaschenzugs kann ein Elektrokettenzug **zweisträngig** betrieben werden (**Bild 2**). Dazu wird dann eine sogenannte Hakenflasche an der Lastkette verwendet. So kann er die doppelte Last bei halbierter Geschwindigkeit und doppelter Kettenlänge heben.

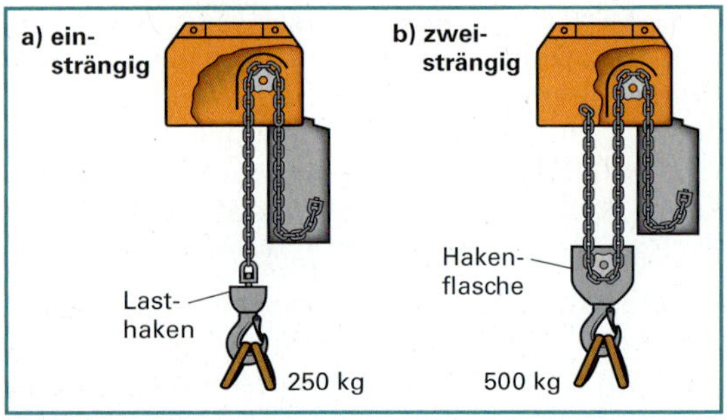


**Bild 2**: Kettenzug

Zur **Prüfung** müssen Elektrokettenzüge vor jedem Einsatz nach ihrer Montage durch eine befähigte Person auf sichere Installation und Funktion, sowie Schäden kontrolliert und das Ergebnis dokumentiert werden. Bei C1-Kettenzügen muss dies durch einen Prüfsachverständigen erfolgen. Zudem muss vor dem Einsatz eine Gefährdungsbeurteilung über den Zug und dessen Umgebung erstellt und auf ihre Wirksamkeit während des Betriebes hin überprüft werden.

Mindestens einmal jährlich muss eine wiederkehrende Prüfung durch eine zur Prüfung von Elektrokettenzügen befähigte Person erfolgen. Darüber hinaus müssen D8-Plus- und C1-Kettenzüge mind. alle 4 Jahre durch einen Prüfsachverständigen entsprechend der Vorgaben des Herstellers und der DGUV-Vorschriften auf mechanische und elektrische Mängel hin kontrolliert werden.

Bei der Montage müssen alle Lastaufnahmeeinrichtungen (vgl. Kapitel 4.3) im Kraftfluss, insbesondere die Anschlagpunkte, die erforderliche Traglast aufweisen. Dazu sollten die Unterlagen vom Betreiber der Veranstaltungsstätte eingesehen werden. Da jedes Gerät spezielle Eigenschaften und Anforderungen besitzt, müssen die Herstellerangaben für eine korrekte Anwendung beachtet werden, insbesondere beim Einsatz in aggressiven Umgebungen wie Feuchtigkeit, Kälte und Hitze.

→ Alle Normen, Vorschriften und Regeln für Elektrokettenzüge im Veranstaltungsbereich sind in dem **IGVW-Standard SQP2 *Elektrokettenzüge***[1] detailliert zusammengefasst.

## Handkettenzüge

Seltener werden zum Auf- und Abbau händisch betriebene Hebezeuge aus der Industrie mit Kette als Tragmittel entsprechend DGUV 54 verwendet (**Bild 3**). Diese dienen lediglich zum Heben und müssen zum Halten der Last „tot-gehangen" werden.

Die Lastkette wird mit der Hebekette über ein Getriebe bewegt. Ähnlich wie bei einem Flaschenzug (s. Kapitel 3.2.8) muss bei einer Untersetzung von bspw. 1:30 die Handkette das 30-Fache des Hubweges der Lastkette zurücklegen, es braucht dazu aber nur 1/30 der Kraft aufgewendet zu werden.

**Bild 3**: Handkettenzug

[1] **IGVW** = **I**nteressen**g**emeinschaft **V**eranstaltungs**w**irtschaft; **SQP2** = **S**tandard der **P**raxis, Nummer **2**

## 5.2.2 Bandzüge

Bei Bandzügen werden als Tragmittel Stahlbänder eingesetzt. Diese sind, je nach geforderter Tragfähigkeit, zwischen 0,4 mm und 0,6 mm stark, 30 mm – 45 mm breit und bestehen aus hochfestem Stahl, der durch seine verschleißfreien, langlebigen und dehnungsfreien Eigenschaften sehr sicher eingesetzt werden kann.

Das Stahlband wird mehrlagig auf einen Wickelzylinder, die sogenannte Bobine, aufgewickelt. Bei sich veränderndem Trommeldurchmesser **(Bild 1)** erfolgt ein automatischer Ausgleich der Drehgeschwindigkeit. Dadurch wird eine gleichbleibende Seilgeschwindigkeit erreicht. Ohne den Ausgleich der Drehgeschwindigkeit würde aus einem kleineren Trommeldurchmesser eine geringere Seilgeschwindigkeit als bei großem Durchmesser resultieren.

Das Aufwickeln des Bandes ermöglicht eine kompakte Bauart von Bandzügen. Dies kann bei Punkt- und Prospektzügen[1] vorteilhaft sein. Am Markt verfügbar sind Punktzüge mit einem Band **(Bild 2)** und mit Doppelband **(Bild 3)**. Auch Prospektzüge mit mehreren Bandabgängen werden gebaut.

Der Antrieb erfolgt in der Regel über einen Asynchronmotor mit Getriebe. Für die Anwendung im Theaterbereich müssen Getriebebruchsicherungen integriert sein. Zudem sind doppelte Bremsen erforderlich. So können üblicherweise bei Geschwindigkeiten von bis zu 1,2 m/s Lasten bis 250 kg transportiert werden. Bandzüge mit geringen Hubgeschwindigkeiten können auch dynamisch selbsthemmende Getriebe haben. Bei Stromausfall wird die Last so sicher abgebremst. Es sind dann keine zusätzlichen Bremsen nötig.

Mit der unterschiedlichen aufgewickelten Seillänge ändert sich der Trommeldurchmesser. Damit sich dadurch nicht der Ablaufpunkt ändert, werden zwei feste Führungsrollen verbaut, die dies ausgleichen (**Bild 1**).

Ein Vorteil von Bandzügen ist, dass das Stahlband geräuscharm und ruhig von der Bandtrommel abläuft. Zudem ist Schrägzug des Bandes in alle Richtungen möglich, wenn die Motoreinheit pendelnd gelagert ist. So sind Bandzüge auch für einen Personenflug verwendbar. Dazu ist dann eine entsprechende Steuerung mit Sensoren und Endschaltern für die Lastmessung, die Position und die Geschwindigkeit erforderlich.

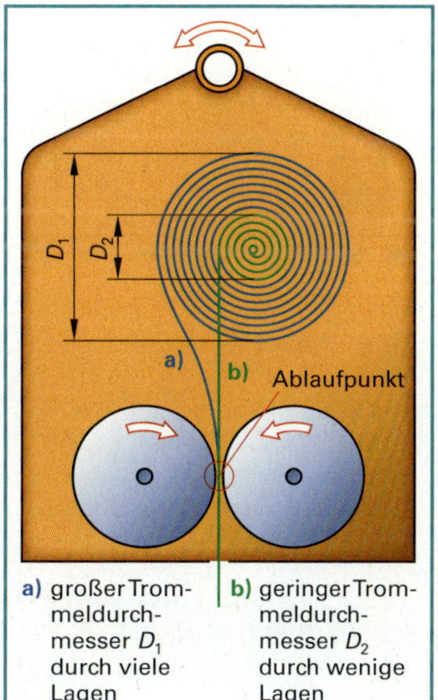


**Bild 1**: Trommeldurchmesser und und Ablaufpunkt

**Bild 2**: Bandzug

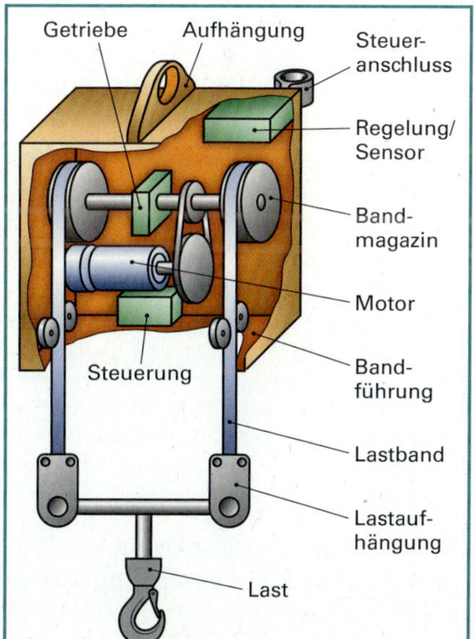


**Bild 3**: Bandzug mit Doppelband

[1] **Punktzüge** bedienen einen einzigen Lastaufhängepunkt. **Prospektzüge** bedienen über mehrere Seile eine Laststange (siehe Seite 122).

## 5.2.3 Seilzüge

### Handkonterzüge

Der Handkonterzug ist eine Form des Prospektzuges (s. S. 12), die per Muskelkraft bedient wird. Die zu befördernde Last wird an einer Laststange (auch genannt *Zugstange* oder *Prospektstange*) aufgehängt. Diese Stange ist über Umlenkrollen mit einem Gegengewicht ausgekontert. Das heißt, das System befindet sich etwa im Gleichgewicht und zum Bewegen der Last muss nur eine geringe Kraft aufgewendet werden.

Die Bedienung der Fahrtrichtung erfolgt über ein ca. 24 mm dickes Naturfaserseil, das sogenannte *Kommandotau* **(Bild 2, Seite 119)**. Es dient lediglich zur Steuerung und darf nicht eingesetzt werden, um einen Teil der Last zu tragen. Es steuert die Richtung, Höhe und Geschwindigkeit der Bewegung. Im Stillstand wird das Kommandotau mit einer verriegelbaren Feststellvorrichtung **(Bild 1)** oder einem Seilklemmbügel fixiert.

Ein fahrender Zug darf nicht mit der Feststellvorrichtung gebremst werden. Das Klemmen und Durchrutschen sorgt für Verschleiß des Seils.

Handkonterzüge werden eingesetzt, um bemalte Hänger[1] bzw. Prospekte[1] hinter den Schauspielenden zügig zu wechseln oder um andere Formen von Vorhängen, Dekorationen, Backdrops[2], Lautsprechern oder Beleuchtungsmitteln entlang einer Linie zu befestigen.

Grundsätzlich wird zwischen einfachen Handkonterzügen und eingescherten Handkonterzügen unterschieden:

**Einfache Handkonterzüge** entsprechen Flaschenzügen mit fester Rolle. Die zum Heben der Last nötige Kraft wird über die Rolle lediglich zum Gegengewicht umgelenkt. Das Gegengewicht legt die gleiche Wegstrecke zurück wie die Last (**Bild 2**). Die Wegstrecke geht normalerweise vom Schnürboden bis zum Bühnenboden **(Bild 2, Seite 119).**

**Eingescherte Handkonterzüge** (auch genannt Doublierte Handkonterzüge) werden eingesetzt, wenn der verfügbare Höhenunterschied an der Gegengewichtswand zu gering ist. Dies kann beispielsweise durch Seitenbühnentore der Fall sein. Eingescherte Handkonterzüge funktionieren wie Flaschenzüge mit sowohl loser als auch fester Rolle. Das Gegengewicht legt nur die halbe Wegstrecke der Last zurück, muss aber das doppelte Gewicht besitzen (**Bild 3**).

Handkonterzüge müssen immer so ausgekontert werden, dass die Zugstangen inklusive der Last leicht nach oben streben und ein unbeabsichtigtes Herabfahren und Verletzen von Personen verhindert wird.

**Bild 1**: Feststellvorrichtung am Kommandotau

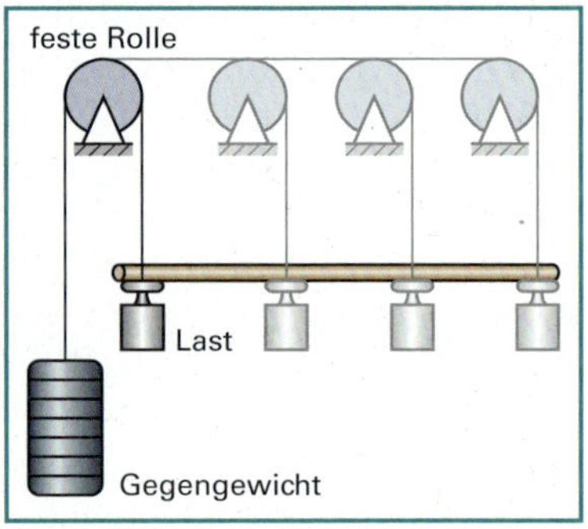


**Bild 2**: Prinzip einfacher Handkonterzug

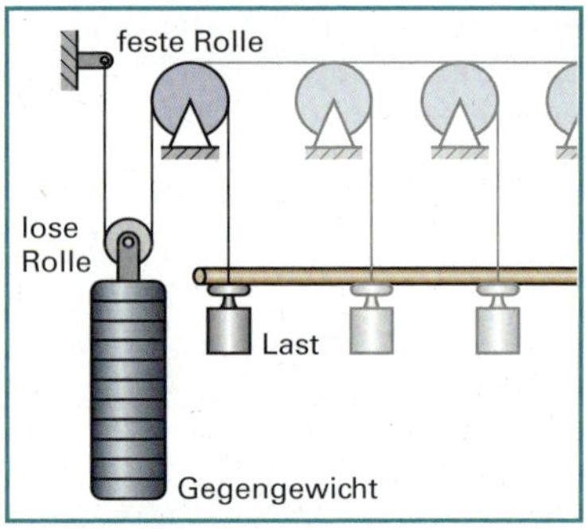


**Bild 3**: Prinzip eingescherter Handkonterzug

**Praxistipp:**
Eine Eselsbrücke zur Bedienung: „**H**inten **H**och". Beim Ziehen am hinteren Seil wird die Laststange also nach oben bewegt.

Als **Gegengewichte** werden spezielle Bühnengewichte, meist aus Grauguss, mit einer selbstsichernden Form auf einen Gegengewichtsschlitten geladen und gesichert **(Bild 1, Seite 119)**:

- **G60**: „ganze" Gewichte; 12,8 kg; 60 mm hoch
- **G30**: „halbe" Gewichte; 6,4 kg; 30 mm hoch

Beim Be- und Entladen des Gegengewichtschlittens ist ein Teil der Gegengewichte fest installiert. Dieser kontert die Bestandteile des Zugs, also Laststange, Schellen etc. aus.

[1] **Hänger / Prospekt:** hängende Dekorationen, meist aus Stoff, **siehe Kapitel 3.5.1**
[2] **Backdrop:** engl. Begriff für ein „Prospekt", **siehe Kapitel 3.5.1**

Dazu muss ein Beladeplan in der Nähe der Bedieneinrichtung angebracht und mit den aktuellen Lasten in den entsprechend durchnummerierten Zügen ausgefüllt sein. Zum Schutz vor herabfallenden Gegengewichten müssen die Laufwege des Gegengewichtschlittens verkleidet sein. Die Verkleidung darf in den notwendigen Arbeitsbereichen der Züge bis zu einer Höhe von 2,30 m, von der Arbeitsgalerie aus gemessen, unterbrochen sein. Unter den Laufwegen des Schlittens und an den Lagerorten der Gegengewichte müssen die Verkehrswege mit Auffangvorrichtungen gegen herabstürzende Gewichte gesichert werden. Die Gewichte müssen auf dem Schlitten mechanisch gesichert werden, sodass bei hartem Auftreffen in den Endpositionen ein Lösen oder Herausfallen verhindert wird.

**Bild 1**: Gegengewichtschlitten mit G60-Gewichten

Vor dem Lösen einer Feststellvorrichtung muss kontrolliert werden, wie der Zug ausgekontert ist.

Eine Prüfung des kompletten Zuges inklusive aller Bedienelemente muss einmal jährlich durch eine sachkundige Person erfolgen und im Prüfbuch dokumentiert werden. Vor der ersten Inbetriebnahme nach Einbau und alle vier Jahre wiederkehrend muss außerdem eine Prüfung durch einen Prüfsachverständigen erfolgen. Dabei werden gequetschte und abgenutzte Seile ggf. bemängelt, denn diese werden nicht mehr sicher durch die Feststellvorrichtungen fixiert.

Die Vorteile von Handkonterzügen liegen in den niedrigen Anschaffungskosten, dem geringen Platzbedarf und der sehr geringen Lautstärke. Das Beladen ist jedoch zeitintensiv und körperlich belastend. Zudem bestehen Verletzungsgefahren beim Beladen und bei der Bedienung am Kommandotau. Präzise Reproduzierbarkeiten von komplexen Verwandlungen erfordern eine geübte Bedienung und bei Gruppenfahrten entsprechend viele Personen. Teilweise ermöglichen maschinelle Aufsätze am Kommandotau eine nachgerüstete programmierbare Steuerung des Zuges.

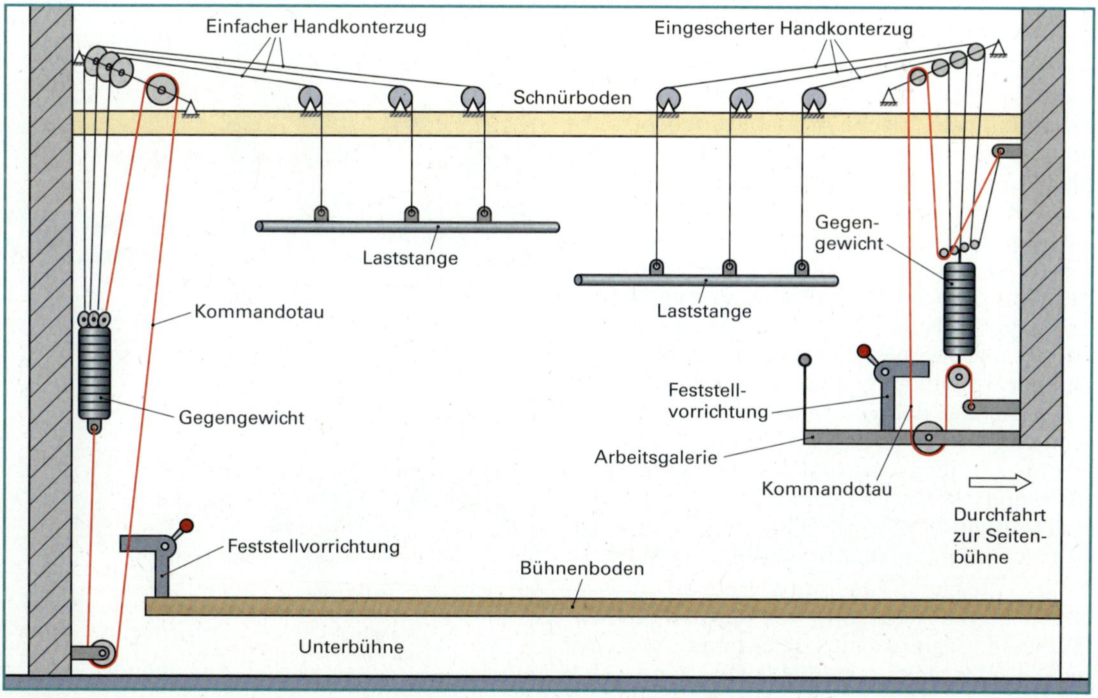


**Bild 2**: Schematischer Aufbau einfacher und eingescherter Handkonterzüge

## Handwindenzüge

Bei Handwindenzügen werden die Tragseile zu einem Seil zusammengefasst und auf einer Trommel mit Handwinde aufgerollt, um die Laststangen zu bewegen. Im Gegensatz zu Handkonterzügen müssen hier keine Gegengewichte im Laststrang eingebaut werden. Die Kurbel muss so gebaut sein, dass sie nicht mehr als 15 cm zurückschlagen kann und gegen unbeabsichtigtes Entfernen gesichert ist. Eine Bremse mit Sicherung gegen das Ablassen der Last im freien Fall muss verbaut sein. Handwindenzüge können statt einer Laststange auch einen Lasthaken mit oder ohne Umlenkung bewegen. Mit einem mechanisch einfachen Aufbau und preiswerter Herstellung sind Seilzüge mit Handwinde häufig auf Seiten- und Hinterbühnen zu finden. Dort werden sie meist lediglich für den Auf- und Abbau verwendet. Sie werden entsprechend der DGUV-Vorschrift 54 ausgelegt.

Wo Lasten über Personen gehalten oder bewegt werden, aber keine Geschwindigkeiten wie bei elektrischen Zügen nötig oder keine Bewegungsabläufe zu programmieren sind, können Handwindenzüge entsprechend DGUV-Vorschrift 17 eingesetzt werden **(Bild 1)**. Hierbei erfolgt die Seilführung einlagig und zwei unabhängig arbeitende Lastdruckbremsen halten die Last in jeder Kurbelstellung.

## Elektroseilzüge

Als festverbaute maschinentechnische Einrichtungen in Veranstaltungsstätten werden sehr häufig elektrische Antriebe eingesetzt, die über ein Getriebe eine Seiltrommel antreiben **(Bild 2)**. Das Bewegen der Last erfolgt durch das Auf- und Abwickeln eines Drahtseiles auf eine Seiltrommel. Diese Trommel ist mit Rillen, die mindestens den Durchmesser des Seils besitzen, und Bordscheiben von mindestens 1,5-facher Höhe des Seildurchmessers gebaut, sodass ein Übereinander-Laufen und Abspringen der Seilwindungen verhindert werden. Der Durchmesser der Seiltrommel muss mindestens das 18-Fache des Seildurchmessers betragen, um eine Überlastung des Seils durch Biegung zu vermeiden. Je nach Seillänge (also Hubweg) und Seiltrommeldurchmesser ergeben sich mitunter sehr breite Seiltrommeln.

Um ein gleichmäßiges Aufwickeln zu ermöglichen, soll die Ablenkung des Seils an der Auflaufstelle idealerweise 1,5° betragen und darf nicht größer als 4° sein **(Bild 3)**. Dies kann durch Umlenkungen oder windeninterne mechani-

**Bild 1**: Handwindenzug nach DGUV-Vorschrift 17

**Bild 2**: Elektroseilzug im Schnürboden

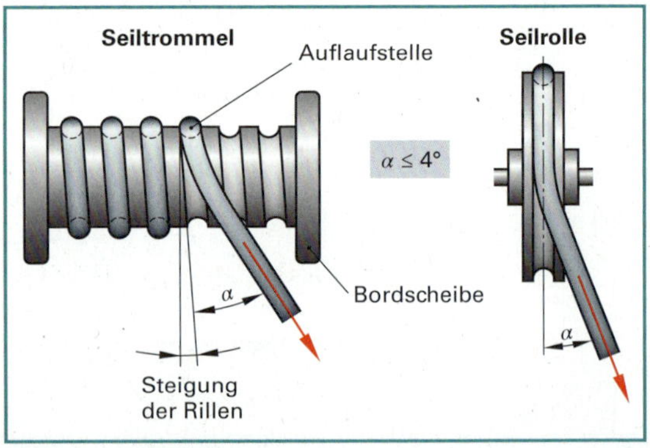


**Bild 3**: Seilablenkung

sche Verstellungen sichergestellt werden. Werden Seilrollen zur Umlenkung verwendet, muss deren Durchmesser mindestens das 20-Fache des Seildurchmessers betragen und der Ablenkwinkel muss ebenfalls kleiner als 4° sein. Das Drahtseil muss ohne Knoten und Knickungen an der Seiltrommel befestigt werden und darf im gesamten Laufweg nicht über scharfe Kanten gebogen werden.

Es müssen immer mindestens zwei Reservewicklungen auf der Seiltrommel verbleiben, um eine zusätzliche Befestigung des Seils durch Reibschluss zu gewährleisten. Ein Schlaffseil[1]-Schutz muss durch eine Überwachung mit automatischer Abschaltung baulich sichergestellt werden. Sind die Lastseile um mehr als 10 % des Durchmessers abgenutzt, sind sie ablegereif, dürfen also nicht weiterverwendet werden. Die Antriebe und Seilführungen sind vor unbeabsichtigten Eingriffen zu schützen und die Auflaufrichtung des Seils auf die Trommel muss ersichtlich sein.

Die Konstruktionen sind entsprechend der Einsatzgebiete angepasst und sehr unterschiedlich ausgeführt. So werden für schwere Lasten teilweise Gegengewichte im Laststrang genutzt oder die Anzahl der Lastpunkte angepasst. Es können auch Handkonterzugstrecken auf Elektroseilzüge umgebaut werden oder Hydraulikmotoren anstatt der Elektromotoren eingesetzt werden.

### Punktzüge

Punktzüge als Elektroseilzüge werden eingesetzt, wenn nur ein einzelner Lastaufhängepunkt zu bedienen ist. Punktzüge gibt es in drei Varianten:

**Punktzüge mit Laufkatze** funktionieren ähnlich wie ein Turmdrehkran auf einer Baustelle. Eine Laufkatze, auch genannt Seilzugkatze, kann entlang eines Trägers oder einer Laufschiene entweder händisch verschoben oder durch einen Antrieb an die gewünschte Position gefahren werden **(Bild 1)**. Dort können dann mittels der Elektroseilwinde und dem durch die Hakenflasche geleiteten Seil Lasten angehoben werden. Die Laufschiene (Punktzugstrecke) erstreckt sich meist über die gesamte Bühnenbreite.

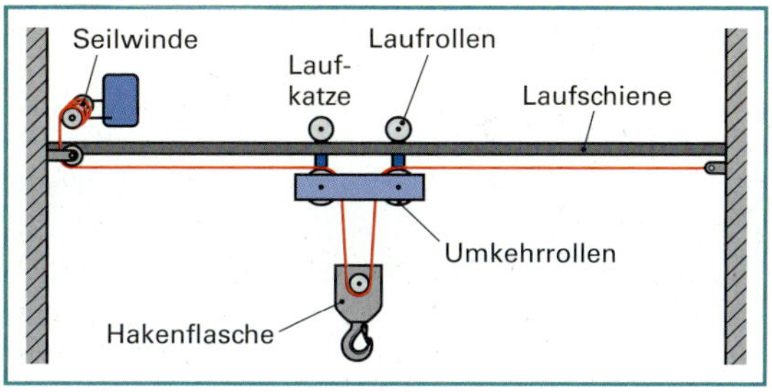


**Bild 1**: Prinzip Punktzugstrecke mit Laufkatze

**Punktzugwinden mit Versatzrollen** leiten das Seil der fest verbauten Winde mit variabel im Schnürboden platzierbaren Versatzrollen an der gewünschten Stelle nach unten **(Bild 2)**. Hierfür benötigt man viel Platz auf dem Schnürboden, variable Befestigungsmöglichkeiten für die Versatzrollen und entsprechende Durchführungsmöglichkeiten für die Seile. Beim Platzieren der Umlenkrollen muss der maximale seitliche Ableitwinkel von 4° der Seilwindenrolle beachtet werden. Daher werden Kombinationen aus horizontalen und vertikalen Versatzrollen verwendet.

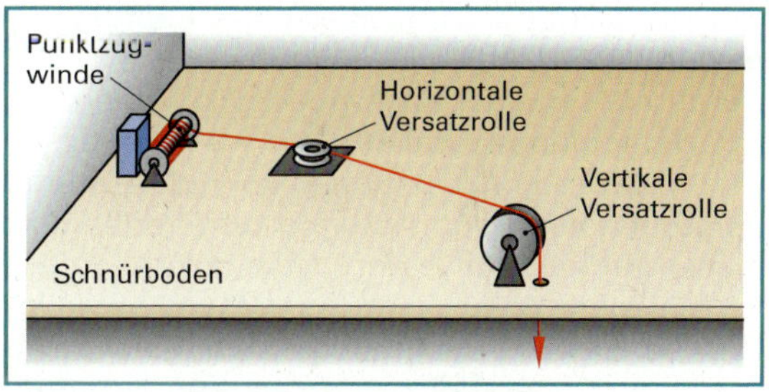


**Bild 2**: Prinzip Punktzugwinde mit Versatzrolle

**Versetzbare Punktzugwinden** werden in einem transportablen Gestell im Schnürboden an die Einsatzstelle gestellt **(Bild 3)**. Diese tragbaren oder auf Rollen zu bewegenden Geräte können in Abhängigkeit der Traglast ein relativ hohes Eigengewicht besitzen. Der Schnürboden muss über eine geeignete Oberfläche und den nötigen Platz verfügen, um die Geräte an den gewünschten Orten platzieren zu können.

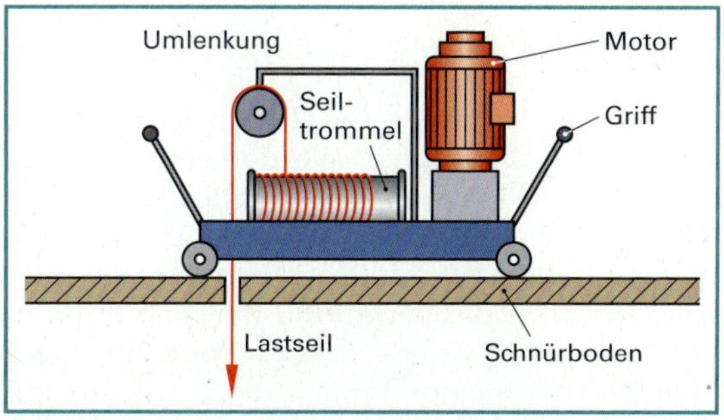


**Bild 3**: Prinzip versetzbare Punktzugwinde

[1] Schlaffseil = zu geringe Seilspannung

Punktzüge ermöglichen einen variablen Einsatz, beim Heben von Lasten auf der Bühne während des Auf- und Abbaus und für Verwandlungen während der Show. Auch Züge mit anderen Tragmitteln, also Ketten- und Bandzüge werden als Punktzüge eingesetzt. Je nach Seilführung muss stets der maximal zulässige Schrägzug beachtet werden.

Mit mehreren Punktzügen, die synchron eine Laststange oder Traverse bewegen, lassen sich **Freizüge**[1] entlang der gewünschten Ausrichtung frei im Raum positionieren. Somit lassen sich entsprechend der Positionen von Anschlagpunkten in der Veranstaltungsstätte Laststangen oder Traversenstrecken optimal positionieren.

### Prospektzüge

Elektrische Seilzüge werden häufig in festen Theater- und Veranstaltungshäusern zum Bewegen von Laststangen verbaut. Dabei werden mehrere Seile mit einem Antrieb über Umlenkungen an die Lastaufhängepunkte geführt **(Bild 1)**. Im Theater werden solche Züge mit Laststange über die gesamte Bühnenbreite zum schnellen Bewegen und Wechseln von sogenannten Prospekten benutzt. Prospekte sind zweidimensionale, flache, meist auf Stoff gemalte oder gedruckte Dekorationen, die für Hintergründe eingesetzt und entlang der Laststange gebunden werden. Daher wird die Laststange auch Prospektstange und der Zug auch Prospektzug genannt. Mit Prospektzügen lassen sich verschiedenste Dekorationen bewegen und Verwandlungen realisieren, beispielsweise Backdrops für Bands oder Flugwerke[2].

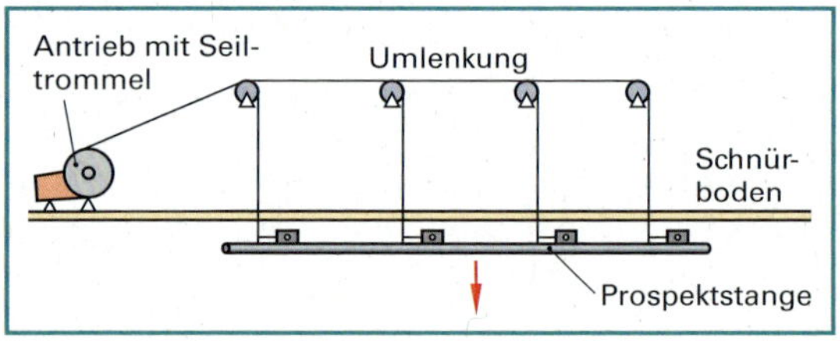


**Bild 1**: Prinzip Prospektzug

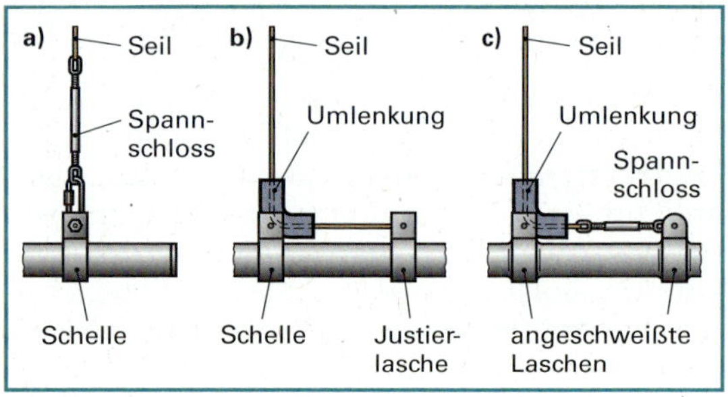


**Bild 2**: Seilaufhängungen an Prospektstangen

Die zur Lastaufnahme dienende **Laststange** besteht meist aus Rundrohr mit 63,5 mm (1 ¾") Durchmesser, aber auch Rechteckprofile oder Spezialschienen werden verwendet. Über Rohr-in-Rohr-Konstruktionen können Auszüge an den Enden der Laststange zum Verlängern dieser verbaut sein. Die Lastseile können auf verschiedene Arten an der Laststange befestigt werden, um sie gegen unbeabsichtigtes Lösen zu sichern, aber gleichzeitig ein genaues Justieren der Seillänge zu ermöglichen **(Bild 2)**. Die Seile müssen optimal eingestellt sein, um eine gleichmäßige Lastverteilung zu schaffen und einen ruhigen und leisen Lauf bei allen Belastungssituationen zu ermöglichen. Zum Befestigen der Dekorationen werden Bindebänder oder Prospektschellen verwendet. Nicht nur die Gesamttraglast der Seilwinde und die gehangene Gesamtlast müssen beachtet werden, sondern auch die Verteilung der Last entlang der Laststange, die Belastung jedes einzelnen Seils und die maximal zulässige Biegebeanspruchung der Laststange. So darf die Durchbiegung aufgrund einer Punktlast zwischen zwei Lastaufhängepunkten maximal 1/200 der freien Länge $l$ betragen (EN 17206). Um alle Grenzwerte für die verschiedenen Belastungsfälle schnell überblicken zu können, muss an der Laststange eine Belastungstabelle angebracht sein **(Bild 3)**.

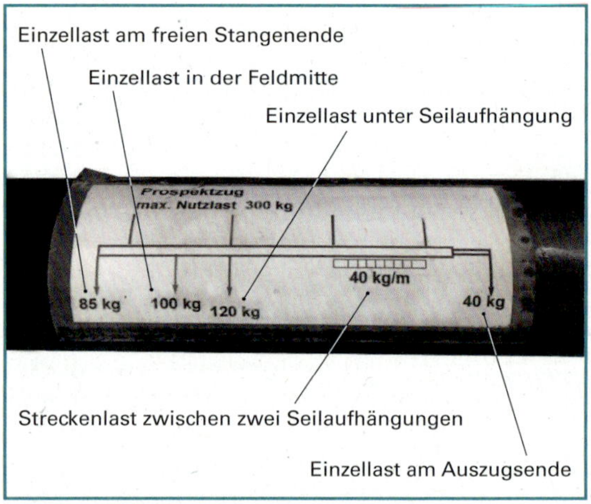


**Bild 3**: Belastungstabelle an der Laststange

[1] Mitunter wird die Bezeichnung „Freizug" auch für einen Handleinenzug ohne Gegengewichtsausgleich bis 20 kg verwendet.
[2] Flugwerke sind Einrichtungen zum Heben und Verfahren von Personen oder Dekorationen. Erzeugung der Illusion, dass eine Person fliegt.

Zur Kombination von mehreren Zügen ist es möglich, eine Schwerlastwippe zu benutzen. Dabei lassen sich nebeneinanderliegende Laststangen verbinden. Dies ermöglicht über eine Lastverteilung das Heben von größeren Lasten an diesen Punkten **(Bild 1)**.

### Weitere Formen von Elektroseilzügen

**Panoramazüge** haben Laststangen an der linken und rechten Außenseite der Bühne parallel zur Bühnenlängsachse **(Bild 2, 7)**. Zusammen mit hinter der Bühne angebrachten Prospektzügen können Dekorationen damit so angeordnet werden, dass sie einen Panorama-Hintergrund bilden.

**Rundstangenzüge** besitzen eine u-förmige, entsprechend den Bühnenaußenseiten geformte, durchgängige Laststange, die ein komplettes Abdecken mit Dekorationen der Bühnenseiten- und -rückwand ermöglicht **(Bild 2, 6)**.

**Elektroseilzüge mit Beleuchtungsbrücken** werden an verschiedenen Positionen über der Bühne und im Zuschauerraum verfahrbar realisiert. Dabei werden Laststangen, Traversen oder begehbare Stege mit der Möglichkeit zum Einhängen von Beleuchtungsmitteln oder Projektoren bewegt. Strom- und Datenkabelversätze sind meist über Schleppkabel von oben direkt an die Züge geführt. Zum Einhängen der Beleuchtungsmittel können die Züge in eine angenehme Arbeitshöhe auf Bühnenniveau gefahren werden. Je nach Position auf der Bühne und Einsatzzweck werden verschiedene Beleuchtungsbrücken unterschieden: Im hinteren Bereich quer zur Bühnenlängsachse kann ein **Horizontgestell (Bild 3)** für Oberlicht auf die Bühne und die Ausleuchtung einer hinten liegenden Horizontdekoration genutzt werden. Die **Z-Brücke** ist eine Beleuchterbrücke im Zuschauerraum. **Seitenlichtgestelle** dienen zum Einsatz von Leuchtmitteln als Seitenlicht an den Bühnenseiten. **Oberlichtzüge** werden für die Beleuchtung von oben über der Bühne genutzt.

**Rohrwellenzüge** wickeln die Lastseile auf einer gemeinsamen Rohrwelle auf und bewegen so die Laststange **(Bild 4)**. Sie werden für Panoramazüge oder Züge mit untergeordneter Aufgabe verwendet und kommen seltener zum Einsatz. Da hier mit einem Antrieb mehrere Tragseile über eine durchgehende Achse betrieben werden, erreicht man eine mechanische Synchronisation und umgeht das Problem möglicher Geschwindigkeitsabweichungen mehrerer Antriebe.

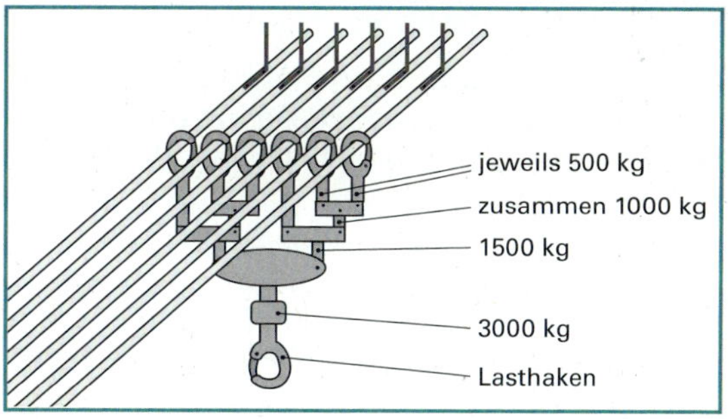


**Bild 1**: Schwerlastwippe

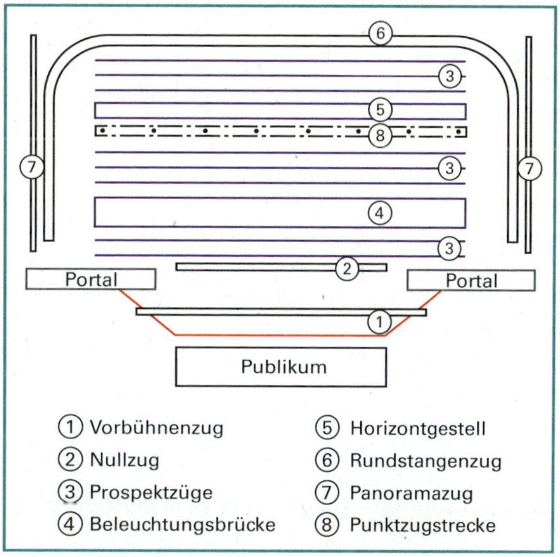


**Bild 2**: Übersicht der Züge im Grundriss

**Bild 3**: Horizontgestell im Theaterhaus Jena

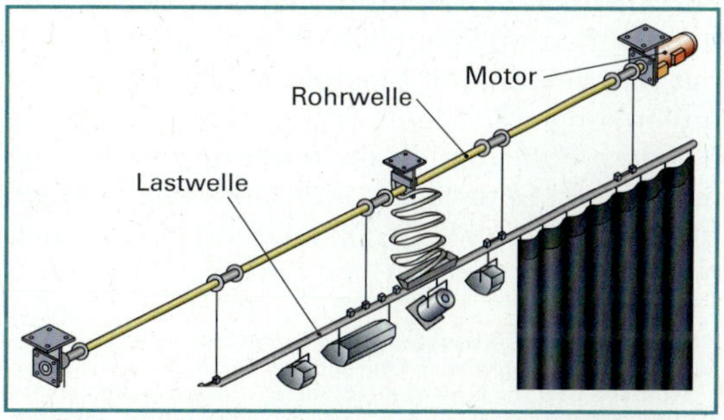


**Bild 4**: Rohrwellenzug – schematisch

## 5.2.4 Bewegliche Portalanlagen

In festen Theaterhäusern werden die Öffnungen der Bühnenbereiche häufig mit verfahrbaren Toren realisiert. Insbesondere die Bühnenöffnung einer *Guckkastenbühne*[1] umrahmt vom Proszenium ist über den Spielvorhang hinaus mit verschiedenen Einrichtungen versehen.

**Brandschutzvorhang** wird die auch als *Eiserner Vorhang* oder *Kurtine* bezeichnete Schutzvorrichtung genannt, die meist in Form eines Bühnentors im Portal zur Unterteilung der Brandabschnitte zwischen Bühnenhaus und Zuschauerraum verbaut wird. Nur in kleinen Spielstätten werden hier tatsächlich textile Vorhänge genutzt. Normalerweise handelt es sich um vertikal verfahrbare stabile Stahltore, die enormen thermischen Belastungen und Krafteinwirkungen durch Druckunterschiede standhalten müssen. Sie setzen am Boden formschlüssig auf. An den Seitenführungen werden zum Rauchschutz umlaufend Dichtelemente verbaut. Zum längeren Standhalten gegen die Hitze werden teilweise Sprühflutanlagen zur Kühlung und feuerhemmende Beschichtungen in Form von Mineralstoffplatten eingesetzt. Das Schließen muss auch bei Stromausfall automatisch funktionieren und darf bei Antrieb durch Schwerkraft nicht ungebremst passieren. Der Fahrweg darf nicht mit Dekorationen, Kabeln oder Veranstaltungstechnik unterbaut werden. Beim Fahren des Tores muss ein Warnsignal gut hörbar sein. Eine Durchgangstür mit maximal 1 m Breite kann eingebaut sein.

**Bild 1**: Brandschutzvorhang

**Brandschutzvorhang / Eiserner Vorhang**
Seite 34 und Seite 59

**Portalbrücke:** Den oberen Abschluss des Bühnenportals bildet die Portalbrücke **(Bild 2)**. Sie ist auf der publikumsabgewandten Seite häufig in mehreren Galerien begehbar. Oft sitzt sie in Schienen und ist für eine variable Anpassung des Bühnenausschnitts in der Höhe elektrisch oder hydraulisch vertikal verfahrbar. Da sie auf der Bühnenseite meist als Beleuchtungsbrücke dient, kann sie oft zum Anbringen der Scheinwerfer auf Bühnenniveau abgesenkt werden.

**Bild 2**: Portalbrücke

**Portaltürme:** Links und rechts umrahmen die Portaltürme die Bühnenöffnung. Auch diese können häufig zum Einstellen der Portalbreite verfahrbar sein. Die Bewegung erfolgt dann händisch, mit Seilwinden, mit Elektroseilzügen oder mit einer Hydraulik. Die Führung ist häufig mit Seilumlenkung so gebaut, dass ein symmetrisches Öffnen und Schließen der Türme passiert. Auf der dem Publikum abgewandten Seite finden in den Portaltürmen häufig Arbeitsplätze für die Inspizienz[2], Soufflage[3] oder den Maschinenstand[4] Platz, da der Bühnenbereich von dort meist gut eingesehen werden kann. Sind Portalbrücke und -türme nicht verfahrbar, können sie verstellbare Blenden besitzen, um die Portalöffnung zu variieren.

[1] **Guckkastenbühne**: Klassische Aufteilung zwischen Zuschauerraum und Bühne, bei der die Bühne lediglich durch einen festen Ausschnitt (Portal) eingesehen werden kann und rundherum durch schwarze Aushänge / Begrenzungen an einen Kasten erinnert.
[2] **Inspizienz** = (lat.) hinsehen, prüfen: Person übernimmt Koordination des künstlerischen und technischen Ablaufs.
[3] **Soufflage**: Person, die ggf. den Schauspielern souffliert, also Texthilfen und Texteinsätze zuflüstert.
[4] **Maschinenstand**: Bereich des Maschinenpults oder anderer Steuerungseinrichtungen für die Maschinisten.

**Seitenbühnen- und Hinterbühnentore**: Besitzt die Bühne zusätzlich Nebenbühnen, wie Seiten- und Hinterbühnen, werden diese häufig zum Sichtschutz und Schallschutz ebenfalls durch Seitenbühnentore oder Hinterbühnentore getrennt. Diese Bereiche werden zum Vormontieren oder Lagern von am selben Tag verwendeter Dekoration genutzt. Muss eine Unterteilung der Brandabschnitte auch hier erfolgen, können ebenfalls Brandschutzvorhänge verbaut werden. Reicht der Platz in der Höhe nicht aus, können auch im Boden versenkbare Tore eingesetzt werden. Zum Verschluss von Nebenbühnen ohne Brandabschnittsunterteilung werden überwiegend Rolltore eingesetzt **(Bild 1)**. Hierbei wird die Torfläche, bestehend aus quer geteilten Segmenten (Lamellen), auf einer oberhalb der Öffnung gelagerten Rohrwelle aufgewickelt. An den Seiten werden die Segmente in Schienen geführt und oben in einem Wickelkasten gelagert. Als weitere Variante ermöglicht ein Sektionaltor die Umlenkung der Lamellen an der Oberseite der Toröffnung und die Lagerung horizontal an der Decke.

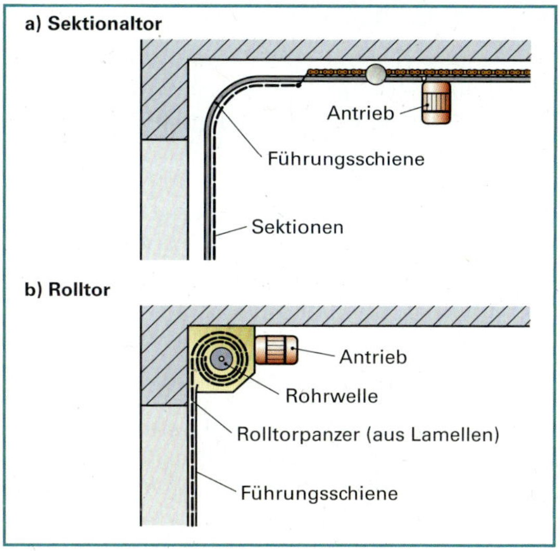


**Bild 1**: Sektionaltor und Rolltor

## 5.2.5 Stative

Zum Anbringen von Beleuchtung, Tontechnik und Dekorationen in der Höhe werden besonders im mobilen Einsatz in der Regel Stative mit faltbarem Fuß verwendet. Diese gelten als Maschinentechnische Einrichtungen nach DGUV-Vorschrift 17/18 **(s. Kapitel 5.1)**, wenn sie Lasten über Personen halten. Sie müssen dann jährlich von einer sachkundigen Person geprüft werden. Als Arbeitsmittel werden sie entsprechend DGUV-Vorschrift 54 verwendet, wenn sie nur für Auf- und Abbau benutzt und im Falle von Personen unter der Last, entlastet werden.

Es gibt fest einstellbare Stative mit Knebelschrauben und Fixierbolzen in vorgegebenen Höhenstellungen. Häufig finden sich auf Bühnen auch Kurbelstative, die mit Kurbelgehäuse oder Seilwinde frei verfahrbar sind **(Bild 2)**. Diese sogenannten Windups oder Windupstative können mit Traversenadapter als Traversenlift für Beleuchtungsstrecken oder T-Träger (T-Bar) für die klassischen 4er- oder 6er-Bars verbaut werden. Als spezielle Formen zum Heben und Fliegen von Lasten werden massive Varianten in Form von Gabellift oder Teleskoplift mit massiven Auslegern als Standfuß verwendet.

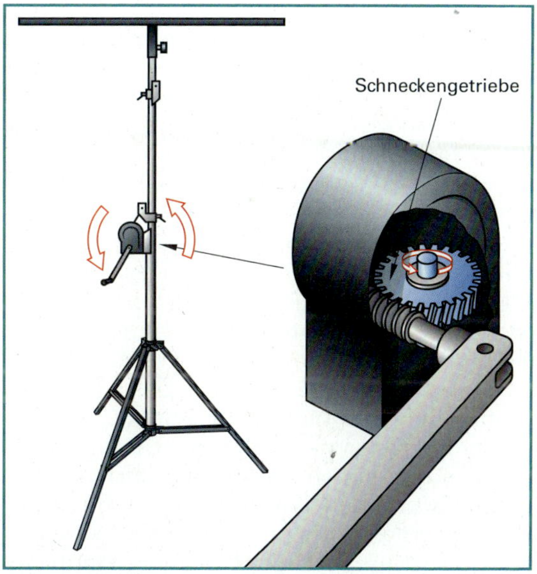


**Bild 2**: Windupstativ

> In jeglicher Form müssen Stative standsicher aufgestellt und gegen Umstürzen durch Wind, Zuschauer oder Darsteller gesichert werden. Stative dürfen nicht in Flucht- und Rettungswegen stehen.

**Sicherungsmöglichkeiten am Boden**
- Verschrauben am Boden
- Ballastierung
- seitliche Abspannung
- Seilsicherung nach oben
- Absperrung des Stativbereichs
- Sicherungsposten

### 5.2.6 Hubarbeitsbühnen

Als mobile Anlage zum Installieren von Dekorationen oder Beleuchtungs- und Beschallungstechnik dienen häufig Hubarbeitsbühnen (HAB). Das sind elektrisch oder mit Verbrennungsmotor betriebene Arbeitsbühnen und Personenlifte, mit denen Personen an Arbeitsplätze in der Höhe befördert werden können, um dort von dem Gerät aus eine Arbeit zu verrichten.

Man unterscheidet bezüglich des Aufbaus zwischen der Gruppe A (Senkrechtlifte) und der Gruppe B (Auslegerbühnen). Bei Senkrechtliften **(Bild 1)** befindet sich der Lastschwerpunkt innerhalb des Kipppunktes. Bei Auslegerbühnen kann er auch außerhalb des Kipppunktes liegen **(Bild 2)**.

Eine weitere Unterscheidung wird nach der Art getroffen, in welcher das Gerät verfahren werden kann **(Bild 3)**: Typ 1 ermöglicht einen Ortswechsel nur in der Transportstellung, Typ 2 mit ausgefahrener Arbeitsbühne gesteuert von unten und Typ 3 sogar von oben aus der Arbeitsbühne.

Das Untergestell von Hubarbeitsbühnen ist auf Rädern gelagert. Es kann händisch zu bewegen, selbstfahrend, ein Anhänger oder auf Fahrzeugen montiert sein. Die meisten Varianten besitzen seitlich ausfahrbare oder montierbare Abstützungen mit Spindeln, Hydraulikzylindern oder ausziehbaren Achsen.

Zum sicheren Aufstellen und Betreiben sind einige Hubarbeitsbühnen mit Sicherheits-Messeinrichtungen ausgestattet. So kann eine Momentmesseinrichtung das Lastmoment aus Belastung und Stellung der Arbeitsbühne überwachen und ein Überschreiten des zulässigen Kippmoments verhindern. Mit einer Lastmesseinrichtung kann die senkrechte Belastung gemessen und ein Überschreiten der Nennlast verhindert werden. Bei einer Stellungsüberwachung werden Stützdruck und Schrägstellung kontrolliert und damit eine Überlastung der Konstruktion und eine Stellung über die Standsicherheit hinaus vermieden. Welche Messeinrichtungen im jeweiligen Gerät verbaut sind und wie sie zu verwenden sind, sollte in der Betriebsanleitung nachgelesen werden.

Eine Steuerung des Hebens und Senkens kann in der Arbeitsbühne oder am Steuergestell erfolgen. Wichtig ist, dass das Steuerpult nicht unbeabsichtigt betätigt werden kann (Zweihandsteuerung), abschließbare Schalter besitzt und ein Notsteuersystem zum Ablassen

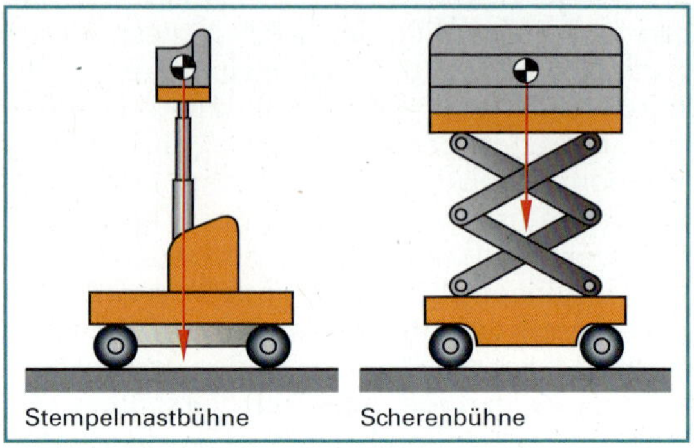


**Bild 1**: Senkrechtlifte – Gruppe A

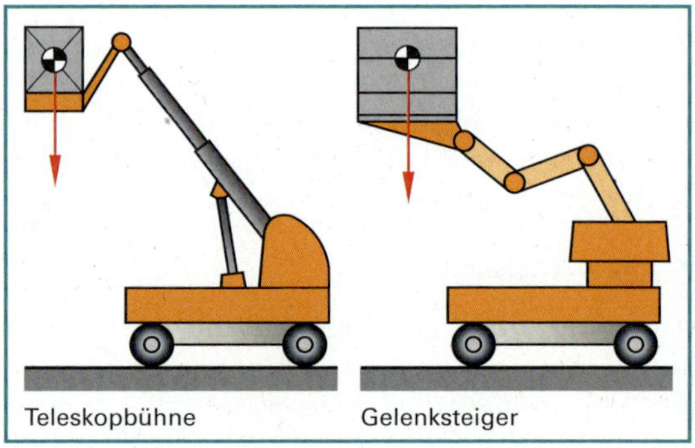


**Bild 2**: Auslegerbühnen – Gruppe B

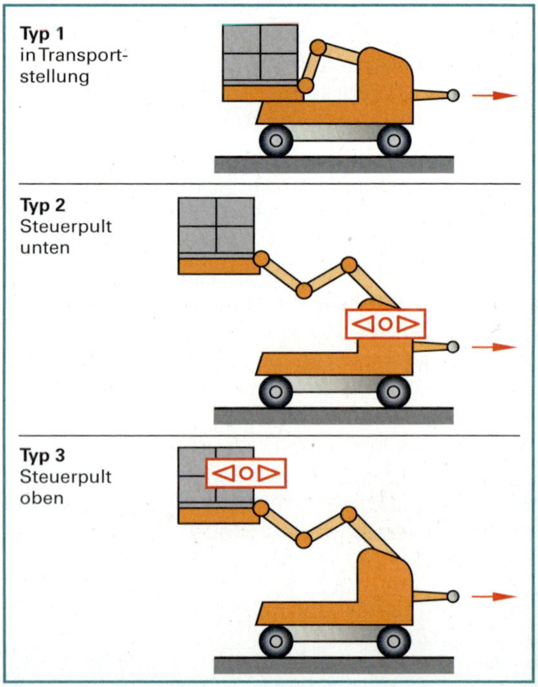


**Bild 3**: Verfahrbarkeit Typ 1-3

der Arbeitsbühne bei Ausfall des Antriebs vorhanden ist. Eine eindeutige **Kennzeichnung** mit den betriebsrelevanten Angaben sollte in der Nähe der Steuerung gut erkennbar angebracht sein.

### Gefährdungsbeurteilung

In einer **Gefährdungsbeurteilung** muss vor Gebrauch die Auswahl der Hubarbeitsbühne, Sicherungsmittel und Schutzausrüstung der Bedienperson beurteilt werden. Zu berücksichtigen sind beispielsweise:

- Einsatzort: Bodenbelastbarkeit, Wind, Zufahrt, Emissionen
- Gefahr durch Umkippen: falsches Abstützen, Überlastung, Überschreiten zul. Reichweite, Schwingung, Hängenbleiben, Einhaken, Unebenheit des Untergrunds
- Herausschleudern: Peitschen- oder Katapulteffekt beim Fahren
- Quetschen: Hallendecke, Geländer zu Umgebung
- Herabfallende Gegenstände: Arbeitsmittel
- Absturz: Herausfallen über Geländer o. Ä.

### Bedienpersonen

Die Bedienperson von Hubarbeitsbühnen muss mindestens 18 Jahre alt sein, ihre Befähigung zur Bedienung in einer Unterweisung nachweisen und schriftlich beauftragt werden.

Darüber hinaus wird ein Nachweis zur körperlichen Eignung durch die arbeitsmedizinische Untersuchung „Fahr-, Steuer- und Überwachungstätigkeiten" und „Arbeiten mit Absturzgefahr" empfohlen. Für den Transport im Straßenverkehr ist außerdem ein für das Fahrzeug oder Gespann gültiger Führerschein erforderlich.

Die Bedienperson trägt die Verantwortung für den Einsatz der Hubarbeitsbühne. Dabei sind folgende Punkte zu beachten:

- Betriebstägliche Sicht- und Funktionsprüfung
- Aufstellung mit Vermeidung der Gefahren entspr. Gefährdungsbeurteilung
- Keine Gegenstände aufs Steuerpult legen
- Last überwachen
- Zul. Handkraft nicht überschreiten
- Geländer nicht besteigen
- Keine Leitern oder Tritte in der Arbeitsbühne verwenden

**Kennzeichnung von Hubarbeitsbühnen (HAB)**

- Firmenbezeichnung und Adresse
- Herstellungsland
- Typenbezeichnung
- Seriennummer
- Baujahr
- Eigenmasse (in kg)
- Nennlast (in kg)
- Zul. Personenzahl und Zuladung (in kg)
- Max. Handkraft (in N)
- Max. Windlast (in m/s)
- Max. Schrägstellung des Untergestells
- Angaben zu elektr./hydraul. Anschluss

**Unterweisung auf HAB nach DGUV**

**Zeitpunkte:**

- Erstunterweisung vor Beginn der Tätigkeit
- Wiederholungsunterweisung mindestens 1-mal jährlich und bei der Benutzung eines noch nicht verwendeten Typen oder bei Zuteilung einer neuen Arbeitsaufgabe

**Umfang und Inhalte:**

- Lehrgang nach DGUV Grundsatz 308-008
- Themen entsprechend den Gefährdungen (Quetschen, Umkippen, zul. Belastungen, geneigter Untergrund, Verfahren, Nutzung Auffanggurt, u. a.)
- Höhenrettung, Notablass, eingeklemmte Personen, Notfall-Übungen

Eingewiesene Personen erhalten einen Bedienerausweis mit der Eintragung der Bauarten, auf denen sie geschult wurden.

**Prüfung von Hubarbeitsbühnen**

**Bedienpersonen** müssen betriebstäglich eine Sicht- und Funktionsprüfung durchführen. Eine Dokumentation ist empfohlen.

**Betreiber** müssen die HAB sowie die zusätzlichen Rückhalteseile, Gurte und Verbindungsmittel jährlich durch eine befähigte Person (z. B. eine Fachfirma) prüfen lassen.

**Hersteller** prüfen die HAB vor der Inbetriebnahme und dokumentieren dies im Prüfbuch und mit einer CE-Erklärung

**Sachverständige** führen außerordentliche Prüfungen im Falle von Konstruktionsänderungen oder nach Unfällen durch.

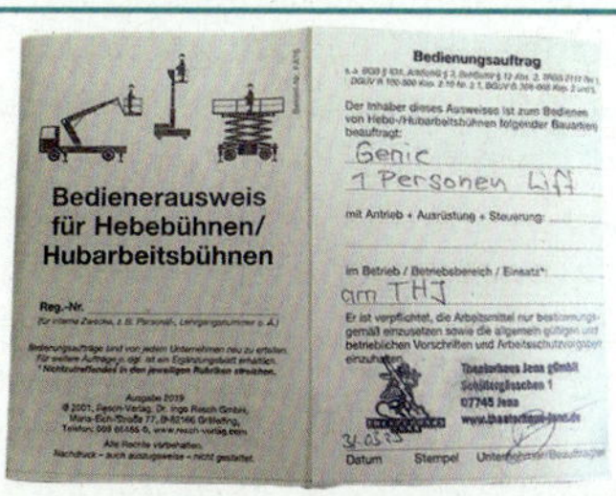


**Bild 1:** Bedienerausweis

## 5.2.7 Abwurfsysteme

Für das Entrollen oder Abwerfen von Vorhängen, mit Luftballons gefüllten Netzen oder ähnlichen Dekorationselementen werden Abwurfsysteme, auch genannt Kabuki-Systeme, verwendet. Es gibt elektrische, mechanische, pyrotechnische oder pneumatische Auslösetechnik, die zum Halten und zeitlich definierten Herabfallenlassen verwendet werden können. Bei Doppelfall-Systemen können bspw. Vorhänge erst entrollt und bei einer zweiten Auslösung abgeworfen werden. Wichtig ist, dass mehrere, manchmal sehr viele Hängepunkte zuverlässig zeitsynchron mit minimaler Reaktionszeit auf das Auslösesignal reagieren. Dabei können Elektromagnete zum Einsatz kommen, die im stromlosen Zustand eine Klemme zusammenhalten und durch einen elektrischen Impuls die Klemme öffnen **(Bild 1, links)**. Ähnlich können auch elektromagnetisch Bolzen eines Systems gezogen werden und eingehangene Ösen oder Schlaufen freigeben **(Bild 1, unten rechts)**. Beim Drehwellen-Prinzip wird eine Welle mit vielen Haken gedreht und ermöglicht das gleichzeitige Herunterrutschen der Ösen von den Haken **(Bild 1, oben rechts)**. Eine einfache Variante ist es, die Ösen eines Vorhangs mit spezieller Seilschlaufentechnik zu befestigen, sodass durch das Ziehen an einem Seil mehrere Punkte gleichzeitig gelöst werden. Bei elektrischen Systemen erfolgt die Ansteuerung häufig über elektrische Schaltsysteme, separate Funksteuersysteme oder per Ansteuerung über das DMX-Signal **(vgl. Kapitel 8.9.3)**. Bei allen Auslöse-Varianten ist es wichtig, dass kein unbeabsichtigtes Abwerfen möglich ist und die auslösende Person Einsicht auf die komplette Fläche unterhalb des Abwurfsystems besitzt.

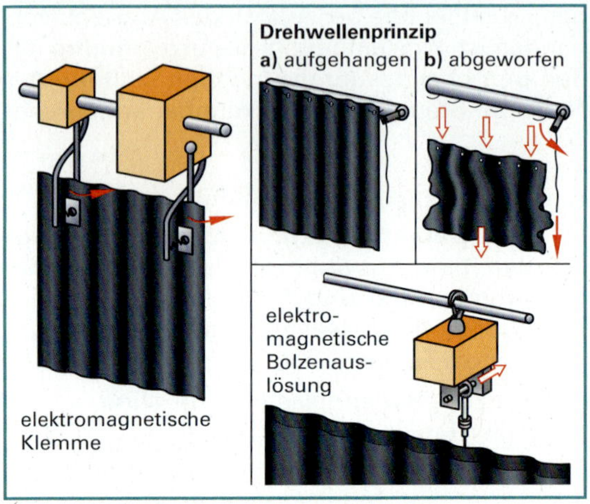


**Bild 1**: Beispiele von Abwurfsystemen

## 5.2.8 Vorhangschienen

Zum Bewegen von Vorhängen oder Dekorationen entlang einer Strecke werden Vorhangschienen verwendet. Dabei rollen Laufwagen in speziell geformten Metall-Profilen oder auf Rohren und Trägern. Die Schiene kann dabei mit Knebelschrauben oder Klemmsteinen unter Zügen an Prospektstangen oder Traversen, der Wand oder direkt an der Decke befestigt werden. Für manche Anwendungen können Prospektstangen direkt als Schienensystem ausgelegt sein. Mittels spezieller Kurvenstücke kann in angepassten Radien ein problemloser Lauf auch um Ecken und Kurven realisiert werden. Häufig werden Spezialprofile angeboten, die nicht nur die Führung des Laufwagens, sondern auch die Führung eines Seils zum Antrieb oder integrierte Stromlaufschienen für Schleifkontakte zur Versorgung von Antrieben oder Leuchtmitteln ermöglichen. Das Öffnen und Schließen des eingehangenen Vorhangs kann händisch direkt am Vorhang als sogenannte Schleuderschiene erfolgen. Alternativ können mit seitlichen Umlenk- und Gegenspannrollen eines Seilführungssystems die Laufwagen bewegt werden, was ein verdecktes Aufziehen des Vorhangs ermöglicht. Auch elektromotorische Antriebe können eingesetzt werden. Dabei werden für schwere Lasten auch Kettenantriebe mit Zahnradantrieb eingesetzt. Für einen gleichmäßigen Faltenwurf, bspw. für das Öffnen des Hauptvorhangs werden sogenannte Scherenzugsysteme eingesetzt. Bei jedem System sollten die Herstellerangaben zu den Lasten und die mögliche Traglast an den Anschlagpunkten berücksichtigt werden. Wird ein Vorhang beim Aufzug an der Seite stark gerafft, wird aus der Streckenlast eine ziemlich konzentrierte Einzellast.

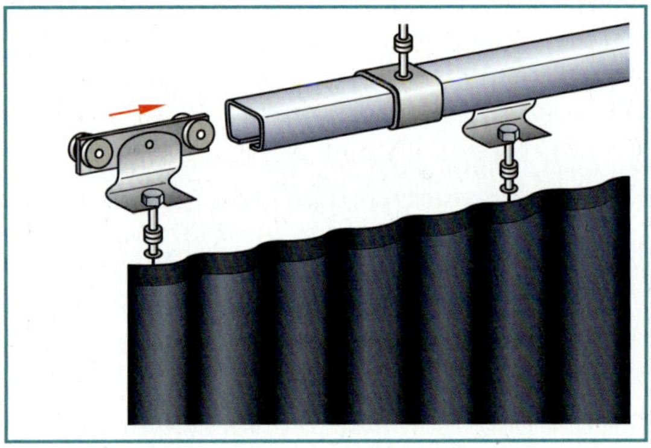

**Bild 2**: Schienensystem

## 5.3 Untermaschinerie

Alle maschinentechnischen Anlagen, die sich auf gleicher Höhe mit dem Bühnenniveau oder unterhalb des Bühnenniveaus befinden, werden der Untermaschinerie zu geordnet.

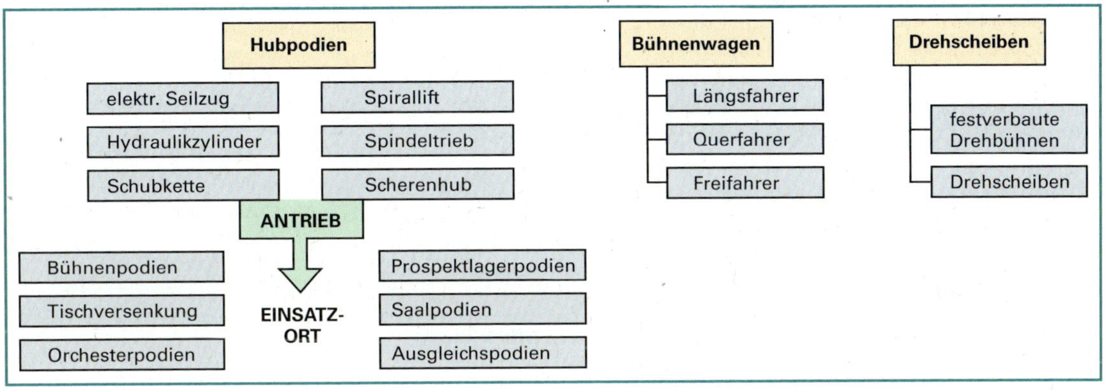


**Bild 1**: Übersicht über Untermaschinerie

### 5.3.1 Hubpodien

Um Teile der Bühnenfläche in der Höhe zu verfahren, werden verschiedene Formen von beweglichen Podienflächen verbaut, die ein Heben und Senken von Lasten, Darstellern, Dekorationen und Zuschauerbereichen ermöglichen. In Theatern sind sie meist fest im Bühnenboden eingebaut und werden durch Antriebe in der Unterbühne bewegt. Für mobile Bühnen und Veranstaltungsorte gibt es sie auch in modularen Systemen. Auch für effektvolle szenische Bewegungen in der Oper, im Musical oder der Konzertshow werden sie eingesetzt **(Bild 2)**. Eindrucksstarke Beispiele sind auf Podien verfahrbare Wasserbecken oder Eisflächen. In festen Häusern können mit Hubpodien auch Bühnenschrägen hergestellt oder die gesamte Topografie[1] des Saals angepasst werden.

**Bild 2**: Scherenhubpodium

Als Teil des Bühnenbodens müssen Podien im Stillstand eine Nutzlast von 500 kg/m$^2$ tragen. Werden sie für Zuschauerbereiche genutzt, sind es 750 kg/m$^2$ laut DIN EN 1991-1. Damit ergeben sich je nach Fläche sehr große Gesamtlasten für die Auslegung der Antriebe. Durch Gegengewichte können die Antriebsleistungen reduziert werden. Bei vielen nicht selbsthemmenden Antrieben und elastischen Tragmitteln (Seile, Ketten, Hydraulikzylinder) muss eine Verriegelung im Stillstand erfolgen. Häufig ist eine Verriegelung durch formschlüssige Verbindungen nur in bestimmten Raststellungen möglich. Dies wird auf das verwendete Abstufungssystem[2] angepasst. An den Übergängen zu nebenliegenden Podesten oder Bühnenkanten entstehen Scherkanten und ggf. Absturzkanten, die entsprechend gesichert werden müssen. Unter den Podestkanten gibt es häufig umlaufende Abweiser und Sensoren, die bei Widerstand das Podest zum Stillstand bringen. Unterschieden wird nach ortsfesten Antrieben und mitfahrenden Antrieben (Kletterantrieben). Zu bedenken ist, gerade bei szenischem Einsatz, die Schallemission durch den Antrieb und durch die bei der geführten Bewegung entstehende Reibung.

[1] Topografie = altgriech.: Ortsbeschreibung / Oberflächenbeschaffenheit; hier: Erhebungen der Oberflächen in Saal und Bühne

[2] Abstufungssystem: einheitliche Höhenschritte für in der Höhe einstellbare Podeste mit fester Stufung; z.B. 16 2/3 cm oder 20 cm pro Stufe; vgl. **Kapitel 5.5.3 Podeste**

### Antriebe von Hubpodien

Über **elektrische Seilzüge** lassen sich Podien in Seilen hängend und an den Seiten geführt antreiben **(Bild 1)**. Dazu wird häufig eine komplexe Seilführung über mehrsträngige Flaschenzüge verwendet. Zur synchronen Führung aller Ecken kann eine spezielle mechanische Seilführung oder ein Positionsabgleich der Ecken über eine elektronische Gleichlaufregelung eingesetzt werden. Im Stillstand bei Belastung müssen die Podien aufgrund der Seillängung verriegelt werden. Die Lastseile werden auf einer Seiltrommel auf- und abgewickelt, was nicht nur mit Elektromotoren, sondern auch vereinzelt mit hydraulischen Motoren erfolgt. Anstelle von Seilen können auch Ketten als Tragmittel eingesetzt werden.

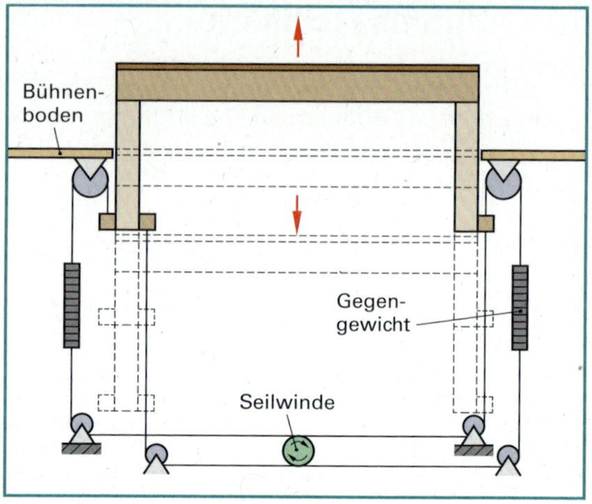


**Bild 1**: Hubpodium mit Seilzug

Mit einem **Hydraulikzylinder** können seitlich geführte Podien direkt gehoben und abgesenkt werden **(Bild 2)**. Dazu werden meist einfachwirkende Zylinder mit schwer entflammbarem Hydrauliköl geräuscharm und schnell durch eine Hydraulikpumpe oder einen Druckspeicher gefüllt und führen eine Linearbewegung aus. Das Herunterfahren kann durch das Eigengewicht erfolgen. Für große Hubhöhen oder geringere Bauhöhen können auch Teleskopzylinder eingesetzt werden. Die Synchronität kann mechanisch durch sogenannte Zylinderstromteiler erzeugt werden. Diese erzwingen einen gleichen Volumenstrom an jedem Hubzylinder. Alternativ kann eine elektronisch geregelte Flüssigkeitsfüllung mit Soll- und Ist-Wert-Erfassungen eingesetzt werden. Aufgrund der Kompression des Hydrauliköls unter Last ist auch hier eine Verriegelung im Stillstand nötig. Diese kann durch Verriegelungsbolzen oder durch reibschlüssige Bremsen mit Klemmköpfen erfolgen.

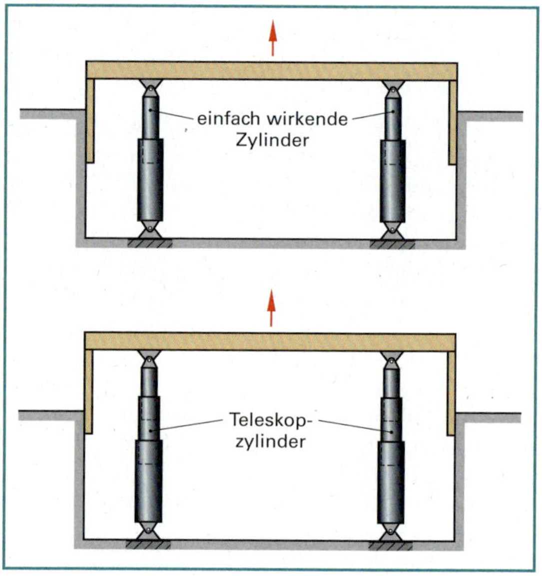


**Bild 2**: Hubpodium mit Hydraulikzylindern

Auf Druck belastbare **Schubketten**, deren Kettenglieder form- und kraftschlüssig ineinandergreifen, stapeln sich in einer Aufwärtsbewegung zu einer turmförmigen Hubsäule auf und können damit ebenfalls die Druckkraft zum Heben eines Podiums übertragen **(Bild 3)**. Dabei bleibt die Säule bei Belastung von oben biegesteif. Die Last muss jedoch durch Lager an den Seiten oder durch Scheren geführt werden, um ein seitliches Ausschlagen zu verhindern. Angetrieben wird die Linearbewegung der Kette durch ein rotierendes Kettenrad an einem Elektromotor. Die Kettenglieder können platzsparend in einem Magazin flach auf dem Boden gelagert werden. Dies ermöglicht eine flache Bauhöhe des Podiums.

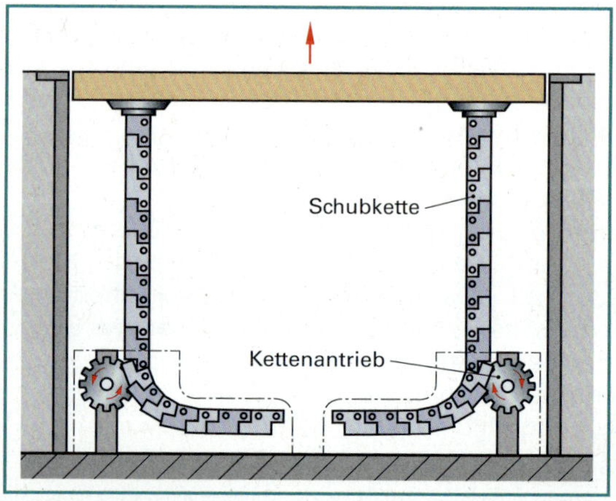


**Bild 3**: Hubpodium mit Schubkette

Bei einem **Spirallift**[1] wird mit einem Elektromotor durch eine Drehbewegung aus einem schraubenförmigen horizontalen und einem spiralförmigen vertikalen Band eine Säule geformt, die die Last emporhebt **(Bild 1)**. Beide Bänder greifen dabei während der Bewegung formschlüssig ineinander. Beim Absenken wird die Säule in ihre zwei Einzelbänder zerlegt und in einem Magazin unter dem Antrieb gelagert. Mit geringen Bauhöhen von ca. 60 cm können Hubhöhen von bis zu 8 m erreicht werden. Es ergeben sich stufenlose präzise Haltepositionen. Aufgrund der Selbsthemmung kann auf eine Verriegelung im Stillstand verzichtet werden. Jedoch muss auch hier eine zusätzliche Führung des Podiums erfolgen.

Mit einem **Spindeltrieb** wird durch auf Spindeln geführte Muttern mittels einer Rotation eine Bewegung erzeugt **(Bild 2)**. Das Podium muss hier ebenfalls seitlich geführt werden. Bei flachen, selbsthemmenden[2] Gewinde-Steigungen muss nicht im Stillstand gesichert werden. Bei der Bewegung entstehen große Reibungsverluste. Schnelle Bewegungen sind nicht möglich und es gibt eine starke Geräuschemission.

Bei einem **Scherenhubpodium** kann auf eine seitliche Führung in Schienen verzichtet werden. Durch eine aufklappende Schere wird eine Hubbewegung erzeugt. Die Schere führt die vertikale Bewegung und lässt kein seitliches Ausschlagen zu. Im zusammengeklappten Zustand benötigen Scherenhubpodien wenig Bauhöhe im Verhältnis zur Hubhöhe. Für höheren Hub können Doppelscheren und für lange Podien Tandemscheren verwendet werden **(Bild 3)**. Die Bewegung kann durch an der Schere angreifende Hydraulikzylinder, Linearmotoren oder Spindeln erfolgen oder durch direkt vertikal hebende Antriebe wie z. B. Schubketten und Spirallifte. Bei den direkt vertikal hebenden Antrieben ist die benötigte Kraft über den gesamten Hubweg konstant. Bei an den Scheren angreifenden Antrieben wird in flachen Stellungen viel Kraft benötigt und mit steigender Höhe immer weniger **(Bild 4)**. Sogenannte Scherenhubtische werden für mobile Einsätze als transportable Komplettsysteme angeboten, deren Form eine Montagekompatibilität mit Gerüstsystemen oder anderen Bühnenbausystemen bietet.

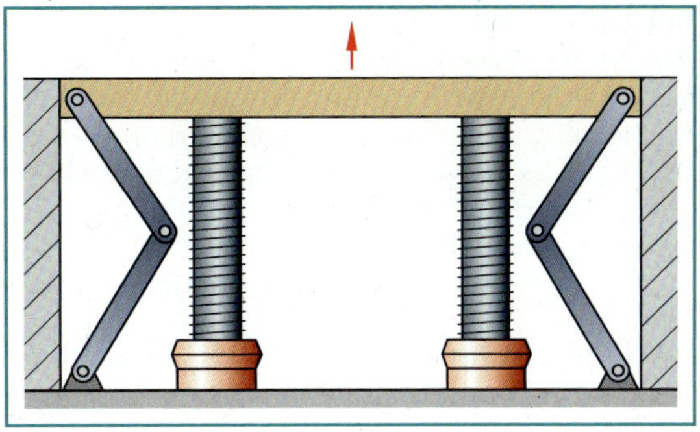

**Bild 1**: Hubpodium mit Spirallift

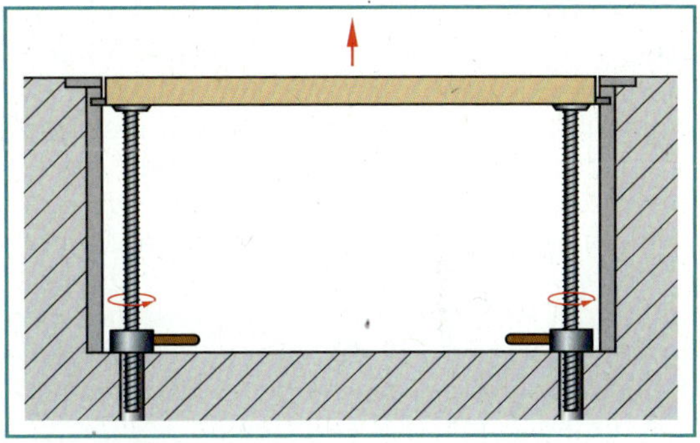

**Bild 2**: Hubpodium mit Spindelantrieb

**Arten von Spindelantrieben**

**Hubbewegte Spindel:** Antrieb ortsfest; Spindel wird in ihrer Höhe bewegt

**Ortsfeste Spindel:** Spindel ortsfest; Antrieb dreht mitfahrend die Mutter

**Hubbewegte Mutter:** Antrieb ortsfest; Mutter wird in die Höhe bewegt

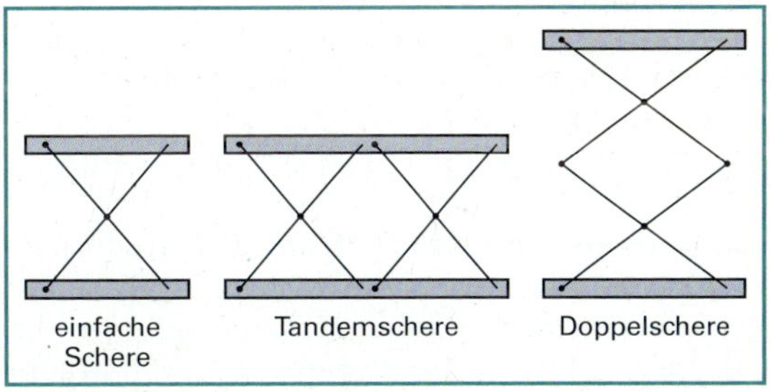


**Bild 3**: Scherenhubpodien

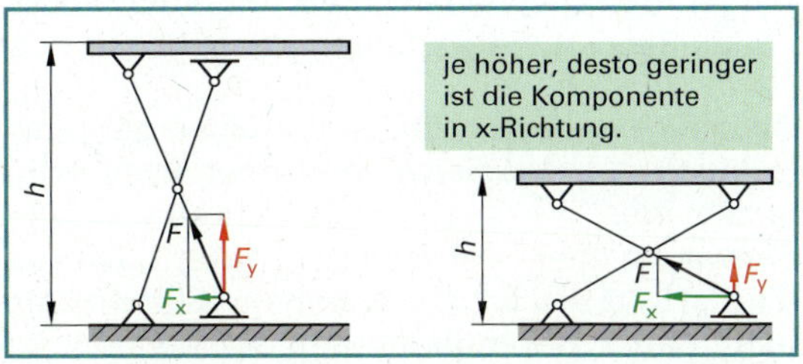


**Bild 4**: Kräfte beim Scherenhub

[1] Auch „Faltspindelantrieb" genannt
[2] Selbsthemmende Gewinde: Bewegung von Mutter und Spindel ohne äußere Krafteinwirkung zur Drehung nicht möglich

### Einsatzorte von Hubpodien

**Bühnenpodien** nennt man die meist rechteckigen, parallel zur Bühnenkante in der Bühnenfläche verbauten Podien (**Bild 1**). Häufig werden mehrere hintereinander oder schachbrettartig über die Bühne verteilt verbaut. Es gibt schrägstellbare Bühnenpodien zum Herstellen einer Bühnenschräge. Man spricht dann von einem „neigbaren Gedeck“. Auch ist eine Ausführung als Doppelstockpodium möglich, mit einem unteren Primärpodium und einem oberen Sekundärpodium.

Als Versenkeinrichtung wird die **Tischversenkung** eingesetzt, welche aus einem Tafelelement im Bühnenboden besteht, mit dem Gegenstände oder Personen verschwinden oder erscheinen können. Da diese Podien oft zur **Personenversenkung** eingesetzt werden, sollten Scherkanten besonders gesichert werden, die Schächte verkleidet sein und eine Überwachung der Bewegung durch die steuernde Person möglich sein. Häufig können die Systeme ortsvariabel unter verschiedenen Bühnenklappen temporär installiert werden.

**Orchesterpodien** entsprechen im Grundriss meist dem Orchestergraben und befinden sich im Bereich der Vorbühne, um je nach Besetzung und Position des Orchesters die Orchestergrabenhöhe anzupassen (**Bild 2**). Komplett hochgefahren erzeugen sie auf Niveau des Zuschauerraums eine ebenerdige Vorbühne oder auf Höhe der Bühne eine bespielbare Vorbühne innerhalb des Zuschauerraums vor dem Bühnenvorhang.

**Prospektlagerpodien** sind sehr lange schmale Podien zum Lagern von aufgerollten Prospekten, die oft mehrstöckig ausgeführt sind (**Bild 3**).

**Saalpodien** befinden sich im Zuschauersaal und können zum Herstellen von speziellen Zuschauersituationen oder Spielsituationen im Zuschauerraum benutzt werden (z. B. Parkettpodien, **Bild 4**). Das ermöglicht variable Abstufungen der Zuschauerreihen und auch ebenerdige Bestuhlungsvarianten.

**Ausgleichspodien** besitzen nur einen geringen Hubweg zum Ausgleich von Höhenniveau-Unterschieden, die durch das Verfahren von Bühnenwagen oder Drehscheibenkassettenwagen **(Kapitel 5.3.2 und 5.3.3)** entstehen. Sie werden häufig an den Seiten, an der Vorder- oder an der Hinterkante der Bühne verbaut (**Bild 5**).

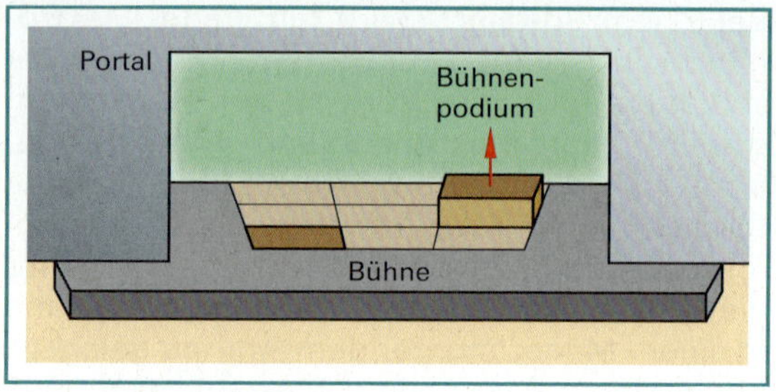


**Bild 1**: Bühnenpodien

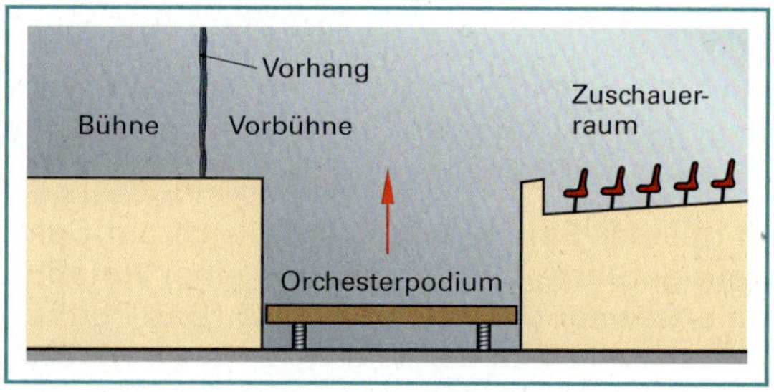


**Bild 2**: Orchesterpodien

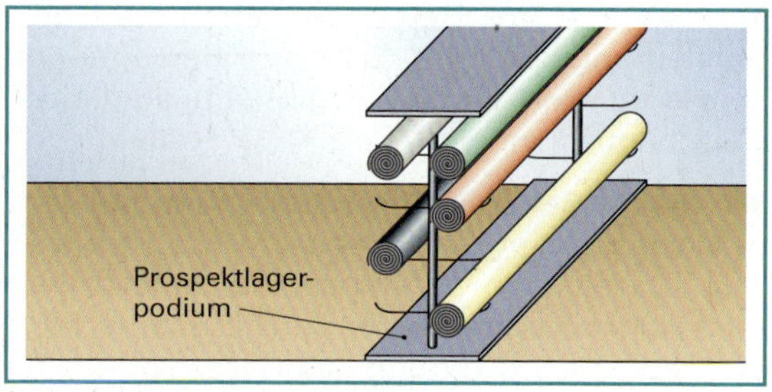


**Bild 3**: Prospektlagerpodien

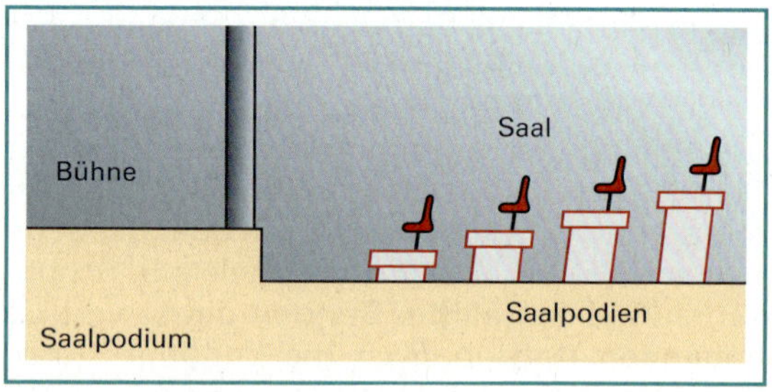


**Bild 4**: Saalpodien

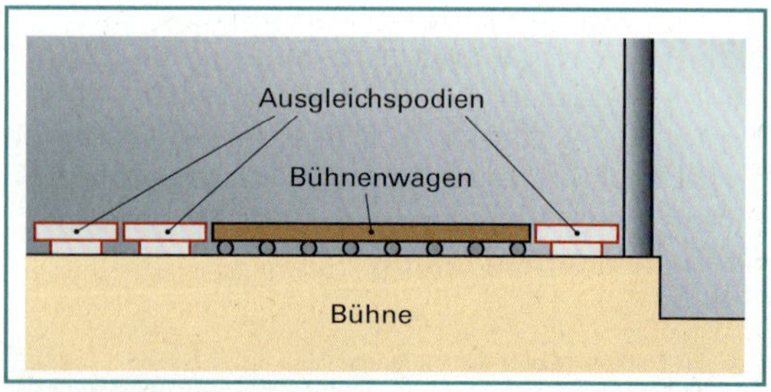


**Bild 5**: Ausgleichspodien

## 5.3.2 Bühnenwagen

Bühnenwagen sind horizontal bewegliche Plattformen zum Bewegen verschiedener Lasten auf Bühnen. Sie bestehen meist aus zum restlichen Bühnenaufbau system- und höhenkompatiblen flachen Podesten oder Kisten mit rechteckigem Grundriss, unter denen sich verschiedene Rollenkonfigurationen befinden. Einsätze sind sowohl bei szenischen Verwandlungen als auch beim Aufbauen möglich. In festen Häusern werden häufig Wagen mit festen Fahrtrichtungen entlang fester Wege über Schienen bewegt eingesetzt. Dabei können auch Öffnungen am Boden von abgesenkten Podien durch Brückenwagen überspannt werden. Unterschieden wird entsprechend ihrer Geometrie und Fahrbewegung zur Bühnenausrichtung. **Seitenbühnenwagen** (Längsfahrer) bewegen sich in Längsrichtung von der Seitenbühne auf die Hauptbühne. **Hinterbühnenwagen** (Querfahrer) bewegen sich in Querrichtung. Für komplexe oder freie Fahrwege werden **Freifahrer** (frei bewegliche Bühnenwagen) eingesetzt. Sie ermöglichen einen schnellen Umbau bei Shows und Konzerten, bspw. als Drumriser[1], ohne feste Wege einhalten zu müssen **(Bild 1)**.

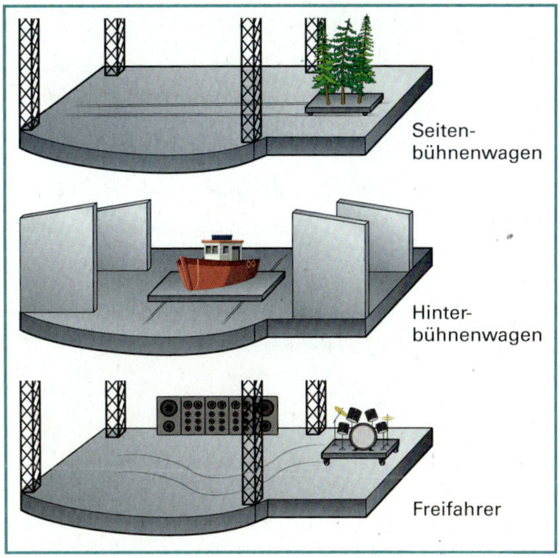


**Bild 1**: Arten von Bühnenwagen

Zur Führung der Fahrbewegung werden bei Bühnenwagen mit fester Richtung häufig Spurkranzrollen auf Schienen oder Bockrollen mit einer separaten Führungsschiene verwendet **(Tabelle 1, Seite 134)**. Bei frei beweglichen Wagen können Schwenkrollen oder Schwenkrollensätze[2] zum Einsatz kommen. Häufig werden auch Steckfuß-Podestplatten durch Rollen zu Transportwagen umgenutzt. Die Last muss immer über eine ausreichend große Anzahl von Rollen abgetragen werden, um eine Überlastung der Einzelrollen und des Bühnenbodens **(Flächenpressung, vgl. Kapitel 6.5.1)** durch zu hohe einzelne Punktlasten zu vermeiden. Rollen können mit Feststellern für Richtung und Bewegung ausgestattet sein. Ist das Abbremsen von Wagen nicht über den Antrieb möglich, kann es durch Bremseinrichtungen an den Rollen erfolgen.

Zum **Antrieb** können die Bühnenwagen händisch geschoben oder gezogen werden, wobei Seile ggf. mit Umlenkungen einen für das Publikum unsichtbaren Antrieb ermöglichen. Außerdem existieren motorische Antriebe: direktangetriebene Reibräder im Wagen, Ketten und Schubketten unterhalb der Bühnenoberfläche oder im Bühnenboden gelagerte Zahnräder.

*Selbstfahrer* mit Elektromotor können über Akkus oder Schleppkabel versorgt werden. Sie können frei gesteuert oder programmiert betrieben werden. Programmierungen erfolgen entlang von Schienen, induktiven Spurführungssystemen, optischen Markierungen oder durch Raumkoordinaten. Bei Bühnenwagen mit Reibradantrieb sollten die Einwirkungen auf den Untergrund und der eventuelle Abrieb bedacht werden. Auf bemalten Bühnenböden, Bodentüchern, gedruckten Folien etc. werden eventuell Spuren hinterlassen oder der Belag wird zerstört. Zu glatte Oberflächen, besonders in Verbindung mit Feuchtigkeit, können zu großem Schlupf zwischen Reibrad und Boden und somit zu einer schlechten Kraftübertragung des Antriebs führen.

Durch Kopplung von angetriebenen freifahrenden Bühnenwagen mit anderen freibeweglichen Wagen lassen sich große Flächen bewegen oder mit entsprechenden Formteilen, Bühnenwagen zu Drehscheiben **(Kapitel 5.3.3)** kombinieren. Für komplexe Verwandlungen und szenische Vorgänge können Hubpodien in Bühnenwagen integriert sein, um horizontale und vertikale Bewegungen in einem Bühnenelement zu realisieren.

[1] Drumriser = engl. „Schlagzeugerhöhung"
[2] Schwenkrollensätze = ugs. „Turtles"

**Tabelle 1:** Räder und Rollen

**Radform im Querschnitt**

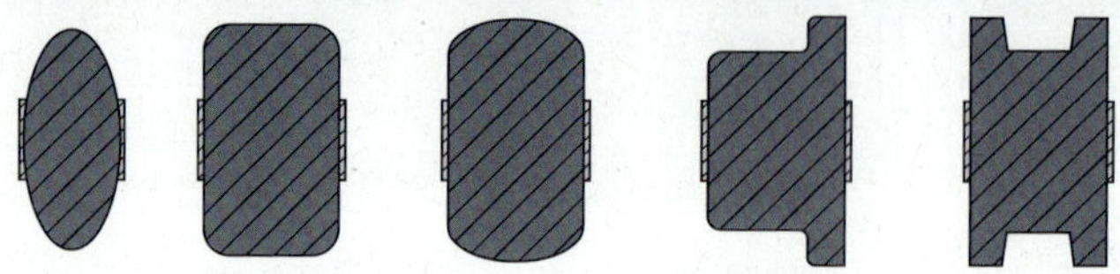

Skater | flache Rollen | ballige Rolle | Spurkranzrolle | Laufrolle

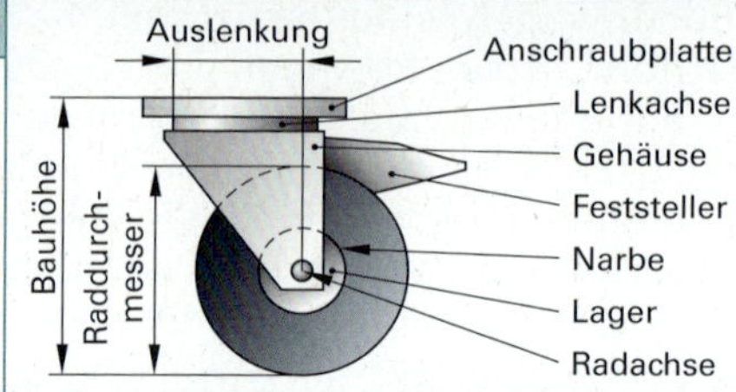


**Rollenarten (Rolle = Rad + Gehäuse)**

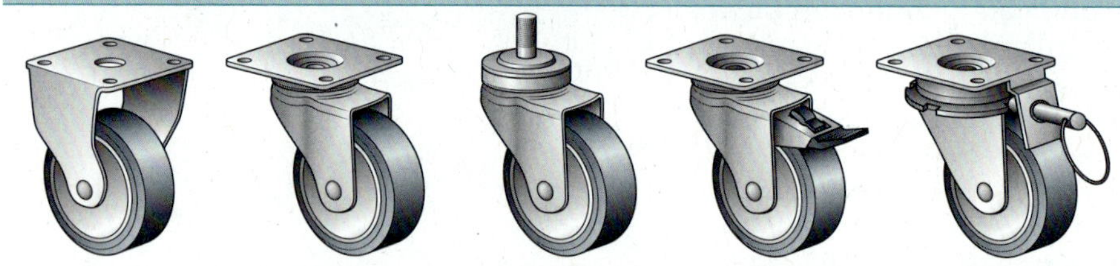

Bockrolle | Lenkrolle mit Anschraubplatte | Lenkrolle mit Rückenlochbefestigung | Lenkrolle mit Bremse | Lenkrolle mit Richtungsfeststeller

**Feststeller**

- Radbremse (hemmt Rollbewegung)
- Richtungsfesteller (hemmt Lenkbewegung)
- Totalfesteller (hemmt Rollbewegung und Lenkbewegung)

**Spezielle Bauformen**

Schwenkrollensatz mit Drehteller (ugs. „Turtles")

Doppelrolle

Heberolle

**Hinweis:**

Bei der Ermittlung der Traglast von Rollen, sollte für einen Bühnenwagen mit bspw. 4 Rollen, die Gesamtlast durch 3 geteilt werden. Bei unebenen Böden, kann kurzzeitig 1 Rad in der Luft ohne Last sein und sich die Gesamtlast auf 3 Rollen aufteilen.

## 5.3.3 Drehscheiben

Eine **Drehscheibe** ist eine meist kreisförmige Bühnenfläche, die um einen zentralen Punkt gedreht werden kann **(Bild 1)**. Sie wird für Verwandlungen und Bewegungseffekte, verschiedene Ansichten auf Bühnenbilder, den Wechsel zwischen verschiedenen Bühnenaufbauten und viele andere visuelle Effekte genutzt. So können mehrere Dekorationen oder Raumausschnitte auf einer Hälfte oder einem Drittel aufgebaut werden und je nach Drehscheibenstellung über angrenzende Seitenwände dem Publikum Einsicht in verschiedene Räume geben. Die Darstellung von Laufbewegungen auf drehender Scheibe, bei welcher der Darsteller aber im sichtbaren Portalausschnitt bleibt, kann die Überlagerung von Relativbewegungen als optische Täuschung nutzen. Für Konzerte in Stadien und Arenen kann eine zentrale Bühneninstallation mit einer Drehscheibe eine eindrucksvolle 360°-Show für ein rundherum angeordnetes Publikum ermöglichen. Eine Herausforderung stellt oft die Strom- und Datenübertragung auf eine durchgängig drehende Bühne dar. Dazu können Schleifkontakte, Drehdurchführungen, Funk oder induktive Übertragungssysteme genutzt werden.

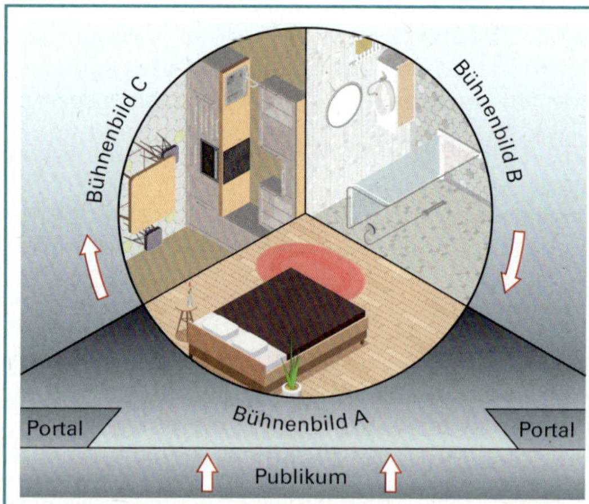


**Bild 1**: Verwandlung durch Drehung

Für die Drehbewegung mit Personen und für auf- und abtretende Personen sind die Grenzwerte für Bewegungen einzuhalten (Seite 138).

Moderne Steuerungssysteme sowie kleine Antriebe und Energiespeicher ermöglichen komplexe Bewegungen mit Drehscheiben aus mehreren gegeneinanderlaufenden Ringen mit integrierten Hubpodien oder ein Anheben und Absenken des kompletten Drehbereichs oder der Segmente.

Von einer **Drehbühne** wird gesprochen, wenn die Drehscheibe eine fest im Bühnenboden verbaute Einrichtung ist. Oft besitzen Drehbühnen Versenkklappen, eingebaute Podien oder je nach Größe auch integrierte kleinere Drehscheiben. In Häusern mit einer fest eingebauten Bühnenschräge werden auch die Drehscheiben im entsprechenden Winkel verbaut, was eine Herausforderung für den Dekorationsbau auf der Scheibe darstellt.

Der **Aufbau** einer Drehscheibe wird auf den Einsatz und die Belastung angepasst. Häufig wird auf einer Metallunterkonstruktion aus mehreren Segmenten ein Holzbelag eingelegt oder aufgeschraubt. Die Metallkonstruktion lagert auf vielen Laufrollen, welche mit konzentrischen[1] Achsen symmetrisch um den Mittelpunkt der Scheibe verteilt sind **(Bild 1)**. Fest verbaute Drehbühnen benutzen häufig ein tragendes Drehzentrum, den sogenannten Königsstuhl, welcher als Führung der Kreisbewegung und zur Aufnahme der Hauptlast dient. Rollen am Rand laufen auf einer Schiene und tragen den Außenbereich. Bei mobil einsetzbaren Drehscheiben werden häufig unter der gesamten Fläche tragende Rollen verbaut, die direkt auf dem Boden oder auf Schienen laufen. Mit einem Zentrierzapfen wird dann lediglich die Führung in der Mitte gewährleistet. Wichtig sind eine möglichst gute Laufruhe und wenig Schallemission bei der Bewegung. Als Nutzlasten werden für Drehbühnen als Teil des Bühnenbodens im Stillstand 500 kg/m² und für den bewegten Zustand 250 kg/m² angesetzt.

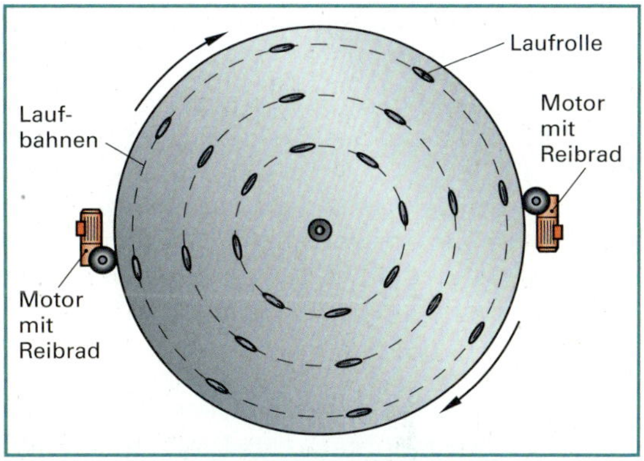


**Bild 1**: Drehscheibe mit konzentrischen Laufrollen

**Bild 2**: Drehscheibenantrieb mit Stahlseil

Als **Antrieb** werden viele unterschiedliche Konzepte eingesetzt. Es gibt ortsfeste oder mitfahrende Antriebe. Für fest installierte Drehbühnen werden häufig Elektromotoren eingesetzt, die über ein reibschlüssig laufendes Seil die Drehbewegung auf eine Treibscheibe übertragen **(Bild 2)**. Mitunter werden nach demselben Prinzip auch Stahlgelenkketten verwendet. Seltener werden Zahnradantriebe verbaut, die die Bewegung auf ein an der Drehscheibe befestigtes umlaufendes Zahnrad übertragen, da dabei durch Zahnspiel und anschlagende Zahnflanken größere Laustärken entstehen. Für mobil eingesetzte Drehscheiben, aber auch für feste Drehbühnen werden Reibradantriebe genutzt. Dabei übertragen spezielle Gummiräder die Drehbewegung eines Elektromotors reibschlüssig auf die Außenseiten der Drehscheibe. Wichtig dabei ist eine symmetrisch gegenüberliegende Anordnung der Antriebe, um einseitige horizontale Kräfte auf die Drehachse durch den hohen Anpressdruck zu vermeiden. Antriebe mit Reibrad können auch mitfahrend in der Drehscheibe installiert sein und den Reibschluss direkt auf den Untergrund herstellen. Hierbei ist die Empfindlichkeit des Untergrunds zu beachten, um Zerstörung oder Spuren zu vermeiden.

Mobile Systeme sind zur Lagerung meist in Einzelteile zerlegbar und können über erweiterbare Module im Durchmesser variiert werden. In festen Häusern können Drehscheiben in Drehscheibenkassettenwagen auf Seiten- oder Hinterbühnen geparkt oder an der Wand hochgezogen werden.

[1] Die Achsen sind auf den Mittelpunkt der Drehscheibe ausgerichtet. Die Räder rollen entlang einer Kreisbahn um den Mittelpunkt.

## 5.4 Steuerung maschinentechnischer Einrichtungen

Alle maschinentechnischen Einrichtungen, die Bewegungsvorgänge ausführen sollen, müssen gesteuert werden. Abgesehen von händisch betriebenen Einrichtungen handelt es sich dabei meist um elektrische Antriebe. Beeinflusst werden die Bewegungen der Antriebe, was im Bereich der Bühne meist hoch oder runter, seltener Drehung und Links- oder Rechts-Fahren bedeutet. In der Veranstaltungstechnik wird dabei in der Regel sprachlich nicht zwischen dem Steuern und dem Regeln (siehe Kasten rechts) unterschieden.

Je nach Einsatzzweck und erforderlicher Genauigkeit und Reproduzierbarkeit ist unterschiedliche Steuerungstechnik sinnvoll. Sollen lediglich Anlagen zum Auf- und Abbau in Position gebracht werden, sind geringere Anforderungen zu erfüllen als bei komplexen szenischen Bewegungen in Abhängigkeit der Bewegung von Darstellern einer Show. Unabhängig davon müssen Schutzeinrichtungen zur Sicherung von Gefahrstellen vorhanden sein.

Gefährliche Stellen werden von der Bedienperson überwacht und gefährdete Personen auf die Gefahren hingewiesen. Anweisungen zur Auslösung von Bewegungsvorgängen müssen gut wahrnehmbar und eindeutig gegeben werden.

**Steuerung und Regelung**

Steuerungen und Regelungen beeinflussen Ausgangsgrößen (z.B. die Temperatur), indem sie Eingangsgrößen (z.B. die Brennstoffzufuhr) verändern.

**Steuerungen** folgen dabei einer festen Gesetzmäßigkeit, wie beispielsweise einer zeitlichen Abfolge. Die Auswirkungen auf die Ausgangsgröße werden vom System nicht überwacht.

**Regelungen** messen dabei zusätzlich die Ausgangsgröße, vergleichen die Istwerte mit den Sollwerten und passen die Eingangsgröße daraufhin ständig an.

**Bild 1**: Steuerflasche

### Auf- und Abbau

Wird Maschinerie lediglich zum Einhängen und Bestücken mit Dekoration, Beleuchtungs- oder Beschallungstechnik in eine Montageposition gefahren und dann in die für die Show nötige Position, ist eine einfache, direkte Steuerung ohne Programmierung oder zielgenaue Anfahrt von Punkten ausreichend. Die Positionen werden von der Bedienperson auf Sicht, meist mit einer vom Hersteller eingestellten Geschwindigkeit, angefahren. Mitunter können Markierungen die Positionen mehr oder weniger genau erkennbar machen. Dazu werden sogenannte Steuerflaschen (**Bild 1**, auch genannt Hängetaster) verwendet, die über Drucktaster direkt den Arbeitsstrom der Anlage steuern. Die Bedienung begrenzt sich meist auf die Richtung und das Anhalten, manchmal kann auch die Geschwindigkeit beeinflusst werden. Die Bedienelemente sind meist robust ausgelegt und entsprechend ihrer Schutzklasse gegen Staub und Wasser geschützt, was sie für einen harten Tour-Alltag und für Outdoor-Veranstaltungen besonders geeignet machen. Mehrere Antriebe können über eine gemeinsame Steuerflasche, häufig im Primary/Secondary-Betrieb[1] angesteuert werden. Endschalter sind dabei nur für die antriebsinternen Grenzen gegeben. Kollisionen mit dem Gebäude oder anderen Einrichtungen müssen also durch die Bedienperson vermieden werden.

### Szenische Vorgänge

Wird Maschinerie für szenische Verwandlungen eingesetzt, müssen häufig komplexe Bewegungen mit sehr genau angesteuerten Punkten gut reproduzierbar gesteuert werden. Dazu eignen sich programmierbare Computersteuerungen. Diese müssen im Falle von szenischen Bewegungen mit Lasten über Personen der DGUV-Vorschrift 17 entsprechen. Die Bedienung erfordert ein erhöhtes Maß an Koordination und Absprache, sodass häufig Anweisungen entsprechend des Textbuchs auf Stichworte (Cues) durch eine Inspizienz per Funkgerät an die Bedienperson gegeben werden.

[1] Das als Primary angesteuerte Gerät gibt den Steuerbefehl an das als Secondary angesteuerte Gerät weiter; auch: Server/Client-Betrieb oder Main/Replica-Betrieb; früher: Master/Slave-Betrieb

In festen Veranstaltungsorten ist häufig eine Vielzahl von Geräten der Unter- und Obermaschinerie gleichzeitig zu bedienen, welche idealerweise zentral von einem Ort aus zu steuern ist. Hierzu werden Computer in einem Steuerpult verwendet, die sich an einem Ort mit kompletter Einsicht der Bühne befinden und über Datenkabel mit den Schaltschränken verbunden sind **(Bild 1)**. Von diesen werden dann die einzelnen Antriebe geregelt, welche sich, entsprechend ihres Einsatzortes, im gesamten Bühnenhaus verteilt befinden können.

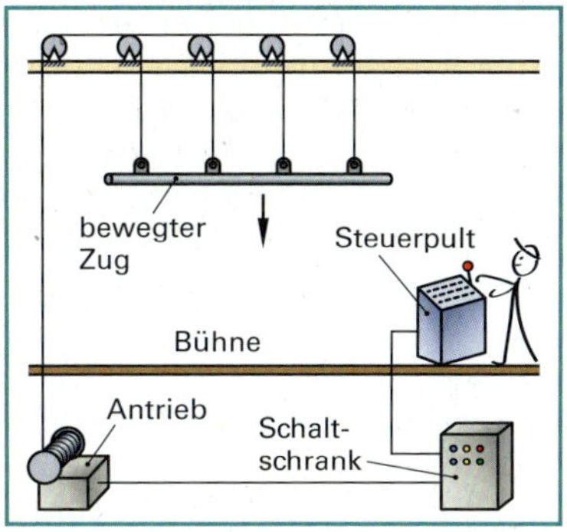


**Bild 1**: Anordnung der Steuerung im Bühnenhaus

In der Steuersystematik der Software werden Zielkoordinaten, Geschwindigkeiten oder Zeiten für die ausgewählten Maschinen durch die Bedienperson vorgegeben. Die Software regelt dann entsprechend des Signales des zugewiesenen Bedienhebels die Bewegung.

Die programmierten Bewegungen können in Verwandlungen zusammengefasst und in einzelnen Szenen abgespeichert werden. Als fest programmierte und abgespeicherte Show können alle Bewegungsabläufe genau reproduziert und Zielpunkte immer wieder sehr genau angefahren werden. Es werden jedoch keine kompletten Bewegungsabläufe derart gespeichert, dass sie vom Computer in einer bestimmten Zeit abgefahren werden. Sondern das Starten und Beenden von einzelnen oder verknüpften Bewegungen passiert in Abhängigkeit des individuellen Fortschreitens der Show und der Geschwindigkeit der Darsteller. Die Bedienperson muss auf die variierenden zeitlichen Abläufe reagieren.

**Bild 2**: Steuerpult

**Steuerpult**

Ein Steuerpult **(Bild 2)** muss die Möglichkeit bieten, mit zwei Händen viele Antriebe gleichzeitig zu steuern. Die Eingabe erfolgt über einen Touchscreen oder eine Computertastatur für die zu programmierenden Werte und für die Auswahl der programmierten Szene. Über zwei (manchmal vier) Bedienhebel kann die Bewegung stufenlos gesteuert werden. Die Hebel können beim Speichern den ausgewählten Verwandlungen zugewiesen werden und steuern über die Auslenkung aus der Nulllage die Richtung und Geschwindigkeit. Zudem gibt es häufig pro Bedienhebel einen daneben angeordneten Fader **(Bild 3)** zur manuellen Steuerung der Grundgeschwindigkeit.

**Bild 3**: Bedienhebel eines Steuerpults mit Fader

**Person am Steuerpult**

Die Bedienperson muss eine eingeleitete Bewegung jederzeit unterbrechen können. Nach dem Loslassen muss der Hebel sofort in Nullstellung gehen. Dies wird auch als Totmannschaltung bezeichnet. Ausnahmen bilden Brandschutzvorhänge, deren Bewegung auch durch Brandmeldeanlagen ausgelöst werden kann, und sehr lang andauernde Bewegungen. Bei Letzteren muss der Totmanntaster während der Bewegung nicht dauerhaft, aber wiederholt gedrückt werden.

**Totmannschalter:**
Ein Schalter/Hebel hält sich nicht selbst, sondern geht nach dem Loslassen selbstständig in seine Nullstellung zurück.

Ist eine Einsicht auf die komplette Bewegung vom Pult aus nicht gegeben, müssen über Warnposten, Kameras, grafische Symbole oder Zahlwerte auf der Bedienoberfläche die Bewegungszustände nachvollzogen werden können. Häufig werden daher je nach Bühnenaufbau und Dekorationssituation ortsvariable Steuerstellen nötig. Das Steuerpult muss an verschiedenen Orten der Bühne ans Datenkabel angesteckt werden können.

Durch das hohe Sicherheitsrisiko beim Bewegen von Lasten über Personen und aufgrund der durch die Bewegung entstehenden Absturz- oder Quetschkanten liegt eine große Verantwortung bei der Bedienperson. Die Programmierung darf daher nur von unterwiesenen und sachkundigen Personen entsprechend der bestimmungsgemäßen Verwendung des Herstellers vorgenommen werden. Dabei ist der Grad der Qualifizierung entsprechend der Anforderung des Einsatzes zu bestimmen. In großen Theatern oder Opernhäusern werden Fachkräfte für Veranstaltungstechnik mit der entsprechenden Unterweisung und Sachkunde als Maschinisten zum Bedienen der Steuerpulte eingesetzt.

**Notendschalter:**
Zwangsgeöffneter Schalter, der bei Betätigung die Maschine stillsetzt. Die Bremsen müssen greifen.

**Not-Halt:**
Die Anlage bzw. der Vorgang wird angehalten, jedoch nicht die komplette Anlage spannungsfrei geschaltet. Nach Auslösung muss der Halt-Befehl bis zu einer Freigabe am Ort der Befehlseingabe erhalten bleiben.

**Not-Aus:**
Zum Schutz gegen elektrischen Schlag wird die Anlage spannungsfrei geschaltet.

**Endschalter:**
Abschaltung zum Einhalten von betriebstechnisch gegebenen Grenzen (Bsp.: voll abgewickelte Seiltrommel).

### Sicherheit

Für die Steuerung ist eine hohe funktionale Sicherheit gefordert, gerade wenn Elektronik sicherheitsrelevante Bereiche steuert. Das Sicherheitsrisiko durch Fehlfunktionen muss minimiert werden. Beim **Sicherheitsintegritätslevel** (SIL) entsprechend den Normen DIN EN 62061, EN 13849 und EN 61508 wird über die Gefährdungsbeurteilung die Stufe der nötigen Sicherheitsintegrität[1] bestimmt. Für Bühnensteuerungen wird meist Level 3 (SIL 3) verlangt, wobei SIL 4 der höchsten und SIL 1 der niedrigsten Anforderungsstufe an funktionaler Sicherheit entspricht. Das Level wird aufgrund der Einschätzung in der Gefährdungsbeurteilung zugeordnet. Es entspricht also einer zu erreichenden Eigenschaft der Steuerung, nicht einer Norm, die durch ein bestimmtes Gerät eingehalten werden muss.

Im Rahmen der Gefährdungsbeurteilung muss der Anlagenbetreiber alle möglichen Szenarien berücksichtigen und dokumentieren, die zu Gefährdungen führen können.

Beim möglichen Ausfall einzelner Komponenten wäre ein Beispiel für ein Worst-Case-Szenario ein Stromausfall, durch den ein in Bewegung befindliches System unmittelbar stoppt. Das Gesamtsystem muss auch dann in der Lage sein, ohne die möglicherweise regulär geplanten weichen Abbremsvorgänge die entstehenden dynamischen Kräfte aufzunehmen. Diese können geschwindigkeits- und masseabhängig deutlich über denen einer ruhenden Belastung liegen.

Es sind Redundanzen von Hard- und Software nötig, um bei Ausfall reagieren zu können. Ist durch ein Ausschalten der Computerebene beispielsweise kein geregelter Gruppenbetrieb mehr möglich, kann beispielsweise ein direkt gesteuerter Einzelbetrieb eine Redundanz bieten. Für den Havariefall müssen Notfallpläne erarbeitet werden, nach denen ggf. Personen aus der verfahrenden Position geholt werden können. Beispielsweise können bei Stromausfall die Bremsen von elektrischen Seilzügen über eine manuelle Bedienung *gelüftet* und der Zug mit geringer Geschwindigkeit auf Sicht abgelassen werden.

Notendschalter dürfen nicht als Betriebsendschalter benutzt werden.

Bei der Programmierung sind unvollständige Gruppenfahrten sowie Kollisionen, Überlastungen und unzulässige Geschwindigkeiten zu vermeiden. Die Software sollte Fehler erkennen, warnen und keine gefährdenden Bewegungen zulassen. Beim Erreichen von Grenzlagen durch Endschalter sollte eine automatische Abschaltung erfolgen, sodass bspw. kein Prospektzug an den Schnürboden stoßen kann. Die zulässige Geschwindigkeit von Antrieben oder die maximal zulässige Last darf nicht überschritten werden. Dies muss vom System sichergestellt werden. Beim synchronen Verfahren mehrerer Antriebe muss der gesamte Vorgang automatisch abgebrochen

[1] Integrität: (lat.) Fehlerlosigkeit, Makellosigkeit

werden, sobald Grenzwerte für einen einzelnen Antrieb der Gruppe überschritten werden. Ebenso muss eine automatische Brems- und Beschleunigungsregelung wirken, damit keine mechanischen Überlastungen durch zu ruckartiges Bremsen oder Beschleunigen entstehen. Beim Erreichen von programmierten Punkten muss über Verzögerung die Bewegung gebremst beendet und nicht schlagartig auf null geschaltet werden (Beschleunigungsrampe).

### Modi von Steuerpulten

Im **manuellen Modus**, der Grundbetriebsart, werden einzelne oder mehrere Antriebe einem Steuerhebel zugewiesen und mit diesem innerhalb der Betriebsgrenzen bewegt.

Im **Vorstellungsmodus** können alle vorprogrammierten Bewegungsabläufe über Bedienhebel schrittweise abgespielt werden. Geschwindigkeitsanpassungen sind möglich. Diese Bewegungssequenzen, die gestaffelt nach entsprechenden Zeit-, Positions- oder Wegvorgaben ablaufen, werden als Profilfahrten bezeichnet.

Im **Simulationsmodus** können Bewegungsabläufe virtuell auf dem Bedienpult abgespielt und anhand der Bedienoberfläche die Bewegungen nachverfolgt werden.

### Geschwindigkeiten bei Bewegungen

Als Teil der Forderung nach einem gefahrlosen Betrieb dürfen Bewegungsvorgänge nur mit angemessenen Geschwindigkeiten durchgeführt werden. Dazu sind entsprechend der DGUV-Information 215-310 folgende Richtwerte als Maximalwerte angegeben:

- 1,2 m/s ohne Personen,
- 1,0 m/s bei Drehscheiben mit Personen (ohne Zu- oder Abgang),
- 0,7 m/s bei Bühnenwagen, Laufbändern, Hubpodien und Versenkeinrichtungen mit Personen (ohne Zu- oder Abgang),
- werden 0,7 m/s für nebeneinanderliegende gegenläufige Versenkeinrichtungen überschritten, sind besondere Sicherungsmaßnahmen für die im Gefahrbereich befindlichen Personen zu treffen,
- 0,3 m/s für Bühnenwagen, Laufbänder und Drehscheiben mit Zu- oder Abgang von Personen während der Bewegung.

Ein Betreten von in Bewegung befindlichen Flächen darf nur von geeigneten, unterwiesenen und geübten Personen erfolgen. Versenkeinrichtungen dürfen nicht während der Bewegung betreten werden.

**Bild 1**: Betreten einer Drehscheibe

## 5.4.1 Betriebsarten von Antrieben

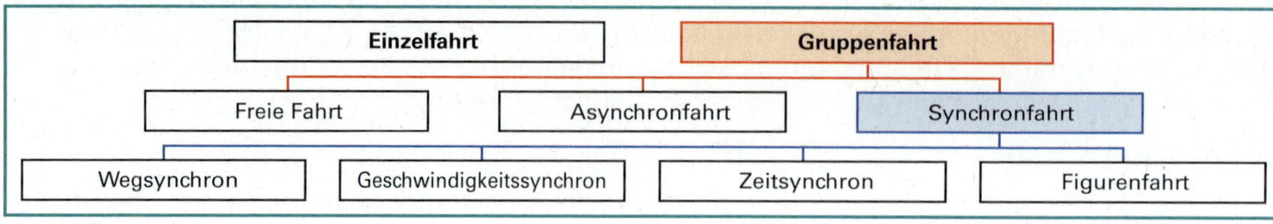


**Bild 1**: Übersicht über Betriebsarten von Antrieben

Antriebe können unabhängig voneinander oder auch gemeinsam in variablen Gruppen mit unterschiedlichen Geschwindigkeits-, Weg- oder Zeitvorgaben gesteuert werden **(Bild 1)**. Bei sogenannten **Einzelfahrten** wird mit einer Steuerbewegung nur ein einziger Antrieb bewegt und dessen Bewegung über den gesamten Weg mit Start, Bewegung und Ende manuell gesteuert. In einer **Gruppenfahrt** werden mehrere Antriebe mit einem Bedienhebel gleichzeitig betrieben. Gruppenfahrten sind meist nur mit programmierbaren maschinellen Antrieben gut reproduzierbar. Die wichtigsten Gruppenfahrten für Verwandlungen auf der Bühne werden unterteilt in:

**Freie Fahrt auf Sicht (FRS[1])**

Ein oder mehrere Antriebe werden ohne programmierte Ziel-, Zeit- oder Geschwindigkeitsvorgabe „auf Sicht" an eine Position gefahren. Grenzen sind hierbei nur durch die Sicherheitsgrenzen und die Endlagen bzw. die Maximalwerte der Anlage und durch den Bühnenraum gegeben.

**Asynchronfahrt (ASY[2])**

Dies ist eine Bewegung aller Antriebe der Gruppe mit der vom Bediener jeweils zugeordneten Geschwindigkeit. Es gibt einen gemeinsamen Start ohne gegenseitige Abhängigkeit oder Beeinflussung. Die Regelung erfolgt durch Vergleich von Soll- und Ist-Zuständen der einzelnen Antriebe. Sie erreichen ihre Zielpositionen früher oder später, je nach der zurückzulegenden Wegstrecke. Die Fahrt wird entweder mit einem Hebel oder bei Erreichen eines Zieles gestartet und gestoppt.

**Synchronfahrt**

Werden mehrere Antriebe in einer Gruppe nach programmierten Begrenzungen in Weg, Geschwindigkeit oder Zeit gefahren, ergeben sich sogenannte Synchronfahrten. Wichtig ist dabei eine Überwachung der voneinander abhängigen Betriebszustände und Gleichlauftoleranzen. Synchronfahrten erfolgen grundsätzlich mit Gruppenschaltung aller beteiligten Antriebe unter Abgleich der jeweiligen Soll- und Ist-Zustände. Eine Unterscheidung erfolgt nach der Art der Synchronität:

**Wegsynchrone Fahrt (WSY[3]):** Alle Züge der Gruppe legen in derselben Zeit denselben Weg zurück und halten dabei denselben Abstand zueinander. Die wegsynchrone Fahrt ist wichtig bei starren Dekorationsteilen, die durch mehrere Züge gleichzeitig bewegt werden.

**Geschwindigkeitssynchrone Fahrt (VSY[4]):** Die Züge der Gruppe bewegen sich mit gleicher Geschwindigkeit, starten und enden aber nicht unbedingt zur gleichen Zeit. Auch die zurückgelegte Wegstrecke der einzelnen Züge kann sich unterscheiden.

**Zeitsynchrone Fahrt (TSY[5]):** Die Züge der Gruppe bewegen sich innerhalb derselben Zeit, mit gleicher Start- und Endzeit. Die Geschwindigkeit, der Weg und die Bewegungsrichtung können dabei variieren, wie beispielsweise beim Schrägstellen eines Plafonds[6].

**Figurenfahrt:** Bei komplexen, zusammengesetzten Bewegungen der Züge innerhalb einer Verwandlung können Züge oder Gruppen mit verschiedenen Geschwindigkeiten in verschiedene Richtungen fahren und z.B. Wellen- oder Wasserfallbewegungen ausführen. Die Bewegungen sind miteinander verkettet und bilden aufwändige, optisch interessante Verwandlungsbilder. Während der Fahrt können sich Geschwindigkeit, Beschleunigung und Fahrtrichtung der Züge und Gruppen ändern.

[1] **FRS: Fr**eie Fahrt auf **S**icht [2] **ASY: asy**nchronous [3] **WSY: w**ay **sy**nchronous [4] **VSY: v**elocity **sy**nchronous [5] **t**ime **sy**nchronous
[6] Plafonds sind Dekorationsteile in Form eines Dachs

# 5.5 Bühnentechnische Flächen und Aufbauten

## 5.5.1 Vorhänge

Textile Materialien in allen Formen werden, seitdem es Veranstaltungen gibt, zur Dekoration und zur funktionalen Abtrennung von Bühnen- und Zuschauerräumen verwendet.

Als **Bühnenvorhang**, also als Hauptvorhang zum Abtrennen des Zuschauerraums von der Bühne, wird traditionell schwerer Samt genutzt.

Historisch weit zurückreichend sind **Prospekte** als gut transportable und schnell zu wechselnde Hintergrunddekorationen aus bemalten Baumwollstoffen, wie Nessel oder Rohnessel, im Einsatz. Daraus weiterentwickelt werden bei Konzertveranstaltungen häufig **Backdrops** aus bedruckten Molton-Stoffen oder Planen eingesetzt. Bei einem Prospekt werden meist naturalistische Illusionen von Landschaften, Häusern oder anderen Orten als zweidimensionale Dekorationen gemalt. Backdrops werden normalerweise für Logos oder Bandnamen bei Konzerten genutzt. Der Begriff Prospekt kommt aus dem Theaterbereich, während das Wort Backdrop aus dem englisch geprägten Veranstaltungsbereich stammt.

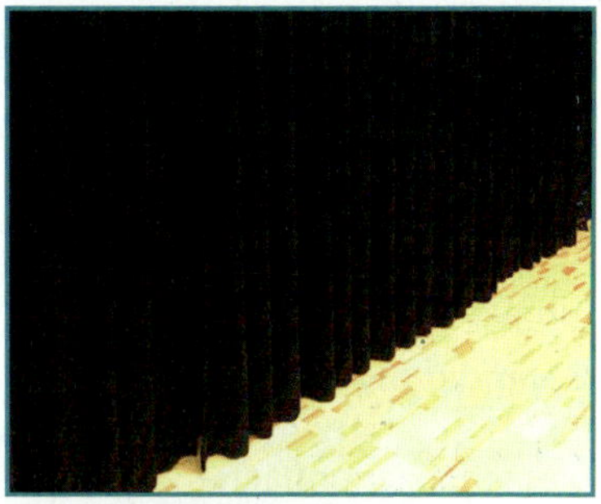

**Bild 1**: Bühnen-Molton

Um Gegenstände, Einsichten und Bühnenbereiche zu verhüllen oder neutral zu gestalten, wird der klassische Bühnen-Molton (300 – 320 g/m$^2$) oder Deko-Molton (160 g/m$^2$) als **Sichtschutzvorhang**, **Trennvorhang** oder **Deckvorhang** eingesetzt **(Bild 1)**.

**Bild 2**: Schals

Zum Beeinflussen der Raumakustik, zum Schallschutz oder zum akustischen Abtrennen von Bereichen werden gummierte und mehrschichtige **Akustikvorhänge** eingesetzt. Sollen lediglich im oberen Bereich der Bühne Traversen oder andere technische Anlagen verdeckt werden, kommen **Soffitten** zum Einsatz, die als breite, flache Vorhänge die Einsicht nach oben in die Bühnendecke begrenzen. Zum Bilden von Gassen oder schmalen, verdeckten Bereichen am seitlichen Rand der Bühne werden schmale hohe **Schals** verwendet **(Bild 2)**. Auf mobilen Bühnen, gerade im Outdoor-Bereich, wird als **Bühnenverkleidung** großflächig Gaze (Mesh)[1] benutzt **(Bild 3)**.

**Bild 3**: Bühnenverkleidung

Mit unterschiedlichsten Konfektionierungen können die Vorhänge an ihre oft sehr speziellen Anforderungen in Größe und Form angepasst werden. Mit umlaufendem Saum, einer Tasche an der Unterseite als Einschub für Rohre oder Bleiband, mit fest angenähten Bindebändern oder genieteten Ösen mit Gummi- oder Stoffbändern zum faltenfreien Hängen. Zum schnellen und häufigen Anbringen eignen sich Vorhänge mit vernähtem Klettband. Jeder Stoff hat in Haptik[2], Gewicht, Empfindlichkeit, Lichtreflexion, akustischer Beeinflussung oder Preis Vor- und Nachteile, die für den gewünschten Einsatz geprüft werden müssen. Je nach Einsatzort sollten und müssen die Vorhänge schwerentflammbar (B1) sein **(siehe Kapitel 3.3.1)**. Im Außenbereich sollten sie permanent schwerentflammbar sein, das heißt die verwendete Faser an sich ist schwerentflammbar und erreicht dies nicht nur durch eine nachträgliche Flammschutz-Imprägnierung. Nachträgliche Imprägnierungen können durch Feuchtigkeit oder Alterungsprozesse ihre Wirksamkeit verlieren.

[1] Mesh = Gittergewebe
[2] Haptik = Oberflächengefühl

## 5.5.2 Geländer

**Publikumsgeländer**

Im Publikumsbereich sind unmittelbar an tieferliegende Flächen angrenzende begehbare Bereiche abzuschranken, wenn sie nicht durch Stufen oder Rampen verbunden sind. Vor Stufenreihen ist ab einer Höhendifferenz von 50 cm, oder wenn die vordere Stuhllehne den hinteren Boden nicht um mindestens 65 cm überragt, abzuschranken. Die Beschaffenheit dieser Publikumsgeländer wird baurechtlich in der Versammlungsstättenverordnung geregelt (siehe Kapitel 2).

**Geländer in Arbeitsstätten**

Entsprechend der DGUV-Vorschrift 17/18 müssen an Arbeitsplätzen, Szenenflächen, Verkehrswegen und Zugängen, die an Gefahrenbereiche grenzen oder die höher als 1 m liegen, wirksame Absturzsicherungen vorhanden sein. Je nach Gefährdungsbeurteilung kann eine Sicherung auch bei weniger als 1 m Höhe nötig werden, wenn die Absturzkante durch wenig Kontrast oder schlechte Beleuchtung nicht erkennbar ist. Die Geländerhöhe muss 1 m betragen, 1,1 m bei einer Absturzhöhe über 12 m und 0,8 m, wenn die Brüstungstiefe mind. 20 cm beträgt. Bei *Füllstabgeländern* sollten die vertikalen Füllstäbe einen Abstand von maximal 18 cm besitzen. Bei Knieleistengeländern ohne Füllstäbe sind Fußleisten mit mindestens 5 cm Höhe nötig. Der Abstand zwischen horizontaler Fußleiste zu Knielauf und Knielauf zu Handlauf darf dann maximal 50 cm betragen. Werden in den Bereichen Gegenstände mitgeführt oder gelagert, muss die Höhe der Fußleiste 10 cm betragen, werden dort Gewichte gelagert, muss sie mindestens 40 cm sein und ggf. höher entsprechend der Stapelhöhe. Die horizontale Nutzlast an der Oberkante sollte mind. 1 kN/lfm betragen. Genaue statische Betrachtungen und Rechnungen zum Thema sind in Kapitel 6.4.2 zu finden.

**Bild 1**: Geländer auf Arbeitsgalerie

**Bild 2**: Geländer mit hohem geschlossenem Bereich

**Bühnengeländer**

Zum Schutz und für die sichere Begehbarkeit durch die Darstellenden sind im Bühnenaufbau oft Spezialbauten entsprechend der Dekoration oder des künstlerischen Vorgangs nötig. Diese Spezialbauten mit unterwiesenem Personal werden nach der DIN 15920-11 ausgelegt und können entsprechend der szenischen Notwendigkeit angepasst werden. Dazu zählen beispielsweise Geländer-Systeme für Bühnenpodeste **(Bild 3)**, bei denen die Befestigung häufig mit Klemmvorrichtungen oder durch Verschraubung an Nutenklemmsteinen vorgenommen wird. Als Lastannahme für die horizontale Nutzlast sollten 0,3 kN/m in 1 m Höhe verwendet werden.

**Bild 3**: Bühnengeländer

Als Absturzsicherung können im Bühnenbereich auch ausfahrbare Geländer, Schutznetze, ausfahrbare Abdeckungen oder Lifeline-Systeme (s. Kapitel 4.4) verwendet werden. Ausnahmen zum Nicht-Anbringen von Absturzsicherung aus zwingenden szenischen Gründen können bis 3 m Absturzhöhe gemacht werden, wenn die Auftrittsfläche griffig ist, keine glatten Schuhsohlen getragen werden, ein nachgiebiger Untergrund im Aufprallbereich ist und die Absturzkante in allen Beleuchtungssituationen erkennbar ist, z. B. durch Verwendung von nachleuchtenden Markierungen. Zudem sollte keine Gefährdung durch verletzungserschwerende Gegenstände oder Aufbauten im Fallbereich bestehen. Zwingend nötig sind dann auch Gelegenheiten zum Festhalten und die Möglichkeit, sich wenigstens eine Körperlänge von der Absturzkante entfernen zu können. Für Vorbühnenauftritte muss ein Warnschild auf die Absturzgefahr hinweisen.

### 5.5.3 Podeste

**Bild 1**: Zuschauerpodest aus Steckfußpodesten

Für Bühnenaufbauten, Bühnentopografien, Unterbauungen von Dekorationen, Zuschauertribünen und als Bühne selbst werden häufig kleine Podien in Form von Podesten aufgebaut. Dazu können mehrere Systeme verwendet werden, wie z. B. Podestplatten mit Steckfuß oder Scherenunterkonstruktion, Praktikabel oder Zargen. Die Staffelung der einstellbaren Höhen erfolgt entsprechend des im jeweiligen Spielort verwendeten Abstufungssystems (**Tabelle 1**). Kann für Flächenaufbauten während des Auf- und Abbaus oder aus szenischen Gründen nicht unmittelbar die Sicherheit gewährleistet werden, müssen Sicherungsmaßnahmen in Form von Zugangsbeschränkungen, Warnsignalen oder Sicherungsposten ergriffen werden.

#### Podeste aus Podestplatten

**Steckfußpodeste** sind Aluminiumzargen mit eingeschraubter tragender Decktafel, die in den Ecken verriegelbare, klemmende Aufnahmen für Füße aus Aluminium mit quadratischem oder rundem Querschnitt besitzen **(Bild 1 und Bild 2)**. Manche Systeme arbeiten auch mit Knebelschrauben zum Befestigen der Füße. Durch beliebige Fußlängen können unterschiedliche Podesthöhen erreicht werden. Mit Teleskop-Füßen können auch in der Höhe frei verstellbare Längen installiert werden, diese sind aber als *bauliche Anlage*[1] nicht zulässig. Die gewählte Höhe ist nicht unbegrenzt, da mit zunehmender Länge ein Ausknicken wahrscheinlicher wird **(s. Kapitel 6.4.1)**.

[1] Bauliche Anlagen sind mit dem Erdboden (auch durch eigene Schwere) verbundene Anlagen (Kapitel 2).

**Tabelle 1:** Gängige Höhenabstufungen in cm

| | |
|---|---|
| **Stufung 16 $^2/_3$:** | 16,6; 33,3; 50; 66,6; 83,3; 100; ... |
| **Stufung 20:** | 20; 40; 60; 80; 100; 120; 140; ... |

**Bild 2**: Steckfußpodest

**Praxistipp:**

- Steckfußpodeste nicht an den Beinen heben oder drehen, da die Füße aus den Klemmaufnahmen rutschen können.
- Gewalzte Aluminiumprofile eignen sich besser für Steckfußmaterial als gezogene Profile, da die harten Kanten von gezogenen Profilen nicht in die Aufnahmen passen und abgerundet werden müssen.

**Nutzlasten Aluminium-Podeste (DIN 15921)**
5 kN/m² Flächenlast
1,5 kN Punktlast (Aufstandsfläche von 25 cm²)

**Nutzlasten Holzpodeste (DIN 15920)**
2,5 kN/m² Flächenlast
1,5 kN Punktlast (Aufstandsfläche von 50 cm²)

**Scherenpodeste** können über einen in der Zarge liegenden Scherenmechanismus auf verschiedene Höhen eingestellt werden. Die maximale Höhe wird durch die Scherenlänge, welche wiederum von der Podestlänge abhängig ist, beschränkt **(Bild 1)**.

Die umlaufenden Zargen besitzen in der Außenseite eine Nut, sodass mehrere Platten mit Klemmsteinen untereinander verbunden werden können. Die Nut wird auch genutzt, um Arbeits- und Bühnengeländer oder Dekorationen und Soffitten zu befestigen. Als Rampen dürfen Aluminium-Podestplatten lediglich bis zu einer Neigung von 12 % eingesetzt werden. Die Höhendifferenz zwischen zwei nebeneinanderliegenden Platten darf maximal 2 mm im unbelasteten und 4 mm im belasteten Zustand betragen. Die Zulassung als Tribüne für Publikum ist abhängig von der Statik des verwendeten Systems. Als Nutzlast für *große Menschenansammlungen* und feste Bestuhlungen werden 5 kN/m$^2$ Flächenlast und 4 kN Punktlast gefordert. Für *erhebliche Menschenansammlungen* ohne feste Bestuhlung sind 7,5 kN/m$^2$ Flächenlast und 10 kN Punktlast anzusetzen.

**Bild 1**: Scherenpodest

**Bild 2**: Zargensystem

## Zargensysteme

Podeste aus Aluminium-Zargen besitzen einen umlaufenden Zargen-Rahmen aus geschweißten Profilen und eine tragende Deckplatte, die nicht fest im Rahmen eingeschraubt, sondern eingelegt und mit Riegeln gesichert wird. Da sie in Deckplatte und Zarge zerlegt werden kann, erlaubt die Konstruktion große Spannweiten bei geringem Transportgewicht. Steckfußaufnahmen ermöglichen das Installieren von Ständerwerk oder Füßen. Umlaufend in der Zarge sind mittig in regelmäßigen Abständen Löcher angebracht, um nebeneinanderliegende Zargen miteinander zu verbinden oder Geländeraufnahmen zu befestigen. Zargensysteme finden häufig Anwendung als Teil von Zuschauerpodien, aber auch als Unterkonstruktion für Dekorationen und andere Bühnenaufbauten **(Bild 2)**.

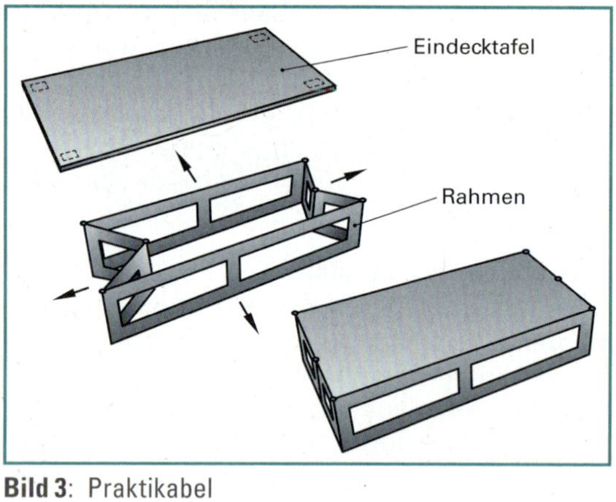


**Bild 3**: Praktikabel

## Praktikabeln

Falt- oder Klapppodeste aus Metall oder Holz werden als Praktikabel bezeichnet **(Bild 3)**. Sie bestehen aus aufklappbaren Rahmen und eingelegten tragenden Deckplatten, sogenannten Eindecktafeln. Für unterschiedliche Podesthöhen werden unterschiedlich hohe Rahmen eingesetzt, die Deckplatten bleiben gleich. Die Formstabilität bekommt das Podest durch die eingelegten Platten, die ein Zusammenklappen verhindern. Auch wenn sich die Rahmen platzsparend zusammenklappen lassen, ist ein großes Lagervolumen nötig, um alle Höhenabstufungen abzudecken.

Da Unterkonstruktionen für veränderbare Einbauten in Versammlungsstätten ab einer Fläche von 20 m$^2$ aus nichtbrennbaren Stoffen bestehen müssen, können Holzpodeste nur bis zu dieser Größe eingesetzt werden. Dies betrifft nur die Unterkonstruktion, eine tragende Eindeckung in der Baustoffklasse B2, normal entflammbar, ist zulässig.

## 5.5.4 Bodenbelag

Zum Gestalten des Bühnenbodens kommen je nach Einsatzzweck und Untergrundbeschaffenheit verschiedenste Materialien zum Einsatz. Für kurzflorige Teppichoberflächen wird häufig einfacher und günstiger **Messerips** eingesetzt. Für bemalte und farblich gestaltete Bodenoberflächen findet man im Theater klassisch das **Bodentuch** aus schwerem Baumwollstoff (> 400 g/m$^2$) oder gummiertes Bodentuch, welches mit einer Unterseite aus Gummi besonders gut liegt. Für hochwertig digital bedruckte Messe- oder Bühnenböden wird u. a. Vinyl mit Fotodruck eingesetzt. Der **Tanzteppich (Bild 1)** ist in unterschiedlichen Materialstärken und Schichtaufbauten als schwingungsadsorbierender Belag ideal für Ballett- und Tanzaufführungen. Bei allen Böden muss der Belag gegen Verrutschen gesichert und der Brandschutz beachtet werden (siehe Kapitel 1.2).

**Bild 1**: Tanzteppich

## 5.5.5 Bühnenboden

Die Böden von Bühnen sind durch das große Spektrum der auf ihnen stattfindenden Darstellungen vielen unterschiedlichen Anforderungen ausgesetzt. So müssen körperliches Spiel, Sprünge, Tanz, schwere Bühnenaufbauten und Arbeitsmittel, aber auch die akustischen Eigenschaften berücksichtigt werden. Als belastbare und gleichzeitig flexible, nicht zu harte Oberfläche hat sich dabei überwiegend der Holzboden durchgesetzt. Ausnahmen bilden Böden in ortsspezifischen Bühnen von bspw. Industriehallen oder Flächen unter freiem Himmel, deren natürliche Oberfläche genutzt wird.

Generell müssen Bühnenböden eben, splitterfrei und fugendicht aufgebaut sein. Öffnungen und Spalten über 20 mm Breite müssen abgedeckt werden, ohne Unebenheiten zu erzeugen. Durch Abdeckungen und durch regelmäßige Säuberungen können auch Staubansammlungen und damit Brandgefahren vermieden werden. Unebenheiten über 4 mm müssen gekennzeichnet werden. Besteht die Fläche aus mehreren Bauteilen, sind diese gegen ein Auseinandergleiten zu sichern. Außerdem müssen Szenenflächen gegenüber anderen, nicht tragfähigen Flächen gesichert werden. Für geneigte Bühnenflächen gilt der Richtwert von 8 % Neigung, der nicht überschritten werden sollte.

**Nutzlasten von Bühnenböden** liegen bei 5 kN/m$^2$ Flächenlast und 7 kN Punktlast (Aufstandsfläche 20 cm$^2$). Dabei wird die Einzellast in der Auslegung häufig für eine Fläche von 20 × 20 cm angenommen. Beim Benutzen von schweren Arbeitsmitteln, wie Hubbühnen oder Traversenaufbauten, sollten die auftretenden Punktlasten stets vorher bedacht werden.

Für **ortsvariable Bühnen** werden in der Veranstaltungstechnik häufig Siebdruckplatten **(Bild 2)** als Eindeckung und somit als Bühnenoberfläche verwendet. Dieses meist dunkelbraun bis schwarz gefärbte, robuste Holzmaterial ist in wasserfesten outdoor-tauglichen Qualitäten verfügbar und bietet damit vielseitige Einsatzmöglichkeiten. Das Anbohren und Befestigen von Dekorationen oder Stützen mit Holzschrauben ist nur bedingt möglich, da Schraublöcher zurückbleiben, welche in größerer Anzahl eine Strukturschwächung ergeben und prinzipiell das Eindringen von Feuchtigkeit begünstigen.

**Bild 2**: Mobiler Bühnenboden aus Podestplatten

Für **ortsfeste Bühnen** in Theatern, Opernhäusern oder Konzertstätten werden üblicherweise Holzbühnenböden aus Dielen auf einer tragenden Unterkonstruktion verbaut **(Bild 1)**. Die Bühnendielen sind aus Pich-Pine, Oregon-Pine oder Schwarzkiefer mit stehenden Jahresringen **(Bild 2)** aufgesägte und gehobelte, ca. 45 – 50 mm dicke Rifts[1], die über Nut und Feder ineinandergreifen. Als Unterkonstruktion kommen Kanthölzer oder Leimbinder (Brettschichtholz) quer zu den Dielen zum Einsatz.

Wichtig ist, dass der Dielenboden so verlegt wird, dass bei Belastung keine störenden Geräusche in Form von „Knarzen" entstehen. Dazu wird Holz mit maximal 8 – 10 % Restfeuchte verbaut und jedes Rift mit maximal einer Schraube gegen das Verrutschen gesichert, um Spannungen durch unterschiedliche Ausdehnung des Holzes gering zu halten. Die Oberfläche wird geschliffen und mit speziellem Bühnenöl meist schwarz, anthrazit oder farblos in mehreren Schichten geölt. Die stehenden Jahresringe und die geölte Oberfläche ermöglichen es, mit Holzschrauben zu arbeiten, ohne dass deutlich sichtbare Schraublöcher zurückbleiben, da sich die Holzfasern wieder zusammendrücken. Die Unterseite wird meist mit Brandschutz und Insektizid imprägniert. Zur Pflege wird die Oberfläche dünn angeschliffen und neues Bühnenöl gleichmäßig aufgetragen. Dies erfolgt je nach Belastung und Abnutzung einmal pro Jahr. Mit der Zeit und durch Feuchtigkeitseintrag können Bereiche in den oberen Schichten weich werden und es müssen mit einem professionellen Muldenschliff oder durch Austausch von kompletten Rifts die faserstrukturzerstörten Bereiche entfernt und ersetzt werden.

Immer häufiger werden Bühnenbodenplatten aus hochbelastbaren ca. 30-65 mm starken Verbund-Massivholzplatten mit Rifts als Nutzschicht verwendet. Es gibt sie als Zweischichtplatten und als Dreischichtplatten. Zweischichtplatten mit 20 mm Nutzschicht werden direkt auf die Unterkonstruktion geschraubt. Dreischichtplatten mit kreuzweise verleimter 12 mm Nutzschicht aus Rifts, Tragschicht und Gegenzug[2] aus Sperrholz **(Bild 3 und Bild 4)** werden schwimmend verlegt, das heißt, die Platten werden nur untereinander mit Nut und Feder verbunden, nicht mit dem Untergrund verschraubt. Dreischichtplatten eignen sich auch für klappbare Böden.

**Bild 1**: Aufbau des Bühnenbodens von unten

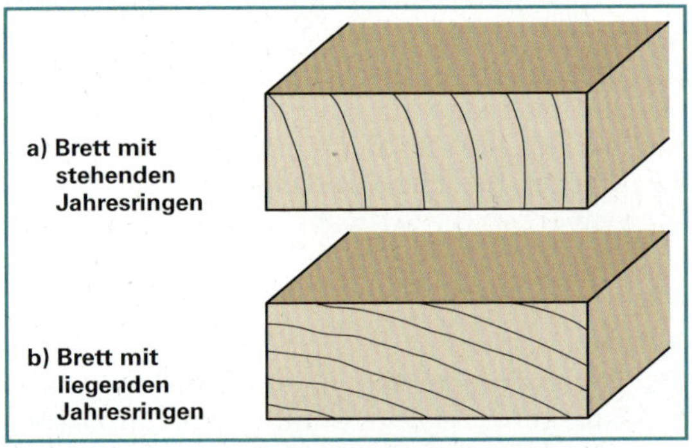


**Bild 2**: Stehende und liegende Jahresringe

**Bild 3**: Dreischichtplatte im Schnitt

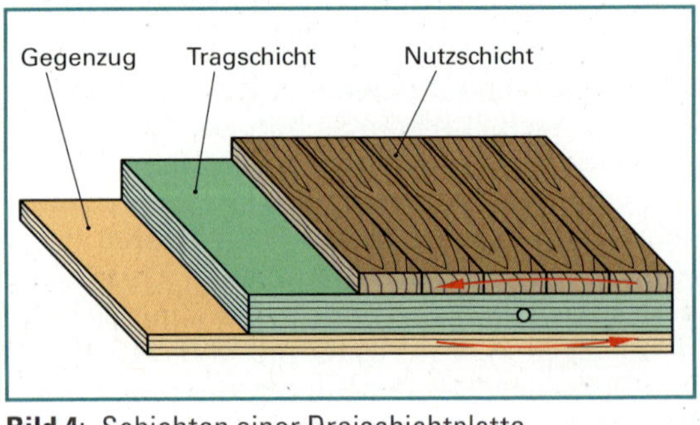


**Bild 4**: Schichten einer Dreischichtplatte

[1] Rift: Brett mit stehenden Jahresringen, bzw. bei dem die Jahresringe zwischen 90° – 60° auftreffen
[2] Gegenzug: Holzschicht, die dem durch Feuchtigkeitsunterschiede auftretenden Verzug der Nutz- und Tragschicht zueinander entgegenwirkt

**Öffnungen im Bühnenboden**

Mit einlegbaren oder beweglichen Bodenklappen können zusätzlich Durchführungen für Auftritte oder Dekorationen in Bodenöffnungen geschaffen werden **(Bild 1)**. Die Klappen sind meist nicht an Scharnieren geführt, sondern liegen links und rechts entlang von Auflagekanten. Sie können von unten mit Riegeln oder von oben mit drehbaren Verriegelungen durch kleine Löcher gesichert werden.

**Praxistipp:**
Bodenklappen immer längs öffnen und einlegen, sodass die Klappe auf beiden Seiten entlang der Auflagekanten liegt. So kann ein ungewolltes Abrutschen und Hereinfallen vermieden werden.

**Bild 1**: Bodenklappe im Bühnenboden

Versatzklappen ermöglichen durch kleine, aufklappbare Luken aus Metall Strom- und Datenversätze unterhalb des Bühnenbodens an verschiedenen Positionen auf der Bühne (**Bild 2**). Das vermeidet unnötig lange Kabelwege auf der Bühnenoberfläche und bietet dadurch einen zusätzlichen Schutz der Leitungen.

**Spezialböden**

Für Tanz und Ballett werden häufig spezielle **Schwingböden** verlegt, die über einen mehrschichtigen Aufbau sehr gut die Sprungenergie reflektieren und Belastungen der Darsteller durch Sprünge und Bodenkontakt abmildern. Diese häufig dreischichtigen Böden bestehen aus einer unten liegenden Elastikschicht, einer Tragschicht und einer Nutzschicht, welche meist in Parkett, PVC oder Vinyl ausgeführt ist **(Bild 3)**. Mobile Systeme ermöglichen hierbei eine variable Raumnutzung. Sie können in transportable Module zerlegt und über Nut und Feder oder spezielle Verbindungssysteme gekoppelt werden. Die Verlegung erfolgt schwimmend auf dem Untergrund. Die Nutzlast eines Schwingbodens ist meist wesentlich geringer als die eines herkömmlichen Bühnenbodens. Dies sollte beim Befahren mit Hubarbeitsbühnen bedacht werden, da sonst zu hohe Punktlasten an den Rädern oder Stützen auftreten können.

**Bild 2**: Versatzklappe

**Praxistipp:**
Beim Reinigen von Bühnenböden sollte ein zu großer Wassereintrag vermieden werden. Es empfiehlt sich der Einsatz einer gut einstellbaren Reinigungsmaschine oder das Wischen mit wenig Wasser und einem Tropfen Spülmittel.

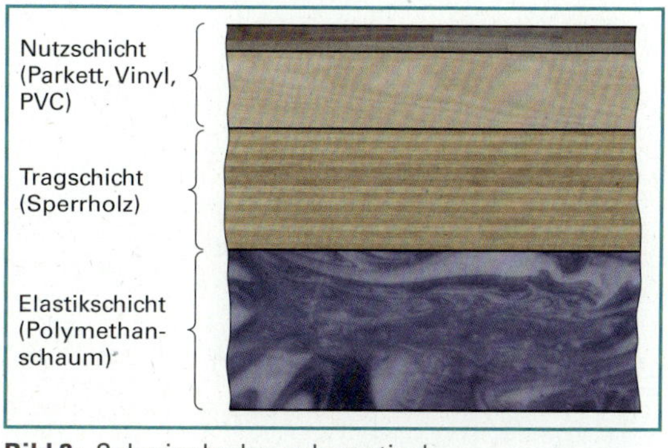


**Bild 3**: Schwingboden schematisch

## Wiederholungsfragen

1. Welche Möglichkeiten gibt es einen abgestuften Zuschauerbereich herzustellen? Was ist dabei zu beachten?
2. Nennen Sie sechs (erlaubte) technische Möglichkeiten, Lasten in die Höhe zu bewegen.
3. Während einer technischen Verwandlung in einem Konzert werden eine programmierte Fahrt von einem leuchtenden Herz zur Bühnenvorderkante und ein Podest für den Gitarristen in die Höhe durch einen Bedienhebel gesteuert. Beide Bewegungen starten und enden gleichzeitig. Um was für eine Betriebsart handelt es sich?
4. Wie viele „ganze" Gewichte braucht man, um einen Handkonterzug mit einer 52 kg wiegenden Dekoration fachgerecht auszukontern?
5. Während eines Aufbaus herrscht starker Bodennebel, sodass die Bedienperson eines Kettenzuges die obere Endlage der anzufahrenden Position nicht sehen kann. Darf die Fahrt bis zum Ende durchgeführt werden?

# 6 Fliegende Bauten

# 6 Fliegende Bauten

**Bild 1**: Zwei große „Pitch Roofs" mit Sidewings

Wie im **Kapitel 1** bereits beschrieben, sind die Fliegenden Bauten aus baurechtlicher Sicht als bauliche Anlagen zu betrachten. Die Besonderheit gegenüber den festen Gebäuden liegt in der Mobilität. Um Veranstaltungen im Außenbereich durchführen zu können ist der Veranstalter auf Bühnendächer, Tribünen, Podien, PA-Tower, LED-Wände, Trailerbühnen und ähnliche Konstruktionen angewiesen. Besonders wichtig ist die Betrachtung der Windstabilität, da im Veranstaltungsbereich häufig Leichtbau-Elemente, wie z. B. Traversen, eingesetzt werden. Aus diesem Grunde ist in dem Zuge eine Ballastierung oder Verankerung durch Stabanker für die Anlage erforderlich. Einige Konstruktionen, wie z. B. große Trailerbühnen, kommen aufgrund des hohen Gesamtgewichts ohne zusätzliche Verankerung oder Ballast aus.

## 6.1 Definition: Fliegende Bauten

Drei Parameter unterscheiden einen Fliegenden Bau von einem festen Bauwerk:

1. Temporäre Aufstellung (max. 3 Monate, mit Sondergenehmigung 6 Monate)
2. Geeignet und dazu bestimmt, wiederholt auf- und abgebaut zu werden
3. Bauliche Anlage = Verbindung mit dem Erdboden (auch aus eigener Schwere)

Nicht zu den Fliegenden Bauten gehören Konstruktionen in Innenräumen. Dies hat die Argebau[1] festgelegt:

> *Der Arbeitskreis stellt fest, dass ortsveränderliche veranstaltungstechnische Einrichtungen wie Bühnen- und Traversenkonstruktionen bei Errichtung innerhalb von Gebäuden keine Fliegenden Bauten sind und somit keiner Ausführungsgenehmigung bedürfen.*

Dieser Beschluss bedeutet, dass es nach Definition keine eigenständigen baulichen Anlagen innerhalb von Gebäuden gibt und somit auch die Regeln des Bauwesens für innerräumliche Einrichtungen nicht zwingend gültig sind Dennoch ist die Standsicherheit nachzuweisen. Dieser Nachweis kann bei Fliegenden Bauten auch innerhalb von Gebäuden anhand der Prüfbücher **(Kapitel 6.3.4)** durchgeführt werden.

[1] Die Argebau ist die maßgebende Arbeitsgruppe für die gesetzliche Auslegung von Normen für Fliegende Bauten.

## 6.2 Beteiligte Personen und Abgrenzung der Tätigkeiten

**Der Ingenieur oder Tragwerksplaner** erstellt den Standsicherheitsnachweis und die zugehörigen Pläne. Er begleitet bei genehmigungspflichtigen Bauten den Behördengang und stimmt statische Parameter mit den Prüfämtern ab. Er kommuniziert in der Planungs-Phase mit dem Auftraggeber (der Veranstaltungstechnik-Firma) über die Wünsche und Anforderungen an die Konstruktion. Die technischen Möglichkeiten, die vorhandenen Materialien und die Arbeitsgeräte werden so bestmöglich genutzt.

Tragwerksplanung stellt eine Ingenieurtätigkeit dar, die hohes Fachwissen und Erfahrung voraussetzt und in den meisten Landesbauordnungen entsprechende Listeneinträge in den Ingenieurkammern erfordert (qualifizierte Tragwerksplaner). Ein weiteres Erfordernis ist eine entsprechende Betriebshaftpflichtversicherung, welche unumgänglich beim Erstellen statischer Nachweise ist.

**Die Fachkraft für Veranstaltungstechnik** ist an der Planung beteiligt, um mit dem Statiker die betriebseigenen Verfahren und vorhandenen Materialien optimiert zu nutzen. Der später folgende Auf- und Abbau des Fliegenden Baues wird durch sie betreut. Sie interpretiert die Dokumente und Pläne, um die Anlage korrekt zu errichten und betriebsbereit zu machen. Sie arbeitet mit dem Ingenieur zusammen, um die Statik richtig zu lesen und die damit einhergehenden Anforderungen an die Ballastierung, die Unterpallung[1], die Aussteifung usw. einzuhalten.

Die in diesem Buch vorgestellten Berechnungen dienen einem besseren Verständnis der technischen Ausführung von Fliegenden Bauten. Auch zur Vordimensionierung als Teil der Planung können sie eine Anleitung für die Fachkraft für Veranstaltungstechnik darstellen.

## 6.3 Freistellungsgrenzen und Baubuch-Pflicht

Es gibt vor dem Gesetz (siehe Landesbauordnung) abhängig von der Größe zwei Arten von Fliegenden Bauten:

1. Verfahrensfreie Fliegende Bauten **(Kapitel 6.3.2)**
2. Genehmigungspflichtige Fliegende Bauten **(Kapitel 6.3.3)**

Der Unterschied liegt dabei nicht in den technischen Anforderungen **(Kapitel 6.3.1)**, sondern in der erforderlichen Ausführungsgenehmigung und der Prüfung des Standsicherheitsnachweises für letztere.

### 6.3.1 Anforderungen an Fliegende Bauten

Die folgenden allgemeinen Anforderungen gemäß Musterbauordnung (MBO) müssen sowohl für verfahrensfreie als auch für genehmigungspflichtige Fliegende Bauten erfüllt werden:

- Ein **rechnerischer Standsicherheitsnachweis** (s. blaue Infobox auf Seite 152) muss erbracht sein.
- Die Anforderungen hinsichtlich der geltenden Regeln der Technik, z. B. der verwendeten **Baustoffe und Materialien**, müssen erfüllt sein. Hierbei müssen die Informationen des DIBT (Deutsches Institut für Bautechnik) beachtet werden.
- **Brandschutz**: Alle verwendeten Baustoffe müssen mindestens schwer entflammbar (B1 nach DIN 4102) sein. Ein Beispiel hierfür sind Planen oder Gazen[2] als Dachhaut oder Wand.
- Auch die **Qualifikation eines Herstellers** von Fliegenden Bauten unterliegt bestimmten Erfordernissen – z. B. bedarf es des Schweißeignungsnachweises nach DIN EN 1090 mit der Ausführungsklasse 2 (EXC2) für statisch beanspruchte Konstruktionen. Bei dynamischen Beanspruchungen muss die Ausführungsklasse 3 (EXC3) dieser Norm erfüllt sein. Dies betrifft in erster Linie Fahrgeschäfte.

[1] Unterfütterung von Stützen zur Vergrößerung der Aufstandsfläche **(siehe Kapitel 6.5.1)**
[2] Netzgewebe mit einer bestimmten Durchlässigkeit gegenüber Licht, Flüssigkeiten und Luft.

**Standsicherheitsnachweis**

Die statische Berechnung / der Standsicherheitsnachweis der Anlage muss durch einen Ingenieur mit Erfahrungen im Bereich der Fliegenden Bauten erstellt werden. Die Berechnungen müssen dem aktuellen Stand der Technik entsprechen und für einen Prüfingenieur nachvollziehbar sein. Sie müssen als Original (Deckblatt gestempelt und unterschrieben) vorliegen und haben folgende Bestandteile:

- **Bau- und Objektbeschreibung** / Anforderungen an die Konstruktion
  - enthaltene Varianten (Größen, Anbauten, ...)
  - Verankerungsvarianten (Ballast, Einschlaganker, ...)
  - einzubauende Aussteifungen (Seilverbände, Cornerbraces, ...)
  - Hersteller und dessen Qualifikation nach DIN EN 1090
  - verbaute Standard-Komponenten
  - Aufstellorte (Windzonen, Schneelastzonen)
  - Betriebszustände und Maßnahmen im Außer-Betrieb-Fall
  - Angabe zum Betrieb in der Winterperiode
- **Lastannahmen** für Eigenlasten, Windlasten, Schnee- und Eislasten, Nutzlasten sowie Personenbegehung
- Nachweise der **Tragfähigkeit** der lastführenden Teile und Anschlüsse für alle möglichen Lastkombinationen
- Nachweis der **Windstabilität bzw. globalen Standsicherheit** bestehend aus Kipp-, Gleit- und Abhebesicherheit für alle Betriebszustände

## 6.3.2 Verfahrensfreie Fliegende Bauten

Verfahrensfreie Fliegende Bauten sind solche, die keine Ausführungsgenehmigung benötigen. Beispiele hierfür sind:

- Konstruktionen mit einer Höhe bis zu 5 m, die nicht dazu bestimmt sind, von Besuchern betreten zu werden.
- Bühnen, einschließlich Überdachungen und sonstigen Aufbauten mit einer Höhe bis zu 5 m, einer Grundfläche bis zu 100 m$^2$ und einer Fußbodenhöhe bis zu 1,50 m **(Bild 1)**.
- Erdgeschossige Zelte und betretbare Verkaufsstände, mit einer Grundfläche bis zu 75 m$^2$.

**Bild 1**: Kleine Trailerbühne

Bei der Planung verfahrensfreier Fliegender Bauten sollte darauf geachtet werden, dass die Abmaße der Freistellungsgrenzen nicht überschritten werden. Bereits eine Höhe von 5,1 m führt zu einer genehmigungspflichtigen Anlage. Bei Konstruktionen mit Spindeln als Fußpunkten kann die Höhe variabel sein, sodass hier die maximale Ausspindelung[1] festgelegt sein muss. Bei abschüssigem Gelände ist eine entsprechende Unterpallung erforderlich, die eine eindeutige Höhenangabe verhindert. In so einem Fall sollte das örtliche Bauamt im Vorfeld kontaktiert werden.

Tribünen im Freien gehören in der Regel nicht zu den verfahrensfreien Fliegenden Bauten, da diese von Besuchern betreten werden. Dies gilt selbst für Pressetribünen oder ähnliche personenbezogene Nutzungen. Diese Personen sind rechtlich gesehen ebenfalls Besucher.

Die Fachkraft für Veranstaltungstechnik muss auch bei verfahrensfreien Fliegenden Bauten sicherstellen, dass der betreute Fliegende Bau standsicher ist. Dazu benötigt sie den Standsicherheitsnachweis **(Kapitel 6.3.1)**, den sie bei Bedarf vor Ort der Behörde vorlegen kann.

[1] Höheneinstellung einer (Gerüst)spindel durch Gewinde

## 6.3.3 Genehmigungspflichtige Fliegende Bauten

Genehmigungspflichtige Fliegende Bauten benötigen ein sogenanntes Prüfbuch **(Bild 1)**, welches mit der Anlage mitreist. Die Aufstellung des Fliegenden Baus wird unter Vorlage des Prüfbuches bei der lokal zuständigen Baubehörde angezeigt. Das Prüfbuch muss gebunden sein und unter anderem folgende Bauvorlagen enthalten: Statik, Zeichnungen, Zertifikate, Abnahmeprotokoll der Erstabnahme und Betriebsanleitungen.

Zur Erlangung der notwendigen Ausführungsgenehmigung wird der unten beschriebene Prozess durchlaufen. Der Antragsteller kann diesen selbst einleiten oder ein Ingenieurbüro beauftragen.

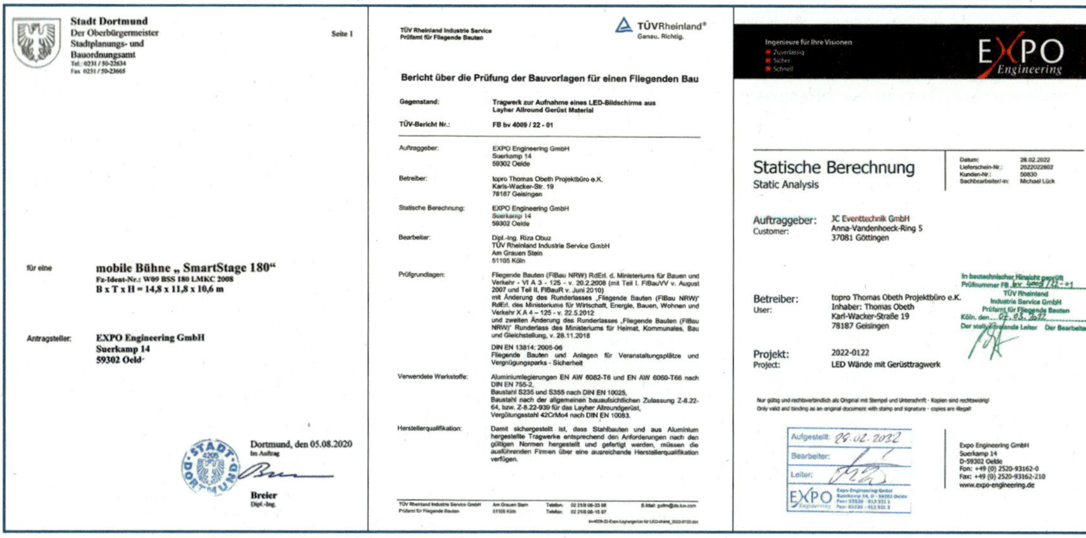


**Bild 1:** Prüfbuch eines Fliegenden Baues mit TÜV-Bericht und Statik

## 6.3.4 Ausführungsgenehmigung und Prüfbuch

Der chronologische Ablauf zur Erlangung einer Ausführungsgenehmigung und zur Erstellung eines Prüfbuches sieht folgendermaßen aus:

**1. Erstellung der Bauvorlagen**

Die nötigen Bauvorlagen werden, z.B. durch ein Ingenieurbüro, erstellt:

a) Technische Zeichnungen der Konstruktion (Ansichten, Übersichten, Details, Schnitte ...)
b) Statische Berechnung / Standsicherheitsnachweis (s.o.) und ggf. Ermüdungsnachweise
c) Aufbau- und Betriebsanleitungen (hier wird auch das sogenannte Abtakeln, also das Abnehmen von Planen/Gazen, bei Erreichen des Betriebswindes beschrieben)
d) Materialzertifikate (Schwerentflammbarkeitszeugnisse, Abnahmeprüfzeugnisse der Metalle, ggf. bauaufsichtliche Zulassungen, etc...)
e) Eignungsnachweise des Herstellers zum Schweißen von Aluminium oder Stahl gemäß DIN EN 1090 mit entsprechenden Ausführungsklassen **(Kapitel 6.3.1)**

**2. Prüfung der Bauvorlagen**

Die Prüfung der Bauvorlagen dürfen nur bestimmte Prüfstellen übernehmen. Ein niedergelassener Prüfstatiker für feste Bauwerke genügt hier nicht. Unter https://www.bauministerkonferenz.de kann über den Suchbegriff „Prüfstellen“ das „Verzeichnis der anerkannten Prüfstellen / Prüfämter für Fliegende Bauten in der Bundesrepublik Deutschland“ heruntergeladen werden. Die Bauvorlagen werden bei der Prüfstelle in dreifacher Ausfertigung eingereicht.

**3. Ergebnis der Prüfung**

Die geprüften Bauvorlagen werden mit Prüfvermerken (z.B. Stempeln) auf jeder Seite versehen und es wird ein Prüfbericht erstellt. Diese Unterlagen erhält der Antragsteller in zweifacher Ausfertigung von der Prüfstelle zurück. Fehlen Unterlagen/Nachweise, muss nachgebessert werden.

**4. Probeaufstellung/Erstabnahme**

Bei der Erstabnahme erfolgt ein Abgleich der geprüften Bauvorlagen mit der realen Anlage. Dazu muss die Anlage vollständig aufgebaut werden. Diese Abnahme erfolgt bestenfalls durch den Prüfer, der die Bauvorlagen geprüft hat. Bei Unstimmigkeiten muss nachgebessert werden. Man erhält einen Bericht in zweifacher Ausfertigung, der der Bauvorlage hinzugefügt wird.

**5. Antrag auf Ausführungsgenehmigung**

Die geprüften Bauvorlagen (siehe Schritt 3) sowie der Bericht über die Erstabnahmeprüfung (siehe Schritt 4) werden an die zuständige Genehmigungsstelle (z. B. Bauordnungsamt) gesandt, um die Ausführungsgenehmigung zu beantragen. Die Zuständigkeit der Genehmigungsstellen richtet sich nach dem Wohnort des Betreibers. Unter https://www.bauministerkonferenz.de kann über den Suchbegriff „Genehmigungsstellen" das „Verzeichnis der Genehmigungsstellen für Fliegende Bauten in der Bundesrepublik Deutschland" heruntergeladen werden.

**6. Optional: Antrag auf vorläufige Ausführungsgenehmigung**

Es kann bei zeitlichem Erfordernis auch eine vorläufige Ausführungsgenehmigung erteilt werden, bis das Prüfbuch fertiggestellt ist. Dieser Antrag wird ebenfalls bei der oben genannten Genehmigungsstelle eingereicht.

**7. Prüfbuch mit Ausführungsgenehmigung**

Die oben beschriebenen Unterlagen werden nach Erhalt der Ausführungsgenehmigung zu einem Prüfbuch gebunden.

**8. Gebrauchsabnahme**

Im Prüfbuch gibt es Leerseiten für den Eintrag einer Gebrauchsabnahme vor Ort. Hier fügt der Prüfer vor Betrieb der Konstruktion seinen Stempel ein und gibt die Anlage für eine feste Zeitdauer zum Bespielen frei.

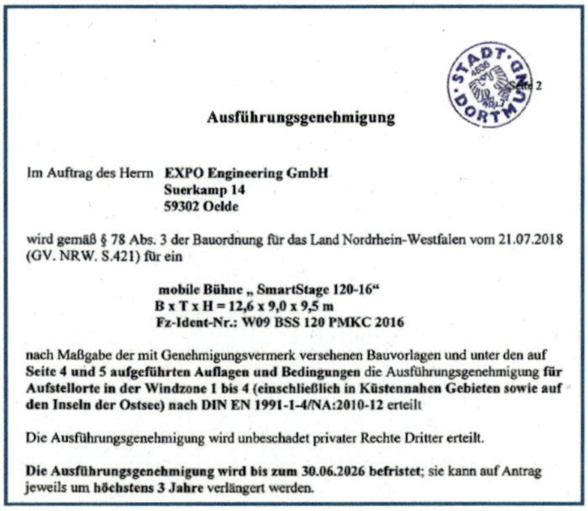
Seite 2

**Ausführungsgenehmigung**

Im Auftrag des Herrn **EXPO Engineering GmbH**
**Suerkamp 14**
**59302 Oelde**

wird gemäß § 78 Abs. 3 der Bauordnung für das Land Nordrhein-Westfalen vom 21.07.2018 (GV. NRW. S.421) für ein

**mobile Bühne „ SmartStage 120-16"**
**B x T x H = 12,6 x 9,0 x 9,5 m**
**Fz-Ident-Nr.: W09 BSS 120 PMKC 2016**

nach Maßgabe der mit Genehmigungsvermerk versehenen Bauvorlagen und unter den auf **Seite 4 und 5 aufgeführten Auflagen und Bedingungen** die Ausführungsgenehmigung **für Aufstellorte in der Windzone 1 bis 4 (einschließlich in Küstennahen Gebieten sowie auf den Inseln der Ostsee) nach DIN EN 1991-1-4/NA:2010-12** erteilt

Die Ausführungsgenehmigung wird unbeschadet privater Rechte Dritter erteilt.

**Die Ausführungsgenehmigung wird bis zum 30.06.2026 befristet**; sie kann auf Antrag jeweils um **höchstens 3 Jahre** verlängert werden.

**Bild 1**: Beispiel einer Ausführungsgenehmigung

**9. Verlängerungsabnahme**

Nach Ablauf der Geltungsdauer der Ausführungsgenehmigung **(Tabelle 1)** muss eine Verlängerungsabnahme (auch genannt Wiederholungsprüfung) am Objekt durchgeführt werden. Diese erfolgt ebenfalls durch z. B. die in Schritt 2 genannte Prüfstelle. Dabei werden nachbesserungsbedürftige Mängel aufgezeigt, beispielsweise Korrosionen ermittelt. Der Bericht wird von den Genehmigungsstellen (siehe Schritt 5) in das Prüfbuch eingetragen. Ohne gültige Ausführungsgenehmigung kann keine Gebrauchsabnahme vor Ort mehr erfolgen. Die Anlage darf also nicht mehr bespielt werden.

**Tabelle 1:** Prüffristen (Höchstfristen) zur Wiederholungsprüfung Fliegender Bauten

| Art des Fliegenden Baus | Prüffrist |
|---|---|
| Tribünen aus Metall | 5 Jahre |
| Tribünen aus Holz | 3 Jahre |
| Bühnen, Podien und Podeste | 3 Jahre |
| Reklametürme | 5 Jahre |
| Container | 5 Jahre |
| Zelthallen (Breite ≤ 10 m, Höhe ≤ 5 m) | 3 Jahre |
| sonstige Zelte | 3 Jahre |
| Zirkuszelte | 3 Jahre |
| Membranbauten | 2 Jahre |

## Wiederholungsfragen

1. Welche drei Eigenschaften definieren einen fliegenden Bau?
2. Fliegende Bauten benötigen für den Betrieb eine ________________, außer es handelt sich um einen verfahrensfreien Fliegenden Bau.
3. Auch ein verfahrensfreier fliegender Bau benötigt einen rechnerischen St________________.
4. Prüfen Sie die Aussage: „In einem Standsicherheitsnachweis wird nur Kippen, Gleiten oder Abheben der Gesamtkonstruktion überprüft."

## 6.4 Lastannahmen für Fliegende Bauten

Die Tragfähigkeit und globale Standsicherheit von Fliegenden Bauten muss nachgewiesen werden. Hierzu werden bestimmte Lastannahmen getroffen. Über die Höhe und Art der Lasten darf nicht frei entschieden werden. Sie sind in Normen (siehe Verweise rechts) verbindlich festgelegt. Dabei ist nicht die Aktualität der Norm entscheidend, sondern die Liste der eingeführten technischen Baubestimmungen gemäß der Landesbauordnung. So kommt es manchmal vor, dass im Bauwesen ältere Normen noch angewendet werden, obwohl aktuellere verfügbar sind.

→ **DIN EN 13782**
Anlage 2.7 / 7 Fliegende Bauten – Zelte – Sicherheit, Mai 2006

→ **DIN EN 13814**
Anlage 2.7 / 8 Fliegende Bauten und Anlagen für Veranstaltungsplätze und Vergnügungsparks – Sicherheit, Juni 2005

Die beiden Normen für Fliegende Bauten verweisen dabei auf weitere Normen. So finden sich z. B. Verweise auf den Eurocode 1 (DIN EN 1991 ff), obwohl es sich bei diesem um eine Normensammlung für Lastannahmen fest errichteter Bauten handelt. Die Angabe „/NA" steht für den nationalen Anhang, in dem die Mitgliedsstaaten ihre landesspezifischen Erfordernisse einbringen. So hat z. B. die Schweiz andere Schneelasten als Spanien. Es kann vorkommen, dass die verschiedenen Normen sich widersprechen. Die Verfahrensweise muss dann im Einzelfall geprüft werden.

Die Fachkraft für Veranstaltungstechnik muss diese Lastannahmen kennen, um eine Gefährdungsbeurteilung durchführen zu können, die Gesamtbelastung zu erfassen und die richtigen Arbeitsmittel für die zu erwartenden Belastungen auszuwählen. Podeste für eine Stehtribüne bedürfen beispielsweise einer größeren Tragfähigkeit als solche für eine bestuhlte Tribüne. Auch bei der Planung einer Bühnenüberdachung sollten Windlasten und die zu erwartende Ballastierung schon in der Vordimensionierung berücksichtigt werden.

### 6.4.1 Lasten durch Begehung und Personenbesetzung

**Tabelle 1:** Vertikale Lastannahmen für Flächen mit Personenbegehung

| Last durch Personenbegehung | Nachweis folgender Lasten |
|---|---|
| Person bis 10 Jahre (Kind) | 0,4 kN |
| Person über 10 Jahre (Erwachsener) | 1,0 kN |
| Flächenlast bei öffentlichem Zugang | 3,5 kN/m$^2$ |
| Flächenlast bei öffentlichem Zugang, großer Andrang | 5,0 kN/m$^2$ |
| Sitztribüne mit festen Sitzplätzen | 5,0 kN/m$^2$ |
| Stehtribünen | 7,5 kN/m$^2$ (C6) |
| Treppen | 1,0 kN oder 5,0 kN/m$^2$ |
| Sitzbretter ( z. B. Zirkuszelt) | 1,0 kN oder 1,5 kN/m |
| Nicht öffentliche Flächen, begangen von Einzelpersonen | 1,5 kN/m$^2$ |

In **Tabelle 1** sind die wichtigsten vertikalen Lasten für den Veranstaltungsbetrieb von Fliegenden Bauten gelistet. Es werden Einzellasten (Einheit kN) und Flächenlasten (Einheit kN/m$^2$) angesetzt. Beispielsweise muss eine Treppenstufe sowohl eine Einzellast von 100 kg (1,0 kN) tragen können als auch eine alternative flächige Belastung von 500 kg/m$^2$ (5,0 kN/m$^2$). Die Einheit „kN" kann dabei, wie in **Tabelle 2** gezeigt, vereinfacht betrachtet werden. Eine genauere Betrachtung mit der Erdbeschleunigung $g = 9{,}81$ m/s$^2$ wird in der Baustatik nicht angewandt.

**Tabelle 2:** Handhabung von Einheiten in der Baustatik

| | | | | |
|---|---|---|---|---|
| 1,00 kN | ⇔ | 100 kg | ⇔ | Einzellast |
| 1,00 kN/m | ⇔ | 100 kg pro laufenden Meter | ⇔ | Streckenlast |
| 1,00 kN/m$^2$ | ⇔ | 100 kg pro Quadratmeter | ⇔ | Flächenlast |

## Statische Berechnungen

**Formelzeichen:** Für Berechnungen in der Baustatik verwendet man andere Formelzeichen als in der klassischen Mechanik und Festigkeitslehre (**Tabelle 1**).

**Einheiten:** In der Regel werden bei statischen Berechnungen zudem keine Einheiten eingesetzt. Erst im Ergebnis eines Terms wird eine Einheit angegeben. In den in diesem Buch gezeigten Rechenbeispielen werden Einheiten verwendet, um die Verständlichkeit zu erhöhen.

**Indizes „k" und „d":** In der Baustatik unterscheidet man charakteristische Einwirkungen und Bemessungswerte. Der Index „k", z. B. in $E_k$ oder $F_k$ steht für eine charakteristische Einwirkung, also eine Einwirkung, welche nicht mit einem Teilsicherheitsbeiwert erhöht wurde und somit der realen Belastung entspricht. Im Gegensatz dazu werden bereits mit Sicherheiten fakturierte Werte mit dem Index „d" versehen und heißen Bemessungswerte (design value). Mit den auf diese Weise erhöhten Lasten werden Tragsicherheitsnachweise geführt. Dabei wird der Sicherheitsfaktor (Teilsicherheitsbeiwert) zu Anfang der Berechnung auf die Einwirkungen aufgeschlagen. Der Index „d" findet sich zudem bei Beanspruchungen – z. B. beim Bemessungsbiegemoment $M_d$.

**Tabelle 1:** Gebräuchliche Formelzeichen aus der Baustatik

| | |
|---|---|
| $q$ | Last allgemein* |
| $g$ | Eigenlast* |
| $p$ | Nutzlast* |
| $Q$ | Einzellast, punktförmig |
| $G$ | Eigenlast, punktförmig |
| $P$ | Nutzlast, punktförmig |
| $A, B, C \ldots$ | Auflagerreaktion |
| $V$ | Querkraft (vertical shear force) |
| $H$ | Horizontale Kraft |
| $S$ | Seilkraft, Kraft in einem Verband |
| $F$ | Kraft allgemein (force) |
| $E$ | Einwirkung allgemein** |

* in Form von Streckenlasten oder Flächenlasten
** kann auch z. B. eine Temperatur sein

**Bemessungswerte und reale Last**

**Formel:** $E_d = \gamma_1 \cdot E_k$

$E_k$ charakteristische Last (reale Last)
$\gamma_f$ Teilsicherheitsbeiwert
$E_d$ Bemessungswert der vertikalen Last

## Rechenbeispiel: Überschlägige Berechnung Podest

Das in **Bild 1** gezeigte Podest soll für die Begehung durch Personen ausgelegt werden. In **Beispiel 1** (rechts unten) wird überschlägig und ohne Teilsicherheitsbeiwerte (also mit Index k) berechnet, wie die Last über die 4 Stützen in den Boden geleitet (abgetragen) werden kann.

Für eine überschlägige Berechnung eines solchen Podestes genügt es, die Eigenlasten $g$ zu vernachlässigen. Berücksichtig werden also zunächst nur die Nutzlasten $p$.

Aus der **Tabelle 1, Seite 155** wird der Fall „Flächenlast bei öffentlichem Zugang, großer Andrang" gewählt. Es ergibt sich also unter Berücksichtigung der Fläche eine Nutzlast von 125 kN. Die Berechnung kann ohne Taschenrechner durchgeführt werden und dient der Überprüfung der Plausibilität bei komplexeren Berechnungen.

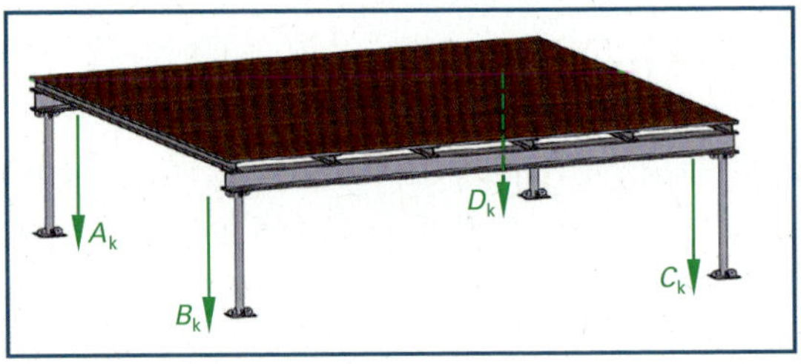


**Bild 1**: Podest 5 m × 5 m

**Beispiel 1: Überschlägige Vorabberechnung vertikaler Last eines Podestes ohne Eigenlast**

**Nutzlast aus Tabelle:**
$p_k = 5{,}0\ \text{kN/m}^2$

**Gesamte Nutzlast:**
$P_k = A \cdot p_k$
$P_k = 5\ \text{m} \cdot 5\ \text{m} \cdot 5{,}0\ \text{kN/m}^2$
$P_k = 25\ \text{m}^2 \cdot 5{,}0\ \text{kN/m}^2$
$P_k = 125\ \text{kN}$

**Punktlast pro Stütze:**
$Q_k = A_k = B_k = C_k = D_k = 125\ \text{kN}/4$
$Q_k = 31{,}25\ \text{kN}$

Die Nutzlast wird über 4 Stützen in den Boden eingeleitet. Daraus ergibt sich eine Last pro Stütze von 31,25 kN. Berücksichtigt man also zusätzlich die Eigenlasten, so müsste die Punktlast pro Fuß größer als 31,25 kN sein (siehe Seite 157).

## Rechenbeispiel: Lastfluss bei einem Podest

In **Beispiel 1** (unten auf dieser Seite) wird der Lastfluss eines 5 m × 5 m großen Podestes **(Bild 1)** von der Platte bis zur Stütze berechnet. Dabei ermittelt man zunächst die gesamte Flächenlast $q_k$. Es ist die Summe aus der Nutzlast durch Begehung und Eigenlast (**Zeilen 1-3** in **Beispiel 1**).

**Zeile 5**: Die Aufteilung der gesamten Flächenlast auf die Unterzüge ergibt sich aus dem Abstand der Unterzüge. Ein Unterzug nimmt die Last der Fläche auf, die sich von 0,5 m links bis 0,5 m rechts davon erstreckt (blaue Fläche in **Bild 2**). Daher multipliziert man die gesamte Flächenlast mit 1,0 m und erhält eine Streckenlast.

**Zeilen 4 – 7**: Aus dieser Streckenlast zusammen mit der Eigenlast der Unterzüge ergibt sich die gesamte Streckenlast eines Unterzuges.

**Zeile 8**: Die so erhaltenen Streckenlasten ergeben Auflagerreaktionen von 13,7 kN für die inneren vier Unterzüge und 13,7/2 kN für die äußeren beiden. Diese Lasten wirken auf den Hauptträger (3) ein (orangefarbene Pfeile, **Bild 2**).

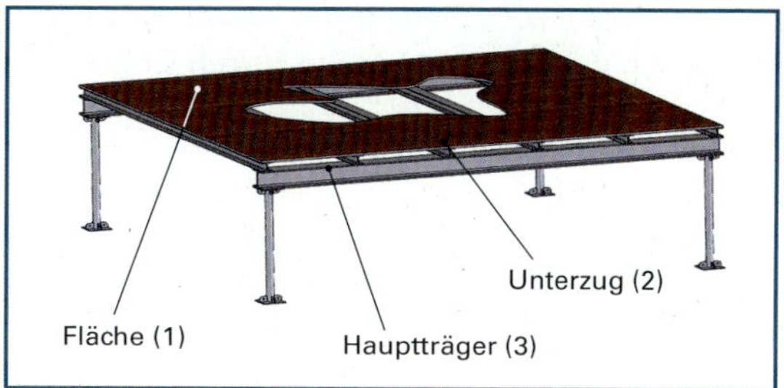


**Bild 1**: Podest 5 m × 5 m

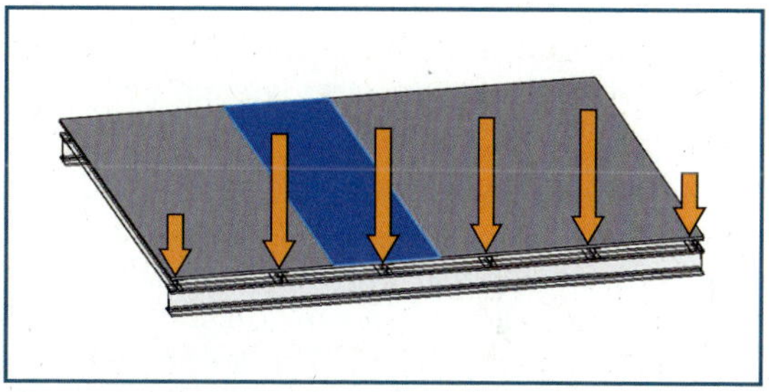

**Bild 2**: Einzugsbereich mittlerer Unterzug

**Zeilen 9 – 11**: Die Eigenlasten der Hauptträger und die Einwirkungen durch die Unterzüge (Zeile 8) stellen die Gesamtlast eines Hauptträgers $Q_{k,ges}$ dar.

**Zeile 12**: Jede Stütze trägt die Hälfte dieser Last, also 36,05 kN (~3,6 t) aus den vertikalen Lasten ab. Um diese Last sicher auf den Boden zu übertragen, muss die zulässige Bodenpressung beachtet und ggf. eine Unterpallung **(Kapitel 6.5.1)** verwendet werden. Zu den vertikalen Lasten kommen noch horizontale Lasten hinzu (siehe Seite 159). Die Fußpunkte müssen daher an ihrer Position fixiert werden.

**Beispiel 1: Lastfluss Fläche 5 m × 5 m**

| | | |
|---|---|---|
| 1 | Einwirkung auf die Fläche (1) | $p_k$ = 5,00 kN/m², Nutzlast, allgemeine Begehung |
| 2 | Eigenlast der Holzfläche (1) | $g_k$ = 0,25 kN/m² |
| 3 | Flächenlast gesamt | $q_k$ = 5,25 kN/m² |
| 4 | Abstand der Unterzüge (2) $a$ = 1,0 m | \|----\| *Einzugsbereich (blau,* ***Bild 2****)* |
| 5 | Last auf einen Unterzug (2) | $q_k$ = 5,25 kN/m² · 1,0 m = 5,25 kN/m |
| 6 | Eigenlast der Unterzüge (2) | $g_k$ = 0,23 kN/m |
| 7 | Gesamte Streckenlast eines Unterzuges (2) | $q_k$ = 5,48 kN/m |
| 8 | Reaktion der Unterzüge (2) als Einwirkung auf (3) | $A_k = B_k = Q_k = 5{,}48\ \text{kN/m} \cdot \left(\frac{5{,}0\ \text{m}}{2}\right) = 13{,}7\ \text{kN}$ <br> *Punktlasten (orange,* ***Bild 2****)* |
| 9 | Eigenlast des Hauptträgers (3) | $g_k$ = 0,72 kN/m |
| 10 | Gesamte Eigenlast des Hauptträgers bei 5 m Länge | $G_k = 0{,}72\ \text{kN/m} \cdot 5{,}0\ \text{m} =$ 3,60 kN |
| 11 | Gesamte Punktlasteinwirkung durch alle Unterzüge | $Q_k = 4 \cdot 13{,}7\ \text{kN} + \frac{2 \cdot 13{,}7\ \text{kN}}{2} =$ 68,5 kN |
| | | $Q_{k,ges}$ = 72,10 kN |
| 12 | Stützlast des Hauptträgers (3) pro Stütze | $A_k = B_k = \frac{Q_{k,ges.}}{2} = 36{,}05\ \text{kN}$ |

## Horizontale Lasten, Aussteifungen und Verbände

Zusätzlich zu den vertikalen Lasten auf Flächen sind auch **horizontale Lasten durch Begehung** zu berücksichtigen. Dies dient zum Erreichen ausreichender Quersteifigkeit, um eine robuste und steife Konstruktion zu erhalten. Für die Fachkraft für Veranstaltungstechnik bedeutet dies häufig, dass Flächen durch Diagonalen, den sogenannten Kreuzverband, ausgesteift werden müssen, um diese Belastungen aufnehmen zu können. Ein einfaches Beispiel für ausgesteifte Konstruktionen lässt sich in einem Bücherregal finden, welches ohne Aussteifung horizontal sehr anfällig ist **(Bild 1)**. Auch eine schubsteife Rückwand wirkt wie ein Kreuzverband.

**Bild 1**: Steifigkeit gegen horizontale Einflüsse

In der Veranstaltungstechnik sind Aussteifungen in Form von Verbänden insbesondere für höhere Podien oder Tribünen unerlässlich. Eine reine Eckaussteifung in Form von sogenannten „Cornerbraces" ist nur bei kurzen Stützen und kleineren Horizontallasten möglich. Komplett über die Höhe reichende Verbände leiten auch bei großen Konstruktionen mit hohen Lasten die Horizontalkräfte ohne hohe Biegung in den Stützen auf die Fußpunkte ab.

**Beispiel 1: Horizontale Last eines Podestes**

Podest 12 m × 8 m

**Vertikale Gesamtlast:**

$V_k = A \cdot p_k$

$V_k = 12\ \text{m} \cdot 8\ \text{m} \cdot 3{,}5\ \text{kN/m}^2$

$V_k = 336\ \text{kN}$

**Zusätzlicher horizontaler Lastanteil:**

$V_k = V_k/10 = 33{,}6\ \text{kN}$

Bei Fliegenden Bauten beträgt der Horizontalanteil 1/10 der vertikalen Last. Diese Forderung ist in der DIN EN 13814 beschrieben. Hingegen wird derzeit bei festen baulichen Anlagen nur 1/20 als horizontaler Lastanteil angesetzt. Auch bei der gängigen Podest-Norm DIN 15921 wird lediglich 1/20 der vertikalen Last zur Bemessung gefordert. Diese ist jedoch für bauliche Anlagen, also auch Fliegende Bauten, unwirksam, da sie nicht bauaufsichtlich eingeführt ist.

Die Größenordnungen werden in **Beispiel 1** auf dieser Seite veranschaulicht. Es bezieht sich auf ein Podest von 12 m x 8 m bei allgemeiner Nutzung für die Öffentlichkeit.

### Exkurs: Ausrichtung von Gerüstdiagonalen

Gerüste kommen mit einer Diagonalen pro auszusteifendem Feld aus, da die Aussteifungen sowohl Zug als auch Druck aufnehmen können (**Bild 2**). Dies ist wichtig, weil Lasten aus Wind oder Begehung in beide Richtungen wirken können. Die Kraftrichtung (Zug/Druck) ist nicht vorhersehbar. Aus diesem Grund gibt es auch keine Vorschrift, welche den Verlauf der Diagonalen vorschreibt. Die Gerüstdiagonalen dürfen alle die gleiche oder auch gegenläufige Ausrichtungen haben. Wichtig ist, dass das Fachwerk erhalten bleibt. Das heißt, die Struktur muss aus Stab-Dreiecken bestehen. Vierecke würden sich, wie in **Bild 1** gezeigt, durch Horizontallasten in ein Parallelogramm verformen oder es gäbe sehr hohe lokale Biegemomente in den Ecken, für die die Materialien nicht ausgelegt sind.

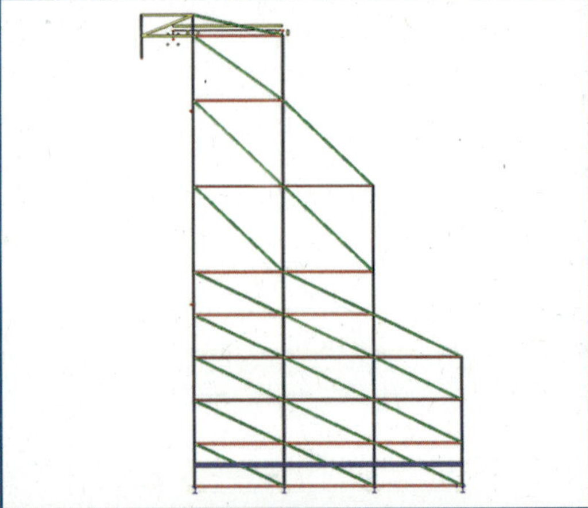

**Bild 2**: Gerüst-Systemlinien für ein LED-Gerüst – Seitenansicht

## Horizontaler Lastfluss

In **Bild 1** wirkt die Last in eine Richtung. Dann sind zwei Seile zugaktiv und zwei Seile ohne Funktion. **Beispiel 1** zeigt die dadurch in einem der Seile entstehende Last.

Es sei an dieser Stelle angemerkt, dass der Seilverband durch die vertikale Komponente weitere Lasten in die Stütze abgibt:

$S_{k,vertikal} = H_k \cdot \tan 16{,}9° = 1{,}90 \text{ kN}$

Zusätzlich sind auch Windlasten zu bedenken, welche in Erscheinung treten können und aufaddiert werden müssen **(Kapitel 6.4.3)**.

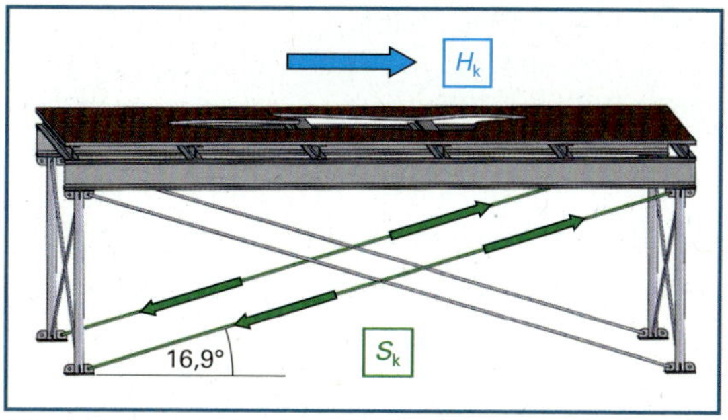


**Bild 1**: Horizontale Last bei einem Podest

Bei Diagonalaussteifungen mit zwei Seilen oder anderen rein zugaktiven Bauteilen ist je nach Lastrichtung immer nur eines der Seile des Kreuzverbandes aktiv. Anders ist es bei zug- und druckaktiven Aussteifungen, wie Gerüst-Diagonalen. Dort ist ein einzelnes Bauteil als Aussteifung ausreichend.

**Beispiel 1: Abtrag der Horizontallasten (H-Lasten) in Verbänden**

| | |
|---|---|
| **Horizontallast** | $H_k = \left(\frac{p_k}{10}\right) \cdot A$ |
| Horizontallast | $H_k = \left(\frac{5{,}0 \frac{\text{kN}}{\text{m}^2}}{10}\right) \cdot 25{,}0 \text{ m}^2 = 12{,}50 \text{ kN}$ |
| Horizontallast je Verband (2 Seile zugaktiv) | $H_k = \frac{12{,}50 \text{ kN}}{2} = 6{,}25 \text{ kN}$ |
| **Last in einem Verband (in einem Seil)** | $S_k = \frac{6{,}25 \text{ kN}}{\cos(16{,}9°)} = 6{,}53 \text{ kN}$ |

## Biegesteife Ecken

Biegesteife Ecken ohne Verbände wären ebenfalls denkbar, allerdings würden dabei hohe Biegemomente in den Ecken erzeugt. Dies betrifft die Stützen, deren Anschlüsse und auch die Hauptträger. Diese Form des Lastabtrages ist z. B. bei Steckfuß-Podesten ohne Diagonalen der Fall.

Ein weiteres Beispiel hierfür ist ein Tisch (**Bild 2**). Unter horizontaler Last tritt eine hohe Beanspruchung in den Ecken auf. Die in **Bild 3** gezeigte Simulation visualisiert das Problem.

**Bild 2**: Tisch mit horizontaler Belastung

**Bild 3**: Biegesteife Ecken an einem Tisch unter horizontaler Belastung

## Biegesteife Ecken vs. Verbände

In **Bild 1** ist ein Vergleich der Spannungsniveaus **(vgl. Kapitel 3.3.3)** und Verformung zweier Varianten dargestellt. So kann die Belastung biegesteifer Anschlüsse mit derjenigen von Verbänden verglichen werden.

In der Simulation wurde für die Berechnung nur ein Verband angesetzt, da der andere für diese Lastrichtung druckaktiv wäre und somit nicht angesetzt werden darf. Man sieht einen elementaren Unterschied in der Beanspruchung der Podeststützen.

Die Spannung der biegesteifen Variante liegt 33,8/3,1 = 10,9-fach höher als die der Variante mit Diagonale. Aus diesem Umstand resultiert auch eine deutlich höhere Steifigkeit von Konstruktionen mit Diagonalen, z. B. Gerüst-Podien, im Vergleich zu nicht ausgesteiften Varianten.

Auch die horizontale Verformung beträgt ohne Aussteifung 25 mm, mit Aussteifung nur 1 mm.

Kreuzverbände oder Diagonalen tragen also maßgeblich zu einer standsicheren Konstruktion bei. Solche Aussteifungen sind auch für Bühnendächer wichtig. Dies wird in **Kapitel 6.6.2** vertieft behandelt.

| Bauteil | Variante mit Verband und gelenkigen Stützen | Variante mit biegesteifen Stützen |
|---|---|---|
| **Hauptträger**<br>Spannung<br>Einwirkung | 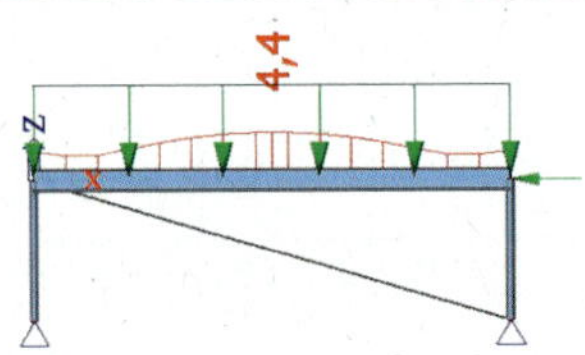 | 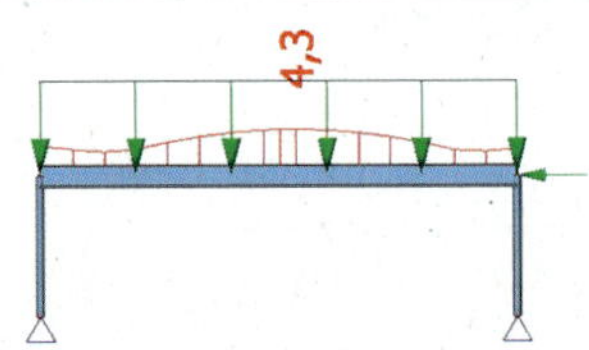 |
| **Stützen**<br>Spannung<br>Einwirkung | 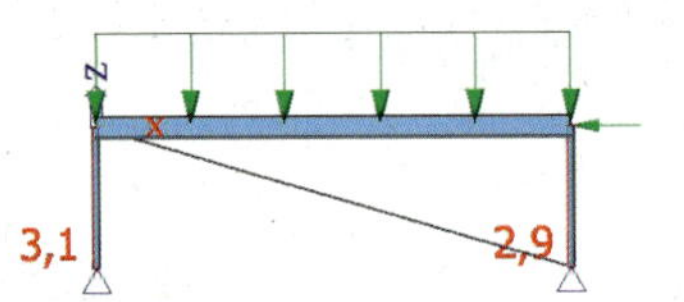 | 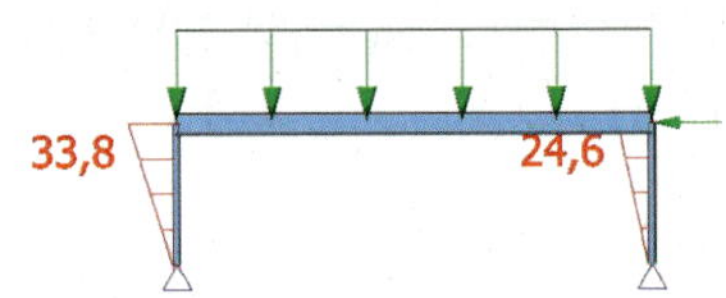 |
| **Gesamt**<br>Verformung<br>Einwirkung | 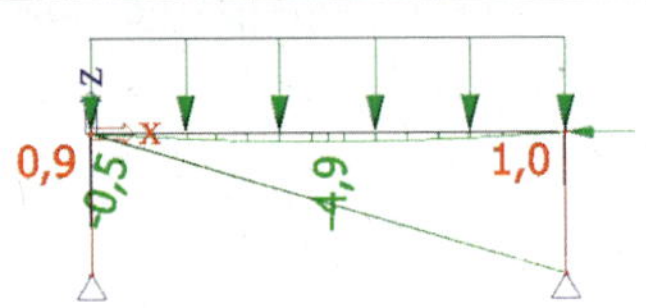 | 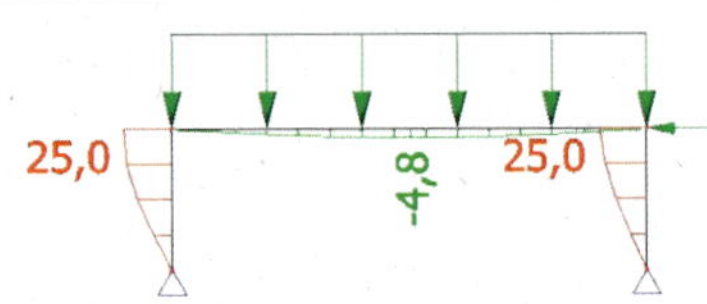<br>Spannungen in kN/cm², Verformung in mm |

**Bild 1**: Vergleich Podest mit Aussteifung und ohne Aussteifung mit biegesteifen Stützen

## Wiederholungsfragen

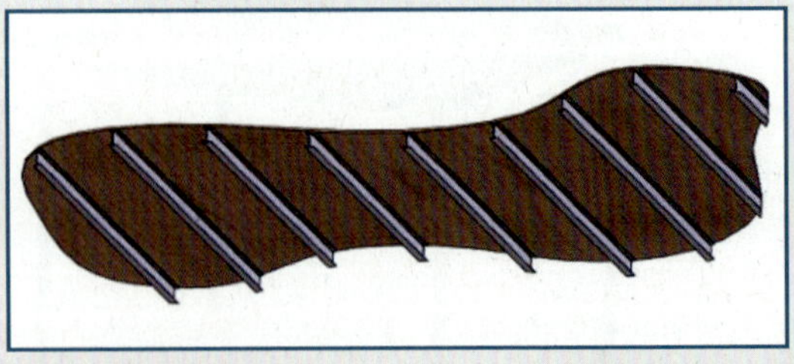

1. Welche Streckenlast trägt jeder der Träger-Unterzüge aus der Personenlast von 3,5 kN/m², wenn die Träger 800 mm zueinander beabstandet sind?
2. Prüfen Sie die folgende Aussage: „Um die richtige Belastung einer Podiumsfläche einzuschätzen, wird die zu erwartende Anzahl von Personen durch die gesamte vorhandene Fläche geteilt."
3. Dürfen die Diagonalen zur Aussteifung von Gerüsten und sonstigen Tragwerken alle in der gleichen Richtung eingebaut werden?

## 6.4.2 Waagrechte Lasten auf Geländer und Brüstungen

Geländer sind wichtige, sicherheitsrelevante Bauteile. Die Belastungen wirken in horizontaler (waagrechter) Richtung. Die anzusetzende Belastung auf Geländer und ähnliche Sicherungen wird ebenfalls durch die Norm DIN EN 13814 festgelegt und hängt von der zuvor angesetzten vertikalen Flächenlast ab **(Tabelle 1)**.

Die am höchsten belasteten Bauteile sind dabei meist die Geländerstiele und deren Befestigungen am Untergrund/Podest. Versagt eine Baukomponente, so droht der Absturz von Personen.

In **Beispiel 1** werden die Biegemomente in Holm und Stiel verglichen. Die Randbedingungen sind: ein 1 m hohes, 1,5 m breites Geländer mit 2 Stielen für eine Flächenlast von 3,5 kN/m² für das Podium **(Bild 1)**.

Es ergibt sich also aus der **Tabelle 1** eine waagrechte Holm-Last von 0,5 kN/m. Die Biegemomente der Bauteile werden für den Holm mit der Formel für Einfeldträger mit Streckenlast und für den Stiel mit der Formel für einen Kragarm mit Punktlast ermittelt. Für die Einwirkung auf den Stiel wird die Streckenlast des Holms mit dessen Länge multipliziert und aufgrund des Einzugsbereiches durch 2 geteilt.

Zusammenfassend wird erkennbar, dass die Belastung des Stiels und seiner Einspann-Stelle vielfach größer ist als die des Holms – in diesem Beispiel fast um den Faktor 3 höher. Dementsprechend tragfähig müssen der Stiel und dessen Anschluss gestaltet werden (siehe auch *Widerstandsmoment* auf nächster Seite).

**Tabelle 1:** Waagrechte Lasten für Geländer

| Flächenlast | Waagrechte Last auf Holm | Waagrechte Last auf Zwischenholm |
|---|---|---|
| 3,5 kN/m² | $P_k$ = 0,5 kN/m | $P_k$ = 0,1 kN/m |
| 5,0 kN/m² | $P_k$ = 1,0 kN/m | $P_k$ = 0,15 kN/m |
| 1,5 kN/m² | $P_k$ = 0,3 kN/m | $P_k$ = 0,1 kN/m |

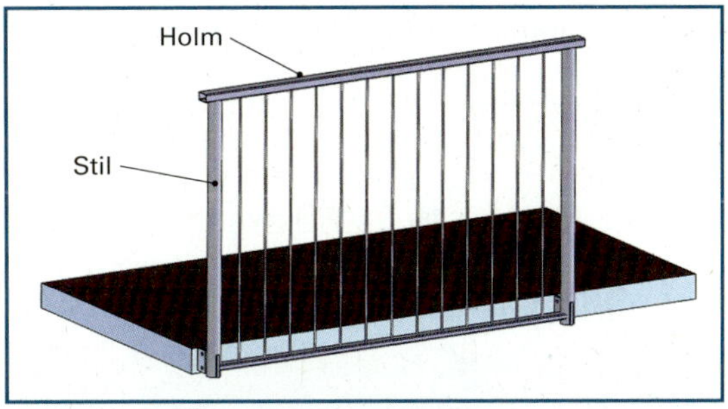


**Bild 1:** Geländer an Podium befestigt

**Biegemoment Einfeldträger Streckenlast**

| | |
|---|---|
| Formelbuchstabe: | *M* |
| Einheit: | (Kilo) Newton-Meter |
| Einheitenzeichen: | kNm |
| **Formel:** | $M = \frac{q \cdot L^2}{8}$ |
| Biegemoment Kragarm mit Punktlast | |
| **Formel:** | $M = F \cdot a$ |

*M* Biegemoment (kNm)
*q* Streckenlast (kN/m)
*L* Spannweite (m)
*F* Kraft (kN)
*a* Hebel (m)

**Beispiel 1: Vergleich der Biegung in Holm und Stiel**

**Holm:**

| | |
|---|---|
| Last auf den Holm | $p_k$ = 0,5 kN/m |
| Spannweite des Holms | $L$ = 1,5 m |
| Biegemoment des Holms | $M_k$ = (0,5 kN/m) · (1,5 m)²/8 = **0,141 kNm** |
| Reaktion als Einwirkung auf den Stiel | $A_k = B_k = Q_k$ = 0,5 kN/m · 1,5 m/2 = 0,375 kN |

**Stiel:**

| | |
|---|---|
| Einwirkung aus Holm | $Q_k$ = 0,375 kN |
| Einwirkung aus Zwischenholm (fiktiv) | $Q_k = \frac{0{,}375\ \text{kN}}{5} = 0{,}075\ \text{kN}$ |
| Biegemoment des Stiels | $M_k$ = 0,375 kN · 1,0m + 0,075kN · 0,5m |
| | $M_k$ = **0,413 kNm** |

## Rechenbeispiel: Tragfähigkeit des Stiels

Die nachfolgende Berechnung der Tragfähigkeit des Stiels wird nach baustatischen Gesichtspunkten durchgeführt, welche den bereits bekannten Regeln der Festigkeitslehre folgt **(siehe Kapitel 3.3)**, aber den Sicherheitsfaktor ($\gamma_f$) auf die Belastung aufschlägt.

| **Biegespannung** | |
|---|---|
| Formelbuchstabe: | $\sigma_B$ |
| Einheit: | kN/cm² |
| **Formel:** | $\sigma_B = \frac{M}{W}$ |
| $\sigma_B$ Biegespannung (kN/cm²)<br>$M$ Biegemoment (kNcm)<br>$W$ Widerstandsmoment des Profils (cm³) | |

Die maximale Biegespannung darf die Grenzen des Werkstoffs nicht überschreiten. In dem rechnerischen Nachweis **(Beispiel 1)** der Tragfähigkeit werden die Indizes „d" und „k" verwendet (siehe Seite 156). Das reale Moment ($M_k$) aus **Beispiel 1** auf Seite 161) wird mit dem Teilsicherheitsbeiwert $\gamma_f$ multipliziert, um das Bemessungsmoment $M_d$ für den Nachweis zu erhalten. Das Bemessungsmoment $M_d$ erzeugt die Bemessungsspannung $\sigma_d$, welche mit der Grenzspannung $\sigma_{Rd}$ des Materials abgeglichen wird.

**Beispiel 1: Nachweis der Tragfähigkeit des Stiels aus Rundrohr 48,3 × 3,2 in S235 Stahl**

| | |
|---|---|
| Charakteristisches (reales) Biegemoment | $M_k = 0{,}413$ kNm |
| mit Teilsicherheitsbeiwert | $M_d = \gamma_f \cdot M_k = 1{,}5 \cdot 0{,}413$ kNm $= 0{,}62$ kNm $= 62$ kNcm |
| Profil-Tabellenwert RR 48,3x3,2 | $W = 4{,}8$ cm³ |
| Bemessungsspannung | $\sigma_d = \frac{62{,}0 \text{ kNcm}}{4{,}8 \text{ cm}^3} = 12{,}92$ kN/cm² |
| Grenzspannung des Stahls S235 | $\sigma_{Rd} = 23{,}5$ kN/cm² |
| **$\eta$ = Ausnutzung des Stiel-Rohres** | **$\eta = 12{,}92/23{,}5 = 0{,}55 = 55\%$** |

## Anschluss des Stiels am Podium

**Bild 1**: Anschluss des Geländers

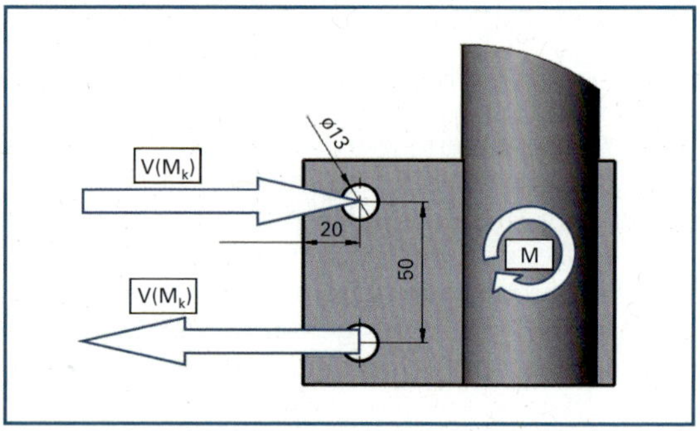


**Bild 2**: Kräftepaar (Querschub $V$) durch Biegemoment $M_k$ im Stiel

Statisch gesehen noch interessanter ist die Betrachtung des Anschlusses des Geländers **(Bild 1)**, da dieser das volle Biegemoment übertragen muss.

Untersucht wird hier ein fiktives **Beispiel 2**, das sich jedoch auf andere Bauformen übertragen lässt. Entscheidend ist, dass das Biegemoment am unteren Ende des Stiels als Zug-Druck-Kräftepaar **(Bild 2)** übertragen wird – hier 8,26 kN.

**Beispiel 2: Kräfte am Anschluss**

Das vorhandene Biegemoment ($M_k$ = 0,413 kNm) wird zum Kräftepaar am Anschluss:

$$V(M_k) = \frac{M_k}{\text{Abstand}} = \frac{0{,}413 \text{ kNm}}{50 \text{ mm}} = \frac{41{,}3 \text{ kNcm}}{5{,}0 \text{ cm}} = 8{,}26 \text{ kN}$$

Dabei spielen die Hebelverhältnisse eine maßgebende Rolle. Lägen die Zug- und Druck-Zone noch näher beieinander, so würden die Kräfte weiter ansteigen. Der Anschluss erfährt also hohe Beanspruchungen und bedarf ausreichender Festigkeit.

## Anschluss des Stiels im Nuten-Kanal

Im Vergleich zu dem auf Seite 162 gezeigten Anschluss zeigt **Bild 1** auf dieser Seite das Beispiel eines fiktiven Steckfußpodestes mit Geländer-Anschluss mittels Verschraubung im Nuten-Kanal des Umrandungsprofils. Die Belastung an der Verschraubung ergibt sich dann analog zu **Beispiel 1** (rechts). Der Druck an der Unterkante wird durch Kontaktstoß übertragen, während die Verschraubung die Zugbelastung aufnehmen muss.

Selbst ein richtig dimensioniertes Geländer ist nutzlos, wenn der Anschluss nicht ausreichend tragfähig ist. Eine Spannungsanalyse durch FEM (Finite-Elemente-Methode) visualisiert die Spannungen im Bauteil **(Bild 2)**. Bei der Simulation wurden die in Beispiel 1 errechneten 12,91 kN als Zug im Nutenkanal und Druck auf die Kante eingeleitet.

Die Belastung von 12,91 kN (Zug) ist für die Verschraubung im Nuten-Kanal zu hoch und der Kontaktdruck beult das Profil aus. Aus diesem Grunde sind derartige Geländer-Befestigungen nicht für normkonforme Belastungen geeignet. Bei reiner Funktion als Absturzsicherung bei eingewiesenen Akteuren ist die Anwendung denkbar, wenn auch nicht empfehlenswert. Die Spannungen im Aluprofil überschreiten 2000 N/mm², was einer Überlastung um den Faktor 15 entspricht, selbst wenn eine feste Legierung, z. B. EN AW-6082 T6, zum Einsatz kommt.

Besser geeignet sind Geländer, deren Stiele die Momente über große Abstände der Druck- und Zug-Zone abtragen. Die Beanspruchungen in der Verbindung sinken hier proportional zum Abstand.

**Bild 1**: Geländer am Nuten-Kanal

**Beispiel 1: Belastung im Nuten-Kanal**

$$V(M_k) = \frac{41{,}3\ \text{kNcm}}{3{,}2\ \text{cm}} = 12{,}91\ \text{kN}$$

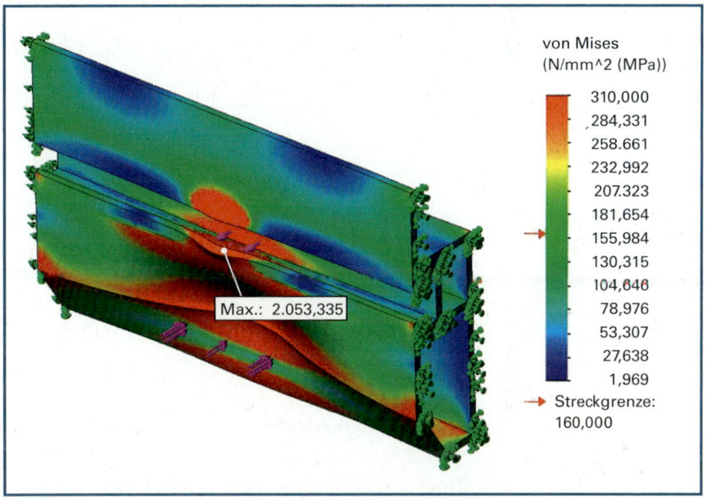


**Bild 2**: Spannungsanalyse des Geländer-Anschlusses im Nuten-Kanal

**Bild 3**: Normkonformer und stabiler Geländer-Anschluss

### 6.4.3 Windlasten

Im Gegensatz zu den fest errichteten Gebäuden sind mobile, transportfähige Fliegende Bauten sehr leicht und verfügen über kein Fundament. Dieser Umstand bedingt speziell konstruierte Tragwerke und Verankerungen.

Die Windlast setzt sich aus Drücken auf einzelne Oberflächen und Reibung zusammen. In Summe ergeben sich daraus resultierende Windkräfte auf die Gesamtkonstruktion. Man unterscheidet bei den Windlast-Ansätzen zwischen dem Nachweis einzelner Teile (z. B. Verschraubungen von Trapezblechen auf einer Mobilbühne wie in **Bild 1**) und dem Nachweis der Kippsicherheit, Gleitsicherheit und Abhebesicherheit des Gesamtobjekts.

Die in den vergangenen Jahren durch den Klimawandel verursachten Probleme spiegeln sich in den aktuellen Windlastansätzen bereits wider. In früheren Jahren (bis ca. 2012) wurde mit deutlich kleineren Staudrücken und kleineren aerodynamischen Beiwerten gerechnet. Zudem wurde bei Gazen eine Winddurchlässigkeit berücksichtigt, was heute nicht mehr der Fall ist.

→ **DIN EN 13782**
Anlage 2.7 / 7 Fliegende Bauten – Zelte – Sicherheit, Mai 2006

→ **DIN EN 13814**
Anlage 2.7 / 8 Fliegende Bauten und Anlagen für Veranstaltungsplätze und Vergnügungsparks – Sicherheit, Juni 2005

→ **Eurocode 1, Teil 4**
Einwirkungen auf Tragwerke – Windlasten, Dezember 2010

**Bild 1**: Trapezblech auf einer mobilen Bühne

Bei Gazen fließt in die Berechnung keine Winddurchlässigkeit mit ein. Sie werden diesbezüglich wie undurchlässige Planen behandelt.

Viele Fliegende Bauten in der Wiederholungsprüfung mussten statische und konstruktive Nachbesserungen erfahren, um dem Stand der Technik zu genügen. Häufig wurden die Windgeschwindigkeiten für den Betriebszustand (vgl. Seite 169) durch die Prüfstellen abgesenkt. Alternativ wurden Nachträge der Statik erforderlich, welche massives Aufstocken des Ballasts und Senkung der Nutzlasten auswiesen.

Für die Fachkraft für Veranstaltungstechnik ist es wichtig, die Windlasten bei einer Open-Air-Veranstaltung zu berücksichtigen, da der Wind ein hohes Maß an Gefährdung mit sich bringt. Die nachfolgenden Berechnungen zeigen in Beispielen, wie eine sinnvolle Abschätzung des Windes in der Planungsphase erfolgt. Dabei werden die Windlasten vereinfacht vermittelt, da die vollständigen Normen und naturwissenschaftlichen Ansätze den Rahmen des Werkes sprengen würden.

#### Physikalische Grundlagen: Windkraft auf eine Fläche

Eine resultierende Windlast auf einen Körper wird durch 3 Parameter bestimmt (**Tabelle 1**). Aus diesen ergibt sich die resultierende Windkraft auf einen Körper. Resultierende Windkräfte werden ermittelt, um die Kipp- und Gleitsicherheit einer Anlage und deren Tragfähigkeit zu überprüfen.

**Tabelle 1:** Windkraft auf eine Fläche

| Parameter | Formelzeichen | Einheit | Erklärung |
|---|---|---|---|
| **1. Die angeströmte Fläche** | $A$ | m$^2$ | Hier zählt nur die projizierte, angeströmte Fläche, nicht die gesamte Oberfläche des Bauwerks. |
| **2. Der aerodynamische Beiwert** | $c_f$, $c_p$, $c_w$ | – | Dieser Wert ist formabhängig und wird für die gängigsten Baukörper im Eurocode 1, Teil 4 beschrieben. |
| **3. Der Staudruck** | $q$, $q_{b0}$, $q_{p(z)}$ | kN/m$^2$ | Der Staudruck ist bestimmt durch die Geschwindigkeit des Windes und geringfügig durch dessen Dichte. |
| **Resultierende Windkraft** | $\boldsymbol{W = A \cdot c_f \cdot q_{p(z)}}$ | kN | Gesamtwirkung des Windes. |

## Die angeströmte Fläche *A*

Dieser Wert ist durch die Geometrie des Bauwerks bestimmt und ergibt sich daher automatisch. Einzig bei unverkleideten Gitterträgern, Traversen und Fachwerken ist die Ermittlung etwas komplexer.

Eine Gerüst-Konstruktion **(Bild 1)** soll als Beispiel für die Flächen-Ermittlung dienen. Die komplette Front wird durch eine LED-Wand und Membran[1] verkleidet, sodass sich für die Lastfälle (LF) *LF1 Wind frontal* und *LF2 Wind von hinten* die identische, angeströmte Fläche von 8 m Breite und 6 m Höhe (plus Spindeln) ergibt. Diese ist unabhängig von der Ausformung: Es zählt die reine „Schattenwurf-Fläche" des Objektes.

$\boldsymbol{A} = 8\ \text{m} \cdot 6\ \text{m} = 48\ \text{m}^2$

Der Seitenwind ist in diesem Beispiel ohne Belang, da hier keine Verkleidung besteht und A somit sehr gering ist. Die Grafik stammt aus dem verwendeten Stabwerksprogramm zur Schnittgrößenermittlung der Bauteile.

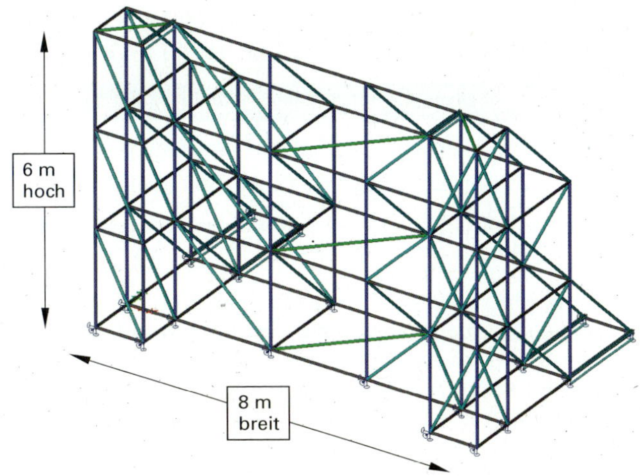


Feldhöhen (von unten nach oben): 2 m, 2 m, 2 m (6 m)
Feldtiefen (von hinten nach vorn): 2 m, 2 m, 1 m (5 m)
Feldbreiten (von links nach rechts): 1 m, 2 m, 2 m, 2 m, 1 m (8 m)

**Bild 1**: Flächen-Ermittlung einer LED-Wand

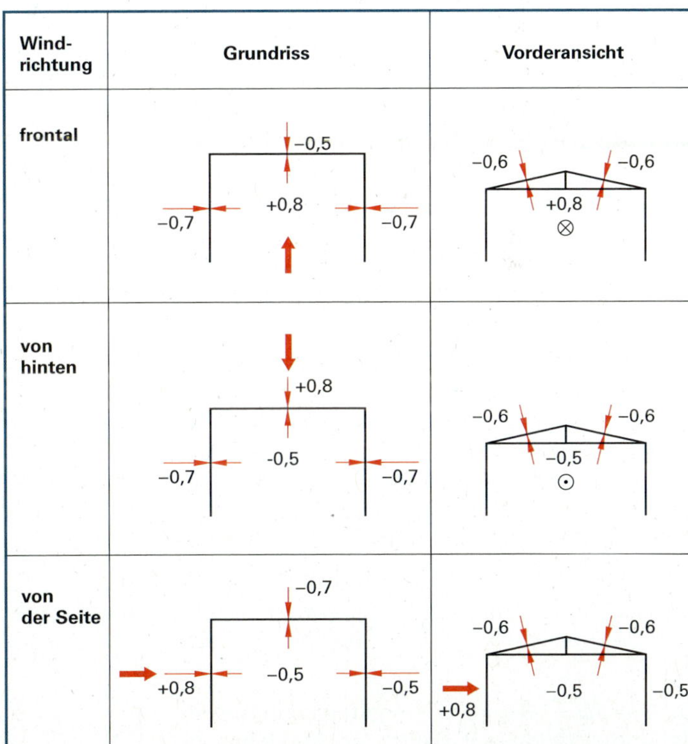


**Bild 2**: Beispiele aerodynamischer Druckbeiwerte einer Satteldachbühne

## Der aerodynamische Beiwert

Aus dem Automobilbereich ist der sogenannte „$c_w$-Wert" bekannt. Ein geringer $c_w$-Wert bescheinigt eine gute Aerodynamik und somit weniger Windkraft auf das Fahrzeug. Für bauliche Anlagen gibt es zwei ähnliche Größen, die ebenfalls die Formgebung des Objekts berücksichtigen. Es handelt sich dabei um den aerodynamischen Druckbeiwert $c_p$ und den aerodynamischen Kraftbeiwert $c_f$. Beispiele von aerodynamischen Druckbeiwerten $c_p$ nach „Arbeitsgruppe Bühnen[2]" zeigt **Bild 2**.

[1] In der Veranstaltungstechnik werden die Planen von z. B. Zelten oder Bühnen Membranen genannt.
[2] Arbeitsgruppe Bühnen: Der Arbeitskreis bestehend aus Fachingenieurbüros, TÜVs, Bauämtern aus dem Bereich der Fliegenden Bauten traf sich 2012, um Windlasten zum Thema Bühnen festzulegen.

## Beispiel: Auswertung der aerodynamischen Beiwerte

Die aerodynamischen Beiwerte **(Tabelle 1)** werden bei der Ermittlung von Lastannahmen für die Wirkung des Windes auf Bauwerke wie in den folgenden Beispielen gezeigt behandelt.

**Tabelle 1:** Aerodynamische Beiwerte bei baulichen Anlagen

| Beiwert | Beschreibung |
|---|---|
| $c_p$ | Druckbeiwert auf eine Teilfläche; Druck und Kraft senkrecht (normal) zur Fläche; + steht für Druck und – für Sog |
| $c_f$ | Kraftbeiwert für resultierende Windkraft auf das Bauwerk |

In den folgenden Beispielen werden die Beiwerte für die linke Seitenwand der Satteldachbühne von Seite 165 ausgewertet **(Bild 1)**. Anders als bei festen Eindeckungen wird bei Bühnen mit Membranbespannung nicht noch eine Unterscheidung der einzelnen Bereiche einer Fläche gemacht, sondern ein Wert homogen über die Fläche angesetzt.

Für **Beispiel 1** soll dabei der Wind von vorne kommen. Wie man sieht, wirkt die Kraft sowohl bezüglich des inneren Beiwertes (+0,8) als auch bezüglich des äußeren Beiwertes (–0,7) nach links. Daher werden die Werte, unabhängig von ihren Vorzeichen, addiert. Aus den beiden Druckbeiwerten resultiert also der Kraftbeiwert +1,5. Dabei steht das Vorzeichen für „in Richtung des Druckes".

Für **Beispiel 2** kommt der Wind von hinten. Da die Kraftrichtung sich in diesem Falle für den inneren Beiwert nach rechts und für den äußeren Beiwert nach links ergibt, muss subtrahiert werden. Aus den beiden Druckbeiwerten resultiert hier der Kraftbeiwert –0,2. Dabei steht das Vorzeichen für „in Richtung des Sogs".

Für eine einfache Vordimensionierung von rechteckigen und quadratischen Grundrissen kann grundsätzlich mit den Werten aus **Bild 2** gearbeitet werden. Aus der angeströmten Seite (Luv) $c_p$ +0,8 und der abgewandten Seite (Lee) $c_p$ –0,5 ergibt sich beispielsweise bei lotrechter Anströmung $c_f = 1{,}3$.

Bei einer Anströmung über Eck **(Bild 2, rechts)** ergibt sich: $c_f = 1{,}13 = (\sqrt{2} \cdot 0{,}8)$. Wie man sieht, sind die Druckbeiwerte in Lee laut Norm gleich Null.

Der Wert $c_f = 1{,}3$ wird im Regelfall auch für freistehende Wände (z. B. **Bild 3**) und Ähnliches angesetzt. Viele Bauformen sind hinsichtlich ihrer $c_f/c_p$-Beiwerte genormt. Beispiele finden sich in der DIN EN 1991-1-4, Abschnitt 7

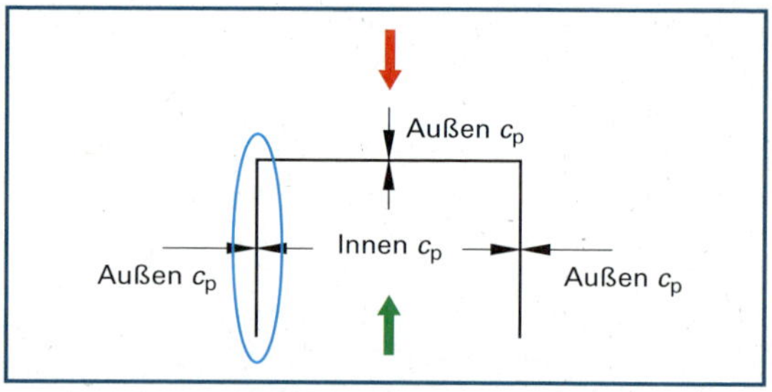


**Bild 1**: Beiwerte Satteldachbühne

**Beispiel 1: linke Seitenwand, Wind frontal**

| Beiwert | Wert | Potenzial | Kraftwirkung |
|---|---|---|---|
| Innen $c_p$ | +0,8 | Druck | nach links |
| Außen $c_p$ | –0,7 | Sog | nach links |
| Resultierend $c_f$ | **+1,5** | | nach links |

**Beispiel 2: linke Seitenwand, Wind von hinten**

| Beiwert | Wert | Potenzial | Kraftwirkung |
|---|---|---|---|
| Innen $c_p$ | –0,5 | Sog | nach rechts |
| Außen $c_p$ | –0,7 | Sog | nach links |
| Resultierend $c_f$ | **–0,2** | | nach links |

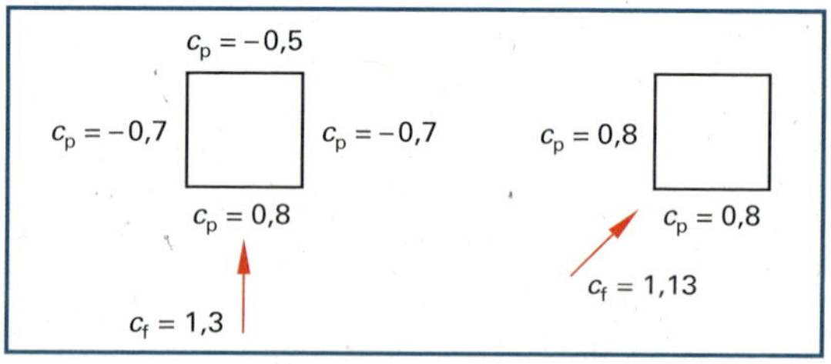


**Bild 2**: Aerodynamische Beiwerte Quader

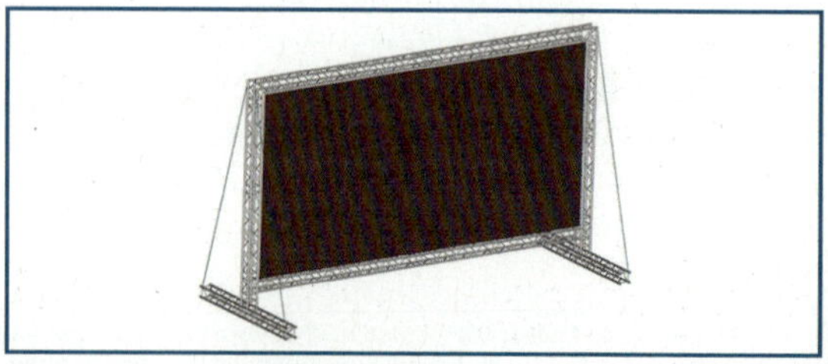

**Bild 3**: Temporärer Werbebanner

## Der Staudruck

Dieser Wert ist auch als Geschwindigkeitsdruck bekannt. In der Physik gilt überschlägig die nebenstehende Formel für den Staudruck in Abhängigkeit zur Windgeschwindigkeit. Mit der Dichte von Luft ergibt sich die dort angegebene Faustformel. Bei dieser muss die Windgeschwindigkeit in m/s eingegeben werden, um den Staudruck in kN/m² zu erhalten.

| **Staudruck** | |
|---|---|
| Formelbuchstabe: | $q$ |
| Einheit: | kN/m² |
| **Formel:** | $q = \frac{1}{2} \cdot \varrho \cdot v^2$ |
| **Faustformel Luft** | $q_{\text{Luft}} = \frac{v^2}{1600}$ |

$q$ Staudruck
$v$ Windgeschwindigkeit (m/s)
$\varrho$ Dichte des Mediums
$\varrho_{\text{Luft}} = 1{,}25$ kg/m³

Der Staudruck wächst quadratisch mit der Windgeschwindigkeit.

Eine Zunahme der Geschwindigkeit von 30 % hat somit beispielsweise eine Zunahme des Druckes und damit der Kraft von 69 % zur Folge!

Der zur Bemessung anzusetzende Staudruck ist bei baulichen Anlagen normativ geregelt. Bei Fliegenden Bauten werden **2 Zustände** und damit 2 Windlastansätze unterschieden: Erstens der **Betriebswind** und zweitens der **Wind außer Betrieb.**

Der Zustand „außer Betrieb" ist als finaler Zustand eines Aktionsplans (vgl. Seite 169) zu verstehen. Das Wetter sollte stets beobachtet und gemäß dem festgelegten Aktionsplan schrittweise gehandelt werden. Der Aktionsplan basiert dabei auf dem Standsicherheitsnachweis. In der Regel werden bei Erreichen des Grenzwertes der Windgeschwindigkeit die Wand-Membrane abgetakelt, bzw. zusammengerafft, um im Außer-Betrieb-Fall den starken Wind nur mit verbleibender Dachfläche zu überstehen.

### Staudruck beim „In-Betrieb-Fall"

Der Zustand, in dem ein Fliegender Bau, z. B. für Bühnenshows, betrieben werden darf, nennt man kurz „Betrieb". In der Regel wird dieser Zustand durch einen im Prüfbuch bzw. den bautechnischen Nachweisen (statische Berechnung) festgelegten maximalen Betriebswind definiert. Der Staudruck im Betrieb ist abhängig von der Bauhöhe **(Tabelle 1)**.

Im Gegensatz zum anzusetzenden Staudruck beim „Außer-Betrieb-Fall", ist der Staudruck im Betrieb unabhängig vom Standort.

### Staudruck beim „Außer-Betrieb-Fall"

Sind bereits Maßnahmen zur Einstellung des Betriebs eines Fliegenden Baus durchgeführt worden, so nennt man den Zustand „außer Betrieb". Bei Bühnenüberdachungen bestehen diese betrieblichen Maßnahmen im Allgemeinen aus dem Entfernen der Wandverkleidungen (Planen). Zusätzlich werden ggf. weitere Abspannungen aktiviert oder sonstige Maßnahmen durchgeführt. Anders als beim „In-Betrieb-Fall" wird hier nicht nur nach den Bauwerkshöhen, sondern auch nach Windzonen unterschieden.

**In-Betrieb-Fall**
DIN EN 13814
DIN EN 13782

**Tabelle 1:** Normativer Staudruck – im Betrieb

| Bauhöhe $h$ (m) | Staudruck $q$ (kN/m²) |
|---|---|
| $0 \leq 8$ | 0,20 |
| $8 \leq h \leq 20$ | 0,30 |
| $20 \leq h \leq 35$ | 0,35 |
| $35 \leq h \leq 50$ | 0,40 |

### Windzonen

Wie in **Bild 1, Seite 168** zu sehen, gibt es in Deutschland 4 Windzonen. Die jeweils relevante Windzone kann mit mehreren frei verfügbaren Webseiten unter Eingabe der Postleitzahlen ermittelt werden. Eine verbindliche und detaillierte Auskunft erteilt zudem das örtliche Bauamt.

**Außer-Betrieb-Fall**
DIN EN 1991-1-4 (NA)
Eurocode 1 Teil 4
MLTB -03-2011 Anlage 2.7/23

Die Windzonen 3 und 4 sind entsprechend **Tabelle 1** weiter unterteilt: Es gibt Binnenland, Inseln und küstennahe Gebiete. Als küstennahe Gebiete zählen 5 km breite Streifen von der Wasserlinie in Richtung Binnenland.

In der **Tabelle 1** sind die **Basiswindgeschwindigkeit $v_{b,0}$** und der **Basisstaudruck $q_{b,0}$** in der jeweiligen Windzone angegeben. Außerdem gehen aus der Tabelle die Formeln für die anzusetzenden Böengeschwindigkeitsdrücke hervor. Hier sind, je nach Höhe $z$ der Bauwerke, in jedem Gebiet zwei Formeln relevant. Dabei liegen die Grenzen zwischen den Formeln bei 7, 4 oder 2 Metern. Die Bauwerkshöhe $z$ ist ggf. in die Formel für den Staudruck $q$ einzusetzen. Die unterschiedlichen Werte hängen mit dem Bewuchs der Landschaft zusammen. Sie stammen, ebenso wie die Faktoren in den Formeln, aus Messungen über viele Jahre hinweg. Einer einheitlichen, übergeordneten Formel folgen sie nicht.

Der Faktor 0,7 in den Formeln ist eine Abminderung für Fliegende Bauten, bedingt durch die zeitlich begrenzte Aufstellung. Der zweite Faktor und der dritte Faktor ergeben sich aus den zurückgerechneten Messwerten.

**Bild 1**: Windzonen

| **Tabelle 1:** Staudrücke nach Windzonen - außer Betrieb | | |
|---|---|---|
| Windzone 1 (Binnenland) | | |
| $v_{b,0} = 22{,}5$ m/s | $z \leq 7$ m | $q = 0{,}7 \cdot 1{,}5 \cdot 0{,}32$ kN/m² $= 0{,}34$ kN/m² |
| $q_{b,0} = 0{,}32$ kN/m² | 7 m $< z \leq 50$ m | $q = 0{,}7 \cdot 1{,}7 \cdot 0{,}32 \cdot (z/10)^{0{,}37}$ kN/m² |
| Windzone 2 (Binnenland) | | |
| $v_{b,0} = 25{,}0$ m/s | $z \leq 7$ m | $q = 0{,}7 \cdot 1{,}5 \cdot 0{,}39$ kN/m² $= 0{,}41$ kN/m² |
| $q_{b,0} = 0{,}39$ kN/m² | 7 m $< z \leq 50$ m | $q = 0{,}7 \cdot 1{,}7 \cdot 0{,}39 \cdot (z/10)^{0{,}37}$ kN/m² |
| Windzone 3 (Binnenland) | | |
| $v_{b,0} = 27{,}5$ m/s | $z \leq 7$ m | $q = 0{,}7 \cdot 1{,}5 \cdot 0{,}47$ kN/m² $= 0{,}49$ kN/m² |
| $q_{b,0} = 0{,}47$ kN/m² | 7 m $< z \leq 50$ m | $q = 0{,}7 \cdot 1{,}7 \cdot 0{,}47 \cdot (z/10)^{0{,}37}$ kN/m² |
| Windzone 3 (küstennahe Gebiete und Inseln der Ostsee) | | |
| $v_{b,0} = 27{,}5$ m/s | $z \leq 4$ m | $q = 0{,}7 \cdot 1{,}8 \cdot 0{,}47$ kN/m² $= 0{,}59$ kN/m² |
| $q_{b,0} = 0{,}47$ kN/m² | 4 m $< z \leq 50$ m | $q = 0{,}7 \cdot 2{,}3 \cdot 0{,}47 \cdot (z/10)^{0{,}27}$ kN/m² |
| Windzone 4 (Binnenland) | | |
| $v_{b,0} = 30{,}0$ m/s | $z \leq 7$ m | $q = 0{,}7 \cdot 1{,}5 \cdot 0{,}56$ kN/m² $= 0{,}59$ kN/m² |
| $q_{b,0} = 0{,}56$ kN/m² | 7 m $< z \leq 50$ m | $q = 0{,}7 \cdot 1{,}7 \cdot 0{,}56 \cdot (z/10)^{0{,}37}$ kN/m² |
| Windzone 4 (küstennahe Gebiete und Inseln der Ostsee) | | |
| $v_{b,0} = 30{,}0$ m/s | $z \leq 4$ m | $q = 0{,}7 \cdot 1{,}8 \cdot 0{,}56$ kN/m² $= 0{,}59$ kN/m² |
| $q_{b,0} = 0{,}56$ kN/m² | 4 m $< z \leq 50$ m | $q = 0{,}7 \cdot 2{,}3 \cdot 0{,}56 \cdot (z/10)^{0{,}27}$ kN/m² |
| Windzone 4 (Inseln der Nordsee) | | |
| $v_{b,0} = 30{,}0$ m/s | $z \leq 2$ m | $q = 0{,}7 \cdot 1{,}1$ kN/m² $= 0{,}77$ kN/m² |
| $q_{b,0} = 0{,}56$ kN/m² | 2 m $< z \leq 300$ m | $q = 0{,}7 \cdot 1{,}5 \cdot (z/10)^{0{,}19}$ kN/m² |

## Beispiel-Aktionsplan von „Betrieb" nach „außer Betrieb"

➡ IGVW SQ P5, 04/2018

Bühnenüberdachung mit Böenbetriebswind $v_{gust}$ = 15 m/s (54 km/h, Windstärke 7 nach Beaufort) Anmerkung: Der zulässige Böenbetriebswind ist abhängig von der Messhöhe und wird in der statischen Berechnung festgelegt. Die Werte hier dienen als Beispiele.

**Aktionsstufe 0 „Planmäßiger Betrieb":** Es gibt keine Gefährdung durch Wettereinwirkung. Überprüfung der Wetterverhältnisse, insbesondere der vorhergesagten Windstärke des Deutschen Wetterdienstes (www.dwd.de) in Intervallen entsprechend der Wettervorhersage:

- Keine amtliche Wetterwarnung, schwachwindig, kaum Niederschlag: alle 3 – 4 Stunden
- Amtliche Wetterwarnung (Stufe 1), Windböen bis 14 m/s: alle 30 Minuten

Wiederkehrende Beobachtung der Wetterverhältnisse vor Ort durchführen.

**Aktionsstufe 1 „Betrieb unter erhöhter Bereitschaft":** Die Windgeschwindigkeit erreicht 70 % des zulässigen Betriebswindes, Böenwindgeschwindigkeit erreicht $v_{gust}$ = 10 m/s.
Technisches Personal ist zu informieren und auf den Einsatz vorzubereiten.

**Aktionsstufe 2 „Betrieb unter unmittelbarer Bereitschaft":** Die Windgeschwindigkeit erreicht 85 % des zulässigen Betriebswindes, Böenwindgeschwindigkeit $v_{gust}$ = 13 m/s, Tendenz steigend.
Das technische Personal ist auf Position und bereit zur Durchführung betrieblicher Maßnahmen. Mitwirkende und Veranstaltungsleitung sind zu informieren.

**Aktionsstufe 3 „Einstellung des Betriebs":** Vor Überschreiten des zulässigen Betriebswindes, Windgeschwindigkeit erreicht 95 % des zulässigen Betriebswindes, Böenwindgeschwindigkeit $v_{gust}$ = 14,4 m/s, Tendenz steigend.
Einstellung des szenischen Betriebs, ggf. Warndurchsagen veranlassen. Bühne und gefährdete Bereiche sind zu räumen. Mitwirkende und für die Außerbetriebnahme nicht notwendiges Personal sind in Sicherheit zu bringen. Durchführung der weiteren festgelegten Maßnahmen (z. B. Entfernen der Wand-Membrane).

**Aktionsstufe 4 „Außer Betrieb":** Verbliebenes technisches Personal in Sicherheit bringen. Beobachtung der weiteren Wetterentwicklung aus sicherer Position. Festlegung, ob der Betrieb bei Wetterberuhigung wiederaufgenommen werden kann.
Die betrieblichen Maßnahmen für den Zustand „außer Betrieb" sind als Anleitung Teil des Prüfbuches und sind in der statischen Berechnung vorgegeben. Bei verfahrensfreien Anlagen sind die betrieblichen Maßnahmen im Standsicherheitsnachweis angegeben. Auf derartige Informationen muss die Fachkraft für Veranstaltungstechnik im Standsicherheitsnachweis achten, um die erforderliche Sicherheit bei Sturm zu gewährleisten.

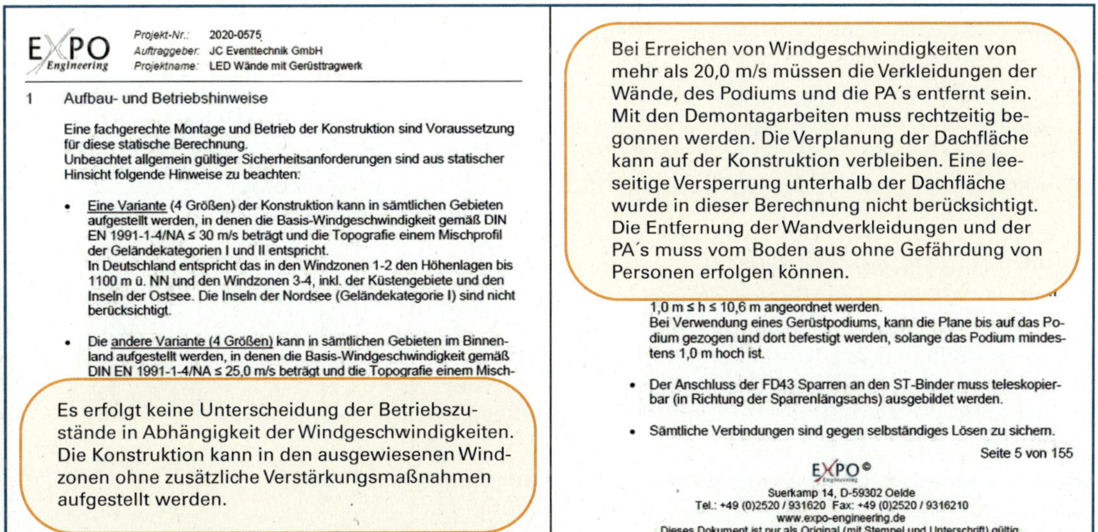

EXPO Engineering
Projekt-Nr.: 2020-0575
Auftraggeber: JC Eventtechnik GmbH
Projektname: LED Wände mit Gerüsttragwerk

1 Aufbau- und Betriebshinweise

Eine fachgerechte Montage und Betrieb der Konstruktion sind Voraussetzung für diese statische Berechnung.
Unbeachtet allgemein gültiger Sicherheitsanforderungen sind aus statischer Hinsicht folgende Hinweise zu beachten:

- Eine Variante (4 Größen) der Konstruktion kann in sämtlichen Gebieten aufgestellt werden, in denen die Basis-Windgeschwindigkeit gemäß DIN EN 1991-1-4/NA ≤ 30 m/s beträgt und die Topografie einem Mischprofil der Geländekategorien I und II entspricht.
  In Deutschland entspricht das in den Windzonen 1-2 den Höhenlagen bis 1100 m ü. NN und den Windzonen 3-4, inkl. der Küstengebiete und den Inseln der Ostsee. Die Inseln der Nordsee (Geländekategorie I) sind nicht berücksichtigt.
- Die andere Variante (4 Größen) kann in sämtlichen Gebieten im Binnenland aufgestellt werden, in denen die Basis-Windgeschwindigkeit gemäß DIN EN 1991-1-4/NA ≤ 25,0 m/s beträgt und die Topografie einem Misch-

Es erfolgt keine Unterscheidung der Betriebszustände in Abhängigkeit der Windgeschwindigkeiten. Die Konstruktion kann in den ausgewiesenen Windzonen ohne zusätzliche Verstärkungsmaßnahmen aufgestellt werden.

Bei Erreichen von Windgeschwindigkeiten von mehr als 20,0 m/s müssen die Verkleidungen der Wände, des Podiums und die PA´s entfernt sein. Mit den Demontagarbeiten muss rechtzeitig begonnen werden. Die Verplanung der Dachfläche kann auf der Konstruktion verbleiben. Eine leeseitige Versperrung unterhalb der Dachfläche wurde in dieser Berechnung nicht berücksichtigt. Die Entfernung der Wandverkleidungen und der PA´s muss vom Boden aus ohne Gefährdung von Personen erfolgen können.

1,0 m ≤ h ≤ 10,6 m angeordnet werden.
Bei Verwendung eines Gerüstpodiums, kann die Plane bis auf das Podium gezogen und dort befestigt werden, solange das Podium mindestens 1,0 m hoch ist.

- Der Anschluss der FD43 Sparren an den ST-Binder muss teleskopierbar (in Richtung der Sparrenlängsachs) ausgebildet werden.
- Sämtliche Verbindungen sind gegen selbständiges Lösen zu sichern.

Seite 5 von 155

EXPO©
Suerkamp 14, D-59302 Oelde
Tel.: +49 (0)2520 / 931620 Fax: +49 (0)2520 / 9316210
www.expo-engineering.de
Dieses Dokument ist nur als Original (mit Stempel und Unterschrift) gültig.

**Bild 1**: Beispiel von Betriebshinweisen mit und ohne Maßnahmen bei Wind

## Die resultierende Windkraft

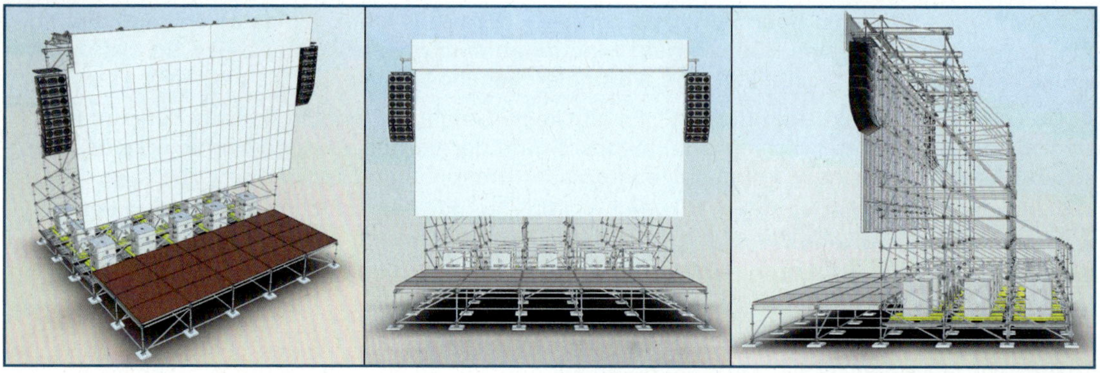

**Bild 1**: LED-Gerüst-Tragwerk

Aus dem aerodynamischen Beiwert, der Böengeschwindigkeit und der angeströmten Fläche wird die resultierende Windkraft berechnet.

**Beispiel 1** zeigt die Berechnung der resultierenden Windkraft auf ein LED Traggerüst **(Bild 1)**.

Das Tragwerk wird vorne allseitig verkleidet, sodass eine Breite von 11,0 m und eine Höhe von 10,5 m als angeströmte Fläche entsteht. Als vereinfachter aerodynamischer Beiwert wird hier $c_f = 1,3$ gesetzt. Dieser entsteht durch Druck auf der Luv-Seite (windangeströmte Seite, + 0,8) und Sog auf Lee-Seite (windabgewandte Seite, –0,5).

| Resultierende Windkraft | |
|---|---|
| Formelbuchstabe: | $W_{res}$ |
| Einheit: | kN |
| **Formel:** | $\boldsymbol{W_{res} = c_f \cdot q_{p(z)} \cdot A}$ |
| $W_{res}$ | resultierende Windkraft |
| $c_f$ | aerodynamischer Kraftbeiwert |
| $q_{p(z)}$ | Böengeschwindigkeitsdruck |
| $A$ | angeströmte Fläche |

Die Konstruktion soll für eine Aufstellung in den Windzonen bis WZ4 (Küste) ausgelegt sein. Ein Abtakeln der Angriffsflächen ist nicht möglich, da eine LED-Wand dazu keine Möglichkeit bietet. Es kann also nur eine Auslegung geben, die der des Außer-Betrieb-Zustandes gleichkommt. Die Wand steht also auch bei Sturm. Der Staudruck bei einer Höhe von 10,5 m wird ermittelt.

Die Last entspricht 13,7 t. Dies stellt hohe Anforderungen an die Tragfähigkeit und Ballastierung.

**Beispiel 1: Windkraft auf ein LED-Gerüst**

| | |
|---|---|
| **Fläche** | $A = 11{,}0\,\text{m} \cdot 10{,}5\,\text{m} = 15{,}5\,\text{m}^2$ |
| **Aerodynamischer Beiwert** | $c_f = 1{,}3$ |
| **Staudruck** | $q_{p(z)} = 0{,}7 \cdot 2{,}3 \cdot 0{,}56 \cdot \left(\frac{10{,}5}{10}\right)^{0{,}27} = 0{,}914\,\text{kN/m}^2$ |
| **Windkraft resultierend** | $\boldsymbol{W_{res} = 115{,}5\,\text{m}^2 \cdot 1{,}3 \cdot 0{,}914\,\text{kN/m}^2 = 137{,}2\,\text{kN}}$. |

## Membrankräfte aus Windlasten

Neben der Windkraft in Druck-Richtung üben Membrane zusätzliche, senkrecht dazu stehende Kräfte auf die Tragwerke aus **(Bild 2)**. Diese Kräfte verhalten sich ähnlich den Seilkräften in einem flachen Bridle (Seite 106). Auch hier werden zwei Kraftkomponenten am Anschlagpunkt erzeugt.

Bei Membranen heißt die senkrecht zum Wind wirkende Komponente Planenzug. Sie beansprucht die Bauteile, z.B. Traversen, zusätzlich. Dies betrifft insbesondere Bühnendächer und deren Bespannungen.

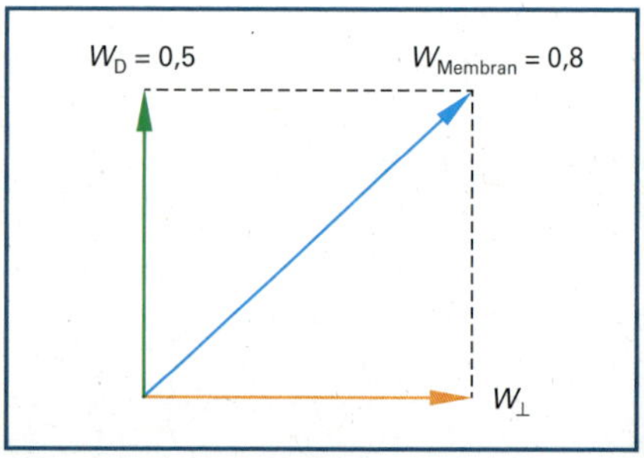


**Bild 2**: Windkräfte und Planenzug

Gemäß DIN EN 13782:2005 7.4.3 dürfen Planenzugkräfte mit 0,8 kN/m angesetzt werden. Dies gilt bei einer Spannweite von $L$ = 5 m, einem Staudruck von $q$ = 0,5 kN/m² und einem $c_p$-Wert von 0,4. Für abweichende Werte bleiben die Kraftverhältnisse identisch. Die senkrecht zum Wind wirkende Kraftkomponente entspricht also der um 25 % erhöhten Windkraft.

| Wind- und Planenzug | |
|---|---|
| **Formel:** | $\frac{w_\perp}{w_D} = 1{,}25$ |
| max $w_D$ | max. Wert der Windkraft |
| max $w_\perp$ | max. Wert der Planenzugkraft |

**Bild 1** zeigt die Lastsituation an zwei Traversen, zwischen denen eine Membrane gespannt ist. Die Traversen werden in Richtung zweier Achsen gebogen. Daher ist die Beanspruchung durch die Membran größer als bei einer festen Wand.

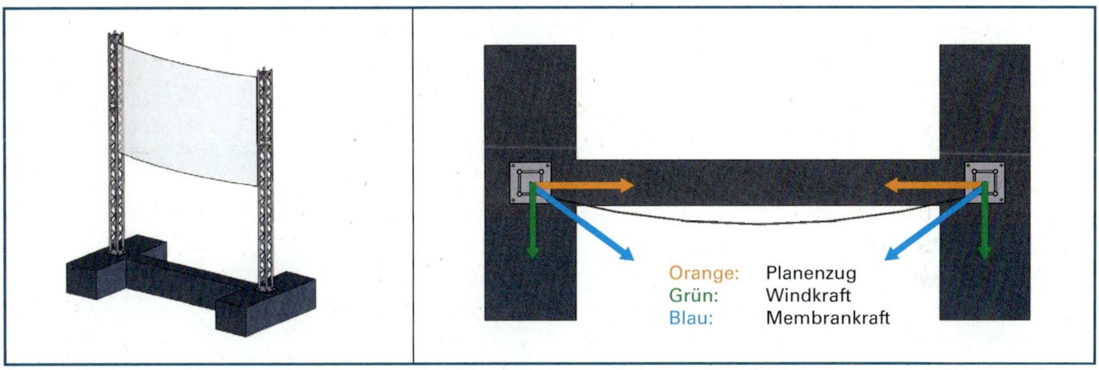


**Bild 1**: Kraftkomponenten erzeugt durch eine Membran

In **Beispiel 1** wird eine Membranfläche 5 m x 3 m (B x H) in der Windzone 2 (Binnenland) 6 m über Grund berechnet. Die Last verteilt sich in diesem Fall als gleichförmige Streckenlast auf die beiden Traversen. Gerechnet wird mit einer Länge von 3,0 m, also der befestigten Länge der Membrane an den Traversen. Hieraus ergeben sich die Komponenten der Streckenlast sowie durch Vektoraddition die resultierende Streckenlast, der die Traversen ausgesetzt sind.

**Beispiel 1: Lasten an den Traversen einer Membranfläche**

| | |
|---|---|
| **Fläche** | $A = 5{,}0\,\text{m} \cdot 3{,}0\,\text{m} = 15{,}0\,\text{m}^2$ |
| **Aerodynamischer Beiwert** | $c_f = 1{,}3$ |
| **Staudruck** | $q = 0{,}7 \cdot 1{,}5 \cdot 0{,}39 = 0{,}41\,\text{kN/m}^2\,(h \leq 7\,\text{m})$ |
| **Windkraft resultierend** | $\mathbf{W_{res} = 15{,}0\,m^2 \cdot 0{,}41\,kN/m^2 \cdot 1{,}3 = 8{,}00\,kN}$ |
| **Streckenlast in Windrichtung** | $w_D = \frac{8{,}0\,\text{kN}}{2 \cdot 3{,}0\,\text{m}} = 1{,}33\,\text{kN/m}$ |
| **Streckenlast nach innen** | $w_\perp = 1{,}33\,\text{kN/m} \cdot 1{,}25 = 1{,}67\,\text{kN/m}$ |
| **Resultierende Streckenlast** | $w_{\text{Membrane}} = \sqrt{(1{,}33^2 + 1{,}67^2)}\,\text{kN/m} = 2{,}13\,\text{kN/m}$ |

## 6.4.4 Schneelasten

Schnee- und Eislasten sind für die meisten Fliegenden Bauten der Veranstaltungswelt nicht zulässig, da sie sehr viel schwerere Tragwerke erfordern würden. Insbesondere Dachmembrane von Überdachungen sind in der Regel nicht dazu geeignet Schneelasten aufzunehmen. Daher wird für diese Konstruktionen eine organisatorische Lösung für das Aufstellen in der Winterperiode gewählt. Möglich ist gemäß der DIN EN 13814 erstens, den Schnee sofort zu räumen (reduzierte Schneelast wird angesetzt 0,2 kN/m²) oder zweitens, für durchgehend ausreichende Beheizung zu sorgen (+2 °C an der Außenhaut).

Die Erfordernisse dazu werden in das Prüfbuch eingetragen und sind auch im Standsicherheitsnachweis zu finden. Regelschneelasten fest errichteter Gebäude finden sich in folgender Norm: DIN EN 1991-1-3.

## 6.5 Globale Standsicherheit

Als globale Standsicherheit bezeichnet man die Sicherheit gegen Kippen (Seite 173), Gleiten und Abheben (Seite 174) der Gesamtkonstruktion. Für die damit verbundenen Berechnungen sind die Sicherheits- und Reibungsbeiwerte wichtig.

### Sicherheitsbeiwert

Die ungünstig wirkenden Lasten werden bei den Nachweisen mit Sicherheitsbeiwerten (auch: Sicherheitsfaktoren) $\gamma$ fakturiert. Werte hierzu finden sich in **Tabelle 1**. Der Sicherheitsbeiwert wird beispielsweise zum Nachweis der Kippsicherheit und Gleitsicherheit (Seite 173 und Seite 174) gebraucht.

### Reibungsbeiwert

Entscheidend für die Verankerung mit Gewichtsankern (Ballast) ist die Ausführung der Unterpallung am jeweiligen Fußpunkt. Hierfür ist der sogenannte Reibungsbeiwert (auch: Reibbeiwert oder Reibwert) $\mu$ wichtig. Für den Nachweis ausreichender Gleitsicherheit dürfen die Werte der Kombinationen aus **Tabelle 2** angesetzt werden.

**Beispiele**

Im Folgenden wird der Umgang mit den Reibwerten am Beispiel einer Gerüstspindel dargelegt. Dies kann ggf. analog auf die betrachtete Konstruktion übertragen werden. Steht der Ballast nicht direkt auf der Konstruktion, muss dieser einen Beschlag nach gleichem Schema erhalten.

In **Bild 1** sind Beispiele für den Reibungsbeiwert $\mu = 0{,}4$ für die Gleitfugen Holz-Holz und Stahl-Holz zu sehen. Dieser Wert wird auch dann angewendet, wenn mehrere Lagen Holzunterpallung gestapelt und nicht miteinander verbunden sind. Die maximale Höhe der Unterpallung darf $b/0{,}8$ betragen. Für eine Breite von 60 cm darf das Pallholz also maximal 60 cm/0,8 = 75 cm hoch sein.

In **Bild 2** sieht man Unterpallungen mit einem Reibungsbeiwert von $\mu = 0{,}6$ für die Gleitfuge Holz-Beton. Dieser ist anzuwenden, wenn der Ballast oder die Spindel mit einer einlagigen oder mehrlagig verbundenen Holzunterpallung auf einer Beton- oder Asphaltfläche aufsteht und der Ballast oder die Spindel jeweils konstruktiv mit der Unterpallung verbunden ist. Die Höhe der Unterpallung darf dann $b/1{,}2$ nicht überschreiten. Für eine Breite von 60 cm darf das Pallholz also maximal 60 cm/1,2 = 50 cm hoch sein.

**Tabelle 1:** Sicherheitsbeiwerte $\gamma$ lastseitig

| Nr. | Last | Sicherheitsfaktor $\gamma$ |
|---|---|---|
| 1 | Günstig wirkende Lasten | 1 |
| 2 | Ungünstig wirkende Eigenlasten | 1,1 |
| 3 | Ungünstig wirkende Windlasten | 1,2 |
| 4 | Ungünstig wirkende Lasten außer 2 und 3 | 1,3 |

**Tabelle 2:** Reibungsbeiwerte $\mu$

| | Holz | Stahl | Beton |
|---|---|---|---|
| **Holz** | 0,4 | 0,4 | 0,6 |
| **Stahl** | 0,4 | 0,1 | 0,2 |
| **Beton** | 0,6 | 0,2 | 0,5 |
| **Ton** | 0,25 | 0,2 | 0,25 |
| **Lehm** | 0,4 | 0,2 | 0,4 |
| **Sand & Kies** | 0,65 | 0,2 | 0,65 |

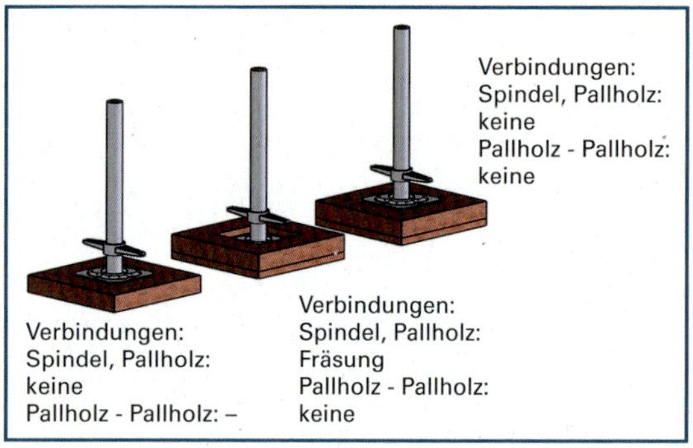


**Bild 1**: Reibwert $\mu$ = 0,4

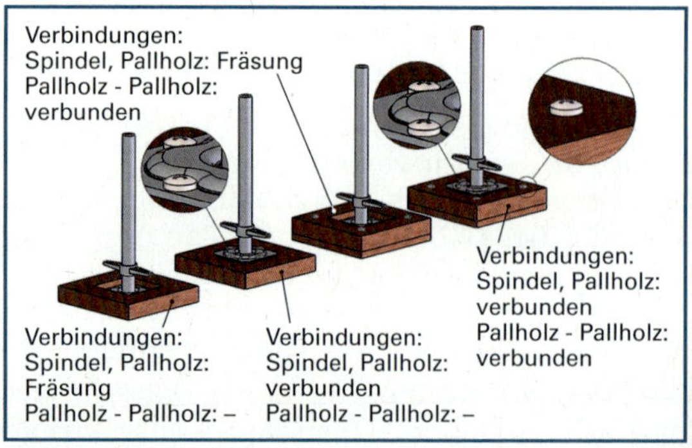


**Bild 2**: Reibwert $\mu$ = 0,6

## Rechenbeispiel: Nachweis der Kippsicherheit

Für die fiktive Trailerbühne aus **Bild 1** wird in **Beispiel 1** (unten auf dieser Seite) die globale Standsicherheit überschlägig berechnet. Betrachtet wird der frontale Wind, der im Betrieb mit Rückwand maßgebend ist. Zu beachten ist, dass die Formelbuchstaben aus der Baustatik, wie beispielsweise *W* für die Windkraft und *G* für die Gewichtskraft, statt derjenigen aus der Physik verwendet werden.

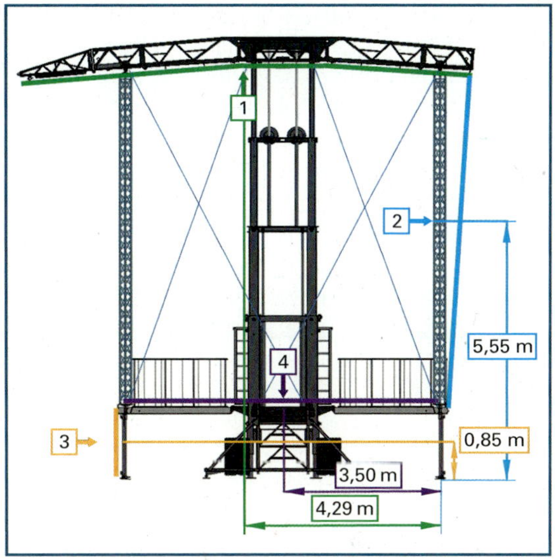


**Bild 1**: Trailerbühne

**Zeilen 1 bis 4**: Zunächst werden die Flächen und Staudrücke festgestellt. Für die Staudrücke werden die Werte aus **Tabelle 1, Seite 167** verwendet. Für die Rückwand wird der Staudruck gemittelt, da deren Ausdehnung teils unter 8 m und teils zwischen 8 m und 20 m liegt (Zeile 2).

**Zeilen 5 bis 8**: Anschließend werden die Windkräfte ermittelt. Die aerodynamischen Beiwerte stammen von der „Arbeitsgruppe Bühnen". Für die vertikalen Anteile $W_v$ der Windkraft wird zwischen abhebend (Zeile 5, negatives Vorzeichen) und niederdrückend (Zeile 8, positives Vorzeichen) unterschieden.

Ebenfalls in den Zeilen 5 bis 8 werden die Kippmomente $M_k$ der Teilflächen durch Multiplikation der Windkräfte mit den Hebeln errechnet. Dabei wird zwischen den vertikalen (Zeilen 5, 8) und den horizontalen (Zeilen 6, 7) Windlasten unterschieden. Die Hebellängen ergeben sich aus den betrachteten Kipp-Punkten (eingezeichnet in **Bild 1**). Wichtig ist, dass die relevanten Hebel immer senkrecht zur Last stehen. Momente gegen den Uhrzeigersinn werden mit positivem, Momente im Uhrzeigersinn mit negativem Vorzeichen gezählt. Die Seitenwände sind symmetrisch und kompensieren sich gegenseitig bei frontalem Wind.

**Zeilen 9 bis 11**: Das resultierende Kippmoment ergibt sich aus der Summe der Teil-Kippmomente. Dieses wird mit dem Sicherheitsbeiwert von 1,2 multipliziert. Das Kippmoment durch Wind kann also nach der Rechnung bis zu 396,6 kNm im Uhrzeigersinn betragen. Aufgrund des Gewichtes der Konstruktion wird das Standmoment mit 490 kN berechnet. Es ist also größer als das berechnete Kippmoment. Die Konstruktion ist kippsicher!

**Beispiel 1: Kippsicherheit einer Trailerbühne**

| | Teil | Fläche | Staudruck im Betrieb |
|---|---|---|---|
| 1 | Dach | $A_1$ = 12,5 m · 9,9 m = 123,75 m² | $q_k$ = 0,30 kN/m² ($h > 8$ m) |
| 2 | Rückwand | $A_2$ = 12,5 m · 7,7 m = 96,25 m² | $q_k$ = 0,218 kN/m² ($h$ gemittelt) |
| 3 | Podium Front-Verkleidung | $A_3$ = 12,5 m · 1,7 m = 21,25 m² | $q_k$ = 0,20 kN/m² ($h < 8$ m) |
| 4 | Podium (nur festes Podium angesetzt) | $A_4$ = 12,5 m · 7,0 m = 87,50 m² | |

| | Teilfläche | Windkraft $W = c_f \cdot q \cdot A$ | Hebel $H$ | Kippmoment $M_k = W \cdot H$ |
|---|---|---|---|---|
| 5 | Dachfläche (1) | $W_v$ = – (1,4 · 0,3 · 123,75) kN = – 51,98 kN | $H_h$ = 4,29 m | $M_k$ = – 223,0 kNm ↻ |
| 6 | Rückwand (2) | $W_h$ = (1,3 · 0,218 · 96,25) kN = 27,28 kN | $H_v$ = 5,55 m | $M_k$ = – 151,4 kNm ↻ |
| 7 | Podiumsverkleidung (3) | $W_h$ = (1,4 · 0,2 · 21,25) kN = 5,95 kN | $H_v$ = 0,85 m | $M_k$ = – 5,06 kNm ↻ |
| 8 | Podiumsfläche (4) | $W_v$ = (0,8 · 0,2 · 87,50) kN = 14,0 kN | $H_h$ = 3,50 m | $M_k$ = + 49,0 kNm ↺ |
| 9 | **Resultierendes Kippmoment** | | | $M_{k,res}$ = – 330,46 kNm ↻ |
| 10 | **Kippmoment inkl. Sicherheitsbeiwert** | $M_k' = \nu \cdot M_{k,res}$ = – 1,2 · 330,46 kNm = – 396,6 kNm | | |
| 11 | **Standmoment** (Kraft durch Eigenlast $G_k$ = 140 kN) | $M_{st} = G_k \cdot h_v$ = 140,0 kN · 3,5 m = 490 kNm | | |

## Rechenbeispiel: Nachweis der Gleitsicherheit

Um die Gleitsicherheit eines Objektes nachzuweisen, berechnet man, ob die vorhandenen Reibungskräfte $F_R$ größer sind als horizontal wirkende Windkräfte. Die Reibungskräfte wirken stabilisierend, die horizontale Windlast wirkt destabilisierend. Die vorhandene Reibung $F_R$ wird durch Multiplikation des Reibbeiwertes $\mu$ und der aufstehenden Vertikallast $F_v$ ermittelt. Die aufstehende Vertikallast $F_v$ wird durch die Gewichtskraft $G_k$ und die vertikalen Windlasten $W_v$ unter Berücksichtigung der Sicherheitsbeiwerte gebildet. Ist $W_v$ abhebend, so wird subtrahiert.

**Gleitsicherheit**

| | stabilisierend | | destabilisierend |
|---|---|---|---|
| **Bedingung, dass kein Gleiten stattfindet:** | $F_R$ | $\geq$ | $W_h$ |
| Für die Reibung eingesetzt: | $\mu \cdot F_v$ | $\geq$ | $W_h$ |
| Weiter eingesetzt und mit Sicherheitsbeiwert $\gamma_f$ versehen | $\mu \cdot (G_k - (\gamma \cdot W_v))$ | $\geq$ | $\gamma \cdot W_h$ |

**Beispiel 1** (unten links): Für die Trailerbühne aus **Bild 1** beträgt die Gewichtskraft durch die Eigenlast 140 kN. Aus der Windlast resultieren die auf Seite 173 berechneten Kräfte, die im Beispiel addiert werden. Wie man sieht, hat die vertikale Komponente der Windkraft ein negatives Vorzeichen. Sie wirkt also abhebend. Beim Prüfen der Bedingung für Gleitsicherheit muss sie also subtrahiert werden. Die Längen der Hebel spielen bei dieser Betrachtung keine Rolle.

Bezüglich der Stütz-Spindeln der Bühne wird angenommen, dass diese formschlüssig auf einer Holzunterpallung **(Bild 2)** stehen. Daher wird ein Reibwert von $\mu = 0{,}6$ angesetzt. Der Sicherheitsbeiwert von 1,2 wird gewählt, da es sich um ungünstig wirkende Windlasten handelt (vgl. **Tabelle 1, Seite 172**).

Da die stabilisierenden Kräfte im Beispiel größer sind als die destabilisierenden, ist die Konstruktion gleitsicher.

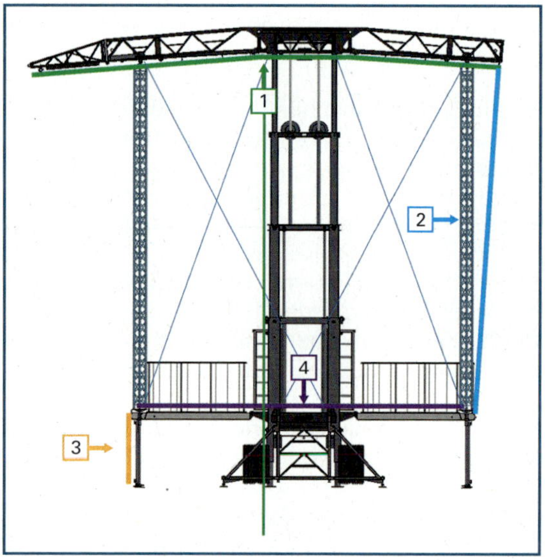


**Bild 1**: Trailerbühne

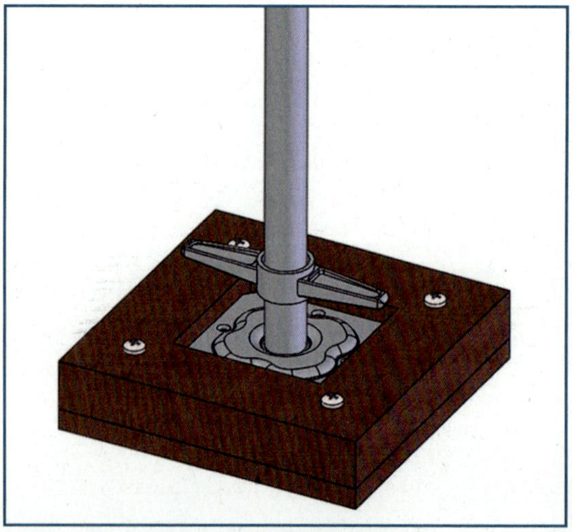

**Bild 2**: Formschlüssige Unterpallung

**Beispiel 1:**

**Eigenlasten**
$G_k = 140 \text{ kN}$

**Windlast**
$W_v = -51{,}98 \text{ kN} + 14{,}0 \text{ kN} = -37{,}98 \text{ kN}$ (abhebend)
$W_h = 27{,}28 \text{ kN} + 5{,}95 \text{ kN} = 33{,}23 \text{ kN}$

**Bedingung für Gleitsicherheit**
$\mu \cdot (G_k - \gamma \cdot W_v) \geq \gamma \cdot W_h$
$0{,}6 \cdot (140 \text{ kN} - 1{,}2 \cdot 37{,}98 \text{ kN}) \geq 1{,}2 \cdot 33{,}23 \text{ kN}$
$56{,}65 \text{ kN} \geq 39{,}9 \text{ kN}$

### 6.5.1 Unterpallung

Unterpallungen **(Bild 1)** sind Unterfütterungen von Stützen zur Vergrößerung der Aufstandsfläche, um die Bodenpressung des Fliegende Baus zu reduzieren oder den Reibwert zu verändern. Mit einer entsprechend großen Fläche zur Verteilung der Last auf den Untergrund kann eine Setzung der Auflager vermieden werden. Entscheidend für eine ausreichende Tragsicherheit ist die zulässige Flächenpressung (Bodenpressung) des Untergrundes. Die Werte hängen stark von der Beschaffenheit des Untergrundes ab. Für befahrbare Untergründe (also solche, auf denen LKW nicht einsinken) sind sie beispielsweise in **Tabelle 1** angegeben. Wie man sieht, hängen sie von der Breite der Pallhölzer ab.

Die Pallplatte sollte idealerweise quadratisch sein, jedoch mindestens der Gleichung $1 \leq l/b \leq 3$ genügen. Das Verhältnis von Länge zu Breite muss also zwischen 1 und 3 liegen. So wäre eine Platte von 30 cm Länge und 10 cm Breite gerade noch zulässig, eine von 40 cm · 10 cm jedoch nicht.

Die einwirkende Kraft verteilt sich auf die gesamte Fläche des Pallholzes, wenn dieses ausreichend steif ist. Ist der Untergrund steifer als die Pallplatte, so ist keine Lastverteilung möglich.

In **Beispiel 1** wird eine Unterpallung für eine vertikale Last $F_v$ = 30,0 kN berechnet. Sucht man die erforderliche Kantenlänge einer quadratischen Platte, ist die zulässige Flächenpressung zunächst unbekannt. Sie hängt, wie in **Tabelle 1** gezeigt, von der Kantenlänge der Pallhölzer ab. Deshalb beginnt man mit dem Ansatz der mittleren Belastbarkeit 150 kN/m². Wie man sieht, ergäbe sich für ein Quadrat die erforderliche Kantenlänge von 45 cm. Da $b$ also größer als 40 cm ist, läge die zulässige Bodenpressung laut **Tabelle 1** tatsächlich bei 200 kN/m² und nicht wie zunächst angenommen bei 150 kN/m². Deshalb wird im nächsten Schritt mit einer Kantenlänge von $b$ = 40 cm gegengerechnet. Es ergibt sich eine Bodenpressung von 187,5 kN/m². Da dies kleiner ist als die zulässige Bodenpressung von 200 kN/m² für diese Kantenlänge, darf eine Pallholzplatte von 40 cm × 40 cm gewählt werden.

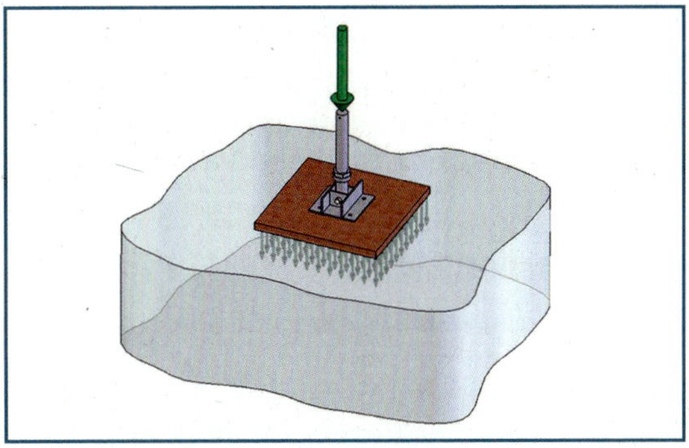

**Bild 1**: Pallholz zur Lastverteilung

**Tabelle 1:** Zulässige Bodenpressungen befahrbarer Untergründe ($b$ = Breite Pallholz)

| |
|---|
| Wenn $b = 20$ cm, dann zulässig $p = 100$ kN/m² |
| Wenn $b = 30$ cm, dann zulässig $p = 150$ kN/m² |
| Wenn $b \geq 40$ cm, dann zulässig $p = 200$ kN/m² |

**Bodenpressung**

| | |
|---|---|
| Formelbuchstabe: | $p$ |
| Einheit: | kN/m² |
| **Formel:** | $p = \frac{F_v}{b \cdot l} = \frac{F_v}{A}$ |

$p$ Bodenpressung (kN/m²)
$F_v$ vertikale Last (kN)
$b$ Breite des Pallholzes
$l$ Länge des Pallholzes
$A$ Fläche des Pallholzes

**Beispiel 1: Pallholz**

erforderliche Fläche:

$$A = \frac{F_v}{p} = \frac{30{,}0 \text{ kN}}{150 \text{ kN/m}^2} = 0{,}20 \text{ m}^2$$

erforderliche Kantenlänge:

$$b = \sqrt{0{,}20 \text{ m}^2} = 0{,}45 \text{ m}$$

Gegenrechnung ($b$ = 40 cm):

$$p = \frac{30{,}0 \text{ kN}}{0{,}4 \text{ m} \cdot 0{,}4 \text{ m}}$$

$$p = 187{,}5 \text{ kN/m}^2 < 200 \text{ kN/m}^2$$

**Flächenlast vs. Flächenpressung**

Flächenlast und Flächenpressung sollten nicht verwechselt werden. Ein Boden mit einer zulässigen Flächenlast von 500 kg/m² (5 kN/m²) erträgt ein Vielfaches davon an lokaler Flächenpressung. Bewegt sich auf diesem Boden eine Dame mit Pfennigabsatz (1 cm × 1 cm) und einem Körpergewicht von 50 kg, so erzeugt sie eine Flächenpressung von $p$ = 0,50 kN/(0,01 m · 0,01 m) = 5000 kN/m². Dennoch wird der Boden nicht überlastet. Die zulässige Flächenlast spiegelt vielmehr die Tragfähigkeit der Unterstruktur wider **(Kapitel 6.4.1)**.

## 6.6 Spezielle Fliegende Bauten

Nachfolgend werden einige wichtige Konstruktionen näher beschrieben. Besondere Bedeutung hat für die Fachkraft für Veranstaltungstechnik die richtige Ausführung der Verankerung, der Unterpallung und der Aussteifungselemente, wie z. B. Verbände und Diagonalen. Auch Abtakelvorrichtungen bei Membran-Wänden, wie z. B. bei Bühnen, spielen eine wichtige Rolle.

### 6.6.1 Trailerbühnen

Trailerbühnen **(Bild 1)** bestehen aus einem Fahrzeug-Chassis, welches im aufgebauten Zustand meist nicht mehr zu sehen ist, und Anbauten, welche aus dem Anhänger eine Bühne machen. Häufig werden vom Hersteller Hydraulikzylinder verwendet, um das Dach auszuklappen und hochzufahren. Bei kleinen Bühnen geschieht dies auch mit Gasdruckzylindern und Handkraft. Für die Basisbühnen gibt es diverse Anbauten, wie z. B. PA-Wings[1].

**Bild 1**: Trailerbühne „smartStage 120"

**Handhabung von Trailerbühnen**

- Generell: Auflagen im Prüfbuch und Standsicherheitsnachweis einhalten
- Maximal zulässige Windzone beachten (s. Prüfbuch / Standsicherheitsnachweis)
- Abtakelung der Membranwände bei Sturm erforderlich
- Dach bleibt bei Sturm auf Position - kein „Runterfahren"
- PA bei Sturm ablassen
- Seilverbände in Seiten- und Rückwand werden direkt nach dem Hochfahren eingebaut und handfest vorgespannt
- Aussteifungen im Unterbau direkt nach dem Ausklappen der Böden einbauen
- Hauptmasten (teleskopierbar) direkt nach dem Hochfahren verbolzen
- Nutzlasten beachten
- Unterpallungen und maximale Ausspindelungslängen der Spindeln beachten
- Ggf. Ballast beachten (nur bei einigen wenigen Trailerbühnen erforderlich)

Bezüglich der Standsicherheit haben Trailerbühnen Vorteile gegenüber Traversenbühnen, denn Trailerbühnen haben das Podium integriert, sodass dieses der Konstruktion mit als Ballast gegen die Windlasten dienen kann. Aerodynamisch wirkt auch ein Staudruck auf das Podium (bei frontalem Wind $c_p = +0{,}8$), sodass die abhebende Windlast des Daches teilweise kompensiert wird. Zudem sorgt der Verbund von Podium und den Kreuzverbänden in den Seiten- und Rückwänden dafür, dass die Bühnen sich wie Festkörper verhalten. Aus diesen Gründen ist bei den meisten Trailerbühnen keine zusätzliche Ballastierung nötig.

Ein weiterer Vorteil der Trailerbühne ist die leicht zu nivellierende Podiumsfläche. Nachteilig im Vergleich zu Traversenbühnen ist, dass Trailerbühnen nur als Bühne genutzt werden können, da sie keine einzelnen Traversen besitzen. Auch können konstruktiv bestimmte Maße aufgrund der Straßen-Zulassung nicht überschritten werden.

[1] **PA** = Lautsprecher-Cluster (engl. Abk.: **p**ublic **a**dress) – kein Monitor, sondern für die Öffentlichkeit; Wings = Flügel

## 6.6.2 Traversenbühnen

Traversenbühnen werden aus Traversen-Streckenelementen, Komponenten von Ground-Supports und diversen Sonderteilen zusammengebaut. In **Bild 1** findet sich eine Übersicht häufig anzutreffender Dachformen.

1

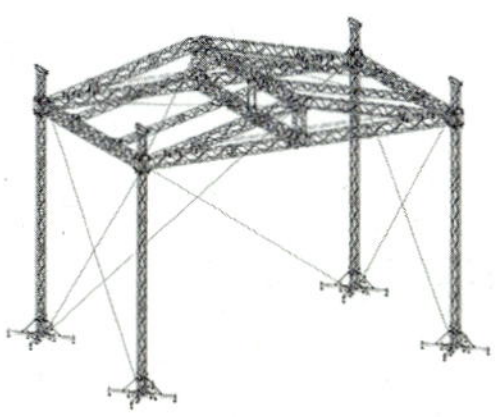

Giebelständiges Satteldach
(Saddle Roof)

2

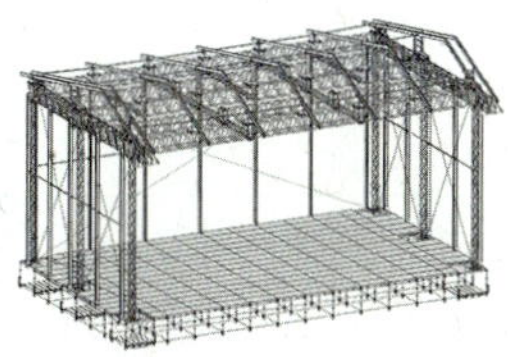

Traufständiges Satteldach
(Pitch Roof)

3

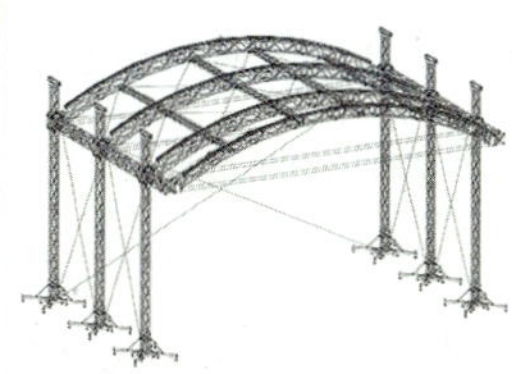

Rundbogen Dach
(Arc Roof)

4

Tunnelbühne
(Tunnel Stage )

**Bild 1**: Dachformen von Open-Air-Bühnen

**Handhabung von Traversenbühnen**

- Generell: Auflagen im Prüfbuch und Standsicherheitsnachweis einhalten
- Maximal zulässige Windzone beachten (s. Prüfbuch/Standsicherheitsnachweis)
- Abtakelung der Membranwände bei Sturm erforderlich
- Dach bleibt bei Sturm auf Position – kein „Runterfahren"
- Das Dach nicht in Kettenzügen hängen lassen
- Seilverbände in Seiten- und Rückwand werden direkt nach dem Hochfahren handfest vorgespannt.
- Sleeveblöcke **(Bild 1, Seite 179)** gegen Herabfallen und Abheben (Windsog Dach) sichern
- Nutzlasten beachten
- Unterpallungen der Basements[1] beachten
- Auf Rutschen belastete Schellen sind nur in Ausnahmefällen zulässig (ggf. bauaufsichtliche Zulassung erforderlich)
- Ballast und Reibwerte beachten – hier sind häufig verschiedene Größen und Varianten berücksichtigt
- PA bei Sturm ablassen
- Dauerhaft installierte Lasten dürfen dem Ballast angerechnet werden
- Gerüstpodien können an die Tower angeschlossen werden und als Ballast gegen Gleiten aktiviert werden, Steckfußpodeste sind dazu nicht geeignet
- Elektrischen Potenzialausgleich beachten

Als Podium kommen entweder integrierte Gerüstpodien oder autonom stehende Podeste, z. B. Steckfußpodeste, zum Einsatz. Die Vorteile von Traversenbühnen sind die vielseitigen Einsatzmöglichkeiten der Einzelkomponenten und die Möglichkeit vieler Größen-Varianten. Außerdem sind bei Traversenbühnen auch Breiten über die zulässigen Fahrzeugmaße von Trailerbühnen hinaus möglich. Anders als bei Trailerbühnen ist jedoch generell eine Ballastierung erforderlich und der Auf- und Abbau ist aufwändiger.

Die erforderliche Ballastierung hängt aufgrund der aerodynamischen Beiwerte stark von der Dachform ab. So verhalten sich Pultdächer aerodynamisch ungünstiger als andere Dachformen, da sie je nach Windrichtung wie ein Spoiler oder eine Tragfläche wirken. Bezüglich der Windlasten ist außerdem zu beachten, dass bei Tunnelbühnen ein Abtakeln der Seitenwände schlecht möglich ist. Somit müssen diese im Sturmfall häufig durch einen Kreuzverband in der offenen, vorderen Ebene stabilisiert werden, um Seitenwind aufnehmen zu können.

[1] Basements nennt man die Fußpunkte von Towern. Siehe auch **Bilder 2 und 4, Seite 180.**

## Ballastierung von Traversenbühnen

Freistehende Basements (Fußpunkte) haben alle Freiheitsgrade und müssen durch Reibung gegen Gleiten in alle Richtungen gesichert werden. Wie in **Bild 1** zu sehen, werden normalerweise nur die Seilverbände für jeweils eine Windrichtung aktiv. Bei frontalem Wind wird deshalb beispielsweise der hintere Ballast nicht aktiviert. Stabilisierende Reaktionen durch die hintere Achse bleiben so ungenutzt. Deshalb ist bei freistehenden Basements der maximale Ballast erforderlich.

Daraus ergibt sich das Potenzial, die erforderliche Ballastierung von Traversenbühnen zu verringern. Dazu wird eine drucksteife Verbindung der Basements eingesetzt. Diese drucksteifen Verbindungen können entweder über ein Gerüstpodium mit integrierten Toweranschlüssen **(Bild 2, links)** oder durch drucksteife Riegel **(Bild 2, rechts)** ausgeführt werden. Die drucksteifen Riegel sind Stangen, die die Fußpunkte fest miteinander verbinden, sodass diese sich, wenn überhaupt, nur gemeinsam verschieben lassen. Die Verbindungen über ein Gerüstpodium funktionieren nach demselben Prinzip.

Der Anschluss der Tower an die Podien muss mit eigens dafür bemessenen Bauteilen, den sogenannten Ballastsafes, erfolgen. So können die Lasten ins Gerüst übertragen werden. Die Podien zum Abtragen von Windlasten können nur als Gerüste mit Diagonalen ausgeführt werden, da die Lasten des Windes sich auf die Horizontallasten der Begehung **(Kapitel 6.4.1)** aufaddieren. Steckfußpodeste sind dazu ungeeignet.

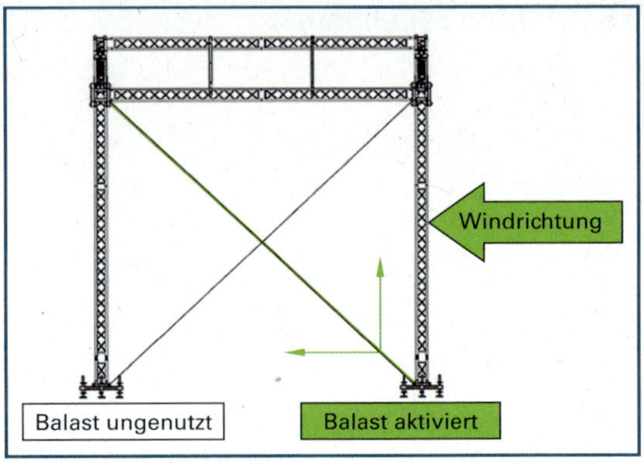


**Bild 1**: Aktiver Seilverband – Ballast

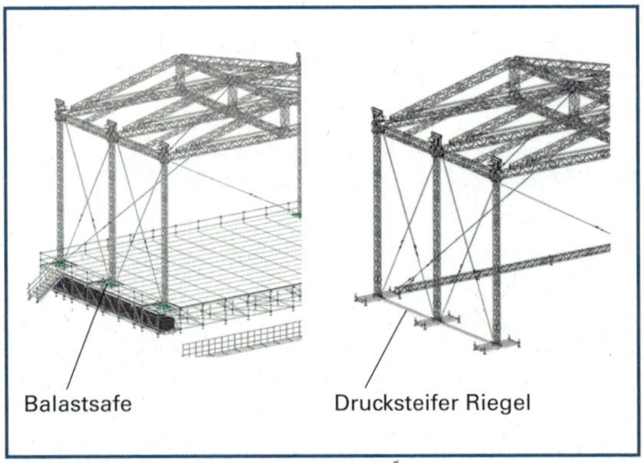


**Bild 2**: Drucksteife Basement-Verbindung

**Bild 3**: Bühne mit Kedern

## Kederprofile

Die Komponenten einer Traversenbühne beinhalten neben den reinen Traversen-Streckenelementen auch zahlreiche Sonderteile. Einige Bauarten verwenden beispielsweise Kederprofile zum Einziehen einzelner Planen-Streifen **(Bild 3)**. Die Kederprofile **(Bild 4)** werden dabei durch eigens dafür konstruierte Halter an den Traversen befestigt. Solche Profile werden aus Aluminiumlegierungen im Strangpressverfahren hergestellt. Man spricht dabei auch von „extruded aluminium". Die Kederprofile besitzen Nutenkanäle zum Einziehen der Membrankeder.

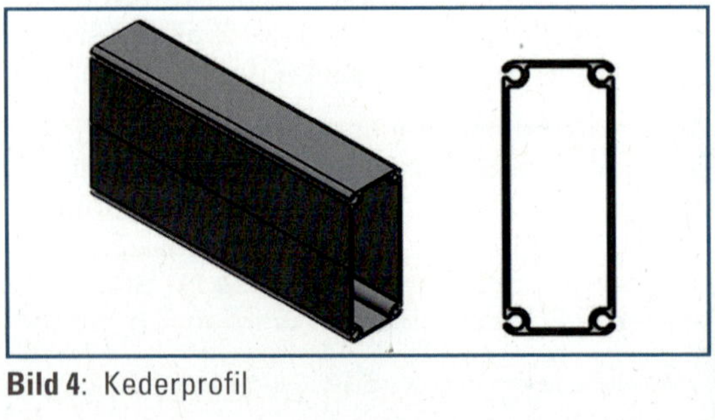

**Bild 4**: Kederprofil

## Bauelemente einer Traversenbühne

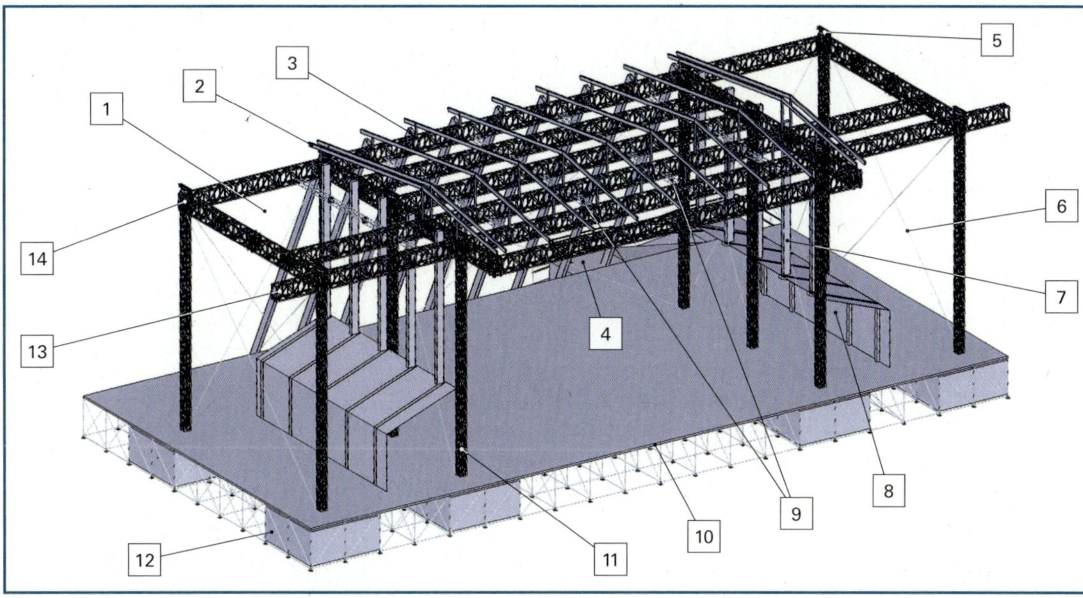


**Bild 1**: Bauelemente einer Traversenbühne

1. **Sidehouse:** ein seitlicher Anbau an die Bühne zum Aufhängen von LED-Wänden oder Bannern. Es gibt auch Sidewings mit nur einer Fronttraverse und einem seitlichem Tower.
2. **Dachkeder:** ein Strangpress-Profil mit Nuten, wie es von Zelten bekannt ist – zum Einziehen von Planen-Streifen als Dachhaut.
3. **Brücken-Traversen:** längs verlaufende Haupttraversen zum Anschlagen der produktionsseitigen Rigginglasten (wie z.B. Lampen, Dekorationen, LED-Wände, ...).
4. **Rampe:** Zuweg für das Be- und Entladen des Equipments. Mehrere Rampen sind üblich.
5. **Headsection:** auch Top-Pully oder Rollerbeam genannt, ist eine Umlenkeinheit für Kettenzüge zum Hochfahren des Daches.
6. **Windverband:** dient statisch zum Abtrag der horizontalen Windlasten. Der Verband wird aus Seilen, Anschlagmitteln (Kapitel 4.3.3) und Spanneinheiten (Spannschlösser) gebildet.
7. **Wandkeder:** wie Dachkeder, nur vertikal angeordnet.
8. **Cowshed:** Überdachte Einheit zum Lagern von Equipment oder als Monitorplatz, Backliner[1]-Space.
9. **Spreader-Traversen:** in der Tiefe verlaufende Traversen zum Abtrag von Windkräften. Die so entstehenden Felder zwischen Brücken und Spreadern werden durch Windverbände ausgesteift.
10. **Gerüstpodium:** Unterbau aus Gerüst mit Kopplung der Tower-Traversen zum Ansatz als Ballast gegen Gleiten.
11. **Tower-Traverse:** Mast aus Traversen-Streckenelementen. Oft ist eine Ebene der Traversen mit zusätzlichen Sprossen zum Beklettern (mit PSA) versehen.
12. **Ballast-Integration:** Sonderbauteile, welche die Tower an das Podium koppeln und den Ballast integrieren. Diese werden auch Ballastsafe genannt.
13. **PA-Kragarm:** nach vorne auskragende Traverse für seitlichen PA-Fill[2].
14. **Sleeveblock:** Laufschlitten für vertikales Verfahren des Daches. Mit Rollen ausgestattet, welche auf den Gurtrohren der Tower laufen.

[1] Backliner sind Techniker, welche das Musiker-Equipment auf- und abbauen.
[2] Als PA-Fill bezeichnet man eine (seitlich) abstrahlende Lautsprecher Anordnung.

### 6.6.3 PA-Türme

PA-Türme oder -Tower gibt es in Gerüst- und Traversen-Bauweise. Bei der Ausgestaltung von PA-Türmen stehen drei Punkte im Vordergrund: die Kippsicherheit, die Biegebeanspruchung im Mast und die mögliche Schwingungsanfälligkeit. In **Bild 1** wurde die Biegebeanspruchung durch ein Zugseil entschärft. Zwar erhöht sich dadurch die Druckbeanspruchung im Mast, jedoch wären die Biegemomente ungleich höher beanspruchend. Ähnliche statische Systeme findet man auch bei Turmdrehkranen in der Bau-Branche. Auch diese nutzen aus, dass ein Biegemoment in ein Zug- und Druck-Kräftepaar gewandelt werden kann.

Oftmals werden für Traversentürme spezielle Basements entwickelt, um eine bessere Standsicherheit zu gewährleisten. **Bild 2** zeigt einen Stahl-Basement-Rahmen zur Füllung mit Beton zur Erhöhung der Standmomente. Für den Gabelstapler sind Fork-Kanäle eingebaut. Das Trucking-Maß beträgt 2,40 m × 2,40 m. Für eine Abspannung sind außenliegende Seillaschen angebracht. In dieser Bauform entspricht ein Tower dem „Euler-Knickfall 1" (s.u.).

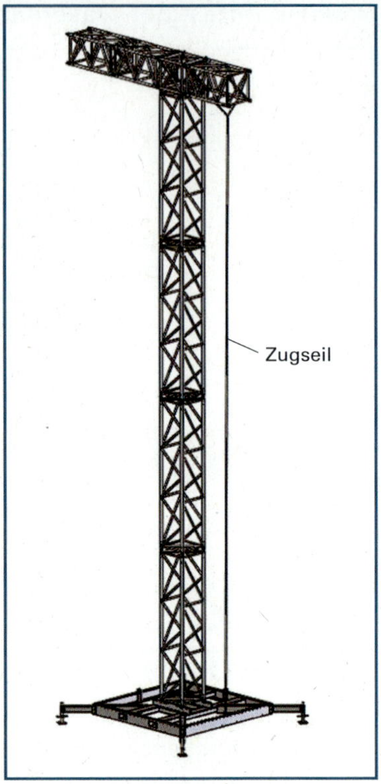


**Bild 1**: PA-Turm

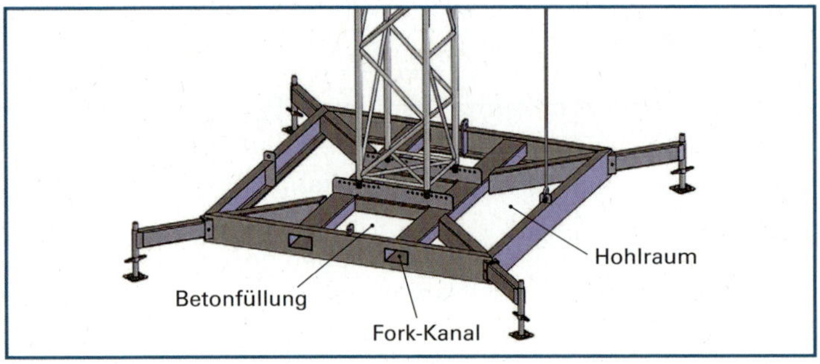


**Bild 2**: Basement zu PA-Turm

Sollen große Höhen und hohe Lasten erreicht werden, so ist ein abgespannter Tower **(Bild 3)** sinnvoll, da auf diese Weise die Knicklänge von Eulerfall 1 ($l_{cr} = 2 \cdot L$) auf Eulerfall 2 ($l_{cr} = L$) auf die Hälfte reduziert wird. Die Eulerfälle sind auf Seite 93 erklärt.

Die Möglichkeit abgespannter Tower sollte bei der grundsätzlichen Planung bedacht werden. Die Schwingungsanfälligkeit wird in diesem System ebenfalls reduziert. Das zugehörige Basement **(Bild 4)** ist modular mit Center und Auslegern bestückt und kann individuell an die Kippempfindlichkeit angepasst werden.

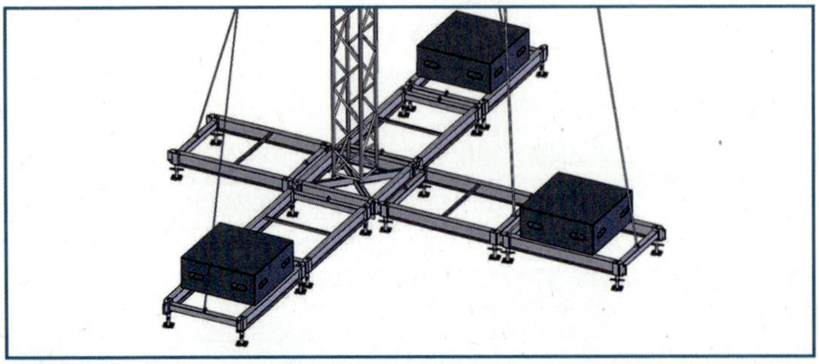

**Bild 4**: Basement zu PA-Turm mit Abspannungen

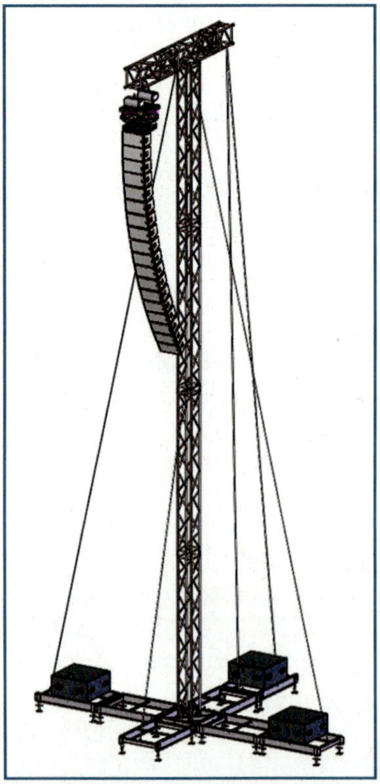

**Bild 3**: PA-Turm mit Abspannungen

**Handhabung von PA-Türmen im Freien**

- Generell: Auflagen im Prüfbuch und Standsicherheitsnachweis einhalten
- PA muss durch richtige Windangriffs-Flächen in der Berechnung berücksichtigt sein
- Maximal zulässige Windzone beachten (s. Prüfbuch/Standsicherheitsnachweis)
- PA bei Erreichen des Betriebswindes ablassen
- Unterpallungen der Spindeln und Reibwerte beachten
- Maximale Spindelhöhen beachten
- Elektrischen Potenzialausgleich beachten

Einen Sonderfall von PA-Towern stellen „Tip-Tower" mit Seilüberspannung und Foldingtraverse als Tragelemente dar **(Bild 1)**. Durch dieses System wird in der Auslegertraverse nur Druckkraft und kein Biegemoment erzeugt. Dadurch ergibt sich eine hohe Tragfähigkeit bei weiter Auslage der PA. Der Ballast ist als Wassertank auf einer entsprechend konstruierten Gabel aufgesetzt. Je nach Anhängelast und Windzone sind dies ein bis zwei 1000-Liter-Wassertanks.

**Bild 1**: Tip-Tower

## 6.6.4 LED-Wände

Bei LED-Wänden wie in **Bild 2** müssen die LED-Module durch ein dahinterliegendes Tragwerk gestützt werden. Das Tragwerk besteht dabei im mobilen Einsatz aus Gerüstbauteilen oder Traversen. Da die LED-Module in den seltensten Fällen für horizontale Windlasten große Spannweiten überbrücken können, müssen Hilfsträger eingebaut werden, um die freitragende Spannweite der Module zu reduzieren. Oft geschieht dies durch vertikale Rohre, welche hinter den LED-Spalten für Steifigkeit sorgen. Die Rohre sind dabei je nach Querschnitt, Material und Windzone für 2 m bis 4 m Höhe tragfähig. Für größere vertikale Spannweiten gibt es von einigen Herstellern besondere Lösungen mittels integrierter Fachwerk-Träger.

In **Bild 1, Seite 182** ist die Tragkonstruktion mit den Tragrohren von LED-Wänden zu sehen. Jede Spalte trägt die Breite eines LED-Moduls. Die daraus resultierende Streckenlast $q_k$ des Tragrohres lässt sich demnach mit der unten angegebenen **Formel** ermitteln. Mit dieser Lastannahme können die Tragfähigkeit und die Weiterleitung der Lasten in das dahinterliegende Tragwerk berechnet werden.

Ein Gerüst als Hinterkonstruktion für eine LED-Wand benötigt in jeder Achse Diagonalen zur Aufnahme der Windlast. Je tiefer die Konstruktion gebaut wird, desto höher wird das Standmoment der Eigenlasten und des Ballasts. Bei den Gerüststielen ist stets darauf zu achten, dass Stiele auch zugaktiv werden und daher nicht nur ineinander gesteckt sein dürfen. Gerüsthersteller bieten verbolzbare Stiele für

**Bild 2**: LED-Wand mit Gerüsttragwerk

| **Streckenlast bei LED-Gerüsten** | |
|---|---|
| Formelbuchstabe: | $q_k$ |
| Einheit: | kN/m |
| **Formel:** | $q_k = c_f \cdot q_{p(z)} \cdot B_{LED}$ |
| $q_k$ | Streckenlast auf das Tragrohr (außer den äußeren beiden) |
| $c_f$ | Aerodynamischer Beiwert (1,3 bis 1,8) |
| $q_{p(z)}$ | Staudruck |
| $B_{LED}$ | Breite einer LED-Spalte |

Hängegerüste an, welche auch hier zum Einsatz kommen müssen. Auch die maximale Spindelhöhe muss beachtet werden, da die Stützkräfte mit horizontalen Lasten überlagert sind und eine Biegebeanspruchung erzeugen. Um größere Ausspindelungen zu ermöglichen, besteht bei vielen Herstellern eine Auswahl an unterschiedlichen Spindeltypen.

Der Typ der LED-Module ist, bis auf die Eigenlast, ohne Relevanz für das Gerüsttragwerk. Es könnte ebenso eine Aluminiumfassade statt einer LED-Wand verbaut werden.

**Bild 2** zeigt die Benennung der Komponenten und den schematischen Aufbau einer LED-Wand mit Gerüst. Bei dieser Konstruktion steht die LED-Wand auf der Podest-Ebene.

Je nach Gewicht des Ballasts in der unteren Ebene müssen für entsprechende Gerüstböden noch verstärkte Träger eingesetzt werden. Der Ballast steht auf den Gerüstböden. Dies ist in der Abbildung nicht gezeigt.

Neben einem solchen Aufbau sind auch Tragwerke aus Traversen denkbar. Hier sind verschiedenste Bauformen möglich. Wichtig ist jedoch, dass die LED-Module nicht zu große freitragende Spannweiten haben dürfen.

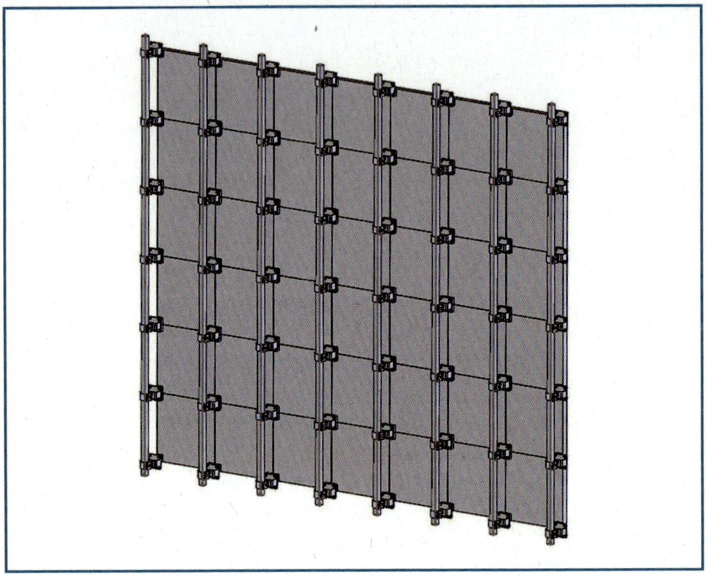

**Bild 1**: Tragrohre von LED-Spalten

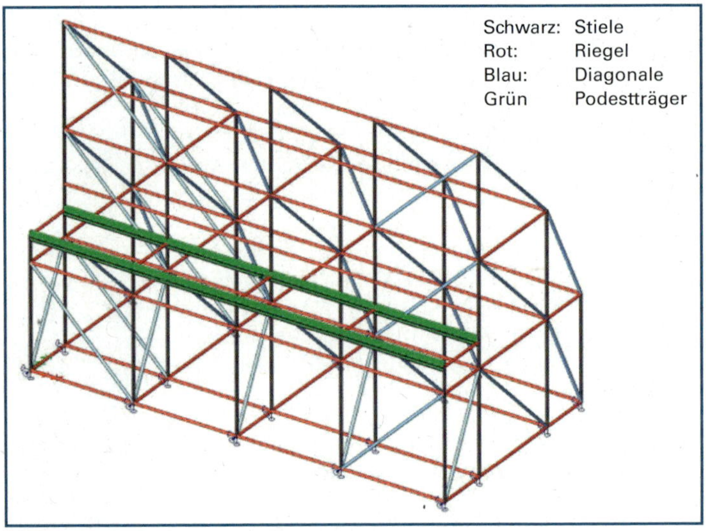


**Bild 2**: Gerüst einer LED-Wand

**Handhabung von LED-Wänden mit Gerüsttragwerk**

- Generell: Auflagen im Prüfbuch und Standsicherheitsnachweis einhalten
- Nur Gerüste mit allgemein bauaufsichtlicher Zulassung verwenden
- Maximal zulässige Windzone beachten (s. Prüfbuch/Standsicherheitsnachweis)
- Abtakelung ist nicht möglich, die angesetzte Windlast muss für den „Außer-Betrieb-Zustand" ebenso gelten
- Nur zugaktive Stiele verwenden (verbolzbar, nicht nur gesteckt)
- Nutzlasten (z. B. zusätzliche PA) beachten,
- Unterpallungen der Spindeln und Reibwerte beachten
- Maximale Spindelhöhen beachten
- Elektrischen Potenzialausgleich beachten

## Fahrbare mobile LED-Wände

Fahrbare mobile LED-Wände **(Bild 1)** sind häufig hydraulisch falt- und einfahrbar auf Anhängern montiert. Entscheidend für die Standsicherheit sind die Ausleger, welche für günstige Hebelverhältnisse des Standmoments sorgen. Auch das hohe Biegemoment des Mastes, welches durch Wind erzeugt wird, muss zu den Auslegern abgeleitet werden. Für diese Ausleger werden Fachwerk-Träger eingesetzt, um Gewicht zu sparen.

**Bild 1**: Mobile LED-Wand auf Anhänger

## LED-Wände hinter Bühnen

Bei LED-Wänden in Bühnenrückwänden verändert sich die Aerodynamik der Bühne im Außer-Betrieb-Fall immer zu ihren Ungunsten, da LED-Wände nicht, wie normale Rückwände, abgetakelt werden können. Selbst wenn die LED-Wand autonom mit einem Tragwerk steht, ist die Bühnenüberdachung beeinflusst, denn bei „Wind frontal" baut sich ein zusätzlicher Staudruck unter dem Dach auf ($c_p = +0{,}8$). Bei freiem Durchzug, ohne Versperrung, gäbe es diesen Anteil nicht. Diese Problematik ist bisher noch nicht gelöst, da die meisten Bühnen dafür nicht ausgelegt sind. Stehen die LED-Wände autonom neben der Bühne, so gibt es keine nennenswerten Probleme.

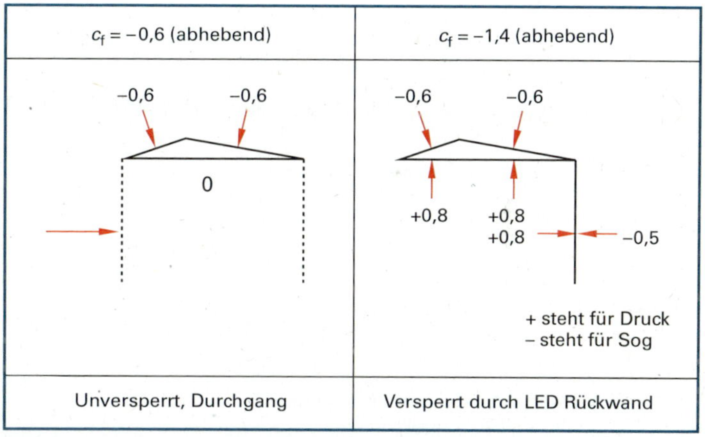


**Bild 2**: Einfluss verperrter Durchgänge auf das Dach

Wie in **Bild 2 links** zu sehen, ergibt sich für einen unversperrten Durchgang ein aerodynamischer Beiwert von $c_f = -0{,}6$. Die wirkende Kraft ist abhebend und resultiert ausschließlich aus einem Sog. Im Vergleich dazu zeigt **Bild 2 rechts** die aerodynamische Situation, wenn der Durchgang durch eine LED-Rückwand versperrt ist. Aus einem abhebend wirkenden Sog (–0,6) und einem Druck innen, der ebenfalls abhebend wirkt (–0,8), ergibt sich ein aerodynamischer Beiwert $c_f = -1{,}4$

Bei versperrter Rückwand steigt die abhebende Windlast des Daches also auf das 2,33-Fache (1,4/0,6) an. Dieser geänderte Lastfall muss für das Bühnendach neu berechnet werden. Möglicherweise sind Verstärkungen des Tragwerks, zusätzliche Maßnahmen wie Seilabspannungen nach unten oder mehr Ballast erforderlich.

LED-Wände werden als eine zugehörige Komponente des Fliegenden Baus betrachtet und somit in das Prüfbuch übernommen. Ein Austausch auf einen anderen LED-Typ ist daher nicht ohne Weiteres möglich. Bei einem anderen Eigengewicht müssen zusätzliche, neue statische Berechnungen und deren Prüfung ins Prüfbuch übernommen werden. Sinnvollerweise berücksichtigt man im Vorfeld verschiedene Typen, die als solche auch namentlich im Prüfbuch genannt sind.

**Wiederholungsfragen**

1. Wie groß ist die resultierende Windkraft bei Betriebswind (nach DIN EN 13814) auf ein Banner für einen temporären Anbau? Das Banner reicht vom Boden bis zu einer Höhe von 4,0 m und ist 5 m breit.
2. Von welcher Größe hängt der Staudruck physikalisch ab? Von der Form des Baukörpers, von dessen Fläche oder von der Geschwindigkeit des Windes?
3. Wie viele Windzonen gibt es in Deutschland?
4. Übt eine Membran die gleichen Kräfte wie eine feste Eindeckung derselben Größe auf das Tragwerk aus?
5. Welche Reibkraft übt eine Masse von 1000 kg bei dem Untergrund Holz auf Asphalt/Beton aus?
6. Welche Bodenpressung ergibt sich bei einer Stützlast von 10,0 kN bei einer Holzunterpallung von 30 cm x 30 cm?

## 6.7 Checkliste für die Planung Fliegender Bauten

- Baurechtlich alles in Ordnung? (Standsicherheitsnachweis/Prüfbuch, Anzeige)?
- Passt die angesetzte Windzone im statischen Nachweis zum Aufstellort?
- Zuwege ausreichend breit und tragfähig?
- Produktionslasten gecheckt?
- Stromversorgung vor Ort geklärt?
- Mobilfunk- und Datennetz vor Ort verfügbar?
- Untergrund befahrbar und tragfähig?
- Einwirkung durch andere bauliche Anlagen berücksichtigt?
- Ballastwasser Zu- und Ablauf geregelt?
- Dachfläche: Regenwasserablauf geklärt?
- Reibwert des Untergrunds und Bodenkenngrößen bei Einschlagankern bekannt?
- Windmesser vorhanden und sind die gemessenen Werte protokollierbar?
- Aktueller Wetterbericht stets abrufbar?
- Aktionsplan für schlechtes Wetter vorhanden, personell geplant und kommuniziert?
- Planung für Handhabung von LED-Wänden bei schlechtem Wetter vorhanden?
- Stauraum für abgetakelte Membrane vorgesehen?
- Besteht Frostgefahr? Wasser-Ballast und Bodentragfähigkeit (bei Auftauen) bedenken.
- Blitzschutz und elektrischer Potenzialausgleich geplant?
- Zutritt und Wachschutz geklärt? Verantwortlichkeiten benannt?
- Persönliche Schutzausrüstung für das gesamte Personal vorhanden? (Schuhe, Helm, PSA gegen Absturz, Gehörschutz und Sonnenschutz).
- Erste Hilfe und Rettungswege geplant?
- Übergabeprotokoll des betriebsbereiten Fliegenden Baus vorbereitet?
- Unterweisungsplan für lokale Hilfskräfte vorbereitet?
- Catering / Toiletten / Aufenthaltsbereiche für Personal geplant?
- Parkmöglichkeiten für LKW und Personal geklärt?
- Kommunikation sichergestellt? Sprechfunk und Mobilfunk bei großen Menschenansammlungen funktionsfähig?

# 7 Energieversorgung

# 7 Energieversorgung

## 7.1 Gefahren im Umgang mit dem elektrischen Strom

Die meisten Unfälle im Umgang mit dem elektrischen Strom geschehen durch Unachtsamkeit. Um eine Gefährdung zu vermeiden oder zu verringern, ist bei der Nutzung elektrischer Energie besondere Sorgfalt erforderlich.

### 7.1.1 Wirkungen des elektrischen Stroms im menschlichen Körper

Der elektrische Strom ist für den Menschen und für Tiere aus mehreren Gründen gefährlich. Alle Flüssigkeiten der menschlichen und tierischen Körper, z.B. Schweiß, Speichel, Blut und Zellflüssigkeit, sind Elektrolyte, d.h., sie leiten den elektrischen Strom.

Menschliche und tierische Körper leiten den elektrischen Strom.

Fast alle menschlichen Organe funktionieren aufgrund elektrischer Impulse, die vom Gehirn ausgehen. So steuern schwache elektrische Impulse von etwa 50 mV z.B. die Bewegung der Muskeln. Die Impulse werden vom Gehirn durch Nerven an die Muskeln herangeführt. Ist ein Nerv unterbrochen, arbeitet der Muskel nicht mehr, er ist gelähmt. Zwischen den Gehirnzentren, z.B. zwischen Sehzentrum, Bewegungszentrum oder Schmerzzentrum, fließen ebenfalls elektrische Ströme. Der Tod (Gehirntod) wird durch Messen dieser Gehirnströme festgestellt.

Viele Ströme (körpereigene Ströme) können über Elektroden erfasst und gemessen werden. So zeigt z.B. das **EKG** (Elektrokardiogramm) die elektrische Aktivität des Herzens, das **EEG** (Elektroenzephalogramm) die elektrische Aktivität des Gehirns.

Auch das Herz funktioniert durch elektrische Ströme, die es selbst erzeugt. Es ist also nicht vom Gehirn abhängig. Das Herz erzeugt je Minute etwa 80 Impulse, die der Herzmuskel mit je einer Kontraktion (Zusammenziehung) beantwortet. Wird die nötige Anzahl an Impulsen je Minute nicht mehr geliefert, schlägt es zu langsam.

Von außen kommende Ströme (Fremdströme) können die Funktion von Organen beeinflussen.

Fließt ein Strom durch den menschlichen Körper, z.B. beim Berühren eines unter Spannung stehenden Leiters, so verkrampfen sich die Muskeln, wenn der von außen kommende Strom viel größer ist als der körpereigene Strom. Der Verunglückte ist dann unfähig, die Berührungsstelle wieder loszulassen. Die Reaktionen auf den menschlichen Körper sind abhängig von der Stromart (Gleich- oder Wechselstrom), vom Stromweg durch den Körper, von der Einwirkdauer und der Stärke des Berührungsstroms $I_B$ durch den Körper. Aus Untersuchungen hat man vier Wirkungsbereiche festgelegt **(Bild 1)**.

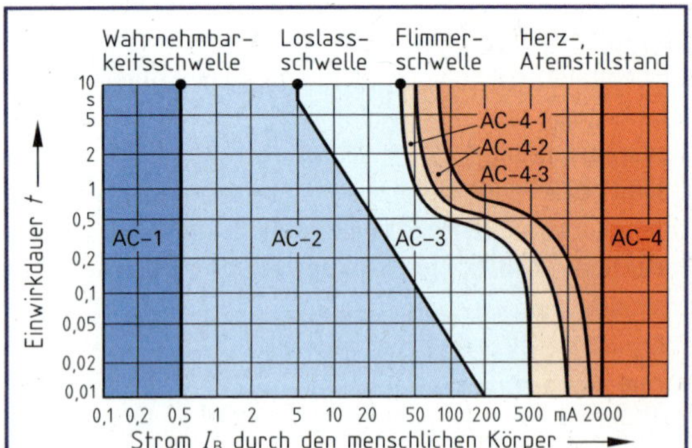


**Bild 1**: Zeit-Strombereiche bei Wechselstrom 50 Hz und einem Stromweg von der linken Hand zu den Füßen (VDE V 0140-479-1)

Fließt Wechselstrom über das menschliche Herz, so versucht es den schnelleren und stärkeren Impulsen von außen zu folgen. Es arbeitet deshalb schneller. Dabei kommt es zu Rhythmusstörungen des Herzens, d.h., das Herz arbeitet unregelmäßig. Fällt der Stromfluss in die sogenannte vulnerable (verletzliche) Phase, kommt es zu dem gefährlichen **Herzkammerflimmern.** Als Folge davon fällt die Herztätigkeit aus mit anschließendem Kreislaufstillstand. Aufgrund des Sauerstoffmangels kommt es bereits nach kurzer Zeit zur Schädigung der Gehirnzellen und führt im weiteren Verlauf zum Tod.

Entscheidend für die Folgen eines elektrischen Unfalls ist die Höhe des Stromes, der beim Berühren unter Spannung stehender Teile durch den Körper fließt. Aus Erfahrung weiß man, dass schon eine Stromstärke von 50 mA den Tod herbeiführen kann, wenn der Strom über das Herz fließt.

**Achtung!**

- Stromstärken ab 50 mA sind lebensgefährlich.
- Die Gefährdung nimmt mit höherer Stromstärke und längerer Einwirkdauer zu.

Der durch den Körper fließende Berührungsstrom $I_B$ hängt von der Spannung und vom Widerstand des Körpers ab. Dieser **Körperwiderstand** $R_K$ setzt sich aus dem **Körperinnenwiderstand** $R_{Ki}$ und den **Übergangswiderständen** $R_{ü1}$ und $R_{ü2}$ an der Stromeintritts- und Stromaustrittsstelle zusammen **(Bild 1)**.

Die Übergangswiderstände hängen auch von äußeren Verhältnissen ab. Trockene Haut und trockene Kleidung haben einen großen Widerstand. Bei Feuchtigkeit, z.B. Schweiß oder nassem Fußboden, ist der Übergangswiderstand dagegen gering. Der Übergangswiderstand wird außerdem umso kleiner, je größer die Berührungsfläche ist.

Bei einer Stromstärke von AC 50 mA durch den menschlichen Körper und einem Körperwiderstand $R_K$, der aus der Ersatzschaltung mit $R_{Ki}$ und $R_ü$ zu 1000 Ω angenommen wird, beginnt die gefährliche Berührungsspannung $U_B$ daher bei:

$$\boldsymbol{U_B} = R_K \cdot I_B = 1000\,\Omega \cdot 0{,}05\,\text{A} = \mathbf{50\,V}$$

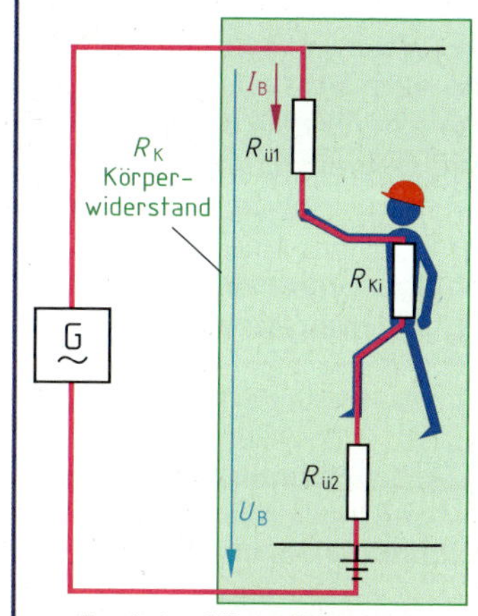


$R_{ü1}$ Leiter-Körper-Widerstand
$R_{Ki}$ Körperinnenwiderstand
$R_{ü2}$ Körper-Leiter-Widerstand
$U_B$ Berührungsspannung
$I_B$ Berührungsstrom

$$R_K = R_{ü1} + R_{Ki} + R_{ü2}$$
$$U_B^* = R_K \cdot I_B$$

* statt $U_B$ auch $U_T$

**Bild 1**: Körperwiderstand

- Wechselspannungen über 50 V sind lebensgefährlich.
- Gleichspannungen über 120 V sind lebensgefährlich.
- Wechselstrom mit einer Frequenz von 50 Hz ist gefährlicher als Gleichstrom, weil es bereits bei dieser Frequenz zum Herzkammerflimmern kommen kann.

### Folgen und Auswirkungen eines Stromschlages

Die Wärmewirkung des elektrischen Stromes führt bei großer Stromstärke an der Ein- und Austrittsstelle zu **Verbrennungen.** Dort entstehen die sogenannten **Strommarken.** Dabei kann es durch Lichtbögen bis zum Verkohlen von Körperteilen kommen (Verbrennungen 4. Grades). Die Folgen starker Verbrennungen führen zur Überlastung der Nieren und damit zum Tode.

Wegen der Unfallgefahr ist das Arbeiten an unter Spannung stehenden Teilen verboten!

Bei Betriebsspannungen über 50 V Wechselspannung oder 120 V Gleichspannung sind Arbeiten an unter Spannung stehenden Teilen nur dann gestattet, wenn diese Teile aus wichtigen Gründen nicht spannungsfrei geschaltet werden können. Solche Arbeiten dürfen jedoch nur durch Elektrofachkräfte mit Zusatzausbildung ausgeführt werden, nicht aber durch Auszubildende (DIN VDE 0105).

**Beispiel:**

Bei der Reparatur einer Lampe berührt eine Person die Netzwechselspannung $U = 230$ V.

Berechnen Sie die Stromstärke $I_B$, die durch den Körper fließt.

**Lösung**

$$\boldsymbol{I_B} = \frac{U}{R_K} = \frac{230\,\text{V}}{1\,\text{k}\Omega} = \mathbf{230\,mA}$$

### 7.1.2 Maßnahmen bei Arbeiten an elektrischen Anlagen

Der VDE-Ausschuss Sicherheits- und Unfallforschung wertet die vom Statistischen Bundesamt bereitgestellten Zahlen von tödlichen Elektrounfällen in Deutschland aus. Neben Industrie und Gewerbe untersuchte man auch Freizeit und Haushalt. Vor allem Leichtsinn, unsachgemäße und zweckentfremdete Bedienung sowie eine laienhafte Reparatur elektrischer Geräte und Anlagen verursachen viele Unfälle. Der überwiegende Teil der Unfälle ereignete sich im Niederspannungsbereich.

Grundsätzlich sind Arbeiten an unter Spannung stehenden Anlagen verboten.
Arbeiten unter Spannung ist nur Elektrofachkräften oder elektrotechnisch unterwiesenen Personen erlaubt. Dabei sind besondere Sicherheitsvorschriften zu beachten.

**Bild 1**: Herausnehmen eines NH-Sicherungseinsatzes

Zur Herstellung des spannungsfreien Zustandes bei Arbeiten an elektrischen Anlagen sind die **fünf Sicherheitsregeln** einzuhalten **(Tabelle 1)**. Vor Beginn der Arbeit ist ein Verbotsschild (Nicht schalten) anzubringen **(Bild 2)**. Eine Arbeitsstelle ist von der Aufsicht führenden Person erst dann freizugeben, wenn die Sicherheitsregeln in der Reihenfolge 1 bis 5 durchgeführt sind. Eine **Elektrofachkraft (EFK)** oder eine **elektrotechnisch unterwiesene Person (EuP)** muss den spannungsfreien Zustand der Anlage feststellen **(Bild 3)**. Nach Beendigung und Überprüfung der Arbeit sind alle beteiligten Personen zu informieren. Die Sicherheitsregeln sind sinngemäß in umgekehrter Reihenfolge aufzuheben. Erst dann meldet der Arbeitsverantwortliche dem Anlagenverantwortlichen die Beendigung der Arbeit und die Einschaltbereitschaft.

**Bild 2**: Verbotsschild für Arbeiten an freigeschalteten Anlagen

**Bild 3**: Feststellen der Spannungsfreiheit

**Tabelle 1:** Die fünf Sicherheitsregeln für Arbeiten im spannungsfreien Zustand (nach DIN VDE 0105)

| | |
|---|---|
| 1. Freischalten | • Freischalten aller Teile der Anlage (allseitig und allpolig), an denen gearbeitet werden soll **(Bild 1)**,<br>• LS-Schalter abschalten, Schmelzsicherungen entfernen. |
| 2. Gegen Wiedereinschalten sichern | • Betätigungsmechanismus von Schaltgeräten, z. B. LS-Schalter, durch Schloss sichern, Sicherungseinsätze mitnehmen, Verbotsschilder anbringen **(Bild 2)**. |
| 3. Spannungsfreiheit feststellen | • Spannungsfreiheit durch Fachkraft feststellen,<br>• Anlage mit zweipoligem Spannungsprüfer prüfen **(Bild 3)**.<br>• Wenn die Arbeit unterbrochen wurde, muss vor Wiederaufnahme die Spannungsfreiheit erneut festgestellt werden. (Gilt nicht, wenn bereits geerdet und kurzgeschlossen ist). |
| 4. Erden und kurzschließen | • Zuerst immer erden, dann mit den kurzzuschließenden aktiven Teilen verbinden (die Erdungs- und Kurzschließvorrichtungen müssen nach Möglichkeit von der Arbeitsstelle aus sichtbar sein). Regel 4 entfällt bei Anlagen unter 1000 V, z. B. in Kabelanlagen, ausgenommen Freileitungen. |
| 5. Benachbarte unter Spannung stehende Teile abdecken oder abschranken | • Bei Anlagen unter 1 kV genügen zum Abdecken z. B. isolierende Tücher, Schläuche, Formstücke. Über 1 kV sind zusätzlich Absperrtafeln, Seile, Warntafeln erforderlich.<br>• Körperschutz, z. B. Schutzhelm mit Gesichtsschutz, eng anliegende Kleidung und Handschuhe tragen. |

### 7.1.3 Qualifikationen für Arbeiten in der Elektrotechnik

Das Errichten, Warten, Instandhalten oder Prüfen elektrischer Anlagen und Betriebsmittel ist nach **DGUV[1] Vorschrift 3** (früher BGV A3) durch qualifizierte Personen (Elektrofachkräfte) durchzuführen. Je nach Anforderung werden Personen mit unterschiedlichen Qualifikationen **(Tabelle 1)** und Fachkenntnissen benötigt.

Der Arbeitgeber hat dafür zu sorgen, dass bei Übertragung von Aufgaben, z. B. Prüfen einer elektrischen Anlage, die Beschäftigten befähigt und geeignet sind, Bestimmungen, Vorschriften und Maßnahmen einzuhalten **(Tabelle 1)**.

**Übersicht: Bestimmungen, rechtliche Vorschriften**

- Unfallverhütungsvorschrift „Elektrische Anlagen und Betriebsmittel" (DGUV Vorschrift 3)
- Arbeitsschutzgesetz (ArbSchG)
- Betriebssicherheitsverordnung (BetrSichV)
- Technische Regeln für Betriebssicherheit (TRBS)
- DIN VDE-Bestimmungen (DIN VDE 0105-100)

[1] DGUV, Abk. für: **D**eutsche **G**esetzliche **U**nfallversicherung

**Tabelle 1:** Qualifizierte Personen in der Elektrotechnik

| Personen | Beschreibung, Ausbildung und Qualifikation | Tätigkeiten, Arbeitsbeispiele |
|---|---|---|
| Befähigte Personen **(bP)** | **Befähigte Personen** müssen für alle elektrotechnischen Arbeiten durch ihre Berufsausbildung, z. B. Elektroniker für Energie- und Gebäudetechnik, geeignet sein. Eine mindestens einjährige Berufserfahrung und zeitnahe berufliche Tätigkeit mit aktualisierten Kenntnissen der Elektrotechnik, z. B. an Schulungen, ist vorausgesetzt. | • Reparatur-, Service- und Wartungsarbeiten,<br>• Prüfung elektrischer Betriebsmittel,<br>• Instandsetzung und Prüfung von elektrischen Geräten. |
| Verantwortliche Elektrofachkraft **(VEFK)** | Die **Verantwortliche Elektrofachkraft** ist vom Unternehmer bzw. Arbeitgeber beauftragt, Fach- und Aufsichtsverantwortung zu übernehmen. Die Verantwortung kann für einen ganzen Betrieb, Betriebsteile oder eine Anlage gelten. VEFKe sind oft fachliche Vorgesetzte anderer Elektrofachkräfte, z. B. Handwerks- oder Industriemeister, staatlich geprüfte Techniker oder Ingenieure. | Organisation, fachliche Leitung eines Elektrobereichs, z. B.<br>• Koordinierung der Arbeiten,<br>• Planung und Projektierung von elektrischen Anlagen,<br>• Bereitstellen von Vorschriften/Regeln,<br>• Aus- und Weiterbildung organisieren. |
| Elektrofachkraft **(EFK)** | **Elektrofachkraft** ist eine Person, die aufgrund ihrer fachlichen Ausbildung, Erfahrungen und Kenntnisse, die ihr übertragenen Arbeiten beurteilen und mögliche Gefahren erkennen kann. Die EFK ist keine Berufsbezeichnung, sondern eine Qualifikation, die nach der Ausbildung im Unternehmen durch Erfahrung erworben werden muss. Voraussetzung ist eine Berufsausbildung, z. B. Geselle, Facharbeiter, Meister, Techniker oder Ingenieur entsprechend den Ausbildungs-, Prüfungs- und Studienordnungen. | Arbeiten an elektrischen Anlagen bis AC 1000 V bzw. DC 1500 V, z. B.<br>• Planen, Projektieren, Konstruieren,<br>• Errichten, Prüfen, Betreiben, Ändern von elektrischen Anlagen,<br>• Einsetzen von Arbeitskräften,<br>• Wartung elektrischer Maschinen<br>Bei Arbeiten in Anlagen > 1000 V ist eine Schaltberechtigung notwendig. |
| Elektrofachkraft für festgelegte Tätigkeiten **(EFKffT)** | **Elektrofachkraft für festgelegte Tätigkeiten** ist ein Mitarbeiter mit abgeschlossener, technischer Berufsausbildung, der eigenverantwortlich und selbstständig in einem genau festgelegten Bereich tätig ist. Festgelegte Tätigkeiten sind wiederholende elektrotechnische Arbeiten an Betriebsmitteln, die vom Unternehmer in einer Arbeitsanweisung festgelegt sind. Ortsfeste Gebäudeinstallationen, z. B. eine Herdanschlussdose, dürfen nicht verändert oder errichtet werden. Die Ausbildung mit 80 Stunden beinhaltet Theorie und Praxis mit Prüfung. | Es dürfen z. B. nur Betriebsmittel an einen vorhandenen Übergabepunkt angeschlossen, ausgetauscht und geprüft werden, z. B.<br>• Elektroherd durch Küchenmonteure,<br>• Rollladenmotor durch Rollladenmonteure,<br>• Schaltgeräte und Sensoren an Biegemaschine austauschen und einstellen. |
| Elektrotechnisch unterwiesene Person **(EuP)** | **Elektrotechnisch unterwiesene Personen** führen einfache elektrotechnische Arbeiten unter Anleitung und Aufsicht einer Elektrofachkraft durch. Sie sind über mögliche Gefahren bei unsachgemäßem Verhalten unterwiesen worden, z. B. Gefahren beim Reinigen einer elektrischen Anlage. Die Ausbildung ist zeitlich begrenzt, z. B. 1 bis 2 Tage, mit Kenntnissen über Unfallverhütungsvorschriften, Normen, Stromgefahren und einfache Schutzmaßnahmen. | Einfache Prüfungen und elektrotechnische Arbeiten unter Anleitung und Aufsicht einer Elektrofachkraft durchführen, z. B.<br>• Aufstellen einer Parabolantenne,<br>• Ausheben eines Kabelgrabens,<br>• Malerarbeiten in elektrischen Betriebsräumen. |

### 7.1.3 Erste Hilfe

Unter Erster Hilfe versteht man Hilfeleistungen vor Ort, bevor der Verletzte oder Kranke ärztlich versorgt wird.

Häufig hängt das Leben eines Verletzten davon ab, dass möglichst rasch und noch am Unfallort **Erste Hilfe (Bild 2)** geleistet wird. Der Arbeitgeber (Unternehmer) ist für eine wirksame Erste Hilfe verantwortlich und hat die dafür erforderlichen Maßnahmen zu treffen.

In Niederspannungsanlagen (übliche Spannung im Haushalt und Gewerbe 230/400 V bis maximal 1000 V) erfolgt eine Unterbrechung des Stromkreises z.B. durch Ausschalten, Ziehen des Steckers oder Herausnehmen der Sicherung. Kann der Stromkreis nicht unterbrochen werden, so ist der Verunglückte durch einen nichtleitenden Gegenstand, z.B. eine Isolierstange, von den unter Spannung stehenden Teilen zu trennen.

In **Hochspannungsanlagen** (über 1000 V, durch Warnschild mit Blitzpfeil gekennzeichnete Anlagen, **Bild 1**) ist sofort der Notruf zu veranlassen und Fachpersonal zu verständigen. Die Rettung aus Hochspannungsanlagen erfolgt nur durch Fachpersonal. Der Stromkreis darf deshalb nur von einer Elektrofachkraft mit Schaltberechtigung abgeschaltet werden.

Bei **unbekannter Spannung** ist ebenso wie bei Hochspannung ein Sicherheitsabstand von mindestens 5 m einzuhalten. Es sind die gleichen Maßnahmen zu ergreifen wie bei Hochspannung.

**Notruf 112**
- **Wo** ist der Notfall?
- **Was** ist geschehen?
- **Wie** viele Verletzte/ Erkrankte?
- **Welche** Verletzungen/ Erkrankungen?
- **Warten** auf Rückfragen der Rettungsleitstelle! Niemals das Gespräch selbst beenden.

**Bild 1**: Warnung vor gefährlicher elektrischer Spannung

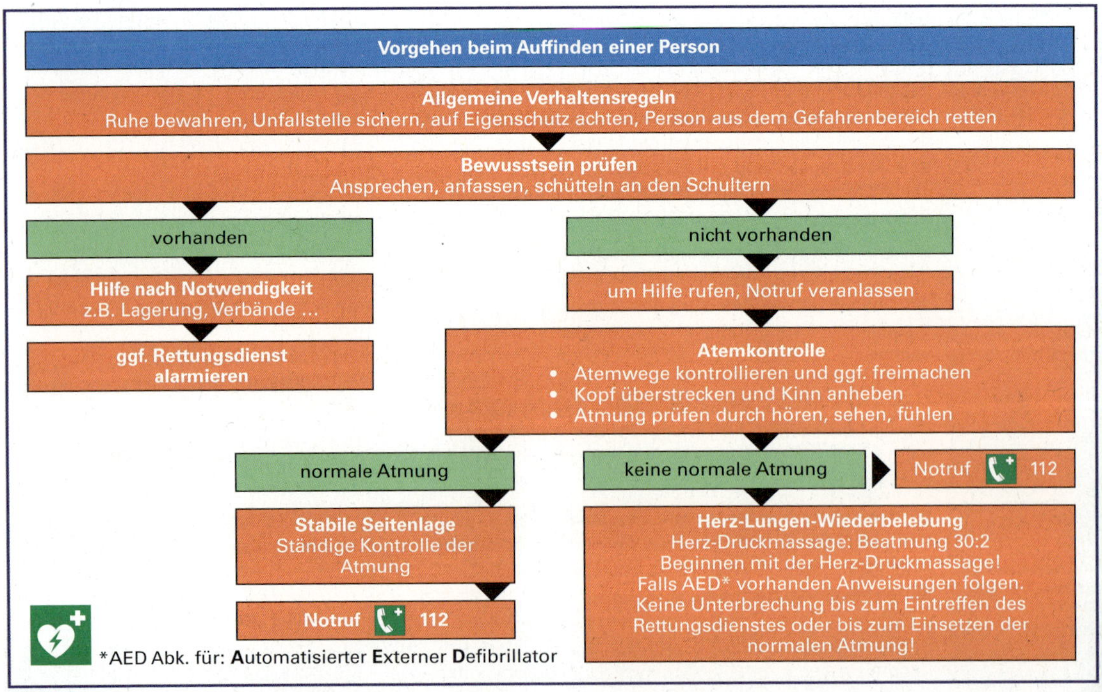


**Bild 2**: Maßnahmen zur Ersten Hilfe

# 7.2 Grundbegriffe der Elektrotechnik

## 7.2.1 Elektrische Spannung

### Spannungserzeugung

In Spannungsquellen werden elektrische Ladungen voneinander getrennt. Dabei entsteht an einem Pol der Spannungsquelle ein Elektronenüberschuss und an dem anderen Pol ein Elektronenmangel. Der Pol mit Elektronenüberschuss ist negativ geladen und wird **Minuspol** genannt, der Pol mit Elektronenmangel ist positiv geladen und wird **Pluspol** genannt. Zwischen Pluspol und Minuspol einer Spannungsquelle kann man eine Spannung messen. Bei der Ladungstrennung werden Ladungen verschoben. Da zwischen ungleichartigen Ladungen Anziehungskräfte wirken, muss dazu Arbeit verrichtet werden. Diese Arbeit ist als Energie in den Ladungen gespeichert.

> Durch Ladungstrennung wird Spannung erzeugt.
> Getrennte Ladungen haben das Bestreben, sich auszugleichen.

Zur Veranschaulichung dient die mechanische Spannung in einem Gummiband. Zwei Kugeln an beiden Enden eines Gummibandes befestigt, stellen die positive und negative Ladung dar. Sind die beiden Kugeln dicht beieinander, besteht keine Spannung im Gummiband. Zieht man mit einer Kraft *F* die Kugeln auseinander, herrscht eine Spannung im Gummiband. Erhöht man die Kraft, zum Auseinanderziehen der Kugeln, steigt die Spannung im Gummiband. Trennt man nun zwei Kugelpaare mit der gleichen Kraft wie zuvor, können sie nur noch halb so weit auseinandergezogen werden, im Gummiband herrscht nur noch die halbe Spannung. Die Spannung ist umso größer, je mehr Arbeit zur Trennung pro Kugel (Ladung) aufgewendet wurde.

> Die erzeugte Spannung *U* ist die bei der Ladungsverschiebung aufgewendete Arbeit *W* pro Ladung *Q* **(Formelkasten rechts)**.

| Spannung | |
|---|---|
| Formelzeichen | *U* |
| Einheitenname | Volt[1] |
| Einheitenzeichen | V |

Einheitenvorsätze (Beispiele)
$1\,\text{mV} = 1 \cdot 10^{-3}\,\text{V} = 0{,}001\,\text{V}$
$1\,\text{kV} = 1 \cdot 10^{3}\,\text{V} = 1000\,\text{V}$
$1\,\text{MV} = 1 \cdot 10^{6}\,\text{V} = 1000000\,\text{V}$

$$U = \frac{W}{Q}$$

$$[U] = \frac{\text{Nm}}{\text{C}} = \frac{\text{VAs}}{\text{As}} = \text{V}$$

*U* Spannung *Q* Ladung
*W* Arbeit

**Tabelle 1:** Spannungsbeispiele

| | |
|---|---|
| Monozelle | 1,5 V |
| Autobatterie | 12 V |
| Wechselstromnetz | 230 V |
| Drehstromnetz | 400 V |
| Höchstspannung | 220 kV, 380 kV |
| Blitz | bis 1000 MV |

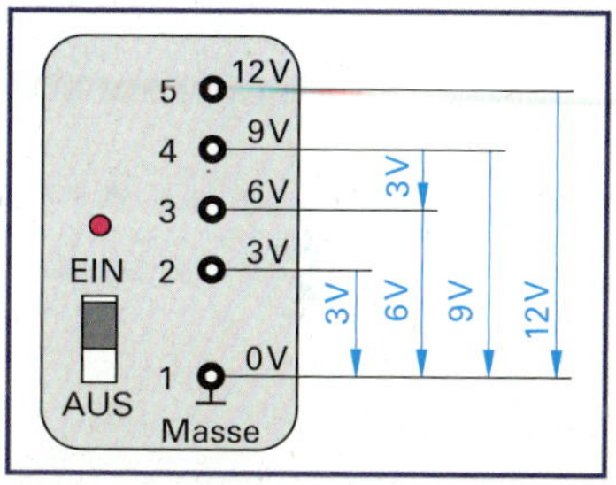


**Bild 1**: Potenziale

### Spannung am Verbraucher

Wird ein Verbraucher an eine Spannungsquelle angeschlossen, gleichen sich die getrennten Ladungen über den Verbraucher aus. Die bei der Ladungstrennung gespeicherte Energie wird in Arbeit umgesetzt, am Verbraucher misst man eine Spannung **(Bild 2, S. 9)**.

> Die Spannung am Verbraucher ist die bei der Ladungsverschiebung frei werdende Arbeit *W* pro Ladung *Q* **(Formelkasten rechts)**.

**Spannung als Potenzialdifferenz**

$$U_{mn} = \varphi_m - \varphi_n$$

*U* Spannung $\varphi$[2] Potenzial

### Potenziale in elektrischen Schaltungen

In elektrischen Schaltungen können Messpunkte auf unterschiedlichem Potenzial liegen. Z. B. liegt der Anschluss 4 des Netzteils **(Bild 1)** auf dem Potenzial $\varphi_4 = 9$ V.

Zwischen Anschluss 4 des Netzteils **(Bild 1)** mit dem Potenzial $\varphi_4 = 9$ V und Masse mit $\varphi_1 = 0$ V herrscht eine Spannung von 9 V. Zwischen demselben Anschluss und Anschluss 3, mit dem Potenzial $\varphi_3 = 6$ V liegt jedoch die Spannung $U_{43} = \varphi_4 - \varphi_3 = 9\,\text{V} - 6\,\text{V} = \mathbf{3\,V}$.

> Das Potenzial $\varphi$ bezieht sich immer auf einen Bezugspunkt (Masse). Zwischen zwei Punkten mit unterschiedlichen Potenzialen herrscht eine Spannung **(Formelkasten rechts)**.

[1] nach Volta, ital. Physiker, 1745 bis 1827; [2] $\varphi$ griech. Kleinbuchstabe phi.

## Arten der Spannungserzeugung

**Tabelle 1:** Arten der Spannungserzeugung

| Spannungserzeugung durch | Hinweise, Erklärungen | Anwendung (Beispiele) |
|---|---|---|
| **Induktion**[1] | | |
| 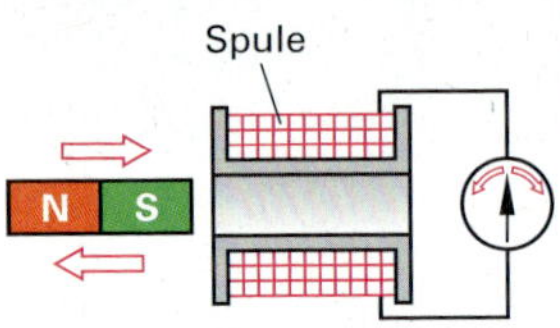  | *Bewegt sich der Dauermagnet in der Spule, schlägt der Zeiger des Spannungsmessers aus, beim Herausziehen umgekehrt wie beim Hineinschieben.*<br>Bei der Induktion (**Seite 235**) werden durch magnetische Energie elektrische Ladungen getrennt. | **Generatoren:**<br>Fahrraddynamos, Kfz-Lichtmaschinen, Kraftwerksgeneratoren, Induktionszähler |
| **Chemische Reaktion im galvanischen Element**[2] | | |
| 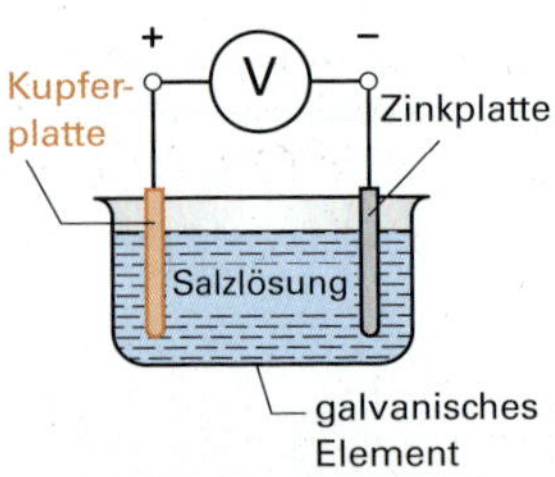  | *Der Spannungsmesser zeigt eine Spannung an, wenn sich zwei verschiedene Platten in der Salzlösung befinden. Zwei unterschiedliche Metalle in einer leitenden Flüssigkeit (Elektrolyt) bilden ein galvanisches Element.*<br>Im galvanischen Element trennt eine chemische Reaktion elektrische Ladungen. | **Elektrochemische Spannungserzeuger:**<br>Batterien, Monozellen (galvanische Elemente), Akkumulatoren, Brennstoffzelle |
| **Wärme im Thermoelement**[3] | | |
| 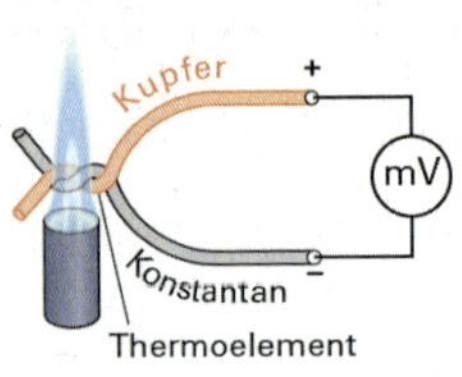  | *Beim Erwärmen der Verbindungsstelle zeigt der Spannungsmesser eine Gleichspannung an (etwa 40 µV je K*[4]*).*<br>Im Thermoelement trennt die Wärme elektrische Ladungen. | **Thermoelemente:**<br>Verwendung zur Temperaturmessung und Temperatur-Fern-Messung, z. B. an schwer zugänglichen Stellen |
| **Licht im Fotoelement**[5] | | |
| 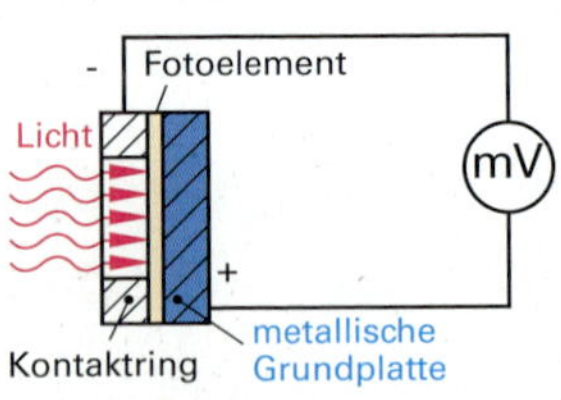  | *Bei Beleuchtung zeigt der Spannungsmesser eine Spannung an.*<br>Im Fotoelement trennt die Strahlungsenergie des Lichtes elektrische Ladungen. | **Fotoelemente:**<br>Verwendung als Stromquellen, z. B. für Satelliten, Taschenrechner, Uhren, Fotovoltaik |
| **Druck auf Piezokristalle**[6] | | |
| 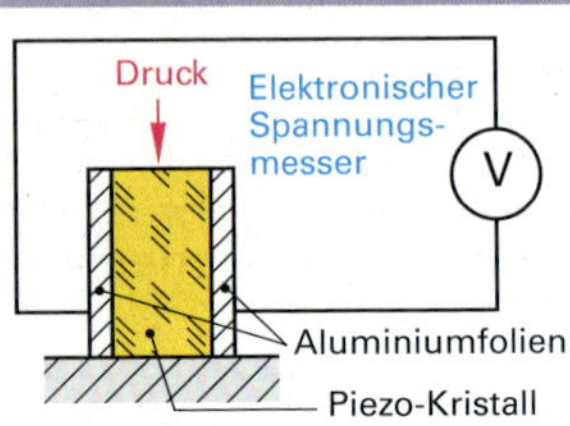  | *Solange der Druck auf den Kristall zu- oder abnimmt, schlägt der Zeiger des Spannungsmessers nach rechts oder nach links aus (piezoelektrischer Effekt).*<br>Bei manchen Kristallen, z. B. Quarz, werden durch Druck elektrische Ladungen getrennt. | **Piezokristalle:**<br>Verwendung in Drucksensoren, Gasanzündern,- Ultraschallmotoren |

[1] von inducere (lat.) = einführen; [2] nach Luigi Galvani, italienischer Arzt, 1737 bis 1798; [3] von thermos (griech.) = warm;
[4] Temperaturunterschiede werden statt in Grad Celsius in Kelvin (K) angegeben; [5] von phos (griech.) = Licht;
[6] von piezein (griech.) = drücken

## Messen elektrischer Spannung

Elektrische Spannung wird mit dem Spannungsmesser **(Bild 1)** gemessen. Spannung besteht zwischen zwei Punkten mit unterschiedlichem Potenzial **(Seite 191)**. An diese Punkte wird der Spannungsmesser angeschlossen.

### Spannungsmessung an einer Spannungsquelle

**Versuch 1:** Messen Sie mit einem Spannungsmesser die Spannung an einer Batterie. Die Batterie liefert Gleichspannung. Deshalb muss der Spannungsmesser auf Gleichspannung (DC) eingestellt sein. Verbinden Sie den Spannungsmesser mit der Batterie so, dass der Minuspol der Spannungsquelle mit dem Anschluss COM (Symbol ⊥) des Spannungsmessers und der Pluspol der Spannungsquelle mit dem Anschluss VΩ des Spannungsmessers verbunden ist.

*Der Spannungsmesser wird für Gleichspannungsmessung (V ⎓) eingestellt und zeigt $U$ = 9,03 V an.*

### Spannungsmessung am Verbraucher

Spannung kann man nicht nur an Spannungsquellen, sondern auch an stromdurchflossenen Verbrauchern messen **(Bild 2)**. Dazu wird der Anschluss VΩ des Spannungsmessers an den Anschluss des Verbrauchers gelegt, der das höhere Potenzial hat (näher am Pluspol der Spannungsquelle ist). Der Anschluss COM (Symbol ⊥) des Spannungsmessers wird an den Anschluss des Verbrauchers mit dem niedrigeren Potenzial (näher am Minuspol der Spannungsquelle) angeschlossen.

- Der Spannungsmesser wird parallel zum Erzeuger oder Verbraucher angeschlossen.
- Die Richtung der Spannung wird durch einen Bezugspfeil dargestellt. Sie ist vom höheren zum niederen Potenzial gerichtet **(Bild 3)**.

### Spannungsrichtung

**Versuch 2:** Schalten Sie zwei gleiche Lampen, z. B. 6 V/5 W, an ein Netzgerät **(Bild 3)**. Schließen Sie einen Spannungsmesser an das Netzgerät und erhöhen Sie die Spannung des Netzgerätes auf $U$ = 12 V. Messen Sie mit je einem Digitalmessgerät die Spannung an den Lampen.

*Es werden die Spannungen $U_1 = U_2 = +6$ V angezeigt.*

**Vorgehensweise bei der Spannungsmessung**

- Am Messgerät die korrekte Spannungsart Gleichspannung (DC oder ⎓) bzw. Wechselspannung (AC oder ~) einstellen.
- Bei Spannungsmessern mit mehreren Messbereichen den geeigneten Messbereich einstellen, bei unbekannten Spannungen den höchsten Messbereich.
- Messleitungen an die COM-Buchse (Symbol ⊥) und VΩ des Messgeräts anschließen und die Messpunkte mit den Messspitzen berühren. Bei Gleichspannung das niedrigere (negativere) Potenzial am Anschluss COM anschließen.

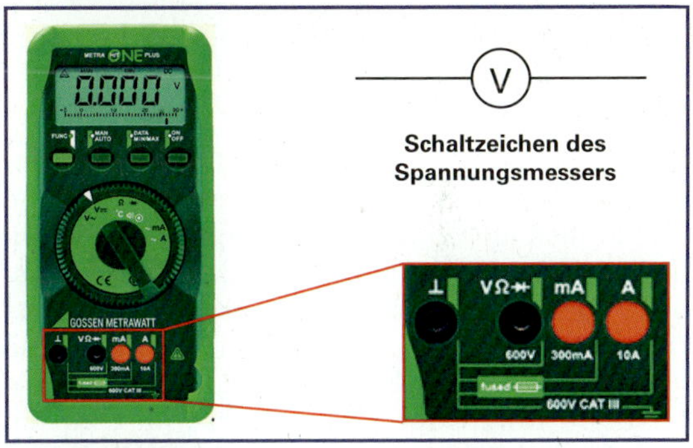


**Bild 1:** Vielfachmessinstrument, in der Einstellung Gleichspannungsmessung

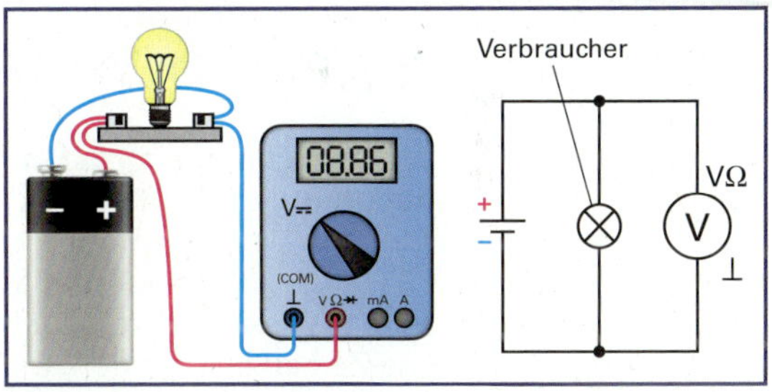


**Bild 2:** Spannungsmessung an einem Verbraucher

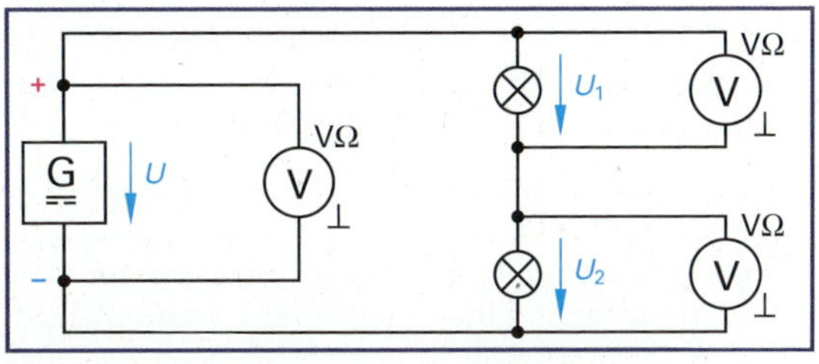


**Bild 3:** Spannungsmessung im Stromkreis

**Versuch 3:** Vertauschen Sie die Messleitungen an den Anschlüssen des Digitalmessgerätes.

*Es werden die Spannungen $U_1 = U_2 = -6$ V angezeigt.*

Die Spannung hat eine Richtung **(Bild 3)**. Sie ist positiv, wenn vom höheren zum niedrigeren Potenzial gemessen wird.

### 7.2.2 Elektrischer Strom

**Versuch 1**: Schließen Sie eine 12-V-Signallampe an den Pluspol und Minuspol einer Gleichspannungsquelle, z.B. an ein Netzgerät mit $U$ = 12 V, an **(Bild 1)**.

*Die 12-V-Signallampe leuchtet.*

Die von der Spannungsquelle getrennten Ladungen gleichen sich aus. Dabei müssen Elektronen vom Minuspol (Elektronenüberschuss) über die Glühwendel der Lampe zum Pluspol (Elektronenmangel) fließen. In der Signallampe tritt dabei eine Lichtwirkung auf. Diese Bewegung der elektrischen Ladungsträger nennt man elektrischen Strom.

> Der elektrische Strom in einem metallischen Leiter ist die gerichtete Bewegung von freien Elektronen.

Das Ausgleichsbestreben der Ladungsträger vom Minus- zum Pluspol ist Ursache für den Stromfluss. Je höher die Spannung der Spannungsquelle, desto stärker ist das Ausgleichsbestreben der Ladungen. Es werden mehr Elektronen durch den Leiter transportiert. Die Anzahl der fließenden freien Elektronen pro Sekunde durch den Leiterquerschnitt ist ein Maß für die elektrische Stromstärke **(Bild 2)**.

> Die elektrische Stromstärke $I$ ist die durch einen Leiterquerschnitt bewegte Ladung $Q$ pro Zeit $t$. Die Stromstärke wird in der Einheit Ampere[1] (Einheitenzeichen A) angegeben.

Die bewegte Ladungsmenge $Q$ im Leiter ist ein Vielfaches der Elementarladung $e = 1{,}602 \cdot 10^{-19}$ C. Somit besteht die elektrische Ladungsmenge $Q$ = 1 C aus der Anzahl $n = 6{,}242 \cdot 10^{18}$ Elementarladungen. Die Stromstärke 1 A kann folglich auch über Ladungsmenge und Zeit erklärt werden. Die Stromstärke in einem Leiter beträgt 1 A, wenn sich pro Sekunde eine elektrische Ladungsmenge von 1 C durch den Leiterquerschnitt bewegt.

Die elektrische Stromstärke $I$ = 1 A wird über die magnetische Wirkung definiert.

**Definition der Stromstärke** (SI-Basiseinheit)

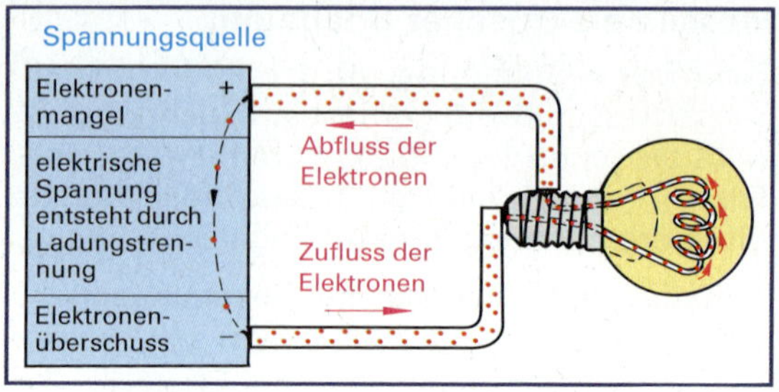


**Bild 1**: Elektronenbewegung im Stromkreis

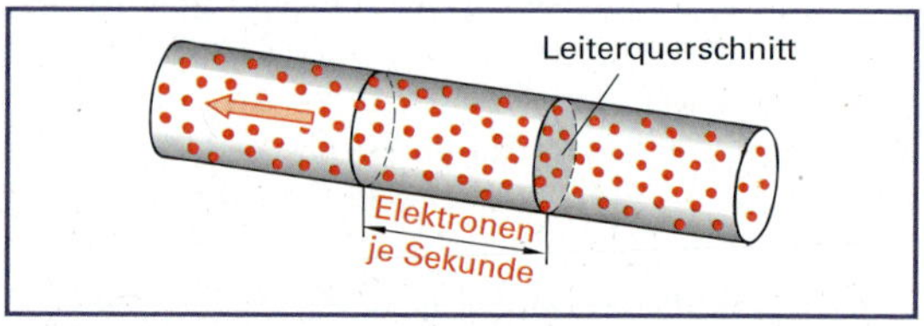


**Bild 2**: Elektronenbewegung im Leiter

| **Elektrische Stromstärke** | |
|---|---|
| Formelzeichen | $I$ |
| Einheitenname | Ampere[1] |
| Einheitenzeichen | A |

Einheitenvorsätze (Beispiele)
1 Mikroampere = 1 µA = $1 \cdot 10^{-6}$ A = 0,000 001 A
1 Milliampere = 1 mA = $1 \cdot 10^{-3}$ A = 0,001 A
1 Kiloampere = 1 kA = $1 \cdot 10^{3}$ A = 1000 A

$$I = \frac{Q}{t}$$

$$[I] = \frac{\text{C}}{\text{S}} = \frac{\text{As}}{\text{s}} = \text{A}; \quad 1\,\text{C} = 1\,\text{As}$$

$I$ Stromstärke $Q$ elektrische Ladung $t$ Zeit

[1] André Marie Ampère, französischer Physiker, 1775 bis 1836

**Tabelle 1:** Beispiele elektrischer Stromstärken

| Betriebsmittel/Anlage | Stromstärke |
|---|---|
| Taschenrechner | 100 µA |
| 10-W-LED-Lampe E 27 | 43 mA |
| Bügeleisen | 4,35 A |
| Straßenbahnmotor | 300 A |
| Elektroschmelzofen | 100 kA |

> Fließt durch zwei parallele Leiter, die einen Abstand von 1 m haben, eine Stromstärke von $I$ = 1 A, so tritt zwischen ihnen je Meter Leitungslänge eine Kraft von $F = 2 \cdot 10^{-7}$ N (Newton) auf.

Die Einheit Ampere (A) ist eine Basiseinheit.

**Einheitenvorsätze.** Für sehr große oder kleine Stromstärken kann man wie bei allen physikalischen Größen Einheitenvorsätze verwenden. Damit lassen sich Stromstärken übersichtlicher angeben, z.B. 1 mA = 1 Milliampere = $1 \cdot 10^{-3}$ A = 0,001 A.

In elektrischen Betriebsmitteln bzw. Anlagen treten unterschiedlich hohe Stromstärken auf **(Tabelle 1)**.

**Stromrichtung**

Man unterscheidet die

- technische Stromrichtung und die
- Richtung der Elektronenbewegung **(Bild 1)**

**Technische Stromrichtung:** Außerhalb des Erzeugers fließt der Strom vom Pluspol (+) zum Minuspol (–) bzw. vom höheren zum niedrigeren Potenzial.

**Elektronenbewegungsrichtung:** Außerhalb des Erzeugers bewegen sich die freien Elektronen vom Minuspol (Elektronenüberschuss) zum Pluspol (Elektronenmangel).

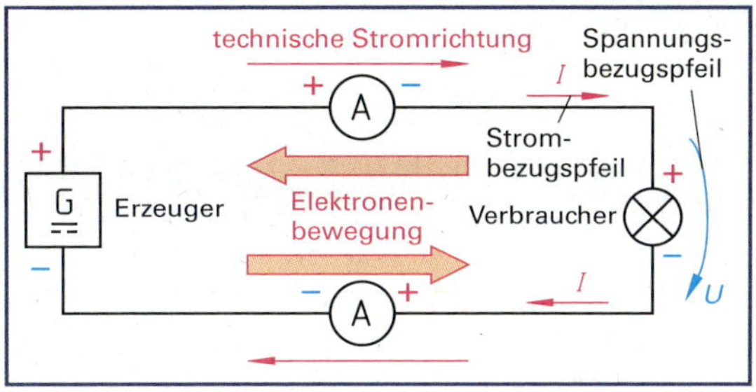


**Bild 1:** Technische Stromrichtung und Elektronenbewegungsrichtung

Den Richtungssinn von Strömen und Spannungen gibt man in der technischen Stromrichtung vom höheren zum niederen Potenzial durch **Bezugspfeile** an. In dieser Richtung werden Strom und Spannung als positiv bezeichnet **(Bild 1).**

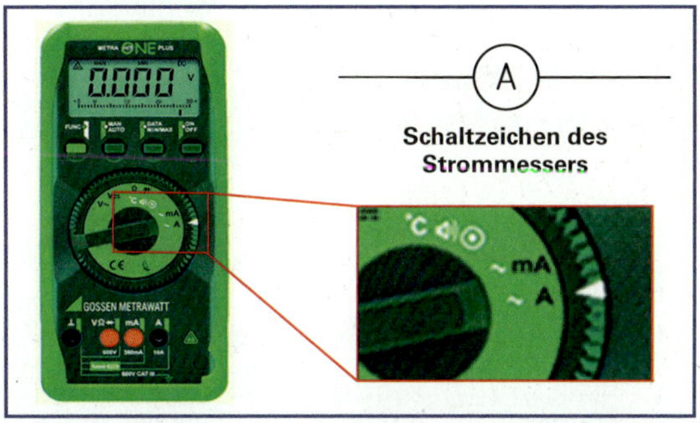


**Bild 2:** Vielfachinstrument, als Strommesser eingestellt

## Elektrischer Strom in Metallen

In Metallen sind die Atome dicht aneinandergedrängt. Ein Elektron auf der Außenschale eines Atoms kann dabei so nahe an ein benachbartes Atom gelangen, dass es von dessen Atomkern ebenso weit entfernt ist wie vom eigenen. Die Anziehungskräfte der Kerne auf dieses Elektron heben sich in diesem Falle auf, und es kann zum **freien Elektron** werden. Sobald im Metall ein Elektron frei wird, hinterlässt es einen positiv geladenen Atomrumpf, den man auch positives Ion nennt.

Zum Messen des elektrischen Stromes wird die Leitung aufgetrennt und der Strommesser in die Trennstelle in Reihe zum Verbraucher geschaltet.

Verbindet man eine Signallampe mit einer Spannungsquelle, so setzen sich die freien Elektronen im Glühfaden der Lampe fast gleichzeitig zum Pluspol in Bewegung. Die freien Elektronen kommen aber nur mit einer geringen Geschwindigkeit von ca. 0,1 bis 10 mm/s vorwärts, da sie sich im Atomverband nicht ungehindert bewegen können. Diese **Elektronen- bzw. Driftgeschwindigkeit** der Elektronen hängt von ihrer Beweglichkeit, von der Stromstärke, vom Leiterwerkstoff, vom Leiterquerschnitt und von der Temperatur ab. Im **Versuch 1, Seite 194,** leuchtet die Glühlampe sofort. Die freien Elektronen im Leiter stoßen sich wie bei einer Kettenreaktion fast gleichzeitig an. Dies geschieht in ganz kurzer Zeit mit einer Geschwindigkeit, die wesentlich höher ist als die Elektronengeschwindigkeit. Sie erfolgt mit wesentlich weniger als die Lichtgeschwindigkeit und ist abhängig vom verwendeten Leiter.

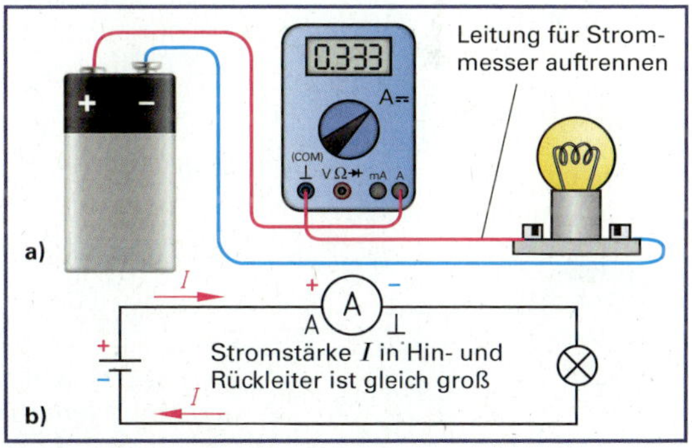


**Bild 3:** Messen des Stromes

## Messen elektrischer Stromstärke

Zum Messen der elektrischen Stromstärke verwendet man Strommesser **(Bild 2).** Der Gesamtstrom muss durch das Messinstrument fließen **(Bild 3a).** Die Leitung kann man an beliebiger Stelle trennen, weil die Stromstärke im unverzweigten Stromkreis überall gleich groß ist. Bei Gleichstrom ist auf die Polarität der Anschlüsse zu achten **(Bild 3).**

## Wirkungen des elektrischen Stromes

Der elektrische Strom lässt sich nur an seinen Wirkungen erkennen **(Tabelle 1)**.

**Tabelle 1:** Stromwirkungen

| Wirkungen | Hinweise, Erklärungen | Anwendung (Beispiele) |
|---|---|---|
| **Wärmewirkung**<br>Tritt immer auf<br> | Schließt man einen Draht an Spannung an, so fließt in ihm ein Strom.<br>*Der Draht erwärmt sich, glüht und schmilzt durch.*<br>Der elektrische Strom erwärmt jeden Leiter[1] (Wärmewirkung). | Elektroherde, Bügeleisen, Tauchsieder, Warmwasserbereiter, Lötkolben, Schmelzsicherungen |
| **Magnetische Wirkung**<br>Tritt immer auf<br>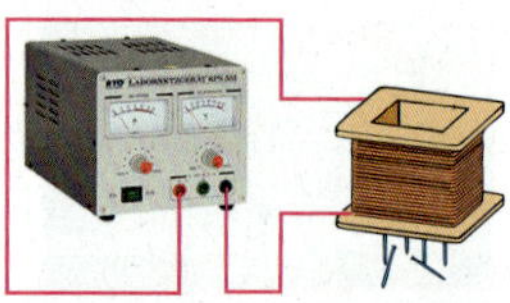 | *Die Eisenteile werden angezogen, sobald Strom durch die Spule fließt.*<br>Der elektrische Strom verursacht in seiner Umgebung immer eine magnetische Wirkung. | Elektromagnete, Elektromotoren, Schütze, Relais, Messinstrumente, Klingeln, Telefonhörer, Lautsprecher, Türöffner |
| **Lichtwirkung**<br>Auftreten:<br>in Gasen, in Halbleitern<br>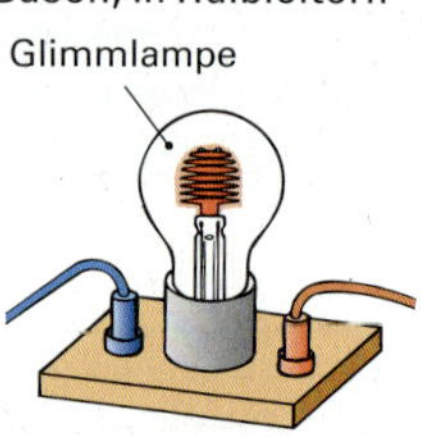 | *Die Glimmlampe leuchtet. Die Lichtwirkung tritt nur in der Umgebung der Wendeln auf. Die gewendelten Drähte selbst leuchten nicht. Beim Leuchten erwärmt sich die Glimmlampe kaum.*<br>Der elektrische Strom verursacht in seiner Umgebung immer eine magnetische Wirkung.<br>Die Glimmlampe enthält Gas mit geringem Druck. In einer Lampe mit Glühdraht erhitzt dagegen der elektrische Strom einen dünnen Draht aus Wolfram so stark, dass er hellweiß glüht und dadurch Licht abstrahlt. | Leuchtstofflampen, Leuchtröhren, Glimmlampen, Leuchtdioden, Glühlampen |
| **Chemische Wirkung**<br>Auftreten:<br>in leitenden Flüssigkeiten<br>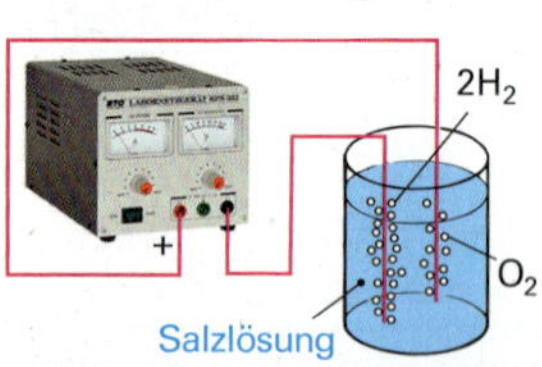 | *An den Drahtstücken, die in die Flüssigkeit eintauchen, bilden sich Gasblasen. Das Wasser im Gefäß wird in seine Bestandteile Wasserstoff und Sauerstoff zerlegt.*<br>Der elektrische Strom zerlegt leitende Flüssigkeiten (chemische Wirkung). | Elektrolyse, Galvanisieren, Akkumulatoren |
| **Wirkung auf Lebewesen**<br>Auftreten:<br>bei Menschen, Tieren<br> | Der elektrische Strom hat auf Lebewesen eine physiologische[2] Wirkung. Die positive Wirkung des elektrischen Stromes nutzt man in der Elektromedizin.<br>Beim Berühren blanker elektrischer Leitungen kann durch den menschlichen Körper ein lebensgefährlicher Strom fließen. | Elektroweidezäune, Viehbetäubung, Elektromedizinische Geräte |

[1] Eine Ausnahme bilden die Supraleiter; [2] Physiologie = Lehre von den Vorgängen im Körper von Lebewesen.

## Stromarten

### Gleichstrom (DC[1], Zeichen: — oder ═ )

**Versuch 1:** Schließen Sie eine Lampe, z. B. 6 V/0,1 A, über einen Strommesser (Drehspulmessgerät) an eine Batterie an.

*Der Strommesser zeigt während der Messzeit einen gleichbleibenden Strom an.*

Im Stromkreis fließt ein **Gleichstrom,** wenn sich in einer bestimmten Zeit, z. B. 1 s, gleich viele freie Elektronen in gleicher Richtung bewegen. Zeichnet man die Stromstärke abhängig von der Zeit in einem Schaubild auf, ergibt sich eine Parallele zur Zeitachse **(Tabelle 1, oben).**

> Gleichstrom fließt nur in einer Richtung mit gleichbleibender Stromstärke.

### Wechselstrom (AC[2], Zeichen: ~)

**Versuch 2:** Schließen Sie eine Lampe über einen Strommesser (Drehspulmessgerät mit Zeiger in der Skalenmitte) an einen Funktionsgenerator (Wechselstrom, 1 Hz) an.

*Der Zeiger des Strommessers schlägt abwechselnd nach links und nach rechts aus.*

Im Stromkreis fließt ein **Wechselstrom,** wenn sich die freien Elektronen im Leiter hin und her bewegen, und zwar in beiden Richtungen gleich. Im Stromstärke-Zeit-Schaubild erhält man z. B. eine Sinuslinie **(Tabelle 1, Mitte).**

> Wechselstrom fließt mit ständig wechselnder Richtung und Stärke.

**Tabelle 1:** Stromarten

| Bezeichnung | Bild | Beispiele |
|---|---|---|
| **Gleichstrom (DC)**<br><br>Elektrischer Strom, der nur in gleicher Richtung und mit gleicher Stärke fließt | 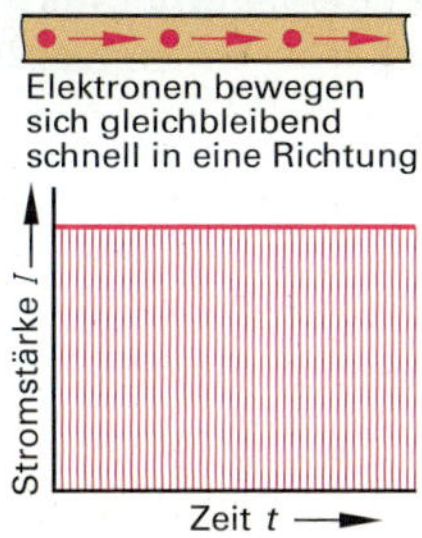 | Batterie, Akkumulator, Stromversorgung elektrischer und elektronischer Geräte, Oszilloskop, Computer |
| **Wechselstrom (AC)**<br><br>Elektrischer Strom, der ständig seine Richtung und seine Stromstärke ändert | 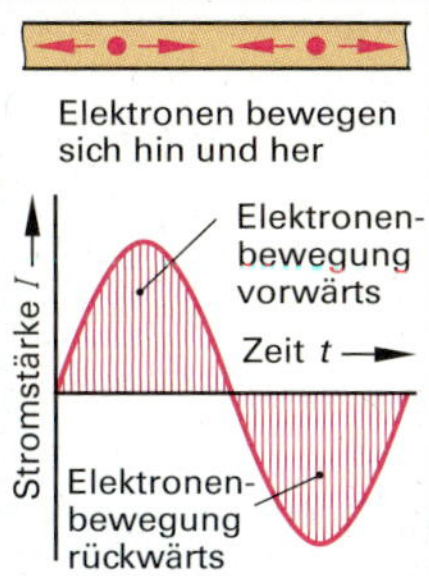 | Energienetz, Fahrraddynamo, Wechselstromgeneratoren und -motoren, Lichterketten |
| **Mischstrom (UC)**<br><br>setzt sich zusammen:<br><br>• aus einem Wechselstromanteil<br><br>und<br><br>• aus einem Gleichstromanteil | 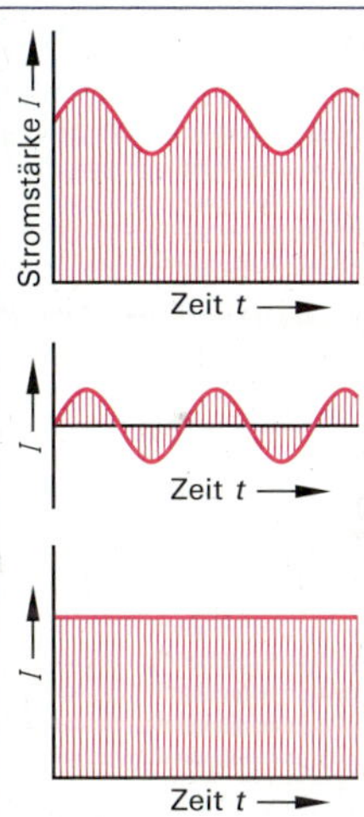 | gleichgerichteter Wechselstrom, Strom in Netzteilen nach Glättungskondensator, Steuerstrom von Transistoren, in Wechselstromverstärkern |

### Mischstrom (UC[3], Zeichen: ≂)

**Versuch 3:** Wiederholen Sie **Versuch 2**, schalten Sie aber zum Funktionsgenerator eine Batterie in Reihe.

*Der Zeiger des Strommessers schlägt in einer Richtung aus und pendelt um den eingestellten Gleichstromanteil hin und her.*

Im Stromkreis fließt ein **Mischstrom,** wenn in ihm gleichzeitig ein Gleich- und ein Wechselstrom fließt. Der Mischstrom entsteht durch die Überlagerung eines Gleichstromes mit einem Wechselstrom.

Ein Mischstrom ist streng genommen keine eigenständige Stromart, weil er sich auf einen Gleichstrom zurückführen lässt, dem ein Wechselstrom überlagert ist **(Tabelle 1, unten).**

> Ein Mischstrom setzt sich aus einem Gleichstrom- und einem Wechselstromanteil zusammen.

[1] **DC** von **D**irect **C**urrent (engl.) = Gleichstrom
[2] **AC** von **A**lternating **C**urrent (engl.) = Wechselstrom
[3] **UC** von **U**niversal **C**urrent (engl.) = allgemeiner Strom

### 7.2.3 Elektrischer Widerstand und Leitwert

Fließt Strom durch einen metallischen Leiter, so bewegen sich die freien Elektronen zwischen den Atomen des Leiterwerkstoffs hindurch **(Bild 1)**.

Diese Atome sind nicht in Ruhe, sondern schwingen auch bei normaler Temperatur in allen Richtungen um ihre Ruhelage (ungeordnete Wärmebewegung). Dadurch werden die freien Elektronen in ihrer Bewegung und damit der Strom durch den Leiter behindert.

Jeder Leiter setzt dem elektrischen Strom einen **Widerstand** entgegen, der durch eine elektrische Spannung überwunden werden muss.

Der elektrische Widerstand (Formelzeichen *R*) hat die Einheit Ohm[1] (Einheitenzeichen Ω[2]).

Ein Leiter mit einem kleinen Widerstand leitet den elektrischen Strom gut, er hat einen großen **Leitwert.** Umgekehrt entspricht ein großer Widerstandswert einem kleinen Leitwert **(Bild 2).**

Der elektrische Leitwert (Formelzeichen *G*) hat die Einheit Siemens[3] (Einheitenzeichen S).

Doppelter Widerstand ergibt den halben Leitwert, dreifacher Widerstand ein Drittel des Leitwerts. Der Leitwert ist also der Kehrwert des Widerstands.

$$\text{Leitwert} = \frac{1}{\text{Widerstand}}$$

großer Leitwert ⇒ kleiner Widerstand
kleiner Leitwert ⇒ großer Widerstand

Das Wort Widerstand wird in zweifachem Sinne verwendet: Es bezeichnet einmal das Bauelement Widerstand und zum anderen die Eigenschaft, dem Strom einen Widerstand entgegenzusetzen. Falls ein Irrtum entstehen kann, nennt man die in Ohm gemessene Eigenschaft Widerstandswert.

**Beispiel:**

Berechnen Sie zu den Widerstandswerten *R* = 1 Ω, 2 Ω, 4 Ω, 6 Ω, 8 Ω, 10 Ω die zugehörigen Leitwerte *G*.

**Lösung**

$$G = \frac{1}{R} = \frac{1}{1\,\Omega} = \mathbf{1\,S}$$

| *R* in Ω | 1 | 2 | 4 | 6 | 8 | 10 |
|---|---|---|---|---|---|---|
| *G* in S | 1 | 0,5 | 0,25 | 0,167 | 0,125 | 0,1 |

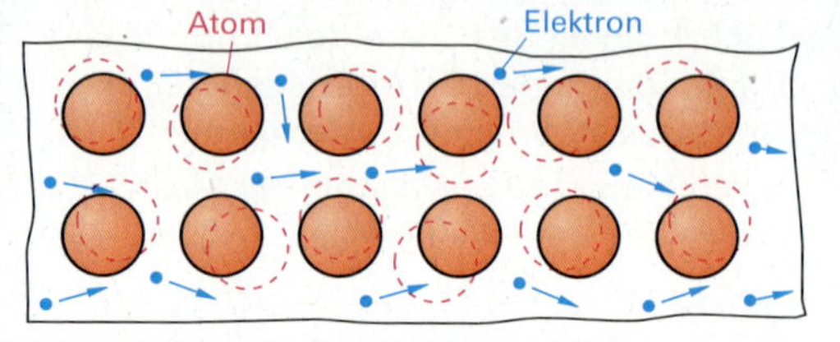


**Bild 1**: Elektronenbewegung im Leiter

| | Widerstand | Leitwert |
|---|---|---|
| Formelzeichen | *R* | *G* |
| Einheitenname | Ohm | Siemens |
| Einheitenzeichen | Ω | S |
| Einheitenvorsätze (Beispiele):<br>1 Milliohm = 1 mΩ = $1 \cdot 10^{-3}$ Ω = 0,001 Ω<br>1 Kiloohm = 1 kΩ = $1 \cdot 10^{3}$ Ω = 1 000 Ω<br>1 Megaohm = 1 MΩ = $1 \cdot 10^{6}$ Ω = 1 000 000 Ω | | |
| | $\mathbf{R = \frac{1}{G}}$ | $\mathbf{G = \frac{1}{R}}$ |
| | $[R] = \frac{1}{S} = \Omega$ | $[G] = \frac{1}{\Omega} = S$ |
| *R* Widerstand<br>*G* Leitwert | | |

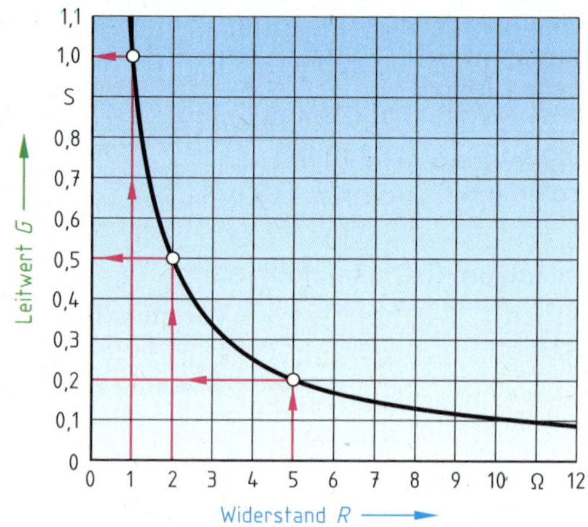


**Ablesebeispiele:**
Aus der Kennlinie abgelesen: *R* = 5 Ω ⇒ *G* = 0,2 S; *R* = 2 Ω ⇒ *G* = 0,5 S; *R* = 1 Ω ⇒ *G* = 1 S

**Bild 2**: Zusammenhang zwischen Leitwert *G* und Widerstand *R*

[1] nach Georg Simon Ohm, deutscher Physiker, 1789 bis 1854
[2] Ω griech. Großbuchstabe Omega
[3] nach Werner von Siemens, deutscher Ingenieur, 1816 bis 1892

## Ohmsches Gesetz

**Versuch 1:** Schließen Sie über einen Strommesser einen einstellbaren Widerstand, voreingestellt auf $R = 4\ \Omega$, an ein Netzgerät an, dessen Spannung zwischen 0 V und 10 V eingestellt werden kann. Legen Sie parallel zum Widerstand einen Spannungsmesser **(Bild 1)**. Messen Sie die Stromstärken bei verschiedenen Spannungen.

*Bei gleich bleibendem Widerstand wächst die Stromstärke mit der Spannung.*

Die Stromstärke ist bei gleichem Widerstand proportional (verhältnisgleich) der Spannung. Sie verändert sich also im gleichen Verhältnis wie die Spannung: $I \sim U$ **(Versuch 1, Bild 1).**

Trägt man die im Versuch gemessenen Werte des Stromes abhängig von der zugehörigen Spannung in ein Diagramm **(Bild 2)** ein, so erhält man durch Verbinden der Messpunkte eine lineare Kennlinie. Ein größerer Widerstand, z. B. $R = 10\ \Omega$, hat eine Kennlinie mit geringerer Steigung.

> Die Stromstärke $I$ ist proportional der Spannung $U$.

**Versuch 2:** Messen Sie nun bei gleich bleibender Spannung $U = 10$ V die Stromstärken bei den Widerstandswerten 2 Ω, 4 Ω, 6 Ω, 8 Ω und 10 Ω.

*Bei unveränderter Spannung wird die Stromstärke umso kleiner, je größer der Widerstand ist.*

Bei gleich bleibender Spannung verhält sich die Stromstärke umgekehrt wie der Widerstand. Die Stromstärke ist also dem Widerstand umgekehrt proportional: $I \sim 1/R$ **(Versuch 2, Bild 1).**

> Die Stromstärke $I$ ist umgekehrt proportional dem Widerstand $R$.

Das ohmsche Gesetz[1] beschreibt den Zusammenhang zwischen Stromstärke, Spannung und Widerstand.

**Beispiele:**

**a)** Welche Stromstärke fließt durch eine Glühlampe für 4,5 V, die im Betrieb einen Widerstand von 1,5 Ω hat?

**b)** Welche Spannung liegt an einem Widerstand von 500 Ω, durch den 0,2 A fließen?

**c)** Ein Lötkolben nimmt an 230 V den Strom 0,22 A auf. Welchen Widerstand hat die Heizwicklung?

**Lösung**

**a)** $I = \frac{U}{R} = \frac{4{,}5\ \text{V}}{1{,}5\ \Omega} = \mathbf{3\ A}$

**b)** $U = R \cdot I = 500\ \Omega \cdot 0{,}2\ \text{A} = \mathbf{100\ V}$

**b)** $R = \frac{U}{I} = \frac{230\ \text{V}}{0{,}22\ \text{A}} = \mathbf{1045\ \Omega}$

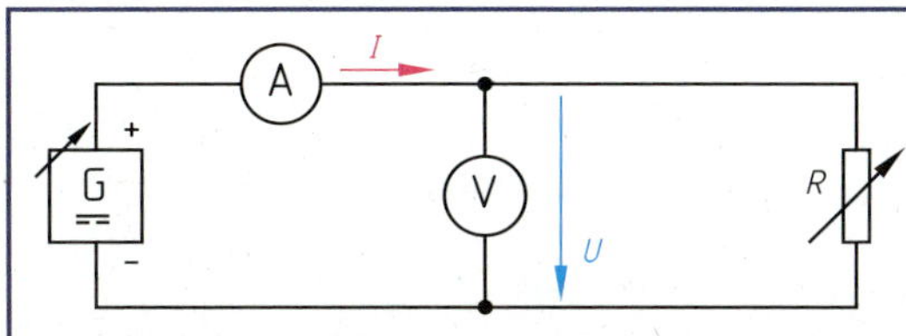


| **Versuch 1:** Widerstand konstant $R = 4\ \Omega$ | | **Versuch 2:** Spannung konstant $U = 10$ V | |
|---|---|---|---|
| Spannung in V | Strom in A | Widerstand in Ω | Strom in A |
| 2 | 0,5 | 2 | 5,0 |
| 4 | 1,0 | 4 | 2,5 |
| 6 | 1,5 | 6 | 1,67 |
| 8 | 2,0 | 8 | 1,25 |
| 10 | 2,5 | 10 | 1,0 |

**Bild 1:** Messen von Strom und Spannung

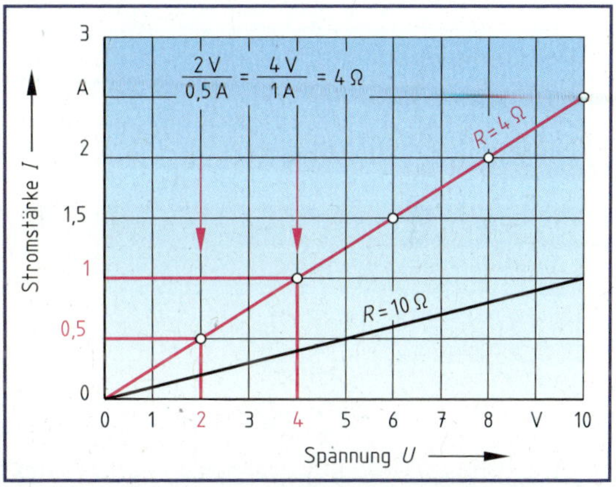


**Bild 2:** Stromstärke als Funktion der Spannung

**Ohmsches Gesetz**

$$I = \frac{U}{R} \Rightarrow R = \frac{U}{I} \Rightarrow U = R \cdot I$$

$$[I] = \frac{\text{V}}{\Omega} = \frac{\text{V}}{\frac{\text{V}}{\text{A}}} = \text{A}$$

$I$ Stromstärke
$U$ Spannung
$R$ Widerstand

[1] nach Georg Simon Ohm, deutscher Physiker, 1789 bis 1854

## Leiterwiderstand

**Versuch 1**: Schließen Sie **a)** einen Kupferdraht und **b)** einen Konstantandraht von je 0,1 mm Durchmesser und 1 m Länge an ein Netzteil an. Ermitteln Sie mithilfe des ohmschen Gesetzes den Widerstand der beiden Drähte **(Bild 1)**.

*$R_{Cu}$ = 2,3 Ω und $R_{Konst.}$ = 62,4 Ω, d. h., der Widerstand des Konstantandrahts ist etwa 27-mal so groß wie der des Kupferdrahtes.*

Der Widerstand eines Leiters hängt vom Werkstoff ab. Den Widerstand eines Leiters von 1 m Länge und 1 mm² Querschnitt bei 20 °C bezeichnet man als **spezifischen Widerstand $\varrho$**[1]. Den Kehrwert des spezifischen Widerstands nennt man **Leitfähigkeit $\gamma$**[2].

Gute elektrische Leiter, z. B. Kupfer, enthalten viele freie Elektronen und haben einen geringen spezifischen Widerstand bzw. eine hohe Leitfähigkeit **(Tabelle 1)**.

**Versuch 2**: Wiederholen Sie Versuch 1 mit dem Konstantandraht, verdoppeln und verdreifachen Sie die Drahtlänge. Ermitteln Sie den jeweiligen Widerstand **(Bild 1)**.

*Der Leiterwiderstand ist bei doppelter Länge doppelt so groß, dreifache Länge gibt den dreifachen Widerstand.*

Der Leiterwiderstand $R$ ist dem spezifischen Widerstand $\varrho$ und der Leiterlänge $l$ proportional, jedoch umgekehrt proportional dem Leiterquerschnitt $A$ **(Tabelle 2)**.

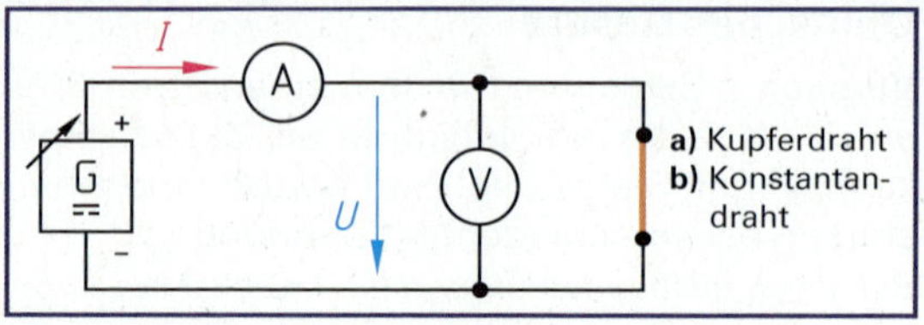


**Bild 1**: Ermitteln des Widerstands von Drähten

**Tabelle 1:** Spezifischer Widerstand und Leitfähigkeit (Beispiele bei 20 °C)

| Material | Spezifischer Widerstand $\varrho$ in $\frac{\Omega \cdot mm^2}{m}$ | Leitfähigkeit $\gamma$ in $\frac{m}{\Omega \cdot mm^2}$ |
|---|---|---|
| Aluminium (Al) | 0,0278 | 36,0 |
| Kupfer (Cu) | 0,0179 | 56,0 |
| Silber (Ag) | 0,0167 | 60,0 |
| Gold (Au) | 0,0219 | 45,7 |

| **Spezifischer Widerstand** | **Leitfähigkeit** |
|---|---|
| $\varrho = \frac{1}{\gamma}$ | $\gamma = \frac{1}{\varrho}$ |
| $[\varrho] = \frac{\Omega \cdot mm^2}{m}$ | $[\gamma] = \frac{m}{\Omega \cdot mm^2}$ |
| $\varrho$ spezifischer Widerstand | $\gamma$ Leitfähigkeit |

[1] $\varrho$ griech. Kleinbuchstabe rho; [2] $\gamma$ griech. Kleinbuchstabe gamma

**Tabelle 2:** Leiterwiderstand

| Material | Leiterlänge | Leiterquerschnitt |
|---|---|---|
| 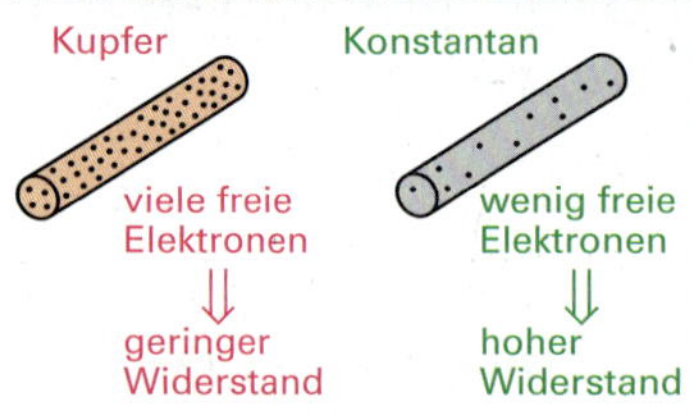  | 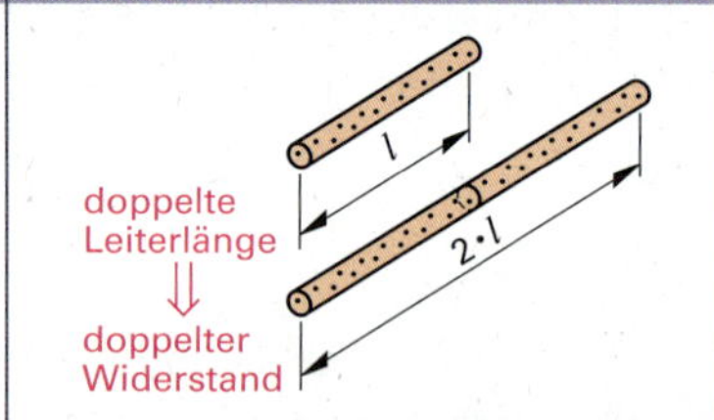  | 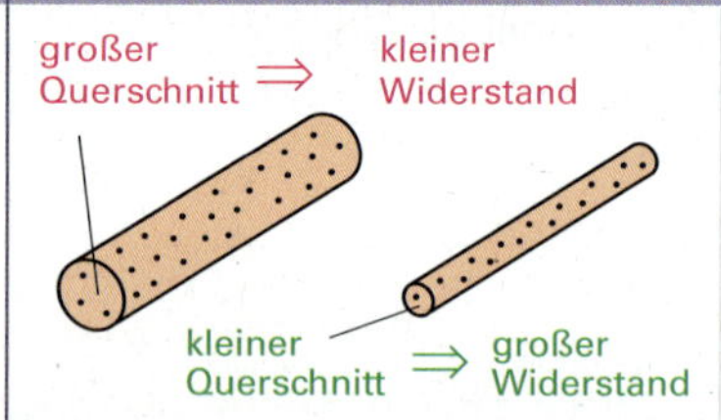  |
| Der Leiterwiderstand ist umso größer, je größer der spezifische Widerstand $\varrho$ ist. | Der Leiterwiderstand ist umso größer, je größer die Leiterlänge $l$ ist. | Der Leiterwiderstand ist umso größer, je kleiner der Leiterquerschnitt $A$ ist. |
| $R \sim \varrho$ | $R \sim l$ | $R \sim \frac{1}{A}$ |
| **Leiterwiderstand:**<br>Berechnung mit spezifischen Widerstand $\varrho$ | $R = \frac{\varrho \cdot l}{A}$ $[R] = \frac{\frac{\Omega \cdot mm^2}{m} \cdot m}{mm^2} = \Omega$ | $R$ Leiterwiderstand<br>$\varrho$ spezifischer Widerstand<br>$l$ Leiterlänge<br>$A$ Leiterquerschnitt<br>$\gamma$ elektrische Leitfähigkeit |
| Berechnung mit elektrischer Leitfähigkeit $\gamma$ | $R = \frac{l}{\gamma \cdot A}$ $[R] = \frac{m}{\frac{m}{\Omega \cdot mm^2} \cdot mm^2}$ | |

## Temperaturabhängigkeit des Widerstandes

**Versuch:** Schließen Sie **a)** eine Metallfadenlampe (230 V/ 60 W) und **b)** eine Kohlefadenlampe (230 V/60 W) zuerst an eine Spannung von 10 V und dann an 230 V an. Ermitteln Sie jeweils den Widerstand des Glühdrahtes durch Strom- und Spannungsmessung **(Bild 1)**.

*Die Lampen bleiben bei 10 V dunkel. Damit ist die Temperatur des Glühdrahts gering. Beim Anschluss an 230 V leuchten beide Lampen hell, die Temperatur des Glühdrahts ist hoch. Der Widerstand des kalten Metalldrahts ist niedrig, der des heißen ist groß. Der Widerstand des kalten Kohlefadens ist dagegen groß, der des heißen klein.*

Bei Temperaturerhöhung nimmt der Widerstand von Metallen zu, aber bei Kohle ab.

> Stoffe, die in kaltem Zustand besser leiten, nennt man Kaltleiter, die in heißem Zustand besser leiten, nennt man Heißleiter.

Bei Erwärmung schwingen die Atome stärker um ihren Platz im Kristallgitter **(Tabelle 1)**. Sind die Atome dicht beieinander, wird die Fortbewegung der freien Elektronen durch die Wärmebewegung der Atome stärker behindert. Der Widerstand dieser Stoffe nimmt mit der Temperatur zu (Kaltleiter). Metalle sind Kaltleiter. Die Größe der Widerstandsänderung $\Delta R$ wird mit dem **Temperaturkoeffizient** $\boldsymbol{\alpha}$[1], der Temperaturdifferenz $\Delta\vartheta$[2] und $R_{20}$ berechnet.

> Der Temperaturkoeffizient $\alpha$ gibt an, um wie viel Ohm sich ein Widerstand von 1 Ω bei einer Temperaturänderung von 1 K (Kelvin) ändert.

Kaltleiter haben einen positiven, Heißleiter einen negativen Temperaturkoeffizienten **(Tabelle 2)**.

Kühlt man manche elektrischen Leiter, z. B. Aluminium, unter ihre sogenannte Sprungtemperatur ab, sinkt ihr elektrischer Widerstand auf 0 Ω. Diesen Zustand nennt man **supraleitend**. Bei Aluminium beträgt die Sprungtemperatur –272 °C. Kupfer kann nicht supraleitend werden. Die für die Abkühlung auf die Sprungtemperatur aufzuwendende Energie ist im Vergleich zur Energieeinsparung durch den verlustfreien Transport des elektrischen Stromes jedoch noch viel zu hoch. Deshalb sind Supraleiter nur in der Hochtechnologie, z. B. bei einem Magnet-Resonanz-Tomographen, von Bedeutung.

[1] griech. Kleinbuchstabe alpha,
[2] griech. Großbuchstabe Delta, sowie griech. Kleinbuchstabe theta

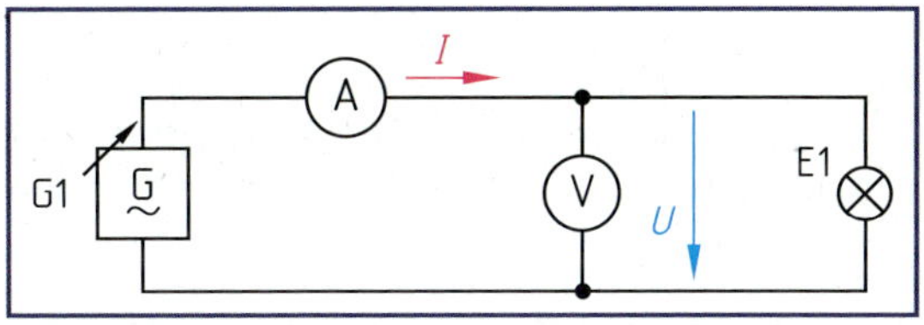


**Bild 1:** Widerstandsermittlung bei Glühlampen

**Tabelle 1:** Temperaturabhängigkeit von Metallen und Halbleitern

| niedrige Temperatur | hohe Temperatur |
|---|---|
| **Metalle** (geringer Atomabstand) | |
| 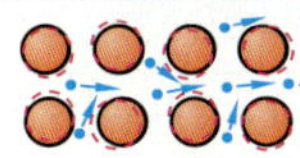 | 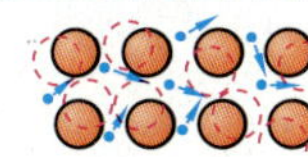 |
| geringe | starke |
| Behinderung der freien Elektronen | |
| **Halbleiter** (großer Atomabstand) | |
| 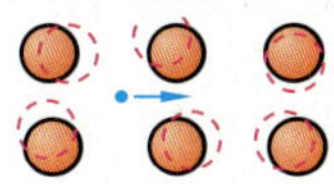 | 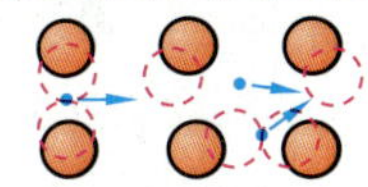 |
| wenig | viele |
| freie Ladungsträger entstehen | |

**Widerstandswert bei Temperaturänderung**

$$\Delta\vartheta = \vartheta_2 - \vartheta_1 \qquad [\Delta\vartheta] = \text{K};\ [\vartheta] = °\text{C}$$

$$\Delta R = R_{20} \cdot \alpha \cdot \Delta\vartheta \qquad [\Delta R] = \Omega \cdot \frac{1}{\text{K}} \cdot \text{K} = \Omega$$

$$R_\vartheta = R_{20} + \Delta R \qquad [\alpha] = \frac{1}{\text{K}}$$

$$R_\vartheta = R_{20}\,(1 + \alpha \cdot \Delta\vartheta)$$

$\Delta R$ Widerstandsänderung
$R_{20}$ Widerstand bei 20 °C
$R_\vartheta$ Widerstand bei der Temperatur $\vartheta$
$\alpha$ Temperaturkoeffizient (Temperaturbeiwert)
$\Delta\vartheta$ Temperaturänderung
$\vartheta_1$ Anfangstemperatur
$\vartheta_2$ Endtemperatur

**Tabelle 2:** Temperaturkoeffizient von Werkstoffen bei 20 °C

| Werkstoff | $\alpha$ in 1/K | Werkstoff | $\alpha$ in 1/K |
|---|---|---|---|
| Aluminium | 0,004 | Kupfer | 0,0039 |
| Blei | 0,00422 | Manganin | 0,00001 |
| Eisen | 0,00657 | Messing | 0,0015 |
| Gold | 0,00398 | Silber | 0,0041 |
| Kohle | –0,00045 | Zink | 0,0042 |
| Konstantan | 0,00004 | Zinn | 0,00463 |

### 7.2.4 Elektrische Leistung

Wird eine bestimmte Arbeit $\boldsymbol{W}$ in einer gewissen Zeit $\boldsymbol{t}$ verrichtet, so spricht man von Leistung $\boldsymbol{P}$. Diese Definition gilt für die mechanische Leistung ebenso wie für die elektrische Leistung. Die Einheit der Leistung ist Watt (W).

> Elektrische Leistung ist elektrische Arbeit pro Zeit.

Setzt man für die elektrische Arbeit die Formel $W = U \cdot I \cdot t$ ein, so ergibt sich für die elektrische Leistung:

$$P = \frac{W}{t} = \frac{U \cdot I \cdot t}{t} = U \cdot I$$

> Die elektrische Leistung errechnet man aus Spannung mal Stromstärke.

Bei Gleichstrom darf man die Leistung immer mit der Formel $P = U \cdot I$ berechnen, bei Wechselstrom nur bei Wärmegeräten (ohmsche Widerstände).

Die elektrische Leistung kann man auch mit dem Widerstandswert und der Spannung bzw. der Stromstärke berechnen. Über das ohmsche Gesetz lässt sich ein Zusammenhang zwischen Leistung und Widerstand herstellen.

$$P = U \cdot I$$

mit $U = I \cdot R$ | mit $I = \frac{U}{R}$

$\Rightarrow \quad P = I \cdot R \cdot I$ | $\Rightarrow \quad P = U \cdot \frac{U}{R}$

$\Rightarrow \quad P = I^2 \cdot R$ | $\Rightarrow \quad P = \frac{U^2}{R}$

In einem Verbraucher mit konstantem Widerstand nimmt die elektrische Leistung mit dem Quadrat des Stromes zu, ebenso mit dem Quadrat der Spannung.

Wird z.B. an einem konstanten Widerstand $R = 100\ \Omega$ die Spannung von $U_1 = 2$ V auf $U_2 = 4$ V verdoppelt, so steigt die Leistung von $P_1 = 40$ mW um das Vierfache auf $P_2 = 160$ mW.

In einem Strom-Spannungs-Schaubild **(Bild 1)** ist die Kurve für eine bestimmte Leistung, z.B. für $P = 2$ W, eine Hyperbel (Leistungshyperbel). An jedem Punkt der Hyperbel ist $P = U \cdot I = 2$ W.

Eine Widerstandsgerade schneidet diese Hyperbel im Punkt der höchstzulässigen Spannung $U_{max}$ und der höchstzulässigen Stromstärke $I_{max}$.

| **Elektrische Leistung** | |
|---|---|
| Formelzeichen | $P$ |
| Einheitenname | Watt |
| Einheitenzeichen | W |

Einheitenvorsätze (Beispiele):

| | | | |
|---|---|---|---|
| 1 Milliwatt | = 1 mW | $= 1 \cdot 10^{-3}$ W | = 0,001 W |
| 1 Kilowatt | = 1 kW | $= 1 \cdot 10^{3}$ W | = 1000 W |
| 1 Megawatt | = 1 MW | $= 1 \cdot 10^{6}$ W | = 1 000 000 W |

$$P = \frac{W}{t} \qquad P = U \cdot I$$

$$[P] = \text{W} \qquad 1\ \text{W} = 1\ \frac{\text{VAs}}{\text{s}} = 1\ \text{VA}$$

$P$ Elektrische Leistung
$W$ Elektrische Arbeit
$U$ Spannung
$I$ Stromstärke
$t$ Zeit

**Beispiel 1:**

Ein Heizgerät für 230 V nimmt im Betrieb 8,65 A auf. Wie groß ist die aufgenommene elektrische Leistung?

**Lösung:**

$\boldsymbol{P} = U \cdot I = 230\ \text{V} \cdot 8{,}65\ \text{A} = 1989{,}5\ \text{W} \approx$ **2 kW**

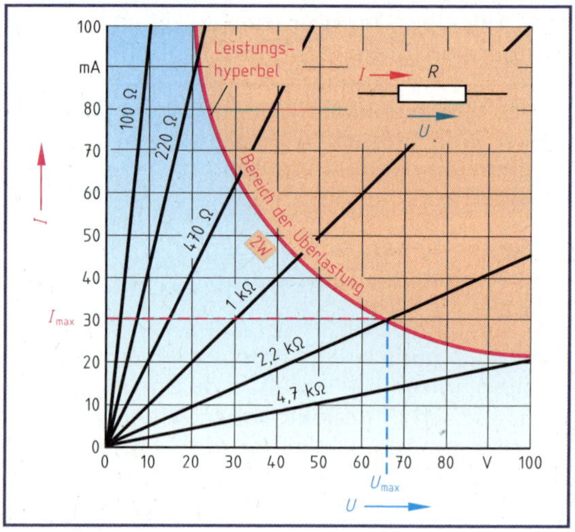


**Bild 1**: Strom-Spannungsschaubild mit Leistungshyperbel für 2-W-Widerstände

**Beispiel 2:**

Ermitteln Sie aus dem **Bild 1** die Werte $U_{max}$ und $I_{max}$ für einen Widerstand von 2,2 kΩ, 2 W.

**Lösung:**

aus Schaubild (**Bild 1**):

$\boldsymbol{U_{max}} \approx$ **66 V** und $\boldsymbol{I_{max}} \approx$ **30 mA**

### Messung der elektrischen Leistung

**Indirekte Messung.** Die elektrische Leistung kann man **indirekt** aus den Messwerten einer Strom- und Spannungsmessung **(Bild 1a)** mit der Formel $P = U \cdot I$ berechnen.

Die Leistungsbestimmung mithilfe eines **Elektrizitätszählers** ist eine weitere Methode der indirekten Leistungsbestimmung. Auf dem Leistungsschild des Zählers **(Bild 2)** ist die Zählerkonstante $C_z$ angegeben. Sie gibt an, wie oft sich die Zählscheibe drehen muss, bis 1 kWh verbraucht ist. Eine Farbmarkierung am Umfang der Zählerscheibe ermöglicht das Zählen der Umdrehungen.

**Arbeitsschritte bei der indirekten Leistungsmessung mithilfe eines Zählers:**

- Einschalten des Verbrauchers, dessen Leistung ermittelt werden soll (alle anderen Verbraucher müssen ausgeschaltet sein).
- Zählen der Umdrehungen der Zählerscheibe, die der zu messende Verbraucher, z. B. in einer Minute, verursacht.
- Umrechnen der Umdrehungen der Zählerscheibe auf eine Stunde.
- Berechnen der elektrischen Leistung in kWh mit der Formel $P = n/C_z$.

**Direkte Messung.** Die elektrische Leistung kann mit einem Leistungsmesser **direkt** bestimmt werden **(Bild 1b)**. Ein Leistungsmesser besitzt vier Anschlüsse, zwei für die Spannungs- und zwei für die Strommessung. Am Spannungspfad liegt die zu messende Spannung, und durch den Strompfad fließt der zu messende Strom. Die Anzeige entspricht dem Produkt aus anliegender Spannung $U$ und fließendem Strom $I$ und damit der Leistung $P$.

Bei der Einstellung des Spannungs- und Strommessbereichs ist darauf zu achten, dass weder der Strompfad noch der Spannungspfad überlastet werden.

> Beim Leistungsmesser schließt man den Spannungspfad wie einen Spannungsmesser und den Strompfad wie einen Strommesser an.

**Leistungsangaben.** Bei elektrischen Betriebsmitteln, z. B. einer Bohrmaschine, ist auf dem Leistungsschild die **Bemessungsleistung** angegeben.

> Die Bemessungsleistung gibt die Leistung unter den angegebenen Betriebsbedingungen (z. B. Bemessungsspannung, Bemessungsstrom) an.

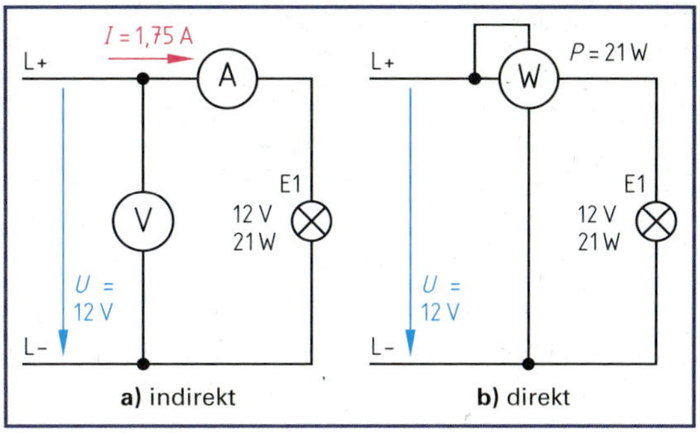


**Bild 1:** Indirekte und direkte Leistungsmessung

Herkömmliche Elektrizitätszähler **(Seite 204)** werden zukünftig immer mehr durch elektronische Elektrizitätszähler abgelöst.

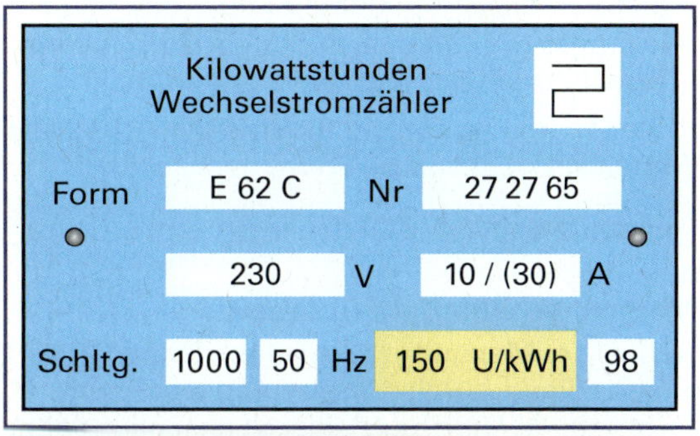


**Bild 2:** Leistungsschild eines Elektrizitätszählers

**Ohmsches Gesetz**

$$P = \frac{n}{C_z} \qquad [P] = \frac{1/\text{h}}{1/\text{kWh}} = \text{kW}$$

$P$ Leistung
$n$ Umdrehungen der Zählerscheibe je Stunde
$C_z$ Zählerkonstante, Umdrehungen der Zählerscheibe je kWh

Die angegebene Bemessungsleistung ist:

- Bei Elektrogeräten, z. B. einem Haartrockner oder Lötkolben **(Tabelle 1)**, die **aufgenommene Leistung**,
- bei Elektromotoren die **abgegebene Leistung**.

**Tabelle 1:** Leistungen von Verbrauchern (Beispiele)

| Verbraucher | Leistung | Verbraucher | Leistung |
|---|---|---|---|
| Haartrockner | 2 000 W | LED-Lampe | 7,5 W |
| LED-TV-Gerät | 65 W | Lötkolben | 60 W |
| ICE-Antrieb | 8 000 kW | Quarz-Uhr | 90 µW |

## 7.2.5 Elektrische Arbeit

Elektrische Spannung entsteht durch Ladungstrennung unter Arbeitsaufwand. Diese aufgewendete Arbeit kann an einem Verbraucher in elektrische Arbeit umgesetzt werden. Stellt man die Formel zur Berechnung der Spannung $U = W/Q$ nach $W$ um, so erhält man $W = U \cdot Q$. Ersetzt man die Ladung $Q$ durch $Q = I \cdot t$, so ergibt sich für die elektrische Arbeit:

$$W = U \cdot I \cdot t$$

Die elektrische Arbeit $W$ ist das Produkt aus der Spannung $U$, der Stromstärke $I$ und der Zeit $t$.

Die **elektrische Arbeit** ist dabei umso größer,
- je größer die Spannung $U$,
- je höher die Stromstärke $I$ und
- je länger die Zeit $t$ ist, in der ein Gerät elektrische Energie aus dem Netz entnimmt.

In der Praxis ist für die elektrische Arbeit die Einheit Kilowattstunde (kWh) gebräuchlich.

**1 kWh = 1000 Wh = 3600000 Ws = 3600000 J**

### Messen der elektrischen Arbeit

**Indirekte Messung.** Die elektrische Arbeit kann indirekt durch Messen von Spannung $U$, Stromstärke $I$ und der Zeit $t$ mit anschließender Berechnung über die Formel $W = U \cdot I \cdot t$ bestimmt werden.

**Direkte Messung.** Elektrizitätszähler messen die elektrische Arbeit direkt. Im Zähler **(Bild 1)** befinden sich eine Spannungsspule und zwei Stromspulen. Die Spannungsspule wird wie ein Spannungsmesser (Spannungspfad), die Stromspulen werden wie ein Strommesser (Strompfad) geschaltet. Die magnetischen Wirkungen der Spulen versetzen die Zählerscheibe in Drehung. Ein Zählwerk zählt die Umdrehungen und zeigt die elektrische Arbeit direkt in kWh an.

### Kosten der elektrischen Arbeit

Der Abnehmer elektrischer Energie muss die verbrauchte elektrische Arbeit dem Energieversorger bezahlen. Die Kosten der elektrischen Arbeit (Arbeitspreis) ergeben sich aus der vom Zähler angezeigten elektrischen Arbeit und dem Tarif für eine kWh. Der Tarif ist je nach Art des Verbrauchers, z. B. Industrie oder Haushalt, gestaffelt. Er richtet sich auch nach der Menge der verbrauchten Energie und dem jeweiligen Energieversorger. Im Tarif, z. B. 0,36 €/kWh (Beispiel), sind Kosten enthalten für:
- Energiebeschaffung und Vertrieb,
- den Transport durch die Netze, Messung und
- Steuern, Abgaben und Umlagen (Staat),
- Abrechnung (Netzbetreiber).

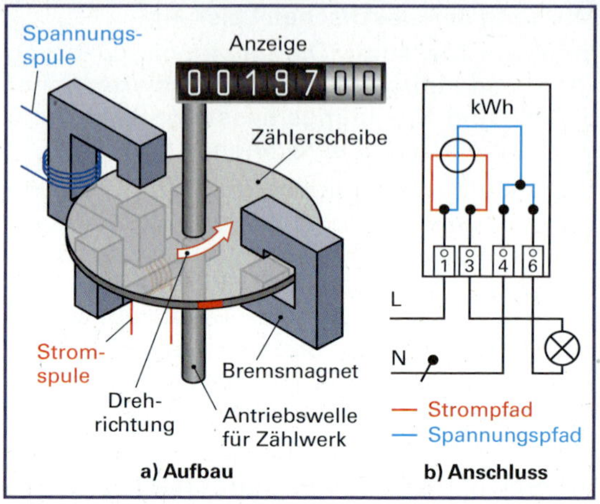


**Bild 1**: Elektrizitätszähler

| **Elektrische Arbeit** | |
|---|---|
| Formelzeichen | $W$ |
| Einheitenname | Wattsekunde |
| Einheitenzeichen | Ws |
| Einheitenvorsätze (Beispiele): 1 Milliwattsekunde = 1 mWs = $1 \cdot 10^{-3}$ Ws = 0,001 Ws; 1 Kilowattsekunde = 1 kWs = $1 \cdot 10^{3}$ Ws = 1000 Ws; 1 Megawattsekunde = 1 MWs = $1 \cdot 10^{6}$ Ws = 1000000 Ws | |

$$W = U \cdot I \cdot t$$
$[W]$ = Ws
1 Ws = 1 VAs = 1 J (Joule)

$W$ elektrische Arbeit, $U$ Spannung, $I$ Stromstärke, $t$ Zeit

**Beispiel:**

Berechnen Sie die elektrische Arbeit, wenn eine Lampe an einer Spannung von $U = 230$ V angeschlossen ist und während einer Zeit von $t = 4$ h ein Strom $I = 0{,}44$ A fließt.

**Lösung:**

$W = U \cdot I \cdot t = 230\,\text{V} \cdot 0{,}44\,\text{A} \cdot 4\,\text{h} = 404{,}8\,\text{Wh} \approx$ **0,405 kWh**

**Kosten der elektrischen Arbeit**

$$K_A = W \cdot T \qquad [K_A] = €$$

$K_A$ Arbeitspreis, $T$ Tarif in €/kWh, $W$ elektrische Arbeit in kWh

# 7.3 Grundschaltungen der Elektrotechnik

## 7.3.1 Reihenschaltung

Bei der Reihenschaltung sind die einzelnen Verbraucher, z. B. Lampen, so geschaltet, dass sie vom selben Strom durchflossen werden. Die Reihenschaltung nennt man auch Hintereinanderschaltung.

### Gesetze der Reihenschaltung

Die Stromstärke ist in der Reihenschaltung an allen Stellen gleich groß, weil der Strom sich bei dieser Schaltung nicht verzweigt.

> In der Reihenschaltung fließt überall derselbe Strom.

Bei der Reihenschaltung liegt an jedem Verbraucher ein Teil der Gesamtspannung. Die Gesamtspannung teilt sich an den einzelnen Widerständen auf (Spannungsteilung).

> Bei der Reihenschaltung ist die Summe der Teilspannungen an den Verbrauchern so groß wie die Gesamtspannung.

Erzeuger und Verbraucher in **Bild 2** sind so geschaltet, dass sie einen geschlossenen Weg, eine sogenannte Masche bilden. Es können sich in einer Masche mehrere Verbraucher und mehrere Erzeuger befinden **(Bild 3)**. Auch die erzeugten Spannungen (Erzeugerspannungen) werden mit einbezogen.

Es gilt die **Maschenregel** (2. Kirchhoffsche[1] Regel):

> In einer Masche ist die Summe der Erzeugerspannungen (Quellenspannungen) und der Teilspannungen an den Verbrauchern null.

Bei der Anwendung der Maschenregel sind die Umlaufrichtung (frei wählbar) und die Richtung der Spannungspfeile zu berücksichtigen. In Umlaufrichtung zeigende Spannungspfeile werden positiv gezählt, entgegengesetzte Spannungspfeile negativ.

**Versuch 3:** Wiederholen Sie Versuch 2, messen Sie aber auch die Stromstärke. Berechnen Sie aus Strom, Teilspannungen und Gesamtspannung die Widerstände der beiden Verbraucher und den Gesamtwiderstand der Reihenschaltung.

*Der Gesamtwiderstand R der beiden Verbraucher ist gleich der Summe der Einzelwiderstände $R_1$ und $R_2$.*

$$\frac{U}{I} = \frac{U_1}{I} + \frac{U_2}{I} \quad \Rightarrow \quad R = R_1 + R_2$$

[1] Gustav R. Kirchhoff, deutscher Physiker, 1824 bis 1887

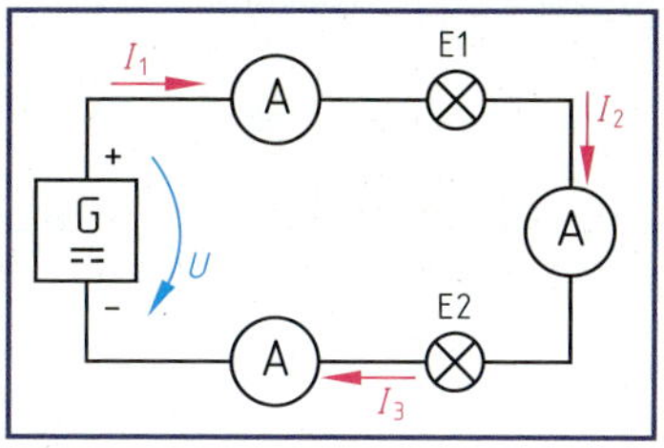


**Bild 1**: Reihenschaltung, Messen des Stromes

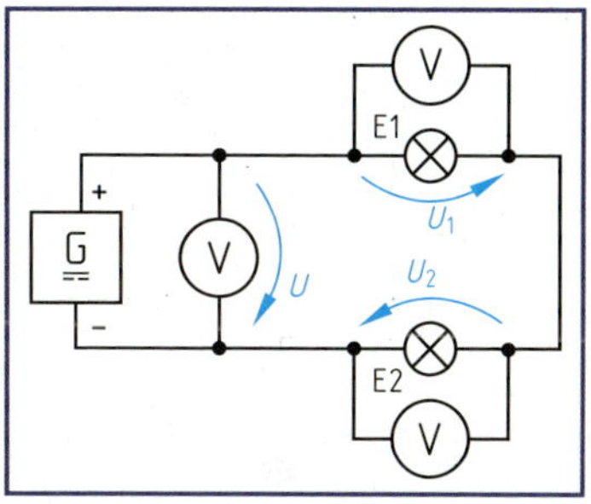


**Bild 2**: Reihenschaltung, Messen der Spannungen

| **Teilspannungen** | |
|---|---|
| **Formel** | $U = U_1 + U_2 + \ldots$ |
| $U$ | Gesamtspannung |
| $U_1$, $U_2$ | Teilspannungen, Verbraucherspannungen |

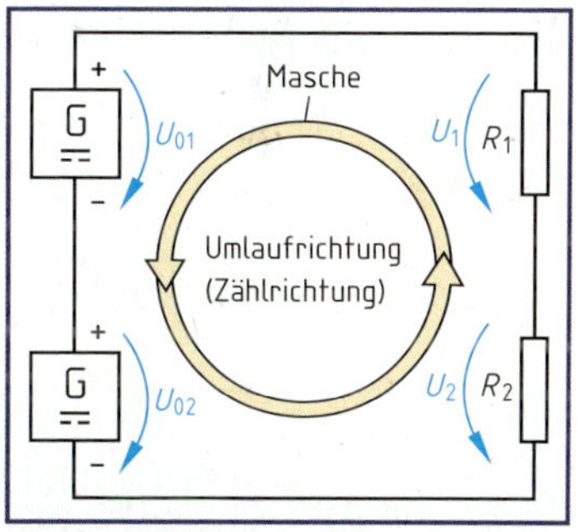


**Bild 3**: Masche

**Maschenregel (2. Kirchhoffsche Regel)**

$$\Sigma U = 0$$

$$U_{01} + U_{02} - U_2 - U_1 = 0$$

$$U_{01} + U_{02} = U_1 + U_2$$

| | |
|---|---|
| $\Sigma U$ | Summe aller Spannungen |
| $U_{01}$, $U_{02}$ | Erzeugerspannungen |
| $U_1$, $U_2$ | Verbraucherspannungen |

> Bei der Reihenschaltung ist der Gesamtwiderstand gleich der Summe der Einzelwiderstände.

Den **Gesamtwiderstand *R*** einer Schaltung nennt man auch **Ersatzwiderstand.** Ein solcher Ersatzwiderstand nimmt an der gleichen Spannung die gleiche Stromstärke auf wie die Einzelwiderstände zusammen.

**Gesamtwiderstand**

$$R = R_1 + R_2 + \ldots$$

| | |
|---|---|
| $R$ | Gesamtwiderstand (Ersatzwiderstand) |
| $R_1$, $R_2$ | Einzelwiderstände |

**Beispiel:**

Zwei Widerstände, $R_1 = 24\,\Omega$ und $R_2 = 72\,\Omega$, sind in Reihe geschaltet **(Bild 1)** und liegen an einer Spannung von 24 V. Berechnen Sie **a)** den Ersatzwiderstand, **b)** die Stromstärke, **c)** die Teilspannungen, die an den Einzelwiderständen liegen und **d)** die Gesamtspannung.

**Lösung:**

a) $\boldsymbol{R} = R_1 + R_2 = 24\,\Omega + 72\,\Omega = \mathbf{96\,\Omega}$

b) $\boldsymbol{I} = \frac{U}{R} = \frac{24\text{ V}}{96\,\Omega} = 0{,}25\text{ A}$

c) $\boldsymbol{U_1} = I \cdot R_1 = 0{,}25\text{ A} \cdot 24\,\Omega = \mathbf{6\text{ V}}$

$\boldsymbol{U_2} = I \cdot R_2 = 0{,}25\text{ A} \cdot 72\,\Omega = \mathbf{18\text{ V}}$

d) $\boldsymbol{U} = U_1 + U_2 = 6\text{ V} + 18\text{ V} = \mathbf{24\text{ V}}$

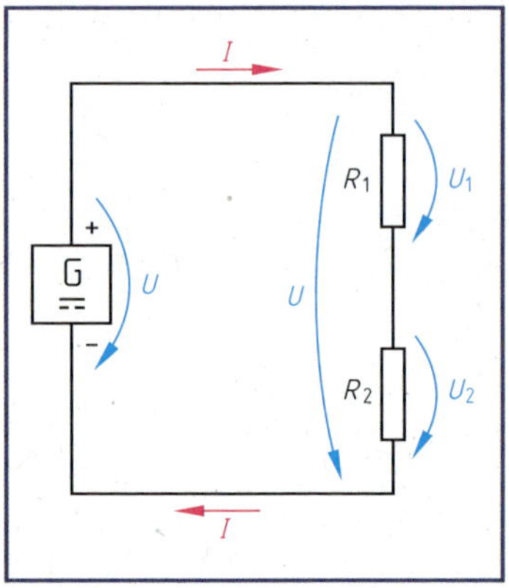


**Bild 1:** Strom, Spannungen und Widerstände in einer Reihenschaltung

Da in der Reihenschaltung überall derselbe Strom fließt, ist die Spannung am Widerstand $R_2$ größer als die Spannung am Widerstand $R_1$.

> Bei der Reihenschaltung liegt am Widerstand mit dem größeren Widerstandswert auch die größere Spannung an.

Vergleicht man die Werte der Teilspannungen und dann die der Einzelwiderstände, so erkennt man, dass sich die Teilspannungen zueinander wie die Einzelwiderstände verhalten **(Beispiel)**.

Ebenso verhält sich die Teilspannung zur Gesamtspannung wie der zugehörige Einzelwiderstand zum Gesamtwiderstand.

$$\frac{U_1}{U} = \frac{R_1}{R} \quad \text{bzw.} \quad \frac{U_2}{U} = \frac{R_2}{R}$$

> Bei der Reihenschaltung verhalten sich die Spannungen wie die zugehörigen Widerstände.

**Spannungsteilung**

$$\frac{U_1}{U_2} = \frac{R_1}{R_2}$$

$$\frac{U_1}{U} = \frac{R_1}{R} \qquad \frac{U_2}{U} = \frac{R_2}{R}$$

| | |
|---|---|
| $U$ | Gesamtspannung |
| $U_1$, $U_2$ | Teilspannungen |
| $R$ | Gesamtwiderstand (Ersatzwiderstand) |
| $R_1$, $R_2$ | Einzelwiderstände |

**Anwendungen der Reihenschaltung.** Verbraucher, z. B. Lampen, werden selten in Reihe geschaltet. Fällt nämlich ein Verbraucher aus, so ist der Stromkreis unterbrochen. Bei Weihnachtsbaumbeleuchtungen wird die Reihenschaltung jedoch angewendet. Um bei solchen Beleuchtungen zu verhindern, dass beim Durchschmelzen einer Lampenwendel der Stromkreis unterbrochen wird, überbrückt man jede Lampe mit einem Heißleiter. Beim Unterbrechen der Lampenwendel fließt dann ein größerer Strom durch den Heißleiter, der sich dadurch mehr erwärmt. Sein Widerstand verringert sich dann, sodass er als Stromweg für die ausgefallene Lampe dienen kann.

Spannungserzeuger, z. B. galvanische Elemente, können ebenfalls in Reihe geschaltet werden. Auch beim Fließen des elektrischen Stromes durch den menschlichen Körper liegt eine Reihenschaltung von Widerständen (Übergangs- und Durchgangswiderstände, **Seite 187**) vor.

Mehrere Aus-Taster, z. B. für die Sicherheitsschaltung bei Motoren, werden ebenfalls in Reihe geschaltet.

## Vorwiderstände

**Versuch:** Schalten Sie eine Lampe 12 V/0,1 A in Reihe mit einem verstellbaren Widerstand von mindestens 150 Ω **(Bild 1)**. Achten Sie darauf, dass der höchste Widerstandswert eingestellt ist. Legen Sie die Schaltung über ein Netzgerät an 24 V und stellen Sie den Widerstand so ein, dass der Strommesser 0,1 A anzeigt. Messen Sie die Spannung an der Lampe.
*An der Lampe liegt eine Spannung von nur 12 V.*

Elektrogeräte können durch Vorschalten eines Widerstandes (Vorwiderstand) an eine Spannung gelegt werden, die höher als ihre Bemessungsspannung ist.

Der Vorwiderstand $R_V$ **(Bild 1)** muss dabei so bemessen sein, dass von ihm die Spannungsdifferenz $U_1 = U - U_2$ aufgenommen wird und er gleichzeitig den Strom in der Schaltung auf den Bemessungsstrom des Verbrauchers begrenzt.

Man verwendet Vorwiderstände z. B. zum Herabsetzen des Anlaufstromes von Elektromotoren (Anlasswiderstände). Auch Glimmlampen, Spannungsprüfer mit eingebauter Glimmlampe sowie viele Halbleiterbauelemente, z. B. Z-Dioden, Leuchtdioden **(Bild 2)** und Transistoren, benötigen zur Strombegrenzung Vorwiderstände.

In Vorwiderständen wird jedoch Wärme erzeugt (Verlustleistung, $P_V = U_V \cdot I = I^2 \cdot R_V$). Wegen dieser unerwünschten Nebenwirkung verwendet man die Spannungsreduzierung durch Vorwiderstände nur bei Verbrauchern mit kleiner Leistung.

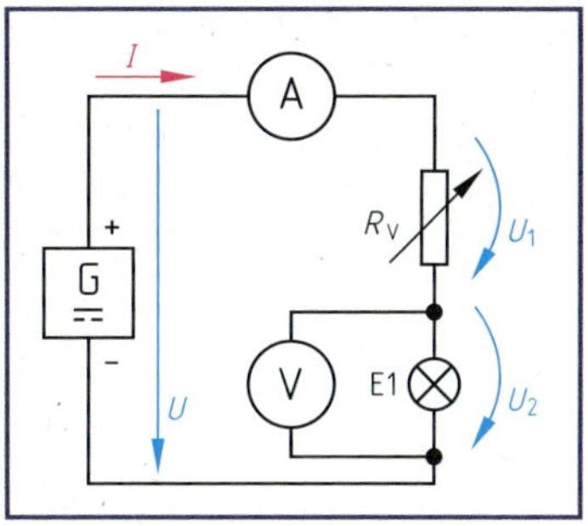


**Bild 1**: Vorwiderstand

**Vorwiderstand**

$$R_V = \frac{U_1}{I} = \frac{U - U_2}{I}$$

$R_V$ Vorwiderstand
$U$ Gesamtspannung
$U_1$, $U_2$ Teilspannungen
$I$ Stromstärke

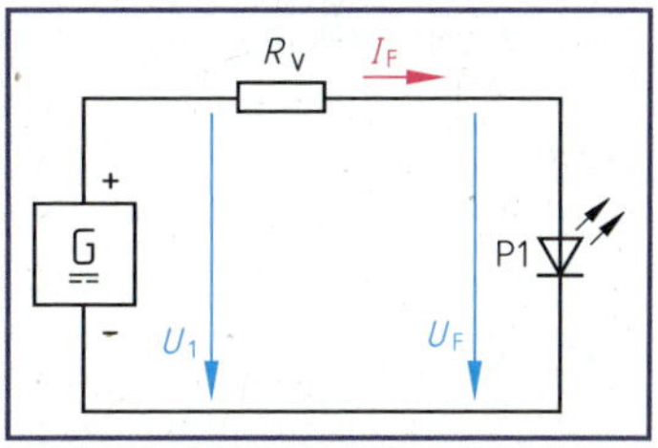


**Bild 2**: Leuchtdiode mit Vorwiderstand

**Vorwiderstand von Leuchtdioden**

$$R_V = \frac{U_1 - U_F}{I_F}$$

$U_1$ Anschlussspannung
$U_F$ Durchlassspannung
$I_F$ Durchlassstrom
$R_V$ Vorwiderstand

**Beispiel:**

Eine Leuchtdiode CQX 35 wird an die Spannung $U_1 = 12$ V DC angeschlossen. Der Strom $I_F$ soll 10 mA betragen.

**a)** Entnehmen Sie aus der Kennlinie die Durchlassspannung $U_F$.

**b)** Berechnen Sie den Vorwiderstand $R_v$.

**c)** Wählen Sie einen Vorwiderstand nach der Reihe E12.

**d)** Wie groß ist der maximale Durchlassstrom $I_{Fmax}$ der Leuchtdiode?

**e)** Welchen Wert darf der Vorwiderstand nicht unterschreiten?

**Lösung:**

**a)** Aus der Kennlinie: $U_F = 1{,}63$ V

**b)** $R_V = \frac{U_1 - U_F}{I_F} = \frac{12\ \text{V} - 1{,}63\ \text{V}}{10\ \text{mA}} = \mathbf{1037\ \Omega}$

**c)** Gewählt nach E 12: $R_v = \mathbf{1\ k\Omega}$

**d)** $I_{Fmax} = \mathbf{50\ mA}$

**e)** Aus Kennlinie: $U_F = 1{,}72$ V

$$R_V = \frac{U_1 - U_F}{I_{Fmax}} = \frac{12\ \text{V} - 1{,}72\ \text{V}}{50\ \text{mA}} = \mathbf{206\ \Omega}$$

**Messbereichserweiterung von Spannungsmessern**

Vorwiderstände werden auch zur Messbereichserweiterung von Spannungsmessern verwendet. Spannungsmesser können Spannungen bis zum Messbereichsendwert messen. Zum Messen höherer Spannungen muss der Messbereich durch Vorschalten eines Vorwiderstandes zum Messwerk erweitert werden.

## Spannungsfall an Leitungen

**Versuch 1:** Schließen Sie eine Lampe 4,5 V/1 A über eine etwa 20 m lange Leitung aus Kupferdraht (ø 0,6 mm) an ein Netzgerät an **(Bild 1)**. Messen Sie die Spannung $U_1$ an den Klemmen des Spannungserzeugers und die Spannung $U_2$ an der Lampe. Vergleichen Sie die Spannungen miteinander.

*Die Spannung $U_2$ an der Lampe ist kleiner als die Spannung $U_1$ an den Klemmen des Spannungserzeugers.*

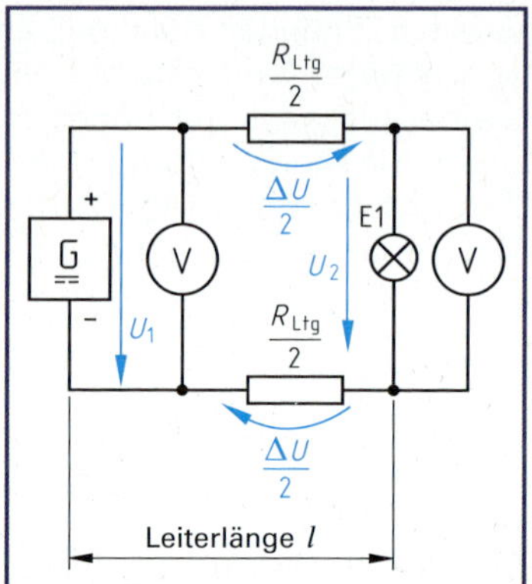

**Bild 1**: Spannungsfall an Leitungen

Auch Leitungen haben einen Widerstand **(Bild 1)**. Im Stromkreis sind Verbraucher und Leitung in Reihe geschaltet. Die angelegte Spannung verteilt sich auf die Hinleitung, den Verbraucher und die Rückleitung. An Hin- und Rückleitung fällt ein Teil der angelegten Spannung ab. Dieser sogenannte **Spannungsfall** $\Delta U$ an den Leitern, früher Spannungsabfall genannt (wie die Spannung an Vorwiderständen), steht dem Verbraucher nicht mehr zur Verfügung.

An jedem stromdurchflossenen Leiter tritt ein Spannungsfall auf.

**Versuch 2:** Wiederholen Sie Versuch 1 und schalten Sie parallel zu der Lampe eine zweite Lampe von 4,5 V/1 A.

*Beim Einschalten der zweiten Lampe geht die Spannung noch weiter zurück.*

Ein größerer Strom bewirkt an den Leitungen einen größeren Spannungsfall $\Delta U$. Der Spannungsfall ist außer von der Stromstärke auch vom Leitungswiderstand $R_{Ltg}$ abhängig.

Der Spannungsfall der Leitung wird umso größer, je größer der Strom im Leiter und je größer der Leitungswiderstand ist.

Der Spannungsfall an Leitungen verursacht Energieverluste, die in Wärme umgewandelt werden. Man versucht daher, ihn möglichst klein zu halten.

**Spannungsfall**

$$\Delta U = U_1 - U_2$$

$$\Delta U = I \cdot R_{Ltg}$$

$$\Delta u = \frac{\Delta U \cdot 100\,\%}{U}$$

$\Delta U$ Spannungsfall
$U_1$ Spannung am Leitungsanfang (Netzspannung)
$U_2$ Spannung am Leitungsende (Verbraucherspannung)
$I$ Leiterstrom
$R_{Ltg}$ Leitungswiderstand
$\Delta u$ prozentualer Spannungsfall

Der zulässige Spannungsfall, z. B. 3 %, an Leitungen ist vom VDE (Verband der Elektronik, Elektrotechnik, Informationstechnik e. V.) und von dem jeweiligen NB (Netzbetreiber) vorgeschrieben.

**Beispiel:**

Eine zweiadrige Leitung aus 1,5 mm² Kupfer mit der Länge $l$ = 10 m ist mit 13 A belastet. Wie groß ist **a)** der Spannungsfall $\Delta U$ an dieser Leitung in V und **b)** der prozentuale Spannungsfall $\Delta u$ in % der Netzspannung von 230 V?

**Lösung:**

**a)** $R_{Ltg} = \frac{2 \cdot l}{\gamma \cdot A} = \frac{2 \cdot 10\text{ m}}{56 \frac{\text{m}}{\Omega \cdot \text{mm}^2} \cdot 1{,}5\text{ mm}^2} = 0{,}238\ \Omega$   $\Delta U = I \cdot R_{Ltg} = 13\text{ A} \cdot 0{,}238\ \Omega = \mathbf{3{,}1\ V}$

**b)** $\Delta u = \frac{\Delta U \cdot 100\,\%}{U} = \frac{3{,}1\text{ V} \cdot 100\,\%}{230\text{ V}} = \mathbf{1{,}35\,\%}$

### Wiederholungsfragen

1. Wie werden Verbraucher in Reihe geschaltet?
2. Vergleichen Sie bei der Reihenschaltung die Teilspannungen und die zugehörigen Widerstände.
3. Welcher Zusammenhang besteht bei einer Reihenschaltung zwischen Ersatzwiderstand und den Einzelwiderständen?
4. Welche Aufgabe hat ein Vorwiderstand?
5. Welchen Nachteil haben Vorwiderstände?
6. Wie wird der Messbereich eines Spannungsmessers erweitert?
7. Kann der Spannungsfall an Leitungen beliebig groß werden? Begründen Sie die Antwort.

## 7.3.2 Parallelschaltung

Bei der Parallelschaltung sind jeweils alle Stromeintrittsklemmen und alle Stromaustrittsklemmen miteinander verbunden.

> An parallel geschalteten Verbrauchern liegt dieselbe Spannung.

Durch die Parallelschaltung ist es möglich, gleichzeitig mehrere Verbraucher unabhängig voneinander an dieselbe Spannung anzuschließen. Daher schaltet man am Ortsnetz angeschlossene Verbraucher parallel.

**Versuch 1:** Schalten Sie drei parallel geschaltete Verbraucher, z. B. 3 Lampen 12 V/0,1 A, an einen Spannungserzeuger. Messen Sie nacheinander die Stromstärke in der Zuleitung und die Stromstärken der einzelnen Verbraucher **(Bild 2)**. Vergleichen Sie die Ströme miteinander.

*Die Stromstärken in den einzelnen Verbrauchern ergeben zusammen die Stromstärke in der Zuleitung.*

Der Strom in der Zuleitung verzweigt sich auf die einzelnen Verbraucher. Man nennt die Ströme in den einzelnen Verbrauchern **Zweigströme** oder **Teilströme**.

> Bei der Parallelschaltung ist der Gesamtstrom gleich der Summe der Teilströme (Zweigströme).

Punkte, an denen sich Ströme verzweigen, werden auch als **Knotenpunkte (Bild 2)** bezeichnet. An einem Knotenpunkt **(Bild 3)** können mehrere Ströme zufließen (positiv gezählt) und mehrere Ströme abfließen (negativ gezählt). Es gilt dann die **Knotenpunktregel** (1. Kirchhoffsche Regel):

> An jedem Knoten ist die Summe der zufließenden Ströme so groß wie die Summe der abfließenden Ströme.

**Versuch 2:** Schalten Sie zwei verschieden große Widerstände parallel, z. B. 47 Ω und 100 Ω. Schließen Sie diese Widerstände an einen Spannungserzeuger an. Messen Sie nacheinander die Teilströme und vergleichen Sie die Messwerte mit den Widerständen.

*Durch den größeren Widerstand fließt der kleinere Strom und durch den kleineren Widerstand der größere Strom.*

> An den Widerständen liegt bei Parallelschaltung dieselbe Spannung. Deshalb verhalten sich die Teilströme umgekehrt wie die zugehörigen Widerstandswerte.

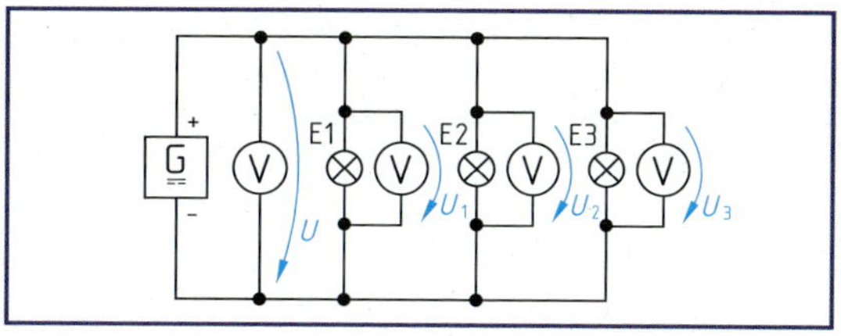


**Bild 1:** Parallelschaltung, Messen der Spannungen

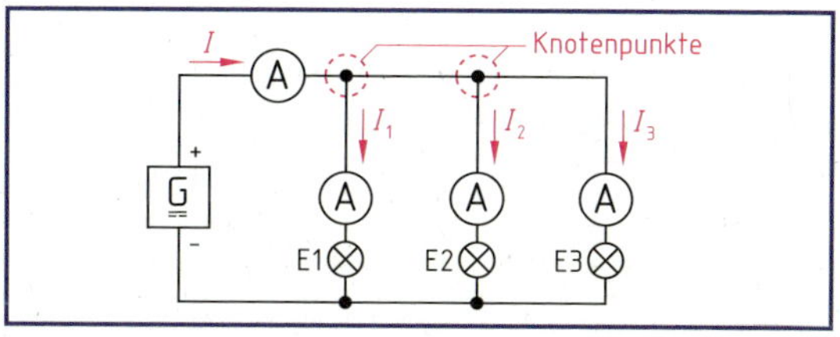


**Bild 2:** Parallelschaltung, Messen der Ströme

**Gesamtstrom**

$$I = I_1 + I_2 + I_3$$

| | |
|---|---|
| $I$ | Gesamtstrom, Strom in der Zuleitung |
| $I_1, I_2, I_3$ | Teilströme, Zweigströme |

**Knotenpunktregel (1. Kirchhoffsche Regel)**

**Beispiel:**

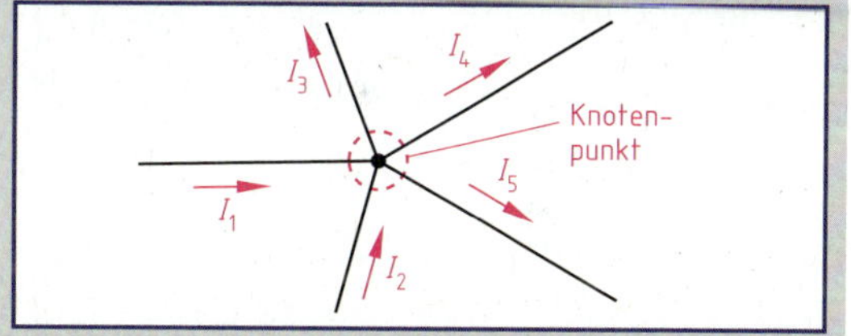


**Bild 3:** Knotenpunkt

$$\Sigma I = 0$$
$$\Sigma I_{zu} = \Sigma I_{ab}$$
$$I_1 + I_2 = I_3 + I_4 + I_5$$

| | |
|---|---|
| $\Sigma I_{zu}$ | Summe der zufließenden Ströme |
| $\Sigma I_{ab}$ | Summe der abfließenden Ströme |

**Für zwei parallel geschaltete Widerstände gilt:**

$$U_1 = U_2 \qquad I_1 \cdot R_1 = I_2 \cdot R_2$$
$$\frac{I_1}{I_2} = \frac{R_2}{R_1}$$

| | |
|---|---|
| $I_1, I_2$ | Zweigströme, Teilströme |
| $R_1, R_2$ | Einzelwiderstände |
| $U_1, U_2$ | Teilspannungen |

Bei der Parallelschaltung verhalten sich die Stromstärken umgekehrt wie die zugehörigen Widerstandswerte. Der größere Strom fließt also durch den kleineren (niederohmigeren) Widerstand.

**Versuch 3**: Schließen Sie einen Verbraucher, z. B. eine Lampe, an ein Netzgerät mit gleich bleibender (stabilisierter) Ausgangsspannung an. Messen Sie den Strom in der Zuleitung und die Spannung am Verbraucher. Schalten Sie nacheinander einen zweiten und dritten Verbraucher parallel, z. B. Lampen, und beobachten Sie die Anzeige von Spannungs- und Strommesser.

*Bei der Parallelschaltung weiterer Verbraucher nimmt die Stromstärke in der Zuleitung zu, während die Spannung an den Verbrauchern etwa gleich bleibt; der gesamte Widerstand der Parallelschaltung wird also kleiner.*

Den gesamten Widerstand der Parallelschaltung nennt man auch **Ersatzwiderstand *R*.** Er kann die Teilwiderstände ersetzen. Bei gleicher Spannung nimmt er den gleichen Strom auf wie die parallel geschalteten Einzelwiderstände zusammen.

Bei der Parallelschaltung ist der Ersatzwiderstand stets kleiner als der kleinste Einzelwiderstand.

Wie sich bei der Parallelschaltung die Zweigströme zum Gesamtstrom summieren, so summieren sich auch die **Einzelleitwerte** der einzelnen Zweige zum **Ersatzleitwert *G*** der Parallelschaltung. Durch Parallelschalten wird der Leitwert also größer.

Bei der Parallelschaltung ist der Ersatzleitwert gleich der Summe der Einzelleitwerte.

**Beispiel:**

Berechnen Sie den Ersatzwiderstand *R* für die beiden Widerstände **(Bild 1)** mithilfe **a)** der Einzelwiderstände und **b)** der Einzelleitwerte.

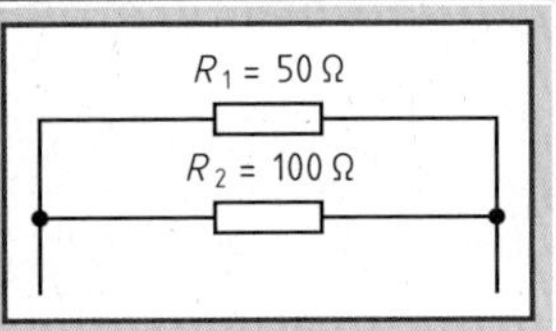


**Bild 1**: Parallelschaltung von zwei Widerständen

**Lösung:**

a) $\frac{1}{R} = \frac{1}{R_1} + \frac{1}{R_2} = \frac{1}{50\,\Omega} + \frac{1}{100\,\Omega} = 0{,}03\frac{1}{\Omega}$

$\Rightarrow \boldsymbol{R = 33{,}33\,\Omega}$

b) $G_1 = \frac{1}{R_1} = \frac{1}{50\,\Omega} = \mathbf{20\,mS}$; $G_2 = \frac{1}{R_2} = \frac{1}{100\,\Omega} = \mathbf{10\,mS}$

$G = G_1 + G_2 = 20\,\text{mS} + 10\,\text{mS} = 30\,\text{mS} = 0{,}03\,\text{S}$

$\boldsymbol{R} = \frac{1}{G} = \frac{1}{0{,}03\,\text{S}} = \mathbf{33{,}33\,\Omega}$

**Ersatzwiderstand Ersatzleitwert**

$$I = I_1 + I_2 + I_3 + \ldots$$

$$\frac{U}{R} = \frac{U}{R_1} + \frac{U}{R_2} + \frac{U}{R_3} + \ldots$$

$$\frac{1}{R} = \frac{1}{R_1} + \frac{1}{R_2} + \frac{1}{R_3} + \ldots$$

$$G = G_1 + G_2 + G_3 + \ldots$$

| | |
|---|---|
| $R$ | Ersatzwiderstand |
| $R_1, R_2 \ldots$ | Einzelwiderstände |
| $G$ | Ersatzleitwert |
| $G_1, G_2 \ldots$ | Einzelleitwerte |

Bei zwei verschieden großen, parallel geschalteten Widerständen lässt sich die Formel zur Berechnung des Ersatzwiderstandes *R* vereinfachen:

$$\frac{1}{R} = \frac{1}{R_1} + \frac{1}{R_2} = \frac{R_1 + R_2}{R_1 \cdot R_2} \quad \Rightarrow \quad R = \frac{R_1 \cdot R_2}{R_1 + R_2}$$

**Für zwei parallel geschaltete Widerstände gilt:**

$$\frac{1}{R} = \frac{1}{R_1} + \frac{1}{R_2}$$

$$\frac{1}{R} = \frac{R_1 + R_2}{R_1 \cdot R_2}$$

$$R = \frac{R_1 \cdot R_2}{R_1 + R_2}$$

Bei *n* gleich großen Widerständen ist der Ersatzwiderstand der Parallelschaltung gleich dem *n*-ten Teil eines Einzelwiderstandes, also $R = R_1/n$.

**Anwendung der Parallelschaltung.** Lampen, elektrische Haushaltsgeräte oder Elektromotoren werden für genormte Spannungen, z. B. 230 V, hergestellt. Sie werden daher parallel an das Netz geschaltet. Generatoren, Transformatoren und galvanische Elemente schaltet man parallel, wenn große Ströme geliefert werden sollen.

## 7.3.3 Gemischte Schaltungen

In der Praxis kommen häufig Schaltungen vor, die aus der Kombination von Reihenschaltungen und Parallelschaltungen bestehen **(Bild 1)**. Solche Schaltungen bezeichnet man als gemischte Schaltungen oder Gruppenschaltungen.

> Gemischte Schaltungen nennt man auch Gruppenschaltungen.

Gruppenschaltungen bestehen aus mindestens drei Bauelementen. Werden mehrere gemischte Schaltungen miteinander verknüpft, so spricht man von einem Netzwerk.

Zur Ermittlung des Ersatzwiderstandes gemischter Schaltungen geht man wie folgt vor:

- Die Schaltung löst man von innen nach außen auf.
- Zusammenfassen von Reihen- oder Parallelschaltungen zu einem Ersatzwiderstand **(1. Schritt in Bild 1)** nach den Gesetzen der Reihen- oder Parallelschaltung.
- Die neu entstandenen Schaltungen, die als Reihen- oder Parallelschaltungen vorliegen, sind wieder zu einem Ersatzwiderstand zusammenzufassen **(2. Schritt in Bild 1)**.
- Schritte wiederholen, bis nur noch ein Ersatzwiderstand vorliegt **(3. Schritt in Bild 1)**.

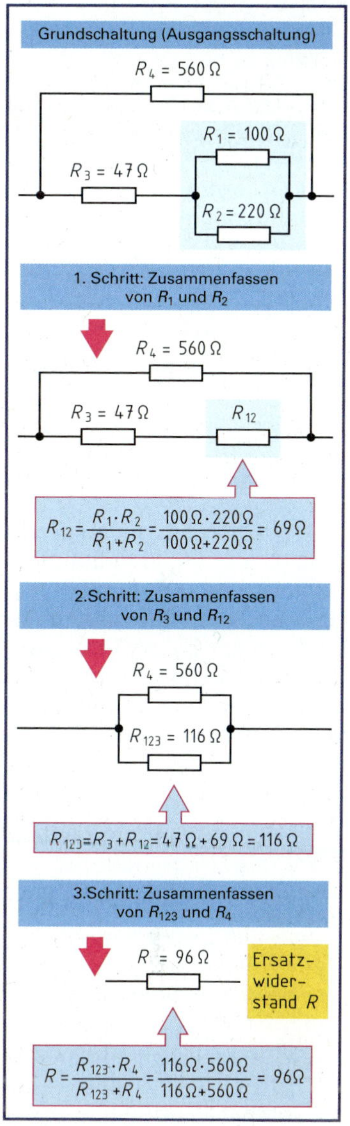


**Bild 1:** Gemischte Schaltung

### Spannungsteiler

Elektrogeräte und elektronische Geräte benötigen oft eine Spannung, die von null bis zur Höchstspannnung einstellbar ist. So kann man z.B. die Helligkeit einer Lampe, den Arbeitspunkt eines Verstärkers oder die Drehzahl eines Gleichstrommotors durch Ändern der angelegten Spannung verstellen. Bei Verbrauchern mit großen Leistungen wird die Verbraucherspannung meist mit einer elektronischen Schaltung, z.B. Phasenanschnittsteuerung nahezu verlustlos eingestellt. Bei Schaltungen mit kleiner Leistung, z.B. bei Verstärker-Eingängen, lässt sich die veränderbare Spannung auch durch eine Reihenschaltung von Festwiderständen **(Bild 2)** oder mit Stellwiderständen (Potenziometer) herstellen. Diese Schaltungen beruhen auf dem Prinzip der Spannungsteilung.

Der Spannungsteiler besteht aus zwei in Reihe geschalteten Widerständen $R_1$ und $R_2$ **(Bild 2)**. An den beiden äußeren Anschlüssen der Reihenschaltung liegt die Spannung $U$. Am Widerstand $R_2$ wird die Teilspannung bzw. Ausgangsspannung $U_2$ abgegriffen. Wenn kein Verbraucher angeschlossen ist, bezeichnet man die Spannung als Leerlaufspannung $U_{20}$.

Wird der Widerstand $R$ mit einem verstellbaren Abgriff versehen, z.B. einem Schleifer, so kann man die Ausgangsspannung $U_{20}$ von null Volt bis zur Betriebsspannung $U$ stetig verändern. Je nach Wert der Widerstände $R_1$ und $R_2$ bzw. der Stellung des Schleifers beim Potenziometer kann die Spannung $U_{20}$ die Werte $U_{20} = U$ (Schleifer ganz oben) oder $U_{20} = 0$ V (Schleifer ganz unten) annehmen.

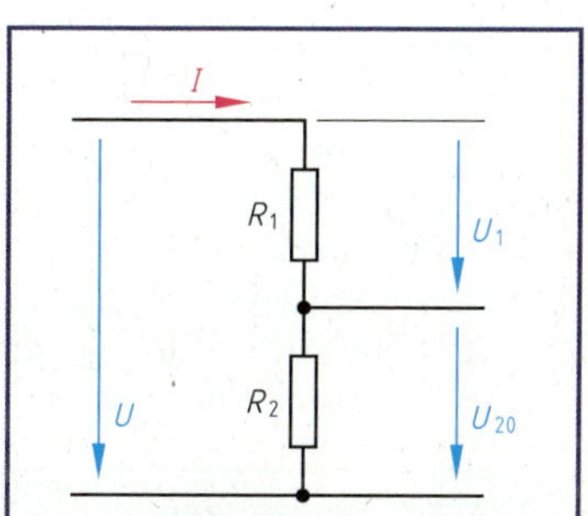


**Bild 2:** Spannungsteiler mit Festwiderständen

Man unterscheidet unbelastete und belastete Spannungsteiler.

**Unbelasteter Spannungsteiler.** Dem unbelasteten Spannungsteiler **(Bild 1)** wird kein Strom entnommen. Diesen Fall nennt man **Leerlauf**. Die Gesamtspannung $U$ wird in die Teilspannungen $U_1$ und $U_{20}$ aufgeteilt. Die **Leerlaufspannung** $U_{20}$ verhält sich zur Gesamtspannung $U$ wie der Widerstand $R_2$ zum Gesamtwiderstand $R$ ($R = R_1 + R_2$).

**Beispiel:**

Ein unbelasteter Spannungsteiler mit den Widerständen $R_1$ = 82 Ω und $R_2$ = 220 Ω liegt an einer Gesamtspannung von $U$ = 40 V. Wie groß ist die Spannung am Widerstand $R_2$?

**Lösung:**

$$U_{20} = \frac{R_2}{R_1 + R_2} \cdot U = \frac{220\,\Omega \cdot 40\,\text{V}}{82\,\Omega \cdot 220\,\Omega} = \frac{8800\,\Omega \cdot \text{V}}{302\,\Omega} = \mathbf{29{,}1\,V}$$

Die Teilspannungen lassen sich auch zeichnerisch bestimmen **(Bild 1)**. Für den Widerstand $R_2$ ergibt sich im $I$-$U$-Diagramm eine ansteigende Ursprungsgerade (Widerstandsgerade). Die Kennlinie für $R_1$ ist eine fallende Gerade (Arbeitsgerade), die auf der Stromachse beim **Kurzschlussstrom** $\boldsymbol{I_K = U/R_1}$ (für $R_2$ = 0 Ω) beginnt und auf der Spannungsachse bei der **Gesamtspannung** $\boldsymbol{U}$ endet. Der Schnittpunkt **A (Arbeitspunkt)** beider Geraden ergibt, projiziert auf die Spannungsachse, die Spannungsteilung und in der Projektion auf die Stromachse den Strom $I$ der Schaltung.

**Belasteter Spannungsteiler.** Ein Spannungsteiler ist belastet, wenn ein Verbraucher $R_L$ angeschlossen ist und ein Strom $I_L$ entnommen wird.

Durch den Lastwiderstand $R_L$ fließt der Laststrom $I_L$ und durch den Widerstand $R_2$ der **Querstrom** $I_q$. Durch $R_1$ fließt die Summe der beiden Ströme $I = I_L + I_q$. Bei Belastung wird der aufgenommene Strom $I$ größer, weil der Ersatzwiderstand $R_{2L}$ der Parallelschaltung aus $R_2$ und $R_L$ kleiner ist als $R_2$. Damit wird aber auch der Gesamtwiderstand des Spannungsteilers kleiner als im unbelasteten Zustand.

Die Teilspannung $U_2$ des belasteten Spannungsteilers verhält sich zur Gesamtspannung $U$ wie der Ersatzwiderstand $R_{2L}$ der Parallelschaltung zum Gesamtwiderstand $R$ ($R = R_1 + R_{2L}$).

Belastet man den Spannungsteiler mit unterschiedlichen Lastwiderständen $R_L$, so stellt man fest, dass die Ausgangsspannung $U_2$ umso weniger von der Leerlaufspannung $U_{20}$ abweicht, je größer der Lastwiderstand $R_L$ gegenüber dem Teilwiderstand $R_2$ ist. Dann ist der Querstrom $I_q$ größer als der Laststrom $I_L$. Ausgedrückt wird dies durch das **Querstromverhältnis** $\boldsymbol{q}$, $q = I_q/I_L$. Je nach Anforderung wählt man Werte für das Querstromverhältnis $q$ von 2 bis 10.

Die Ausgangsspannung $U_2$ des belasteten Spannungsteilers ist umso stabiler, je größer der Querstrom $I_q$ gegenüber dem Laststrom $I_L$, d. h. je größer das Querstromverhältnis $q$ ist.

### Unbelasteter Spannungsteiler

$$U_{20} = \frac{R_2}{R_1 + R_2} \cdot U$$

| | |
|---|---|
| $U$ | Gesamtspannung |
| $U_{20}$ | Teilspannung bei Leerlauf (Leerlaufspannung) |
| $R_1$, $R_2$ | Spannungsteilerwiderstände |

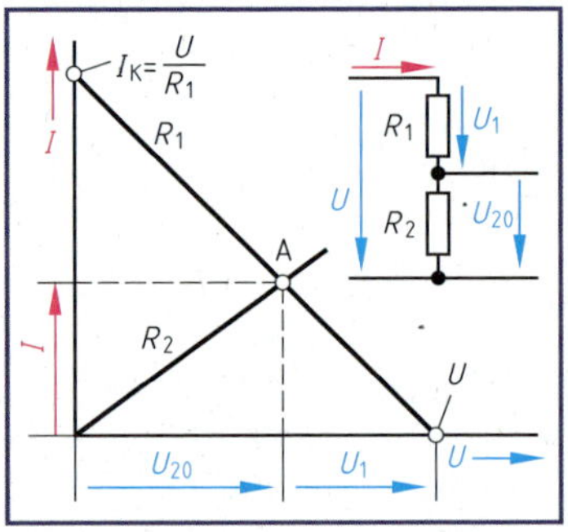


**Bild 1**: Bestimmung der Teilspannungen beim unbelasteten Spannungsteiler (Arbeitspunkt A)

### Belasteter Spannungsteiler

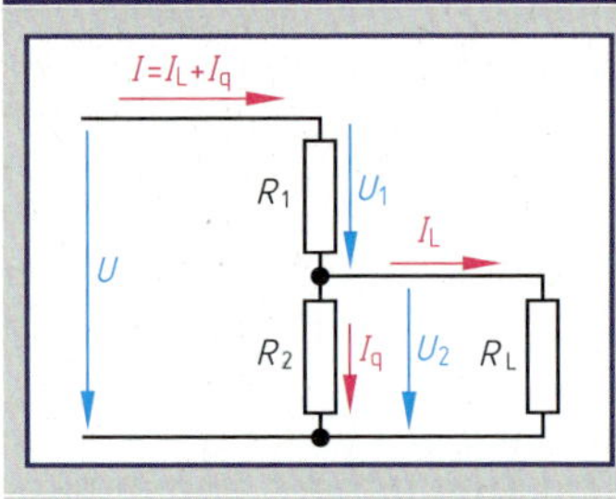


$$U_2 = \frac{R_{2L}}{R_1 + R_{2L}} \cdot U$$

$$R_{2L} = \frac{R_2 \cdot R_L}{R_2 + R_L}$$

$$q = \frac{I_q}{I_L} = \frac{R_L}{R_2}$$

| | |
|---|---|
| $R_L$ | Lastwiderstand |
| $R_1$, $R_2$ | Spannungsteilerwiderstände |
| $R_{2L}$ | Ersatzwiderstand aus $R_2$ und $R_L$ |
| $U$ | Gesamtspannung |
| $U_2$ | Teilspannung bei Belastung |
| $I_L$ | Laststrom |
| $I_q$ | Querstrom |
| $q$ | Querstromverhältnis |

## 7.3.4 Brückenschaltung

### Abgeglichene Brückenschaltung

Eine Schaltung nach **Bild 1** nennt man **Brückenschaltung.** Sie besteht aus der Parallelschaltung zweier Spannungsteiler. Die Verbindung der Punkte A und B der Brücke nennt man **Brückendiagonale.** Teilt der Spannungsteiler $R_1$-$R_2$ die Spannung des Spannungserzeugers im gleichen Verhältnis auf wie der Spannungsteiler $R_3$-$R_4$, so besteht zwischen den Punkten A und B keine Spannung ($U_{AB}$ = 0 V, Nullpunktmethode). Die Widerstände $R_1$ und $R_2$ stehen im gleichen Verhältnis zueinander wie die Widerstände $R_3$ und $R_4$. Man sagt, die Brücke ist abgeglichen.

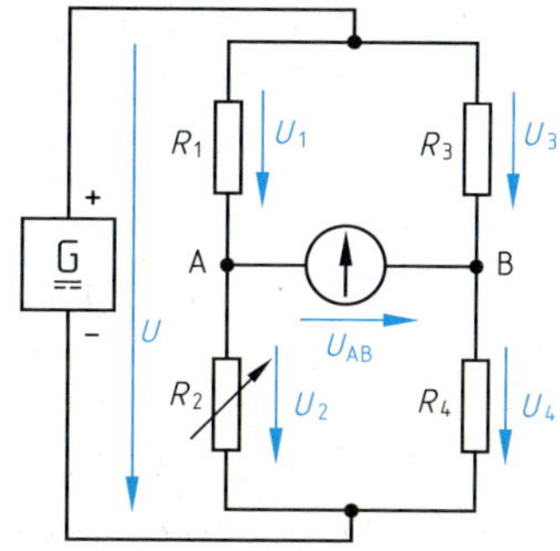


**Bild 1**: Brückenschaltung

Eine Brückenschaltung ist abgeglichen, wenn

- die Spannung $U_{AB}$ in der Brückendiagonalen gleich null ist ($U_{AB}$ = 0 V)
- das Widerstandsverhältnis der beiden Spannungsteiler gleich ist ($R_1/R_2 = R_3/R_4$)

**Abgeglichene Brückenschaltung**

**$U_{AB}$ = 0 V, wenn gilt:**

$$\frac{U_1}{U_2} = \frac{U_3}{U_4} \quad \text{bzw.} \quad \frac{R_1}{R_2} = \frac{R_3}{R_4}$$

$U_1 \ldots U_4$ Teilspannungen
$R_1 \ldots R_4$ Brückenwiderstände

Sind von einer abgeglichenen Brückenschaltung drei Widerstände bekannt, so kann der vierte unbekannte Widerstand berechnet werden.

**Beispiel:**

Eine abgeglichene Brückenschaltung nach **Bild 1** hat die Widerstände $R_2 = 40\ \Omega$, $R_3 = 25\ \Omega$ und $R_4 = 50\ \Omega$ sowie den unbekannten Widerstand $R_1$. Berechnen Sie $R_1$.

**Lösung:**

$$\frac{R_1}{R_2} = \frac{R_3}{R_4} \Rightarrow \mathbf{R_1} = \frac{R_2 \cdot R_3}{R_4} = \frac{40\ \Omega \cdot 25\ \Omega}{50\ \Omega} = \mathbf{20\ \Omega}$$

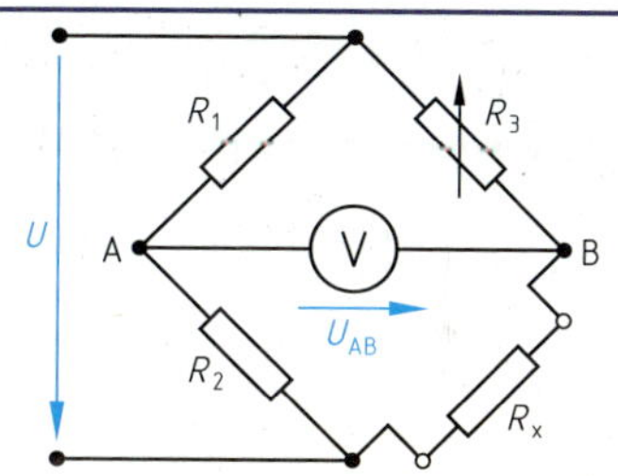


$R_1$ , $R_2$ Festwiderstände
$R_3$ Potenziometer
$R_x$ unbekannter Widerstand

**Bild 2**: Messbrücke

Mithilfe von Messbrücken **(Bild 2)** kann der Wert eines unbekannten Widerstandes $R_x$ bestimmt werden. Zur Bestimmung von $R_x$ genügt die Kenntnis von $R_3$ und dem Verhältnis von $R_2$ zu $R_1$. Der Widerstand $R_3$ wird nun so lange verändert, bis die Spannung im Brückenzweig $U_{AB}$ = 0 V beträgt. Die Brücke ist dann abgeglichen und es gilt:

$$\frac{R_1}{R_2} = \frac{R_3}{R_x} \Rightarrow R_x = R_3 \cdot \frac{R_2}{R_1}$$

Das Verhältnis von $R_2$ zu $R_1$ ergibt einen Zahlenwert, der multipliziert mit $R_3$ den unbekannten Widerstand $R_x$ ergibt. Passt man nun die Skala des veränderbaren Widerstandes $R_3$ an, so kann man den Wert des unbekannten Widerstandes $R_x$ auch direkt ablesen. Diese Messbrücke zur Messung von unbekannten Widerständen nennt man wheatstonesche[1] Messbrücke.

Das Ergebnis der Messung mit einer Messbrücke ist unabhängig von der Höhe der Versorgungsspannung $U$.

[1] Charles Wheatstone, engl. Physiker, 1802 bis 1875

## Nicht abgeglichene Brückenschaltung

Bei einer Brückenschaltung **(Bild 1, Seite 213)** zeigt der Spannungsmesser einen Ausschlag. Zwischen den Punkten A und B liegt also eine Spannung. Das Verhältnis der Widerstände $R_1$ zu $R_2$ ist ungleich dem Verhältnis von $R_3$ zu $R_4$.

$$\frac{R_1}{R_2} \neq \frac{R_3}{R_4}$$

Man spricht in diesem Fall von einer **nicht abgeglichenen Brückenschaltung.**

Bei einer nicht abgeglichenen Brückenschaltung ist die Spannung $U_{AB}$ im Brückenzweig ungleich null Volt ($U_{AB} \neq 0$ V).

**Berechnung der Brückenspannung $U_{AB}$:**
Mit der Maschenregel (2. Kirchhoffsche Regel, **Seite 205**) ergibt sich für die im **Bild 1** eingezeichnete Masche folgender Ansatz:

$$\sum U = 0 \Rightarrow U_{AB} + U_4 - U_2 = 0 \quad \Rightarrow \quad U_{AB} = U_2 - U_4$$

Die Brückenschaltung setzt sich aus dem Spannungsteiler mit den Widerständen $R_1$ und $R_2$ (linker Zweig) und dem Spannungsteiler mit $R_3$ und $R_4$ (rechter Zweig) zusammen **(Bild 2)**. Die Teilspannungen $U_2$ und $U_4$ können mit der Gleichung des unbelasteten Spannungsteilers **(Seite 212)** berechnet werden.

$$U_2 = \frac{R_2}{R_1 + R_2} \cdot U \quad \text{und} \quad U_4 = \frac{R_4}{R_3 + R_4} \cdot U$$

Brückenschaltungen verwendet man vor allem in der Messtechnik, z. B. zur Temperaturmessung, sowie in der Steuerungs- und Regelungstechnik.

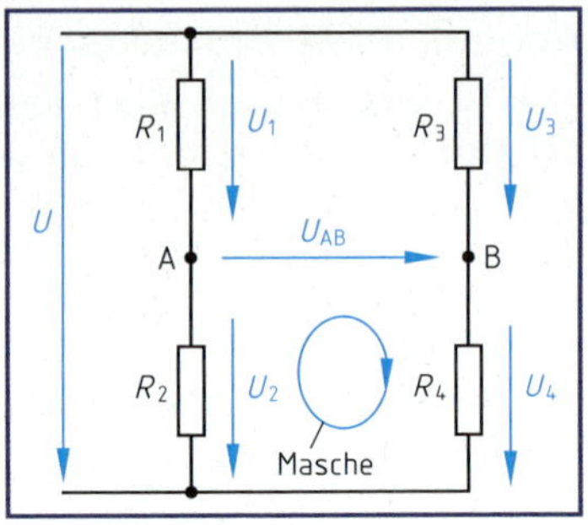


**Bild 1**: Brückenschaltung

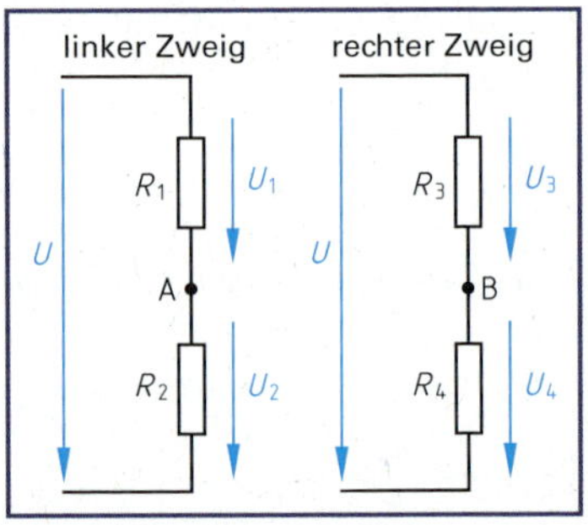


**Bild 2**: Spannungsteiler

**Nicht abgeglichene Brückenschaltung**

$$U_2 = \frac{R_2}{R_1 + R_2} \cdot U$$

$$U_4 = \frac{R_4}{R_3 + R_4} \cdot U$$

$$U_{AB} = U_2 - U_4$$

| | |
|---|---|
| $R_1 \dots R_4$ | Brückenwiderstände |
| $U_2$, $U_4$ | Teilspannungen |
| $U$ | Gesamtspannung |
| $U_{AB}$ | Brückenspannung |

**Beispiel:**

Zur Temperaturmessung wird die in **Bild 3** dargestellte Brückenschaltung verwendet. Dabei ändert sich die Brückenspannung in Abhängigkeit der Temperatur.

**a)** Um welche Widerstandsart handelt es sich bei $R_4$?

**b)** Auf welchen Wert muss $R_3$ eingestellt werden, wenn $R_4 = 1{,}2$ kΩ beträgt?

**c)** Wie verändert sich $U_{AB}$, wenn die Temperatur steigt?

**Lösung:**

**a)** Heißleiter (NTC-Widerstand)

**b)** $\frac{R_1}{R_2} = \frac{R_3}{R_4} \quad \Rightarrow \quad R_3 = \frac{R_1 \cdot R_4}{R_2} = \frac{1\,\text{k}\Omega \cdot 1{,}2\,\text{k}\Omega}{1\,\text{k}\Omega} = \mathbf{1{,}2\,k\Omega}$

**c)** Steigt die Temperatur, nimmt der Widerstandswert des Heißleiters ab. Dadurch sinkt die Spannung $U_4$. $U_2$ ändert sich nicht. Die Brückenspannung $U_{AB}$ wird größer als 0 V.

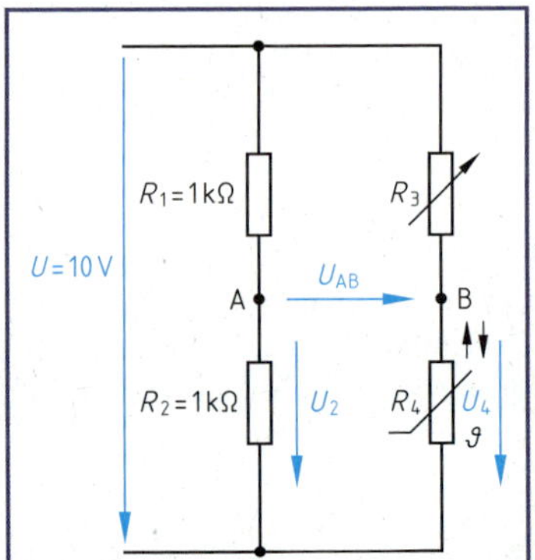


**Bild 3**: Brückenschaltung zur Temperaturmessung

## 7.3.5 Widerstandsbestimmung durch Strom- und Spannungsmessung

Zur indirekten Widerstandsbestimmung mit einer Strom- und Spannungsmessung sind zwei Schaltungen möglich: die Spannungsfehlerschaltung **(Bild 1)** und die Stromfehlerschaltung **(Bild 2)**.

Bei der **Spannungsfehlerschaltung (Bild 1)** misst der Strommesser den Strom $I$, der tatsächlich durch den Widerstand $R$ fließt. Der Spannungsmesser zeigt aber eine Spannung $U$ an, die um den Spannungsfall $U_{iA}$ am Strommesser zu groß ist. Bei der Widerstandsberechnung nach dem ohmschen Gesetz mit $R = U/I$ erhält man daher einen zu großen Wert.

Falls der Innenwiderstand $R_{iA}$ des Strommessers bekannt ist, lässt sich der berechnete Widerstandswert korrigieren. Der tatsächliche Wert des Widerstandes $R$ ist um den Innenwiderstand $R_{iA}$ des Strommessers kleiner als der berechnete Wert $U/I$.

Ist der zu messende Widerstand $R$ wesentlich größer als der Innenwiderstand $R_{iA}$ des Strommessers, so kann man den Innenwiderstand des Strommessers vernachlässigen.

Die Spannungsfehlerschaltung ist ohne Korrektur zur Ermittlung großer Widerstandswerte geeignet.

Bei der **Stromfehlerschaltung (Bild 2)** misst der Spannungsmesser die Spannung, die tatsächlich am Widerstand liegt. Der Strommesser zeigt jedoch einen Strom $I$ an, der um den Strom $I_{iV}$ durch den Spannungsmesser zu groß ist. Bei der Widerstandsberechnung nach dem ohmschen Gesetz erhält man also einen zu kleinen Widerstandswert.

Ist der Innenwiderstand $R_{iV}$ des Spannungsmessers bekannt, dann lässt sich der berechnete Widerstandswert korrigieren. Durch den Spannungsmesser fließt der Strom $I_{iV} = U/R_{iV}$. Durch den Widerstand fließt nur die Differenz vom gemessenen Strom $I$ und dem Strom $I_{iV}$.

Ist der Strom durch den Spannungsmesser wesentlich kleiner als der Strom durch den zu messenden Widerstand, z. B. bei digitalen Spannungsmessern, so braucht man den Strom durch den Spannungsmesser nicht zu berücksichtigen. Durch den Spannungsmesser fließt nur ein kleiner Teil des Stromes, wenn der Widerstand $R$ viel kleiner als der Innenwiderstand $R_{iV}$ des Spannungsmessers ist. Der Stromfehler kann in diesem Fall vernachlässigt werden.

Die Stromfehlerschaltung ist ohne Korrektur zur Ermittlung kleiner Widerstandswerte geeignet.

### Wiederholungsfragen

1. Was versteht man unter **a)** der Spannungsfehlerschaltung, **b)** der Stromfehlerschaltung?
2. In welchem Fall braucht man bei der Spannungsfehlerschaltung den Innenwiderstand des Strommessers nicht zu berücksichtigen?

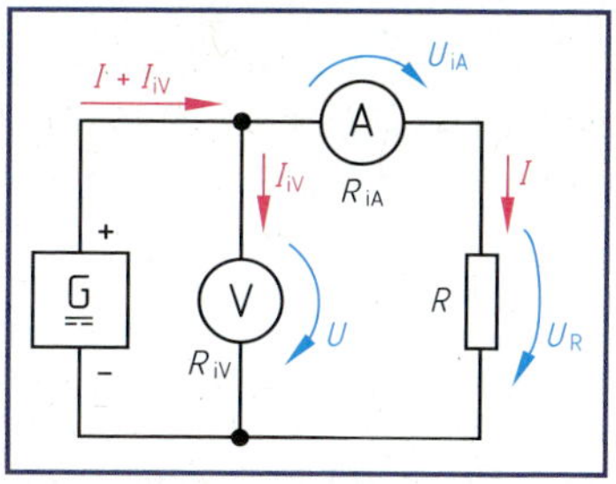


**Bild 1**: Spannungsfehlerschaltung (stromrichtige Schaltung)

**Korrekturformel für die Spannungsfehlerschaltung:**

$$R = \frac{U - U_{iA}}{I} = \frac{U}{I} - R_{iA}$$

$$U_{iA} = I \cdot R_{iA}$$

| | |
|---|---|
| $R$ | zu bestimmender Widerstand |
| $U$ | angezeigte Spannung |
| $U_{iA}$ | Spannung am Strommesser |
| $I$ | angezeigte Stromstärke |
| $R_{iA}$ | Innenwiderstand des Strommessers |

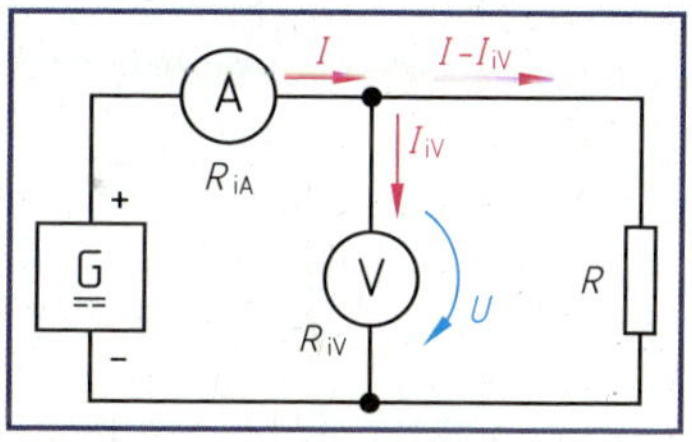


**Bild 2**: Stromfehlerschaltung (spannungsrichtige Schaltung)

**Korrekturformel für die Stromfehlerschaltung:**

$$R = \frac{U}{I - I_{iV}} = \frac{U}{I - \frac{U}{R_{iV}}}$$

$$I_{iV} = \frac{U}{R_{iV}}$$

| | |
|---|---|
| $R$ | zu bestimmender Widerstand |
| $R_{iV}$ | Innenwiderstand des Spannungsmessers |
| $I_{iV}$ | Strom durch den Spannungsmesser |
| $I$ | angezeigte Stromstärke |
| $U$ | angezeigte Spannung |

# 7.4 Elektrisches Feld

## 7.4.1 Eigenschaften des elektrischen Feldes

Fällt Watte **(Bild 1)** auf die negativ geladene Elektrode, so wird sie dort mit Elektronen beladen und nimmt die gleiche Ladung wie die Elektrode an. Dadurch wird sie abgestoßen. Die Watte fliegt zur positiv geladenen Elektrode und transportiert hierbei Elektronen. Beim Berühren der positiven Elektrode werden Elektronen abgesaugt. Die Watte wird umgeladen und erneut abgestoßen. Sie fliegt zwischen Schirm und Kugel hin und her. Auf die Watte wirken in einem elektrischen Feld Anziehungs- und Abstoßungskräfte. Ein elektrisches Feld ist ein Raum, in dem auf geladene Körper Kräfte ausgeübt werden.

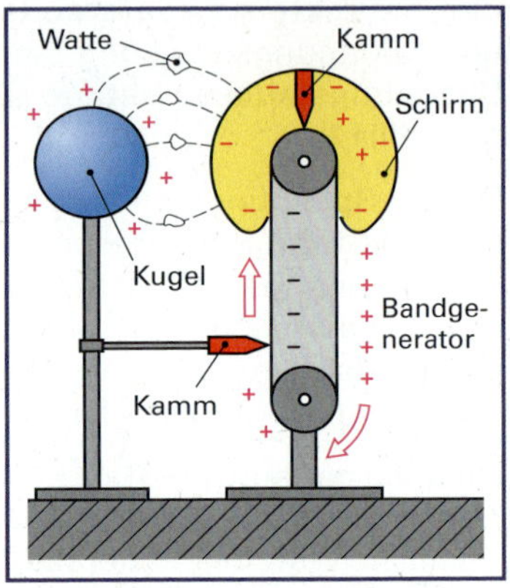


**Bild 1**: Versuch zum Feldlinienmodell

Im Raum zwischen positiv und negativ geladenen Elektroden herrscht ein elektrisches Feld, das Kräfte auf elektrische Ladungen ausübt.

**homogen:** gleichmäßig
**inhomogen:** ungleichmäßig

Ein geladenes Teilchen bewegt sich im elektrischen Feld entlang einer gedachten Linie. Solche Linien in Richtung der auftretenden Kräfte nennt man **elektrische Feldlinien.** Ein elektrisches Feld lässt sich durch Feldlinien darstellen. Für elektrische Feldlinien ist festgelegt:

- Die elektrischen Feldlinien gehen von positiven Ladungen aus und enden an negativen Ladungen.
- Elektrische Feldlinien beginnen und enden an der Oberfläche elektrisch geladener Körper.
- Elektrische Feldlinien stehen immer senkrecht zur Oberfläche elektrisch geladener Körper.
- Die Feldlinien schneiden sich nicht.
- Je dichter die Feldlinien, desto stärker ist die Kraftwirkung.

Elektrische Feldlinien können sichtbar gemacht werden. Dazu wird z. B. Kunststoffstaub zwischen geladene Elektroden gestreut. Häufig werden Feldlinien auch mithilfe von Grieß in Rizinusöl sichtbar gemacht.

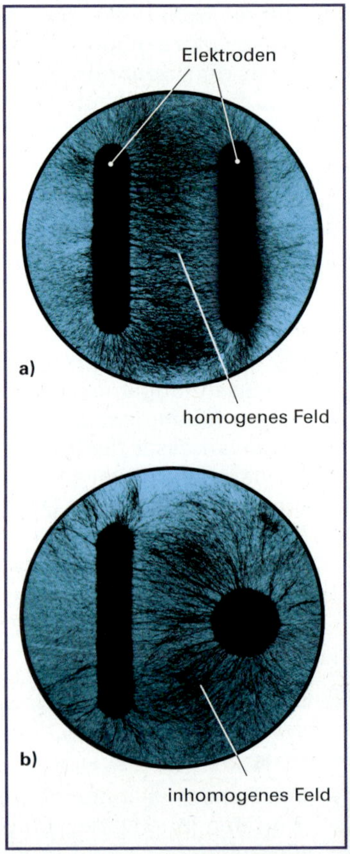


**Bild 2**: Arten von Feldlinienbildern

Elektrische Felder zwischen unterschiedlich geformten Elektroden haben verschiedene Feldlinienverläufe. Ein elektrisches Feld wird als **homogen** bezeichnet, wenn die Feldlinien parallel und in gleicher Richtung verlaufen sowie gleichen Abstand zueinander haben **(Bild 2a)**. Ein homogenes elektrisches Feld ist z. B. zwischen den parallelen Platten eines Kondensators vorhanden, wenn der Plattenabstand klein ist.

In vielen elektrischen Feldern verlaufen die Feldlinien nicht parallel und der Abstand zwischen den Feldlinien ist unterschiedlich **(Bild 2b)**. Dieses elektrische Feld wird **inhomogen** (ungleichmäßig) genannt. In der Nähe der runden Elektrode **(Bild 2b)** sind die Feldlinien dichter als an der plattenförmigen Elektrode.

## 7.4.2 Grundgrößen des elektrischen Feldes

### Elektrische Feldstärke

Die elektrische Feldstärke $E$ bewirkt eine Kraft auf eine Ladung im elektrischen Feld.

Die Kraft $F$ auf eine Ladung $Q$ im elektrischen Feld wächst proportional zur Größe der Ladung $Q$. Der Quotient $F/Q$ ist somit konstant.

Ein elektrisches Feld entsteht zwischen entgegengesetzt geladenen Körpern. Zwischen diesen besteht auch eine Spannung. Für das homogene Feld, z. B. im Plattenkondensator, stimmt der Quotient $F/Q$ mit dem Quotienten $U/l$ überein und wird als elektrische Feldstärke $E$ bezeichnet.

**Beispiel:**

Bei einem Kondensator mit einem Plattenabstand von $l$ = 0,2 mm darf die Feldstärke $E$ = 1,5 kV/mm betragen. An welche maximale Gleichspannung darf der Kondensator angeschlossen werden?

**Lösung:**

$U = E \cdot l$ = 1,5 kV/mm · 0,2 mm = 0,3 kV = **300 V**

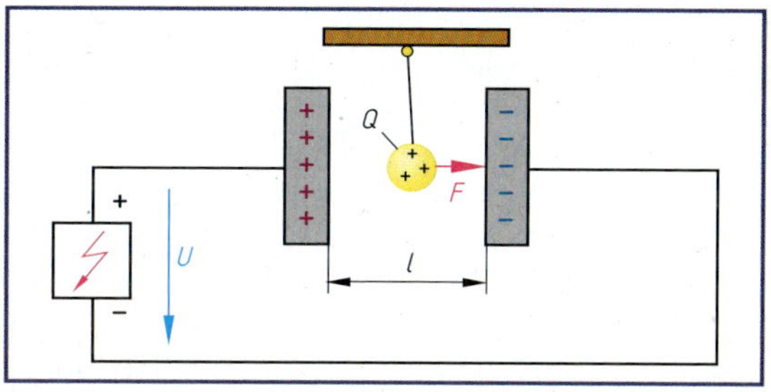


**Bild 1**: Kraftwirkung im elektrischen Feld

**Elektrische Feldstärke**

$$E = \frac{F}{Q} \qquad [E] = \frac{\text{N}}{\text{C}} = \frac{\text{N}}{\text{As}}$$

$$E = \frac{U}{l} \qquad [E] = \frac{\text{V}}{\text{m}}$$

$E$ Elektrische Feldstärke
$F$ Kraft
$Q$ Elektrische Ladung
$U$ Spannung
$l$ Plattenabstand

In der Praxis ist die elektrische Durchschlagfestigkeit $E_D$ bei Isolierstoffen von Bedeutung.

### Elektrische Influenz und Polarisation

Solche Beeinflussung der Ladungen nennt man elektrische **Influenz**[1].

Durch Einwirkung eines elektrischen Feldes auf einen Körper werden Ladungen darin verschoben. Diesen Vorgang nennt man Influenz.

Influenzerscheinungen gibt es bei Leiterwerkstoffen und bei Isolierstoffen.

Die Probeplatten werden unter dem Einfluss des elektrischen Feldes gepolt **(Bild 3)**. Berühren die Probeplatten einander im Feld, so wandern die Ladungen **(Bild 4)**. Nach Trennung der beiden Probeplatten im Feld bleiben ihre Ladungen erhalten **(Bild 5)**.

Zwischen den Probeplatten entsteht ein feldfreier Raum.

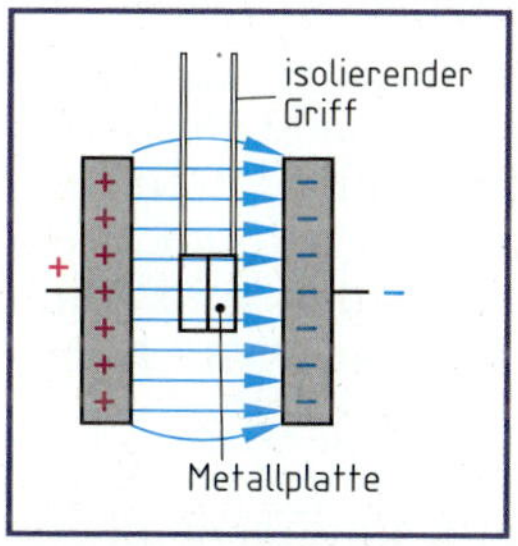


**Bild 2**: Metallplatten im elektrischen Feld

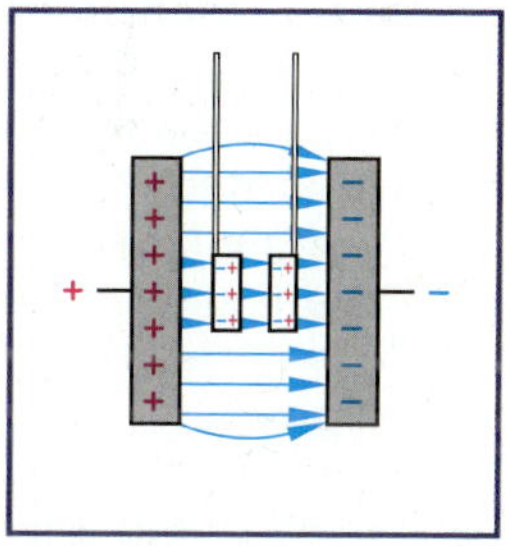

**Bild 3**: Influenz

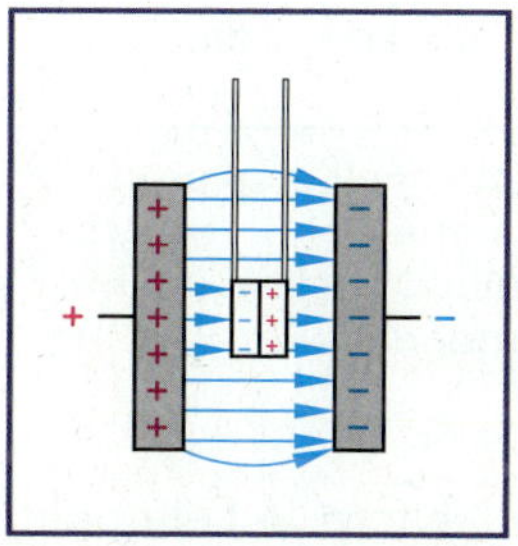

**Bild 4**: Ladungstrennung

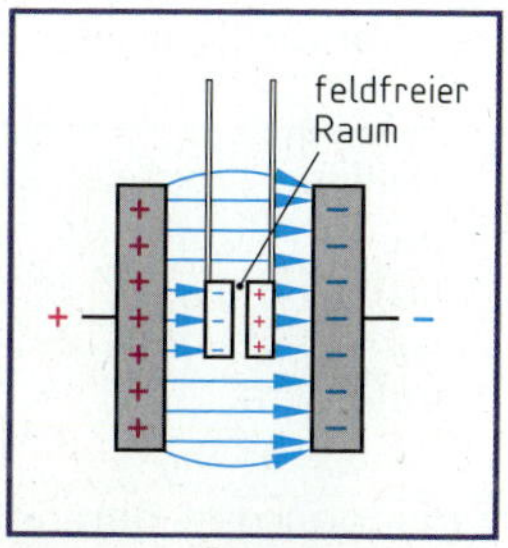


**Bild 5**: Felder heben sich auf

[1] von influere (lat) = hineinströmen, hineinfließen

Bei Metallen wird die Influenz genutzt, um eine Abschirmung elektrischer Felder zu erreichen **(Bild 1)**. Zur Abschirmung wird z. B. Kupfer in Form von Blechen, Folien, Gittern oder Geflechten verwendet.

Ein faradayscher Käfig[1] **(Bild 3)** ist ein Raum, der durch eine meist geerdete Umhüllung aus Metall im Inneren frei von elektrischen Feldern ist.

Isolierstoffe haben fast keine freien Elektronen. In Isolierstoffen werden deshalb die Ladungen durch ein elektrisches Feld nicht getrennt wie bei metallischen Teilen, sondern nur geringfügig verschoben **(Bild 2)** und ausgerichtet. Diesen Vorgang nennt man **Polarisation**.

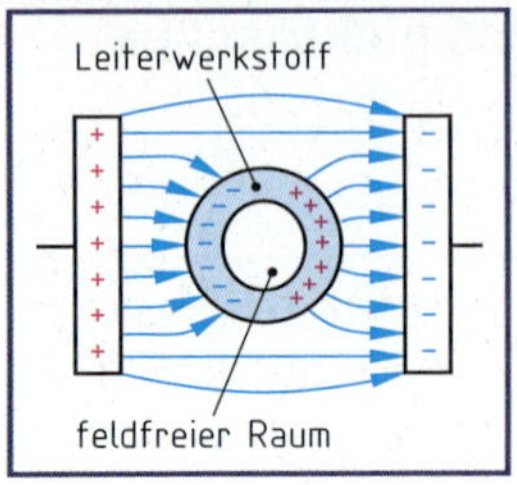


**Bild 1**: Abschirmung eines elektrischen Feldes

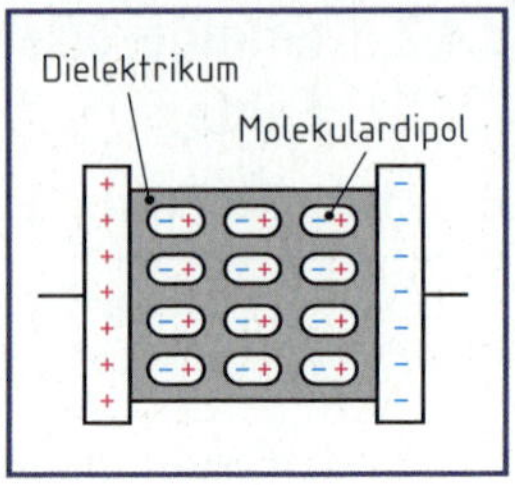


**Bild 2**: Polarisation im Isolierstoff

## Elektrische Felder in der Praxis

Beispiele für die technische Anwendung elektrischer Felder in der Praxis:

- Oszilloskop,
- Feldeffekttransistor,
- Elektrofilter und
- Farbspritzanlagen.

Im **Oszilloskop** lenkt ein elektrisches Feld den Elektronenstrahl ab. Bei **Feldeffekttransistoren** wird der Laststrom durch ein elektrisches Feld gesteuert. **Elektrofilter** scheiden Staub aus Gasen ab. Die Staubteile werden negativ aufgeladen und dann von einer positiv geladenen Elektrode angezogen. Bei elektrostatischen **Farbspritzanlagen** werden Farb- oder Lacktröpfchen elektrisch aufgeladen und dann durch elektrische Feldkräfte auf Werkstücke aufgetragen.

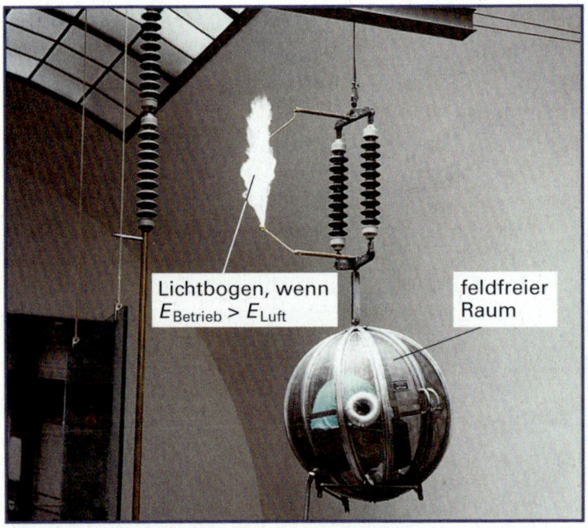


**Bild 3**: Faradayscher Käfig im Hochspannungsfeld

Elektrische Felder können unterschiedliche Feldstärken haben **(Tabelle 1)**. Nach einer Aufladung, z. B. Gehen über einen Teppichboden, kann es bei Berührungen mit einem Metallgegenstand zu Elektrisierungen kommen.

**Tabelle 1:** Beispiele elektrischer Feldstärken

| Gerät bzw. Vorgang | *E* in V/m |
|---|---|
| Warmwasserspeicher* | 260 |
| Bügeleisen* | 120 |
| Farbfernseher* | 60 |
| 230-V-Glühlampe* | 5 |
| Gewitter | 3000 … 20000 |

* gemessen im Abstand von 30 cm

Die Grenzwerte elektrischer Feldstärken sind in der Bundes-Immissions-Schutzverordnung (BImSchV) festgelegt. Diese sind frequenzabhängig und betragen z. B. bei 50 Hz 5000 V/m.

Zwischen den parallelen Leitern in Leitungen und Kabeln treten elektrische Felder und somit unerwünschte Kapazitäten auf **(Übersicht)**.

**Übersicht: Erwünschte und unerwünschte elektrische Felder bzw. Kapazitäten (Beispiele)**

- **Erwünschte elektrische Felder:**
  - Kondensator
  - elektrostatische Filter zur Luftreinigung
- **Unerwünschte elektrische Felder:**
  - zwischen parallel verlaufenden Leitungen
  - zwischen Leitungen und benachbarten Metallteilen
  - in Transistoren und Dioden
  - zwischen Drahtwindungen einer Spule
  - in Drahtwiderständen

[1] Michael Faraday, engl. Physiker, 1791 bis 1867

## 7.4.3 Kondensator

### Verhalten eines Kondensators

Ein Kondensator[1] besteht im Grundaufbau aus zwei elektrisch leitenden Platten, z. B. Metallfolien, mit einem Isolierstoff dazwischen, dem Dielektrikum **(Bild 1)**. Schließt man einen Kondensator an Spannung an **(Bild 2)**, so lädt er sich auf.

Beim Laden fließt zu Beginn ein hoher Ladestrom. Während des Aufladens wird der Ladestrom immer kleiner, bis er zu null wird. Dann sperrt der Kondensator den Gleichstrom.

Der Kondensator sperrt nach dem Aufladen den Gleichstrom.

Beim Laden werden vom Pluspol des Spannungserzeugers Elektronen von der einen Platte abgezogen und der anderen Platte zugeführt. Dadurch entsteht auf der einen Platte Elektronenmangel, auf der anderen Platte Elektronenüberschuss. Zwischen den Platten des Kondensators besteht dann eine Spannung, die der angelegten Spannung entgegenwirkt und gleich groß ist. Dann ist der Ladevorgang beendet. Beim Entladen des Kondensators fließt ein Entladestrom so lange, bis sich die Ladungen auf den Kondensatorplatten ausgeglichen haben.

Der Kondensator kann elektrische Ladungen speichern.

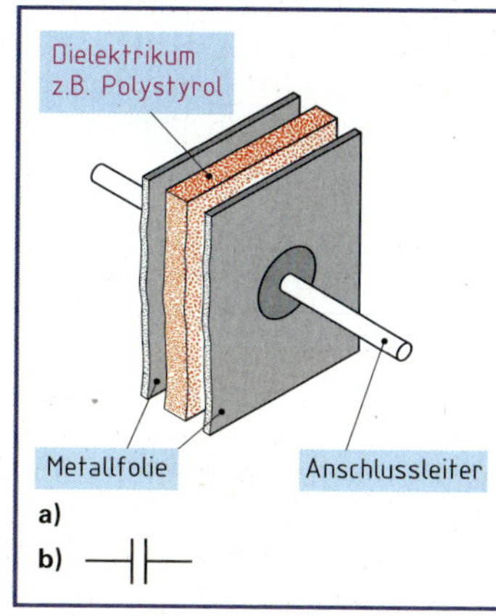


**Bild 1:** a) Grundaufbau und b) Schaltzeichen eines Kondensators

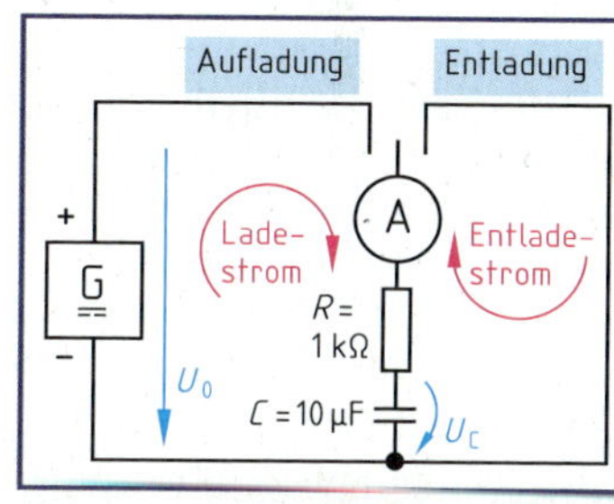


**Bild 2:** Laden und Entladen eines Kondensators

### Kapazität eines Kondensators

Erhöht man die Spannung an einem Kondensator auf den doppelten Wert, so fließt auch die doppelte Ladung auf die Kondensatorplatten. Das Verhältnis $Q/U$ ist konstant. Es wird **Kapazität**[2] $C$ genannt.

Ein Kondensator hat die Kapazität 1 Farad (1 F), wenn er von der Ladung 1 As um 1 V aufgeladen wird (1 F = 1 As/V).

Die Einheit Farad ist für die Praxis zu groß. Man verwendet deshalb kleinere Kapazitätseinheiten **(Übersicht)**.

**Kondensatorkapazität**

$$C = \frac{Q}{U}$$

$$[C] = \frac{\mathrm{As}}{\mathrm{V}} = \mathrm{F}$$

$C$ Kapazität
$Q$ Ladung
$U$ Spannung

**Beispiel 1:**

a) Geben Sie die Kapazität des Kondensators **(Bild 3)** in nF und pF an. **b)** Wie groß ist die Ladung des Kondensators an einer Gleichspannung von 100 V?

**Lösung:**

**a)** $\mathbf{C = 0{,}68\ \mu F = 680\ nF = 680\,000\ pF}$

**b)** $Q = C \cdot U = 0{,}68\ \mu\mathrm{F} \cdot 100\ \mathrm{V}$

$$= 0{,}68 \cdot 10^{-6}\ \frac{\mathrm{As}}{\mathrm{V}} \cdot 100\ \mathrm{V} = 6{,}8 \cdot 10^{-5}\ \mathrm{As} = \mathbf{68\ \mu As}$$

**Übersicht: Einheitenvorsätze der Kapazität**

| | | |
|---|---|---|
| 1 Millifarad | = 1 mF | = $10^{-3}$ F |
| 1 Mikrofarad | = 1 µF | = $10^{-6}$ F |
| 1 Nanofarad | = 1 nF | = $10^{-9}$ F |
| 1 Pikofarad | = 1 pF | = $10^{-12}$ F |

**Praxistipp: Übersprechen**

Werden zwei Leitungen über eine lange Strecke parallel verlegt, so bilden diese elektrotechnisch gesehen ebenfalls einen Kondensator. Es entsteht zwischen ihnen also eine kapazitive Kopplung. Dadurch kann es zum sogenannten Übersprechen kommen, also zur unerwünschten Beeinflussung der Nachbarleitung (siehe auch: Seite 323 und Seite 386).

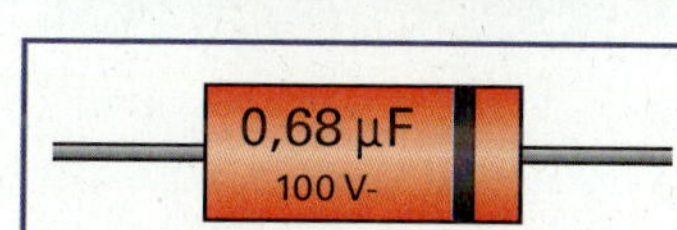


**Bild 3:** Folienkondensator

[1] Kondensator = Verdichter, von condensare (lat.) = verdichten, zusammenpressen
[2] Kapazität = Fassungsvermögen, von capacitas (lat.) = Fassungsvermögen

## Berechnung der Kapazität von Kondensatoren

Die Kapazität eines Kondensators ist durch seinen Aufbau festgelegt.

Die Kapazität $C$ eines Plattenkondensators ist abhängig von der
- Plattenfläche $A$, dem
- Plattenabstand $l$ und der
- Permittivitätszahl $\varepsilon_r$.

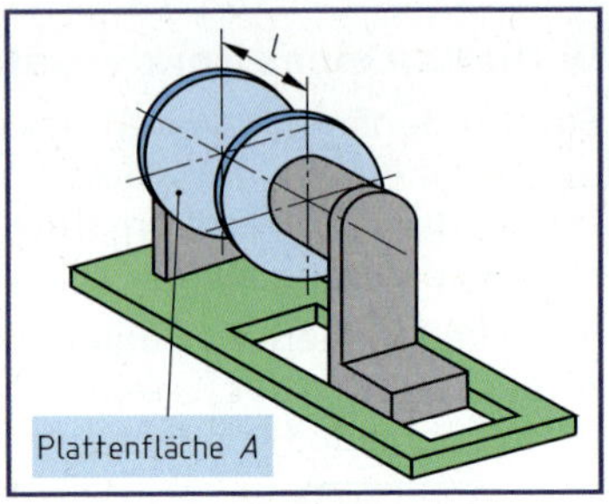


**Bild 1:** Demonstrationskondensator

Bei Vergrößerung der Plattenoberfläche steht den Ladungen eine größere Fläche zur Verfügung.

Bei kleinerem Plattenabstand erhöht sich die Feldstärke $E$ im Kondensator. Dadurch verdichten sich die Ladungsträger auf der Plattenoberfläche und es fließen mehr Ladungsträger auf die Platten.

Unter dem Einfluss des elektrischen Feldes richten sich die Molekulardipole im Dielektrikum aus. Diesen Vorgang nennt man dielektrische **Polarisation (Seite 217)**. Dadurch wird je nach Isolierstoff eine bestimmte Menge der ursprünglich vorhandenen Kondensatorladung ausgeglichen. Die Kondensatoren nehmen deshalb eine erhöhte Ladung auf, bis wieder derselbe Spannungszustand zwischen den Platten erreicht ist wie ohne Verwendung des eingeschobenen Dielektrikums. Die Aufnahme einer größeren Ladung bedeutet eine Vergrößerung der Kapazität. Das Dielektrikum beeinflusst also die Kapazität des Kondensators.

Die Zahl, die angibt, wievielmal größer die Kapazität eines Kondensators wird, wenn statt Luft ein anderer Isolierstoff verwendet wird, heißt **Permittivitätszahl**[1] $\varepsilon_r$ des betreffenden Isolierstoffes **(Tabelle 1)**.

Die Kapazität eines Kondensators wird umso größer, je größer die Permittivitätszahl des Dielektrikums, je größer die Plattenfläche und je kleiner der Plattenabstand ist.

### Kapazität von Plattenkondensatoren

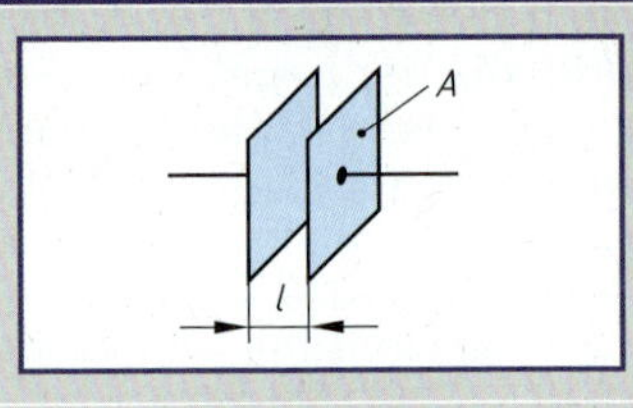


$$\boldsymbol{C = \varepsilon_0 \cdot \varepsilon_r \cdot \frac{A}{l}}$$

$$\boldsymbol{\varepsilon = \varepsilon_0 \cdot \varepsilon_r}$$

$$[C] = \frac{\text{As}}{\text{V}} = \text{F}$$

$C$ Kapazität
$\varepsilon_0$ Elektrische Feldkonstante
$\varepsilon_0 = 8{,}85 \cdot 10^{-12}\ \frac{\text{As}}{\text{Vm}} = 8{,}85\ \frac{\text{pF}}{\text{m}}$
$\varepsilon_r$ Permittivitätszahl
$\varepsilon$ Permittivität
$A$ Plattenfläche
$l$ Plattenabstand (Isolierstoffdicke)

**Beispiel 2:**

Ein Plattenkondensator mit dem Plattenabstand 0,5 mm hat eine gesamte Plattenfläche von 30 cm². Welche Kapazität hat der Kondensator, wenn als Dielektrikum **a)** Luft und **b)** Hartpapier ($\varepsilon_r = 4$, dick 0,5 mm) verwendet wird?

**Lösung:**

**a)** Für Luft: $\boldsymbol{C} = \varepsilon_0 \cdot \varepsilon_r \cdot \frac{A}{l}$

$$= 8{,}85\ \frac{\text{pf}}{\text{m}} \cdot 1 \cdot \frac{30 \cdot 10^{-4}\ \text{m}^2}{0{,}5 \cdot 10^{-3}\ \text{m}} = \mathbf{53{,}1\ pF}$$

**b)** Für Hartpapier: $\boldsymbol{C} = \varepsilon_0 \cdot \varepsilon_r \cdot \frac{A}{l}$

$$= 8{,}85\ \frac{\text{pf}}{\text{m}} \cdot 4 \cdot \frac{30 \cdot 10^{-4}\ \text{m}^2}{0{,}5 \cdot 10^{-3}\ \text{m}} = \mathbf{212{,}4\ pF}$$

**Tabelle 1:** Permittivitätszahlen von Isolierstoffen

| Isolierstoff | $\varepsilon_r$ |
|---|---|
| Luft | 1 |
| Isolieröl | 2 … 2,4 |
| Silikonöl | 2,8 |
| Hartpapier | 4 … 8 |
| Porzellan | 5 … 6 |
| Glas | 4 … 8 |
| Glimmer | 6 … 8 |
| Polystyrol | 2,5 |
| Keramik | 10 … 10000 |
| Polyester | 3,3 |
| Polycarbonat | 2,8 |

[1] von permittere (lat.) = erlauben, zulassen; früher: Dielektrizitätszahl

## Laden und Entladen von Kondensatoren

Ein Maß für die Ladezeit ist die **Zeitkonstante $\tau$**[1].

Das Produkt aus Widerstand $R$ und Kapazität $C$ ist die Zeitkonstante $\tau$.

**Beim Laden gilt:**
Nach der Zeit $t = \tau$ ist der Kondensator auf etwa 63% der angelegten Spannung $U_0$ aufgeladen. Jeweils nach $t = 1\ \tau$ erhöht sich die Spannung um 63% des vorherigen Wertes.

Der Kondensator ist praktisch nach der Zeitdauer $t_c \approx 5 \cdot \tau = 5 \cdot R \cdot C$ auf die Ladespannung $U_0$ aufgeladen. Dann fließt fast kein Strom mehr.

Die Stromstärke nimmt beim Laden zunächst rasch, dann immer langsamer ab. Das Laden eines Kondensators dauert umso länger, je größer die Kapazität und je größer der Widerstand sind. Im Einschaltmoment wirkt der Kondensator wie ein Kurzschluss. Ist der Kondensator aufgeladen, sperrt er im Gleichstromkreis den Strom.

**Beispiel 1:**

Wie lange dauert es, bis der im Versuch 1 verwendete Kondensator von 10 µF, der über 1 MΩ an DC 30 V angeschlossen wird, nahezu vollständig geladen ist?

**Lösung:**

$t_c \approx 5 \cdot \tau = 5 \cdot R \cdot C = 5 \cdot 1\ \text{M}\Omega \cdot 10\ \mu\text{F}$
$= 5 \cdot 10^6\ \Omega \cdot 10^{-6}\ \text{F} = \mathbf{50\ s}$

Die Anfangsstromstärke $I_0$ wird beim Laden und Entladen vom Widerstand $R$ im Stromkreis begrenzt.

**Beim Entladen gilt:**
Beim Entladen eines Kondensators ist nach der Zeit $\tau$ noch ein Strom von etwa 37% des ursprünglichen Stromwertes vorhanden. Jeweils nach der Zeitkonstanten $\tau$ verringert sich der Strom auf 37% des vorherigen Wertes. Nach etwa $5 \cdot \tau$ fließt fast kein Strom mehr. Der Kondensator ist dann nahezu vollständig entladen.

Beim Laden und Entladen eines Kondensators fließt nach $t_c \approx 5 \cdot \tau$ fast kein Strom mehr.

- Kondensatoren sind Energiespeicher und können nach dem Abschalten längere Zeit eine gefährliche Spannung führen. Deshalb müssen z.B. Kompensationskondensatoren nach DIN EN 61048 in maximal 60 Sekunden entladen sein.
- Beim Kurzschließen von Kondensatoren können hohe Entladestromstärken entstehen.

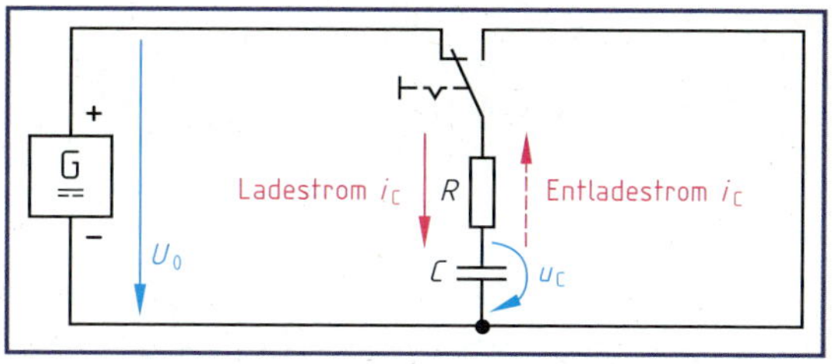


**Bild 1:** Schaltung zum Laden und Entladen eines Kondensators

**Zeitkonstante**

$$\tau = R \cdot C$$

$$t_c \approx 5 \cdot \tau$$

$$[\tau] = \Omega \cdot \text{F} = \frac{\text{V}}{\text{A}} \cdot \frac{\text{As}}{\text{V}} = \text{s}$$

| | |
|---|---|
| $\tau$ Zeitkonstante | $C$ Kapazität |
| $t_c$ Lade- bzw. Entladezeit | $R$ Widerstand |

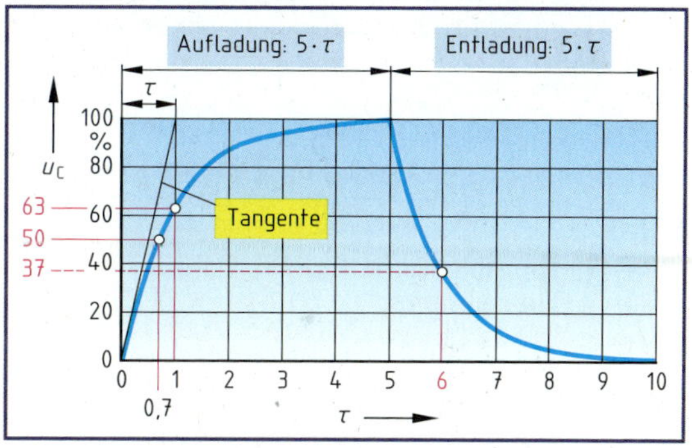


**Bild 2:** Spannungsverlauf beim Laden und Entladen eines Kondensators

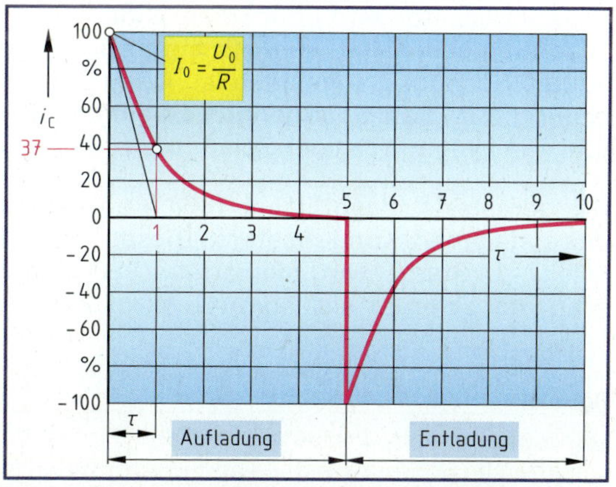


**Bild 3:** Stromverlauf beim Laden und Entladen eines Kondensators

[1] $\tau$ griech. Kleinbuchstabe tau

**Spannung und Strom beim Laden:**

**Beispiel 2:**

Ein Kondensator mit 4,7 µF liegt in Reihe mit einem Widerstand $R = 10\ \text{k}\Omega$ an der Spannung $U_0 = 12$ V. **a)** Auf welche Spannung $u_C$ ist der Kondensator nach 10 ms geladen? **b)** Welche Ladestromstärke fließt in der Schaltung nach 10 ms?

**Lösung:**

**a)** $\tau = R \cdot C = 10\ \text{k}\Omega \cdot 4{,}7\ \mu\text{F} = 10 \cdot 10^3\ \Omega \cdot 4{,}7 \cdot 10^{-6}\ \text{F} = 47\ \text{ms};$

$$u_C = U_0 \cdot (1 - e^{-t/\tau}) = 12\ \text{V} \cdot (1 - e^{-10\ \text{ms}/47\ \text{ms}}) = 12\ \text{V} \cdot (1 - e^{-0{,}213}) = \mathbf{2{,}3\ V}$$

**b)** $I_0 = \frac{U_0}{R} = \frac{12\ \text{V}}{10\ \text{k}\Omega} = 1{,}2\ \text{mA}$

$$i_C = I_0 \cdot e^{-t/\tau} = 1{,}2\ \text{mA} \cdot e^{-10\ \text{ms}/47\ \text{ms}} = 1{,}2\ \text{mA} \cdot e^{-0{,}213} = 1{,}2\ \text{mA} \cdot 0{,}808 = \mathbf{0{,}97\ mA}$$

**Beispiel 3:**

Für eine Ausschaltverzögerung wird ein Kondensator von 1000 µF parallel zu einem Relais von 1 kΩ an 60 V Gleichspannung angeschlossen. Die Haltespannung des Relais beträgt 42 V. Die Spannung wird abgeschaltet. Nach welcher Zeit fällt das Relais ab?

**Lösung:**

$\tau = R \cdot C = 1\ \text{k}\Omega \cdot 1000\ \mu\text{F} = 1 \cdot 10^3\ \Omega \cdot 1000 \cdot 10^{-6}\ \text{F} = 1000\ \text{ms} = 1\ \text{s}$

$$u_C = U_0 \cdot e^{-t/\tau} \quad \Rightarrow \quad \boldsymbol{t} = -\tau \cdot \ln \frac{u_C}{U_0} = -1\ \text{s} \cdot \ln \frac{42\ \text{V}}{60\ \text{V}} = -1\ \text{s} \cdot (-0{,}36) = \mathbf{0{,}36\ s}$$

Hinweis: ln, Abk. für natürlicher Logarithmus, am Taschenrechner Taste LN verwenden.

**Ladevorgang**

$$u_C = U_0\,(1 - e^{-t/\tau})$$
$$i_C = I_0 \cdot e^{-t/\tau}$$
$$I_0 = \frac{U_0}{R}$$

Nach der Aufladung ist:
$u_C = U_0;\quad i_C = 0$

**Entladevorgang**

$$u_C = U_0 \cdot e^{-t/\tau}$$
$$i_C = -I_0 \cdot e^{-t/\tau}$$

Nach der Entladung ist:
$u_C = 0;\quad i_C = 0$

$u_C$ Momentanwert der Spannung am Kondensator
$U_0$ Ladespannung, Spannung des aufgeladenen Kondensators
$e$ ≈ 2,71828
$t$ Zeit
$\tau$ Zeitkonstante
$i_C$ Momentanwerte der Lade- bzw. Entladestromstärke
$I_0$ Anfangsstromstärke
$R$ Widerstand im Stromkreis

## Energie des geladenen Kondensators

Ein Kondensator wird über einen Widerstand $R$ an eine Gleichspannung geschaltet. Es fließt ein Strom, bis der Kondensator auf die Spannung $U$ geladen ist. Nun hat der Kondensator die Ladung $Q$ und die Spannung $U$. Es gilt die Beziehung $Q = C \cdot U$, d.h., die Ladung $Q$ ist der Spannung $U$ verhältnisgleich **(Bild 1)**.

Die gerasterte blaue Fläche **(Bild 1)** entspricht der Energie $W$ des geladenen Kondensators. Dieses Dreieck hat die Fläche $1/2 \cdot Q \cdot U$. Statt $Q$ wird die Formel $C \cdot U$ eingesetzt. Die elektrische Energie ergibt sich somit zu $W = 1/2 \cdot C \cdot U^2$.

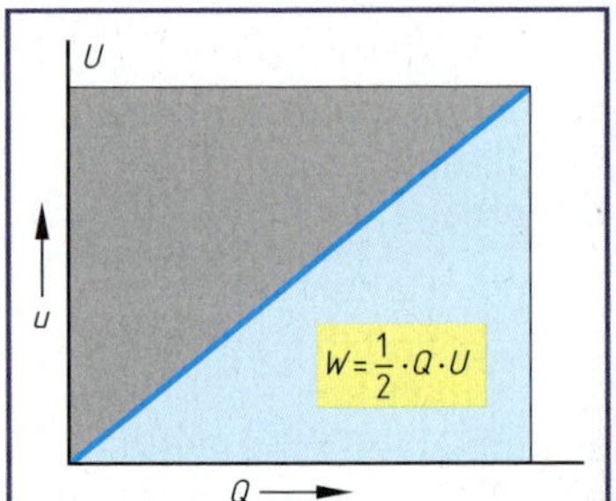


**Bild 1:** Spannung eines Kondensators in Abhängigkeit von der Ladung

**Beispiel:**

Ein Kondensator $C = 100\ \mu\text{F}$ wird auf $U = 110$ V geladen. Welche elektrische Energie hat der Kondensator gespeichert?

**Lösung:**

$$W = \frac{1}{2} \cdot C \cdot U^2 = \frac{100 \cdot 10^{-6}\ \text{F} \cdot 110^2\ \text{V}^2}{2} = \mathbf{0{,}605\ Ws}$$

**Energie im Kondensator**

$$W = \frac{1}{2} \cdot C \cdot U^2$$
$$[W] = \text{F} \cdot \text{V}^2 = \frac{\text{As}}{\text{V}} \cdot \text{V}^2 = \text{As} \cdot \text{V} = \text{Ws}$$

$W$ Elektrische Energie
$C$ Kapazität
$U$ Spannung

### 7.4.4 Schaltungen von Kondensatoren

Kondensatoren können in Parallel-, Reihen- und Gruppenschaltung (gemischte Schaltung) betrieben werden.

#### Parallelschaltung von Kondensatoren

Eine Parallelschaltung mehrerer Kondensatoren **(Bild 1)** wirkt wie eine Vergrößerung der Plattenoberfläche. Daher erhält man als Gesamtkapazität *C* die Summe der Einzelkapazitäten.

**Für die Parallelschaltung gilt:**

- An jedem Kondensator liegt die gleiche Spannung an.
- In jeden Kondensator fließt ein Teilladestrom und lädt ihn auf.
- Die Gesamtladung *Q* ist die Summe der Teilladungen.
- Die Gesamtkapazität ist gleich der Summe der Einzelkapazitäten.

**Beispiel 1:**

Welche Kapazität muss ein Kondensator haben, der drei parallel geschaltete Kondensatoren von 1000 pF, 0,02 µF und 5 nF ersetzen soll?

**Lösung:**

$\mathbf{C} = C_1 + C_2 + C_3 = 1000\text{ pF} + 0{,}02\text{ µF} + 5\text{ nF} = 1\text{ nF} + 20\text{ nF} + 5\text{ nF} = \mathbf{26\text{ nF}}$

#### Reihenschaltung von Kondensatoren

Die Reihenschaltung von Kondensatoren **(Bild 2)** wirkt wie eine Abstandsvergrößerung der Kondensatorplatten und führt somit zu einer Verkleinerung der Kapazität.

**Für die Reihenschaltung gilt:**

- An jedem Einzelkondensator liegt eine Teilspannung. Sie ist umgekehrt proportional zur Kapazität.
- Durch alle Kondensatoren fließt der gleich große Ladestrom.
- Jeder Kondensator speichert eine gleich große Ladung *Q*.
- Die Gesamtkapazität ist kleiner als die kleinste Einzelkapazität.
- Die Spannungsfestigkeit der gesamten Reihenschaltung ist höher als die Spannungsfestigkeit eines einzelnen Kondensators.

**Beispiel 2:**

Berechnen Sie die Ersatzkapazität der Kondensatoren im **Beispiel 1**, wenn diese in Reihe geschaltet werden.

**Lösung:**

$$\frac{1}{C} = \frac{1}{C_1} + \frac{1}{C_2} + \frac{1}{C_3} = \frac{1}{1\text{ nF}} + \frac{1}{20\text{ nF}} + \frac{1}{5\text{ nF}} = 1{,}25\,\frac{1}{\text{nF}} \Rightarrow \mathbf{C = 0{,}8\text{ nF}}$$

Wichtige Größen beim Kondensator sind seine Kapazität und seine Bemessungsspannung. Die Bemessungsspannung darf nicht überschritten werden, weil sonst das Dielektrikum durchschlagen wird. Werden ungleiche Kapazitäten in Reihe geschaltet, so sind die Teilspannungen an den Kondensatoren verschieden groß. Sie verhalten sich umgekehrt proportional zu den Kapazitäten.

Am Kondensator mit der kleineren Kapazität liegt bei der Reihenschaltung die größere Spannung.

**Parallelschaltung**

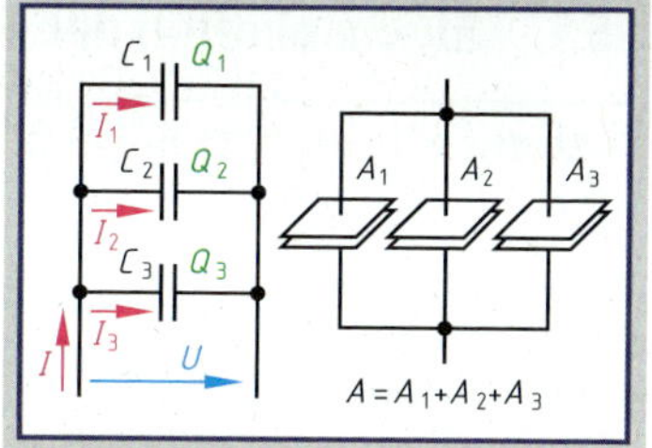


**Bild 1**

$$I = I_1 + I_2 + I_3$$
$$Q = Q_1 + Q_2 + Q_3$$
$$C \cdot U = C_1 \cdot U + C_2 \cdot U + C_3 \cdot U$$
$$C \cdot U = U(C_1 + C_2 + C_3)$$
$$C = C_1 + C_2 + C_3 + \ldots$$

| | |
|---|---|
| $U$ | Spannung |
| $U_1, U_2, U_3$ | Teilspannungen |
| $Q$ | Ladung |
| $Q_1, Q_2, Q_3$ | Teilladungen |
| $C$ | Gesamtkapazität |
| $C_1, C_2, C_3$ | Einzelkapazitäten |

**Reihenschaltung**

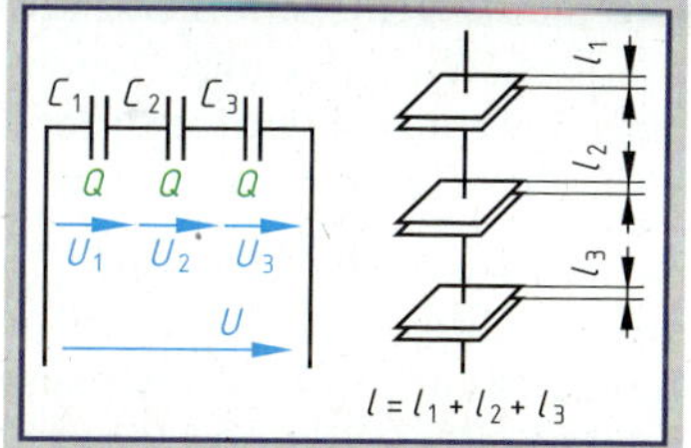


**Bild 2**

$$U = U_1 + U_2 + U_3$$
$$U_1 = \frac{Q}{C_1} \quad U_2 = \frac{Q}{C_2} \quad U_3 = \frac{Q}{C_3}$$
$$\frac{Q}{C} = \frac{Q}{C_1} + \frac{Q}{C_2} + \frac{Q}{C_3}$$
$$\frac{Q}{C} = Q\left(\frac{1}{C_1} + \frac{1}{C_2} + \frac{1}{C_3}\right)$$
$$\frac{1}{C} = \frac{1}{C_1} + \frac{1}{C_2} + \frac{1}{C_3} + \ldots$$

| | |
|---|---|
| $U$ | Spannung |
| $U_1, U_2, U_3$ | Teilspannungen |
| $Q$ | Ladung |
| $C$ | Gesamtkapazität |
| $C_1, C_2, C_3$ | Einzelkapazitäten |

# 7.5 Magnetisches Feld

## 7.5.1 Eigenschaften der Magnete und Darstellungshilfen

Stoffe, die von Magneten angezogen werden, z. B. Eisen, Nickel und Kobalt, nennt man **ferromagnetische[1] Stoffe**.

**Pole** nennt man die Stellen eines Magneten mit der größten Kraftwirkung. Die magnetische Kraftwirkung nimmt von den Polen zur Magnetmitte hin ab. In der Mitte zwischen den Polen ist keine magnetische Kraftwirkung vorhanden. Diesen kleinen Grenzbereich nennt man **neutrale Zone (Bild 2)**. Entsprechend der Anzeigerichtung einer Magnetnadel beim Kompass nennt man den Pol, der in geographische Nord-Richtung zeigt, **Nordpol (N)**, den anderen **Südpol (S)**.

Teilt man einen Magneten, z. B. einen magnetisierten Eisendraht, entstehen wieder neue, kleinere Magnete. Jeder Teilmagnet hat wieder einen Nordpol und einen Südpol **(Bild 2)**. Denkt man sich die Teilung der Magnete weiter fortgesetzt, bleiben schließlich kleinste, nicht weiter teilbare Teilchen übrig. Diese nennt man **Elementarmagnete**. In ferromagnetischen Stoffen existieren kleine Bereiche, in denen die Elementarmagnete gleichmäßig ausgerichtet sind. Diese Bereiche nennt man nach ihrem Entdecker **weisssche[2] Bezirke (Bild 3)**.

**Magnetisieren.** Sind die weissschen Bezirke in einem ferromagnetischen Stoff, z. B. Eisen oder Kobalt ungeordnet **(Bild 3a)**, zeigt dieser Stoff nach außen keine magnetische Wirkung. Bringt man den Stoff in das Magnetfeld eines starken Magneten, werden seine weissschen Bezirke ausgerichtet **(Bild 3b)** und er zeigt magnetische Wirkung. Diesen Vorgang nennt man **magnetisieren.** Die zur Ausrichtung der weissschen Bezirke erforderliche Arbeit ist als magnetische Energie gespeichert.

Je mehr weisssche Bezirke in einem magnetischen Werkstoff ausgerichtet sind, desto größer ist seine magnetische Wirkung. Sind alle vorhandenen weissschen Bezirke ausgerichtet, ist eine weitere Verstärkung der magnetischen Wirkung nicht mehr möglich. Der Magnetwerkstoff ist dann **magnetisch gesättigt** **(Seite 230)**.

**Entmagnetisieren.** Das Aufheben der ausgerichteten weissschen Bezirke nennt man **Entmagnetisieren**. Ein Werkstoff verliert seinen Magnetismus bei einer für ihn charakteristischen Temperatur, der sogenannten Curie[3]-Temperatur. Ebenso kann bei starken Erschütterungen, z. B. durch Hämmern des Magneten, der Magnetismus aufgehoben werden.

**Dauermagnete (Permanentmagnete[4])** sind Stoffe, z. B. AlNi-Co-Legierungen, die den Magnetismus über eine lange Zeit behalten und nur mit hohem Energieaufwand entmagnetisiert werden können. Diese Eigenschaft nennt man **hartmagnetisch**.

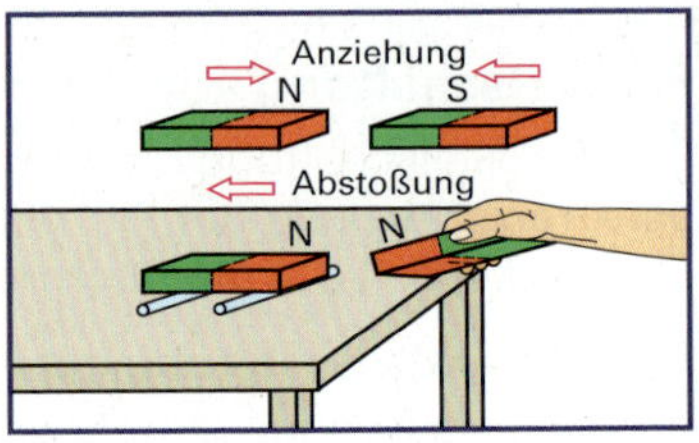

**Bild 1**: Kraftwirkungen magnetischer Pole

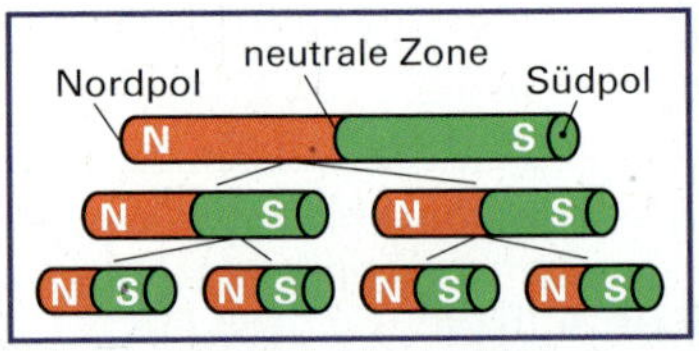

**Bild 2**: Zerlegung eines Magneten in Teilmagnete

**Magnete**
- Magnete üben Anziehungskräfte auf ferromagnetische Stoffe aus.
- Magnete besitzen einen Nordpol und einen Südpol.
- Ungleichnamige Magnetpole ziehen sich an.
- Gleichnamige Magnetpole stoßen sich ab.
- Einen Magnet kann man sich aus vielen gleich gerichteten Elementarmagneten zusammengesetzt vorstellen.

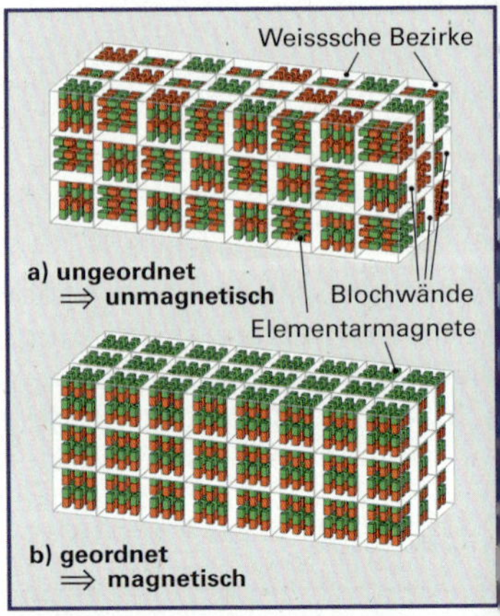

**Bild 3**: Weisssche Bezirke in ferromagnetischen Stoffen

[1] ferromagnetisch = magnetisch, wie Eisen (lat. ferrum)
[2] Weiss, franz. Physiker, 1885 bis 1940
[3] Curie, Pierre, franz. Physiker 1859 bis 1906
[4] von permanere (lat.) = sich erhalten

Der Raum im und um einen Magneten ist durch einen Energiezustand gekennzeichnet, der **magnetisches Feld** genannt wird. Als Darstellungshilfe werden für das magnetische Feld Linien benutzt, die man **magnetische Feldlinien** nennt. Magnetische Feldlinien sind Linien, die den Verlauf der magnetischen Kraftwirkung darstellen. Man hat für die magnetischen Feldlinien den Richtungsverlauf wie in **Bild 1** festgelegt.

**Magnetischer Feldlinienverlauf**

- Magnetische Feldlinien sind immer geschlossene Linien ohne Anfang und Ende.
- Magnetische Feldlinien verlaufen außerhalb des Magneten vom Nordpol zum Südpol und innerhalb des Magneten vom Südpol zum Nordpol.
- Magnetische Feldlinien treten immer senkrecht aus der Magnetoberfläche aus bzw. in diese wieder ein.

Zwischen den Polen haben die Feldlinien einen dichten Verlauf. Liegen die Feldlinien dicht beieinander, so ist die magnetische Kraftwirkung groß. Großer Abstand der Feldlinien bedeutet eine kleine magnetische Kraft.

Wichtige Felder für Magnetanwendungen sind **homogene**[1] **Felder** und **radialhomogene**[2] **Felder (Übersicht)**. Homogene Felder sind für technische Anwendungen besonders geeignet, da in diesen Feldern die Energieverteilung gleichmäßig ist. Oft kann man aber nur in bestimmten Teilbereichen einen homogenen Feldlinienverlauf erreichen. Soll eine drehende Kraftwirkung mithilfe eines magnetischen Feldes erzeugt werden, so ist das radialhomogene Feld vorteilhaft, da im schmalen Luftspalt die Ausnutzung der magnetischen Kraftwirkung gleichmäßig und mit gutem Wirkungsgrad möglich ist. Magnetanordnungen mit radialhomogenen Feldern findet man z. B. in Zeigermessgeräten, Motoren und Generatoren.

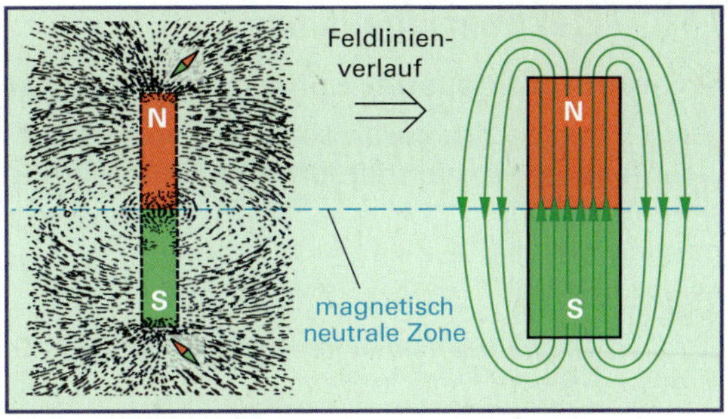


**Bild 1:** Magnetischer Feldlinienverlauf eines Stabmagneten

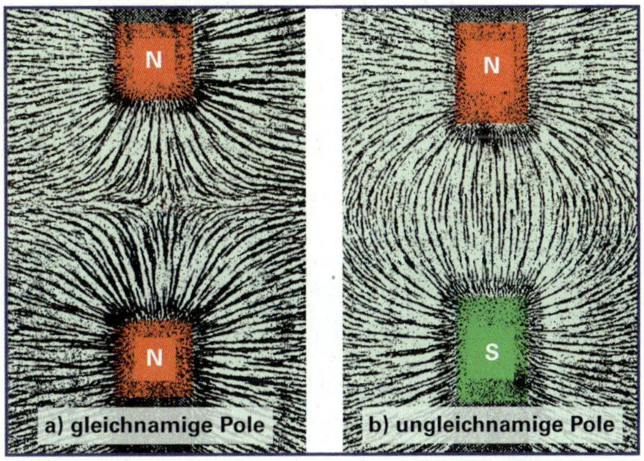


**Bild 2:** Magnetischer Feldlinienverlauf zwischen Magnetpolen

**Übersicht:**
**Einteilung magnetischer Felder**

**Homogene Felder**

Die Richtung und die Größe der magnetischen Kraftwirkung ist an jeder Stelle im Feld gleich.

Die Feldlinien verlaufen parallel, in gleichem Abstand und in gleicher Richtung.

**Radialhomogene Felder**

Die magnetische Kraftwirkung verläuft im Feld strahlenförmig nach allen Richtungen. Die Größe der Kraft ist in schmalen Feldbereichen fast gleich.

Feldlinien zeigen strahlenförmig auf einen gedachten Mittelpunkt.

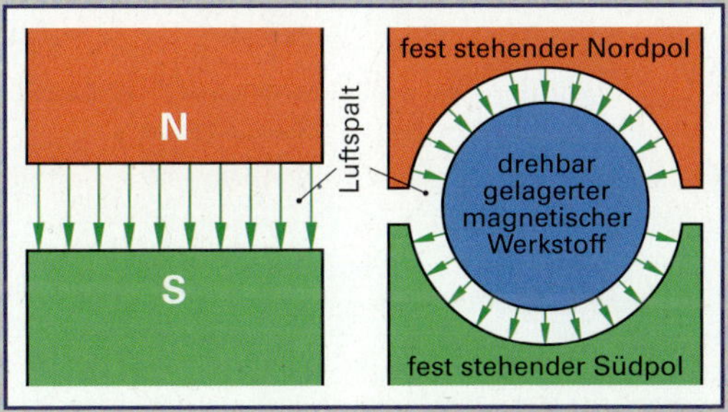


[1] homogen (griech.) = gleichmäßig
[2] radial, von Radius (kreisförmig)

## 7.5.2 Elektromagnetismus

### Stromdurchflossener Leiter und Magnetfeld

Fließt Gleichstrom durch einen Leiter, so kann man mithilfe von Eisenfeilspänen, die man um den Leiter streut, das Magnetfeld sichtbar machen.

*Die Eisenfeilspäne ordnen sich in konzentrischen[1] Kreisen um den Leiter herum an* **(Bild 1)**.

*Wird die Magnetnadel in einer Kreisbahn um den Leiter herumgeführt, zeigt sie in jedem Punkt in Richtung der Tangente[2]* **(Bild 2)**. *Nach der Umkehr der Stromrichtung zeigt die Magnetnadel ebenfalls in die umgekehrte Richtung. In weiterer Entfernung vom Leiter ist die Kraftwirkung wesentlich schwächer ausgeprägt.*

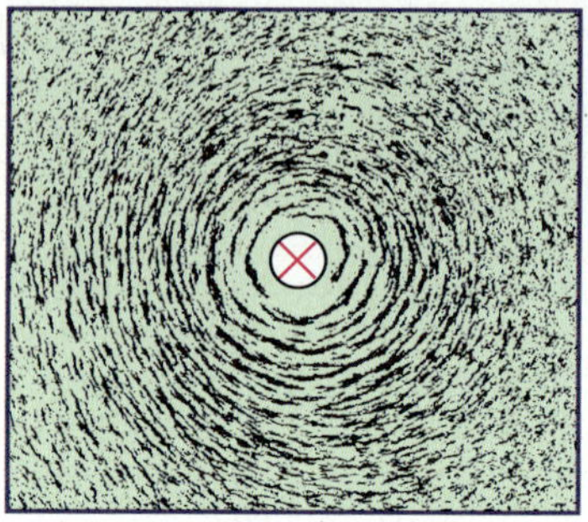

**Bild 1**: Magnetfeld um einen stromdurchflossenen Leiter

Die Richtung des Stromes im Leiter wird durch Symbole gekennzeichnet. Fließt der Strom aus dem Leiter heraus, so zeichnet man in den Leiterquerschnitt einen Punkt (•), fließt er in den Leiter hinein, so zeichnet man ein Kreuz (×) **(Bild 3)**.

Die magnetischen Feldlinien verlaufen im Uhrzeigersinn, wenn man in Stromrichtung auf den Leiter blickt. Sie verlaufen gegen den Uhrzeigersinn, wenn der Strom auf den Betrachter zufließt.

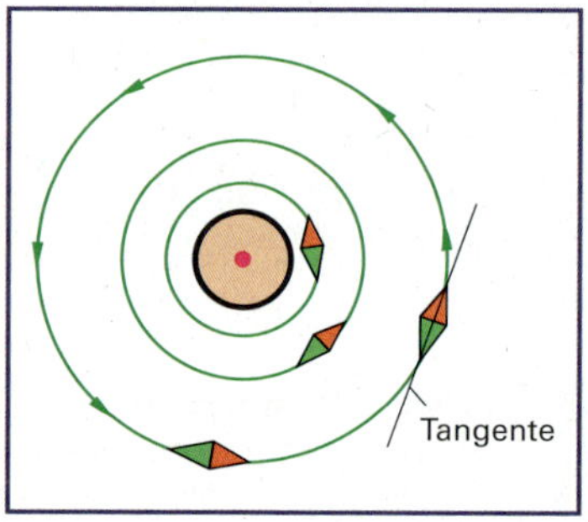


**Bild 2**: Magnetische Feldlinien um einen stromdurchflossenen Leiter

Den Zusammenhang zwischen Stromrichtung und magnetischer Feldlinienrichtung zeigt die **Schraubenregel** (Rechtsschraubenregel, **Bild 4**).

**Schraubenregel:** Denkt man sich eine Schraube mit Rechtsgewinde in Richtung des Stromes in den Leiter geschraubt, gibt die Drehrichtung der Schraube die Feldlinienrichtung an.

Auch stromdurchflossene flüssige oder gasförmige Leiter, z. B. ein Schweißlichtbogen, sind von einem Magnetfeld umgeben. Um Leiter, die vom Wechselstrom durchflossen werden, bildet sich ebenfalls ein Magnetfeld. Wie der Strom ändert dann auch das Magnetfeld ständig seine Größe und Richtung (magnetisches Wechselfeld).

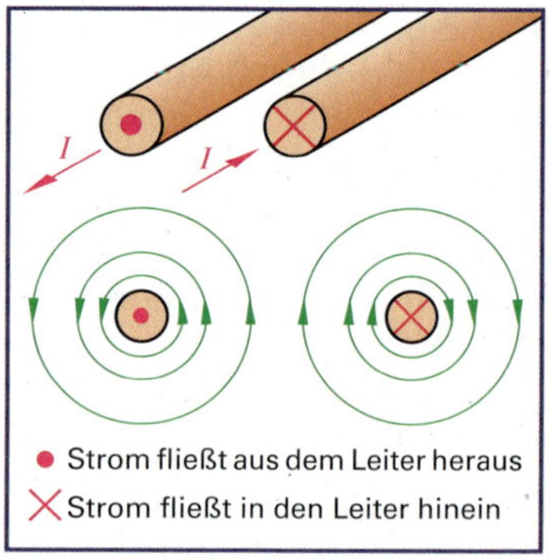


**Bild 3**: Richtung von Strom und Magnetfeld

**Strom und Magnetfeld**

- Der elektrische Strom ist die Ursache für das magnetische Feld.
- Jede bewegte elektrische Ladung ist von einem magnetischen Feld umgeben.
- Ein stromdurchflossener Leiter erzeugt immer ein magnetisches Feld.
- Die Feldlinien um einen stromdurchflossenen Leiter haben die Form von konzentrischen Kreisen.
- Die Richtung des magnetischen Feldes ist abhängig von der Stromrichtung.
- Die Stärke des magnetischen Feldes nimmt mit zunehmender Entfernung vom Leiter ab.

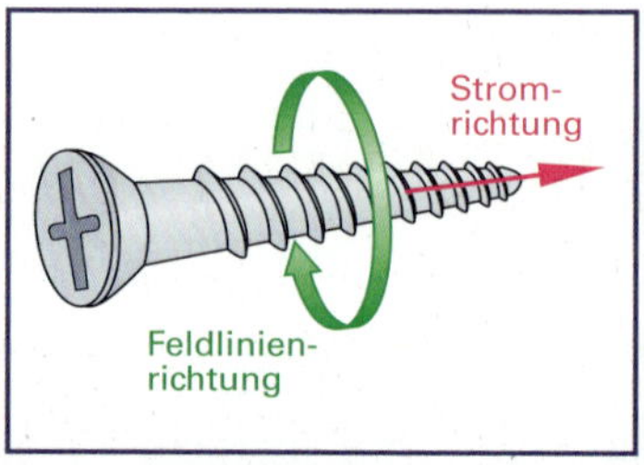


**Bild 4**: Schraubenregel (Rechtsschraubenregel)

[1] konzentrisch = Kreise, die um einen gemeinsamen Mittelpunkt herum angeordnet sind
[2] Tangente = Gerade, die eine Kurve in einem Punkt berührt

## Stromdurchflossene Spule und Magnetfeld

**Versuch 1:** Biegen Sie einen Leiter zu einer Schleife und führen Sie diese durch die beiden Löcher einer dünnen Plexiglasplatte. Bestreuen Sie die Platte mit Eisenspänen und schließen Sie den Leiter an eine einstellbare Gleichspannungsquelle an. Prüfen Sie die Feldrichtung mit der Magnetnadel.

*In der Leiterschleife entsteht ein magnetisches Feld* **(Bild 1)**. *Die Schleife wirkt wie ein kurzer Stabmagnet.*

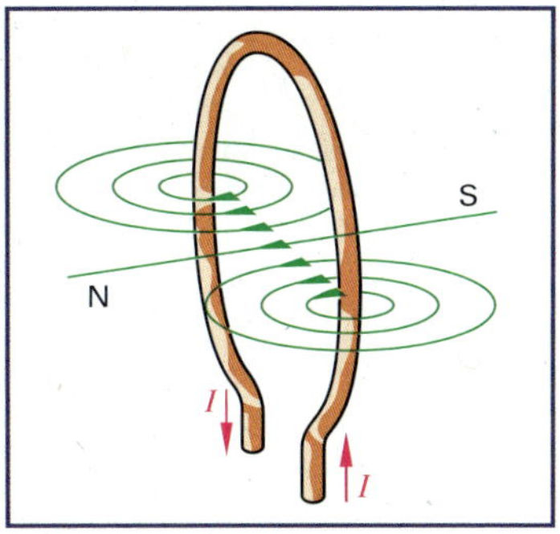

**Bild 1:** Magnetfeld einer Leiterschleife

Das Magnetfeld einer stromdurchflossenen Windung ergibt sich aus der Überlagerung der Magnetfelder der benachbarten Leiter **(Bild 1)**. Innerhalb der Windung verlaufen die Feldlinien in gleicher Richtung und verstärken die magnetische Wirkung. Die Feldliniendichte ist dort groß. Außerhalb der Leiterschleife ergibt sich mit zunehmender Entfernung vom Leiter eine abnehmende Feldliniendichte. Um den Elektromagnetismus besser nutzen zu können, wickelt man einen langen Leiter zu einer **Spule**. Die Spule besteht aus vielen Leiterschleifen, die man **Windungen** nennt.

**Schaltzeichen Spule**

> Eine Spule besteht aus mehreren in Reihe geschalteten Windungen.

Das Magnetfeld einer Spule ergibt sich aus der Überlagerung der Magnetfelder der einzelnen Windungen. Es entsteht ein Magnetfeld, das dem des Stabmagneten gleicht **(Bild 2)**. Die Feldlinien verlaufen im Inneren der Spule parallel und in gleichem Abstand zueinander. Im Inneren einer Spule ist das Magnetfeld homogen. Dort, wo die Feldlinien aus der Spule austreten, bildet sich der Nordpol, wo sie eintreten, der Südpol. Außerhalb der Spule ist das Feld inhomogen (nicht homogen).

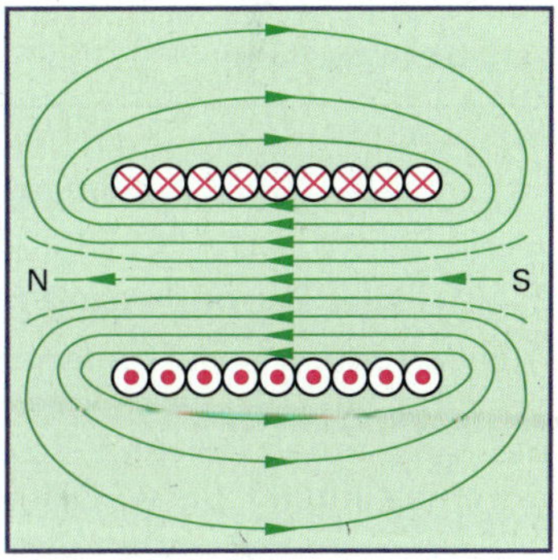

**Bild 2:** Magnetfeld einer Spule

> Stromdurchflossene Spulen sind Elektromagnete.

**Versuch 2:** Stellen Sie die Magnetfeldrichtung einer vom Gleichstrom durchflossenen Spule mithilfe einer Magnetnadel fest. Wechseln Sie die Stromrichtung in der Spule und beobachten Sie die Magnetnadel.

*Die Magnetfeldrichtung (Polarität) einer Spule hängt von der Stromrichtung ab.*

Die Magnetfeldrichtung einer Spule lässt sich auch mithilfe der **Spulen-Regel** bestimmen **(Bild 3)**.

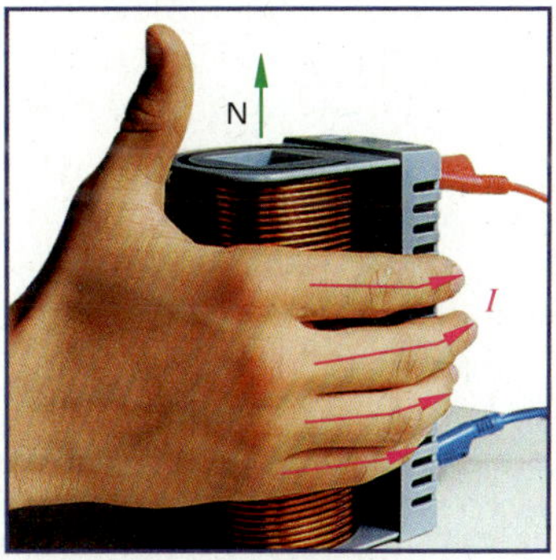

**Bild 3:** Spulen-Regel

> **Spulen-Regel:** Legt man die rechte Hand so um eine Spule, dass die Finger in Stromrichtung zeigen, dann zeigt der abgespreizte Daumen die Magnetfeldrichtung zum Nordpol der Spule an.

### Wiederholungsfragen

1. Welche Kraftwirkung üben **a)** gleichnamige Magnetpole und **b)** ungleichnamige Magnetpole aufeinander aus?
2. Was versteht man unter einem magnetischen Feld, und was sind magnetische Feldlinien?
3. Wie ist die Richtung der magnetischen Feldlinien festgelegt?
4. Warum wird Eisen beim Magnetisieren, z. B. mit einem Dauermagneten, selbst zum Magneten?

## 7.5.3 Grundgrößen des magnetischen Feldes

### Magnetischer Fluss $\Phi$

Die Gesamtzahl der magnetischen Feldlinien eines Dauermagneten oder einer stromdurchflossenen Spule nennt man **magnetischer Fluss** oder **Magnetfluss $\Phi$**[1] **(Bild 1).**

Der magnetische Fluss $\Phi$ kann nur über seine Wirkungen gemessen werden. Er hat die Einheit Voltsekunde (Vs) mit dem besonderen Einheitennamen **Weber**[2] (Wb).

**Versuch 1:** Hängen Sie einen Eisenzylinder so an einen Kraftmesser, dass er in den Hohlraum einer Spule mit 600 Windungen hineinragt. Schließen Sie die Spule und einen Strommesser an eine einstellbare Gleichspannungsquelle an. Stellen Sie die Stromstärke 2 A ein. Lesen Sie die Anzeige des Kraftmessers ab. Wiederholen Sie den Versuch mit einer Spule gleicher Form und Größe mit 1200 Windungen bei einer Stromstärke von 1 A.
*Die Anzeigen des Kraftmessers sind in beiden Fällen etwa gleich groß.*

Da beide Kräfte gleich groß sind, ist auch der Magnetfluss in beiden Spulen gleich groß. Folglich lässt sich der Magnetfluss einer Spule entweder über die Stromstärke oder die Windungszahl beeinflussen.

> Je stärker der Strom $I$ durch die Spule und je höher die Windungszahl $N$, umso größer ist der magnetische Fluss $\Phi$.

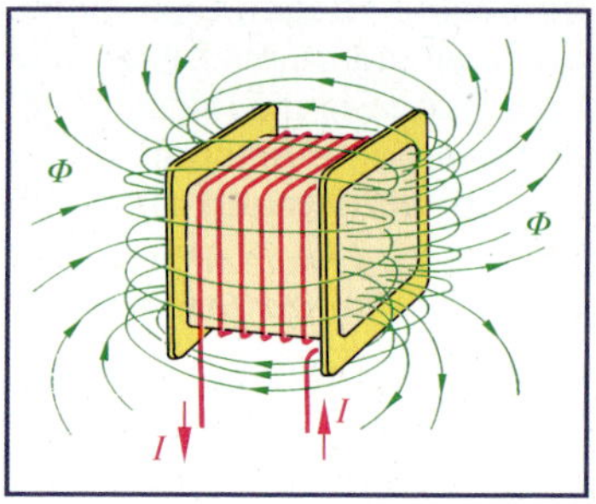

**Bild 1:** Feldlinien einer Spule

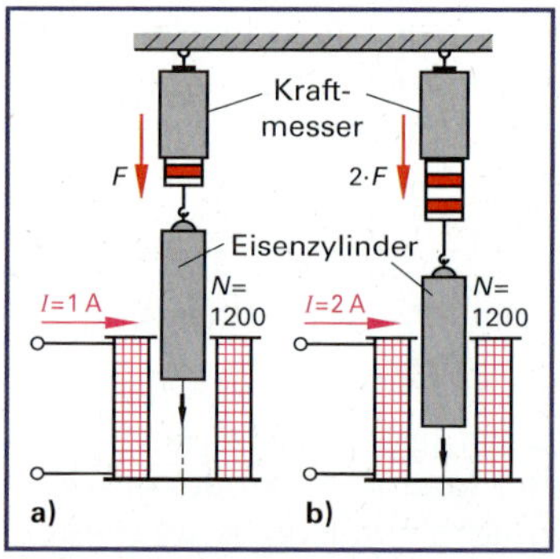

**Bild 2:** Elektrische Durchflutung

### Elektrische Durchflutung $\Theta$

Aus dem oben beschriebenen Versuch folgt, dass eine stromdurchflossene Spule elektrische Energie in magnetische Energie umwandelt. Diesen Prozess beschreibt die **elektrische Durchflutung $\Theta$**[3]. Sie wird durch die Windungszahl der Spule $N$ und des in ihr fließenden Stromes $I$ bestimmt und ist die Quelle für den magnetischen Fluss.

**Versuch 2:** Erhöhen Sie nun die Stromstärke durch die Spule mit 1200 Windungen auf 2 A.
*Der Kraftmesser zeigt die doppelte Kraft an* **(Bild 2).**

Da die Durchflutung und damit der magnetische Fluss verdoppelt werden, verdoppelt sich die Anzeige des Kraftmessers.

**Elektr. Durchflutung einer Spule**

$$\Theta = I \cdot N \qquad [\Theta] = \text{A}$$

$\Theta$ elektrische Durchflutung
$N$ Windungszahl
$I$ Stromstärke

### Magnetische Feldstärke $H$

Für die magnetische Wirkung ist die Konzentration der magnetischen Energie maßgebend. Sie wird umso größer, je größer die Durchflutung und je kleiner die Spulenlänge ist, die der mittleren Feldlinienlänge entspricht **(Bild 3)**. Dieses Verhältnis von Durchflutung $\Theta$ und mittlerer Feldlinienlänge $l_m$ nennt man **magnetische Feldstärke $H$.**

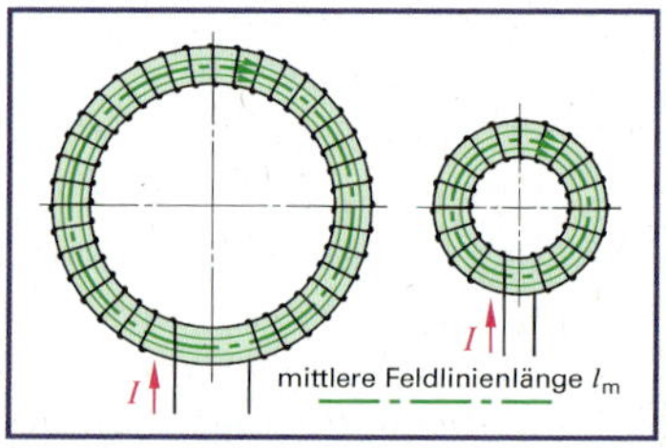

**Bild 3:** Ringspulen

**Magnetische Feldstärke**

$$H = \frac{\Theta}{l_m} = \frac{I \cdot N}{l_m}$$

$$[H] = \frac{\text{A}}{\text{m}}$$

$\Theta$ elektrische Durchflutung
$N$ Windungszahl
$I$ Stromstärke

**Beispiel:**

Ein Strom von 100 mA durchfließt eine Ringspule mit 500 Windungen und 20 cm mittlerer Feldlinienlänge. Wie groß ist die magnetische Feldstärke?

**Lösung:**

$$H = \frac{I \cdot N}{l_m} = \frac{0{,}1\ \text{A} \cdot 500}{0{,}2\ \text{m}} = \mathbf{250\ \frac{A}{m}}$$

### Magnetische Flussdichte *B*

Ein Magnet hat eine umso größere Kraftwirkung, je dichter die magnetischen Feldlinien sind, also je größer der magnetische Fluss und je kleiner die Fläche ist, die von ihm durchsetzt wird. Das Verhältnis aus magnetischem Fluss $\Phi$ und der von ihm durchsetzten Fläche $A$ nennt man **magnetische Flussdichte *B*.** Die Flussdichte hat die Einheit **Tesla**[1] (T). Mit einem **Hallgenerator** kann man die Flussdichte messen.

Je größer die magnetische Flussdichte eines Magneten ist, umso größer ist die magnetische Wirkung.

Dauermagnete, z. B. Haftmagnete mit einer Flussdichte von etwa 0,5 T bis 1 T, erreichen eine Abreißkraft von etwa 1000 N. Abreißkraft ist die Kraft, die aufgebracht werden muss, um die Haftkraft zu überwinden. Das Magnetfeld der Erde beträgt ungefähr 40 µT.

Zum Schutz vor schädlichen Umwelteinwirkungen wurde für Deutschland in der Verordnung über elektromagnetische Felder für öffentliche Elektroanlagen mit 50-Hz-Wechselspannung ein Grenzwert von 100 µT festgelegt.

So dürfen besonders Elektrogeräte für den Haushalt diesen Grenzwert nicht überschreiten **(Tabelle 1).**

**Magnetische Flussdichte**

$$\boldsymbol{B = \frac{\Phi}{A}}$$

$$[B] = \frac{\mathrm{Vs}}{\mathrm{m}^2} = \frac{\mathrm{Wb}}{\mathrm{m}^2} = \mathrm{T}$$

$B$ magnetische Flussdichte
$\Phi$ magnetischer Fluss
$A$ Fläche

**Beispiel:**

Eine Spule mit dem Polquerschnitt 50 mm × 30 mm soll eine magnetische Flussdichte $B$ = 0,8 T erzeugen. Berechnen Sie den magnetischen Fluss $\Phi$.

**Lösung:**

$$B = \frac{\Phi}{A} \quad \Rightarrow \quad \Phi = B \cdot A$$

$$\boldsymbol{\Phi} = 0{,}8\,\mathrm{T} \cdot 0{,}05\,\mathrm{m} \cdot 0{,}03\,\mathrm{m}$$
$$= 0{,}8\,\frac{\mathrm{Vs}}{\mathrm{m}^2} \cdot 0{,}0015\,\mathrm{m}^2$$
$$= 0{,}0012\,\mathrm{Vs} = \mathbf{= 1{,}2\,mWb}$$

**Tabelle 1:** Magnetische Flussdichte von Elektrogeräten (gemessen in 30 cm Abstand vom Gerät)

| Elektrogerät | Magnetische Flussdichte | Elektrogerät | Magnetische Flussdichte |
|---|---|---|---|
| Wäschetrockner | 0,45 µT bis 1,0 µT | Handbohrmaschine | 2,0 µT bis 3,5 µT |
| Mikrowellengerät | 4,0 µT bis 8,0 µT | Elektroherd | 0,15 µT bis 0,5 µT |
| Wasserkocher (1 kW) | 0,08 µT | Heizlüfter | 4,0 µT bis 8,0 µT |

## 7.5.4 Eisen im Magnetfeld einer Spule

### Spule ohne Eisenkern

Bei einer Spule ohne Eisenkern (Luftspule) nimmt die magnetische Flussdichte $B$ (Wirkung) im gleichen Verhältnis zu wie die durch den Spulenstrom $I$ hervorgerufene magnetische Feldstärke $H$ (Ursache). Es ergibt sich ein direkt proportionaler Zusammenhang **(Bild 1).** Das Verhältnis aus magnetischer Flussdichte $B$ und magnetischer Feldstärke $H$ entspricht in Luft näherungsweise, im Vakuum exakt dem Wert der magnetischen Feldkonstanten $\mu_0$[2] 1,257 · $10^{-6}$ Vs/Am.

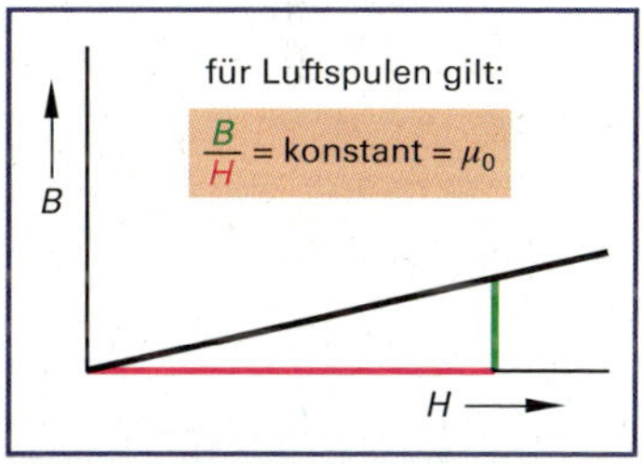


**Bild 1:** Kennlinie $B = f(H)$ für Luftspulen

**Beispiel:**

Eine Luftspule hat eine magnetische Feldstärke von 2500 A/m. Wie groß ist die magnetische Flussdichte?

**Lösung:**

$$B = \mu_0 \cdot H$$

$$\boldsymbol{B} = 1{,}257 \cdot 10^{-6}\,\frac{\mathrm{Vs}}{\mathrm{Am}} \cdot 2500\,\frac{\mathrm{A}}{\mathrm{m}} = 0{,}00314\,\frac{\mathrm{Vs}}{\mathrm{m}^2} = 0{,}00314\,\mathrm{T}$$
$$= \mathbf{3{,}14\,mT}$$

**Magnetische Feldkonstante**

$$\boldsymbol{\mu_0 = \frac{B}{H}} \qquad [\mu_0] = \frac{\frac{\mathrm{Vs}}{\mathrm{m}^2}}{\frac{\mathrm{A}}{\mathrm{m}}} = \frac{\mathrm{Vs}}{\mathrm{Am}}$$

$$\mu_0 = 1{,}257 \cdot 10^{-6}\,\frac{\mathrm{Vs}}{\mathrm{Am}}$$

$\mu_0$ magnetischer Flusskonstante
$B$ magnetische Flussdichte
$H$ magnetische Feldstärke

[1] Nikola Tesla, kroatischer Physiker, 1856 bis 1943
[2] µ griech. Kleinbuchstabe

### Spule mit Eisenkern

Trägt man beim erstmaligen Magnetisieren von Eisen die magnetische Flussdichte *B* in Abhängigkeit von der Feldstärke *H* auf, so erhält man die **Magnetisierungskennlinie (Bild 1).** Das Magnetfeld der stromdurchflossenen Spule wird durch das Eisen verstärkt. Ab der Sättigung des Eisens **(Seite 224)** nimmt die Flussdichte der Spule bei weiterer Erhöhung der Feldstärke nur noch wie bei Luftspulen zu. Der Eisenkern hat dann keine verstärkende Wirkung mehr. Ferromagnetische Stoffe vervielfachen die magnetische Flussdichte einer Luftspule um den Faktor $\mu_r$ (Permeabilitätszahl[1]). Das Produkt aus der **Permeabilitätszahl** $\mu_r$ und aus der magnetischen **Feldkonstanten** $\mu_0$ ergibt die **Permeabilität** $\mu$ des jeweiligen Stoffes.

Permeabilität eines Stoffes: $\mu = \mu_0 \cdot \mu_r$

Die Permeabilitätszahl $\mu_r$ von ferromagnetischen Stoffen ist nicht konstant, sondern von der magnetischen Feldstärke abhängig. Die Abhängigkeit der magnetischen Flussdichte *B* von der Feldstärke *H* ist bei den einzelnen magnetischen Werkstoffen sehr verschieden **(Bild 2).**

Auch nicht ferromagnetische Stoffe verändern ein vorhandenes Magnetfeld. Bei den sogenannten **paramagnetischen**[2] **Stoffen** ist die Permeabilitätszahl $\mu_r$ wenig größer als 1. **Diamagnetische**[3] **Stoffe** schwächen das Magnetfeld, ihre Permeabilitätszahl ist etwas kleiner als 1 **(Tabelle 1).**

**Tabelle 1:** Permeabilitätszahlen $\mu_r$ (Beispiele)

| Stoffe | $\mu_r$ |
|---|---|
| Vakuum | $\mu_r = 1$ |
| Luft | $\mu_r \approx 1$ |
| Paramagnetische Stoffe, z. B. Aluminium (Al), Chrom (Cr) | $\mu_r > 1$ |
| Ferromagnetische Stoffe, z. B. Eisen (Fe), Nickel (Ni) | $\mu_r \gg 1$ (bis zu einigen $10^5$) |
| Diamagnetische Stoffe, z. B. Kupfer (Cu) | $\mu_r < 1$ |

**Beispiel:**

In einem Elektroblech soll eine magnetische Flussdichte von 1 T erreicht werden. Bestimmen Sie aus der Magnetisierungskennlinie **(Bild 2)** die notwendige magnetische Feldstärke.

**Lösung:**

$B = 1\,\text{T} \xrightarrow{\text{Kennlinie}} H = 0{,}37\,\text{kA/m} = \mathbf{370\,A/m}$

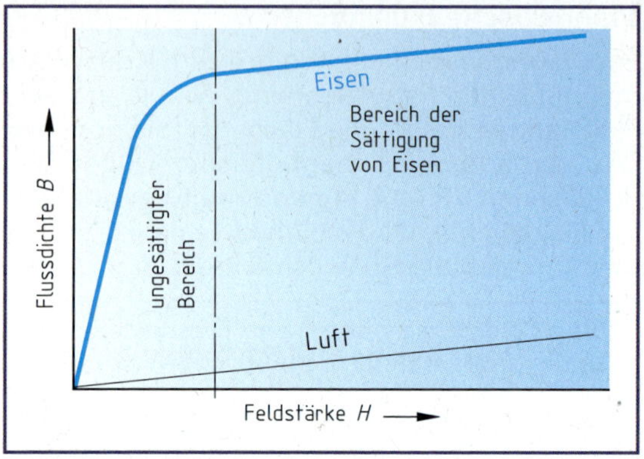


**Bild 1**: Magnetisierungskennlinien

**Permeabilitätszahl** $\mu_r$
drückt aus, ob ein Stoff schlechter oder besser magnetisierbar ist als Vakuum bzw. Luft.

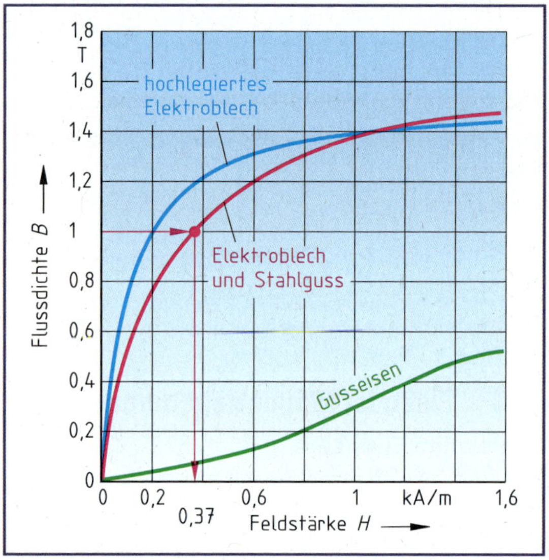


**Bild 2**: Magnetisierungskennlinien (Beispiele)

### Zusammenhang zwischen *B* und *H*

$$B = \mu_0 \cdot \mu_r \cdot H$$
$$\mu = \mu_0 \cdot \mu_r$$
$$B = \mu \cdot H$$

*B* magnetische Flussdichte
*H* magnetische Feldstärke
$\mu_0$ magnetische Feldkonstante $(1{,}257 \cdot 10^{-6}\,\frac{\text{Vs}}{\text{Am}})$
$\mu_r$ Permeabilitätszahl
$\mu$ Permeabilität

[1] Permeabilität = Leitfähigkeit, von permeare (lat.) = durchwandern;
[2] para (griech. Vorsilbe) = neben;
[3] dia (griech. Vorsilbe) = durch

**Ummagnetisierungskennlinie (Hysteresekurve)**

Magnetisiert man einen ferromagnetischen Werkstoff zum ersten Mal, so nimmt die Flussdichte entsprechend der **Neukurve (Bild 1)** von Punkt ⓪ bis zur Sättigung Punkt ① zu.

**Versuch 1:** Befestigen Sie einen U-Kern mit einer Zwinge auf der Tischplatte. Schieben Sie eine Spule (300 Windungen) auf den Eisenkern und schließen Sie den Eisenweg durch ein Joch. Erregen Sie die Spule mit Gleichstrom bis etwa 2 A und schalten Sie wieder ab.

*Das Joch „klebt" so stark am Kern, dass man es nur mit großem Kraftaufwand abheben kann.*

Obwohl die magnetische Feldstärke $H$ null ist, bleibt eine restliche magnetische Flussdichte, die **Remanenzflussdichte $B_r$** (remanente[1] Flussdichte) bestehen **(Punkt ② in Bild 1).**

Die entgegengesetzt gerichtete Feldstärke hat die Remanenzflussdichte beseitigt. Die Spule erzeugt zwar eine Feldstärke, im Eisen ist aber keine magnetische Flussdichte mehr vorhanden. Die Feldstärke, die notwendig ist, um den Restmagnetismus zu beseitigen, nennt man **Koerzitivfeldstärke $H_c$** oder koerzitive[2] Feldstärke **(Punkt ③ in Bild 1).**

Steigert man den Strom in Versuch 2 weiter, wird das Eisen wieder magnetisiert und gesättigt, jedoch in entgegengesetzter Richtung **(Punkt ④ in Bild 1).** Schaltet man dann den Strom ab, so verbleibt im Kern wieder eine Remanenz. Diese Remanenzflussdichte **(Punkt ⑤ in Bild 1)** lässt sich wiederum durch eine entgegengesetzte Koerzitivfeldstärke **(Punkt ⑥ in Bild 1)** beseitigen.

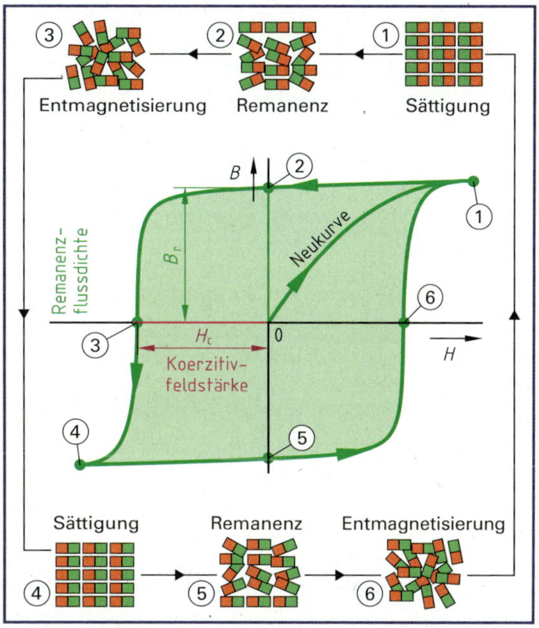


**Bild 1:** Ummagnetisierungskennlinie (Hysteresekurve)

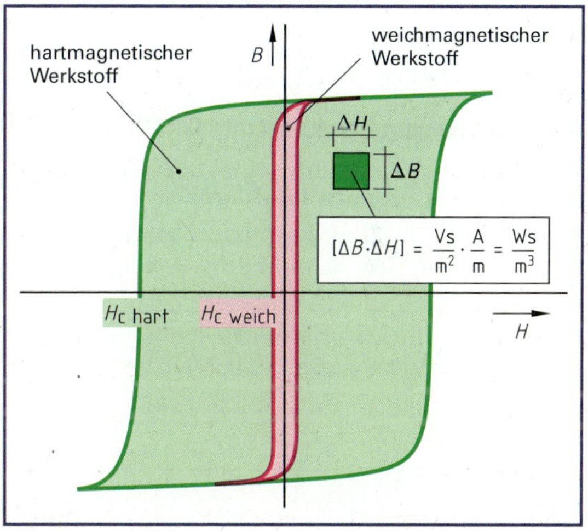


**Bild 2:** Hysteresekurve verschiedener Werkstoffe

> Die **Ummagnetisierungskennlinie (Hysteresekurve[3], Bild 1)** stellt den Zusammenhang zwischen $B$ und $H$ beim Ummagnetisieren von magnetischen Werkstoffen dar.

Beim Ummagnetisieren ändert sich die magnetische Flussdichte zwischen Sättigung und Koerzitivfeldstärke nur geringfügig gegenüber der magnetischen Feldstärke, weil die Elementarmagnete (weisssche Bezirke) sich nur verzögert ausrichten. Fließt Wechselstrom in einer Spule mit Eisenkern, kippen die Elementarmagnete ständig um. Das Eisen wird dadurch erwärmt. Diese Wärmeverluste nennt man **Hystereseverluste** oder **Ummagnetisierungsverluste**. Die von der Hysteresekurve umfasste Fläche **(Bild 2)** entspricht der Energie je Volumen (Ws/m³), die zum Ummagnetisieren notwendig ist. Je größer der Flächeninhalt der Hysteresekurve ist, umso größer ist die Energie, die zugeführt werden muss, um das Eisen ummagnetisieren zu können. Deshalb verwendet man für Eisenkerne im magnetischen Wechselfeld, z. B. für Transformatorenbleche, Werkstoffe mit schmaler Hysteresekurve **(Bild 2)**, sogenannte **weichmagnetische Stoffe.**

[1] von remanere (lat.) = zurückbleiben [2] von coercere (lat.) = zwingen [3] Nachwirkung, von hysteron (griech.) = später, geringer

## 7.5.5 Strom und Magnetfeld

### Stromdurchflossener Leiter im Magnetfeld

**Versuch 1:** Hängen Sie einen Leiter, z. B. ein Aluminiumrohr, an zwei beweglichen Metallbändern zwischen die Pole eines Hufeisenmagneten **(Bild 1)**. Schließen Sie die Leiterschaukel über einen Strommesser an eine einstellbare Gleichspannungsquelle an und steigern Sie langsam den Strom.

*Der Leiter wird aus dem Magnetfeld des Hufeisenmagneten herausbewegt.*

**Versuch 2:** Vertauschen Sie die Anschlüsse der Zuleitungen und wiederholen Sie Versuch 1.

*Der Leiter bewegt sich in entgegengesetzter Richtung.*

**Versuch 3:** Vertauschen Sie die Pole des Hufeisenmagneten und wiederholen Sie Versuch 2.

*Der Leiter bewegt sich wieder aus dem Magnetfeld heraus.*

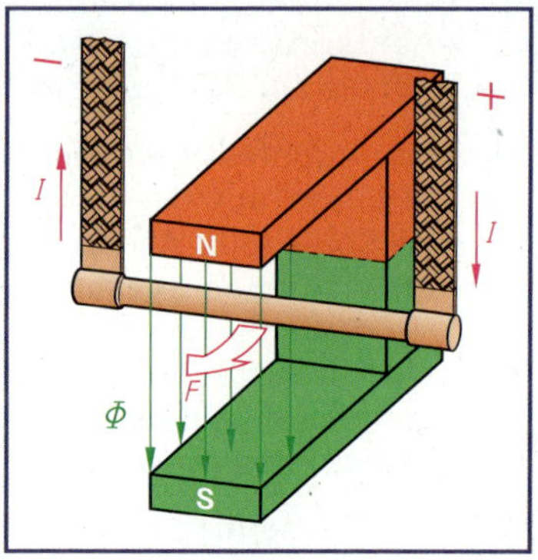

**Bild 1**: Ablenkung des vom Strom durchflossenen Leiters im Magnetfeld

> Auf den stromdurchflossenen Leiter im Magnetfeld wirkt eine Kraft senkrecht zum Magnetfeld und senkrecht zum Leiter.

Die Richtung der Ablenkkraft hängt von der Stromrichtung im Leiter und von der Richtung des Magnetfeldes (Polfeld) ab. Polfeld **(Bild 2a)** und Leiterfeld **(Bild 2b)** ergeben zusammen ein gemeinsames, ein resultierendes Feld **(Bild 2c)**.

Auf der einen Seite des Leiters verlaufen die Feldlinien des Leiterfeldes entgegen den Feldlinien des Polfeldes **(Bild 2c)**. Die Flussdichte nimmt auf dieser Seite des Leiters ab. Auf der anderen Seite des Leiters haben die Feldlinien beider Felder gleiche Richtung. Hier wird das Feld dichter. Die Feldlinien werden dort „gestaut". Sie stoßen sich gegenseitig ab und haben das Bestreben, sich zu verkürzen. Der Leiter wird daher von der Stelle größerer Flussdichte abgedrängt. Bei umgekehrter Stromrichtung im Leiter wird das gemeinsame Feld auf der anderen Seite des Leiters dichter, und die Bewegungsrichtung wechselt **(Bild 2d)**. Kehrt man dagegen gleichzeitig Polfeld und Leiterfeld um, so bleibt die Bewegungsrichtung des Leiters unverändert **(Bild 2e)**.

> Ein stromdurchflossener Leiter wird im Magnetfeld abgelenkt. Die Richtung der Ablenkkraft hängt von der Richtung des Magnetfeldes (Polfeld) und von der Stromrichtung im Leiter (Leiterfeld) ab.

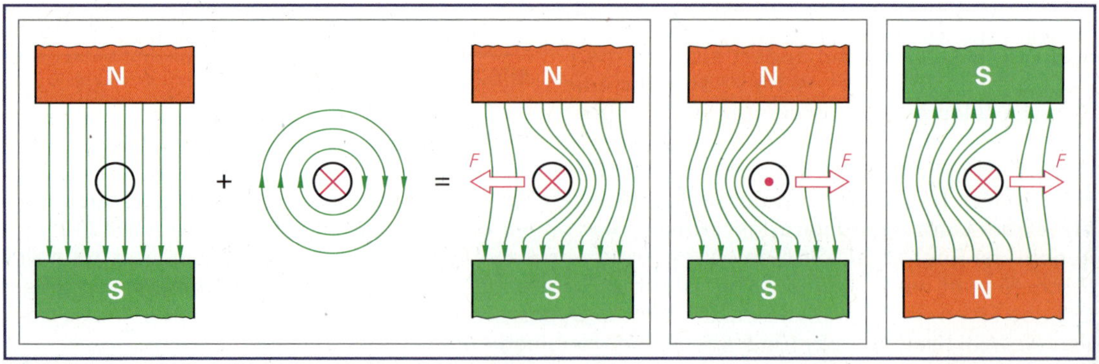

**Bild 2**: a) Polfeld b) Leiterfeld c) Resultierendes Feld d) Umgekehrte Stromrichtung e) Pole und Stromrichtung vertauscht

Die Bewegungsrichtung des Leiters kann man auch mithilfe der **Motorregel** (linke Hand) bestimmen **(Bild 1)**.

**Motorregel:** Hält man die linke Hand so, dass die Feldlinien vom Nordpol her auf die Innenfläche der Hand auftreffen und die ausgestreckten Finger in Stromrichtung zeigen, dann zeigt der abgespreizte Daumen in Richtung der Ablenkkraft.

Die ablenkende Kraft rührt von den Kräften des Magnetfelds auf die im Leiter wandernden Ladungsträger her. Die Kraft auf die im Magnetfeld bewegten Ladungsträger nennt man **Lorentzkraft**[1].

**Versuch 4:** Wiederholen Sie Versuch 1, **Seite 232**, und steigern Sie dabei nochmals langsam den Strom.

*Die Ablenkung des Leiters wird größer.*

Die Kraft auf den Leiter vergrößert sich mit dem Leiterstrom.

**Versuch 5:** Wiederholen Sie Versuch 2, **Seite 232**, und beobachten Sie die Ablenkung des Leiters. Überbrücken Sie die Schenkel des Hufeisenmagneten mit einem dünnen Eisenblech.

*Die Ablenkung des Leiters wird kleiner.*

Ein Teil der Feldlinien des Magneten schließt sich über das Eisenstück (magnetischer Nebenschluss). Die Flussdichte zwischen den Polen nimmt dadurch ab. Je kleiner die Flussdichte ist, desto kleiner ist auch die Ablenkkraft auf den Leiter.

Die Kraft auf den Leiter wächst mit der magnetischen Flussdichte.

**Versuch 6:** Wiederholen Sie Versuch 1, **Seite 232**, und beobachten Sie die Ablenkung des Leiters. Stellen Sie einen zweiten, gleichen Magneten mit gleicher Feldrichtung neben den ersten Magneten **(Bild 2)**.

*Die Ablenkung des Leiters wird größer.*

Durch den zweiten Magneten wird die Breite des Polfeldes größer. Damit vergrößert sich die Leiterlänge im Polfeld, die sogenannte **wirksame Leiterlänge**.

Die Kraft auf den Leiter nimmt mit der wirksamen Leiterlänge zu.

Befinden sich gleichzeitig mehrere Leiter im Magnetfeld, die alle vom gleichen Strom in gleicher Richtung durchflossen werden (z. B. Gleichstrommotor), so wird die Kraft umso größer, je größer die Anzahl dieser Leiter ist.

### Blasmagnete (Blaswirkung)

Beim Trennen von Schaltkontakten unter Last entsteht ein **Lichtbogen** (leitfähiges Plasma), durch den weiterhin Strom fließt. Durch die Kraftwirkung des Magnetfeldes des Blasmagneten auf den Lichtbogen wird dieser schnell verlängert und reißt ab. Dadurch schützt man den Kontakt vor Abbrand. Blasmagnete verwendet man in Niederspannungs-Leistungsschaltern, z. B. in Gleichspannung-Schaltrelais.

[1] Hendrik A. Lorentz, niederländischer Physiker, 1853 bis 1928

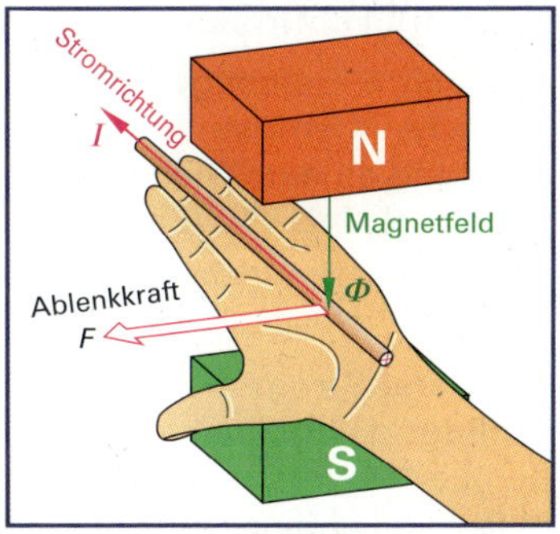


**Bild 1:** Motor-Regel (linke Hand)

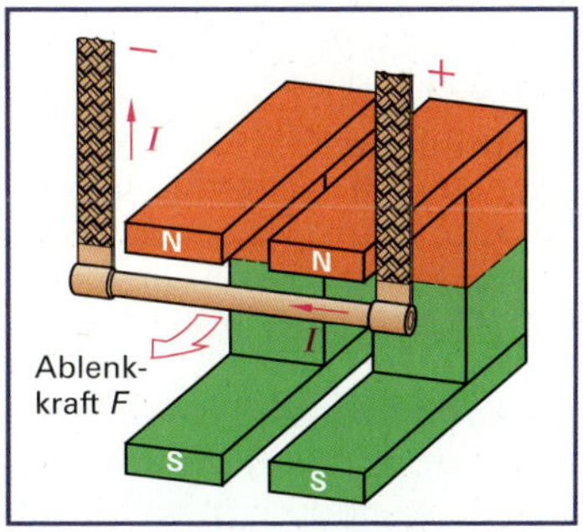


**Bild 2:** Vergrößerung der wirksamen Leiterlänge

**Ablenkkraft (Lorentzkraft)**

$$F = B \cdot I \cdot l \cdot z$$

$$[F] = \frac{Vs}{m^2} \cdot A \cdot m = \frac{Ws}{m} = \frac{Nm}{m} = N$$

- $F$ Ablenkkraft
- $B$ magnetische Flussdichte
- $I$ Stromstärke
- $l$ wirksame Leiterlänge
- $z$ Leiterzahl

**Beispiel:**

Ein Gleichstrommotor hat im Luftspalt eine magnetische Flussdichte von 0,8 T. Unter den Polen befinden sich insgesamt $z = 400$ Ankerdrähte mit einem Strom $I = 0{,}5$ A. Die wirksame Leiterlänge ist $l = 150$ mm. Berechnen Sie die Kraft $F$ am Umfang des Ankers.

**Lösung:**

$F = B \cdot I \cdot l \cdot z$

$$F = 0{,}8\,\frac{Vs}{m^2} \cdot 0{,}5\,A \cdot 0{,}15\,m \cdot 400$$

$$= 24\,\frac{Vs \cdot A}{m} = 24\,\frac{Ws}{m} = \mathbf{24\,N}$$

## Stromdurchflossene parallele Leiter

**Versuch 1:** Befestigen Sie zwei Metallbänder **(Bild 1)** locker an isolierten Klemmen und schließen Sie diese über einen Stellwiderstand an eine Gleichspannungsquelle mit einem Ausgangsstrom von etwa 10 A an.

*Bei gleicher Stromrichtung ziehen sich die Leiter an, bei entgegengesetzter Stromrichtung stoßen sie sich ab.*

Fließt der Strom in beiden Leitern in gleicher Richtung, so umschlingt das gemeinsame Feld beide Leiter **(Bild 1a)**. Zwischen den Leitern ist die magnetische Flussdichte geringer als außerhalb; die Feldlinien wollen sich verkürzen und es entsteht eine Anziehungskraft.

Fließen die Ströme in entgegengesetzter Richtung, so verstärkt sich zwischen den Leitern das Magnetfeld, und es entsteht eine abstoßende Kraftwirkung **(Bild 1b)**. Fließt Wechselstrom durch die Leiter, so wechselt ständig die Kraftwirkungsrichtung.

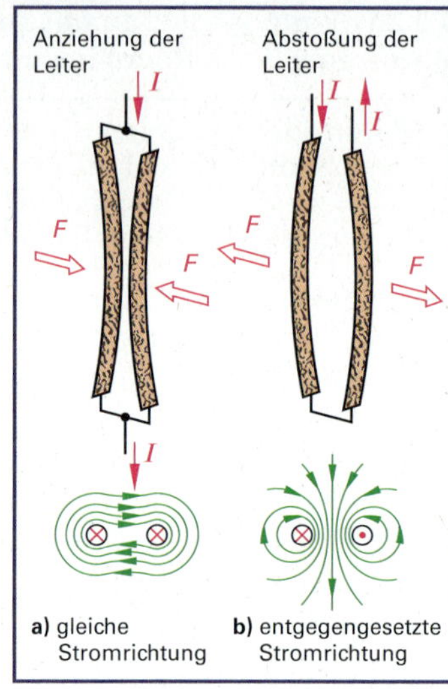


**Bild 1:** Kraftwirkungen zwischen stromdurchflossenen Leitern

Gleiche Stromrichtung ⇒ Anziehung der Leiter
Entgegengesetzte Stromrichtung ⇒ Abstoßung der Leiter

Im Kurzschlussfall sind diese Kräfte sehr groß. Gefährdete Bauteile, z. B. Transformatorspulen oder Stromschienen, müssen durch besondere mechanische Befestigungen **kurzschlussfest** gemacht werden.

## Stromdurchflossene Spule im Magnetfeld

**Versuch 2:** Spannen Sie eine Spule mit 2 Metallbändern **(Bild 2)** senkrecht zwischen die Pole eines Hufeisenmagneten und schließen Sie die Spule über einen Strommesser an eine einstellbare Gleichspannungsquelle an.

*Die Spule dreht sich um 90°.*

**Versuch 3:** Wiederholen Sie Versuch 2 mit entgegengesetzter Stromrichtung. Vertauschen Sie anschließend die Pole des Hufeisenmagneten.

*Die Drehrichtung der Spule kehrt sich in beiden Versuchen um.*

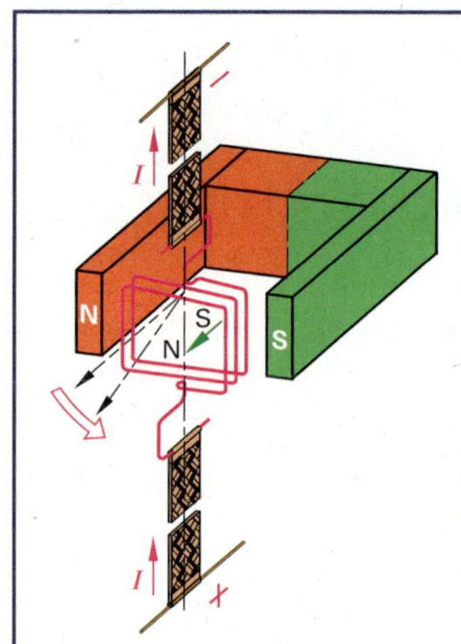


**Bild 2:** Drehung der stromdurchflossenen Spule im Magnetfeld

Auf eine stromdurchflossene Spule im Magnetfeld wirkt ein Drehmoment. Die Drehmomentrichtung hängt von der Stromrichtung in der Spule und von der Richtung des Magnetfeldes ab.

Der Strom in den beiden Leitern einer Windung bildet ein Magnetfeld (Spulenfeld **Bild 3b**). Zusammen mit dem Polfeld des Dauermagneten **(Bild 3a)** ergibt sich ein gemeinsames (resultierendes) Feld **(Bild 3c)**. Die beiden Leiter einer Windung werden abgelenkt. Bei mehreren Windungen vergrößert sich die Kraft proportional.

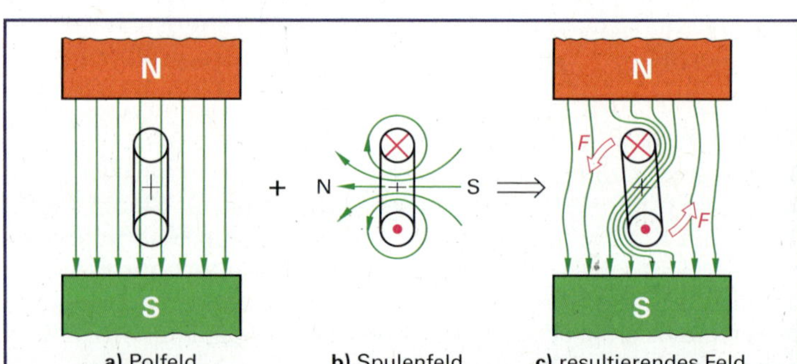


**Bild 3:** Stromdurchflossene Spule im Magnetfeld

## 7.5.6 Spannungserzeugung durch Induktion

### Generatorprinzip (Induktion der Bewegung)

**Versuch 1:** Hängen Sie einen Leiter, z. B. ein Aluminiumrohr, an zwei beweglichen Metallbändern zwischen den Polen eines Hufeisenmagneten auf **(Bild 1)**. Schließen Sie die Metallbänder an einen Spannungsmesser mit Millivoltbereich und Nullpunkt in Skalenmitte an. Bewegen Sie den Leiter wie in Bild 1 senkrecht zur Richtung des Magnetfeldes.

*Der Zeiger schlägt aus, solange der Leiter im Magnetfeld bewegt wird.*

**Versuch 2:** Wiederholen Sie Versuch 1, bewegen Sie aber den Leiter in Richtung der Feldlinien, z. B. durch senkrechtes Anheben.

*Das Messinstrument zeigt keinen Ausschlag.*

Wird ein Leiter durch das Magnetfeld geführt, so bewegen sich mit ihm auch seine freien Elektronen. Bewegte Elektronen werden von einem Magnetfeld durch die Lorentzkraft senkrecht zu ihrer Bewegungsrichtung abgelenkt. Auf der einen Seite des Leiters bildet sich ein Elektronenüberschuss, auf der anderen Seite ein Elektronenmangel **(Bild 2)**. Zwischen den Leiterenden entsteht eine Spannung.

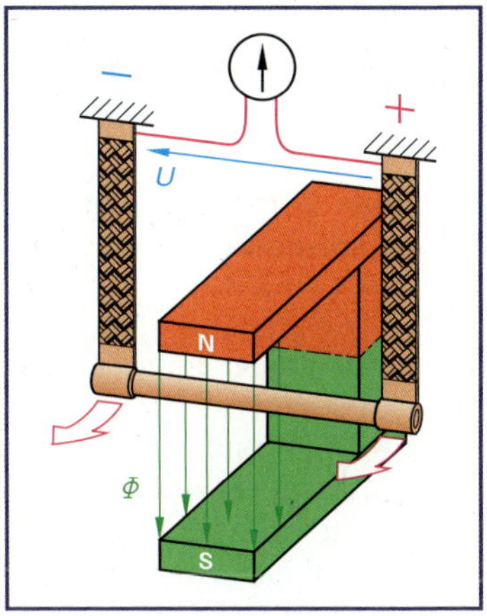


**Bild 1:** Bewegung des Leiters im Magnetfeld

> **Generatorprinzip:** Wird ein Leiter in einem Magnetfeld senkrecht zur Magnetfeldrichtung bewegt, wird eine Spannung induziert.

**Versuch 3:** Wiederholen Sie Versuch 1, bewegen Sie aber den Leiter in umgekehrter Richtung.

*Der Zeiger des Messinstruments schlägt in entgegengesetzter Richtung aus.*

> Die Richtung der induzierten Spannung hängt von der Richtung der Bewegung ab.

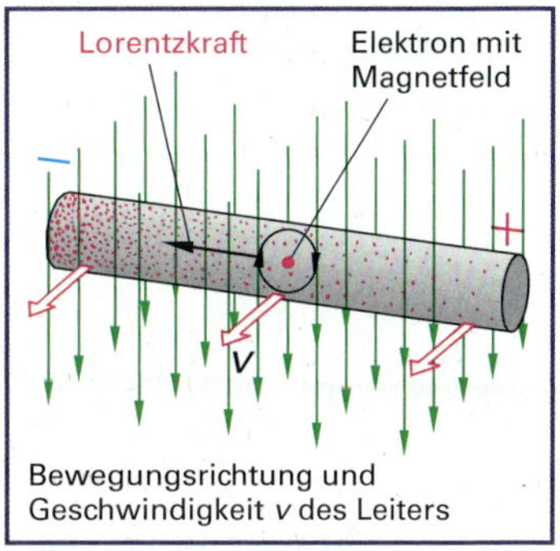


**Bild 2:** Ladungsverschiebung durch Bewegung im Magnetfeld

**Versuch 4:** Wiederholen Sie Versuch 1, vertauschen Sie aber die Pole des Hufeisenmagneten.

*Der Zeiger des Instruments schlägt in die entgegengesetzte Richtung aus.*

> Die Richtung der induzierten Spannung hängt von der Richtung des Magnetfeldes ab.

**Versuch 5:** Bewegen Sie in der Versuchsanordnung 1 den Leiter zuerst langsam, dann schnell durch das Magnetfeld.

*Bei größerer Geschwindigkeit des Leiters ist die Spannung größer.*

Wenn man den Leiter festhält und das Magnetfeld bewegt, wird ebenfalls eine Spannung induziert. Die Größe der induzierten Spannung hängt von der Geschwindigkeit des Magneten gegenüber dem Leiter ab, die Richtung der induzierten Spannung von der Bewegungsrichtung des Magnetfeldes.

Die induzierte Spannung wird fast immer an Leiterschleifen oder an Spulen abgenommen. In einer Leiterschleife im Magnetfeld entsteht eine Spannung, wenn sich der magnetische Fluss, der von der Leiterschleife umfasst wird, ändert. Dies ist der Fall, wenn die Leiterschleife im Magnetfeld gedreht wird.

> Wird eine Leiterschleife in einem Magnetfeld so bewegt, dass sich der magnetische Fluss in der Schleife ändert, wird in ihr eine Spannung induziert[1]. Diesen Vorgang nennt man Induktion.

[1] von inducere (lat.) = hineinführen

## 7.6 Elektromagnetische Verträglichkeit (EMV)

**Übersprechen**
Seiten 219, 323 und 387

### Entstehung elektromagnetischer Störungen

**Versuch**: Nehmen Sie z. B. im Unterrichtsraum einen älteren Rundfunkempfänger in Betrieb und schalten Sie dann die Beleuchtung des Raumes ein und wieder aus.

*Es ist im Radio beim Ein- bzw. Ausschalten ein Störgeräusch als „Schaltknacken" zu hören.*

Die Betätigung des Schalters erzeugt eine kurze elektromagnetische Störung. Im 50-Hz-Netz verursachen Geräte mit elektronischen Schaltern, z. B. ein Triac in einem Dimmer, ein kontinuierliches Störgeräusch.

Das „Gesetz über die elektromagnetische Verträglichkeit von Geräten" („EMV-Gesetz") muss vom Hersteller und/oder Importeur eingehalten werden.

### Rechtliche Vorschriften

Das **EMV-Gesetz** (Neufassung vom 14.12.2016) über die elektromagnetische Verträglichkeit von Betriebsmitteln schreibt vor, dass die Funktion von Geräten, z. B. Rundfunk- und Fernsehgeräten, nicht durch elektromagnetische Störungen beeinträchtigt werden darf. Sie müssen eine ausreichende **Störfestigkeit** haben. Die Geräte müssen selbst so konstruiert sein, dass von ihnen keine anderen Geräte oder Funk- und Telekommunikationsanlagen in ihrer Funktion gestört werden. Der Hersteller eines Gerätes ist verpflichtet, mithilfe von Dokumentationen nachzuweisen, dass das Gerät auch die Schutzanforderungen für die EMV einhält. Nur dann darf er selbst das **CE-Kennzeichen** am Gerät anbringen und es in den Handel bringen.

Die Vergabe des **VDE-EMC[1]-Zeichens** erfolgt nach einer erfolgreichen Prüfung in einem unabhängigen VDE-Labor. Damit wird dem Kunden die zuverlässige Funktion des Gerätes im elektromagnetischen Umfeld garantiert.

VDE EMC

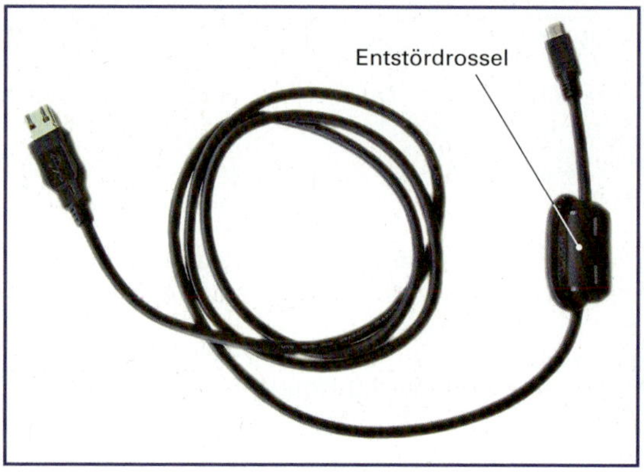


**Bild 1**: Entstördrossel einer Anschlussleitung

### Maßnahmen zur Entstörung

Eine einfache Maßnahme zur Unterdrückung von Störströmen ist die Reihenschaltung einer **Drossel** mit der Induktivität $L$ in den Stromkreis. Hochfrequente Störspannungen (ca. 30 MHz bis 100 MHz) können auch über die Antennenwirkung längerer Anschlussleitungen ins Gerät gelangen bzw. von diesem Gerät ausgesendet werden. In die Anschlussleitungen für störempfindliche Geräte, z. B. IT-Geräte, werden Drosseln eingebaut oder die Anschlussleitung **(Bild 1)** wird selbst als Windung um einen Ferritkern gewickelt und stellt so einen hohen induktiven Widerstand $X_L$ für hochfrequente Störströme dar. Eine Induktivität vermindert infolge der Selbstinduktion das steile Ansteigen bzw. Abfallen des Stromes. Damit wird die Ursache der Erzeugung hochfrequenter Störströme unterdrückt. Diese Aufgabe erfüllt z. B. im Dimmer **(Bild 2)** die Drossel. Zusätzlich stellt der **Entstörkondensator** für höhere Frequenzen einen kleinen kapazitiven Widerstand $X_C$ dar und leitet so hochfrequente Störströme über den geerdeten N-Leiter ab.

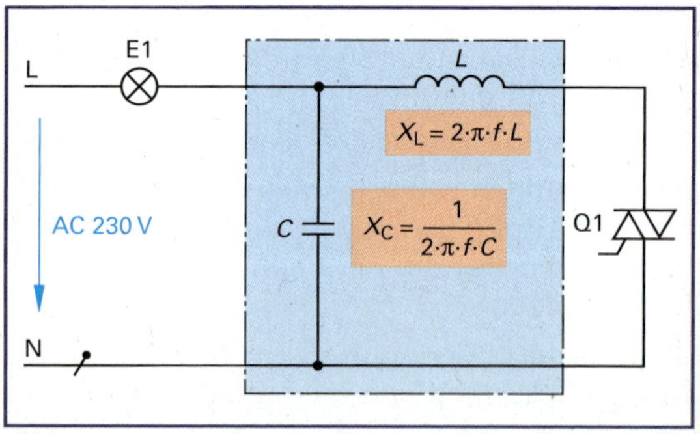


**Bild 2**: Entstörbauteile bei einem Dimmer (Prinzip)

[1] **EMC**, Abk. für **E**lectro**m**agnetic **C**ompatibility (engl.) = Elektromagnetische Verträglichkeit

Elektromagnetische Störungen breiten sich bis etwa 30 MHz vorwiegend leitungsgebunden aus. Sie werden durch **EMV-Filter** (Netz-Filter) unterdrückt. Störungen über 30 MHz werden meist strahlungsgebunden übertragen und hauptsächlich durch **Abschirmungen** unterdrückt. Die Abschirmungen **(Seite 218)** umgeben meist Geräte, die Störungen aussenden, aber auch Geräte und Leitungen, z.B. Datenleitungen, die vor Störungen geschützt werden sollen.

Entstörmaßnahmen halten Störungen vom Gerät fern und verhindern ihre Aussendung.

EMV-Filter bestehen vorwiegend aus Kondensatoren und Drosseln. Durch Zusammenschaltung dieser Bauteile **(Bild 1)** entstehen Tiefpässe, die die Störströme stark dämpfen. Durch Reihenschaltung verschiedener Tiefpässe kann die Dämpfung der Störströme weiter erhöht werden.

EMV-Filter sind Tiefpässe, die 50-Hz-Wechselströme unbehindert hindurchlassen, jedoch hochfrequente Wechselströme sperren.

**Y-Kondensatoren** werden oft in Entstörfiltern für Geräte mit Schutzkontakt-Steckern eingesetzt. Da durch den Stecker nicht festgelegt ist, welcher Anschlussdraht zum störstromführenden Außenleiter führt, hat man jeweils zwischen L und PE und auch zwischen N und PE einen Y-Kondensator eingebaut, um die hochfrequenten Störströme kurzzuschließen. Die sehr hohe Spannungsfestigkeit der Y-Kondensatoren **(Tabelle 1)** garantiert, dass keine gefährliche Berührungsspannung am Gehäuse des Gerätes entstehen kann.

**X-Kondensatoren** setzt man in Filter für Drehstromgeräte ein, da durch die Art der Steckverbindung festgelegt ist, welche Anschlussdrähte des Filters zu den 3 Außenleitern führen.

**XY-Kondensatoren** werden auch in einem Gehäuse zusammengefasst. Zweipolkondensatoren **(Bild 2a)** verwendet man für Störspannungen bis 10 MHz.

Vierpolkondensatoren **(Bild 2b)** sind induktivitätsarm und können deshalb zur Entstörung von Frequenzen über 10 MHz bis 100 MHz eingesetzt werden.

**Durchführungskondensatoren (Bild 3)** werden verwendet, wenn ungeschirmte Verbindungsleitungen in abgeschirmte elektrische Geräte eingeführt werden sollen.

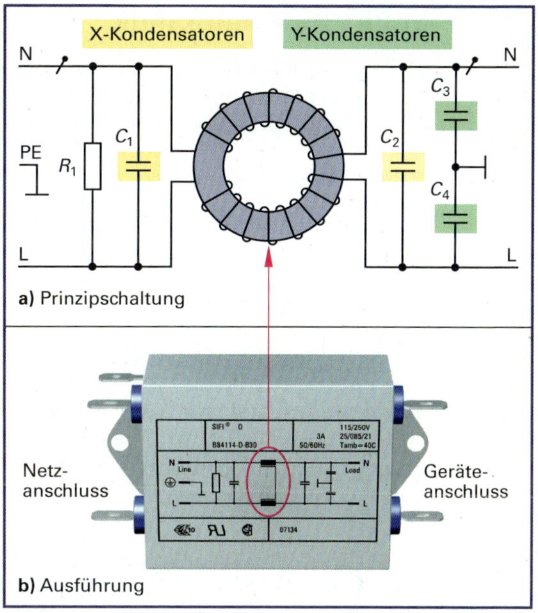


**Bild 1**: EMV-Filter (Beispiel)

**Tabelle 1:** Entstörkondensatoren

| Kondensatoren-klasse | Spannungs-festigkeit | Einsatz in |
|---|---|---|
| X1 | 4000 V | Drehstrom-geräten |
| X2 | 2500 V | |
| Y1 | 8000 V | Wechselstrom-geräten |
| Y2 | 5000 V | |

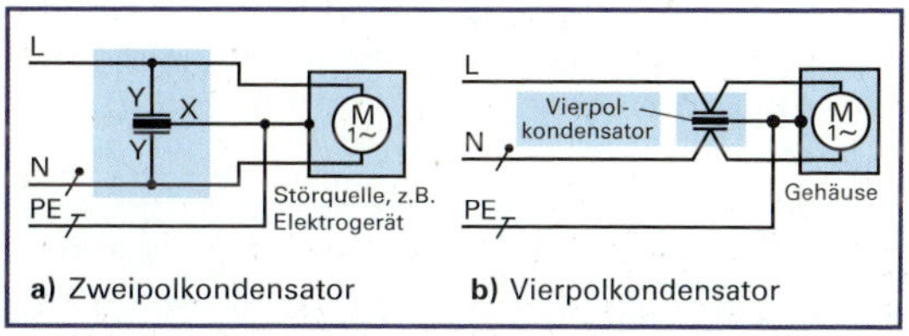


**Bild 2**: XY-Kondensatoren

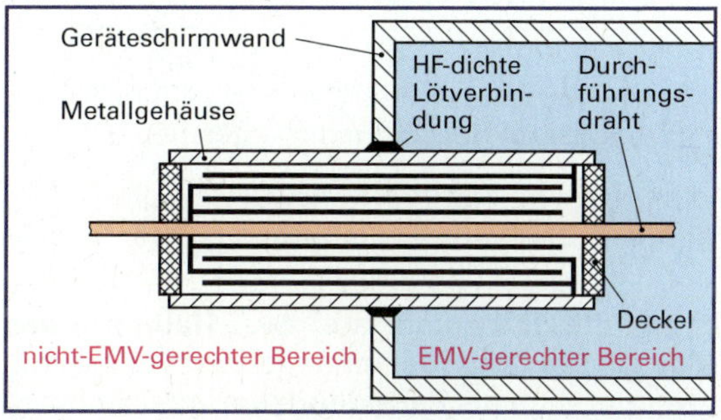


**Bild 3**: Durchführungskondensator

## 7.7 Wechselstromtechnik

Zur Energieübertragung und zur Energieversorgung, z. B. für Haushalte und Betriebe, verwendet man sinusförmige Wechselspannungen.

### 7.7.1 Kenngrößen der Wechselstromtechnik

#### Periode und Scheitelwert

**Versuch:** Messen Sie die Ausgangsspannung $u$ **(Bild 1a)** eines Funktionsgenerators mit einem Gleichspannungsmesser (Zeigermessinstrument, Nullstellung in Skalenmitte) und mit einem Oszilloskop (Schaltzeichen: ⊘). Stellen Sie beim Funktionsgenerator „Sinusspannung“ ein und verändern Sie die Frequenz von kleineren Werten zu größeren Werten, z. B. von 0,1 Hz bis 1 kHz.

*Der Zeiger des Messinstrumentes pendelt zunächst langsam hin und her, während der Elektronenstrahl des Oszilloskops sich im Rhythmus des Zeigers auf und ab bewegt. Bei höheren Frequenzen bleibt der Zeiger in der Skalenmitte stehen, der Elektronenstrahl des Oszilloskops zeigt jedoch auf dem Schirm den zeitlichen Verlauf einer Wechselspannung, eine Sinuskurve* **(Bild 1b)**.

Die Wechselspannung ändert sich ständig zwischen einem positiven und einem negativen Höchstwert **(Bild 1b)**. Ein solcher Höchstwert wird auch als **Scheitelwert** $\hat{u}$[1], Spitzenwert, Maximalwert oder Amplitude[2] bezeichnet. Die Differenz aus dem positiven und dem negativen Scheitelwert ergibt den **Spitze-Tal-Wert** $\hat{\check{u}}$ (auch $u_{ss}$ = Spitze-Spitze-Wert). Das Wechseln der Spannung zwischen positiven und negativen Scheitelwerten wiederholt sich regelmäßig: Die Polarität der Spannung ändert sich periodisch[3].

> Wechselstrom und Wechselspannung werden durch die Kurzbezeichnung AC[4] gekennzeichnet.

#### Frequenz und Periodendauer

> Die Anzahl der Perioden je Sekunde nennt man **Frequenz**[5] $f$ (Häufigkeit). Die Einheit der Frequenz ist **Hertz**[6] (Einheitenzeichen Hz).

Die Frequenz $f$ ist der Kehrwert der Periodendauer $T$. Die Frequenz ist umso größer, je kleiner die Periodendauer ist.

Eine **Periode** besteht aus zwei **Halbperioden** **(Bild 1b)**. Die Zeitdauer einer ganzen Periode bezeichnet man als **Periodendauer** oder Schwingungsdauer $T$; sie wird in Sekunden gemessen.

**Wichtige Kenngrößen der Wechselstromtechnik**

| | |
|---|---|
| Frequenz $f$ | (Seite 238) |
| Periodendauer $T$ | (Seite 238) |
| Scheitelwerte $\hat{u}$, $\hat{i}$ | (Seite 238 und 242) |
| Augenblickswerte $u$, $i$ | (Seite 240 und 241) |
| Effektivwerte $U$, $I$, $P$ | (Seite 242) |
| Spitze-Tal-Wert $\hat{\check{u}}$ | (Seite 242) |

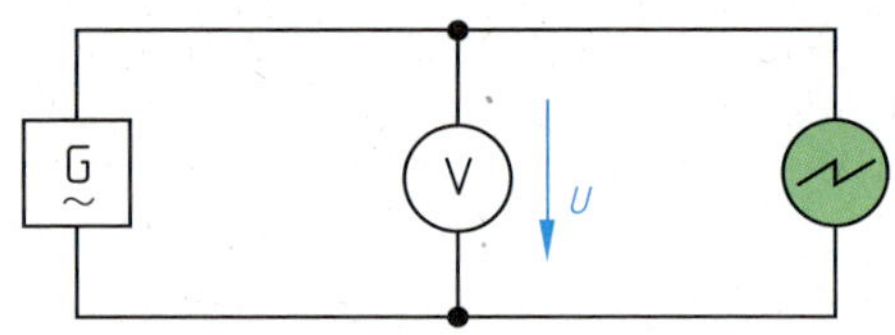


**a)** Versuchsschaltung

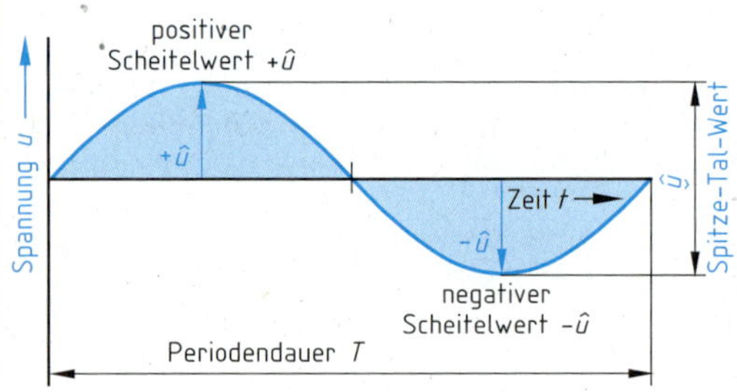


**b)** zeitlicher Verlauf der Wechselspannung

**Bild 1:** Wechselspannungsmessung

**Frequenz und Periodendauer**

$$f = \frac{1}{T} \qquad T = \frac{1}{f} \qquad [f] = \frac{1}{s} = \text{Hz}$$

$f$ Frequenz
$T$ Periodendauer, Zeitdauer einer vollständigen Schwingung

| | | | |
|---|---|---|---|
| 1 Hertz | = 1 Hz | = 1 Periode pro Sekunde | |
| 1 Kilohertz | = 1 kHz | = 1 000 Hz | = $10^3$ Hz |
| 1 Megahertz | = 1 MHz | = 1 000 000 Hz | = $10^6$ Hz |
| 1 Gigahertz | = 1 GHz | = 1 000 000 000 Hz | = $10^9$ Hz |

[1] $\hat{u}$ (sprich: u-Dach)
[2] amplitudo (lat.) = Größe, Weite, Schwingungsweite
[3] Periode (griech.) = Zeitabschnitt
[4] **AC**, Abk. für: **A**lternating **C**urrent (engl.) = Wechselstrom
[5] frequentia (lat.) = Häufigkeit
[6] Heinrich Hertz, deutscher Physiker, 1857 bis 1894

Neben der Maßeinheit Hz für die Frequenz findet man auch c/s (cycles per second[1] = Perioden je Sekunde). Die Frequenz der Wechselspannung im Energieversorgungsnetz beträgt in Europa 50 Hz (50 Perioden je Sekunde). In den USA beträgt die Frequenz 60 Hz und in Japan 50 Hz oder 60 Hz. Die Deutsche Bahn betreibt ihr Fahrleitungsnetz mit 16,7 Hz. In der Elektrotechnik und Elektronik werden für verschiedene Anwendungen unterschiedliche Frequenzbereiche benutzt **(Tabelle 1)**.

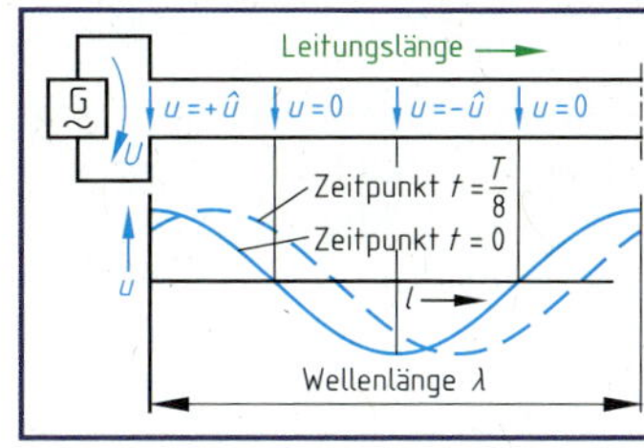


**Bild 1:** Wechselspannungsverlauf entlang einer Leitung

## Frequenz und Wellenlänge

Wird an den Anfang einer parallelen Leitung aus zwei Leitern, deren Leiterabstand klein ist gegenüber der Leitungslänge, eine Wechselspannung gelegt, breitet sich die elektrische Energie entlang der Leitung in Form einer **elektromagnetischen Welle** schnell aus.

Die **Ausbreitungsgeschwindigkeit** $c$ ist vom Stoff abhängig, in dem sich die Welle ausbreitet. Bewegt sich die Welle z. B. in Luft, so ist die Ausbreitungsgeschwindigkeit der elektromagnetischen Welle fast so groß wie die Lichtgeschwindigkeit $c_0$. Die maximale Ausbreitungsgeschwindigkeit einer elektromagnetischen Welle ist die Lichtgeschwindigkeit $c_0 \approx 300\,000$ km/s. Die Ausbreitung einer Wechselspannung auf einer Leitung ist als Welle darstellbar **(Bild 1)**.

**Frequenz und Wellenlänge**

$$\lambda = \frac{c}{f} \qquad [\lambda] = \frac{\frac{\text{m}}{\text{s}}}{\frac{1}{\text{s}}} = \text{m}$$

$\lambda$ Wellenlänge
$c$ Ausbreitungsgeschwindigkeit
$f$ Frequenz

Der Weg, den die elektromagnetische Welle nach einer Periode zurückgelegt hat, nennt man **Wellenlänge** $\lambda$[2]. Die Wellenlänge ist umso größer, je höher die Ausbreitungsgeschwindigkeit und je kleiner die Frequenz der Wechselspannung ist.

**Tabelle 1:** Frequenzbereiche und Anwendungen (Beispiele) Nach DIN 40015

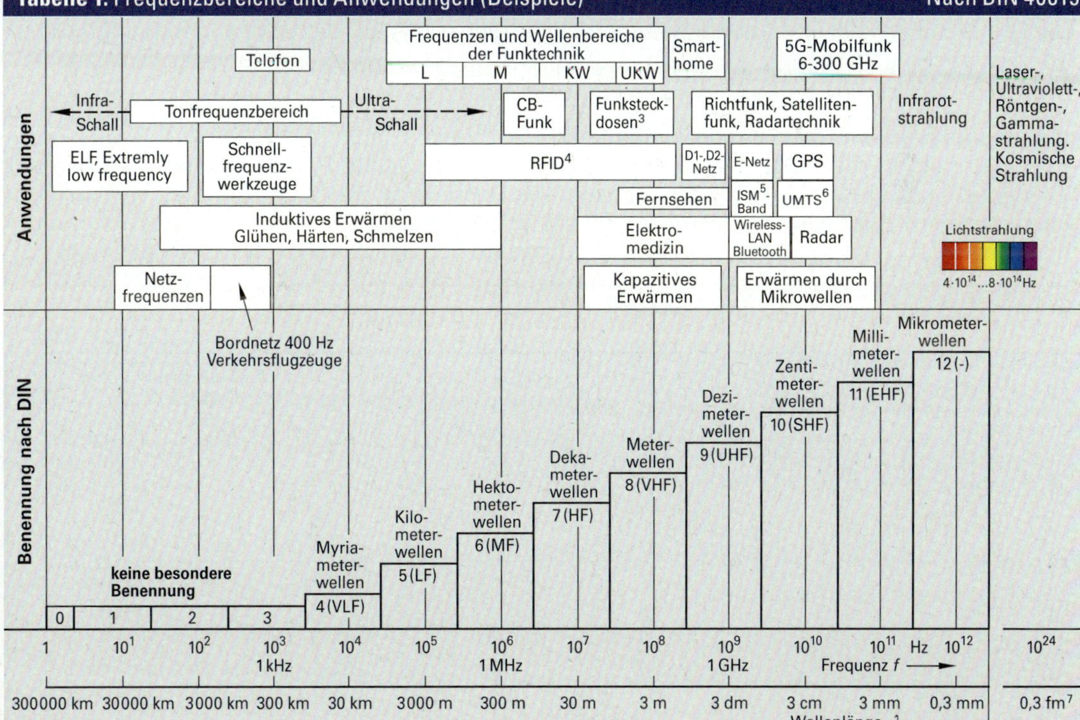


[1] 1 c/s = 1 Hz [2] $\lambda$ griech. Kleinbuchstabe lambda [3] Funksteckdosen, Frequenzen von 433 oder 868 MHz, auch 2,4 GHz [4] RFID (Radio Frequency Identification) zur Identifizierung ruhender oder bewegter Objekte mittels magnetischer oder elektromagnetischer Felder, 100 kHz bis 5,8 GHz [5] **ISM**, Abk. für: **I**ndustrial-**S**cientific-**M**edical = Frequenz für industrielle, wissenschaftliche oder medizinische Anwendungen [6] **UMTS**, Abk. für: **U**niversal **M**obile **T**elecommunications **S**ystem [7] fm = Femtometer, 1 fm = $10^{-15}$ m

## 7.7.2 Sinusförmige Wechselgrößen

**Versuch:** Stellen Sie über einen einstellbaren Trenntransformator die Wechselspannung $U$ = 10 V ein. Schalten Sie die Spannung an den Eingang eines Oszilloskops und bilden Sie den zeitlichen Verlauf der Spannung ab. Messen Sie die Periodendauer der Spannung.

*Auf dem Schirm des Oszilloskops wird eine Spannung mit zeitlich sinusförmigem[1] Verlauf dargestellt* **(Bild 1)**. *Die Periodendauer T der Wechselspannung ist T = 10 div · 2 ms/div = 20 ms.*

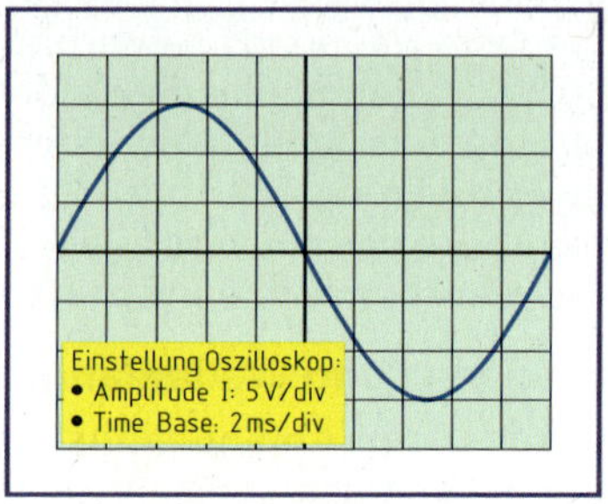


**Bild 1:** Oszillogramm einer sinusförmigen Wechselspannung

> Eine Wechselspannung bzw. einen Wechselstrom mit zeitlich sinusförmigem Verlauf nennt man Sinusspannung bzw. Sinusstrom.

### Zeigerdarstellung von Sinusgrößen

Sinusförmig verlaufende Vorgänge können vereinfacht als Zeiger dargestellt werden. Unter einem **Zeiger** versteht man eine gerichtete Größe (Pfeillinie), die man sich um ihren Anfangspunkt drehend vorstellt **(Bild 2)**. Für Zeigerdarstellungen von Sinusspannungen und Sinusströmen gelten folgende Vereinbarungen:

- Die Zeigerlänge entspricht dem Scheitelwert $\hat{u}$ der Wechselspannung bzw. $\hat{i}$ des Wechselstromes.
- Die Drehzahl je Sekunde des umlaufenden Zeigers ist gleich der Frequenz des Wechselstromes bzw. der Wechselspannung.
- Die Drehrichtung des umlaufenden Zeigers ist entgegengesetzt dem Uhrzeigersinn (Linksdrehung ist positive Richtung).
- Die Ausgangsrichtung eines Zeigers ist die Richtung der Zeitachse.

**Augenblickswerte**

**Für Spannungen:**

$$u = \hat{u} \cdot \sin \alpha$$

**Für Ströme:**

$$i = \hat{i} \cdot \sin \alpha$$

| | |
|---|---|
| $u, i$ | Augenblickswerte |
| $\hat{u}, \hat{i}$ | Scheitelwerte |
| $\sin \alpha$ | Sinus des Drehwinkels $\alpha$ |

Aus dem umlaufenden Zeiger kann die Sinuslinie der Wechselspannung bzw. des Wechselstromes konstruiert werden. Bei dem kleineren Kreis **(Bild 2a)** ist der Radius z. B. so groß wie der Maximalwert $\hat{u}$ (Scheitelwert) der Sinusspannung. Deshalb ist die Gegenkathete des Winkels $\alpha$ im markierten rechtwinkligen Dreieck $u = \hat{u} \cdot \sin \alpha$. Der Augenblickswert $u$ der Spannung in der Sinuslinie **(Bild 2b)** entspricht dem senkrechten Abstand von der Zeitachse bis zur Sinuslinie.

> Augenblickswerte, z. B. $u$, $i$ oder $p$, werden mit Kleinbuchstaben bezeichnet.

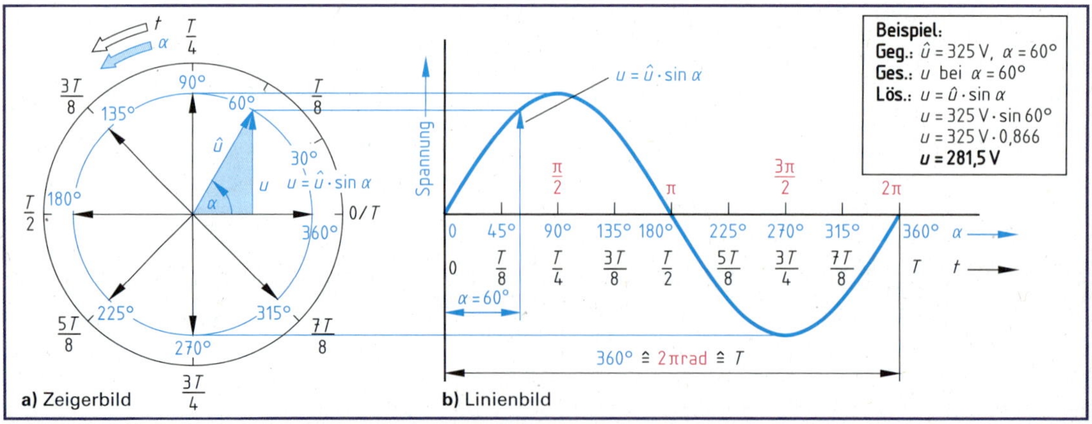


**Bild 2:** Zeigerbild und Linienbild einer Sinusspannung

[1] sinus (lat.) = Bogen

## Kreisfrequenz

Den **Drehwinkel** $\alpha$ des Zeigers im **Bild 2a, Seite 240** gibt man bei Wechselstrom- und Wechselspannungsberechnungen auch im **Bogenmaß** an.

> Das Bogenmaß eines Winkels $\alpha$ (Einheit rad[1]) ist die Länge des zugehörigen Kreisbogens in einem Kreis mit dem Radius $r$ = 1 (Einheitskreis).

Der Drehwinkel $\alpha_B$ im Bogenmaß, in **Bild 1** z.B. 0,524 rad, verhält sich zum Vollwinkel 2 π rad wie der Drehwinkel im Gradmaß $\alpha_G$, z.B. 30°, zum Vollwinkel 360°. Aus dieser Beziehung kann das Bogenmaß berechnet werden, wenn das Gradmaß gegeben ist, und umgekehrt. Die Einheit rad des Bogenmaßes wird meist weggelassen.

Je höher die Frequenz einer Sinusschwingung ist, umso kürzer ist die Periodendauer und umso schneller dreht sich der dazugehörige Zeiger **(Bild 1)**. Als Maß für die Winkelgeschwindigkeit der Zeigerbewegung wird in der Elektrotechnik meist die **Kreisfrequenz** $\omega$[2] angegeben.

> Die Kreisfrequenz (Winkelfrequenz) gibt an, welchen Drehwinkel im Bogenmaß ein Zeiger je Sekunde überstreicht.

**Beispiel:**

Eine Wechselspannung mit einer Frequenz von 50 Hz hat einen Scheitelwert $\hat{u}$ = 34 V. Berechnen Sie

**a)** die Kreisfrequenz $\omega$ und **b)** den Augenblickswert $u$ bei der Zeit $t$ = 7 ms (Beachte: Taschenrechner auf RAD).

**Lösung:**

**a)** $\omega = 2\pi \cdot f = 2\pi \cdot 50\,\frac{1}{\text{s}} = \mathbf{314\,\frac{1}{s}}$

**b)** $u = \hat{u} \cdot \sin(\omega \cdot t) = 34\,\text{V} \cdot \sin(314\,\frac{1}{\text{s}} \cdot 0{,}007\,\text{s})$

$\mathbf{u} = 34\,\text{V} \cdot \sin 2{,}198 = 34\,\text{V} \cdot 0{,}81 = \mathbf{27{,}5\,V}$

## Erzeugung von Sinusspannungen

Wechselspannungen mit zeitlich sinusförmigem Verlauf werden in der Energietechnik durch Induktion in Wechselspannungsgeneratoren erzeugt. Eine Leiterschleife wird in einem gleichförmigen (homogenen) Magnetfeld gedreht **(Bild 2)**. Durch die Drehbewegung erfährt die Leiterschleife ständig eine Änderung des magnetischen Flusses mit zeitlich sinusförmigem Verlauf. Dadurch wird in der Leiterschleife eine Sinusspannung induziert.

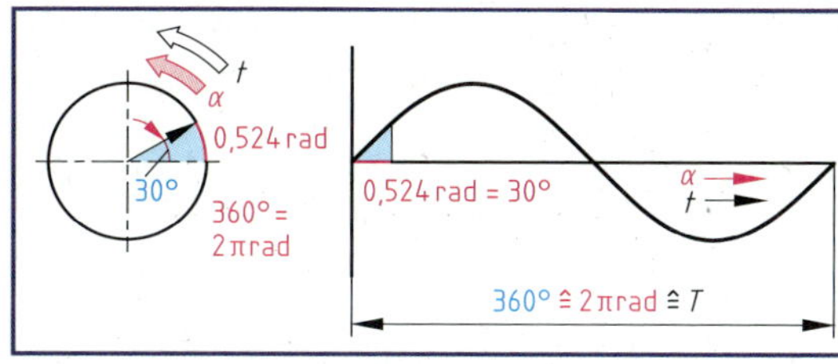


**Bild 1**: Einheitskreis und Bogenmaß

### Gradmaß, Bogenmaß und Kreisfrequenz

$$\alpha_B = \frac{\alpha_G \cdot 2\pi}{360°} \qquad [\alpha_B] = \text{rad}$$

$$\alpha_G = \frac{\alpha_B \cdot 2\pi}{360°} \qquad [\alpha_G] = °\text{(Grad)}$$

$$\omega = \frac{\text{Drehwinkel im Bogenmaß}}{\text{Zeitdauer}} = \frac{\alpha_B}{t} = \frac{2\pi}{T}$$

$$\omega = 2\pi \cdot f \qquad [\omega] = \frac{1}{\text{s}}$$

$\alpha_B$ Drehwinkel im Bogenmaß
$\alpha_G$ Drehwinkel im Gradmaß
$\omega$ Kreisfrequenz (Winkelfrequenz)
$t$ Zeit ab Nulldurchgang
$T$ Periodendauer
$f$ Frequenz

### Augenblickswerte der Sinusgrößen

$$u = \hat{u} \cdot \sin\alpha$$

mit $\alpha = \omega \cdot t \Rightarrow u = \hat{u} \cdot \sin(\omega \cdot t)$

$$i = \hat{i} \cdot \sin\alpha$$

mit $\alpha = \omega \cdot t \Rightarrow i = \hat{i} \cdot \sin(\omega \cdot t)$

$u, i$ Augenblickswerte (Momentanwerte) der Sinusgrößen
$\hat{u}, \hat{i}$ Scheitelwerte der Sinusgrößen
$\omega$ Kreisfrequenz (überstrichener Winkel im Bogenmaß pro Sekunde)
$t$ Zeit
$\alpha$ Drehwinkel

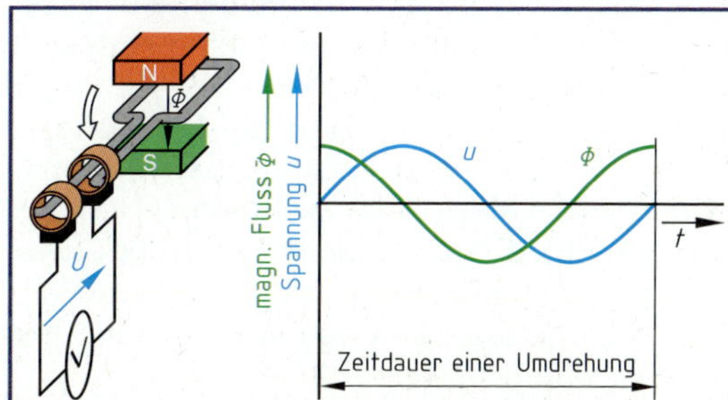


**Bild 2**: Prinzip der Spannungserzeugung

[1] rad, Abk. für: Radiant (Winkeleinheit) 1 rad = 180°/π
[2] $\omega$ griech. Kleinbuchstabe omega

## Scheitelwert und Effektivwert bei sinusförmigen Wechselgrößen

**Versuch: a)** Schließen Sie eine Signallampe 12 V/0,1 A an eine Sinusspannung an. Messen Sie die Sinusspannung mit einem digitalen Messinstrument und einem Oszilloskop. **b)** Schließen Sie eine gleiche Signallampe an ein Gleichspannungsnetzgerät an. Erhöhen Sie die Gleichspannung, bis beide Lampen gleich hell leuchten. Messen Sie die Gleichspannung.

*Bei gleicher Helligkeit der Signallampen zeigen Gleichspannungsmessgerät und Wechselspannungsmessgerät den gleichen Wert an (ungefähr 70 % von $\hat{u}$).*

Die Gleichspannung ist so groß wie der **Effektivwert**[1] der Wechselspannung. Somit ist der Gleichstrom so groß wie der Effektivwert des Wechselstromes.

> Der Effektivwert des Wechselstromes ist so groß wie der Wert des Gleichstroms, der an einem ohmschen Widerstand dieselbe Wärmewirkung erzeugt.

In der Energietechnik werden bei Sinusströmen und Sinusspannungen, z. B. Netzspannung 230 V, immer Effektivwerte **(Bild 2)** angegeben. Der Effektivwert von Strom und Spannung ist ihr jeweiliger **quadratischer Mittelwert**. Der Verlauf der Wechselstromleistung *p* ergibt sich aus der punktweisen Multiplikation von $u \cdot i$ und hat die doppelte Frequenz von *u* bzw. *i*. Sie verläuft nur im positiven Bereich → Leistung wird abgegeben **(Bild 1)**.

Durch Auffüllen der Täler mit der oberen Hälfte der Leistungskurve erhält man ein flächengleiches Rechteck und somit den arithmetischen Mittelwert der Wechselstromleistung $P_{eff}$. Er ist bei Sinusverlauf halb so groß wie der Höchstwert $\hat{p}$ der Sinusleistung **(Bild 1)**.

> Effektivwerte, z. B. *U*, *I* oder *P*, werden mit Großbuchstaben bezeichnet.

In der Praxis sind bei Messungen von Sinusgrößen meist nur die Effektivwerte von Interesse. Deshalb werden einfache digitale Messgeräte, die für Effektivwerte von Sinusgrößen geeicht sind, meist verwendet.

Werden diese Messgeräte zu Messungen nichtsinusförmiger Wechselgrößen benutzt, können große Messfehler auftreten.

Das Verhältnis Scheitelwert zu Effektivwert nennt man **Scheitelfaktor** bzw. **Crestfaktor**[2] $F_c$. Er hat bei Sinusgrößen den Wert $\sqrt{2}$ und bei Dreieckgrößen den Wert $\sqrt{3}$.

[1] von efficere (lat.) = bewirken, tatsächlich, mengenmäßig wirksam
[2] crest (engl.) = Gipfel

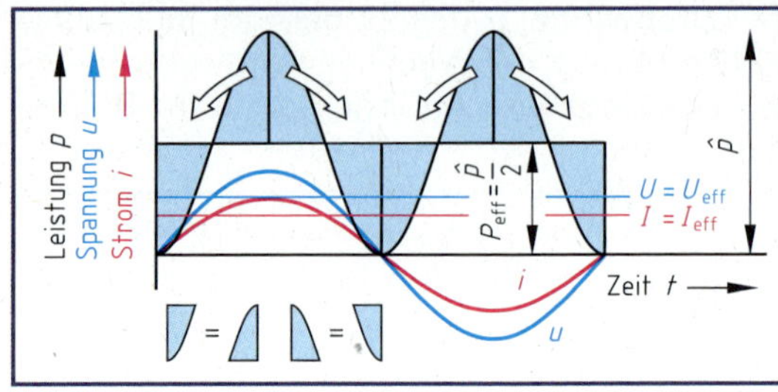


**Bild 1**: Sinusleistung

| | |
|---|---|
| Aus **Bild 1** folgt: | $P_{eff} = \dfrac{\hat{p}}{2}$ |
| Es gilt: | $P_{eff} = U_{eff} \cdot I_{eff}$ |
| Mit $U_{eff} = I_{eff} \cdot R \Rightarrow$ | $P_{eff} = I_{eff}^2 \cdot R;\quad \hat{p} = \hat{i}^2 \cdot R$ |
| Einsetzen in 1. Formel: | $I_{eff}^2 \cdot R = 0{,}5 \cdot \hat{i}^2 \cdot R$ |
| Dividiert durch *R*: | $I_{eff}^2 = 0{,}5 \cdot \hat{i}^2$ |
| Daraus folgt: | $I_{eff} = \sqrt{0{,}5 \cdot \hat{i}^2} = \sqrt{\dfrac{1}{2} \cdot \hat{i}^2} = \dfrac{\hat{i}}{\sqrt{2}}$ |

### Scheitelwert und Effektivwert

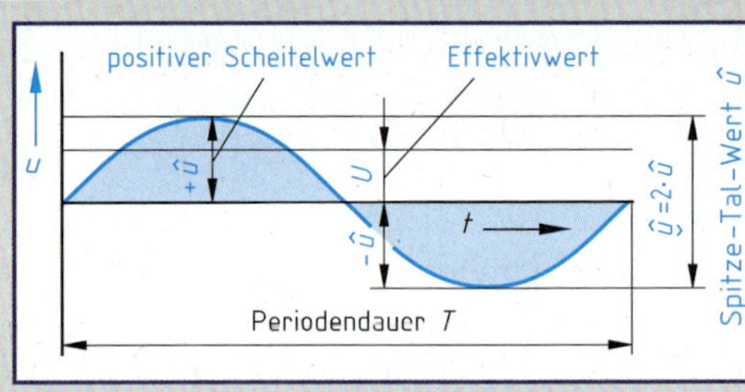


$$\boldsymbol{U = U_{eff} = \frac{\hat{u}}{\sqrt{2}} = 0{,}707 \cdot \hat{u}}$$

$$\boldsymbol{I = I_{eff} = \frac{\hat{i}}{\sqrt{2}} = 0{,}707 \cdot \hat{i}}$$

| | |
|---|---|
| $U = U_{eff}$ | Effektivwert der Sinusspannung |
| $I = I_{eff}$ | Effektivwert des Sinusstromes |
| $\hat{i}$ | Scheitelwert des Sinusstromes |
| $\hat{u}$ | Scheitelwert der Sinusspannung |
| $\underset{\smile}{\hat{u}}$ | Spitze-Tal-Wert der Sinusspannung |
| $\sqrt{2}$ | Scheitelfaktor ($\sqrt{2}$ gilt nur bei Sinusform) |

**Beispiel:**

An einem Netzgerät wird eine Spannung von *U* = 24 V gemessen. Berechnen Sie **a)** den Scheitelwert $\hat{u}$ und **b)** den Spitze-Tal-Wert $\underset{\smile}{\hat{u}}$ der Sinusspannung.

**Lösung:**

**a)** $\hat{u} = \sqrt{2} \cdot U = \sqrt{2} \cdot 24\,\text{V} = \mathbf{34\,V}$

**b)** $\underset{\smile}{\hat{u}} = 2 \cdot \hat{u} = 2 \cdot 34\,\text{V} = \mathbf{68\,V}$

## Zeitlicher Verlauf von Wechselgrößen

In der Elektrotechnik unterscheidet man insbesondere Rechteckspannung, Sinusspannung und Sägezahnspannung **(Bild 1).**

> Eine Wechselgröße liegt vor, wenn während einer Periode die Flächenanteile im positiven und negativen Bereich gleich groß sind.

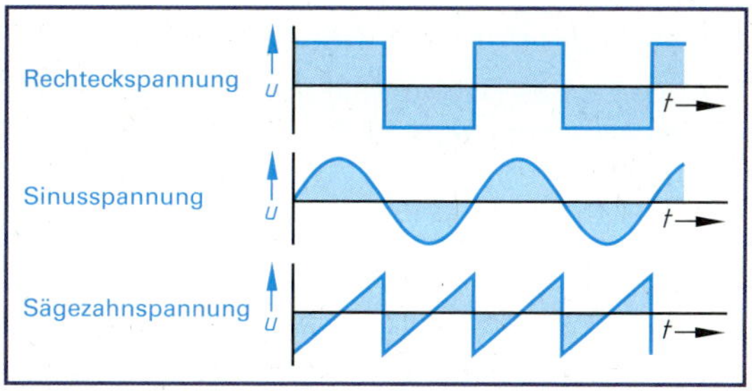


**Bild 1**: Wechselspannungsarten Beispiele

In der Steuerungstechnik, Regelungstechnik und Datentechnik wird häufig mit **Spannungs-** bzw. **Stromimpulsen** gearbeitet. Bei Spannungsimpulsen bzw. bei Stromimpulsen ist eine Spannung bzw. ein Strom nur kurzzeitig vorhanden **(Tabelle 1).**

> Nach einem Impuls folgt eine spannungslose bzw. eine stromlose Pause.

Bei einem **Pulsvorgang** folgen die Einzelimpulse periodisch aufeinander **(Tabelle 1).**

Je nach Impulsform und Schwingungsanteil unterscheidet man verschiedene Impulse **(Tabelle 1).** In der Digitaltechnik werden häufig **Rechteckimpulse** und **Nadelimpulse** als Taktsignale verwendet. Nadelimpulse entstehen, wenn man z. B. eine RC-Schaltung mit Rechteckimpulsen ansteuert.

In der Energietechnik werden **Sinusimpulse,** z. B. bei der E1U-Gleichrichtung, und **Schwingungspakete** bei Vielperiodensteuerungen erzeugt.

Wichtige Impulsgrößen sind die Impulsdauer $t_i$, die Pausendauer $t_p$, die Periodendauer $T$ **(Tabelle 1)** und der **Tastgrad** $g$. Bei Impulsen unterscheidet man die Vorderflanke, die Rückflanke und das Impulsdach **(Bild 3).** Die Impulsflanken sind umso steiler, je kürzer die **Anstiegszeit** $t_r$[1] und die **Abfallzeit** $t_f$[2] sind.

**Tabelle 1:** Impulsarten (Beispiele)

| | |
|---|---|
| Rechteckimpulse | 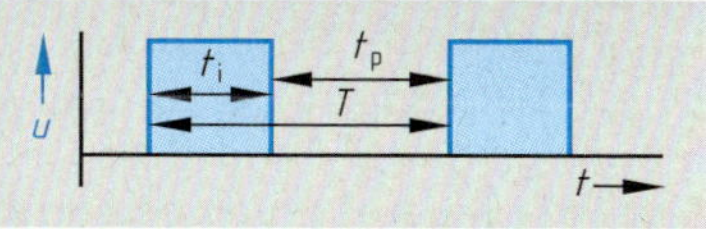  |
| Nadelimpulse | 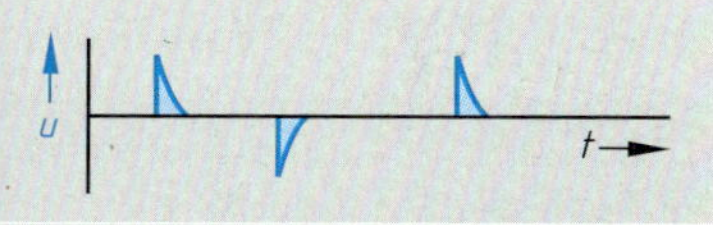  |
| Sinusimpulse | 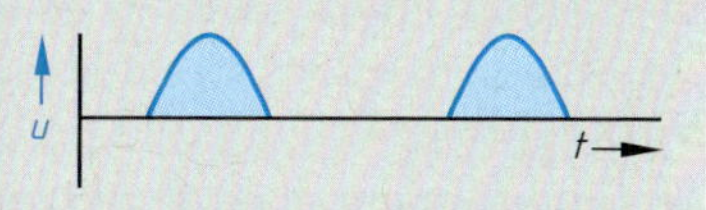  |
| Schwingungspakete | 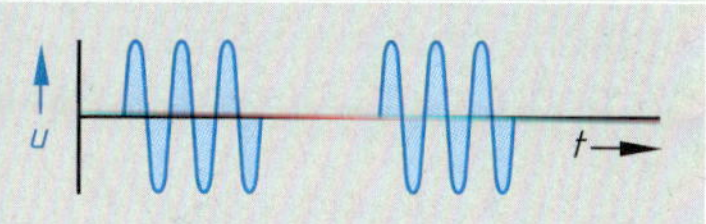  |

**Beispiel:**

Bei einem Taktgenerator beträgt die Impulsdauer 3 ms und die Pausendauer 5 ms. Berechnen Sie **a)** den Tastgrad $g$ und **b)** die Frequenz $f$.

**Lösung:**

a) $g = \frac{t_i}{T} = \frac{t_i}{t_i + t_p} = \frac{3\text{ ms}}{3\text{ ms} + 5\text{ ms}} = \mathbf{0{,}375}$

b) $f = \frac{1}{T} = \frac{t_i}{t_i + t_p} = \frac{1}{3\text{ ms} + 5\text{ ms}} = \mathbf{125\ Hz}$

**Pausendauer und Impulsdauer**

$$g = \frac{t_i}{T} \qquad T = t_i + t_p \qquad f = \frac{1}{T}$$

$g$ Tastgrad
$T$ Periodendauer
$t_i$ Impulsdauer
$t_p$ Pausendauer
$f$ Frequenz

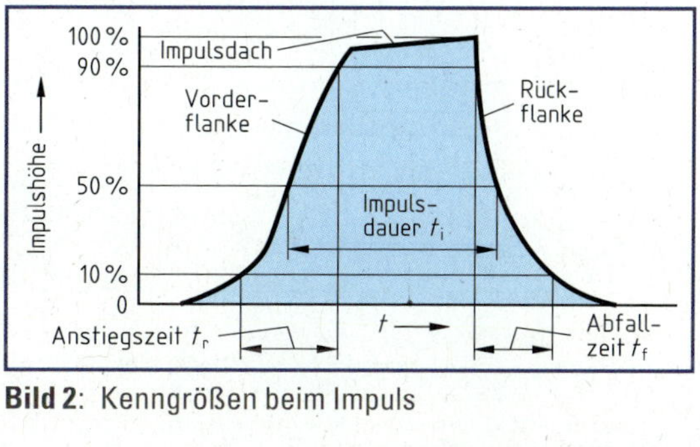


**Bild 2**: Kenngrößen beim Impuls

[1] von to rise (engl. = ansteigen)
[2] von to fall (engl. = fallen)

### 7.7.3 Dreiphasenwechselstrom (Drehstrom)

#### Entstehung der Dreiphasenwechselspannung

Dreht sich das Polrad **(Bild 1)** in einem Generator, wird in jeder Spule eine Wechselspannung mit gleicher Amplitude und Frequenz induziert. Die Spannungen sind wegen der räumlichen Anordnung der Spulen auch zeitlich um $^1/_3$ Periode gegeneinander verschoben. Ihr Phasenverschiebungswinkel zueinander beträgt jeweils 120° **(Bild 2b)**. Die drei Spulen eines solchen Generators bilden die **Stränge.** In jedem Strang wird eine Spannung induziert, die man **Strangspannung** nennt.

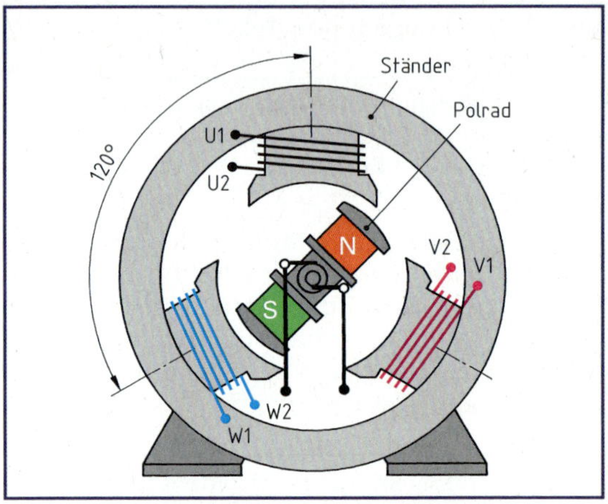


**Bild 1**: Erzeugung von drei um je 120° phasenverschobenen Wechselspannungen

Die Anfänge der Stränge bezeichnet man mit U1, V1, W1, die Strangenden mit U2, V2, W2. Durch **Verkettung** (Verbindung) der drei Spulen miteinander kann man die Anzahl der zur Energieübertragung notwendigen Leiter auf drei Leiter (L1, L2, L3) verringern.

> Drei um 120° phasenverschobene und verkettete Wechselspannungen nennt man Dreiphasenwechselspannung.

#### Verkettung

Verbindet man bei einem Erzeuger oder Verbraucher die drei Strangenden U2, V2 und W2, so entsteht die **Sternschaltung,** Zeichen: Y **(Bild 2a und 2c)**. Den Verbindungspunkt von U2, V2 und W2 nennt man **Sternpunkt (Bild 2a und 2c)**. Am Sternpunkt wird meist der **Neutralleiter** N angeschlossen.

Verbindet man das Ende eines Stranges mit dem Anfang des nächsten, z. B. U2 mit V1, V2 mit W1 und W2 mit U1, entsteht die **Dreieckschaltung,** Zeichen: △ **(Bild 2d)**. Die drei Leiter L1, L2 und L3, die bei beiden Schaltungen vom Erzeuger zu den Stranganfängen U1, V1 und W1 führen, nennt man **Außenleiter.**

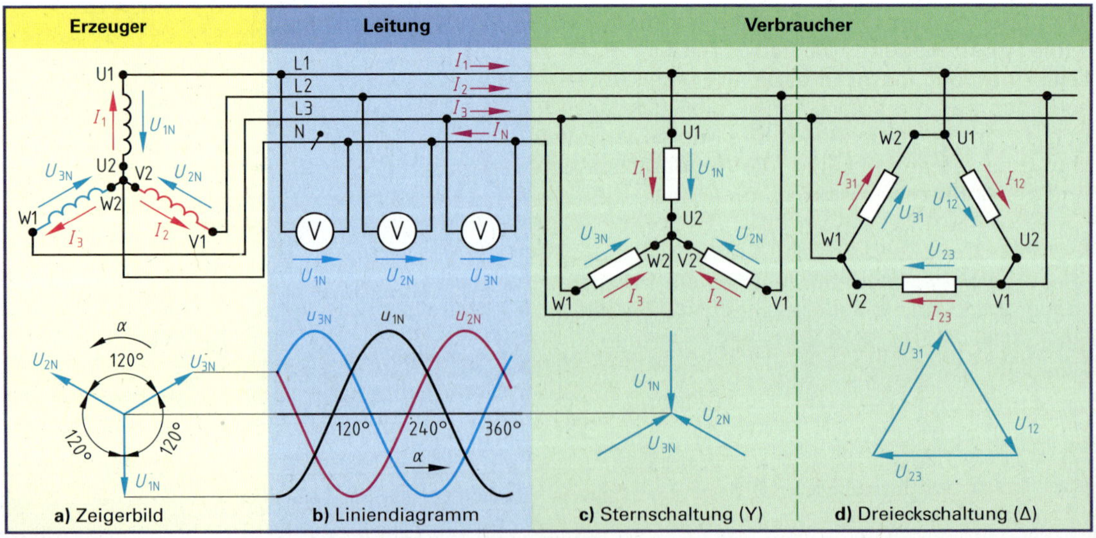


**Bild 2**: Drehstromsystem mit Liniendiagramm und Zeigerbildern

Die Spannung zwischen zwei Außenleitern, z. B. L1 und L2, bezeichnet man als **Außenleiterspannung** oder **Leiterspannung**.

### Verkettungsfaktor

**Versuch 2:** Messen Sie an einem Drehstromnetz **(Bild 1)** zuerst die Spannungen zwischen den Außenleitern, dann die Spannungen zwischen jedem Außenleiter und dem Neutralleiter N.

*Zwischen L1 und L2, L1 und L3 sowie zwischen L2 und L3 misst man drei gleich große Spannungen. Zwischen L1 und N, L2 und N sowie zwischen L3 und N misst man ebenfalls drei gleich große Spannungen, die jedoch kleiner sind als die Spannungen zwischen den Außenleitern.*

Setzt man die Spannung zwischen zwei Außenleitern, z. B. $U_{31}$ = 400 V, zur Spannung zwischen Außenleiter und Neutralleiter N, z. B. $U_{1N}$ = 230 V, ins Verhältnis, so erhält man den **Verkettungsfaktor**:

$$\frac{400\,\text{V}}{230\,\text{V}} = \sqrt{3} \Rightarrow \frac{U_{31}}{U_{1N}} = \sqrt{3}$$

Bei Drehstrom ist der Verkettungsfaktor $\sqrt{3}$.

Den Zusammenhang zwischen den Leiterspannungen und den Spannungen zwischen Außenleiter und Neutralleiter N kann man im Zeigerbild **(Bild 2)** und im Liniendiagramm **(Bild 3)** darstellen. Die Verbindung zwischen den Zeigern für die Strangspannungen sind die Zeiger der Leiterspannungen $U_{12}$, $U_{23}$ und $U_{31}$ **(Bild 2)**. In **Bild 2** bilden die Spannungen $U_{1N}$, $U_{3N}$ und $U_{31}$ ein gleichschenkliges Dreieck mit dem Basiswinkel 30°. Dieses Dreieck kann man in zwei rechtwinklige Dreiecke zerlegen. Mithilfe der Winkelfunktionen ergibt sich:

$$\frac{U_{31}}{2} = U_{1N} \cdot \cos 30° = U_{1N} \cdot \frac{\sqrt{3}}{2} \Rightarrow U_{31} = U_{1N} \cdot \sqrt{3}$$

Bildet man im Liniendiagramm **(Bild 3)** die Differenz der Momentanwerte der Spannungen $u_{3N}$ und $u_{1N}$, ergibt sich der Verlauf der Leiterspannung $u_{31}$. Auch hier zeigt sich, dass der Scheitelwert der Spannung $u_{31}$ um den Faktor $\sqrt{3}$ größer ist als der Scheitelwert der Spannung $u_{1N}$.

Im 400-V-Vierleiter-Drehstromnetz betragen die Leiterspannungen ($U_{12}$, $U_{23}$, $U_{31}$) 400 V, die Spannung zwischen einem Außenleiter und dem Neutralleiter ($U_{1N}$, $U_{2N}$, $U_{3N}$) 230 V **(Bild 4)**.

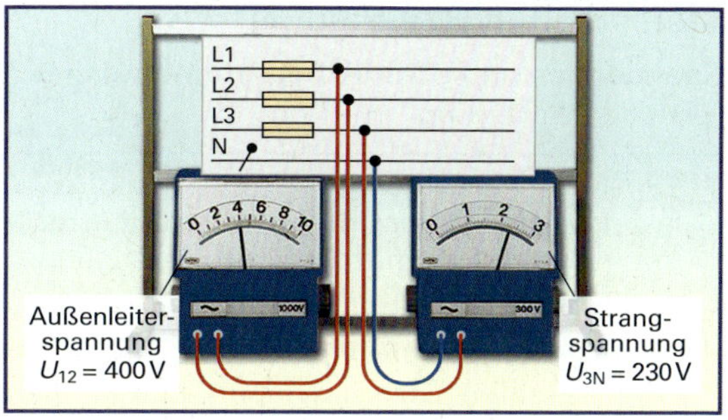


**Bild 1**: Spannungsmessungen am Drehstromnetz

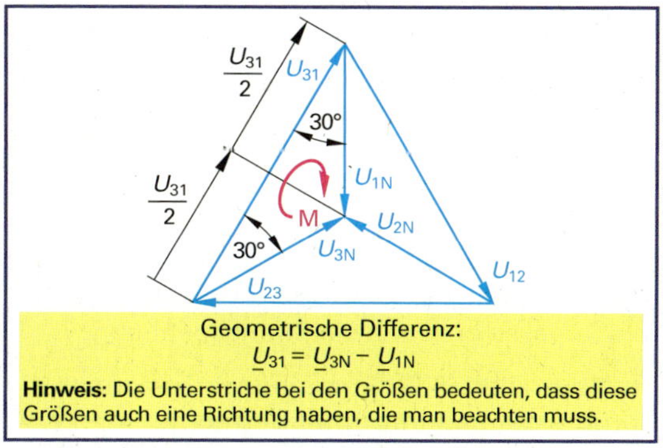


**Bild 2**: Zeigerbild der Spannungen in der Sternschaltung

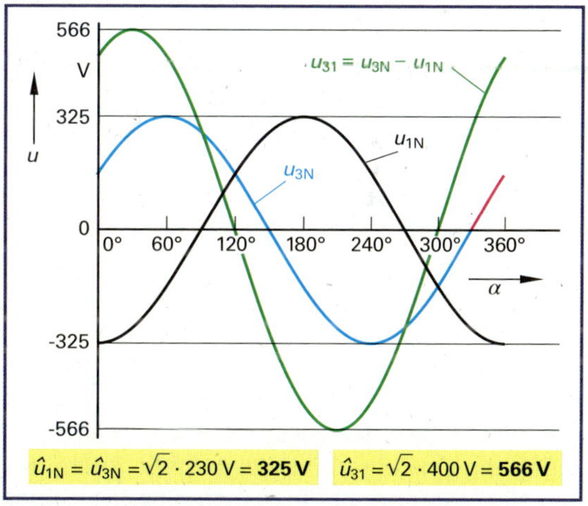


**Bild 3**: Strangspannungen und Leiterspannung im Liniendiagramm

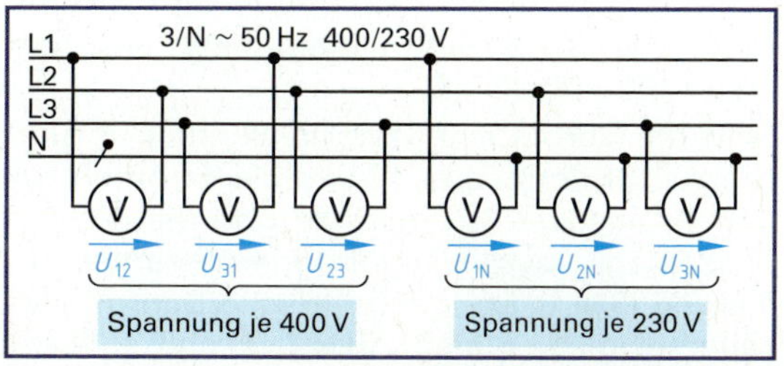


**Bild 4**: Spannungen im 400-V-Vierleiter-Drehstromnetz

[1] Die Unterstriche, z. B. bei $U_{31}$, bedeuten, dass es sich um Größen mit Betrag und Richtung (Zeiger) handelt, die geometrisch addiert werden müssen.

## Sternschaltung (Zeichen: Y)

### Spannungen und Ströme bei symmetrischer (gleicher) Belastung

> Ein Drehstromsystem ist symmetrisch belastet, wenn in allen Strängen Verbraucher mit gleichem Widerstand und gleichem Wirkfaktor cos $\varphi$ angeschlossen sind.

Bei der Sternschaltung **(Bild 1)** fließt in jedem Strang derselbe Strom wie im Leiter. Den Strom durch den Strang nennt man **Strangstrom** $I_{Str}$, den Strom durch den Leiter **Leiterstrom** $I$.

> Bei der Sternschaltung sind die Leiterströme so groß wie die Strangströme.

Die Spannung an einem Strang nennt man **Strangspannung** $U_{Str}$ **(Bild 1)** oder Sternspannung.

> Bei der Sternschaltung ist die Leiterspannung $\sqrt{3}$-mal so groß wie die Strangspannung.

Im Neutralleiter fließt zu jedem Zeitpunkt die Summe der Leiterströme. Betrachtet man z. B. im Liniendiagramm **(Bild 2)** den Punkt III, so hat der Strom $i_1$ seinen positiven Maximalwert. Die Ströme $i_2$ und $i_3$ sind jeweils halb so groß wie $i_1$, jedoch negativ. Die Summe der Momentanwerte der drei Ströme ist somit null. Es fließt also kein Strom im Neutralleiter. Dies gilt für jeden Winkel zwischen 0° und 360°.

> Bei der symmetrischen Belastung eines Drehstromnetzes fließt im Neutralleiter kein Strom.

Die Stromstärke im Neutralleiter kann auch im Zeigerbild **(Bild 4)** ermittelt werden. Zum Erstellen des Zeigerbildes der Ströme ist folgende Vorüberlegung nötig:

Aus **Bild 2c, Seite 244**, ergibt sich für die Sternschaltung ein Zeigerbild, bei dem die Spannungen zum Sternpunkt hinweisen **(Bild 3a)**. Zeiger darf man auf ihrer Wirkungslinie verschieben **(Bild 3b)**. Es entsteht ein gleichwertiges Zeigerbild **(Bild 3c)**. Für die Zeigerbilder der Ströme wird meist diese Darstellung (Zeiger nach außen) zugrunde gelegt.

Sind die Verbraucher wie in Versuch 3 gleiche Wirkwiderstände, haben die Ströme $I_1$, $I_2$ und $I_3$ dieselbe Stromstärke und die gleiche Phasenlage wie die zugehörigen Strangspannungen **(Bild 4)**. Die geometrische Summe der Leiterströme $I_1$, $I_2$ und $I_3$ **(Bild 4)** ist null, es fließt also kein Strom im Neutralleiter.

**Spannungen und Ströme bei Sternschaltung**

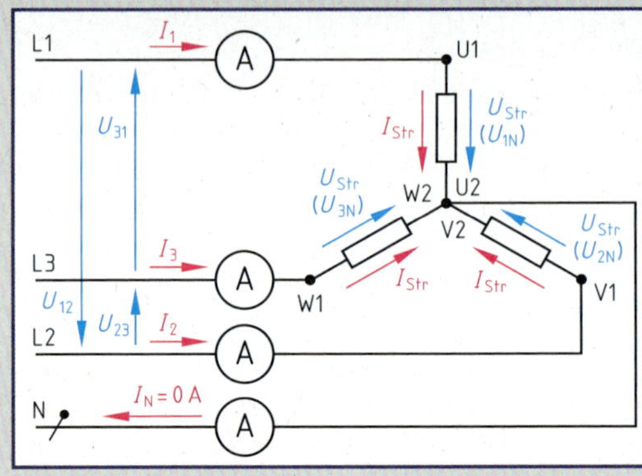


**Bild 1**

| $U = \sqrt{3} \cdot U_{Str}$ | $I = I_{Str}$ |
|---|---|
| $U$ Leiterspannung<br>$U_{Str}$ Strangspannung | $I$ Leiterstrom<br>$I_{Str}$ Strangstrom |

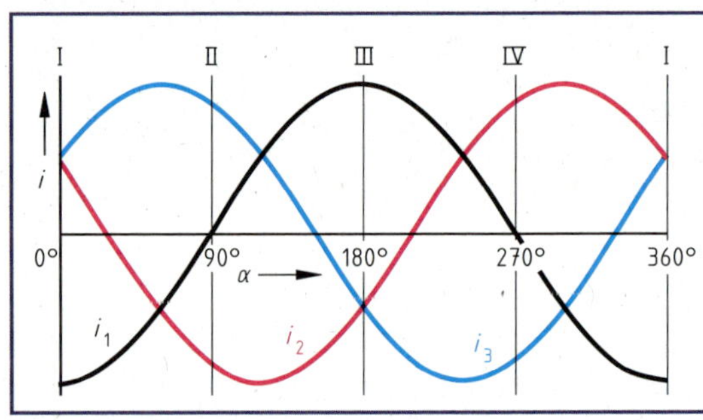


**Bild 2:** Liniendiagramm der Leiterströme

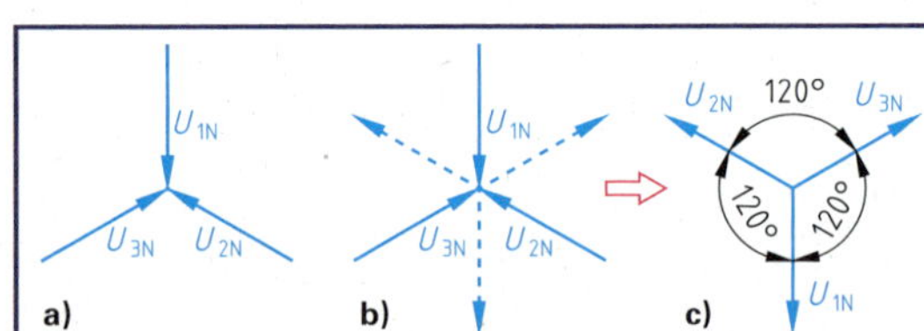


**Bild 3:** Zeigerbilder der Spannungen bei Sternschaltung

Geometrische Summe:
$\underline{I}_N = \underline{I}_1 + \underline{I}_2 + \underline{I}_3 = 0\,A$

**Hinweis:** Die Unterstriche bei den Größen bedeutet, dass diese Größen auch eine Richtung haben, die man beachten muss.

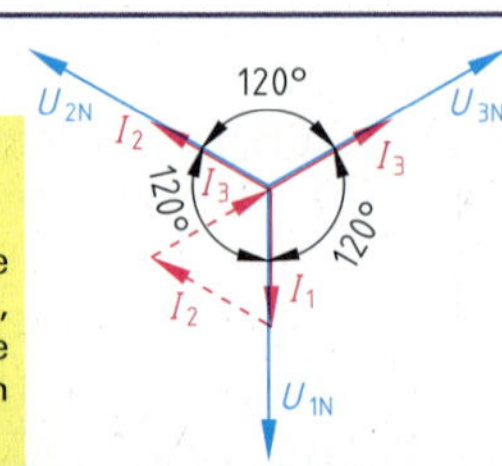


**Bild 4:** Zeigerbild der Ströme bei Sternschaltung

## Dreieckschaltung (Zeichen: Δ)

Sind die Stränge des Erzeugers, z. B. des Generators, im Dreieck geschaltet, führen nur drei Leiter zum Verbraucher. Ein solches Netz nennt man Dreileiter-Drehstromnetz. Hochspannungsnetze (380 kV, 220 kV, 110 kV) sind Dreileiter-Drehstromnetze.

Bei der Dreieckschaltung **(Bild 1)** liegt an jedem Strang die Außenleiterspannung an.

> Bei der Dreieckschaltung ist die Strangspannung gleich der Leiterspannung.

**Spannungen und Ströme bei Sternschaltung**

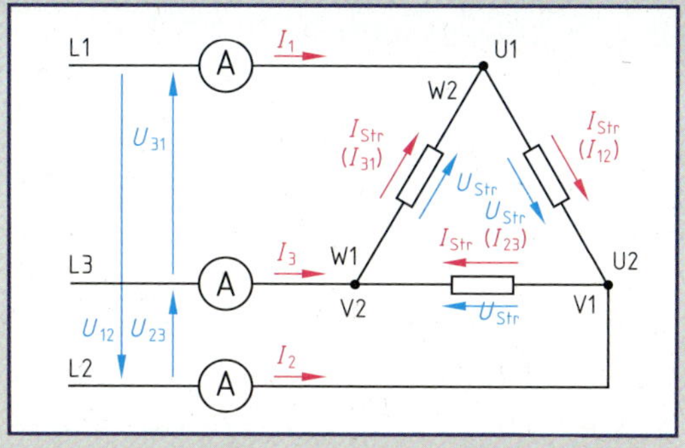


**Bild 1**

| $U = U_{Str}$ | $I = \sqrt{3} \cdot I_{Str}$ |
|---|---|
| $U$ Leiterspannung<br>$U_{Str}$ Strangspannung | $I$ Leiterstrom<br>$I_{Str}$ Strangstrom<br>$\sqrt{3}$ Verkettungsfaktor |

### Ströme bei symmetrischer Belastung

In der Dreieckschaltung verzweigen sich die Leiterströme **(Bild 1)**. Beim Aufstellen der Knotenregel sind die einzelnen, zueinander phasenverschobenen Ströme geometrisch zu addieren. Der Leiterstrom $\underline{I}_1$ ist die geometrische Differenz $\underline{I}_{12} - \underline{I}_{31}$, der Leiterstrom $\underline{I}_2$ ist die geometrische Differenz $\underline{I}_{23} - \underline{I}_{12}$ und der Leiterstrom $\underline{I}_3$ ist die geometrische Differenz $\underline{I}_{31} - \underline{I}_{23}$.

Sind die Strangwiderstände Wirkwiderstände, haben die Strangströme $I_{12}$, $I_{31}$ und $I_{23}$ die gleiche Phasenlage wie die zugehörigen Strangspannungen $U_{12}$, $U_{31}$ und $U_{23}$ **(Bild 2a)**. Zur Ermittlung der Leiterströme verschiebt man die Stromzeiger parallel. Es ergibt sich für die Strangströme $I_{12}$, $I_{31}$ und $I_{23}$ ein Stern **(Bild 2b)**. Die Verbindungslinien zwischen den Strangströmen sind die Leiterströme $I_1$, $I_2$ und $I_3$ **(Bild 2b)**.

$$\frac{I_1}{2} = I_{31} \cdot \cos 30° = I_{31} \cdot \frac{\sqrt{3}}{2} \quad \Rightarrow \quad I_1 = I_{31} \cdot \sqrt{3} \qquad I = I_{Str} \cdot \sqrt{3}$$

> Bei der Dreieckschaltung ist der Leiterstrom $I \cdot \sqrt{3}$-mal so groß wie der Strangstrom $I_{Str}$.

**Beispiel:**

Bei einem Drehstromverbraucher in Dreieckschaltung fließen in jedem Strang 2,5 A. Ermitteln Sie **a)** rechnerisch und **b)** zeichnerisch die Leiterströme (Maßstab: 1A ≙ 10 mm).

**Lösung:**

**a)** $I_1 = I_2 = I_3 = \sqrt{3} \cdot I_{Str} = \sqrt{3} \cdot 2{,}5\ \text{A} = \mathbf{4{,}3\ A}$

**b)** Lösung nach **Bild 2b**: $I_{12} = I_{23} = I_{31} = 2{,}5\ \text{A} ≙ 25\ \text{mm}$ $\quad I_1 = I_2 = I_3 ≙ 43\ \text{mm} ≙ \mathbf{4{,}3\ A}$

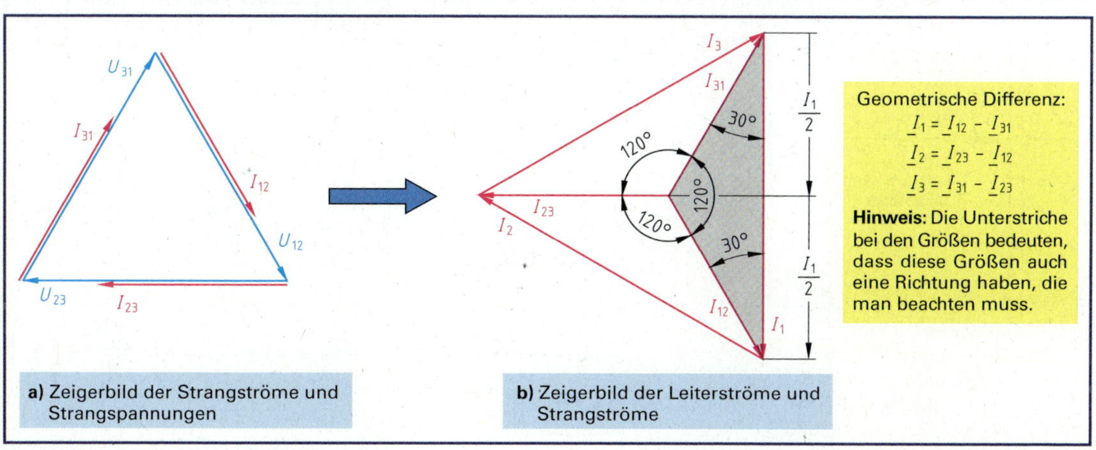


**a)** Zeigerbild der Strangströme und Strangspannungen

**b)** Zeigerbild der Leiterströme und Strangströme

**Bild 2:** Zeigerbilder bei Dreieckschaltung

# 7.8 Mobile elektrische Anlagen

Im Gegensatz zu stationären elektrischen Anlagen sind mobile elektrische Anlagen nicht fest mit ihrer Umgebung, z. B. einem Festplatz, verbunden. Sie lassen sich nach Gebrauch ab- und an anderem Ort wieder aufbauen. Beim Aufbau wirkt die Fachkraft für Veranstaltungstechnik mit und benutzt dabei einen sogenannten Netzverteilungsplan.

➔ **SQP4** 2.4 und Anhang III

## 7.8.1 Netzverteilungspläne

In einem Netzverteilungsplan legt ein Fachplaner fest, welche Anschlüsse, Leitungen und Verteiler benötigt werden und wie diese verbunden werden sollen. Der Plan muss die im Kasten rechts aufgeführten Mindestangaben enthalten.

**Mindestangaben für mobile elektr. Anlagen**
- Name der Veranstaltung
- Veranstaltungsort
- Veranstaltungszeitpunkt
- Unternehmen, Ansprechpartner
- Bezeichnung der Module
- Art der anzuschließenden Verbraucher
- Bezeichnungen und Länge der Leitungen
- ggf. Standorthinweise oder Lageplan
- Kennwerte für Ein- und Abgänge der Module

Vor der Erstellung von Netzverteilungsplänen wird zunächst der Energiebedarf erfasst. Dazu werden alle geplanten elektrischen Verbraucher aufgenommen und dann die Summe der Energiebedarfe ermittelt. Dabei kann berücksichtigt werden, dass aufgrund des zeitlichen Ablaufs der Veranstaltung nicht alle Verbraucher gleichzeitig zugeschaltet sein müssen. Hieraus ergeben sich Gleichzeitigkeitsfaktoren zwischen 0,3 und 1,0.

Anschließend werden die Vor-Ort-Bedingungen ermittelt: Anlagenbetreiber, verantwortliche Personen, technischer Zustand der elektrischen Anlage, Dokumentation und Prüfprotokolle, gleichzeitige Nutzung der elektrischen Anlage durch Dritte, Netzsystem, Schutzmaßnahmen, Leitungsquerschnitte, Absicherung, Selektivität, Übergabepunkte und Möglichkeiten für die Leitungsverlegung. Aus diesen Gegebenheiten wird eine Gefährdungsbeurteilung und der Netzverteilungsplan erstellt.

Einen Übersichtsschaltplan einer kleinen Veranstaltung zeigt **Bild 1**. Der Übersichtsschaltplan ist ein Teil des Netzverteilungsplans. Im Anhang 4 dieses Buches auf **Seite 523** findet sich eine detailliertere Darstellung.

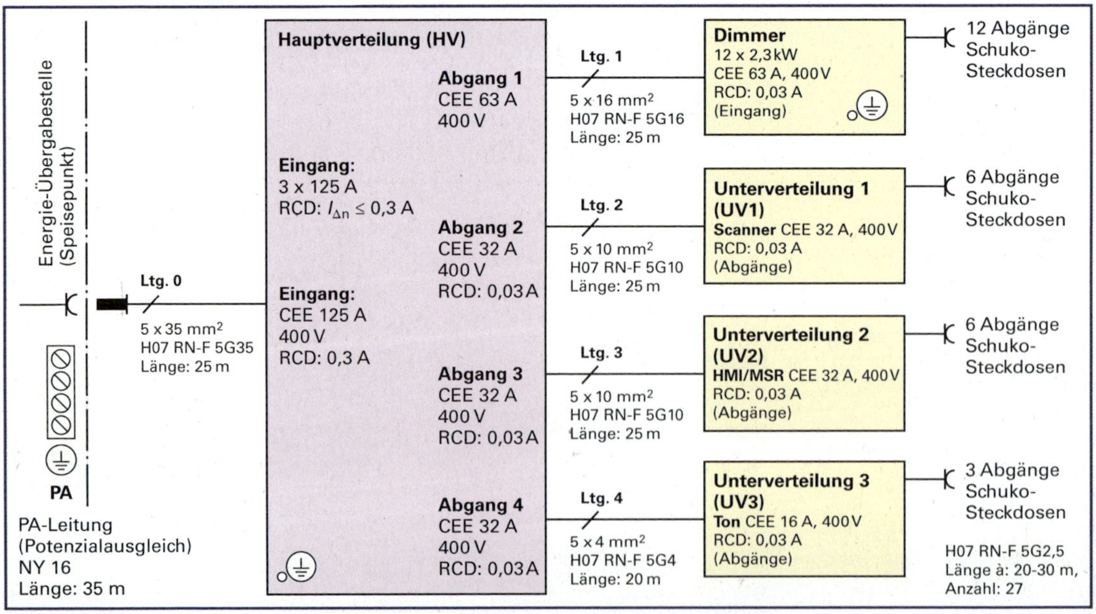


**Bild 1**: Übersichtsschaltplan der Energieversorgung einer kleinen Veranstaltung

## 7.8.2 Leitungsauswahl

→ **SQP4** Tabelle auf Seite 8
→ **DIN VDE 0298-4** Tabelle 11

Zur Ermittlung der jeweiligen Leitungsquerschnitte gelten folgende Bedingungen:

- Erstens darf die zulässige Strombelastbarkeit der Leitung nicht überschritten werden.
- Zweitens darf der höchstzulässige Spannungsfall auf der Leitung vom Übergabepunkt bis zur am weitesten entfernten Stelle des Stromkreises nicht überschritten werden.
- Drittens muss die Leitung für die mechanische Beanspruchung geeignet sein.

Die exakte Dimensionierung wird vom Fachplaner nach der DIN VDE 0298-4 durchgeführt und im Netzverteilungsplan dokumentiert. Hierbei werden beispielsweise auch Häufungen von Leitungen und Oberschwingungen von Verbrauchern berücksichtigt.

Erste Hilfen für weniger komplexe mobile Leitungsverlegungen finden sich in den **Tabellen 1 und 2**. In den Werten sind die drei oben genannten Bedingungen berücksichtigt.

- Erstens: Die grau hinterlegten Felder sind unzulässige Kombinationen im Hinblick auf die Strombelastbarkeit. Beispielsweise darf an einer 50-A-Sicherung keine Leitung mit 6 mm² Querschnitt betrieben werden.
- Zweitens: Die Leitungslängen wurden anhand des maximalen Spannungsfalls berechnet. So ist bei einer 6-mm²-Leitung und 25 A der maximale Spannungsfall von 5 % bei 77 m Leitungslänge erreicht. Beträgt der Storm jedoch maximal 10 A, verkleinert sich der Spannungsfall und es sind 193 m Leitungslänge zulässig.
- Drittens: Aufgrund der mechanischen Beanspruchungen sind nur Leitungen ab mindestens 2,5 mm² Querschnitt berücksichtigt.

## 7.8.3 Schutzpotenzialausgleich

Für die Sicherheit einer mobilen elektrischen Anlage ist die fachmännische Ausführung des Schutzpotenzialausgleichs erforderlich. Alle Schutzleiter der speisenden Netze und alle metallisch leitfähigen Konstruktionen sind einzubeziehen.

Zusätzlich zu diesen Maßnahmen kann ein Funktionspotenzialausgleich aus betrieblichen Gründen erforderlich werden.

**Tabelle 1:** Maximale Leitungslänge in m für **mehradrige** Leitungen

| Leiterquerschnitt in mm² | Nennstrom der Überstromschutzeinrichtung in A | | | | | | | | | |
|---|---|---|---|---|---|---|---|---|---|---|
| | 10 | 16 | 25 | 32 | 50 | 63 | 80 | 100 | 125 | 160 |
| 2,5 | 80 | 50 | 32 | | | | | | | |
| 6 | 193 | 120 | 77 | 60 | | | | | | |
| 16 | 515 | 322 | 206 | 161 | 103 | 82 | 64 | | | |
| 35 | 1127 | 704 | 450 | 352 | 225 | 179 | 141 | 113 | 90 | |
| 50 | 1610 | 1006 | 644 | 503 | 322 | 256 | 201 | 161 | 129 | 101 |

Kupferleitung (wärmebeständig oder mit Nennspannung bis 1000 V)

Temperatur 30 °C, Spannungsfall 5 %, Verlegung auf oder an Flächen

**Tabelle 2:** Maximale Länge in m für **einadrige** Leitungen

| Leiterquerschnitt in mm² | Nennstrom der Überstromschutzeinrichtung in A | | | | | | | | | | |
|---|---|---|---|---|---|---|---|---|---|---|---|
| | 63 | 80 | 100 | 125 | 160 | 200 | 225 | 250 | 315 | 355 | 400 |
| 50 | 256 | 201 | 161 | 129 | 101 | | | | | | |
| 70 | 358 | 282 | 225 | 180 | 141 | 113 | 100 | | | | |
| 95 | 486 | 382 | 306 | 245 | 191 | 153 | 136 | 122 | | | |
| 120 | 613 | 483 | 386 | 309 | 242 | 193 | 172 | 155 | 123 | | |
| 150 | 767 | 604 | 483 | 386 | 302 | 242 | 115 | 193 | 153 | 136 | |
| 185 | 946 | 745 | 596 | 477 | 372 | 298 | 265 | 238 | 189 | 168 | 149 |
| 240 | 1127 | 966 | 773 | 618 | 483 | 386 | 343 | 309 | 245 | 218 | 193 |

Kupferleitung (wärmebeständig oder mit Nennspannung bis 1000 V)

Temperatur 30 °C, Spannungsfall 5 %, Verlegung frei in Luft

In der Veranstaltungstechnik ist grundsätzlich mindestens die Leitungsqualität H07 RN-F (schwere Gummischlauchleitung) für Betriebsmittel zu verwenden **(vgl. Seite 524)**.

**Potenzialausgleich**: Verbindung zwischen leitfähigen Teilen, um Potenzialgleichheit zu erzielen.

**Schutzpotenzialausgleich**: Potenzialausgleich zum Zweck der Sicherheit.

**Funktionspotenzialausgleich**: Potenzialausgleich aus betrieblichen Gründen, aber nicht zum Zweck der Sicherheit.

**Schutzpotenzialausgleichsleiter**: Schutzleiter zum Sicherstellen des Potenzialausgleichs.

**Erdungsleiter**: Leiter (oder Teilleiter) zwischen einem Punkt in einem Netz, einer Anlage oder einem Betriebsmittel und einem Erder herstellt.

**Erder**: unmittelbar in die Erde oder in ein Fundament eingebrachter Leiter.

In der Veranstaltungstechnik sollten Schutzpotenzialausgleichsleiter von 16 mm² Cu oder 25 mm² Cu eingesetzt werden.

## 7.8.4 Betriebsmittelauswahl

Die ausgewählten Betriebsmittel müssen dem Stand der Technik entsprechen und nachweislich geprüft sein **(Kapitel 7.9.3)**.

> Werden beim Aufbau, beim Abbau oder bei der Inbetriebnahme-Prüfung defekte elektrische Betriebsmittel entdeckt, so sind diese eindeutig zu kennzeichnen und eine Weiterverwendung ist zu verhindern.

Das defekte Betriebsmittel sollte dann mit einer Fehlerbeschreibung versehen und, ohne es unnötig zu beschädigen, aus dem Verkehr gezogen werden. Ein Abschneiden des Netzsteckers ist beispielsweise nicht zwingend notwendig.

Auf Grundlage der Gefährdungsbeurteilung **(Kapitel 7.8.1)** müssen Betriebsmittel ausgewählt werden, die für die vorliegenden Einsatzbedingungen geeignet sind. Hinweise hierzu geben VDE-Zeichen, Schutzklassen und Schutzarten.

### VDE-Zeichen

VDE[1]-geprüfte Betriebsmittel und Geräte tragen das VDE-Prüfzeichen **(Tabelle 1)**. Das Sicherheitszeichen GS haben Geräte, die dem Produktsicherheitsgesetz (ProdSG), den Arbeitsschutzbestimmungen und Unfallverhütungsvorschriften entsprechen. Leitungen mit der Angabe „harmonisiert" **(Tabelle 2)** sind in allen CENELEC[2]-Ländern zugelassen.

### Schutzklassen

Elektrische Betriebsmittel müssen im Fehlerfall einen Schutz gegen elektrischen Schlag haben, damit z. B. in Wohnungen, Werkstätten, Büros oder Schulen gefahrlos gearbeitet werden kann.

Zum Schutz gegen elektrischen Schlag werden die Betriebsmittel nach ihrer Konstruktion in die **Schutzklassen** I, II und III eingeteilt **(Tabelle 3)**.

**Tabelle 1:** VDE-Prüfzeichen (nach DIN VDE 0024)

| Bildzeichen | Bezeichnung und Beispiele |
|---|---|
| DVE | VDE-Zeichen für elektrotechnische Erzeugnisse, z. B. Installationsschalter und Elektrogeräte |
| schwarz rot | VDE-Kennfaden für isolierte Leitungen und Kabel zur Herstellung nach nationaler Norm |
| ◁VDE▷ | VDE-Kabelzeichen für Aderleitungen, isolierte Leitungen, Kabel und Installationsrohre |
| | VDE-Funkschutzzeichen für Elektrogeräte |
| GS geprüfte Sicherheit | VDE-GS-Zeichen nach dem Gerätesicherheitsgesetz für geprüfte Elektrogeräte, z. B. elektrische Werkzeuge |

**Tabelle 2:** CEE-Prüfzeichen (nach DIN VDE 0024)

| Bildzeichen | Bezeichnung und Anwendungen |
|---|---|
| ◁VDE▷◁HAR▷ | VDE-Harmonisierungskennzeichen für isolierte Leitungen und Kabel |
| schwarz rot gelb | VDE-Harmonisierungskennfaden für isolierte Leitungen und Kabel |
| | CEE[3]-Prüfzeichen für Geräte und Installationsmaterial nach CEE-Bestimmungen |
| CE | CE[4]-Kennzeichnung für Industrieerzeugnisse, die den einschlägigen Gemeinschaftsvorschriften in Europa entsprechen |

**Tabelle 3:** Kennzeichnung der Schutzklassen (Bildzeichen nach IEC[5] 60417)

| Schutzklasse | Kennzeichen | Verwendung bei Schutzmaßnahme: |
|---|---|---|
| I | | Mit Schutzleiter (Betriebsmittel ist mit Schutzleitersystem der Anlage verbunden, z. B. Elektromotor) |
| II | | Doppelte oder verstärkte Isolierung, früher: Schutzisolierung (Betriebsmittel mit Basisisolierung und zusätzlicher oder verstärkter Isolierung, z. B. Leuchten) |
| III | III | Kleinspannung (Anschluss nur an SELV- und PELV-Stromkreise, siehe Seite 262, z. B. für Fassleuchten) |

[1] VDE, Abk. für: **V**erband **d**er **E**lektrotechnik Elektronik Informationstechnik e.V.
[2] CENELEC, Abk. für: Europäisches Komitee für Elektrotechn. Normung
[3] CEE, Abk. für: Internationale Kommission für Regeln zur Begutachtung elektrotechnischer Erzeugnisse
[4] CE, Abk.: im Sinn für Europäisches Verwaltungszeichen am Produkt
[5] IEC, Abk. für: Internationale Elektrotechnische Kommission

## IP-Schutzarten

Je nach Verwendungszweck und Aufstellungsort der Betriebsmittel ist ein Berührungs- und Fremdkörperschutz und ein Schutz gegen das Eindringen von Wasser erforderlich.

Das Schutzzeichen besteht aus den Buchstaben IP[1] und zwei nachfolgenden Kennziffern, z. B. IP 54. Nach IP und den Ziffern können zusätzliche oder ergänzende Buchstaben stehen, z. B. IP 23 CS **(Tabelle 1)**.

**Bild 1**: Motor mit Schutzart IP 66

Gehäuse und Klemmenkasten, z. B. von Drehstrom-Normmotoren **(Bild 1)**, entsprechen meist der Schutzart IP 54 **(Tabelle 1)**. Der Motor ist gegen Staubablagerungen (staubgeschützt) und gegen Spritzwasser aus allen Richtungen geschützt.

Elektrische Betriebsmittel müssen in feuchten und nassen Räumen sowie in geschützten Anlagen im Freien mindestens tropfwassergeschützt sein (IP X1), ungeschützte Anlagen im Freien müssen mindestens der Schutzart IP X3 entsprechen. Bei der Schutzart IP 68 wird zusätzlich der zulässige Druck bei Tauchbetrieb angegeben, z. B. 3 bar. Neben der Kennzeichnung der Schutzarten durch Buchstaben und Kennziffern wird die Schutzart für Installationsgeräte und elektrische Verbrauchsgeräte durch **Bildzeichen (Symbole)** gekennzeichnet, z. B. bei Leuchten, Wärmegeräten und Elektrowerkzeugen **(Tabelle 1)**.

**Tabelle 1:** Schutzarten elektrischer Betriebsmittel nach DIN EN 60529 (VDE 0470-1)

| Erste Kennziffer | Schutzgrad: Berührungs- und Fremdkörperschutz | Bildzeichen | Zweite Kennziffer | Schutzgrad: Wasserschutz | Bildzeichen |
|---|---|---|---|---|---|
| 0 | Kein besonderer Schutz. | – | 0 | Kein besonderer Schutz. | – |
| 1 | Schutz gegen Eindringen fester Fremdkörper mit einem Durchmesser ≥ 50 mm. | – | 1 | Schutz gegen senkrecht tropfendes Wasser. | tropfwassergeschützt IP X1 |
| 2 | Schutz gegen Eindringen fester Fremdkörper mit einem Durchmesser ≥ 12,5 mm. | – | 2 | Schutz gegen senkrecht tropfendes Wasser, Betriebsmittel bis 15° geneigt. | – |
| 3 | Schutz gegen Eindringen fester Fremdkörper mit einem Durchmesser ≥ 2,5 mm. | – | 3 | Schutz gegen Sprühwasser (Regen) bis zu einem Winkel von 60° zur Senkrechten. | sprühwassergeschützt (regengeschützt) IP X3 |
| 4 | Schutz gegen Eindringen fester Fremdkörper mit einem Durchmesser ≥ 1 mm. | – | 4 | Schutz gegen Spritzwasser aus allen Richtungen. | spritzwassergeschützt IP X4 |
| 5 | Schutz gegen Staubablagerung (staubgeschützt). Vollständiger Berührungsschutz. | staubgeschützt IP 5X | 5 | Schutz gegen Strahlwasser (Düse) aus allen Richtungen. | strahlwassergeschützt IP X5 |
| 6 | Schutz gegen Eindringen von Staub (staubdicht). Vollständiger Berührungsschutz. | staubdicht IP 6X | 6 | Schutz gegen starken Wasserstrahl oder schwere See aus allen Richtungen. | – |
| | | | 7 | Schutz gegen Wasser bei Eintauchen des Betriebsmittels unter Druck-, Zeitbedingungen. | wasserdicht IP X7 |
| | | | 8 | Schutz gegen Wasser bei dauerndem Untertauchen des Betriebsmittels. | druckwasserdicht IP X8 ...bar |
| | | | 9 | Geschützt gegen Hochdruck und hohe Strahlwassertemperaturen | – |

Wird neben den Buchstaben IP nur eine Kennziffer für den Schutzgrad benötigt, so ist anstelle der fehlenden Kennziffer ein X zu setzen, z. B. IP X4 oder IP 3X.

**3. Stelle, z. B. IP 23C**
- A Schutz gegen Zugang mit dem Handrücken
- B Schutz gegen Zugang mit dem Finger
- C Geschützt gegen Zugang mit Werkzeugen
- D Geschützt gegen Zugang mit Draht

**4. Stelle, z. B. IP 23CS**
- H Betriebsmittel für Hochspannung
- M Geprüft auf Wassereintritt bei laufender Maschine
- S Geprüft auf Wassereintritt bei stehender Maschine
- W Geeignet bei festgelegten Witterungsbedingungen

Je höher die Kennziffern sind, umso höher ist der Berührungs-, Fremdkörper- und Wasserschutz.

[1] **IP**, Abk. für: **I**nternational **P**rotection (engl.) = Internationaler Schutz

### 7.8.5 Stromerzeuger und Havariekonzept

In der Veranstaltungstechnik kommen Stromerzeuger auf drei verschiedene Arten zum Einsatz:

**Inselbetrieb:** Der Stromerzeuger (Generator) arbeitet unabhängig vom öffentlichen Stromnetz. Dies kann beispielsweise bei Veranstaltungen an abgelegenen Orten ohne geeignete Stromversorgung erforderlich sein.

**Kombinationsbetrieb:** Der Stromerzeuger wird zusammen mit dem öffentlichen Stromnetz betrieben. Damit kann die Belastung des Stromnetzes reduziert werden. Dabei ist eine Synchronisation der Frequenz und Phasenlage zwingend.

**Havariebetrieb:** Bei einer Havarie, also einem Ausfall der primären Energieversorgung, dient der Stromerzeuger als Reserve. Auch hier ist je nach Havariekonzept eine Synchronisation nötig.

#### Havariekonzept

Ein Havariekonzept legt fest, welche Maßnahmen im Falle einer Havarie zu ergreifen sind, um die Auswirkungen des Ausfalls zu minimieren. Folgende Konzepte können unterschieden werden:

**Umschaltung:** Bei Ausfall der primären Energieversorgung wird auf den Stromerzeuger umgeschaltet. Zu unterscheiden sind der Dauerbetrieb, bei dem der Stromerzeuger kontinuierlich läuft, und der Bereitschaftsbetrieb, bei dem dieser erst im Bedarfsfall aktiviert wird. In beiden Fällen ergibt sich eine Unterbrechung der Stromversorgung und die Verbraucher sollten anschließend sukzessive zugeschaltet werden **(Bild 1a)**.

**USV:** Unterbrechungsfreie Stromversorgung. Hierbei wird die Stromversorgung kontinuierlich aufrechterhalten. Sie speist sich aus einem Akku, der im Normalbetrieb von der primären Energieversorgung und im Bedarfsfall von einem Stromerzeuger geladen wird **(Bild 1b)**.

**Vektorsprungrelais:** Diese erkennen Ausfälle der Netzversorgung und schalten unterbrechungsfrei auf den Stromerzeuger um. In der Regel speist der Stromerzeuger vorher bereits im Teillastbetrieb parallel zur Netzversorgung **(Bild 1c)**.

**Twin-Betrieb:** Hierbei arbeiten zwei Systeme parallel und von einem Synchronisierungs-gerät gesteuert im Teillastbetrieb. Wenn eines davon ausfällt, kann das andere die gesamte Versorgung übernehmen und so einen unterbrechungsfreien Betrieb gewährleisten **(Bild 1d)**.

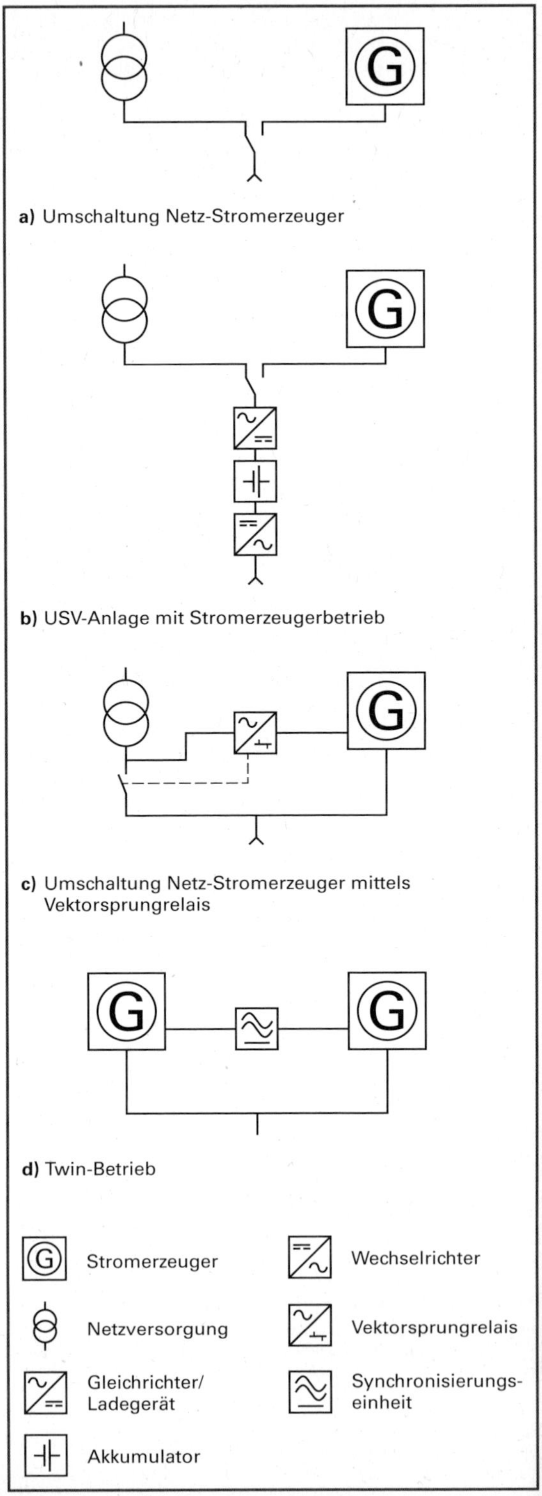


**Bild 1:** Schaltbilder der verschiedenen Havariekonzepte

## 7.8.6 Netzsysteme

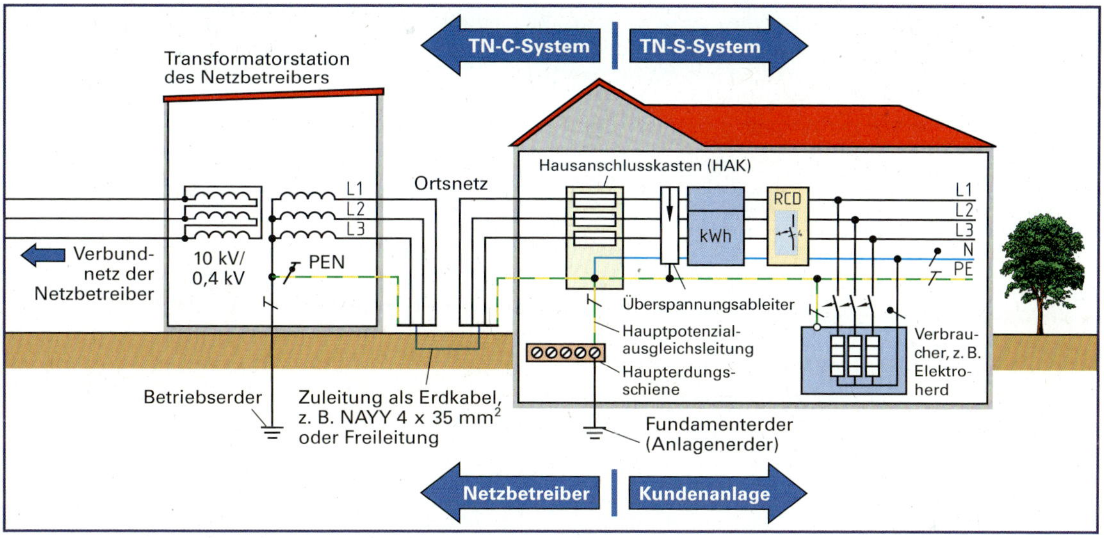


**Bild 1**: Verteilungssystem mit Netzbetreiber und Kundenanlage

Netzsysteme sind Energieverteilungssysteme mit Nennspannungen bis 1000 V und sind nach DIN VDE 0100-100 genormt.

Die Bezeichnung des Netzsystems erfolgt international durch Buchstabenkombinationen, z. B. TN-, TT- und IT-System **(Tabelle 1)**.

**Beschreibung eines Netzsystems (Bild 1)**: Die abgangsseitigen Anschlussklemmen des Hausanschlusskastens (HAK) sind die Übergabestelle zwischen Verteilnetz des Netzbetreibers und Kundenanlage. In Neubauten ist ein Fundamenterder nach DIN 18014 vorzusehen **(Bild 1)**. Im Hausanschlussraum ist der Hausanschlusskasten (HAK), der sich in der Nähe zur am Fundamenterder angeschlossenen Haupterdungsschiene (HES) befindet. Die Verbindung zwischen Verteilnetz des Netzbetreibers (TN-C-System mit L1, L2, L3 und PEN-Leiter) und Kundenanlage erfolgt meist über einen Kabelanschluss, z. B. mit einem 4-adrigen Kabel NAYY am Hausanschlusskasten. Die Auftrennung des PEN-Leiters in Neutralleiter N und Schutzleiter PE erfolgt im HAK. Mittels 5-adriger Hauptleitung (L1, L2, L3, N und PE) erfolgt die Weiterführung als TN-S-System zu den Sammelschienen der Hauptverteilung. N- und PE-Leiter dürfen nach der Auftrennung nicht wieder zusammengeführt werden.

In der Veranstaltungstechnik ist das Netzsystem ab dem Übergabepunkt immer als TN-S-System auszuführen.

**Tabelle 1:** Kennzeichnung von Netzsystemen

| **Beispiel: TN-C-System** | |
|---|---|
| **T** | 1. **Buchstabe:** Erdungsverhältnisse der Stromquelle, z. B. in der Transformatorenstation<br>**T:** direkte Erdung eines Punktes, z. B. Sternpunkt, über den Betriebserder<br>**I:** Isolierung aller aktiven Teile von Erde oder Verbindung des Punktes mit Erde über eine Impedanz |
| **N** | 2. **Buchstabe:** Erdungsverhältnisse der Körper innerhalb der elektrischen Anlage<br>**T:** direkte Erdung der Körper der Betriebsmittel<br>**N:** Verbindung der Körper mit dem Betriebserder des Spannungserzeugers |
| **C** | 3. **Buchstabe:** Anordnung des Neutralleiters N und des Schutzleiters PE im TN-System<br>**S:** PE und N getrennt verlegt<br>**C:** PE und N kombiniert in einem Leiter, dem PEN-Leiter |

**Abkürzungen:**
- T von terre (franz.) = Erde
- I von isolé (franz.) = isoliert
- N von neutre (franz.) = neutral
- S von separé (franz.) = getrennt
- C von combiné (franz.) = kombiniert

**Tabelle:** Netzsysteme im Niederspannungs-Drehstromnetz

| Schaltung/System | Beschreibung | Hinweise |
|---|---|---|
| **TN-C-System**<br>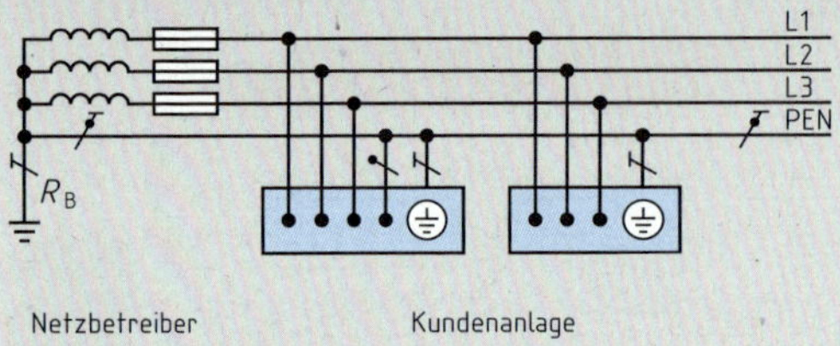<br> | Neutralleiter und Schutzleiter sind im gesamten System in einem einzigen Leiter, dem PEN-Leiter zusammengefasst. Die Verbindung der Körper der Betriebsmittel erfolgt über den PEN-Leiter, z. B. in öffentlichen Verteilungsnetzen und in Industrieanlagen. | • Der PEN-Leiter muss aus mechanischen Gründen einen Leiterquerschnitt von mindestens 10 mm² Kupfer oder 16 mm² Aluminium aufweisen.<br>• Einsparen des sonst benötigten N-Leiters.<br>• Schlechte EMV-Eigenschaften.<br>• Ungeeignet für informationstechnische Anlagen.<br>• Bei PEN-Bruch besteht Lebensgefahr.<br>• Abschaltung erfolgt mit Überstrom-Schutzeinrichtungen. |
| **TN-S-System**<br>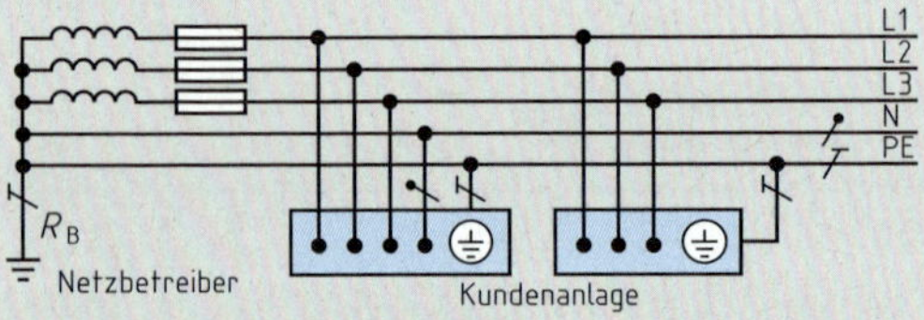<br> | Schutzleiter und Neutralleiter sind am Transformator des Netzbetreibers gemeinsam mit dem Betriebserder verbunden, werden jedoch sowohl im Verteilnetz des Netzbetreibers als auch in der Kundenanlage getrennt geführt. | • Anlagen in neu zu errichtenden Gebäuden müssen von der Einspeisung (HAK) an als TN-S-System errichtet werden.<br>• EMV-freundlich.<br>• Abschaltung erfolgt mit Überstrom- oder Fehlerstrom-Schutzeinrichtungen (RCDs). |
| **TN-C-S-System**<br>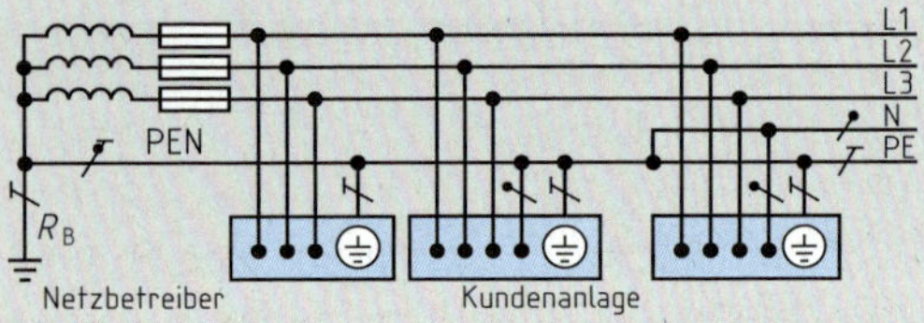<br> | TN-C-System und TN-S-System sind kombiniert. Typisch ist, dass das TN-C-System des Versorgungsnetzes des Netzbetreibers ab HAK in ein TN-S-System der Kundenanlage übergeht. | • In Gebäuden, bei denen die Aufteilung des PEN erst ab Querschnitten unter 10 mm² erfolgt, z. B. in Unterverteilungen.<br>• Schlechte EMV-Eigenschaften.<br>• Niederfrequente Magnetfelder möglich. |
| **TT-System**<br>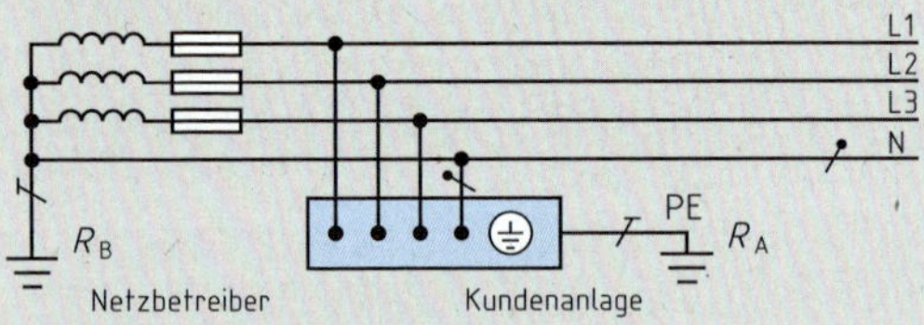<br> | Der Sternpunkt des Transformators des Netzbetreibers ist direkt am Betriebserder $R_B$ geerdet. Der Schutzleiter ist mit einem eigenen Anlagenerder $R_A$ verbunden und vom N-Leiter getrennt. Einsatz auf Baustellen und in landwirtschaftlich genutzten Räumen, z. B. Ställen, Getreidespeichern. | • Regelmäßige, teils arbeitstägliche Funktionsprüfung erforderlich.<br>• Elektromagnetische Verträglichkeit (EMV) günstig.<br>• Aufwendige Betriebserdung $R_B \leq 2\,\Omega$.<br>• Potenzialausgleich für jedes Gebäude zwingend notwendig. |
| **IT-System**<br>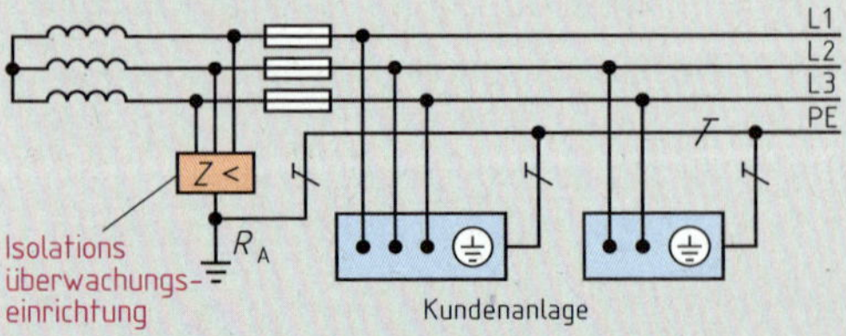<br> | Es besteht keine Verbindung zwischen aktiven Leitern und geerdeten Teilen. Eine Überwachung des Isolationswiderstandes zwischen aktiven Leitern und geerdeten Teilen ist notwendig, um das Auftreten eines Körperschlusses anzuzeigen. Das IT-System ist aus Sicherheitsgründen vorgeschrieben, z. B. in Laboratorien und Operationssälen, da bei Körperschluss keine sofortige Abschaltung erfolgen darf. | • Gute EMV-Eigenschaften.<br>• Abschaltung erfolgt mit Überstrom- oder Fehlerstrom-Schutzeinrichtungen (RCDs).<br>• Höhere Verfügbarkeit: Beim 1. Fehler wird nur gemeldet, beim 2. Fehler wird abgeschaltet.<br>• Geringe Beeinflussung benachbarter Anlagen.<br>• Isolationsüberwachungseinrichtung (IMD) oder Differenzstrom-Überwachungseinrichtungen (RCM) erforderlich. |

$R_B$ Betriebserder $R_A$ Anlagenerder Schutzleiter (PE) Neutralleiter (N) Neutralleiter mit Schutzfunktion (PEN)

# 7.9 Schutzmaßnahmen

## 7.9.1 Schutz gegen elektrischen Schlag

Bei ordnungsgemäßem Betrieb einer elektrischen Anlage dürfen Personen und Nutztiere nicht geschädigt werden. Ebenso muss eine Gefährdung von Sachwerten unterbleiben. Deshalb sind zur Vermeidung und Verhütung von elektrischen Unfällen Schutzmaßnahmen **(Übersicht)** vorzusehen. Treten in Anlagen oder Geräten Fehler auf, muss das Bestehenbleiben einer zu hohen Berührungsspannung **(Seite 252)** verhindert werden, z.B. durch automatisches Abschalten der Anlage. **DIN VDE 0100-410 „Errichten von Niederspannungsanlagen"** legt die Grundregeln des Schutzes gegen elektrischen Schlag fest.

Eine Schutzmaßnahme gegen elektrischen Schlag muss immer bestehen aus:
- Einer Kombination aus zwei unabhängigen Schutzvorkehrungen, dem **Basisschutz** (Schutz gegen direktes Berühren) und dem **Fehlerschutz** (Schutz bei indirektem Berühren) oder
- einem **zusätzlichen Schutz**, der beim Versagen der Schutzvorkehrungen des Basisschutzes oder Fehlerschutzes bzw. beim sorglosen Benutzen elektrischer Anlagen schützt, z.B. durch Anwendung von verstärkter Isolierung oder Einsatz von Fehlerstrom-Schutzeinrichtungen mit $I_{\Delta N} = 30$ mA.

Bei der Installation einer elektrischen Anlage ist zu beachten, dass in jedem Teil der Anlage **eine** Schutzmaßnahme oder auch **mehrere** Schutzmaßnahmen angewendet werden können, die sich aber gegenseitig nicht nachteilig beeinflussen dürfen. Die jeweils anzuwendende Schutzmaßnahme ist abhängig von der Auswahl und dem Errichten der Betriebsmittel. Schutz durch automatische Abschaltung der Stromversorgung **(Seite 257)** im Fehlerfall ist die meist angewendete Schutzmaßnahme.

**Übersicht: Schutzmaßnahmen nach DIN VDE 0100-410**

**Schutzmaßnahmen**

**Schutzmaßnahmen durch:**
- Doppelte oder verstärkte Isolierung **(Seite 261)**.
- Automatische Abschaltung der Stromversorgung
- Schutztrennung mit nur einem Verbrauchsmittel **(Seite 261)**.
- Schutz durch Kleinspannung mittels SELV oder PELV **(Seite 262)**.
- Zusätzlicher Schutz durch
  - Fehlerstromschutzeinrichtungen (RCD) **(Seite 263)** und
  - Zusätzlicher Schutzpotenzialausgleich **(Seite 257)**.

**Anforderungen:**
- **An den Basisschutz** (Schutz gegen direktes Berühren, **Seite 256**)
- **An den Fehlerschutz** (Schutz bei indirektem Berühren, **Seite 257**)
  - Schutzerdung und Schutzpotenzialausgleich.
  - Automatische Abschaltung im Fehlerfall.
  - Zusätzlicher Schutz für Endstromkreise für den Außenbereich und Steckdosen.
- **Im Netzsystem**
  - Schutzmaßnahmen im TN-System **(Seite 258)**.
  - Schutzmaßnahmen im TT-System **(Seite 259)**.
  - Schutzmaßnahmen im IT-System **(Seite 260)**.

| **Anhänge A, B und C in DIN VDE 0100-410** | |
|---|---|
| A | Schutzvorkehrungen für den Basisschutz unter normalen Bedingungen **(Seite 256)**:<br>• Basisisolierung aktiver Teile<br>• Abdeckungen oder Umhüllungen |
| **Schutzmaßnahmen, wenn nur Elektrofachkräfte oder elektrotechnisch unterwiesene Personen die Anlage betreiben und überwachen** | |
| B | Schutzvorkehrungen für den Basisschutz unter besonderen Bedingungen **(Seite 256)**:<br>• Hindernisse<br>• Anordnung außerhalb des Handbereichs |
| C | Schutzvorkehrungen zur ausschließlichen Anwendung in Anlagen, die nur durch Elektrofachkräfte oder elektrotechnisch unterwiesene Personen betrieben und überwacht werden **(Seite 189)**:<br>• Nicht leitende Umgebung<br>• Schutz durch erdfreien örtlichen Schutzpotenzialausgleich<br>• Schutztrennung mit mehr als einem Verbrauchsmittel |

## 7.9.2 Basisschutz, Fehlerschutz und automatische Abschaltung

### Anforderungen an den Basisschutz

**Basisschutz unter normalen Bedingungen (nach DIN VDE 0100-410, Anhang A)**

Basisschutz ist ein Schutz gegen direktes Berühren. Die beim Basisschutz angewandten **Schutzvorkehrungen** sollen sicherstellen, dass von gefährlichen aktiven Teilen bei Gebrauch keine Gefahr ausgeht. Z. B. dürfen spannungsführende Teile bei einem Elektrogerät nicht zugänglich sein **(Bild 1)**.

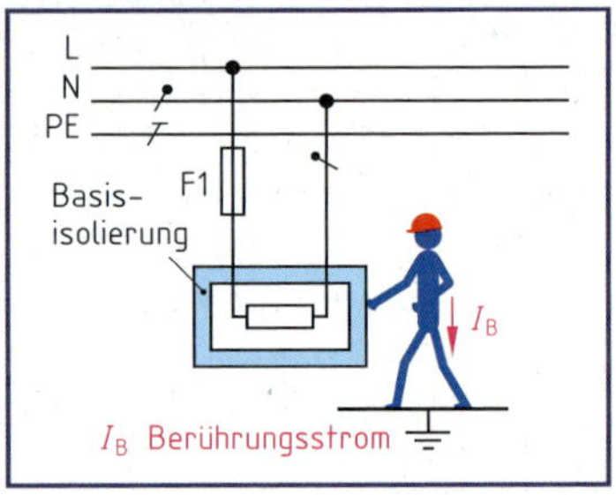


**Bild 1**: Schutz durch Basisisolierung

**Basisschutz** (Schutz gegen direktes Berühren) ist erforderlich, wenn die Bemessungsspannung 25 V Wechselspannung oder 60 V Gleichspannung überschreitet.

**Basisisolierung aktiver Teile.** Aktive Teile sind vollständig mit einer elektrisch und mechanisch widerstandsfähigen Isolierung zu umhüllen **(Bild 2)**. Die Isolierung muss so beschaffen sein, dass man sie nur durch Zerstören entfernen kann. Oxidschichten, Faserstoffumhüllungen, Lack- und Emailleüberzüge erfüllen diese Anforderungen nicht.

**Bild 2**: Schutz durch Basisisolierung aktiver Teile

**Abdeckungen oder Umhüllungen.** Abdeckungen oder Umhüllungen, z. B. von Schaltern oder Steckdosen, schützen gegen direktes Berühren **(Bild 3)**. Sie müssen mindestens der Schutzart IP 2X oder IP XXB entsprechen. Bei leicht zugänglichen Oberflächen von Abdeckungen ist eine Mindestschutzart von IP 4X oder IP XXD vorgeschrieben. Abdeckungen oder Umhüllungen müssen sicher befestigt und nur mit Werkzeug entfernbar sein.

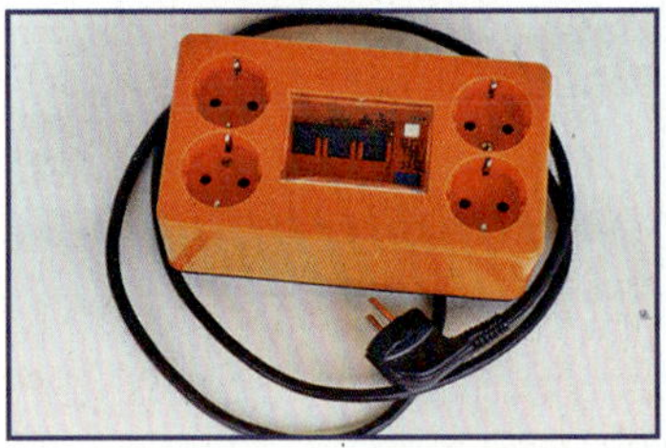

**Bild 3**: Schutz durch Abdeckungen oder Umhüllungen

**Basisschutz unter besonderen Bedingungen (nach DIN VDE 0100-410, Anhang B)**

Der Basisschutz unter besonderen Bedingungen kommt ausschließlich zur Anwendung in Anlagen mit oder ohne **Fehlerschutz** (Schutz gegen indirektes Berühren), die nur von Elektrofachkräften oder elektrotechnisch unterwiesenen Personen betrieben und überwacht werden, z. B. in abgeschlossenen elektrischen Betriebsstätten, z. B. Transformatorstationen.

**Hindernisse.** Schutz durch Hindernisse ist vorzusehen, um ein unabsichtliches Berühren aktiver Teile zu verhindern. Da Hindernisse wie z. B. Schutzleisten oder Schutzgitter **(Bild 4)** umgangen werden können, bieten sie keinen vollständigen Schutz gegen direktes Berühren. Hindernisse dürfen ohne Werkzeug entfernbar sein. Sie sind jedoch so zu befestigen, dass ein unbeabsichtigtes Entfernen nicht möglich ist.

**Bild 4**: Schutz durch Hindernisse

**Anordnung außerhalb des Handbereichs.** Schutz durch Anordnung außerhalb des Handbereichs soll auch ein unbeabsichtigtes gleichzeitiges Berühren aktiver Teile verhindern. Elektrische Betriebsmittel, z. B. Motoren, müssen so angebracht sein, dass sich im Abstand von 2,5 m keine gleichzeitig berührbaren Teile mit unterschiedlichem Potenzial befinden **(Bild 5)**. Auch Freileitungen und Fahrleitungen müssen einen so großen Abstand haben, dass sie von Menschen normalerweise nicht berührt werden können.

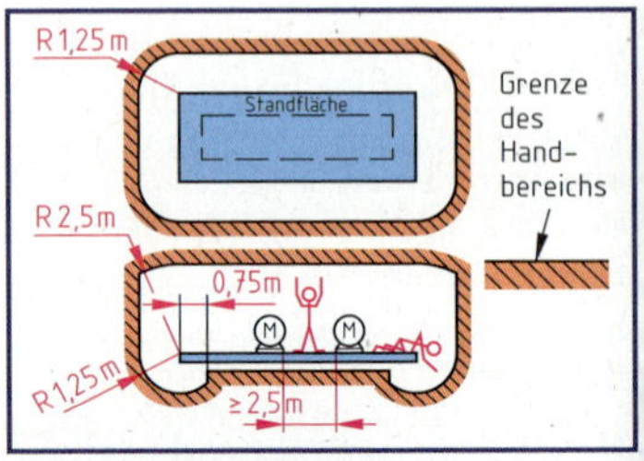


**Bild 5**: Handbereich (Abmessungen)

## Anforderungen an den Fehlerschutz

**Fehlerschutz** (Schutz gegen indirektes Berühren) ist ein Schutz gegen elektrischen Schlag unter Fehlerbedingungen und schützt Menschen und Nutztiere beim Versagen des **Basisschutzes.** Fällt an einem Gerät mit Betriebsspannung über AC 50 V der Basisschutz, z. B. infolge eines Isolationsfehlers aus, kann bei Berührung, z. B. aktiver Teile, die Gesundheit des Menschen gefährdet sein. Die fehlerhafte Anlage muss innerhalb kurzer Zeit, z. B. 0,4 s bei AC 230 V **Tabelle 2, Seite 258),** automatisch abgeschaltet werden **(Bild 1).**

**Schutzerdung (Erdung über den Schutzleiter).** Zum Zwecke der elektrischen Sicherheit müssen ein oder mehrere Punkte eines Netzes, einer Anlage oder eines Betriebsmittels der Schutzklasse I geerdet werden **(Bild 2).**

**Schutzpotenzialausgleich über die Haupterdungsschiene.** Erdungsleiter und leitfähige Teile eines Gebäudes, die Fremdpotenziale in Gebäude einschleppen und somit gefährliche Potenzialdifferenzen verursachen können, sind über die **Haupterdungsschiene (Bild 2)** zum **Schutzpotenzialausgleich** zu verbinden **(Übersicht).**

**Automatische Abschaltung im Fehlerfall.** Im Falle eines Fehlers, z. B. eines Körperschlusses im TN-System, muss eine Schutzeinrichtung in der geforderten Abschaltzeit **(Tabelle 2, Seite 258)** den Stromkreis automatisch unterbrechen. Das Bestehen einer unzulässig hohen Berührungsspannung an den Körpern der Betriebsmittel wird dadurch verhindert.

Durch die Verbindung des PEN-Leiters über die Haupterdungsschiene mit dem **Fundamenterder** würde auch bei einer Unterbrechung des PEN-Leiters die vorgeschaltete Schutzeinrichtung abschalten **(Bild 2).** Wenn z. B. eine ältere Verbraucheranlage keinen eigenen Anlagenerder $R_A$ (Fundamenterder) besitzt und der PEN-Leiter vor dem Hausanschluss unterbrochen wird **(Bild 2),** würde bei einphasigen Verbrauchern auch ohne Körperschluss eine gefährliche Spannung am Gehäuse des Betriebsmittels und am Schutzleiter anstehen. Damit im Fehlerfall das Potenzial des Schutzleiters bzw. PEN-Leiters eine möglichst geringe Abweichung gegenüber dem Erdpotenzial aufweist, muss ein Stromrückfluss zum geerdeten Sternpunkt des Transformators gewährleistet sein **(Fehlerstromkreis 2).**

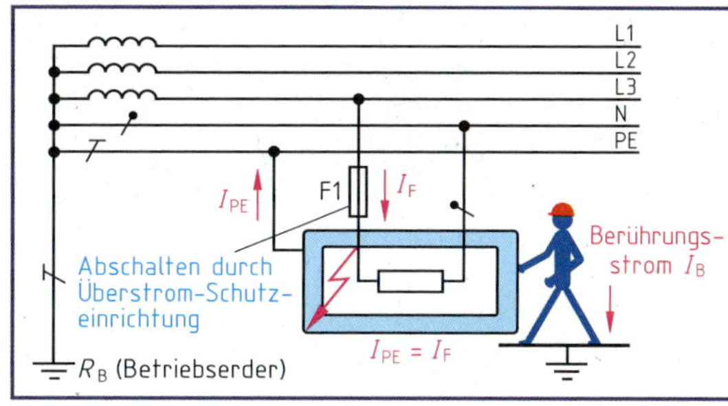


**Bild 1**: Schutz durch Abschalten bei Körperschluss

**Übersicht: Schutzpotenzialausgleich über die Haupterdungsschiene (Beispiele):**

- Verbindung mit dem PEN/PE-Leiter (TN-System)
- Erder, z. B. Fundamenterder
- Antenne, Blitzschutzanlage
- Metallene Gas-, Wasser- und Fernwärmesysteme
- Metallene Zentralheizungs- und Klimageräte mit leitfähiger Zuleitung von außen
- Fremde leitfähige Teile der Gebäudestruktur
- Berührbare Bewehrungen von Gebäudekonstruktionen

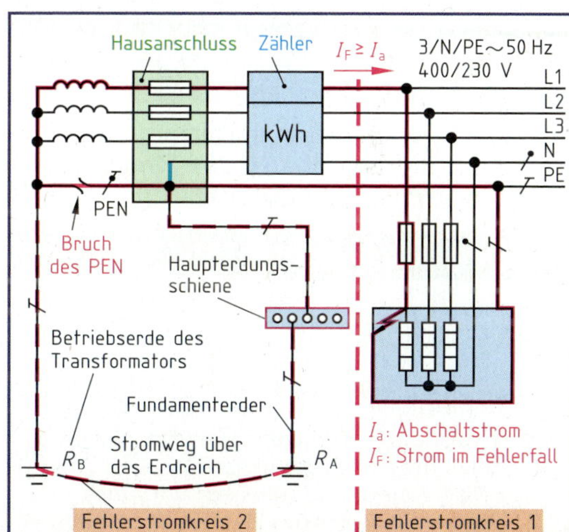


| Fehlerstromkreis 2 mit PEN-Unterbrechung | Fehlerstromkreis 1 mit fehlerfreiem PEN-Leiter |
|---|---|
| Transformator → Hinleitung (L1) → Fehlerstelle → Gehäuse → Rückleitung PE → Haupterdungsschiene → Fundamenterder → Erdreich → Betriebserde → Sternpunkt | Transformator → Hinleitung (L1) → Fehlerstelle → Gehäuse → Rückleitung (PE und PEN) → Sternpunkt (Transformator) |

**Bild 2**: Schutz durch Erdung im TN-C-S-System bei einem Körperschluss

## Schutz im TN-System

Im TN-System **(Tabelle 2, Seite 254)** müssen alle Körper der Betriebsmittel mit dem Erdungspunkt des Versorgungsnetzes durch Schutzleiter PE oder PEN-Leiter verbunden sein. Im Fehlerfall wird der Fehlerstromkreis über den Schutzleiter geschlossen und die Schutzeinrichtung **(Tabelle 1)** ausgelöst **(Bild 1)**.

Der Widerstand des Fehlerstromkreises $Z_S$ (Fehlerschleifenimpedanz) umfasst die Widerstände des Transformators, des vorgelagerten Stromnetzes, des Außenleiters bis zum Fehlerort, des Schutzleiters und PEN-Leiters **(Bild 2, Seite 257)**.

Die Abschaltbedingung ist erfüllt, wenn der durch den Widerstand der Fehlerschleife begrenzte Kurzschlussstrom $I_K$ größer ist als der Abschaltstrom $I_a$ der Schutzeinrichtung.

Die in **Tabelle 2** und **Tabelle 1, Seite 259** angegebenen Abschaltzeiten gelten für die **Endstromkreise**:

- Eine oder mehrere Steckdosen mit einem Bemessungsstrom bis einschließlich 63 A.
- Fest angeschlossene Verbraucher bis 32 A.

Bei Unterbrechung des PEN-Leiters kann in TN-C-Systemen eine große Gefährdung entstehen **(Bild 2, Seite 257)**. Das TN-C-System ist deshalb nur bei fest verlegten Leitungen von mindestens 10 mm² Kupfer oder 16 mm² Aluminium zulässig.

Nach DIN VDE ist es für die Netzbetreiber verpflichtend, die Bedingung der **„Spannungswaage"** einzuhalten **(Formel und Bild 2)**.

**Spannungswaage**

$$\frac{R_B}{R_E} \leq \frac{50\,V}{U_0 - 50\,V}$$

| | |
|---|---|
| $R_B$ | Gesamterdungswiderstand aller Erder |
| $R_E$ | angenommener kleinster Erdübergangswiderstand fremder leitfähiger Teile, die nicht mit dem Schutzleiter verbunden sind und Ursache eines Erdschlusses sein können |
| 50 V | Grenze der zulässigen Berührungsspannung |
| $U_0$ | Nennwechselspannung zwischen Außenleiter und Erde |

Leiterquerschnitte und Schutzeinrichtungen sind so zu bemessen, dass beim Auftreten eines Fehlers zwischen Außenleiter und Schutzleiter oder mit dem PEN-Leiter verbundenen Körpern die automatische Abschaltung innerhalb der festgelegten Zeit erfolgt **(Tabelle 2)**.

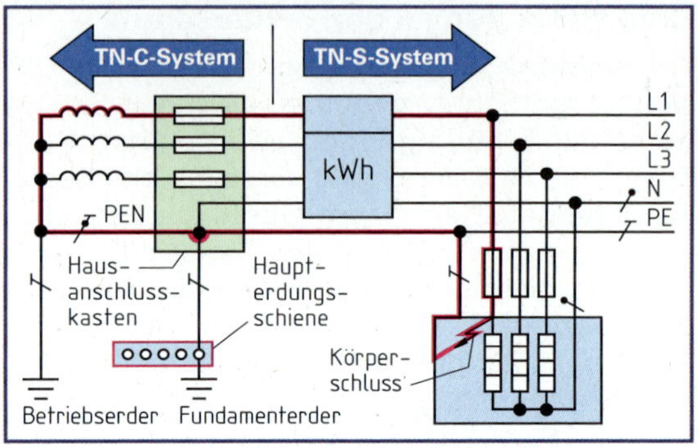


**Bild 1**: Fehlerstromkreis im TN-System

| **Tabelle 1:** Zulässige Schutzeinrichtungen | |
|---|---|
| im TN-C-System | im TN-S-System |
| • nur Überstrom-Schutzeinrichtungen, z. B. Schmelzsicherungen, Leitungsschutzschalter (keine RCDs) | • Überstrom-Schutzeinrichtungen und<br>• Fehlerstrom-Schutzeinrichtungen (RCDs) |

**Tabelle 2:** Maximale Abschaltzeiten im TN-System (nach DIN VDE 0100-410)

| Nennwechselspannung $U_0$ | Abschaltzeit $t_a$ |
|---|---|
| 50 V < $U_0$ ≤ 120 V | 0,8 s |
| 120 V < $U_0$ ≤ 230 V | 0,4 s |
| 230 V < $U_0$ ≤ 400 V | 0,2 s |
| $U_0$ > 400 V | 0,1 s |

In Verteilungs- und sonstigen Stromkreisen gilt eine Abschaltzeit von max. 5 s.

**Abschaltbedingung im TN-System**

$$I_K = \frac{U_0}{Z_S} \qquad I_K \geq I_a \quad \text{mit} \quad I_a = n \cdot I_N$$

| | |
|---|---|
| $Z_S$ | Fehlerschleifenimpedanz |
| $I_a$ | Abschaltstrom der Überstrom-Schutzeinrichtung |
| $U_0$ | Nennwechselspannung zwischen Außenleiter und Erde |
| $I_K$ | Kurzschlussstrom |
| $n$ | Abschaltstromfaktor, z. B. LS-Schalter Typ B, $n = 5$ |

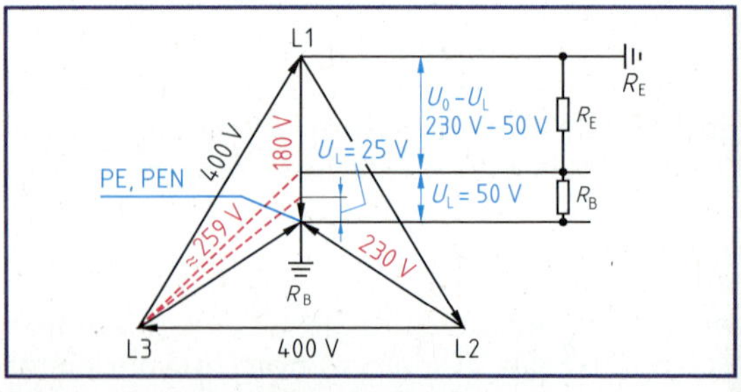


**Bild 2**: Spannungswaage im TN-System

## Schutz im TT-System

Alle Körper der zu schützenden Betriebsmittel werden an einen gemeinsamen Erder $R_A$ angeschlossen. Der Sternpunkt $R_B$ des Transformators ist getrennt geerdet **(Bild 1)**.

> Im TT-System wird aus einem Körperschluss ein Erdschluss. Der auftretende Fehlerstrom muss das fehlerhafte Betriebsmittel über Überstrom- oder Fehlerstrom-Schutzeinrichtungen innerhalb der vorgeschriebenen Abschaltzeit auslösen.

Dabei darf die durch den Fehlerstrom am Erdungswiderstand $R_A$ hervorgerufene Berührungsspannung den Wert der zulässigen Spannung von $U_L$ = 50 V nicht überschreiten.

**Verwendung einer Überstrom-Schutzeinrichtung für den Fehlerschutz.** Damit die Überstrom-Schutzeinrichtung in der geforderten Abschaltzeit **(Tabelle 1)** auslöst, muss der Wert des Fehlerstromes dem Wert des Abschaltstromes $I_a$ der Überstrom-Schutzeinrichtung entsprechen. Die Fehlerschleifenimpedanz $Z_S$ besteht neben den Widerständen der Stromquelle, der Außenleiter, Schutzleiter, Erdungsleiter, Anlagenerder $R_A$ und Erder der Stromquelle $R_B$ aber maßgeblich aus dem Erdwiderstand **(Bild 2)**.

> Im TT-System werden vorzugsweise Fehlerstrom-Schutzeinrichtungen (RCDs, **Seite 267**) eingesetzt.

**Verwendung einer Fehlerstrom-Schutzeinrichtung für den Fehlerschutz.** Hierbei sind die Abschaltzeiten **(Tabelle 1)** und die Bedingung für den Erdungswiderstand $R_A \leq 50\text{ V} / I_{\Delta N}$ zu erfüllen. Der Erdungswiderstand RA ist die Summe der Widerstände des Anlagenerders und des Schutzleiters **(Bild 1 und Bild 2)** und $I_{\Delta N}$ der Bemessungs-Differenzstrom der RCD. Da die höchstzulässigen Werte für die Erdungswiderstände $R_A$ **(Tabelle 2)** in der Praxis gut zu erreichen sind, ist die Einhaltung der Abschaltzeit nach **Tabelle 1** für die RCD sichergestellt.

RCDs bieten einen optimalen Schutz, da die Anlage innerhalb der vorgeschriebenen Zeit abschaltet.

Selektivität in TT-Systemen wird durch zeitverzögerte Fehlerstrom-Schutzeinrichtungen vom Typ S in Reihe zu nachgeschalteten RCDs erreicht **(siehe Seiten 264 bis 266)**.

$R_A$ höchstzulässiger Erdungswiderstand der Verbraucheranlage
$I_{\Delta N}$ Bemessungs-Differenzstrom

$$R_A \leq \frac{50\text{ V}}{I_{\Delta N}}$$

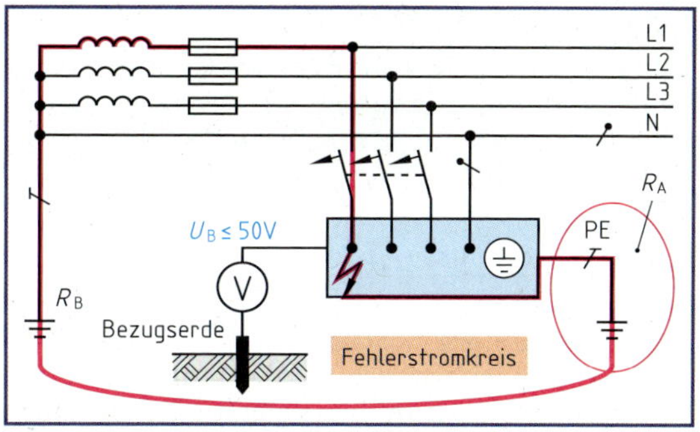


**Bild 1:** Schutz durch Abschalten im TT-System

**Tabelle 1:** Maximale Abschaltzeiten im TT-System (nach DIN VDE 0100-410)

| Nennwechselspannung $U_0$ | Abschaltzeit $t_a$ |
|---|---|
| 50 V < $U_0$ ≤ 120 V | 0,3 s |
| 120 V < $U_0$ ≤ 230 V | 0,2 s |
| 230 V < $U_0$ ≤ 400 V | 0,07 s |
| $U_0$ > 400 V | 0,04 s |

Abschaltzeiten für **Endstromkreise** mit einer oder mehreren Steckdosen mit Bemessungsstrom bis 63 A und für fest angeschlossene Verbraucher bis 32 A. In Verteilungs- und sonstigen Stromkreisen gilt eine Abschaltzeit von max. 1 s.

$Z_S$ Fehlerschleifenimpedanz
$I_a$ Strom bewirkt das automatische Abschalten der Schutzeinrichtung
$U_0$ Nennwechselspannung Außenleiter gegen Erde

$$I_A \leq \frac{U_0}{Z_S}$$

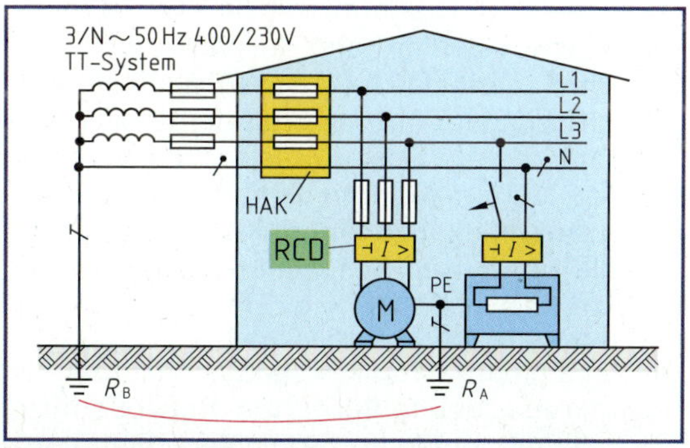


**Bild 2:** Verbraucheranlage im TT-System mit RCD

**Tabelle 2:** Höchstwerte für Erdungswiderstände $R_A$

| RCD mit $I_{\Delta N}$ | $R_A$ bei: $U_L$ = 50 V | $R_A$ bei: $U_L$ = 25 V |
|---|---|---|
| 0,01 A | 5000 Ω | 2500 Ω |
| 0,03 A | 1665 Ω | 832 Ω |
| 0,3 A | 165 Ω | 82 Ω |
| 0,5 A | 100 Ω | 50 Ω |

## Schutz im IT-System

Alle Körper der zu schützenden Betriebsmittel sind an einem gemeinsamen Erder zu erden. Der Sternpunkt des Netztransformators ist isoliert oder über eine hohe Impedanz geerdet **(Bild 1)**.

Im IT-System erfolgt beim Auftreten eines ersten Fehlers (Körperschluss) keine Abschaltung, sondern eine Meldung, z. B. ein optisches und/oder akustisches Signal mittels Isolationsüberwachungseinrichtung **(Bild 2)**.

Vorgeschrieben ist das IT-System, z. B. in Intensivbehandlungsstationen, Operationsräumen sowie im Bergbau und in Hüttenwerken. Es wird auch in der chemischen Industrie, bei der Ersatzstromversorgung bei Einsätzen der Feuerwehr und auf Schiffen eingesetzt.

Im Gegensatz zum TN- und TT-System, bei denen im ersten Fehlerfall, z. B. Körperschluss, abgeschaltet wird, erfolgt im IT-System nur eine Meldung. Beim Entstehen nur eines Fehlers tritt ein geringer Fehlerstrom, bedingt durch die kapazitiven Eigenschaften der Leitung, auf. Die zulässige Berührungsspannung $U_L$ wird nicht überschritten, wenn die Bedingung $R_A \cdot I_d \leq 50$ V erfüllt ist. Der Schutzleiter nimmt das Potenzial des den Fehler auslösenden Leiters an. Eine Gefahr besteht nicht, da alle Körper das gleiche Potenzial über den Schutzleiter besitzen. Der Arbeitsprozess, z. B. eine Operation, kann abgeschlossen werden. Der Isolationswiderstand der Verbraucheranlage wird durch eine **Isolationsüberwachungseinrichtung** laufend kontrolliert **(Bild 2)**. Der erste gemeldete Fehler muss rasch behoben werden, da ein weiterer Fehler in einem anderen Außenleiter zu einem Kurzschluss führt und die Überstrom-Schutzeinrichtung des Betriebsmittels auslöst.

Da der Fehler- oder Abschaltstrom über die Stromkreise der fehlerhaften Betriebsmittel fließt, ist die Impedanz der Fehlerschleife größer als beim einfachen Fehler im TN-System **(Bild 2)**. Beim Abschalten nach dem zweiten Fehler muss die Fehlerschleifenimpedanz die Abschaltbedingung

$Z_S \leq \frac{U}{2 \cdot I_a}$ erfüllen **(Tabelle 1)**.

[1] **IMD**, Abk. für: **I**nsulation **M**onitoring **D**evice (engl.) = Isolationsüberwachungseinrichtung

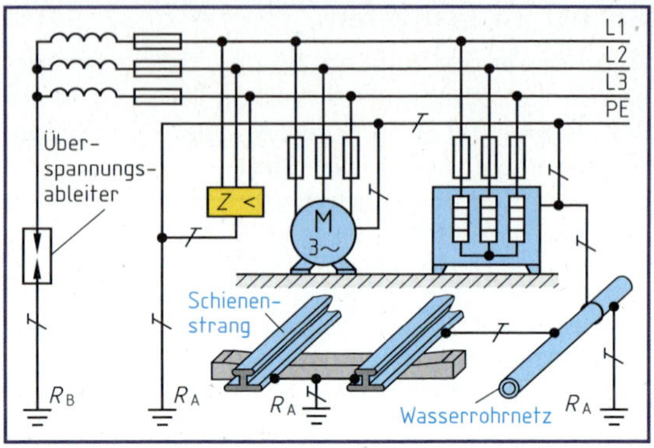


**Bild 1**: Schutz im IT-System

### Erdungsbedingung im IT-System

$$R_A \cdot I_d \leq 50\,\text{V}$$

$R_A$ Summe der Widerstände des Erders und des Schutzleiters der Körper
$I_d$ Fehlerstrom nach dem Auftreten des ersten Fehlers zwischen Außenleiter und Körper

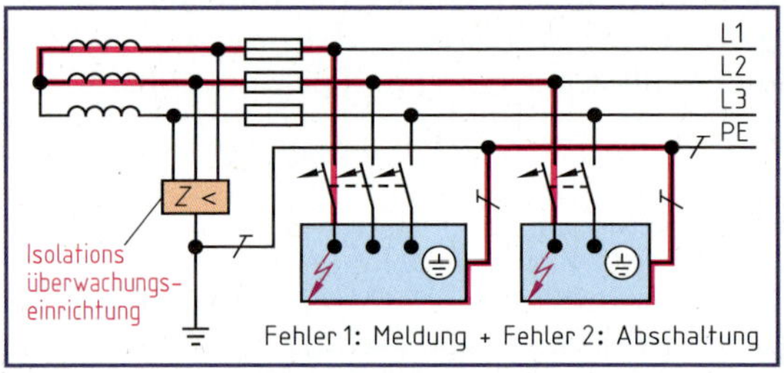


**Bild 2**: IT-System mit 2 Fehlern

**Tabelle 1:** Spannungen, Abschaltzeiten und Abschaltbedingungen im IT-System (nach DIN VDE 0100-410)

| Nennwechselspannung $U_0$, $U$ | Abschaltzeiten im IT-System | |
|---|---|---|
| | ohne Neutralleiter | mit Neutralleiter |
| über 50 V bis 120 V | 0,8 s | |
| über 120 V bis 230 V | 0,4 s | |
| über 230 V bis 400 V | 0,2 s | |
| über 400 V | 0,1 s | |
| Abschaltbedingung | $Z_S \leq \frac{U}{2 \cdot I_a}$ | $Z_S \leq \frac{U_0}{2 \cdot I_a}$ |

$Z_S$ Fehlerschleifenimpedanz
$U$ Nennwechselspannung zwischen Außenleitern
$U_0$ Nennwechselspannung zwischen Außenleiter und Neutralleiter
$I_a$ Abschaltstrom der Überstrom-Schutzeinrichtung

## 7.9.3 Doppelte oder verstärkte Isolierung

Die Schutzmaßnahme „Doppelte oder verstärkte Isolierung" verhindert nach einem Fehler in der Basisisolierung eine gefährliche Berührungsspannung an berührbaren Teilen des Betriebsmittels. Die Kennzeichnung für doppelte oder verstärkte Isolierung erfolgt mit dem Symbol **(Bild 1a)**, dem Doppelquadrat, das Betriebsmittel der Schutzklasse II erhalten.

**Bild 1**: Symbole für „Doppelte oder verstärkte Isolierung"

Bei doppelter oder verstärkter Isolierung sind alle der Berührung zugänglichen Teile, die im Fehlerfall Spannung führen können, mit einer Basisisolierung **(Basisschutz)** und mit einer zusätzlichen Isolierung **(Fehlerschutz)** oder einer verstärkten Isolierung dauerhaft abgedeckt **(Bild 2)**.

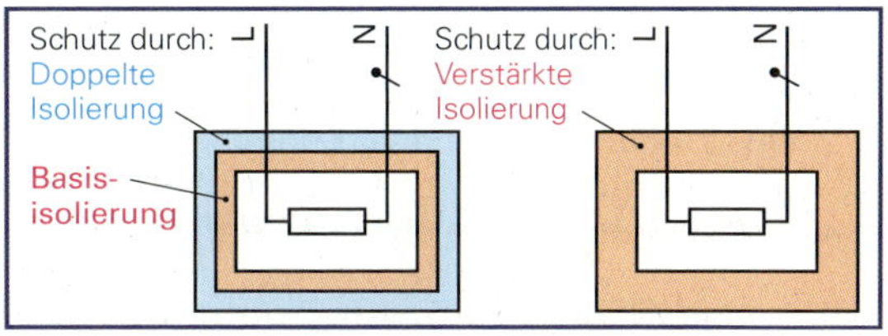


**Bild 2**: Arten der Isolierung

Schutz kann auch durch fest eingebaute Isolierstücke, z. B. Zahnräder aus Kunststoff, erreicht werden **(Bild 3)**. Ortsveränderliche, schutzisolierte Betriebsmittel für Wechselspannung haben 2-adrige Anschlussleitungen mit vergossenen Profilsteckern ohne Schutzkontakt und ohne Schutzleiter. Bei Instandsetzung der Anschlussleitung, z. B. mit H05VV-F3G1,5 wird die grüngelbe Ader im Stecker angeschlossen. Am Gerät ist der Schutzleiter kurz abzuschneiden und zu isolieren. Er darf innerhalb von Geräten mit verstärkter oder doppelter Isolierung (Schutzklasse II) nicht mit leitfähigen Teilen verbunden sein. Eine Kennzeichnung erfolgt an der Außen- und Innenseite durch das Symbol nach **Bild 1b**. Doppelte oder verstärkte Isolierung (Schutzklasse II) wird angewendet bei z. B. Haushaltsgeräten, Elektrowerkzeugen **(Bild 3)**, Zählerschränken oder CEE-Steckvorrichtungen.

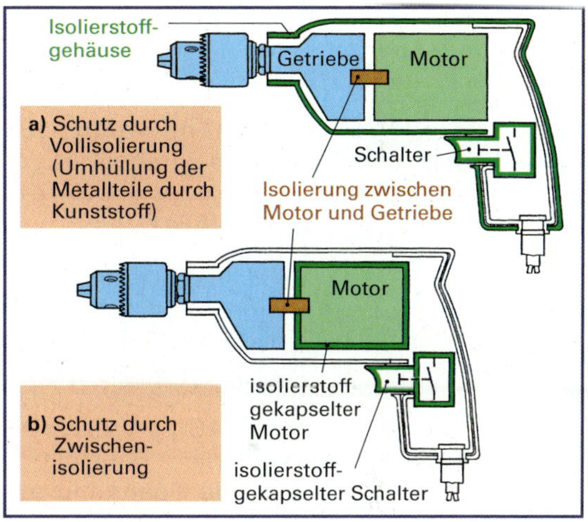


**Bild 3**: Bohrmaschine mit verstärkter Isolierung

## 7.9.4 Schutztrennung

Beim Schutz durch Schutztrennung darf nur ein elektrisches Verbrauchsmittel hinter dem ungeerdeten Trenntransformator angeschlossen werden **(Bild 4)**.

Bei der Schutztrennung wird zwischen Netz und Verbraucher zur Potenzialtrennung ein Trenntransformator nach DIN EN 61558-2 geschaltet.

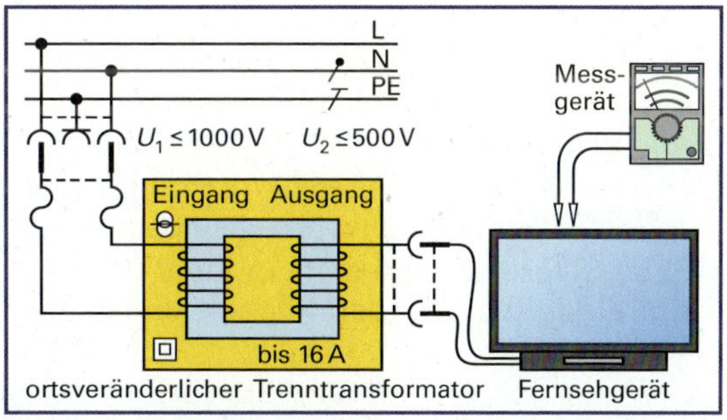


**Bild 4**: Schutztrennung

Der Transformator verhindert, dass am Verbraucher Spannungen aus dem geerdeten, speisenden Netz auftreten. Auf der Ausgangsseite des Transformators besteht keine Spannung gegen Erde. Die Ausgangsspannung darf nicht größer als 500 V sein.

Steckvorrichtungen für den Ausgangsstromkreis dürfen keinen Schutzkontakt haben **(Bild 4)**. Die Verbrauchsmittel dürfen nicht mit dem Schutzleiter und auch nicht mit Erde verbunden werden.

Verwendung findet die Schutztrennung beim Betrieb elektrischer Betriebsmittel bei erhöhter elektrischer Gefährdung, z. B. in Kesselanlagen.

## 7.9.5 Schutz durch Kleinspannung mittels SELV oder PELV

Die Schutzmaßnahmen **SELV** und **PELV** erfüllen den Basisschutz (Schutz gegen direktes Berühren) und den Fehlerschutz (Schutz bei indirektem Berühren). Die Nennspannung darf AC 50 V oder DC 120 V nicht überschreiten. Um eine elektrische, sogenannte galvanische Trennung vom Netz zu erhalten, muss Kleinspannung sicher erzeugt werden.

- **SELV**, Abk. für: **S**afety **E**xtra **L**ow **V**oltage (engl.) = Sicherheitskleinspannung SELV
- **PELV**, Abk. für: **P**rotective **E**xtra **L**ow **V**oltage (engl.) = Schützende Kleinspannung PELV
- **FELV**, Abk. für: **F**unctional **E**xtra **L**ow **V**oltage (engl.) = Funktionskleinspannung FELV

Kleinspannung darf nicht aus dem Netz durch Spartransformatoren, Spannungsteiler oder durch Vorwiderstände erzeugt werden.

**SELV-** und PELV-Stromkreise unterscheiden sich in ihrer Verbindung zur Erde. In SELV-Stromkreisen dürfen weder Körper von Betriebsmitteln noch Stromkreise sekundärseitig geerdet oder mit anderen Spannungssystemen verbunden sein **(Bild 1)**.

**PELV-Stromkreise** entstehen, wenn aus betrieblichen Gründen ein sekundärseitiger Anschluss des Stromkreises oder der Körper der Betriebsmittel geerdet ist **(Bild 2)**.

Wird in SELV- oder PELV-Stromkreisen die Nennspannung AC 25 V bzw. DC 60 V (oberschwingungsfrei[1]) nicht überschritten, ist kein Basisschutz erforderlich. Bei erhöhter Gefährdung, z. B. bei medizinischen Geräten oder Fassleuchten ist bereits bis AC 25 V bzw. DC 60 V ein Basisschutz erforderlich. Bei elektromedizinischen Geräten ist die Spannung auf 6 V begrenzt.

Steckvorrichtungen **(Bild 3)** in SELV- und PELV-Stromkreisen müssen Anforderungen erfüllen:

- Stecker und Steckdosen von SELV-Stromkreisen dürfen keinen Schutzkontakt haben.
- Steckvorrichtungen für SELV-Stromkreise müssen gegenüber Steckvorrichtungen mit anderer Spannung unverwechselbar sein.
- SELV-Stecker dürfen nicht in PELV-Steckdosen eingeführt werden können und umgekehrt.
- Steckvorrichtungen für PELV-Stromkreise haben Schutzkontakte.

**FELV-Stromkreise.** Im FELV-Stromkreis ist die Spannung auf ≤ AC 50 V oder ≤ DC 120 V begrenzt. Die Körper der Betriebsmittel sind mit dem Schutzleiter des Primärstromkreises zu verbinden. Der Basisschutz mit der Isolierung muss trotz AC ≤ 50 V dem der Nennspannung im Primärstromkreis entsprechen. Die automatische Abschaltung erfolgt im Primärstromkreis.

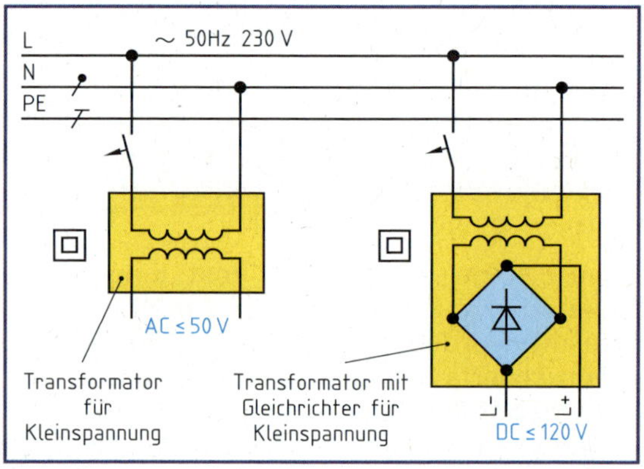


**Bild 1**: Transformatoren für SELV-Stromkreise

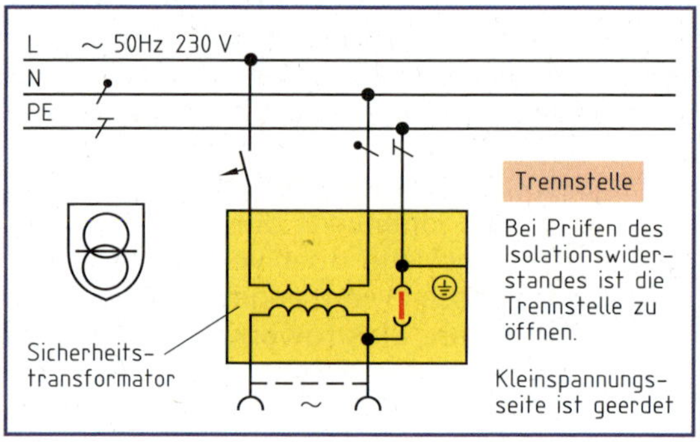


**Bild 2**: Spannungsquelle für PELV-Stromkreis

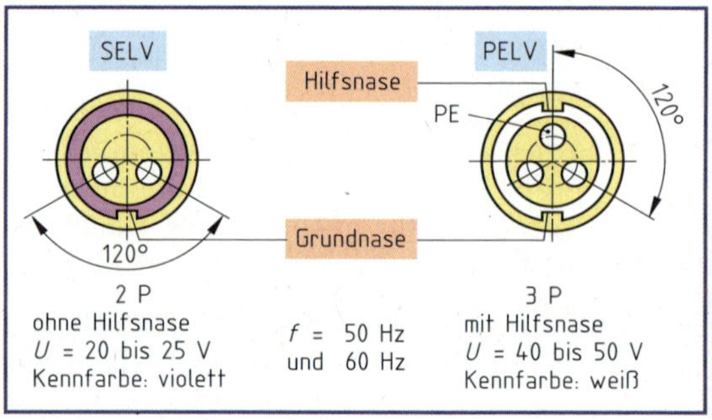


**Bild 3**: Steckdosen für Kleinspannungsgeräte

[1] oberschwingungsfrei = Welligkeit von nicht mehr als 10 % effektiv bei überlagerter sinusförmiger Wechselspannung

## 7.9.6 Fehlerstrom-Schutzeinrichtungen

**Fehlerstrom-Schutzeinrichtungen (RCDs[1])** schützen Personen, Nutztiere und Sachwerte bei Versagen des Basis- oder Fehlerschutzes **(Seite 264)**. RCDs unterstützen zusätzlich, z. B. im TN-System oder TT-System, die angewendeten Schutzmaßnahmen. Da auch Isolationsfehler überwacht und unzulässige Kriechströme abgeschaltet werden, dienen RCDs zusätzlich dem Brandschutz.

Fehlerstrom-Schutzeinrichtungen **(Bild 2)** schalten Betriebsmittel in kurzer Zeit allpolig ab, wenn bedingt durch Isolationsfehler eine gefährliche Berührungsspannung $U_B$ über dem maximal zulässigen Wert von 50 V auftritt.

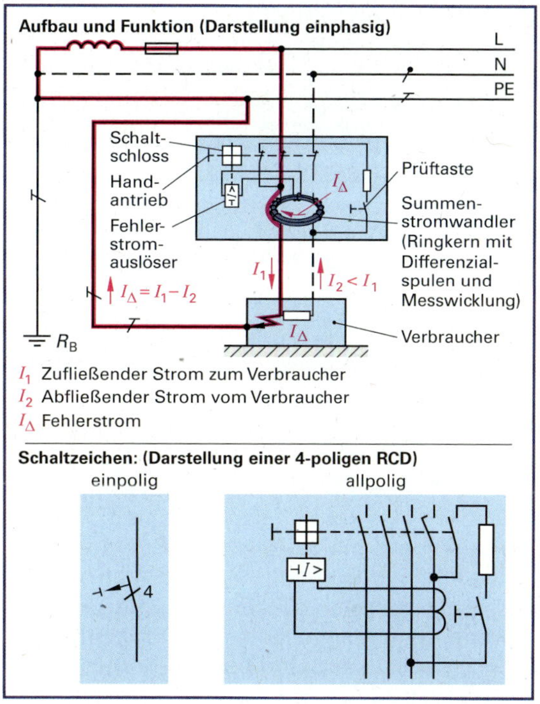


**Bild 1**: Aufbau, Funktion und Schaltzeichen einer RCD

### Aufbau und Funktion

Eine Fehlerstrom-Schutzeinrichtung **(Bild 1)** besteht im Wesentlichen aus drei Funktionsgruppen:

- Der Summenstromwandler mit den Differenzialspulen dient im Fehlerfall zur Erfassung des Fehlerstromes $I_\Delta$ und zur Spannungserzeugung in der Messwicklung für den Fehlerstromauslöser.
- Die Messwicklung erregt den Fehlerstromauslöser. Es erfolgt eine mechanische Entklinkung.
- Die mechanische Entklinkung des Schaltschlosses bewirkt ein Trennen des Stromkreises.

Alle aktiven Leiter (z. B. L1, L2, L3, N), vom Netz zum zu schützenden Betriebsmittel, werden durch einen **Summenstromwandler (Bild 1)** geführt. Im fehlerfreien Zustand ist die Summe der zu- und abfließenden Ströme null. Die magnetischen Wechselfelder der Leiter im Summenstromwandler heben sich auf. In der Ausgangswicklung des Summenstromwandlers wird keine Spannung induziert.

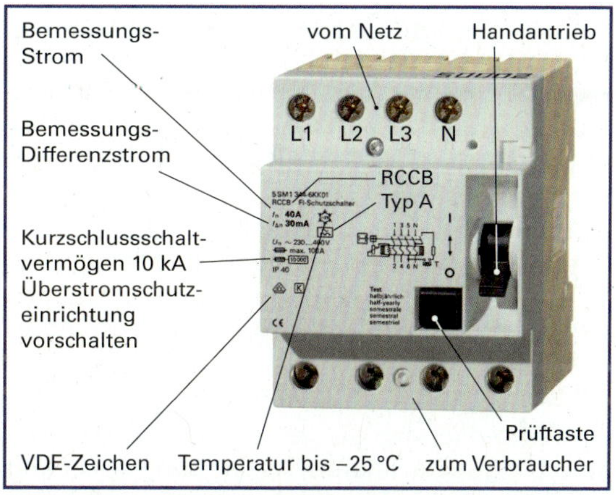


**Bild 2**: Fehlerstrom-Schutzeinrichtung RCCB, 4-polig

Im Fehlerfall, z. B. bei Erdschluss eines Leiters oder bei Körperschluss eines Betriebsmittels, fließt ein Fehlerstrom über den PE-Leiter oder Erde zur Stromquelle zurück. Die Summe der zu- und abfließenden Ströme ist nicht mehr null. In der Ausgangswicklung des Summenstromwandlers wird nun eine Spannung induziert, die einen elektromagnetischen Fehlerstromauslöser auslöst **(Bild 1)** und alle geschützten Betriebsmittel allpolig vom Netz trennt. Mit der Prüftaste kann ein Fehler simuliert werden **(Bild 2)**. Damit lässt sich aber nur die Auslösefunktion der RCD prüfen, jedoch nicht die Wirksamkeit der Schutzmaßnahme.

Die Auslösung der RCD mit der Prüftaste ist nach DGUV, Vorschrift 3 vom Betreiber der Anlage bei nicht stationären Anlagen, z. B. auf Baustellen, an jedem Arbeitstag, bei stationären Anlagen, z. B. in Fertigungsräumen, alle 6 Monate zu prüfen.

[1] RCD, Abk. für: **R**esidual **C**urrent Protective **D**evice (engl.) = Fehlerstrom-Schutzeinrichtung

## Anwendungen von RCDs

Nach DIN VDE 0100-410 wird für die Errichtung elektrischer Anlagen in besonders unfallgefährdeten Bereichen der Einsatz von Fehlerstrom-Schutzeinrichtungen (RCD) vorgeschrieben **(Bild 1)**, z. B. in:

- Baderäumen, Steckdosenstromkreisen, Baustellenverteilern
- Landwirtschaftlichen und gartenbaulichen Betriebsstätten
- Medizinisch genutzten Räumen
- Laborräumen, Schulen und Ausbildungsstätten

Fehlerstrom-Schutzeinrichtungen (RCDs) mit einem Bemessungs-Differenzstrom $I_{DN} \leq 30$ mA sind nach DIN VDE 0100-410 vorgeschrieben in:

- Steckdosenstromkreisen mit einem Bemessungsstrom bis 32 A, die für Laien und zur allgemeinen Verwendung bestimmt sind.
- Endstromkreisen für im Außenbereich verwendete fest angeschlossene ortsveränderliche Betriebsmittel mit einem Bemessungsstrom bis 32 A.
- Endstromkreisen mit Leuchten in Wohnungen.

Fehlerstrom-Schutzeinrichtungen müssen nach DIN VDE 0100-530 so ausgewählt und zugeordnet sein, dass die Summe der Ableitströme auf der Lastseite bei mehreren Verbrauchern nicht mehr als das 0,3-Fache des Bemessungs-Differenzstromes $I_{DN}$ beträgt. Eine Aufteilung der Stromkreise auf mehrere Fehlerstrom-Schutzeinrichtungen **(Bild 2)** ist somit erforderlich, damit unerwünschtes Abschalten der Gesamtanlage wie z. B in **Bild 1** verhindert wird. Im Fehlerfall soll nur der fehlerbehaftete Teil der Anlage abgeschaltet werden.

Um **Brandschutz** in den Verteilerstromkreisen zu gewährleisten, wird den RCDs mit $I_{\Delta N} = 30$ mA der Endstromkreise ein selektiver zeitverzögerter RCD **(Bild 2)** der **Bauart S (S für selektiv)** mit $I_{\Delta N} \leq 300$ mA vorgeschaltet. Selektive RCDs werden in Reihe mit RCDs der normalen Bauart verwendet und vorrangig in Verteilungsstromkreisen eingesetzt. Sie haben eine Abschaltzeit $t_a \leq 1$ s **(Bild 2)**. Diese übergeordnete selektive Fehlerstrom-Schutzeinrichtung reagiert zeitverzögert, d. h. benachbarte Stromkreise bleiben deshalb in Betrieb.

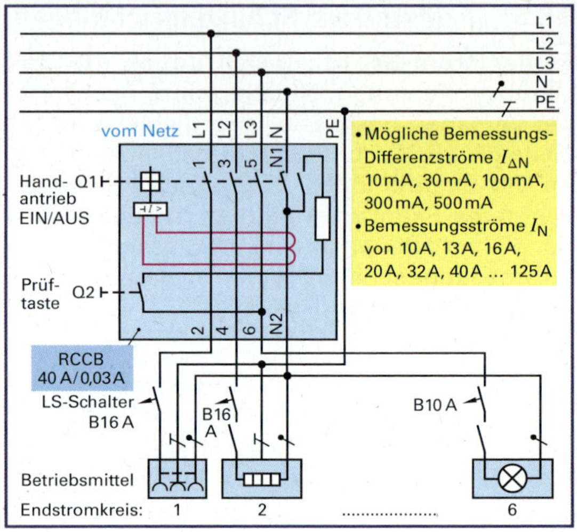


**Bild 1**: Beispiel einer RCD im TN-System (Teilanlage)

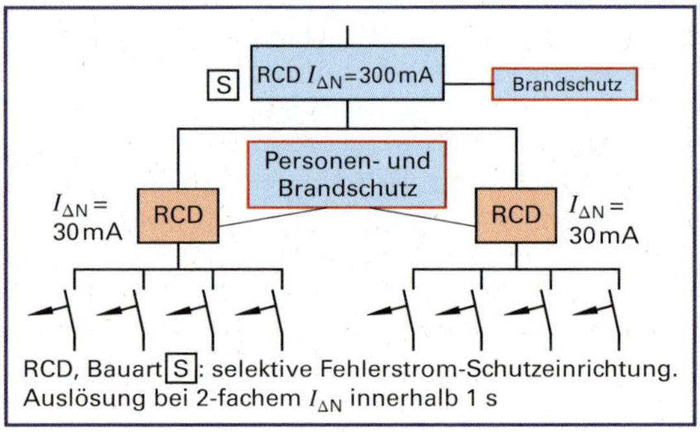


RCD, Bauart S: selektive Fehlerstrom-Schutzeinrichtung. Auslösung bei 2-fachem $I_{\Delta N}$ innerhalb 1 s

**Bild 2**: Selektiv gestaffelte RCD-Schutzeinrichtung

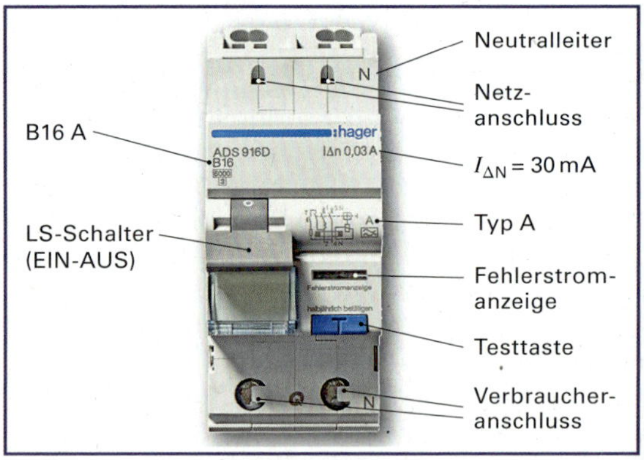


**Bild 3**: RCD-LS-Kombination 16 A, 30 mA (RCBO)

**Fehlerstrom-Schutzeinrichtung mit LS-Schalter (RCBO[1])**. In Neuanlagen und zur Verbesserung des Schutzumfanges in Altanlagen setzt man z. B. bei nachträglichem Einbau in Stromkreisen für Bade- und Duschräume Kombinationen von RCD und LS-Schalter ein **(Bild 3)**.

Bei diesen Geräten entfällt der Verdrahtungsaufwand zwischen RCD und LS-Schalter.

[1] **RCBO**, Abk. für: **R**esidual **C**urrent operated Circuit **B**reaker with integrated **O**vercurrent Protection (engl.) = Fehlerstrom-Schutzeinrichtung mit zusätzlichem Überstromschutzauslöser (LS-Schalter)

## Kennwerte von RCDs

Fehlerstrom-Schutzeinrichtungen gibt es 2- und 4-polig mit Bemessungs-Differenzströmen $I_{\Delta N}$ von 10 mA bis 500 mA. Die Bemessungsströme betragen 10 A bis 125 A. RCDs mit $I_{\Delta N} \leq 30$ mA dienen dem Personen-, Leitungsschutz und dem Brandschutz, höhere Bemessungs-Differenzströme ≥ 100 mA nur dem Brandschutz.

Hersteller von RCDs müssen ihre Geräte durch Aufschriften und Sinnbilder kennzeichnen **(Bild 1)**. Abschaltzeiten von RCDs sind abhängig von Art und Größe des Fehlerstromes **(Tabelle 1)**.

**Tabelle 1:** RCDs-Abschaltzeiten

| Fehlerstromart | Normwerte der Abschaltzeiten | | |
|---|---|---|---|
| Wechselfehlerstrom | $1 \cdot I_{\Delta N}$ | $2 \cdot I_{\Delta N}$ | $5 \cdot I_{\Delta N}$ |
| Gleichfehlerströme, pulsierend | $1{,}4 \cdot I_{\Delta N}$ | $2 \cdot 1{,}4 \cdot I_{\Delta N}$ | $5 \cdot 1{,}4 \cdot I_{\Delta N}$ |
| Gleichfehlerströme, glatt | $2 \cdot I_{\Delta N}$ | $2 \cdot 2 \cdot I_{\Delta N}$ | $5 \cdot 2 \cdot I_{\Delta N}$ |
| RCD, allgemein | max. 0,3 s | max. 0,1 s | max. 0,04 s |
| RCD, selektiv (S) | 0,13…0,5 s | 0,06…0,2 s | 0,05…0,15 s |

## Auswahl und Einsatz von RCDs

Die Auswahl der RCDs wird durch die Art der Fehlerströme **(Tabelle 2)**, die elektrische Betriebsmittel im Fehlerfalle bewirken können, bestimmt.

**RCCB[1], Typ A:** Einsatz z.B. in Hausinstallationen als Personenschutz. Bei fast rein ohmschen, induktiven und kapazitiven Betriebsmitteln, z.B. Heizgeräten oder Waschmaschinen, können Wechselfehlerströme mit der Netzfrequenz der Wechselspannung, aber auch pulsierende Gleichfehlerströme, auftreten **(Tabelle 3a, b und d)**.

**RCCB, Typ B:** Einsatz z.B. in Unterrichtsräumen mit Experimentiereinrichtungen, Laborräumen. Bei elektronischen Betriebsmitteln, z.B. Frequenzumrichter, können bedingt durch Oberschwingungen Fehlerströme als Misch- oder als glatter Gleichstrom auftreten **(Tabelle 3c, e und f)**.

**RCCB, Typ B+:** Einsatz z.B. auch für gehobenen vorbeugenden Brandschutz bei elektronischen Betriebsmitteln mit Wechselfehlerströmen bis 20 kHz.

**RCCB, Typ F:** Einsatz z.B. bei einphasig betriebenen Frequenzumrichtern, bei denen Fehlerströme aus einem Frequenzgemisch bis 1 kHz auftreten können.

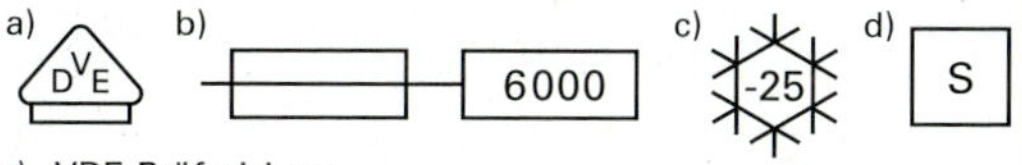


a) VDE-Prüfzeichen
b) Überstrom-Schutzeinrichtung vorschalten, kurzschlussfest bis z.B. 6 kA
c) für Betrieb bei tiefen Temperaturen, z.B. –25 °C
d) RCD Bauart S, selektiver FI-Schutzschalter, Auslösung ≤ 1s erst bei 2-fachem $I_{\Delta N}$

**Bild 1:** Sinnbilder für die Kennzeichnung von RCDs

**Tabelle 2:** Fehlerströme und RCD-Verwendung

| Art der Fehlerströme | Typ | Symbol |
|---|---|---|
| Reine Wechselfehlerströme mit geringen Oberschwingungen und pulsierende Gleichfehlerströme | A | 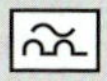 |
| Fehlerströme vom Typ A, glatte Gleich- und Wechselfehlerströme mit Frequenzen bis 2 kHz | B |  |
| Fehlerströme wie vom Typ B, glatte Gleich- und Wechselfehlerströme mit Frequenzen bis 20 kHz (gemäß: DIN VDE 0664-401 und VdS-Richtlinie 3501) | B+ | 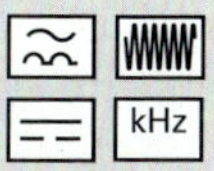 |
| Fehlerströme vom Typ A, Wechselfehlerströme mit Mischfrequenzen | F |  |

**Tabelle 3:** RCD-Typen A, B, B+, F, Fehlerströme

| Schaltung mit Fehlerquelle | Belastungsstrom | Fehlerstrom | RCD A/F | RCD B/B+ |
|---|---|---|---|---|
| a) Phasenanschnittsteuerung 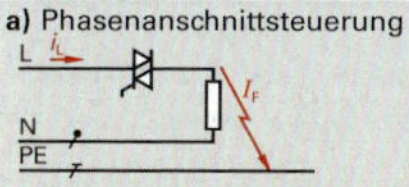 | 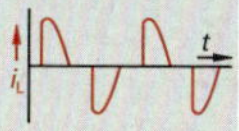 | 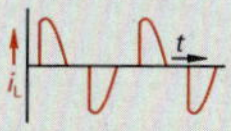 | • | • |
| b) Einpuls-Einwegschaltung 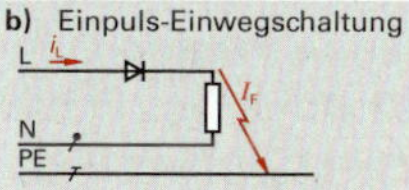 | 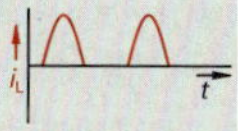 | 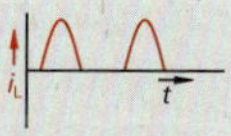 | • | • |
| c) Einpuls-Einwegschaltung mit Glättung 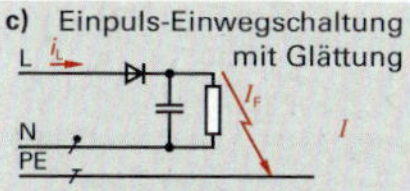 | 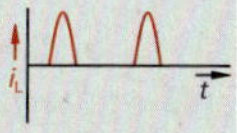 | 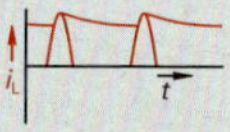 | | • |
| d) Zweipuls-Brückenschaltung 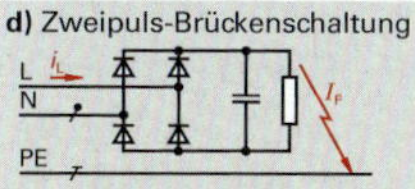 | 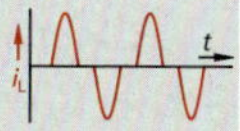 | 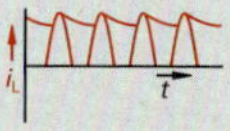 | • | • |
| e) Dreipuls-Mittelpunktschaltung 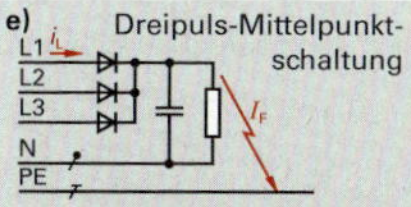 | 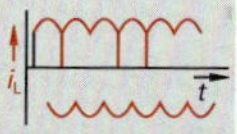 | 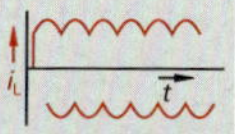 | | • |
| f) Sechspuls-Brückenschaltung 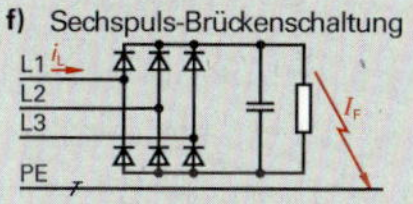 | 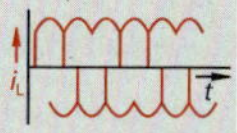 | 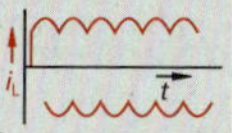 | | • |

[1] RCCB, Abk. für: **R**esidual **C**urrent Operated **C**ircuit **B**reaker (engl.) = Fehlerstrom-Schutzschalter

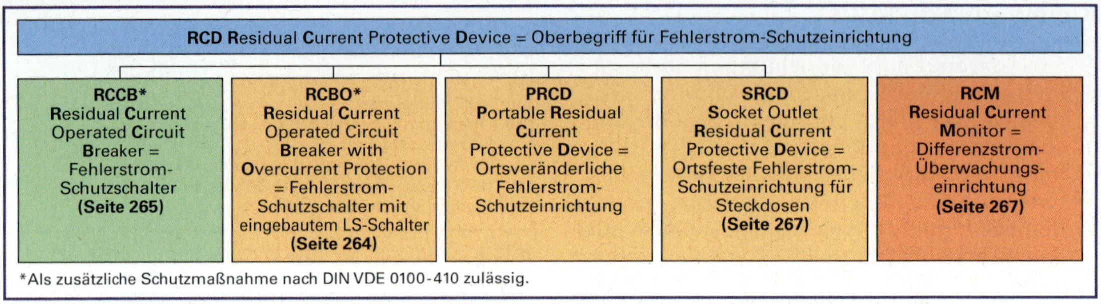


**Bild 1**: Internationale Fachausdrücke für Fehlerstrom- und Differenzstrom-Schutzeinrichtungen

**RCCB, Typ A** sind herkömmliche, pulsstromsensitive Fehlerstrom-Schutzeinrichtungen. Sie arbeiten netzspannungsunabhängig und reagieren nur auf sinusförmige Wechselfehlerströme und pulsierende Gleichfehlerströme **(Bild 1, Tabelle 2, Seite 265)**.

**RCCB, Typ B und B+** sind allstromsensitive Fehlerstrom-Schutzeinrichtungen und schützen auch bei glatten Gleichfehlerströmen und Fehlerströmen geringerer und höherer Frequenz als der Netzfrequenz **(Tabelle 2 und 3, Seite 265)**. Diese RCCBs benötigen jedoch bei glatten Gleichfehlerströmen eine Versorgungsspannung (Hilfsenergie).

RCCB vom Typ A dürfen nicht in Anlagen mit elektronischen Betriebsmitteln, z. B. USV oder Fotovoltaikanlagen, verwendet werden. RCCB vom Typ B und B+ werden in Anlagen mit elektronischen Betriebsmitteln (EB), eingesetzt **(Tabelle 1)**.

Hersteller elektronischer Betriebsmittel müssen ihre Betriebsmittel prüfen, ob beim Betrieb der Betriebsmittel in der Anlage Fehler- bzw. Ableitströme der RCDs Typ A oder Typ B fließen. In Herstellerunterlagen elektronischer Betriebsmittel muss ein Projektierungshinweis enthalten sein, dass z. B. ein allstromsensitiver RCCB vom Typ B netzseitig vor einem vorhandenen RCCB Typ A anzuschließen ist **(Bild 2)**.

**RCCB, Typ A** dürfen nach DIN EN 50178 (VDE 0160) nicht vor Stromkreisen mit elektronischen Betriebsmitteln vorgeschaltet sein. Da RCCBs, Typ B auch glatte Gleichfehlerströme schalten, kann der RCCB, Typ A durch Vormagnetisierung des Wandlerkerns in der RCCB die Funktion beeinträchtigen.

**RCD, Typ PRCD,** sind ortsveränderliche Schutzeinrichtungen für alle Bau- und Montagestellen nach den Anforderungen der Berufsgenossenschaften, des Bundesministeriums für Arbeit und Soziales sowie der Unfallverhütungsvorschrift der Feuerwehren. Da in älteren elekt-

**Tabelle 1:** Einsatz von RCCBs der Typen A und B

| Bereich (Beispiele) | Typ |
|---|---|
| Hausinstallationen, Beleuchtungsanlagen | A |
| Schwimmbäder, auch Springbrunnen | A |
| Aufzugsteuerungen | B |
| Fotovoltaik- oder USV-Anlagen | B |
| Frequenzumrichter mit Drehstrom-Anschluss | B |
| Versuchsanlagen in Labors | B |
| Drehzahlgeregelte Werkzeugmaschinen | B |
| Unterrichtsräume mit Experimentiereinrichtung | B |

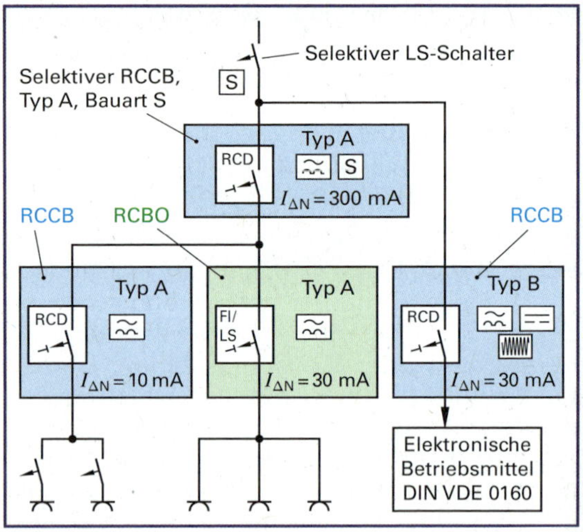


**Bild 2**: Reihenfolge von RCCBs (Typ A und Typ B)

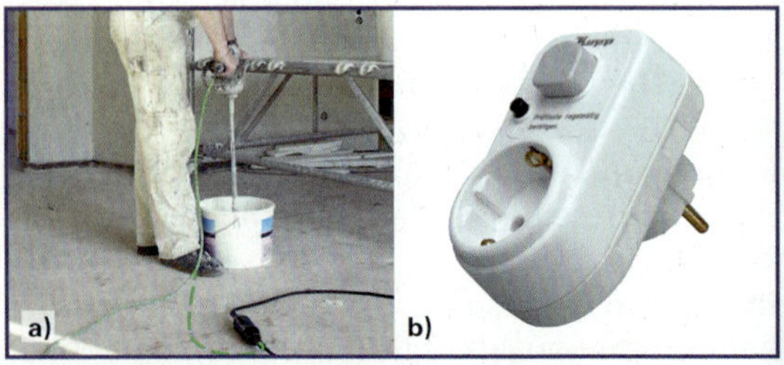


**Bild 3**: PRCD a) Personenschutzzwischenschalter
b) Fehlerstromschutzzwischenstecker

rischen Anlagen keine RCDs vorgeschrieben sind, kann die Elektroinstallation auf der Baustelle eine Unfallgefahr darstellen. Hier können Handwerker und Feuerwehrleute mit einer mobilen Fehlerstrom-Schutzeinrichtung (PRCD) sicher Strom entnehmen **(Bild 3, Seite 266)**.

**RCD, Typ SRCD,** sind Fehlerstrom-Schutzeinrichtungen in Steckdosenausführung, die nach DIN VDE 0662 hergestellt sind **(Bild 1)**. Der SRCD ist leicht nachzurüsten, sodass ein normgerechter und geprüfter Schutz gewährleistet ist. Diese Einrichtung dient der zusätzlichen Sicherheit.

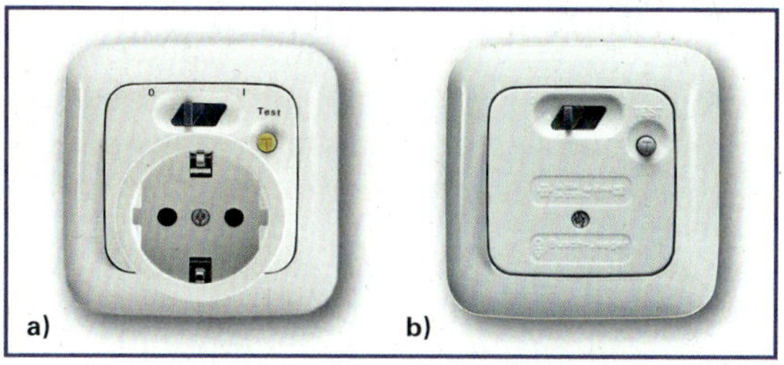


**Bild 1**: SRCD a) zum nachträglichen Einbau
b) UP-Einsatz mit Verbindungsleiter

## RCD als Brandschutz

Fehlerstrom-Schutzeinrichtungen bieten auch Schutz gegen Brände, die durch Erdfehlerströme gezündet werden können **(Tabelle 1)**. In der Tabelle sind die maximalen Leistungen angegeben, die bei einer Betriebsspannung von 230 V an Fehlerstellen entstehen können, ohne die RCD oder die **Überstrom-Schutzeinrichtung auszulösen.** Der Brandschutz, den die RCD bietet, wird von keiner anderen Schutzeinrichtung erreicht. In der Richtlinie zur Schadenverhütung VdS[1] 3501 „Isolationsfehlerschutz in elektrischen Anlagen mit elektronischen Betriebsmitteln", z. B. Frequenzumrichter, ist zum Sachschutz in feuergefährdeten Betriebsstätten eine RCD, Typ B vorzusehen. Diese muss Fehlerströme in einem Frequenzbereich von 0 Hz bis mindestens 20 kHz erfassen und im gesamten Frequenzbereich eine maximale Auslösegrenze von 300 mA aufweisen.

**Tabelle 1:** Leistung an Fehlerstellen bei AC 230 V

| Schutzeinrichtung | Wärmeleistung |
|---|---|
| RCD, $I_{\Delta N}$ = 30 mA | 6,9 W |
| RCD, $I_{\Delta N}$ = 0,3 A | 69 W |
| RCD, $I_{\Delta N}$ = 0,5 A | 115 W |
| Schmelzsicherung oder LS-Schalter 10 A | 2300 W |
| Schmelzsicherung oder LS-Schalter 16 A | 3680 W |

## 7.9.7 Differenzstrom-Überwachungseinrichtung

Betriebsmittel können trotz normgerechter Planung Störungen verursachen, die in elektrischen Anlagen zu ungewollten Betriebsunterbrechungen, zu Sachschäden und zu hohen Kosten führen.

In z. B. Computeranlagen setzt man immer weniger RCDs ein, da eine Stromkreisunterbrechung meist Auswirkungen, z. B. Datenverlust, hat. Als Ergänzung zu normalen Schutzeinrichtungen können **Differenzstrom-Überwachungseinrichtungen (RCMs[2])** in elektrischen Anlagen auftretende Differenzströme überwachen, den aktuellen Wert anzeigen und das Überschreiten von Grenzwerten melden **(Bild 2 und 3)**.

> Im Gegensatz zu RCDs, die im Fehlerfalle abschalten, können allstromsensitive RCMs zum Melden und/oder zum Abschalten verwendet werden.

**Einsatz.** Anwendungsgebiete sind z. B. Schutz von frequenzgesteuerten Betriebsmitteln, USV-Anlagen, medizinischen Einrichtungen oder EDV-Anlagen, die nicht abgeschaltet werden dürfen.

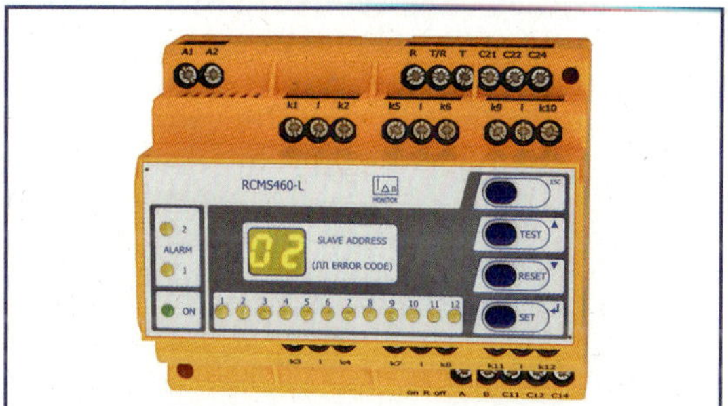


**Bild 2**: Differenzstrom-Überwachungseinrichtung (RCM)

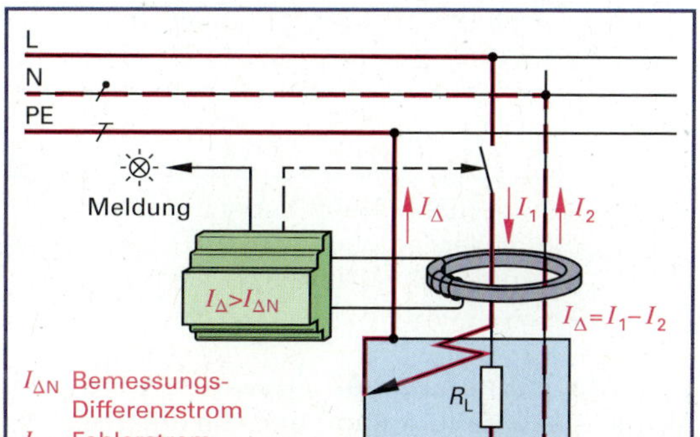


**Bild 3**: RCM bei Körperschluss im TN-System

[1] VdS, Abk. für: **V**ertrauen **d**urch **S**icherheit. [2] RCM, Abk. für: **R**esidual **C**urrent **M**onitor (engl.) = Differenzstrom-Überwachungseinrichtung

## 7.10 Prüfung elektrischer Anlagen und Geräte

Für die Sicherheit und Prüfung ortsveränderlicher und ortsfester elektrischer Anlagen und Betriebsmittel gibt es gesetzliche Vorschriften **(Übersicht 1)**. Der Arbeitgeber oder Anlagenbetreiber hat dafür zu sorgen, dass sich die elektrischen Anlagen und Betriebsmittel in einem ordnungsgemäßen Zustand befinden und in regelmäßigen Abständen **(Seite 267)** einer fachgerechten Prüfung unterzogen werden. Somit werden Personen, Geräte, Nutztiere und die Anlage bestmöglichst geschützt und z. B. Brandschäden verhindert.

Elektrische Anlagen und Betriebsmittel dürfen nur in ordnungsgemäßem Zustand in Betrieb genommen werden und müssen in diesem Zustand erhalten bleiben. Diese Forderung wird auch durch das **Energiewirtschaftsgesetz**, durch die **Betriebssicherheitsverordnung**, durch die Unfallverhütungsvorschriften der Berufsgenossenschaften sowie durch die DIN VDE-Bestimmungen beschrieben.

Das VDE-Vorschriftenwerk und die Unfallverhütungsvorschrift „Elektrische Anlagen und Betriebsmittel“ (DGUV, Vorschrift 3) sowie die Technischen Regeln für Betriebssicherheit (TRBS) unterscheiden Prüfungsarten **(Übersicht 2)**. Durch diese Vorschriften werden Hersteller und Betreiber elektrischer Anlagen verpflichtet, vor der Inbetriebnahme sowie nach Änderung, Erweiterung und Instandsetzung Prüfungen durch eine Elektrofachkraft (nach TRBS) durchzuführen.

Mobile elektrische Anlagen der Veranstaltungstechnik werden bei ihrer Inbetriebnahme nach DIN VDE 0100-600 geprüft (Seite 270).

Ortsveränderliche elektrische Betriebsmittel (Geräte) werden nach VDE 0701 und VDE 0702 geprüft. (Seite 278 – 281).

**Übersicht 1: Gesetzliche Vorschriften und Regelwerke (Auswahl)**

- Energiewirtschaftsgesetz (EnWG)
- Betriebssicherheitsverordnung (BetrSichV)
- Arbeitsschutzgesetz (ArbSchG)
- Arbeitsstättenverordnung (ArbStättV)
- Produktionssicherheitsgesetz (ProdSG)
- Unfallverhütungsvorschriften der deutschen gesetzlichen Unfallversicherung (UVVen)
- Technische Regeln für Betriebssicherheit (TRBS)
- Gemeindeunfallversicherung (GUV)
- Vertrauen durch Sicherheit (VdS)
- Bauproduktegesetz (BauProdG)
- Medizinproduktegesetz (MPG)

**Übersicht 2: Prüfung in elektrischen Anlagen nach Betriebsmitteln**

**Ortsfeste elektrische Betriebsmittel und Anlagen** sind technische Einrichtungen, die mit ihrer Umgebung fest verbunden sind, z. B. Installationen in Gebäuden oder fest angebrachte Geräte am gleichen Standort, z. B. Elektroherd und Kühlschrank.
**Nicht stationäre Anlagen** sind Einrichtungen auf Baustellen, z. B. Baustellenverteiler, fliegende Bauten, die nach dem Einsatz abgebaut werden. Es gilt:

- **DIN VDE 0100-600**
  Einrichtung von Niederspannungsanlagen, Erstprüfungen, nach Änderung, Erweiterung, Instandsetzung
- **DIN VDE 0105-100**
  Betrieb von elektrischen Anlagen, Wiederkehrende Prüfungen

**Ortsfeste und ortsveränderliche elektrische Betriebsmittel**

- **DIN EN 50678 (VDE 0701) und DIN EN 50699 (VDE 0702)**[2]
  Nach Instandsetzung, Änderung, Wiederholungsprüfung

Ortsveränderliche elektrische Betriebsmittel können während des Betriebs leicht bewegt werden, z. B. Bohrmaschine, Staubsauger, Kabeltrommel.

**Elektrische Maschinen**

- **DIN EN 60204-1 (VDE 0113-1)**
  Sicherheit von Maschinen
  Elektrische Ausrüstung von Maschinen

**Elektrische medizinische Geräte**

- **DIN EN 62353 (VDE 0751-1)**
  Wiederholungsprüfungen und Prüfung nach Instandsetzung von medizinischen elektrischen Geräten

Nach der Betriebssicherheitsverordnung und dem Arbeitsschutzgesetz muss der Arbeitgeber für die elektrische Anlage und die elektrischen Betriebsmittel eine **Gefährdungsbeurteilung** anfertigen und die notwendigen Maßnahmen für eine sichere Bereitstellung und Benutzung der Arbeitsmittel durchführen.

Im Rahmen der Gefährdungsbeurteilung ist bei wiederkehrenden Prüfungen zu prüfen, ob aufgrund besonderer betrieblicher Gegebenheiten kürzere oder auch längere Prüffristen festzulegen sind **(Übersicht 1)**, z. B. nach DGUV, Vorschrift 3 **(Seite 277)**. Der Arbeitgeber muss festlegen, ob wiederkehrende Prüfungen elektrischer Betriebsmittel und Anlagen durch eine Elektrofachkraft, elektrotechnisch unterwiesene Person oder befähigte Person durchgeführt werden sollen. Erstprüfungen sind von einer Elektrofachkraft durchzuführen.

Bei der Prüfung elektrischer Anlagen und ortsfester Betriebsmittel unterscheidet man:

- **Erstprüfungen und**
- **Wiederkehrende Prüfungen**

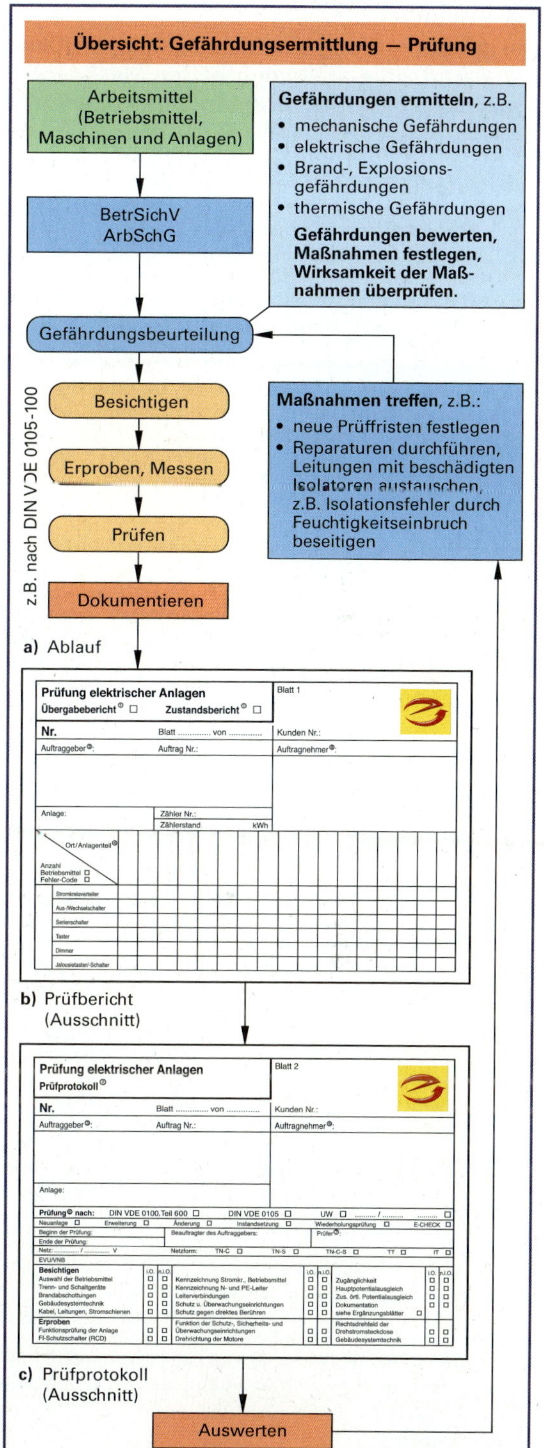


a) Ablauf

b) Prüfbericht (Ausschnitt)

c) Prüfprotokoll (Ausschnitt)

## 7.10.1 Prüfung elektrischer Anlagen nach DIN VDE 0100-600

Elektrische Anlagen sind vor der ersten Inbetriebnahme, nach Erweiterung, Änderung oder Instandsetzung vom Errichter durch **Besichtigen, Erproben** und **Messen** zu prüfen **(Übersicht 2, Seite 268)**.

**Besichtigen (Übersicht, Seite 270).** Besichtigen umfasst die Feststellung der normgerechten Errichtung bei abgeschalteter Anlage. Beim Errichten der Anlage kann man bereits prüfen, ob z. B. verlegte Leitungen oder Kabel richtig ausgewählt und Leiterquerschnitte für die zugeordneten Überstrom-Schutzeinrichtungen korrekt bemessen sind.

**Erproben und Messen (Übersicht, Seite 270).** Prüfen durch Erproben und Messen ist durchzuführen, wenn man eine Größe oder Funktion, z. B. den Isolationswiderstand oder die Schleifenimpedanz, durch Besichtigen nicht mit Sicherheit feststellen kann. Durch Erproben und Messen ist nachzuweisen, dass die Anlage die Forderungen nach DIN VDE 0100 erfüllt. Für die Prüfung dürfen nur geprüfte Messgeräte verwendet werden, die der DIN EN 61557 (VDE 0413) und den Messkategorien CAT III und CAT IV entsprechen.

Ein **Prüfbericht (Übersicht b)** mit den einzelnen Prüfprotokollen **(Übersicht c)** müssen nach Abschluss der Prüfung erstellt werden. In den Prüfprotokollen sind die ermittelten Messwerte zu dokumentieren. Der Prüfbericht mit den Prüfprotokollen dient gleichzeitig als Nachweis bei Reklamationen oder Haftungsproblemen.

**Erstprüfungen**

Bei der Erstprüfung elektrischer Anlagen **(Übersicht)** sind die allgemeinen Sicherheitsbestimmungen einzuhalten. Die eingesetzten Mess- und Prüfgeräte müssen nach DIN EN 61557 (VDE 0413) zugelassen sein. Die Bestimmungen über das Arbeiten unter Spannung sind einzuhalten.

**Übersicht: Prüfungen in elektrischen Anlagen nach DIN VDE 0100-600**

Die Prüfabläufe erfolgen in der Reihenfolge:

☑ **1. Besichtigen (Beispiele)**

- Durchführen der Besichtigung während der Errichtung und vor der Inbetriebnahme der Anlage.
- Prüfen fest angeschlossener elektrischer Betriebsmittel auf:
  - Sicherheitsanforderungen, z.B. VDE-, CEE-Prüfzeichen **(Seite 250)**,
  - korrekte Auswahl und Errichtung,
  - die Sicherheit beeinträchtigende Beschädigungen.
- Vorhandensein von Abdeckungen, Umhüllungen, Hindernissen **(Seite 256)**.
- Vorhandensein von Brandabschottungen, Vorkehrungen gegen Ausbreitung von Feuer, Maßnahmen zum Schutz gegen thermische Einflüsse sowie EMV-Maßnahmen.
- Auswahl der Leitungen und Kabel nach Verlegeart, Strombelastbarkeit und zulässigem Spannungsfall.
- Auswahl der Schutz- und Überwachungseinrichtungen und Einstellung des Auslösestromes und Selektivität **(Seiten 266)**.
- Auswahl der Betriebsmittel bezogen auf äußere Einflüsse, z.B. IP-Schutzarten **(Seite 251)**.
- Durchgehende farbliche Kennzeichnung und Anschluss von Neutralleiter, Schutzleiter und PEN, ordnungsgemäße Leiterverbindungen.
- Vorhandensein von Schaltungsunterlagen und Warnhinweisen.
- Kennzeichnung der Stromkreise und Betriebsmittel in der Anlage und in Schaltplänen.
- Leichte Zugänglichkeit zur Bedienung, Inspektion und Wartung.
- Auswahl und Errichtung der Erdungsanlage, Schutzleiter, einschließlich Schutzpotenzialausgleichsleiter und ihre Anschlüsse an die Haupterdungsschiene.

☑ **2. Erproben und Messen**

- Schutzleiter, Körper und zusätzlicher Schutzpotenzialausgleich: Prüfen auf durchgehende Verbindung **(Seite 271)**.
- Isolationswiderstand der elektrischen Anlage: Messen zwischen aktiven Leitern sowie aktiven Leitern und dem mit der Erdungsanlage verbundenen Schutzleiter **(Seite 271)**.
- Schutztrennung, SELV- und PELV-Stromkreise: Prüfen der sicheren Trennung **(Seite 272)**.
- Nicht leitende Umgebung: Widerstandsmessung **(Seite 272)**.
- Schleifenimpedanz: Messen, Berechnen und Bewerten des Kurzschlussstromes, Prüfen des Kurzschlussstromes und des Auslösestromes der Schutzeinrichtungen in Stromkreisen mit Schutz durch automatische Abschaltung der Stromversorgung (TN-, TT- und IT-System) **(Seite 273)**.
- Besichtigen und Erproben der Fehlerstrom-Schutzeinrichtungen (RCDs) **(Seite 275)**.
- Spannungsfall: Ermitteln des Spannungsfalls.
- Erdungswiderstand: Messen oder berechnen **(Seite 274)**.
- Spannungspolarität: Einpolige Schalter dürfen nur im Außenleiter eingebaut sein, Prüfen, ob Fußkontakt der Lampenfassung am Außenleiter angeschlossen ist.
- Drehfeldrichtung: Prüfen des Rechtsdrehfeldes bei Drehstromsteckvorrichtungen **(Seite 275)**.
- Betätigen von Schutzeinrichtungen, Prüfen der Freiauslösung, Verriegelungsschaltungen bei Antrieben: Funktionsprüfungen, fehlerfreies Arbeiten von Steuerungen.
- Anlagen der Gebäudetechnik, z.B. KNX-Anlagen prüfen.

**3. Prüfbericht erstellen**

- Dokumentieren des Prüfergebnisses der Erstprüfung, nach Instandsetzung oder Änderung sowie nach Wiederholungsprüfungen **(Seiten 277, 280, 521 und 522)**.
- Festhalten aller ermittelten Ergebnisse, z.B. Anlage, Prüfling, Prüfdatum, Ergebnisse der Sichtprüfung und der Messungen in den Prüfprotokollen **(Seite 269)**.
- Dokumentation in Form von Installationsplänen, Stromlaufplänen, Aufbauzeichnungen oder Fotos sowie eventueller Erweiterungs- und Änderungsvermerke und Empfehlungen für notwendige Wartungs- und Prüfintervalle.

**4. Prüffristen**

- Elektrische Anlagen und Betriebsmittel unterliegen einer Alterung und betriebsbedingtem Verschleiß, sodass Prüfungen wiederholt werden müssen.
- Zur Sicherheit elektrischer Anlagen in Gewerbebetrieben sind nach DGUV Vorschrift 3 Prüffristen festgeschrieben **(Seite 277)**.
- Für das Prüfen privater Anlagen ist der E-CHECK nützlich **(Seite 277)**.

## Prüfen der Schutzleiter und Schutzpotenzialausgleichsleiter

Vor Inbetriebnahme elektrischer Verbraucheranlagen ist die Durchgängigkeit der Schutz- und Schutzpotenzialausgleichsleiter und ihre Verbindungen zu Körpern zu prüfen. Durch Besichtigen ist die ordnungsgemäße Beschaffenheit aller Klemmenverbindungen sowie die Kennzeichnung und Wahl der Leiterquerschnitte festzustellen.

Durch Messen **(Bild 1)** ist die Durchgängigkeit der Schutzleiter, der Verbindungen des Schutzpotenzialausgleichs und des zusätzlichen Schutzpotenzialausgleichs nachzuweisen.

Die Widerstandsmessung darf nur in spannungslosem Zustand der Anlage durchgeführt werden. Bei der Messung der Durchgängigkeit der Schutzleiter (Niederohmmessung) setzt man Universalprüfgeräte **(Seite 265)** ein. Bei der Voreinstellung wählt man einen Prüfgleichstrom von mindestens 200 mA **(Übersicht 1)**. Um weit voneinander entfernt liegende Schutzleiteranschlüsse zu prüfen, ist eine lange Messleitung vorteilhaft, z. B. 20 m. Der Widerstandswert der Messleitung ist vor Beginn der Messungen am Messgerät zu kompensieren (d. h. der Wert wird eingespeichert und automatisch vom Messergebnis abgezogen). Zur Bewertung der Messergebnisse orientiert man sich an den verlegten Längen und Querschnitten der Schutzleiter ($R_{PE} = l / (\gamma \cdot A)$).

**Übersicht: Durchgangsprüfung von Schutz- und Schutzpotenzialausgleichsleiter (Messvorgaben)**

- Messspannung — 4 V bis 24 V
- Messstrom — ≥ 200 mA
- Gleichstrommessung — Polarität wechseln
- Schutzleitersystem — < 1 Ω*
- Schutzpotenzialausgleichsleiter — < 0,1 Ω*
- Schutzpotenzialausgleich — < 3 Ω*

* Erfahrungswerte

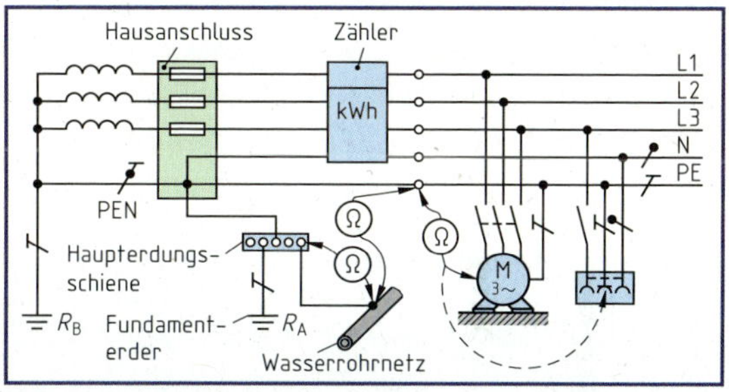


**Bild 1:** Messen von Schutzleiterverbindungen

## Messen der Isolationswiderstände in elektrischen Anlagen

Die Messung erfolgt im spannungslosen Zustand der Anlage. Vor Beginn der Messung ist der Neutralleiter von Erde zu trennen, jedoch nicht der PEN-Leiter. Im TN-System gilt der PEN-Leiter als Erde. Auch sind alle Verbraucher zu entfernen und alle Schalter einzuschalten. Außerdem ist vorher zu prüfen, ob elektronische Betriebsmittel wie z. B. Dimmer, elektronische Zeitrelais oder AFDDs den Isolationswiderstand beeinflussen oder durch die Messung beschädigt werden können. Dann sollte man vor Anschluss der elektrischen Betriebsmittel messen oder diese vor einer erneuten Messung abklemmen bzw. überbrücken **(Bild 2)**. Gemessen wird mit Gleichspannung **(Tabelle 1)** am Speisepunkt der Anlage.

**Tabelle 1:** Mindest-Isolationswiderstände

| Anlage/Bemessungsspannung | Messspannung | Isolationswiderstand |
|---|---|---|
| Stromkreise und Betriebsmittel für SELV und PELV | DC 250 V | ≥ 0,5 MΩ |
| Allgemeine Stromkreise ≤ 500 V (außer Kleinspannung sowie FELV) | DC 500 V | ≥ 1,0 MΩ |
| Nennspannung > 500 V | DC 1000 V | ≥ 1,0 MΩ |

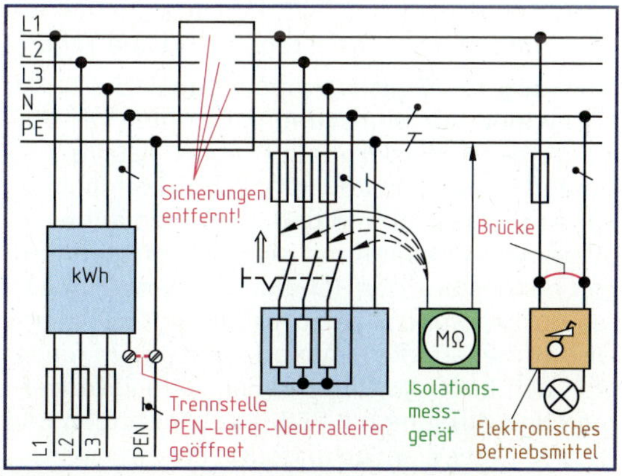


**Bild 2:** Messen des Isolationswiderstandes

Der Isolationswiderstand ist zwischen a) aktiven Leitern, b) aktiven Leitern und dem mit der Erdungsanlage verbundenen Schutzleiter zu messen.

## 7.10.2 Prüfen der Schutzmaßnahmen SELV, PELV und Schutztrennung

Bei den Schutzmaßnahmen „Schutz durch Kleinspannung mittels SELV oder PELV" und der Schutzmaßnahme „Schutztrennung" muss die sichere Trennung der Stromkreise durch Messen geprüft werden.

**Kleinspannungs-Stromkreise (SELV-Stromkreise)** dürfen keine Erdverbindung (keine geerdeten Körper) und keine leitende Verbindung mit Stromkreisen höherer Spannung haben. Durch Spannungsmessung ist nachzuweisen, dass die höchstzulässigen Werte nicht überschritten werden **(Tabelle 1)**. Die Isolationswiderstandsprüfung erfolgt durch Messen aller aktiven Leiter gegen Erde **(Tabelle 1, Seite 271)**. Die Isolierung von Betriebsmitteln mit einer Betriebsspannung von mehr als AC 25 V oder DC 60 V muss einer Prüfspannung von AC 500 V eine Minute lang standhalten. **PELV-Stromkreise** prüft man wie SELV-Stromkreise. Zur Isolationsmessung ist die Erdung der Stromkreise aufzuheben.

**Schutztrennung.** Bei der Schutzmaßnahme ist die sichere Trennung von anderen Stromkreisen und von Erde durch Messen des Isolationswiderstandes mit DC 500 V zu prüfen **(Tabelle 1, Seite 271)**.

**Schutztrennung mit mehr als einem Verbrauchsmittel.** Sind an einem Trenntransformator mehrere Betriebsmittel angeschlossen, muss gewährleistet sein, dass diese Anlagen nur durch Elektrofachkräfte betrieben und überwacht werden.

**Tabelle 1:** Prüfungen bei Kleinspannung und Schutztrennung (nach DIN VDE 0100-600)

| Schutzmaßnahmen | Anforderungen an die Prüfung | Schutzmaßnahmen | Anforderungen an die Prüfung |
|---|---|---|---|
| **Kleinspannung**<br>• SELV-Stromkreise<br>• PELV-Stromkreise | • Messen der Nennspannung:<br>AC: $U_N \leq$ 50 V bzw. 25 V<br>DC: $U_N \leq$ 120 V bzw. 60 V<br>• Messen des Isolationswiderstandes aktiver Leiter gegen Erde | **Schutztrennung**<br>• ein Betriebsmittel<br>• mehrere Betriebsmittel | • Messen des Isolationswiderstandes aktiver Leiter gegen Erde<br>• Abschaltung bei Doppelfehler: Fehlerstrom $I_F \geq$ Abschaltstrom $I_a$ |

### Isolationswiderstandsmessung von isolierenden Fußböden und Wänden

Beim „Schutz durch nicht leitende Umgebung" gilt die Isolierfähigkeit des Fußbodens und der Wände als ausreichend, wenn bei mindestens drei Messungen der **Isolationswiderstand (Isolationsimpedanz) von 50 kV** an keiner Stelle unterschritten wird. Dieser Wert gilt für Anlagen mit Nennspannungen $U_N$ bis AC 500 V bzw. > DC 750 V. Bei Anlagen mit $U_N$ > AC 500 V bzw. > DC 750 V muss der Isolationswiderstand mindestens 100 kΩ betragen.

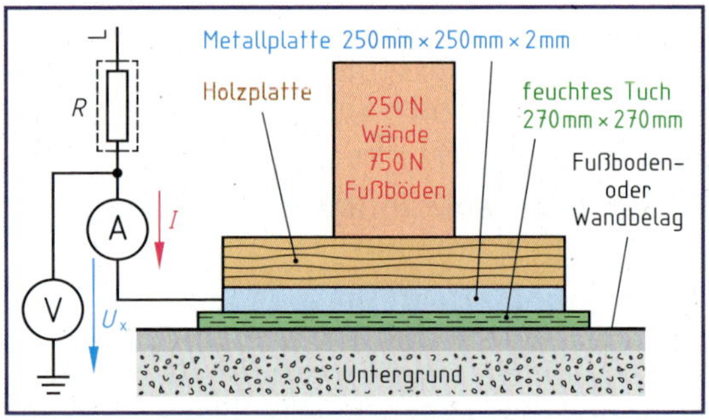


**Bild 1:** Messung des Isolationswiderstandes von Fußböden und Wänden

**Isolationsimpedanz/Isolationswiderstand**

$$Z_x = \frac{U_x}{I}$$

$Z_x$ Isolationsimpedanz (Fußboden, Wand)
$I$ gemessener Strom über Prüfelektrode
$U_x$ gemessene Spannung gegen den Schutzleiter

**Messung für Gleichstromsysteme:** Die Isolationswiderstandsmessung wird unter Verwendung einer Prüfelektrode, z. B. eines metallischen Dreifußes oder einer quadratischen Metallplatte, mit Anschlussklemme und einem Isolationswiderstandsmessgerät mit einer Gleichspannung von mindestens der Höhe des Versorgungsnetzes durchgeführt. Die zu prüfende Oberfläche wird vorher angefeuchtet oder mit einem feuchten Tuch bedeckt. Die Prüfelektrode wird während der Messung mit 750 N bei Fußböden und mit 250 N bei Wänden angedrückt.

**Messung für Wechselstromsysteme:** Die Isolationsimpedanzmessung kann mit einem Isolationswiderstandsmessgerät wie für Gleichstrom kombiniert mit einer Wechselspannung von mindestens 25 V bis < 50 V oder mit der Nennspannung des Versorgungsnetzes durchgeführt werden **(Bild 1)**. Eine Metallplatte oder ein Dreifuß mit Anschlussklemme dienen als Prüfelektrode. Die Impedanzmessung erfolgt mit der Strom-/Spannungsmethode. Der Außenleiter L wird über einen Strommesser auf die Prüfelektrode geführt und die Spannung $U_x$ gegen den Schutzleiter gemessen.

## Prüfen der automatischen Abschaltung im TN-System

Die Überprüfung der geforderten Abschaltzeiten **(Tabelle 1)** im TN-System beim Schutz durch automatische Abschaltung der Stromversorgung erfolgt entweder durch die Messung der Schleifenimpedanz (Stromkreise mit Überstromschutzeinrichtung) oder durch Prüfen der Fehlerstrom-Schutzeinrichtung **(Seite 275)**.

### Messen der Schleifenimpedanz

**Messprinzip (Bild 1).** Da die Schleifenimpedanz nicht direkt gemessen werden kann, wird zuerst im unbelasteten Zustand die Spannung $U_0$ zwischen Außenleiter und Schutzleiter gemessen. Im belasteten Zustand (Schalter Q1 geschlossen), werden die Spannung $U$ und der Belastungsstrom $I$ ermittelt. Aus der Spannungsdifferenz der unbelasteten Spannung $U_0$ und der Spannung $U$ bei Belastung sowie dem Belastungsstrom $I$ lässt sich die Schleifenimpedanz berechnen **(Beispiel)**.

**Vorgehensweise:** Zuerst wird die Schleifenimpedanz $Z_S$ als Referenzwert berechnet. Er wird gebildet aus den Teilwerten der Anlage, z.B. aus dem Wert des längsten Stromkreises (verlegte Leitungslängen und Querschnitte) und des Netzes (Transformator bis zum Hausanschlusskasten, Maximalwert ist beim Netzbetreiber zu erfragen). Dann wird der gemessene Wert der Schleifenimpedanz mit dem Referenzwert verglichen. Er sollte kleiner bzw. maximal gleich dem Referenzwert sein. Beide Werte sind in der Praxis meist deutlich kleiner als der maximal zulässige Schleifenwiderstand nach DIN VDE 0100-600. Ist dies nicht der Fall, so ist von einem Fehler in der Anlage auszugehen, der beseitigt werden muss. Anschließend ist zu prüfen, ob der gemessene Wert der Schleifenimpedanz die Abschaltbedingung **(Formelkasten)** hinsichtlich der gewählten Überstromschutzeinrichtung erfüllt.

Die Messung der Fehlerschleifenimpedanz muss mit Bemessungsfrequenz, z.B. 50 Hz, einmal pro Stromkreis an der messtechnisch ungünstigsten Stelle des Stromkreises, z.B. Messstelle mit der größten Entfernung zum Verteiler, durchgeführt werden.

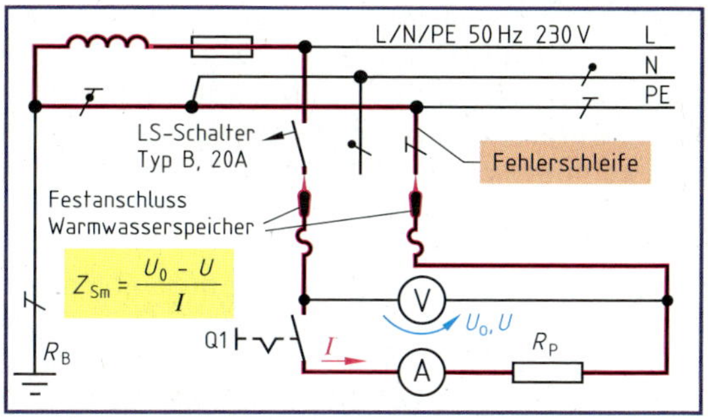


**Bild 1:** Prinzip der Schleifenimpedanzmessung

**Tabelle 1:** Maximale Abschaltzeiten im TN-System (nach DIN VDE 0100-410)

| Nennwechselspannung $U_0$ | Abschaltzeit |
|---|---|
| 50 V < $U_0$ ≤ 120 V | 0,8 s |
| 120 V < $U_0$ ≤ 230 V | 0,4 s |
| 230 V < $U_0$ ≤ 400 V | 0,2 s |
| $U_0$ > 400 V | 0,1 s |
| In Verteilungs- und sonstigen Stromkreisen gilt eine Abschaltzeit von max. 5 s. | |

### Schleifenimpedanz und Abschaltbedingung

**Nach DIN VDE 0100-600, Anhang D.6.4.3.7.2**

$$Z_S \leq \frac{2}{3} \cdot \frac{U_0}{I_a} \quad I_K = \frac{U_0}{Z_S} \quad I_K \geq \frac{3}{2} \cdot I_a \quad I_a = n \cdot I_N$$

$Z_S$ Schleifenimpedanz (Schleifenwiderstand)
$U_0$ Spannung zwischen Leiter und Erde (unbelastet)
$n$ Abschaltstromfaktor, z.B. LS-Schalter Typ B, $n = 5$
$I_a$ Abschaltstrom der Schutzeinrichtung
$I_K$ Kurzschlussstrom

**Beispiel:**

In einem Stromkreis **(Bild 1)** beträgt im unbelasteten Zustand die Spannung an einem Warmwasserspeicher 233 V. Nach Schließen des Schalters Q1 sinkt die Spannung auf 230 V und es fließt ein Belastungsstrom von 4 A. Überprüfen Sie, ob ein Leitungsschutzschalter vom Typ B 20 A mit $5 \cdot I_N$ eingesetzt werden kann.

**Lösung:**

Berechneter Referenzwert: $Z_{Sref} = 0{,}9\ \Omega$

Gemessener Wert:

$$Z_{Sm} = \frac{U_0 - U}{I} = \frac{233\ \text{V} - 230\ \text{V}}{4\ \text{A}} = \mathbf{0{,}75\ \Omega}$$

$$I_a = 5 \cdot I_N = 5 \cdot 20\ \text{A} = 100\ \text{A}$$

Maximal zulässiger Wert:

$$Z_S \leq \frac{2}{3} \cdot \frac{U_0}{I_a} = \frac{2}{3} \cdot \frac{233\ \text{V}}{100\ \text{A}} = \mathbf{1{,}55\ \Omega}$$

$$Z_{Sm} = 0{,}75\ \Omega < Z_{Sref} = 0{,}9\ \Omega < Z_S = 1{,}55\ \Omega$$

**⇒ Bedingung ist nach DIN VDE 0100-600 erfüllt.**

Beim Messverfahren der Fehlerschleifenimpendanz (**Seite 273**) ist der Belastungsstrom $I$ wesentlich kleiner als der im Fehlerfall auftretende Kurzschlussstrom $I_K$. Durch den hohen Kurzschlussstrom $I_K$ könnte die Temperatur im Leiter ansteigen und die Fehlerschleifenimpedanz erhöhen. Nach DIN VDE 0100-600, Anhang D.6.4.3.7.2 soll deshalb die durch Messen ermittelte Fehlerschleifenimpedanz $Z_S$ mit der maximal zulässigen Fehlerschleifenimpedanz überprüft werden **(siehe Beispiel, Seite 273)**.

> Die Fehlerschleifenimpedanz ist die Summe aller Widerstände des Verteilungsnetzes und Leitungen im Endstromkreis, in der Praxis ca. 1 Ω.

Sind Widerstandswerte von z. B. 5 Ω bei gleicher Leitungslänge vorhanden, so wäre ein Fehler, z. B. eine schlechte Klemmstelle, in der Anlage möglich.

In der Praxis wird die Fehlerschleifenimpedanz meist mit Multifunktionsmessgeräten bestimmt, die den Kurzschlussstrom und die Fehlerschleifenimpedanz direkt anzeigen **(Bild 1)**.

Da bei der normalen Fehlerschleifenwiderstandsmessung eine vorhandene Fehlerstrom-Schutzeinrichtung auslöst, bieten neuere Messgeräte auch die Möglichkeit, die Fehlerschleifenimpedanz in Anlagen mit RCD zu messen, ohne dass die RCD auslöst.

## Prüfen der automatischen Abschaltung im TT-System

Damit Überstrom-Schutzeinrichtungen im Fehlerfalle auslösen, muss der Wert der Fehlerschleifenimpedanz $Z_S \leq U_0/I_a$ sein **(Seite 259)**. Werden Fehlerstrom-Schutzeinrichtungen (RCDs) eingesetzt, sind die Abschaltzeiten **(Tabelle 1, Seite 259)** und die Bedingung für den Erdungswiderstand $R_A \leq 50\ \text{V}/I_{\Delta N}$ **(Tabelle 2, Seite 259)** zu erfüllen.

## Messen des Erdungswiderstandes

Wird als Schutz im TT-System eine RCD gewählt, muss der erforderliche Bemessungs-Differenzstrom $I_{\Delta N}$ fließen. Als Nachweis muss der Erdungswiderstand $R_A$ durch Messung, z. B. aus dem Messwert einer Strom-Spannungsmessung **(Bild 2)** oder mit Messgeräten **(Bild 2, Seite 275)** ermittelt werden. Jahreszeitliche Einflüsse, z. B. Umgebungstemperatur oder Bodenfeuchte, sind bei der Beurteilung der Messergebnisse zu berücksichtigen.

**Bild 1**: Messen der Fehlerschleifenimpedanz mit einem Multifunktionsmessgerät nach DIN VDE

**Tabelle: Prüfungen im TN-, TT- und IT-System**

| System | Prüfung und Anforderungen |
|---|---|
| TN | • Messen des Isolationswiderstandes, **Seite 271**<br>• Messen der Fehlerschleifenimpedanz, **Seite 273**<br>• Messen des Kurzschlussstromes $I_K$, **Seite 258**<br>• Prüfen der Abschaltbedingung unter Berücksichtigung der Abschaltzeiten, **Seiten 258, 273** |
| TT | • Messen des Isolationswiderstandes, **Seite 271**<br>• Messen der Fehlerschleifenimpedanz, **Seite 259**<br>• Messen des Erdungswiderstandes,<br>• Prüfen der Abschaltbedingung unter Berücksichtigung der Abschaltzeiten, **Seite 259** |
| IT | • Prüfen der Isolationsüberwachung, **Seite 275**<br>• Messen des Erdungswiderstandes $R_A$<br>• Künstlichen Fehler (Erdschluss) herstellen<br>• Messen des Fehlerstromes $I_d$<br>• Berechnung der Berührungsspannung aus dem Produkt $R_A \cdot I_d \leq 50\ \text{V}$ |

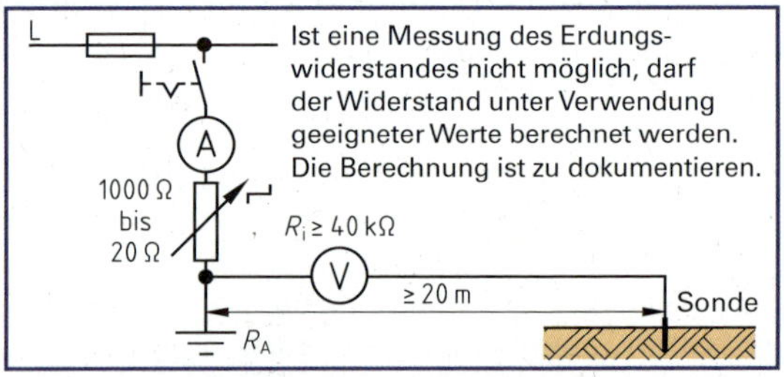


**Bild 2**: Messen des Erdungswiderstandes

**Erdungswiderstand**

$$R_A = \frac{U_E}{I_E} \qquad R_A \leq \frac{U_L}{I_a} \qquad R_A \leq \frac{50\ \text{V}}{I_{\Delta N}}$$

$R_A$ Erdungswiderstand
$U_E$ Erderspannung bei der Prüfung
$I_E$ Erderstrom bei der Prüfung
$I_{\Delta N}$ Bemessungs-Differenzstrom der RCD
$U_L$ zulässige Berührungsspannung 50 V
$I_a$ Auslösestrom der Überstrom-Schutzeinrichtung

## Prüfen der Fehlerstrom-Schutzeinrichtung (RCD)

RCDs an Spannung von 230 V müssen innerhalb ihres Auslösebereiches von 0,5 · $I_{\Delta N}$ bis zum Erreichen des Bemessungs-Differenzstromes $I_{\Delta N}$ die Stromversorgung im TN-System innerhalb 0,4 s und im TT-System in 0,2 s abschalten.

Die mechanische Funktion der RCD wird durch Betätigen der Prüftaste nachgewiesen. Zur weiteren Prüfung der Schutzmaßnahmen wird hinter der RCD ein künstlicher Fehler erzeugt **(Bild 1)**. Über den Stellwiderstand *R* wird ein Körperschluss simuliert **(Bild 1)**.

Universalprüfgeräte **(Bild 2)** der Messkategorien CAT III oder CAT IV erlauben die Prüfung von Anlagen mit Fehlerstrom-Schutzeinrichtungen. Diese Prüfgeräte zeigen die beim Bemessungs-Differenzstrom auftretende Berührungsspannung an, ohne die RCD auszulösen. Dazu wird die Berührungsspannung bei $^1/_3$ des Bemessungs-Differenzstromes gemessen und auf den Spannungswert hochgerechnet, der beim Bemessungs-Differenzstrom auftreten würde. Mit diesen Prüfgeräten kann man auch die Auslösezeit der RCD beim Bemessungs-Differenzstrom prüfen.

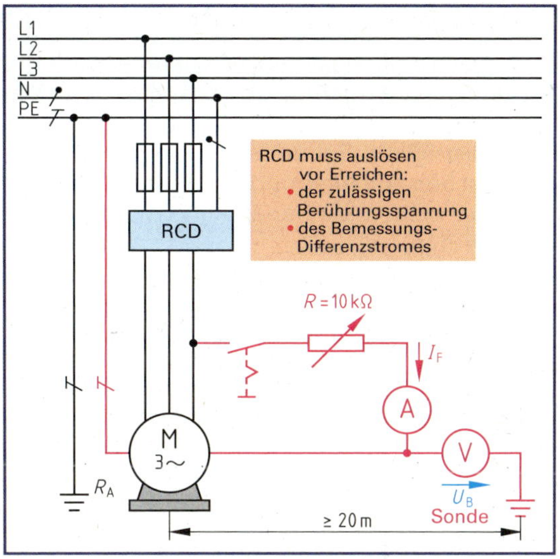


**Bild 1**: Prüfen der Fehlerstrom-Schutzeinrichtung (Prinzip)

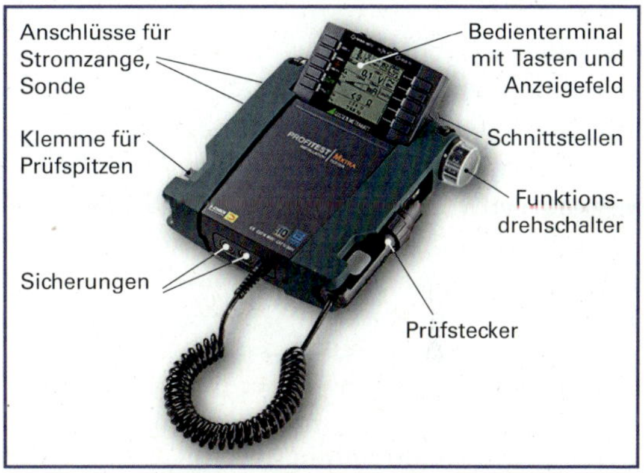


**Bild 2**: Universalprüfgerät für Prüfungen nach IEC 60364-6 (DIN VDE 0100-600) sowie EN 50110-1 (DIN VDE 0105-100)

### Prüfen im IT-System

Im IT-System ist sicherzustellen, dass kein aktiver Leiter geerdet ist und alle Körper einzeln oder gruppenweise mit einem Schutzleiter verbunden sind. Es ist der Erdungswiderstand $R_A$ und nach Erdung eines Außenleiters der Spannungsquelle auch der Fehlerstrom $I_d$ zu messen.

Das Produkt aus $R_A$ und $I_d$ darf die zulässige Berührungsspannung von AC 50 V nicht überschreiten ($R_A \leq 50\ V/I_d$, **Seite 260)**.

Durch einen künstlichen Körper- oder Erdschluss kann man die Isolationsüberwachungseinrichtung prüfen. Bei Auftreten eines zweiten Fehlers, z. B. Körper- oder Erdschluss, muss eine Überstrom-Schutzeinrichtung die Anlage innerhalb der geforderten Abschaltzeit abschalten **(Tabelle 1, Seite 260)**.

### Prüfen der Drehfeldrichtung

Beim Anschluss von Drehstromsteckdosen ist darauf zu achten, dass sich im Uhrzeigersinn ein Rechtsdrehfeld ergibt. Die Prüfung des Drehfeldes erfolgt mit Universalprüfgeräten **(Bild 2)** oder Drehfeldrichtungsanzeigern **(Bild 3)**.

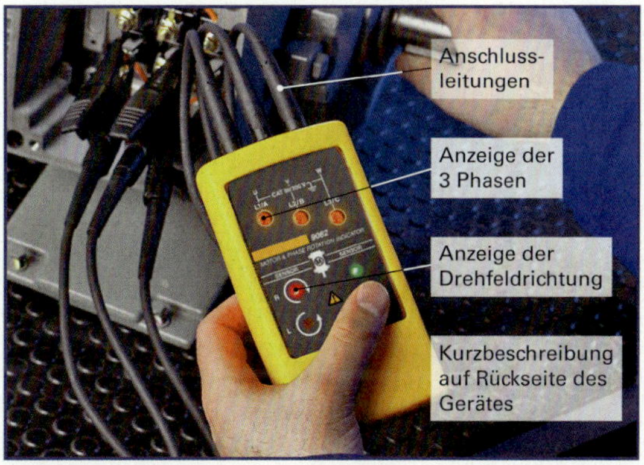


**Bild 3**: Drehfeldrichtungsanzeiger

### 7.10.3 Wiederkehrende Prüfungen von elektrischen Anlagen und ortsfesten Betriebsmitteln nach DIN VDE 0105

Zum Nachweis, dass der Basisschutz und der Fehlerschutz weiterhin wirksam sind, müssen wiederkehrende Prüfungen durchgeführt werden **(Übersicht 1)**. Bei erkennbaren Mängeln an elektrischen Anlagen und Betriebsmitteln dürfen diese nicht mehr benutzt und müssen repariert werden.

Die wiederkehrende Prüfung **(Übersicht 1 und Tabelle 1, Seite 277)** ist eine ausführliche Überprüfung der Anlage. Durch Messen soll festgestellt werden, ob die in DIN VDE 0100-600 enthaltenen Grenzwerte und die in DIN VDE 0100-410 geforderten Abschaltzeiten von Fehlerstrom-Schutzeinrichtungen (RCD) eingehalten werden. Lediglich bei der Messung des Isolationswiderstandes gelten andere Mindestwerte **(Tabelle 1)**.

In Anlagen bis AC 1000 V und DC 1500 V sind deshalb Werte zu ermitteln, die eine Beurteilung des Schutzes unter Fehlerbedingungen ermöglichen, z. B.

- Schleifenimpedanz **(Seite 273)**,
- Schutzleiterwiderstand **(Seite 271)**,
- Auslöse-Fehlerstrom von RCDs **(Seite 275)**,
- Ansprechwert von Differenzstrom-Überwachungseinrichtungen **(Seite 267)**.

Nach Abschluss der wiederkehrenden Prüfung ist von der verantwortlichen Prüfperson ein Prüfbericht zu erstellen **(Übersicht 2 und Seite 269)**. Der Prüfbericht muss über die Art der durchgeführten Messung Aufschluss geben und Messwerte enthalten.

**Messen des Isolationswiderstandes.** Nach DIN VDE 0105-100 wird der Isolationswiderstand $R_{iso}$ im spannungslosen Zustand zwischen den aktiven Leitern (L1, L2, L3 und N) gegen den Schutzleiter PE oder Erde gemessen **(Tabelle 1)**.

Im Unterschied zu DIN VDE 0100-600 **(Seite 270)** wird in wiederkehrenden Prüfungen der Isolationswiderstand bei angeschlossenen und eingeschalteten Verbrauchsmitteln gemessen **(Bild 1)**.

Um den Messaufwand zu reduzieren und um die Zerstörung elektronischer Baugruppen durch die Prüfspannung zu vermeiden, dürfen aktive Leiter vor der Messung miteinander verbunden werden **(Bild 1)**. In feuergefährdeten Betriebsstätten und explosionsgefährdeten Bereichen ist die gemeinsame Isolationsmessung der aktiven Leiter nicht zulässig.

**Übersicht 1: Wiederkehrende Prüfung elektrischer Anlagen und ortsfester Betriebsmittel nach DIN VDE 0105-100**
- Prüfen durch Besichtigen
- Prüfen durch Erproben und Messen
- Erstellen des Prüfberichtes

**Übersicht 2: Mindestinhalte des Prüfberichts**
- Name/Anschrift Auftraggeber
- Name/Anschrift Auftragnehmer
- Prüfprotokolle mit den Messwerten
- Objektbezeichnung, Gebäude, Verteiler, Stromkreise
- Verwendete Mess- und Prüfgeräte
- Bewertung der Prüfung durch die ermittelten Informationen (Besichtigen, Erproben und Messen)
- Beurteilung festgestellter Mängel und Aussagen zum weiteren Betrieb
- Prüfstelle, Prüfer, Prüfdatum, Unterschrift

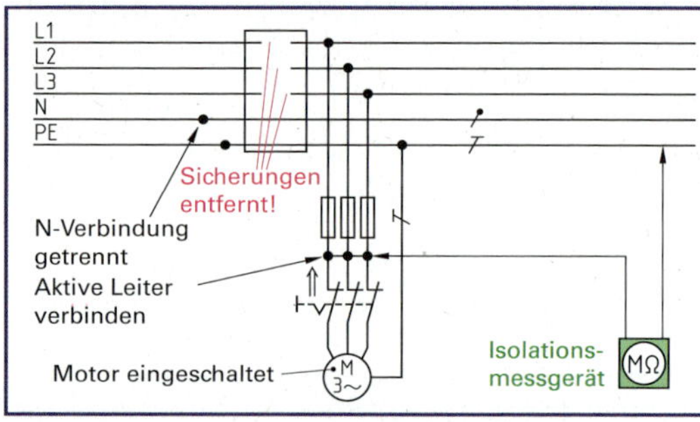


**Bild 1**: Messen des Isolationswiderstandes

**Tabelle 1:** Mindestwerte für den Isolationswiderstand $R_{iso}$ bei wiederkehrenden Prüfungen nach DIN VDE 0105-100

| Stationäre Anlagen und ortsfeste Betriebsmittel | Mindestwerte für den Isolationswiderstand |
|---|---|
| Normaler Raum, Verbrauchsmittel angeschlossen und eingeschaltet | $R_{iso}$ 300 Ω je Volt der Nennspannung $U_N$, z. B. $U_N$ = 230 V ⇒ $R_{iso} \geq 69$ kΩ |
| Bei eingeschalteter Anlage ohne Verbrauchsmittel | Mindestwert für $R_{iso} > 1000$ Ω je Volt der Nennspannung $U_N$, $U_N$ = 230 V ⇒ $R_{iso} \geq 230$ kΩ |
| Bei Anlagen im Freien mit angeschlossenen Verbrauchsmitteln | $R_{iso} > 150$ Ω je Volt der Nennspannung $U_N$, $U_N$ = 230 V ⇒ $R_{iso} \geq 34{,}5$ kΩ |
| Bei Anlagen im Freien ohne angeschlossene Verbrauchsmittel | $R_{iso} > 500$ Ω je Volt der Nennspannung $U_N$, $U_N$ = 230 V ⇒ $R_{iso} \geq 115$ kΩ |
| In IT-Systemen | $R_{iso} > 50$ Ω je Volt der Nennspannung $U_N$. |

**Prüffristen.** Nach der „Berufsgenossenschaftlichen Vorschrift für Sicherheit und Gesundheit bei der Arbeit" sind Prüffristen so zu bemessen, dass Mängel an Anlagen und Betriebsmitteln rechtzeitig erkannt werden. Die DGUV Vorschrift 3 und die Betriebssicherheitsverordnung (BetrSichV) geben Richtwerte für die Wiederholungsprüfung vor **(Tabelle 1)**.

**Tabelle 1:** Prüfungen und Prüffristen für elektrische Anlagen und Betriebsmittel (nach DGUV Vorschrift 3)

| Anlagen/Betriebsmittel | Prüffrist | Art der Prüfung |
|---|---|---|
| Elektrische Anlagen und Betriebsmittel allgemein. | Vor der ersten Inbetriebnahme sowie nach jeder Erweiterung, Änderung und Instandsetzung. | Auf ordnungsgemäßen Zustand prüfen, wenn keine Bescheinigung des Errichters vorliegt. |
| Elektrische Anlagen und ortsfeste elektrische Betriebsmittel. | Mindestens alle 4 Jahre (durch Elektrofachkraft). | Auf ordnungsgemäßen Zustand prüfen. |
| Ortsveränderliche elektrische Betriebsmittel, Anschluss- und Verlängerungsleitungen mit Steckvorrichtungen. | Alle 6 Monate (soweit benutzt). Richtwert auf Baustellen 3 Monate (durch Elektrofachkraft). | Auf ordnungsgemäßen Zustand prüfen. |
| Fehlerstrom-Schutzeinrichtungen bei nicht stationären Anlagen. | Mindestens einmal im Monat (durch Elektrofachkraft). | Auf Wirksamkeit überprüfen. |
| Fehlerstrom-Schutzeinrichtungen<br>• bei stationären Anlagen,<br>• bei nichtstationären Anlagen. | arbeitstäglich.<br>Mindestens alle 6 Monate (durch Benutzer). | Betätigen der Prüfeinrichtungen. |
| Spannungsprüfer, isolierte Werkzeuge, isolierende Schutzeinrichtungen. | Vor jeder Benutzung (durch Benutzer). | Auf augenfällige Mängel und einwandfreie Funktion prüfen. |

## E-CHECK als Gütesiegel für die Elektroanlage

Seit 1997 wird in DIN VDE 0105-100 gefordert, dass auch Wohnungen und Wohngebäude in bestimmten Zeitabständen geprüft werden sollen. Diese neue Regelung ist für Privatpersonen keine Rechtspflicht, jedoch wird man sich bei Schadensfällen auf diese VDE-Norm beziehen.

Private Eigentümer, Betreiber oder Inhaber von Betrieben sind für den Zustand der eigenen Elektroanlagen verantwortlich und somit für auftretende Schäden, z.B. Hausbrände, haftbar.

**Bild 1**: E-CHECK-Prüfplakette

Durch den **E-CHECK** werden elektrische Anlagen und Geräte durch eine Elektrofachkraft geprüft, um eventuell vorhandene gefährliche Mängel zu erkennen und zu beseitigen. Der Zustand der elektrischen Anlage wird damit protokolliert.

E-CHECK erhöht den Schutz gegen Stromschlag, Überlastung und Überspannung. Der innere Blitzschutz für elektronische Bauteile, z.B. bei Computern, ist mit eingeschlossen. Alle geprüften Teile, z.B. Stereoanlagen, Elektrowerkzeuge, Kabeltrommeln und Werkzeugmaschinen erhalten vom prüfenden Elektrohandwerksbetrieb eine **Prüfplakette (Bild 1)**, die mit dem entsprechenden Prüfprotokoll **(Bild 2)** den korrekten Zustand der elektrischen Anlage bzw. des ortsveränderlichen elektrischen Gerätes nachweist.

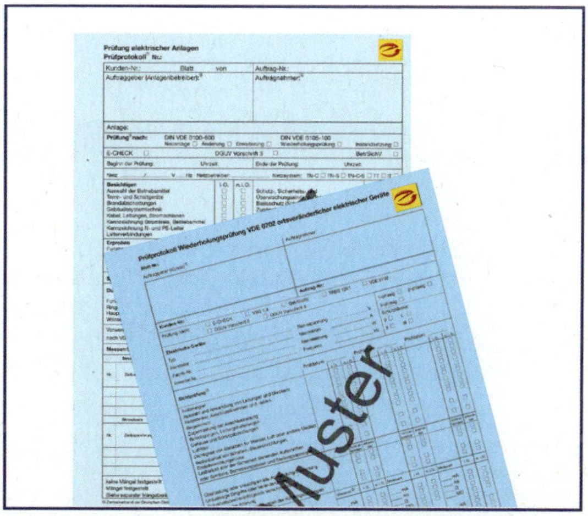

**Bild 2**: Prüfprotokoll (E-CHECK)

## 7.10.4 Prüfen von Elektrogeräten nach der Reparatur

Elektrogeräte sind nach einer Reparatur nach DIN EN 50678 (VDE 0701) zu prüfen, um deren elektrische Sicherheit nachzuweisen. Die Prüfung besteht aus mehreren Teilprüfungen und Messungen **(Seite 281)**.

**Sichtprüfung.** Alle sichtbaren Teile, die zur Sicherheit beitragen, z. B. Gehäuse, Schutzabdeckungen, Anschlussleitungen, Isolierungen, Zugentlastungen, Knickschutz, Kühlluftöffnungen, Luftfilter, Überdruckventile und Kennzeichnungen, sind auf ordnungsgemäße Beschaffenheit zu kontrollieren.

**Schutzleiterprüfung.** Der Schutzleiterverlauf in der Anschlussleitung ist durch Besichtigen sowie mittels Handprobe (Hin- und Herbiegen der Anschlussleitung) bei gleichzeitiger Messung des Schutzleiterwiderstandes **(Bild 1)** zu kontrollieren. Dieser darf sich beim Bewegen der Leitung nicht ändern. Die Grenzwerte des Schutzleiterwiderstandes sind vom Querschnitt des Schutzleiters abhängig **(Tabelle 1)**.

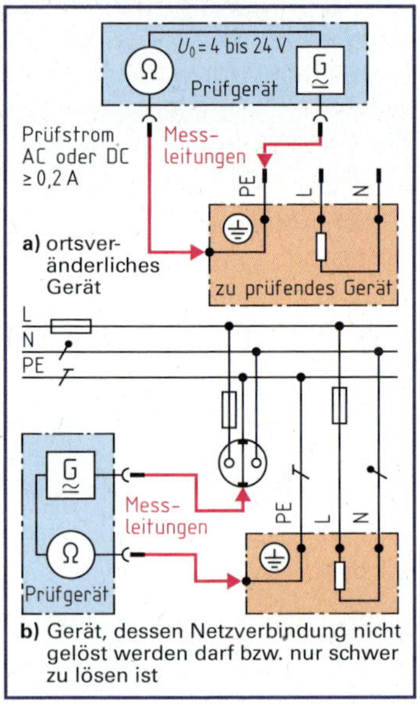


**Bild 1:** Messen des Schutzleiterwiderstandes (Beispiel)

**Tabelle 1:** Schutzleiterwiderstandswerte $R_{PE}$

| Querschnitt $A$ | Grenzwert |
|---|---|
| $A \leq 1{,}5\ \text{mm}^2$ | • Anschlussleitungen mit einer Länge bis zu 5 m: 0,3 Ω<br>• Je weitere 7,5 m: zuzüglich 0,1 Ω<br>• Maximaler Wert: 1 Ω |
| $A > 1{,}5\ \text{mm}^2$ | Der Grenzwert des Schutzleiterwiderstandes ist nach der Formel (rechts) mit einem zusätzlichen Übergangswiderstand von 0,1 Ω zu berechnen. $R = \frac{\varrho \cdot l}{A} + 0{,}1\ \Omega$<br>Hinweis: Leitungsberechnung **(Seite 200)** |

**Messen des Isolationswiderstandes (Bild 2).** Die Messung erfolgt mithilfe eines Prüfgerätes. Dabei ist zu beachten:

- Während der Messung müssen z. B. Schalter oder Temperaturregler geschlossen und das Gerät vom Netz getrennt sein. Die Mindestwerte **(Tabelle 2)** dürfen nicht unterschritten werden.
- Die hohe Messspannung von 500 V DC darf das zu prüfende Gerät nicht gefährden. Eine Gefährdung ist z. B. bei Geräten mit elektronischen Bauelementen möglich.
- Das zu prüfende Gerät benötigt eine Einschaltvorrichtung, z. B. einen mechanischen Ein-/Ausschalter, die auch ohne Netzspannung funktioniert. Bei Geräten mit einer elektronischen Einschaltvorrichtung, z. B. bei einem Gerät mit Schaltnetzteil, ist das nicht gewährleistet.

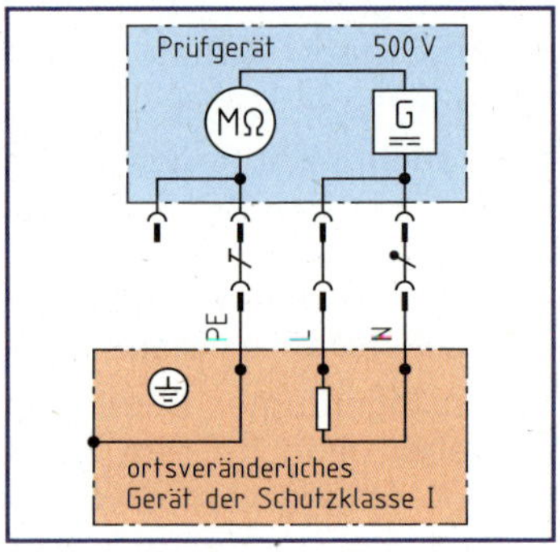


**Bild 2:** Messen des Isolationswiderstandes (Beispiel)

**Tabelle 2:** Isolationswiderstandswerte $R_{iso}$

| Schutzklasse | Geräte | Mindestwert |
|---|---|---|
| ⏚ (Schutzklasse I) | Geräte mit Heizelementen, z. B. Elektroherd.<br>Bei Geräten mit einer Anschlussleistung über 3,5 kW kann auch bei Unterschreiten des geforderten Widerstandswertes die Sicherheit nachgewiesen werden, wenn der gemessene Schutzleiterstrom den geforderten Grenzwert **(Seite 279)** nicht überschreitet. | 0,3 MΩ |
| | Geräte ohne Heizelemente, z. B. mit Elektromotor. | 1,0 MΩ |
| | Berührbare Geräteteile, die nicht an den Schutzleiter angeschlossen sind, z. B. Zierleisten. | 2,0 MΩ |
| ⧈ (Schutzklasse II) | Alle Geräte der Schutzklasse II, z. B. Küchengeräte, Elektrowerkzeuge. | 2,0 MΩ |
| ◇III (Schutzklasse III) | Alle Geräte der Schutzklasse III, z. B. Kinderspielzeug, Niedervolt-Halogenlampen. | 0,25 MΩ |

**Messen des Schutzleiterstromes.** Für die Messung des Schutzleiterstromes ist es erforderlich, dass vorher die Schutzeiterwiderstandsmessung **(Seite 278)** erfolgreich bestanden wurde. Zur Messung des Schutzleiterstromes können folgende Methoden angewendet werden:

- **Direkte Methode (Bild 1).**
- **Differenzstrommethode (Bilder 2 und 3).**
- **Alternative Methode (Bild 4)** unter Einhaltung bestimmter Voraussetzungen.

Bei der Messung wird das zu prüfende Gerät mit Netzspannung betrieben, mit Ausnahme der alternativen Methode.

**Direkte Methode.** Es muss gewährleistet sein, dass das zu prüfende Gerät von Erde isoliert ist, da sonst ein Teil des Stromes z. B. über Gehäuseteile direkt gegen Erde fließen kann. Dieser Strom würde bei der Messung des Schutzleiterstromes nicht berücksichtigt werden.

**Differenzstrommethode.** Es wird die Differenz des Stromes von Außenleiter und Neutralleiter bestimmt. Damit werden auch die Ströme erfasst, die nicht über den Schutzleiter fließen. Die Differenzstrommessung kann auch mit einer Strommesszange **(Bild 3)** durchgeführt werden.

**Alternative Methode** (früher als Ersatz-Ableitstrommessung bezeichnet). Bei dieser Methode wird keine Netzspannung benötigt. Es wird eine im Prüfgerät erzeugte Wechselspannung, die galvanisch vom Netz getrennt ist, zwischen L/N und PE angelegt. Dadurch braucht das zu prüfende Gerät z. B. nicht isoliert aufgestellt sein. Die alternative Methode darf unter folgenden Voraussetzungen angewendet werden:

- Es muss zuvor eine erfolgreich bestandene Isolationswiderstandsmessung durchgeführt worden sein.
- Das zu prüfende Gerät darf keine netzspannungsabhängige Schalteinrichtung, z. B. ein Schaltnetzteil, enthalten.

Bei allen Messungen muss der Netzstecker umgepolt und die Messung in allen möglichen Schalterstellungen durchgeführt werden. Es ist der größte Messwert zu bewerten.

Bei Geräten mit Schutzleiter (Schutzklasse I) darf der Schutzleiterstrom die Grenzwerte **(Tabelle 1)** nicht überschreiten. Beim Überschreiten der Grenzwerte und einer Schutzleiterunterbrechung kann die Benutzung des Gerätes lebensgefährlich sein.

**Tabelle 1:** Grenzwerte des Schutzleiterstromes $I_{PE}$

| Gerät (Prüfling) der Schutzklasse I | Grenzwert |
|---|---|
| Allgemein, z. B. Bügeleisen, Geräte mit Motoren. | 3,5 mA |
| Geräte mit Heizelementen und einer Anschlussleistung größer als 3,5 kW, z. B. Durchlauferhitzer. | 1 mA/kW Heizleistung max. 10 mA |

**Hinweis:**
- Bei fest angeschlossenen Geräten oder bei Geräten mit Anschlüssen nach DIN EN 60309, z. B. mit CEE-Steckvorrichtung, können nach der Gerätenorm DIN EN 60309 auch abweichende Werte zulässig sein.
- Bei Geräten mit zulässigen Schutzleiterströmen > 3,5 mA, entsprechend der Gerätenorm, ist auf die besondere Schutzleiterverbindung und auf den eventuell vorgeschriebenen Warnhinweis **„Hoher Ableitstrom! – Vor Netzanschluss Schutzleiterverbindung herstellen"** zu achten.

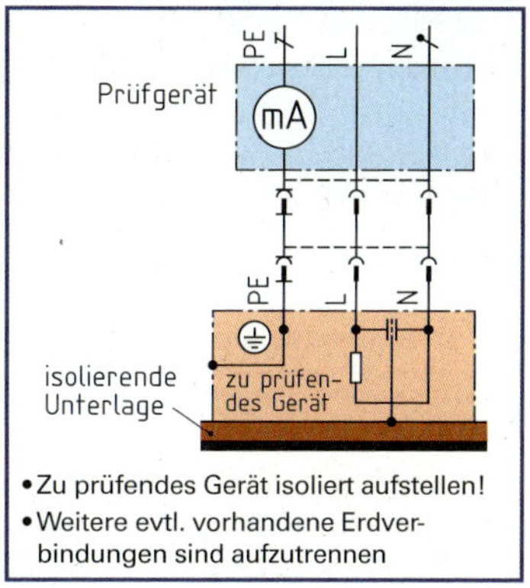


**Bild 1**: Direkte Methode zur Messung des Schutzleiterstroms

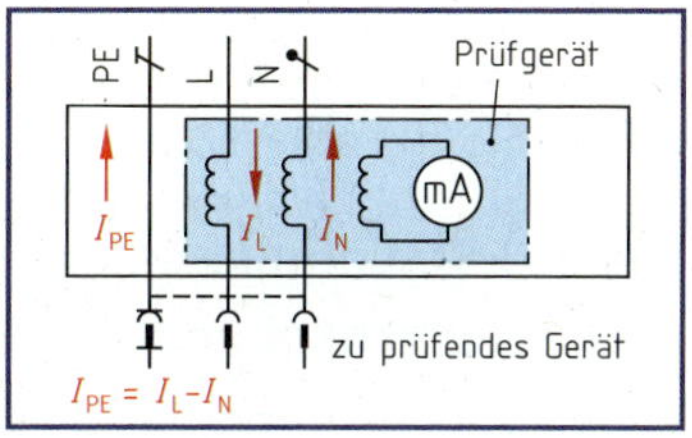


**Bild 2**: Differenzstrommethode

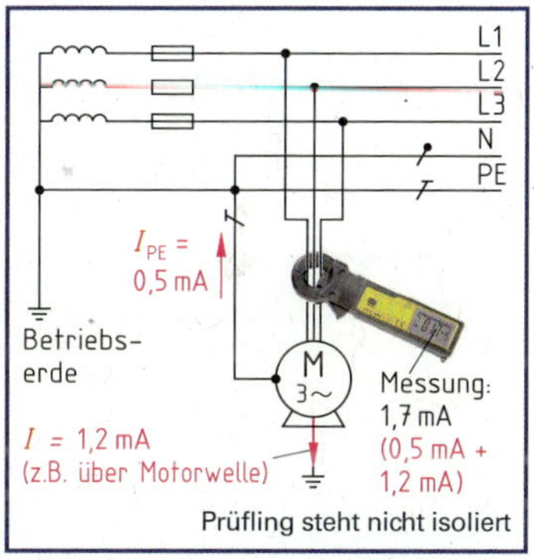


**Bild 3**: Differenzsstrommethode mit Strommesszange (Beispiel)

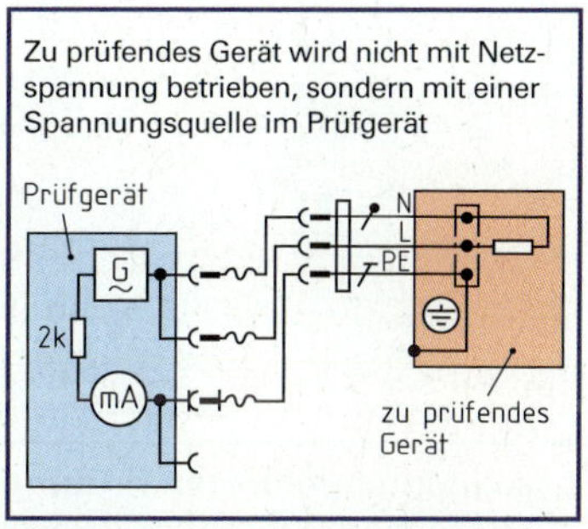


**Bild 4**: Alternative Methode

**Messen des Berührungsstromes.** Vorgeschrieben bei

- **Geräten der Schutzklasse I**, die berührbare leitfähige Teile enthalten, die nicht mit dem Schutzleiter verbunden sind, z. B. Gehäuseschrauben oder metallische Verzierungen des Gehäuses.
- **Geräten der Schutzklasse II** mit berührbaren leitfähige Teilen. Die Messverfahren sind wie beim Schutzleiterstrom **(Seite 279)**. Vorrangig ist die direkte Methode **(Bild 1)** durchzuführen.

Der Berührungsstrom darf nicht größer als 0,5 mA sein.

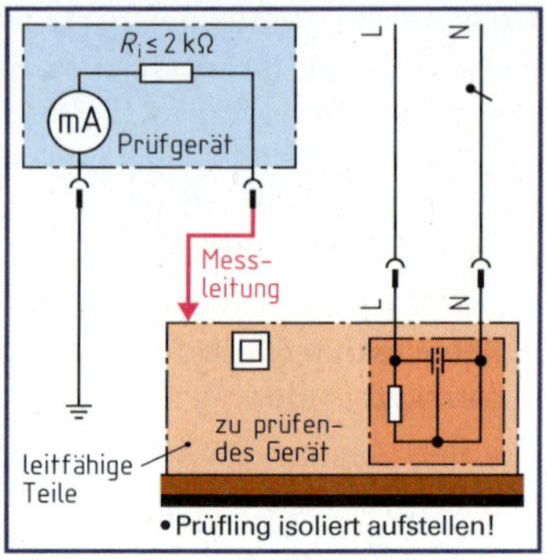


**Bild 1**: Berührungsstrommessung mit direkter Methode

**Auswertung, Beurteilung und Dokumentation.** Nach den einzelnen Teilprüfungen und Messungen muss das Ergebnis ausgewertet und beurteilt werden. Sind alle Teilprüfungen und Messungen bestanden, darf das Gerät betrieben werden und erhält eine Prüfplakette **(Bild 2)**. Damit wird die erfolgreich bestandene Prüfung und der nächste Prüftermin angezeigt. Bei nicht bestandener Prüfung muss das Gerät entweder instand gesetzt oder außer Betrieb genommen werden. Der Betreiber des Gerätes ist zu informieren und das Gerät ist als nicht funktionsfähig zu kennzeichnen.

**Bild 2**: Prüfplakette

## 7.10.5 Wiederholungsprüfungen an elektrischen Geräten

In der Unfallverhütungsvorschrift der deutschen gesetzlichen Unfallversicherung DGUV, Vorschrift 3 wird den Eigentümern von gewerblich genutzten elektrischen Geräten **(Übersicht)** vorgeschrieben, dass diese Geräte auf ihren ordnungsgemäßen Zustand geprüft werden müssen. Diese Prüfungen sind in bestimmten Zeitabständen zu wiederholen **(Tabelle 1)**. Die Fristen sind so bemessen, dass entstehende Mängel, mit denen gerechnet werden muss, rechtzeitig erkannt werden.

**Tabelle 1:** Prüffristen nach DGUV, Vorschrift 3 ortsveränderlicher elektrischer Geräte (Richtwerte)

| | |
|---|---|
| Geräte | Ortsveränderliche elektrische Geräte **(Übersicht)**, z. B. Verlängerungs- und Geräteanschlussleitungen mit Steckvorrichtungen, Anschlussleitungen mit Steckern, bewegliche Leitungen mit Steckern und Festanschluss. |
| Prüffristen | **Richtwert: 6 Monate, auf Baustellen 3 Monate.** Wird bei den Prüfungen eine Fehlerhäufigkeit < 2% festgestellt, kann die Frist entsprechend verlängert werden. Auf Baustellen, in Werkstätten oder ähnlichen Betriebsstätten aber mindestens jährlich und in Büros oder vergleichbaren Räumen mindestens alle 2 Jahre. |
| Art der Prüfung | Auf ordnungsgemäßen Zustand. |
| Prüfer | Elektrofachkraft, bei Verwendung geeigneter Prüfgeräte (z. B. mit „Gut-Schlecht-Anzeige") auch elektrotechnisch unterwiesene Person **(Seite 189)**. |

**Wiederholungsprüfungen** erfolgen in festgelegten Zeitabständen (z. B. 6 Monate), um nachzuweisen, dass der Basisschutz und der Fehlerschutz wirksam sind.

**Übersicht: Wichtige wiederholend zu prüfende Geräte**

- Elektrische Laborgeräte,
- Mess-, Steuer- und Regelgeräte,
- Kleintransformatoren,
- Geräte mit Motoren,
- Elektro-Wärmegeräte,
- Elektro-Werkzeuge,
- Leuchten,
- Geräte der Unterhaltungselektronik,
- Geräte der Informationstechnik,
- Verlängerungsleitungen,
- Geräteanschlussleitungen.

Alle durchgeführten Prüfungen sind zu dokumentieren, z. B. in einem Prüfbuch oder einer elektronischen Datenbank. Die Kennzeichnung auf dem Gerät erfolgt mit einer Prüfplakette **(Bild 2)**.

**Situationsbeschreibung**

Elektrische Betriebsmittel oder Geräte, z.B. Verlängerungsleitungen oder Haushaltsgeräte, müssen im Anschluss an eine Reparatur nach DIN EN 50678 (VDE 0701) geprüft werden **(Seite 278)**. Die Prüfung besteht aus mehreren Schritten, die in einer genau festgelegten Reihenfolge durchgeführt wird. Der Ablauf der Prüfung wird auch bestimmt von der Schutzklasse des zu prüfenden Gerätes.

Forderungen nach DGUV Vorschrift 3

Prüfung durch befähigte Personen **(Seite 189)** nach TRBS 1203 (**T**echnische **R**egeln für **B**etriebssicherheit).

Verwendung eines geeigneten Mess- und Prüfgerätes.

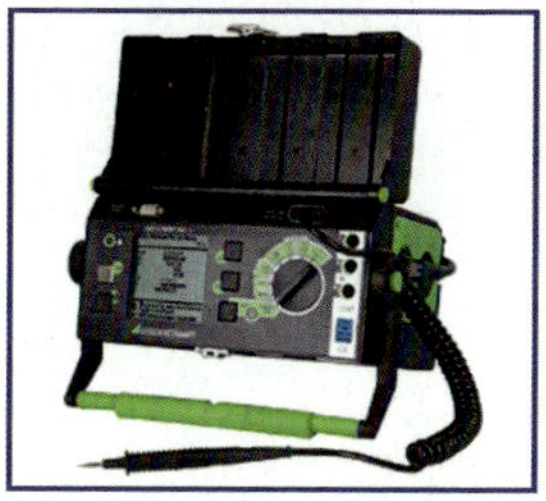
Messgerät zur Prüfung nach VDE 0701 und VDE 0702

**1. Sichtprüfung (Seite 278).** Nur bei bestandener Sichtprüfung erfolgt der nächste Schritt mit der Messung.

**2. Messungen (Schutzklasse des Prüflings beachten)**

**2.1 Messung des Schutzleiterwiderstandes der Anschlussleitung**
- Grenzwerte abhängig vom Leiterquerschnitt **(Seite 278)**
- Bewegung der Leitung während der Messung erforderlich.

**2.2 Messung des Isolationswiderstandes $R_{iso}$ (Seite 278)** ohne Netzspannung im eingeschaltetem Zustand.

Zwei Bedingungen müssen erfüllt sein:
- Die Prüfung gefährdet nicht das zu prüfende Gerät und/oder
- das Gerät enthält eine netzspannungsunabhängige Einschaltvorrichtung.

**2.3 Messung des Schutzleiter- und Berührungsstroms (Seiten 279 und 280)**

Messung mit Netzspannung, ausgenommen alternative Methode, durch eine der folgenden Möglichkeiten:
- Direkte Methode, Prüfling isoliert zur Erde aufstellen,
- Differenzstrommethode,
- Alternative Methode (wenn vorher $R_{iso}$ gemessen).

**Schutzklasse I**
Betriebsmittel mit angeschlossenem Schutzleiter.

**Schutzleiterwiderstand bei Leiterquerschnitt ≤ 1,5 mm²**
- Kleiner 5 m: ≤ 0,3 Ω
- Größer 5 m: pro weitere 7,5 m zusätzlich 0,1 Ω
- Maximalwert: 1 Ω

Messung $R_{iso}$ möglich? – ja / nein

**Isolationswiderstand**
- Ohne Heizelemente: ≥ 1 MΩ
- Mit Heizelementen: ≥ 0,3 MΩ Ausnahme für Geräte > 3,5 kW **(Tabelle 2, Seite 278)**
- Berührbare leitfähige Teile, die nicht mit PE verbunden sind: ≥ 2 MΩ

**Schutzleiterstrom**
- Allgemein: ≤ 3,5 mA
- Mit Heizelementen > 3,5 kW: ≤ 1 mA/kW, maximal 10 mA!

**Berührungsstrom**
Maximalwert: 0,5 mA Messung an berührbaren und leitfähigen Teilen, die nicht mit dem Schutzleiter verbunden sind.

**Schutzklasse II**
Betriebsmittel ohne Schutzleiter.

Messung $R_{iso}$ möglich? – ja / nein

**Isolationswiderstand**
$R_{iso}$ ≥ 2 MΩ Messung gefährlicher aktiver Teile der Netzversorgung gegen berührbare und leitfähige Teile.

**Berührungsstrom**
Maximalwert: 0,5 mA Messung an berührbaren und leitfähigen Teilen.

**Schutzklasse III**
Betriebsmittel mit Schutzkleinspannung.

Messung $R_{iso}$ möglich? – ja / nein

**Isolationswiderstand**
$R_{iso}$ ≥ 0,25 MΩ Messung gefährlicher aktiver Teile mit Schutzmaßnahme SELV/PELV **(Seite 262)** gegen berührbare und leitfähige Teile.

**Berührungsstrom**
Messung ist nicht notwendig, wegen der geringen Betriebsspannung von ≤ 50 V AC oder ≤ 120 V DC.

**3. Prüfen der Wirksamkeit weiterer Schutzeinrichtungen**, z.B. eingebaute RCD.

**4. Funktionsprüfung**, wenn es zum Nachweis der Sicherheit erforderlich ist.

**5. Auswertung, Beurteilung, Dokumentation (Seite 280).** Das Gerät hat die Prüfung erfolgreich bestanden, wenn alle notwendigen Teilprüfungen bestanden wurden. Anschließend ist ein Prüfprotokoll mit den Messergebnissen zu erstellen und das Gerät erhält eine Prüfplakette **(Seite 280, Bild 2)**. Hat das Gerät die Prüfung nicht bestanden, ist es als nicht sicher zu kennzeichnen. Der Betreiber ist zu informieren.

## Wiederholungsfragen

1. **a)** Nennen Sie die 5 Wirkungen des elektrischen Stromes und **b)** geben Sie je ein zugehöriges Anwendungsbeispiel an.

2. Als Leitungs- und Geräteschutz müssen z.B. Schmelzsicherungen in den Leitungsweg eingebaut werden. Erläutern Sie den Zusammenhang zwischen der Stromdichte J und der Temperatur $\delta$ in den Leitungsadern und in der Schmelzsicherung, wenn der Strom unzulässig hoch wird.

3. In elektronischen Schaltplänen werden häufig zur Fehlersuche Messpunkte mit Potenzialwerten angegeben. **a)** Bestimmen Sie in der Schaltung (Bild 1) an den Messpunkten 2, 3 und 4 die Potenzialwerte $\varphi_2$, $\varphi_3$ und $\varphi_4$ gegen Masse (Bezugspunkt). **b)** Ermitteln Sie die Spannung $U_{34}$.

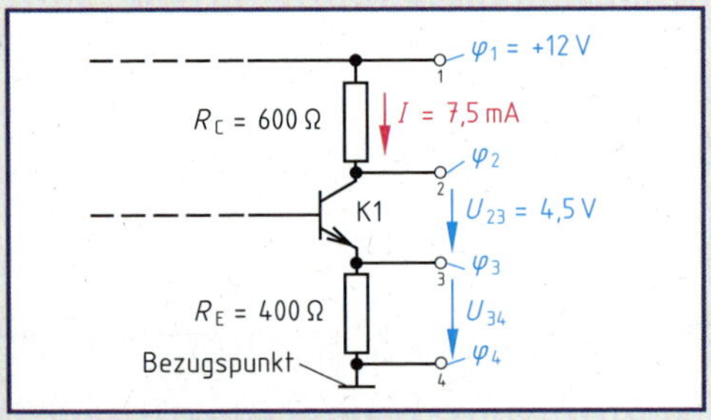


**Bild 1**: Schaltungsausschnitt

4. An einem Heizwiderstand 230 V/800 W wird die Spannung auf 115 V verringert. Welche Leistung nimmt der Widerstand (Heizwiderstand bleibt gleich) nun auf?

5. In der Reihenschaltung Bild 2a und in der Parallelschaltung Bild 2b betragen die Widerstände $R_1$ = 1 kΩ und $R_2$ = 2,2 kΩ. **a)** An welchem Widerstand wird in Bild 1a die größere Spannung gemessen? **b)** Durch welchen Widerstand fließt in Bild 2b der größere Strom?

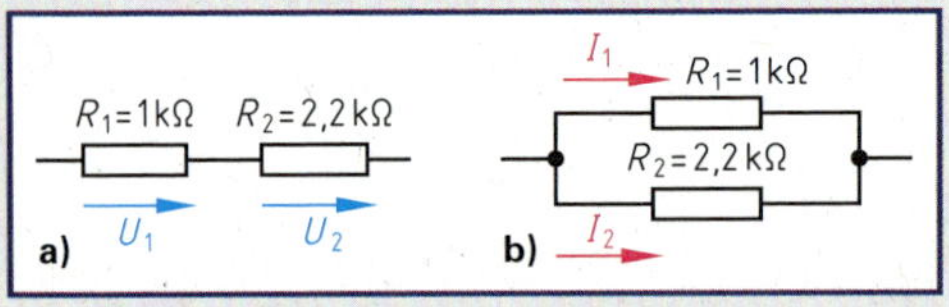


**Bild 2**: Reihen- und Parallelschaltung

6. Die beiden Meldeleuchten P1 und P2 (**Bild 3**) sollen durch die richtige Auswahl von $R_1$ und $R_2$ mit ihren Bemessungsdaten betrieben werden. Berechnen Sie die Werte der Widerstände $R_1$ und $R_2$.

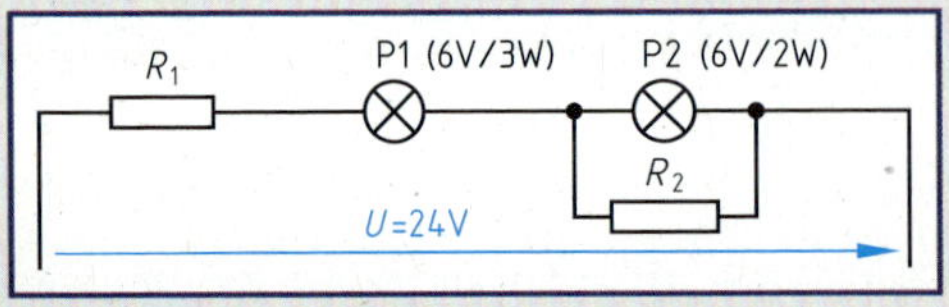


**Bild 3**: Lampenschaltung

7. Bei einem Plattenkondensator wird a) die Plattenfläche verdoppelt, b) der Plattenabstand um die Hälfte verkleinert. Wie ändert sich jeweils die Kapazität?

8. Ein Kondensator $C$ = 4,7 μF wird über einen Vorwiderstand $R$ = 82 kΩ an $U_0$ = 50 V DC angeschlossen. **a)** Nach welcher Zeit $t$ ist der Kondensator aufgeladen? **b)** Berechnen Sie die Spannung $u_C$ am Kondensator nach einer Ladezeit von 0,2 s. **c)** Zeichnen Sie den Spannungsverlauf beim Laden (ähnlich **Bild 2, Seite 221**) bis $t = 5 \cdot \tau$.

   Maßstab: 5 V ≙ 1 cm; 0,2 s ≙ 1 cm.

9. Erklären Sie die Begriffe **a)** Remanenz und **b)** Koerzitivfeldstärke.

10. Eine hochohmige Messwerkspule mit 4000 Windungen (langer, dünner Draht) wird von einem Strom $I$ = 10 mA durchflossen. Wie viele Windungen muss eine niederohmige Spule (kurzer, dicker Draht) haben, wenn die gleiche elektrische Durchflutung Θ mit einem Strom von $I$ = 1 A erreicht werden soll?

11. Mit einem Oszilloskop wird eine sinusförmige Wechselspannung dargestellt (**Bild 4**). Ermitteln Sie **a)** den Spitze-Tal-Wert, **b)** den Scheitelwert, **c)** den Effektivwert **d)** die Periodendauer und **e)** die Frequenz.

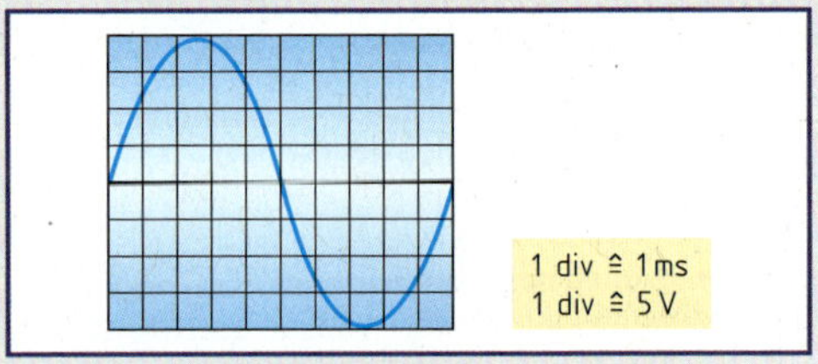


**Bild 4**: Osillogramm einer Sinusspannung

12. Mit einem Frequenzgenerator wird die Frequenz einer Sinusspannung von 50 Hz auf 200 Hz erhöht. Welche Auswirkungen hat diese Änderung auf **a)** die Periodendauer, **b)** die Kreisfrequenz und **c)** den Scheitelwert?

13. Drei Widerstände von je 38 Ω sind in Sternschaltung an ein 400-V-Drehstromnetz angeschlossen. Berechnen Sie **a)** die Strangspannung, **b)** den Strangstrom, **c)** den Leiterstrom.

14. Die Strangwiderstände eines in Dreieck geschalteten Warmwasserbereiters betragen je 80 Ω, der Strangstrom jeweils 5 A. **a)** An welche Leiterspannung muss der Warmwasserbereiter angeschlossen werden? **b)** Wie groß ist der Leiterstrom?

# 8 Beleuchtungstechnik

# 8 Beleuchtungstechnik

## 8.1 Physikalische Grundlagen

### 8.1.1 Definition von Licht

Als Licht bezeichnet man den Teil des elektromagnetischen Spektrums, der mit dem Auge wahrgenommen werden kann. Die optischen Wellen werden in der überwiegenden Mehrzahl durch die Strahlung erhitzter Körper, also auf thermischem Wege hervorgebracht. Sie können auch durch elektrische Entladungen in Gasen, durch Fluoreszenz, Phosphoreszenz, chemische Umwandlung usw. erzeugt werden. Dann rührt die Lichterscheinung nicht von der Temperatur der Lichtquellen her. Alle nicht durch die Temperatur verursachten Leuchterscheinungen fasst man unter dem Begriff Lumineszenz zusammen. Abgesehen von diesen äußeren Unterschieden ist der Mechanismus der Lichtaussendung in allen Fällen gleich. Es handelt sich um Atomschwingungen, Molekülschwingungen oder um Elektronenübergänge in der äußeren Atomhülle. Die Lichtgeschwindigkeit beträgt im Vakuum ca. 300000 km/s.

### 8.1.2 Elektromagnetisches Spektrum

Das sichtbare Spektrum liegt zwischen den Wellenlängen von 380 nm bis 780 nm, also zwischen dem ultravioletten und dem infraroten Bereich (**Bild 1** und **Tabelle 1**).

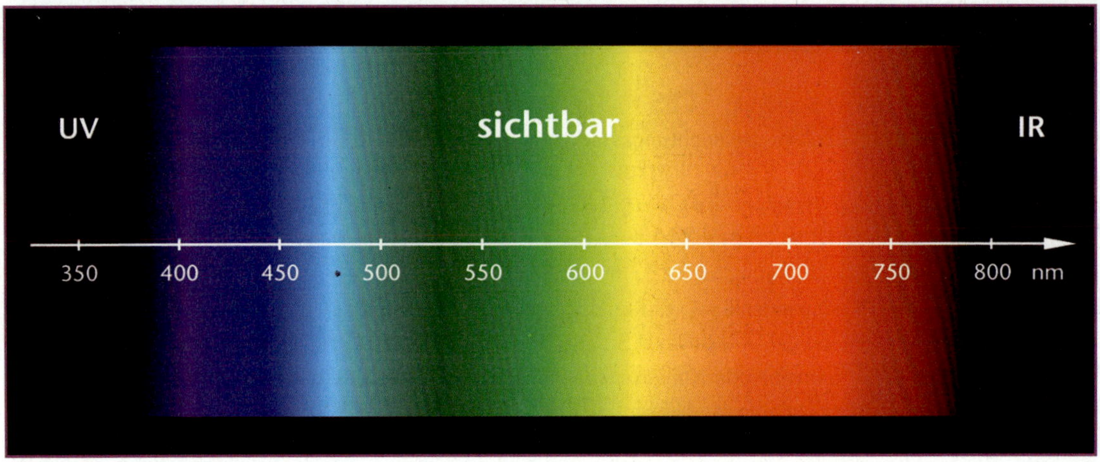


**Bild 1**: Sichtbares Licht

**Tabelle 1:** Strahlenbereiche

| Bezeichnung | Wellenlängenbereich |
|---|---|
| Ultraviolettstrahlung – C (UV-C) | 100 nm – 280 nm |
| Ultraviolettstrahlung – B (UV-B) | 280 nm – 315 nm |
| Ultraviolettstrahlung – A (UV-A) | 315 nm – 380 nm |
| Sichtbares Licht | 380 nm – 780 nm |
| InfraRot A (IR-A) | 780 nm – 1,4 µm |
| InfraRot B (IR-B) | 1,4 µm – 3 µm |
| InfraRot C (IR-C) | 3 µm – 1 mm |

## 8.1.3 Lichtstrom

Die gesamte, von einer Lichtquelle pro Zeiteinheit abgegebene Lichtmenge wird als Lichtstrom **$\Phi$** bezeichnet. Der Lichtstrom wird in Lumen (lm) gemessen. Die Ausbreitung des Lichtes in alle Richtungen wird dabei berücksichtigt.

| **Lichtstrom** | |
|---|---|
| Formelbuchstabe: | $\Phi$ |
| Einheit: | Lumen |
| Einheitenzeichen: | lm |

## 8.1.4 Lichtausbeute

Der Wirkungsgrad, mit dem die aufgenommene elektrische Leistung einer Lichtquelle in Licht umgewandelt wird, nennt sich Lichtausbeute **$\eta$**. Die Lichtausbeute **$\eta$** ist das Verhältnis von abgestrahltem Lichtstrom **$\Phi$** zu eingesetzter elektrischer Leistung ***P***.

Sie wird gemessen in Lumen pro Watt. Die Werte in der Veranstaltungstechnik liegen zwischen 10 lm/W und 150 lm/W.

**Beispiel 1:**

Ein Leuchtmittel mit einer Leistung von 1000 W liefert einen Lichtstrom von 25000 lm.

Die Lichtausbeute beträgt:

$$\eta = \frac{25000\ \text{lm}}{1000\ \text{W}}$$

$$\eta = 25\ \text{lm}$$

| **Lichtausbeute** | |
|---|---|
| Formelbuchstabe: | $\eta$ |
| Einheit: | Lumen/Watt |
| Einheitenzeichen: | Lm/W |
| **Formel:** | $\eta = \frac{\Phi}{P}$ |

$\eta$ Lichtausbeute
$\Phi$ Lichtstrom
$P$ Elektrische Leistung

## 8.1.5 Lichtmenge

Die Lichtmenge ***Q*** ist das Produkt aus Lichtstrom **$\Phi$** in lm und der Zeit ***t*** in Sekunden oder Stunden und wird in **Lumenstunden (lmh)** gemessen.

Eine Lichtquelle mit großem Lichtstrom gibt daher eine größere Lichtmenge in der gleichen Zeit ab als eine mit kleinem Lichtstrom.

| **Lichtmenge** | |
|---|---|
| Formelbuchstabe: | $Q$ |
| Einheit: | Lumenstunde |
| Einheitenzeichen: | lmh |
| **Formel:** | $Q = \Phi \cdot t$ |

$Q$ Lichtmenge
$\phi$ Lichtstrom
$t$ Zeit

**Wiederholungsfragen**

1. Zwischen welchen elektromagnetischen Strahlungsbereichen befindet sich das sichtbare Licht? Nennen Sie auch die Wellenlängen des sichtbaren Lichts.
2. Wie lautet die Einheit des Lichtstroms?
3. a) Eine 1000 W Glühlampe liefert einen Lichtstrom von 18000 lm. Eine 5 W LED liefert einen Lichtstrom von 750 lm. Welche der beiden Lichtquellen arbeitet wirtschaftlicher?
   b) Wie groß ist die gelieferte Lichtmenge der Leuchtmittel nach einem Betrieb von 8 Stunden?

### 8.1.6 Raumwinkel

Unter dem Raumwinkel versteht man das Verhältnis einer Kugelfläche (Kalotte) zum Quadrat ihres Kugelradius. Anders formuliert kann man sagen, dass die beleuchtete Fläche in einem Verhältnis zum Quadrat des Abstands zur Lichtquelle steht. Wird der Abstand verdoppelt, vervierfacht sich die beleuchtete Fläche **(Beispiel 1** und **2)**.

| Raumwinkel | |
|---|---|
| Formelbuchstabe: | $\Omega$ |
| Einheit: | Steradiant |
| Einheitenzeichen: | sr |
| **Formel 1:** | $\Omega = \frac{A}{r^2}$ |
| **Formel 2:** | $\Omega = 2\pi \cdot (1 - \cos \alpha/2)$ |

$\Omega$ Raumwinkel
$A$ Beleuchtete Kugelfläche
$r$ Radius (Abstand)
$\alpha$ Abstrahlwinkel **(siehe auch Kapitel 8.3.1)**

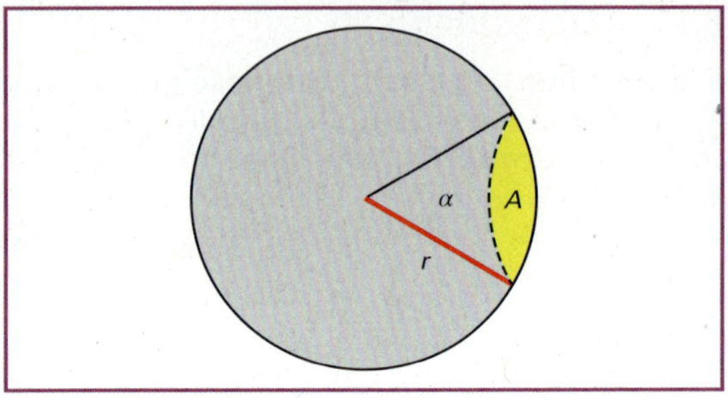


**Bild 1**: Raumwinkel

**Beispiel 1:**

Aus einem Meter Abstand wird eine Fläche von einem Quadratmeter beleuchtet.

$$\Omega = \frac{A}{r^2}$$

$$\Omega = \frac{1\ \text{m}^2}{1\ \text{m}^2} = 1\ \text{sr}$$

**Beispiel 2:**

Ein Scheinwerfer mit einem Abstrahlwinkel von 26° hat einen Raumwinkel von gerundet 0,161 sr.

$$\Omega = 2\pi\ (1 - \cos \alpha/2)$$

$$\Omega = 2\pi\ (1 - \cos 26°/2) = 0{,}161\ \text{sr}$$

Aus einem Abstand von 7 m beleuchtet er eine Kugelfläche von 7,89 m².

$$A = \Omega \cdot r^2$$

$$A = 0{,}161\ \text{sr} \cdot 49\ \text{m}^2 = 7{,}89\ \text{m}^2$$

### 8.1.7 Lichtstärke

Als Lichtstärke bezeichnet man das Verhältnis von Lichtstrom zum Raumwinkel. Der Lichtstrom $\Phi$ wird normalerweise in verschiedenen Richtungen unterschiedlich stark ausgesendet. Seine Intensität wird als Lichtstärke $I$ bezeichnet.

Eine Lichtstärkeverteilungskurve **(ausführlicher in Kapitel 8.3.1)** zeigt die Lichtstärkeverteilung im Raum auf Basis von Schnittebenen **(Bild 2)**. Die Darstellung in Polar- oder kartesischen Koordinaten erfolgt meistens in 1000 lm-Abstufungen. Dies erleichtert die Vergleichbarkeit mit anderen Lichtquellen.

| Lichtstärke | |
|---|---|
| Formelbuchstabe: | $I$ |
| Einheit: | Candela |
| Einheitenzeichen: | cd |
| **Formel:** | $I = \frac{\Phi}{\Omega}$ |

$I$ Lichtstärke
$\Phi$ Lichtstrom
$\Omega$ Raumwinkel

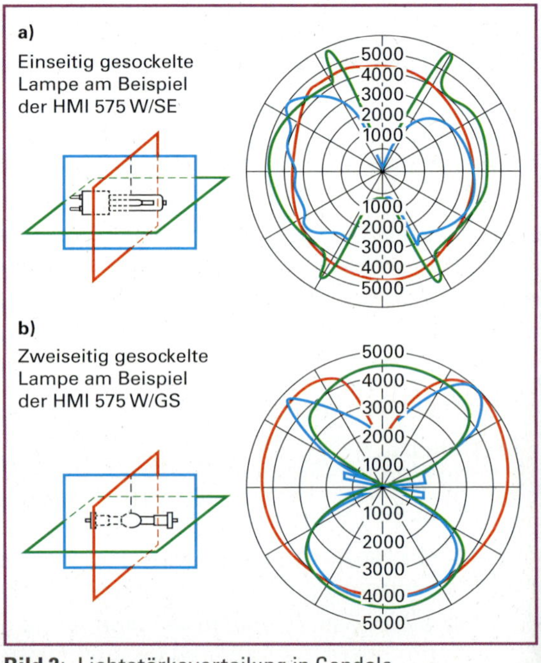


**Bild 2**: Lichtstärkeverteilung in Candela

### 8.1.8 Leuchtdichte

Die Leuchtdichte $L$ ist die physikalische Größe für den Helligkeitseindruck, den eine leuchtende oder beleuchtete Fläche $A$ im menschlichen Auge erzeugt. Sie ist das Verhältnis von Lichtstärke $I$ zur leuchtenden Fläche $A$.

Ein Beispiel hierzu zeigt **Bild 1**. Beide Lampen haben die gleiche Lichtstärke. Oben ist bei kleinerer Fläche die Leuchtdichte groß, unten ist bei größerer Fläche die Leuchtdichte klein.

Die Leuchtdichte ist eine wichtige Größe bei Film- und Fernsehaufnahmen, da das Verhältnis von dunklen zu hellen Flächen (Kontrast) von Kameras stärker wahrgenommen wird als vom menschlichen Auge. Daher müssen dunklere Flächen stärker beleuchtet werden, damit die Leuchtdichten von hellen und dunklen Flächen nicht zu große Unterschiede aufweisen.

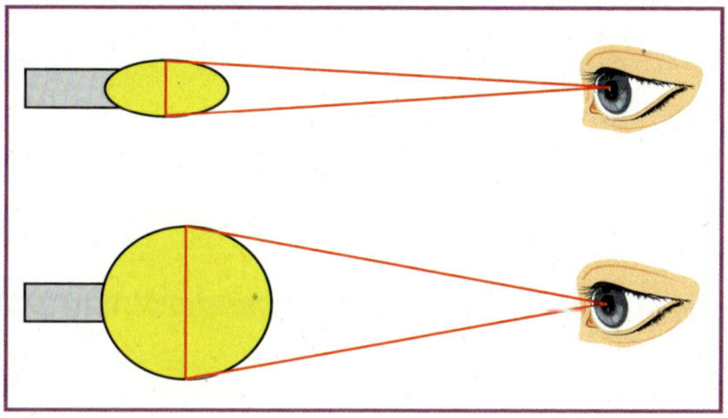

**Bild 1**: Leuchtdichte $L$

### 8.1.9 Beleuchtungsstärke

Als Beleuchtungsstärke $E$ bezeichnet man das Verhältnis des Lichtstroms $\Phi$ zur beleuchteten Fläche $A$. Eine Beleuchtungsstärke von 1 lx wird erreicht, indem ein Lichtstrom von 1 lm auf eine Fläche von 1 m$^2$ gleichmäßig auftritt. Wird die betrachtete Fläche $A$ vom Lichtstrom nicht senkrecht bestrahlt, so wird die Beleuchtungsstärke $E$ in Abhängigkeit vom Winkel zum Lot berechnet (siehe **Beispiel 1**).

**Beispiel 1:**

Ein Scheinwerfer leuchtet mit einer Lichtstärke von 50000 cd aus 10 m Entfernung auf eine ebene Fläche. Welche Beleuchtungsstärke kann in der Mitte des Projektionskreises gemessen werden?

$$E = \frac{50000\ \text{cd}}{100\ \text{m}^2} = 500\ \text{lx}$$

**Tabelle 1:** Mittlere Leuchtdichten verschiedener Lichtquellen

| Lichtquelle | Leuchtdichte in cd/m$^2$ |
|---|---|
| Xenon-Kurzbogen-Lampe | 200000 – 5000000000 |
| Sonne | 1600000000 |
| Halogen-Metalldampf-Lampe | 10000000 – 60000000 |
| Glühlampen | 2000000 – 26000000 |
| Kompakt-Leuchtstoff-Lampe | 20000 – 70000 |
| Leuchtstoff-Lampe | 5000 - 30000 |
| Besonnte Wolken | 10000 |
| Kerze | 7500 |
| Blauer Himmel | 5000 |
| Spiegelrasterleuchten | 100 |
| Innenbeleuchtung (bevorzugte Werte) | 50 – 500 |
| Weißes Papier bei 500 lx | 100 |
| Weißes Papier bei 5 lx | 1 |

**Leuchtdichte**

| | |
|---|---|
| Formelbuchstabe: | $L$ |
| Einheit: | Candela/Quadratmeter |
| Einheitenzeichen: | cd/m$^2$ |
| **Formel:** | $L = \frac{I}{A}$ |

$L$ Leuchtdichte
$I$ Lichtstärke
$A$ Beleuchtete Fläche

**Beleuchtungsstärke**

| | |
|---|---|
| Formelbuchstabe: | $E$ |
| Einheit: | Lux |
| Einheitenzeichen: | lx |
| **Formel:** | $E = \frac{\Phi}{A}$ |

$E$ Beleuchtungsstärke
$\Phi$ Lichtstrom
$A$ Beleuchtete Fläche

Das fotometrische Entfernungsgesetz besagt, dass die Beleuchtungsstärke auch aus der Lichtstärke $I$ und dem zugehörigen Abstand (Radius) $r$ berechnet werden kann **(Bild 1)**, da Licht sich kugelförmig ausbreitet.

Für die Praxis bedeutet dies, dass man die Beleuchtungsstärke durch Veränderung der Entfernung beeinflussen kann. Eine Halbierung der Entfernung bedeutet eine Vervierfachung der Beleuchtungsstärke, eine Verdopplung der Entfernung führt zu einem Viertel der Beleuchtungsstärke.

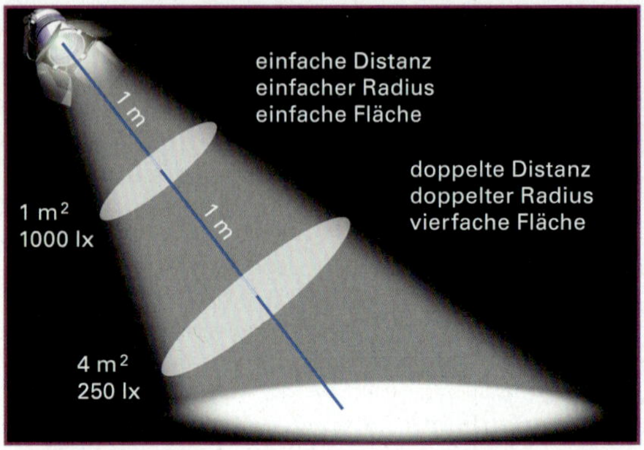


**Bild 1**: Beleuchtungsstärke

| **Beleuchtungsstärke** | |
|---|---|
| Formelbuchstabe: | $E$ |
| Einheit: | Lux |
| Einheitenzeichen: | lx |
| **Formel 1:** | $E = \frac{I}{r^2}$ |
| **Formel 2:** | $\frac{E_1}{E_2} = \left(\frac{r_2}{r_1}\right)^2$ |
| $E$ Beleuchtungsstärke<br>$I$ Lichtstärke<br>$r$ Radius | |

## 8.1.10 Leuchtenbetriebswirkungsgrad

Der Leuchtenbetriebswirkungsgrad ist das Verhältnis vom abgegebenen Lichtstrom des Scheinwerfers zum Lichtstrom des Leuchtmittels und somit ein wichtiges Kriterium zur energiewirtschaftlichen Beurteilung des Scheinwerfers.

Beispielsweise liegt der typische Leuchtenbetriebswirkungsgrad eines Stufenlinsenscheinwerfers **(Kapitel 8.7.1)** zwischen 5 % bei kleinem Abstrahlwinkel und 40 % bei großem Abstrahlwinkel. Ursache hierfür ist der Abstand des Leuchtmittels zur Linse. Bei kleinem Abstrahlwinkel besteht ein großer Abstand des Leuchtmittels zur Linse und daher entstehen mehr Verluste innerhalb des Scheinwerfers.

Profilscheinwerfer mit Ellipsenspiegel und festen Abstrahlwinkeln haben meistens einen Wirkungsgrad von ca. 50 %, während Verfolgerscheinwerfer mit kleinem Abstrahlwinkel oft einen Wirkungsgrad von unter 10 % besitzen. Deswegen benötigen Verfolgerscheinwerfer ein leistungsstarkes Leuchtmittel, damit aus einer größeren Entfernung eine genügend hohe Beleuchtungsstärke auf einer Bühne erzielt werden kann.

| **Leuchtenbetriebswirkungsgrad** | |
|---|---|
| Formelbuchstabe: | $\eta$ |
| **Formel:** | $\eta = \frac{\Phi_{\text{Scheinwerfer}}}{\Phi_{\text{Leuchtmittel}}}$ |
| $\eta$ Wirkungsgrad<br>$\Phi$ Lichtstrom | |

### Wiederholungsfragen

1. Ein Scheinwerfer hat eine Lichtstärke von 35000 cd und einen Abstrahlwinkel von 35°. Wie groß sind der Projektionsdurchmesser, die beleuchtete Fläche und die Beleuchtungsstärke bei einer senkrechten Projektion aus 7 m Entfernung?
2. Ein Scheinwerfer leuchtet aus 7 m Entfernung senkrecht auf eine Fläche. Die Projektion hat eine Fläche von 10,30 m² und es wird eine Beleuchtungsstärke von 900 lx gemessen. Berechnen Sie den Projektionsdurchmesser, den Abstrahlwinkel sowie die Lichtstärke des Scheinwerfers.
3. Ein Scheinwerfer hat eine Lichtstärke von 7400 cd und einen Abstrahlwinkel von 62°. Das Leuchtmittel hat einen Lichtstrom von 16500 lm. Wie groß sind der Projektionsdurchmesser, die beleuchtete Fläche und die Beleuchtungsstärke bei einer senkrechten Projektion aus 5 m Entfernung? Wie groß ist der Leuchtenbetriebswirkungsgrad?

# 8.2 Farbe

## 8.2.1 Definition

Als Farbe lassen sich die Sinneseindrücke beschreiben, die beim Menschen im Bereich des Lichtspektrums von 380 nm (violett) bis 780 nm (rot) entstehen. Das Spektrum der Sonne **(Bild 1)** enthält alle für Menschen wahrnehmbaren Farben. Das menschliche Auge hat sich im Laufe der Evolution an dieses Spektrum angepasst.

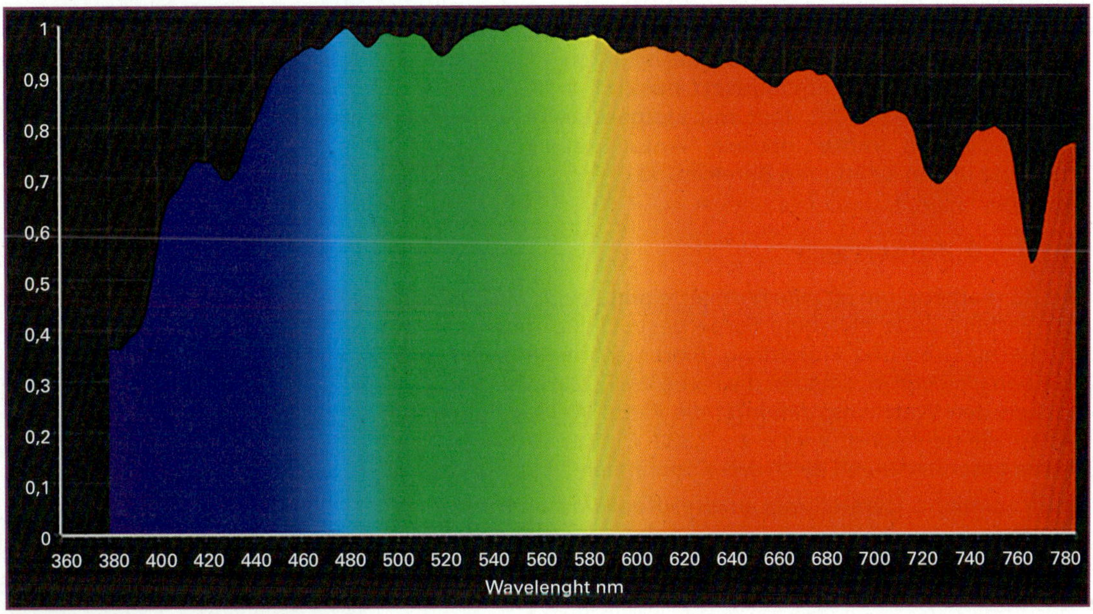


**Bild 1**: Farbspektrum der Sonne

## 8.2.2 Farbtemperatur

Das Verhältnis der Temperatur eines glühenden Körpers und der Lichtfarbe, die er aussendet, wird als Farbtemperatur bezeichnet. Die Farbtemperaturangabe erfolgt in Kelvin. Die Einteilung der Kelvinskala ist identisch zur Celsiusskala, jedoch sind 0 K als –273 °C definiert. Somit entspricht ein Kunstlichtscheinwerfer mit einer Farbtemperatur von 3200 K einer Temperatur von 2 927 °C des Wolframdrahts der Lampe.

Ein warmweißes Licht hat eine niedrigere Farbtemperatur als ein kaltweißes Licht.

Beispiel: Eine Halogen-Glühlampe mit einer Farbtemperatur von 2700 K wird als warmweiß bezeichnet, eine Tageslichtlampe mit einer Farbtemperatur von 6000 K wird als kaltweiß bezeichnet.

## 8.2.3 Temperaturstrahlung

Alle Materie mit einer Temperatur oberhalb des absoluten Nullpunkts von 0 K emittiert elektromagnetische Strahlung in Form von Wärme. Das spektrale Emissionsvermögen eines Stoffes wird durch seinen Emissionsgrad $\varepsilon$ bestimmt. Der Emissionsgrad gibt das Verhältnis der Strahlung zu derjenigen eines Schwarzen Strahlers **(Kapitel 8.2.4)** an.

Der Emissionsgrad von Wolfram, das für die Wendelherstellung von Glüh- und Halogen-Glühlampen verwendet wird, hat den Vorteil, dass sich sein Strahlungsmaximum im sichtbaren Spektrum befindet.

### 8.2.4 Schwarzer Strahler

Der Schwarze Körper, auch genannt Schwarzer Strahler, Planck'scher Strahler oder Black Body, stellt einen idealen Körper dar. Er absorbiert alle auftreffende Strahlung und sendet die eigene Strahlung selbst zu 100 % aus. Da es aber in der Realität kein absolut schwarzes Material gibt, ist der Schwarze Strahler eine theoretische, idealisierte Strahlungsquelle.

Die Strahlung des Schwarzen Körpers ist durch das Planck'sche Strahlungsgesetz bestimmt. Wie man in **Bild 1** sieht, fällt mit steigender Temperatur ein immer höherer Anteil der Strahlung in den sichtbaren Bereich und in den UV-Bereich.

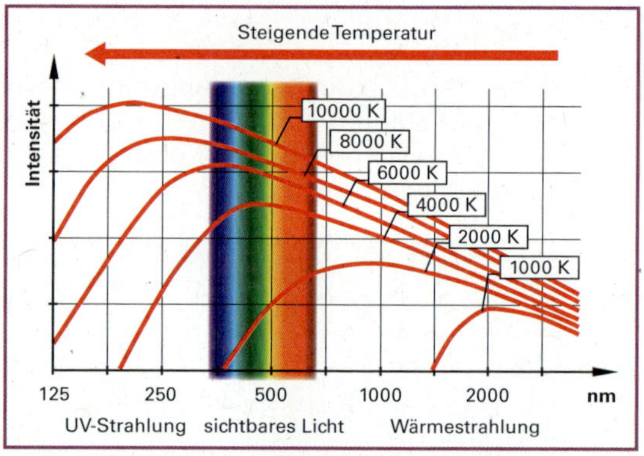


**Bild 1**: Planck'sches Strahlungsgesetz

### 8.2.5 CIE-Farbenraum

Der CIE[1]-Farbenraum ist eine normierte graphische Darstellung aller Farben. Jede beliebige Farbe besteht aus Anteilen von Orangerot, Grün und Violettblau. Sind die Anteile dieser drei Urfarben gleichgroß, entsteht die Farbe Weiß. Die drei Urfarben ergeben den Wert eins, daher ist die Farbe Weiß in folgende Farbanteile gegliedert: $x = y = z = 0{,}333$. Die Aufspannung des Raums geschieht durch diese drei Koordinaten/Dimensionen.

Eine räumliche Darstellung an drei Koordinatenachsen ist schwierig zu handhaben. Jedoch ergeben die drei Anteile in der Summe eine konstante Größe, sodass bei zwei angegebenen Anteilen der dritte Wert berechnet werden kann. Wenn man auf den Wert der Z-Koordinate (Violettblau) verzichtet, entsteht die zweidimensionale Darstellung in Orangerot und Grün **(Bild 2)**. Diese Darstellung ist leichter handhabbar als die dreidimensionale.

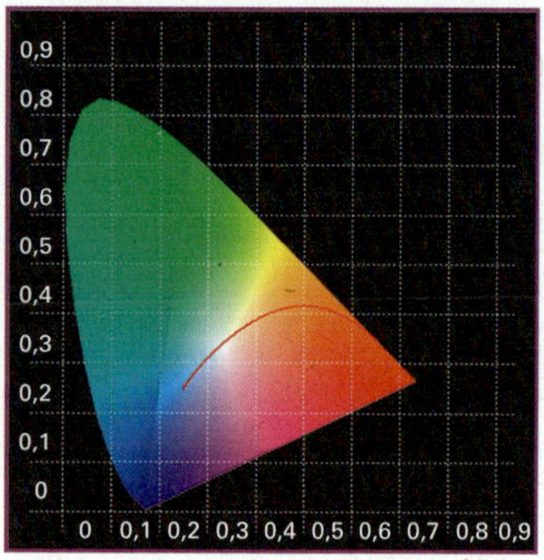


**Bild 2**: CIE-Farbenraum mit Black-Body-Kurve

Die sogenannte Black-Body-Kurve beschreibt die unterschiedlichen Farbtemperaturen der Schwarzkörperstrahlung, d.h. dort findet man alle Weißtöne von Warmweiß bis hin zu Tageslichtweiß.

### 8.2.6 Grundfarben in der Lichttechnik

Bei den Grundfarben unterscheidet man zwischen bunten und unbunten Grundfarben. Unbunte Grundfarben sind Schwarz und Weiß. Die bunten Grundfarben sind Orangerot, Grün und Violettblau und werden als die Urfarben bezeichnet. Der Einfachheit halber werden sie oft auch mit Rot, Grün und Blau (RGB) bezeichnet. Bei diesen Farben handelt es sich um die Eckpunkte des CIE-Farbraumes.

### 8.2.7 Additive Farbmischung

Ausgangspunkt bei der additiven Farbmischung **(Bild 3)** sind die Grundfarben Rot, Grün und Blau sowie die Basisfarbe Schwarz. Durch Mischen der drei Grundfarben erhält man Weiß. Weitere Farbmischungen sind in **Beispiel 1 auf Seite 291** gezeigt. Nach diesem Prinzip arbeiten die meisten LED-Scheinwerfer, Videowände und LED-Monitore.

**Bild 3**: Additive Farbmischung

[1] CIE Abk. für Commission Internationale de l'Eclairage (frz.) = Internationale Beleuchtungskommission

**Beispiel 1:**

Drei Scheinwerfer haben die Farben Rot, Grün und Blau. Sind alle Scheinwerfer ausgeschaltet, zeigt sich die Basisfarbe Schwarz. Werden die Scheinwerfer eingeschaltet, erhält man durch Mischen (Addieren) der Grundfarben weitere Farben:

Grün + Blau = Cyan

Rot + Blau = Magenta

Rot + Grün = Gelb

Rot + Grün + Blau = Weiß

## 8.2.8 Subtraktive Farbmischung

Ausgangspunkt für die subtraktive Farbmischung **(Bild 1)** ist die Basisfarbe Weiß. Durch Subtraktion der Grundfarben Rot, Grün und Blau erhält man Schwarz.

Die subtraktive Farbmischung wird in den meisten Movinglights mit weißen Entladungslampen (HMI, MSR) und stufenloser Farbanpassung verwendet. Man bezeichnet sie auch als CMY-Farbmischung, wobei die Bezeichnung CMY für **C**yan, **M**agenta und **Y**ellow steht. Außerdem funktionieren alle Scheinwerfer mit weißen Lichtquellen und Farbfolien oder Ähnlichem nach diesem Prinzip **(Bild 2)**. Zudem unterliegen alle Objekte, die wir sehen, der subtraktiven Farbmischung. Ein grünes Blatt einer Pflanze erscheint uns beispielsweise deshalb als grün, weil es die Farben Rot und Blau absorbiert und Grün reflektiert.

**Bild 1**: Subtraktive Farbmischung

**Beispiel 2:**

Ein Scheinwerfer hat eine weiße Lichtquelle. Durch den Einsatz von Farbfiltern in den Farben Cyan, Magenta und Gelb werden die Urfarben Rot, Grün und Blau aus dem weißen Licht herausgefiltert.

Cyan = Weiß – Rot[1]

Magenta = Weiß – Grün

Gelb = Weiß – Blau

Schwarz = Weiß – Rot – Grün – Blau

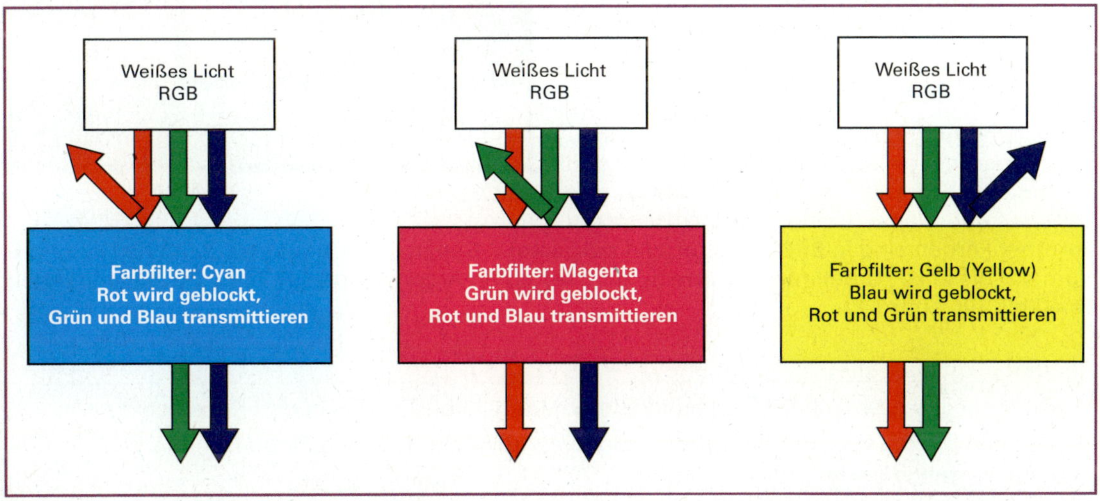


**Bild 2**: Subtraktive Farbmischung nach Filtern

[1] Eine Farbscheibe der Farbe Cyan filtert also den roten Lichtanteil aus dem weißen Licht heraus.

### 8.2.9 Farbwiedergabe

Künstliches Licht sollte je nach Einsatzort und Sehaufgaben eine möglichst korrekte Farbwahrnehmung wie bei Tageslicht ermöglichen. Zur Beschreibung künstlicher Beleuchtungen gibt es die Lichtfarbe, den Farbwiedergabe-Index CRI sowie den Television Lighting Consistency Index TLCI. **Tabelle 1, Seite 293** zeigt eine Bewertung der Farbwiedergabe verschiedener Lampen in Form von „Schulnoten", damit die Zuordnung auch für einen Laien verständlich wird.

#### Lichtfarbe

Die Lichtfarbe beschreibt das ausgesandte Licht eines Leuchtmittels. Es gibt drei Hauptgruppen: Warmweiß mit einer Farbtemperatur von unter 3300 K, Neutralweiß mit einer Farbtemperatur von zwischen 3300 K und 5000 K und Tageslichtweiß mit einer Farbtemperatur von über 5000 K. Die Lichtfarbe ist auch mit der Black-Body-Kurve im CIE-Farbraum darstellbar (vgl. Seite 290). Trotz gleicher Lichtfarbe können Lampen sehr unterschiedliche Farbwiedergabeeigenschaften besitzen.

#### Farbwiedergabe-Index – CRI

Die Farbwiedergabeeigenschaften einer Lichtquelle können am allgemeinen Farbwiedergabe-Index $R_a$ gemessen werden. Dieser beschreibt das Maß an Übereinstimmung von 15 Normfarben mit ihrem Aussehen unter verschiedenen Bezugslichtquellen. Eine geringere Abweichung bedeutet eine bessere Farbwiedergabe. Im Englischen wird der Farbwiedergabe-Index als CRI (engl. Color Rendering Index) bezeichnet. Ein Farbwiedergabe-Index von $R_a = 100$ bzw. CRI = 100 bedeutet, dass alle Normfarben korrekt wiedergegeben werden. Die Sonne und auch Halogen-Glühlampen haben einen CRI von 100. Aus diesem Grund wird bei Fernsehproduktionen immer noch mit Halogen-Glühlampen gearbeitet.

#### Television Lighting Consistency Index – TLCI

Mit Einführung der LED-Technik zeigt sich, dass der $R_a$-Index zur ausreichenden Beurteilung des erforderlichen Lichts nicht mehr genügt, da er sich an der Wahrnehmung des menschlichen Auges orientiert, aber nicht an der Farbaufnahme moderner Kameras. Heute wird daher in der Fernseh- und Filmindustrie sowie auch bei Aufzeichnungen in Theatern die Beleuchtung verstärkt durch Verwendung von Spektrometern in TLCI vermessen.

**Bild 1**: Color Checker

Der TLCI wird unter Berücksichtigung der Farben gemessen, die auch für die Aufnahme und Anzeige auf Geräten der Fernsehtechnik, wie Kameras und Displays, relevant sind. Diese genormten Farben sind in **Bild 1** als Prüftafel dargestellt. Spektrometer untersuchen das Lichtspektrum auf diese 24 Farben hin und errechnen über einen Algorithmus den TLCI, der sich ebenfalls von 0 bis 100 erstreckt.

#### Wiederholungsfragen

1. Was ist ein wesentliches Unterscheidungsmerkmal von Tageslicht und Kunstlicht?
2. Nennen Sie die Grundfarben für die additive und die subtraktive Farbmischung und die dazugehörigen Basisfarben.
3. Aus welchen Urfarben setzt sich Cyan zusammen?
4. Wieso erscheint uns ein Blatt einer Pflanze als grün?

| **Tabelle 1:** Farbwiedergabe unterschiedlicher Lichtquellen | | |
|---|---|---|
| Farbwiedergabe-eigenschaft | Farbwiedergabe-Index $R_a$/CRI | Lampenbeispiele |
| Sehr gut | 100 | Halogenglühlampen ($R$=100) |
| Sehr gut | 90 | Metalldampflampen wie HMI, MSR |
| Sehr gut | 80 – 90 | HQI, MHD |
| Gut | 70 – 79 | Standardleuchtstofflampen in Büros |
| Genügend | 60 – 69 | Standardleuchtstofflampen in Kellern oder Industriehallen |
| Genügend | 40 – 59 | HQL |
| Ungenügend | 39 | Na-Hochdruck-Lampen und Niederdruckentladungslampen |

## Spektrometer

Spektrometer werden inzwischen in einer Vielzahl von tragbaren Geräten angeboten. Die Messergebnisse werden in Form von Farbtafeln grafisch dargestellt, ergänzend können Farbwerte in direktem Vergleich mit den Referenzen abgebildet sein sowie das Maß an Abweichungen in Prozent.

**Bild 1** zeigt eine Analyse der Eigenschaften einer Leuchtstofflampe. Zu erkennen ist ein Balkendiagramm der 15 Normfarben mit einer entsprechenden Bewertung des Farbwiedergabe-Indexes. Darunter finden sich folgende Angaben: Farbtemperatur (CCT), Farbwiedergabe-Index (CRI), Kameraindex (TLCI), Beleuchtungsstärke (LUX) und das Strahlungsmaximum in nm (LambdaP).

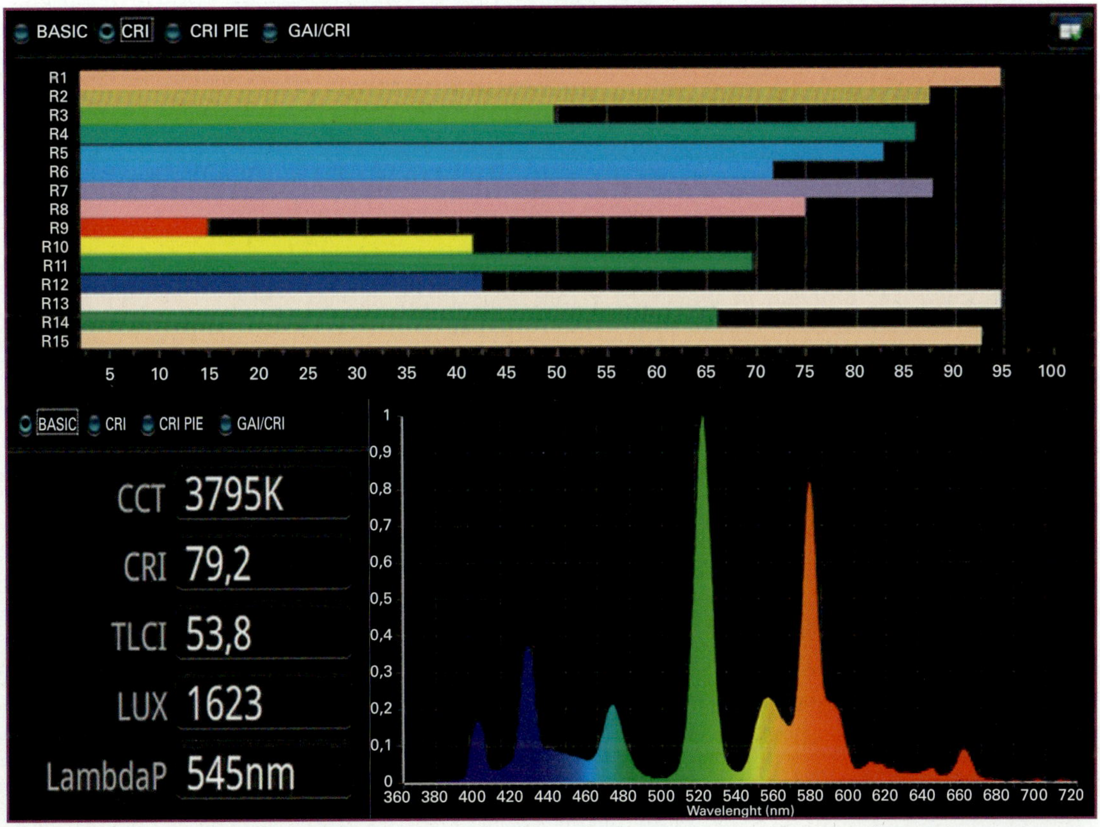


**Bild 1**: Bestimmung der Farbwiedergabe mit einem Spektrometer (Bsp. Leuchtstofflampe)

# 8.3 Optik

## 8.3.1 Reflexion, Absorption und Transmission

Die **Reflexion** beschreibt die Fähigkeit von Stoffen, Licht zurückzuwerfen **(Bild 1)**.

**Absorption** beschreibt die Stoffeigenschaft, auftreffende Strahlung wie z.B. Licht in andere, langwelligere Energieformen, also größtenteils Wärme, umzusetzen **(Bild 1)**.

**Transmission** ist die Stoffeigenschaft, auftreffende Strahlung hindurchzulassen **(Bild 1)**. Ein Maß für diese Eigenschaft ist der Transmissionsgrad $\tau$[1].

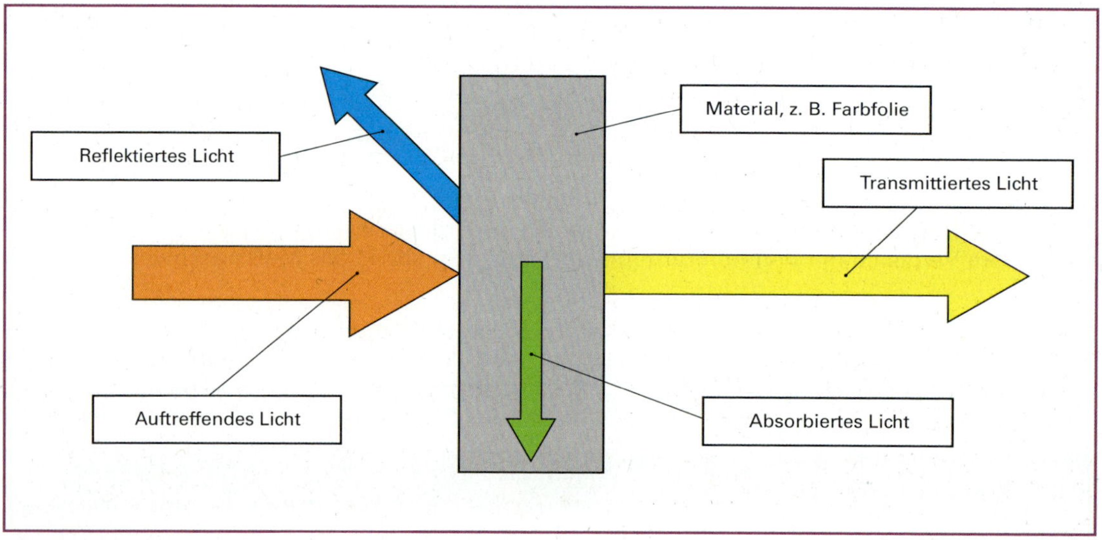


**Bild 1**: Reflexion, Absorption und Transmission

## 8.3.2 Abstrahlwinkel, Halbstreuwinkel und Lichtstärkeverteilung

### Abstrahlwinkel

Der Abstrahlwinkel gibt an, in welchem Winkel das Licht aus dem Scheinwerfer austritt **(Bild 2)**. Je nach Abstand des Scheinwerfers zur beleuchteten Fläche entsteht dort ein Lichtkreis (Kegelschnitt) mit entsprechendem Durchmesser.

Der Projektionsdurchmesser $d$ und die Projektionsfläche $A$ errechnen sich bei einer senkrechten Anstrahlung wie folgt:

**Beispiel 1:**

Zuerst wird der Radius des Projektionskreises berechnet:

$$r = \tan\left(\frac{\alpha}{2}\right) \cdot h$$

Der doppelte Radius ist der **Durchmesser**:

$$d = 2 \cdot r$$

Die **Projektionsfläche** berechnet sich aus:

$$A = \pi \cdot r^2$$

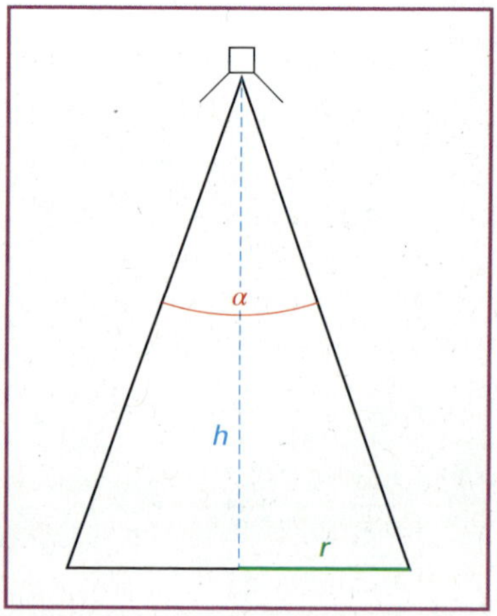


**Bild 2**: Abstrahlwinkel und Radius

[1] $\tau$ griech. Großbuchstabe Tau.

## Halbstreuwinkel

Der sogenannte Halbstreuwinkel ist der Winkel, bei dem die Lichtstärke $I$ nur noch die Hälfte des Mittenwertes beträgt (**Bild 1**).

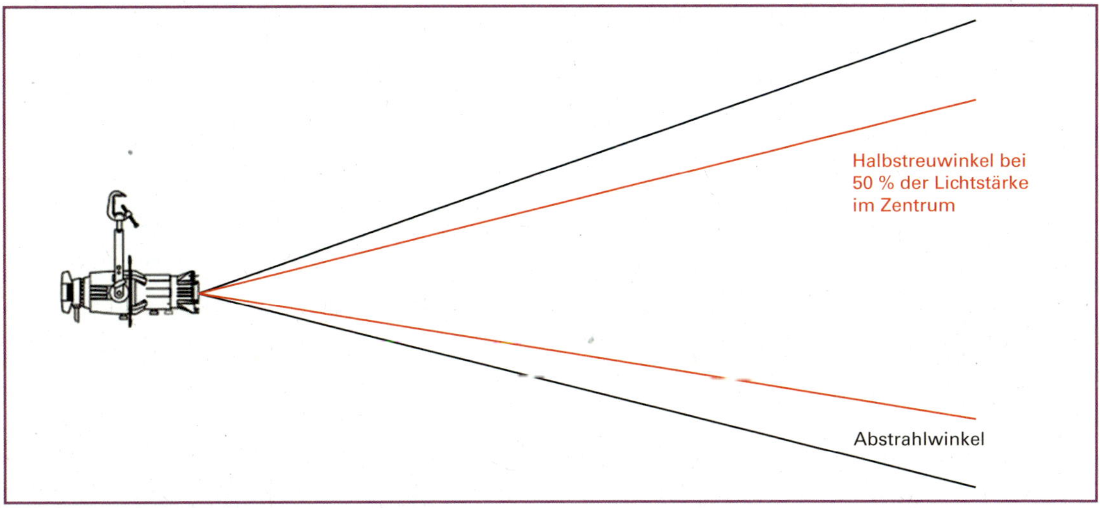


**Bild 1**: Abstrahlwinkel und Halbstreuwinkel

## Lichtstärkeverteilungskurven

Die Lichtverteilung wird üblicherweise in Lichtstärkeverteilungskurven (**Bild 2**) als Aufsicht dargestellt. Dabei werden die Lichtstärken als geschlossene, konzentrische Kreise gezeichnet, ähnlich wie die Isobaren einer Wetterkarte. Auf den Linien beträgt die Lichtstärke nur noch x % des Mittenwertes. Das Zentrum ist die hellste Stelle und die Linien entsprechen 10 %-Schritten. Die Lichtstärke ändert sich in Abhängigkeit des Abstrahlwinkels. Ausgehend von der hellsten Stelle in der Mitte, lässt sie zum äußeren Rand hin immer mehr nach. Dieses Diagramm ermöglicht eine qualitative Beurteilung der Lichtverteilung und eine exaktere Planung von Beleuchtungssituationen.

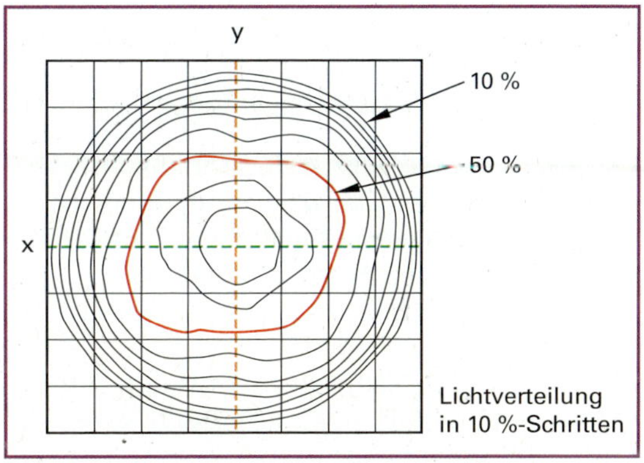


**Bild 2**: Lichtverteilung im Projektionskreis

Die Darstellung der Lichtverteilung kann auch in einem sogenannten Kosinus-Diagramm (engl. Cosine Candela Plot) erfolgen (**Bild 3**). Die Lichtstärke wird hier in Abhängigkeit zum Abstrahlwinkel dargestellt. Auch hier ist sichtbar, wie – ausgehend von der hellsten Stelle in der Mitte – die Lichtstärke zum äußeren Rand hin nachlässt. Dabei werden zwei Kurven gezeichnet: Die Lichtverteilung der x-Achse ist grün dargestellt und zeigt den Verlauf entlang der gestrichelten grünen Linie aus **Bild 2** aus einer anderen Perspektive. Die Lichtverteilung der y-Achse ist in beiden Bildern entsprechend in orange gezeigt. An den mit den roten Kreuzen gekennzeichneten Stellen beträgt die Lichtstärke 50 % der Lichtstärke im Zentrum.

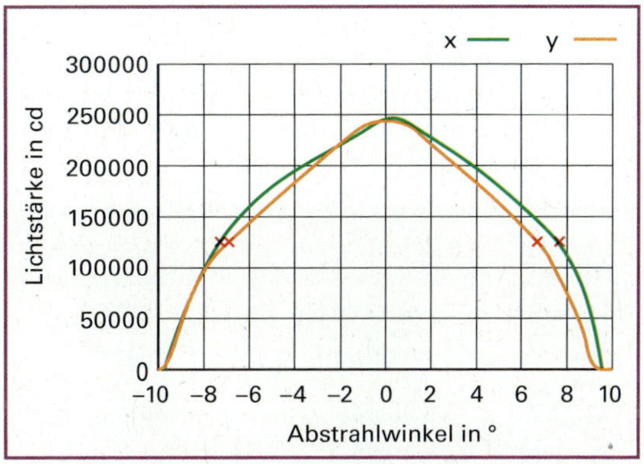


**Bild 3**: Verteilung der Lichtstärke in Abhängigkeit des Abstrahlwinkels

### 8.3.3 Reflexionsgesetz und Brechungsgesetz

#### Reflexion

Ein Lichtstrahl kann durch Spiegel, Prisma und Linse in seiner Richtung abgelenkt werden. Dabei folgt der Strahl zwei Gesetzen **(Bild 1)**:

**(1)** Auftreffender und reflektierter Lichtstrahl haben, bezogen auf das Einfallslot, gleiche Winkel:

$$\alpha = \beta$$

**(2)** Beide Lichtstrahlen und das Einfallslot liegen in einer Ebene.

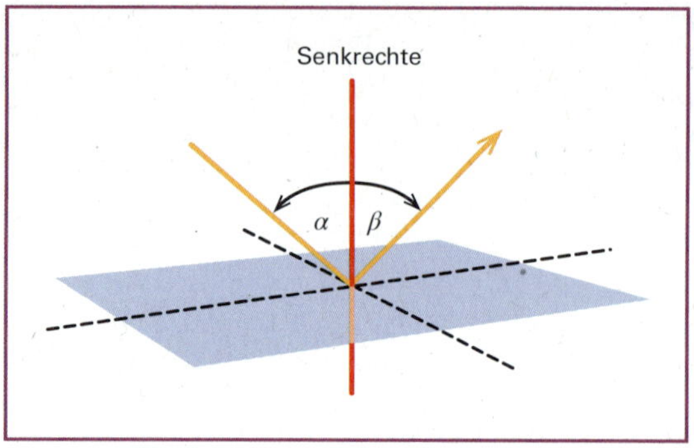


**Bild 1**: Reflexion

#### Brechung

Beim Transfer von einem optischen Medium in ein anderes ändert der Lichtstrahl an der Grenzfläche seine Richtung **(Bild 2)**. Der auftreffende Lichtstrahl liegt mit dem Einfallslot und dem gebrochenen Lichtstrahl in einer Ebene. Ein Medium mit höherem Brechungsindex wird als optisch dichter bezeichnet, mit niedrigerem Brechungsindex als optisch dünner.

Beim Übergang vom optisch dünneren in das optisch dickere Medium wird der Lichtstrahl zum Einfallslot hin gebrochen.

Die Brechung wird nach der nebenstehenden **Formel** berechnet. Der Brechungsindex in Abhängigkeit der Wellenlängen einiger Stoffe gegenüber Vakuum findet sich in **Tabelle 1**.

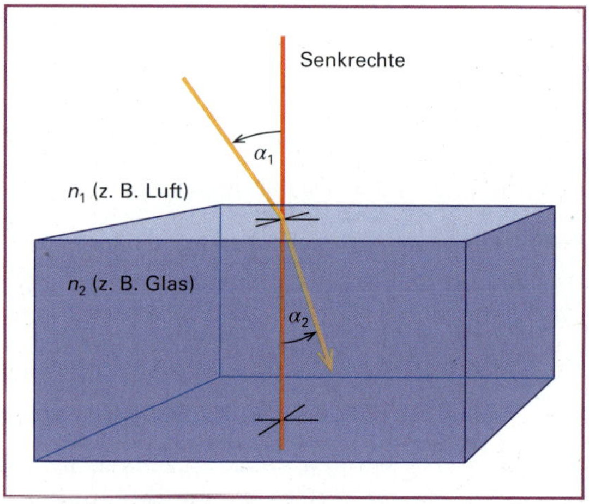


**Bild 2**: Brechung

| **Brechungsgesetz** | |
|---|---|
| **Formel:** | $\dfrac{\sin \alpha_1}{\sin \alpha_2} = \dfrac{n_2}{n_1}$ |
| $n$ Brechungsindex | |

#### Prismen

Der kurzwellige Teil des Spektrums (violett) wird stärker gebrochen als der langwellige (rot). Dies ist in **Bild 3** zu sehen.

In einem dichteren Medium als Vakuum erfolgt nach dem Wellenmodell des Lichts eine unterschiedliche Brechung der Spektralfarben. Die Geschwindigkeit für rotes Licht im dichteren Medium muss größer sein als die für violettes, womit der Brechungsindex für das rote Licht kleiner ist als der für das violette.

**Tabelle 1:** Brechungsindex für bestimmte Wellenlängen einiger Stoffe gegenüber Vakuum

| **Medium** | $\lambda$ **= 400 nm** | $\lambda$ **= 700 nm** |
|---|---|---|
| Luft | 1,000298 | 1,000291 |
| Wasser | 1,343 | 1,330 |
| Kronglas | 1,531 | 1,513 |
| Flintglas | 1,650 | 1,610 |

**Bild 3**: Lichtbrechung im Prisma

## 8.3.4 Farbfilter

Farbfilter **(Bild 1)** filtern und absorbieren nicht erwünschte Farbanteile des Lichts **(Kapitel 8.2.8)**. Sie basieren auf dem Prinzip der subtraktiven Farbmischung und sind in nahezu allen Farbtönen erhältlich. Das Material des Filters erwärmt sich durch das Absorbieren bestimmter Farbanteile. Dieser Effekt ist bei dunklen Farben stärker, wodurch die Filterlebensdauer dieser Farben kürzer ist.

**Bild 1**: Farbfilter

### Korrekturfilter

Korrekturfilter **(Bild 2)** erlauben das Anpassen einer Lichtquelle auf die spezifischen Anforderungen eines Anwendungsfalls, wodurch sie in der Lichtgestaltung eine große Rolle spielen. Es gibt im Wesentlichen die drei folgenden Arten von Korrekturfiltern, wobei es auch solche gibt, die eine gemeinsame Veränderung von Farbtemperatur und Helligkeit erlauben.

**Bild 2**: Korrekturfilter vor Scheinwerfer

**Korrekturfilter für die Farbtemperatur**: Soll das Licht eines Glühlichtscheinwerfers auf das Licht eines Tageslichtscheinwerfers oder umgekehrt angepasst werden, werden Farbkorrekturfilter eingesetzt. Sie filtern bestimmte Farbanteile des Lichts heraus, sodass ein kälterer Farbton mit einem höheren Blaulichtanteil CTB (correct to blue, bei Glühlicht auf Tageslicht) oder ein wärmerer Farbton mit mehr Rotlichtanteil CTO (correct to orange, bei Tageslicht auf Glühlicht) entsteht.

**Korrekturfilter für die Helligkeit**: Sogenannte ND-Filter sind Dimmerfolien und in mehreren Dichtenabstufungen erhältlich. Sie verringern die Intensität einer Lichtquelle, ohne die Farbtemperatur zu verändern.

**Korrekturfilter für Teile des Farbspektrums:** Es kann erforderlich sein, das Farbspektrum des Lichts in Teilbereichen zu verändern. Beispielsweise dann, wenn grüne oder rote Farbstiche im Kamerabild korrigiert werden müssen. Für die Farben Grün und Magenta stehen spezielle Korrekturfilter zur Verfügung. Durch Hinzunahme dieser Filter können einer Lichtquelle Farbbereiche hinzugefügt oder entnommen werden.

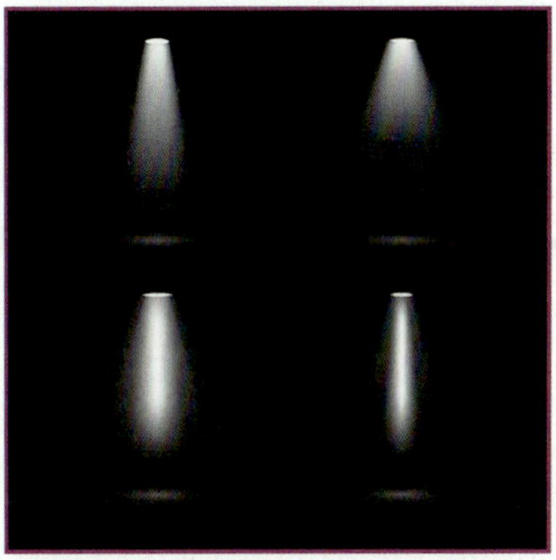

**Bild 3**: Diffusionsfilter zur Veränderung der Streuung

### Diffusionsfilter

Diese Filter **(Bild 3)** eignen sich zur Veränderung der Lichtcharakteristik (Streuung) einer Lichtquelle. Sie können auch zum gezielten Richten von Licht verwendet werden. Beispielsweise kann das Weichzeichnen eines Lichtkegels erfolgen. Oder die Veränderung der Lichtabstrahlung mit dem Ziel, den Lichtausfall eines Scheinwerfers an beiden Seiten der optischen Achse zu verbreitern.

**Bild 4**: Dichroitische Farbfilter

### Dichroitische Farbfilter

Dichroitische Farbfilter **(Bild 4)** bestehen aus hitzebeständigen Borosilikatglasscheiben. Auf ihnen sind im Aufdampfverfahren verschiedene Schichten von Metalloxiden aufgebracht. Der Filter ist nur für bestimme Wellenlängen des Lichts durchlässig und die nicht gewünschten Farbanteile des Lichts werden als Restlicht reflektiert. Es findet also hauptsächlich Absorption und Reflexion statt. Dichroitische Farbfilter sind im Gegensatz zu Farbfolien deutlich hitzebeständiger. Ihre Lichtdurchlässigkeit und Farbsättigung (Farbintensität) ist deutlich höher. Die Farbe eines spezifischen Filters kann durch entsprechende Fertigung sehr präzise festgelegt werden.

### 8.3.5 Spiegel

Spiegel bzw. Reflektoren bestehen heute meistens aus Aluminium. Je nach Anforderung sind ihre Oberflächen hochglanzpoliert bis angeraut. Glasspiegel kommen nur noch dort zur Anwendung, wo eine hohe optische Präzision gefordert ist oder sogenannte Kaltlichtspiegel eingesetzt werden. Damit Licht reflektiert, Infrarotstrahlen/Wärme aber hindurchgelassen werden, erfolgt die Bedampfung mit einer speziellen Metallschicht.

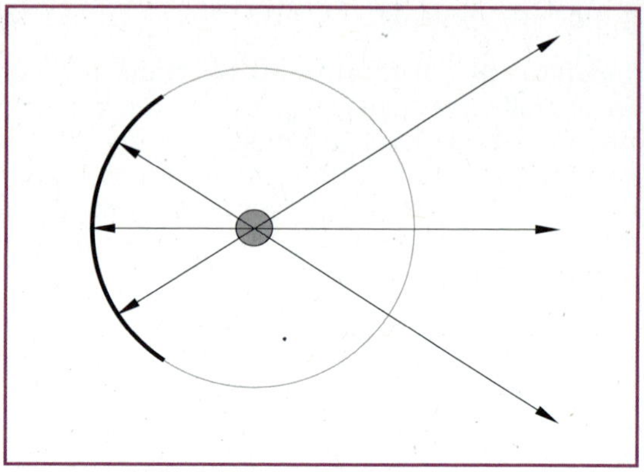

**Bild 1**: Kugelspiegel

#### Kugelspiegel

Der Kugelspiegel reflektiert das Licht des Brenners zurück **(Bild 1)**. Dabei muss der Brenner exakt im Brennpunkt des Spiegels sitzen. Er wird verwendet, um das nach hinten abstrahlende Licht eines Leuchtmittels ebenfalls zu nutzen. Einsatzbereiche des Kugelspiegels sind Stufenlinsenscheinwerfer, PC-Scheinwerfer, Profilscheinwerfer **(Scheinwerfer, siehe Kapitel 8.7.1)** und Projektoren.

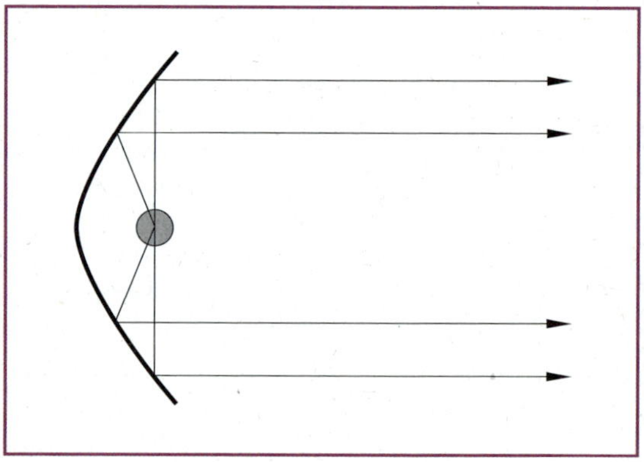

**Bild 2**: Parabolspiegel

#### Parabolspiegel

Der Parabolspiegel **(Bild 2)** ist asphärisch (nicht kugelförmig) und symmetrisch, er besitzt nur einen Brennpunkt. Wenn sich die Lichtquelle im Brennpunkt des Spiegels befindet, tritt achsparalleles Licht aus dem Reflektor aus. PAR-Scheinwerfer sind der bekannteste Einsatzbereich.

#### Ellipsenspiegel

Dieser Spiegel besitzt zwei Brennpunkte **(Bild 3)**. Einen für das Leuchtmittel und einen für die Projektionsebene. Eine Ausführung als Kaltlichtspiegel (siehe Seite 299) ist möglich.

Ellipsenspiegel werden gerne in Profilscheinwerfern eingesetzt, da die Erzeugung eines zweiten Brennpunktes hiermit einfach ermöglicht wird, ohne eine Linse benutzen zu müssen. Die Projektionsschärfe für Abbildungen ist allerdings nicht so hoch wie bei Profilscheinwerfern mit Kugelspiegel. Zudem werden Ellipsenspiegel gerne bei Movinglights eingesetzt, da durch den Strahlengang auch kleine Baugruppen für Farbmischung etc. ermöglicht werden.

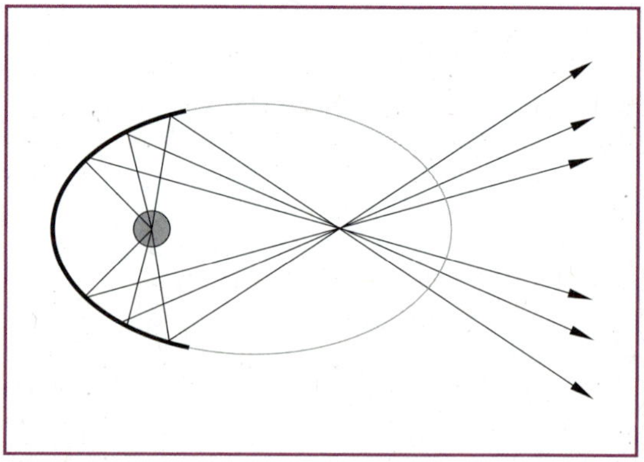

**Bild 3**: Ellipsenspiegel

#### Wiederholungsfragen

1. Was kennzeichnet eine Sammellinse?
2. Beschreiben Sie die Reflexion, Transmission und Absorption.
3. Skizzieren Sie einen Ellipsenspiegel mit seinem Strahlengang.
4. Wie wird ein Lichtstrahl gebrochen, wenn er vom optisch dünneren in das optisch dichtere Medium übergeht?
5. Wie funktioniert eine Farbfolie?

## Kaltlichtspiegel

Kaltlichtspiegel **(Bild 1)** bestehen meistens aus Glas und sind mit einer speziellen Metallschicht bedampft. Diese reflektiert Licht, lässt Infrarotstrahlen/Wärme jedoch durch. Scheinwerfer mit Kaltlichtspiegeln sind sehr verbreitet. Durch den wärmereduzierten Lichtstrahl eignen sie sich gut zur Personenbeleuchtung. Außerdem werden sie aufgrund der geringen thermischen Belastung des Objekts gerne in Museen eingesetzt. Ebenso werden Gobos[1] und Farbfolien geschont.

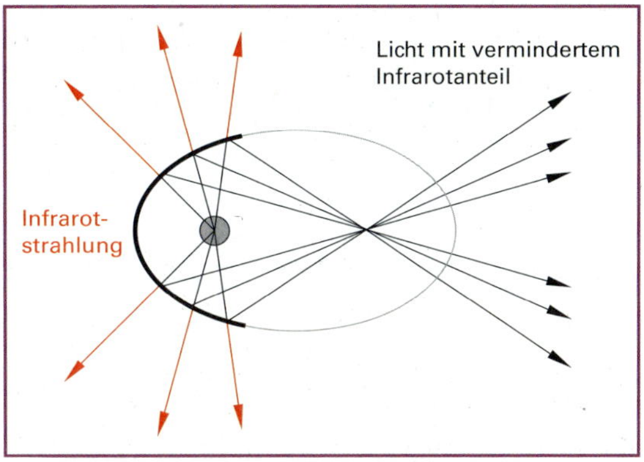


**Bild 1**: Ellipsenspiegel als Kaltlichtspiegel

## Symmetrischer Rinnenspiegel

In den meisten Fällen ist der Rinnenspiegel **(Bild 2)** ein langgezogener Parabolspiegel. Er wird bei symmetrischen Flutern eingesetzt, wo ein ebenfalls langgezogenes Leuchtmittel (Brennstab) verwendet wird.

Der symmetrische Rinnenspiegel eignet sich in Flutern hervorragend zur Ausleuchtung von großen Flächen. Deswegen werden symmetrische Fluter sehr oft zur Beleuchtung von Baustellen oder als Arbeitslicht auf Bühnen verwendet.

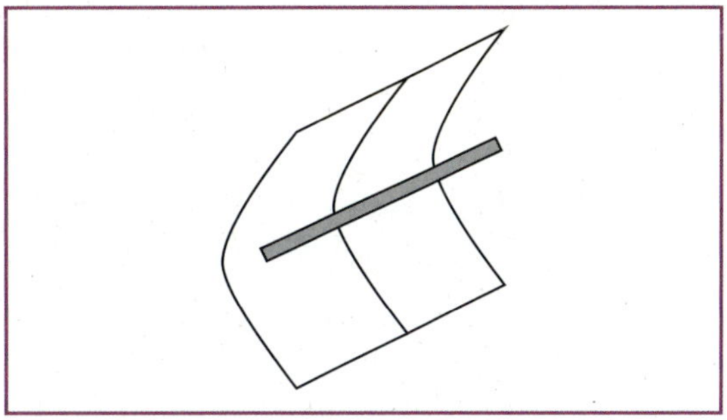

**Bild 2**: Symmetrischer Rinnenspiegel

## Unsymmetrischer Rinnenspiegel

Dieser Spiegeltyp ist asphärisch aufgebaut und reflektiert das Licht nicht gleichmäßig, sondern zu einer Seite verstärkt.

Der Einsatzbereich liegt hier bei den sogenannten Horizontflutern **(Bild 3)**. Ein Horizontfluter kann aufgrund der Eigenschaften des asymmetrischen Rinnenspiegels sehr nahe an eine Wand herangestellt werden, um diese dennoch gleichmäßig auszuleuchten.

**Bild 3**: Horizontfluter

## Konvexer Spiegel

Ein konvexer Spiegel **(Bild 4)** wird überall dort eingesetzt, wo man eine indirekte Beleuchtung mit Streulicht benötigt. Dieser Spiegeltyp wird gerne bei Messen und Ausstellungen verwendet, da man hiermit recht einfach große Flächen beleuchten kann. Dazu wird ein eng fokussierter Scheinwerfer auf den Spiegel gerichtet, welcher das Licht verteilt. Zudem kann man den Scheinwerfer in niedriger Höhe positionieren, sodass ein Wechsel des Leuchtmittels einfach gestaltet wird. Ein weiteres Beispiel für einen konvexen Spiegel ist die Diskokugel.

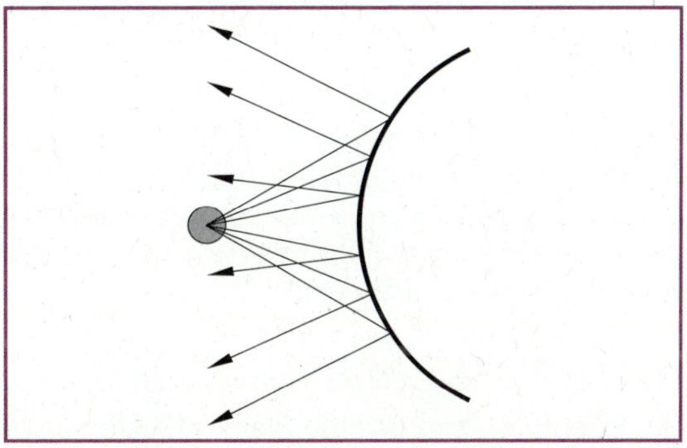

**Bild 4**: Konvexer Spiegel

[1] Gobos sind Scheiben aus Blech oder Glas, in die ein Motiv geätzt, geschnitten oder aufgetragen wird.

## 8.4 Linsen

Linsensysteme werden zur Beeinflussung von Lichtstrahlen eingesetzt. Für sie gelten das Brechungsgesetz und das Reflexionsgesetz. Die Lichtrichtung lässt sich durch ihre Anwendung gezielt beeinflussen und eine optische Abbildung wird erzeugt. Je nach geometrischer Gestalt und optischer Wirkung gibt es verschiedene Arten von Linsen.

### Sphärische und asphärische Linsen

Die Oberfläche von sphärischen Linsen **(Bild 1a)** ist kugelförmig. Da ihre Herstellung vergleichsweise einfach ist, sind die meisten Linsen sphärisch. Sie brechen allerdings nicht alle Lichtstrahlen sauber in den Brennpunkt. Dies stellt einen erheblichen Nachteil dar. Es entsteht eine sogenannte *sphärische Aberration*, auch *Objektivfehler* genannt.

Die Oberfläche von asphärischen Linsen **(Bild 1b)** ist nicht kugelförmig. Am Rand dieser Linsen ist die Wölbung weniger stark als in der Linsenmitte, wodurch die Brechung der Randstrahlen entsprechend weniger stark ist. Bei richtiger Berechnung der Oberfläche ergibt sich eine bessere Strahlenvereinigung. Die Herstellung asphärischer Linsen aus Glas ist vergleichsweise schwierig, wodurch sie eher in sehr lichtstarken und teuren Objektiven Anwendung finden. Günstige Glaspresslinge werden beispielsweise in Kondensorsystemen von Projektionsgeräten eingesetzt.

Als Meniskus bezeichnet man in der Optik die Eigenschaft einer Linse, zwei Flächen mit der Krümmung in eine Richtung zu haben. Dabei unterscheidet man zwischen einem positiven Meniskus zur Verringerung der Divergenz (Streuung) des Lichts und dem negativen Meniskus zur Vergrößerung der Divergenz (**Bild 2**).

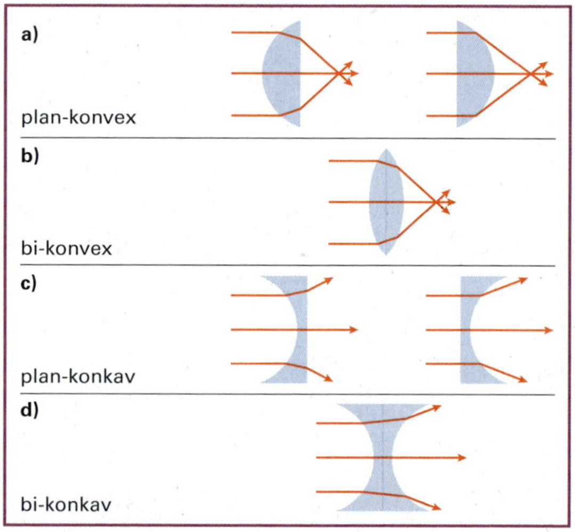


**Bild 1**: Sphärische Linsen

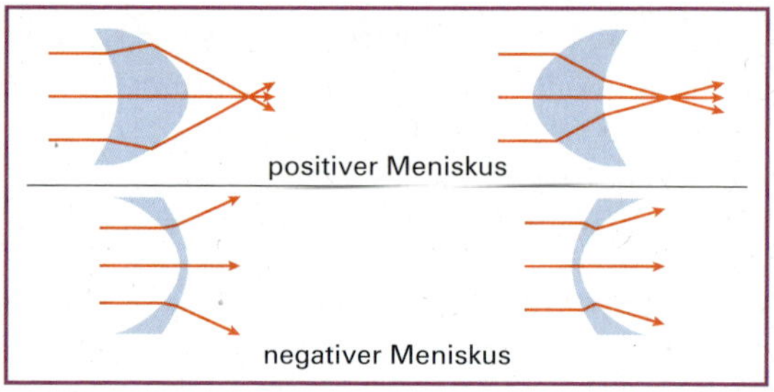


**Bild 2**: Asphärische Linsen

### Sammel- oder Konvexlinsen

Diese Linsen verringern die Divergenz eines Strahlenbündels. Zwei Kugelflächen begrenzen diese Linsen so, dass ihre Mitte dicker als der Rand ist **(Bild 1a und b)**. Parallel laufende Strahlen werden im Brennpunkt F gesammelt. Der Abstand des Brennpunkts zur Linse ist die Brennweite $f$.

### Streu- oder Konkavlinsen

Sie vergrößern die Divergenz eines Strahlenbündels. Zwei Kugelflächen begrenzen diese Linsen so, dass ihre Mitte dünner als der Rand ist **(Bild 1c und d)**. Die Brechung der Lichtstrahlen sieht so aus, als würden sie von einem vor der Linse liegenden Brennpunkt kommen. Daher ist die Brennweite hier negativ ($f < 0$) und wird auch als Streuungsweite bezeichnet. Der Kehrwert der Brennweite $1/f$ ist der Brechwert D.

### Prismen-Linse (Pebble-Konvex-Linse)

Die Prismen-Linse ist eine Plankonvexlinse, deren Unterseite zur weicheren Lichtverteilung mit einer Struktur wie kleine Kiesel **(engl. Pebble)** versehen ist.

## Stufen- oder Fresnellinse

Benannt wird dieser Linsentyp nach dem französischen Physiker Augustin Fresnel. Er fand heraus, dass nur die Krümmung einer Linse für die Ablenkung des Lichtstrahls verantwortlich ist, nicht aber deren Dicke. Von einer Plankonvexlinse ausgehend kann man diese Linse vereinfachend wie in **Bild 1** darstellen. Dadurch ergeben sich folgende Vorteile:

- Geringere Dicke
- Weniger Gewicht
- Geringere Absorption

Diese Methode ist auch zur Herstellung großer Linsen geeignet (z. B. für Linsensysteme in Leuchttürmen).

Die Unterseite ist oft aufgeraut, um eine weiche Lichtverteilung zu ermöglichen.

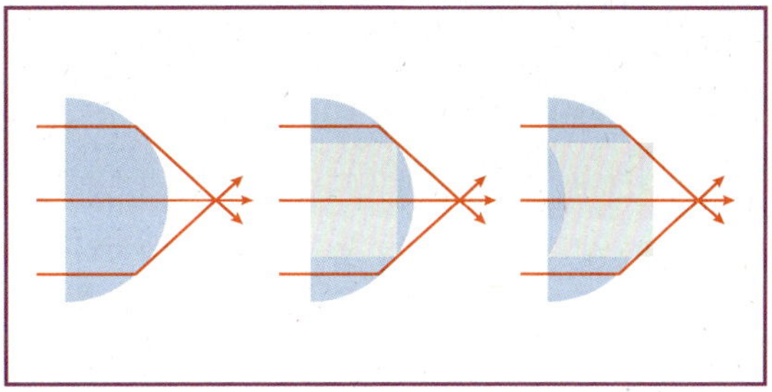

**Bild 1**: Entstehung der Fresnellinse

## Farbfehler

Farbfehler entstehen bei Linsen wegen der unterschiedlichen Brechung des Lichts entsprechend den verschiedenen Wellenlängen (Seite 296). Der Farbfehler tritt zwar auch in der Mitte der Abbildung auf, ist aber nur am Rand der Abbildungen wahrnehmbar **(Bild 2)**. In der Mitte überlagern sich die Blau- und Rotanteile, weshalb sich dort weißes Licht ergibt. Bei hochwertigen Linsen tritt der Farbfehler auch auf, jedoch schwächer.

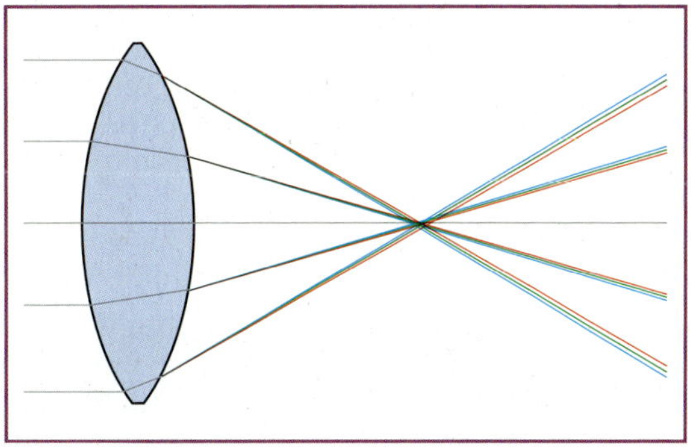

**Bild 2**: Farbfehler

## Brennpunkt/Brennweite

Den Abstand des Brennpunkts $F$ zur Linse bezeichnet man als Brennweite $f$ **(Bild 3)**. Die Brennweite kann man bei sphärischen Linsen auch als Radius der Kugelfläche der Linse verstehen.

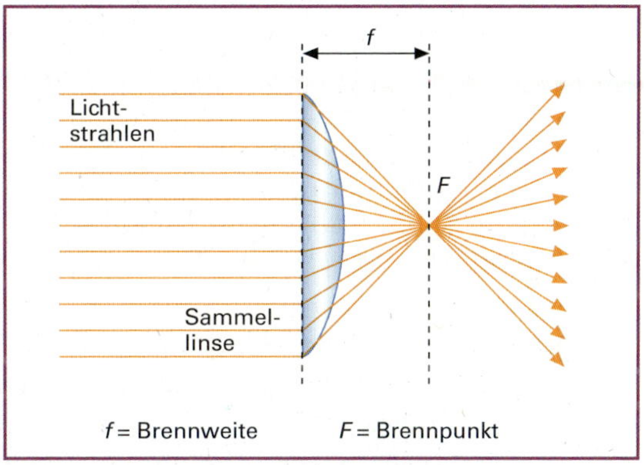


**Bild 3**: Brennweite und Brennpunkt

## Optische Achse

Als optische Achse bezeichnet man die Mittelachse einer optischen Anordnung, z. B. die Anordnung von Spiegel, Leuchtmittel und Linse eines Stufenlinsenscheinwerfers **(Bild 4)**. Entlang dieser Achse erfolgt keine Ablenkung der Lichtstrahlen.

Die Ausleuchtung von Objekten und Personen erfolgt immer entlang der optischen Achse, bei einer senkrechten Projektion auf eine ebene Fläche endet die optische Achse im Mittelpunkt des Projektionskreises.

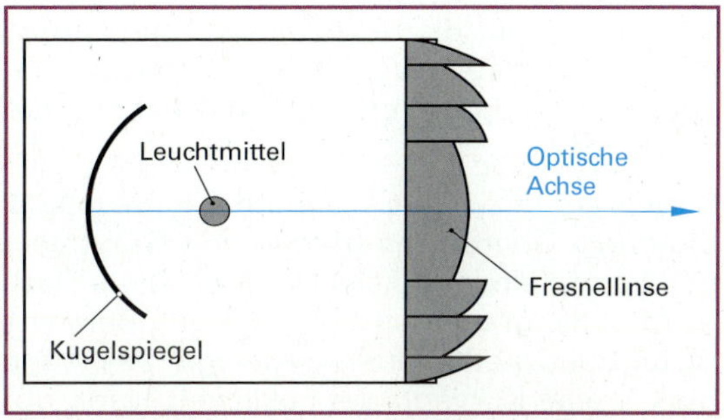


**Bild 4**: Optische Achse in einem Stufenlinsenscheinwerfer

# 8.5 Grundlagen des menschlichen Sehens

## 8.5.1 Aufbau des Auges

Das Auge bildet Objekte auf der Netzhaut mithilfe eines optischen Systems ab. Im Zusammenwirken mit der Veränderung der Pupillengröße kann sich das Auge auf Beleuchtungsverhältnisse einstellen, die von 100 000 lx bis 1 lx variieren können. Den Aufbau des Auges sowie die Funktion der einzelnen Teile zeigt **Bild 1.**

Die Cornea **(1)** verleiht dem Augenwasser im vorderen Auge die Form einer Linse. Diese Linse wird durch die Kammerflüssigkeit **(2)** gebildet. Über die Iris **(3)** wird der Lichteinfall in das Auge kontrolliert. Dahinter befindet sich eine zweite Linse, die Augenlinse **(4)**, die dafür zuständig ist, das Bild auf der Netzhaut scharf abzubilden.

Im Inneren des Auges zwischen der Augenlinse und der Netzhaut befindet sich ein sogenannter Glaskörper **(5)**, der dem Organ seine Stabilität verleiht und den Abstand von der Linse zur Netzhaut definiert.

Das einfallende Licht wird auf die Netzhaut **(6)** projiziert und dort von den lichtempfindlichen Zellen in elektrische Signale umgewandelt. Auf der Netzhaut findet sich der Gelbe Fleck **(7)** – der Ort mit den meisten farbempfindlichen Zellen, also dem schärfsten Sehen. Die von der Netzhaut erzeugten elektrischen Signale werden vom Sehnerv **(8)** an das Gehirn weitergeleitet und dort im Visuellen Cortex **(9)** verarbeitet.

Das Auge nimmt Licht von 380 nm (blau) bis 780 nm (rot) wahr. Es hat zwei Arten von lichtempfindlichen Rezeptoren:

**1. Zapfen** für die Farbwahrnehmung mit einer maximalen Lichtempfindlichkeit bei einer Wellenlänge von 555 nm **(Bild 2)**.

**2. Stäbchen** für die Helligkeitswahrnehmung, die das Schwarz-Weiß-Sehen ermöglichen mit einer maximalen Empfindlichkeit bei 507 nm **(Bild 2)**.

Daraus ergibt sich die V-Lambda-Kurve **(Bild 3)**, die durch Übereinanderlegen von Grautafeln und Farbtafeln visualisiert werden kann. Dazu werden die grauen und die farbigen Bereiche zerteilt und nebeneinandergelegt. Das Auge nimmt eine Kurve in der Helligkeit wahr, obwohl sich an der Helligkeit der einzelnen Bilder nichts geändert hat.

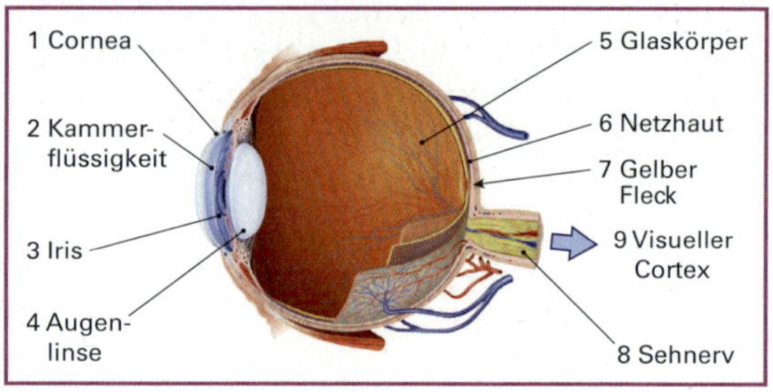


**Bild 1**: Aufbau des menschlichen Auges

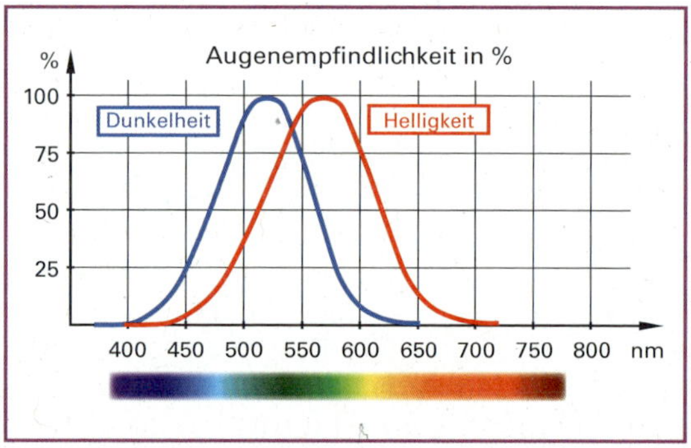


**Bild 2**: Tagwert- und Nachtwertkurve

**Bild 3**: V-Lambda-Kurve

## 8.5.2 Adaptation

Die Adaptation beschreibt die Fähigkeit des Auges, sich mit ändernden Pupillenöffnungen an verschiedene Leuchtdichten anzupassen. Über einen weiten Beleuchtungsstärkebereich wird so die Konstanz der Sehleistung ermöglicht. Die Leuchtdichten am Anfang und am Ende der Adaptation entscheiden über den Grad der Anpassung. Die Adaptation von dunkel nach hell erfolgt dabei sehr schnell, also im Sekundenbereich, die von hell nach dunkel dagegen über einen längeren Zeitraum von 5 – 30 Minuten.

## 8.5.3 Bedingungen für das Sehen

Ein Objekt ist nur dann sichtbar oder ein Text nur dann lesbar, wenn mindestens fünf Bedingungen erfüllt sind:

1. Objekte oder Texte müssen einen bestimmten **Mindestkontrast** gegen ihre unmittelbare Umgebung besitzen.
2. Haben Objekte oder Texte keine bestimmte **Mindestgröße**, sind sie unsichtbar.
3. Eine bestimmte **Mindestleuchtdichte** von Objekten und/oder ihrer Umgebung ist Voraussetzung, sie sehen zu können. Obwohl sich z. B. bei einem Objekt weder an seiner Größe noch am Kontrast gegen seine Umgebung etwas verändert hat, ist es am Tag gut zu sehen, in der Nacht jedoch unsichtbar.
4. Das Auge muss an die aktuell **herrschende Gesichtsfeldleuchtdichte angepasst** sein. Tritt man beispielsweise aus einer von Sonne durchfluteten Umgebung in einen fensterlosen, unbeleuchteten Raum, erkennt man im ersten Augenblick praktisch nichts. Das Auge benötigt Zeit, sich den Sehbedingungen anzupassen.
5. Das **Verhältnis** zwischen der Größe des Objekts, dem Kontrast und der Leuchtdichte des Umfelds entscheidet über die Sichtbarkeit eines Objekts.

**Folgende Dinge können wir mit dem Auge erkennen:**

- Formen
- Bewegungen
- Entfernungen
- Helligkeitsunterschiede
- Farbunterschiede

### Wiederholungsfragen zu Kapitel 8.4

1. Was sind die Vorteile einer Stufenlinse gegenüber einer Plankonvexlinse?
2. Wieso sind die Unterseiten bei in Scheinwerfern verwendeten Stufenlinsen aufgeraut?
3. Erklären Sie den Begriff des Farbfehlers bei Linsen.
4. Was bezeichnet die Brennweite?

### Wiederholungsfragen zu Kapitel 8.5

1. Wofür sind die Stäbchen in unserem Auge zuständig?
2. Sieht unser Auge alle Wellenlängen gleich hell?
3. Welche Hauptbestandteile hat das Auge?

# 8.6 Leuchtmittel

## 8.6.1 Glühlampen

Durch Stromfluss wird ein Wolframdraht zum Glühen gebracht, der Hauptanteil der abgegebenen Strahlung liegt allerdings im infraroten Bereich. Glühlampen sind Temperaturstrahler. Die Temperatur des Wolframdrahtes liegt bei ca. 2700 – 3200 K.

### Halogen-Glühlampen

Halogen-Glühlampen **(Bild 1)** sind in ihrer Wirkungsweise und ihrem Aufbau vergleichbar mit Glühlampen. Sie enthalten jedoch im Füllgas geringe Zusätze von Halogenen wie Brom, Chlor, Fluor, Jod bzw. deren Verbindungen. Diese Zusätze ermöglichen es, innerhalb einer bestimmten Temperaturspanne die Kolbenschwärzung und die damit einhergehende Lichtstromabnahme praktisch völlig zu unterbinden. Der Einsatz einer stark verkleinerten Kolbengröße ist somit möglich. Dadurch wird der Füllgasdruck erhöht und der wirtschaftlich sinnvolle Einsatz der teuren Edel-Füllgase Krypton und Xenon möglich.

Halogenglühlampen besitzen eine hohe Kolbenbetriebstemperatur. Dadurch können Fingerabdrücke oder sonstige fettige Verunreinigungen einbrennen. Um dies zu verhindern, müssen diese Verunreinigungen vor der Inbetriebnahme mit einem sauberen Tuch und Fettlösungsmittel entfernt und die Halogenglühlampe mit sauberen Handschuhen eingesetzt werden.

**Bild 1**: 1000 W-Halogen-Glühlampe

Der Kaltwiderstand der Glühwendel ist gegenüber dem Betriebswiderstand sehr gering. Es handelt sich um Kaltleiter **(s. Kapitel 7.2.3)**. Das Einschalten einer Glühlampe ist daher mit einem hohen Einschaltstrom verbunden, der bis zum 15-Fachen des Nennstroms gehen kann. Bei Lampen großer Leistung können daher die Sicherungen oder Leitungsschutzschalter auslösen. Aus diesem Grund und um zusätzlich die Lebensdauer nicht unnötig zu verkürzen, sollen Halogenbrenner mit etwa 2 – 5 % Vorglühspannung (Preheat, einstellbar am Dimmer) betrieben werden. Das abgegebene Licht ist noch nicht wahrnehmbar, aber die Lampen werden vorgeheizt.

### Halogen-Wolfram-Kreisprozess

Um Kolbenschwärzungen zu verhindern, werden dem Füllgas Halogenzusätze hinzugefügt. Verdampftes Wolfram wird dann durch Kreisprozesse **(Bild 2)** von der Kolbenwand ferngehalten. Das im Betrieb verdampfende Wolfram gelangt durch Konvektion in die Nähe der Glaskolbenwand. Dort sind die Temperaturen kleiner als 1400 K. Somit können sich stabile Wolfram-Halogenverbindungen bilden. In der Nähe der heißen Wendel zerfallen diese wieder, wenn eine Temperatur von 1400 K überschritten wird. Dabei lagert sich ein Teil des Wolframs auf der Wendel ab und führt zu einer Rekristallisierung. Dieser normale Halogenkreisprozess verhindert die Kolbenschwärzung, führt aber nicht zu einer Verlängerung der Lebensdauer.

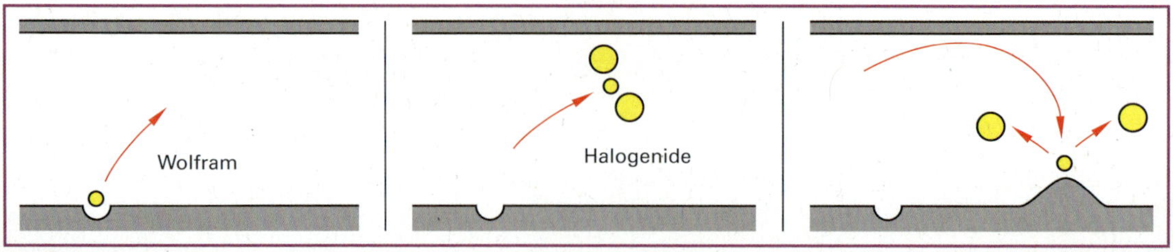


**Bild 2**: Halogen-Wolfram-Kreisprozess

## Brennstellung

Die Brennstellung definiert den zulässigen bzw. nicht zulässigen Bereich für den Lampenbetrieb. Der Buchstabe (h, s oder p) bezeichnet die Lage des Leuchtmittels, die Zahl den halben Winkel des zulässigen Bereichs **(Bild 1)**.

Man unterscheidet folgende Lagen:
h = senkrecht, Sockel zeigt nach oben
s = senkrecht, Sockel zeigt nach unten
p = waagerecht, Sockel zeigt zur Seite

Beispiel: Eine Bezeichnung h 105 besagt, dass das Leuchtmittel hängend mit Sockel nach oben montiert werden muss und von dieser Stellung in jede Richtung um 105° abweichen darf.

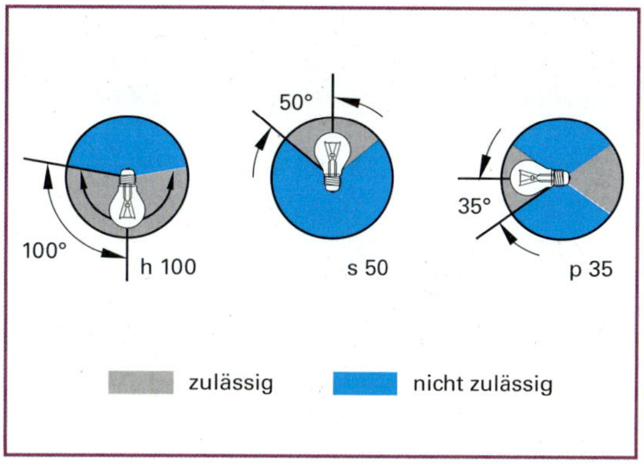


**Bild 1**: Brennstellung

## Sockel

Studio- und Theaterlampen besitzen im Allgemeinen Stiftsockel **(Bild 2)**. Dadurch haben sie eine gute elektrische Verbindung mit dem Lampensockel und sitzen in der Fassung perfekt. Normalerweise sind zwei Stifte verbaut. Diese können je nach Lampenausführung unterschiedliche Dicken haben. Damit wird die Einbaurichtung des Leuchtmittels festgelegt. Lampen mit Stiftsockeln werden mit einem vorangestellten G ausgezeichnet. Die nachfolgenden Zahlen geben den Abstand der Stiftachsen in Millimetern an. Weitere Buchstaben weisen auf Besonderheiten hin.

Beispiele für einen Sockel:

Typenbezeichnung GY 9,5 **(Bild 2)**
G = Stiftsockel
Y = Stifte verschiedener Dicke
9,5 = Abstand der Stiftmitten in mm

Typenbezeichnung GX 9,5
G = Stiftsockel
X = Stifte gleicher Dicke
9,5 = Abstand der Stiftmitten in mm

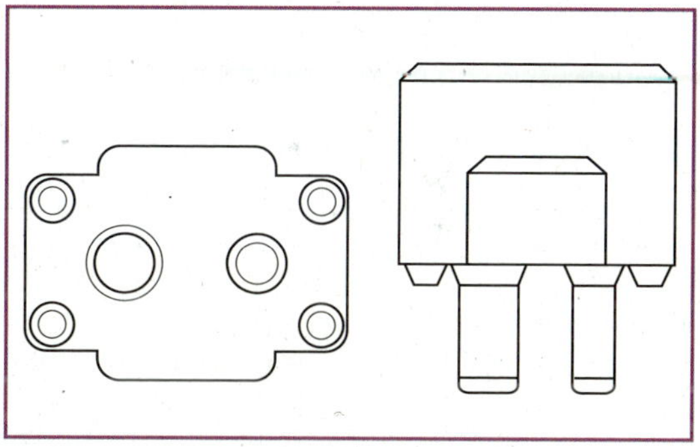

**Bild 2**: Beispiel für einen GY 9,5-Sockel

## Klemmsockel

Klemmsockel **(Bild 3)** werden ausschließlich für zweiseitig gesockelte Lampen verwendet. Der Grund liegt darin, dass die elektrische Verbindung zwischen Lampensockel und Fassung mithilfe eines mechanischen Drucks erzielt wird, der von beiden Seiten der Fassung anliegend das Leuchtmittel im Sockel festhält. Mit dieser Methode wird ein dauerhafter Kontakt gewährleistet.

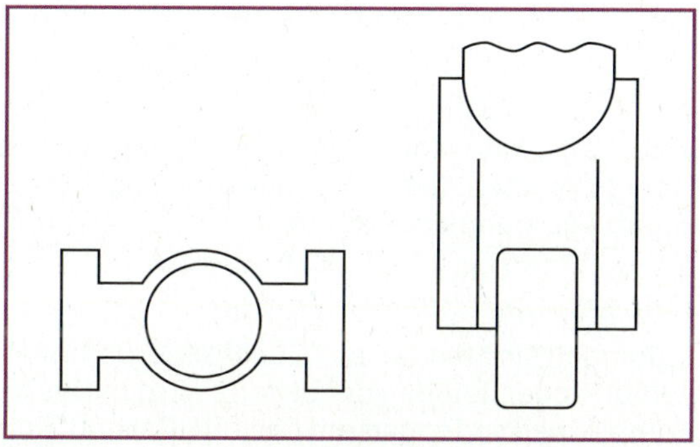

**Bild 3**: R7s-Sockel für Fluterstäbe

## 8.6.2 Entladungslampen

In einem Quarzglaskolben **(Bild 1)**, der mit Edelgasen, Metalldämpfen und seltenen Erden gefüllt ist, findet eine Lichtbogenentladung statt. Die dabei entstehende Ionisierung der Füllsubstanzen führt zur Eigenstrahlung und setzt sich zur gewünschten Lichtfarbe zusammen.

**Bild 1**: HMI-Lampe

### Prinzip einer Entladungslampe

Der Kolben ist mit einem bestimmten Gas oder Metalldampf gefüllt und mit zwei Elektroden versehen. Beim Anlegen einer definierten Hochspannung, der sogenannten Zündspannung, entsteht ein elektrisches Feld. Dieses beschleunigt die freien Elektronen und auch Ionen von einer Elektrode zur anderen, bis ein Lichtbogen entsteht. Dann kann die Hochspannung abgeschaltet und durch die deutlich niedrigere Betriebsspannung ersetzt werden. Die Elektronen prallen auf die Gas- oder Metalldampfatome und heben deren Elektronen durch die Stoßenergie auf energiereichere Bahnen (Stoßionisation). Die angeregten Atome fallen nach kurzer Zeit auf ihr Energieniveau zurück und senden dabei elektromagnetische Strahlung aus. Jedes Gas- oder Metallatom hat nur bestimmte Energieniveaus, die hierbei genutzt werden können. Je nach Aufbau der Lampe wird daher immer eine bestimmte Energie frei, welche die Wellenlänge des ausgesandten Lichts bestimmt. Gasentladungslampen benötigen ein Vorschaltgerät, das den Lampenstrom begrenzt.

Man unterscheidet zwischen Kurz-, Mittel- und Langbogenlampen, hierbei wird der Abstand der Elektroden zugrunde gelegt. Beispiele für diese Typen:

- Kurzbogenlampe: HTI®, HMI®
- Mittelbogenlampe: Natriumdampflampe
- Langbogenlampe: Leuchtstofflampe

Entladungslampen haben, anders als Glühlampen, ein Tageslichtspektrum. Sie besitzen eine Farbtemperatur von ca. 5200 K bis 6000 K. Indem die Zusammensetzung der verschiedenen Füllstoffe bei der Herstellung variiert wird, entsteht die unterschiedliche Farbigkeit der Lichtstrahlung. Die Lichtleistung ist wesentlich höher als bei vergleichbaren Halogenlampen, zum Teil vierfach. Auch begünstigt ihre Leuchtdichte die Konstruktion von Geräten mit enger Strahlenbündelung. Die Regelung der Helligkeit über einen herkömmlichen Dimmer ist nicht möglich. Dazu müssen elektronische Vorschaltgeräte eingesetzt werden. Diese besitzen eine integrierte Dimm-Funktion, welche eine Regulierung in dem Bereich von 70 % bis 100 % zulässt. Einige Arten von Entladungslampen müssen für einen erneuten Zündvorgang erst erkalten. Zudem ist die volle Lichtleistung, je nach Lampentyp, erst einige Zeit nach dem Zündvorgang verfügbar, dies kann bis zu vier Minuten dauern.

Die wichtigsten Entladungslampen sind: Halogen-Metalldampflampen (HMI®, MSR®, HTI®, HQI®), HMI®-Reflektor-Lampen, Xenon-Lampen und UV-Lampen.

### Vorschaltgeräte

Vorschaltgeräte dienen der Begrenzung des Lampenstroms. Die Begrenzung ist nötig, um einen starken Anstieg des Lampenstroms nach der Zündung der Lampe zu verhindern, da es sonst zu einem Lampenplatzer käme.

### Halogen-Metalldampflampen

Es handelt sich hierbei um Quecksilberdampf-Hochdrucklampen. Sie besitzen Zusätze von Metall-Jodiden oder Jodiden der seltenen Erden Dysprosium (Dy), Holmium (Ho) und Thulium (Tm) sowie Komplexverbindungen mit Cäsium (Cs) und Zinnhalogeniden (Sn). Durch Ionisation im Entladungsbogen können die Metalle zur Emission von Licht angeregt werden. Die Intensität und spektrale

Verteilung hängen vom Dampfdruck der Metallhalogenide ab. Lichtausbeute und Farbwiedergabeeigenschaften der Quecksilberentladung werden durch die Zusätze deutlich verbessert und Lücken im Quecksilberspektrum geschlossen.

## HMI-Lampen

HMI-Lampen gehören zu den Wechselstrom-Entladungslampen. Sie besitzen eine hohe Lichtausbeute von bis zu 100 lm/W. Die Farbtemperatur liegt bei 6000 K und entspricht dem Tageslicht. Der Farbwiedergabeindex ist $R_a > 90$. Sie lassen sich zwischen 70 % und 100 % dimmen und sind heiß wiederzündbar. HMI-Lampen gibt es von 200 W bis 24 kW Leistung. Der Verlust der Farbtemperatur liegt pro Betriebsstunde bei etwa 1 K. Die Zündspannung liegt zwischen 4,5 kV und 25 kV.

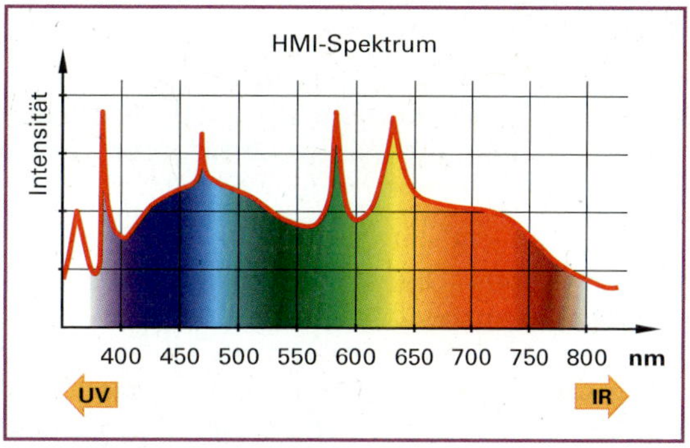


**Bild 1**: Spektrum einer HMI-Lampe

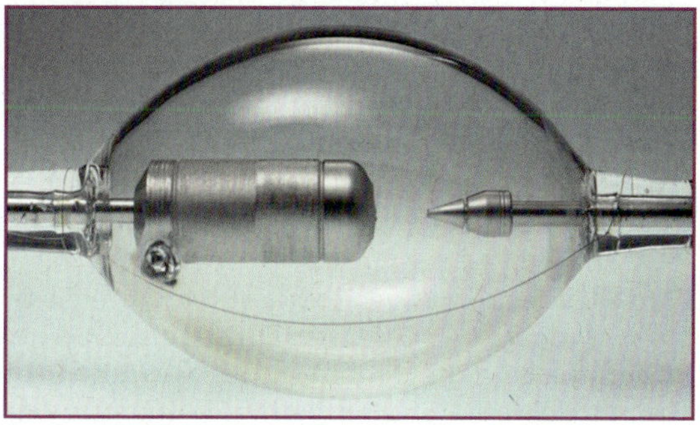

**Bild 2**: 7000 W XBO-Lampe

## XBO-Xenon-Lampen

Xenon-Lampen sind Kurzbogenlampen, die ursprünglich für Filmprojektoren entwickelt wurden. Sie werden mit Gleichstrom betrieben, daher sind sie flimmerfrei. Ihr Elektrodenabstand beträgt nur wenige Millimeter, daher sind sie nahezu punktförmige Lichtquellen. Sie benötigen große Gleichströme bis 170 A. Sie sind mit reinem Xenon gefüllt und stehen unter hohem Druck. Auch im kalten Zustand hat die Xenonfüllung einen Überdruck von bis zu 15 Bar. Er erhöht sich beim Betrieb der Lampe um das Dreifache. Der Einbau erfordert das Verwenden einer PSA (persönlichen Sicherheitsausrüstung), bestehend aus einer Splitterschutzweste, einem Gesichtsschutz und Schutzhandschuhen.

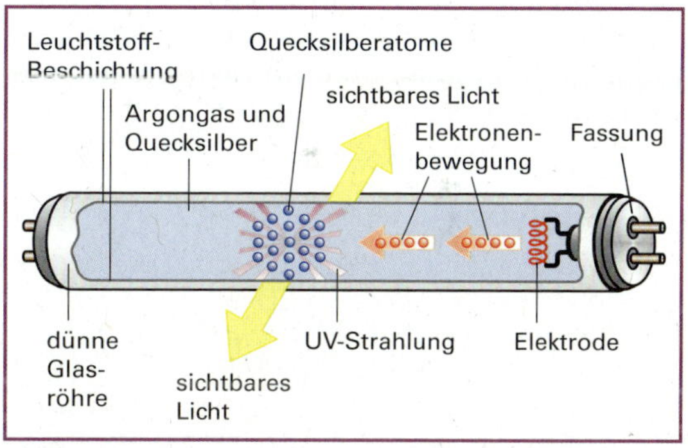


**Bild 3**: Lichterzeugung in einer Leuchtstofflampe

Die Lichtausbeute beträgt ca. 30 – 50 lm/W, die Leuchtdichte liegt bei 20 bis 500 kcd/cm$^2$ und die Farbtemperatur beträgt ca. 6000 K. Ihr Farbwiedergabeindex ist $R_a > 95$ und die Lichtfarbe ist über die gesamte Lebensdauer konstant. Der volle Lichtstrom steht direkt nach dem Zünden der Lampe zur Verfügung, daher wird sie auch für KFZ-Fahrlicht verwendet. Der zum Betrieb notwendige Gleichstrom wird von einem speziellen Vorschaltgerät geliefert. Die Zündspannung liegt bei ca. 44 kV.

## UV-Lampen

UV-Lampen senden ausschließlich ultraviolette Strahlen aus und werden auch gerne als Schwarzlichtlampen bezeichnet. Diese Lampen werden für Spezialeffekte verwendet, z. B. beim Einsatz mit fluoreszierenden Farben.

## Leuchtstofflampen

Leuchtstofflampen sind Niederdruck-Gasentladungslampen. Sie erzeugen unsichtbare ultraviolette (UV-)Strahlung, die mithilfe von Leuchtstoffen durch Absorption in sichtbare Strahlung, also Licht, umgewandelt wird (**Bild 3**). In der Veranstaltungstechnik werden Leuchtstofflampen gerne als Weichstrahler oder auch als Hintergrundbeleuchtung eingesetzt.

### 8.6.3 LED

LEDs[1] oder Leuchtdioden sind Festkörper-Leuchtmittel aus speziellen Halbleiterkristallen. Fließt Strom durch diesen Festkörper, beginnt er, Licht zu emittieren. Schon ein geringer Strom reicht aus, um die LED zum Leuchten anzuregen.

Leuchtdioden **(Bild 1)** besitzen ein negativ geladenes Leitermaterial mit einem Überschuss an Elektronen. Darüber angeordnet ist eine positiv leitende Halbleiterschicht mit einem Mangel an Elektronen, die auch als Löcher bezeichnet werden. Beim Anlegen einer Spannung verbinden sich die Elektronen und die Löcher in der sogenannten Sperrschicht. Bei diesem Vorgang wird Energie in Form von engbandigem, monochromatischem Licht freigesetzt. Die Lichtfarben Rot, Gelb, Grün oder Blau werden von den verwendeten Halbleitermaterialien bestimmt. All das wird in ein Gehäuse eingesetzt und mit elektrischen Kontakten versehen. Dieses besitzt eine Linse, um das Licht zu bündeln.

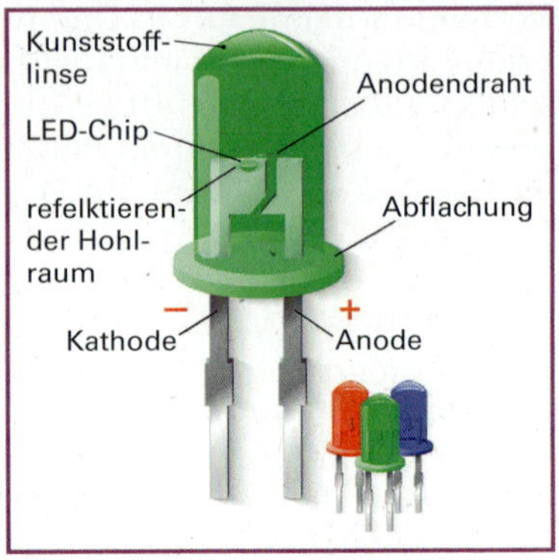


**Bild 1**: Aufbau einer LED

#### Weiße LEDs

Eine weiße LED **(Bild 2)** funktioniert ähnlich wie eine Leuchtstofflampe. In einer weißen LED bestrahlt eine blaue LED eine Phosphor-Leuchtschicht. Durch Absorption eines Teils des blauen Lichts durch den gelben Phosphor werden grüne und rote Lichtanteile erzeugt, in Addition mit dem blauen Licht der LED ergibt sich so weißes Licht. Somit sind von Warmweiß über Neutralweiß bis hin zu Tageslichtweiß viele Lichtfarben möglich. Sie haben einen hohen Lichtstrom und eine sehr gute Farbwiedergabe von über $R_a = 90$.

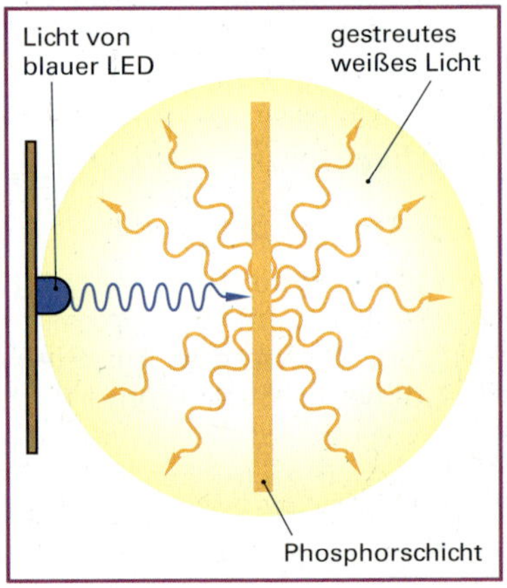


**Bild 2**: Funktionsweise einer weißen LED

#### LED-Bautypen

Bedrahtete bzw. radiale LEDs **(Bild 1)** stammen aus den Tagen der ersten LED-Technologie. Vor Schäden schützt dabei der innenliegende LED-Chip, der durch eine Kunststoffkappe verkapselt ist. Es handelt sich aufgrund der geringen Lichtleistung um Low-Power-LEDs, die heute nur noch in einfachen Signalanzeigen Verwendung finden.

SMD[2]-LEDs **(Bild 3)** sind sehr kleine LEDs. Sie werden direkt auf eine Leiterplatte geklebt und im Lötbad kontaktiert.

**Bild 3**: Nahaufnahme einer SMD-LED

COB[3]-LEDs **(Bild 4)** sind leistungsstarke, eng bepackte LED-Module. Bei ihnen werden LED-Chips ohne Gehäuse direkt auf eine Leiterplatte geklebt und mittels Bond-Drähten kontaktiert. Mit einer aufgeklebten Linse wird der Abstrahlwinkel von eng- bis breitstrahlend eingestellt.

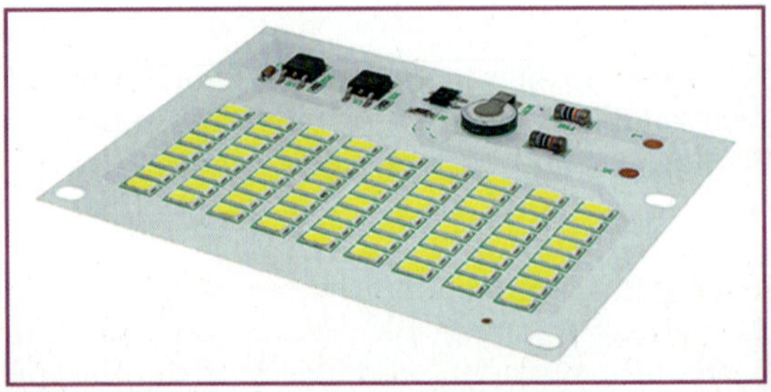

**Bild 4**: COB-LED

[1] LED = **L**ight-**E**mitting **D**iode
[2] SMD = **S**urface **M**ounted **D**evices
[3] COB = **C**hip **o**n **B**oard

## Vor- und Nachteile von LEDs

⊕ LEDs sind Festkörperleuchtmittel, daher stoß- und vibrationsunempfindlich.

⊖ Sie haben einen schmalbandigen Frequenzbereich, daher gestaltet sich die Farbmischung als schwierig und Mischfarben ändern sich beim Dimmen.

⊕ Sie emittieren keine UV- oder IR-Strahlung.

⊖ LED-Scheinwerfer sind erheblich mehr von der Umgebungstemperatur abhängig als konventionelle Scheinwerfer. Daher ist ein Kühlsystem zwingend erforderlich, das bei höheren Leistungsklassen auch einen Lüfter nötig macht. Es ist also auch auf die Geräuschentwicklung zu achten.

⊖ Meistens ist die Treiberelektronik mit ihren elektrischen Komponenten in ihrer Lebensdauer nicht so hoch ausgelegt wie die LED selbst. Daher liegt der Ausfall der LED meistens an einem Defekt der Treiberelektronik oder der Kühlung.

⊖ Um eine gleiche Lichtfarbe bei allen Geräten des gleichen Typs zu erreichen, müssen enge Toleranzen bei der LED-Auswahl eingehalten werden. Dies erfolgt durch Selektion und ist kostenintensiv, was sich im Preis widerspiegelt.

⊕ Die Effizienz von LEDs ist äußerst hoch. Üblich sind aktuell etwa 80 bis 150 lm/W.

## Vergleich mit anderen Leuchtmitteln

Lebensdauer: Glühlampen erfüllen ihren Dienst etwa 1000 Stunden lang, Leuchtstofflampen etwa 18000 Stunden. Hochleistungs-LEDs haben eine Lebensdauer von über 50000 Stunden, was einer Zeit von etwa 18 Jahren entspricht. Jedoch ist ihre Lebensdauer stark von der Betriebs- und Umgebungstemperatur sowie auch von der Treiberelektronik abhängig. Grundlegend gilt, dass LEDs in kälterer Umgebung effizienter arbeiten als bei hoher Umgebungstemperatur. Bei hoher Umgebungstemperatur lässt der Lichtstrom nach und die Lebensdauer kann sich stark verkürzen. Daher ist eine gute Wärmeableitung besonders wichtig. LEDs sind wartungsfrei. Lampenwechsel und Service-Einsätze entfallen. Sie fallen im Betrieb nicht aus. Die Intensität des Lichts nimmt mit der Zeit jedoch ab. Je nach Anwendung muss die Lebensdauer daher genauer definiert werden. Für eine Notbeleuchtung beispielsweise ist ein Lichtstrom von über 80 % des am Anfang gemessenen Wertes nötig. Für die Allgemeinbeleuchtung reichen 50 % bis 70 % aus.

Lichtausbeute: In **Tabelle 1** sind die Lichtausbeuten verschiedener Lichtquellen, darunter auch von LEDs, gegenübergestellt.

**Tabelle 1:** Lichtausbeute von Lichtquellen

| Lampe | Lichtausbeute |
|---|---|
| Halogen-Glühlampe | 10 – 30 lm/W |
| Xenon-Lampe | 30 – 50 lm/W |
| Halogen-Metalldampf-Lampe | 80 – 100 lm/W |
| Leuchtstofflampen | 80 – 100 lm/W |
| LEDs | 80 – 150 lm/W |

## Wiederholungsfragen

1. Was sind wesentliche Unterscheidungsmerkmale von HMI und Xenon Leuchtmitteln?
2. Welcher Faktor ist bei der Lebensdauer einer LED von entscheidender Bedeutung?
3. Wozu dient das Vorschaltgerät bei Entladungslampen?
4. Wie erfolgt die Lichterzeugung in einer Leuchtstofflampe?

# 8.7 Scheinwerfer

## 8.7.1 Arten von Scheinwerfern

### Fluter

Fluter **(Bild 1)** werden im Allgemeinen zur Flächenausleuchtung verwendet. Man unterscheidet zwischen asymmetrischen und symmetrischen Flutern. Im Gegensatz zu punktförmigen Lichtquellen werden durch das langgezogene Leuchtmittel die Schatten diffus. Die Reflektoren sind strukturiert ausgeführt, um eine optimal Lichtstreuung zu ermöglichen. Fluter werden oft als Arbeitslicht eingesetzt, da sich hiermit kostengünstig große Flächen ausleuchten lassen.

**Bild 1**: Asymmetrischer Fluter

### Blinder

Ein Blinder **(Bild 2)** ist ein Scheinwerfer vorzugsweise für Gegenlichtanwendungen. In der Regel ist er mit 8 DWE 120 V/650 W-Leuchtmitteln bestückt, die bei 230 V paarweise in Reihe verschaltet werden. Diese Leuchtmittel haben eine mittlere Lebensdauer von nur ca. 100 Stunden. Deshalb werden Blinder nur als Effektscheinwerfer eingesetzt. Beispielsweise finden sie gerne bei Festivals in der Fronttraverse (Fronttruss) Verwendung, um das Publikum großflächig auszuleuchten. Da dies das Publikum blendet, werden sie Blinder (engl.) genannt.

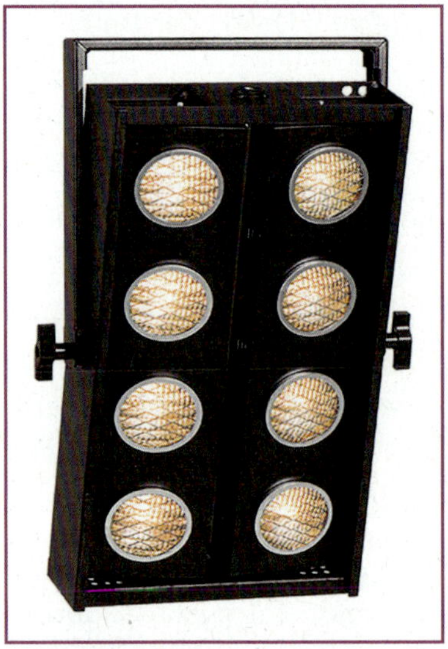

**Bild 2**: Blinder

### Weichstrahler

Weichstrahler **(Bild 3)** sind spezielle Scheinwerfer, die im Studiobetrieb zum Erzeugen von schattenarmem Licht verwendet werden. Durch den geringen Kontrastumfang der Fernsehkameras würden starke Schatten, z.B. durch Stufenlinsenscheinwerfer erzeugt, im späteren Fernsehbild schwarz erscheinen. Diese Schatten werden durch Weichstrahler aufgehellt. Speziell bei der Ausleuchtung von Gesichtern spielen Weichstrahler eine große Rolle, da sie die Konturen etwas glätten und Hautfalten weniger stark heraustreten lassen.

**Bild 3**: Weichstrahler

### Stufenlinsenscheinwerfer

Stufenlinsenscheinwerfer **(Bild 4)** sind wie PC-Scheinwerfer aufgebaut: Sie bestehen aus einer Lampe mit dahinter fest angebrachtem Kugelspiegel, die auf einem verschiebbaren Schlitten montiert sind **(vgl. Bild 1, Seite 311)** und einer Stufenlinse **(Kapitel 8.4)**. Durch Verändern des Abstands vom Schlitten zur Linse kann man den Abstrahlwinkel einstellen. Ein großer Abstand bewirkt einen kleinen Abstrahlwinkel (Spot), während ein kleiner Abstand einen weiten Abstrahlwinkel (Flood) zur Folge hat.

Aufgrund der geringen Materialdicke der Linse ist ein Stufenlinsenscheinwerfer etwas lichtstärker als ein PC-Scheinwerfer. Die Linse ist an der Innenseite aufgeraut, um eine gleichmäßige Lichtverteilung zu ermöglichen.

Der Lichtkegel läuft weich, ohne Ränder, aus. Sie eignen sich hervorragend, um die Ausleuchtung aneinandergrenzender Abschnitte einer Fläche zu ermöglichen. Im Studio wird der Stufenlinsenscheinwerfer als Lichtquelle für Führungs- und Spitzlicht verwendet **(vgl. Kapitel 8.11)**.

**Bild 4**: Stufenlinsenscheinwerfer

## PC-Linsenscheinwerfer

Die Abkürzung PC steht für das englische „plano-convex". Der PC-Scheinwerfer **(Bild 1)** ist ähnlich einem Stufenlinsenscheinwerfer aufgebaut, jedoch besitzt er eine Plankonvexlinse **(vgl. Kapitel 8.4)**. Im Inneren befindet sich eine Lampe mit dahinter fest angebrachtem Kugelspiegel, die auf einem verschiebbaren Schlitten montiert sind. Der Lichtkegel hat im Vergleich zum Stufenlinsenscheinwerfer eine deutlich stärkere Randbegrenzung und das Licht läuft nicht so weich aus. PC-Scheinwerfer stellen eine kostengünstige Alternative zu Stufenlinsenscheinwerfern dar und sind in Theatern häufig zu finden.

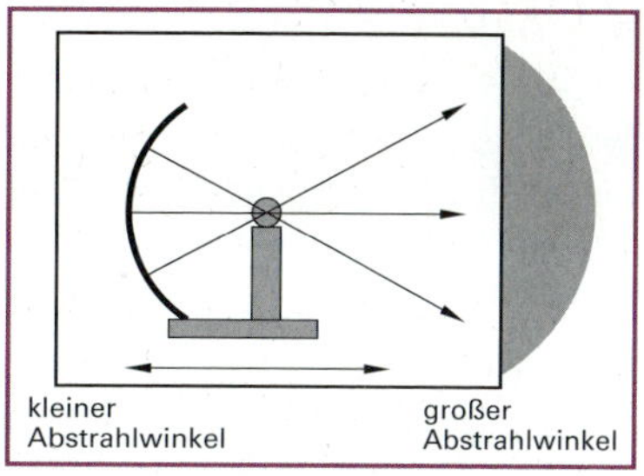


**Bild 1**: PC-Scheinwerfer Schema

## PAR-Scheinwerfer

Der PAR-Scheinwerfer **(Bild 2)** ist ein klassischer Scheinwerfer, der bis in die 1990er Jahre in großer Anzahl auf den Livebühnen bei Festivals zu finden war. PAR steht für „Parabolic Aluminium Reflector". PAR-Scheinwerfer gibt es in verschiedenen Größen, wobei die Zahl den Lampen-Durchmesser in 1/8 Zoll angibt. Ein PAR 64-Scheinwerfer hat somit einen Lampen-Durchmesser von 8" oder 20,32 cm.

**Bild 2**: PAR-Scheinwerfer

## Profilscheinwerfer

Profilscheinwerfer **(Bild 3)**, auch Profiler genannt, erzeugen eine scharf umrissene Abbildung ohne Streulicht. Der Name beruht auf der Möglichkeit, ein Profil (Kontur) abzubilden. Profilscheinwerfer sind mit vier Blendenschiebern ausgestattet, mit deren Hilfe der Lichtkreis oben, unten und seitlich begrenzt werden kann. Dadurch lässt sich der Lichtstrahl des Scheinwerfers exakt auf eine Fläche begrenzen. Der Abstrahlwinkel wird durch ein Verschieben der Linse verändert.

Zum Zubehör gehören unter anderem Irisblenden und Gobos, die in die Abbildungsebene eingesetzt werden können. Gobos sind Scheiben aus Blech oder Glas, in die ein Motiv geätzt, geschnitten oder aufgetragen wird. Durch den Einsatz von Gobos ist nahezu jede (auch farbige) Projektion möglich.

Um eine Schrift bei einer Aufprojektion lesen zu können, muss das Gobo um 180° um die optische Achse gedreht eingebaut werden. Aus Sicht des Brenners ist es also zu lesen, steht aber auf dem Kopf[1].

Es gibt kostengünstige Varianten mit Ellipsenspiegel und diejenigen mit Kondensoroptik für qualitativ hochwertige Projektionen.

**Bild 3**: Profilscheinwerfer

## Multifunktionsscheinwerfer (Movinglights)

Movinglights **(Bild 4)** sind Stufenlinsen- oder Profilscheinwerfer, montiert in einem motorisierten Bügel. Sie besitzen zusätzlich einige Features wie Zoom, Farbe, Gobos und Dimmer und können mit Steuersignalen **(Kapitel 8.9)** wie DMX oder Art-Net ferngesteuert werden. Movinglights werden oft mit zwei Verbindungselementen befestigt. Es muss dennoch eine zusätzliche Sicherung, wie z. B. Sicherungsseil, verwendet werden.

**Bild 4**: Movinglight

[1] Merkhilfe: Der Brenner kann's lesen

## Verfolgerscheinwerfer (Follow-Spots)

Ein Verfolgerscheinwerfer **(Bild 57)**, bzw. Verfolger oder Follow-Spot, ist eine Sonderform des Profilscheinwerfers. Die lange Bauform ist nötig, da kleine Abstrahlwinkel von 2° bis 16° nur mit großem Abstand der Lampe zur Linse erreicht werden können.

Die meisten Verfolgerscheinwerfer für große Entfernungen (> 40 m) sind mit Entladungslampen ausgestattet. Für kürzere Entfernungen gibt es auch LED-Varianten. Verfolger mit Halogenlampen findet man hauptsächlich im Theater- und Studiobereich.

**Bild 1**: Verfolger

Maßnahmen beim Einsatz von Verfolgerscheinwerfern:

- Ausreichende Dimensionierung des Stativs und der Befestigung des Verfolgerscheinwerfers
- Sicherung des Verfolgerscheinwerfers gegen Absturz
- Sicherer Standort und geeignete Bodenbeschaffenheit (kein Wackeln etc.)
- Bewegungsfreiraum des Verfolgerscheinwerfers und des Bedieners
- Sicherung der Personen gegen Absturz (PSA), zum Beispiel auf Traversen
- Geeigneter Auf- und Abstieg des Bedieners
- Möglichkeit der Evakuierung auf höher gelegenen Arbeitsplätzen wie Regietürmen oder Traversen
- Verständigungsmöglichkeit mittels Intercom oder Funkgeräten

## Scheinwerfer mit Entladungslampen

Bei Scheinwerfern mit Entladungslampen, wie HMI oder MSR, können sehr hohe UV-Werte erzielt werden. Daher ist beim Einsatz besondere Vorsicht geboten. Folgende Maßnahmen ergeben sich daraus:

- Sichtprüfung auf Vorhandensein der Schutzlinse oder Schutzscheibe
- Nur spezifizierte Ersatzteile verwenden
- Beurteilung der Einsatzbedingungen und Expositionszeiten
- Überprüfung der Sicherheitseinrichtungen zur automatischen Abschaltung im Falle des Fehlens von UV-Schutzscheiben oder Linsen

## Zubehör zu Scheinwerfern

Scheinwerferzubehör sind Elemente, die am Scheinwerfer montierbar sind. Sie sind mit den Scheinwerfern fest verbunden oder werden in Aufnahmeeinrichtungen, Führungen und Schnellbefestigungen gesteckt. Unterschiede gibt es bei abnehmbarem Zubehör zwischen Elementen, die der Lichtgestaltung, der Befestigung oder der Bewegung dienen.

Zur Lichtgestaltung dienen: Gobos, Jalousien, Vorsätze, Filterrahmen und Tore.

Für die Befestigung, beziehungsweise Bewegung dienen: Befestigungs-, Verbindungs- und Sicherungselemente und Motorbügel.

Für das Zubehör gelten die gleichen Sicherheitsregeln wie für Scheinwerfer. Das Zubehör muss ebenfalls gesichert werden, wenn die Befestigung nicht zwanghaft ist und die Gefahr des Herabfallens besteht **(Bild 2)**.

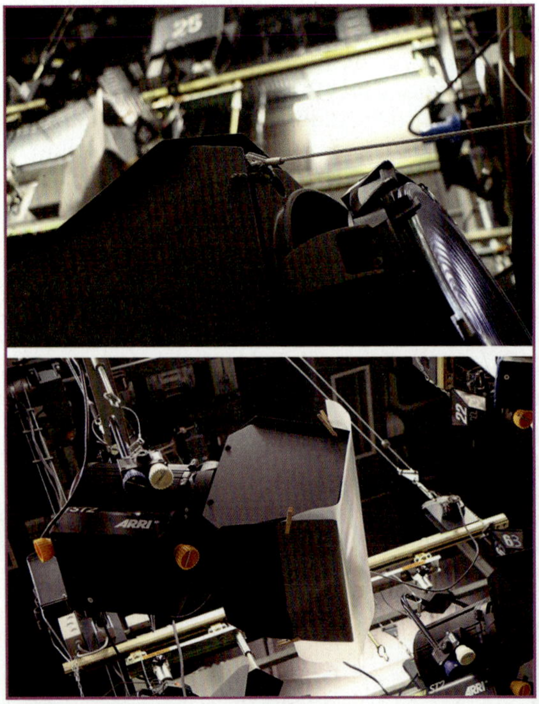

**Bild 2**: Sichern gegen Herabfallen

## 8.7.2 Sicherheit im Umgang mit Scheinwerfern

**Bild 1**: Scheinwerfer in einem Studio

### Ortsfeste Scheinwerfer

Ortsfeste Scheinwerfer sind fest installiert und können nur mit einem Werkzeug befestigt oder entfernt werden.

Die Befestigungen von ortsfesten Scheinwerfern müssen gegen Selbstlösen gesichert sein.

### Ortsveränderliche Scheinwerfer

Bei ortsveränderlichen Scheinwerfern besteht die Möglichkeit, sie während des Betriebes neu zu positionieren und ohne Werkzeug mit Verbindungselementen, wie zum Beispiel Rohrschellen, Hülsen und Aufnahmezapfen, zu befestigen.

Ortsveränderliche Schweinwerfer müssen mit einer zweiten, unabhängig wirkenden Einrichtung, wie einem Sicherungsseil oder einer Sicherungskette, gesichert werden.

### Bereitstellung von Scheinwerfern

Vor dem Einsatz von Scheinwerfern muss eine Gefährdungsbeurteilung auf Basis der Einsatzbedingungen durchgeführt werden. Es dürfen nur Scheinwerfer verwendet werden, die sicherheitstechnisch allen Gesetzen und Normen entsprechen. Für Scheinwerfer sind das CE-Zeichen und eine EG-Konformitätserklärung vorgeschrieben. Bei älteren Scheinwerfern, die noch kein CE-Zeichen besitzen, muss sichergestellt werden, dass diese technisch sicher sind.

### Sicherheitsabschaltung

Wenn bei Scheinwerfern Spannungen von mehr als 1000 V zum Einsatz kommen, zum Beispiel bei Scheinwerfern mit Zündgeräten und Entladungslampen, darf man das Gehäuse nur mithilfe eines Werkzeuges öffnen können. Andernfalls müssen die Scheinwerfer einen selbsttätigen Schalter besitzen, der sie beim Öffnen abschaltet.

## Anschlussleitungen

Die Anschlussleitungen von Scheinwerfern müssen allen mechanischen, elektrischen und thermischen Beanspruchungen standhalten. Hierfür müssen die Leitungen mindestens der Qualität H07RN-F entsprechen.

## Splitterschutz

Falls die Lampe platzt, müssen die Splitter im Gehäuse des Scheinwerfers verbleiben.

Daher müssen an der Lichtaustrittsöffnung entweder Gitter angebracht sein oder es muss zwei Schutzscheiben oder Linsen geben. Für die maximale Maschenweite der Gitter sind 8 mm (ohne Linse oder Glasscheibe), 12 mm (mit Glasscheibe) und 25 mm (mit einfacher Linse) vorgeschrieben.

## Kennzeichnungen

Bei der Kennzeichnung von Scheinwerfern sollten folgende Punkte eindeutig genannt werden können **(Bild 1)**: ① Hersteller, ② Seriennummer, ③ Baujahr, ④ Gewicht, ⑤ CE-Zeichen (kann bei älteren Geräten evtl. nicht vorhanden sein), ⑥ Netzspannung, Leistung, Stromaufnahme, ⑦ Schutzart, ⑧ Maximale Umgebungstemperatur, ⑨ Gebrauchslage, ⑩ Maximale Oberflächentemperatur, ⑪ Mindestabstände zu Personen, Flächen und brennbaren Materialien sowie ⑫ ggf. die optische Gefährdung.

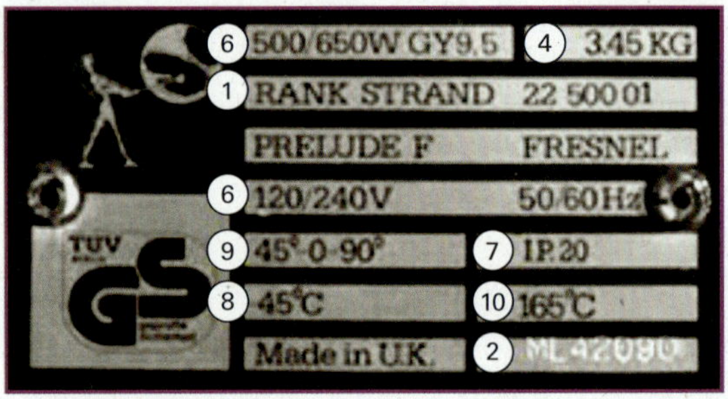


**Bild 1**: Älteres Typenschild eines Stufenlinsenscheinwerfers

## Risikogruppen fotobiologischer Gefährdungen

Je nach fotobiologischer Gefährdung (optischer Gefährdung) durch UV- und Blaulichtstrahlung erfolgt die Zuordnung in vier Risikogruppen:

**Risikogruppe 0**: Es gibt keine fotobiologische Gefährdung.

**Risikogruppe 1**: Geringes Risiko, keine Gefährdung bei bestimmungsgemäßem Gebrauch.

**Risikogruppe 2**: Mittleres Risiko, es besteht eine Gefährdung, wenn die natürlichen Reaktionen, wie das Augenschließen oder das Wegschauen, vermieden werden.

**Risikogruppe 3**: Hohes Risiko, auch ein flüchtiger Blick in eine Lichtquelle stellt eine Gefährdung dar.

Der Hersteller ist zur fotobiologischen Sicherheit seiner Scheinwerfer auskunftspflichtig. Geräte der Risikogruppen 2 und 3 sind kennzeichnungspflichtig und es müssen Angaben über Mindestabstände und Expositionszeiten vorliegen. Das Piktogramm aus **Bild 2** wird hier zur Kennzeichnung verwendet.

**Bild 2**: Warnung vor optischer Strahlung

## Gefahr durch Blendung

Auf einer Bühne besteht immer die Gefahr, dass durch Blendung gefährliche Stellen, wie zum Beispiel die Bühnenkanten, nicht erkannt werden und daraus ein Absturz resultiert. Bühnenunerfahrene Personen sollten daher unterwiesen oder auf der Bühne begleitet werden. Bühnenerfahrene Personen, wie Schauspieler oder Musiker, vermeiden diese Gefährdung, indem sie nicht direkt in die Scheinwerfer blicken.

Bei der Gefährdungsbeurteilung müssen die Verordnung zum Schutz der Arbeitnehmer vor Gefährdungen durch künstliche optische Strahlung (OStrV) und die Technischen Regeln für Optische Strahlung (TROS) beachtet werden. Besonders durch moderne Hochleistungsscheinwerfer mit ihren sehr hohen Lichtstärken kann die Netzhaut durch Blenden und „Verblitzen" (kurzzeitige Exposition) irreversibel geschädigt werden **(Kapitel 1, Seite 26)**.

## UV-Strahlung

Durch UV-Strahlung **(Bild 1)** besteht eine erhöhte Gefährdung der Augen und auch der Haut. Beim Einsatz von beispielsweise Tageslichtscheinwerfern ist dies im Rahmen einer Gefährdungsbeurteilung zu dokumentieren. Der Hersteller muss Auskunft über die Gefährdung und die Expositionszeiten geben. Scheinwerfer mit erhöhter UV-Strahlung dürfen nur mit entsprechenden Schutzscheiben betrieben werden.

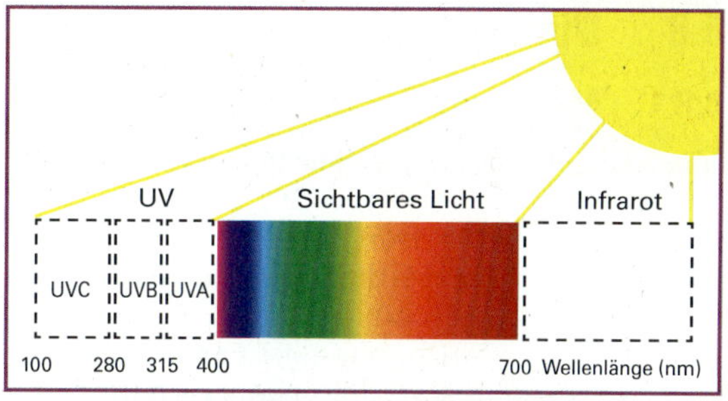


**Bild 1**: Wellenlängen von UV- und IR-Strahlung

## Blaulichtgefährdung

LED-Scheinwerfer haben sehr oft ein Strahlungsmaximum im blauen Spektralbereich **(Bild 2)**, also zwischen 400 nm bis 500 nm Wellenlänge. Auch Weißlichtscheinwerfer verwenden blaue LEDs, indem sie die Phosphorschicht für die Weißlichterzeugung anstrahlen **(Kapitel 8.6.3)**. Das sichtbare blaue Licht dringt durch das gesamte Auge bis zur Netzhaut und kann dort Schädigungen verursachen.

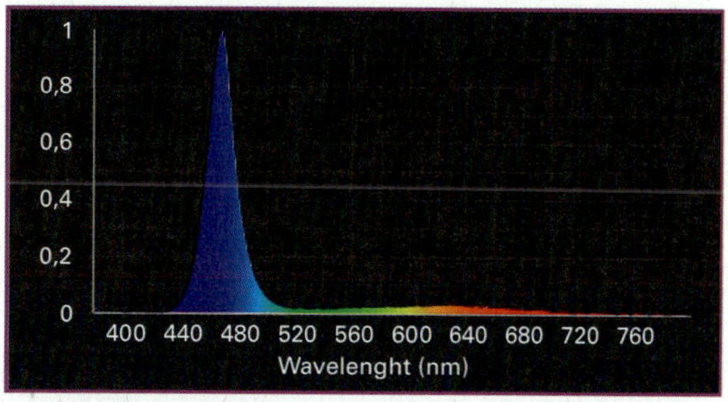


**Bild 2**: Blaue LED

## Gefährdung durch Hitze

- Heiße Scheinwerfer müssen ausreichend entfernt von gefährdeten Objekten und Flächen montiert werden.

Die maximal zulässige Umgebungstemperatur muss dabei auf jeden Fall berücksichtigt werden. Die Mindestabstände zu Personen und angestrahlten Flächen müssen ebenfalls immer eingehalten werden. Die zulässigen Werte sind zwingend auf dem Gerät anzubringen.

## Prüfungen

Scheinwerfer unterliegen der Pflicht zur Wiederholungsprüfung, wobei die Prüffristen von einer verantwortlichen Elektrofachkraft festzulegen sind.

- Ungeprüfte Geräte und Geräte mit Mängeln dürfen nicht verwendet werden.

## Sichtprüfung

- Ein Scheinwerfer muss vor jeder Benutzung einer Sichtprüfung unterzogen werden.

Auf den Zustand des Steckers, der Zuleitung und der Leitungseinführung muss geachtet werden. Das Vorhandensein eines Sicherungsseils, des Splitterschutzes und der Linse muss kontrolliert werden, ebenso sollte man auch auf lose Teile, auf das Typenschild sowie auf den Termin der nächsten Wiederholungsprüfung achten **(Bild 3)**.

**Bild 3**: Prüfplakette

## Wiederholungsfragen

1. Welche Scheinwerfertypen werden im Allgemeinen zur Flächenausleuchtung verwendet?
2. Wofür steht die Bezeichnung PAR 64?
3. Erklären Sie den Unterschied zwischen ortsveränderlichen und ortsfesten Scheinwerfern.
4. Worauf muss bei der Inbetriebnahme von Scheinwerfern geachtet werden?

# 8.8 Dimmer

## 8.8.1 Mechanische Dimmer

Mechanische Dimmer **(Bild 1)**, auch Jalousien genannt, werden eingesetzt, wenn sich das Leuchtmittel, zum Beispiel eine Entladungslampe, nicht elektronisch dimmen lässt. Außerdem werden sie verwendet, wenn gedimmt werden muss, ohne die Farbtemperatur zu ändern. Auch sind Jalousien eine einfache Methode, einen Scheinwerfer zu verdunkeln, wenn er nicht ausgeschaltet werden darf, zum Beispiel wenn eine Entladungslampe sich nur im kalten Zustand wieder einschalten lässt und daher zu viel Zeit zum Abkühlen benötigen würde.

**Bild 1**: Jalousien

## 8.8.2 Elektrische Dimmer

### Dimmen mit Vorwiderstand

Einfache elektrische Dimmer **(Bild 2)** werden mit Vorwiderständen realisiert. Der Vorteil liegt darin, dass die Sinusspannung erhalten bleibt. Ein entscheidender Nachteil ist allerdings, dass der Vorwiderstand eine große Wärmebelastung erfährt und daher entsprechend gekühlt werden muss. Daher sind Vorwiderstände zum Dimmen sehr selten im Einsatz. In Phasenanschnittdimmern und Phasenabschnittdimmern werden die Vorwiderstände durch schaltende Halbleiterbauelemente ersetzt.

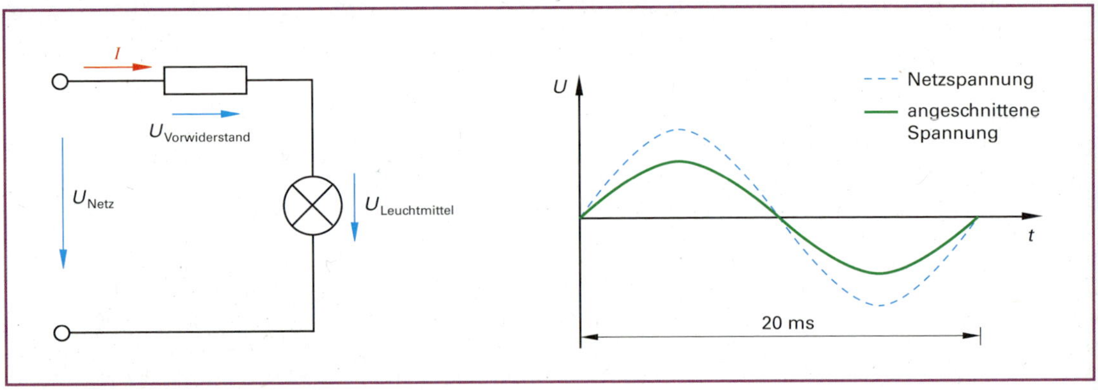


**Bild 2 Dimmen mit Vorwiderstand**

### Phasenanschnitt

Elektronische Phasenanschnittsdimmer lassen den Strom nur in einem bestimmten Teil der Wechselspannungshalbwellen fließen **(Bild 3)**. Die Phase wird angeschnitten. Das bedeutet, dass nach dem Nulldurchgang für eine einstellbare Dauer kein Strom fließt. Gesteuert wird dies durch Thyristoren oder Triacs, die für den Stromdurchlass gezündet werden müssen und nach dem Wechsel der Stromrichtung den Stromdurchfluss automatisch wieder sperren.

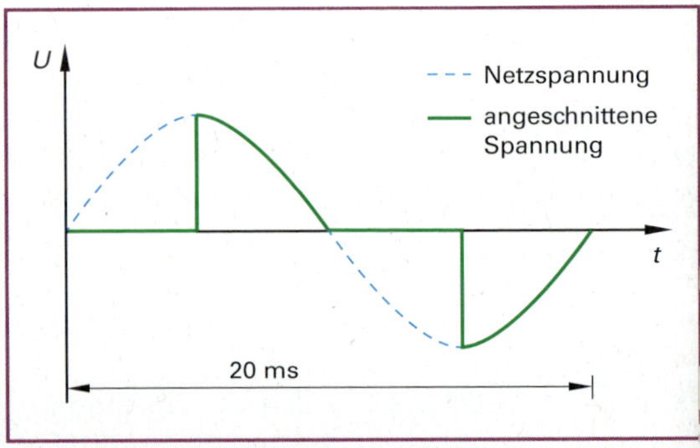


**Bild 3**: Phasenanschnitt

Mit Phasenanschnittsdimmern lassen sich auch induktive Lasten dimmen. Wichtig ist hierbei jedoch, dass Dimmer immer eine gewisse Mindestlast benötigen, die normalerweise in der Bedienungsanleitung angegeben ist.

Ein Nachteil dieser Dimmer sind allerdings die auftretenden steilen Flanken. Laut Fouriertransformation sind darin sehr viele Oberschwingungen enthalten. Dies kann durch den Einsatz einer Drossel kompensiert werden, die in Reihe mit dem Verbraucher geschaltet wird. Dadurch wird die Flankensteilheit verringert. Der Entstörgrad wird durch die entsprechende Zeit, wie in **Bild 1** eingezeichnet, gekennzeichnet. Werte zwischen 100 µs und 300 µs sind üblich.

## Phasenabschnitt

Beim Phasenabschnittsdimmer wird der Stromdurchfluss nach einer bestimmten Zeit abgeschaltet **(Bild 2)**. Dies kann jedoch nur mit Transistoren realisiert werden und ist entsprechend aufwändiger und auch teurer.

## Pulsweitenmodulation

Bei einer Pulsweitenmodulation (Pulsbreitenmodulation, pulse duration modulation) wird eine Schaltperiode in Anteile mit eingeschalteter und ausgeschalteter Spannung unterteilt. Durch die Veränderung der Ein- und Ausschaltdauer kann der Mittelwert der Ausgangsspannung und damit der Laststrom verändert werden. Im einfachsten Fall wird dabei eine Gleichspannung zu- und abgeschaltet **(Bild 3a)**. Es entsteht eine Rechteckspannung. Deren Mittelwert nimmt mit steigender Einschaltdauer zu **(Bild 3b)**.

**Schaltfrequenz:** Die Zeitdauer zwischen einem Einschaltvorgang und dem nächsten Einschaltvorgang nennt man Schaltperiode **(Bild 3)**. Der Kehrwert der Schaltperiode ist die Schaltfrequenz **(Tabelle 1)**. Dauert eine Schaltperiode beispielsweise 40 µs, ergäbe sich eine Schaltfrequenz von 25 000 Hz, also 25 kHz. Für Beleuchtungen müssen die Schaltfrequenzen so hoch gewählt werden, dass für das menschliche Auge kein Flackern erkennbar wird. Bei Glühlampen spielt dies praktisch keine Rolle, da diese sehr träge sind. Für weniger träge Leuchtmittel, wie z. B. LEDs, müssen dagegen wesentlich höhere Schaltfrequenzen gewählt werden oder es müssen sogenannte Filterbeschaltungen **(vgl. Kapitel 7.6)** an den Ausgängen angeschlossen sein.

**Auflösung:** Die Anzahl der möglichen Helligkeitsstufen von Dimmern nennt man Auflö-

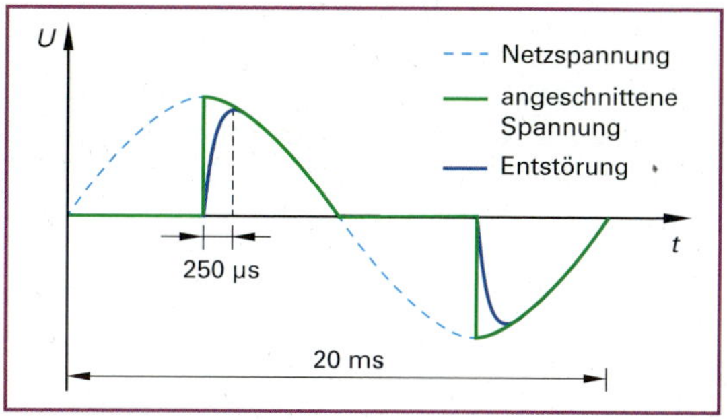


**Bild 1**: Phasenanschnitt mit Drossel

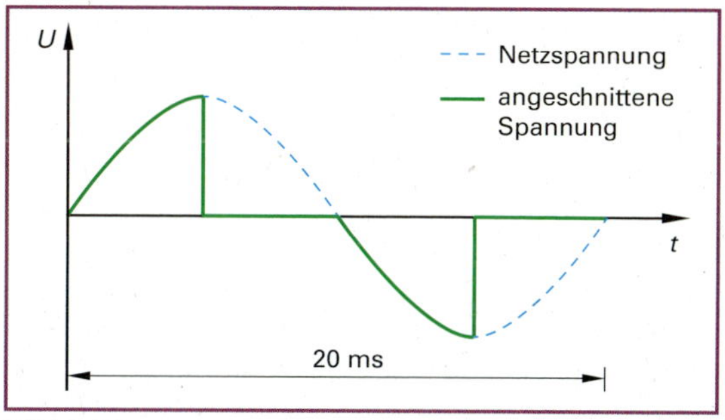


**Bild 2**: Phasenabschnitt

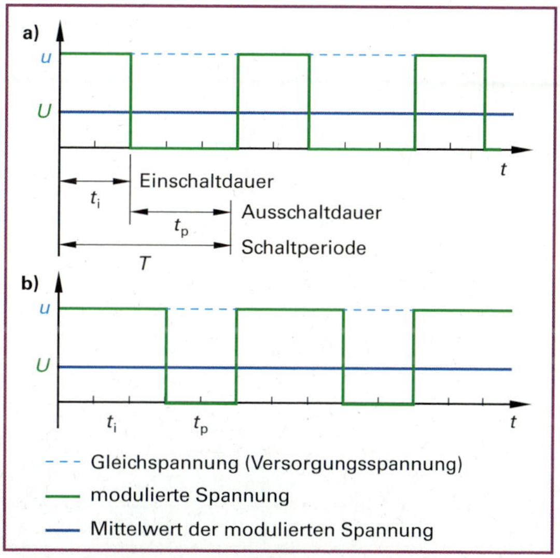


**Bild 3**: Pulsweitenmodulation

**Tabelle 1:** Schaltfrequenzen

| Schaltfrequenz | Schaltperiode |
|---|---|
| 50 Hz | 20 ms |
| 16 kHz | 62,5 µs |
| 25 kHz | 40 µs |
| 40 kHz | 25 µs |

sung. Bei digitaler Ansteuerung ergibt sich die Zahl der Stufen aus den Binärzahlen. So haben DMX-Lichtsteuerungen (Seite 321) beispielsweise eine Auflösung von 8 bit, also 256 Helligkeitsstufen. Ist die Auflösung 8 bit und die Schaltfrequenz 25 kHz, kann man sich die Schaltperiode (40 µs) unterteilt in 256 Teile denken (**Bild 1**). Ist die Last am Anfang der Periode eingeschaltet, so kann sie zu Beginn jedes weiteren der 256 Teile abgeschaltet werden. Auf Dimmstufe 128, also 50 %, würde sie beispielsweise in der Mitte der Schaltperiode ausgeschaltet. Für die Stufe 0 wäre sie immer aus- und für die höchste Stufe wäre sie immer eingeschaltet.

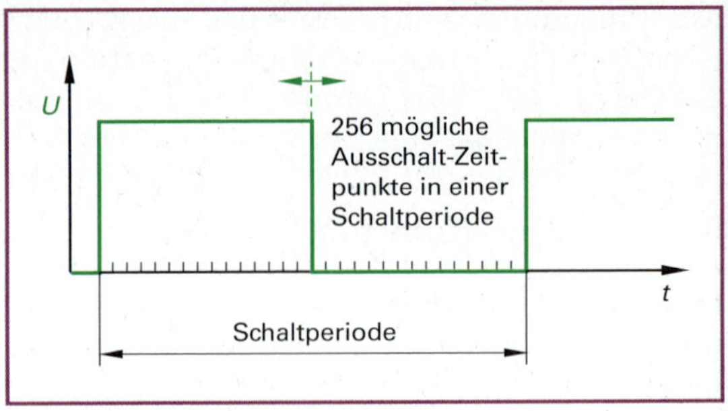


**Bild 1**: Schaltperiode und Auflösung

### Sinusdimmer

In unserem Stromnetz steht normalerweise keine Gleichspannung zur Verfügung. Daher werden in der Veranstaltungstechnik sogenannte Sinusdimmer eingesetzt. Anstatt einer Gleichspannung, wie bei einer einfachen Pulsweitenmodulation, schalten diese die sinusförmige Netzspannung innerhalb definierter Schaltperioden zu und ab. Übliche Schaltfrequenzen liegen bei 25 bis 40 kHz. **Bild 2a** zeigt eine Sinusperiode der 50-Hz-Netzfrequenz, Dauer 20 ms. In dieser Sinusperiode liegen bei 25 kHz Schaltfrequenz 500 Schaltperioden. Dies sieht man in **Bild 2b**, wobei der horizontale Zoom so stark ist, dass man den leichten Anstieg der Sinusspannung fast nicht wahrnimmt. Diese Schaltperiode hätte bei 8 bit Auflösung die in Bild 1 gezeigten, oben im Text erläuterten Schaltmöglichkeiten.

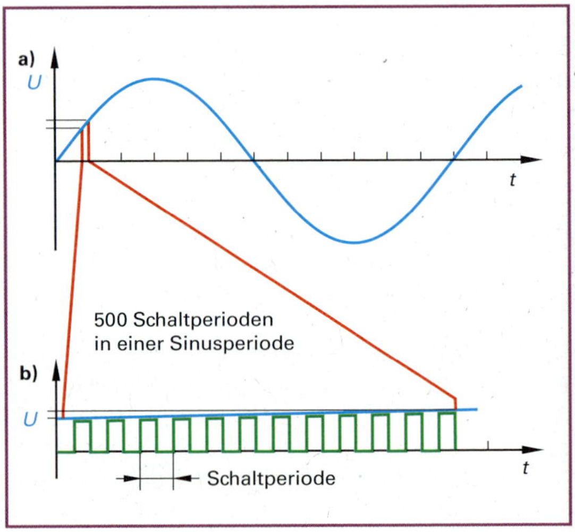


**Bild 2**: Sinusperiode und Schaltperiode

## 8.8.3 Lastverteilungen

Die Lastverteilung ist ein wichtiger Aspekt bei Dimmern, da möglichst eine symmetrische Belastung der Außenleiter angestrebt wird. Je nach Hersteller gibt es unterschiedliche Phasenzuordungen[1] bei 12-kanaligen Dimmereinschüben. Die genaue Belegung sollte in der Bedienungsanleitung angegeben sein. Gängige Belegungen sind in **Bild 3** gezeigt.

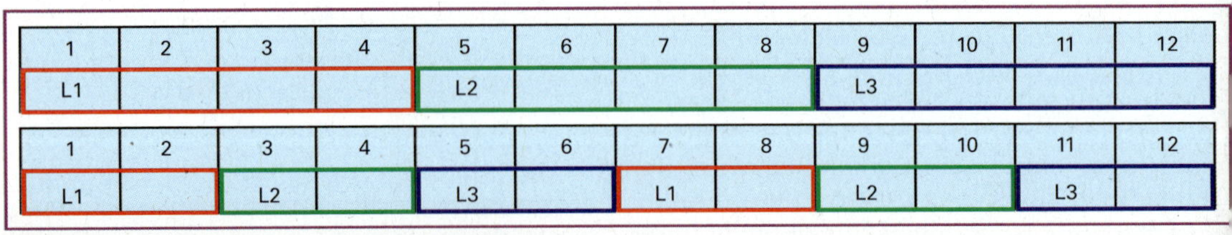


**Bild 3**: Phasenbelegung unterschiedlicher Dimmer

Bei Dimmereinschüben mit 12x10 A und einem roten CEE-Stecker besteht die Möglichkeit, 40 A Last pro Außenleiter (ugs. Phase) aufzulegen.

[1] Früher wurden Außenleiter in der Elektrotechnik mit „Phase" bezeichnet. In einigen Bereichen und bei einigen Sonderbegriffen ist der Begriff noch erhalten geblieben.

## Lastmulticore

Ein Lastmulticore (**Bild 1**) ist eine Mehraderleitung mit Steckern zum Anschluss mehrerer Verbraucher. Sie versorgt bis zu sechs Kanäle und sollte der DIN 15765 „Multicore-Systeme für mobile Produktions- und Veranstaltungstechnik" genügen. Die zulässige Belegung der Steckverbindung, umgangssprachlich auch nach einem gängigen Hersteller „Harting-Steckverbindung" genannt, geht aus **Tabelle 1** hervor. Der **Schutzleiter wird am Steckergehäuse** angeschlossen. Achtung: Auf dem Markt sind auch andere, nicht normgerechte Systeme. Daher muss unbedingt auf die Belegung geachtet werden.

**Bild 1**: Lastmulticore

**Tabelle 1**: Belegung der Steckverbindung nach DIN 15765

| Pin Nr. | Belegung |
|---|---|
| 1 | Phase Kanal 1 |
| 2 | Phase Kanal 2 |
| 3 | Phase Kanal 3 |
| 4 | Phase Kanal 4 |
| 5 | Phase Kanal 5 |
| 6 | Phase Kanel 6 |
| 7 | nicht belegt |
| 8 | nicht belegt |
| 9 | Neutralleiter Kanal 1 |
| 10 | Neutralleiter Kanal 2 |
| 11 | Neutralleiter Kanal 3 |
| 12 | Neutralleiter Kanal 4 |
| 13 | Neutralleiter Kanal 5 |
| 14 | Neutralleiter Kanal 6 |
| 15 | nicht belegt |
| 16 | nicht belegt |

Normgerechte Lastmulticore versorgen höchstens sechs Kanäle.

Bei gleichzeitiger Verwendung normgerechter Plugboxen (**Bild 2**) und nicht normgerechter Steckverbinder besteht die Gefahr, dass 400 V an einer Schuko-Steckdose anliegen und dadurch Geräte zerstört werden können.

Bei der Verwendung von Lastkabeln muss auf die zulässige Höchstbelastung geachtet werden, damit die Isolierungen der Leitungen nicht beschädigt werden (Seite 249).

**Plugbox/Versatzkasten**: Am Ende eines Lastmulticores befindet sich eine sogenannte Plugbox, auch genannt Versatzkasten, an der die einzelnen Lastkreise mittels Schuko-Steckdosen abgegriffen werden können (**Bild 2**).

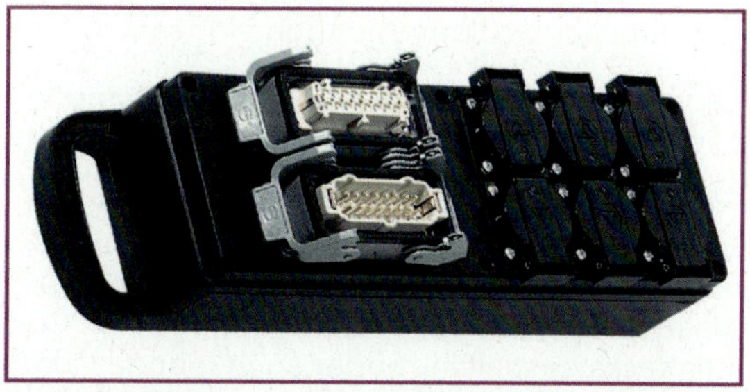

**Bild 2**: Plugbox

## Socapex-Steckverbinder

Ein weiteres System verwendet runde Stechverbinder mit 19 Kontakten (Socapex). Hier gilt folgende Belegung: An den Pins 1 bis 12 werden abwechselnd die Phasen und Neutralleiter der Kanäle 1 bis 6 aufgelegt. Die **Pins 13 bis 18 werden mit dem Schutzleiter** verbunden. Pin 19 wird nicht verwendet.

## Wiederholungsfragen

1. Für eine Fernsehaufzeichnung soll das Licht gedimmt werden, ohne die Farbtemperatur zu verändern. Nennen Sie zwei technische Möglichkeiten, um dies zu realisieren.
2. Nennen Sie den Unterschied zwischen einem Phasenanschnittsdimmer und einem Phasenabschnittsdimmer.
3. Womit können Dimmerkanäle auf Lasten (Scheinwerfer) verteilt werden und worauf muss man hierbei achten?

# 8.9 Lichtsteuerung

## 8.9.1 Lichtsteuerungen in der Praxis

Mit einem Lichtpult kann man die Helligkeiten der unterschiedlichen Scheinwerfer einstellen sowie Farben und die Positionen von Movinglights programmieren. Alle Einstellungen zusammen werden in einer Lichtstimmung beziehungsweise einem sogenannten Cue abgespeichert und können so jederzeit wieder abgerufen werden. An dieser Stelle kann nur eine vereinfachte Übersicht der Funktionsbereiche erfolgen, da es auf dem Markt unterschiedlichste Lichtpulte gibt.

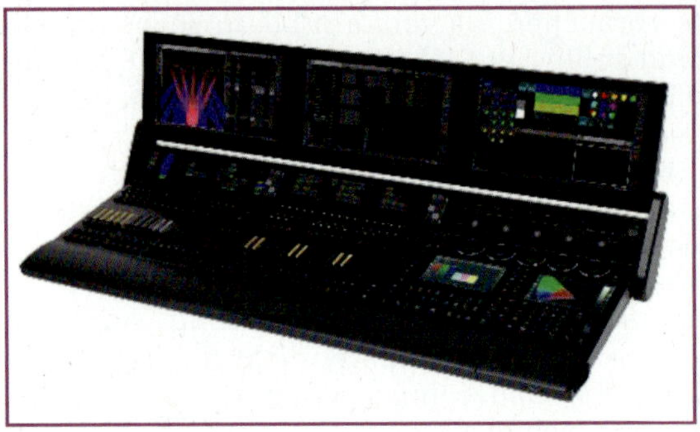

**Bild 1**: Lichtpult

## 8.9.2 Grundlegende Bedienelemente einer Lichtsteuerung

Das Arbeiten mit Lichtpulten in der Praxis ist im Wesentlichen durch deren wichtigste Funktionsbereiche bestimmt. Folgende Funktionen sind bei den meisten Lichtpulten zu finden:

**Lichtkreissteuerung**: Die Lichtkreissteuerung besteht aus einem numerischen Tastenfeld, oft einem Encoder (Drehregler) und Bedientasten zum Ausführen von Speicher-, Anwahl- und Helligkeitsbefehlen. Hier werden Geräte ausgewählt und deren Helligkeits-, Farb- und Positionswerte eingestellt.

**Bild 2**: Kreissteuerung mit Submastern

**Submaster**: Auf Submaster können verschiedene Lichtstimmungen oder Cues zusammengefasst werden. Jedem Submaster ist dabei ein Fader (Schieberegler) und meistens auch eine Taste zugeordnet, um die gespeicherten Inhalte manuell aufrufen zu können. Speziell für Movinglights erlauben Submaster auch das Ablegen von Werten der Parameter, wie Farben oder Positionen dieser Geräte, und werden zum Mischen individueller Lichtstimmungen eingesetzt.

**Sequenzen:** In Sequenzen werden verschiedene Lichtstimmungen hintereinandergelegt. Die Sequenzsteuerung erfolgt manuell per Tastendruck oder zeitgesteuert. Sie besitzt auch Fader, mit denen manuelle Überblendungen durchführbar sind.

**Effektsteuerung**: Effekte sind Verkettungen verschiedener Licht- und Positionswechsel. Lichtpulte besitzen unterschiedlichste vordefinierte Effekte, die vom Benutzer editiert werden können. Diese Effekte können in Lichtstimmungen, Cues, Sequenzen, Submastern oder speziellen Effekt-Playbacks gespeichert oder auch manuell aktiviert werden.

**Steuerung von Movinglights:** Zum Steuern von Movinglights werden Encoder für die X/Y-Achsen sowie zum stufenlosen Verändern verschiedener Parameter (z. B. Fokus, Iris, Farbmischsystem) eingesetzt. Viele Pulte besitzen einen Touchscreen, der mithilfe von Schaltflächen einen schnellen Zugriff auf Parameter und Funktionen bieten soll.

**Masterregler**: Als letzter Fader ist der Masterregler allen anderen Komponenten eines Lichtstellpultes übergeordnet und regelt alle Helligkeiten proportional. Im Allgemeinen besitzt er zusätzlich auch noch eine Blackout-Taste. Andere Parameter, z. B. von Movinglights, werden von ihm nicht beeinflusst.

### 8.9.3 Steuersignale

#### DMX

DMX steht für **D**igital-**M**ultiple**x**. DMX512 ist ein Protokoll zur Gerätesteuerung in der Veranstaltungstechnik und wurde in der Version DMX512 1990 in Deutschland in der DIN 56930-2 als Norm übernommen. Der aktuelle internationale Standard ist DMX 512A.

**Vorgaben nach DIN 56930-2:** DMX512 überträgt bis zu 512 Dimmerwerte mit 8-bit-Auflösung über einen symmetrischen Datenkanal. Bei DMX wird immer von Dimmerwerten gesprochen, auch wenn diese andere Parameter, wie Positionen, Farbe oder Gobos, steuern. Für eine 16-bit-Auflösung werden zwei 8-bit-Dimmerwerte gekoppelt. Dies ermöglicht zum Beispiel eine höhere Auflösung bei Positionierungen im PAN/TILT-Bereich[1].

**DMX 512A** ist vollständig abwärtskompatibel zu DMX512 1990. Aufgenommen wurden Definitionen zum Überspannungsschutz, zur galvanische Trennung und zur Erdung. Außerdem sind laut neuem Standard 3-polige XLR-Steckverbinder verboten. Die neuen XLR-Pins 4 und 5 dürfen ausschließlich zur Datenübermittlung verwendet werden. Es besteht die Möglichkeit Informationen vom Gerät an das Pult zurückzusenden. Mittels des **S**ystem **I**nformations **P**ackages (SIP) können folgende Informationen übermittelt werden: Pultsoftware-Version, Anzahl der gesendeten DMX-Pakete und Textinformationen. So können auch Geräte ohne Display Klartextmeldungen übermitteln. Ein eindeutiger Geräte-Identifier ermöglicht, dass die Geräte von jedem Punkt im Netzwerk aus identifiziert werden können.

**Leitungsverstärker**, auch **Booster** genannt, sind in der Regel gleichzeitig als **Splitter** ausgeführt **(Bild 1)**. Sie ermöglichen dann aktive Leitungsverzweigungen, galvanische Trennung und Signalverstärkung. Passive Leitungsverzweigungen sind nach der Norm nicht erlaubt. Die Geräte bestehen aus einem Empfänger und einem Sender bzw. bei Splittern aus einem Empfänger und mehreren Sendern, je nach Anzahl der Abgänge.

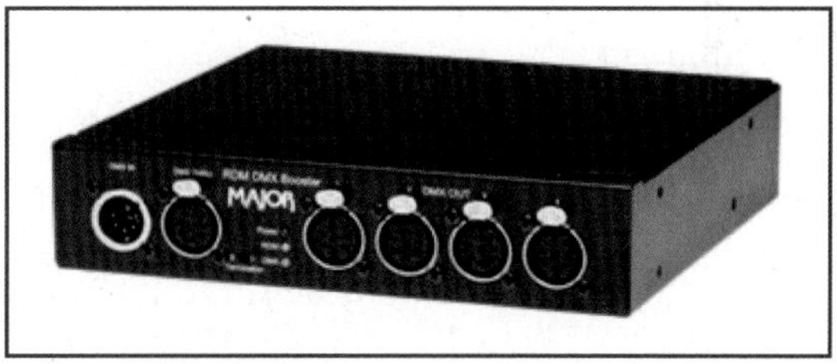


**Bild 1:** DMX-Splitter

**Leitungsabschluss:** Jede Übertragungsleitung muss mit einem Abschlusswiderstand 120 Ω/0,25 W **(Bild 2)** versehen werden. Dies verhindert Reflexionen am offenen Leitungsende, die auf der Signalleitung zu Auslöschungen führen können.

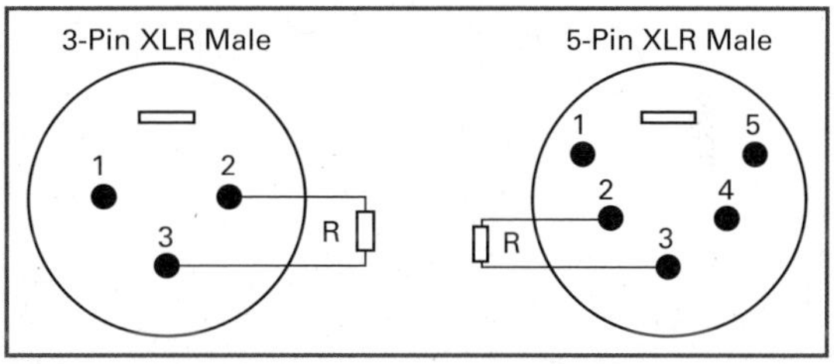


**Bild 2:** Abschlusswiderstand am Stecker

**Leitungslänge:** Die maximale Leitungslänge zwischen dem DMX-Sender und dem letzten Empfänger auf der gleichen Leitung ohne Leitungsverstärker darf 1200 m betragen. Da die Übergangswiderstände der Steckverbindungen eine maßgebliche Rolle spielen, können jedoch auch nach deutlich kürzeren Übertragungsstrecken schon Probleme bei der Signalübertragung auftreten.

**Anzahl der Empfänger:** An einem DMX-Sender dürfen maximal 32 Empfänger betrieben werden. Bei mehr als 32 Empfängern muss ein Leitungsverstärker eingesetzt werden, wobei zu berücksichtigen ist, dass der Leitungsverstärker ebenfalls eine Empfangsschaltung besitzt.

**Daten-Protokoll:** DMX-Daten werden in einem seriellen Format übertragen. Die Übertragung beginnt mit dem Wert für Dimmer Nummer 1 und endet mit dem letzten Dimmerwert, dessen Adresse maximal 512 lauten kann. Die Kanalnummer wird dabei nicht übertragen, die Reihenfolge ergibt sich aus der sequenziellen Übertragung. Vor der Übertragung des ersten Dimmerwertes wird ein Unterbrechungssignal übertragen, dem ein Startcode mit dem Wert NULL folgt. Alle Dimmerwerte haben eine Auflösung von 8 bit und können somit Werte von 0 – 255 annehmen.

[1] PAN – horizontale Bewegung bei Movinglights; TILT – vertikale Bewegung

**Startcodes**: Nur wenn der Startcode NULL ist, werden nachfolgende Werte als Dimmerwerte interpretiert. Mit anderen Startcodes können zusätzliche Informationen über die DMX-Leitung übertragen werden. RDM (**R**emote **D**evice **M**anagement) bedient sich z. B. eines alternativen Startcodes.

**Anzahl von Dimmerwerten**: Jeder DMX-Sender oder auch DMX-Universum genannt, unterstützt die Übertragung von maximal 512 Dimmerwerten. Wenn eine höhere Anzahl von Dimmerwerten übertragen werden soll, können mehrere Universen parallel betrieben werden. Die minimale Anzahl von Dimmerwerten, die auf einem DMX-Universum übertragen werden, ist nicht festgelegt.

**Datenübertragungsrate**: Die Datenübertragungsrate beträgt 250 kbit/s. Daraus resultiert für 512 Dimmer eine Zyklusdauer von 22,67 ms, womit 44,11 Wiederholungen pro Sekunde möglich sind.

**Steckverbinder**: Es müssen 5 polige Steckverbinder **(Bild 1)** für die DMX-Leitungen verwendet werden. 3-polige Steckverbinder sind nicht mehr erlaubt. So soll die Verwendung von Mikrofonkabeln verhindert werden, da diese nicht für die Übertragung hochfrequenter Signale geeignet sind. In der Praxis findet man aber durchaus noch 3-polige XLR-Steckverbinder.

**Datenkabel**: Es sollten nur abgeschirmte Kabel mit verdrillten Adern nach EIA-RS-422/EIA-RS-485 verwendet werden. Kabeltypen CAT 5 nach ISO/IEC 11801 sind geeignet.

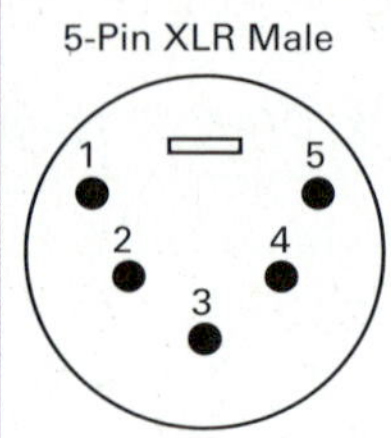


1 Signal Masse (Schirm)
2 Datenkanal negatives Potential (Daten 1–)
3 Datenkanal positives Potential (Daten 1+)
4 Optionaler zweiter Datenkanal oder nicht angeschlossen
5 Optionaler zweiter Datenkanal oder nicht angeschlossen

**Bild 1**: XLR-Steckerbelegung

**Bild 2**: Steckverbindungen von XLR-Kabeln

**Bild 3**: Geräte mit XLR-Steckverbindungen

## RDM

**RDM** steht für **R**emote **D**evice **M**anagement und baut auf dem DMX-Protokoll auf. Das Signal wird ebenfalls über die Pins 2 und 3 der Steckverbinder übertragen. Es erlaubt im Halbduplexbetrieb[1] Rückmeldungen, um insbesondere die Programmierung (das Setup) der Geräte zu erleichtern. Die Geräte können sich am Steuerpult anmelden und Statusinformationen senden. Während der Show ist der RDM-Mode meist abgeschaltet, da es damit bei der Steuerung von Movinglights zu Verzögerungen im Livebetrieb kommen kann.

RDM kann auch parallel mit nicht RDM-fähigen Endgeräten betrieben werden. Ist der Startcode NULL, so werden DMX-Werte übertragen. RDM nutzt einen anderen Startcode als NULL, damit die RDM-Pakete eindeutig zu identifizieren sind.

**UID**: Damit die unterschiedlichen Geräte sich nach dem Einschalten bei einer Steuerung anmelden können, ist es wichtig, dass diese unterschiedliche Adressen aufweisen. Deshalb hat jedes Gerät weltweit eine einzigartige Nummer, die vom Hersteller vergeben wird.

Kompatibilität: Damit ein RDM-System funktioniert, müssen die im System befindlichen Splitter eine bidirektionale Elektronik besitzen, damit eine Rückmeldung zum Pult möglich ist. Ältere Booster und Splitter waren lediglich in der Lage, Signale vom Pult zu den Geräten zu senden. Ein Signal vom Movinglight zurück zum Pult wird in diesem Fall nicht weitergegeben.

[1] Simplex = Kommunikation nur in eine Richtung; Duplex = Kommunikation in beide Richtungen gleichzeitig; Halbduplex = Kommunikation in beide Richtungen abwechselnd

## 8.9.4 Ethernet-Netzwerk

Ethernet-Netzwerke sind in der Beleuchtungstechnik mittlerweile zu einem Standard geworden, da sich die Anzahl der verwendeten Geräte und die Komplexität der Veranstaltungen deutlich erhöht hat. Sie werden beispielsweise in der Lichttechnik, der Videotechnik und der Audiotechnik eingesetzt.

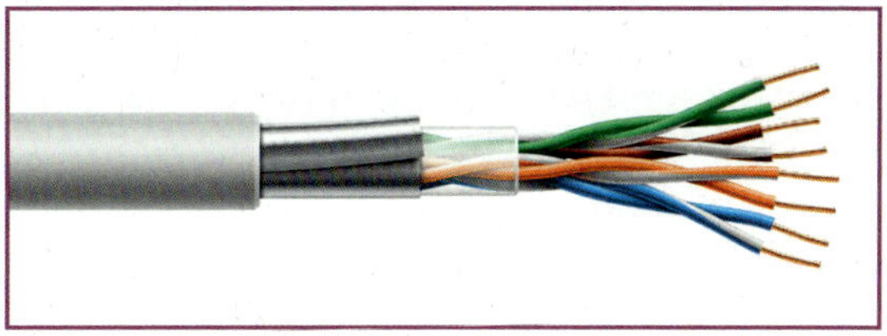

**Bild 1**: Twisted Pair

### Aufbau

Ein LAN kann mit verschiedenen Kabeln aufgebaut sein. Man unterscheidet:

- Verkabelung mit RG-58 **Koaxialkabel** (Speziell im Audio- und Videobereich)
- **Twisted-Pair Verkabelung**
- WLAN

**Twisted Pair**

Der Name Twisted Pair beschreibt den Kabelaufbau mit verdrillten Aderpaaren **(Bild 1)**. Wenn Leitungen dicht aneinanderliegen, können durch das Magnetfeld, welches durch den Stromdurchfluss entsteht, Störungen durch ein induktives Übersprechen in benachbarten Leitungen auftreten. Durch das Verdrillen hebt sich dieser Effekt auf.

**Übersprechen**

Übersprechen bezeichnet die unerwünschte Beeinflussung einer Komponente durch eine benachbarte Komponente. Beispielsweise können Signale durch kapazitive oder induktive Kopplung von einer Leitung auf die Nachbarleitung übertragen werden. In der Veranstaltungstechnik tritt dieses Problem insbesondere als kapazitive Kopplung bei paralleler Verlegung zweier Leitungen auf. Die Adern der verschiedenen Leitungen bilden dabei elektrotechnisch gesehen einen Kondensator, über welchen Signale bestimmter Frequenzen übertragen werden können (vgl. Seite 219). Übersprechen wird auch Nebensprechen und im Englischen Crosstalk genannt.

### Kabellängen

Wichtig ist die Unterscheidung von Festinstallationen zu temporären Installationen:

Es gibt laut *IEEE 802.3ab* eine Standard-Kabelsegmentlänge in Festinstallationen von 100 m (90 m Installationskabel plus 2 · 5 m Patchkabel).

Für temporäre Verkabelungen mit Patchkabeln empfiehlt es sich, die maximale Kabellänge von 75 m einzuhalten, da es unterschiedliche Spezifikationen von Patch- und Installationskabeln gibt.

Die maximalen Leitungslängen müssen genau eingehalten werden. Dies hängt mit der Laufzeit der Signale vom Sender zum Empfänger zusammen.

### Protokolle

**TCP/IP Version 4** steht für **T**ransmission **C**ontrol **P**rotocol/**I**nternet **P**rotocol. TCP / IP in der Version 4 regelt die Datenübertragung in Computernetzen und basiert auf $2^{32}$ Adressen (das entspricht zirka 4,3 Milliarden Adressen). So bestehen Adressen wie 192.168.178.118 aus 4 Bytes mit je 256 Stellen, oder anders ausgedrückt $4 \cdot 2^8 = 2^{32}$.

Die weltweit $2^{32}$ zur Verfügung stehenden IPv4-Adressen reichen allerdings nicht für alle angeschlossenen Geräte. In lokalen Netzen werden daher sogenannte private IP-Adressbereiche verwendet. Datenpakete mit diesen Zieladressen werden nicht im Internet befördert:

- 10.0.0.0 – 10.255.255.255 (Klasse A: 1 privates Netz mit 16.777.216 Adressen)
- 172.16.0.0 – 172.31.255.255 (Klasse B: 16 private Netze mit je 65.536 Adressen)
- 192.168.0.0 – 192.168.255.255 (Klasse C: 256 private Netze mit 256 Adressen)

**IPv6** wurde entwickelt, um dem nahenden Engpass von IP-Adressen im öffentlichen Raum vorzubeugen und ein neues Grunddesign zu ermöglichen. Die wichtigsten Neuerungen bestehen in der Erweiterung der Adressen von $2^{32}$ auf $2^{128}$. Dies entspricht ca. $3{,}4 \cdot 10^{38}$ = 340 Sextillionen Adressen.

Wäre die ganze Erde, einschließlich der Meere, mit Computern bedeckt, würde IPv6 $7 \times 10^{23}$ IP-Adressen pro Quadratmeter bieten.

**ACN/sACN**[1] ist ein auf dem Ethernet basierendes Netzwerkprotokoll, das von der ESTA[2] entwickelt wurde. Es unterstützt ein einfaches Netzwerk für unterschiedlichste Informationen der Beleuchtungstechnik.

**ArtNet Version 4** unterstützt die Übertragung von bis zu 32768 DMX-Universen **(Kapitel 8.9.3)**. Damit sind auch große Shows und komplette Themenparks, wie z. B. das Disneyland, zu steuern. Es wurde auch sACN integriert.

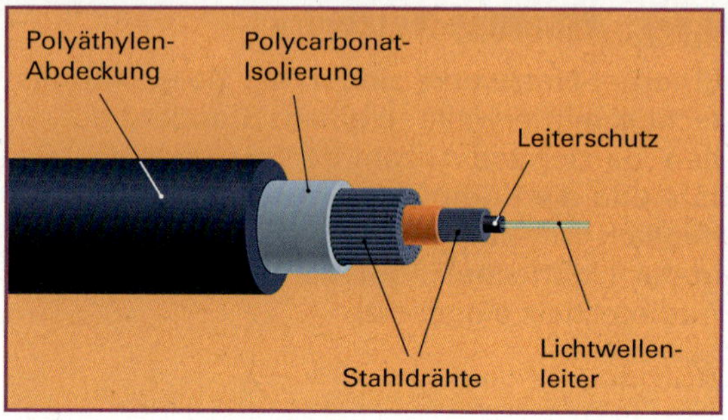


**Bild 1**: Lichtwellenleiter

## Lichtwellenleiter

Der große Vorteil von Lichtwellenleitern bzw. Glasfaserleitern besteht darin, dass es keine Einstreuungen durch elektromagnetische Felder gibt. Glasfaserleitungen ermöglichen zusätzlich extrem hohe Übertragungsraten und auch weite Distanzen bis zu 100 km Entfernung bei Monomode-Übertragungen. Es werden dabei immer Konverter benötigt, die die elektrischen Signale in Lichtsignale und am Ende der Übertragungsstrecke wieder zurück in elektrische Signale wandeln. Der Leitungsaufbau ist etwas komplexer, aufgrund der hohen mechanischen Belastungen in der Veranstaltungstechnik.

## Datenübertragungsraten

Den Datenübertragungsraten kommt ein hoher Stellenwert zu, da die Überlastung eines Netzwerks massive Probleme bei einer Veranstaltung verursachen kann. Daher müssen bei der Nutzung des Netzwerks durch mehrere Gewerke diese Raten berücksichtigt werden, wenn zum Beispiel das Netzwerk der Beleuchtungstechnik noch durch Videoübertragungen belastet wird. **Tabelle 1** zeigt Beispiele für benötigte Übertragungsraten.

**Tabelle 1:** Benötigte Datenübertragungsraten verschiedener Anwendungen

| Anwendung | Ungefähre Datenübertragungsrate | Bemerkung |
|---|---|---|
| Telefongespräch | 64 kbit/s | Bandbreite ca. 3,1 kHz |
| Musikdatei | 24 kbit/s – 9,8 Mbit/s | komprimiert |
| Musikdatei | 320 kbit/s – 5000 kbit/s je nach Quelle | verlustfrei komprimiert |
| Audio-CD | 1411 kbit/s, Abtastrate 44,1 kHz, 16 Bit, zwei Kanäle | praktisch unkomprimiert |
| SD-Fernseh-Bild | 3 Mbit/s | MPEG-2-komprimiert |
| Video-DVD | 6 Mbit/s | MPEG-2-komprimiert |
| SD-Video | 400 Mbit/s (576p, 50 Hz) | unkomprimiert |
| HD-Video | 1,3 Gbit/s (720p, 60 Hz, 24b/px) | unkomprimiert |
| Full-HD-Video | 3 Gbit/s (1080p, 60 Hz, 24b/px) | unkomprimiert |
| 4K-UHD1-Video (2160p) | 10,2 Gbit/s @ 30 Hz; 14,93 Gbit/s @ 60 Hz (2160p) | |
| 8K-UHD2-Video | 24 Gbit/s (4320p, 120 Hz) | |

## Wiederholungsfragen

1. Wozu dient der Abschlusswiderstand bei einer DMX Leitung?
2. Wie viele Empfänger dürfen maximal an einer DMX Sendeschaltung betrieben werden?
3. Wieso werden bei DMX- und Netzwerkkabeln verdrillte Adern verwendet?
4. Wie groß darf die maximale Leitungslänge in einem Ethernet Segment sein?

[1] **ACN** = **A**rchitecture for **C**ontrol **N**etworks; **sACN** = **s**treaming ACN
[2] **ESTA** = **E**ntertainment **S**ervices and **T**echnology **A**ssociation

# 8.10 Beleuchtung im Theater

**Bild 1**: Theaterbühne

Spielflächen werden aus Lichtquellen verschiedener Leistungsstufen beleuchtet, Personen oder Objekte dabei aus verschiedenen Richtungen. Jede Lichtrichtung erzeugt eine neue Atmosphäre, indem sie andere räumliche Dimensionen vermittelt. Es gibt eine Vielzahl von Mischformen.

## Vorderlicht

Zur Beleuchtung von Personen oder Objekten wird am häufigsten das Vorderlicht **(Bild 2 und Bild 3)** eingesetzt. Hierbei wird das Gesicht der Person gut ausgeleuchtet. Durch die Lichtkreise auf dem Boden sind die Schattenbildungen groß und berühren die Dekoration. Je frontaler der Lichteinfall ist, desto flacher erscheint die Person und ihr Schatten größer. Das Vorderlicht wird normalerweise durch Scheinwerfer erzeugt. Sie werden oberhalb des Zuschauerraums auf Beleuchterbrücken installiert. Auch können sie in seitlichen Bereichen des Saals angeordnet werden. Auch Lichtzüge im Vorbühnenbereich kommen je nach Bühnenart zum Einsatz. Es werden PC- und Stufenlinsen- sowie Profilscheinwerfer verwendet. Idealerweise hat ihr Licht einen vertikalen Einfallswinkel von ca. 45° auf die Bühne.

**Bild 2**: Vorderlicht

Stufenlinsenscheinwerfer sind bei größeren Distanzen zur Bühne im Arbeitsalltag ggf. problematisch. Sie besitzen einen wenig begrenzten Lichtausfall, welcher für eine erhebliche Menge an Nebenlicht sorgt. Dadurch kann die Wirkung der einzelnen Scheinwerfer nicht exakt kontrolliert werden. Um dieses Problem zu lösen, können Profilscheinwerfer **(Kapitel 8.7.1)** genutzt werden. Hier empfehlen sich solche mit Zoomoptik. Sie erlauben, je nach Entfernung zum angeleuchteten Objekt, die Einstellung des benötigten Abstrahlwinkels.

**Bild 3**: Vorderlicht im Theater

## Seitenlicht

Das Seitenlicht **(Bild 1)** befindet sich neben einer Person oder einem Objekt und erzeugt ein schräg von oben einfallendes Licht. Mit dem Seitenlicht lassen sich besonders starke räumliche Dimensionen erzeugen. Dies geschieht durch plastische Effekte: Aufgrund der Anordnung und des Einfallswinkels des Scheinwerfers werden nach vorn gewandte Körperteile einer Person mehr oder weniger stark beleuchtet. Werden die eingesetzten Scheinwerfer seitlich, leicht hinter, dem auszuleuchtenden Objekt platziert, können sie mit der Komponente des Gegenlichts kombiniert werden. Hierbei werden Profil- und Linsenscheinwerfer eingesetzt.

**Bild 1**: Seitenlicht

## Oberlicht

Oberlichter **(Bild 2)** haben einen steileren Einfallswinkel auf die Bühne als ein Vorderlicht. Sie schaffen damit eine Verbindung zum Licht der vorderen Bühnenbereiche. Der sichtbare Lichtkegel des Scheinwerfers wird kleiner, damit wirft die ausgeleuchtete Person einen kleineren Schatten. Aufgrund des steileren Einfallswinkels des Lichts bleiben Teile der Gesichtsfläche der Person im Dunkeln. Die Anordnung der Scheinwerfer erfolgt über Portalbrücken oder Laststangen. Es werden Linsenscheinwerfer oder Flächenleuchten eingesetzt.

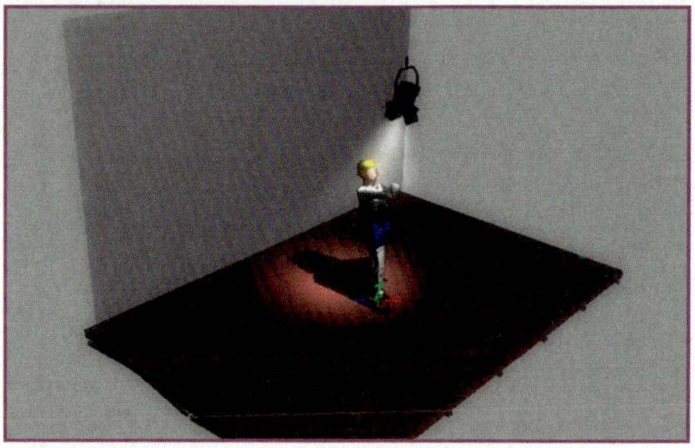

**Bild 2**: Oberlicht

## Kopflicht

Ein Kopflicht **(Bild 3)** ist eine extreme Form des Oberlichts. Die Lichtquelle wird senkrecht über der Person oder dem Objekt platziert. Der Schatten des Objekts ist kaum größer als es selbst. Wird ein Darsteller mit Kopflicht beleuchtet, bleiben große Teile des Gesichts dunkel. Nase und Kopf werfen deutliche Schatten auf den übrigen Körper. Die Anwendung des Kopflichtes allein dient sehr gut als Spezialeffekt. Es werden Scheinwerfer mit klar begrenztem Lichtausfall eingesetzt, wie PC-Linsen- und Profilscheinwerfer.

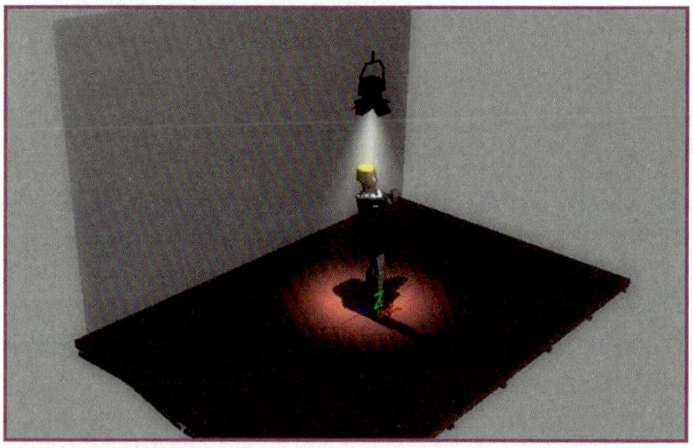

**Bild 3**: Kopflicht

## Rücklicht

Das Rücklicht **(Bild 4)** verwendet Lichtquellen, die eine Person oder ein Objekt von hinten beleuchten. Dadurch werden nur die Umrisse der Person beleuchtet und es entsteht der Eindruck einer räumlichen Tiefe. Es kommen Scheinwerfer mit breiten Abstrahlwinkeln zum Einsatz, wie Stufenlinsenscheinwerfer und Flächenleuchten.

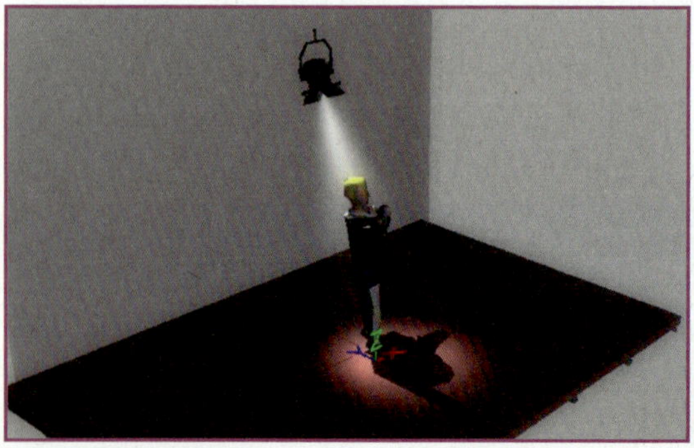

**Bild 4**: Rücklicht

## Gegenlicht

Das Gegenlicht **(Bild 1)** ist eine extreme Form des Rücklichts, da sich hierbei das Objekt exakt zwischen der Lichtquelle und dem Beobachter befindet. Dadurch werden Schatten in Richtung des Zuschauers geworfen und es ist lediglich die Kontur der Person erkennbar. Dieser Effekt wird auch beim Schattenspiel verwendet.

**Bild 1**: Gegenlicht

Hier kommen ebenfalls Scheinwerfer mit breiten Abstrahlwinkeln zum Einsatz, wie Stufenlinsenscheinwerfer und Flächenleuchten. Diese werden an Laststangen oder Beleuchtungsbrücken im hinteren Bühnenbereich montiert. Soll ein Gegenlicht gezielt nur bestimmte Bühnenbereiche oder ein spezielles Objekt treffen, ist auch der Einsatz von Profilscheinwerfern möglich.

## Gassenlicht

Das Gassenlicht **(Bild 2)** beschreibt eine spezielle Form des Seitenlichts. Die Lichtquellen sind dabei an der Bühne seitlich in Arbeitshöhe montiert. Beispiele dazu sind Portaltürme oder Stative. Der Einfallswinkel des Lichts ist niedrig, womit sich der plastische Effekt des Seitenlichts vergrößert. Bei einer Anordnung der Scheinwerfer von zwei bis drei Metern über dem Bühnenboden ist der Lichtausfall sichtbar. Bei einer Installation ca. 20 cm über dem Boden wird er vom Zuschauer wahrgenommen, wenn eine Person in den Lichtkegel tritt.

**Bild 2**: Gassenlicht

## Fußlicht

Das Fußlicht **(Bild 3)** ist dem Vorderlicht ähnlich. Es wird auf dem Boden liegend schräg nach oben ausgerichtet. Dadurch entstehen übergroße Schatten, die sich je nach Position der Person verändern. So wird der Schatten beispielsweise größer, wenn sich die Person in Richtung der Lichtquelle bewegt. Die zum Boden gewandten Körperseiten werden stark beleuchtet.

**Bild 3**: Fußlicht bzw. Unterlicht

Hier kommen Linsenscheinwerfer und Rampen zum Einsatz. Ist ein hartes Licht gewünscht, werden Parabolspiegelscheinwerfer genutzt.

## Wiederholungsfragen

1. Wann werden Zoomprofilscheinwerfer anstelle von Stufenlinsenscheinwerfern beim Vorderlicht verwendet?
2. In welchem Winkel sollten idealerweise die Scheinwerfer des Vorderlichts auf die Szenenfläche leuchten?
3. Mit welchen Scheinwerfern wird das Kopflicht realisiert?
4. Welche Lichtart benutzt man, wenn man nur die Umrisse einer Person sehen möchte?

## 8.11 Beleuchtung bei Film und Fernsehen

Die Ansprüche hinsichtlich der zur Beleuchtung eingesetzten Scheinwerfer und deren Position im Set von Film- und Fernsehstudios sind grundlegend anders als auf der Bühne. Bei der Bühnenbeleuchtung kommt es darauf an, die Atmosphäre einer Szene unter Zuhilfenahme des Lichts für die Zuschauer künstlerisch und kreativ zu gestalten. Die Ausleuchtung in einem Studio muss sich zusätzlich an den Fernsehkameras orientieren. Hier ist für ein gutes Ergebnis beispielsweise eine Mindesthelligkeit erforderlich. Die Empfindlichkeit und das optische System der Kamera sind dabei maßgeblich. Für ein gutes Fernsehbild reicht es nicht aus, eine Szene einheitlich hell auszuleuchten. Die Darstellung hätte dann keine räumliche Tiefe und würde entsprechend unrealistisch wirken.

**Bild 1**: Filmset im Studio

Es gibt vier Arten, wie Personen oder Objekte ausgeleuchtet werden können. Die folgenden Beispiele sollen sowohl für Personen als auch für Objekten gelten.

### Führungslicht

Das Führungslicht **(Bild 1)** ist vergleichbar mit dem Vorderlicht der Theaterbeleuchtung (s. Seite 325). Es beleuchtet die Frontseite einer Person oder eines Objektes. Bei geringerer Distanz zum angeleuchteten Objekt können Lichtquellen mit geringerer Helligkeit eingesetzt werden. Die Positionierung der Scheinwerfer muss in einem vertikalen Winkel zwischen in der Regel 10° bis 20° aus der Mittelachse heraus erfolgen. Als alleiniges Licht genügt das Führungslicht nicht, da es keine ausreichende Tiefenwirkung des gesamten Bildes erzeugt. Die Schattenbildung im Gesicht der Person wäre damit so stark, dass die Augenhöhlen und Bereiche unterhalb der Nase schwarz erschienen. Die Beleuchtungsstärke des Führungslichts liegt bei zirka 1000 Lux. Es wird durch Stufenlinsenscheinwerfer **(Kapitel 8.7.1)** erzeugt.

**Bild 2**: Führungslicht

## Aufhelllicht

Ein Aufhelllicht **(Bild 1)** ist eine weiche Lichtquelle und hat die Aufgabe, die aus dem Führungslicht resultierenden Kontraste zu mindern. Dunkle Flächen werden aufgehellt und der starke Kontrast zu gut ausgeleuchteten Teilen einer Person oder eines Objekts dadurch abgeschwächt. Als Scheinwerfer kommen sogenannte Weichzeichner oder Stufenlinsenscheinwerfer zum Einsatz. Sie werden normalerweise auf der nebenliegenden Seite des Führungslichts platziert, und zwar etwa 10° bis 20° in horizontaler Richtung von der Mittelachse entfernt. Die vertikale Neigung beträgt ca. 30°. Solche Weichstrahler zur Aufhellung können nur bei kurzen Entfernungen eingesetzt werden.

**Bild 1**: Aufhellung

## Spitzlicht

Das Spitzlicht **(Bild 2)** wird auch als Gegenlicht bezeichnet. Es sorgt mittels Steigerung der Abhebung des Hintergrundes dafür, dass im Fernsehbild Raumtiefe entsteht. Es gleicht die fehlende Tiefenwirkung des Führungslichtes aus und schafft klare Umrisse und räumliche Zuordnung von Personen und Objekten. Ohne dieses Licht würden sich Objekte und Personen für den Betrachtenden plan vor der Hintergrundfläche des Studios befinden. Spitzlichtscheinwerfer werden direkt hinter dem auszuleuchtenden Objekt platziert. Der vertikale Winkel im Verhältnis zum Objekt sollte dabei etwa 60° betragen. Auch hier werden meistens Stufenlinsenscheinwerfer verwendet. Die Helligkeit des Spitzlichts ist ähnlich derjenigen des Vorderlichts. Es kann auch aus zwei seitlich versetzt angeordneten Scheinwerfern bestehen.

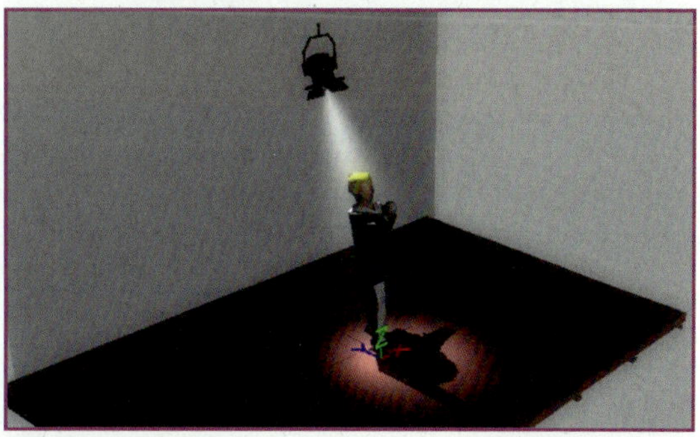

**Bild 2**: Spitzlicht

## Horizontlicht

Das Horizontlicht **(Bild 3)** kann im Fernsehstudio in Abhängigkeit des Hintergrundes zwei verschiedene Funktionen erfüllen. Erstens dient es zur Ausleuchtung der Dekoration im hinteren Studiobereich, wodurch es ebenfalls eine höhere Raumtiefe ermöglicht. Und zweitens kann es zur Farberzeugung von Blau oder Grün eingesetzt werden, um beim elektronischen Stanzverfahren Chromakey-Objekte oder Personen aus der Hintergrundfläche herauslösen. Um das Horizontlicht zu gestalten, bedient man sich geeigneter Flächenleuchten. Hintergründe werden oftmals von hinten beleuchtet, wobei diese dann aus Operafolie bestehen, welche matt und milchig ist. Hierzu werden dann Leuchtstofflampen oder LED-Rampen[1] eingesetzt.

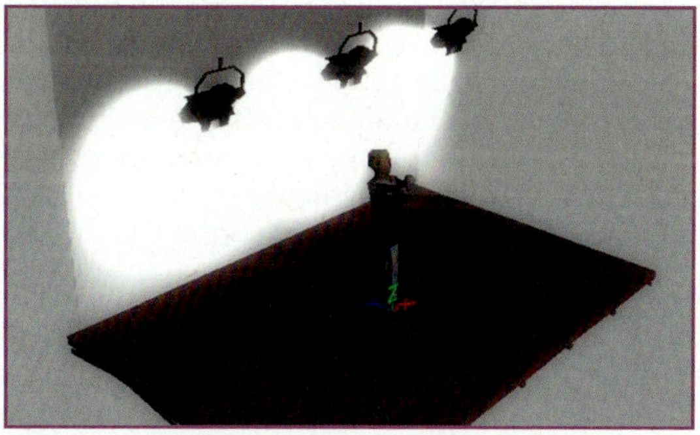

**Bild 3**: Horizontlicht

## Wiederholungsfragen

1. Warum genügt das Führungslicht nicht zur alleinigen Ausleuchtung einer Person?
2. Wozu dient das Spitzlicht und wo sollte es idealerweise platziert sein?

[1] Eine Rampe ist eine Horizontleuchte mit asymmetrischem Reflektor.

## 8.12 Lichtgestaltung

In **Kapitel 8.10 und Kapitel 8.11** wurden die grundlegenden Beleuchtungsarten vorgestellt. Normalerweise besteht eine Lichtszene aus mehreren dieser Beleuchtungsarten. Es kommt auf den richtigen Mix der unterschiedlichen Lichtrichtungen und Helligkeiten an. So wird die gewünschte Atmosphäre erzeugt **(Bild 1)**.

**Bild 1**: Lichtgestaltung im Theater

Die Entwicklung eines Lichtkonzeptes hängt davon ab, für welche Art von Produktion man es plant. Bei einer klassischen Theateraufführung soll das Licht eher die dramaturgische Bedeutung der Schauspieler und der Bühnengestaltung interpretieren, ohne wesentlich von der Darstellung abzulenken. Musicals benötigen hingegen ein deutlich höheres Maß an farbigem Licht und Spezialeffekten, um starke visuelle Eindrücke zu hinterlassen. Bei Livekonzerten kommt es besonders auf die Wirkung starker Lichteffekte an, wodurch die gesamte Palette kräftiger Farben sowie das bewegte Licht und die Projektionsmöglichkeiten von Movinglights gefragt sind. Im Fernsehstudio wünscht man sich eine gleichmäßige Ausleuchtung und eine einheitliche Farbtemperatur für das Erzielen eines guten Fernsehbildes.

### 8.12.1 Wirkung von Farben auf den Betrachter

Farben besitzen eine physiologische und psychologische Wirkung auf den Betrachter und lösen Emotionen aus. Dieser Aspekt wird heute in jeder Werbung verwendet, um Produkte vermarkten zu können. Einige denkbare Wirkungen von verschiedenen Farben sind:

**Rot** besitzt eine anregende Wirkung. Durch die enge Verknüpfung dieser Farbe zum Blut des Menschen ist es eine Warnfarbe. Eine weitere Bedeutung der Farbe Rot ist das Feuer, aber auch Wärme. Rot gilt aber auch als Farbe für Glück, Liebe und Sicherheit. Rot ist im Allgemeinen eine sehr prägnante Farbe und übt einen großen Reiz auf das menschliche Auge aus.

**Blau** erzeugt kalte Stimmungen. Es wird gerne für Nachtstimmungen eingesetzt. Blau steht aber auch für das Wasser und den Himmel.

**Grün** symbolisiert das Wachstum und eine belebende Vegetation, steht aber auch für Neid und Missgunst. Grün erzeugt bei einer Personenausleuchtung eine ungesunde Hautfarbe.

**Gelb und Gold** sind warme Farbe. Gelb im Speziellen ist darüber hinaus eine Signalfarbe beispielsweise für Gefahrensymbole. Auch im Tierreich ist Gelb eine Warnfarbe. Gelb/Gold gilt auch in vielen Kulturen als die Farbe der Macht.

**Orange** steht für Wärme, Sinnlichkeit, Genuss und Reife.

**Violett** steht für Transformation, aber auch Zauberei und mystische Atmosphäre.

**Schwarz** gilt als das Symbol für den Tod, den Teufel und das Böse.

**Weiß** hingegen ist das Symbol für Leben, das Gute, Reinheit, Unschuld und das Göttliche. Helligkeit und somit der Tag werden mit dieser Farbe in Verbindung gebracht.

**Bild 1**: Lichtgestaltung bei einem Livekonzert

Da das Farbempfinden immer subjektiv ist, lassen sich keine allgemeingültigen Regeln aufstellen. Zudem hängt die Farbauswahl auch immer von der Art einer Produktion ab. Bei einem Livekonzert wird eher auf volle Farben und harte Übergänge von einer Farbe zur anderen zurückgegriffen. Für klassische Theaterproduktionen oder Fernsehaufnahmen werden volle Farben hingegen eher vermieden und stattdessen dezente Farben verwendet.

## 8.12.2 Umgang mit Farben

**Dezente Farben: Vorderlicht**
Für das Vorderlicht werden dezente Farben verwendet, da kräftige Farbtöne die Gesichter von Darstellern unnatürlich wirken lassen. Kräftige Farben im Vorderlicht werden daher nur für Spezialeffekte verwendet.

**Volle Farben: Gegenlicht oder Horizontlicht**
Kräftige Farben werden eher zur Ausleuchtung von Dekorationen, Hintergrund- und Horizontflächen oder als Gegenlicht verwendet. Insbesondere beim Gegenlicht hat man die Möglichkeit, eine komplette Spielfläche farbig zu gestalten, ohne dass die Darsteller damit beleuchtet werden. So kann man den Darsteller gut vom übrigen Bühnenbild abheben.

**Zur Dekoration abweichende Farbtöne**
Farben sollten sich keinesfalls an die Farben von Kostümen und Dekorationen anlehnen. Dadurch würden diese konturlos und schwach wirken.

**Farbige Schattierungen**
Falls ein Objekt von zwei oder mehr Seiten beleuchtet wird, können in den einzelnen Scheinwerfern unterschiedliche Abstufungen eines Farbtons zum Einsatz kommen. Dies führt zu einer interessanteren Ausleuchtung.

### 8.12.3 Umsetzung des Lichtkonzeptes in die Praxis

Nachdem alle Scheinwerfer installiert wurden, kann man mit dem sogenannten Einleuchten der Scheinwerfer beginnen. Dabei wird jeder Scheinwerfer auf das anzuleuchtende Objekt gerichtet und fokussiert. Hierbei trennt man das Personenlicht von der Dekorationsbeleuchtung. Im Studio arbeitet man zusätzlich mit einem Beleuchtungsmesser, um die erzielten Beleuchtungsstärken der Ausleuchtung anzupassen.

Beim der Scheinwerfer ist auf Folgendes zu achten: Ein Darsteller ist gut ausgeleuchtet, wenn die Ausleuchtung mittig auf den Oberkörper erfolgt und sich die Füße am vorderen Rand des am Boden abgebildeten Lichtkreises befinden **(Bild 1)**.

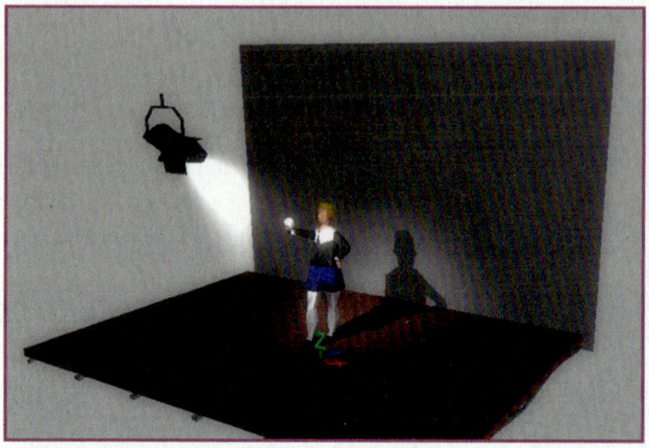

**Bild 1**: Korrekt ausgeleuchtete Person

Von einer schlechten Ausleuchtung spricht man, wenn Teile des Körpers sich außerhalb des Lichtkegels befinden **(Bild 2)**. Im Studio achtet man darauf, die beleuchteten Flächen so präzise wie möglich ineinanderlaufen zu lassen, sodass eine möglichst gleichmäßige Ausleuchtung ohne hohe Helligkeitseinbrüche erreicht wird.

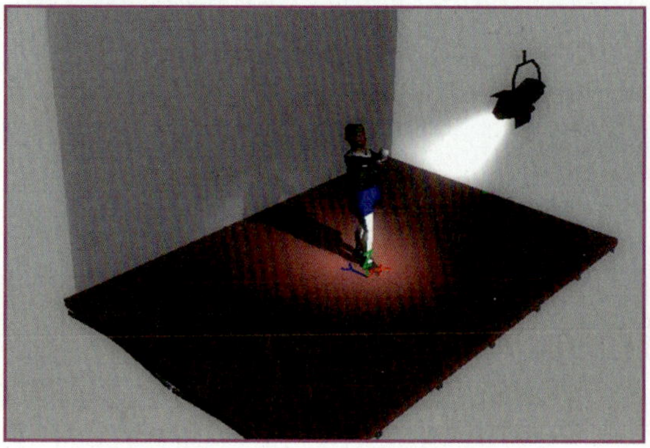

**Bild 2**: Schlecht ausgeleuchtete Person

Nachdem alle Scheinwerfer eingerichtet sind, kann mit dem Programmieren der verschiedenen Lichtstimmungen begonnen werden.

Mittlerweile gibt es auch einige computerunterstützte 3D-Simulationen **(Bild 3)**, mit denen man hervorragend eine komplette Show oder auch ein Theaterstück virtuell konzipieren und programmieren kann.

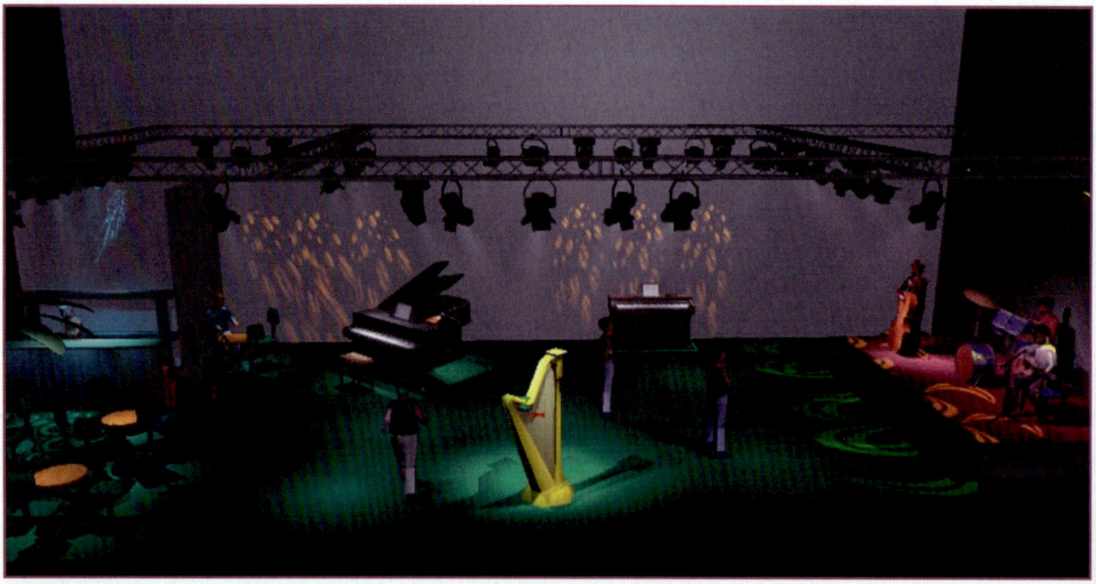

**Bild 3**: 3D-Simulation

# 9 Tontechnik

# 9 Tontechnik

## 9.1 Physikalische Grundlagen

### 9.1.1 Schwingungen und Schwingungsüberlagerungen

Einfache Schwingungen sind allgemein betrachtet **zeitlich periodische Änderungen einer physikalischen Größe.** Mechanische periodische Schwingungen, wie zum Beispiel von Lautsprechermembranen, beschreiben Vorgänge, bei denen sich eine Masse regelmäßig um ihre Ruhelage bewegt. Ein vollständiger Schwingungsvorgang besteht in der Regel aus zwei Auslenkungen um die Ruhelage: Einer positiven (Wellenberg) und einer negativen (Wellental). **Eine einfache Schwingung (Bild 1)** wird durch folgende Kenngrößen beschrieben:

**Amplitude** ($y_0$): Die maximale Auslenkung, also der größte Abstand von der Ruhelage.

**Periodendauer** ($T$): Die Zeit, nach der sich eine Schwingung wiederholt.

**Frequenz** ($f$): Die Frequenz ergibt sich aus der Anzahl der Schwingungsperioden pro Zeiteinheit (meist auf eine Sekunde bezogen). Die Einheit lautet Hertz (Hz). 1 Hz = 1/s.

Die Überlagerung von zwei einfachen Schwingungen mit der gleichen Frequenz kann verschiedene Ergebnisse bringen:

**Addition:** Sind die beiden Schwingungen phasengleich, so addieren sie sich zu einer größeren Gesamtamplitude. **Bild 2** verdeutlicht den Vorgang: Schwingung A mit der Amplitude 1 (schwarz) und Schwingung B mit der Amplitude 0,5 (blau, gestrichelte Linie) addieren sich zum Ergebnis als Schwingung C mit der Amplitude 1,5 (rot, gepunktete Linie).

**Auslöschung:** Sind die Phasen der Schwingungen exakt um 180 Grad verschoben, so löschen sich beide Amplituden gegenseitig aus. Siehe **Bild 3**: Schwingung A mit der Amplitude 1 (schwarz) und Schwingung B mit der Amplitude 1 in umgekehrter **Phasenlage** (blau, gestrichelte Linie) löschen sich gegenseitig aus: Ergebnis ist Schwingung C (rot, gepunktete Linie).

**Differenz:** Unterscheiden sich die so überlagernden Schwingungen in ihrer Amplitude voneinander, so ergibt sich als Resultat die Differenz der beiden Beträge.

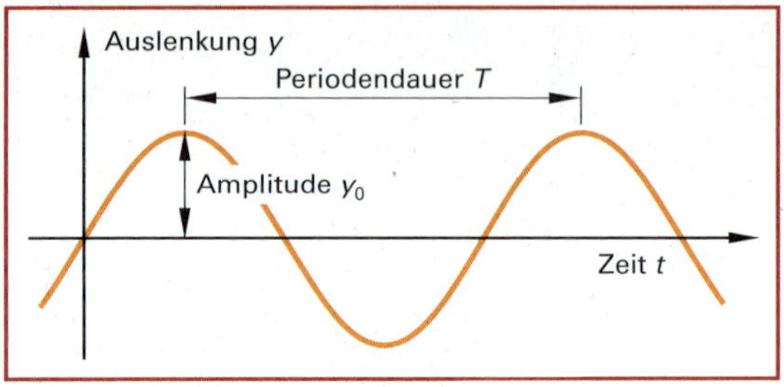


**Bild 1**: Periodische Schwingung

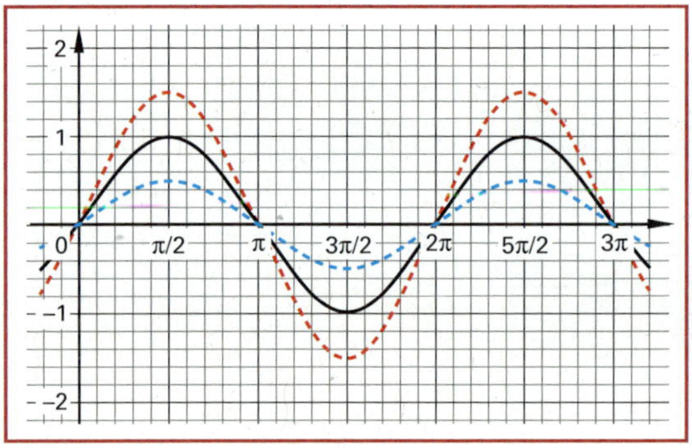


**Bild 2**: Addition von Schwingungen

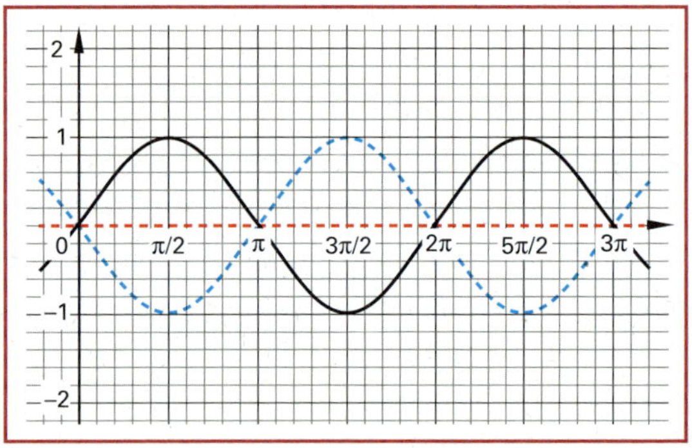


**Bild 3**: Auslöschung von Schwingungen

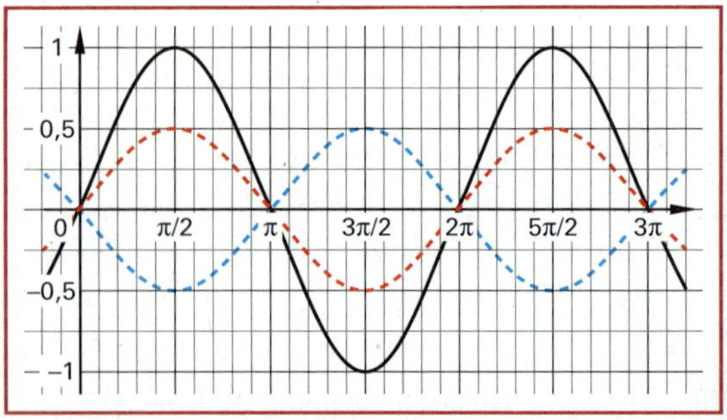


**Bild 4**: Differenz von Schwingungen

**Schwebung:** Unterscheiden sich Schwingungen in ihrer Frequenz nur geringfügig, entsteht in der Überlagerung ein komplexer Schwingungsverlauf, der als **Schwebung (Bild 1)** bezeichnet wird. Die resultierende Schwingung entspricht dem Mittelwert der beiden Ursprungsfrequenzen. Charakteristisch ist eine an- und abschwellende Gesamtamplitude.

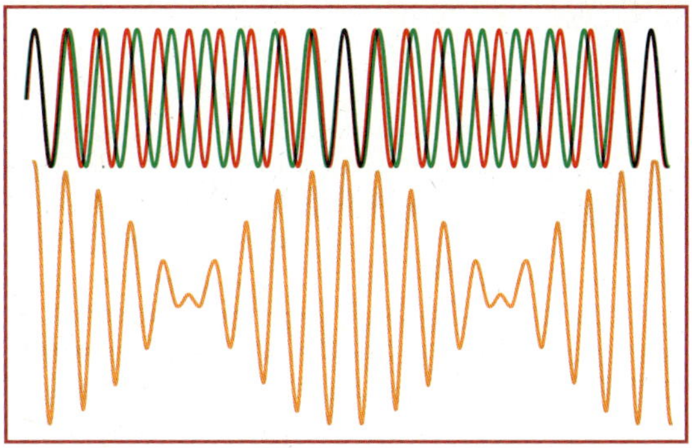

**Bild 1**: Schwebung

## 9.1.2 Ausbreitung von Schall

Eine Schallquelle (z. B. eine Lautsprechermembran) bringt die **Teilchen des umgebenden Mediums in Bewegung (Bild 2).** Im Bereich der Tontechnik ist dies zumeist Luft. Diese Bewegung wird durch Anstoßen auf angrenzende Teilchen übertragen, sodass sich schließlich die Schwingung innerhalb des Mediums ausbreitet. Folglich ist **Schall die Ausbreitung von Druck- und Dichteschwankungen in einem elastischen Medium** (Gas, Flüssigkeit, Festkörper).

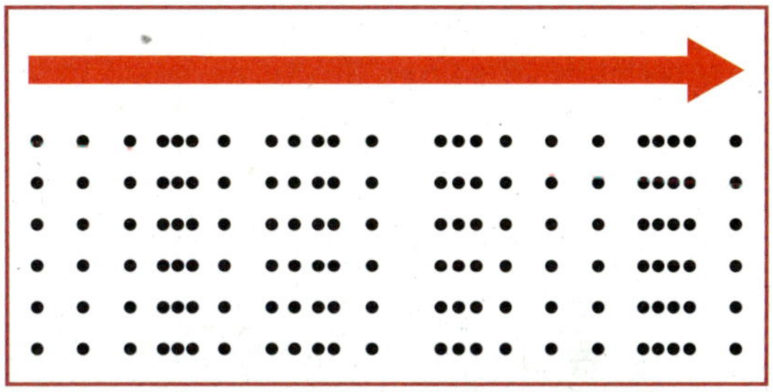

**Bild 2**: Dichteschwankungen in einem Medium

In der Luft treten Schallwellen als **Longitudinalschwingungen** auf, was bedeutet, dass die Teilchen stets geradlinig in Ausbreitungsrichtung von der Quelle schwingen. Sofern möglich, breiten sich Schallwellen immer kugelförmig im Raum aus. **Die Ausbreitungsgeschwindigkeit von Schall in Luft liegt bei rund 340 m/s** (bei 15° Celsius). Faktoren wie Luftfeuchtigkeit oder übliche Schwankungen bei der Luftzusammensetzung (Stickstoff, Sauerstoff, Kohlendioxid und Edelgase) spielen bei der Schallgeschwindigkeit in der Beschallungspraxis keine Rolle; die Lufttemperatur nur eine untergeordnete. Je nach Frequenz besitzen Schallwellen **unterschiedliche Wellenlängen im Ausbreitungsmedium (Tabelle 1).**

**Tabelle 1:** Laufzeit von Schallwellen in Luft

| Frequenz (Hz) | Wellenlänge (m) |
|---|---|
| 20 | 17 |
| 100 | 3,4 |
| 1000 | 0,34 |
| 20000 | 0,017 |

**Tabelle 2:** Longitudinale Ausbreitungsgeschwindigkeit

| Material | Schallgeschwindigkeit (m/s) |
|---|---|
| Luft | 340 |
| Wasser | 1400 |
| Stahl | 5900 |
| Graphen | 20000 |

In der Ton- und Veranstaltungstechnik ist Luft das mit großem Abstand relevanteste Ausbreitungsmedium. In anderen Medien besitzt Schall eine andere Ausbreitungsgeschwindigkeit. **Allgemein gilt, dass unter normalen Bedingungen (insbesondere Druck und Temperatur) die Schallgeschwindigkeit in Gasen geringer ist als in Flüssigkeiten und diese wiederum geringer ist als in Feststoffen. Neben der Dichte eines Mediums ist auch die Härte des Stoffes entscheidend bei der Schallgeschwindigkeit (Tabelle 2).**

Außer den Longitudinalschwingungen existieren noch weitere Arten, wie sich Schall ausbreiten kann, jedoch sind diese weniger relevant.

Treffen Schallwellen während der Ausbreitung innerhalb eines Mediums auf ein anderes, so können sie reflektiert (zum Beispiel als Echo zurückgeworfen), absorbiert (geschluckt) oder gebeugt (herumgelenkt) werden. Je nach Material und Beschaffenheit des Mediums sind die Auswirkungen sehr verschieden.

**Reflexion:** Trifft Schall auf eine Fläche, so wird er im gleichen Winkel zurückgeworfen, in dem er auf die Fläche getroffen ist **(Bild 1)**. Besonders in Räumen können Reflexionen zum Auftreten von stehenden Wellen führen. Hierbei treffen Schallwellen auf parallele Wände und werden immer wieder zwischen ihnen reflektiert. Durch die Überlagerung von Schwingungen können Auslöschungen sowie Verstärkungen entstehen. **Stehende Wellen entstehen, wenn der Wandabstand gleich der halben Wellenlänge (oder einem Vielfachen davon) entspricht.** Die Folge sind Resonanzen.

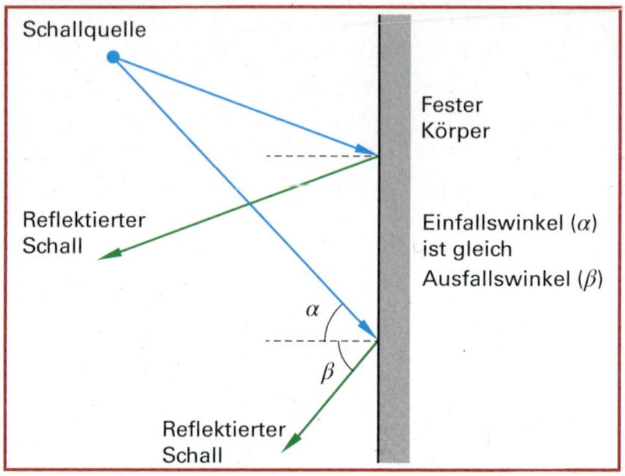


**Bild 1**: Reflexion von Schallwellen

**Beugung:** Trifft eine Schallwelle auf ein Objekt, welches in seiner Größe genauso groß oder kleiner ist als die Länge der Schallwelle, so wird dieser Körper vom Schall umgangen. Der Schall umfließt das Hindernis, als ob es nicht da wäre **(Bild 2a)**. Ist die Wellenlänge jedoch kleiner als das Objekt, so reflektiert oder absorbiert das Hindernis den Schall **(Bild 2b)**. Während die tiefen Frequenzen des Hörschalls mit Wellenlängen von vielen Metern gut um Körper gebeugt werden, werden die hohen Frequenzen im Wellenlängenbereich von nur wenigen cm schnell von Hindernissen geschluckt. Für die hohen Frequenzbereiche ergibt sich auch hinter kleineren Objekten schnell ein Schallschatten. Das Ergebnis ist ein dumpferer Klang.

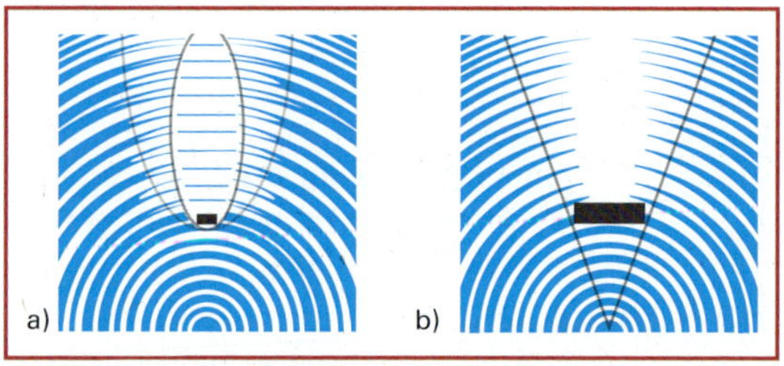


**Bild 2**: Beugung von Schallwellen

**Absorption:** Je nach Medium oder Material wird die auftreffende Energie von Schallwellen auf ein Objekt unterschiedlich stark aufgenommen **(Tabelle 1)**. Der Absorptionsgrad gibt an, wieviel Schallenergie geschluckt wird (0 entspricht keiner Absorption, 1 entspricht einer vollständigen Absorption). Je nach Frequenz unterscheiden sich die Absorptionsgrade.

**Tabelle 1:** Absorptionsgrad verschiedener Materialien und Oberflächen

| | **Frequenz/Absorptionsgrad** | | |
|---|---|---|---|
| **Material** | 125 Hz | 500 Hz | 4 000 Hz |
| Beton | 0,01 | 0,01 | 0,02 |
| Fliesen | 0,01 | 0,15 | 0,02 |
| Glas-Doppelfenster | 0,10 | 0,03 | 0,02 |
| Schallschluckputz | 0,10 | 0,50 | 0,80 |
| Teppich (6 mm dick) | 0,02 | 0,20 | 0,70 |
| Verputzes Mauerwerk | 0,10 | 0,07 | 0,12 |

**Bild 3**: Konzertsaal der Elbphilharmonie in Hamburg

Je rauer, zerklüfteter oder weicher eine Oberfläche, desto höher ist die durchschnittliche Schallabsorption.

In Räumlichkeiten für Veranstaltungen und Konzerte werden oft aufwendige und teure Maßnahmen getroffen, um durch Materialien und bauliche Elemente die Raumakustik zu verbessern **(Bild 3)**.

### 9.1.3 Schalldruck und Schalldruckpegel

Je größer die Amplitude der von einer Schallquelle erzeugten Schwingung ist, desto größer sind die Druck- und Dichteschwankungen im umgebenden Medium. Je größer die Bewegung einer Lautsprechermembran, umso stärker sind die daraus resultierenden Luftdruckunterschiede. **Diese Verdichtung des Übertragungsmediums wird als Schalldruck bezeichnet.** Die Maßeinheit für Schalldruck lautet Pascal (Pa). Für das Gehör ist die Stärke des Schalldrucks zum wesentlichen Teil verantwortlich für die wahrgenommene Lautstärke.

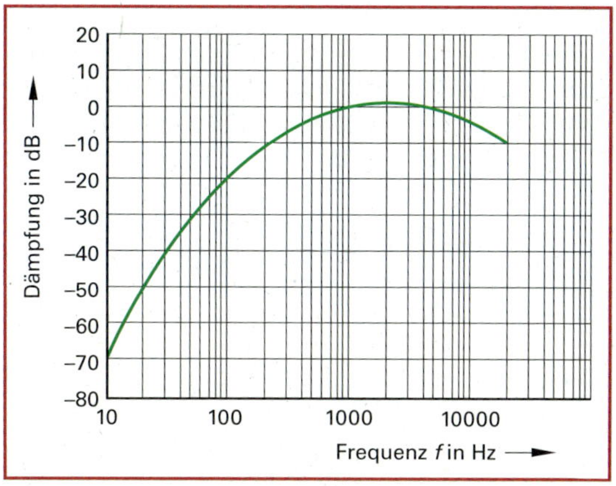


**Bild 1**: dB(A)-Bewertungskurve

**Lautstärke ist die subjektive Empfindung**, die durch auftreffenden Schalldruck beim Gehör ausgelöst wird. Die individuelle Wahrnehmung von Lautstärke kann von Mensch zu Mensch sehr unterschiedlich sein. Physiologische Unterschiede, Alterung und auch die subjektive Bewertung des Schalls spielen hierbei eine Rolle: Einer Person gefällt die Musik und daher wird sie als angenehm wahrgenommen, eine andere empfindet sie als Krach und daher subjektiv unangenehmer und lauter. Da subjektive Empfindungen kaum messbar sind, wurden umfangreiche Testreihen mit vielen Teilnehmern durchgeführt. Ziel der wissenschaftlichen Tests war es, Durchschnittswerte sowohl für die untere Hörschwelle als auch für die Schmerzgrenze zu ermitteln. Als untere Hörschwelle ergaben die Mittelwerte der Tests ein Ergebnis von 0,00002 Pa, die Schmerzgrenze liegt bei 150 Pa. Um die Handhabung dieser Zahlenwerte zu vereinfachen, wird eine logarithmische Dezibel-Skala (dB) verwendet.

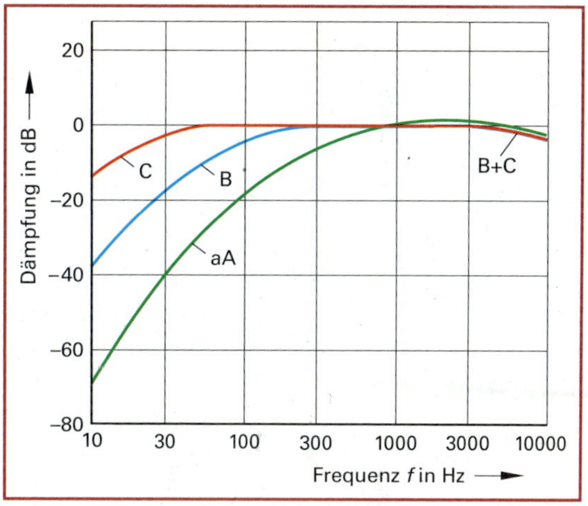


**Bild 2**: Verschiedene dB-Bewertungskurven im Vergleich

Somit ergibt sich für den **Schalldruckpegel die Maßeinheit dB SPL** (Sound Pressure Level). 0 dB SPL entsprechen der untersten Hörschwelle, die Schmerzgrenze liegt bei 137,5 dB SPL. In der Praxis der Ton- und Veranstaltungstechnik wird das Kürzel SPL bei der Angabe von Schalldruckpegeln häufig weggelassen. Dies ist allerdings nicht korrekt, da sich alleine durch das Maß dB auch andere Verhältnisse wie zum Beispiel Spannungen oder Leistungspegel angeben lassen.

Da das Gehör Lautstärke nicht linear und frequenzunabhängig wahrnimmt **(Kapitel 9.2.2 Wahrnehmung von Schall)**, werden verschiedene Schalldruckpegel je nach spektraler Zusammensetzung unterschiedlich empfunden. Es ist daher naheliegend, dass Messmethoden ebenfalls in unterschiedlicher Bewertung des Schalldruckpegels durchgeführt werden.

Für diesen Zweck gibt es in Schallpegelmessern häufig Optionen für verschiedene Bewertungsfilter. Der wichtigste ist der dB(A)-Filter **(Bild 1)**. Der auftreffende Schall wird nicht neutral in die Messung einbezogen, sondern es wird der Umstand berücksichtigt, dass das Gehör tiefe Frequenzen schlechter wahrnimmt.

Neben dB(A) existieren weitere Bewertungsformen wie zum Beispiel dB(B) und dB(C). Während dB(A) für geringere Schalldruckbereiche festgelegt worden ist, gilt dB(B) für mittlere und dB(C) für hohe Bereiche **(Bild 2)**. Je höher der Schalldruckbereich, desto flacher fällt die Bewertungskurve aus, da das Gehör dort ebenfalls linearer arbeitet.

### 9.1.4 Raumakustik

Die Raumakustik beschäftigt sich mit den klanglichen Erscheinungen in geschlossenen oder teilgeöffneten Räumlichkeiten. Hierbei spielt neben der Größe und der baulichen Beschaffenheit des Raums sowie den vorhandenen Materialien auch die subjektive Wahrnehmung eine Rolle. Wird in einem Raum ein Schallimpuls **(Bild 1)** erzeugt, so breitet sich dieser (sofern möglich) kugelförmig aus. **Der Direktschall erreicht den Hörer als Erstes**, da er auf dem kürzesten Weg von der Schallquelle zum Hörer gelangt. Als Nächstes erreichen den Hörer einzelne Reflexionen (englisch „early reflections"), die meist von größeren Flächen wie Wänden oder dem Boden zurückgeworfen werden. Die zeitliche Verzögerung, die Stärke und die Richtung dieser **ersten Reflexionen** bestimmen zu einem großen Teil den Höreindruck des Raumes. Als dritte und letzte Komponente nimmt der Hörer die Verdichtung der Reflexionen wahr, den sogenannten **Nachhall**. Dieser besteht im Wesentlichen aus Reflexionen von Reflexionen und ist in Dauer und Stärke in der Regel an jedem Punkt im Raum gleich. Dieses diffuse Schallfeld ist dadurch gekennzeichnet, dass es keine Vorzugsrichtung der Schallausbreitung besitzt. **Je kleiner der Raum, umso schneller kommt es zum Aufbau des diffusen Schallfelds.**

Für eine gute Klangqualität (z.B. hohe Sprachverständlichkeit oder bestmögliche Musikwiedergabe) ist ein möglichst hoher Anteil an Direktschall wünschenswert. Eine direkte Sichtverbindung zwischen Schallquelle und Hörer ist alleine nicht unbedingt ausreichend **(Tabelle 1)**. Der Direktschall muss den Diffusschall übertreffen. Erste Reflexionen sind in einem gewissen Maß wünschenswert, da über diese ein Raumklangeindruck beim Hörer entsteht. Hierbei spielen die Laufzeitdifferenzen zwischen Direktschall und den ersten Reflexionen eine Rolle: Eine zu lange Nachhallzeit (Diffusschall) ist in der Regel unerwünscht, da sowohl Sprachverständlichkeit als auch die Direktheit von Musik stark leiden können.

Für die generelle und langfristige Verbesserung der Raumakustik sind in der Regel bauliche Maßnahmen notwendig, die sehr aufwendig und teuer sein können. Primär ist das Volumen eines Raumes in Verbindung mit den verwendeten Materialien für die Dauer der Nachhallzeit maßgeblich **(Tabelle 2)**.

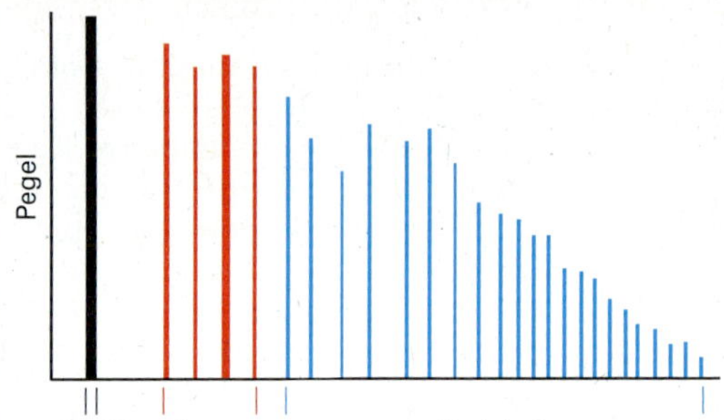


**Bild 1**: Reflektogramm der drei Phasen von Raumklang

**Tabelle 1:** Auswirkungen verschiedener Laufzeitdifferenzen

| Verzögerung | Auswirkung |
|---|---|
| 0 ms – 50 ms | Erhöhung der Wirkung des Direktschalls, Deutlichkeit wird wenig beeinträchtigt, es kann allerdings zu Klangfärbungen kommen |
| 50 ms – 100 ms | Störungen durch Summierung oder Auslöschung |
| über 100 ms | Wird als eigenständiges Echo wahrgenommen |

**Tabelle 2:** Beispiele für Nachhallzeiten in verschiedenen Räumen

| Raum | Typische Nachhallzeit (s) |
|---|---|
| Klassenzimmer | 0,5 – 0,9 |
| Kinosaal | 0,7 – 1,3 |
| Kleines Theater | 1,0 – 1,5 |
| Semperoper, Dresden | 1,6 |
| Kölner Dom **(Bild 2)** | ca. 13 |

**Bild 2**: Lange Hallzeiten im Kölner Dom

# 9.2 Physiologische Grundlagen

## 9.2.1 Das menschliche Gehör

Das Gehör ist ein Meisterwerk der Natur. Sein Wahrnehmungs- und Auflösungsvermögen ist mit maximal zehn Oktaven (20 Hz – 20000 Hz) wesentlich höher als das des Sehsinns mit etwa einer Oktave (ca. 380 nm – 780 nm). **Eine Verdopplung der Frequenz entspricht genau einer Oktave.** Bereits kleinste Abweichungen in der Tonhöhe können wahrgenommen werden. Der menschliche Sehsinn benötigt im Gegensatz zum Gehör deutlich größere Unterschiede, um Farbdifferenzen zu bemerken. Wird eine bestimmte Helligkeitsmindestgrenze unterschritten, wechselt der Sehsinn zunehmend von Farbwahrnehmung zum Hell-Dunkelsehen. Eine geringe Lichtstärke beeinflusst die menschliche Farbwahrnehmung. Vom Gehör hingegen werden durch physiologische Mechanismen auch leise Geräusche verstärkt und deutlich wahrgenommen.

Ankommende Schallwellen treffen zuerst auf die Ohrmuschel. Diese ist von Mensch zu Mensch leicht unterschiedlich gestaltet und so individuell wie ein Fingerabdruck. Die Ohrmuschel und das Ohrläppchen besitzen eine wichtige akustische Funktion: Durch Reflexion und Abschattung verschiedener Frequenzbereiche wird die räumliche Ortung verbessert. Besonders die Unterscheidung von frontalen und rückwärtigen Klangereignissen wird erleichtert. **Bild 1:** Über den ca. drei cm langen äußeren Gehörgang gelangen die Schallwellen auf das Trommelfell, welches das Außenohr vom Mittelohr trennt. Die dünne und sensible Membran des Trommelfells ist aus drei Schichten aufgebaut und wird durch den auftreffenden Schall in Schwingung versetzt. Im Mittelohr wird diese Schwingung über die drei Gehörknöchel Hammer, Amboss und Steigbügel an das Innenohr weitergeleitet. Die Gehörknöchel erinnern in ihrer Form an die namensgebenden Objekte. Die drei Knöchelchen sind die kleinsten Knochen im menschlichen Körper. Zusammen mit dem Trommelfell sind sie so groß, dass sie auf ein 1-Cent-Stück passen.

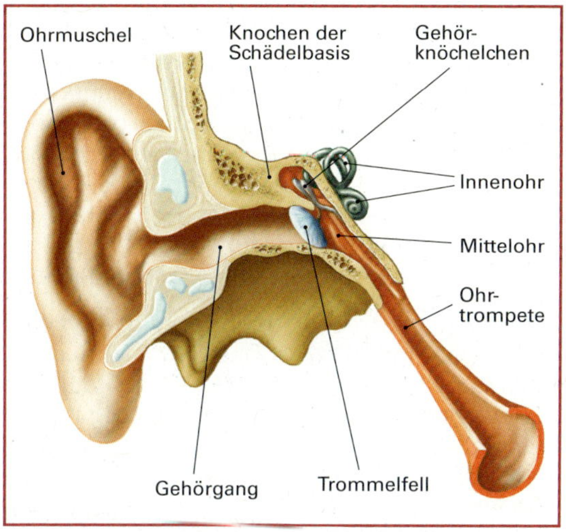


**Bild 1**: Anatomie des menschlichen Ohres

Verstärkung des eintreffenden Schalls: Das Trommelfell ist etwa 16-mal so groß wie der Steigbügel. Zusammen mit der Hebelwirkung, welche die drei Gehörknöchel erzielen, führt **die Übertragung der Schwingungen innerhalb des Gehörs zu einer rund 60-fachen Verstärkung des Schalldrucks**, bevor dieser im Innenohr ankommt und dort weiterverarbeitet wird.

Das Innenohr liegt im Felsenbein, einem sehr harten Bereich des Schädelknochens. Dort befindet sich die Hörschnecke (Cochlea), in der die eigentliche Sinneswahrnehmung geschieht. Die Hörschnecke ist ein Hohlraum mit zweieinhalb Windungen und enthält rund 18000 Hörzellen. Diese sind mit feinen Haarfortsätzen ausgestattet, die durch den auftreffenden Schalldruck ausgelenkt und damit stimuliert werden. Diese Reize werden an das Gehirn weitergeleitet. Im Gehirn erfolgt die Auswertung und Interpretation der eintreffenden Informationen.

Hierbei werden im Wesentlichen **drei Aspekte** ermittelt. Die Anzahl der erregten Sinneszellen liefert Informationen zur **Lautstärke**. Je mehr Zellen angeregt werden, umso lauter wird der Schall empfunden. Die **Tonhöhe** wird über den Ort der Sinneszellenerregung in der Hörschnecke registriert: Die Hörzellen am äußeren Teil der Cochlea sind für die hohen Frequenzen ausgelegt, je weiter man in der Schnecke nach innen vordringt, desto tiefere Töne werden wahrgenommen. Aus der zeitlichen Verzögerung der Nervenimpulse zwischen rechtem und linkem Ohr kann das Gehirn auch auf die **Schallrichtung** schließen.

**Erst durch das komplexe Zusammenspiel aller Teile des Gehörs wird eine natürliche und korrekte Wahrnehmung von Schall sowie dessen Ortbarkeit möglich.**

## 9.2.2 Wahrnehmung von Schall

**Bild 1:** Der maximal wahrnehmbare Frequenzbereich bei jungen, gesunden Menschen reicht von rund 20 bis 20000 Schwingungen pro Sekunde (Einheit Hertz (Hz); 1 Hz = 1/s). Dies entspricht dem Faktor 1000. Mit zunehmendem Alter (oder aufgrund von Gehörschädigungen durch Lärmbelastung) sinkt die höchste wahrnehmbare Frequenz. Tiefere Frequenzen als 20 Hz (Infraschall; lat. Infra „unterhalb") werden nicht als Töne gehört, allerdings als Vibrationen wahrgenommen. Tiefe und druckvolle Bässe werden sowohl über die Haut als auch über die Bauchdecke gespürt. Der ganzheitliche Sinneseindruck, den tieffrequente und laute Töne auf den gesamten menschlichen Körper ausüben, lässt sich über Kopfhörer nicht in vollem Umfang erzielen. Auch wenn dieser Tiefbass erzeugen kann, fehlt der gesamtkörperliche Eindruck, selbst wenn die Hörzellen bis an die Belastungsgrenze gereizt werden. Der Frequenzbereich über 20000 Hz (20 kHz) wird als Ultraschall (lat. ultra „jenseits") bezeichnet. Viele Tiere, wie zum Beispiel Fledermäuse oder Wale, nutzen Ultraschall zur Orientierung mittels Echoortung. Je nach Art reicht der Frequenzbereich bis zu 200 kHz. In der Medizintechnik wird Ultraschall in der Sonografie als bildgebendes Verfahren genutzt, um innere Organe und Gewebe darzustellen.

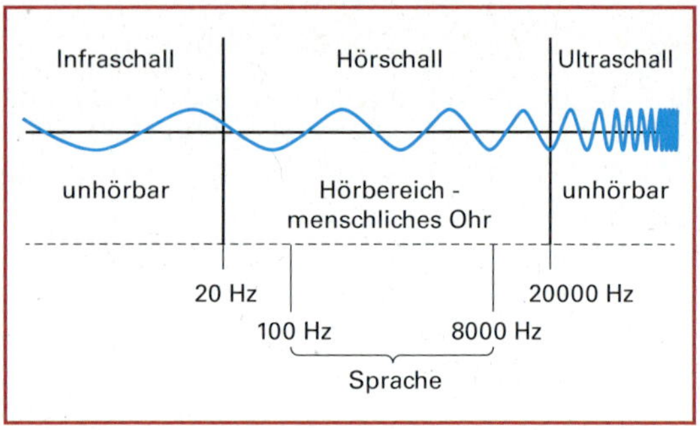


**Bild 1**: Infraschall, Hörschall und Ultraschall

Die wahrgenommene Tonhöhe steigt mit zunehmender Frequenz. **Die Verdopplung der Tonhöhe entspricht einer Oktave.** Das Gehör kann normalerweise relative Verhältnisse besser unterscheiden als bezugslose Intervalle. Daher fällt es häufig schwer, einen gehörten Ton ohne Bezugspunkt zu benennen. Diese Orientierung mit einer festen und bekannten Frequenz lässt sich zum Beispiel mit einer Stimmgabel oder einer Stimmpfeife herstellen. Auf dieser Basis lassen sich Instrumente nach Gehör stimmen. In einem direkten Vergleich lassen sich Frequenzen ab einer Abweichung von etwa 0,7 % unterscheiden. Zum Vergleich: Ein musikalischer Halbtonschritt entspricht einer Frequenzänderung von etwas weniger als 6 %.

Beim Schalldruck ist das Verhältnis zwischen geringstem und höchstem Punkt auf der Wahrnehmungsskala des Gehörs noch deutlich größer als bei Frequenzen. **Der Dynamikumfang des Menschen liegt bei rund 120 Dezibel (dB), was einem Verhältnis der Schalldrücke von 1 zu 1 Million entspricht.** Die an der unteren Wahrnehmungsgrenze liegenden Schwingungsamplituden im Innenohr liegen im Bereich von wenigen Atomdurchmessern. Wäre der Gehörsinn noch empfindlicher, würden die hörbaren Nutzinformationen zunehmend von Störinformationen (Körpergeräusche wie zum Beispiel das Fließen des Bluts in den Adern und Kapillargefäßen) überlagert. Die Obergrenze der im Gehör verarbeitbaren Schwingungsamplituden liegt bei der mechanischen Belastbarkeitsgrenze der Hörzellen. **Gehörschädigungen können dauerhaft sein und sind auch mit modernen medizinischen Mitteln nicht heilbar.** Bei der Belastung des Gehörs macht es keinen Unterschied, ob der Schall subjektiv als angenehm (Konzert der Lieblingsband) oder störend (Baustellenlärm) empfunden wird **(Bild 1, Seite 341)**.

Das menschliche Gehör ist in der Lage, ein sehr großes Frequenz- und Schalldruckpegelgebiet wahrzunehmen. Diesen Bereich nennt man Hörfläche **(Bild 2)**.

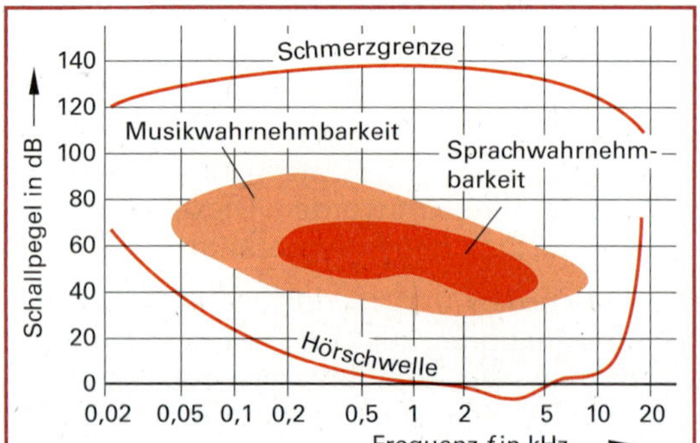


**Bild 2**: Die Hörfläche des menschlichen Gehörs

Ab 80 dB(A) am Arbeitsplatz muss geeigneter Gehörschutz zur Verfügung gestellt werden. Ab 85 dB(A) muss dieser verpflichtend getragen werden.

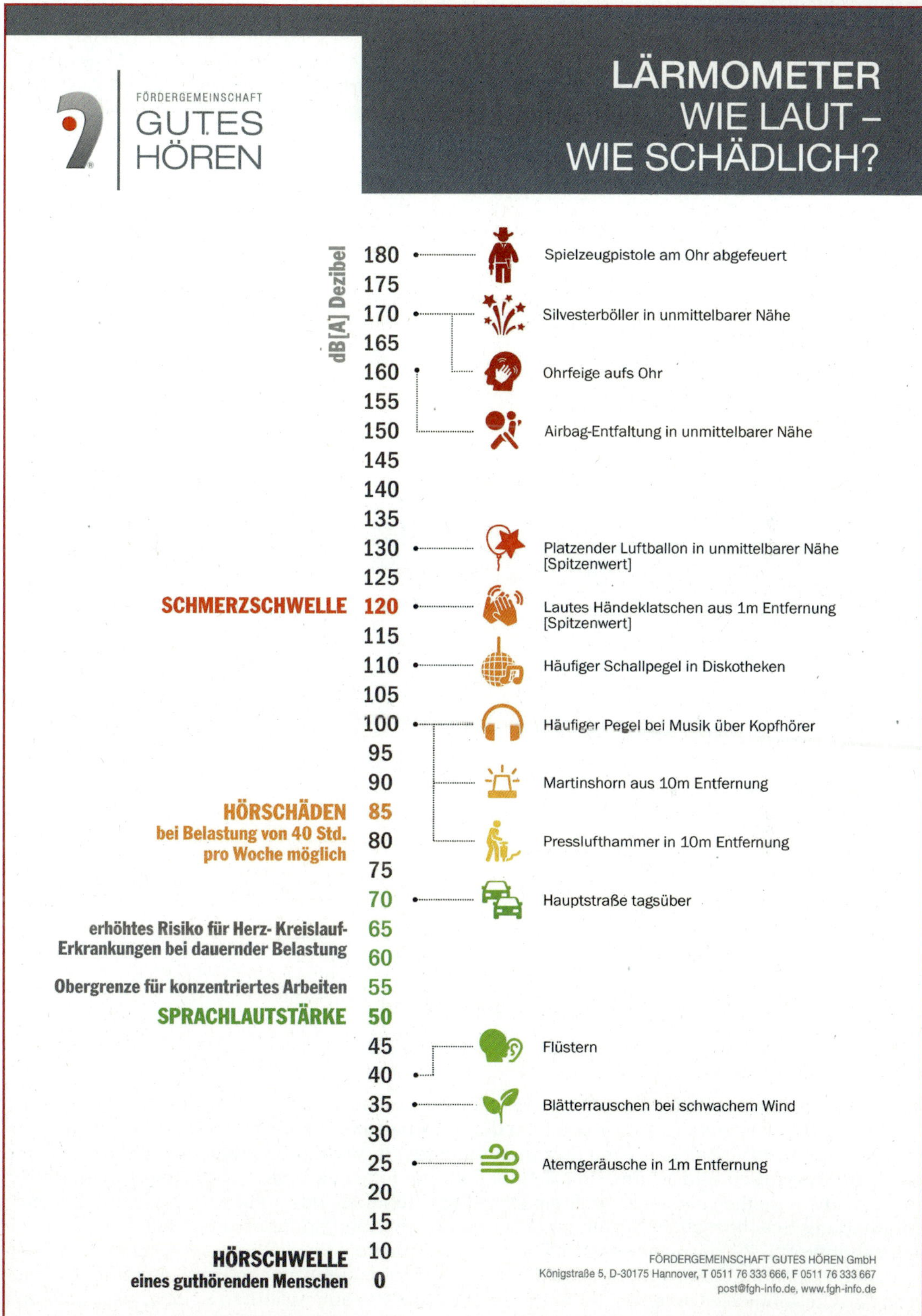


**Bild 1**: Lärmbelastung durch Alltagsgeräusche

Die menschliche Wahrnehmung der Lautstärke hängt nicht nur vom vorhandenen Schalldruck ab, sondern auch wesentlich von der Frequenz des Schallereignisses. Für das menschliche Gehör sind insbesondere sehr tiefe und sehr hohe Frequenzen schlechter hörbar als mittlere. **Die Empfindlichkeit für Schalldruck ist abhängig von der Frequenz. Lautstärke** entspricht dem physikalisch definierten Schalldruck mit der Einheit Pascal. **Lautheit** hingegen berücksichtigt die physiologischen Besonderheiten, die zu einer subjektiven Abweichung führen. Oft wird die Einheit Phon (psychoakustische Größe zur Beschreibung der subjektiv empfundenen Lautheit) verwendet. **Die menschliche Wahrnehmung für das Zusammenwirken von Schalldruck und Frequenz ist nicht linear (Bild 1).**

Werden mehrere Klangeindrücke gleichzeitig gehört, können sie sich gegenseitig bei der Wahrnehmung beeinflussen. Treten leise und laute Töne gleichzeitig auf, so können die leisen von lauteren überdeckt und damit nicht mehr bewusst wahrgenommen werden. Ein auf das Gehör wirkender Reiz kann die Empfindlichkeit für andere Reize reduzieren. Dieser **Effekt der Maskierung** kann auch dann auftreten, wenn sich beide Signale in ihren Frequenzen unterscheiden. Schall mit einer tieferen Frequenz überdeckt Schall mit einer höheren Frequenz nur dann ausreichend stark, wenn der Schalldruckunterschied groß genug ist. Schall mit einer höheren Frequenz maskiert Schall mit einer niedrigeren Frequenz nur dann, wenn der Frequenzunterschied nicht zu groß ist. Die subjektive Klangwahrnehmung unterscheidet sich teilweise erheblich von objektiven Messergebnissen.

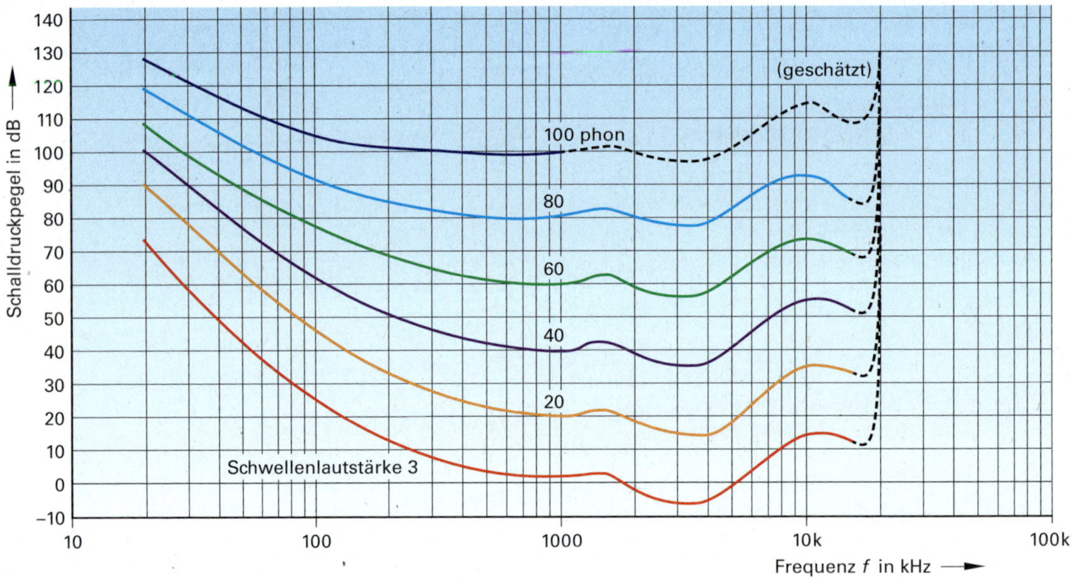


**Bild 1**: Kurven gleicher Lautstärkepegel (nach ISO-Norm 226:2003)

## 9.2.3 Räumliches Hören

Bei der Erfassung und Wahrnehmung von Schallereignissen spielen zeitliche Aspekte eine wichtige Rolle. **Das menschliche Gehör setzt bei der Verarbeitung die Amplituden, Phasenlagen und Frequenzspektren von akustischen Reizen miteinander in Verbindung und versucht daraus eine zeitliche Struktur zu bilden, um eine Schallquelle räumlich zu orten.** Trifft Schall nicht mittig, sondern etwas seitlich ein, erreicht er ein Ohr etwas früher als das andere. Hieraus ergeben sich aufgrund der Schallgeschwindigkeit (in Luft unter Normalbedingungen etwa 340 m/s) minimale Laufzeitunterschiede der Schallwellen. Ebenfalls differiert die Phasenlage **(s. Kapitel 9.1.1)** der Wellen, was je nach Frequenz unterschiedlich starke Auswirkungen haben kann. Durch die akustische Abschattung des Kopfes ist der Schalleindruck auf der abgewandten Seite etwas leiser und kann sich im Frequenzspektrum unterscheiden. Alle diese **zwischen den Ohren entstehenden sogenannten interauralen Differenzen** ermöglichen eine Richtungswahrnehmung.

**Das beidohrige (binaurale) Hören ermöglicht Richtungshören und die Orientierung in der akustischen Umgebung** – ähnlich wie das dreidimensionale Sehen mit zwei Augen. Die räumliche Ortung einer Schallquelle erfolgt im Wesentlichen über zwei Raumachsen:

**1. Horizontalebene:** Liegt ein Hörereignis nicht direkt vor einem Zuhörer und erreichen ihn absolut phasengleiche Schallwellen, so treffen auf das rechte und das linke Ohr **Schallwellen mit unterschiedlichen Laufzeiten und Pegeln.** Diese Unterschiede in Laufzeit und Pegel werden im Gehör und Gehirn ausgewertet und ergeben eine horizontale Ortung des Hörereignisses (links und rechts).

**2. Medianebene:** Über die Einordnung eines Hörereignisses auf der Horizontalebene kann allerdings nicht unterschieden werden, ob der Schall von **vorne oder hinten, von oben oder unten kommt. Hierfür ist der Aufbau der Ohrmuschel und des Gehörgangs wichtig.** Durch die Beugung des Schalls (s. Kapitel 9.1.2) am Außenohr werden bestimmte Frequenzbereiche angehoben oder gedämpft. Das Zustandekommen und die Auswertung dieser Reize ist individuell und von Mensch zu Mensch unterschiedlich.

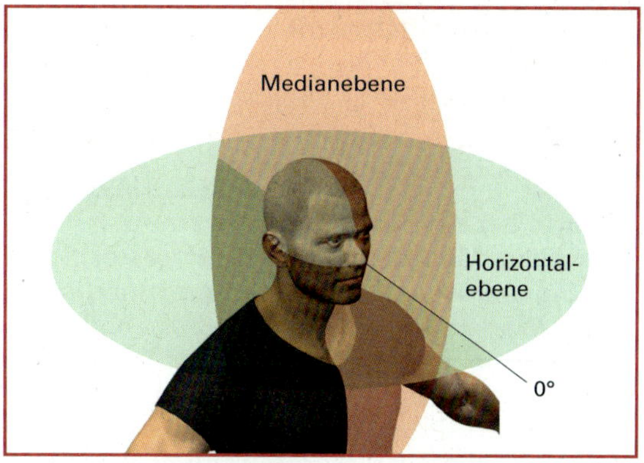


**Bild 1**: Die beiden wesentlichen Raumachsen

**Bild 2**: Intelligentes Hören auf einer Cocktailparty

Neben der Verarbeitung der rein physikalischen Informationen ist das Gehirn in der Lage, Inhalten Bedeutung beizumessen. So ist ein Mensch beispielsweise kognitiv in einem gewissen Umfang in der Lage, auf einer Party aus einer Vielzahl von verschiedenen Gesprächen gezielt die gewünschten Inhalte eines Gesprächspartners herauszufiltern und sich damit auf ein konkretes Gespräch unter vielen anderen zu konzentrieren. **Diese Fähigkeit wird als intelligentes Hören (auch Cocktailparty-Effekt) bezeichnet (Bild 2).**

## 9.2.4 Die ideale Stereo-Hörposition in der Praxis

Bei der klassischen Stereophonie **(Bild 3)** werden zwei Audio- und Wiedergabekanäle verwendet (links und rechts). Um ein bestmögliches Klangbild zu erhalten, sollten folgende Regeln beachtet werden:

- Hörer und Lautsprecher bilden ein **gleichseitiges Dreieck** (Stereodreieck), wobei der Hörer von beiden Lautsprechern genauso weit entfernt ist, wie die Lautsprecher voneinander entfernt sind. Der Hörer befindet sich im sogenannten **„Sweet Spot"**.
- Beide Lautsprecher sind 30° **in Richtung des Hörers gedreht.**
- Bei Mehrwegesystemen sollte sich der **Hochtöner auf Höhe der Ohren** befinden.
- Um unerwünschte Reflexionen zu vermeiden, ist der **Hörraum mit schallschluckenden Elementen** (zum Beispiel Teppiche, Vorhänge oder spezielle Akustikelemente) versehen.

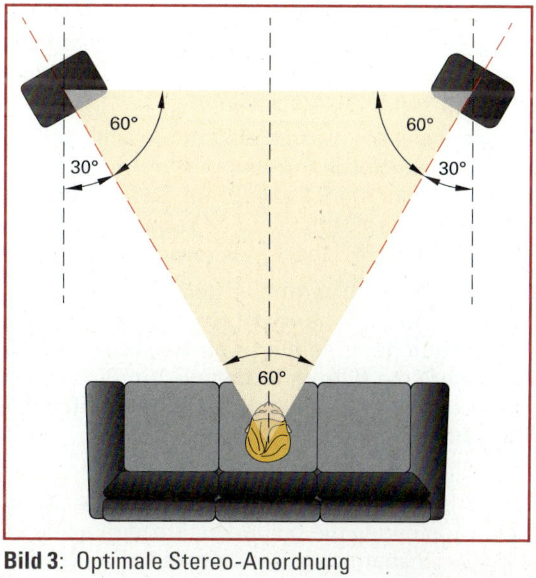


**Bild 3**: Optimale Stereo-Anordnung

# 9.3 Signalquellen

## 9.3.1 Mikrofone

### Allgemeines

Das erste und meist **wichtigste Glied in der Signalkette bei der Ton- und Veranstaltungstechnik ist das Mikrofon.** Es steht an erster Stelle des Signalflusses durch das Setup und sorgt für die Wandlung der Schallwellen in elektronische Signale. Fehler, die an dieser frühen Stelle entstehen, setzen sich in den nachfolgenden Prozessschritten fort und können, sofern dies überhaupt mit vertretbarem Aufwand oder unter Live-Bedingungen möglich ist, nur mit teils hohem Aufwand korrigiert werden.

Im Prinzip funktioniert jedes Mikrofon physikalisch gleich: Eine Membran wird durch die Druck- und Dichteschwankungen des umgebenden Mediums in Bewegung versetzt und wandelt diese kinetische Energie in elektrische Energie um.

**Bild 1**: Dynamisches Mikrofon

### Wandlertypen

Für die Wandlung der Bewegungsenergie in elektrische Energie gibt es verschiedene Umsetzungsformen, wobei allerdings in der Praxis nur zwei davon relevant sind.

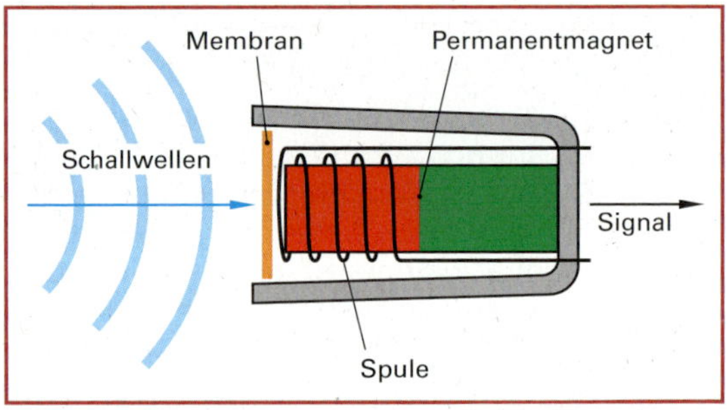


**Bild 2**: Schema eines dynamischen Mikrofons

Beim **dynamischen Mikrofon (Bild 1)** ist an der Membran eine Spule angebracht, die sich innerhalb eines Magnetfelds bewegt, welches von einem Permanentmagneten erzeugt wird. **Durch das Prinzip der Induktion wird eine Spannung erzeugt, wenn sich die Spule im Magnetfeld bewegt (Bild 2).** Die Mikrofonkapsel ist durch einen stabilen Drahtkorb geschützt, sodass ein dynamisches Mikrofon eine **hohe mechanische Stabilität** aufweist. Es wird häufig in Live-Situationen und bei Bühneneinsätzen verwendet. Hier ist auch die **geringe Rückkopplungsneigung** von Vorteil.

Dynamische Mikrofone, die auf Sprach- und Gesangsaufzeichnung ausgelegt sind, arbeiten häufig mit einer Betonung des mittleren Frequenzbereichs. Höhere Frequenzanteile sind prinzipbedingt weniger stark ausgeprägt. Diese Färbungen im Klangbild sind oft erwünscht, da sie den für Stimmen charakteristischen Frequenzbereich hervorheben. Die Wahl des passenden Bühnenmikrofons ist meist Geschmackssache.

In gut kontrollierbaren Umgebungen wie zum Beispiel in Tonstudios sind andere Eigenschaften eines Mikrofons wichtiger als die mechanische Belastbarkeit. Wenn es um möglichst hohe Klangtreue geht, spielen **Kondensatormikrofone (Bild 1, Seite 345)** ihre Vorteile aus. Diese verfügen über eine **höhere Schallempfindlichkeit** und arbeiten auch in größeren Abständen präzise. Außerdem liefern sie ein **Klangbild, welches linearer ist und deutlich weniger und Verfärbungen aufweist.**

Die Membran eines Kondensatormikrofons besteht aus einer extrem dünnen und leitfähigen Folie, die sich in einem geringen Abstand zu einer Metallplatte (Gegenelektrode) befindet. Diese zwei Komponenten bilden die beiden Elektroden eines Kondensators. Von außen muss dazu an das System eine Gleichspannung (Kapselvorspannung; häufig „**Phantomspeisung**" genannt) angelegt werden.

Gebräuchlich sind eine **Spannung von 48 Volt sowie eine Stromstärke von 10 mA.** Bei einigen Mikrofonen wird statt der externen Spannungsversorgung eine interne Batterie verwendet.

Treffen Schallwellen auf die Membran, schwingt diese und verändert damit ihren Abstand zur Metallplatte, wodurch eine **Kapazitätsänderung des Kondensators (Bild 2)** stattfindet. Durch die Änderung der Kondensatorkapazität ändert sich die Spannung im System, was letztlich dem Ausgangssignal des Mikrofons entspricht.

Neben diesen beiden dominierenden Wandlertypen existieren auch **Elektret-Mikrofone**, die eine kostengünstige Alternative zu Kondensatormikrofonen sein können. Ein großer Nachteil ist jedoch, dass das verwendete Material (Kunststoffmembran mit spannungsspeichernder Schicht) im Laufe der Jahre altert, ihre Fähigkeit zur Spannungsspeicherung nachlässt und daher die Lebensdauer begrenzt ist.

Weitere Wandlerprinzipien wie **Kohle-, Kristall- oder Bändchenmikrofone** spielen in der Praxis bei Live-Veranstaltungen keine, oder zumindest keine relevante, Rolle mehr und sind fast ausschließlich in Vintage-Anwendungen oder anderen Nischen der Tontechnik zu finden.

Bei Podcast-Mikrofonen wie in **Bild 3** existieren sowohl dynamische als auch Kondensatormikrofone. Oft lassen sich diese direkt per USB an einen Computer anschließen.

**Bild 1**: Kondensatormikrofon TLM 102 von Neumann in Spinnenhalterung

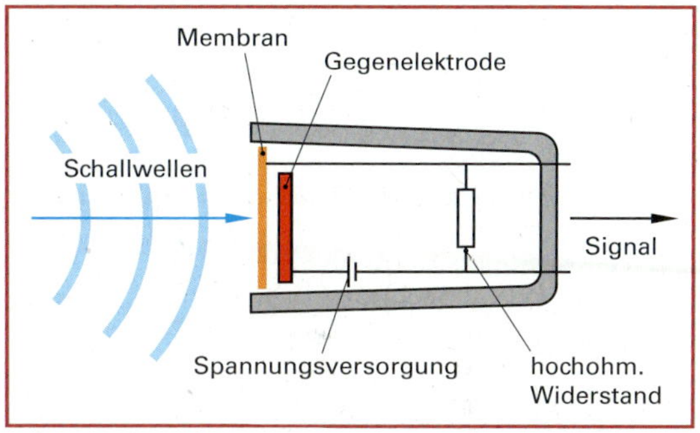


**Bild 2**: Schema eines Kondensatormikrofons

**Bild 3**: Podcast-Mikrofon in Halterung mit Poppschutz zur Verminderung von Plosivlauten

**Tabelle 1:** Vor- und Nachteile der beiden dominierenden Wandlertypen

| Eigenschaft | Dynamisch | Kondensator |
|---|---|---|
| **Mechanische Belastbarkeit** | robust | empfindlich |
| **Abstand zur Signalquelle** | meist gering aufgrund niedriger Empfindlichkeit | sehr großer Bereich (nah bis weit) möglich |
| **Stromversorgung** | nicht erforderlich | erforderlich (häufig Phantomspeisung mit 48 V) |
| **Dynamikumfang** | mäßig | hoch |
| **Klangqualität** | geringere Impulstreue durch Trägheit der Membran, weniger Detailauflösungsvermögen, geringerer Übertragungsbereich, Frequenzgang nicht linear und daher Färbung im Klangbild (teils gewünscht) | Hohe Impulstreue, da kaum Trägheit aufgrund des niedrigen Gewichts der mechanischen Wandlereinheit, ausgeglichener Frequenzgang mit hohem Auflösungsvermögen auch in den Höhen |
| **Typische Einsatzgebiete** | Bühne, Live-Veranstaltung, als Headset, Handmikrofon und auf Stativ | Studio und Broadcast, in Live-Situationen dort, wo keine hohe Rückkopplungsfestigkeit benötigt wird |
| **Anschaffungspreis** | eher günstig | häufig teurer als dynamische Mikrofone |

## Richtcharakteristik

Bei Mikrofonen wird die **Richtcharakteristik als die Winkelabhängigkeit der Stärke empfangener Schallwellen** bezeichnet. Durch die Richtcharakteristik eines Mikrofons wird bestimmt, **aus welcher Richtung bevorzugt Schall aufgenommen wird (Bild 1).**

Die Richtwirkung einer Mikrofonkapsel kann dazu beitragen, Schallereignisse aus einer Richtung „fokussierter zu hören" als aus anderen. Bei einer starken vorwärtigen Richtwirkung (wie z. B. Nierenbauformen) kann man sich den abgedeckten Bereich vorstellen, wie die Lichtausbreitung bei einer Taschenlampe, die in eine bestimmte Richtung leuchtet. Das Mikrofon und nimmt von dort den meisten Schall auf.

Durch die Wahl einer geeigneten Richtcharakteristik können bereits bei der Aufnahme **Störgeräusche minimiert** und das Verhältnis zwischen Nutzsignal (z. B. Sprache) und Störsignal (z. B. Straßenlärm) optimiert werden. **Die Richtcharakteristik eines Mikrofons ist frequenzabhängig.** Sofern nicht anders angegeben, wird meist die Frequenz von 1 kHz auf einem Polardiagramm dargestellt. Dieser Diagrammtyp zeigt die Empfindlichkeit eines Mikrofons in Abhängigkeit des Einfallswinkels der Schallquelle („räumliches Aufnahmefeld").

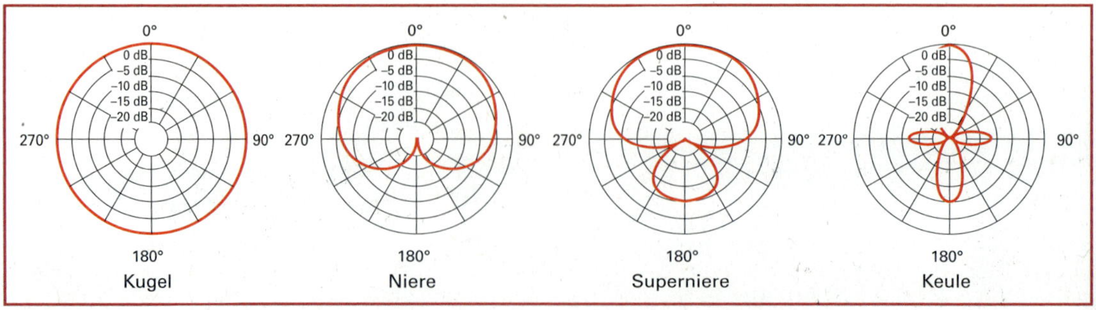


**Bild 1:** Räumliche Ausprägung verschiedener Richtcharakteristiken im Polardiagramm

**Tabelle 1:** Übersicht der gebräuchlichsten Richtcharakteristiken

| Richt-charakteristik | Englische Bezeichnung | Eigenschaften |
|---|---|---|
| Kugel | omnidirectional | Keinerlei Richtwirkung; Schall wird aus allen Richtungen gleichmäßig erfasst; besonders neutrales und ausgeglichenes Klangbild; gut geeignet, um im Studio oder kontrollierten Live-Bedingungen ganze Instrumentengruppen zu erfassen; problematisch bei (lauten) PA-Anwendung (z. B. Rock/Pop), da eine saubere Einzelabnahme nicht möglich ist und die gesamte Bühne inkl. Monitorlautsprechern erfasst wird. |
| Niere | cardioid/ unidirectional | Erfasst werden bevorzugt rund 120° vor dem Mikrofon; seitlicher und rückwärtig auftreffender Schall werden stark bedämpft; für Live-Situationen guter Kompromiss zwischen Qualität und Richtwirkung. |
| Super-/Hyperniere | super-/ hypercardioid | Bevorzugte Ausrichtung von rund 60° vor der Mikrofonkapsel; ermöglicht noch stärkere akustische Trennung; jedoch erfolgt auch eine Aufnahme rückseitiger Schallquellen. |
| Keule | shotgun/ ultradirectional | Stärkste Bündelung auf den Bereich vor dem Mikrofon; auch in lauten Umgebungen kann mit diesem „Richtmikrofon" aus größerer Entfernung gearbeitet werden (z. B. Interview in lauten Außenbereichen oder auf Bühnen, wenn aus optischen Gründen ein großer Mikrofonabstand erforderlich ist); teilweise treten deutliche Färbungen im Frequenzverlauf auf, die per Equalizer ausgeglichen werden müssen. |

Bei einigen Mikrofonen, die bevorzugt im Studio-Bereich eingesetzt werden, lässt sich die **Charakteristik umschalten**. Ermöglicht wird dies durch zwei unabhängige Nierenkapseln (eine vorne, die zweite hinten im Mikrofon), die durch elektrische Verschaltung die entsprechende Richtwirkung ergeben. Da zwei Kapseln verbaut werden müssen, sind solche Mikrofone meist etwas teurer.

## Bauformen

**Handheld-Mikrofone (Bild 1)** sind die meistverwendete Standardbauweise. Diese Bauform wird beim Sprechen oder Singen in der Hand gehalten. In der Seite, die zur Schallquelle zeigt, sitzt die Mikrofonkapsel, die von einem Korb aus Drahtgeflecht geschützt wird. Dieser Mikrofonkorb enthält meist Schaumstoff, der für eine Verminderung von Plosivlauten (Ploppgeräusche bei der Aussprache) sorgen soll. Auf der anderen Seite des Mikrofongehäuses befinden sich der XLR-Anschluss (kabelgebundene Mikrofone) oder die Sendeeinheit (kabellose Mikrofone). Manche Handheld-Mikrofone besitzen einen Ein-Aus-Schalter. Dieser kann zwar als zusätzliches Feature gesehen werden, stellt allerdings auch eine mögliche Fehlerquelle für Falschbedienung dar. Der Schalter sollte unbedingt knackfrei arbeiten.

**Bild 1:** Dynamisches Handheld-Mikrofon mit Nierencharakteristik: Sennheiser e935

**Headset-Mikrofone** werden mittels einer Tragegarnitur (Bügel um den Hinterkopf, teils auch an Ohren eingehängt; Ausleger mit Mikrofonkapsel seitlich nach vorne in Richtung Mund geführt) in konstantem Abstand getragen. Hieraus resultiert ein relativ gleichbleibender Pegel, auch wenn die Person wenig Übung im Umgang mit Mikrofonen hat oder über eine schlechte Mikrofondisziplin verfügt.

Besonders bei Personen, die während einer Show oder einer Produktion beweglich sein und möglichst frei agieren müssen (zum Beispiel Moderatoren, Musical-Darsteller, Schauspieler, Keyboarder und Drummer), sind Headsets oft die erste Wahl bei der Mikrofonierung.

Problematisch bei Headsets **(Bild 1)** kann sein, dass auch unerwünschter Schall übertragen wird (husten, räuspern, Absprachen mit dem Team oder Mitmusikern), da es für die Nutzer nicht immer eine Möglichkeit gibt, den Ton schnell abzuschalten.

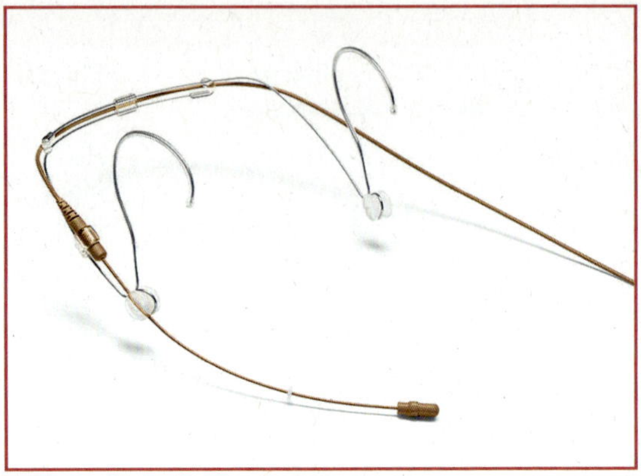

**Bild 1**: Doppelbügel-Headset Shure DH5C

**Lavalier-/Ansteckmikrofone** wie in **Bild 2** können optisch sehr unauffällig angebracht werden. Man kennt diesen Mikrofontyp aus dem Fernsehen oder von Vorlesungen in Hörsälen. Während die Qualität in kontrollierten Umgebungen wie bei Nachrichtensendungen oder Podiumsdiskussionen sehr gut sein kann, bereiten Lavaliermikrofone bei dynamischen Beschallungssituationen oder bei lauten Umgebungen häufig Probleme. Dies liegt auch daran, dass dieser Mikrofontyp einen angepassten Frequenzgang liefert. Häufig werden die tiefen Mitten abgesenkt und die Höhen angehoben, da die Mikrofonkapseln vor der Brust getragen werden und durch den Brustkorb der Frequenzbereich der tiefen Mitten betont wird, aber die höheren Frequenzanteile unterrepräsentiert sind.

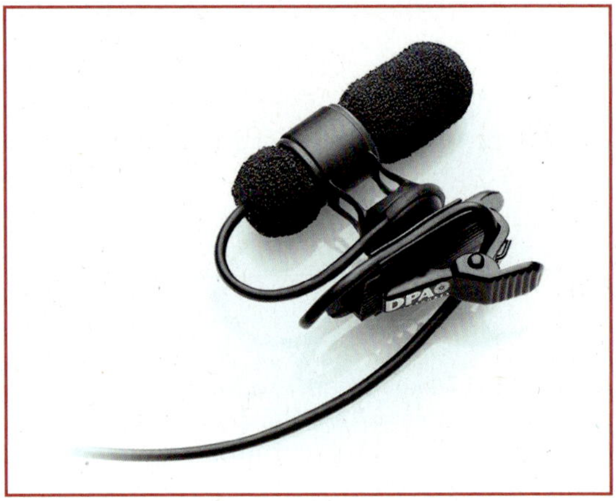

**Bild 2**: Ansteckmikrofon DPA 4080

**Clip-Mikrofone** wie in **Bild 3** werden häufig bei Drums oder Blasinstrumenten eingesetzt. Sie werden mit einer Klammer in gleichbleibendem Abstand am Instrument befestigt. So kann auf den Einsatz von Mikrofonstativen verzichtet werden. Die Bühne wirkt optisch aufgeräumter, man spart etwas Aufbauzeit und reduziert das Transportvolumen der Ausrüstung. Vorsicht ist allerdings bei den häufig dünnen Kabeln geboten, die schnell beschädigt werden. Daher sollte möglichst früh ein robustes Kabel verwendet werden, um das Signal weiterzuführen (z.B. zu einer Stagebox, einem Submischpult oder zum Hauptmixer) oder es kommt eine kabellose Funkstrecke zum Einsatz.

Neben der größeren Bewegungsfreiheit für die Bühnenmusiker ist auch der immer gleiche Abstand von Mikrofon zur Schallquelle vorteilhaft, da so einfach zu große Dynamikschwankungen vermieden werden.

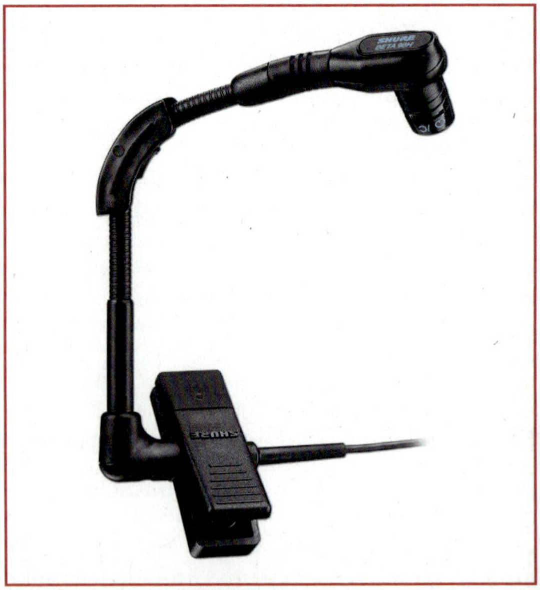

**Bild 3**: Clip-Kondensator-Mikrofon: Shure Beta 98 H/C

**Grenzflächenmikrofone (Bild 1)** bieten sich besonders bei der Abnahme von größeren Schallkörpern (Chöre oder Orchester) an, wenn die Einzelabnahme zu aufwendig, zu teuer oder fehleranfällig ist. Auch bei Konferenzen oder auf Theaterbühnen leistet diese Bauform gute Dienste. Die unauffällige Bauweise lässt sich gut in Situationen integrieren, in denen keine großen Mikrofonaufbauten die Optik stören sollen. Neben diesen ästhetischen Gründen kann sich der sogenannte **Grenzflächeneffekt (Bild 2)** positiv auf den Klang auswirken.

Bei der Aufnahme mit einem konventionellen Mikrofon erreicht der Direktschall die Mikrofonkapsel zuerst, mit einer zeitlichen Verzögerung kommen Reflexionen hinzu. Hierdurch entstehen Überlagerungen und Auslöschungen im Frequenzspektrum, was zu starken Klangfärbungen führen kann und auch mittels Equalizer kaum oder nicht auszugleichen ist.

Bei einem Grenzflächenmikrofon, welches sehr nahe an einer größeren Fläche (Boden, Besprechungstisch) im Raum positioniert ist, erreichen Direktschall und Reflexionen die Mikrofonkapsel annähernd gleichzeitig. Daraus ergibt sich ein gleichmäßiger Frequenzgang ohne Kammfiltereffekt.

Beim harten Einsatz für Show- und Bühnenbetrieb sollten Grenzflächenmikrofone in stabilen Metallgehäusen verwendet werden. Außerdem sind schaltbare Hochpassfilter gegen Tritt- und Körperschall hilfreich.

**Bild 1:** Grenzflächenmikrofon für Bassdrum und Cajons: Shure Beta 91A

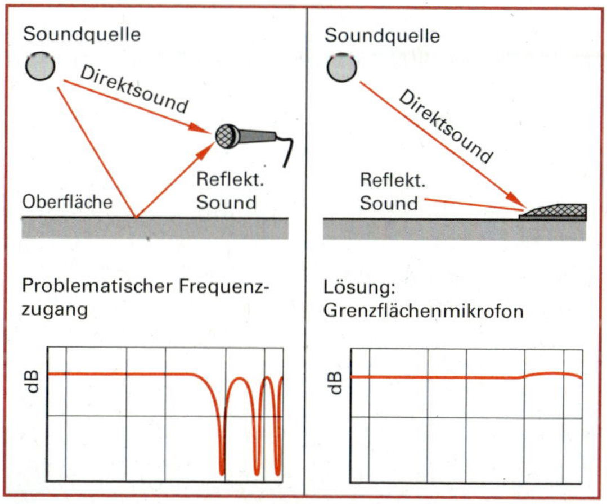


**Bild 2:** Vergleich: Mikrofonierung mit konventionellem Mikrofon und einem Grenzflächenmikrofon

## 9.3.2 Zuspielgeräte

Die Zeiten von Sideracks, in denen sich auf vielen Höheneinheiten (HE; genormte Baugröße für Rack-Geräte; 1 HE = 44,45 mm) verschiedenste Wiedergabegeräte befanden, sind vorbei. Durch die **flächendeckende Digitalisierung der Audiowelt** seit der Jahrtausendwende gibt es bis auf wenige Nischen praktisch keine voll-analogen Zuspielgeräte mehr, die im Bereich der Veranstaltungstechnik eingesetzt werden. Auch spezialisierte Player für jeweils ein digitales Format (wie zum Beispiel reine CD-Player oder DAT-Recorder) werden immer seltener. Einspieler, Playbacks oder Hintergrundmusik für Pausen kommen entweder von einem Computer (häufig mit externem Audio-Wandler) oder von **digitalen Multifunktionszuspielgeräten (Bild 1, Seite 350)**, die verschiedene Optionen zum Anschluss von Speichermedien (interne Festplatte, USB-Stick oder externe Festplatte, Speicherkartenleser, CD/DVD-Laufwerk, Bluetooth, Netzwerkverbindung via LAN oder WLAN zu Medienservern oder Streaming-Diensten) bieten und eine Vielzahl von Audio-Standards und Codecs (AAC, FLAC, MP3, WAV uvm.) beherrschen. Wesentlich für **eine verlässliche störungsfreie Signalübertragung auf professionellem Niveau** ist die Verbindung entweder analog über symmetrische Signalwege **(Seite 355, Unsymmetrische und symmetrische Signalübertragung)** oder digital über verlustfreie Verbindungen **(s. Kapitel 9.4.1)**.

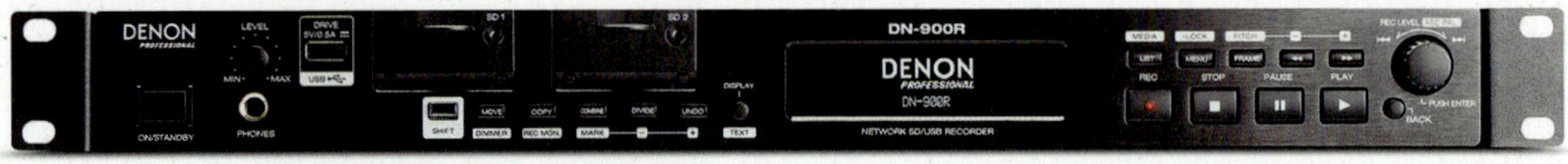


**Bild 1**: Standalone-Player Denon DN-900R

Die möglichen Setups und Kombinationen von PC, Audio-Interface und Controllern sind sehr vielfältig und hängen vom Einsatzbereich und dem zur Verfügung stehenden Budget ab. Grundsätzlich lassen sich einige Konfigurationen unterscheiden, die in der Praxis genutzt werden und je nach Anforderungsszenario modifizierbar sind.

**Beispiel 1: Basis-Setup (Bild 2)**

Durch die Erweiterung eines Computers mit einem externen Audio-Interface mit hochwertigen Wandlern steigt sowohl die **Tonqualität** als auch die **Störsicherheit** der Signalübertragung. Für einfache Zuspielaufgaben ist diese Konfiguration bereits ausreichend.

**Beispiel 2: Erweiterung mit Controller (Bild 1, Seite 351)**

Steigen die Ansprüche, wird häufig ein Controller in das Setup integriert, der die Bedienung mittels hardwareseitiger Komponenten (z. B. Potis, Fader oder Schalter) ermöglicht. In vielen Situationen, bei denen schnell und intuitiv Änderungen vorgenommen werden sollen, stellt dies einen **erhöhten Bedienkomfort** dar. Besonders in Live-Setups profitiert der Anwender von diesen Vorteilen. Es existieren sowohl Controller mit eingebautem Audio-Interface als auch Controller, die die Funktionen der Software auf dem PC oder die Funktionen des angeschlossenen Audio-Interfaces steuern. Besonders bei Anwendungen, die über einfache Stereo-Setups hinausgehen oder bei denen ein schneller und möglichst intuitiver Zugriff auf verschiedene Parameter (Kanalpegel, Equalizer, Dynamikbearbeitung uvm.) nötig ist, spielt Beispiel 2 seine Stärken aus.

**Beispiel 3: Timecode-Einbindung (Bild 2, Seite 351)**

In größeren Ausbaustufen und in Situationen, bei denen es darauf ankommt, **komplexe Abfolgen reproduzierbar wiederholen zu können**, werden die Einzelkomponenten häufig mittels Timecode miteinander synchronisiert. Somit lassen sich Licht-, Ton- und Medientechnik exakt steuern, vernetzen und Abläufe präzise sowie wiederholbar festlegen. Je nach Einsatzzweck können weitere Komponenten (z. B. Pyrotechnik oder Nebelmaschinen) integriert werden. Große Shows mit teilweise strikten Ablaufplänen sind damit realisierbar. Manuelle Eingriffe können reduziert werden und sind nur im Bedarfsfall nötig. Nachteilig bei einer vorgefertigten Timecode-Show ist die unter Umständen komplizierte und zeitaufwendige Veränderung des vorhandenen Ablaufs.

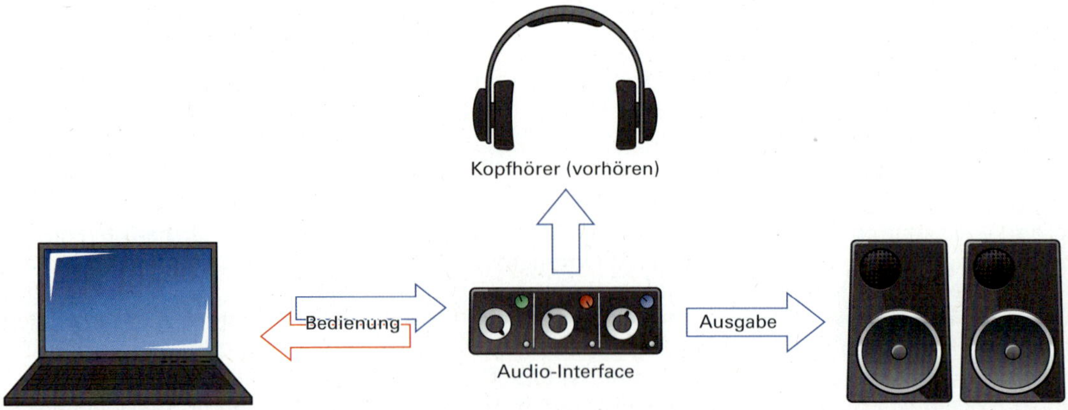


**Bild 2**: Beispiel 1: Basis-Setup für einfache Anwendungen

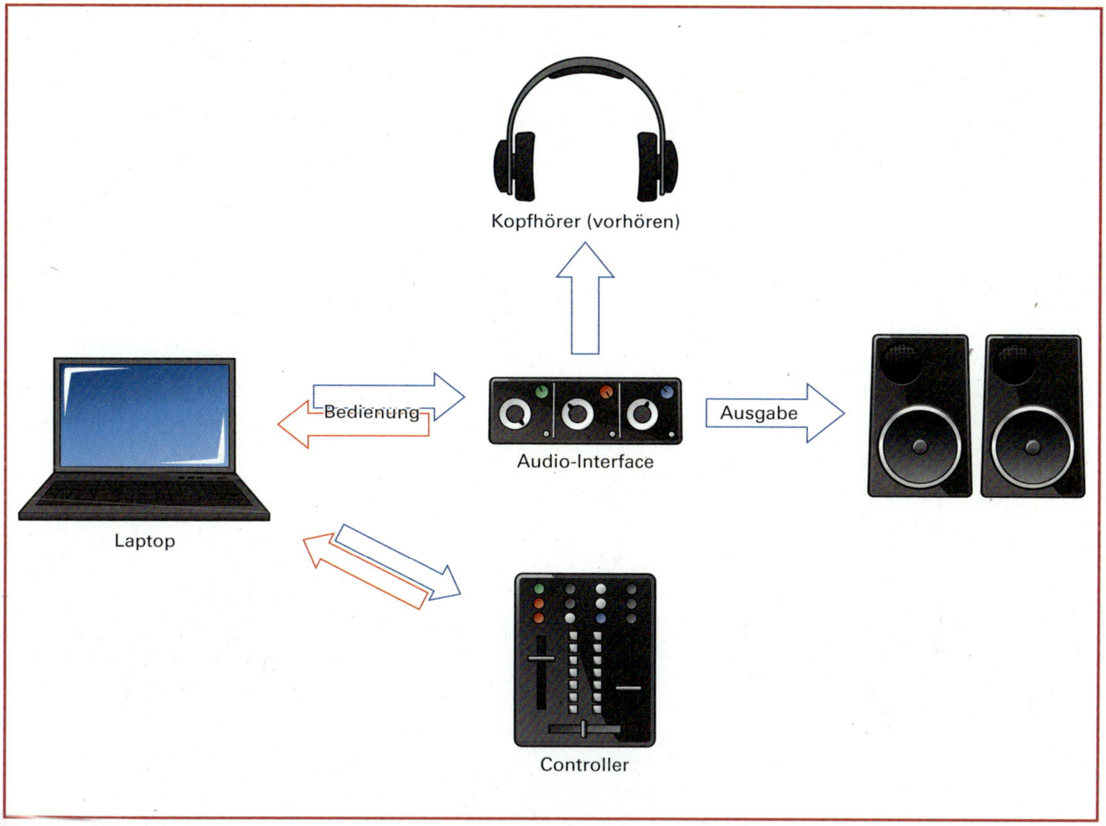


**Bild 1**: Beispiel 2: Die Erweiterung mit Controller steigert den Bedienkomfort

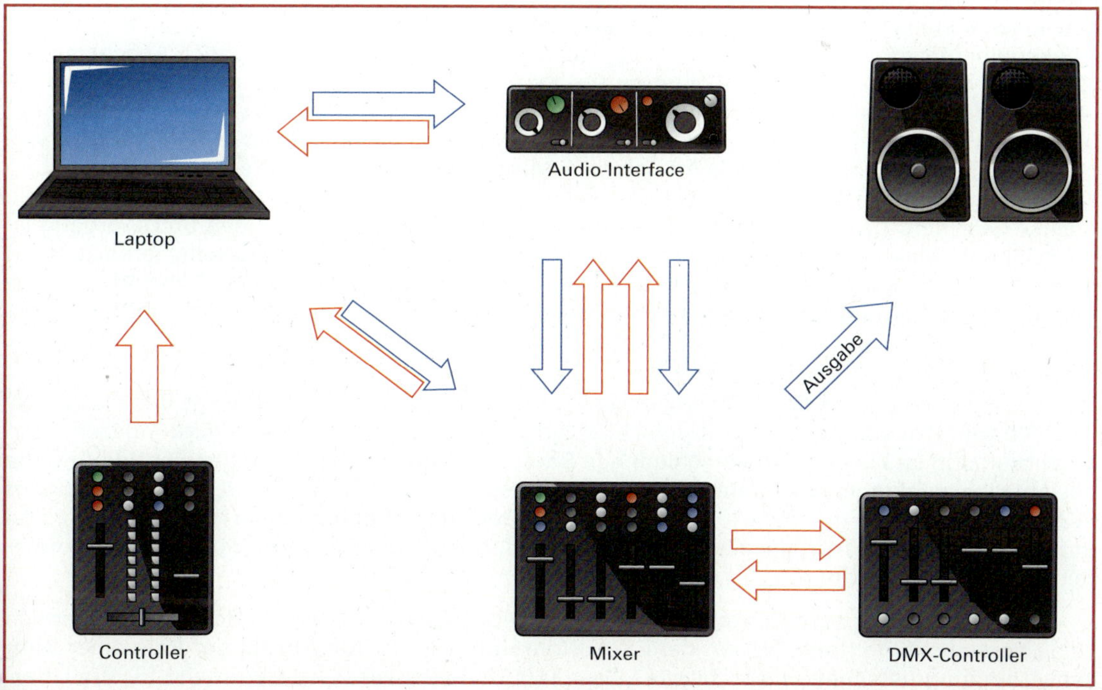


**Bild 2**: Beispiel 3: Komplexes Timecode-Setup

# 9.4 Signalübertragung

## 9.4.1 Kabelverbindungen

### Allgemeines

Die verschiedenen elektrischen Signale innerhalb eines Beschallungssystems werden meist über Kabelverbindungen transportiert. Je nach Einsatzgebiet werden analoge niederfrequente **Audiosignale**, digitale hochfrequente **Datensignale** oder analoge **Lastsignale** an Lautsprecher übertragen. Außerdem werden für die **Spannungsversorgung** von Geräten sowohl **Gleichspannungen** (z. B. Netzteile für Notebooks, Interfaces oder USB-Spannungsversorgung) als auch **Wechselspannungen** (z. B. Betrieb von Endstufen oder Beleuchtung) verwendet. Um einen reibungslosen und möglichst störungsfreien Betrieb der verschiedenen Komponenten zu gewährleisten, existieren verschiedene Verbindungsarten mit **unterschiedlichen Eigenschaften in Bezug auf physikalischen Aufbau, Schirmung, Leitungsquerschnitt sowie mechanischer und elektrischer Belastbarkeit.** Wichtige Verbindungen in alphabetischer Reihenfolge:

### Cinch-Stecker (RCA/phono connector)

**Bild 1**: Cinch-Stereo-Stecker

Ein koaxialer Steckverbindungstyp mit einem Mittelleiter und einer umgebenden Schirmung, der in den 1940er Jahren von der Radio Corporation of America (RCA) entwickelt wurde **(Bild 1)**. **Typisch sind Cinch-Stecker in Geräten der HiFi- und Consumer-Elektronik.** Dennoch bieten auch Geräte der semiprofessionellen und professionellen PA-Technik Cinch-Verbindungen. Somit können Wiedergabe- oder Aufnahmegeräte, die lediglich über Cinchverbindungen verfügen, ohne Adapter direkt angeschlossen werden. Meist wird ein Cinch-Pärchen mit **entsprechender Farbcodierung (rot für den rechten Kanal, schwarz oder weiß für den linken Kanal)** verwendet. Kabelpeitschen mit drei oder mehr Cinch-Steckern (zum Beispiel mit einem gelben Stecker zur Übertragung von Composite-Videosignalen oder für den Anschluss von Multikanal-Wiedergabesystemen) gehören zunehmend der Vergangenheit an. Es lassen sich **sowohl analoge Audiosignale als auch digitale S/PDIF-Signale (Leiter mit 75 $\Omega$ Wellenwiderstand)** übertragen. Selbst bei der Verwendung von Metallsteckern ist die **mechanische Belastbarkeit vergleichsweise gering**. Es existiert **keinerlei mechanische Arretierung** der Stecker. Die Verbindung ist lediglich durch die außenliegenden Klammern des Schirmungskontakts mit Druck gegen die Buchse gesichert. Da der **signalführende Innenkontakt vorauseilend** ist (beim Steckvorgang ist teilweise kein Massekontakt vorhanden), sollten Cinchverbindungen im ausgeschalteten Zustand gesteckt oder getrennt werden, da die Geräte sonst Schaden nehmen können. Prinzipbedingt erfolgt die **Signalführung hier immer unsymmetrisch** und ist entsprechend anfällig für Störungen.

### Klinkenstecker

Die ursprüngliche Form des Klinkensteckers (phone jack; engl. Telefonstecker **Bild 1, Seite 353**) wurde bereits im späten 19. Jahrhundert für die Verwendung in Telefonvermittlungszentralen entwickelt und ist bis heute in verschiedenen Bauformen weit verbreitet. **Eine wichtige Angabe bezieht sich auf den Schaftdurchmesser.** Im PA-Bereich wird die Größe von **6,35 mm (entspricht ¼ Zoll)** am häufigsten genutzt. An vielen tragbaren Geräten befindet sich die Miniklinken-Version mit **3,5 mm Durchmesser**, die allerdings aufgrund der deutlich geringeren Stabilität im Profibereich selten genutzt wird.

Es existieren noch weitere Klinkensteckergrößen, jedoch spielen diese im Beschallungsbereich keine nennenswerte Rolle. Neben dem Schaftdurchmesser ist **die Anzahl der Pole** einer Klinkenverbindung entscheidend **(s. Tabelle 1, Seite 347)**. Klinkenstecker werden meist für **die Übertragung von analogen Niederfrequenzsignalen** (NF) verwendet.

Es können allerdings **auch Lastsignale** von Endstufen an Lautsprecher **sowie Gleich- oder Wechselströme für die Spannungsversorgung** von Geräten übertragen werden. Bei 6,35 mm Klinkenverbindungen beträgt die **maximale Kontaktbelastung 10 A**. Nachteilig sind die freiliegenden und nicht gegen Berührung geschützten Kontakte sowie eine **Kurzschlussgefahr durch Steckvorgänge im eingeschalteten Zustand**. Die **mechanische Stabilität ist gut bis sehr gut**, jedoch können Kontaktprobleme durch sehr häufige Steckvorgänge und nachlassende Federspannung entstehen. Je nach Ausführung erfolgt die **Signalführung symmetrisch oder unsymmetrisch**.

**Bild 1**: Stereo-Klinkenstecker mit 3,5 mm und 6,35 mm sowie Mono-Klinkenstecker mit 6,35 mm

**Tabelle 1:** Übersicht der wichtigsten Klinkensteckerausführungen

| Kurzform | Beschreibung | Einsatzgebiet |
|---|---|---|
| TS | Tip/Sleeve (Spitze/Schaft) | Monostecker, eine unsymmetrische Verbindung |
| TRS | Tip/Ring/Sleeve (Spitze/Ring/Schaft) | Stereostecker, eine symmetrische Einkanal-Verbindung oder eine Stereoverbindung |
| TRRS | Tip/Ring/Ring/Sleeve (Spitze/Ring/Ring/Schaft) | Headset-Anwendungen (linker, rechter Wiedergabekanal, Mikrofonkanal, gemeinsame Masse), unsymmetrisch |

## Multipin-Stecker

Im Bühnenbetrieb werden häufig Multicore-Kabel (vieladrige Kabel) verwendet, deren Anschlüsse als Kabelpeitsche (s. Multicore-Verbindungen (analog)) auf einzelne XLR-Stecker (s. Seite 22) ausgeführt sind oder in Verbindung mit einer Stagebox auf einzelne Buchsen geführt werden. Hierbei kann es jedoch zum Vertauschen von Steckern kommen. Mit Multipin-Steckern **(Bild 2)** ist dies ausgeschlossen, da die vielen Signalwege des Multicores mit nur einem Steckverbinder am Mischpult oder Splitsystem angeschlossen werden. Multipin-Stecker stammen aus dem Bereich von **hochqualitativen Industriesteckern** und erlauben **bis zu 108 Kontakte**. Die **mechanische Belastbarkeit sowie die elektrische Verbindungsqualität sind sehr hoch**. Pinbelegungen sind nicht immer einheitlich genormt und können von System zu System variieren.

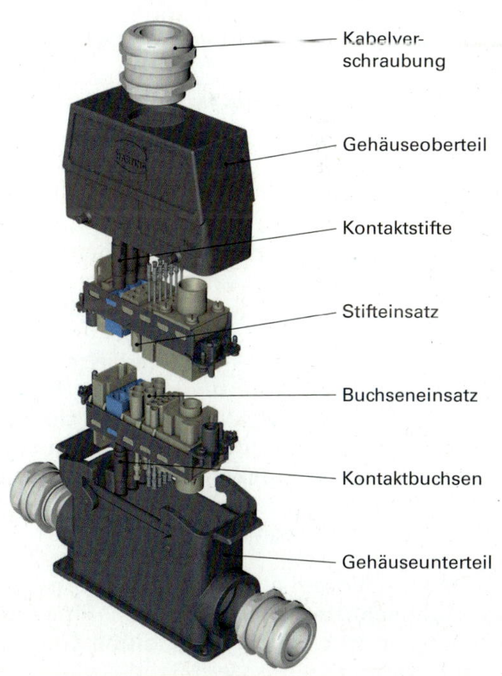


**Bild 2**: Schematische Darstellung eines Industrie-Steckverbinders der Firma Harting

## Speakon®-Stecker (Speaker Twist)

Unter dem geschützten Begriff Speakon® vertreibt das Unternehmen Neutrik Lautsprecher-Steckverbinder, die sich weltweit als Quasi-Standard durchgesetzt haben. Es existieren zahlreiche Verbinder anderer Hersteller, die zu Speakon® kompatibel sind und meist als „Speaker Twist“ verkauft werden.

**Neben der 4-poligen Version, die im PA-Bereich am häufigsten verwendet wird, existieren 2- und 8-polige Varianten,** wobei die 8-polige Version größer ist. Durch die Verfügbarkeit von mehreren Kontakten innerhalb einer Steckverbindung ist es möglich, mehrere Passivlautsprecher oder auch Satelliten-Subwoofer-Kombinationen mit nur einer Verbindung zu versorgen.

**Speakon®-Stecker** (**Bild 1**) besitzen eine **stabile mechanische Verriegelung**, die mittels Schnappverschluss nach einer 45°-Drehung einrastet. Die Anschlüsse im Inneren der Stecker sind paarweise beschriftet. Bei dem gängigen 4-poligen System mit 1+, 1-, 2+ und 2-, sodass ein Verwechseln der Signalleitungen bei der Montage fast ausgeschlossen ist. Der mögliche Kabelquerschnitt ist mit rund 6 $mm^2$ deutlich größer als bei Klinkensteckern.

**Bild 1**: Speakon®-Stecker: 2- und 4-polig sowie Einbaubuchse der Firma Neutrik (v. l. n. r.)

**Pro Kontakt ist ein Strom von bis zu 40 A zulässig.** Die Steckverbindungen sind **mechanisch sehr robust, zuverlässig arretiert und gegen Berührung geschützt.** Dies ist bei den beträchtlichen Ausgangsleistungen von Hochleistungsendstufen dringend erforderlich.

## XLR-Stecker (Bild 2)

Im professionellen Bereich gehören XLR-Stecker und -buchsen zu den weitverbreitetsten analogen und digitalen Verbindungen (X = Screen/Schirmung, L = Life/phasenrichtiges Signal, R = Return/phasengedrehtes Signal).

**Bild 2**: Links: XLR-Stecker (male), rechts: XLR-Buchse (female)

„Eselsbrücke" zur **XLR**-Belegung:
ni**X** (Masse)
**L**eiter (Signal +)
**R**eturn (Signal -)

Es existieren verschiedene Bauformen mit 3-, 5- oder 7-poligen Steckern. Am häufigsten wird die 3-polige Variante eingesetzt (**Bild 3**).

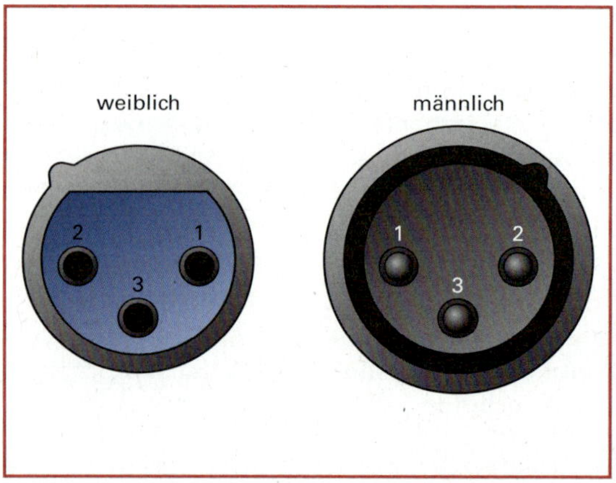


**Bild 3**: Pinbelegung von 3-poligen XLR-Steckverbindungen (Ansicht von Kontaktaußenseite)

XLR kann **sowohl für analoge Niederfrequenzsignale (NF) als auch für digitale Übertragungen** (wie AES/EBU; Wellenwiderstand der Leiter 110 Ω) genutzt werden. Die **mechanische Robustheit ist bei Steckern und Buchsen aus Metall sehr hoch**. Durch die **Verriegelung** wird unbeabsichtigtes Herausziehen verhindert.

Ein weiterer Vorteil sind die **sehr guten Kontakteigenschaften** zwischen den Pins von Stecker und Buchse. Die **Signalübertragung erfolgt symmetrisch**, sofern Sende- und Empfangsgerät dies unterstützen und ist entsprechend gut gegen äußere Störeinflüsse wie Einstreuungen gesichert.

| Tabelle 1: Pinbelegungsübersicht 3-poliger XLR-Verbindungen | | | |
|---|---|---|---|
| **Einsatzgebiet** | **Pin 1** | **Pin 2** | **Pin 3** |
| symmetrisch (analog: NF-Audio; digital: DMX, AES/EBU) | Masse | Phasenrichtiges Signal (+) | Phasengedrehtes Signal (–) |
| unsymmetrisch | Masse | Signal | verbunden mit Pin 1 |
| Lautsprecher | Signal (–) | Signal (+) | ungenutzt |
| Spannungsversorgung | Masse | V (+) | ungenutzt |

## Unsymmetrische und symmetrische Signalübertragung

Bei der **unsymmetrischen Signalführung** werden **einadrige Kabel** verwendet, bei denen das Signal (S+) durch den Innenleiter fließt (auch als „heiß“ oder „hot“ bezeichnet). Das umhüllende Drahtgeflecht dient gleichzeitig zur Signalrückführung (S–) und zur Schirmung und besitzt elektrischen Kontakt mit der Masse (M).

Vorteile sind sowohl die **Einfachheit des Aufbaus als auch geringe Kosten. Nachteilig kann die geringe Störfestigkeit** sein. Besonders lange Kabelwege und die räumliche Nähe zu anderen Signal- oder Lastkabeln können zu Einstreuungen führen. Auch besteht die Gefahr von Masseschleifen, die sich meist als Brummen bemerkbar machen.

Bei der aufwendigeren **symmetrischen Signalführung** werden diese möglichen Störungen auf ein Minimum reduziert. Das Nutzsignal wird parallel übertragen: Einmal in **originaler Phasenlage (S+)** und einmal **gegenphasig (S–)**. Diese beiden Informationen werden im Empfangsgerät von einem Differenzverstärker (manchmal auch von einem Übertrager) verarbeitet. Das Drahtgeflecht dient ausschließlich der Schirmung und dem Kontakt zur Masse (M).

Vorteil der symmetrischen Übertragungsart ist, dass Störungen von außen, die durch die Abschirmung **auf beide Signalleitungen einwirken**, in Phase und Pegel identisch sind und **sich im Empfangsgerät gegenseitig neutralisieren**, da das gegenphasige Signal wieder um 180° gedreht und dem Nutzsignal hinzugefügt wird.

Soll das Signal eines Zuspielgeräts, welches lediglich über unsymmetrische Ausgänge verfügt, über einen symmetrischen Kabelweg übertragen werden, so genügt ein einfacher Adapter nicht. Das Signal muss elektronisch aufbereitet werden.

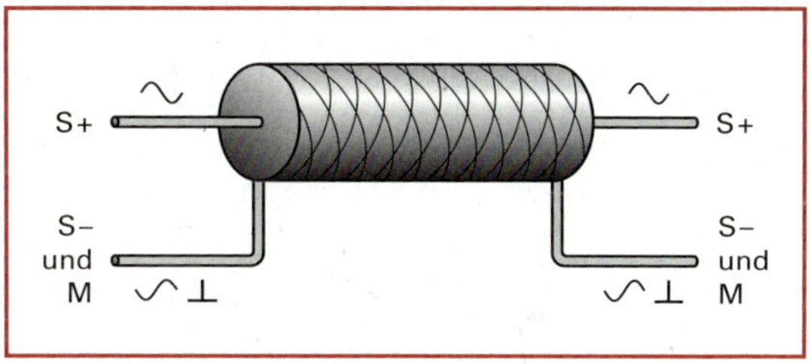


**Bild 1**: Unsymmetrische Leitungsführung (einadriges Kabel mit Schirmung)

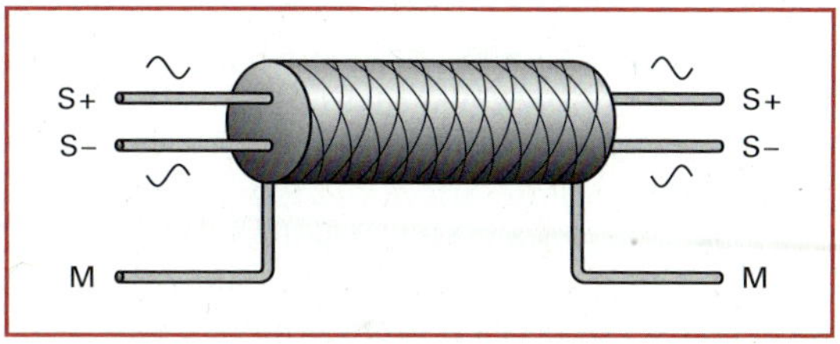


**Bild 2**: Symmetrische Leitungsführung (zweiadriges Kabel mit Schirmung)

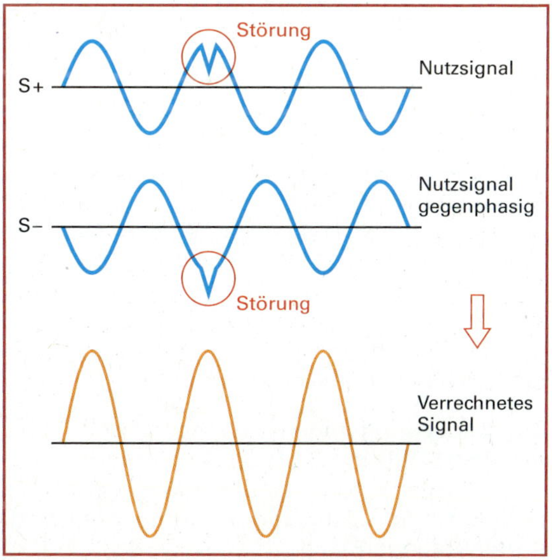


**Bild 3**: Störung wird neutralisiert

## DI-Boxen

Eine Direct-Injection-BOX (DI-Box; auch Splitbox; **Bild 1**) bietet drei wichtige Funktionen, die im Praxisbetrieb Störungen und Probleme beheben oder minimieren können:

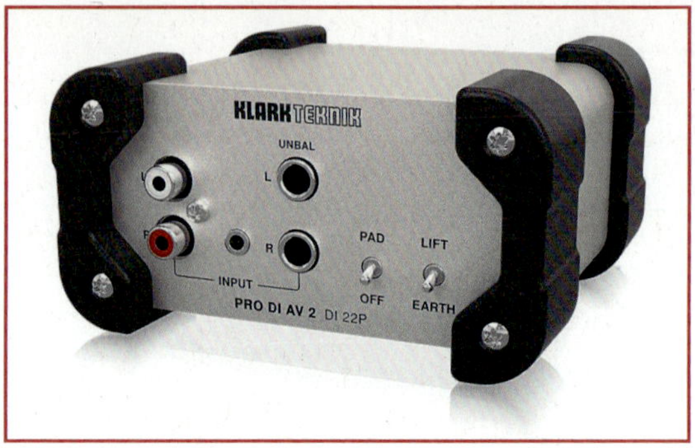


**Bild 1**: Passive DI-Box: Klark Teknik DI 22P

1. **Signalsymmetrierung:** Im Inneren der meisten DI-Boxen befindet sich ein Übertrager, der zwei elektrisch voneinander isolierte Spulen enthält, die auf einen gemeinsamen Eisenkern gewickelt sind. Durch die eine Spule wird das Eingangssignal geleitet. Dadurch entsteht im Inneren des Kerns ein Magnetfeld, welches eine Spannung in der zweiten Spule erzeugt. Das entstehende Signal der zweiten Spule wird in der Phase gedreht und kann parallel zum Originalsignal über eine symmetrische Verbindung transportiert werden.

2. **Galvanische Trennung:** Da das Signal innerhalb der DI-Box für einen kurzen Weg nicht als Spannung, sondern als Magnetfeld transportiert wird, ist der Leitungsweg auf galvanische Weise unterbrochen. Zusätzlich bieten die meisten DI-Boxen Schalter, um die Masse am Signaleingang von der Masse am Signalausgang zu trennen. Masseschleifen können so unterbrochen werden.

3. **Impedanzwandlung:** Signale mit hohem Wechselstromwiderstand (Impedanz) von z. B. Gitarre oder Bass lassen sich in Signale mit niedriger Impedanz wandeln. Je nach verwendetem Übertrager ist der Verlust entsprechend groß (häufig 20 dB).

Es gibt sowohl aktive als auch passive DI-Boxen. **Aktive DI-Boxen** arbeiten mit elektronischen Operationsverstärkern, die den **Pegelverlust ausgleichen** können. Klangliche Defizite bei hochohmigen Quellen können durch die aktiven Bauteile ebenfalls weitgehend minimiert werden. Bei günstigen Versionen, die lediglich elektronisch symmetriert sind und über keinen Übertrager verfügen, findet jedoch keine galvanische Trennung statt. Aktive Varianten benötigen immer eine Stromversorgung, während **passive DI-Boxen** ohne Netzteil oder Batterie funktionieren. Daher sind sie **praktisch wartungsfrei**. Durch hochwertige Übertrager können sie teuer sein und bringen immer einen Pegelverlust mit sich. Aufgrund ihrer **Einfachheit und Robustheit** sind sie weitverbreitet. Üblicherweise gehören zur Ausstattung einer DI-Box Pad-Schalter, durch die sich eine weitere Pegelreduzierung vornehmen lässt, und Ground-Lift-Schalter, mit denen sich die Eingangs- von der Ausgangsmasse trennen lässt.

## Multicore-Verbindungen (analog)

Der Einsatz von Multicore-Verbindungen ist besonders sinnvoll, wenn zwischen Bühne und Technikregie ein großer räumlicher Abstand besteht. **Auf der Bühne befindet sich eine Stagebox (Bild 2), in der (fast) alle Signale zusammenlaufen und danach über ein einzelnes Kabel mit entsprechend vielen Adern zum Hauptmischpult laufen.** Auch Unterverteilungen mit kleineren Stageboxen (z. B. Drumset mit den dort verwendeten Einzelmikrofonen) sind gängig und sorgen für ein aufgeräumteres Bühnenbild und einfachere Kabelführung, bevor die Signale in die zentrale Stagebox gelangen.

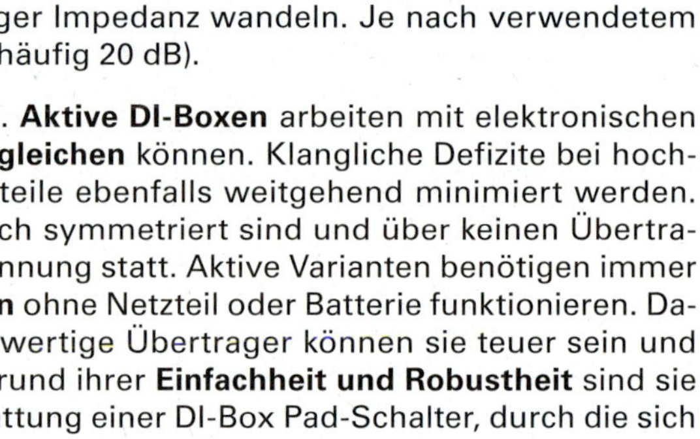

**Bild 2**: Stagebox mit Multicore-Kabel für 32 Kanäle (24 + 8)

Eine allgemeingültige Belegung für Multicores existiert nicht und oft wird sie den individuellen Anforderungen angepasst **(Bild 2, Seite 357)**. Häufig finden sich jedoch einige Standard-Konfigurationen:

**8-Kanäle:** Meist lediglich als Signaleingänge ausgeführt und als Stagebox zur Unterverteilung verwendet.

**20+1-Kanäle:** 16 symmetrische Eingänge für Signale von der Bühne zum Mischer, 4 symmetrische Ausgänge für Signale vom Mischpult zur Bühne sowie 1 symmetrische Signalleitung als stille Reserve: Falls es zu einem Kabelbruch kommen sollte, kann auf diese Leitung ausgewichen werden.

**32-Kanäle:** 24 symmetrische Signale für Signale von der Bühne sowie 8 Signale vom Mischer zur Bühne (z. B. für individuell beschickbare Monitor-Lautsprecher oder In-Ear-Monitorsysteme).

Unterschieden werden muss hinsichtlich der **Masseführung**: Bei der preisgünstigen **Gesamtmasseführung** werden die Abschirmungen der Signalleitungen zusammengefasst, wodurch sich Material und Kosten sparen lassen. Bei der aufwendigeren **Einzelmasseführung** besitzt jedes Signal eine individuelle Masseleitung, welche nicht mit anderen Massepunkten verbunden ist. Diese Lösung ist zwar teurer, jedoch können auf diese Weise potenzialfremde Signale (z. B. für Intercom-Systeme) über dasselbe Multicore geleitet werden, ohne dass es zu Brummschleifen (auch Erd- oder Masseschleifen) kommt.

## Multicore-Verbindungen (digital)

Anders als bei analogen Multicore-Verbindungen werden bei digitalem Multicore keine teuren und vergleichsweise dicken Kabel benötigt, die so viele Adern enthalten, wie Signale parallel übertragen werden sollen. Statt diesen werden **Ethernetkabel** genutzt (meist Cat5 oder höherwertig). Ab Cat5-Kabeln werden die Signale digital über **4 paarweise verdrillte Adernpaare übertragen („twisted pair")**. Der Meterpreis bei hochwertigen Cat7-Kabeln liegt deutlich unter demjenigen für hochwertige Multicore-Kabel. **Neben dem Preisvorteil sind Netzwerkkabel dünner, leichter und lassen sich einfacher transportieren und verstauen.** Auch Glasfaserkabel werden für Verbindungen eingesetzt. Entscheidend ist die Kompatibilität der Einzelkomponenten zueinander.

**Deutlich aufwendiger bei digitalen Multicores ist die Aufbereitung der analogen Signale durch die digitale Stagebox (Bild 1).** Während bei analogen Systemen die Signale direkt via Kabel übertragen werden, muss bei digitalen Systemen eine **Analog-Digital-Wandlung** (AD) vorgenommen werden, bevor das Signal per Netzwerk übertragen wird. In der Technikregie können die digital **empfangenen Signale entweder durch eine Digital-Analog-Konvertierung** zurückgewandelt werden **oder direkt in eine digitale Eingangseinheit im Mischpult übernommen** werden. Auch hier gibt es verschiedene Protokolle unterschiedlicher Hersteller, die nicht immer miteinander kompatibel sind. Eine gewisse Verbreitung hat das 2006 etablierte Dante-Protokoll der Firma Audinate gefunden, welches von rund 300 Firmen der Audiobranche unterstützt wird.

**Bild 1:** Digitale Stagebox DX168/X von Allen & Heath für 16+8 Kanäle

Digitale Stageboxen, bei denen Parameter wie z. B. die Gainregelung lediglich auf der Bühne fest eingestellt worden sind, konnten sich kaum durchsetzen. Mittlerweile bieten fast alle Geräte die **Möglichkeit der vollständigen Fernbedienbarkeit** vom Mischpultarbeitsplatz. Dadurch ist es u. a. möglich, Aussteuerungskorrekturen bereits vor der AD-Wandlung während des Betriebs vorzunehmen.

**Bild 2:** Stagebox mit Farbcodierungssystem

## Pinbelegung wichtiger Audioverbindungen

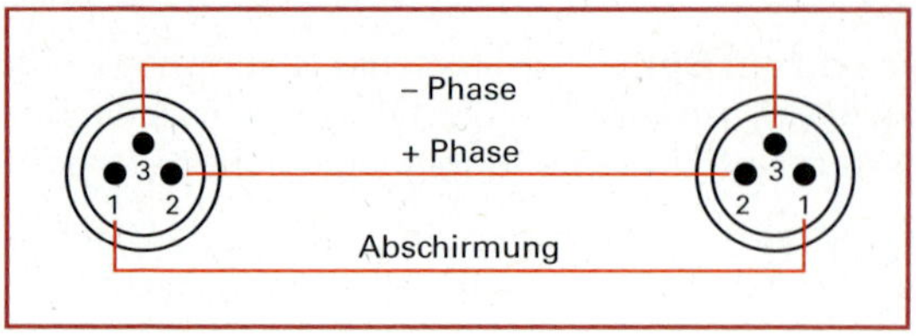


**Bild 1**: XLR – XLR (symmetrisch)

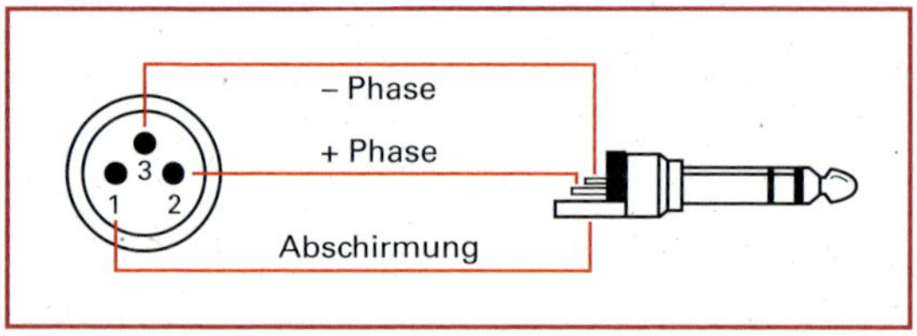


**Bild 2**: XLR – Klinke (symmetrisch)

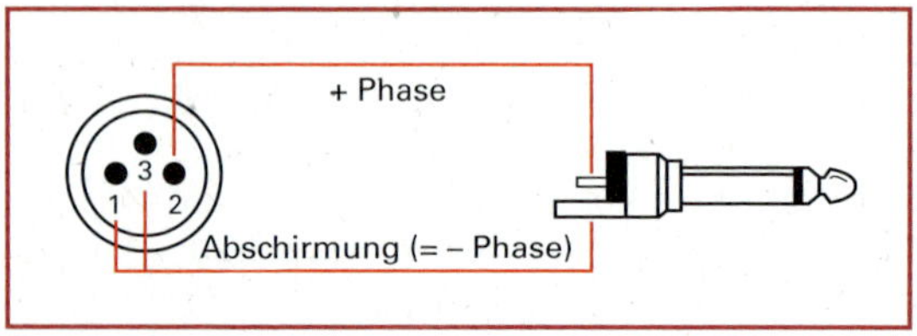


**Bild 3**: XLR – Klinke (unsymmetrisch)

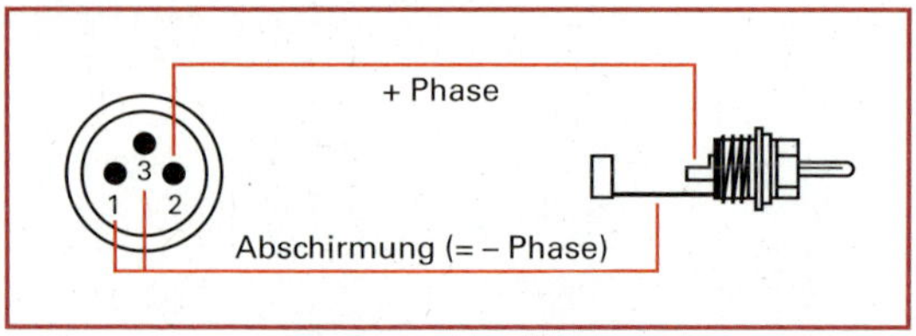


**Bild 4**: XLR – Cinch (unsymmetrisch)

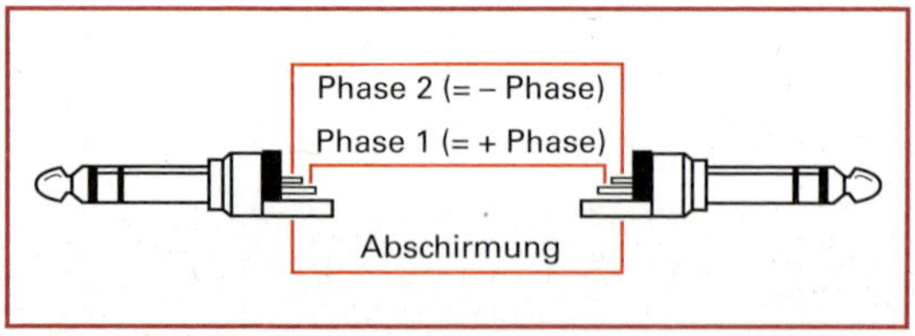


**Bild 5**: Klinke – Klinke (symmetrisch)

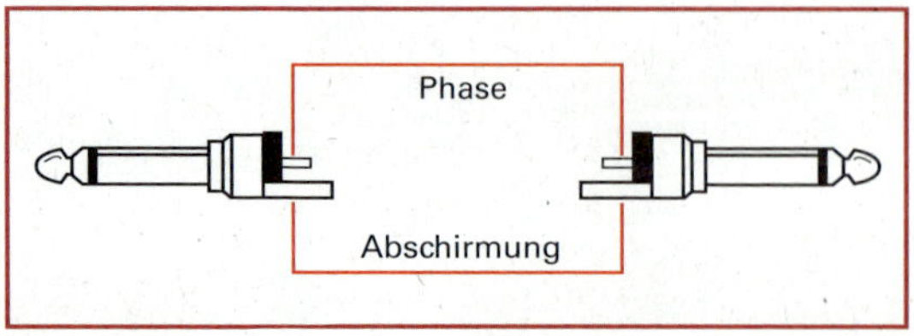


**Bild 6**: Klinke – Klinke (unsymmetrisch)

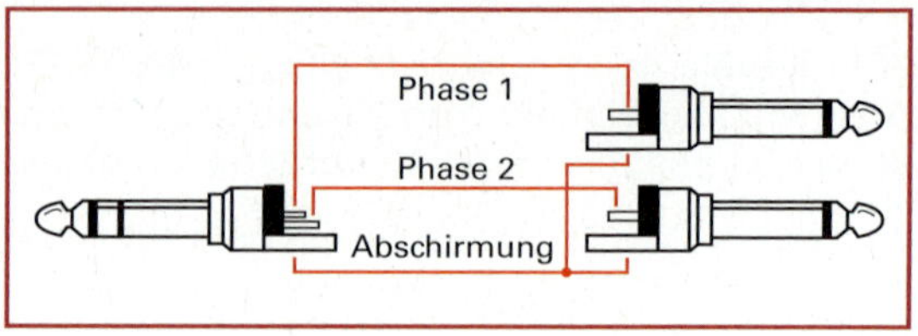


**Bild 7**: Klinke – 2x Klinke (unsymmetrisch)

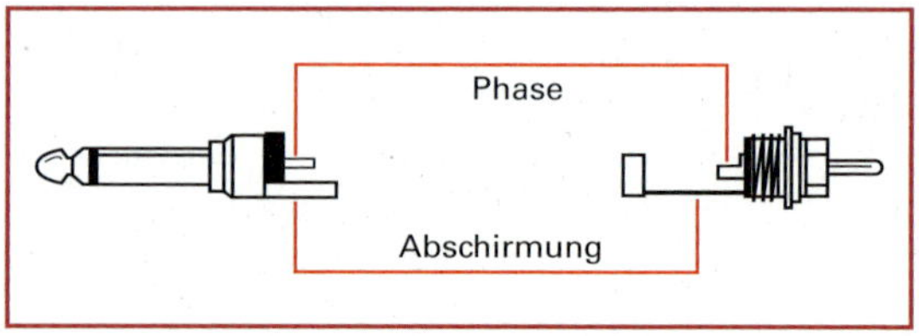


**Bild 8**: Klinke – Cinch (unsymmetrisch)

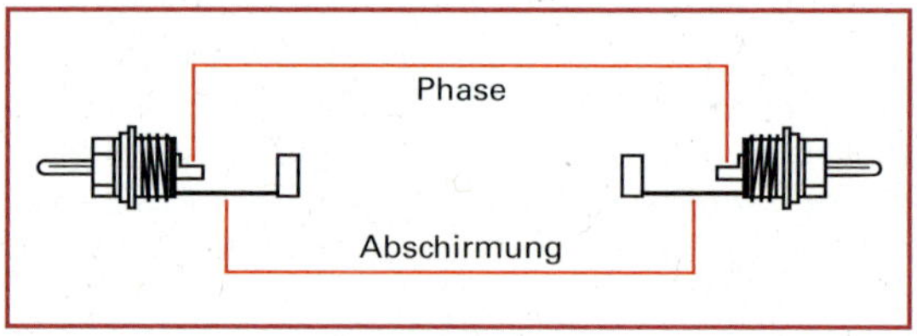


**Bild 9**: Cinch – Cinch (unsymmetrisch)

## Pinbelegung Lautsprecherverbindungen

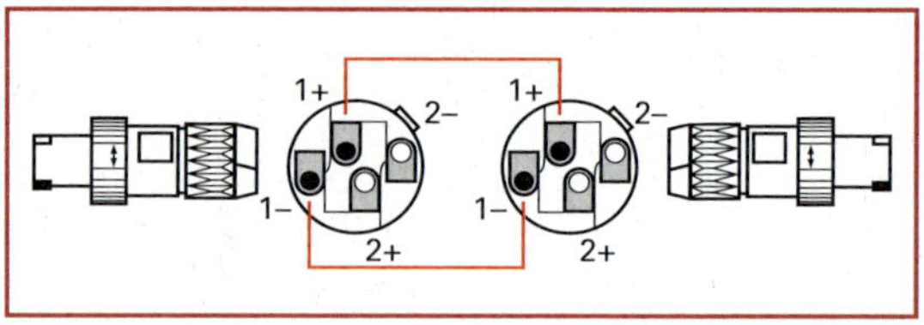


**Bild 10**: Speakon – Speakon

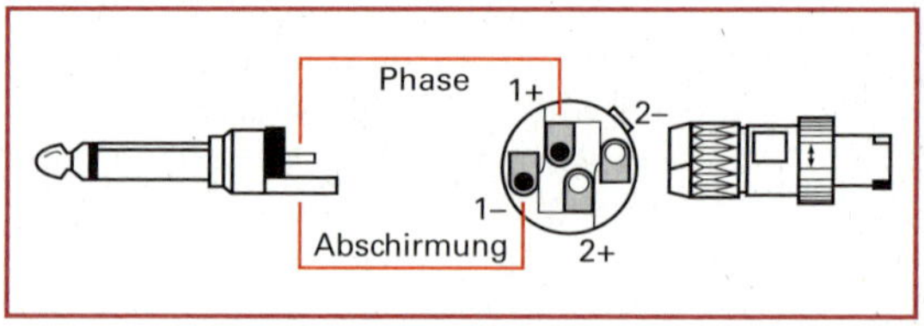


**Bild 11**: Klinke – Speakon

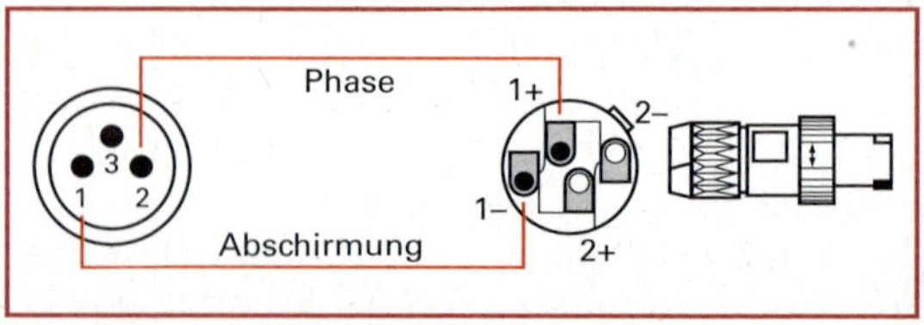


**Bild 12**: XLR – Speakon

## 9.4.2 Drahtlosverbindungen

### Allgemeines

Die drahtlose Signalübertragung ist heute bei vielen Veranstaltungen selbstverständlich. Mikrofon- oder Instrumentenkabel hemmen teilweise die Bewegungsfreiheit und Shows können durch Drahtlostechnik lebendiger ausfallen. **Kabelstrecken können entfallen oder minimiert werden.** Dies gilt auch für das drahtlose Zuspielen von individuellen Monitormischungen via Funkempfänger und Ohrhörer direkt zu den Akteuren auf der Bühne **(s. Kapitel 9.8.6 In Ear Monitoring)**. **Aktuelle Drahtlostechnik gilt als ausgereift und hinreichend betriebssicher. Funkübertragungen, egal ob analog oder digital, basieren auf elektromagnetischen Wellen. Anders als Schallwellen benötigen diese kein Medium zur Ausbreitung und erreichen bei gleicher Sendeenergie eine höhere Reichweite.** Allerdings kann es beim Betrieb von Funkstrecken prinzipiell Probleme geben. Bei größeren Systemen mit vielen parallelen Sende- und Empfangsteilen kann Optimierungsbedarf entstehen, um Störungen oder Signalausfällen vorzubeugen. Auch gilt es **rechtliche Rahmenbedingungen** einzuhalten. Die niederfrequenten Audiosignale von Mikrofonen oder Instrumenten müssen vor einer Funkübertragung umgewandelt werden, damit sie als elektromagnetische Wellen übertragen werden können. Hierzu existieren zwei Möglichkeiten:

### Analoge Drahtlosübertragung

Bei dieser Übertragungsart wird im Bereich der Veranstaltungstechnik fast ausschließlich das **Verfahren der Frequenzmodulation (FM; Bild 1)** verwendet. Für die Ausstrahlung terrestrischer Radioprogramme im Ultrakurzwellenbereich (UKW) wird das gleiche Prinzip angewandt, jedoch werden für die Übertragung andere Frequenzbereiche genutzt.

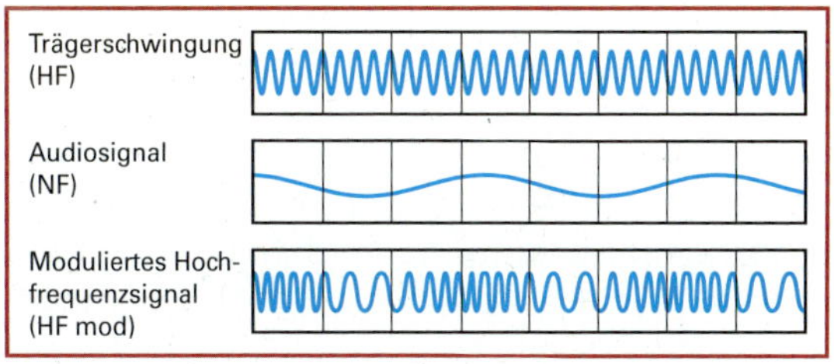


**Bild 1**: Frequenzmodulation im Modulator

In einer Sendeeinheit erhält ein Modulationsbaustein zwei Signale: Erstens ein **niederfrequentes Audiosignal (NF)** und zweitens **eine hochfrequente Trägerschwingung (HF)** von einem Oszillator (Schwingungserzeuger). Im Modulator wird die **Trägerschwingung in Abhängigkeit zum anliegenden Audiosignal verändert (HF mod)**. Die Trägerschwingung („Carrier") driftet durch die Modulation in ihrer Frequenz nach unten oder oben, je nach Pegelwert des Audiosignals. Nach dem Modulator passiert das Signal ein **Bandpassfilter**, welches Störungen entfernt. Anschließend bringt ein **Hochfrequenzverstärker** das Signal auf Sendeleistung und es wird über die **Antenne** als elektromagnetische Welle ausgestrahlt.

Da das modulierte Signal um die Frequenz der HF-Trägerschwingung schwankt, ist für die Übertragung ein sogenanntes **Frequenzband** nötig. Hierbei handelt es sich um einen Sendekanal, der unter- und oberhalb der eigentlichen Kernfrequenz Raum für die Modulationen bietet. Je größer die Bandbreite, die für Modulationen zur Verfügung steht, desto größer ist der mögliche Dynamikumfang und damit die Klangqualität des Übertragungssystems. Der Empfänger enthält eine **Antenne**, von der die HF-Frequenz in ein **Filter** gelangt, welches unerwünschte Störungen entfernt. Anschließend wird das Signal in einem **empfangsseitigen Verstärker** verstärkt. Danach gelangt das noch immer modulierte HF-Signal in einen **Demodulator**, welcher in einem mehrstufigen Verfahren die Rückwandlung in ein niederfrequentes Audiosignal vornimmt **(Bild 2)**.

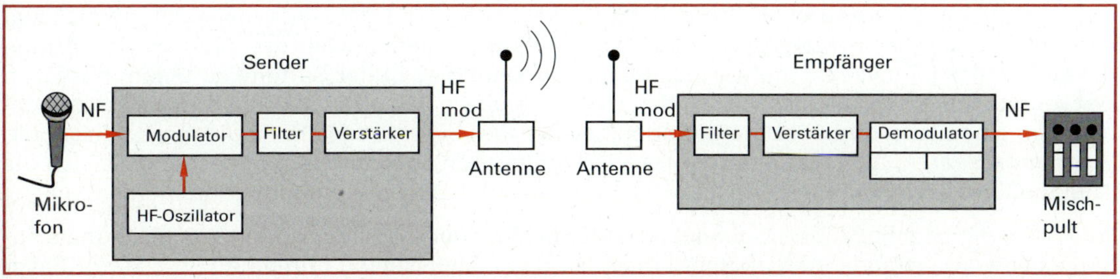


**Bild 2**: Analoge Funksignalübertragung mittels Frequenzmodulation (FM)

## Digitale Drahtlosübertragung

Bei der digitalen Signalübertragung wird das analoge niederfrequente Audiosignal vor dem Senden mittels eines **Analog-Digital-Konverters** (auch kurz AD-Wandler genannt) in binäre Informationen umgewandelt. Es besteht ausschließlich aus nur noch zwei Zuständen: 0 und 1.

Die Abtastung und Umwandlung des analogen, kontinuierlichen NF-Signals in digitale Zahlenwerte erfolgt in einem vorgegebenen Takt (Samplingrate), häufig 44,1 kHz oder 48 kHz, und in einer Feinheit (Samplingtiefe) von 16 bit oder 24 bit. Wie bei der analogen Funksignalübertragung muss das digitale Signal nun auf eine hochfrequente Trägerfrequenz aufmoduliert werden.

Grundsätzlich können drei physikalische Eigenschaften der Trägerfrequenz beeinflusst werden:

1. **Amplitudenmodulation** (ASK: Amplitude Shift Keying): 0 bedeutet k(l)eine Amplitude, 1 bedeutet hohe Amplitude.
2. **Frequenzmodulation** (FSK: Frequency Shift Keying): 0 bedeutet niedrige Frequenz, 1 bedeutet hohe Frequenz; das Prinzip ist ähnlich wie die analoge Frequenzmodulation in analogen Funkübertragungswegen, jedoch gibt es bei der digitalen Variante lediglich zwei resultierende Frequenzen.
3. **Phasenmodulation oder Phasenumtastung** (PSK: Phase Shift Keying; **Bild 1**): 0 bedeutet positive Phasenlage, 1 bedeutet invertierte Phasenlage. In der Praxis werden allerdings häufig vier Phasenlagen (45°, 135°, 225° und 335°) verwendet, um die Übertragungsleistung effizienter zu nutzen. In der Praxis wird das PSK-Verfahren derzeit am häufigsten eingesetzt.

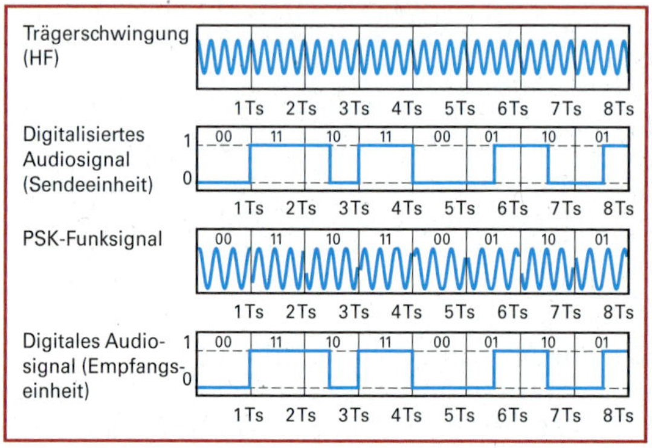


**Bild 1**: Digitale Signalübertragung durch Phasenumtastung (PSK)

Die digitalen Daten werden seriell (nacheinander) vom Sender zum Empfänger übertragen. Hierbei können prinzipbedingt Störungen auftreten. **Da zwischen Sender und Empfänger allerdings nur Informationen über die Phasenlage des Signals übertragen werden, ist eine Beeinflussung der Signalqualität durch Rauschen so gut wie ausgeschlossen. Im Empfangsteil kann auch aus einem verrauschten Signal die Phasenlage rekonstruiert werden. Eine qualitative Verminderung des demodulierten Audiosignals ist bei dieser Art der digitalen Übertragung praktisch ausgeschlossen.** Eine digitale Funkstrecke arbeitet bis an die Grenze ihrer Reichweite mit maximaler Klangqualität. Wird die Reichweite überschritten, tritt sofortiger Signalverlust auf. In der Praxis machen sich gegen Ende der nutzbaren Funkstrecke akustische Aussetzer (Dropouts) bemerkbar. Man erhält also entweder ein qualitativ gutes Audiosignal oder gar keines.

Im Empfangsteil kann **nach der Demodulation entweder ein digitales Audiosignal ausgegeben werden** (z. B. AES/EBU oder S/PDIF), wenn das nachfolgende Equipment entsprechend ausgerüstet ist **oder es erfolgt eine Rückwandlung in ein analoges Audiosignal** mittels eines Digital-Analog-Konverters (DA-Wandler).

Jede Art der AD- oder DA-Wandlung eines Signals bringt eine kleine **Zeitverzögerung (Latenz)** mit sich. Damit die Signalprozessoren arbeiten können, müssen stets kleine Informationspakete zwischengespeichert werden (Buffering). Moderne digitale Funkstrecken arbeiten im Bereich von rund 3 ms Latenz, was akzeptabel ist, da diese Verzögerung nicht wahrgenommen wird. **Addieren sich in der Signalkette mehrere Latenzen, so kann dies in der Summe zu einem hörbaren Zeitversatz führen.** Es gilt also, möglichst auf vermeidbare AD- oder DA-Wandlungen zu verzichten. Zum einen aufgrund der zunehmenden Latenzen im Signalweg (z. B. Funkstrecke, Mischpult, Signalprozessoren, digitale Endstufen), andererseits auch aufgrund der Tatsache, dass sich die Audioqualität bei jeder Wandlung verschlechtert – auch bei hochwertigem Equipment.

Ein Vorteil digitaler Funkübertragung ist die **Möglichkeit der Verschlüsselung**, um die Signale abhörsicher zu übertragen. Aktuell findet meist eine Verschlüsselung mittels AES256 statt. Dieser symmetrische Verschlüsselungsstandard gilt derzeit als sehr sicher.

## Funkfrequenzbereiche

Für den Betrieb von Funkübertragungssystemen im Bereich der Veranstaltungstechnik steht prinzipiell eine **Vielzahl von Frequenzbereichen (Tabelle 1)** zur Wahl. Durch das Entstehen und die weitreichende Verbreitung von Technologien wie Mobiltelefonie, mobilem Internet (besonders WLAN, LTE und 5G), Digital-TV und -Radio wurden die Bereiche zur **Funkfrequenznutzung in den vergangenen Jahren häufigen Änderungen unterzogen**. Innerhalb weniger Jahre sind Frequenzbereiche für die Nutzung von Funkstrecken weggefallen, andere sind dafür entstanden. Die nachfolgende Übersicht ist daher als Momentaufnahme für Deutschland zu verstehen. Künftige Änderungen sind nicht auszuschließen und gelten (zumindest in Teilen) als wahrscheinlich.

**Der Funkbetrieb in Deutschland wird im Telekommunikationsgesetz geregelt.** Dort regelt § 55, dass jede Frequenznutzung eine vorherige Zuteilung voraussetzt. Diese **Frequenzzuteilungen** sind zeitlich befristet und teilweise an bestimmte Nutzergruppen (z.B. Rettungsdienste) gebunden. Neben diesen spezifischen Zuteilungen für Nutzergruppen existieren auch **Allgemeinzuteilungen, die für alle Anwender freigegeben sind.** Eine zeitliche Befristung einer Frequenzzuteilung bedeutet nicht automatisch das Erlöschen nach dem Zuteilungsende. Ob die Zuteilung jedoch erneuert wird, lässt sich im Vorfeld nicht verbindlich sagen.

Die Verteilung von Funkfrequenzen wird beeinflusst von verschiedenen Faktoren wie den Interessen von Mobilfunkanbietern, Nutzergruppen (privat und geschäftlich), der Politik, bestehenden und künftigen nationalen und internationalen Standards und nicht zuletzt auch von wirtschaftlichen Interessen. Die sogenannte **„Digitale Dividende 1 und 2"** bezeichnet die milliardenschwere Versteigerung und Umnutzung der Frequenzbereiche, die aktuell hauptsächlich für mobiles Internet mit hohen Bandbreiten genutzt werden.

**Tabelle 1:** Frequenzbereiche für Funkstrecken in der Veranstaltungstechnik

| Frequenzbereich | Nutzung | Lizenzstatus |
|---|---|---|
| 174-230 MHz | 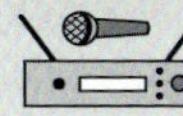 | allgemein anmeldefrei |
| 470-608 MHz | 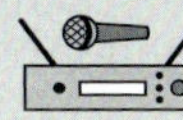 | anmeldefrei für professionelle Nutzung |
| 614-694 MHz | | |
| 703-733 MHz | LTE 700 UPLINK | lizenzpflichtig über Bundesnetzagentur |
| 738-758 MHz | DUPLEX-LÜCKE | |
| 758-788 MHz | LTE 700 DOWNLINK | |
| 791-821 MHz | LTE 800 DOWNLINK | |
| 823-832 MHz | 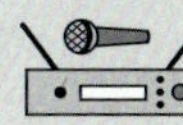 | allgemein anmeldefrei |
| 832-862 MHz | LTE 800 UPLINK | |
| 863-865 MHz | 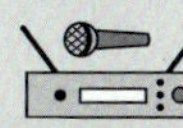 | allgemein anmeldefrei |
| 1710-1785 MHz | LTE 1800 UPLINK | |
| 1,8 GHz | 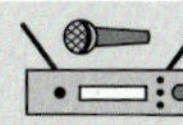 | allgemein anmeldefrei |
| 1805-1880 MHz | LTE 1800 DOWNLINK | |
| 1,9 GHz | 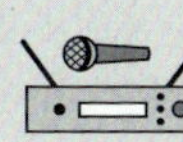 | allgemein anmeldefrei |
| 2,4 GHz | | |
| 5 GHz | | |

2010 wurde das 800-MHz-Band (790 - 862 MHz) an Mobilfunkbetreiber versteigert. Dieser Frequenzbereich wurde jedoch intensiv von Veranstaltungstechnikern genutzt. Während einer Übergangsfrist durfte die entsprechende Funktechnik noch verwendet werden. Eine störungsfreie Nutzung war jedoch häufig nicht möglich. 2012 wurde bei der Digitalen Dividende der Frequenzbereich von 694 – 790 MHz versteigert. Wieder zum Unmut der Veranstaltungstechniker, denn dieser Bereich wurde zwei Jahre vorher als Ausweichmöglichkeit deklariert. 2020 wurden verschiedene Frequenzbänder durch die Allgemeinzuteilung nutzbar gemacht. Die Verwendung von professionellem Funk-Equipment in denselben Bändern wie DECT-Telefonie (1,9 GHz) und WLAN (2,4 und 5 GHz) wird immer populärer, ist aber nicht immer störungsfrei möglich.

In Deutschland überwacht die Bundesnetzagentur die Verteilung und Nutzung der Funkfrequenzen. Der Funkbetrieb ist in vielen technischen Vorschriften reglementiert. Eine solche Kontrolle ist bei der Vielzahl an Nutzergruppen nötig, damit die Rechte und Pflichten von z. B. Amateurfunkern, Fernsehsendern, Flugverkehrsfunk, Militär, Polizei und Rettungsdiensten, Radio-Rundfunk und nicht zuletzt Mobiltelefonie und mobilem Internet (z. B. LTE, 5G und WLAN) geregelt werden.

**Frequenzband 174 MHz – 230 MHz (VHF III)**

Der „Very High Frequency"-Bereich (VHF) umfasst das Spektrum von 30 MHz – 300 MHz. Im Jahr 2015 wurde der für die Veranstaltungstechnik interessante Teilbereich von 174 MHz – 230 MHz freigegeben und steht als **Allgemeinzuteilung** zur Nutzung frei. Allerdings können Störungen durch **DAB+**-Radio auftreten. Der Betrieb von VHF-III-Funkstrecken ist **anmeldefrei**. Die Allgemeinzuteilung ist befristet bis Ende 2025.

**Frequenzbänder 470 MHz – 608 MHz und 614 – 694 MHz (UHF)**

Der „Ultra High Frequency"-Bereich schließt sich an VHF-III an und deckt insgesamt den Bereich von 300 – 3 000 MHz ab. Von diesem Spektrum sind seit 2020 die Bereiche von 470 – 608 MHz sowie von 614 – 694 MHz **für Anwendungen zur professionellen Produktion freigegeben.** Was in diesen Bereich gehört, ist allerdings vom Gesetzgeber nicht exakt definiert worden. Als Beispiele gelten Rundfunkproduktionen, Theater- und Musicalaufführungen und Dienstleistungen professioneller Veranstaltungstechnik. Allerdings wird auf diesen Frequenzbändern auch **DVB-T2-Digital-TV** ausgestrahlt, was Störungen verursachen kann. Beim Einsatz von UHF-Funkstrecken sollte vor Ort immer nach freien Frequenzblöcken gesucht werden, da die Unterschiede regional sehr groß sind. Die Allgemeinzuteilung ist befristet bis Ende 2030.

**Frequenzband 823 MHz – 832 MHz (Duplexlücke I)**

Unter- und oberhalb dieses Frequenzbereichs liegen die Frequenzen, die von LTE für mobile Internetdatenverbindungen genutzt werden. Die sogenannte Duplexlücke trennt den Downlink- vom Uplinkbereich und darf per Allgemeinverfügung seit 2015 auch für Funkstrecken der Veranstaltungstechnik genutzt werden. Da das zur Verfügung stehende Frequenzband jedoch verhältnismäßig schmal ist, stehen nur relativ wenige Funkkanäle parallel zur Verfügung. Dieses Band eignet sich daher für kleinere Funk-Setups oder zur Nutzung im Amateurbereich. Die Allgemeinzuteilung ist befristet bis Ende 2025.

**Frequenzband 863 MHz – 865 MHz (ISM)**

Das „Industrial Scientific and Medical"-Frequenzband (ISM) darf **europaweit lizenzfrei** genutzt werden. Da unter Umständen sehr viele Teilnehmer auf diesem Band funken, beträgt die **maximal zulässige Sendeleistung jedoch nur 10 mW**, um mögliche Störungen zu minimieren. Für die Übertragung von Bühnenanwendungen im kleineren Rahmen reicht diese Leistung jedoch aus. Besonders in Ballungsgebieten ist ein **verlässliches und störungsfreies Arbeiten in diesem Frequenzband teilweise schwierig.** Auch die maximale Bandbreite von lediglich zwei MHz sorgt für eine Obergrenze von vier gleichzeitigen Funkstrecken. In der Praxis sind **oft nur zwei parallele Verbindungen sinnvoll**, sodass eher Amateur- oder semiprofessionelle Anwendungen in Frage kommen. Die Allgemeinzuteilung ist befristet bis Ende 2028.

**Frequenzband 1785 MHz – 1805 MHz (Duplexlücke II)**

Die Situation entspricht grundsätzlich der ersten Duplexlücke im 800-MHz-Band. Die Allgemeinzuteilung ist befristet bis Ende 2025.

**Frequenzband 1880 MHz – 1900 MHz (DECT)**

In diesem Bereich findet man ausschließlich digitale Funkstrecken, die denselben Frequenzbereich nutzen wie Funk-Festnetztelefone mit DECT-Standard (Digital Enhanced Cordless Telecommunication). Die maximal zulässige **Sendeleistung von 250 mW** gestattet Reichweiten von bis zu 100 Metern. Funksysteme auf dieser Basis sind meist einfach im Handling, bieten digitale Signalverschlüsselung und eine große Anzahl gleichzeitiger Verbindungen. Nachteilig ist jedoch die relativ **hohe Latenz von rund 20 ms.** Bei reinen Sprachanwendungen stört dies wenig oder gar nicht, für Gesang und Musikanwendungen ist die Latenz jedoch zu hoch, da es im Zusammenspiel zu einem wahrnehmbaren Zeitversatz kommt. Für Sprachanwendungen, bei denen diese

Verzögerung kaum eine Rolle spielt, können DECT-Systeme jedoch interessant sein. Die Allgemeinzuteilung ist befristet bis Ende 2025.

**Frequenzband 2,4 GHz und 5 GHz (WLAN und Bluetooth)**

Die Nutzung der Frequenzbereiche im 2,4 GHz (2400 MHz – 2483,5 MHz) und 5 GHz-Bereich (5150 MHz – 5350 MHz sowie 5470 MHz – 5725 MHz) ist **weltweit lizenz- und anmeldefrei** möglich. Funkstrecken werden ausschließlich als digitale Systeme angeboten. Ein Vorteil ist der hörbare Qualitätsgewinn gegenüber analogen Übertragungsarten. Die Latenzen von rund 3 ms – 7 ms sind gering genug für professionelle Anwendungen. Da die WLAN-Bänder allerdings auch von einer Vielzahl anderer Geräte genutzt werden, können **Störungen nicht ausgeschlossen** werden. Besonders das 2,4 GHz-Band ist teilweise besonders stark belastet. Im 5 GHz-Band ist die Auslastung derzeit noch geringer, allerdings wird auch hier in Zukunft mit mehr Funkbetrieb zu rechnen sein, da die Vernetzung von technischen (Klein-)Komponenten („**Internet of Things**"; kurz IoT) durch WLAN oder Bluetooth in Zukunft deutlich zunehmen wird. Hersteller von Veranstaltungstechnik versuchen durch intelligente Steuerungstechniken die Übertragung möglichst störungssicher zu gestalten. In der Praxis funktioniert dies für Systeme mit wenigen parallelen Funkstrecken gut. Bei professionellen Anwendungen genügt die Störsicherheit jedoch nicht immer. Auch ist die zu erwartende **effektive Reichweite geringer** als bei Systemen, die mit einer höheren Wellenlänge arbeiten. In der Praxis erreichten WLAN-basierte Funksysteme etwa die Hälfte der Reichweite von VHF-III oder UHF-Systemen. Die Allgemeinzuteilung für das 2,4 GHz-Band ist vorerst befristet bis Ende 2023, für das 5 GHz-Band gilt die befristete Allgemeinzuteilung bis Ende 2028.

## Zusammenfassung und Ausblick

Durch die zeitlichen Befristungen der Frequenzzuteilungen sowie die teilweise schlecht planbare und dynamische Umgestaltung der Frequenznutzung besteht immer ein gewisser Unsicherheitsfaktor bei der Anschaffung und der wirtschaftlichen Nutzung eines Funksystems. Trotz aller Unsicherheiten stehen für den Funkbetrieb viele Frequenzbereiche zur Verfügung **(Tabelle 1)**. Profis bevorzugen den UHF-Bereich (mit einem Backup bei VHF-III). Semiprofessionelle Anwender oder Amateure finden je nach Anwendungsszenario und Budget gute Alternativen im Bereich von DECT, den Duplexlücken oder im WLAN-Bereich. Da regional große Unterschiede beim Betrieb und der Störsicherheit auftreten können, ist in jedem Fall ein Ausweichsystem sinnvoll, welches einen anderen Frequenzbereich nutzt.

**Tabelle 1:** Übersicht der Frequenzbänder zur Nutzung bei Veranstaltungstechnik

| Frequenz bereich (MHz) | Kurz- bezeichnung | Beschreibung | Befristung (vorläufig) |
|---|---|---|---|
| 174 – 230 | VHF-III | Professionelle Nutzung möglich | Ende 2025 |
| 470 – 608 und 614 – 694 | UHF | Frei für Anwendungen zur professionellen Produktion. Aufgrund des großen Frequenzbereichs auch sehr gut für größere Funksetups mit vielen Sende- und Empfangsanlagen geeignet. | Ende 2030 |
| 823 – 832 und 1785 – 1805 | Duplexlücken | Eher für den Amateurbereich oder semiprofessionellen Einsatz geeignet. | Ende 2025 |
| 863 – 865 | ISM | Europaweit lizenzfrei, Störungen aufgrund vieler Teilnehmer möglich. | Ende 2028 |
| 1880 – 1900 | DECT | Einfache und sichere Nutzung, jedoch aufgrund der hohen Latenz nur für zeitunkritische Verbindungen (z. B. reine Sprachkonferenzen) sinnvoll. | Ende 2025 |
| 2400 und 5000 | ISM/WLAN | Weltweit anmelde- und lizenzfrei. Trotz intelligentem Frequenzmanagement können Störungen auftreten. Für semiprofessionellen Bereich geeignet. | Ende 2023 und Ende 2028 |

## Funktionen und Eigenschaften von Funksystemen in der Praxis

**Rauschunterdrückung/Squelch:** Bei analogen Funkstrecken ist eine effektive Rauschunterdrückung wichtig, um eine möglichst hohe Tonqualität zu erreichen. Ist die Eingangssignalstärke am Empfänger gering, regelt dieser den Verstärkungsfaktor hoch, was sich in einem deutlichen Rauschen äußert. Dieser Effekt ist bei UKW-Radios bekannt, wenn der eingestellte Sender nicht oder nur schlecht empfangen wird. Damit bei geringer Empfangsqualität kein starkes „Aufrauschen“ stattfindet, besitzen Empfangsteile meist eine sogenannte **Squelch-Funktion**.

Technisch handelt es sich hierbei um **ein Noise-Gate mit regelbarem Schwellenwert (engl. Threshold).** Signale, die unterhalb des Thresholds liegen, werden ausgeblendet und gelangen somit nicht mehr zum Signalausgang des Empfängers. Wichtig ist die korrekte Einstellung der Squelch-Funktion. Bei einem zu hohen Threshold werden bereits Teile des Nutzsignals abgeschnitten. Bei einer zu niedrigen Einstellung wird weiterhin Rauschen ausgegeben.

**Pilotton:** Hochwertige Systeme reichern das reine Audiosignal vor der Übertragung mit einem **unhörbaren Funksignal** an, welches Informationen zwischen Sender und Empfänger überträgt. Dieser Pilotton dient zur Identifikation des zugehörigen Senders, da jeder über eine individuelle Kennung verfügt. Fehlt der Pilotton im Empfangsteil (aufgrund massiver Störungen oder weil der Sender ausgeschaltet ist), so wird dieser Kanal automatisch stummgeschaltet. Neben der **Senderkennung** kann z. B. der Batterie- oder Akkuladestand übertragen und am Empfangsteil angezeigt werden.

**Kompander:** Aufgrund der begrenzten Bandbreite muss bei analogen Funkübertragungen die Signaldynamik eingeschränkt werden. Mikrofone verfügen über einen deutlich höheren Dynamikumfang (Unterschied zwischen Minimal- und Maximalpegel) als die Übertragungstechnik. Während ein Mikrofon 120 dB oder mehr verarbeiten kann, stehen für die analoge Funkübertragung nur rund 60 dB zur Verfügung. Daher wird das **Signal im Sender vor der Übertragung komprimiert und nach der Übertragung im Empfänger expandiert.** Je nach Qualität des Equipments und dem zu verarbeitenden Dynamikumfang ist ein Qualitätsverlust durch den Kompander hörbar und äußert sich durch mehr oder weniger starkes Hintergrundrauschen. Digitale Systeme können prinzipbedingt auf der gleichen Funkbandbreite einen größeren Dynamikumfang übertragen und benötigen daher keinen Kompander.

**(True) Diversity:** Elektromagnetische Wellen für die Funkübertragung breiten sich ähnlich aus wie Schallwellen. Ausgehend vom Sender breiten sie sich kugelförmig aus und können reflektiert oder absorbiert werden. Je nach den räumlichen Gegebenheiten kann es durch Abschattung, Reflexionen und Auslöschungen auch bei geringem Abstand zwischen Sende- und Empfangseinheit zu **Funklöchern und Signalabrissen** kommen (sowohl bei analogen als auch bei digitalen Übertragungen). Im Extremfall können diese Störungen zur Unbenutzbarkeit einer Funkstrecke führen. Da sich die Darbietenden auf einer Bühne oft bewegen, bleiben Funklöcher fast nie konstant am gleichen Ort.

Um diese Problemen zu lösen, werden höherwertige Funkübertragungssysteme mit (True) Diversity-Technik ausgestattet. Bei solchen Systemen werden **zwei Empfangsantennen (Bild 1)** in einem Abstand zueinander eingesetzt (oft die halben Wellenlänge der Funkfrequenz). Die Eingangssignale beider Antennen werden der Empfangseinheit zugeleitet, welche die beiden Signale miteinander vergleicht und das mit dem höheren Pegel auswählt, damit es im Verstärkermodul verstärkt werden kann. Falls sich Antenne A in einem Funkloch befindet (und sei es nur für einen Sekundenbruchteil), so schaltet das System auf Antenne B um. **Der Umschaltvorgang geschieht automatisch und unterbrechungsfrei.** Die Ausfallsicherheit eines Funkübertragungssystems wird durch die (True) Diversity-Technik deutlich gesteigert und ist mittlerweile bereits bei Geräten im semiprofessionellen Bereich bezahlbar.

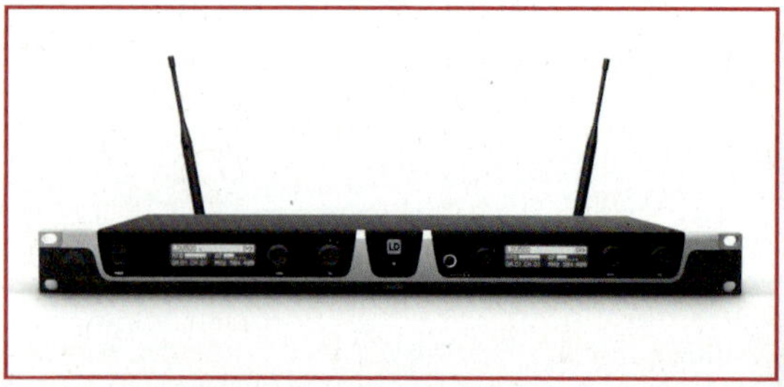

**Bild 1:** (True) Diversity Empfangseinheit für zwei parallele Funkstrecken: LD Systems U508

**Intermodulationen:** Im praktischen Einsatz sind Intermodulationen ein **wichtiger limitierender Faktor beim gleichzeitigen Einsatz von Funkstrecken (Tabelle 1).** Einzeln für sich getestet funktionieren die Funkübertragungen fehlerfrei, werden sie jedoch simultan genutzt, entstehen teilweise erhebliche Störungen. Je mehr Funkstrecken gleichzeitig betrieben werden, umso eher treten Probleme wie Übertragungsaussetzer auf.

Werden Funkübertragungssysteme verwendet, so bilden die Antennen und Modulatoren der Sendeanlage gleichzeitig einen Empfänger für Signale von außen. Je geringer der räumliche Abstand zwischen den Anlagen, desto größer ist die gegenseitige Beeinflussung.

Als Intermodulation wird das **Entstehen von zusätzlichen Frequenzen** bezeichnet, die neben den Ursprungsfrequenzen abgestrahlt werden.

Dabei handelt es sich um die **Summe und um die Differenz der Ursprungsfrequenzen sowie deren Harmonischen** (ganzzahlige Vielfache). Intermodulationen sind unerwünschte Effekte bei nicht-linearen Übertragungssystemen, zu denen fast alle HF-Sende- und Empfangsanlagen gehören. Prinzipiell sinken Harmonische in ihrem Energieniveau ab, je weiter sie sich von der Ursprungsfrequenz entfernen. In ähnlichem Umfang nehmen die Summen- und Differenzfrequenzen in ihrer Energie ab.

Intermodulationen mit ihren vielfältigen Wechselwirkungen zwischen Ursprungs-, Summen- und Differenzfrequenzen beeinflussen sich also nur bis zu einem gewissen Grad so, dass es zu tatsächlichen Störungen im praktischen Funkbetrieb kommt. Je mehr Sende- und Empfangsanlagen parallel betrieben werden, umso stärker steigt die Anzahl der störanfälligen oder sogar blockierten Frequenzen neben den eigentlichen Sendefrequenzen, da **alle Funkstrecken gegenseitig mit Intermodulationen in Wechselwirkung treten.**

Alle wichtigen Hersteller von Wireless-Equipment bieten für umfangreichere Funk-Setups bereits **vorbereitete Kanal-Gruppen** an, die sich gegenseitig möglichst wenig stören. Neben diesen vorberechneten und auf hohe Betriebssicherheit ausgelegten Funkkanälen bieten einige Hersteller weitere Planungstools an, mit denen sich auch umfangreiche Setups individuell vorplanen und abspeichern lassen. In der Regel werden lokal bereits belegte Bänder wie DVBT-2 angezeigt und können vermieden werden.

In Verbindung mit einem **Frequenzscan am Veranstaltungsort** lassen sich auch in schwierigen Situationen Lösungen finden, die durch reines Ausprobieren nicht oder nur sehr zeitaufwendig möglich wären. Auch ein konstantes **Monitoring während der Veranstaltung** ist sinnvoll, da es sich bei einem Scan lediglich um eine Momentaufnahme handelt, die sich dynamisch ändern kann.

**Tabelle 1:** Verschiedene Intermodulationen im Überblick (Frequenzangaben in MHz)

| **Sendefrequenzen: $f_1$ und $f_2$** | **Intermodulationen: $f_1 + f_2$** | **Intermodulationen: 2. Harmonische $f_1$ sowie Summe und Differenz $f_2$** | **Intermodulationen: 3. Harmonische $f_1$ sowie Summe und Differenz 2. Harmonische $f_2$** |
|---|---|---|---|
| **800**<br>**801** | 800 + 801 = 1601<br>801 – 800 = 1 | 2x 800 + 801 = 2401<br>2x 800 – 801 = **799**<br>2x 801 + 800 = 2402<br>2x 801 – 800 = **802** | 3x 800 + 2x 801 = 4002<br>3x 800 – 2x 801 = **798**<br>3x 801 + 2x 800 = 4003<br>3x 801 – 2x 800 = **803** |
| Konsequenzen: | Weit außerhalb der Sendefrequenzen, daher unkritisch. | Störungen auf den rot gekennzeichneten Frequenzen wahrscheinlich, da Energie der Intermodulationen hoch genug. | Störungen auf den rot gekennzeichneten Frequenzen wenig wahrscheinlich, da Energie der Intermodulationen relativ gering. |

### 9.4.3 Digitale Schnittstellen und Austauschformate

#### Allgemeines

Ein Interface (engl. Schnittstelle) ist der Teil eines Systems, welcher dem Austausch von Informationen dient.

Damit die Kommunikation zwischen verschiedenen Geräten (auch unterschiedlicher Hersteller) reibungslos funktioniert, müssen sowohl die **physikalischen Größen** (z. B. elektrische Spannung und Stromstärke) als auch **logische Standardisierungen** (z. B. Struktur und Organisation von Daten) definiert und eingehalten werden. Sowohl in der Elektro- als auch in der Informationstechnik (IT) existieren eine Vielzahl von Normen und Standards, die für eine möglichst weitreichende Kompatibilität (Verträglichkeit) verschiedener Systeme sorgen sollen. Wichtige Gremien, die sich mit Normung und Standardisierung in diesem Bereich beschäftigen, sind unter anderem der VDE (Verband der Elektrotechnik, Elektronik und Informationstechnik) sowie das IEEE (meist „i triple e“ ausgesprochen; „Institute of Electrical and Electronics Engineers“). Zu den prominentesten Beispielen für Standardisierungen zählen LAN, Ethernet, WLAN und Bluetooth (IEEE-Standardisierungsfamilie 802.x).

#### ADAT

Das „Alesis Digital Audio Tape“ (ADAT) bezeichnet nicht nur das mittlerweile veraltete digitale Aufnahmesystem, sondern auch eine nach wie vor verbreitete **Audioschnittstelle zum Austausch digitaler Daten mittels Lichtwellenleiter** (LWL), welche auf der optischen TOSlink-Schnittstelle basiert. Maximal können gleichzeitig **acht Kanäle mit einer Samplingrate von jeweils 48 kHz bei einer Auflösung von 24 bit** übertragen werden. Durch den Einsatz des S/MUX-Protokolls (Sample-Multiplexing) kann die Abtastrate auf bis zu 192 kHz gesteigert werden. Hierfür wird das Signal vor der Übertragung auf bis zu vier ADAT-Kanäle aufgeteilt und auf der Empfangsseite zusammengefügt. Durch dieses Multiplexing reduziert sich die Anzahl an parallel übertragbaren Kanälen.

#### AES/EBU

Die „Audio Engineering Society/Europäische Rundfunk Union“-Spezifikation erlaubt die Übertragung von digitalen Mono- oder Stereosignalen über symmetrische Kabelverbindungen mit 110 Ω, über unsymmetrische Koaxialkabel mit 75 Ω Wellenwiderstand oder über Twisted-Pair-Kabel. Typische Steckverbindungen sind XLR (bei symmetrischen Verbindungen), BNC (bei unsymmetrischen Verbindungen) oder RJ45 bei Twisted-Pair-Ethernetkabeln. Die höchstmögliche Kabellänge beträgt rund 300 m. Es können maximal **zwei Kanäle mit einer Samplingrate von jeweils 192 kHz bei einer Auflösung von 24 bit** übertragen werden. AES/EBU-Datenströme können über Taktgeneratoren miteinander synchronisiert werden.

#### Bluetooth

Als **kabellose Digitalschnittstelle** ist Bluetooth besonders aus dem IT-Bereich bekannt und besitzt dort einen sehr hohen Verbreitungsgrad. Durch die **sehr niedrige Energieaufnahme (Tabelle 1)** ist Bluetooth insbesondere für den Einsatz in Mobilgeräten (Smartphone, Tablet, kabelloses Zusatzequipment wie Kopfhörer, Headsets, Freisprecheinrichtungen, Maus, Tastatur und Spielecontroller) prädestiniert.

**Tabelle 1:** Bluetooth-Klassen und Reichweite

| Klasse | Leistung (mW) | Max. Reichweite (m) |
|---|---|---|
| 1 | 100 | 100 |
| 2 | 2,5 | 10 |
| 3 | 1 | 1 |

Als Übertragungsmöglichkeit wird meist eine Punkt-zu-Punkt-Verbindung zwischen zwei Geräten genutzt, allerdings lassen sich auch Netzwerke aus bis zu acht Teilnehmern aufbauen.

Bluetooth verwendet das **lizenzfrei nutzbare ISM-Frequenzband zwischen 2,402 GHz und 2,480 GHz.** Um Störungen möglichst zu minimieren, wird ein **Frequenzsprungverfahren** (engl. frequency hopping) angewandt, bei dem 1600-mal pro Sekunde die Funkfrequenz gewechselt wird.

Je nach Einsatzzweck und Art der zu übertragenden Daten wurden verschiedene Bluetooth-Profile spezifiziert. Damit ein entsprechendes Profil genutzt werden kann, müssen alle teilnehmenden Geräte kompatibel mit dem Profil sein.

Bluetooth kann eine Vielzahl von Versionen, Erweiterungen, Profilen und Codecs (z. B. Low-Energy-Mode und Multicast-Übertragungen; **Tabelle 1**) enthalten.

**Generell ist die Latenz bei der Übertragung von Audiosignalen zu beachten, welche verhältnismäßig hoch ist**, sodass ein Einsatz bei zeitkritischen Anwendungen nicht infrage kommt. Beim Einsatz des herkömmlichen **SBC-Codecs liegt der Zeitversatz bei rund 200 ms.** Diese Latenz spielt z. B. beim Einspielen von Hintergrundmusik keine Rolle. Selbst mit dem „**aptX Low Latency**"-Codec, welcher derzeit mit **rund 40 ms** die geringste Latenz bietet, scheidet ein Einsatz bei Funkmikrofonen- oder In-Ear-Monitoring prinzipiell aus.

**Tabelle 1:** Wichtige Bluetooth-Profile und Codecs

| Abkürzung | Bedeutung | Einsatzgebiet |
|---|---|---|
| A2DP | Advanced Audio Distribution Profile | Streaming von Audiodaten |
| AAC | Advanced Audio Coding | Als MP3-Nachfolger entwickelter Audio-Codec mit variabler Qualität |
| aptX (HD) | Audio Processing Technology | Audio-Codec mit verhältnismäßig guter Qualität und reduzierter Latenz (40 ms) |
| AVRCP | Audio Video Remote Control Profile | Fernbedienung für Audio/Video |
| HID | Human Interface Device Profile | Eingabegeräte (z. B. Maus und Tastatur) |
| HSP | Headset Profile | Freisprechanlagen |
| OBEX | Object Exchange | Datenübertragung |
| SBC | Low Complexity Subband Codec | Verlustbehafteter Codec für Audio-Streaming mit eher mäßiger Qualität |

## HDMI

Das High Definition Multimedia Interface (HDMI) ist eine Schnittstelle zur vereinheitlichten, **Hersteller übergreifenden Übertragung von digitalen Bild- und Ton-Daten (Bild 1).** Der Datenaustausch erfolgt bidirektional (in beide Richtungen möglich) über ein einzelnes Kabel mit mehreren Adern.

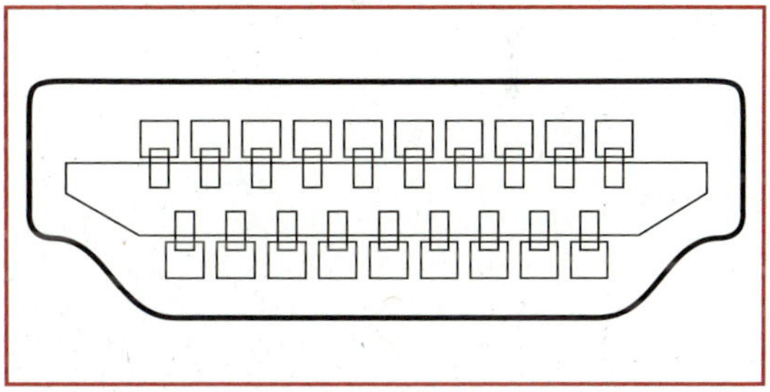

**Bild 1:** Schematische Darstellung eines HDMI-Steckers

Die maximale Datenübertragungsrate ist seit der Einführung im Jahr 2002 stetig angewachsen. Während HDMI-Version 1.0 knapp 4 GBit/s leistete, überträgt **Version 2.1a (Ende 2017) rund 42,7 GBit/s.** Die höhere Bandbreite ist vor allem für die ultra-hochauflösenden Bildübertragungsstandards nötig. In Version 2.1a (HDMI Ultra High Speed) kann 8K-Videomaterial (entspricht 7680 x 4320 Pixeln) mit einer Bildwiederholrate von bis zu 60 Hz übertragen werden.

Selbst in Version 1.0 konnten audioseitig bereits 8 unkomprimierte Kanäle in 24 bit Samplingtiefe bei 192 kHz Samplingrate übertragen werden. Ab Version 1.3 unterstützt HDMI die **hochauflösenden Mehrkanalformate Dolby-True HD sowie DTS-HD.** Laut offizieller Spezifikation ist eine maximale Kabellänge von 10 m vorgesehen. Im Handel sind jedoch auch längere Kabel erhältlich. Sofern diese eine gute Qualität aufweisen, kann eine Übertragung auch auf größere Distanz funktionieren. Alternativ gibt es vereinzelt Kabel mit Lichtwellenleitern, die eine Länge von bis zu 100 m ermöglichen. Im HDMI-Standard ist ein **effektives Kopierschutzkonzept** (Digital Rights Management; kurz DRM) integriert, welches unerlaubtes Kopieren verhindern soll.

## Firewire

Firewire (Marke von Apple) ist auch unter der Bezeichnung IEEE 1384 und i.LINK (Marke von Sony) bekannt. Es handelt sich um eine kabelgebundene, digitale Schnittstelle zur seriellen (aufeinanderfolgenden) Datenübertragung. Die Marktdurchdringung lässt immer stärker nach, da **Firewire durch USB und/oder Thunderbolt ersetzt worden ist.**

Zum Zeitpunkt der Markteinführung war die jeweils aktuelle Firewire-Version sehr schnell (Firewire 3200 aus dem Jahr 2008 leistet 3,2 Gbit/s). Wegbereitend waren einige Features wie z. B. **eine integrierte, verhältnismäßig leistungsfähige Stromversorgung (48 Watt).** Durch die „Fair Arbitration" (Bandbreitenreservierung) kann jeder Anwendung eine **konstante Bandbreite reserviert werden, was Betriebssicherheit bei Audio- und Video-Streaming bietet.**

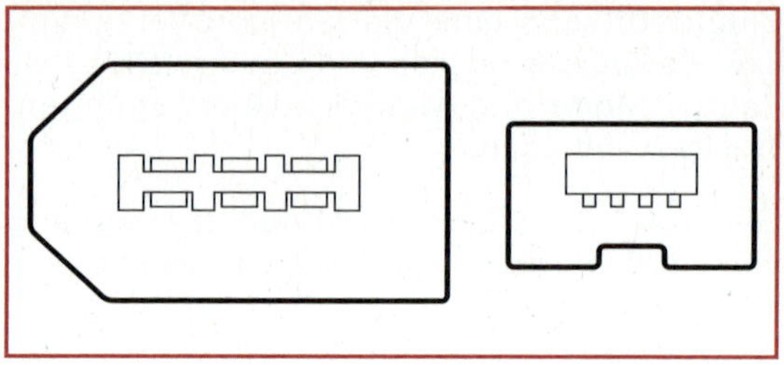

**Bild 1:** Firewire-Stecker. Links: Firewire 400, rechts: Firewire 800

Diese Vorteile sind mittlerweile in ähnlicher Form auch bei anderen Schnittstellen vorhanden oder wurden dort durch neue Standards übertroffen.

## MADI

Seit Ende der 1980er-Jahre existiert die „Multi Channel Digital Audio Interface"-Schnittstelle. Sie wird vorwiegend im professionellen Audio-Bereich eingesetzt.

**Bild 2:** Als Übertragungsmedium dienen entweder optische FDDI-Leitungen (engl. Fiber Distributed Data Interface) auf Basis von SC-Steckverbindern (Subscriber Connector) mit max. 2 km Länge oder koaxiale Leitungen mit 75 Ω Wellenwiderstand und BNC-Steckverbindern.

Es existieren sehr viele verschiedene Konfigurationsmöglichkeiten in Bezug auf Kanalanzahl, Abtastrate und -frequenz. In der Praxis werden überwiegend drei Settings eingesetzt, bei denen die Samplingtiefe jeweils 24 Bit beträgt:

- 16 Kanäle mit 192 kHz Samplingrate,
- 32 Kanäle mit 96 kHz Samplingrate oder
- 64 Kanäle mit 48 kHz Samplingrate.

**Durch den Übertragungsmodus, der auf Paketbildung verzichtet und stattdessen einen kontinuierlichen Datenstrom sendet, ist die Latenz extrem niedrig.** Die effektive Datenübertragungsrate liegt bei rund 100 Mbit/s.

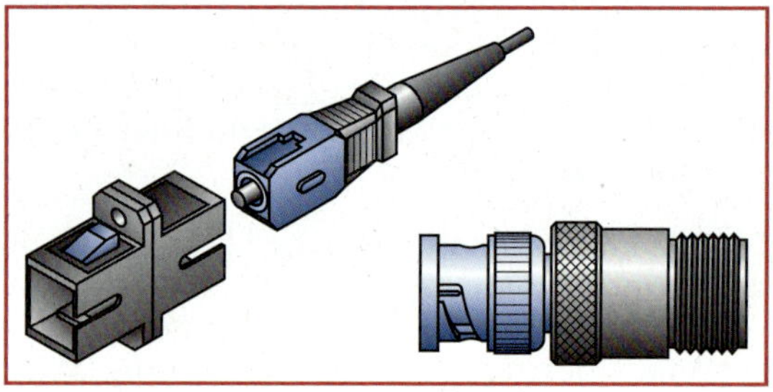

**Bild 2:** Verbindungen bei MADI. Links: Optischer SC-Verbinder, rechts: BNC-Stecker

## S/PDIF

Das „Sony/Philips Digital Interface" ist eine unidirektionale (Datentransfer in eine Richtung) digitale Audio-Schnittstelle mit seriellem Datentransport, die häufig an Geräten im semiprofessionellen oder Consumer-Bereich zu finden ist. Sende- und Empfangsgeräte synchronisieren sich automatisch.

Für die Übertragung werden **koaxiale Kabel mit 75 Ω Wellenwiderstand in Verbindung mit Cinch-Steckern** genutzt. Alternativ kommt eine **optische Verbindung mit TOSlink-Steckern** zum Einsatz **(Bild 3)**. In seltenen Fällen wird ein Mini-Klinkenstecker **(TRS; s. Seite 352)** verwendet. Da bei dieser Verbindungsart Sender und Empfänger zumindest bei der Datenleitung galvanisch voneinander entkoppelt sind, können mögliche Erdschleifen (Netzbrummen) vermieden werden.

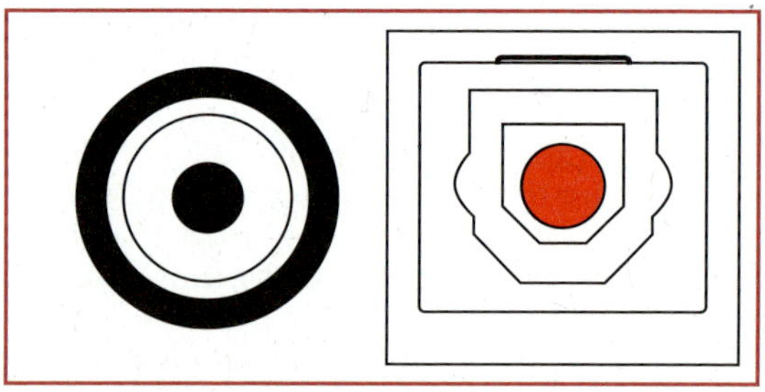

**Bild 3:** S/PDIF-Verbindungen. Links: Cinch-Stecker, rechts: TOSlink-Stecker (rot: Leuchtpunkt des Lichtwellenleiters)

**Die maximale Datenübertragungsrate liegt bei 20 Mbit/s.** Damit lassen sich z. B. 2 Kanäle mit max. 192 kHz und 24 bit übertragen. Bei hochauflösendem Mehrkanalton (z. B. Dolby Digital Plus oder DTS-HD) muss eine Reduzierung der Datenraten in Kauf genommen werden, was zu Qualitätsverlusten führt.

## Thunderbolt

Ähnlich wie USB soll die Thunderbolt-Schnittstelle dem einfachen Datenaustausch zwischen verschiedensten Komponenten (z. B. Computer, Monitore, Peripheriegräte, Videokameras oder externe Festplatten) dienen. Der Schwerpunkt bei Thunderbolt liegt auf der Maximierung der Performance. Die technische Basis bildet eine Kombination aus DisplayPort und PCI Express (PCIe). Die jeweilige Thunderbolt-Entwicklungsstufe (bis Version 4) übertrifft die maximale Datenübertragungsrate des zeitgleich aktuellen USB-Standards.

Die maximale Datenübertragungsrate liegt zwischen 10 GBit/s (Thunderbolt 1) und 40 GBit/s (Thunderbolt 4). Basierend auf dem USB Power Delivery-Standard können Geräte mit bis zu 100 Watt versorgt werden. **Da Thunderbolt direkt auf den PCI Express-Bus zugreift, sind bei Audioanwendungen extrem niedrige Latenzen von 1 – 2 ms möglich.**

Während die Steckverbinder der Thunderbolt-Generation 1 und 2 auf Mini-DisplayPort basieren, wird seit der 3. Generation USB-Typ C (Wendestecker) genutzt **(Bild 1)**. Damit sind Thunderbolt-Anschlüsse optisch kaum von reinen USB-C-Anschlüssen zu unterscheiden. In den Kabeln ist aktive Elektronik enthalten. Seit 2019 entfällt für Hersteller die Zahlung einer Lizenzgebühr, sodass Kabel und Zubehörteile etwas günstiger geworden sind.

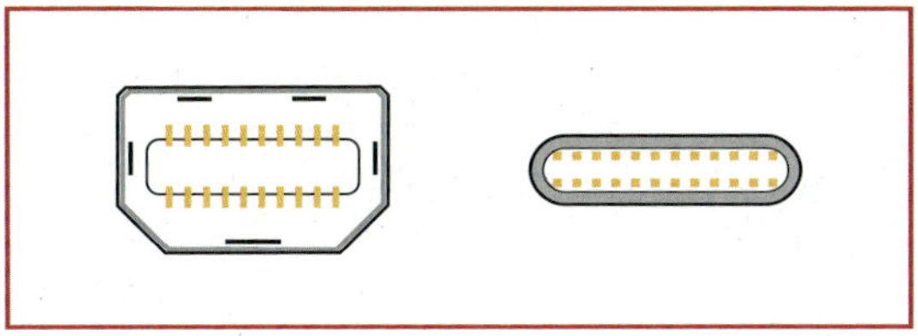

**Bild 1**: Thunderbolt-Anschlüsse. Links: Mini-Display-Port, rechts: USB Typ C.

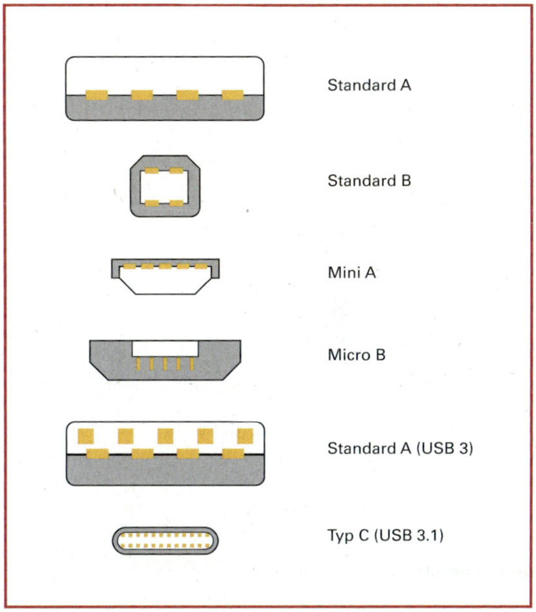


**Bild 2**: Gängige USB-Verbindungstypen

## USB

Der „Universal Serial Bus" ist eine serielle Digital-Schnittstelle, die in vielen Technikbereichen eine **extrem hohe Marktdurchdringung** besitzt. Ursprünglich sollte USB den Anschluss von Peripheriegeräten im IT-Bereich vereinheitlichen, da es in den 1990er Jahren üblich war, dass z. B. Maus, Tastatur, Drucker und anderes Equipment jeweils über unterschiedliche Steckverbindungen angeschlossen wurden. Trotz der sehr hohen Verbreitung von USB existieren mittlerweile sehr viele verschiedene Versionen, Standards und Stecker-/buchsentypen. **Bild 2** zeigt eine Auswahl der verbreitesten Versionen. Der mit Version 3.0 eingeführte **Typ-C-Stecker** soll wieder mehr Einheitlichkeit bringen. Diese Art von **Wendestecker** ist, wie alle anderen USB-Steckverbindungen, weiterhin verpolungssicher, kann allerdings in beiden möglichen Orientierungen eingesteckt werden, was die Verwendung für Benutzer angenehmer macht.

**Tabelle 1:** USB-Farbcodierung (Typ A/B)

| Version | Farbe | Max. Geschwindigkeit |
|---|---|---|
| 1.0, 1.1 | weiß | 12 Mbit/s |
| 2.x | schwarz | 480 Mbit/s |
| 3.0 | blau | 5 Gbit/s |
| 3.1/3.2 | petrol | 10/20 Gbit/s |
| 3.1/3.2 | rot | 10/20 Gbit/s (always on) |

Die Übertragung der Daten via USB erfolgt seriell (nacheinander) über ein kabelgebundenes Bus-System. **Die maximale Übertragungsrate beträgt 12 Mbit/s (bei USB 1.0) bis zu 40 GBit/s (USB 4.0).**

Viele USB-Geräte können ohne ein zusätzliches Netzteil über das USB-Kabel mit Strom versorgt werden (bus powered):

- 0,5 Watt (USB 1.0; z. B. Maus und Tastatur)
- 2,5 Watt (USB 2.0; z. B. USB-Sticks)
- 4,5 Watt (USB 3.0; z. B. externe Festplatten)
- 100 Watt (USB Power Delivery; z. B. zum Laden von Notebooks)

Seit Version 2.0 ist USB bei Audio-Interfaces weit verbreitet. Durch die steigende Übertragungsrate in späteren Versionen konnte die Latenz auf verhältnismäßig niedrige Werte gesenkt werden. Verzögerungen im niedrigen einstelligen ms-Bereich sind möglich. Bei der Übertragung von Audiodaten via USB stehen verschiedene Modi zur Verfügung:

- **Synchron:** Datenübertragung wird im Takt des USB-Busses durchgeführt. Dies optimiert zwar die Nutzung des Pufferspeichers, jedoch kann ein Zeitversatz zwischen den Audiodaten und dem USB-Takt entstehen. Aussetzer im Tonsignal können die Folge sein.
- **Asynchron:** Die Datenübertragung und die Datenausgabe werden voneinander entkoppelt. Es wird ein externer Taktgeber genutzt, der sowohl den USB-Bus als auch den Audio-Wandler mit einem Synchronisationssignal versorgt. Die Übertragung der Daten geschieht weiterhin im synchronen Modus, jedoch werden die Daten aufgrund des externen Taktsignals verarbeitet bzw. ausgegeben.

Zwar kann die Latenz im asynchronen Modus geringfügig ansteigen, jedoch ist die Audioübertragung weitestgehend unterbrechungsfrei. USB-Version 4.0 ist der gemeinsame Nachfolger von USB 3.2 und Thunderbolt 4.

## WLAN

Als „Wireless Local Area Network“ (WLAN) werden lokale Funknetzwerke bezeichnet. Genormt sind sie gemäß der IEEE-Spezifikationen 802.11. Ende 2018 wurden die offiziellen Bezeichnungen des IEEE durch „griffigere“ Bezeichnungen der Wi-Fi-Alliance (internationales Firmenkonsortium) ergänzt **(Tabelle 1)**.

Frühere und andere (weniger verbreitete) Spezifikationen erhielten keine zusätzliche Kurzform der Wi-Fi-Alliance.

Für die **Übertragung von Audiodaten von Funkmikrofonen und In-Ear-Monitoring-Systemen über Frequenzen in den lizenz- und anmeldefreien ISM-Bändern von 2,4 GHz und 5 GHz relevant** (s. Seite 361). Latenzen bei Audioübertragungen liegen mit 3 ms – 7 ms im Bereich, der nicht als zeitliche Verzögerung wahrgenommen wird.

Seit 2014 ist neben den beiden o. g. etablierten Frequenzbereichen der 60 GHz-Bereich freigegeben. Allerdings eignet sich dieses Band nur für Übertragungen über kurze Distanzen von wenigen Metern und ohne Unterbrechung der Verbindungslinie (durch z. B. Wände oder andere Hindernisse; **Tabelle 2**).

**Tabelle 1:** Wi-Fi Bezeichnungen

| IEEE-Spezifikation | Wi-Fi-Alliance Bezeichnung |
|---|---|
| IEEE 802.11n | Wi-Fi 4 |
| IEEE 802.11ac | Wi-Fi 5 |
| IEEE 802.ax | Wi-Fi 6 |

**Tabelle 2:** Dämpfung (1 GHz-Signal)

| Material | Stärke (mm) | Dämpfung (%) |
|---|---|---|
| Glas | 6 | 17 |
| Holz | 75 | 50 |
| Backstein | 90 | 55 |
| Beton | 100 | 80 |
| Beton | 200 | 99 |

**Tabelle 3:** Reichweite

| IEEE 802.11 | Frequenz (GHz) | Effektive Reichweite im Freifeld (m) |
|---|---|---|
| b/g/n | 2,4 | 50 |
| n | 5,0 | 150 |
| ac | 5,0 | 150 |
| ad | 60 | 5 |

**In Europa ist die Sendeleistung im 2,4 GHz-Band auf 100 mW und im 5 GHz-Band auf 500 mW begrenzt.** Durch den Einsatz von (externen) Antennen kann die Reichweite **(Tabelle 3)** gesteigert werden. Insbesondere in Gebäuden ist die Dämpfung durch die verbauten Materialien entscheidend.

Je höher die Funkfrequenz, desto höher ist der Einfluss durch dämpfendes Material zwischen Sender und Empfänger.

## Wiederholungsfragen

**1. Schwingungen**

a) Mit welchem Fachwort bezeichnet man die Anzahl der Schwingungsperioden pro Zeiteinheit?

b) Nennen und definieren Sie die Einheit für Schwingungen pro Sekunde.

**2. Schwingungsüberlagerungen**

Welche zwei möglichen Resultate können bei der Überlagerung von einfachen Schwingungen mit der gleichen Frequenz entstehen?

**3. Schallgeschwindigkeit**

Wie hoch ist die Schallausbreitungsgeschwindigkeit in Luft unter Normalbedingungen?

**4. Schalldruck und Schalldruckpegel**

Welche Aussagen sind korrekt? (Mehrfachnennungen sind möglich.)

- ☐ Die Maßeinheit für Schalldruck lautet Pascal.
- ☐ Lautstärke ist eine objektive Empfindung.
- ☐ Das menschliche Gehör arbeitet frequenzabhängig.
- ☐ Die Schallpegelmessung mit dB(A)-Bewertung berücksichtigt tiefe Frequenzen weniger stark als die dB(C)-Bewertung.
- ☐ Die Hörschwelle eines durchschnittlichen Menschen beträgt 100 Pa.

**5. Wahrnehmung von Schall**

a) Welchen Frequenzbereich kann ein junger, gesunder Mensch im Idealfall wahrnehmen?

b) Wie vielen Oktaven entspricht dieser Umfang?

**6. Mikrofone**

Mit welchem Fachbegriff wird die Versorgungsspannung eines Kondensatormikrofons bezeichnet und wie hoch ist diese häufig?

**7. Räumliches Hören**

Beschreiben Sie die räumliche Anordnung eines sogenannten „Sweet Spots".

**8. Richtcharakteristik**

Welche Richtcharakteristik (deutscher sowie englischer Begriff) besitzt keinerlei Richtwirkung?

**9. Steckverbindungen I**

Wofür steht die Abkürzung „TRS" bei einem Klinkenstecker und welche Arten der Signalübertragung sind damit möglich?

**10. Steckverbindungen II**

Welche Steckverbindungen ermöglichen prinzipiell eine symmetrische Signalübertragung?

**11. Analoge Signalübertragung**

Welche drei wesentlichen Funktionen bietet eine DI-Box?

**12. Digitale Signalübertragung**

Welche Aussagen in Bezug auf Audioübertragung via Bluetooth sind korrekt? (Mehrfachnennungen sind möglich.)

- ☐ Sehr niedriger Energieverbrauch
- ☐ Oft gleicher Frequenzbereich wie WLAN
- ☐ Besonders gut für Funk-Mikrofone und In-Ear-Monitoring geeignet
- ☐ Audio-Streaming erfolgt immer unkomprimiert in höchster Qualität.
- ☐ Je nach Einsatzzweck werden optimierte Profile und Codecs verwendet.

**13. Analoge Drahtlosverbindungen**

Welches Verfahren zur Signalübertragung wird in der Veranstaltungstechnik bei analogen Funkstrecken fast ausschließlich eingesetzt?

**14. Digitale Drahtlosverbindungen**

Erläutern Sie fachlich das Auftreten von Latenzen und nennen Sie mögliche Ursachen.

**15. Funkübertragung**

Welchen Vorteil bieten Anlagen mit (True) Diversity gegenüber herkömmlichen Anlagen?

# 9.5 Mischpulte

## 9.5.1 Allgemeines

Je nach Anwendungsgebiet können der Einsatzzweck und die an das Mischpult gestellten Anforderungen sehr unterschiedlich sein. Es wird allerdings in den meisten Fällen das zentrale Werkzeug eines Tonarbeitsplatzes sein. **Die grundsätzliche Aufgabe eines Mischpults ist das Zusammenführen von verschiedenen Signalen aus unterschiedlichen Quellen zu einem Gesamtsignal, welches wiedergegeben oder aufgezeichnet wird.** Hierzu besitzt ein Mischpult verschiedene Kanalzüge, die die Einzelsignale in Pegel, Klang und Dynamik bearbeiten. Die Digitaltechnik ist auch in diesem Bereich auf dem Vormarsch, da sie verschiedene Vorteile bietet, die mit Analogtechnik nicht realisierbar wären. Auch wenn sich Analog- und Digitalpulte in einigen Punkten unterscheiden, bildet die konventionelle Arbeitsweise und etablierte Logik analoger Mixer häufig die Grundlage für moderne Mischpulte auf Digitalbasis. Bei der Anschaffung und dem Einsatz eines Mischpults sind technische Anforderungen, Bedienkonzepte und wirtschaftliche Überlegungen zu berücksichtigen. Es gibt eine Vielzahl verschiedener Lösungen, die sich auch in der Art des Aufbaus zeigen.

## 9.5.2 Bauformen und Einsatzgebiete

### Pult (FOH/Monitor/PA/Recording)

Die klassische Tischkonsole ist die bekannteste Mischpultbauart. **Die wesentlichen Bedienelemente befinden sich auf der Oberseite** des (flachen) Tischgehäuses und sind schnell im Direktzugriff zu erreichen **(Bild 1 und 2)**. Im Bereich der Veranstaltungstechnik wird häufig der Begriff FOH (engl. Front Of House) als Synonym für Tischkonsolenmischpulte verwendet. Während große und komplexe Mischpulte Schreibtischgröße erreichen, sind kleinere Pult-Mixer häufig 19-Zoll-fähig und lassen sich durch Anbringung von Montagewinkeln („Rack-Ohren") in einem entsprechenden Case zusammen mit anderem Equipment einbauen und transportieren. **Am FOH wird die Tonmischung für das Beschallungssystem vorgenommen.** Im Unterschied dazu liegt bei einem **Monitor-Mischpult der Schwerpunkt auf der Tonmischung für die Bühne**, weshalb bei Monitor-Mixern eine Vielzahl an Hilfssummen nötig ist, um die Akteure auf der Bühne mit entsprechenden Monitoring-Signalen zu versorgen. Moderne Digitalpulte lassen sich meist für beide Anwendungsszenarien konfigurieren.

**Bild 1**: Analoger Klassiker: Mackie 1604 VLZ4

**Bild 2**: Digitaler FOH-Mixer Midas M32 Live

### Rack- und Kleinmixer

Bei **begrenzten Platzverhältnissen, als Submischer oder für Festinstallationen** werden häufig **Rack- oder Kleinmixer (Bild 3)** eingesetzt. In 19"-Racks auf der Bühne dienen diese Geräte oft dazu, mehrere Signale bereits „on stage" zu bearbeiten (z.B. um die Signale der Keyboards vorzumischen, bevor diese an das Hauptmischpult gehen). Insbesondere Rackmixer mit wenigen Höheneinheiten (HE) besitzen

**Bild 3**: Rackmixer Tascam LM-8ST

aus Platzgründen meist Drehpotis anstelle von Fadern. Im Recording- sowie im Podcast-Bereich werden **digitale Kleinmixer (Bild 1)** immer beliebter, da sie ähnlich wie große Digitalpulte Vorteile wie z. B. Speicherfunktionen oder Effektsektionen bieten. So können verschiedene Einsatzszenarien abgespeichert und bei Bedarf schnell abgerufen werden.

**Bild 1**: Digitaler Kleinmixer: Zoom LiveTrak L-8

## Powermixer

Bei einfachen Beschallungssituationen (z. B. Auftritte kleinerer Bands, Alleinunterhalter, oder allgemein überschaubare Publikumszahl bis rund 100 Personen) können **Powermixer (Bild 2)** durch ihre Kombination von Mischpult, Verstärker sowie ggf. Effektsektion eine sinnvolle Alternative zu Einzelkomponenten sein. Getrennte Komponenten sind in der Regel qualitativ und leistungsmäßig überlegen, jedoch kann die Kompaktheit eines Powermixers ein Vorteil sein. Wenn das Einsatzgebiet bekannt ist und weitgehend gleich bleibt, passive Lautsprecher betrieben werden sollen und die Erweiterbarkeit eine untergeordnete Rolle spielt, kann aus **Budget-, Platz- und Gewichtsgründen die Anschaffung und der Betrieb eines Powermixers eine sinnvolle Lösung sein.**

**Bild 2**: All-In-One Powermixer Yamaha EMX5

## DJ-Mixer

In Clubs, bei Festivals und Partys sind diese Mischpulte Bestandteil der Technik in der DJ-Kanzel (Booth). Neben der Ausgabe des Mastersignals an das Beschallungssystem gehört die separate **Vorhörfunktion (Cueing)** zu den wesentlichen Aufgaben eines DJ-Mixers. Hierzu ist es möglich, auf dem Kopfhörer und in der Booth andere Signale als auf der Mastersumme auszugeben. Auch wenn in der Praxis verschiedene Setups miteinander kombiniert werden, gibt es im Wesentlichen folgende charakteristische DJ-Mixer-Typen:

**Bild 3**: Roland DJ 505 Controller

1. **Battlemixer:** Meist zwei-kanaliges Mischpult mit Equalizer und/oder einem kombinierten Hoch/Tiefpass-Filter pro Kanal sowie einem Crossfader für die Überblendung zwischen den Kanälen. Battlemixer sind schmal, damit die Turntables möglichst nah beieinanderstehen, was eine flüssigere Bedienung während Mix-Battles ermöglicht.
2. **Clubmixer:** Oft fest eingebautes Pult mit einer höheren Kanalanzahl (vier oder mehr; häufig mit mehreren Quellen, die sich pro Kanal auswählen lassen) und weitreichenderen Klanggestaltungsmöglichkeiten und Effekten. Aktuelle Geräte erlauben per Digitalschnittstellen die **bidirektionale Synchronisation verschiedener Zuspielgeräte sowie mit DJ-Software** auf einem Notebook, sodass der Mixer das zentrale Arbeitsgerät bleibt.
3. **DJ-Controller (Bild 3):** Dieser Gerätetyp **vereint Mixfunktionen mit der Bedienung der Zuspielquellen** (meist virtuelle Decks auf einem Notebook). Neben den Mischpultkomponenten stehen daher oft Plattenteller, Pitchfader und Keypads (z. B. Ansteuern von Cue-Punkten) bereit. Die meisten DJ-Controller ermöglichen lediglich die Steuerung der Software auf dem Notebook und sind alleine nicht arbeitsfähig.

### 9.5.3 Analoge und digitale Mischpulte im Vergleich

Beim **konventionellen Analogpult** durchläuft das Signal eine sehr große Zahl von Widerständen, Kondensatoren und Operationsverstärkern, welche **alle unmittelbar Einfluss auf das Nutzsignal** haben. Dies gilt bei gewünschten Beeinflussungen (z. B. Pegel anheben oder absenken), allerdings auch bei unerwünschten Begleiterscheinungen wie etwa der Erhöhung des Rauschens. Regler und Bauelemente, mit denen Parameter verändert werden, befinden sich direkt an der entsprechenden Stelle des Signalweges. **Für jeden einstellbaren Parameter gibt es einen separaten Regler** – nicht aus Gründen der Bedienfreundlichkeit (Usability), damit alles schnell und einfach im Direktzugriff erreichbar ist, sondern aus Notwendigkeit.

**Digitalpulte** sind grundlegend anders aufgebaut. Audiosignale werden vor oder im Mischpult in einen Datenstrom gewandelt, der die ursprüngliche **Toninformation durch digitale Zahlenwerte** beschreibt. Eine Veränderung des Signals erfolgt nun durch Rechenoperationen. Soll beispielsweise der Signalpegel verändert werden, so erfolgt dies durch eine Multiplikation mit einem entsprechenden Faktor (bei Pegelreduzierung kleiner 1, bei Pegelanhebungen größer 1; Faktor 0 entspräche Stille, also einem gemuteten Signal). **Alle Funktionen in einem Digitalpult werden über teils sehr komplexe mathematische Funktionen nachgebildet.** Da es sich bei einem digitalen Mischpult letztlich um einen Computer handelt, ließe sich dieser ausschließlich über eine Tastatur bedienen. Dies widerspräche allerdings den Nutzungsgewohnheiten und wäre weder ergonomisch noch intuitiv. Daher wurden die wesentlichen Bedienkonzepte der Analogtechnik auf Digitalpulte übertragen. Auch hier gibt es Drehregler, Fader und Schalter, die in ihrer Funktion der analogen Arbeitsweise nachempfunden sind. Diese Bedienelemente beeinflussen jedoch das Signal nicht mehr direkt, sondern liefern durch ihre Stellung oder Bewegung Zahlenwerte an den digitalen Soundprozessor (DSP), der die entsprechenden Berechnungen vornimmt. Durch diese **Abstraktion der Signalverarbeitung** entfällt die Notwendigkeit, dass die Bedienelemente im Signalweg platziert werden müssen. Aus Platz- und Kostengründen besitzen Digitalmischpulte meist deutlich weniger Regler als Analogpulte. Als Bedienkonzept hat sich durchgesetzt, dass ein einzelner Satz Bedienelemente für alle Kanäle zur Verfügung steht (z. B. Gain, Dynamikbearbeitung, Equalizer, Aux-Wege sowie Effektsektion) und derjenige Kanal, der bearbeitet werden soll, durch einen Knopfdruck ausgewählt wird. Meist sind weniger oft genutzte Einstellungen über Untermenüs via Display zu erreichen. Die Anzahl der vorhandenen Parameter eines Digitalpults liegt daher deutlich über der Anzahl der vorhandenen Bedienelemente.

**Vorteile digitaler Mischpulttechnik**

- **Speicherung:** Sämtliche Einstellungen lassen sich abspeichern und zeitsparend wieder aufrufen. Besonders bei wechselnden Einsatzszenarien oder bei zeitlich engen Taktungen im Livebetrieb ist dies ein großer Vorteil. Sind Motorfader im Pult verbaut, wird auch optisch der jeweilige Betriebszustand wiederhergestellt.
- **Fernbedienung:** Viele Pulte lassen sich via Notebook, Tablet oder Smartphone aus der Ferne steuern. Dadurch ist es unter anderem möglich, während des Soundchecks räumlich getrennt vom Mischpult vom Publikumsbereich aus Einstellungen zu verändern und den Sound anzupassen. Auch die Einstellung des Monitorsounds kann nun direkt am Platz gemeinsam mit den Bühnenakteuren geschehen.
- **Integrierte Signalbearbeitung:** Digitalpulte verfügen meist über eine integrierte Dynamiksektion mit Kompressor und Noisegate, die einzeln pro Kanal konfigurierbar sind. Außerdem stehen fast immer Effektprogramme wie Hall, Delay oder Modulationseffekte (z. B. Chorus, Flanger etc.) und eine oft sehr detaillierte Equalizer-Sektion zur Verfügung. Auch Verzögerungen für Delay-Lines lassen sich realisieren. Bei Analogpulten sind solche umfassenden Bearbeitungsmöglichkeiten meist nur durch externe Signalprozessoren zu erreichen.
- **Kompaktheit:** Digitalpulte sind bei vergleichbarem Funktionsumfang kleiner, leichter und kostengünstiger als analoge Lösungen. Es entfallen zusätzliche Sideracks und der Platzbedarf beim Transport und in der Technikregie ist geringer.
- **Wirtschaftlichkeit:** Die Anschaffung eines Digitalpults ist im Vergleich mit der Summe an Analogtechnik und externen Zusatzgeräten, Racks und Verkabelung meist günstiger und amortisiert sich früher.

- **Automation:** Ohne aufwendige Technik lassen sich Parameterwerte in Echtzeit speichern, reproduzieren und mit anderem Equipment synchronisieren.
- **Rauscharmut:** Nach der Analog-digital-Wandlung geschehen alle Bearbeitungsschritte ohne elektronische Komponenten, die das Audiosignal aufgrund ihrer elektrischen Eigenschaften verrauschen würden. Da zunehmend alle weiteren Komponenten nach dem (Digital)Mischpult ebenfalls digital arbeiten, kann die Signalübertragung ohne weitere Qualitätsverluste bis zu den Endstufen erfolgen.

**Nachteile digitaler Mischpulttechnik**

- **Bedienbarkeit:** Durch die gemeinsame Nutzung derselben Bedienelemente bei den meisten Digitalpulten ist die Zugriffszeit auf einzelne Einstellungen länger als bei konventionellen Analogpulten. Auch die Übersichtlichkeit oder der Vergleich zwischen einzelnen Kanälen ist bei Digitalpulten weniger gut möglich.
- **Einarbeitung/Lernkurve:** Auch bei analogen Konsolen gibt es verschiedene Bedienphilosophien. Bei digitalen Mischpulten sind die Unterschiede allerdings ausgeprägter. Insbesondere bei komplexen und tieferliegenden Funktionen differieren die Pulte verschiedener Hersteller stark und auch bei Baureihen desselben Herstellers werden Bedienkonzepte nicht immer stringent angewandt. Die enorme Leistungsfülle der Digitalpulte kann zu einem erhöhten Einarbeitungs- und Schulungsbedarf führen.
- **Systemaktualisierungen:** Digitale Mischpulte erhalten, ähnlich wie Computer und andere IT-Infrastruktur, Softwareupdates und Aktualisierungen, die den Funktionsumfang erweitern oder allgemein die Betriebssicherheit erhöhen. Neben diesen positiven Auswirkungen bedeuten Updates zusätzliche Arbeit und können im schlimmsten Fall zu Inkompatibilitäten führen (z. B. bei Speicherdaten, welche mit verschiedenen Firmware-Versionen erstellt worden sind).

**Fazit:** Digitale Mischpulte haben sich in weiten Bereichen gegenüber analogen Konsolen durchgesetzt. Auch bei kleineren Mischpulten sind digitale Modelle auf dem Vormarsch, nicht zuletzt auch aufgrund der sinkenden Preise. Der kalte und sterile Sound, welcher teilweise den ersten Generationen von Digital-Equipment nachgesagt wurde, ist bei aktuellen Geräten nicht mehr zu finden. Ein digitales Pult sanft in die Sättigung zu fahren, um durch die einsetzende Übersteuerung einen „wärmeren Sound“ zu erzielen, ist in dieser Form bei Digitalpulten jedoch nicht möglich. Bei Bedarf können Plugins diesen Effekt simulieren. Ob bei einer Neuanschaffung die Wahl auf ein analoges oder digitales Mischpult fällt, hängt vom Anwendungsbereich, vom Budget sowie von persönlichen Vorlieben ab.

## 9.5.4 Mischpult-Komponenten und Funktionen

Jedes Mischpult, ob analog oder digital, bietet eine Vielzahl an Komponenten, die das Signal verändern können. Bei analogen Mischpulten existieren hierzu einzelne Schalter und Regler, die jeweils ausschließlich eine Funktion ausüben. Bei Digitalpulten sind in vielen Fällen Bedienelemente mehrfach belegt, d. h. es existiert z. B. eine Equalizer-Sektion, die durch Auswahl einem oder mehreren Kanälen zugeordnet wird. **Ein grundlegendes Prinzip bei allen Mischpulten ist die Wiederholung von Funktionsweisen und Bedienungsgrundsätzen.** Es gibt zwar verschiedene produkt- und herstellerspezifische Unterschiede, jedoch lassen sich grundlegende Funktionen übergreifend anwenden. Der Aufbau eines Mischpults ist in zwei Hauptbereiche gegliedert. Bei kleinen und mittelgroßen Mischpulten befinden sich die **Kanalzüge** links und die **Master-Sektion** rechts, bei größeren Pulten ist die Mastersektion häufig mittig angeordnet, um eine bessere Arbeitsplatzergonomie zu schaffen. **Der strukturelle Aufbau der Komponenten folgt dem Signalfluss und orientiert sich dabei an der Leserichtung, wie sie in westlichen Kulturen vorherrscht: Von oben nach unten sowie von links nach rechts.** Bei Digitalpulten ist die Bedienhierarchie zwar freier, allerdings orientiert sie sich häufig an konventionellen Strukturen analoger Pulte.

Oft finden sich im Produktnamen Informationen zum Aufbau eines Mischpultes. Viele Hersteller geben beim Modellnamen die Anzahl der Eingangskanäle, dann die Zahl der Subgruppen und schließlich die Ausgangskanäle an. Ein Modell 3282 besitzt 32 Eingangskanäle (z. B. 24 Mono- sowie 2 x 4 = 8 Stereo-Kanäle), welche auf 8 Subgruppen geroutet (geleitet) werden können, welche auf dem 2-Kanal-Main-Out ausgegeben werden.

## Typische Kanalzug-Bestandteile

Auch wenn Hersteller unterschiedliche Bezeichnungen oder abweichende Anordnungen verwenden, so ist das in **Bild 1** gezeigte systematische Beispiel eines Monokanalzuges gängig und wird in ähnlicher Form in vielen Mischpulten angewandt.

**Signaleingänge (1 – 3)**

1. **XLR:** Symmetrischer XLR-Signaleingang (s. XLR-Stecker; Seite 354) für z. B. Mikrofonsignale. Bei fast allen Pulten lässt sich eine Phantomspeisung (s. Wandlertypen; Seite 344) für Kondensatormikrofone schalten. Je nach Mischpult kann dies entweder individuell pro Kanal oder für alle Kanäle gemeinsam erfolgen.
2. **Line:** Eingang via Klinkenbuchse (s. Klinkenstecker; Seite 352) für symmetrische oder unsymmetrische Signale von Geräten, die ein hochpegeliges Signal liefern.
3. **Insert:** Klinkenbuchse zum Einschleifen von externen Signalbearbeitungsgeräten. Die Signalführung erfolgt unsymmetrisch, da sowohl Send- als auch Returnsignal über dieselbe Buchse realisiert werden.

**Vorverstärker und Signalkorrektur (4 – 7)**

4. **Pad:** Dämpfungsglied, welches eingehende Signale meist um 20 dB absenken kann. Die teilweise erheblichen Pegelunterschiede der anliegenden Signale können eine Absenkung erforderlich machen. Auch ein ganz zurückgedrehter Gain-Regler kann sehr „heiße" Eingangssignale (hoher Pegel) in manchen Fällen nicht ausreichend reduzieren. Der Pad-Schalter ist nötig, um Übersteuerungen vorzubeugen und im Signalweg Bearbeitungsspielraum zu haben.
5. **Low Cut:** Mit diesem Hochpassfilter (auch Trittschall- oder Rumpelfilter) werden tieffrequente Signalanteile entfernt. Der Einsatzpunkt des Filters liegt meist zwischen 70 Hz und 100 Hz, die Flankensteilheit (s. Kapitel 9.8.5) liegt bei 18 dB oder 24 dB pro Oktave. Der Einsatz empfiehlt sich bei allen Signalen, die keinen Tiefbass im Nutzsignal enthalten.
6. **Gain:** Mit diesem Vorverstärker werden die anliegenden Signale auf einen einheitlichen Pegel (Referenzpegel; 0 dBu = 0,775 Volt) gebracht. Für die nachfolgende Signalverarbeitung ist ein möglichst hoher Signal-Rauschabstand wünschenswert. Die Verstärkungsleistung aktueller Baugruppen liegt im Bereich von rund 60 dB. Bei vielen

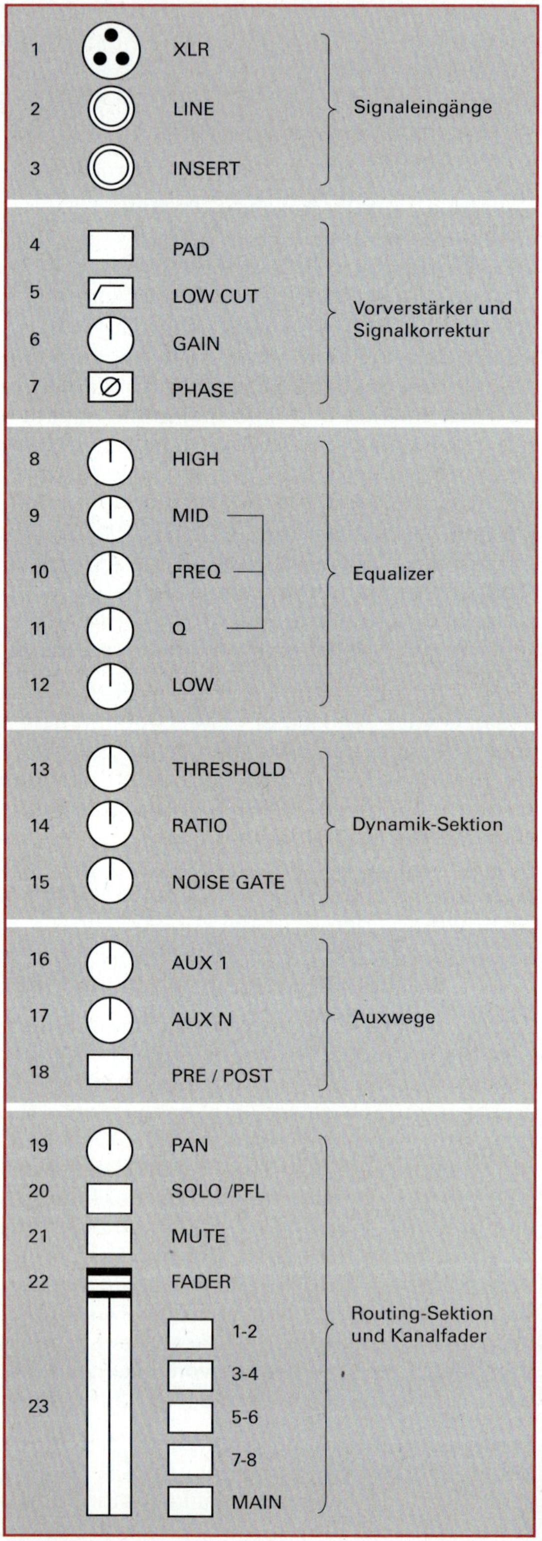


**Bild 1:** Mono-Kanalzug

Pulten wird das Signal erst nach der Gain-Regelung über den Insertweg ausgeschleift, sodass eine Pegelangleichung im Mischpult erfolgen kann, bevor externes Equipment beschickt wird. Auch bei Digitalpulten ist der Vorverstärker in Analogtechnik ausgeführt und befindet sich vor der Analog-Digital-Wandlung. Abweichend von Analogpulten wird oft die Bezeichnung „Headamp" verwendet. Die Regelung des Headamp erfolgt bei hochwertigen Mischpulten häufig digital in Form eines DCA (Digital Controlled Amplifier), d. h. die analoge Verstärkungsleistung wird als binärer Zahlenwert im Digitalpult abgespeichert und kann bei Bedarf abgerufen werden. **Bei Digitalmischpulten erfolgt die AD-Wandlung meist an diesem Punkt.**

7. **Phase:** Mit diesem Schalter kann die Polarität des Signals um 180° in der Phase gedreht werden. Sinnvoll kann dies bei einer Mehrfachmikrofonierung einer Signalquelle sein, falls es zu Phasenauslöschungen kommt. Außerdem können Probleme durch verpolte Signalleitungen behoben werden.

**Equalizer (8 – 12)**

Ein Equalizer ist ein frequenzselektiver Verstärker. Der Pegel des Eingangssignals wird innerhalb eines Frequenzbereichs multipliziert. Ist der Faktor < 1 wird das Signal abgeschwächt, bei einem Faktor > 1 wird es verstärkt.

Der hier dargestellte 3-Band-Equalizer (EQ) mit vollparametrischen Mitten ist ein weitverbreiteter Typ, der bei den meisten Situationen einen guten Kompromiss aus Flexibilität und Bedienbarkeit darstellt. Größere Mischpulte bieten mehr als einen Mitten-EQ. Besonders in Digitalpulten können die Equalizer-Sektionen mit vergleichsweise geringem Aufwand deutlich detaillierter und aufwendiger umgesetzt werden. Die maximale Absenkung bzw. Anhebung liegt pro Frequenzbereich normalerweise im Bereich von 12 dB – 15 dB.

8. **High:** Die Filterstufe für die hochfrequenten Signalanteile ist meist als Shelving-EQ (Kuhschwanz-Charakteristik; **Bild 1, Nr. 4**) ausgeführt und besitzt oft eine untere Filtereckfrequenz (auch Grenzfrequenz; diejenige Frequenz, bei der sich die Amplitude um einen definierten Wert verändert) bei 10 kHz – 12 kHz.
9. **Mid:** Die Filterung im Mittenbereich erfolgt durch eine Glockenkurve **(Bild 1, Nr. 2)**.
10. **Freq:** Mit dem sogenannten „Sweep"-Poti ist es möglich, die Frequenz des Mittenfilters festzulegen. Üblicherweise beginnt der Einsatzbereich bei 100 Hz und endet bei 8 kHz. Bei Mischpulten mit semiparametrischen Mitten kann kein Einfluss auf die Frequenzbreite genommen werden. Bei vollparametrischen Equalizern kann dies durch den folgenden Regler geschehen:
11. **Q:** In diesem Beispiel ist der Mitten-EQ vollparametrisch ausgeführt und ermöglicht die Einstellung der Filtergüte und damit der Breite des Mittenfilters. Breite Filtereinstellungen wirken akustisch unauffällig, während schmalbandige Einstellungen zu teilweise deutlich hörbaren Unterschieden führen und besonders bei Entstörungen (z. B. Rückkopplungsneigung oder stehenden Wellen) eingesetzt werden, um gezielt enge Frequenzbereiche zu dämpfen.

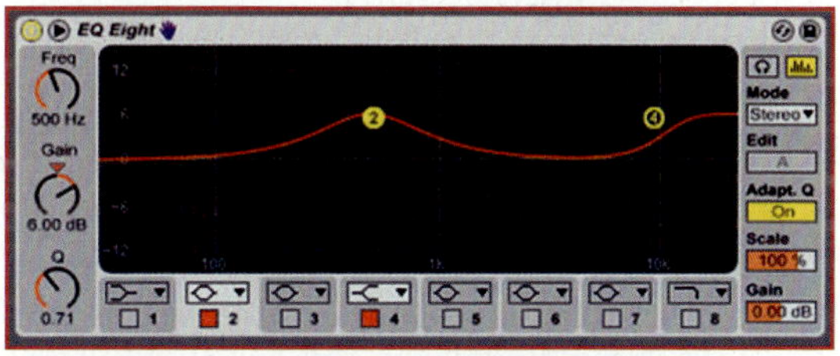


**Bild 1:** Optische Ansicht eines Equalizers. Nr. 2: Glockenkurve, Nr. 4 Shelving-Filter

12. **Low:** Die Filterstufe für die tiefen Frequenzen ist meist als Shelving-EQ ausgeführt und besitzt meist eine obere Filtereckfrequenz bei 80 Hz – 100 Hz.

**Dynamiksektion (13 – 15)**

13. **Threshold:** Einstellung des Schwellenwertes, oberhalb dessen das Signal im Kompressor bearbeitet werden soll.
14. **Ratio:** Verhältnis zwischen Ein- und Ausgangspegel (n : 1) oberhalb des eingestellten Wertes bei Threshold.

    Beispiel: Es ist eine Ratio von 3:1 gewählt. Überschreitet das Eingangssignal den Threshold um 6 dB, ist das Ausgangssignal lediglich 2 dB höher (6 dB : 3 = 2 dB). Hierdurch wird die Dynamik des Signals reduziert.

15. **Noise-Gate:** Einstellung des Schwellenwertes, unterhalb dessen das Signal vollständig ausgeblendet (Gate) oder gemäß eines gegebenen Verhältnisses von Ein- zu Ausgangssignal (1 : n) abgeschwächt (Expander) werden kann. Falls lediglich ein Regler für das Noise-Gate vorhanden ist, werden häufig automatische Einstellungen im Hintergrund angewendet, auf die der Benutzer selten Einfluss nehmen kann.

**Auxwege (16 – 18)**

16. **Aux 1:** Ausspielwege (Auxiliary; kurz Aux) dienen zum einen dazu, externe Effektgeräte mit einem regelbaren Signalanteil des jeweiligen Kanals zu beschicken. Zum anderen werden über die Aux-Wege Bühnenmonitore oder Monitor-Mischungen für verschiedene Zwecke erstellt.
17. **Aux n:** Je nach Größe und Bauart des Mischpults sind unterschiedlich viele Aux-Wege vorhanden. Während bei Analogpulten pro Aux-Weg ein separater Poti vorhanden ist, wird bei Digitalpulten oft der jeweilige Aux-Weg selektiert und der gewünschte Signalanteil mit dem Kanalfader eingestellt.
18. **Pre/Post:** Stellvertretend für viele separat mögliche Einstellungen der jeweiligen Aux-Wege in diesem Beispiel einmal aufgeführt ist die Umschaltfunktion des Routing zwischen Pre- und Post-Fader. Während im Pre-Modus das Signal vor dem Kanalfader abgegriffen und damit unabhängig von entsprechenden Pegelveränderungen ist (sinnvoll bei Monitoring-Anwendungen), wird im Post-Modus das Aux-Signal durch Fader-Einstellungen verändert (sinnvoll bei Effekt-Anwendungen, da im Pre-Modus auch bei ausgeblendetem Kanal weiterhin der Effektanteil zu hören wäre).

**Routing-Sektion und Kanalfader (19 – 23)**

19. **Pan:** Mit dem Kanal-Panoramaregler wird die Position des Signals innerhalb des Stereomixes bestimmt. Durch einen Spannungsteiler wird das Monosignal so aufgeteilt, dass die Summe der beiden im Stereopanorama verteilten Ausgangspegel immer eine konstante Leistung bildet (Intensitätsstereofonie).
20. **Solo/PFL:** Häufig sind in dieser Komponente zwei mögliche Funktionen kombiniert: Bei der **Solo-Funktion** wird das Kanalsignal nach dem Kanalfader angegriffen und auf die Solo-Sammelschiene gesendet. Die **PFL-Funktion** (Pre Fader Listening; bei einigen Pulten auch als „Cue“ bezeichnet) sendet das Kanalsignal unabhängig vom Kanalfader auf den PFL-Bus. Dieser steht am Kopfhörerausgang sowie auf der Aussteuerungsanzeige zur Verfügung. Der PFL-Modus sollte beim Einpegeln des Kanals verwendet werden. Eine Umschaltung zwischen Solo- und PFL-Modus findet üblicherweise in der Master-Sektion eines Pultes statt. Die Signale an den Aufnahmeausgängen bleiben von der Nutzung des Solo- und PFL-Modus unbeeinflusst.
21. **Mute:** Stummschaltung des Kanals. Diese Stummschaltung wirkt sich auf den Signalweg zu Post-Fader-Auxwegen sowie zu Subgruppen und dem Mainmix aus. Pre-Fader-Auxwege erhalten weiterhin das Kanalsignal.
22. **Fader:** Diese Baugruppe regelt den Kanalpegel, der anschließend über verschiedene Routingwege weiterfließt. Bei Kompaktmixern findet man Drehregler statt der sonst üblichen Schieberegler. Bei kleineren Pulten sind überwiegend Fader mit einem Regelweg von 60 mm verbaut, bei größeren Pulten sind 100 mm Standard. Der Fader ist ein stufenlos einstellbarer Flachwiderstand. Bei Analogpulten nimmt dieser keinen direkten Einfluss auf das Audiosignal, sondern bestimmt den Verstärkungsgrad eines VCA (Voltage Controlled Amplifier), welcher den Pegel des Audiosignals regelt. Bei Digitalpulten wird der Widerstandswert der Faderstellung in digitale Werte umgerechnet. Die Beeinflussung des Signalpegels erfolgt rein digital in der Software des Digitalmischpults.

    Der **Arbeitspunkt** eines Faders ist meist mit 0 dB oder U gekennzeichnet. In dieser Position wird das Signal weder verstärkt noch gedämpft. Oberhalb des Arbeitspunkts liegt der **Verstärkungsbereich**, der oft mit 10 dB dimensioniert ist. Unterhalb des Arbeitspunkts beginnt der **Dämpfungsbereich**, der etwa bis –15 dB reicht.

**Arbeitsbereich:** Von +10 dB (Verstärkungsbereich) bis -15 dB (Dämpfungsbereich)

Die meisten Faderbewegungen geschehen innerhalb des Arbeitsbereichs, da dieser Spielraum dem üblichen Abstimmungsverhältnis verschiedener Quellen in einem Mix entspricht. Unterhalb des Dämpfungsbereichs beginnt der **Ausblendbereich**, der von –15 dB bis minus unendlich reicht.

23. (**Subgruppen-)Routing:** Durch Auswahl des entsprechenden Schalters wird bestimmt, auf welchen Bus (oder welche Busse) das Kanalsignal geführt wird. Subgruppen sind paarweise (1-2, 3-4 usw.) ausgeführt, wobei die ungeraden Zahlen üblicherweise dem linken Kanal und gerade Zahlen dem rechten Kanal in einer Stereosumme entsprechen. Ist kein Routing eingestellt, entspricht dies der Mute-Funktion, da das Kanalsignal kein Ziel zugewiesen bekommt.

    In Subgruppen (oder Bussen) werden Signale einzelner Kanäle gesammelt. Diese Bündelung erlaubt schnelleres und zielgerichtetes Arbeiten. Beispielsweise werden sämtliche Kanäle des Schlagzeugs in einer Subgruppe gesammelt und alle Gesangsmikrofone in einer anderen. So lassen sich beide Gruppierungen in ihrer Gesamtheit gegeneinander abmischen ohne die individuellen Kanäle einzeln bearbeiten zu müssen.

## Typische Bestandteile einer Master-Sektion

Auch bei der **Master-Sektion (Bild 1)** gehen unterschiedliche Hersteller verschiedene Wege sowohl bei der Anordnung als auch beim Funktionsumfang. Die Regelung von Ausspielwegen (Aux-Sends und -Returns), von Monitor- und Kopfhörersignalen sowie eine Aussteuerungsanzeige (Meter) und Main-Fader bieten selbst kleinere Pulte. Eine Talkback-Sektion (Rücksprache von Regie zu Künstlern/Musikern) und eine (umfangreiche) Subgruppen-Sektion (Sammelschienen), die eine Vormischung gestatten, findet man in mittleren und großen Pulten. Besonders Digitalpulte bieten zudem eine Effekt-Sektion, deren Parameter sich über Drehregler einstellen lassen und deren Werte sich oft in einem Display (oder via App) anzeigen oder editieren lassen. Oft steht eine Aufnahmefunktion zur Verfügung, die sich auch im Mehrkanalmodus nutzen lässt. Da Automationssteuerungen und DAW-Integrationen (Digital Audio Workstation) oft herstellerspezifisch sind, werden diese hier nicht weiter erläutert.

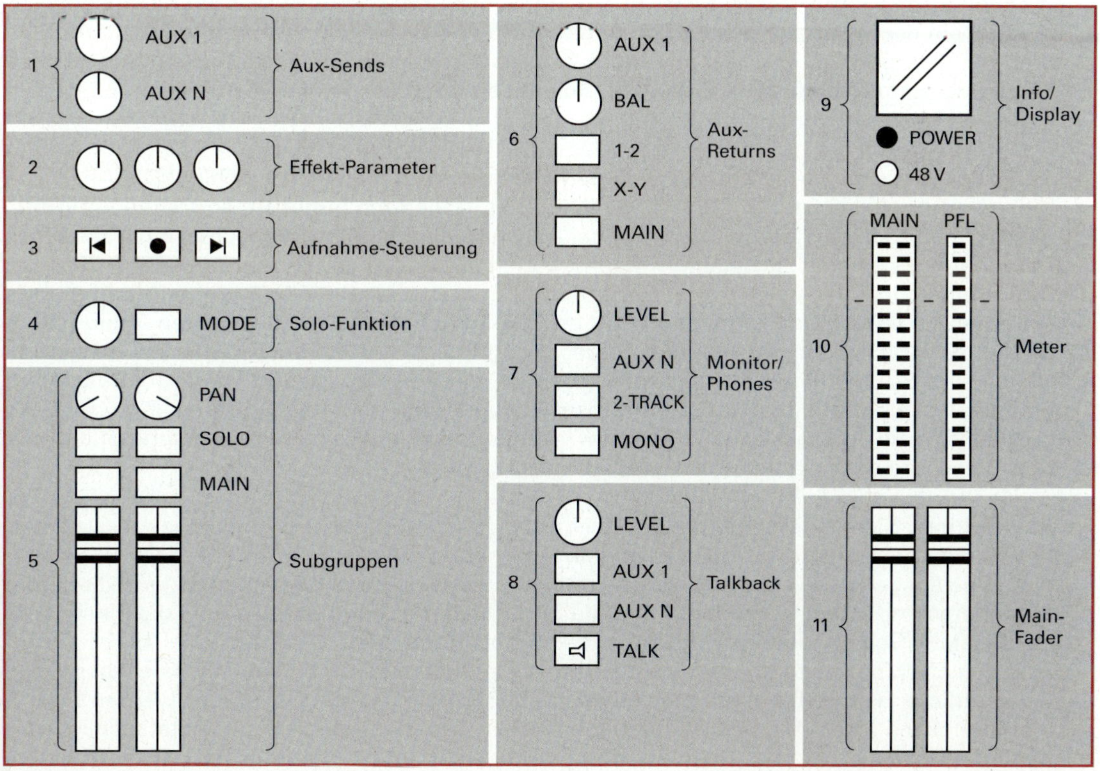


**Bild 1**: Master-Sektion

1. **Aux-Sends:** Regelung des jeweiligen Gesamtsignals des Ausspielwegs zur Ausgabe an ein externes Gerät. Durch die Möglichkeit zur Anpassung des summierten Aux-Sends kann das Mischungsverhältnis in den jeweiligen Kanälen erhalten bleiben und trotzdem eine Absenkung oder Anhebung erfolgen, falls dies nötig sein sollte.

2. **Effekt-Parameter:** Digitalpulte bieten häufig integrierte Effekt-Einheiten (FX), die über variabel zugewiesene Regler bedient werden können. Je nach gewähltem Effekt kann die Funktion eines Reglers eine andere sein. Informationen zu den Regelgrößen und deren aktuelle Werte werden häufig im Display oder mit einem LED-Kranz um das jeweilige Bedienteil angezeigt.

3. **Aufnahme-Steuerung:** Diese Bedieneinheit findet sich häufig bei Digitalpulten. Durch die komplett digitale Signalverarbeitung ist es ohne großen Schaltungsaufwand möglich, die Audio-Daten auf ein Speichermedium (entweder Mischpult-intern oder auf Wechselmedien wie USB-Sticks, externe Festplatten oder Speicherkarten) zu speichern.

   Die Symbolik der Bedienelemente orientiert sich oft an den Zeichen, die von konventionellen Kassettenrekordern oder Bandmaschinen bekannt sind. Einfache Pulte bieten zumindest die Aufnahme des Master-Mixes an, während bei aufwendigeren Pulten meistens getrennte Spuren aller Einzelkanäle, der Subgruppen und Effektwege angelegt werden können. Funktionen wie Overdubbing (hinzufügen von neuen Aufnahmespuren parallel zur Wiedergabe von bestehenden Spuren) sowie das exakte Setzen von Marker-Punkten für Punch-In und Punch-Out-Aufnahmen (Markierungen für automatischen Aufnahmebeginn und -ende) sind heute gängig. Durch diese Features bieten Digitalpulte Mehrspurproduktionsumgebungen.

4. **Solo-Funktion:** An dieser Stelle kann global für das ganze Pult zwischen dem Solo- und dem PFL-Modus gewechselt werden. Die Solo-Funktion wird bevorzugt genutzt, wenn einzelne Kanäle oder Gruppen abgehört werden sollen. Sobald ein Solo-Schalter (z. B. in einem Kanalzug) gedrückt wird, werden alle nicht angewählten Kanäle in diesem Abhörweg stummgeschaltet. Sofern das Mischpult eine „**Solo In Place**"-Funktion bietet, werden die ausgewählten Signale nach dem Panorama-Poti abgegriffen und daher gemäß ihrer Positionierung im Stereobild dargestellt. Wird der **PFL-Modus** verwendet, werden die Signale der ausgewählten Kanäle vor dem Kanalfader auf den PFL-Bus gesendet. Diese Funktion sollte zum Einpegeln der Kanäle genutzt werden.

5. **Subgruppen:** Je nach Ausführung verfügen Mischpulte über eine unterschiedliche Anzahl an Hilfssummen. Beliebige Kanäle lassen sich auf verschiedene Subgruppen routen, um Hilfsmischungen zu bilden, deren Gesamtpegel als Gruppe geregelt werden kann. Ein klassisches Anwendungsszenario ist beispielweise das Zusammenfassen aller Drum-Kanäle zu einer Subgruppe. Üblicherweise treten Subgruppen immer paarweise auf, wobei die ungerade Nummer die linken Kanalsignale enthält und die gerade Nummer die rechten. Einige Pulte bieten die Möglichkeit, dieses feste Stereo-Routing durch Panorama-Regler zu verändern. Üblich sind Solo-Schalter sowie die Möglichkeit, ein Routing auf den Main-Mix-Bus vorzunehmen. Viele Pulte bieten außerdem Insertkanäle sowie direkte Signalausgänge der Subgruppensignale. Im klassischen Workflow werden Subgruppen häufig dazu genutzt, um mit Kompressoren oder Limitern die Dynamik zu verdichten.

6. **Aux-Returns:** Diese Komponenten sind technisch gesehen einfache Signaleingänge. Da externe Effektgeräte fast immer ein Stereosignal liefern, sind die Aux-Returns ebenfalls als Stereoeingänge ausgelegt. Einfache Pulte gestatten die Regelung des Signalpegels, aufwendigere Schaltungen erlauben u. a. das Routing auf verschiedene Subgruppen sowie die Einstellung der Balance. Sollten weitere Eingriffe in das Signal nötig sein, ließen sich die Ausgangssignale von Effektprozessoren statt in Aux-Returns in die regulären Eingangskanäle einspeisen, wo sämtliche Bearbeitungsmöglichkeiten zur Verfügung stehen. Bevorzugt werden hierfür die Stereokanäle genutzt. Bei Digitalpulten sind die Aux-Returns oft nicht als tatsächlich vorhandene Anschlüsse ausgeführt, sondern im internen Schaltungsweg des DSP vorhanden. Das Routing kann über Menüeinstellungen zugeordnet und verändert werden.

7. **Monitor/Phones:** Monitoring beschreibt die Kontrolle von Schallereignissen. Dies geschieht in der Tonregie entweder über den Klang, den auch das Publikum hört, über Monitorlautsprecher oder über Kopfhörer. Neben der Lautstärke lassen sich üblicherweise verschiedene Quellen wählen, deren Signal für das Monitoring verwendet werden soll. So lassen sich über Aux-Wege die verschiedenen Mischungen für die Akteure auf der Bühne kontrollieren. Per „2-Track" wird das Signal des Aufnahmemediums aufgeschaltet. Der Begriff dieser Quelle stammt aus der Zeit, als hierfür Bandmaschinen verwendet wurden. Heute nutzt man digitale Geräte – der Begriff blieb erhalten. Manche Pulte bieten eine Mono-Option, die beide Stereokanäle für das Monitoring summiert. Besonders im Broadcastingbereich ist nach wie vor die Kontrolle der Monokompatibilität einer Mischung wichtig, um mögliche Signalauslöschungen erkennen und beheben zu können. In vielen Pulten sind mehrere Kopfhörersektionen vorhanden, die unabhängig voneinander mit Signalen beschickt und gemischt werden können. Insbesondere zur Kontrolle bei kritischen Signalen wie Störgeräuschen, Rauschen oder bei der Beurteilung feiner Details sind Kopfhörer unverzichtbar.

8. **Talkback:** Vor allem in Studioumgebungen ist das Talkback wichtig für eine Kommunikation zwischen Musikern im Aufnahmeraum und dem Techniker oder Produzenten im Regieraum. Meist werden die Talkbacksignale auf die Kopfhörerwege im Aufnahmeraum geroutet, alternativ lassen sich auch Monitorlautsprecher beschicken.

9. **Info/Display:** Der Anzeigebereich spielt durch die zunehmende Digitalisierung eine immer größere Rolle. Während bei Analogpulten LEDs über verschiedene, einfache Betriebszustände wie Stromversorgung, Phantomspeisung oder Solomodus informieren, bieten bei Digitalpulten Displays weitreichende und detaillierte Informationen an. Ohne diese Anzeige wären viele Pulte nur rudimentär zu bedienen. Während kleine Pulte überwiegend mit kleinen, einfarbigen LCD-Displays ausgerüstet sind, geht der Trend bei mittleren und großen Pulten zu immer größeren Farbdisplays mit feinerer Auflösung. Auch die drahtlose Einbindung von Tablets via Bluetooth oder WLAN gehört mittlerweile zum Branchenstandard. Entsprechende Ablagen für diese Geräte auf Mischpulten sind immer häufiger anzutreffen. An größere Digitalpulte lassen sich externe Monitore anschließen.

10. **Meter:** Dieser Bereich stellt verschiedene optische Aussteuerungsanzeigen zur Verfügung. Auf dem Main-Meter wird der Pegel des Ausgangssignals dargestellt. Bei manchen Pulten wird durch die Verwendung der Solo/PFL-Funktion die Anzeige des Main-Meter auf diese Busse umgestellt, bei manchen Pulten ist hierfür ein separates Solo-PFL-Meter vorhanden. Vorteil ist die gleichzeitige Darstellung des Ausgangs- und des Vorhörsignals. Bei DJ-Pulten **(s. DJ-Mixer; Seite 373)** ist dieses Feature weitverbreitet, da hierdurch der Pegel des nächsten Tracks bereits vor dem Einmischen gut in Relation zum laufenden Titel eingestellt werden kann.

    Sowohl analoge als auch digitale Pulte können über Meter-Bridges verfügen (oder nachgerüstet werden), die eine Vielzahl von Kanälen oder Subgruppen gleichzeitig darstellen können. Ebenso sind häufig kleine Aussteuerungsanzeigen in der Nähe von Fadern verbaut.

    Während bei analogen Mischpulten der Anzeigebereich auch Werte über 0 dB abdeckt, ist bei Digitalpulten meist dort der Maximalwert der Anzeige erreicht. Dies liegt an der Tatsache, dass analoge Schaltkreise eine gewisse Übersteuerung vertragen oder sogar darauf ausgelegt sind, über dem Referenzpegel von 0 dB zu arbeiten. Ein hoch ausgepegeltes Main-Signal von z. B. +20 dB erhöht den Signal-Rauschabstand auf dem Weg zu den Endstufen deutlich. Bei einem Digitalpult ist die Signalobergrenze durch einen mathematisch definierten Maximalwert festgelegt, der nicht überschritten werden kann. Bei den meisten digitalen Pulten ist dieser mit 0 dB angegeben.

11. **Main-Fader:** Alle Wege führen zum Master-Bus und damit zu den Main-Fadern – sofern Signalwege nicht an Direct-Outs, Aux-Sends oder Inserts abgegriffen werden, ohne anschließend in das Pult zurückzufließen. Der Main-Bus ist die Hauptsammelschiene (Summe) für Stereosignale und kann durch die beiden Pegelsteller final beeinflusst werden.

## 9.6 Signalprozessoren

### 9.6.1 Allgemeines

Beherrscht man den Pflichtbereich der Tontechnik (Signale werden störungsfrei und in guter Qualität übertragen und reproduziert), so entsteht schnell der Wunsch, in der Kür durch kreatives Klangdesign Akzente zu setzen oder etwas Besonderes zu schaffen. Der Einsatz von Effekten ist hierbei ein zentrales Werkzeug, um atmosphärisch stimmige Audiowelten zu kreieren, lebendige Klangverläufe zu gestalten und insbesondere Stimmen „auf Hochglanz zu polieren". Obwohl es eine Vielzahl an Geräten und PlugIns gibt, die scheinbar alles können und für jedes Anwendungsszenario eine passende Lösung anbieten, unterscheiden sich Einsatzszenarien und Konzepte sehr stark – nicht nur bei Klang und Qualität, sondern auch bei Bedienung und Flexibilität.

Während Effektgeräte der Anfangszeit traditionell auf ein Aufgabengebiet spezialisiert waren, wurden diese Geräte zunehmend durch Multieffektgeräte verdrängt. Ein Plattenhallgerät in den 1960er Jahren war etwa 250 kg schwer und rund 3 qm groß und erzeugte Nachhall auf elektromechanischem Weg. Die heute erhältlichen Effektgeräte arbeiten ausschließlich mit leistungsfähigen DSP-Chips, die sehr flexibel aufgrund des ausgewählten Algorithmus Soundeffekte berechnen. Effekte in digitalen Mischpulten werden auf ähnlichem Weg erzeugt, während die Effekt-Software auf Computern meist auf dem Prozessor (CPU; engl. Central Processing Unit) ausgeführt wird. Die Effektberechnung ist letztlich eine Rechenvorschrift, also ein Computerprogramm, welches auf digitaler Hardware ausgeführt wird.

### 9.6.2 Lösungen als Hard- und Software

Als Hardwarelösungen sind eigenständige Geräte zu verstehen, deren einzige Aufgabe es ist, die eingespeisten Signale zu bearbeiten (analog oder digital) und wieder auszugeben. Softwarelösungen sind Signalbearbeitungsmöglichkeiten, die entweder integrierter Bestandteil von Audiohardware (z. B. digitale Mischpulte) sind oder rein virtuell auf Computern ablaufen. Hier findet die Signalbearbeitung prinzipbedingt immer digital statt, da die Signale zu diesem Zeitpunkt in der Prozesskette bereits als Binärwerte vorliegen.

Bei einem **klassischen, analogen Mischpult ist ein Effektgerät immer ein externer Signalprozessor**, der die Signale vom Mischpult erhält, bearbeitet und die veränderten Signale zurück an das Mischpult schickt. Die Effektgeräte sind üblicherweise in 19"-Baubreite ausgeführt und stehen oft in Sideracks in der Nähe des Mischpultarbeitsplatzes. Durch die immer größere Marktdurchdringung von Digitalpulten ist die Auswahl bei externen Effektgeräten kleiner geworden. Nach wie vor sind hochwertige Geräte erhältlich, deren Klangqualität den internen Effekten von Digitalpulten überlegen ist.

Bei **Hybridmischpulten** sind Kanalzüge und die Master-Sektion analog aufgebaut, jedoch **steht ein integriertes Effektgerät zur Verfügung (Bild 1).** Je nach Leistungsfähigkeit können verschiedene Arten von Effekten abgerufen werden und stehen häufig auch gleichzeitig zur Verfügung.

**Bild 1**: Effektsektion im Hybridmischpult Korg MW-2408 mit aktivierten Hall-Einstellungen

**Bei reinen Digitalpulten sind Effekte integrativer Bestandteil der geräteeigenen Mischpultsoftware.** Für die meisten Anwendungen sind die Palette und Qualität der Effekt-Algorithmen ausreichend, sodass auf zusätzliche Geräte verzichtet werden kann. Bei manchen Pulten lassen sich zusätzlich zu den vorhandenen Effekten weitere PlugIns hinzufügen, um die Möglichkeiten des Pultes entsprechend der eigenen Anforderungen zu erweitern. Die zur Verfügung stehenden Effekte werden in einem virtuellen Rack konfiguriert und deren Signalwege (seriell, parallel) festgelegt. Die Anzahl der einzelnen, virtuellen Effektgeräte ist lediglich durch die Rechenleistung des Mischpult-DSP begrenzt. Vorteile der Digitaltechnik sind geringerer Platzbedarf, reduziertes Gewicht, Kostenreduzierung und die Speicherbarkeit sämtlicher Einstellungen in einem Gerät.

### 9.6.3 Mono- und Stereokonfigurationen

Sowohl bei Hard- als auch bei Softwarelösungen können Effektsignale in **verschiedenen Mono- oder Stereo-Konfigurationen (Bild 1)** bearbeitet werden. Je nach Hersteller und Leistungsfähigkeit der Effekt-Sektion ist die Steuerung der Parameter detailliert möglich oder herstellerseitig fest vorgegeben (was Rechenleistung spart).

Bei den beiden möglichen **Mono-Modi** erhält der Effektprozessor jeweils ein zusammengemischtes Signal der beiden Eingangskanäle, auf welches ein Mono-Effekt (Modus 1) oder Stereo-Effekt (Modus 2) angewendet wird. Das bearbeitete Signal fließt in einen internen Mixer, der das Ursprungssignal (dry) mit dem bearbeiteten Signal (wet) mischen kann.

Der **Dual-Mono-Modus** erlaubt die unabhängige Nutzung von zwei unterschiedlichen Effekten. So kann beispielsweise dem linken Kanal ein Halleffekt hinzugefügt werden, während parallel der rechte Kanal ein Delay erhält. Hierzu sind die Steuerungsparameter für jeden Dual-Mono-Effekt separat vorhanden.

Im **True-Stereo-Modus** werden das linke und rechte Signal parallel mit demselben Stereo-Effekt bearbeitet und via Mischstufe ausgegeben. Die Parameter zur Steuerung sind doppelt vorhanden, damit beide Kanäle individuell geregelt werden können. Ein vorliegendes Stereosignal sollte nach Möglichkeit im True-Stereo-Modus bearbeitet werden, da insbesondere bei Halleffekten die Räumlichkeit besser erhalten bleibt oder herausgearbeitet werden kann.

**Anwendungsbeispiel:**

Das Signal einer Gesangsstimme wird per True-Stereo mit Hall versehen. Wenn nur der linke Kanal beschickt wird, erhält man am Signalausgang des Effektprozessors ein Stereosignal, bei dem der Gesang mit Hall links zu orten ist, aber auch auf dem rechten Kanal ein leichter Halleffekt liegt. Bei Dual-Mono wären Gesang und Effekt ausschließlich links, der rechte Kanal würde keinerlei Signal enthalten und wäre stumm. Beim Mono-Modus 2 (Stereo-Effekt) enthielte der linke Kanal sowohl das Originalsignal als auch den Halleffekt, während der rechte Kanal keinen Gesang enthielte, aber den Hall in gleicher Intensität wie der linke Kanal. Im Mono-Modus 1 mit Mono-Effekt würden beide Ausgangskanäle Gesang und Hall in gleichem Maße enthalten.

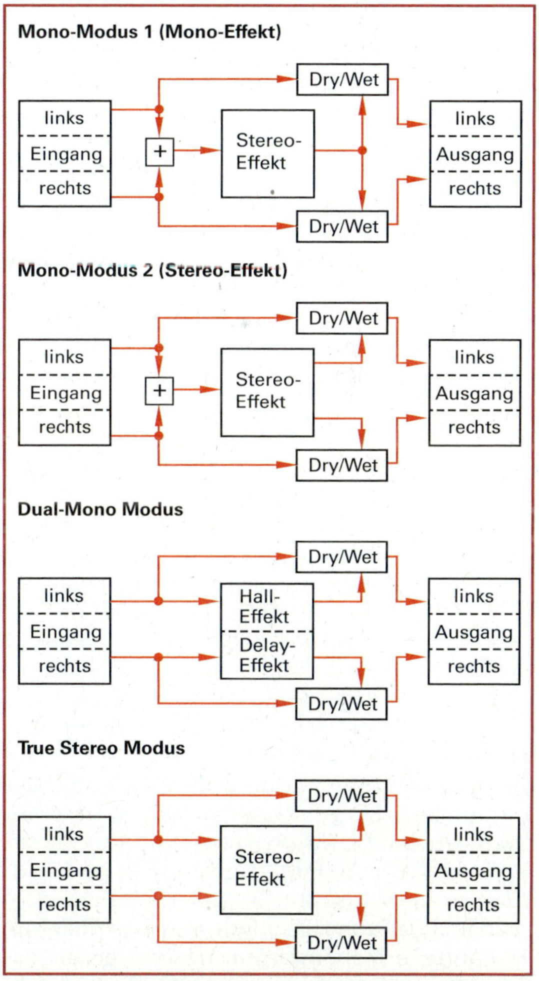


**Bild 1**: Effektkonfigurationen bei Mono- und Stereo-Anwendungen

### 9.6.4 Serielle Signalbearbeitung (Insert)

Bei einem Insert-Effekt wird das Signal an einer Stelle im Signalweg herausgeführt (bei analogen Pulten durch einen Insertstecker nach dem Eingangsverstärker; bei Digitalpulten und Computern innerhalb der Software) und an einen Signalprozessor übergeben, der das veränderte Signal wieder in den Signalfluss zurückgibt. **Die serielle Signalbearbeitung ist integrativer Teil des Signalweges geworden** und der Ton wird unweigerlich durch den Insert-Effekt geleitet. Da das komplette Signal bearbeitet wird, eignet sich die serielle Bearbeitung kaum für Effekte, bei denen dem Originalsignal gestalterische Elemente wie Hall oder Delay hinzugefügt werden. Prädestiniert sind hingegen sämtliche Formen von **Dynamikbearbeitung** wie z. B. durch Kompressor, Limiter oder Gate.

#### Dynamikbearbeitung

**Kompressor**

Sowohl beim Liveeinsatz als auch bei der Musikproduktion ist der richtige Einsatz von Kompressoren **(Bild 1, Seite 385)** wichtig, um ein professionelles Ergebnis zu erreichen. **Der Dynamikumfang von Sprache und Instrumenten überschreitet häufig den üblicherweise genutzten Dynamikumfang der Wiedergabetechnik.** Eine zu hohe Dynamik wirkt auf Zuhörer anstrengend, da die Anpassung an sehr leise und sehr laute Passagen unangenehm ist – besonders, wenn die Lautstärkewechsel schnell geschehen. Ein Zeichen für eine gute Abmischung ist eine hinreichend verdichtete Dynamik, damit einzelne Elemente wie Sprache, Gesang und Instrumente in einem ansprechenden Verhältnis zueinander stehen und sich die einzelnen Relationen nicht unangemessen (zu stark oder zu schnell) verändern.

Der Dynamikumfang des menschlichen Gehörs **(s. Kapitel 9.2.2)** deckt etwa 120 dB ab. Diese Spanne wird jedoch bei Veranstaltungsbeschallung oder bei Musikproduktionen bei Weitem nicht ausgenutzt. Bei Pop-Produktionen nutzen die Musiktitel oft nur einen Dynamikbereich von rund 10 dB. Während für die Aussteuerung eines Mischpults oder Aufnahmemediums die **Spitzenpegel des Signals** entscheidend sind, ist **für das Gehör die durchschnittliche Lautstärke relevant.** Während das Verhältnis einzelner Signalquellen am Mischpult geregelt werden kann, so ist das manuelle Nachführen des Pegels einer Quelle im Signalverlauf nur bei langsamen Pegeländerungen möglich. Schnelle Änderungen können aufgrund der menschlichen Reaktionszeit nicht abgefangen werden, sodass eine automatische Dynamikkorrektur notwendig ist. **Ein Kompressor regelt automatisch zu hohe Pegel herunter.**

Neben der rein technischen Dynamikanpassung werden Kompressoren häufig eingesetzt, um einen Lautheitsgewinn zu erreichen. Ein komprimiertes Signal klingt dichter, druckvoller und setzt sich im Mix besser durch. Bei falschen Einstellungen kann es zu hörbaren Klang- und Qualitätseinbußen kommen. Zum sogenannten „Pumpen" kann es kommen, wenn Signalspitzen (Bassdrum, Snare oder andere perkussive Elemente) im Mix das Gesamtsignal überdimensional stark reduzieren. Das Ergebnis ist ein ab- und anschwellender Klang, der gepresst klingt. Meist ist dieser Effekt unerwünscht. Im Bereich von Dance- und EDM-Produktionen wird dieses Stilmittel häufig eingesetzt, damit die Kickdrum per Sidechain (s. Seite 386) andere Spuren (z. B. Bassline) rhythmisch zurückregelt, was zu einem interessanten Gesamtsound führt. Ein zu dumpfer Klang entsteht aufgrund der Tatsache, dass tiefe Frequenzen den größten Energieanteil in einem Musiksignal besitzen und die Kompression am stärksten beeinflussen. Eine starke Kompression (getriggert durch z. B. eine Bassdrum) fällt in den Höhen (z. B. gleichzeitig im Signal vorhandene Hihats) stärker auf als im Bassbereich. Durch die Arbeitsweise von Kompressoren werden die Pegelspitzen reduziert und das Gesamtsignal am Ende der Prozesskette wieder angehoben. Dadurch werden im Signal vorhandene Nebengeräusche und etwaiges Rauschen ebenfalls verstärkt und sind nach dem Kompressor lauter als vorher.

**Vorteile von Dynamik-Kompression:**
- Reduzierung von Spitzenpegeln
- Gleichmäßige Pegel im zeitlichen Verlauf
- Geringerer Dynamikumfang ist meist angenehmer für Zuhörer
- Dichterer und druckvollerer Mix

**Nachteile von Dynamik-Kompression:**
- Unnatürliches Klangbild möglich
- Klangverlust (Pumpen, gepresstes Klangbild, dumpfer Sound, Verstärkung von Nebengeräuschen und Rauschen)

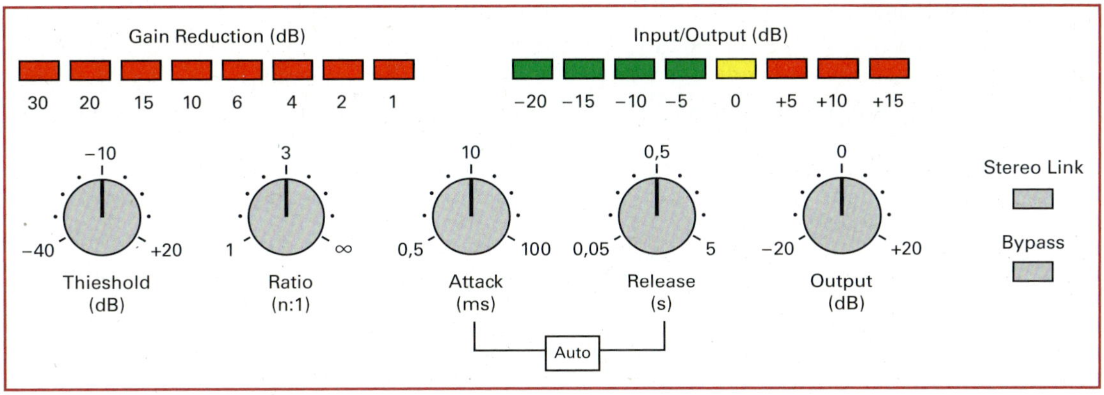


**Bild 1**: Die wichtigsten Komponenten eines Dynamik-Kompressors

**Gain Reduction (dB):** Anzeige der Reduzierung des Signalpegels durch die aktuellen Einstellungen des Kompressors.

**Input/Output (dB):** Umschaltbare Anzeige für den Signaleingangs- und Ausgangspegel. Durch den optischen Vergleich zwischen Input- und Outputsignal lässt sich technisch feststellen, wie stark der Pegel verändert worden ist.

**Threshold (dB):** Der regelbare Schwellenwert legt den Pegel fest, oberhalb dessen das Signal bearbeitet werden soll. Wird der Wert des Thresholds überschritten, wird der Pegel gemäß des Verhältnisses (Ratio) reduziert. Der Signalpegel wird an dieser Stelle reduziert, was sich in einer geringeren Lautstärke bemerkbar macht. Unterschreitet der Eingangspegel den Threshold, passiert das Signal diesen Teil des Signalweges unbearbeitet.

**Ratio (n:1):** Einstellung des Kompressionsverhältnisses bei Überschreiten des Schwellenwerts. Überschreitet der Pegel den Threshold, wird er im Verhältnis n:1 verändert.
Beispiel: Threshold: −20 dB, Ratio: 4 : 1, Eingangssignal: 0 dB. Bis zum Pegel von −20 dB wird das Signal nicht verändert (linearer Bereich). Ab dem Pegel von −20 dB wird im Verhältnis von 4 : 1 reduziert (Kompressionsbereich). 20 dB : 4 = 5 dB. −20 dB + 5 dB = −15 dB. Am Ausgang liegt ein Signal von −15 dB an.

**Attack (ms):** Die regelbare Ansprechzeit bestimmt, wie schnell der Kompressor bei Überschreitung des Threshold-Wertes reagiert. Sehr niedrige Werte von 1 ms oder weniger führen zu einem quasi verzögerungsfreien Ansprechen. Je nach Einsatzzweck und Art des Signals können diese extrem kurzen Regelzeiten erwünscht sein, um die technische Maximalaussteuerung zu erreichen (Studio und Mastering) oder störend sein, da die Form der Signalkurve verzerrt wird und Knackgeräusche entstehen können.

**Release (s):** Hier wird die Zeit bestimmt, bis der Kompressor nach Unterschreiten des Thresholds zwei Drittel der Verstärkungsreduzierung aufgehoben hat. Sehr kurze Einstellungen führen schnell zum Pumpen, da der Kompressor dem Signalverlauf zu folgen versucht. Auch können Wellenformen unnatürlich stark verändert werden und dadurch rauh oder verzerrt klingen. Zu lange Release-Zeiten wirken sich auf Pegelanstiege aus, die eigentlich ein neues, nachfolgendes Audioereignis sind und mit dem noch aktiven Regelvorgang nichts zu tun haben. So werden Anklingphasen nachfolgender Schwingungen verschluckt.

**Auto:** Durch Aktivierung der Auto-Funktion werden die Regelzeiten für Attack und Release abgeschaltet und die Einstellung dieser Werte erfolgt automatisch durch den Kompressor, der versucht, möglichst ideale Werte aus dem anliegenden Signal abzuleiten. Bei stark variierenden Pegeln und komplexem Programmmaterial kann die Auto-Funktion nützlich sein.
Einige Kompressoren bieten eine **„Soft-Knee"-Funktion** an. Hierbei wird zwischen linearem Bereich und Kompressionsbereich ein weiterer Bereich geschaffen, bei dem ein weicher Übergang zwischen der 1 : 1-Kompression und der gewählten Ratio erfolgt. Der Pump-Effekt kann dadurch reduziert werden.

**Output (db):** Regelung des Signalausgangs. Bei der Reduzierung des Pegels durch die Kompression ist das Ausgangssignal zwangsläufig geringer. Um diesen Pegelunterschied auszugleichen, kann der Ausgangspegel am Ende der Signalkette erhöht werden.

**Stereo-Link:** Bei Geräten, die eine stereofone Signalbearbeitung ermöglichen, kann durch den Stereo-Link-Schalter eine Zusammenlegung der Regelung auf einen Satz Bedienelemente geschehen. Somit lassen sich beide Stereokanäle mit identischen Einstellungen gleichzeitig regeln. Ist ein Stereosignal sehr unterschiedlich, ist es meist sinnvoll, die Stereokopplung aufzuheben und jeden Kanal separat einzustellen.

**Bypass:** Durch diesen Schalter lässt sich das unbearbeitete mit dem bearbeiteten Signal vergleichen. Durch einfaches Umschalten kann entschieden werden, ob zu viel oder zu wenig komprimiert worden und ob der Charakter des Originalsignals auch nach der Bearbeitung erhalten geblieben ist. Auch klangliche Defizite durch falsche Einstellungen lassen sich im A/B-Vergleich heraushören.

**Look-Ahead-Modus:** Bei einem analogen Kompressor kann durch ein externes Delay das Audiosignal um wenige ms verzögert werden, während das Steuersignal (via Sidechain) ohne Verzögerung in den Kompressor gelangt. Durch diesen Trick kann das Signal bereits vor dem Eintreffen im Kompressor „vorausschauend" geregelt werden, was zu einem sanften Ergebnis führt. Bei digitalen Kompressoren ist diese Funktion oft standardmäßig integriert.

**Sidechain:** Zusätzlicher Signaleingang, welcher parallel zum Audioeingang besteht. Bei der Verwendung eines Sidechain-Signals wird dieses für die Regelungsprozesse des Kompressors genutzt, welche auf das Audiosignal angewendet werden. Es findet eine Trennung zwischen Analysesignal (Sidechain) und Audiosignal statt und ermöglicht somit nützliche (Look-Ahead-Funktion) und kreative Bearbeitungen, die nur mit dem reinen Audiosignal nicht möglich wären: Bei der **Ducking-Funktion** wird z. B. ein anliegendes Musiksignal im Pegel reduziert, wenn per Sidechain ein Sprachsignal eingespeist wird. Dadurch wird die Musik automatisch leiser, wenn gesprochen wird. Bei einem **De-Esser** wird in die Sidechain der per Equalizer oder Hochpass gefilterte Anteil des Nutzsignals eingespeist. Am EQ oder Filter sollte der Frequenzbereich herausgearbeitet werden, der als störend empfunden wird. Bei Auftreten von starken Zischlauten setzt per Sidechain-Signal die Kompression des Nutzsignals ein, was sich in einer Reduzierung der störenden Frequenzanteile bemerkbar macht.

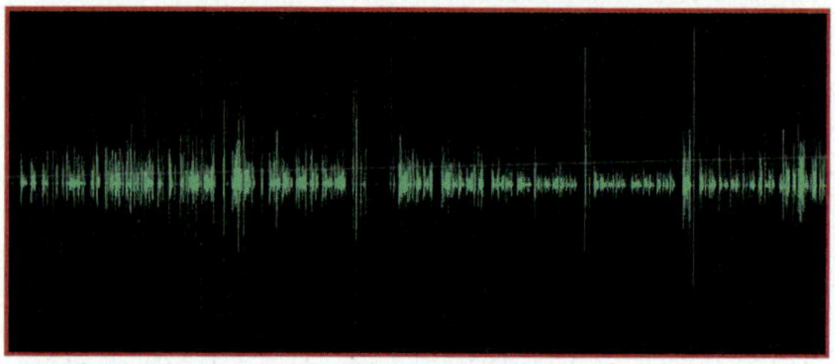

**Bild 1:** Unbearbeitetes Originalsignal

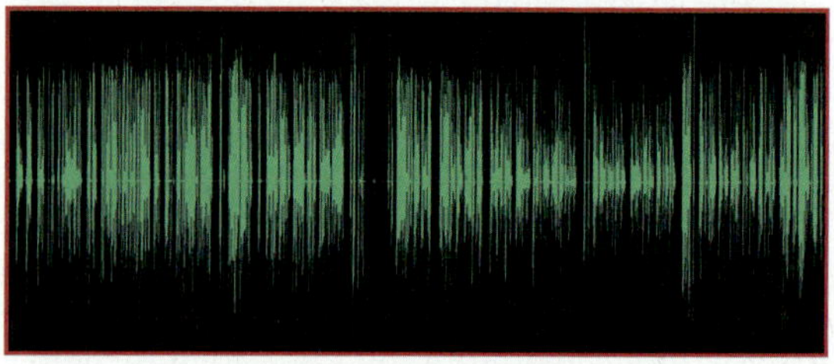

**Bild 2:** Komprimiertes Signal: Der „Bauch" der Wellenform hat zugenommen.

Der Kompressor stellt mit seinen vielen Funktionen und Möglichkeiten eines der komplexesten Audio-Werkzeuge dar. Haupteinsatzzweck ist die Signalverdichtung und **Erhöhung der durchschnittlichen Lautheit (Bild 1 und Bild 2).**

Durch sogenanntes **„Stacking" (serielle Anwendung mehrerer Kompressoren an unterschiedlichen Stellen im Signalweg)** lässt sich die Dynamik besonders gut kontrollieren und eine optimale Klangdichte erreichen. Oft klingt das Ergebnis durch Stacking natürlicher, da selten mit nur einer Kompressoreinstellung ein optimales Ergebnis zu erzielen ist.

**Limiter (Brickwall)**

Von seiner Funktionsweise ist ein Limiter ein **Kompressor mit minimal möglichem Attackwert und einer unendlich hohen Ratio.** Auch schnellste Impulsspitzen (Transienten) müssen zuverlässig abgefangen werden.

**Multiband-Kompressor (MBK)**

Diese Dynamikprozessoren bearbeiten nicht das gesamte Frequenzspektrum gleichermaßen, sondern teilen es in mehrere Frequenzbereiche auf. Durch diese Trennung in einzelne Frequenzbänder kann vermieden werden, dass starke Bassimpulse die Mitten und Höhen beeinflussen. Multibandkompressoren werden unter anderem als sogenannte „Leveller" mit langen Regelzeiten oder als Kompressoren im Summenbus im Broadcasting-Bereich eingesetzt. Da dort oftmals verschiedene Quellen mit unterschiedlichen Klangcharakteristiken genutzt werden, sorgen dort die MBK für gleichmäßig dichte Signalpegel über ein weites Frequenzspektrum.

**Gate (Expander)**

Die Funktionsweise eines Gates ist umgekehrt zu einem Kompressor: **Unterschreitet das Eingangssignal einen definierbaren Pegel (Threshold)**, so wird es ausgeblendet. Ein Gate bietet meist die Parameter Release und Ratio, die wie bei einem Kompressor funktionieren. Durch korrekten Einsatz lassen sich Umgebungsgeräusche unterdrücken, Signalpausen von Rauschen befreien, Hall reduzieren und das Übersprechen von anderen Kanälen reduzieren.

**Übersprechen** bezeichnet die unerwünschte Beeinflussung einer Komponente durch eine benachbarte Komponente. In der Tontechnik kann dieses Problem beispielsweise als kapazitive Kopplung bei parallelen Signalleitungen auftreten. Die Adern verschiedener Leitungen bilden dabei elektrotechnisch gesehen Kondensatoren, über welchen Signale bestimmter Frequenzen übertragen werden können (vgl. Seite 219). Ein weiteres Beispiel ist die akustische Beeinflussung eines Mikrofons durch ein Nachbarmikrofon.

## Equalizer (EQ)

Neben den Equalizern, die in den Kanalzügen von Mischpulten zur Verfügung stehen **(Typische Kanalzug-Bestandteile; Seite 376)**, existieren häufig weitere Equalizer (to equalize; engl. ausgleichen, entzerren) in realen oder virtuellen Sideracks. Diese dienen häufig zur Korrektur des Summensignals, der Anpassung an die Raumakustik oder zur Elimination von rückkopplungsgefährdeten Frequenzen bei Monitorlautsprechern.

**Parametrischer Equalizer**

Je nach **Gerät oder Software (Bild 2)** bieten parametrische Equalizer mehrere (häufig acht) einzelne **Glockenfilter mit stufenlos variabler Frequenz**, die seriell angeordnet sind und glockenartige Frequenzanhebungen oder -absenkungen erlauben. Softwareseitig sind prinzipiell kaum Einschränkungen im Funktionsumfang nötig. In der Praxis genügt meist ein **Regelbereich von ±15 dB**. Bei Hardwaregeräten sind Frequenzbereiche teilweise herstellerseitig vorgegeben, bei Software-Lösungen kann die Frequenz oft völlig frei gewählt werden. Wenn zwei Glockenfilter auf dieselbe Frequenz eingestellt werden, sind durch diese Kombination drastischere Filterungen möglich, sodass z. B. kritische Feedbackfrequenzen effektiv unterdrückt werden können. **Die Filtergüte (Q) bestimmt die Bandbreite des Filters.** Der übliche Gütebereich beträgt zwei bis 1/10 Oktave. **Schmale Filter (Bild 1, rote Kurven)** mit einer hohen Güte und einer hohen Absenkung eignen sich gut zum Unterdrücken von Rückkopplungen, während **breite Filtereinstellungen (Bild 1, grüne und blaue Kurven)** eher unauffällige Klangkorrekturen bewirken.

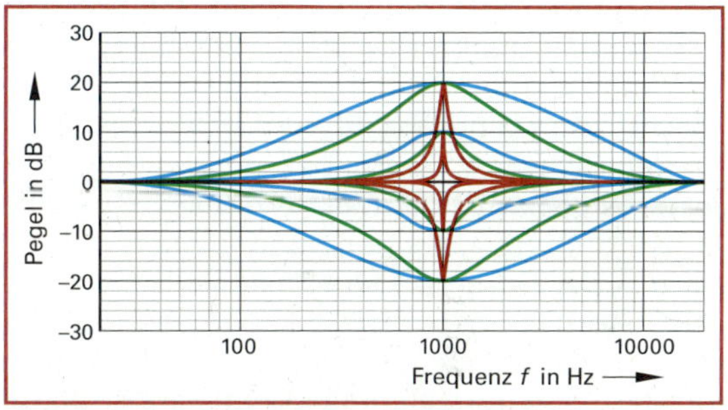


**Bild 1**: Unterschiedliche Filtergüten

**Bild 2**: Parametrischer Equalizer

**Grafischer Equalizer**

Bei dieser Bauform sind die Frequenzbänder fest vorgegeben und werden lediglich in Absenkung oder Anhebung geregelt. Die Regler sind nebeneinander angebracht. Durch die jeweilige Stellung der Schiebepotis zeichnet sich optisch eine Kurve ab – daher der Name „grafischer Equalizer" **(Bild 3)**.

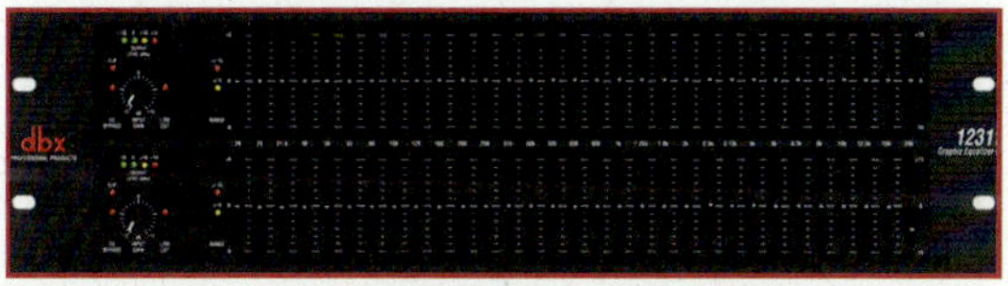


**Bild 3**: Grafischer EQ mit 30 Terzbändern

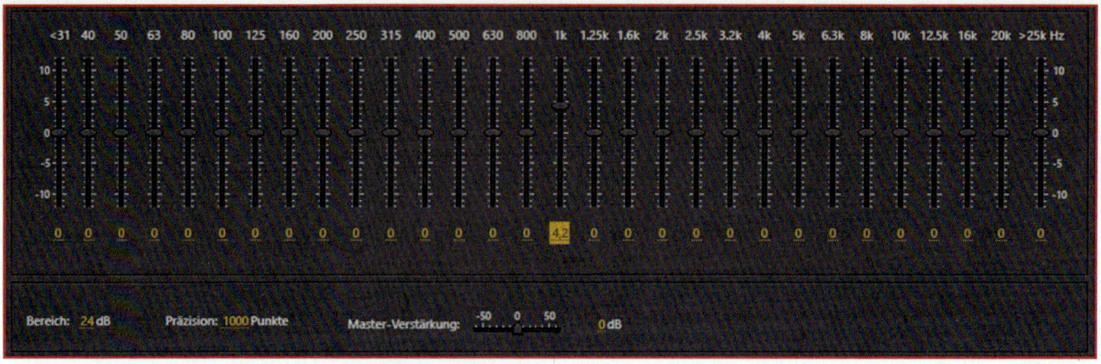


**Bild 1**: Frequenzbereiche eines Terzband-Equalizers

**Ein wesentliches Unterscheidungskriterium bei grafischen EQs ist die Anzahl der vorhandenen Frequenzbänder.** Bei einfachem Equipment mit integriertem grafischen EQ (wie z. B. Kompaktmischpulten) stehen teilweise nur drei oder fünf Bänder zur Verfügung. Damit ist bestenfalls eine grobe Korrektur im Frequenzgang möglich. Feine Einstellungen oder isolierte Eliminierungen von Störungen oder Feedback sind aufgrund der großen Filterbreite nicht möglich. Kompakte Geräte mit Oktavbändern bieten aufgrund der 10 Frequenzbereiche etwas bessere Eingriffsmöglichkeiten. Der Regelbereich ist für gezieltes Arbeiten immer noch sehr breitbandig. Sinnvolle Bearbeitungen sind mit grafischen EQ erst ab einem 2/3-Oktavabstand (entspricht 20 Bändern) möglich. Noch genauere Eingriffe bietet ein **30-bandiger Terz-EQ (Bild 1)** mit Frequenzbändern im Abstand einer großen Terz (entspricht vier Halbtonschritten). Trotz der vielen Bänder ist die Filtergüte bei grafischen Equalizern geringer als bei parametrischen EQ, deren Breite oft bis auf 1/10 Oktave begrenzt werden kann. Resonanzen und Rückkopplungen können daher besser mit einem parametrischen EQ bekämpft werden. Bei der Bedienung ist ein grafischer Equalizer jedoch intuitiver und einfacher zu handhaben und hat sich in weiten Bereichen durchgesetzt. Bei Hardware-EQ im 19"-Format ist das Vorhandensein eines **Bereichsumschalters** sinnvoll. Bei einem Gerät mit einer Bauhöhe von einer Höheneinheit (HE) bleiben lediglich ±2 cm Regelweg der Schiebepotis für ±12 dB. Durch die Umschaltmöglichkeit von 12 auf 6 dB lässt sich feinfühliger arbeiten. Bei **Software-EQ** lassen sich die Regelbereiche meist in viel größeren Grenzen und insgesamt flexibler einstellen. Zudem kann bei Bedarf **pro Filterband ein exakter numerischer Wert** eingegeben werden. Sowohl bei analogen als auch digitalen EQ sollte ein **Gain-Regler vorhanden sein, da durch die teilweise starken frequenzselektiven Anhebungen oder Absenkungen eine Korrektur des Gesamtpegels** nötig ist.

## 9.6.5 Parallele Signalbearbeitung (Aux)

Im Gegensatz zur seriellen Bearbeitung, bei der das Signal in Kettenschaltung verschiedene Prozessschritte durchläuft, können bei der parallelen Signalbearbeitung **mehrere Schritte unabhängig voneinander gleichzeitig** erfolgen. Das Originalsignal wird aufgeteilt und die bearbeiteten Signale werden anschließend zugemischt. Dieses Prinzip wird bei Aux-Wegen **(s. Typische Kanalzug-Bestandteile; Seite 376)** angewandt. Typische Anwendungsbereiche sind Hall-, Delay- und Modulationseffekte, bei denen die Effektanteile dem Original beigemischt werden.

### Hall (Reverb)

Besonders bei Reverb-Effekten ist eine möglichst hohe Qualität wichtig, da das Gehör dieses Phänomen aus dem Alltag sehr gut kennt. Räumliches Hören **(s. Kapitel 9.2.3)** ist in fast allen Situationen mit einem Raumhallanteil verbunden. Jedes bewusst wahrgenommene Schallereignis ist begleitet von Reflexionen an Boden, Decke und Wänden sowie den akustischen Beschaffenheiten der Materialien, die den Schall reflektieren oder absorbieren. Neben dem Direktschall prägen insbesondere die ersten Reflexionen den Raumeindruck, die sich im weiteren zeitlichen Verlauf zum Nachhall verdichten **(s. Kapitel 9.1.4)**.

| **Tabelle 1:** Gängige Hallräume und deren typische Parameter | | | | |
|---|---|---|---|---|
| Bezeichnung | Beschreibung | Hallzeit (s) | Pre-Delay (ms) | Dichte |
| Chamber | Kleiner Raum | 0,7 – 1,2 | 10 – 20 | hoch |
| Room | Mittelgroßer Aufnahmeraum | 1,2 – 2,0 | 20 – 30 | mittel |
| Hall | Großer Saal | 1,5 – 7,0 | 40 – 100 | gering |
| Plate | Plattenhall | 1,0 – 3,0 | 0 – 30 | hoch |

Durch die moderne Aufnahmetechnik des „Close Miking" befindet sich das Mikrofon sehr nah an der Schallquelle. Ein Raumhallanteil ist durch dieses Verfahren fast nicht mehr vorhanden. Bei Live-Situationen soll möglichst nur die mikrofonierte Signalquelle aufgenommen werden, andere Einflüsse (und damit auch die Raumakustik) sind meist unerwünscht. Moderne Effektgeräte oder Softwarelösungen arbeiten digital und fügen dem „trockenen" Originalsignal künstlich erzeugte Halleffekte hinzu.

Die Effektprozessoren bieten Voreinstellungen (Presets; **Tabelle 1**) an, die verschiedene Räumlichkeiten simulieren und deren Parameter mehr oder weniger umfangreich verändert werden können.

**Early Reflections (ER):** Einstellung des Anteils und des zeitlichen Abstandes der frühen Reflexionen, die wesentlich den räumlichen Charakter eines Halleffekts prägen.

**Hallzeit (Reverb Time):** Die Zeitspanne, in der das Hallsignal gegenüber dem Direktsignal um 60 dB abgefallen ist.

**Pre-Delay:** Die zeitliche Verzögerung des Halleinsatzes. Durch die Entkopplung von Original- und Effektsignal bleibt die klangliche Präsenz erhalten.

**Dichte (Density):** Bestimmt den Anteil des Nachhalls. Je höher die Dichte, desto mehr späte Reflexionen werden in den Halleffekt eingerechnet.

Leistungsfähige Hall-Algorithmen basieren auf dem Prinzip des sogenannten **Faltungshalls**. Hier wurde in einem echten Raum ein kurzer Audioimpuls abgestrahlt und der daraus entstandene Nachhalleffekt präzise aufgezeichnet und digital analysiert. Das echte Hallverhalten eines realen Raumes kann durch dieses Verfahren nachgebildet werden und sorgt für sehr authentische Ergebnisse.

## Echo (Delay)

In der Zeit von analogen Bandmaschinen wurde das aufgenommene Signal per Hinterbandkontrolle wenige Zentimeter hinter dem Aufnahmekopf von einem Wiedergabekopf abgenommen. So konnte die tatsächliche Aufnahme kontrolliert werden. Hierbei kam es prinzipiell zu einem zeitlichen Versatz. Kreative Toningenieure setzten diesen Effekt bewusst ein: Durch die variable Anordnung von mehreren Wiedergabeköpfen entlang des Tonbandes konnte ein Mehrfachecho erzeugt werden. Solche Delays sind auch in Zeiten digitaler Effekte weitverbreitet, da sie den rhythmischen Charakter bei Musikproduktionen verstärken oder verändern können.

**Verzögerungszeit (Delay Time)**: Je nach Anwendungsbereich wird die zeitliche Verzögerung in ms oder, bei Musikproduktionen, relativ zum Songtempo angegeben. Bei hochwertigen Prozessoren können Delay-Zeiten mehrere Sekunden betragen, damit ganze Takte rhythmisch wiederholt werden. Die **„Tap-Delay"-Funktion** erlaubt die Eingabe der Delayzeit durch mehrfaches Drücken eines Tasters. Aus den Pausen zwischen den einzelnen Eingaben wird ein Mittelwert gebildet, der als Delay Time eingestellt wird.

**Rückkopplungen (Feedback):** Regelung der Rückführungen des Ausgangssignals zum Eingang. Je höher der Feedback-Wert, desto mehr Schleifen werden erzeugt und umso länger dauert es, bis der Effekt verklungen ist.

**Hoch-, Tief oder Bandpass-Filter** erlauben es, die Echos klanglich zu färben. Gebräuchlich ist der Einsatz eines Tiefpassfilters, welches die Echos zunehmend dumpfer klingen lässt. Dies entspricht am ehesten einem natürlichen Klangverlauf, da reale Echos ebenfalls eine Dämpfung in Höhen und Mitten erfahren.

**Delay bei PA-Anwendungen:** Neben den kreativen Gestaltungsmöglichkeiten spielt Delay eine wichtige Rolle bei Beschallungssituationen. **Dort wird es zum Ausgleich der Schalllaufzeit als Insert-Effekt** (s. Kapitel 9.6.4) **eingesetzt.** Unter Normalbedingungen liegt die Schallgeschwindigkeit in der Luft bei rund 340 m/s.

Schall benötigt bei der Ausbreitung in Luft für **1 Meter rund 3 ms.**

Bei einfachen Beschallungsanwendungen, bei denen rechts und links der Bühne jeweils ein Fullrange-Lautsprecher steht, wird es keine Probleme mit unterschiedlichen Schalllaufzeiten geben. Werden zusätzlich Subwoofer mittig vor der Bühne platziert, ist diese Entfernung zwischen Subwoofer und Publikum geringer als zwischen den Fullrange-Boxen und Publikum. Es entsteht ein Zeitversatz zwischen dem Signal aus den Subwoofern und den Signalen aus den Topteilen. Dies kann sich durch Kammfiltereffekte und Signalauslöschungen bemerkbar machen. Besonders betroffen sind die Übergangsfrequenzen zwischen Subwoofer und Topteilen. Je nach Entfernung sollten die Subwoofer in Relation zu den Topteilen mit einem passenden Delay verzögert werden. Die meisten aktuellen Digitalpulte erlauben die Einstellung eines Delays an den Ausgangsbussen. Komfortables Equipment ermöglicht sowohl die Eingabe einer Verzögerungszeit oder die Angabe der Entfernung, die kompensiert werden soll.

**Beispiel:**

Die räumliche Differenz zwischen Subwoofern und Topteilen beträgt 3 Meter. Damit der Schall der Subwoofer gleichzeitig beim Publikum ankommt, muss dieser verzögert werden:
3 m × 3 ms/m = 9 ms Delay.

**Delay Lines:** Bei großen Veranstaltungen wie z. B. Open-Air-Festivals oder bei kompliziert geschnittenen Innenräumen werden Delay Lines (Zusatzlautsprecher) benötigt, um die Publikumsfläche/n gleichmäßig zu beschallen. Als eine Faustregel gilt die Sichtbarkeit der Hauptbeschallungsanlage. Ist diese nicht zu sehen, sollte eine Delay Line eingesetzt werden. Überwiegt bei Außenbeschallungen der Reflexionsanteil den Direktschall, sollten ebenfalls **Zusatzlautsprecher die Haupt-PA unterstützen (Bild 1).** Delay Lines sollten an ihrem Einsatzort nicht lauter als das Hauptsystem sein. In der Regel werden die Zusatzsysteme ohne Subwoofer betrieben. Da sich tiefe Frequenzen kugelförmig ausbreiten und nur eine vergleichsweise geringe Richtwirkung erreicht werden kann, würden zusätzliche Subwoofer auch in Richtung der Haupt-PA abstrahlen, wo es auf dem Weg zu Auslöschungen kommen kann. Wenn es nötig ist, den Bassbereich auch in den Delay Lines zu unterstützen, sollten Subwoofer mit z. B. einer Endfire-Aufstellung (s. Subwoofer-Anordnungen; Seite 404) verwendet werden. Hierbei werden mehrere Subwoofer hintereinander angeordnet, wobei die vorderen Boxen in Relation zur hintersten verzögert werden. Nachteilig kann der hohe Bedarf an Equipment und Platz sein.

Bei der Zeitverzögerung der Delay Lines sollte nicht nur die räumliche Entfernung berücksichtigt werden. Der **„Präzedenz-Effekt"** nach Helmut Haas besagt, dass ein verzögertes Signal (zwischen 10 ms und 30 ms) der Richtung des Hauptsignals zugeordnet wird, unabhängig davon, aus welcher Richtung das verzögerte Signal den Zuhörer erreicht. Somit können bei der Delay Line zusätzlich zur Zeit der räumlichen Differenz weitere 10 ms hinzuaddiert werden. Dies garantiert, dass der Schall der Haupt-PA die Zuhörer minimal früher erreicht und die räumliche Ortung in Richtung der Bühne funktioniert.

Bei Projektionen (wie z. B. in Großraumkinos) entstehen zwischen Bild und Ton zeitliche Verzögerungen, wenn dies nicht korrigiert wird. Bei einem Sitzabstand von 15 m zur Leinwand benötigt der Schall rund 44 ms, um diese Entfernung zurückzulegen. Bei einer üblichen Bildrate von 25 fps (Frames Per Second; Bilder pro Sekunde) wird ein Einzelbild für die Dauer von 40 ms dargestellt. Der Schall würde den Zuschauer ohne Korrektur etwa ein Einzelbild zu spät erreichen.

**Bild 1**: Festival mit Hauptbühne und Delay Line

## Modulationseffekte

Alle Effekte der Gruppe der Modulationseffekte **basieren auf dem Einsatz eines LFO** (LFO; Low Frequency Oscillator; engl. Niederfrequenzoszillator), welcher ständig die zeitliche Verzögerung des Effektanteils beeinflusst und damit den Klang akustisch verändert.

Bei übermäßigem Einsatz von Modulationseffekten kann die Mono-Kompatibilität der Signale beeinträchtigt werden.

### Chorus

Das akustische Vorbild des Chorus-Effekts ist eine Gruppe aus mehreren Musikern, die das Gleiche spielen. Allerdings sind die Einsätze nie identisch und auch die Tonhöhe stimmt nicht immer exakt überein. Das gleiche Prinzip findet sich bei mehrstimmigem Gesang. Die Bezeichnung Chorus (engl. Chor) ist davon abgeleitet. Durch die Mehrstimmigkeit ergeben sich zeitlich versetzte und leicht verstimmte Signale, die in der Mischung **Schwebungseffekte** (s. Kapitel 9.1.1) erzeugen. Der Chorus-Effekt simuliert dies elektronisch: Das Eingangssignal wird zeitlich leicht verzögert (typisch sind 20 ms – 40 ms) und tonal verstimmt. Der LFO moduliert (verändert) sowohl die zeitliche Verzögerung als auch den Grad der Verstimmung. Üblicherweise werden mehrere gleichzeitige Modulationen erzeugt. **Das Ergebnis klingt akustisch breiter und voller.**

Für flächige Klänge liegt die LFO-Zeit oft unter 1 Hz und der Effektanteil ist so gering, dass er nicht direkt wahrgenommen wird, aber fehlt, wenn der Chorus deaktiviert wird. Backing-Vocals und Solo-Instrumente profitieren von einem etwas höheren Effektanteil und einer Modulationsgeschwindigkeit von 1 Hz bis 4 Hz. Bei Gitarrensounds liegt der Effektanteil meist noch etwas höher und die LFO-Rate kann in den zweistelligen Hz-Bereich gehen. Generell sollten in einem Mix nur wenige Kanäle oder Spuren einen Chorus-Effekt erhalten, damit sie akustisch breiter klingen können als der Rest.

### Flanger

Durch minimale Zeitverzögerungen des Effektsignals zum Ursprungssignal werden **Kammfiltereffekte (Bild 1)** durch Auslöschungen und Überlagerungen der Wellenformen erzeugt. Die Dauer der Zeitverzögerung (meist 1 ms – 5 ms) wird durch den LFO ständig verändert, sodass akustische Schwebungen entstehen. Als weiterer Parameter regelt Feedback (engl. Rückkopplung), wie viel des bearbeiteten Signals an den Eingang des Effektweges zurückgegeben wird.

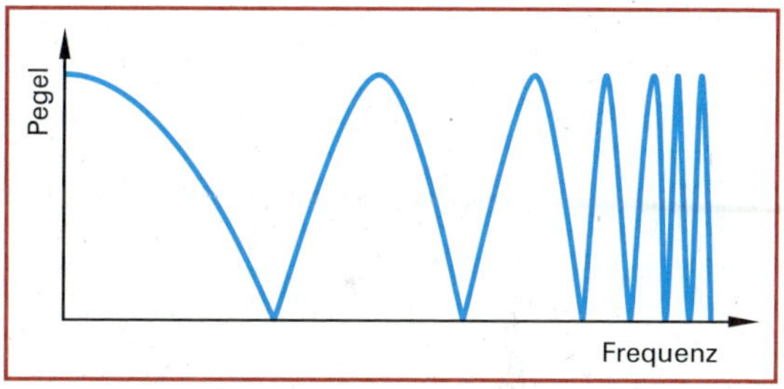


**Bild 1:** Veränderter Amplitudengang durch Kammfiltereffekt

### Phaser

Dieser Effekt arbeitet ähnlich wie der Flanger, jedoch sind die Verzögerungszeiten mit 3 ms – 10 ms höher, es gibt keinen Feedback-Parameter und die Arbeitsweise ist frequenzabhängig, weshalb der Effekt in unterschiedlichen Frequenzbereichen andere Auswirkungen hat. **Der Grundklang eines Phasers ist künstlicher** als der Sound eines Flangers. Er entfaltet seine Wirkung daher besonders gut bei synthetischen Sounds.

### Weitere Modulationseffekte

**Amp- oder Speaker-Simulation:** Mit intelligenten Algorithmen werden verschiedene (Gitarren)-verstärker und -lautsprecherboxen klanglich nachgebildet. Das Signal der Gitarre (oder des E-Pianos) wird direkt bearbeitet und der Umweg über Combo und Mikrofonierung entfällt.

**Exciter und Enhancer:** Psychoakustisches Verfahren, bei welchem dem Signal künstliche Obertöne hinzugefügt werden. Bei mäßigem Einsatz ergibt sich ein frischeres und klareres Klangbild. Der Sound unterscheidet sich von einem EQ, da bei diesem nur vorhandene Höhen angehoben werden können und durch die Verstärkung auch das Rauschen zunimmt.

**Leslie und Rotary Speaker:** Besonders bei Orgel- oder E-Pianoklängen häufig verwendeter Effekt, der einen sich drehenden Lautsprecher simuliert. Charakteristisch sind die periodischen Klangänderungen.

**Ringmodulator:** Metallischer Klang durch Bildung von Summen- und Differenztönen.

# 9.7 Endstufen

## 9.7.1 Allgemeines

Innerhalb der Kette von PA-Systemen sind die Endstufen das letzte elektronische Glied vor den Lautsprechern. Sie verstärken das verhältnismäßig schwache Signal, welches vom Mischpult ausgegeben wird, möglichst gleichmäßig um ein Vielfaches. Aus diesem Grund werden **Endstufen als Leistungsverstärker** bezeichnet. Die ideale Endstufe besitzt eine möglichst hohe Ausgangsleistung bei linearer Verstärkung und keinerlei Verzerrung, gleichzeitig ist sie möglichst leicht, klein, kompakt und bietet eine bestmögliche Betriebssicherheit.

Würde ein Lautsprecher physikalisch anders reagieren, als er sich in der Realität verhält, wären viele dieser wünschenswerten Eigenschaften elektronisch einfach zu erreichen. Ein großer Teil des Schaltungsaufwandes bei Verstärkern beruht auf den komplexen Wechselwirkungen zwischen der Induktivität der Lautsprecherschwingspule, den elektrischen Rückwirkungen der Membranschwingungen und der Eigenschaften von Spulen sowie Kondensatoren der Frequenzweichen. Zusammen mit den komplexen Signalformen von Audiosignalen stellt dies insgesamt hohe Anforderungen an die Stabilität des Verstärkers.

## 9.7.2 Verstärkerklassen

**Klasse A:** Diese Schaltungsart arbeitet sehr verzerrungsarm. Nachteilig sind ein geringer Wirkungsgrad und eine hohe Wärmeentwicklung, da die Transistoren bei diesem Aufbau einen erheblichen Ruhestrombedarf besitzen.

**Klasse B:** Das zu verstärkende Signal wird durch eine Split-Schaltung in einen positiven und einen negativen Amplitudenteil getrennt, welcher separat verstärkt und am Signalausgang zusammengesetzt wird (**Gegentaktprinzip**). Der Wirkungsgrad ist hoch, jedoch entstehen durch die Signaltrennung beim Nulldurchgang unerwünschte Verzerrungen.

**Klasse A/B:** Dieser Aufbau stellt einen Kompromiss zwischen A- und B-Schaltungstyp dar. Endstufen der A/B-Klasse haben gemischt aufgebaute, komplexe Schaltungen, die für eine gute Verstärkungslinearität bei gleichzeitig vertretbarer Abwärme und angemessener Effizienz sorgen. Der Wirkungsgrad dieser Geräte liegt bei rund 60 %. Sie sind aktuell weit verbreitet.

**Klasse D:** Ebenfalls weit verbreitet sind Leistungsverstärker der Klasse D, die auch die Bezeichnung **Schalt- oder Digitalverstärker** tragen. Der Begriff Digitalverstärker ist missverständlich, denn **es werden keine digitalen Signale verstärkt.** Die Transistoren in Klasse D-Schaltungen arbeiten ohne Ruhestrom und sind entsprechend effizient. Es lässt sich ein **Wirkungsgrad von über 90 %** erreichen. Am Ausgang des Verstärkers liegen analoge Rechteckimpulse an, die durch eine hochfrequente Pulsweitenmodulation (PWM) des Ursprungssignals entstanden sind. Durch diesen Prozess entstehen komplexe Obertöne, die vor der Ausgabe an den Lautsprecher steilflankig herausgefiltert werden müssen, um diese unerwünschten Störungen zu entfernen.

## 9.7.3 Stromversorgung

**Der konventionelle Aufbau erfolgt mittels Ringkerntrafo**, der mit zunehmenden Leistungsanforderungen deutlich an Größe und Gewicht zunimmt. Die vergleichsweise hohe Verlustwärmeleitung macht diese Art der Energieversorgung ineffektiv. **Schaltnetzteile** sind deutlich leichter und kleiner, allerdings teurer in der Anschaffung. Je nach Anwendungsgebiet (**Tabelle 1**), benötigter Verstärkungsleistung (in Zusammenhang mit dem Wirkungsgrad) und dem zur Verfügung stehenden Budget können sowohl Geräte mit konventionellem Aufbau als auch in Schaltnetzteiltechnik die geeignete Wahl darstellen.

**Tabelle 1:** Netzteile im Vergleich

| Kriterium | konventionell | Schaltnetzteil |
|---|---|---|
| Gewicht | hoch | gering |
| Größe | groß | klein |
| Wirkungsgrad | gering | hoch |
| Preis | niedriger | höher |

## 9.7.4 Ausgangsleistung und Impedanz

Die Dimensionierung von Endstufen und passenden Lautsprechersystemen ist ein zentrales Kriterium bei der Planung und dem Betrieb von Beschallungsanlagen. Werden unterdimensionierte Systeme an der Leistungsgrenze betrieben, führt dies zu Qualitätseinbußen oder sogar zu Beschädigungen. Überdimensionierte Anlagen verursachen einen größeren Aufwand sowie höhere Kosten.

Sowohl die Erhöhung von Lautstärke als auch die dafür benötigte Ausgangsleistung bei Endstufen verlaufen nicht linear.

Die erreichbare Lautstärke eines Systems wird maßgeblich vom Wirkungsgrad des Lautsprechers sowie der Ausgangsleistung der Endstufe bestimmt. **Leistung: $P = I \cdot U$**

**Beispiel:**

Eine Endstufe liefert 100 Watt Leistung an einen Lautsprecher mit einem Widerstandswert (Impedanz) von 4 Ω. Dazu sind eine Spannung von 20 Volt und eine Stromstärke von 5 Ampere nötig.

100 Watt = 5 Ampere · 20 Volt

Soll der Schalldruck verdoppelt werden (+6 dB), ist eine Verdopplung der Membranauslenkung des Lautsprechers nötig. Dazu muss die Ausgangsleistung der Endstufe vervierfacht werden (**Tabelle 1**):

400 W = 10 A · 40 V

Erst ein Zuwachs von 10 dB wird als „doppelt so laut" empfunden. Hierzu wird die zehnfache Ausgangsleistung benötigt:

1000 W = 15,81 A · 63,25 V

**Tabelle 1:** Verhältnis von Lautstärke zu Ausgangsleistung

| Erhöhung der Lautstärke | Erhöhung der Ausgangsleistung |
|---|---|
| + 3 dB | 2× |
| + 6 dB | 4× |
| + 10 dB | 10× |
| + 13 dB | 20× |
| + 16 dB | 40× |
| + 20 dB | 100× |
| + 23 dB | 200× |
| + 26 dB | 400× |

Die Impedanz des angeschlossenen Lautsprechers ist wesentlich für die Berechnung der Leistung. Wird statt einem Lautsprecher mit 4 Ω ein Modell mit 8 Ω verwendet, lässt dieser höhere Widerstand nur die halbe Stromstärke passieren. Rechnerisch entspricht dies einer Halbierung der Leistung. Durch verschiedene Faktoren (u. a. der dynamische Innenwiderstand des Verstärkers und die Entlastung des Netzteils durch den verdoppelten Widerstand des Lautsprechers) liegt die Leistung bei rund 65 %.

+3 dB: Doppelte Ausgangsleistung
+6 dB: Doppelter Schalldruck (doppelter Membranhub)
+10 dB: Verdopplung der Lautheit

## 9.7.5 Verzerrungen und Eigenrauschen

Jeder Verstärker produziert neben der gewünschten Signalverstärkung unerwünschte nichtlineare Verzerrungen. Hierbei wird zwischen harmonischen und unharmonischen Verzerrungen unterschieden. **Harmonische Verzerrungen** sind ganzzahlige Vielfache der Grundfrequenz und führen zu Änderungen im Obertonspektrum eines Signals. Ein Maß für harmonische Verzerrungen ist der **Klirrfaktor: THD** (Total Harmonic Distortion; **Tabelle 2**). Da die menschliche Lautstärkewahrnehmung frequenzabhängig ist (s. Kapitel 9.2.2), empfindet das Gehör z. B. einen Klirrfaktor von 3 % im Bassbereich nicht als störend, jedoch wird bereits ein Klirrfaktor von 1 % im Bereich der Höhen als unangenehm wahrgenommen. Statt des Klirrfaktors, der häufig in Prozent angegeben wird, kann die Angabe des Klirrdämpfungsmaßes sinnvoll sein.

$$L_k = 20 \lg \frac{1}{k} \text{ dB}$$

**Tabelle 2:** Harmonische Verzerrungen, Klirrfaktor und Klirrdämpfungsmaß

| Anteil THD (%) | Klirrfaktor | Klirrdämpfungsmaß (dB) |
|---|---|---|
| 10 | $10^{-1}$ | 20 |
| 1 | $10^{-2}$ | 40 |
| 0,1 | $10^{-3}$ | 60 |

**Nicht harmonische Verzerrungen** entstehen durch Intermodulationsverzerrungen (gegenseitige Beeinflussung verschiedener Frequenzen). Sie sind ungleich den ganzzahligen Vielfachen der Grundfrequenz und klingen besonders auffällig sowie unangenehm.

Das **Eigenrauschen wird üblicherweise als Signal-Rausch-Abstand oder SNR** (Signal Noise Ratio) bezeichnet. Der Rauschabstand einer Endstufe sollte über dem Gesamtdynamikabstand aller Geräte der vorherigen Signalkette liegen.

## 9.7.6 Dämpfungsfaktor

Lautsprecher, Kabel und Endstufe bilden ein komplexes System mit **gegenseitigen Wechselwirkungen**. Wird die Lautsprechermembran in Schwingungen versetzt, wirkt die Schwingspule wie ein Generator, der als Rückwirkung in den Verstärkerausgang einen Strom induziert. Falls der Verstärker diese elektromotorische Gegenkraft nicht ausreichend unterdrücken kann, wird die Ausgangsspannung der Endstufe beeinflusst und der Lautsprecher schwingt im Bereich seiner Eigenresonanz stärker, ohne ausreichend kontrolliert werden zu können.

Der Dämpfungsfaktor ist das **Verhältnis der Verstärker-Ausgangsimpedanz zur Lautsprecher-Impedanz**. Er ist frequenzabhängig und macht sich bei tiefen Frequenzen besonders bemerkbar. Ein hoher Dämpfungsfaktor sorgt für eine bessere Leistungsübertragung und eine saubere Basswiedergabe.

**Beispiel:**

Aus einer Ausgangsimpedanz der Endstufe von 0,04 Ω sowie der minimal zulässigen Lausprecherimpedanz von 4 Ω ergibt sich ein Dämpfungsfaktor von 100.

## 9.7.7 Schutzschaltungen

Durch eine **Einschaltverzögerung** werden die Lastausgänge der Endstufe einige Sekunden zeitversetzt nach dem Einschaltvorgang aufgeschaltet. Endstufen können sehr hohe Einschaltströme aus der Stromversorgung ziehen. Unter Umständen kann dies zu Überlastungen führen. Bei einem **Softstart** wird die Stromaufnahme zu Beginn begrenzt und langsam erhöht, sodass hohe Spitzen bei Einschaltströmen vermieden werden. Durch die hohen Leistungen erwärmen sich Netzteil und Leistungstransistoren stark. Trotz Kühlungsvorrichtungen (meist aktiv durch Lüfter) kann eine Endstufe im Dauerbetrieb unter Hochlast überhitzen. **Temperaturschutzschaltungen** regeln bei drohender Überhitzung entweder die Ausgangsleistung herunter oder deaktivieren den Lastzweig der Endstufe (Netzteil und Lüfter arbeiten weiter). Um die angeschlossenen Lautsprecher vor Gleichspannung zu schützen, überwacht die **DC-Protection** (Direct Current; engl. Gleichstrom) die Ausgänge und würde im Fehlerfall die Ausgänge abschalten. Der **Kurzschluss-Schutz** sorgt für eine Leistungsbegrenzung im Fall von beschädigten Lautsprecherkabeln oder Lautsprecherdefekten, sollten zwei oder mehr Pole elektrischen Kontakt miteinander bekommen. Als **Clipping-Schutz** wird eine Limiterfunktion (s. Dynamikbearbeitung; Seite 384) bezeichnet, welche zu hohe Signalpegel zurückregelt. Diese kann sowohl analog als auch digital realisiert sein.

**Ohne Limiter/Clipping-Schutz** kann ein zu hohes Signal die Maximalaussteuerung überschreiten, welche durch die Versorgungsgleichspannungen des Netzteils definiert ist. Durch das daraus resultierende **Abschneiden der Signalspitzen (Bild 1)** entsteht ein Rechtecksignal. Dessen spektrale Zusammensetzung enthält neben der ursprünglichen Sinuswelle zahlreiche Oberschwingungen. Diese nehmen einen höheren Teil der Verstärkerleistung in Anspruch. Die hohen Frequenzen werden dem Hochtonsystem zugeführt, welches bei fehlender Schutzschaltung thermisch überlastet werden kann und verbrennt.

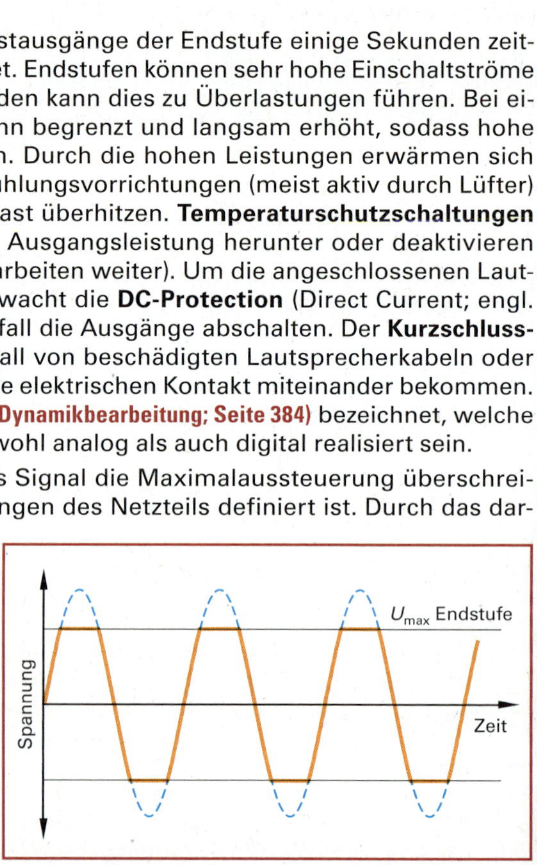


**Bild 1**: Clipping einer Sinuswelle führt zu einem Rechtecksignal

Clipping durch unzureichende Dimensionierung der Endstufe schädigt zuerst die Hochtonlautsprecher.

# 9.8 Lautsprecher

## 9.8.1 Charakteristika

Die Lautsprecher sind das letzte Glied in der PA-Prozesskette und gleichzeitig eines der wichtigsten. Als elektroakustischer Wandler transformiert der Lautsprecher elektrische Signale in akustische Wellen. Als Lautsprecher wird sowohl das einzelne Chassis als auch eine komplette Lautsprecherbox bezeichnet. Zur Beschreibung und beim Vergleich unterschiedlicher Lautsprecher und Wandlerprinzipien sind verschiedene allgemeine Merkmale zu beachten.

### Belastbarkeit

Bei der Leistungsangabe von Lautsprechern muss zwischen verschiedenen Messvorschriften unterschieden werden. Die **RMS-Leistungsangabe** (Root Mean Square; engl. quadratischer Mittelwert oder auch Effektivwert) ist für die Praxis am relevantesten. Hierbei wird der Lautsprecher mit **„rosa Rauschen"** (ein Signal, bei dem ein durchschnittlicher Hörer alle Frequenzbereiche des hörbaren Spektrums gleich laut empfindet; **Bild 1**) beschickt und die Leistung des Lautsprechers gemessen.

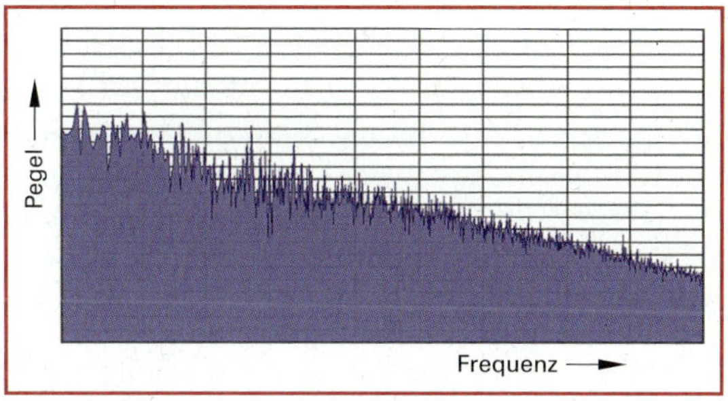


**Bild 1**: Spektrum des „rosa Rauschen"

Die **Nennbelastbarkeit** (auch Sinus-Belastbarkeit) basiert auf der Messvorschrift DIN 45500. Dabei wird ein Lautsprecher mit einer Sinuswelle (normalerweise 1 kHz, sofern nicht anders angegeben) belastet. Umgangssprachlich wird noch häufig von Sinus-Belastbarkeit gesprochen, jedoch ist diese Angabe veraltet bzw. weniger praxistauglich, da Sprach- oder Musiksignale keine Sinusdauertöne enthalten. Außerdem wird bei isolierten Einzelfrequenzen in Mehrweglautsprechersystemen nur jeweils ein Chassis belastet. Resonanzfrequenzen der Lautsprecher werden nicht berücksichtigt.

Die **Impulsspitzenleistung (Peak)** wird oft ungefähr doppelt so hoch wie die Nennbelastbarkeit eines Lautsprechers angegeben. Sie definiert, wieviel Leistung ein System kurzzeitig verträgt, ohne Schaden zu nehmen. Je nach Definition dieses „kurzen" Zeitraums können es nur wenige Millisekunden sein, die für die Messung berücksichtigt werden. Die daraus resultierenden, teils utopischen, Leistungsangaben haben für praktische Beschallungssituationen kaum Aussagekraft.

### Wirkungsgrad und Kennschalldruck

Hersteller geben üblicherweise nicht den Wirkungsgrad der Chassis an, denn der erreichte Wert ist bei allen Lautsprechern vergleichsweise niedrig. **Generell gilt, dass Lautsprecher einen sehr geringen physikalischen Wirkungsgrad besitzen.** Je nach Bauweise werden lediglich ca. 1 % – 5 % der elektrischen Energie in kinetische Energie (und damit Schall) umgesetzt. Der Großteil der Energie wird in der Schwingspule in Wärme umgewandelt.

Als **Kennschalldruck** wird der durchschnittliche Schalldruck eines Lautsprecherchassis unter genormten Bedingungen im **Abstand von 1 m und bei einer Leistung von 1 Watt** bezeichnet. Je höher der Kennschalldruck eines Chassis, umso effizienter wird die zugeführte Energie der Endstufe in Schall umgewandelt.

Der Kennschalldruck gibt die Effizienz eines Lautsprecherchassis an.

**Tabelle 1:** Auswirkungen des unterschiedlichen Kennschalldrucks bei zwei unterschiedlichen Lautsprecherchassis **(siehe auch Erläuterungen auf Seite 396)**.

**Chassis A:** Kennschalldruck von 90 dB SPL (1 W / 1 m).

**Chassis B:** Kennschalldruck von 100 dB SPL (1 W / 1 m).

**Tabelle 1:** Vergleich zweier Chassis mit unterschiedlichem Kennschalldruck

| Soll | 1 Watt | | 100 dB SPL | |
|---|---|---|---|---|
| Abstand | 1 m | 10 m | 1 m | 10 m |
| Chassis A | 90 dB | 70 dB | 100 W | 1 000 W |
| Chassis B | 100 dB | 80 dB | 10 W | 100 W |

Der Kennschalldruck ist in der Praxis von professionellen Beschallungssituationen von erheblicher Bedeutung. **Die reine Leistungsangabe eines Lautsprechers (in Watt) sagt für sich genommen wenig über den erreichbaren Schalldruck aus.** Wie im vorherigen Beispiel dargestellt, benötigt Chassis A für den Sollwert von 100 dB SPL am Ort der Beschallung eine zugeführte Leistung von 1000 Watt, während das effizientere Chassis B diesen Schalldruck bereits bei 100 Watt erreicht. Lautsprecher mit hohem Kennschalldruck sind meist teurer in der Anschaffung, denn ein hoher physikalischer Wirkungsgrad hat seinen Preis. Mit effizienten Chassis lässt sich allerdings mit geringerem Aufwand eine hohe Lautstärke erreichen. Dies bedeutet in der Praxis: Weniger Lautsprecherboxen, weniger oder leichtere Endstufen, geringerer Transportaufwand und damit niedrigere Personal- und Lagerkosten.

## Frequenzgang (Übertragungsbereich)

Bei Lautsprechern ist die Angabe des **Schalldruck-Frequenzgangs** ein wesentliches Kriterium des Klangverhaltens. Der Übertragungsbereich eines Lautsprechers befindet sich zwischen dessen unterer und oberer Grenzfrequenz. Sinkt der mittlere Schalldruck unter einen bestimmten Wert, verlässt der Lautsprecher seinen Frequenzübertragungsbereich. Er gibt zwar auch außerhalb dieses Spektrums Signale ab, jedoch sind diese deutlich leiser. Es existiert kein einheitlicher Wert, ab dem der Abfall der akustischen Leistung (und damit der Übertragungsbereich) als groß genug betrachtet wird. Je nach Hersteller werden unterschiedliche Werte (–3 dB, –6 dB oder gar –10 dB) verwendet. Vergleiche der technischen Angaben sind oft schwierig, da unterschiedliche Bewertungsgrundlagen verwendet werden.

> Der Schalldruck-Frequenzgang zeigt an, wie gleichmäßig ein Lautsprecher die zugeführten Signale über ein Frequenzspektrum reproduziert.

**Theoretisch sollte der Frequenzgang eines Lautsprechers über den gesamten hörbaren Bereich möglichst linear sein**, damit keine Klangfärbungen entstehen und das Programmmaterial ohne Veränderungen reproduziert wird. In der Praxis ist dies jedoch aus physikalischen Gründen nicht zu erreichen. Bei Beschallungssituationen mit Publikum befinden sich viele Zuhörer nicht immer in einer idealen Position auf der Achse des Lautsprechersystems. Der Frequenzgang sollte sich daher auch außerhalb der Hauptabstrahlrichtung der Lautsprecher möglichst gleichmäßig verhalten. Der Klangeindruck einer Beschallungsanlage wird als angenehmer und hochwertiger empfunden, wenn sich Direktschall und Diffusschall im Klangcharakter ähnlich sind.

Der ideale Lautsprecher besitzt einen linearen Frequenzgang von 20 Hz – 20000 Hz, was 10 Oktaven entspricht. Eine einzelne Membran kann, je nach Bauart des Chassis, bestenfalls eine Bandbreite von vier bis sechs Oktaven abdecken. Daher werden **Mehrweg-Lautsprechersysteme** verwendet, die unterschiedliche Chassis enthalten, welche für verschiedene Frequenzbereiche optimiert sind. In der Praxis werden häufig Fullrange-Boxen (Tops) verwendet, die als Zweiwege-System aufgebaut sind (ein Tief-/Mitteltöner sowie ein Hochtöner). Zusätzlich zu diesen Tops werden Subwoofer eingesetzt, die speziell den Tiefbassbereich wiedergeben.

Generell gilt, dass **Lautsprecherkonfigurationen bei steigender Anzahl der Wege komplexer werden und zu ungünstigen Nebeneffekten neigen:** Passive Bauelemente wie Frequenzweichen teilen das zugeführte Signal in verschiedene Frequenzbereiche auf und leiten es den jeweiligen Chassis zu. Bauartbedingt kommt es an den Übergangsfrequenzen zu Phasenfehlern, was zu negativen Klangveränderungen führt. Je mehr Wege, desto mehr Probleme durch Übergangsfrequenzen. Bei aktiven Bauelementen wie etwa bei DSP-basierten Aktivlautsprechern treten diese Effekte nicht oder nur in sehr geringem Umfang auf.

Werden viele Chassis eingesetzt, verteilt sich der abgestrahlte Klang auf eine größere Gesamtfläche, was die räumliche Abbildungsfähigkeit des Wiedergabesystems negativ beeinflusst, da die korrekte Ortbarkeit des Klangereignisses nachlässt und undifferenzierter ist.

## Richtwirkung

Die Membrangröße und Richtwirkung eines Lautsprecherchassis sind eng miteinander verbunden. Jeder Lautsprecher hat grundlegend eine kugelförmige Abstrahlwirkung. Der emittierte Schall wird in alle Richtungen gleichmäßig abgegeben – solange die Wellenlänge im Verhältnis zum Lautsprecher groß ist (s. Seite 335; Beugung). Die Kugelcharakteristik verschwindet jedoch, wenn die Wellenlänge des Schalls gleich oder kleiner der Abmessungen der Lautsprechermembran bzw. des Lautsprechergehäuses ist.

Die grafische Darstellung der **Richtwirkung eines Lautsprechers in Bild 1** zeigt die zunehmende Bündelung bei hohen Frequenzen (rechte Seite im Diagramm), während tiefe Frequenzen (links) im Verhältnis dazu deutlich ungerichteter abgestrahlt werden.

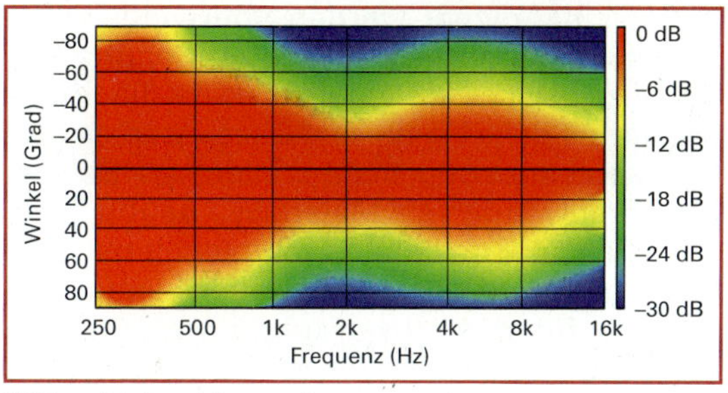


**Bild 1**: Richtwirkungsdiagramm

Je höher die Frequenz, desto ausgeprägter ist die Richtwirkung des Lautsprechers.

Die **Angabe des Abstrahlwinkels** einer Lautsprecherbox bezieht sich in der Regel auf den im System verbauten Hochtöner. Üblicherweise gilt ein Abfall von 6 dB gegenüber dem Schalldruck auf der Hauptachse des Lautsprechers als Winkelbegrenzung. Ist eine Lautsprecherbox mit den Angaben 90° x 60° bezeichnet, wird der Schall in einem Horizontalwinkel von 90° und in einem Winkel von 60° in der Vertikalebene abgestrahlt, bevor es winkelbedingt zu einer Verminderung des Schalldrucks von 6 dB kommt.

## 9.8.2 Wandlerprinzipien und Chassistypen

### Dynamische Lautsprecher

Das mit sehr großem Abstand vorherrschende Wandlerprinzip bei Lautsprecherchassis ist das des **dynamischen Lautsprechers, wie er als Schema in Bild 2 dargestellt ist**. Dieser Typ lässt sich verhältnismäßig einfach und kostengünstig produzieren und ermöglicht hohe Schallpegel bei breitbandigem Abstrahlverhalten. Lautsprecherchassis bestehen aus drei Grundbestandteilen: Einer beweglichen Membran, die von einem elektromechanischen Wandler angetrieben (und damit in Schwingungen versetzt) wird sowie Verbindungs- und Halterungsmaterial wie z. B. Sicke und Lautsprecherkorb.

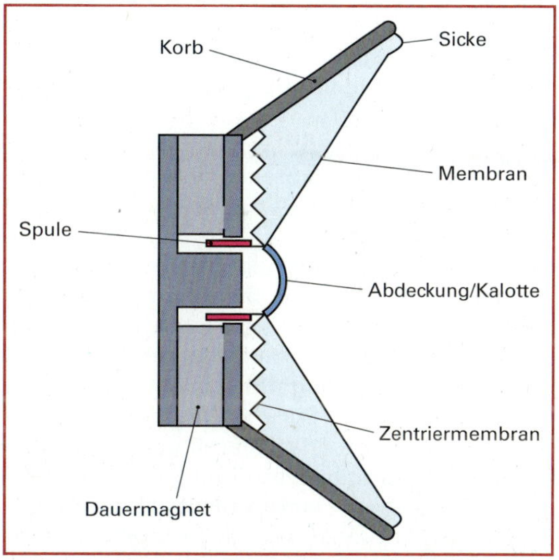


**Bild 2**: Schematischer Aufbau eines dynamischen Konuslautsprechers

Bei der Schallwandlung nutzen dynamische Lautsprecher das Prinzip der Induktion. Die Membran ist an einer **Schwingspule** befestigt, die sich in einem ringförmigen Luftspalt eines Dauermagneten befindet. Wird die Spule durch einen elektrischen Strom durchflossen, baut sich ein Magnetfeld auf, welches in Wechselwirkung zu demjenigen des **Dauermagneten** tritt. Das vom Verstärker gelieferte Signal ist ein Wechselstrom. Die **magnetische Anziehung bzw. Abstoßung zwischen Spule und Dauermagnet versetzt die Membran in Bewegung**, wodurch die umgebende Luft in Schwingungen versetzt wird.

Bei der Bauart als **Konuslautsprecher** ist eine große trichterartige Membran auf eine im Verhältnis dazu kleine Schwingspule geklebt. Die Mitte über der Spule ist mit einer Abdeckung (Kalotte) geschlossen, damit kein Staub und keine Fremdkörper in das Innere des Chassis gelangen können. Der Schwingspulendurchmesser ist meistens kleiner, höchstens aber so groß wie die Kalotte. Eine große Schwingspule bedeutet einen stärkeren Antrieb, einen höheren Wirkungsgrad sowie eine höhere thermische Belastbarkeit.

Konuslautsprecher werden überwiegend als **Tief- und Mitteltöner** (in der Größenordnung von vier bis 18 Zoll) eingesetzt, da die nötige Membranfläche bei diesem Chassistyp einfach und kostengünstig herzustellen ist. Bei der **Membran** werden als Materialien häufig Zellulose (Pappe), Kunststoffe und manchmal glasfaserverstärkte Mischmaterialien eingesetzt. Wichtig für das Übertragungsverhalten ist das mechanische Schwingungsverhalten. Die Membran und deren Aufhängung bilden ein mechanisches System, welches bedämpft werden muss. Diese **Dämpfung** sollte so stark gewählt sein, dass die Membran möglichst wenig unkontrolliert schwingen kann, sich allerdings gleichzeitig so frei bewegt, dass sie schnellen Impulsen folgen kann. Ziel ist eine möglichst gute Impulswiedergabe bei einem gleichzeitig trockenen und neutralen Klang.

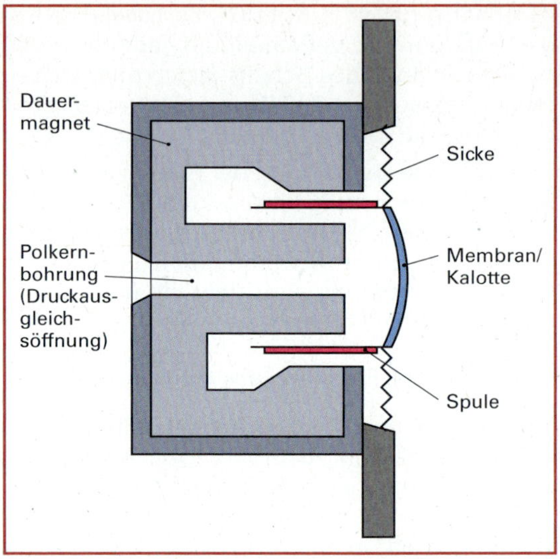


**Bild 1**: Schematischer Aufbau eines Kalottenlautsprechers

Beim **Kalottenlautsprecher** ist eine halbkugelartige Membran (Kalotte) auf der Schwingspule befestigt. Um die Kalotte befindet sich eine elastische Befestigung (Sicke). Die Schwingspule ist besonders hitzebeständig, damit eine ausreichend hohe thermische Belastbarkeit erreicht werden kann. Die verhältnismäßig große Spule in Verbindung mit einem starken Permantenmagnetensystem kann große Energiemengen auf verhältnismäßig kleinem Raum umsetzen, daher sind seit den 1980er Jahren Kalottenlautsprecher häufig mittels **Ferrofluid** (Eisenpulver mit temperaturfestem Öl) flüssig gekühlt, was zu einer verbesserten Wärmeableitung führt.

## Elektrostatische Lautsprecher

Bei diesem Typ Lautsprecher werden Platten und Membranen genutzt, die elektrisch entgegengesetzt geladen sind. Es handelt sich dabei um das Prinzip eines Kondensators, was in ähnlicher Form auch bei Kondensatormikrofonen **(s. Wandlertypen; Seite 344)** in umgekehrter Weise angewandt wird. Bei einem elektrostatischen Lautsprecher wird die im System gespeicherte Energie allerdings nicht wie bei einem Kondensator an andere elektronische Bauteile abgegeben, sondern die umgebende Luft wird durch Membranbewegungen in Schwingungen versetzt. Da die Membran fast massefrei ist und ein optimales Einschwingverhalten besitzt, kann ein **klares und natürliches Klangbild** erreicht werden, welches eine **sehr gute Linearität bei der Frequenzwiedergabe** bietet. Für die Wiedergabe von tiefen Frequenzen mit ausreichend hohem Schalldruck ist der Platzbedarf allerdings sehr groß. Ebenso sind **aufwendige Betriebsschaltungen mit hohen Spannungen** erforderlich. Bereits bei mittleren Frequenzen neigen elektrostatische Lautsprecher zu einer **starken Richtwirkung**, was zu begrenzten Hörflächen **(Sweet Spot; s. Seite 343)** führt. Im HiFi-, Design- oder Studiobereich gibt es Nischen für Elektrostaten-Lautsprecher, im PA-Bereich werden sie aufgrund ihrer praktischen Nachteile kaum verwendet.

## Piezo-Lautsprecher

In dieser Art des ferroelektrischen Lautsprechers werden Piezo-Kristalle genutzt. Diese Elemente ändern ihre Dicke proportional zu einer angelegten Spannung. Somit arbeiten Piezo-Wandler als **direkt abstrahlende Akustikwandler**. Piezo-Lautsprecher sind äußerst günstig herzustellen. Für die Anwendung als Lautsprecher werden die Piezo-Elemente auf einer konusförmigen Membran angebracht, welche in ein Horn abstrahlt. Für den geringen Preis wird ein hoher Wirkungsgrad entwickelt. Allerdings besitzen Piezo-Lautsprecher ausgeprägte Eigenresonanzen im Kilohertzbereich. **Der Gesamtklang ist kratzig und wird als wenig angenehm** empfunden. Man findet diese Lautsprecherart häufig in sehr günstigen Einsteiger-Lautsprecherboxen.

**Plasma-, elektromagnetische oder Bändchen-Lautsprecher** sind Nischenprodukte, die für Technikliebhaber einen Reiz haben, jedoch in der Ton- und Veranstaltungstechnik keine Rolle spielen.

## 9.8.3 Gehäusebauarten

### Akustischer Kurzschluss

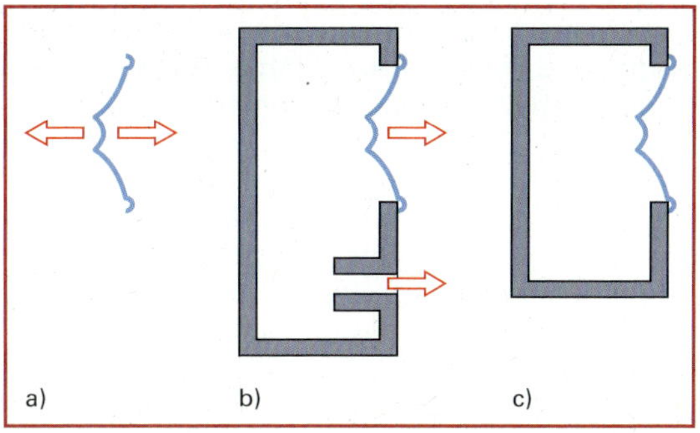


**Bild 1**: Freie Membran (a), offenes Gehäuse (b), geschlossene Box (c)

Die akustischen Eigenschaften einer Lautsprechermembran sind stark davon abhängig, ob Schall ein- oder beidseitig abgestrahlt wird. Ein **im freien Raum betriebenes Lautsprecherchassis (Bild 1a)** oder ein Chassis, welches in einem **offenen Lautsprechergehäuse (Bild 1b)** arbeitet, strahlt Schall beidseitig ab und wird als **Dipolstrahler** bezeichnet. Die Richtcharakteristik **(s. Richtcharakteristik; Seite 346)** ist die einer Acht. Schwingt die Membran nach vorne, entsteht ein Überdruck und gleichzeitig hinter dem Membran ein Unterdruck. Bei der Gegenbewegung ist dies umgekehrt. Der rückwärtig abgestrahlte Schall ist im Vergleich zum frontseitig abgestrahlten Schall um 180° in der Phase gedreht. Bei tiefen Frequenzen bewegt sich die Membran langsam, sodass es bei frei schwingenden Membranen zu einem **Druckausgleich zwischen Vorder- und Rückseite kommt. Dies bezeichnet man als akustischen Kurzschluss.** Die tiefste Wiedergabefrequenz ist von der Membrangröße abhängig: Je größer die Membran, umso niedriger kann die abgestrahlte Frequenz sein. Für die Reproduktion von unteren Mitten oder von Bässen eignen sich offene Membranen nicht.

### Bassreflex-Lautsprechergehäuse

Bei dieser Gehäusebauform **(Bild 1 b)** wird **bei gleichem Volumen eine tiefere Grenzfrequenz** (niedrigste Wiedergabefrequenz) erreicht als bei einem geschlossenen Gehäuse. **Der Innenraum des Bassreflexgehäuses wird als akustischer Resonanzkörper genutzt.** Dieser Helmholtz-Resonator besteht aus einem **sonst abgeschlossenen Luftvolumen mit einer abgestimmten Öffnung.** Bassreflexboxen sind an einer oder mehreren Öffnungen im Gehäuse zu erkennen, die sich meistens an der frontseitigen Schallwand befinden. Die Luft innerhalb des Gehäuses arbeitet wie eine Feder, die Luft in der Öffnung wirkt wie eine bewegliche Masse. Sie kann zum Schwingen gebracht werden und erzeugt dabei Schall. Im oberen Bereich der Resonanz erfolgt die Wiedergabe über die Bassreflexöffnung phasenrichtig, im unteren Bereich jedoch um 180° in der Phase gedreht. Dies führt tendenziell zu einer ungenaueren Impulsreproduktion und schwammigeren Basswiedergabe als bei geschlossenen Boxen. Der Vorteil der insgesamt höheren Basswirkung überwiegt jedoch meist diesen Nachteil.

### Geschlossenes Lautsprechergehäuse

Um den akustischen Kurzschluss zu verhindern, wird das Lautsprecherchassis in ein **geschlossenes Gehäuse (Bild 1 c)** eingebaut. Hierdurch wird der rückwärtig abgestrahlte Schall von der Außenwelt getrennt und es kann kein Druckausgleich stattfinden. Die Luft im Gehäuseinneren wird durch die Bewegungen der Membran abwechselnd komprimiert und dekomprimiert. Durch diesen Vorgang wird Energie geschluckt und das Lautsprecherchassis in seiner Schwingung bedämpft. Außerdem bleibt die rückseitig abgestrahlte Schallenergie ungenutzt. Geschlossene Lautsprecherboxen besitzen im Tieftonbereich einen geringen Wirkungsgrad. Bei geschlossenen Gehäusen spricht man von **Monopolstrahlern**. Bei entsprechend tiefen Frequenzen wird Schall kugelförmig abgestrahlt. Höhere Frequenzen werden ohne Beeinflussung durch das geschlossene Gehäuse gerichtet abgestrahlt **(s. Richtwirkung; Seite 396)**.

### Bandpass-Lautsprechergehäuse

Ein oder mehrere **Lautsprecherchassis strahlen den Schall in eine Resonatorkammer (Bild 1a, Seite 400)**. Mit diesem Verfahren ist es möglich, in einem schmalen Frequenzbereich (meist lediglich 1 – 2 Oktaven) hohen Schalldruck zu erzeugen. Der Wirkungsgrad von Bandpass-Subwoofern kann höher als bei Bassreflex-Lautsprechern sein. Allerdings nimmt der Schalldruck außerhalb des Arbeitsbereichs der Resonatorkammer rapide ab. Bandpass-Subwoofer sind zwar innerhalb eines engen Spektrums effizient, allerdings wird ihnen aufgrund des steilflankigen Wiedergabeverhaltens teilweise ein gepresstes und enges Klangbild nachgesagt. Sind die einzelnen Lautsprecher eines Systems allerdings gut aufeinander und die Raumakustik abgestimmt, kann mit Bandpass-Boxen ein stimmiges Gesamtklangbild erreicht werden. Im Vergleich zu Horn-Lautsprecherboxen benötigen sie weniger Platz.

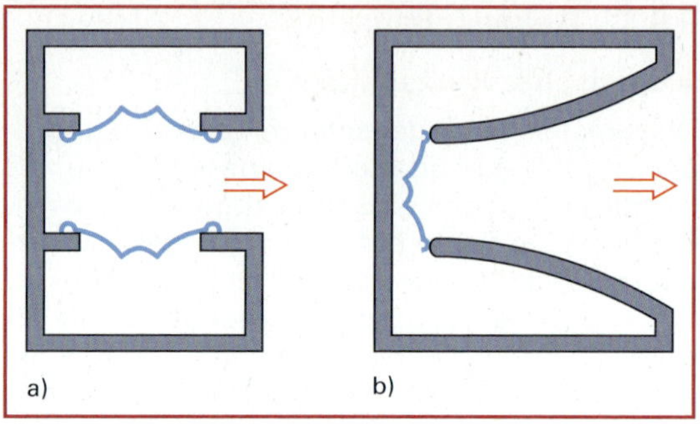


**Bild 1**: Bandpass (a), Horn (b)

## Horn-Lautsprechergehäuse

Unter dem Begriff Horn-Lautsprechergehäuse werden verschiedene Bauarten zusammengefasst. Die bekannteste Form ist der **Front-Loaded-Speaker (Bild 1b)**. Bei allen Hornsystemen wird das **Lautsprecherchassis durch die große Oberfläche des trichterförmigen Horns an die umgebende Luft angekoppelt.** Der Schalldruckpegel lässt sich dadurch um bis zu 10 dB steigern, was einer Verzehnfachung der Leistung und einer Verdopplung der empfundenen Lautstärke entspricht (s. Kapitel 9.7.4). Durch die Ankopplung der vergleichsweise kleinen Membran an die große Oberfläche des Trichters produzieren Hornsysteme nur geringe lineare Verzerrungen.

**Bild 2**: Koaxiales Chassis: Visaton PX 10 HF

Beim **Folded-Horn-Speaker** strahlt das Lautsprecherchassis rückseitig in ein (gefaltetes) Horn, welches sich in der Box befindet, den Schall umlenkt und nach vorne gibt. Dieses Prinzip kommt in ähnlicher Form beim Megafon (Druckkammerlautsprecher) vor.

Beim Prinzip der **Bassrutsche** strahlt das Tiefton-Chassis sowohl direkt nach vorne als auch rückseitig den Schall phasenrichtig über eine trichterförmige Konstruktion ab. Der Klang dieser Lautsprecherbauart hat Liebhaber, welche die hohe Impulstreue und die hohen Pegel schätzen. Nachteilig sind der teils immense Platzbedarf und das hohe Gewicht.

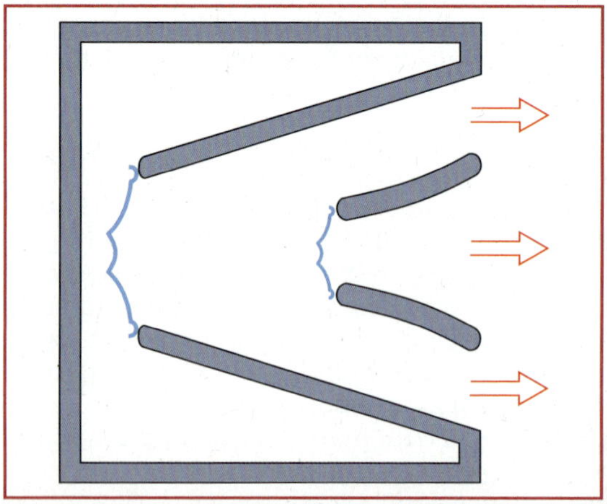

**Bild 3**: Koaxiales Chassis: Visaton PX 10 HF

## Koaxial-Lautsprechergehäuse

Bei **koaxialen Lautsprecher-Chassis** sitzt der Hoch-Mittelton-Lautsprecher zentral vor dem Tiefton-Lautsprecher **(Bild 2)**. Vorteilhaft ist der **geringe Platzbedarf** eines solchen Kombi-Chassis. Nachteilig sind die Beugungseffekte, die zu **Klangverfälschungen** führen. Im Car-Audio-Bereich sind Koax-Chassis verbreitet.

**In koaxialen Lautsprecherboxen (Bild 3) sind zwei einzelne Chassis räumlich versetzt hintereinander angebracht.** Dieses Prinzip wird in Satelliten- oder Top-Lautsprecherboxen für die Abdeckung des Hoch- und Mitteltonbereichs genutzt. Dabei ist der Hochtöner (meist in Front-Loaded

Horn-Bauart) konzentrisch auf der gleichen akustischen Achse vor dem Tief-Mitteltöner positioniert. Beide Chassis lassen sich dabei zu einer **fast punktförmig abstrahlenden Schallquelle** kombinieren.

## Linienstrahler

Bei Linienstrahlern werden **mehrere identische Chassis dicht nebeneinander (meist vertikal) angeordnet.** Durch die Kopplung der einzelnen Elemente wirkt das Gesamtsystem nicht mehr als punktförmige Schallquelle, sondern es erzeugt eine **zylinderförmige Schallwelle.** Ein wesentlicher Vorteil dieser zylindrischen Geometrie ist die höhere Reichweite bei schwieriger Raumakustik: Während ein Punktstrahler bei Entfernungsverdopplung eine vierfach so große Fläche beschallt (–6 dB), verteilt sich bei einem Linienstrahler die gleiche Energie auf lediglich die doppelte Fläche (–3 dB). Reinen Linienstrahlern sind allerdings beim Frequenzgang Grenzen gesetzt. Haupteinsatzgebiet sind hauptsächlich Sprachübertragungen.

**Bild 1**: Säulensystem Polar 12 von HK Audio

Durch **Veränderungen am Linienstrahler und durch die Ergänzung mit (separaten) Tieftonlautsprechern (Bild 1)** sind allerdings auch hochqualitative Anwendungen für Musik über ein weites Frequenzspektrum möglich.

## Line-Array-Lautsprecher

Eine Weiterentwicklung des Linienstrahlers stellen Line-Array-Systeme dar. Sie bestehen aus einzelnen Chassis oder Lautsprecherboxen, die vertikal untereinander angeordnet sind und eine zylinderförmige Schallabstrahlung über einen weiten Frequenzbereich ermöglichen. Kleinere Line-Arrays werden am Boden (oder z.B. über einem Subwoofer) übereinander **gestackt** (engl. gestapelt). Größere Systeme werden üblicherweise **geflogen**, d. h. an eine Traverse oder an einen Flugpunkt an der Decke gehängt. Dabei ist das Array vorher auf die jeweilige Beschallungssituation anzupassen. Hierzu kann zwischen den einzelnen Elementen ein Winkel eingestellt werden, der je nach Anzahl der Einzelelemente und der akustischen und räumlichen Gegebenheiten variiert. Letztlich ergibt sich durch das **Curving** (engl. Krümmung) der Einzelboxen immer eine gebogene Gesamtform, was die umgangssprachliche Bezeichnung „Banane“ erklärt.

Je nach Hersteller und System werden die benötigten Subwoofer entweder ebenfalls geflogen oder unterhalb der Line-Arrays gestapelt und ggf. durch weitere Subs vor dem vorderen Bühnenrand ergänzt. Bei mittleren und großen Veranstaltungen haben Line-Arrays die konventionellen Punktstrahlersysteme weitgehend verdrängt.

**Bild 2**: Geflogenes Line-Array: Seeburg Galeo T

**Bild 3**: Gestackte Subwoofer: Seeburg Galeo T Sub mit Verbindungselement

### 9.8.4 Lautsprecheranordnungen

#### Allgemeine Anforderungen an Beschallungssysteme

Unter Praxisbedingungen herrschen fast nie perfekte Bedingungen, die beim Einsatz und dem Betrieb von Lautsprecheranlagen für ideale Ergebnisse sorgen würden.

Wünschenswert sind:

- Eine möglichst **gleichmäßige Lautstärkeverteilung** über den gesamten Publikumsraum
- Eine möglichst **gleichmäßige Frequenzwiedergabe** an allen Hörpositionen sowie
- Eine Versorgung aller Zuhörer mit einem **möglichst hohen Anteil von Direktschall** aus dem Lautsprechersystem.

Diesen Anforderungen stehen in den meisten Fällen jedoch verschiedene Bedingungen entgegen:

- Die **Räumlichkeiten sind akustisch nicht immer optimal** gestaltet (z. B. lange Nachhallzeit, unpassende Deckenhöhe, eingeschränkte Aufstellungsmöglichkeiten der Beschallungssysteme),
- Die Beschallung erfolgt nicht für eine optimierte Zuhörerposition, sondern auf einer **großen Fläche**,
- Die meisten Zuhörer befinden sich **nicht auf einer Raumachse** vor dem Beschallungssystem (sondern seitlich und/oder in der räumlichen Tiefe versetzt),
- Viele Zuhörer befinden sich **außerhalb des Hallabstandes** (die Entfernung, an dem Direktschall und Raumschall gleich laut sind) und erleben durch den hohen Raumschallanteil oft ein unpräzises Klangbild (z. B. schlechte Sprachverständlichkeit und mangelhafte räumliche Ortbarkeit),
- Die **Mikrofonierung der zu übertragenden Signale erfolgt räumlich dicht bei den Beschallungssystemen**, was zu Rückkopplungen und Klangfärbungen führen kann.

#### Dezentrale Beschallung

Bei diesem Konzept werden **mehrere Lautsprecher genutzt, die gleichzeitig Schall abgeben**. Durch die räumlich Trennung und die geringe Leistung der Einzelsysteme überlagern sich die unterschiedlichen Schallfelder nicht und es entstehen keine Störungen.

Vorteilhaft ist die **gleichmäßige Schallverteilung** einer solchen Installation, besonders unter schwierigen räumlichen Bedingungen. Meist ist der bauliche Aufwand enorm, der für die Errichtung notwendig ist. Die Gesamtleistung fällt in der Regel deutlich geringer aus als bei zentralen Beschallungsanlagen, da die Entfernung zwischen Lautsprecher und Zuhörer im Vergleich viel geringer ist. In vielen Räumlichkeiten kann eine dezentrale Beschallung sinnvoll sein. Durchsagesysteme (auch häufig **ELA-Systeme** genannt; abgeleitet von Elektroakustische Anlage) in Schulen oder anderen öffentlichen Gebäuden lassen sich nicht durch einen zentralen Lautsprecher ersetzen. Die Signale werden zwar von einer zentralen Stelle in das System eingespeist, da die Wiedergabe jedoch an verschiedenen, räumlich getrennten Punkten geschieht, handelt es sich um eine dezentrale Beschallungsanlage. Früher waren solche ELA-Systeme analog aufgebaut. Die Verteilung des Lastsignals erfolgte meist über eine Spannung von 100 Volt, daher auch die gängige Bezeichnung **100-V-System**. Bei komplexen Neuinstallationen werden seit einiger Zeit in der Regel digitale Systeme verbaut. Mit diesen lassen sich die Wiedergabelautsprecher einfach zu Gruppen bündeln, sodass sich z. B. Durchsagen pro Stockwerk realisieren lassen. Von der Zentralstelle lassen sich außerdem Parameter wie etwa die individuelle Lautstärke für jeden einzelnen Lautsprecher steuern und speichern. Die Ansteuerung erfolgt meist via LAN-Netzwerktechnik aus dem IT-Bereich.

#### Zentrale Beschallung

Um möglichst wenige Schallwellen aus verschiedenen Quellen zu haben, die sich gegenseitig überlagern oder auslöschen (s. Kapitel 9.1.1) kann ein zentrales Beschallungskonzept sinnvoll sein. Insbesondere bei räumlichen Situationen, bei denen große Flächen beschallt werden müssen (Open Air oder große Hallen mit hohen Decken) ist dieses Vorgehen sinnvoll. Hierbei werden mehrere Lautsprecher miteinander kombiniert, sodass diese eine kohärente kugel- oder zylinderförmige Schallwelle abstrahlen.

Bei der Positionierung der Lautsprecher gibt es verschiedene Möglichkeiten mit jeweils eigenen Vor- und Nachteilen im Klang, bei der Installation und im Betrieb:

**A: Stereo-Aufbau auf Horizontlinie**

Ein weitverbreitetes Setup ist die **frontale Beschallung mit zwei Lautsprechersystemen, welche rechts und links am Bühnenrand positioniert sind und sich auf Bühnenhöhe befinden (Bild 1).**

**Bild 1**: Frontale Beschallung auf Bühnenhöhe

Dieser Aufbau ist verhältnismäßig einfach. Einen ausgewogenen Stereo-Eindruck und eine gleichmäßige Lautstärkeverteilung erhalten jedoch nur wenige Zuhörer, da sich ein Großteil des Publikums außerhalb des Sweet Spot **(s. Kapitel 9.2.4)** befindet. Negativ kann auch die räumliche Nähe zwischen Mikrofonen und Lautsprechern sein (**Feedbackgefahr**). Bei der **Mischung wird überwiegend monofon** gearbeitet, damit alle wichtigen Signale zu annähernd gleichen Teilen von beiden Seiten ausgegeben werden und alle Stimmen oder Instrumente bei möglichst allen Zuhörern ankommen.

Die Lautstärkeverteilung ist wenig homogen und nimmt bei steigender Entfernung deutlich ab. Sind die Lautsprechersysteme etwa auf Bühnenhöhe angebracht, werden die ersten Publikumsreihen deutlich lauter beschallt als die hinteren.

Durch **Abschattungseffekte** **(s. Seite 335; Beugung)** kommt es zu einer zunehmenden Dämpfung der mittleren und hohen Frequenzen, je größer die Entfernung zur Bühne ist. Diese Klangfärbung durch Entfernungszunahme kann in dieser Lautsprecheranordnung nicht zufriedenstellend durch Equalizer **(s. Typische Kanalzug-Bestandteile; Seite 376 und Equalizer (EQ); Seite 387)** korrigiert werden, da eine ausgleichende Erhöhung für den entfernten Bereich zu einer Überhöhung für den nahen Bereich führen würde.

**B: Stereo-Aufbau mit Vertikalversatz**

Um eine gleichmäßigere Lautstärkeverteilung auf der Publikumsfläche zu erreichen und dem Effekt der Frequenzabschattung entgegenzuwirken, werden in dieser Konfiguration die Lautsprechersysteme durch die Befestigung an geeigneten Stativen, Traversen oder mittels Flugpunkten an der Decke **erhöht angebracht (Bild 2)** und strahlen den Schall in einem schrägen Winkel von oben auf das Publikum.

**Bild 2**: Vertikal versetzte Frontalbeschallung

**C: Einsatz von Nearfill-Lautsprechern**

Die Plätze in Bühnennähe liegen oft außerhalb der direkten Richtwirkung der Hauptlautsprecher. Dort wird zwar auch ein gewisser Lautstärkeeindruck erzeugt, da aber hauptsächlich Diffusschall der Reflexionen wahrgenommen wird, ist das Klangbild nicht präsent. Es ist daher oft sinnvoll, mit **Nearfill-Lautsprechern eine Nahfeldbeschallung für die ersten Reihen vor dem Bühnenrand vorzunehmen (Bild 3).**

**Bild 3**: Nearfill für vordere Reihen

Der Schall der Nearfills erreicht die Zuhörer in den vorderen Reihen vor dem Schall der Hauptanlage. Auf den Einsatz eines Delays kann teilweise verzichtet werden, da der Zeitversatz der verschiedenen Wellenfronten von Nearfill und Hauptanlage zu gering ist, als dass ein spürbarer Unterschied entsteht.

**D: Einsatz von Delay Lines**

Insbesondere bei großen Räumlichkeiten kann der Lautstärkeabfall mit lediglich einem zentralen Beschallungssystem zu stark werden. Um eine gleichmäßige Lautstärke- und Frequenzverteilung sowie einen möglichst hohen Anteil an Direktschall zu erreichen, werden eine oder mehrere

**zusätzliche Beschallungssysteme** hinzugefügt. Diese müssen den Schall allerdings **zeitlich verzögert** abstrahlen, um eine einheitliche Wellenfront auf der gesamten Publikumsfläche zu erzeugen **(Bild 1)**. Diese Systeme werden als **Delay-Lines** (delay; engl. verzögern) bezeichnet. Technisch gesehen sind Delay-Lines dezentrale Beschallungskonzepte. Auch hier gilt prinzipiell, dass die Gesamtleistung einer Beschallungsanlage mit Delay-Lines insgesamt kleiner ausfallen wird als im Vergleich zu einer Anlage mit Zentralbeschallung.

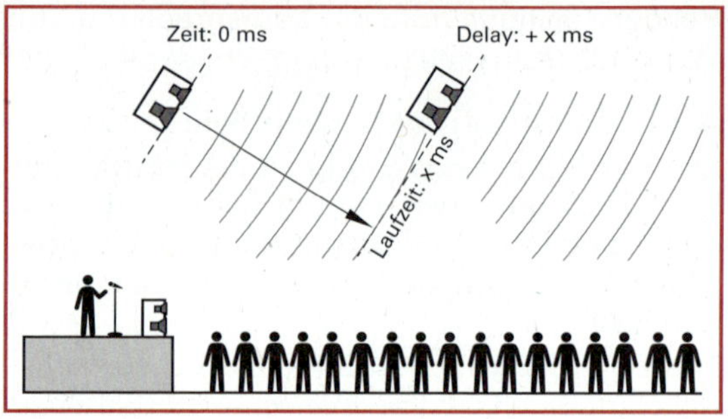


**Bild 1**: Delay-Line mit Zeitverzögerung

Für die Einstellung des Delay-Wertes gibt es zwei Möglichkeiten:

1. Bei der **impulsgenauen Zeitverzögerung (Bild 1)** wird der zeitliche Unterschied der Schalllaufzeit zwischen erstem und zweitem Lautsprechersystem ermittelt. Um diesen Wert wird das zweite System (die Delay-Line) verzögert. Dies sorgt für eine deckungsgleiche Wellenfront für die hinteren Reihen. Problematisch ist die Tatsache, dass die Ermittlung des Delay-Wertes nur für eine Hörposition vorgenommen werden kann. Unterschiede zwischen den einzelnen Plätzen der hinteren Bereiche können nicht berücksichtigt werden. **Die Sprachverständlichkeit ist bei diesem Verfahren in der Regel hoch.** Jedoch wird das Schallereignis nicht mehr dem Geschehen auf der Bühne zugeordnet, sondern **räumlich dem abstrahlenden Delay-Line-Lautsprecher zugeordnet.**
2. Bei der Einstellung der Zeitverzögerung nach dem **Gesetz der ersten Wellenfront** wird der Umstand ausgenutzt, dass das menschliche Gehör ein Schallereignis der ersten eintreffenden Schallwelle zuordnet. Wenn Schall aus Delay-Lines zusätzlich zur Schalllaufzeit der Haupt-PA um 10 – 30 ms verzögert wird, wird der Ton der Delay-Line trotzdem räumlich der Bühne zugeordnet (s. Echo (Delay); Präzedenz-Effekt nach Haas). Delay-Lines können dabei sogar bis zu 10 dB lauter sein als der Hauptschall, solange die zeitliche Verzögerung korrekt ist.

## Subwoofer-Anordnungen

Für den Tiefbassbereich (rund 30 Hz – 120 Hz) werden großvolumige Lautsprechersysteme mit besonders großflächigen Lautsprechermembranen verwendet. Normalerweise werden Subwoofer auf dem Boden platziert, da so eine akustische Ankopplung an den Raum entstehen kann. Durch die Reflexion der Schallwellen am Boden erhöht sich der Pegel um 6 dB. Wird zu einem Subwoofer möglichst nah ein zweiter hinzugefügt, erhöht sich der Schalldruck um 6 dB. Jede weitere Verdopplung der Subwooferanzahl führt zu einem zusätzlichen Gewinn von 6 dB.

Aufgrund der abgestrahlten Wellenlängen im Bereich von drei bis elf Metern sind Subwoofer klassische Kugelstrahler und geben Schall fast gleichmäßig in alle Richtungen ab. Durch verschiedene Anordnungen mehrerer Subwoofer kann Schall allerdings auch gerichtet abgestrahlt werden. Je nach Anwendungsgebiet bringt dieses veränderte Verhalten deutliche Vorteile.

### S1: Konventionelle Links-Rechts-Anordnung

Die **ungleichmäßige Lautstärkeverteilung** dieser Konfiguration wird in **Bild 2** gezeigt: Jeweils rechts und links an der Bühne werden frontal Subwoofer (schwarze Boxen) aufgestellt. Durch Addition und Auslöschung der Schallwellen (s. Kapitel 9.1.1) entstehen im Publikumsbereich Orte mit mehr (rot) bzw. weniger (blau) Tieftonanteil. Ausgehend von der Mitte der Subwooferanordnung entsteht meist eine sogenannte „**Power Alley**“: In diesem Bereich addieren sich die Wellenphasen und der Basseindruck ist deutlich stärker.

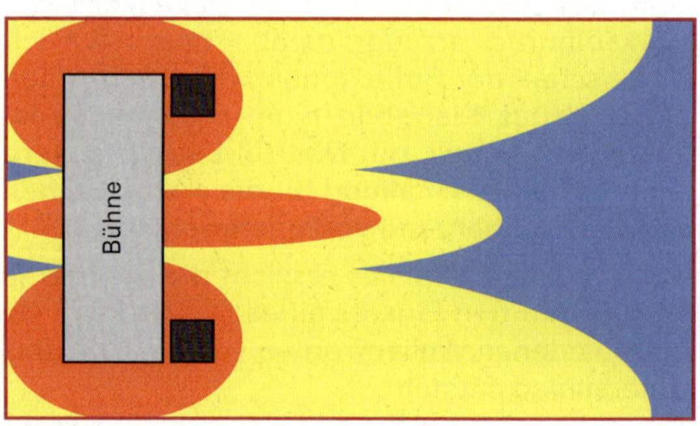


**Bild 2**: Links-Rechts-Anordnung

Eine leichte Verbesserung kann durch das Hinzufügen eines Center-Subwoofers in der Mitte zwischen den beiden äußeren Positionen erreicht werden.

**S2: Zeilenanordnung („Zahnlücke")**

Bei dieser Art der Aufstellung werden die **Subwoofer in einer Reihe parallel zur Bühnenbreite angeordnet (Bild 1)**. Optisch ergibt sich dadurch eine Form, die an die Zinnen einer Burgmauer erinnert – umgangssprachlich wird diese Aufstellung Zahnlücke genannt. Vorteilhaft ist die deutlich **gleichmäßigere Lautstärkeverteilung** im Publikumsbereich als bei Links-Rechts-Anordnung. Ebenso ist eine **deutlichere Richtwirkung** zu erreichen. Wichtig bei der Aufstellung der Subwoofer ist der seitliche Abstand der Systeme zueinander: Je enger die Boxen beieinander stehen, desto stärker ist die Richtwirkung – nach vorne in Richtung des Publikums, allerdings auch nach hinten auf die Bühne, was dort zu akustischen Problemen führen kann. Stehen die Subwoofer jedoch zu weit auseinander (mehr als eine halbe Wellenlänge), können deutlich hörbare Interferenzen und Lautstärkeeinbrüche entstehen.

**S3: Gebogene Anordnung (Curved)**

Die Subwoofer sind ähnlich wie bei der Zeilenanordnung vor der Bühne positioniert, jedoch erfolgt die **Aufstellung in gebogener Form (Bild 2), wobei die Subwoofer in der Bühnenmitte in Richtung des Publikums verschoben sind.** Die Lautstärkeverteilung wird dadurch in der Breite gleichmäßiger, allerdings entsteht eine ausgeprägte Abstrahlung in Richtung Bühnenmitte.

Statt die Subwoofer in ihrer räumlichen Anordnung zu verschieben, kann ein ähnlicher (oft sogar besserer) Effekt durch den **Einsatz von Delays** erzielt werden. Die starke Rückwärtsbündelung kann hierdurch abgemildert werden. Bei der Einstellung der Delay-Zeiten für die Subwoofer gilt: Je länger die Verzögerung, desto größer wäre der Biegewinkel bei einer Curved-Anordnung. Ist eine enge Bündelung gewünscht, werden niedrige Delay-Zeiten verwendet.

**Bild 1**: Zeilenanordnung

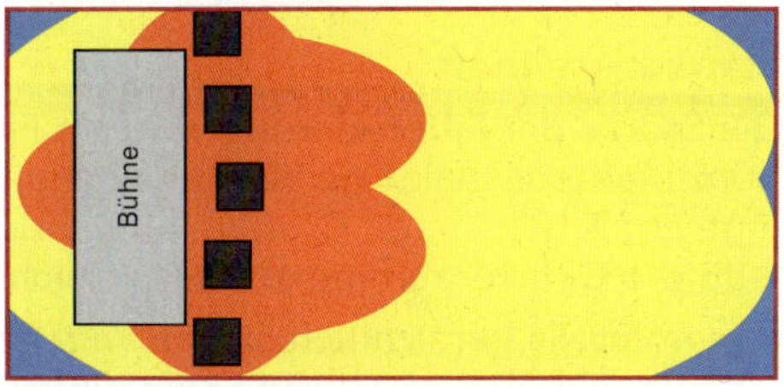


**Bild 2**: Subwoofer in Curved-Anordnung

**S4: Cardioid-Anordnung (CSA)**

Durch die Anordnung als **Cardioid-Subwoofer-Array (CSA; Bild 3)** kann eine starke Vorwärtsbündelung des Schalls erreicht werden. Bei dieser Aufstellung bilden **jeweils drei Subwoofer eine Gruppe, bei denen der mittlere Lautsprecher horizontal um 180° gedreht ist und Richtung Bühne abstrahlt.** Die beiden äußeren sind auf den Publikumsbereich ausgerichtet. Der mittlere Subwoofer wird mittels Delay um den Zeitwert verzögert, den der Schall zum Zurücklegen der Distanz des Lautsprechergehäuses benötigt (ist die Box 1 m tief, beträgt das Delay rund 3 ms). Durch **die gezielte Bassauslöschung in Richtung Bühne** entsteht dort ein beruhigter Bereich.

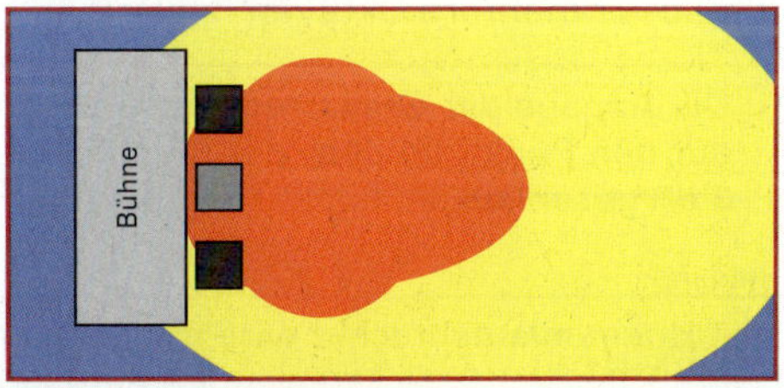


**Bild 3**: Cardioid-Anordnung

**S5: Endfire-Anordnung**

Diese Aufstellungsart ist bei Großveranstaltungen beliebt. Es werden **mehrere Subwoofer im Abstand einer viertel Wellenlänge hintereinander angeordnet** (bei einer anzunehmenden mittleren Frequenz von 80 Hz beträgt der Abstand zwischen den Subwoofer-Schallflächen rund 1 m). Die **einzelnen Lautsprecher werden entsprechend ihres räumlichen Abstandes zur vordersten Box mit einem Delay verzögert** (pro Meter rund 3 ms). Durch die Endfire-Anordnung wird eine gute Rückwärtsdämpfung erreicht. Gleichzeitig entsteht eine Summierung der Einzelpegel auf Achse des Endfire-Systems in Richtung Publikum **(Bild 4)**.

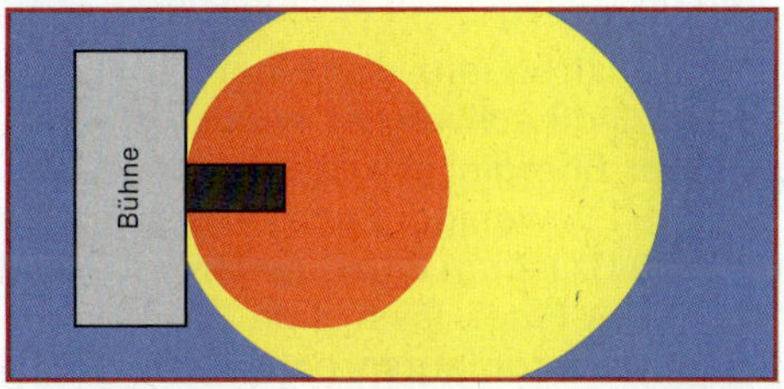


**Bild 4**: Endfire-Anordnung

### 9.8.5 Frequenzweichen und Filter

#### Allgemeines

Es gibt (bisher) keinen Lautsprecher, der Schall in ausreichendem Wirkungsgrad bei einer möglichst linearen Wiedergabe über den kompletten Frequenzgang des menschlichen Gehörs abstrahlen kann. Aus diesem Grund werden Mehrwegesysteme verwendet, deren einzelne Lautsprecherchassis für bestimmte Frequenzbereiche optimiert sind. Dazu erfolgt eine Trennung des gesamten Audiospektrums in einzelne Frequenzbereiche (z. B. Tief-, Mittel- und Hochtonbereich), welche an die einzelnen Lautsprecher(boxen) gesendet werden. Diese geben die jeweiligen Frequenzbereiche zeitgleich ab und die einzelnen Spektren fügen sich nach der Abstrahlung wieder zu einem Gesamtklang zusammen.

#### Filtertypen

Im Bereich von Frequenzweichen und Lautsprecher-Managementsystemen gibt es drei wesentliche Filtertypen:

- **Tiefpass-Filter (Lowpass Filter):** Bei diesem Typ bleibt die **Energie eines Audiosignals unterhalb einer Grenz- oder Eckfrequenz unverändert.** Oberhalb dieses Punktes wirkt das Tiefpass-Filter als Sperre und schwächt in zunehmendem Maße die Spektralanteile ab, je weiter die Frequenzanteile über der Grenzfrequenz liegen.
- **Hochpass-Filter (Highpass Filter):** Dieser Typ verhält sich umgekehrt zum Tiefpass-Filter und **entfernt zunehmend die Spektralanteile unterhalb der Grenzfrequenz.**
- **Bandpass-Filter:** Bei diesem Typ werden eine **mittlere Frequenz sowie (meist) eine Frequenzbandbreite definiert. Unter- und oberhalb dieser Bandbreite wird dem Signal Energie entzogen**. Ein Bandpass-Filter lässt sich auch durch die Kombination von Tief- und Hochpass-Filter realisieren.

#### Flankensteilheit

Die **Stärke der Filterwirkung** wird als Flankensteilheit bezeichnet. Auf digitaler Ebene lässt sich prinzipiell jede beliebige Flankensteilheit erreichen, jedoch werden oft weiterhin die aus der Analogtechnik bekannten Größen verwendet. Das einfachste Filter besitzt eine Flankensteilheit von 6 dB pro Oktave, komplexe Filter erreichen 36 dB (oder mehr).

Wie in **Tabelle 1** ersichtlich, ist die Verwendung der logarithmischen dB-Skala sinnvoll, da die Unterschiede bei der linearen Skala des Dämpfungsfaktors weniger deutlich sind – besonders bei hohen Filterwirkungen oder bei der Betrachtung über mehrere Oktaven hinweg.

**Tabelle 1:** Filterwirkung je Oktave

| Ordnung | Abschwächung | Dämpfung |
|---|---|---|
| 1 | 6 dB | 75 % |
| 2 | 12 dB | 94 % |
| 3 | 18 dB | 98 % |
| 4 | 24 dB | 99,6 % |

Die Angabe der **Grenzfrequenz** bezieht sich auf den Punkt, an dem der Signalpegel **um 3 dB gesunken** ist.

**Beispiel:**

Ein Hochtonlautsprecher wird mit einem Hochpass-Filter der 2. Ordnung mit einer Grenzfrequenz von 2000 Hz abgekoppelt **(Bild 2)** und von den tieferen Frequenzen entlastet.

Die Grenzfrequenz des Filters von 2 kHz wird bereits 3 dB schwächer wiedergegeben (50 % weniger Energie), 1 kHz sind um 12 dB abgesenkt (94 % weniger Energie) und die Frequenz von 250 Hz ist um 36 dB gedämpft. Mit diesem Hochpass-Filter lässt sich ein durchschnittlicher Hochtonlautsprecher effektiv vor der Energie tieffrequenter Signalanteile schützen.

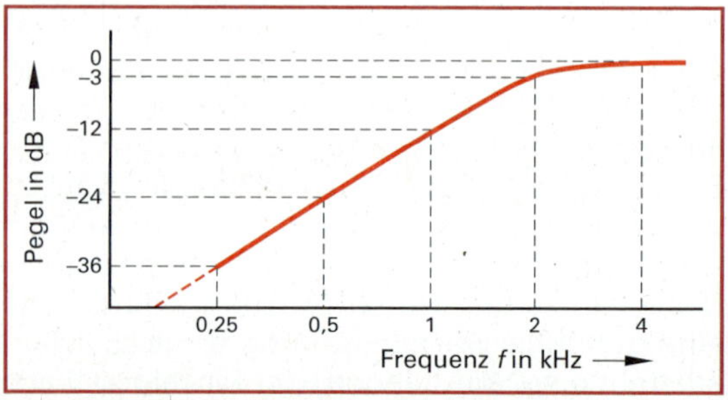


**Bild 1:** Hochpass-Filter 2. Ordnung @2kHz

## Passive Frequenzweichen

Üblicherweise sind passive Frequenzweichen **im Inneren von Mehrwegelautsprecherboxen** eingebaut. Sie bestehen aus Spulen, Kondensatoren und Widerständen. Passive Frequenzweichen **benötigen zum Betrieb keinerlei Versorgungsspannung.** Die Box erhält von einer Endstufe **ein Lastsignal, welches von der Frequenzweiche in mehrere Spektralbereiche aufgeteilt** (meist zwei oder drei) und an die entsprechenden Chassis geleitet wird.

Vorteilhaft sind der einfache technische Aufbau sowie eine normalerweise **vollständige Wartungsfreiheit** über einen sehr langen Zeitraum. Nachteilig sind die **Verlustleistung** der passiven Bauelemente im Weg des Lastsignals sowie verschiedene Wechselwirkungen der analogen Schaltkreise, die die Tonqualität beeinträchtigen können.

### Aktive Frequenzweichen

Dieser Typ von Frequenzweiche ist im Signalweg prinzipiell immer vor der Endstufe angeordnet. Die Operationsverstärker (OP-Amps) oder DSP (Digital Signal Processor/Digital Soundprocessor) benötigen eine Versorgungsspannung und bearbeiten das Audiosignal fast verlustfrei in einer hohen Qualität. Nachdem das Signal in die verschiedenen Frequenzspektren aufgeteilt ist, gelangen die einzelnen Wege in dedizierte (speziell zugeordnete) Verstärker, welche das verstärkte Signal an die entsprechenden Lautsprecherchassis leiten.

Insbesondere bei den DSP können weitreichende Einstellungen vorgenommen werden. Somit lassen sich z. B. Filtergüte und Übergangsfrequenzen detailliert einstellen und an die vorhandenen Lautsprechersysteme anpassen. Neben diesen grundsätzlichen Funktionen bieten fast alle DSP-basierten Systeme weitere Funktionen wie beispielsweise Limiter (s. Seite 386) an, um einen Überlastungsschutz des Lautsprechersystems zu gewährleisten.

## 9.8.6 In Ear Monitoring

Die Verwendung von konventionellen Monitorlautsprechern auf der Bühne hat sich in vielen Fällen bewährt, bringt allerdings auch teilweise deutliche Nachteile mit sich. Die Monitorboxen, Endstufen und Kabel bedeuten einen mitunter erheblichen Platzbedarf (sowohl auf der Bühne als auch bei Transport und der Lagerung). Die Lautstärke on Stage kann zu Klangfärbungen und Rückkopplungen führen, da der Schall in die Mikrofonwege gelangt. Auch kann eine laute Bühne in Konkurrenz zur Hauptanlage treten. Diese Probleme können durch konsequentes In Ear Monitoring (IEM) reduziert werden.

Dabei nutzen die Akteure auf der Bühne individuell angepasste Custom Sleeves oder Otoplastiken (**Bild 1**: speziell angepasste Ohrhörer, die von Abdrücken des Ohres angefertigt werden). Die Einspielung des Monitormixes erfolgt entweder stationär über ein kabelgebundenes System oder drahtlos via Funkstrecke (s. Kapitel 9.4.2).

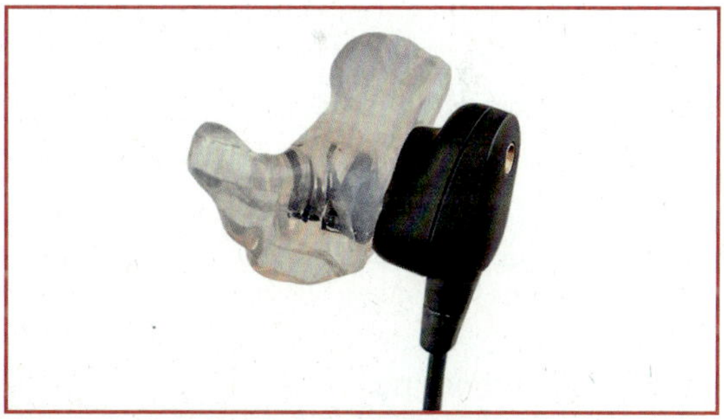

**Bild 1**: Individuelle Otoplastik von Pahl

**Vorteile:**
- IEM Sleeves wirken auch als Gehörschutz
- Reduzierung der Bühnenlautstärke, daher kaum Rückkopplungsgefahr
- Akteur kann eigene Lautstärke regeln
- Gute Intonationskontrolle bei Gesang
- Sehr gute und gleichbleibende Tonqualität

**Nachteile:**
- Räumliche Orientierung auf der Bühne wird erschwert
- Abgeschlossenheitsgefühl möglich
- Kommunikation mit Mitmusikern und Publikum ist schwieriger
- Bei Mono-Systemen: Enges Klangbild
- Körpergefühl bei Bass entfällt

## Wiederholungsfragen

**1. Mischpultvergleich**

Nennen Sie mindestens drei Vor- und zwei Nachteile von Digitalpulten im Vergleich zu analogen Mischpulten.

**2. Mischpultfunktionen I**

Welche zwei wichtigen Funktionen bieten die Aux-Wege eines Mischpults?

**3. Mischpultfunktionen II**

Welche Funktion besitzt der sogenannte Pad-Schalter im Eingangsbereich eines Mischpults und in welchen Situationen wird er verwendet?

**4. Mischpultfunktionen III**

Erläutern Sie den Begriff „Arbeitsbereich" eines Mischpultfaders. Innerhalb welcher Grenzen liegt dieser Bereich?

**5. Equalizer**

Was bestimmt die Güte (Q) eines Filters? (Mehrfachnennungen sind möglich)

- ☐ Die maximale Absenkung bzw. Anhebung eines Frequenzspektrums
- ☐ Die Anzahl der verschiedenen Frequenzbänder eines grafischen Equalizers
- ☐ Die Bandbreite eines Filters
- ☐ Die Menge des Feedbacks im Equalizer-Routing
- ☐ Die Breite des beeinflussten Frequenzbereichs eines Glockenfilters

**6. Signalbearbeitung**

Erläutern Sie den Unterschied zwischen serieller und paralleler Signalbearbeitung und nennen Sie jeweils ein Beispiel.

**7. Effekte I**

Ordnen Sie die nachfolgenden Effekte aufsteigend nach deren typischer maximaler Hallzeit:

Hall, Chamber, Room

**8. Effekte II**

Welches technische Prinzip ist charakteristisch für fast alle Modulationseffekte?

**9. Delay bei Beschallungssituationen**

Die räumliche Distanz zwischen Hauptlautsprechern und Subwoofer an der Zuhörerposition beträgt 5 Meter. Um welche Zeit sollte das Subwoofer-Signal verzögert werden?

**10. Endstufen-Ausgangsleistung I**

Ordnen Sie den dB-Werten die passenden Auswirkungen zu:

| | |
|---|---|
| +3 dB | Verdopplung der Lautheit |
| +6 dB | Verdopplung der Ausgangsleistung |
| +10 dB | Verdopplung des Membranhubs |

**11. Endstufen-Ausgangsleistung II**

Eine Endstufe liefert eine Stromstärke von 10 A bei einer Spannung von 80 V an einen Lautsprecher mit 8 Ω.

Welche Leistung erbringt der Lautsprecher?

**12. Lautsprecher-Charakteristika I**

Unter welchen Bedingungen wird üblicherweise der Kennschalldruck eines Lautsprechers ermittelt?

**13. Lautsprecher-Charakteristika II**

Beschreiben Sie den Begriff „Schalldruck-Frequenzgang" mit Fachbegriffen.

**14. Lautsprecheranordnung**

Welche beiden Vorteile bringt eine Lautsprecheranordnung mit Vertikalversatz gegenüber einer rein frontalen Beschallung von der Bühne?

**15. Subwoofer-Anordnung**

Beschreiben Sie die sogenannte „Zahnlücken"-Anordnung.

# 10 Medientechnik

# 10 Medientechnik

## 10.1 Signalübertragungsarten

### 10.1.1 Einleitung

In der Medientechnik gibt es für die Bild-/Tonübertragung eine Vielzahl von Signalarten. Hierfür muss für eine kompatible technische Kommunikation zwischen Sende- und Empfangsgeräten gesorgt werden. Dies geschieht durch internationale Vertreter aus der Industrie, die in Organisationen **(Tabelle 1)** Normen und Standards erarbeiten. Diese unterscheiden sich in **analoge**[1] und **digitale**[2] Signalübertragungstechniken.

### 10.1.2 Analoge Signaltechnik

Ein analoges Signal definiert sich durch die physikalischen Hauptkomponenten Spannung und Frequenz[3]. Die Signale verändern kontinuierlich[4] sowohl ihre Amplitude[5] als auch ihren zeitlichen Verlauf (Frequenz). Beispiel: Werden auf einen Lautsprecher mittels eines Verstärkers Musiksignale übertragen, so verändert man mit dem Lautstärkeregler die Amplitude (Signalstärke, **Tabelle 2**). Je mehr Energie auf die Lautsprechermembrane gegeben wird, umso stärker schwingt sie und desto größer ist die Lautstärke. Die verschiedenen Tonhöhen verändern die Frequenz (zeitlicher Verlauf) des analogen Signals. Je höher die Töne, umso schneller schwingt die Lautsprechermembrane.

**Tabelle 1:** Organisationen für die Festlegung technischer Standards

| Abk. | Name | nationale Ebene |
|---|---|---|
| **DIN** | **D**eutsches **I**nstitut für **N**ormung | Deutschland |
| **NVBF** | DIN-**N**ormenausschuss für **V**eranstaltungstechnik, **B**ild und **F**ilm | Deutschland |
| **CEN** | **C**omité **E**uropéen de **N**ormalisation Europäisches Komitee für Normung | Europäischer Binnenmarkt |
| **ISO** | **I**nternational **O**rganization for **S**tandardization Internationale Organisation für Normung | weltweite Vereinheitlichung technischer Regeln |
| **CCIR** | **C**omité **C**onsultatif **I**nternational des **R**adiocommunications Internationaler Beratender Ausschuss für den Funkdienst | weltweit beratender Ausschuss |

**Tabelle 2:** Analoge Tonsignale

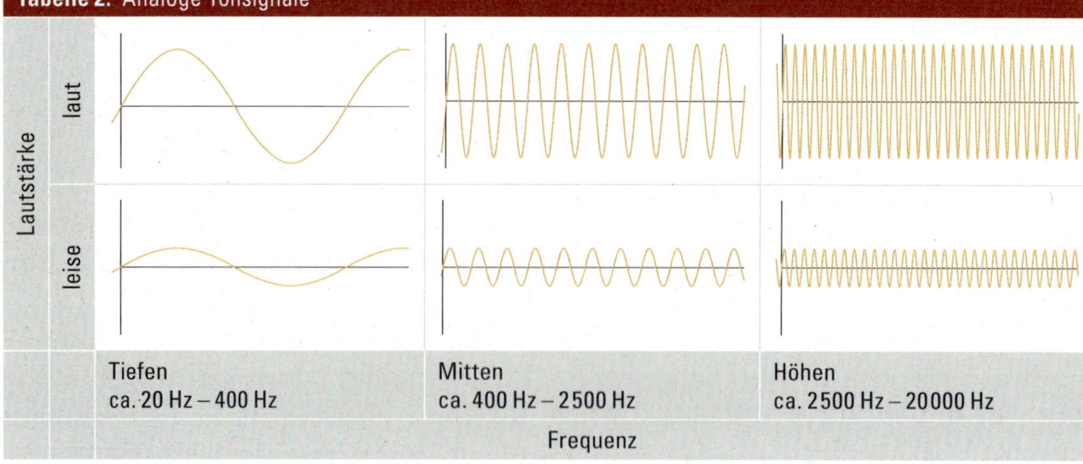


| | Tiefen | Mitten | Höhen |
|---|---|---|---|
| | ca. 20 Hz – 400 Hz | ca. 400 Hz – 2500 Hz | ca. 2500 Hz – 20000 Hz |
| | Frequenz | | |

[1] von analogos (gr.) = entsprechend, verhältnismäßig; Technik, Physik: stufenlos, kontinuierlich
[2] von digitus (lat.) = Finger, digit (engl.) = Ziffer; Technik, Physik: abgestuftes Signal
[3] von frequentia (lat.) = Häufigkeit; Physik: Maß für Schwingungen pro Sekunde
[4] von continuare (lat.) = ohne Unterbrechung fortführen, fortsetzen, verbinden; Physik: sich stetig verändernde Werte
[5] von amplitudo (lat.) = (Schwingungs-) Weite; Physik: maximale Abweichung/Auslenkung von der Nulllinie von Wechselgrößen

### 10.1.3 Analoge Videoübertragungstechnik

**Tabelle 1:** Fernseh-Hauptnormen

| Norm | Zeilen | Zeilen sichtbar | Halbbilder pro Sekunde | Vollbilder pro Sekunde | Bandbreite MHz | Land |
|---|---|---|---|---|---|---|
| CCIR 601 625/50 PAL | 625 | 576 | 50 | 25 | 5 | **50 Hz-Netzfrequenz:** Europa, Argentinien, Australien, China, Ostjapan, … |
| CCIR 601 525/60 NTSC | 525 | 480 | 60 | 30 | 4,2 | **60 Hz-Netzfrequenz:** USA, Mexiko, Brasilien, Westjapan, … |

Die analoge Videoübertragungstechnik begann mit der analogen Fernsehübertragungstechnik. Hierfür wurden zwei Hauptnormen (PAL[1] und NTSC[2]) mit weltweiter Gültigkeit festgelegt **(Tabelle 1)**.

Die **Gemeinsamkeit** dieser Normen ist die **serielle** Bildübertragung und die Bilddarstellung im **Zeilensprungverfahren**. Der **Unterschied** zwischen beiden Normen besteht hauptsächlich in den folgenden Punkten: **Zeilenwechsel, Bildwechselfrequenz und Zeilenzahl**.

Das **Zeilensprungverfahren** entstand durch die Bildröhrentechnik, in der ein Elektronenstrahl das Fernsehbild zeilenweise aufbaut und wiedergibt. Die serielle Bildübertragung zerlegt die bewegten Fernsehbilder in einzelne stehende Bilder. Diese werden nach PAL-Norm 25-mal pro Sekunde elektronisch in 625 Zeilen zerlegt und nach der NTSC-Norm 30-mal pro Sekunde in 525 Zeilen. Danach werden nacheinander (seriell) nur die geraden Zeilen (1. Halbbild) und anschließend nur die ungeraden Zeilen (2. Halbbild) übertragen. Es werden also 50 bzw. in den USA 60 Halbbilder pro Sekunde übertragen **(Bild 1)**. Auf dem Bildschirm erscheinen diese Halbbilder für den Menschen als ein Vollbild.

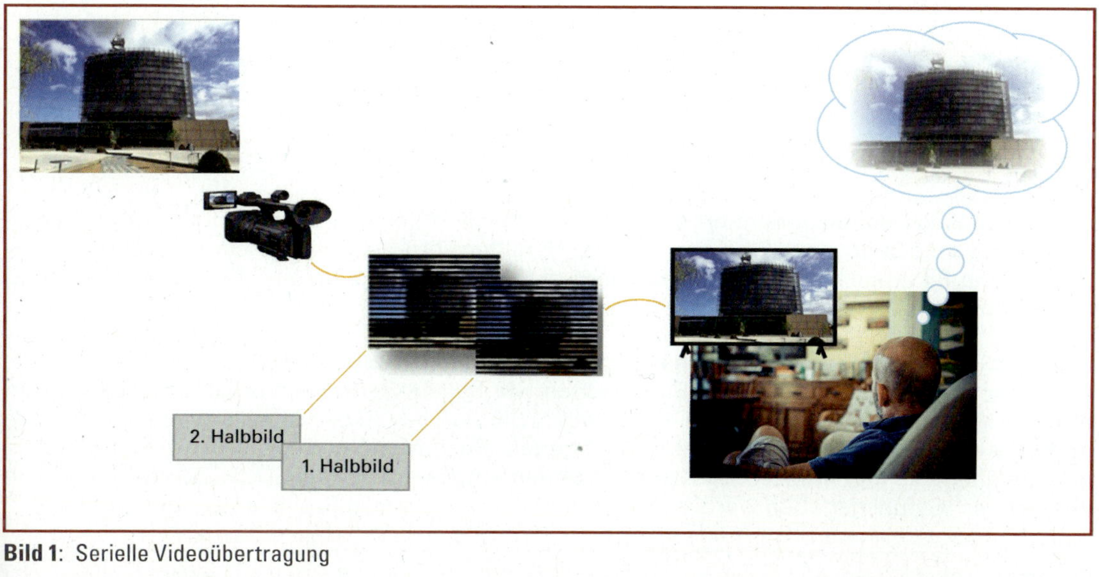


**Bild 1:** Serielle Videoübertragung

[1] **PAL**, Abk. für **P**hase **A**lternating **L**ine (engl.) = Phasenverschiebung der Bildzeile
[2] **NTSC**, Abk. für **N**ational **T**elevision **S**ystems **C**ommitee (engl.) = (USA) Nationales Komitee für Telekommunikationssysteme

Der **Zeilenwechsel** ist an die jeweilige nationale Stromnetzfrequenz angepasst. Der Grund dafür liegt darin, dass die Leuchtdichte mancher Raumbeleuchtungen sich im Rhythmus der Netzfrequenz des Stromversorgungsnetzes ändert. Ist sie bei einer Aufnahme mit der **Bildwechselfrequenz** der Kamera synchronisiert, ergibt sich kein sogenanntes Bildflickern. Ist sie nicht synchronisiert, würde die aufgenommene Lampe bei der Wiedergabe auf einem Bildschirm flackern (engl.: to flicker). Häufig zu sehen ist dies bei Videoaufnahmen von LED-Lampen oder Computer-Monitoren mit nicht frequenzabgestimmtem Netzteil. Hierbei „laufen" über den Bildschirm graue Streifen von oben nach unten **(Bild 1)**.

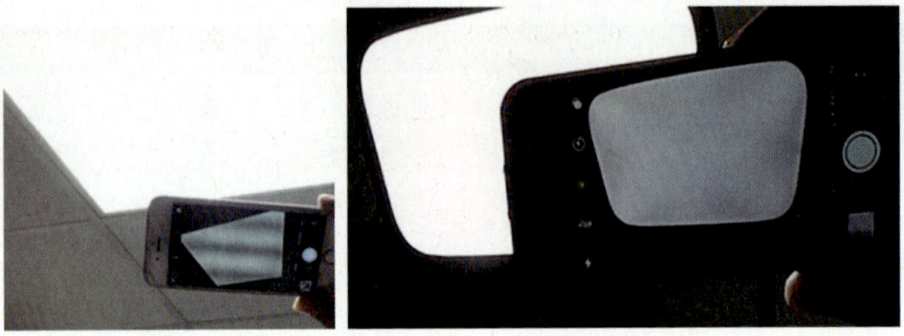


**Bild 1**: Bildflickern

An modernen Bildschirmen lässt sich die Bildwechselfrequenz im Menü „Bildschirmaktualisierungsrate" ändern. Ähnliches gilt für LED-Scheinwerfer in der Veranstaltungsbranche. Hier lässt sich bei einigen Produkten die Frequenz des Ausgangssignals des Netzteils über die Menüeinstellung ändern. Ist an den Geräten keine Frequenzänderung möglich, muss an der Kamera die Aufnahmefrequenz so lange verändert werden, bis das Flickern behoben ist.

Kameras, Bildschirme und Lichtquellen müssen mit der örtlichen Netzfrequenz bzw. einer Teilmenge oder einem Vielfachen davon synchronisiert sein.

**Beispiel 1:**

Welche Teilmengen und Vielfache für die Synchronfrequenz sind möglich bei einer Netzfrequenz von 50 Hz (EU) und 60 Hz (USA)?

**Lösung:**

| Frequenz | Teilmenge | Vielfache | |
|---|---|---|---|
| | : 2 | x 2 | x 3 |
| 50 Hz (EU) | 25 Hz | 100 Hz | 150 Hz |
| 60 Hz (USA) | 30 Hz | 120 Hz | 180 Hz |

Die **Bildwechselfrequenz** orientiert sich am menschlichen Sehen. Das menschliche Auge registriert Bewegungen ab einer Frequenz von ca. 16 Bildern pro Sekunde als eine (leicht ruckelige) Szene. Eine Bildfolge von 2 x 25 Halbbildern pro Sekunde wird als eine fließende Bewegung wahrgenommen.

Moderne Bildschirme zeigen Bilder in höheren Bildfrequenzen (z. B. 100 Hz oder 150 Hz in der EU), um schnelle Bildbewegungen von Bildobjekten wie Bällen, Rennwagen oder Flugzeugen und schnelle Kameraschwenks ruckelfrei darzustellen. Hierdurch wird der Zuschauer mehr in die Dramaturgie der Geschwindigkeiten mit eingebunden. Besonders interessant ist dies bei Verfolgungsszenen, die immer öfter mit Kameradrohnen umgesetzt werden. Dem Zuschauer soll ein immersives[1] Gefühl gegeben werden. Er soll also emotional in die Szene eintauchen können.

Je höher die Bildfrequenz, umso höher die Bildfolge, desto fließender die Bildbewegungen.

[1] Immersio (lat.) = Eintauchen, Einbetten

## 10.1.4 Digitale Signaltechnik

Ein digitales Signal definiert sich ähnlich dem Analogsignal aus Spannung, Strom und Frequenz. Der Unterschied zum Analogsignal ist, dass ein Digitalsignal nicht kontinuierlich, sondern abgestuft verläuft. Um ein Digitalsignal zu erhalten, wird ein Analogsignal zunächst in zeitgleichen Abständen (man sagt: „zeitdiskret") abgetastet. Anschließend werden abstandsgleiche Werteebenen (man sagt: „wertdiskret") gebildet. Den Werteebenen werden die Binärwerte 0 und 1 zugewiesen. Wobei die Binärwerte 0 und 1 für bestimmte Spannungswerte stehen. (z. B. Binärwert **0** steht für den Spannungswert: $U_{Low} = 0\ V \leq +5\ V$ und Binärwert **1** steht für den Spannungswert: $U_{High} > +5\ V$) Hierdurch entsteht ein abgestuftes Digitalsignal mit zeit- und wertdiskreten Anteilen **(Bild 1)**.

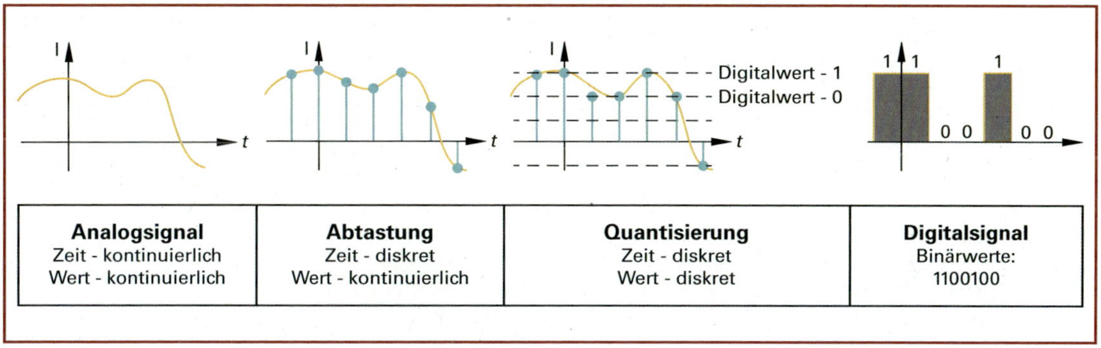


**Bild 1**: Vom Analogsignal zum Digitalsignal

## 10.1.5 Digitale Videoübertragungstechnik

Durch die Entwicklung von Flachbildschirmen änderten sich die Normen grundlegend. Orientiert an der Computerelektronik basieren die heutigen Verfahren auf der digitalen Videoübertragung **(Bild 2)**. Die Vorteile gegenüber der analogen Videoübertragung liegen bei einer höheren Genauigkeit, einer verlustfreien Reproduzierbarkeit und einer geringeren Störempfindlichkeit. Der Nachteil ist ein höherer Schaltungsaufwand, der jedoch durch Weiterentwicklungen in der Halbleitertechnologie mit integrierten Schaltungen (IC, Mikrochips) kompensiert wird.

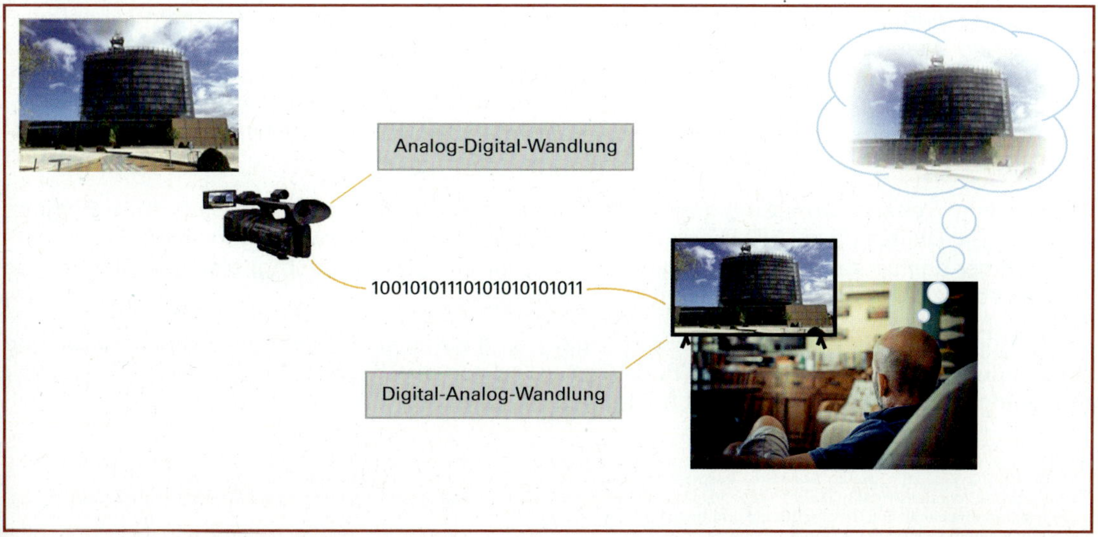


**Bild 2**: Digitale Videoübertragung

### 10.1.6 Signalschnittstellen und Anschlüsse

Die stetig steigenden Ansprüche in der Videotechnik – höhere Bildauflösung und bessere Farbdarstellung – führen zu höheren Datenmengen und schnelleren Übertragungsgeschwindigkeiten zwischen Videoquellen und Wiedergabegeräten (z. B.: Medienserver, Bildschirme, LED-Wände).

**Übersicht: Kenndaten für Grafikstandards**
- Bildschirmauflösung
- darstellbare Farbtiefe
- Bildwiederholfrequenz
- Bildseitenverhältnis

Um die Kompatibilität[1] zwischen den Geräten zu gewährleisten, befassen sich Organisationen wie z. B. die **VESA**[2] und die **Wi-Fi Alliance**[3] mit der Standardisierung von Signalen zur grafischen Darstellung. Sie legen für die Übertragung der Signale Schnittstellen mit entsprechender Hardware und Software fest. Für die **Hardware** wird Schnittstellenelektronik sowohl für drahtgebundene Anschluss-Systeme (Steckverbindungen und Leitungen) als auch für drahtlose Anschluss-Systeme (z. B. Sende-Empfangs-Elektronik) definiert. Mit einer speziellen **Software** wird die Art und Weise des Datenaustausches zwischen den Bildwiedergabegeräten geregelt. Insbesondere zwischen Bildwiedergabegeräten mit unterschiedlichen Seitenverhältnissen **(Bild 1)**.

**Bild 1**: Unterschiedliche Seitenverhältnisse

Neben diesen Organisationen entwickeln auch die Hersteller von Smartphones und Bildschirmen zur Kundenbindung eigene Standards. Auch Internetfirmen (z. B. Amazon: Fire, Google: Chromecast) entwickeln eigene Standards, um es Kunden zu ermöglichen, gestreamte[4] Videos auf jedem Bildschirm ohne Bildverzerrungen wiedergeben zu können.

Bezüglich der dabei verwendeten Schnittstellen unterscheidet man **analoge** und **digitale Signalübertragung**. Weiterhin gibt es geräte**interne** und geräte**externe** Signale. Alle diese Signalarten werden zur Bildübertragung benötigt.

Wie aus **Bild 1, Seite 415** hervorgeht, beginnt der Signalfluss der **analogen Signalübertragung** von Videokamera zum Bildschirm in der Videokamera. Ein aufgenommenes Analogsignal wird zur internen Weiterverarbeitung in ein Digitalsignal gewandelt (A/D-Wandlung). Anschließend wird es am Videokamera-Ausgang für die analoge Signalübertragung wieder in ein Analogsignal zurückgewandelt (D/A-Wandlung). Über die Analoganschlüsse von Videokamera und Bildschirm (z. B. Cinch gelb) findet über ein geschirmtes Kabel die analoge Signalübertragung zwischen beiden Geräten statt.

Zur internen Weiterverarbeitung im Bildschirm wird das Analogsignal vom Bildschirm-Eingang wieder in ein Digitalsignal (A/D-Wandlung) gewandelt. Da Bildschirmanzeigen technologisch bedingt immer analog angesteuert werden, wird das intern verarbeitete Digitalsignal zum Schluss erneut in ein Analogsignal gewandelt (D/A-Wandlung).

Anwendungen für die analoge Signalübertragung sind Bereiche mit geringen Datenmengen und Übertragungsgeschwindigkeiten. Z. B.: Übertragung von analogen Videosignalen mit niedriger Auflösung auf Strecken bis 15 m mit einem geschirmten Kabel. Allerdings kann es durch Signal-

---

[1] von kompatibel (lat.) = übereinstimmend
[2] **VESA**, Abk. für **V**ideo **E**lectronics **S**tandards **A**ssociation (engl.) = Organisation zur Normung für Videoelektronik
[3] **Wi-Fi**, Abk. für **Wi**reless-**Fi**delity (engl.) = kabellose Wiedergabetreue; Wi-Fi-Alliance = Hersteller Interessensgemeinschaft zur Zertifizierung von unterschiedlichen Geräten für die drahtlose Kommunikation;
[4] von stream (engl.) = strömen; Internettechnik: Senden, Empfangen von Audio-/Videoinhalten live oder zeitversetzt;
[5] cinch (engl.) = feste Verbindung; Technik: Cinch-Stecker ersetzt den lockeren Klinkenstecker

verluste auf dem Kabel zu Wiedergabestörungen kommen, die sich in Form von Bildverzerrungen darstellen **(Tabelle 1)**.

Um solchen Störungen vorzubeugen, werden heute in den meisten Fällen **digitale Signale** genutzt. Diese lassen sich an die steigenden Übertragungsanforderungen (Datenmenge, Übertragungsgeschwindigkeit) technisch schneller anpassen. Die Mikroelektronik-Industrie unterstützt dies zusätzlich mit immer leistungsfähigeren Prozessoren zur Verarbeitung der Videosignale. Hierdurch werden die Signale bei Aufnahme- und Wiedergabegeräten jeweils nur noch einmal von analoge in digitale Signale umgewandelt. Das aufgenommene analoge Videosignal in der Kamera wird in ein digitales Signal gewandelt (A/D-Wandlung) und nach der digitalen Weiterverarbeitung für die kabelgebundene Übertragung in ein serielles digitales Sendesignal am Ausgang gewandelt. Am Eingang des Empfangsgerätes wird das serielle digitale Sendesignal in ein digitales Weiterverarbeitungs-Signal gewandelt und zur Darstellung auf dem Bildschirm in ein analoges Signal gewandelt (D/A-Wandlung, **Bild 2**).

**Tabelle 1:** Analoge Signalverluste auf Kabeln

| Ursache | Auswirkung | Fehlerbehebung |
|---|---|---|
| zu kleiner Querschnitt | Signalpegel fällt | Querschnitt erhöhen |
| zu langes Kabel | | Länge reduzieren oder Signalrepeater einsetzen |
| geringe Abschirmung (grobmaschig) | elektromagnetische Störstrahlung durch naheliegende Stromleitungen, Bildrauschen, Bildruckler | hohe Abschirmung einsetzen (feinmaschig, Folie) |

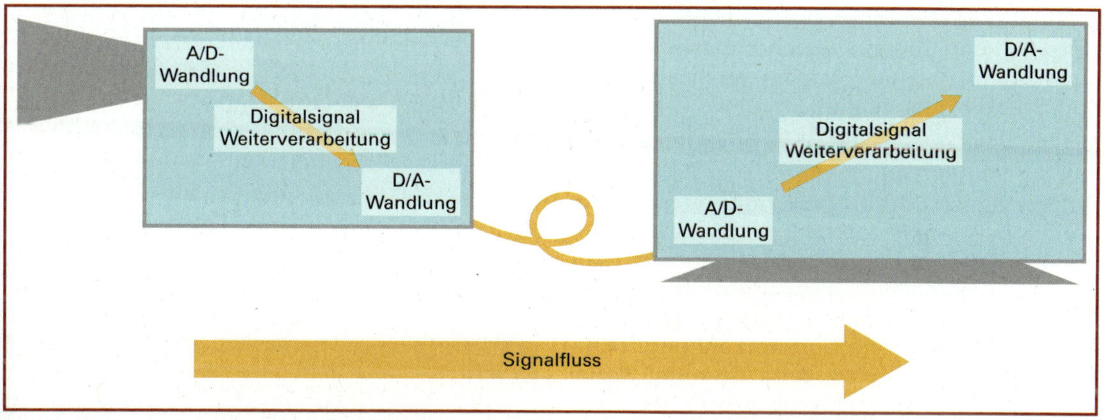


**Bild 1**: Analoge Signalübertragung von Kamera zum Bildschirm

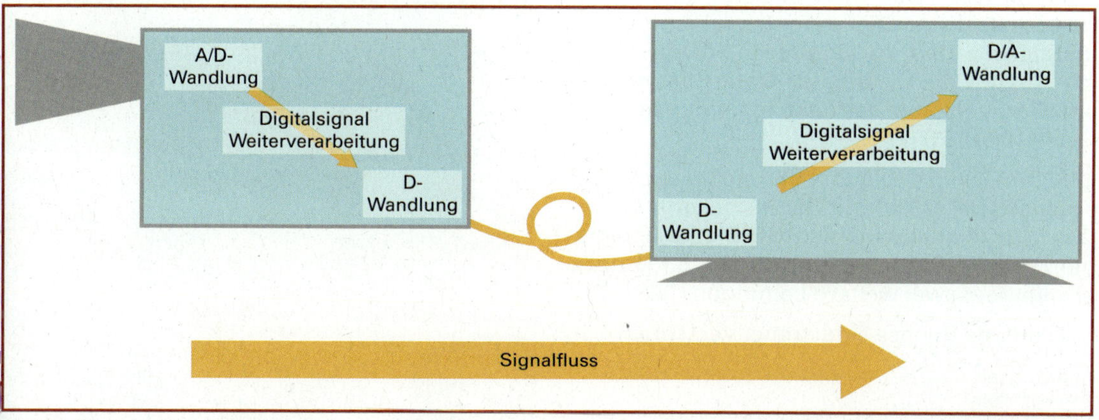


**Bild 2**: Digitale Signalübertragung von Kamera zum Bildschirm

## VGA-Schnittstelle

**VGA**[1] ist eine genormte, universelle Grafikschnittstelle zur Übertragung von analogen Videosignalen. Die Schnittstelle besteht aus den folgenden Komponenten: Grafikkarte, Steckanschlüsse und mehradrige Leitung.

Die Grafikkarte beinhaltet einen speziell entwickelten Chip (Grafikprozessor), mit dem sämtliche Grafikberechnungen durchgeführt werden. Hierdurch wird der Hauptprozessor des Rechners entlastet.

Als **Steckverbindung** wird ein international genormter Typ genutzt, mit der Bezeichnung **Mini-Sub-D 15 (Bild 1)**. **Mini** steht für die sehr kleine Bauform. **Sub** ist die Abkürzung für **Subminiature** und steht für **Kleinst**-Steckverbindung. **D** steht für die Ähnlichkeit der Außenkontur des Steckers mit dem Buchstaben D. **15** steht für Anzahl der Anschlussstifte (engl.: pin). Eine weitere Bezeichnung für diesen Anschluss ist **HD 15**. Dabei steht HD für High Density (dt.: hochauflösend) und bezeichnet den verringerten Abstand der Pins zueinander. Ein dritter Name für die Verbindung kommt von dem US-Unternehmen Cannon, welches diesen Stecker entwickelte. Deshalb wird er auch als **„Cannon-Stecker"** bezeichnet.

Der Anschluss basiert auf dem standardisierten Signalübertragungsverfahren **Panel-Link**. Auf fünf geschirmten Leitungen werden die drei Farbsignale **R**ot, **G**rün und **B**lau (RGB) sowie das Datenaustauschsignal und das Taktsignal zur Signalsynchronisation übertragen. **ID** steht für **Id**entification und ermöglicht den Datenaustausch zur Monitorerkennung. **DDC-SDA** bedeutet **D**isplay **D**ata **C**hannel-**S**erial **Da**ta, ist also die Kabelverbindung zum seriellen Datenaustausch zwischen Bildschirm und Rechner. Hierüber kann das Betriebssystem den Bildschirmtreiber automatisch anfordern, installieren und konfigurieren. **DDC-SCL** ist die Abkürzung für **D**isplay **D**ata **C**hannel-**S**erial **Cl**ock, also für das Taktsignal der seriellen Daten **(Tabelle 1)**.

**BNC**[2]-Anschluss: Die Verbindung ist auch über Koaxialkabel (75 Ω) mit BNC-Stecker möglich. Das Videosignal wird als RGB-Signal übertragen. Die Synchronisation für den Bildaufbau erfolgt über zwei weitere Leitungen **(Tabelle 2)**.

Stecker und Buchse sind immer verschraubbar.

**Bild 1**: VGA-Stecker und Kupplung

**Tabelle 1:** VGA Mini-Sub-D-Kupplung

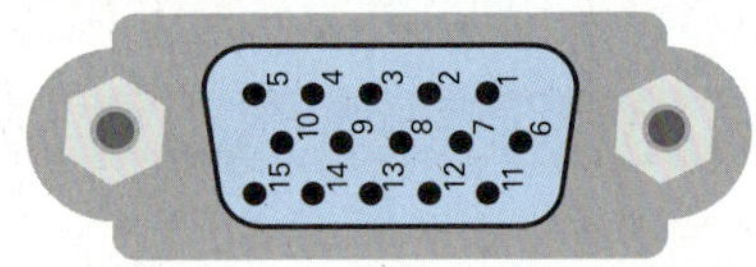


| Pin | Signal | Pin | Signal |
|---|---|---|---|
| 1 | Video Rot | 9 | nicht angeschlossen |
| 2 | Video Grün oder Monochrom | 10 | analog Masse Synchron |
| 3 | Video Blau | 11 | ID0 |
| 4 | ID2 Monitor-Identifikation oder Reserve | 12 | ID1 oder DDC-SDA |
| 5 | digital Masse für DDC | 13 | Horizontal-Synchronisation oder Composite-Synchronisation |
| 6 | analog Masse Rot | 14 | Vertikal-Synchronisation |
| 7 | analog Masse Grün | 15 | DDC-SCL |
| 8 | analog Masse Blau | | |

**Tabelle 2:** VGA – BNC-Verbindung

| Koaxial-Kabel | Signal | |
|---|---|---|
| Rot | Video Rot | |
| Grün | Video Grün | |
| Blau | Video Blau | |
| Weiß | Vertikal- | Synchronisation |
| Schwarz | Horizontal- | |

[1] **VGA**, Abk. für: **V**ideo **G**raphics **A**rray (engl.) = Anordnung für Videografiken

[2] **BNC**, Abk. für: **B**ayonet **N**eill **C**oncelman; benannt nach US-Entwickler: Paul Neill und Carl Concelman

## DVI-Schnittstelle

Um den steigenden Grafikansprüchen (z. B. Bildauflösung) zu genügen, wurde der VGA-Standard weiterentwickelt und die Vorteile der digitalen Signalübertragung zur Entwicklung weiterer Schnittstellen geführte.

**DVI**[1] ist der erste verbreitete digitale Standard für den Anschluss von Monitoren, Projektoren, Großbildschirmen an Grafikkarten zur digitalen Bildübertragung. Panel-Link dient auch hier als Anschluss von Bildschirmen. (→ VGA)

Die Steckverbindung wurde speziell für die Anschlussvarianten entwickelt **(Bild 1)**.

Die Signale werden an der Schnittstelle digital mittels eines TMDS[2]-Protokolls übertragen. Dieses Protokoll wird angewendet, um bei hohen Datenraten (>8 Gb/s) die Signalverluste zu minimieren. Diese entstehen durch Leitungsdämpfung (Leitungslänge >15 m) und elektromagnetische Einflüsse (unzureichende Abschirmung).

Den DVI-Anschluss gibt es in fünf Anschlussvarianten **(Bild 2 und Tabelle 1)**

**DVI-A** (**A**nalog) – dient der reinen **analogen** Signalübertragung. In der Praxis wird der Anschluss als Adapter für einen VGA-Anschluss genutzt. Der Anschluss DVI-A funktioniert auch in einem DVI-I Anschluss.

**DVI-D** (**D**igital) - dient der reinen **digitalen** Signalübertragung. Die Anzahl der Steckkontakte unterscheidet sich bei Single Link und Dual Link. **Single Link** besteht aus 18 + 1 Kontakten mit einer Bildauflösung bis 1920 x 1200 Pixel und 60 Hz (WUXGA). **Dual Link** besteht aus 24 + 1 Kontakten und kann Bildauflösungen von 2560 x 1600 Pixel bei 60 Hz (WQXGA) und 1920 x 1080 Pixel bei 144 Hz (Full HD) erreichen.

**DVI-I** (**I**ntegrated) - kann sowohl **analoge** wie auch **digitale** Signale übertragen. Die Anzahl der Steckkontakte unterscheidet sich bei Single Link und Dual Link. **Single Link** besteht aus 18 + 5 Kontakten und erreicht eine Bildauflösung von 1920 × 1200 Pixel bei 60 Hz (WUXGA). **Dual Link** besteht aus 24 + 5 Kontakten und erreicht eine Bildauflösung von 2560 × 1600 Pixel bei 60 Hz (WQXGA).

DVI-D und DVI-I stimmen elektrisch mit HDMI-Version 1.0 überein.

**Bild 1**: DVI Stecker Kupplung

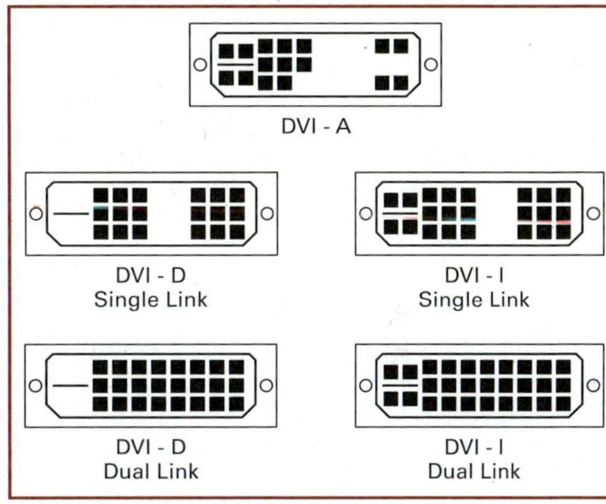


**Bild 2**: DVI-Anschlussvarianten

**Tabelle 1: DVI-Anschlussbelegung**

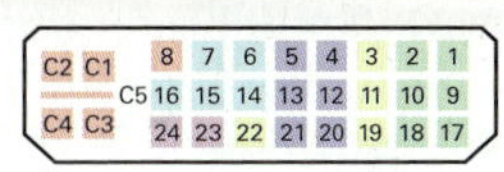


| Pin | Signal | Pin | Signal | Pin | Signal |
|---|---|---|---|---|---|
| 1 | Daten 2 – | 9 | Daten 1 – | 17 | Daten 0 – |
| 2 | Daten 2 + | 10 | Daten 1 + | 18 | Daten 0 + |
| 3 | Abschirmung Daten 2, 4 | 11 | Abschirmung Daten 1, 3 | 19 | Abschirmung Daten 0, 5 |
| 4 | Daten 4 – | 12 | Daten 3 – | 20 | Daten 5 – |
| 5 | Daten 4 + | 13 | Daten 3 + | 21 | Daten 5 + |
| 6 | DDC Takt | 14 | + 5V DC | 22 | Abschirmung Takt |
| 7 | DDC Daten | 15 | Masse für +5 V DC | 23 | Takt + |
| 8 | Vertikal-Synchronisation | 16 | Hot Plug Detect | 24 | Takt – |
| C1 | Rot | C5 | Masse | C3 | Blau |
| C2 | Grün | | | C4 | Horizontal-Synchronisation |
| Daten (Link 1) Single Link Dual → | | Daten (Link 2) ← Link | | Abschirmung | |
| Takt | | Plug & Play | | Analog-Signal | |

[1] **DVI** Abk. für **D**igital **V**isual **I**nterface (engl.) = Schnittstelle zur digitalen Übertragung von Videobildern
[2] **TMDS** Abk. für **T**ransition-**M**inimized **D**ifferential **S**ignal (engl.) = (Spannungs-)Übergänge der differenziellen Signalisierung minimieren

## Display Port-Schnittstelle (DP)

Display Port ist eine von der VESA genormte 20-polige digitale Schnittstelle zur Übertragung von Audio-/Videosignalen. Damit sollen die Standards VGA und DVI ersetzt werden. Je nach Standard **(vgl. Tabelle 1)** sind viel höhere Datenraten als bei DVI möglich. So können ab Version 1.2 beispielsweise 3D-Videos in Full HD bei 120 Hz **übertragen werden**.

**Tabelle 1:** Display Port – Standards

| Standard | Veröffentlichung | mögl. Datenrate | max. Bildauflösung | Bildschirm-Format | Kommentar |
|---|---|---|---|---|---|
| DP 1.1<br>DP 1.1a | 05 2006<br>01 2008 | 8,65 Gb/s<br>10,8 Gb/s | 3072 × 1920 | Full HD<br>1080p | |
| DP 1.2<br>DP 1.2a | 01 2010<br>01 2013 | 17,28 Gb/s<br>24,92 Gb/s | 5120 × 2880 | zusätzlich<br>2160p<br>4K | DP 1.2a mit zusätzlichem anpassbarem Sync-Signal |
| DP 1.3 | 09 2014 | 24,92 Gb/s | 5120 × 2880 | zusätzlich 5K<br>8K mit DSC | |
| DP 1.4<br>DP 1.4a | 03 2016<br>04 2018 | 32,40 Gb/s | 7680 × 4320 | zusätzlich 8K | |
| DP 2.0 | 06 2019 | 77,37 Gb/s | 7680 × 4320<br>mit 60 Hz<br>15360 × 8640<br>mit 60 Hz | zusätzlich 16K<br>mit DSC | der vielseitigste Standard |

Die Kabellänge beeinflusst immer die nutzbare Bildauflösung. Full HD lässt sich problemlos mit einer Kabellänge von 15 m übertragen. Es sind Übertragungsraten bis 8,1 Gb/s pro Kanal möglich.

Seine hauptsächliche Anwendung findet der Display Port in der Informationstechnologie, also beispielsweise bei PCs, Notebooks, Tablets und generell bei Monitoren. Durch seine hohe Übertragungsrate ist es möglich, mehrere Monitore an einem Rechner anzuschließen. Daher wird er gerne von PC-Spielern eingesetzt.

DP basiert auf der Kodierung digitaler Daten ohne Taktleitung (Clock). Es ist eine serielle, skalierbare Punk-zu-Punkt-Verbindung, die sich an die Eigenschaften (z. B. die Entfernung) des Übertragungskanals anpasst. Werden Sender (Grafikkarte) und Empfänger (Bildschirm) verbunden, synchronisieren sie sich automatisch und liefern einen Signalpegel zwischen 200 mV und 600 mV. Jedes Pixel wird dann einzeln über einen von vier Kanälen übertragen (LVDS0 – LVDS3). Sollte die Verbindungsqualität sich verschlechtern, drosselt der Sender automatisch die Übertragungsgeschwindigkeit. **LVDS**[1] ist ein Protokoll für Bildschirmschnittstellen. Es arbeitet mit geringer Spannung (300 mV) und hoher Übertragungsrate (>8 Gb/s). Ein Hilfskanal (AUX[2]) überträgt unter anderem Daten für Monitor-integrierte Webcams, Mikrofone und Lautsprecher **(Tabelle 2)**.

**Tabelle 2:** DP – Belegung

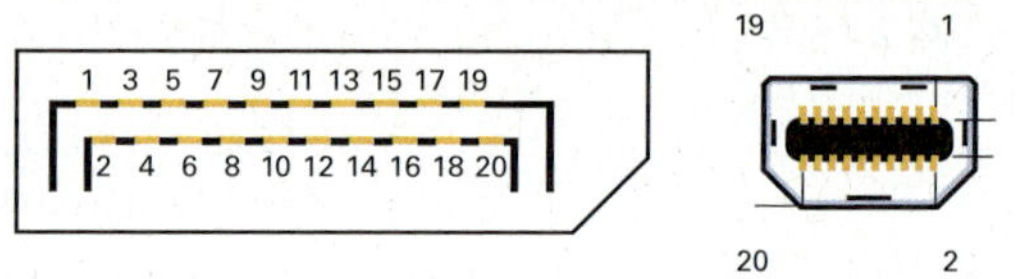


| Pin | Signal | Pin | Signal |
|---|---|---|---|
| 1 | LVDS 0 + | 2 | Masse |
| 3 | LVDS 0 – | 4 | LVDS 1 + |
| 5 | Masse | 6 | LVDS 1 – |
| 7 | LVDS 2 + | 8 | Masse |
| 9 | LVDS 2 – | 10 | LVDS 3 + |
| 11 | Masse | 12 | LVDS 3 – |
| 13 | Config. 1 | 14 | Masse |
| 15 | AUX-Kanal + | 16 | Config. 2 |
| 17 | AUX-Kanal – | 18 | Masse |
| 19 | Spannungsversorgung: Masse | 20[1] | Spannungsversorgung: + 3,3 V/0,5 A |

[1] Achtung: Spannungsversorgung kann problematisch werden beim Anschluss von Monitoren. Besser Stecker ohne Pin 20-Belegung.

**Stecker und Kupplung** gibt es in zwei Größen – DP-Standard und Mini-DP. Beide Größen wurden von der VESA im Standard 1.1a spezifiziert. Der DP-Standard-Stecker nutzt für eine sichere Verbindung zwei Verriegelungshaken, die über einen Entriegelungstaster wieder gelöst werden. Der **Mini-DP**-Stecker wurde 2008 zunächst von Apple für seine Notebooks und PCs eingeführt. Weitere Hersteller folgen zunehmend, um ihre Notebooks flacher zu fertigen. Seit 2013 ersetzt Apple diesen Standard durch das USB-C-Verbindungssystem.

[1] **LVDS**, Abk. **L**ow **V**oltage **D**ifferential **S**ignalling (engl.) = Niedrige Spannungspegel-Differenzsignalisierung
[2] **AUX** Channel, Abk. **AUX**iliary channel (engl.) = Hilfskanal

## HDMI-Schnittstelle

Die HDMI-Schnittstelle ist ein Verbindungsstandard für die digitale Übertragung von Audio- und Video-Signalen. Der **hauptsächliche Anwendungsbereich** ist die Verbindung von Bild/Ton-Ausgabegeräten (DVD-/Blu-ray-Player, Spielekonsolen, Mediaserver) und Bild/Ton-Wiedergabegeräten (Beamer, Bildschirme, LED-Flächen).

Es gibt 15 HDMI-Versionen, die in vier Varianten mit vier verschiedenen Kabelarten unterteilt sind: Standard, High Speed, Premium High Speed und Ultra High Speed **(Tabelle 1)**. Von ursprünglich vier geplanten Steckertypen wurden nur drei realisiert **(Tabelle 1, Seite 420)**.

Die Qualität und somit der Preis der Kabel unterscheiden sich hauptsächlich in der Abschirmung und Verarbeitung. Je höher die Datenrate ist, umso hochwertiger muss die Abschirmung sein. Um sämtliche Funktionen des Standards zu erfüllen, müssen die Kabel eine HDMI-Zertifizierung haben. Beim Premium- und Ultra-Kabel gibt ein QR-Code Auskunft über deren Echtheit **(Bild 1)**.

**Tabelle 1:** HDMI-Versionen mit möglichen Funktionen

| Funktionen | HDMI-Versionen | | | | | | |
|---|---|---|---|---|---|---|---|
| | Standard | | | High Speed | Premium High Speed | Ultra High Speed | |
| | 1 | 1.1 | 1.2<br>1.2a | 1.3<br>1.3a<br>1.3b<br>1.3c | 1.4<br>1.4a<br>1.4b | 2.0<br>2.0a<br>2.0b | 2.1 |
| | Steckertyp | | | | | | |
| | A | A | A | A, C | A, C, D | A, C, D | A, C, D |
| | Übertragungsraten (Gb/s) | | | | | | |
| | min. 1,782 | | | bis 8,16 | 14,4 – 18 | 18 | 24 – 48 |
| **Video** | | | | | | | |
| Full HD, Blu-ray Disc und HDD DVD | ✓ | ✓ | ✓ | ✓ | ✓ | ✓ | ✓ |
| 3D | ✗ | ✗ | ✗ | ✓ | ✓ | ✓ | ✓ |
| 4K @ 60 Hz und 3D in UHD | ✗ | ✗ | ✗ | ✗ | ✓ | ✓ | ✓ |
| 4K @ 24, 25, 30 Hz 1080p @ 120 Hz | ✗ | ✗ | ✗ | ✗ | nur 1.4b | ✓ | ✓ |
| 4K @ 120 Hz, 8K @ 60 Hz, 10K @ 60 Hz | ✗ | ✗ | ✗ | ✗ | ✗ | ✓ | ✓ |
| 1080p 3D High Frame Rate (HFR) erhöhte Bildwiederholfrequenz | ✗ | ✗ | ✗ | ✗ | ✗ | ✓ | ✓ |
| 4K 3D @ 50, 60 Hz | ✗ | ✗ | ✗ | ✗ | ✗ | ✗ | ✓ |
| **Audio** | | | | | | | |
| DVD-Audio | ✗ | ✓ | ✓ | ✓ | ✓ | ✓ | ✓ |
| Super Audio DC | ✗ | ✗ | ✓ | ✓ | ✓ | ✓ | ✓ |
| Auto Audio zu Video Synchronisation lippensynchron | ✗ | ✗ | ✗ | ✓ | ✓ | ✓ | ✓ |
| Dolby True HD/DTS-HD Master Audio bitstream Fähigkeit | ✗ | ✗ | ✗ | ✓ | ✓ | ✓ | ✓ |
| unterstützt 32-Kanal-Audio | ✗ | ✗ | ✗ | ✗ | ✓ | ✓ | ✓ |
| Audio Return Channel (ARC) | ✗ | ✗ | ✗ | ✗ | nur 1.4b | ✓ | ✓ |
| Enhanced Audio Return Channel (eARC) | ✗ | ✗ | ✗ | ✗ | ✗ | ✓ | ✓ |
| **Steuerung und Netzwerk** | | | | | | | |
| unterstützt Multi Stream Audio und Video | ✗ | ✗ | ✗ | ✗ | ✗ | ✓ | ✓ |
| VESA DSC 1.2a Datenkomprimierung für Bildschirmoberflächen | ✗ | ✗ | ✗ | ✗ | ✗ | ✗ | ✓ |
| Automatic Content Enhancement (ACE) | ✓ | ✓ | ✓ | ✓ | ✓ | ✓ | ✓ |
| Consumer Electronic Control (CEC) | ✓ | ✓ | ✓ | ✓ | ✓ | ✓ | ✓ |
| Aktualisierte Liste für CEC-Kommandos | ✗ | ✗ | ✗ | ✓ | ✓ | ✓ | ✓ |
| Ethernet channel (100 Mb/s) | ✗ | ✗ | ✗ | ✗ | ✓ | ✓ | ✓ |

Legende:
✓ Funktion im Standard enthalten
✗ Funktion im Standard nicht enthalten

**HEC**: Ein **HDMI-Ethernet-Channel** ist ein besonderes Kabel mit einem zusätzlichen Kanal zur bidirektionalen 100Mb/s Datenübertragung. Es dient als Rückkanal vom Wiedergabegerät (TV, Projektor, Lautsprecher) zum Ausgabegerät (DVD-Player, Receiver). Hierbei bilden alle miteinander verbundenen Geräte ein Netzwerk (Ethernet). Besteht eine Internetverbindung, so können z.B. Software-Updates direkt über diesen Kanal erfolgen. Somit wird der Anschluss an einen Router eingespart. Für eine störungsfreie Übertragung muss das Kabel mit verdrillten Aderpaaren und einer besonders hochwertigen Abschirmung ausgestattet sein.

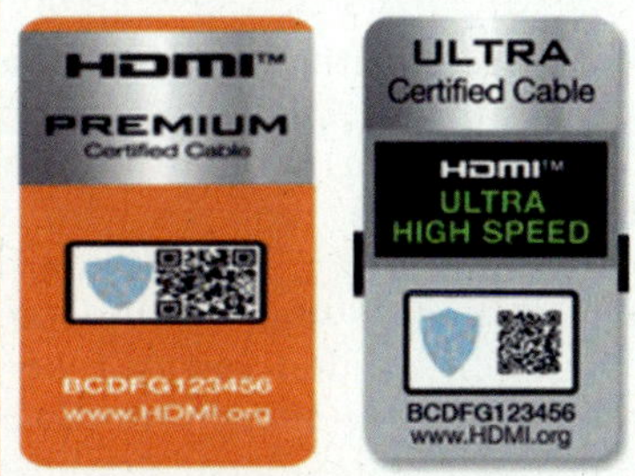


**Bild 1**: Kennzeichnung von HDMI-Kabeln

**Tabelle 1:** HDMI-Steckverbindungstyp mit Belegung

| Typ A<br>Standard-HDMI | Typ C<br>Mini-HDMI | Typ D<br>Mikro-HDMI |
|---|---|---|
| 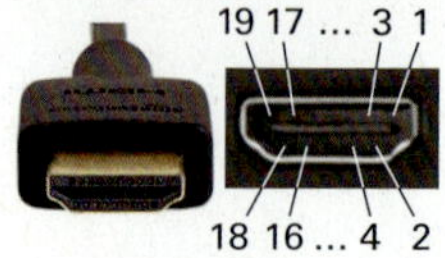  | 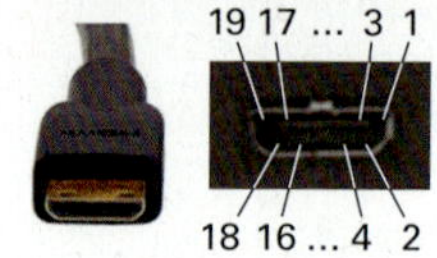  | 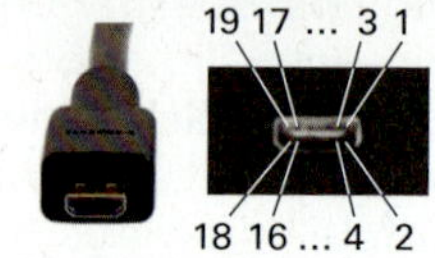  |
| Maße<br>13,9 mm × 4,5 mm | Maße<br>10,4 mm × 2,5 mm | Maße<br>6,4 mm × 2,8 mm |

| Typ A | Typ C | Typ D | Signal | Typ A | Typ C | Typ D | Signal |
|---|---|---|---|---|---|---|---|
| Pin | | | | Pin | | | |
| 1 | 2 | 3 | TMDS Daten 2+ | 11 | 10 | 13 | TMDS Takt Abschirmung |
| 2 | 1 | 4 | TMDS Daten 2 Abschirmung | 12 | 12 | 14 | TMDS Takt- |
| 3 | 3 | 5 | TMDS Daten 2– | 13 | 14 | 15 | CEC |
| 4 | 5 | 6 | TMDS Daten 1+ | 14 | 17 | 2 | belegt (nicht am Gerät angeschlossen) |
| 5 | 4 | 7 | TMDS Daten 1 Abschirmung | 15 | 15 | 17 | SCL |
| 6 | 6 | 8 | TMDS Daten 1– | 16 | 16 | 18 | SDA |
| 7 | 8 | 9 | TMDS Daten 0+ | 17 | 13 | 16 | DCC/CEC/HEC – Masse |
| 8 | 7 | 10 | TMDS Daten 0 Abschirmung | 18 | 18 | 19 | +5 V DC Spannung |
| 9 | 9 | 11 | TMDS Daten 0– | 19 | 19 | 1 | Hot Plug-Erkennung aller Versionen |
| 10 | 11 | 12 | TMDS Takt + | | | | |

**Spezifische Signalfunktionen von HDMI:**

**DDC – Display Data Channel** (dt.: Bildschirm-Daten-Kanal) dient dem ständigen seriellen Datenaustausch zwischen Videoquelle und Empfänger.

**Hot-Plug Detection** (dt.: Kontakt-Erkennung erkennt, ob ein Gerät ein-/ausgeschaltet ist oder ob ein HDMI-Kabel angeschlossen wurde.

**SCL – Serial Clock** (dt.: serielle Taktung) ist eine Leitung, auf der der Takt seriell für DDC übertragen wird.

**SDA – Serial Data** (dt.: serielle Datenleitung) ist eine Leitung, auf der die Daten für DDC seriell übertragen werden.

**TMDS – Transmission-Minimized-Differential-Signalling** (dt.: Übergangsminimierte Differentialsignalisierung) wird für die Übertragung von seriellen Daten (8 Bit für RGB-Signal) mit hoher Geschwindigkeit verwendet. Die Datenquelle verfügt über einen speziellen Codierungsalgorithmus, der über Kupferleitungen übertragene elektromagnetische Störungen minimiert.

**ARC – Audio-Return-Channel** (dt.: Audio-Rückkanal) bietet die Möglichkeit die Digital-Audio-Signale von einem Abspielgerät (DVD-Player, DVB-Tuner) über ein Wiedergabegerät (Fernseher, Projektor) an einen Audio/Video-Receiver oder Verstärker weiterzuleiten **(Bild 1)**. Durch die ARC-Funktion wird eine externe Audioleitung eingespart **(Bild 2)**.

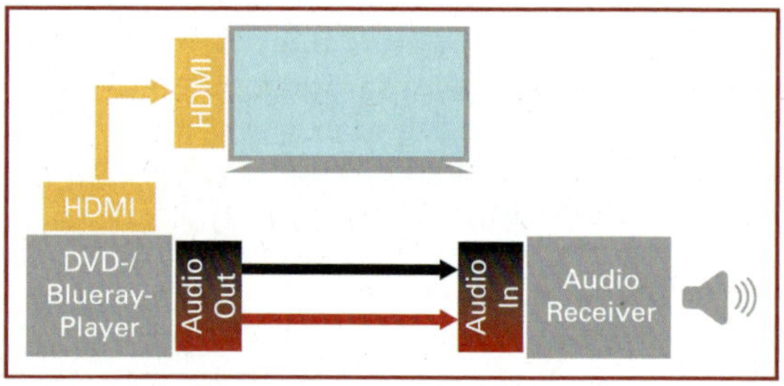


**Bild 1**: HDMI-Anschluss ohne ARC-Funktion

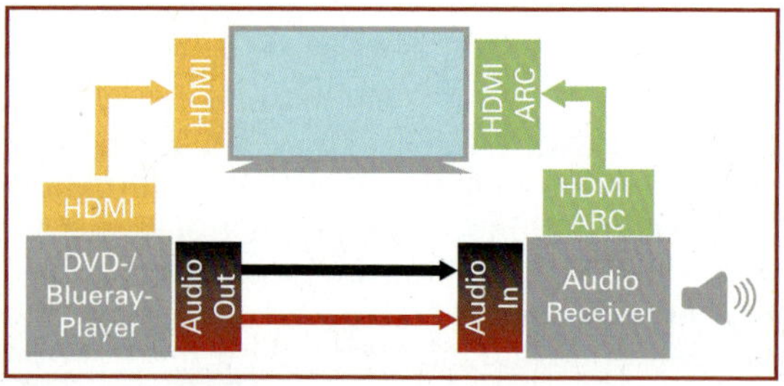


**Bild 2**: HDMI-Anschluss mit ARC-Funktion

**eARC** (e = enhanced) erkennt automatisch die Steuerfunktionen angeschlossener Audiogeräte.

**ACE – Automatic Content Enhancement** (dt.: Automatische Inhalterkennung) signalisiert Wiedergeräten, welche Art von Inhalt abgespielt werden soll. Es wird beispielsweise zwischen Filmen, Digitalbildern und Spielen unterschieden. Auch 3D-Videos und 4K-Übertragungen werden von ACE erkannt. Je nach Inhalt kann der Bildschirm die Helligkeit, den Kontrast und die Farben an die darzustellenden Inhalte anpassen. Beispielsweise gibt es zusätzliche Farbräume für Bilder von Digitalkameras.

**CEC – Consumer Electronics Control** (dt.: Steuerungsfunktionen für elektronische Konsumergeräte) ermöglicht die Steuerung aller über HDMI verbundenen Geräte mit nur einer Fernbedienung.

## SDI-Schnittstelle

Die SDI[1]-Schnittstelle ist eine serielle digitale Schnittstelle für Videosignale, die unverschlüsselt und unkomprimiert übertragen werden. Der SDI-Standard wurde mehrfach überarbeitet und somit in mehrere Versionen festgelegt **(Tabelle 1)**.

Der **Einsatzbereich** von SDI-Schnittstellen ist primär die **professionelle TV-/Video-Branche**. Sie werden hauptsächlich für Signalverbindungen in der Studiotechnik eingesetzt.

### Kabel und Stecker

Die Kabel fallen meistens durch ihre grüne Farbe auf. Selten werden sie in Schwarz hergestellt. Für die Datenübertragung wird ein Koaxialkabel genutzt mit der Bezeichnung RG-59[2].

**Tabelle 1:** Gebräuchlichste SDI-Standards

| Version | Erklärung | Bitraten (Gb/s) | Bildformat |
|---|---|---|---|
| SD-SDI | Standard Definition (engl.) = Standard Auflösung | bis 0,270 | 576i |
| HD-SDI | Dual Link (engl.) = Hochauflösend | 1,485 | 720p<br>1080i (HDTV) |
| Dual Link HD-SDI | Dual Link (engl.) = Doppelverbindung mit zwei Koaxialkabeln. Es baut auf dem HD-Signal auf und überträgt Daten über zwei Koaxialverbindungen in doppelter Menge. Mit Dual Link HD-SDI können mehrere Signalvarianten kombiniert übertragen werden. | 2 × 1,485 = 2,970 | 1080p @ 25Hz |
| 3G-SDI | Es baut auf Dual Link HD-SDI auf; Übertragung nur über ein einzelnes Koaxialkabel. Für 4K wird das 3G-SDI Signal in Dual Link 3G-SDI Version genutzt. | 2,970 | 1080p @ 50,60 Hz<br>4K (Dual Link) |
| 6G UHD-SDI | Es baut auf dem Dual Link 3K auf, allerdings mit nur einem Kabel. UHD (2160p @ 25 Hz) bezeichnet eine Verdoppelung der Bildauflösung im Vergleich zur HD-Bildauflösung (1080p @ 25 Hz) | 6 | 4K |
| 12G UHD-SDI | Ist die Verdoppelung vom 6G UHD SDI Signal. Mit alternativen Schnittstellen lassen sich die Daten auch über Quad Link 3G-SDI (vier Leitungen) oder Dual Link 6G-SDI (zwei Leitungen) übertragen | 12 | 4K |

### Vermeidung von Übertragungsstörungen

Datenübertragungen mit hohen Frequenzen sind störanfällig gegen äußere elektromagnetische Strahlungen wie beispielsweise Funkwellen von Mobiltelefonen, Funkgeräten oder WLAN. Koaxialkabel ermöglichen aufgrund ihres inneren Aufbaus eine störungsfreie Datenübertragung. Ein Kupfer-Draht-Geflecht und/oder eine Aluminiumfolie schirmen die innere, isolierte Leitung ab. Das ergibt einen „faradayschen Käfig[3], einen sogenannten Schirm, um die Signalleitung. Über diesen Schirm werden elektromagnetische Strahlungen gegen Masse abgeleitet und schützen somit die Dateninformationen auf der Signalleitung. Deshalb ist eine gute Verbindung des Schirms zur Erde wichtig. Bei teureren Leitungen besteht der Schirm mehr aus einem Draht-Geflecht, bei günstigeren mehr aus Alufolie. Soll die Leitung eine höhere Flexibilität aufweisen, wird ein feinadriges Kupfergeflecht gewählt.

Hierfür müssen einige elektrische Bedingungen erfüllt werden **(Bild 1)**. So muss unbedingt auf den Mindestbiegeradius geachtet werden, um das Geflecht nicht zu spreizen bzw. zu öffnen. An den gespreizten Stellen könnte Störstrahlungen eintreten und das Signal beeinflussen. Der erforderliche Mindestbiegeradius findet sich in den Herstellerangaben im Datenblatt.

**Bild 1**: SDI-Anschluss

Koaxial-Kabel für SDI müssen eine Impedanz von 75 Ω haben und an jedem Ende mit einem mechanisch robusten BNC[4]-Stecker abschließen. Das SD-SDI-Kabel kann maximal 250 m das Signal verlustfrei übertragen. Bei HD-SDI, 3G-SDI usw. sind die maximalen Längen geringer. Sie hängen generell von der Frequenz ab. Für größere Übertragungsstrecken werden LWL[5]-Kabel eingesetzt.

[1] **SDI**, Abk. für **S**erial **D**igital **I**nterface (engl.) = Serielle Digitale Schnittstelle
[2] **RG**-59, Abk. für **R**adio **G**overnment (engl.) = (Staatliches) Regierungs-Radio - fortlaufende Nummernbezeichnung
[3] Michael Faraday, engl. Physiker, 1791 bis 1867
[4] **BNC**, Abk. für **B**ayonet **N**eill **C**oncelman (engl.) = Bajonettverriegelung nach den Entwicklern Paul Neill und Carl Concelman (USA)
[5] **LWL**, Abk. für **L**icht**w**ellen**l**eiter oder umgangssprachlich = Glasfaserleiter

## USB

USB[1] kommt aus der IT-Branche und beschreibt sowohl die Hardware als auch die Software für die Verbindung zwischen Computer und externen Geräten wie Speichermedien, Druckern, Webcams und Tastaturen. Dank der Standardisierung durch die Gerätehersteller ist der Anschluss sehr vielseitig. Um den steigenden Datenmengen und Übertragungsgeschwindigkeiten zu entsprechen, wurden die USB-Standards jeweils angepasst **(Tabelle 1).**

**Tabelle 1:** USB-Standards

| USB-Standard | Datenrate Mb/s | Stecker-Typ |
|---|---|---|
| 1.0<br>1.1 | 12<br>400 | 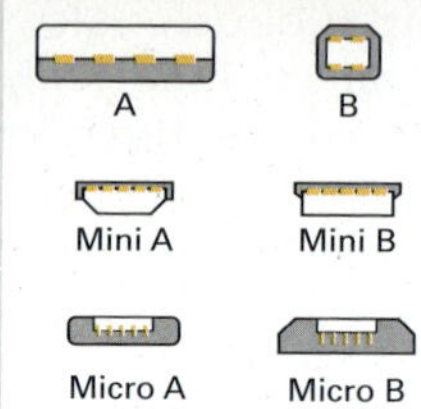 A, B, Mini A, Mini B, Micro A, Micro B |
| 2.0 | 480 | |
| 3.2 Generation 1 | 5000 | 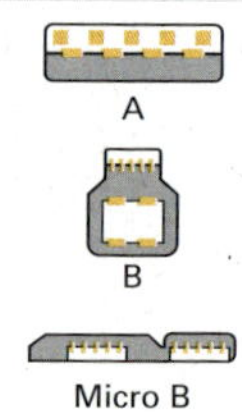 A, B, Micro B |
| 3.2 Generation 2 | 10000 | 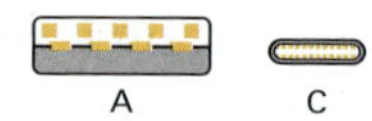 A, C |
| 3.2 Generation 2×2 | 20000 | |
| 4.0 | 40000 | |

Die **Hardware** bestehend aus elektrischen und elektronischen Komponenten. Die Verbindungssysteme sind versionsabhängige Stecker, Buchsen und Kabel **(Bild 1).** Die **Softwareversionen** definieren die Datenprotokolle und Übertragungsraten.

**Bild 1:** USB-Steckerversion

### Steckerbelegung und Funktionsbeschreibung USB 1.0 und 2.0 (Tabelle 2):

### CC[2]

Über diesen Anschluss erhält das Peripheriegerät eine Adresse zur eindeutigen Identifikation.

### Datenleitung

Das USB-Datensignal wird in einer geschirmten Leitung mit verdrillten Adernpaaren (engl. twisted-pair-cable) geführt. Der Schirm schützt gegen äußere elektromagnetische Wechselfelder, die durch stromführende Leiter verursacht werden. Die Verdrillung der Adernpaare verhindert eine Signaleinkopplung, die bei parallel liegenden Adernpaaren durch induktive, kapazitive oder galvanische Effekte entstehen kann.

**Tabelle 2:** Steckerbelegung USB-Typen 1.0 und 2.0

| USB-Standard | Stecker-Typ | Ansicht | Pin | Funktion | Anmerkung |
|---|---|---|---|---|---|
| 1.0 – 2.0 | A | 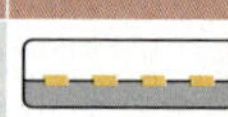 4 3 2 1 | 1 | $V_{Bus}$ | +5 V DC Spannungsversorgung |
| | | | 2 | Daten – | USB 1 oder USB 2 Signal |
| 1.0 – 2.0 | B | 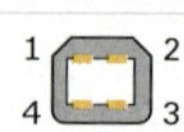 1 2 4 3 | 3 | Daten + | |
| | | | 4 | Masse | für Spannungsversorgung |
| 1.0 – 2.0 | Mini A | 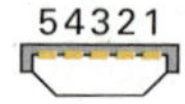 54321 | 1 | $V_{Bus}$ | +5 V DC Spannungsversorgung |
| 1.0 – 2.0 | Mini B |  54321 | 2 | Daten – | USB 1 oder USB 2 Signal |
| | | | 3 | Daten + | |
| 1.0 – 2.0 | Micro A | 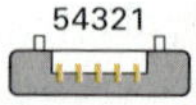 54321 | 4 | ID[1] | Identifikation |
| 1.0 – 2.0 | Micro B | 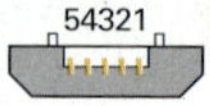 54321 | 5 | Masse | für Spannungsversorgung |

[1] **ID**, Abk. für **Id**entification (engl.) = Identifikation von Micro A oder B und Stecker mit Masse verbunden ja/nein

### DPWR[3]

Spannungsversorgung für Peripherie-Geräte.

### Masse

Der Masseanschluss für die Gleichspannungsversorgung ist für eine fehlerfreie Übertragung sehr wichtig. Die Masse umschließt die Signalleitungen in Form eines Kupferdrahtgeflechts und/oder Aluminiumfolie. Sie ist mit dem Metallgehäuse von Stecker/Kupplung und der Masse des angeschlossenen Gerätes verbunden.

[1] **USB** Abk. für **U**niversal **S**erial **B**us (engl.) = vielseitiges serielles Bussystem
[2] **CC**, Abk. für **C**ontrol **C**hannel (engl.) = Steuerkanal
[3] **DPWR**, Abk. für **D**evice **P**o**W**e**R** (engl.) = Geräte-Spannungsversorgung

**Steckerbelegung und Funktionsbeschreibung USB 3 (Tabelle 1):**

**SBU**[1]

Dieser Hilfsanschluss wird für Nicht-USB-Anschlüsse genutzt, z. B. deAdapter von USB auf Klinkenstecker.

**SSRx**[2] ist das USB 3 Hochgeschwindigkeits-Empfangssignal.

**SSTx**[3] ist das USB 3 Hochgeschwindigkeits-Sendesignal.

$V_{Bus}$[4] ist der + 5 V/500 mA Gleichspannungsanschluss für die Datenleitung (Bus).

**USB4™**

Die nächste Generation USB4™ ist zurzeit die leistungsstärkste Verbindung, die für PCs, Mobiltelefone, Tablets, externe Festplatten, Docks, Hubs und die immer anspruchsvolleren Peripheriegeräte gefordert wird. Es bietet beispielsweise die Möglichkeit, zwei Ultra-HD-Displays (4K) oder ein einzelnes 8K-Display zu betreiben.

USB4™ steigert die USB-Leistung für Speicher-, Anzeige- und Docking-Anwendungen auf bis zu 40 Gb/s und erleichtert so das schnelle und bequeme Verschieben von Daten zwischen Geräten. USB4™ ermöglicht mehrere gleichzeitige Anzeige- und Datenprotokolle (USB4™, USB 3.2, USB 2.0 und DisplayPort), um alle Anzeige- und Datenübertragungsanforderungen zu unterstützen.

Als Anschluss wird eine USB-C Steckverbindung genutzt.

**Tabelle 1:** Steckerbelegung USB 3 Stecker

| USB-Version | Stecker-Typ | Ansicht | Pin | Funktion | Anmerkung |
|---|---|---|---|---|---|
| 3.0 – 3.2 | A | 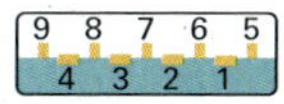 | 1 | $V_{Bus}$ | + 5 V DC Spannungsversorgung |
| | | | 2 | Daten – | USB 2 Signal |
| | | | 3 | Daten + | |
| | | | 4 | Masse | für Spannungsversorgung |
| | | | 5 | SSTx – | USB 3 – Sende-Signal |
| | | | 6 | SSTx + | |
| | | | 7 | Masse | für USB 3 |
| | | | 8 | SSRx – | USB 3 Empfangs-Signal |
| | | | 9 | SSRx + | |
| 3.0 – 3.2 | B |  | 1 | $V_{Bus}$ | + 5 V DC Spannungsversorgung |
| | | | 2 | Daten – | USB 2 Signal |
| | | | 3 | Daten + | |
| | | | 4 | Masse | für Spannungsversorgung |
| | | | 5 | SSTx – | USB 3 Sende-Signal |
| | | | 6 | SSTx + | |
| | | | 7 | Masse | für USB 3 |
| | | | 8 | SSRx – | USB 3 Empfangs-Signal |
| | | | 9 | SSRx + | |
| | | | 10 | DPWR | z. B. ext. 3,5" Festplatte |
| | | | 11 | Masse | für DPWR |
| 3.0 – 3.2 | Micro-B | 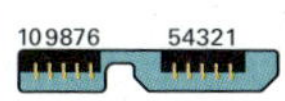 | 1 | $V_{Bus}$ | + 5 V DC Spannungsversorgung |
| | | | 2 | Daten – | USB 2 Signal |
| | | | 3 | Daten + | |
| | | | 4 | Masse | für Spannungsversorgung |
| | | | 5 | SSTx – | USB 3 Sende-Signal |
| | | | 6 | SSTx + | |
| | | | 7 | Masse | für USB 3 |
| | | | 8 | SSRx – | USB 3 Empfangs-Signal |
| | | | 9 | SSRx + | |
| | | | 10 | Schirm | Stecker-Abschirmung |
| 3.0 – 3.2 | C | 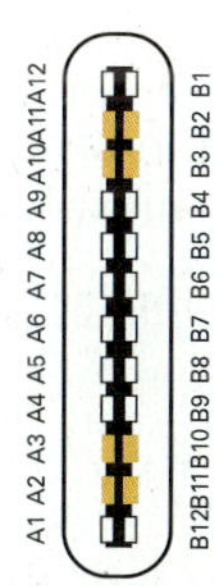 | A 1 | Masse | für Spannungsversorgung |
| | | | A 2 | SSTx 1 + | USB 3 Sende-Signal |
| | | | A 3 | SSTx 1 – | |
| | | | A 4 | $V_{Bus}$ | + 5 V DC Spannungsversorgung |
| | | | A 5 | CC 1 | Konfig. Kanal |
| | | | A 6 | Daten + | USB 2 Signal |
| | | | A 7 | Daten – | |
| | | | A 8 | SBU 1 | Hilfssignal für alternativen Anschluss |
| | | | A 9 | $V_{Bus}$ | + 5 V DC Spannungsversorgung |
| | | | A 10 | SSRx 2 – | USB 3 Empfangs-Signal |
| | | | A 11 | SSRx 2 + | |
| | | | A 12 | Masse | für Spannungsversorgung |
| | | | B 1 | | |
| | | | B 2 | SSTx 2 + | USB 3 |
| | | | B 3 | SSTx 2 – | Sende-Signal |
| | | | B 4 | $V_{Bus}$ | + 5 V DC Spannungsversorgung |
| | | | B 5 | CC 2 | Konfig. Kanal |
| | | | B 6 | Daten + | USB 2 Signal |
| | | | B 7 | Daten – | |
| | | | B 8 | SBU 2 | wie SBU 1 |
| | | | B 9 | $V_{Bus}$ | + 5 V DC Spannungsversorgung |
| | | | B 10 | SSRx 1 – | USB 3 |
| | | | B 11 | SSRx 1 + | Empfangs-Signal |
| | | | B 12 | Masse | für Spannungsversorgung |

(gelb) 2 × 2 USB 3 Signalübertragung = Zweispuriger Sende/Empfangs-Betrieb

[1] **SBU**, Abk. für **S**ide**B**and **U**se (engl.) = Seitenbandbetrieb

[2] **SS**, Abk. für **S**uper **S**peed (engl.) = Hochgeschwindigkeit; Rx, Abk. für Receiver (engl.) = Empfänger

[3] **Tx**, Abk. für **T**ransmitter (engl.) = Sender

[4] $V_{BUS}$, Abk. für Voltage BUS (engl.) = Spannungsversorgung für Signalleitung – BUS: Herkunft unklar → Wikipedia

## Signaladapter und -konverter

Die in **Kapitel 7.1** beschriebenen Signalarten müssen in der Praxis häufig zwischen verschiedenen Geräteanschlüssen und Signalformen gewandelt werden.

Mit **Signaladaptern** lassen sich Steckerbelegungen auf die gewünschte Pinbelegung zwischen den Geräten anpassen ohne weitere elektronische Unterstützung **(Bild 1)**.

**Signalkonverter** benötigen elektronische Bauelemente im Stecker oder bei umfangreicheren Signalumwandlungen Hard- und Software in einem eigenen Gehäuse sowie eine Spannungsversorgung und eine Prozessorplatine **(Bild 2)**.

Signalkonverter kommen zum Einsatz, wenn sich zwischen Signalquelle und Signalempfänger unterschiedliche Signalarten und Geräteanschlüsse befinden. Wenn beispielsweise die Darstellung eines Laptop-Monitors mit Signalausgang (USB-C) auf zwei externe Monitore mit unterschiedlichen Signaleingängen (HDMI, DVI) erweitert werden soll, wird zwischen Laptop und externen Monitoren ein Signalkonverter eingesetzt **(Bild 3)**. Dieser wandelt das Eingangssignal in ein entsprechendes Ausgangssignal für den zugehörigen Geräteanschluss.

Der Markt bietet alle Varianten zur Umwandlung von Signalen und Geräteanschlüssen. Die Schnelligkeit und Varianz der Signalumwandlung entscheiden über die Qualität eines Konverters. Zeitverzögerungen bei der Wandlung würden zu Bildrucklern führen. Die große Vielzahl von verschiedenen Signalkonvertern ist in der Praxis häufig verwirrend und muss daher vorher gut geplant sein, damit am Produktionsort keine Konverter oder Kabel fehlen. Um dies in Zukunft zu vereinfachen, arbeiten Normen-Gremien daran, Signalarten und Gerätestecksysteme international zu vereinheitlichen. Ein Beispiel hierfür ist die Forderung an die Smartphone-Hersteller, ihre Geräte mit USB-C-Anschlüssen zu fertigen.

**Bild 1**: Signaladapter VGA zu BNC

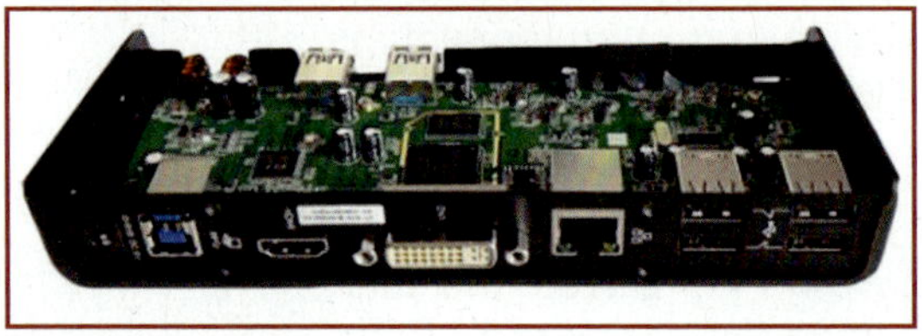

**Bild 2**: Signalkonverter

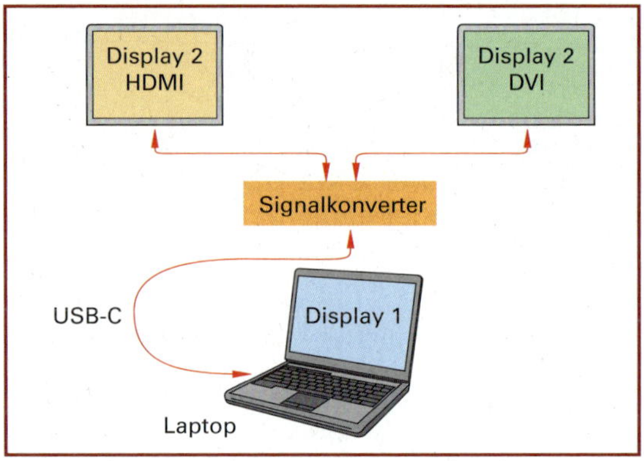


**Bild 3**: Signalkonverter von USB-C zu HDMI und DVI

## Wiederholungsfragen: Signalübertragungsarten

1. Welches sind die physikalischen Hauptkomponenten eines analogen und digitalen Signals?
2. Was unterscheidet ein analoges Signal von einem digitalen Signal?
3. Welcher Unterschied besteht zwischen dem US-amerikanischen und dem europäischen TV-Format bezüglich des Zeilenwechsels und der Bildfrequenz?
4. Skizzieren Sie das Prinzip einer analogen und einer digitalen Signalübertragung.
5. Was unterscheidet eine VGA-Schnittstelle grundsätzlich von einer DVI-Schnittstelle?
6. Warum muss für jede HDMI-Version ein entsprechendes Kabel verwendet werden?
7. Wie werden SDI-Kabel gegen Übertragungsstörungen geschützt?
8. Weshalb gibt es unterschiedliche USB-Standards?
9. Warum werden Adernpaare von Datenleitungen verdrillt?

## 10.2 Codec und Container

Je nach Aufnahmelänge und Bildauflösung entstehen große Mengen an digitalen Videodaten. Um diese flüssig zu übertragen, speichern und wiederzugeben, wurden spezielle Programme, die sogenannten **Codecs**[1], entwickelt **(Bild 1)**.

Ein **Codec verschlüsselt** (kodiert) und **reduziert** (komprimiert) die digitalisierten **Bildsignale** im Sendegerät. Im Empfangsgerät werden die Daten entschlüsselt (dekodiert) und vervollständigt (dekomprimiert). Beide Geräte müssen über eine entsprechende Hard- und Software verfügen. Die Hardware benötigt schnell arbeitende Prozessoren, um die Bilddaten in Echtzeit zu codieren und decodieren. Die Software beinhaltet mathematische Algorithmen, um aus Bilddaten Bilddifferenzen zu erkennen und herauszurechnen. Bilddifferenzen sind die veränderten Bildanteile einer Bildfolge **(Bild 2)**. Beispiel: Im Sender wird ein **vorheriges Bild** komplett gespeichert. Das **momentane Bild** wird mit dem **vorherigen Bild** verglichen und nur die **Bilddifferenzen** (Wasserlauf) werden gespeichert und deren Daten an den Empfänger übertragen. Der Empfänger integriert die **Bilddifferenz-Daten** (Wasserlauf) in die **vorherigen Bild-Daten** und erzeugt so das **momentane Bild**. Dieses Verfahren verkleinert die Datenmenge erheblich und verbessert somit die Übertragung und Speicherung. Es gibt viele verschiedene Codec-Typen, wobei jeder einen anderen Algorithmus nutzt, um die Videodatei für ihre beabsichtigte Anwendung zu verkleinern. Die Umwandlung (Konvertierung) der Daten kann je nachdem verlustfrei oder nicht verlustfrei sein. Daher muss bei der Wahl vom Codec ein Kompromiss zwischen Benutzerfreundlichkeit und Videoqualität eingegangen werden.

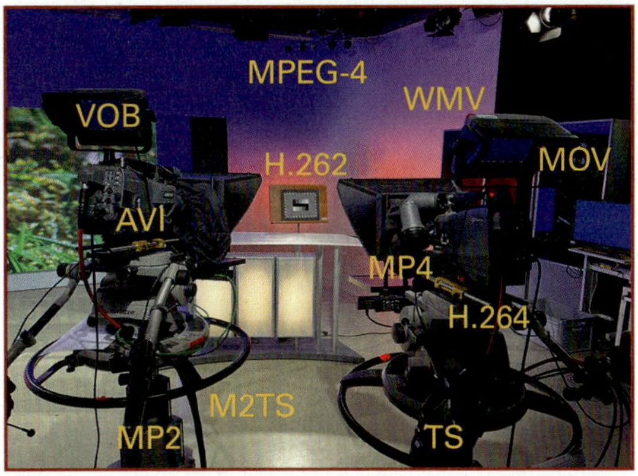


**Bild 1**: Video-Codecs und -Container

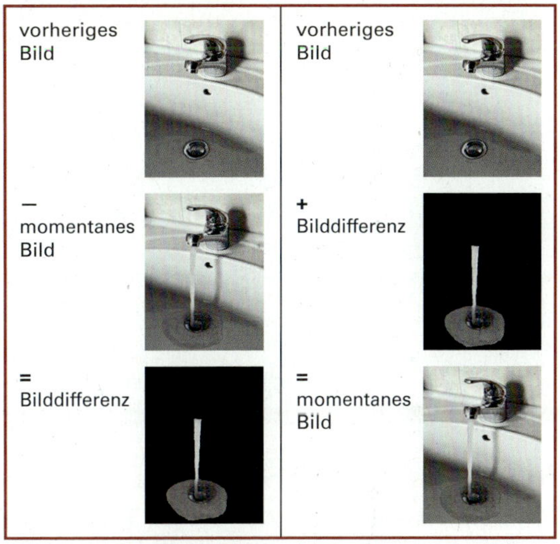


**Bild 2**: Sender differenziert Bilddaten
Empfänger integriert Bilddaten

**Codec-Entwicklung**

Entwickelt werden Codecs von international besetzten Studiengruppen der MPEG[2] oder der ITU-T[3]. Ziel ist die Anpassung auf die weltweit steigenden Ansprüche der Anwender und Hersteller für audiovisuelle und Multimedia-Systeme. Die so vorgeschlagenen Codes **(Tabelle 1)** werden von der ISO[4]/IEC[5]-Expertengruppe für Bewegtbilder standardisiert und für Änderungen gemeinsam verwaltet. Die dabei entstehenden Normen, in Englisch *Standards* genannt, sind als Empfehlungen zu sehen, deren Verwendung für herstellende Unternehmer freiwillig ist.

**Tabelle 1:** Ziele der Studiengruppen für höhere Bildauflösung

| Ziele | Beschreibung |
|---|---|
| schnellere A/V-Datenübertragung | für drahtgebundene und drahtlose Übertragung |
| schnellere A/V-Datenverarbeitung | für die Bildnachbearbeitung |
| schnellere A/V-Datenspeicherung | für Festplatten und Halbleiterspeicher (SSD) |
| geringere Verluste beim Umwandeln | Codieren, Komprimieren, Decodieren, Dekomprimieren |

[1] **Codec**, Abk. für **Co**der **Dec**oder = Kodierer Dekodierer
[2] **MPEG**, Abk. für **M**oving **P**icture **E**xperts **G**roup
[3] **ITU-T**, Abk. für **I**nternational **T**elecommunication **U**nion- **T**elecommunication Sector
[4] **ISO**, Abk. für **I**nternational **O**rganization für **S**tandardization = Internationale Organisation für Normung
[5] **IEC**, Abk. für **I**nternational **E**lectrotechnical **C**ommission = Internationale Elektrotechnische Kommission

**Tabelle 1:** Standardauszug der H-Serie für audiovisuelle und Multimedia-Systeme

| ITU-T Standard | MPEG-Standard | Veröffentlichung | Beschreibung | Anwendung |
|---|---|---|---|---|
| H.261 | MPEG[1]-1 | 03.1993 | Codec für audiovisuelle Dienste mit **p** × 64 kbit/s<br>**p:** (engl. picture) Bildrate 1 bis 30 | VHS[2] |
| H.262 | MPEG-2 | 05.1996 | Generischer Codec von Bewegtbildern und zugehörigen Audioinformationen: Video Bitrate > 1 Mbit/s<br>Kompatibel mit MPEG-1 Videos | DVD[3]<br>DVB[4]-C[5]<br>DVB-S[6]<br>DVB-T[7] |
| H.263 | (alt) MPEG-3<br>(neu) MPEG-2 | 03.1996 | Codec für Videokonferenzen mit niedriger Bitrate (64 kbit/s). Weiterentwicklung des H.261 Standards | Videokonferenzen, Smartphone |
| H.264 | MPEG-4 AVC[8] | 08.2021 | Fortgeschrittener Codec für allgemeine audiovisuelle Dienste | HDTV[9] |
| H.265 | HEVC[10] | 08.2021 | Hocheffizienter Codec<br>von 320 × 240 Pixel<br>bis 8 192 × 4320 Pixel | UHD[11] |
| H.266 | VVC[12] | 08.2020 | Nochfolger von H.265<br>um 30 % verbesserte UHD-Datenreduktion bei gleicher Bildqualität. Bildauflösung von 4K bis 16K und Möglichkeit von 360°-Videos | UHD reduziert |

[1] **MPEG**, Abk. für **M**otion **P**icture **E**xperts **G**roup = Expertengruppen für bewegte Bilder zur Festlegung von Standards für audiovisuelle Medienkodierung/-Komprimierung; [2] **VHS**, Abk. für **V**ideo **H**ome **S**ystem = Heimvideosystem; analoges Aufzeichnungs- und Wiedergabesystem; [3] **DVD**, Abk. für **D**igital **V**ersatile **D**isc = digitale vielseitige (nutzbare) Scheibe; digitaler, optischer Datenspeicher; [4] **DVB**, Abk. für **D**igital **V**ideo **B**roadcasting = digitale Videoübertragung; [5] **-C**, Abk. für **C**able = Fernsehen über Kabelanschluss; [6] **-S**, Abk. für **S**atellite = Fernsehen über Satellitenempfang; [7] **-T**, Abk. für **T**errestrial = Fernsehen über Antenne; [8] **AVC**, Abk. für **A**dvanced **V**ideo **C**oding = Erweitertes Videokodieren; [9] **HDTV**, Abk. für **H**igh **D**efinition **T**elevision = Hochauflösendes Fernsehen; [10] **HEVC**, Abk. für **H**igh **E**fficiency **V**ideo **C**odec = Hocheffiziente Videokodierung; [11] **UHD**, Abk. für **U**ltra **H**igh **D**efinition = Ultrahochauflösendes Fernsehen; [12] **VVC**, Abk. für **V**ersatile **V**ideo **C**oding = Vielseitige Videokodierung

### ITU-T Struktur und MPEG-Struktur

Bei der ITU entwickelt der Sektor **T** Standards für die weltweite **T**elekommunikation. Er ist in alphabetische Bereiche unterteilt. Der Bereich **H** des Sektors T entwickelt Standards für audiovisuelle und Multimedia-Systeme. Er ist in 18 Zahlenbereiche aufgeteilt, wobei die Standards für Video dem Zahlenbereich 261 bis 280 zugeteilt werden. Ein neuer Standard erhält den Buchstaben **H** für den Bereich und eine aufsteigende Zahl. Begonnen wurde mit H.261(1993) und aktuell sind es die Codecs H.265 (überarbeitet 08.2021) und H.266 (08.2020). Die Expertengruppe für bewegte Bilder (MPEG) verfügt über eine eigene numerische Struktur für Standards. Beispielsweise ist der MPEG-2 Codec ähnlich dem H.262-Codec der Studiengruppe ITU-T. Weitere vergleichbare Codes der beiden Institutionen sind einander in **Tabelle 1** zugeordnet.

### Container

Um kodierte AV-Dateien mit einem konstanten Datenstrom zu übertragen und darzustellen, erhalten sie eine **Datenstruktur,** woraus sich ein **Dateityp** ergibt. Dieser Dateityp wird als **Container**[1] bezeichnet. Ein Container ist durch eine **Dateiendung** (z. B. *xxxxx*.**mp4**) gekennzeichnet. Dabei ist **MP4** nicht zu verwechseln mit **MPEG-4**. **MPEG-4** ist ein **Codec** und **MP4** ist ein **Containerformat**.

Für die verschiedenen audiovisuellen und Multimediasysteme werden unterschiedliche Containerformate, mit entsprechender Dateiendung benötigt **(Tabelle 1, Seite 428)**. Jeder Container lässt nur bestimmte Codecs zu. Am Beispiel der Bildübertragung von einer Videokamera (Quelle) zu einem Bildschirm (Empfänger) ist in **Bild 1, Seite 427** das Prinzip von Codec und Container gezeigt. Die Videokamera kodiert und komprimiert ihre Videosignale nach einem bestimmten Dateiformat (Codec, z. B. H.264). Für einen konstanten Datenstrom zum Empfänger (Bildschirm) muss dieses Dateiformat in eine passende Datenstruktur (Container) gewandelt werden. Die passende

[1] container engl. = Behälter

Datenstruktur richtet sich nach der Art des Dateiformates, welches von Gremien (ITU-T, MPEG) festgelegt wurde. Ähnlich wie beim Versenden von Post kommt es auf die Form und Größe (Codec) an. Es gibt Post, die entweder in einen Briefumschlag (Container) oder nur in ein Paket (Container) passt. Die zulässige „Füllart“ (Dateiformat) in die „Container“ (Briefumschlag, Paket), wurde von der Post festgelegt.

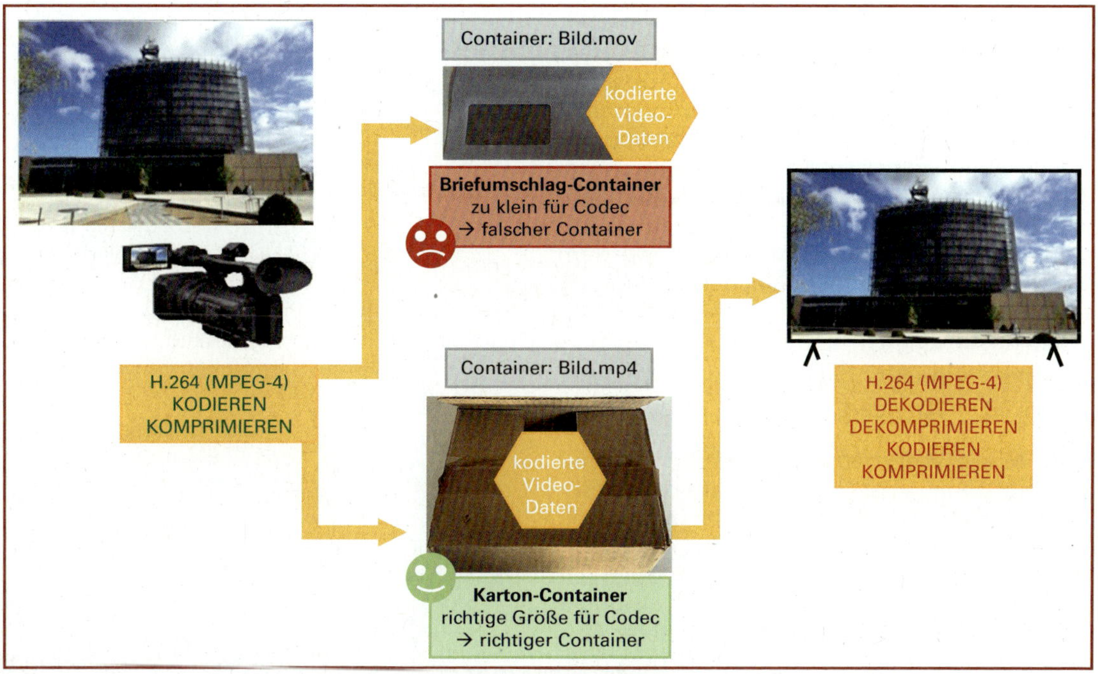


**Bild 1**: „Passender“ Container für Codec

## Containerformate = Videoformate

**ASF: A**dvanced **S**ystems Container-**F**ormat ist primär zum Streamen von Windows-Multimedia-Dateien entwickelt worden. Zur Unterscheidung verschiedenartiger Multimedia-Dateien (nur Audio oder Video mit Audio) erhält jede Dateiform eine eigene Dateierweiterung. AFS-Dateien nutzen eigene Windows-Codecs (siehe WM).

**AVI: A**udio **V**ideo **I**nterleave[1] ist ein Containerformat, mit dem sich kodierte und unkodierte AV-Daten speichern, bearbeiten und wiedergeben lassen. Für die Wiedergabe der AV-Daten muss derselbe Codec genutzt werden, mit dem die AV-Daten codiert wurden. Da das AVI-Format verschiedene Codecs nutzen kann, wurde ein Identifikationscode entwickelt, welcher beim Codieren den AV-Daten beigefügt wird. Somit kann ein Wiedergabegerät erkennen, mit welchem Codec die AV-Daten abgespielt werden müssen.

**F4V: F**lash MP**4 V**ideo Format ist ein weitverbreitetes Containerformat zum Bereitstellen, Speichern und Streamen von Flash Videos. Flash Videos sind AV-Dateien, die hauptsächlich für Internetübertragung von Videos genutzt werden.

**FLV: Fl**ash **V**ideo ist ein weitverbreitetes Containerformat, das größtenteils dem Format F4V ähnelt. Jedoch lassen sich FLV-Videos leichter mit Web-Seiten hoch- und runterladen. Besonders einfach lassen sich Videos in HTML-Seiten integrieren.

**GXF: G**eneral e**X**change **F**ormat ist ein Containerformat für die TV-Branche, zum Austausch und Übertragung von, auch hochauflösenden, Videoclips zwischen TV-Programmspeicher-Systemen (Videoserver). Es ist ein einfach strukturiertes Format, das nur zur Datenübertragung entwickelt wurde.

[1] **AVI**, Abk. für **A**udio **V**ideo **I**nterleave = verzahnen/verschachteln von AV-Daten

**M2TS**: **M**PEG-**2** **T**ransport **S**tream ist die Dateiendung vom Containerformat **BDAV** (**B**lue-ray **D**isc **A**udio **V**isual) und wird zum Austausch von hochauflösenden AV-Daten auf Blue-ray-Disks genutzt.

**MK**: Diese Dateiendung steht für **M**atros**k**a, angelehnt an eine russische Matroschka (Puppe in Puppe) und steht für ein Containerformat für audiovisuelle Daten. Es kann eine unbegrenzte Anzahl von AV-, Bild- und Untertitel-Spuren in einer Datei enthalten. Es ist ein universelles Containerformat zum Speichern, Wiedergeben und Bearbeiten von hochauflösenden Multimedia-Dateien. Je nach Medienart werden MK-Dateien mit unterschiedlichen Endungen versehen:

xxx.mk**v** → **V**ideo
xxx.mk**a** → **A**udio
xxx.mk**3d** → **3D**-Video

**MOV**: **Mov**ie ist ein betriebssystem-unabhängiges Containerformat für A/V-, Grafik- und Multimedia-Daten. Es ist auch unter dem Namen: Quick Time bekannt und wurde von der Firma Appelle entwickelt. Zum Öffnen der Datei ist der Quick Time Player vorgesehen. Jedoch lassen sich MOV-Dateien auch mit anderer Abspiel-Software öffnen. MOV-Container werden auch im professionellen Datenaustausch angewendet.

**MP4**: **M**otion **P**icture Format Nr. **4** ist ein Containerformat für multimediale Daten, die mit H.264 bzw. MPEG-4 Codec kodiert wurden. In diesem Containerformat können separat kodierte Multimedia-Daten (Audio/Video) zu einer Datei zusammengefügt werden. MP4-Dateien sind relativ klein und haben nach der Komprimierung noch eine hohe Qualität. MP4 ist ein beliebtes Format, da es kompatibel ist mit: IOS[1]- und Windows[2]-Rechnern, Tablets, Smartphone, Spielekonsolen und TV-Geräten. Weiterhin lassen sich auch MP4-Videos leicht im Internet hoch- und runterladen und können auch leicht in PowerPoint-Präsentationen eingebunden werden. Je nach Medienart werden MP4-Dateien mit unterschiedlichen Endungen versehen:

xxx.m4**v** → **V**ideo
xxx.m4**a** → **A**udio
xxx.m4**b** → **B**ook (Hörbücher)
xxx.m4**r** → **R**ingtone (Klingeltöne)

**Tabelle 1:** Video-Container, -Codecs

| Container | möglicher Codec | Anwendung |
|---|---|---|
| ASF | Windows-Codec | Windows Multimedia-Dateien |
| AVI | H.264 | • DVD-Spieler<br>• Multimedia-Programme (Windows) |
| F4V | H.264 | • Flash-Videos |
| FLV | H.263 Variante<br>H.264 | • Flash-Videos |
| GXF | M-JPEG<br>MPEG<br>EV | • Datenaustausch von Videoclips zwischen Videoserver<br>• Rundfunkbranche |
| M2TS | H.262-7/MPEG-2 Teil 2<br>H.264/MPEG-4 Teil 10 | • Blue-ray Disk<br>• Festplatten<br>• SSD-Speicherkarten |
| MKV | H.261<br>H.262<br>H.264 | • kurze Videoclips<br>• TV-Sendungen<br>• Filme |
| MOV | H.264/MPEG-4 Teil 12 | • Filme (Apple) |
| MP4 | H.264 | • weit verbreitet auf Endgeräten<br>• Online-Videos (z. B. YouTube, Vimeo) |
| MXF | H.262/MPEG-2<br>H.264 | • Rundfunkbranche<br>• Lieferung von Werbung an TV-Sender<br>• digitale Archivierung von ausgestrahlten Sendungen |
| OGV | Video Codec: Theora | Videospiele<br>Browser: Chrome, Firefox u. Opera |
| OMF | H.262/MPEG-2<br>H.264 | • prof. Videoschnitt-Programme: z. B. AVID, ADOBE Premiere |
| SWF | H.263 Variante<br>H.264 | • Flash Files für das Internet:<br>• animierte Grafiken<br>• Videos<br>• Sounds |
| TS | H.262/MPEG-2 | • TV-Filme speichern und abspielen |
| VOB | H.262 | • DVD |
| WEB M | VP 8<br>VP 9 | • Verteilung von Videos im Internet |
| WMV | H.261<br>H.262<br>H.264 | • Erstellen und Verteilen von Videos im Internet |

[1] **IOS**, Abk. für **I**nternetwork **O**perating **S**ystem = Betriebssystem des Unternehmens Apple für mobile Geräte mit Internetanbindung
[2] Windows, engl. Fenster; Betriebssystem von Microsoft-Rechnern

**MXF**: **M**aterial **E**xchange **F**ormat ist ein Containerformat zum schnellen Austausch von professionellen AV-Dateien. Das Format wurde standardisiert, um den Datenaustausch zwischen Kamera, Videospeicher, Schnitt, Übertragungswegen und Archivierung zu vereinfachen. Dieses Format verkürzt den Arbeitsablauf im Vergleich zu OGG erheblich.

**OGG**[1]: Ein OGG-Containerformat enthält unterschiedlich kodierte A/V-Daten. Das Format wurde speziell zum Livestreamen von Daten entwickelt. Der VLC-Mediaplayer eignet sich besonders für die Wiedergabe von OGG-Dateien. Je nach Medienart werden OGG-Dateien mit unterschiedlichen Endungen versehen: xxx.og**v** → **V**ideo; xxx.og**a** → **A**udio

**OMF** oder **OMFI**: **O**pen **M**edia **F**ramework **I**nterchange ist ein Containerformat, das auf verschiedenen Betriebssystemen Mediendaten mit Videobearbeitungsprogrammen (AVID, ADOBE Premiere, Final Cut Pro, ...) austauschen und speichern kann.

**SWF**: **S**hock**w**ave **F**lash (ausgesprochen: „Swiff") ist ein Containerformat, zur Darstellung von animierten Vektorgrafiken, Multimedia- und ActionScript[2]-Dateien im Internet. Mit diesem Format werden Flash-basierte Projekte veröffentlicht.

**TS**: Video **T**ransport **S**tream steht für Video-Transportstrom und dient als Container für Video-Dateien, die mit MPEG-2 kodiert wurden. Er ist speziell für DVB-Dateien (Digital Video Broadcast) entwickelt worden. Es lassen sich auch Dateien auf DVD speichern. Das Format wird häufig zum Speichern von gestreamten oder übertragenen Videos verwendet (z. B. TV-Film über USB auf Festplatte speichern). TS-Formate lassen sich mit vielen Mediaplayern öffnen, abspielen und umbenennen.

**VOB mit IFO**: **V**ideo **Ob**ject beinhaltet die AV-Dateien mit Untertitel (Subpictures). Dieses Format wird für DVD-Datenspeicher genutzt. Die Daten auf einer **DVD** sind **unterteilt in** mehrere **Titel**, diese in mehrere **Zellen** und diese wiederum in **Programmketten**. Für einen flüssigen Videoablauf wird eine **IFO**-Datei benötigt. Diese beinhaltet Navigations**info**mationen (Adressdaten), wo auf der DVD die entsprechenden AV-Dateien mit Untertitel beginnen und in welcher Reihenfolge sie wiedergegeben werden müssen. Weitere Navigationsinhalte sind z. B.: SKIP-Funktion (Einsprungstellen), schneller Suchlauf, Regionsschutz, Altersfreigabe, Bildformat, Bildauflösung.

**WebM**[3]: Dieses Container-Format nutzt für AV-Daten den Codec VP8/VP9[4] (Video) und Vorbis[5]-Codec (Audio). Der Container erleichtert das Erstellen und Verteilen von Videos auf Internetseiten. Ohne Aufwand (zusätzliche Player-Software) können Videos überall im Netz angesehen werden. Das Format basiert auf dem MKV-Format, das sich durch seine platzsparende und prozessorschonende Eigenschaft auszeichnet. WebM-Container lassen sich bestens in Web-Seiten einbinden.

**WM**: **W**indows **M**edia ist ein von Microsoft entwickeltes Containerformat. Es gibt zwei verschiedenen Unterarten: wma ist der Audio-Container mit eigenem Windows Media Audio-Codec, wmv ist für Videos mit Audio-Container und hat einen Windows Media Audio- und Windows Media Video-Codec. Die Containerformate sind hauptsächlich für Windowsrechner entwickelt worden. Für den Einsatz auf mobilen Abspielgeräten wie z. B. DVD-Player oder Apple-Geräten muss eine Konvertierungs-Software eingesetzt werden.

## Wiederholungsfragen: Video-Dateiformate

1. Welche Bedeutung hat der Begriff: Codec?
2. Welche Möglichkeit gibt es, um hohe Bildinformationen bei der Übertragung verlustfrei beim Empfänger darzustellen?
3. Warum wird für einen Codec z. B. die Bezeichnung H.262 oder MPEG-2 genommen?
4. Was ist der Unterschied zwischen den Bezeichnungen MPEG-4 und MP4?
5. Was unterscheidet einen Codec von einem Container?

[1] Dateiendung beruht auf einem Scherz. Ursprüngliches Format „Squish" verletzte Markenrechte. Als neuer Name wurde „ogg" gewählt. „to ogg": Dem Gegner größtmöglichen Schaden zufügen (Fantasiebegriff aus dem Computerspiel Netrek).
[2] ActionScript, Programmiersprache von ADOBE
[3] **WebM**, Abk. für **Web** **M**ultimedia; Web ist Kurzform von World Wide Web = weltweites Netz
[4] **VP**x, Abkürzung für **V**oc**P**ack = Akronym für Vocal Pack = sinngemäß: Gesangspaket, urspr. Audio-Codec, heute Video-Codec
[5] Vorbis, Figurname eines eiskalten Glaubensfanatikers aus der Comic-Fantasy-Buchreihe: Discworld

# 10.3 Kamerasysteme

## 10.3.1 Funktionsweise einer digitalen Kamera

Das **Grundprinzip** der Bilderzeugung ist bei allen digitalen Kameraarten gleich: Das Licht fällt in ein Objektiv, wird von unterschiedlichen Linsen gebündelt und in das Kameragehäuse gelenkt. Dort wird das einfallende Licht in drei Farbkomponenten **R**ot, **G**rün und **B**lau (**RGB**) aufgeteilt. Für die Aufteilung werden zwei verschiedene Methoden angewendet.

Die **Drei-Chip-Methode** lenkt das einfallende Licht in einen sogenannten Prismenteiler. Dort wird es durch gezieltes Umlenken über Farbfilter in die drei Farbkomponenten (RGB) aufgeteilt. Die Lichtanteile jeder Farbkomponente werden dann auf je einen Bildsensor (Chip) gelenkt **(Bild 1).**

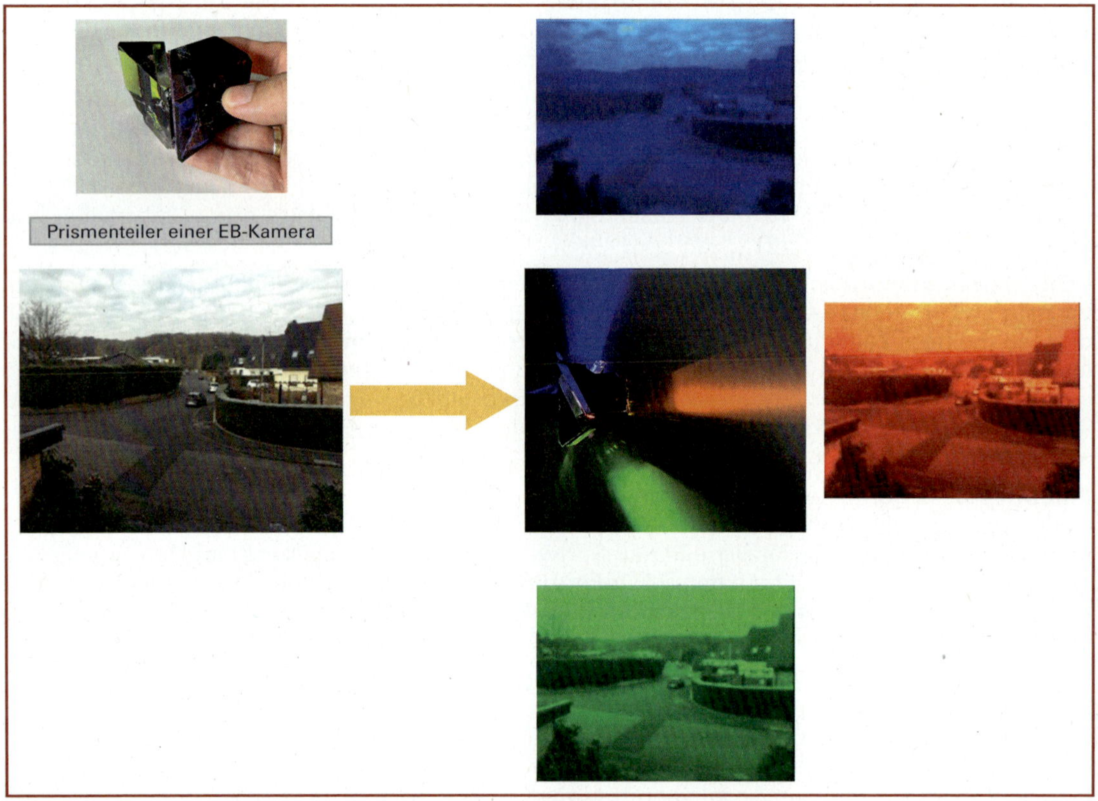


**Bild 1**: Erzeugung der RGB-Farbkomponenten im Prismenteiler

Die **Ein-Chip-Methode** nutzt spezielle Linsen, die das einfallende Licht auf eine Bayer-Matrix[1] lenken. Diese Matrix ist ein lichtempfindlicher Bildsensor mit einem schachbrettähnlichen Farbfilter-Muster, mit dem die drei Farbkomponenten (RGB) aufgenommen werden **(Tabelle 1, Seite 431).**

Die Bildsensoren reagieren ähnlich einer Photozelle auf Helligkeit und generieren analoge, elektronische Signale, die anschließend mit einer Hard- und Software zur Weiterverarbeitung in digitale Daten umgewandelt werden. Die Daten können auf ein Speichermedium geschrieben oder über ein Kabel (ugs. „abgesteckt") in einen Bildmischer geführt (ugs. „ausgespielt") werden. Im Bildmischer wird das Signal mit weiteren Bildquellen, beispielsweise Kameras, Videozuspieler etc. zu einem sendetauglichen Programmbild gemischt.

[1] Bayer-Matrix benannt nach dem US-amerikanischen Erfinder Bruce E. Bayer

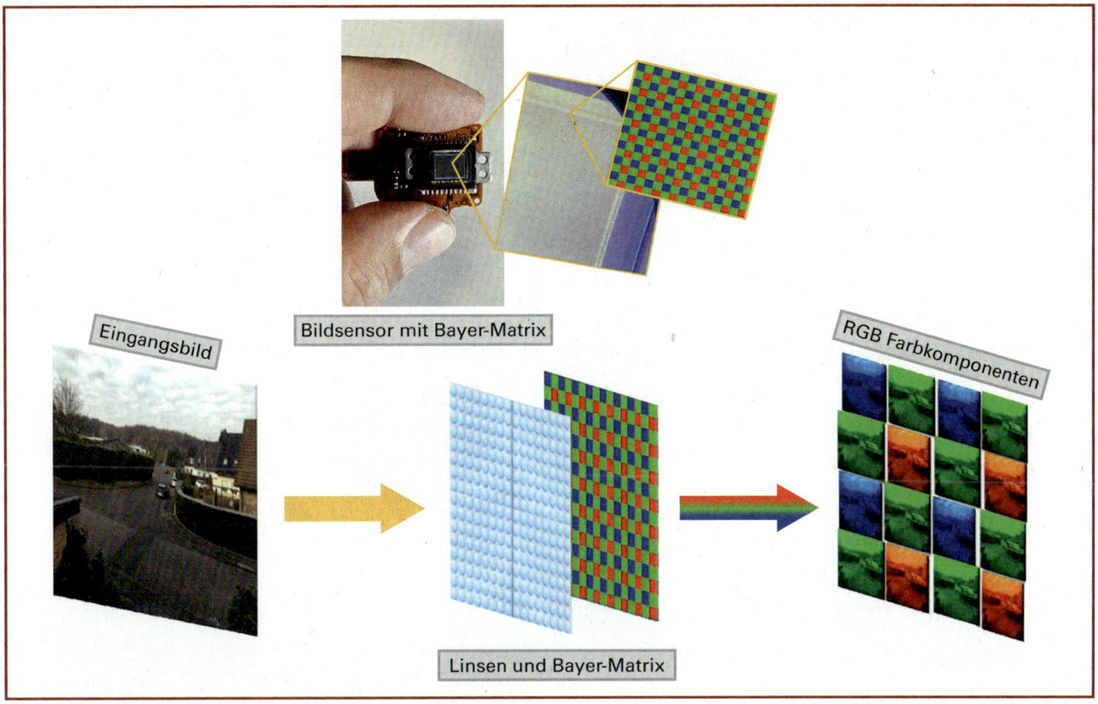


**Bild 1**: Erzeugung der RGB-Farbkomponenten mit Bayer-Matrix

## 10.3.2 Aufbau einer Kamera

Kameras bestehen aus vier Grundkomponenten: dem Kameragehäuse (engl. camera body), der Optik (engl. optical unit), dem Sucher (engl. optical finder) und der Steuereinheit (engl. control unit).

**Optik**: Zur Optik gehören insbesondere die **Objektive.** Die Hauptaufgabe eines Objektives ist, das einfallende Licht möglichst verlustfrei auf die Kamerasensorik zu bringen. Hierbei spielt die Qualität der vielen Glaslinsen eine große Rolle. Objektive werden in **Kapitel 10.3.9** vertiefend behandelt.

**Sucher**: Mit dem Sucher lassen sich Bildausschnitt, Blickwinkel, Objektgröße und Schärfe des aufzunehmenden Bildes beurteilen. Außerdem können je nach Ausführung Kamerainformationen wie Time-Code, Blende, Akku-Stand und Speicherkapazität eingeblendet werden. Es werden zwei Typen unterschieden: der optische Sucher und der elektronische Sucher.

Der optische Sucher ist ein System aus Linsen, Spiegeln und Prismen. Das durch dieses System gelenkte Licht zeigt ein „reales" Bild.

Der elektronische Sucher ist ein Bildschirm (Display) der die aufbereiteten Bildsignale so anzeigt, wie sie gespeichert oder ausgespielt werden. Die Qualitätskriterien Bildschirmgröße, Pixeldichte, Helligkeit und Kontrastumfang sind zu beachten. Als Display-Techniken werden LCD, OLED und AMOLED eingesetzt.

**Steuereinheit**: Mit den Steuereinheiten lässt sich eine Kamera bedienen. Um eine Aufnahme zu Starten dient meistens ein roter Knopf. Wird dieser bei einer Aufnahme wiederholt gedrückt stoppt die Aufnahme. Soll eine Aufnahme nur vorübergehend angehalten werden, nutzt man die Pausen-Funktion mit dem Symbol von zwei parallelen senkrechten Strichen. Weitere Funktionen sind für die Bildeinstellung. Der Kamerasensor muss auf die realen Umgebungsbedingungen der Helligkeiten durch natürliche oder künstliche Lichtquellen angepasst werden. Das hat direkten Einfluss auf die Blende im Objektiv, welche die Lichtmenge auf den Kamerasensor bestimmt.

In einigen Kamerasystemen verschmelzen die Sucher und Steuereinheiten miteinander, was durch die Erfindung von Touchscreens möglich wurde. Diese dienen dann einerseits als Sucher und sind andererseits nutzbar, um Kameraeinstellungen zu ändern und Funktionen auszuführen.

### 10.3.3 Anwendungsarten und Einsatzarten

Neuentwicklungen in der Mikroelektronik (Nanotechnik) und Informationstechnologie (5G) ermöglichen eine Vielzahl von Kamerasystemen für die verschiedensten Videoproduktionen. Die Entscheidung für ein Kamerasystem ergibt sich aus den Anforderungen der Anwendungsart und der Einsatzart.

#### Anwendungsarten von Kameras

**Videodreh durch Einzelperson:** Hierfür werden hochwertige Smartphones mit mehreren Optiken genutzt. Dabei können entsprechende zusätzliche Apps die aufgenommenen Videos um ein Vielfaches verbessern. Gemessen am Preis-Leistung-Verhältnis ist dies die beste Lösung. Auch kleine Kameras (z. B. Actioncams) und Fotokameras (DSL) bieten hochwertige Videoqualitäten und werden in dieser Anwendungsart gerne genutzt **(Bild 1)**.

**Videodreh durch Videojournalisten:** Videojournalisten (VJ) sind sowohl redaktionell als auch kameratechnisch ausgebildet. Sie planen, drehen, schneiden und veröffentlichen Videoproduktionen. Hierfür werden leichte Handkameras **(Bild 2)** oder DSL-Kameras **(Kapitel 10.3.5)** genutzt.

**Videodreh durch Produktionsteam:** Hier werden mehrere und verschiedene Kamerasysteme gleichzeitig eingesetzt. Die Zusammensetzung ist abhängig von Absprachen zwischen Auftraggeber (Redaktion, Künstler, Management), einer Person für Regie und der Kamera (engl. **DoP**: **D**irector **o**f **P**hotography). Diese überlegen sich im Vorfeld, wie die Szenen von welchen Positionen aus und mit welcher Kamera aufgenommen werden sollen. Hierfür stehen verschiedene Kamera-Systeme zur Verfügung, wobei jedes System spezifische Vorteile in Bezug auf Bildqualität, Flexibilität und Einsatzmöglichkeiten für verschiedene visuelle Konzepte bietet. Beispiele sind:

- DSLR- und DSLM-Kameras **(Kapitel 10.3.5)**,
- tragbare Kameras – EB-Kamera **(Bild 3)**, Steadycam **(Bild 4)**,
- nicht tragbare Kameras – stativgebunden **(Bild 5)**,
- ferngesteuerte Kameras bzw. Kamerabewegungssysteme – z. B. Seil- **(Bild 6)**, Schienen- oder Krankamera **(Bild 7)**,
- Drohnen für Luftaufnahmen.

**Bild 1**: Typische Kameras zum Selberdrehen

**Bild 2**: Leichte Handkamera

**Bild 3**: EB-Kamera

**Bild 4**: Steadycam

**Bild 5**: Studiokamera auf Pumpenstativ

**Bild 6**: Spidercam

**Bild 7**: Kamerakran

## Einsatzarten von Kameras

**Studioproduktionen:** Bei Studioproduktionen **(Bild 1)** werden meistens Studiokameras auf Pumpstativen eingesetzt. Die Anzahl der Kameras richtet sich nach den Regieangaben.

**Show-, Musik- und Sport-Produktionen:** Für diese Produktionen lassen sich, je nach den Anforderungen der Regisseure, viele verschiedene Kamerasysteme einsetzen. Nebenbedingungen sind die technischen Möglichkeiten, die Wirtschaftlichkeit sowie die Bedürfnisse der Protagonisten, welche durch Kamerapersonen auf der Bühne gestört werden könnten **(Bild 2, links)**. Dies muss vorher mit dem Management oder Künstler abgesprochen werden. Alternativ können kleine unauffällige ferngesteuerte PTZ-Kameras[1] eingesetzt werden **(Bild 3)**. Für „subjektive" Einstellungen, also aus Sicht des Künstlers, können sogenannte Actioncams **(Kapitel 10.3.8)** auf der Bühne, z. B. zwischen Musikinstrumenten positioniert werden **(Bild 2, rechts)**. Bei Außenproduktionen ist darauf zu achten, dass die Kameras gegen klimatische Bedingungen geschützt werden.

**Szenische Produktionen:** Unter szenischen Produktionen versteht man die Aufnahme (das „Abdrehen") einzelner Szenen nach einem Drehbuch. Sie werden auch Filmproduktionen genannt. Es entstehen dabei Filme unterschiedlicher Länge (TV- oder Kino-Film). Hierbei werden die gleichen Kameraarten wie in Studioproduktionen eingesetzt. Ergänzend, je nach Regiewünschen, werden noch Actioncams und Roboterkameras genutzt. Es gibt schwebende **(Bild 4, links)** und bodengeführte **(Bild 4, rechts)** Roboterkameras.

**Reportage, Dokumentation und EB[2]-Einsätze:** Hierfür müssen robuste Bauarten unter Umständen schädigenden Umgebungsbedingungen wie Temperatur, Feuchtigkeit, Staub und Stößen widerstehen. Da der optische Aufsatz der empfindlichste Teil einer Kamera ist, muss er bei dieser Einsatzart besonders geschützt werden.

**Live-Streaming:** Für diese Produktionen ist eine stabile Internetverbindung (GSM, WLAN oder LAN) die Voraussetzung. Dafür müssen die Kameras über eine entsprechende Schnittstelle verfügen. Ansonsten muss der Internetzugang über einen internetfähigen Bildmischer oder PC/Laptop gewährleistet sein.

**Bild 1:** Studioproduktion

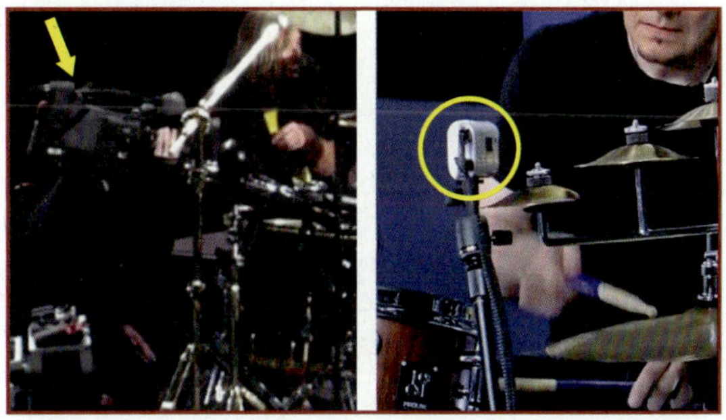

**Bild 2:** Kameraperson und Actioncam am Schlagzeug

**Bild 3:** PTZ-Kamera

**Bild 4:** Roboterkameras

[1] **PTZ** Abk. für **P**an, **T**ilt, **Z**oom
[2] **EB** = **E**lektronische **B**erichterstattung

### 10.3.4 Smartphone-Kameras

Smartphones werden mit immer leistungsfähigeren Prozessoren und Optiken ausgestattet. Zusätzliche Apps[1] zur direkten Foto- und Videobearbeitung ermöglichen auch ihren Einsatz bei professionellen Produktionen **(Bild 1)**. Dabei haben sie einen großen Umfang an Grund- und Zusatzfunktionen **(Tabelle 1)**. Ein großer Vorteil von Smartphone-Kameras ist die schnelle Darstellung, Übermittlung und Weiterverarbeitung der Bild-Dateien. Selbst einwandfreie Live-Bild-Übertragungen sind bei entsprechender Netzabdeckung möglich.

Weiterhin sind sie zur schnellen Dokumentation von Vorbesichtigungen an Produktionsorten geeignet. Foto- und Video-Dateien lassen sich für Veranstaltungsplanungen und Vorbesprechungen schnell über Mobilfunk, Wifi und Bluetooth an andere Gewerke weitergeben. Lässt die lokale Bandbreite es zu, so lassen sich auch Meetings (Teams, Zoom, etc.) zwischen den Gewerken abhalten.

Um die Geräte vor rauen Umgebungsbedingungen wie Staub, Wasser oder Stürzen zu schützen, werden die Gehäuse aus widerstandsfähigen Materialien wie Edelstahl und Kunststoff gefertigt. Die Displays werden mit bruchfestem Glas hergestellt und häufig zusätzlich mit einer besonderen Schutzfolie überzogen. Eine neue Generation von Displays lässt sich biegen oder falten und ist somit nahezu unzerstörbar **(Bild 2)**.

Eine Besonderheit von Smartphone-Kameras ist, dass die Displays mehrere Funktionen gleichzeitig erfüllen: Sie ermöglichen als Sucher die Beurteilung des Bildausschnitts also z.B. des Blickwinkels und der Objektgröße. Außerdem erfolgt über den berührungsempfindlichen Bildschirm (Touchscreen) die Bedienung der Kamerafunktionen wie z.B. Start, Stopp, Pause und Zoom. Zudem können auf den Displays wichtige Kamerainformationen wie Blende, Helligkeit und Belichtung bei der Bewertung der Bilder unterstützen. Dabei spielen Qualitätskriterien der Displays wie Größe, Pixeldichte, Helligkeit und Kontrastumfang eine große Rolle **(siehe Kapitel 10.6)**.

Die Optik von Smartphone-Kameras besteht normalerweise aus mehreren Objektiven und einer LED-Blitzeinheit. Die optischen Größen sind herstellerabhängig **(Tabelle 2)**.

[1] **App** engl. **App**lication = Anwendersoftware

**Bild 1**: Einsatz eines Smartphones bei einer Reportage

**Tabelle 1:** Grundfunktionen und Zusatzfunktionen

| Kamera-funktion | Kamera-steuerung | Zusatzfunktionen (Auszug) |
|---|---|---|
| Foto | Start | Bildausschnitt |
| Video | Stopp | Helligkeit |
| Panorama | Pause | Schwarzwert |
| 360° | Blitz Ein/Aus/Auto. | Kontrast |
| Zeitlupe | Selbstauslöser | Schärfe |
| Zeitraffer | Zoom | Farbtemperatur |
| Kino | Bildformat | Farbton |
| Porträt | Serienbild | Farbsättigung |
| Sensorauswahl | Bild-stabilisierung | Rote Augen-Reduktion |

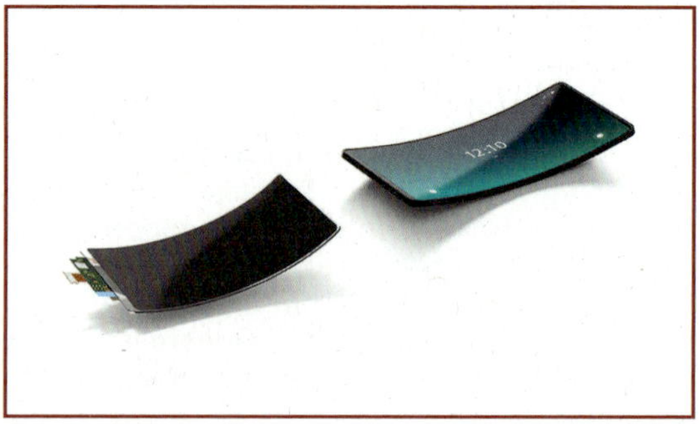

**Bild 2**: Biegsames Display

**Tabelle 2:** Objektivarten

| Art | Brennweite | Blickwinkel |
|---|---|---|
| Normal | 1,8 – 2,8 | 40° – 50° |
| Weitwinkel | 1,8 – 2,2 | 60° – 75° |
| Ultra-Weitwinkel | 1,8 – 2,2 | 90° – 122° |
| Teleobjektiv | 2,4 – 2,8 | 2° – 12° |

Zoom: Es wird zwischen optischem und digitalem Zoom unterschieden. Bei der optischen Zoomfunktion wird der Bildausschnitt durch mechanisches Verschieben des Objektivs vergrößert oder verkleinert. Die Bildauflösung wird hierbei nicht beeinträchtigt. Die digitale Zoomfunktion vergrößert oder verkleinert das Bild elektronisch. Die Bildauflösung wird beeinträchtigt, was sich durch eine Unschärfe zeigt.

Um beim Zoomen verwackelte oder ruckelige Aufnahmen zu unterdrücken, werden optische, elektronische oder hybride Bildstabilisierungssysteme genutzt. Optische Bildstabilisierungssysteme (**OIS**: **o**ptical **i**mage **s**tabilizer) gleichen Bewegungen hardwaregesteuert aus. Hierbei wird das Objektiv mechanisch durch eine Flüssigkeit gedämpft. Elektronische Bildstabilisierungssystem (**EIS**: **e**lectronic **i**mage **s**tabilizer) gleichen Bewegungen softwaregesteuert aus. Hybride Systeme (**HIS**: **H**ybrid **I**mage **S**tabilizer) kombinieren beides.

Anschlüsse: Smartphones haben üblicherweise USB-Anschlüsse für die Übertragung von Dateien (z.B. Audio und Video), wobei manche Hersteller noch eigene Systeme verwenden.

Einige Smartphones verfügen über **LiDAR**[1]-Sensoren. Diese können bei Vorbesichtigungen hilfreich sein. Sie nutzen eine radarähnliche Methode, um Räumlichkeiten oder Gegenstände abzutasten (scannen) und daraus ihre Größe und Form in 3D darzustellen **(Bild 1)**.

Ein weiterer optionaler Sensor ist der **IR**-Sensor (**I**nfra**R**ot). Damit werden Objekte nach ihrem Wärmegehalt abgetastet und können mit der Kamera gefilmt oder fotografiert werden. Dies ist sehr gut geeignet, um bei elektrischen Betriebsmitteln, Leitungen und Anschlüssen berührungsfrei die Temperatur zu überwachen **(Bild 2)**.

Um mit Smartphones in extremen Aufnahmesituationen drehen zu können, gibt es hierfür einige Zubehörgegenstände **(Tabelle 1)**[2].

**Bild 1**: LiDAR Scan in AR wiedergegeben

| **Tabelle 1:** Nützliches Zubehör | |
|---|---|
| Lange Drehzeiten | Powerbank |
| Erweiterte oder gefährliche Positionen | Selfie-Stick mit Fernauslöser |
| Lange, ruhige und Tele-Aufnahmen | Stativ |
| Starke Bewegungen | Gimbal |
| Nasse Umgebung im und unter Wasser | Unterwassergehäuse |
| Schmutzige Umgebung<br>Grobe Behandlung<br>Stöße | Stoßfeste Militärhüllen |

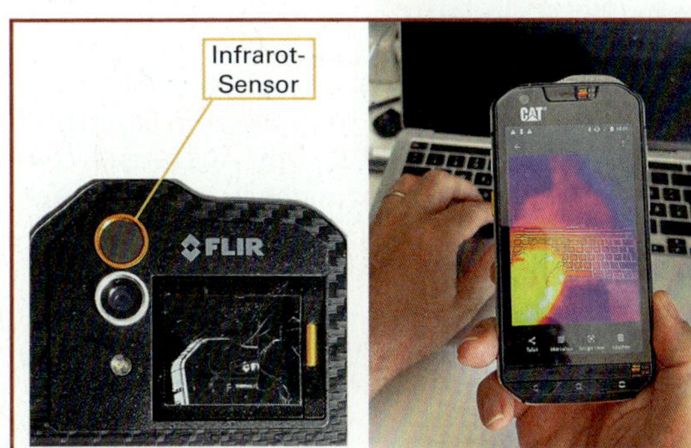


**Bild 2**: IR-Aufnahme

[1] **LiDAR** Abk. für **L**ight **D**etection **A**nd **R**anging (engl.) = Lichtunterstützte Messung von Entfernung und Tiefe
[2] Gimbal (engl.) = kardanische Aufhängung

## 10.3.5 DSL-Kamera

Es gibt zwei Arten von DSL[1]-Kameras: DSLR und DSLM. DSL**R**-Kameras haben einen Spiegel (**R**eflex) - daher werden sie auch Spiegelreflex-Kamera genannt. Sie verfügen über optische und elektronische Sucher. DSL**M**-Kameras sind ohne Spiegel (engl.: **M**irrorless, spiegellos). Sie verfügen nur über elektronische Sucher. DSLM-Kameras werden auch Systemkameras genannt.

**DSLR:** Wie in **Bild 1 links** zu sehen, fällt das Licht durch das Objektiv (1) ins Gehäuse (2). Am Hauptspiegel (3) und am Pentaprisma[2] (4) werden die Lichtstrahlen umgeleitet, sodass sie in den optischen Sucher (5) fallen. Über den Nebenspiegel (6) kann das Bild auf den **A**utofokus-Sensor (7) geleitet werden, um automatisch scharf stellen zu können. Wird der Auslöser betätigt, klappen die Spiegel nach oben. Das Licht fällt dann auf den Sensor (8). Dieser wandelt die Lichtstrahlen in digitale Signale, die anschließend von einem Mikroprozessor verarbeitet werden. Danach können die dabei entstehenden Daten auf einer SD-Karte gespeichert oder direkt an einen Monitor, einen Bildmischer oder Ähnliches ausgespielt werden.

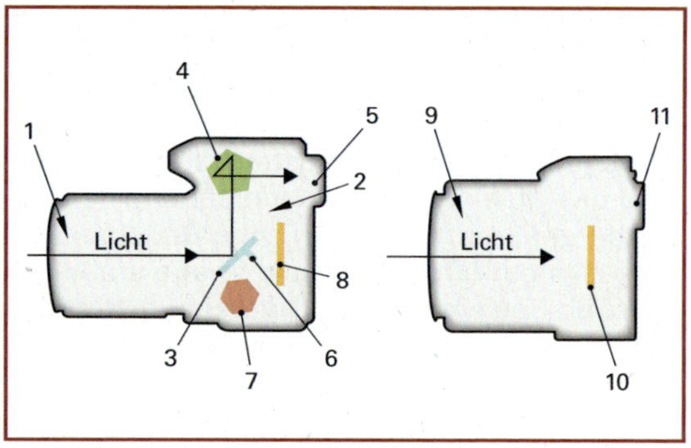


**Bild 1**: Aufbau DSLR- und DSLM-Kamera

**DSLM:** Wie in **Bild 1 rechts** zu sehen, fällt das Licht durch das Objektiv (9) direkt auf den Bildsensor (10). Von dort wird es nicht nur zur Signalverarbeitung, Speicherung oder Ausspielung weitergeleitet, sondern auch zum elektronischen Sucher (11). Die Datenverarbeitung selbst funktioniert ähnlich wie bei der DSLR-Kamera.

**Bild 2**: DSLM-Kamera von hinten

Anwendungsbereiche: DSLR-Kameras dominierten lange in der Fotografie und werden dazu auch heute noch von Liebhabern genutzt. Für Videoaufnahmen sind sie weitgehend von der DSLM verdrängt worden. Dank der Möglichkeit von Wechselobjektiven und der schnellen Bildsignalverarbeitung werden DSLMs auch für professionelle Videoaufnahmen **(Bild 4)** eingesetzt.

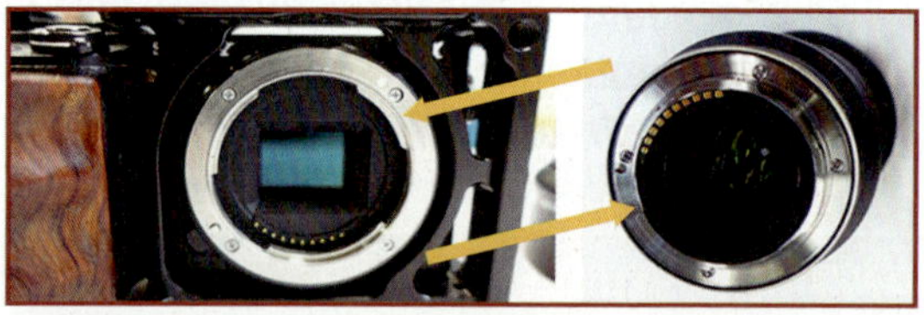

**Bild 3**: DSLM-Kamera von vorne

Um Wechselobjektiven einen festen Sitz zu ermöglichen, sind diese mit einem Bajonettverschluss versehen **(Bild 3)**. Der Austausch zwischen den Kameras ist nicht immer möglich, da die Hersteller häufig eigene „Objektiv-Familien" haben. Damit sich durch das Gewicht der Wechselobjektive die Kameragehäuse nicht verziehen, werden diese aus formstabilem Aluminium oder Kunststoff gefertigt.

**Bild 4**: DSLM-Kameras zur Aufnahme eines Konzertes

[1] **DSL**, Abk. für **D**igital **S**ingle **L**ens camera (engl.) = digitale Einzelobjektiv-Kamera

[2] Pentaprisma: gr. penta für fünf, gr. Prisma für gesägter Span; Physik: zur Umlenkung von Licht

DSLR- und DSLM-Kameras besitzen Anschlüsse für Netzbetrieb und Datenaustausch. Hier werden meist USB oder HDMI genutzt. Das Gehäuse besitzt zusätzlich einen Akku-Schacht und einen Speicherkartenschacht.

Entscheidend für die Videoformate bzw. Bildauflösung sind die Größen der Bildsensoren. Für Digitalkameras werden Sensorgrößen durch Formatbezeichnungen beschrieben (**Tabelle 1**). Die Sensorgrößen werden in den Maßeinheiten mm (EU), Inch (UK) oder Zoll (US) angegeben, wobei Inch und Zoll identische Maßeinheiten sind.

Je größer der Sensor, umso höher die Bildauflösung und Bildqualität. Allerdings werden hierdurch die Kameras und die Objektive größer und damit schwerer, unhandlicher und teurer.

Große Objektive führen zu Bildwacklern, wenn ohne Stativ gearbeitet wird. Daher haben Hersteller hierfür Bildstabilisierer entwickelt. Diese werden oft abgekürzt mit **VR** für **V**ibration **R**eduction, also Schwingungsreduzierung, oder **IS** für **I**mage **S**tabilizer, also Bildstabilisierer. Realisiert werden sie durch drei verschiedene Techniken:

- Elektromotorisch im Objektiv
- Elektromechanisch im Gehäuse (Bewegungssensoren in der Kamera; Motoren an der Bildsensoraufhängung)
- Deconvolution[1]: Software-Algorithmus zur Signal-/Bildverarbeitung

Spezialsensoren: Für die schnelle Scharfstellung (Fokussierung) von Motiven werden für die Entfernungsmessung nach dem „Echolot-Prinzip" **IR**-Sensoren (**I**nfra**R**ot) und **US**-Sensoren (**U**ltra**s**chall) eingesetzt. Diese tasten ein anvisiertes Motiv ab und stellen mittels eines Mikro-**U**ltra**s**chall**m**otors (**USM**) das Objektiv auf das Motiv scharf ein (**Bild 1**). Der Mikro-USM (1) verfügt über eine Getriebeeinheit zur Übersetzung seiner Drehbewegung auf ein kleines Zahnrad (2). Dieses wiederum überträgt seine Drehbewegung auf das große Zahnrad am Objektiv (3).

Zubehörteile für DSL-Kameras sind in der **Tabelle 2** aufgelistet. Gimbals werden eingesetzt, wenn viele Bewegungen und Gänge gefilmt werden. Ein Kamerakran eignet sich für dynamische Bilder mit unterschiedlichen Perspektiven wie z. B. „Flüge" über Personen.

**Tabelle 1:** Formatbezeichnung mit Sensorgröße

| Formatbezeichnung | Erklärung | Sensorgröße |
|---|---|---|
| Vollformat | Entspricht einem 35 mm Kleinbildfilm<br>System-Digitalkameras für Wechselobjektive | 36,00 × 24,00 mm |
| **APS-H** | Advanced Photo-System – High Quality<br>Erweitertes Photosystem für hohe Qualität<br>hohe Qualität = hohe Pixelzahl<br>Einsatz in Überwachungskameras | 27,90 ×18,60 mm |
| APS-C | Classic-Format für DSL-Kameras | 23,60 × 15,60 mm |
| APS-C Cannon | Classic-Format von Cannon für DSL-Kameras | 23,60 × 15,60 mm |
| 1,5" | Profi-Kompatkameras | 18,70 × 14,80 mm |
| **MFT** 4/3" | **M**icro **F**our **T**hirds = Mikro vier drittel Zoll<br>Herkunft: Außendurchmesser einer Bildröhre<br>Standard für Systemkomponenten für DSLM-Kameras | 17,30 × 13,00 mm |
| 1" | für kleine Kompaktkameras | 12,80 × 9,60 mm |
| 1/1,2" | Kompaktkameras | 10,67 × 8,00 mm |
| 2/3" | Kompaktkameras | 7,60 × 5,70 mm |
| 1/2,3" | Preiswerte Kompaktkameras<br>Superzoom-Kameras | 6,17 × 4,55 mm |
| 1/3,2" | Einfarbige Kameras für Industrieanwendungen | 4,54 × 3,42 mm |

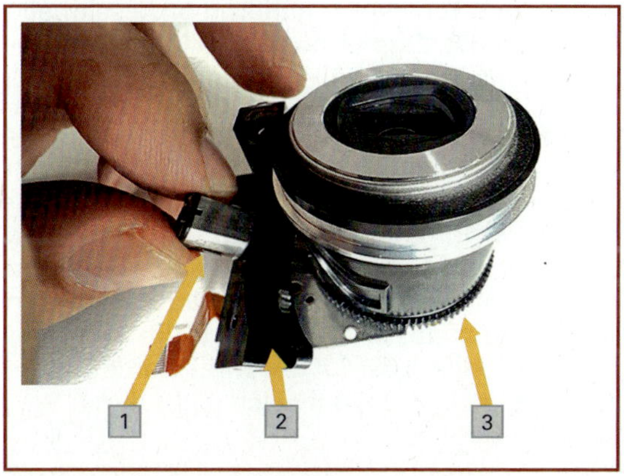


**Bild 1**: Mikro-USM mit Getriebe für Objektiv

**Tabelle 2:** Zubehör

| |
|---|
| Objektive |
| Lichtfilter |
| Stative (Einbein-, Dreibein-, Rollstativ) |
| Gimbal |
| Kamerakran |
| Regencapes |

[1] deconvolvere (lat.) = entrollen, entfalten

## 10.3.6 Tragbare Kameras

Für schnelle und mobile professionelle Videoeinsätze kommen drei Kamerabauarten zum Einsatz:

**Konsumer-Kameras** werden aufgrund ihrer kompakten, leichten Bauform umgangssprachlich auch Handycam[1] genannt **(Bild 1)**. Sie zeichnen sich durch eine schnelle Bereitschaft für Aufnahmen ohne lange Systemeinstellungen aus. Es befindet sich ein optischer Sucher am Ende oder ein elektronischer Sucher seitlich am Gehäuse als ausklappbarer Bildschirm. Die Aufnahmequalität ist mit derjenigen von Smartphones vergleichbar. Die Bildqualität ist durch die Optiken und Bildsensorgrößen beschränkt. Das geringe Gewicht schont den Rücken des Bedieners, allerdings muss dieser Hilfsmittel für ruhige Aufnahmen, z. B. elektronische Bildstabilisierung, Gimbal oder Stativ, nutzen.

**Bild 1**: Konsumer-Kamera

**Semiprofessionelle Kameras** liegen im Mittelfeld zwischen Konsumer- und Professional-Kamera **(Bild 2)**. Sie werden vor dem Körper mit der Hand getragen. Durch bessere Objektive und größere Bildsensoren als bei Konsumer-Kameras kann damit eine bessere Bildqualität erreicht werden. Darüber hinaus bieten umfangreiche Systemeinstellungsmöglichkeiten für Bild und Ton eine annähernd professionelle Videoqualität. Das Gehäuse verfügt über Anbaumöglichkeiten für Licht- und Tontechnik.

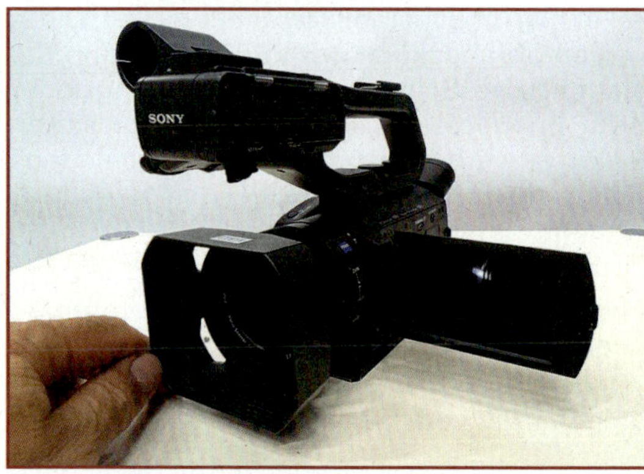


**Bild 2**: Semiprofessionelle Kamera

**EB-Kameras** oder 2/3-Zoll-Kamerarecorder werden mehrheitlich auf der Schulter getragen und daher auch als Schulter-Kamera bezeichnet **(Bild 3)**. Ihr Gehäuse ist auf der Unterseite für die Schulter ergonomisch abgerundet und mit einem Polster versehen. Dadurch lassen sie sich gut ausbalancieren. Beim Umgang muss besonders darauf geachtet werden, dass das kostspielige Objektiv sich nicht durch Stöße o. Ä. verzieht.

Je nach Anbauten an das Kameragehäuse kann die EB-Kamera ein Gewicht zwischen 9 kg und 16 kg erreichen. Das höhere Gewicht ist von Vorteil, da Kamerapersonen dadurch „eine Einheit" mit der Kamera bilden und verwackelte Bilder vermeiden können. Das Tragen der EB-Kamera ermöglicht einen großen Bewegungsspielraum und schnelle Positionswechsel bei Dreharbeiten. Sollten die Tragezeiten sehr lang sein, werden die Kameras aus Gründen des Gesundheitsschutzes auf Stative, Tragesysteme **(siehe Seite 439)** oder Kransysteme befestigt.

**Bild 3**: EB-Kamera

[1] engl. handy camera = handliche Kamera; nicht zu verwechseln mit Smartphone-Kamera

Das **Steadycam-System** ist eine Kombination aus Trageweste, Gelenkarm und Schwebestativ **(Bild 1)**.

Das **Easyrig-System** ist eine Kombination aus Trageweste, Galgen und Kameraaufhängung **(Bild 2)**.

Beide Systeme stabilisieren die Kamera und vermeiden so verwackelte Aufnahmen. Das Gewicht wird jeweils schonend für die Bandscheiben der Wirbelsäule über Hüfte in die Beine und den Boden abgeleitet. Dadurch werden auch längere Drehzeiten an einem Stück möglich.

**Bild 1**: Steadycam

### Zubehör

Weil EB-Kameras die im professionellen Einsatz am meisten genutzten Kameras sind, gibt es viele Zubehörteile. Beispielsweise sind Transportbehälter wie Taschen und Koffer für Objektive, Kameragehäuse, Akkus und Stative wichtig, da die Komponenten sehr hochwertig sind und immer zuverlässig funktionieren müssen. Dies gilt besonders bei Tour-Produktionen, wo die Transport-, Auf- und Abbau-Bedingungen gegenüber dem Equipment häufig sehr rau sind. Insbesondere, wenn in verschiedene Klimazonen gereist wird, müssen Pflege- und Reinigungsmittel sowie Schutzausrüstungen gegen Wasser, Staub und Schmutz eingesetzt werden.

**Bild 2**: Easyrig

### Aufbau einer EB-Kamera

Zur **Optik** gehören insbesondere die Objektive. Im Vergleich zu Smartphone- und Konsumer-Kameras haben dieses, eine sehr hohe Qualität. Auf dem Markt sind zahlreiche Typen und Ausführungen erhältlich, unter anderem auch lange Zoomobjektive. Vor einer Produktion sollten die Kamerapositionen besprochen sein, damit nicht zu viele Objektive mitgenommen werden müssen.

**Steuereinheit**: Neben den standardmäßigen Steuerfunktionen wie Start, Stopp und Pause, befinden sich an der EB-Kamera eine Vielzahl von Einstellmöglichkeiten. Die Standardfunktionen sind Weißabgleich, Schwarzwertabgleich, Blende und Helligkeit. Weitere Einstellmöglichkeiten hängen von der herstellerspezifischen Software ab und bedürfen meistens einer gezielten Schulung.

Am **Kameraanbauteil** werden die notwendigen Komponenten wie Akkus und Funksende-Einheitet befestigt. Weiterhin befinden sich dort verschiedene Ein- und Ausgänge für Netz, Kamerasignal, Datenaustausch, Time-Code und Audio. Neuere Kamerasysteme verfügen auch über einen Internetanschluss.

Der **Sucher** verfügt über eine Augenmuschel, die den Betrachter vor hellem Umgebungslicht schützt. Für Brillenträger lässt sich der Sucher durch eine vorgesetzte Linse auf die entsprechende Sehschärfe einstellen. Häufig werden auf die Kamera auch ein Mikrofon und eine Leuchte (ugs.: Kopflicht) befestigt.

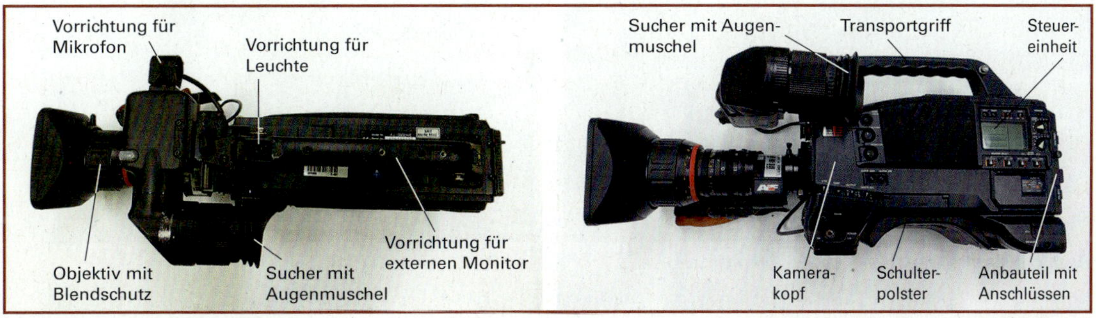


**Bild 3**: Teile einer EB-Kamera

## 10.3.7 Studiokamera

Wesentliche Unterschiede zwischen Studiokameras **(Bild 1)** und EB-Kameras sind das Gewicht einerseits und die Trennung der Kamerasteuerung von der Kameraführung andererseits. Aufgrund des höheren Gewichtes können Studiokameras nur mittels eines Stativs betrieben werden. Für leise Gleitfahrten werden sogenannte Pedestalstative[1] genutzt. Diese werden mit Luft aufgepumpt, um eine leichte Höhenverstellung zu ermöglichen und werden daher umgangssprachlich auch Pumpstativ oder einfach „Pumpe“ genannt.

Das erhöhte Gewicht resultiert erstens aus den notwendigen Kameraanbauteilen und zweitens aus den schwereren Objektiven. Zu den Anbauteilen zählen größere Sucherbildschirme **(Bild 2)**, Teleprompter und weitere Bedien- und Kontrollkomponenten. Obwohl auch Kameras im Studiobetrieb ihre Objektive grundsätzlich wechseln können, werden meist sehr hochwertige Boxobjektive eingesetzt **(Bild 3)**. Diese bieten eine größere Flexibilität bezüglich Zoom und Focus.

Die Steuerung wird aus der Regie von der Position der Kamerakontrolle[2] **(Bild 4)** aus durchgeführt. Die Kamerafunktionen Start, Stopp und Pause werden über einen Bildmischer gesteuert. Der Weißabgleich, der Schwarzwertabgleich, die Blende, die Helligkeit und die Kamera-Systemeinstellungen werden vom Kamerakontrollpult aus angesteuert.

**Bild 1**: Studiokamera mit Pedestalstativ

**Bild 2**: Sucher mit Tally-Light

**Bild 4**: Kamerakontrolle mit Messmonitoren

**Bild 3**: Kamera mit Boxobjektiv

[1] Pedestal (engl.) = Sockel, in TV-Technik: pneumatische Kamerakontrolle, Abk.: CCP - Camera Control Panel, OCP - Operational Control Panel oder CCU - Camera Control Unit

[2] Kamerakontrolle, Abk.: CCP Camera Control Panel oder CCU: Camera Control Unit

Die Kameraperson im Studio ist aufgrund der externen Kamerasteuerung nur noch für die Kamerabewegung und die Bildschärfe zuständig. Da sie im Gegensatz zum EB-Kameraeinsatz vom Kamerakörper entfernt steht, benötigt sie den in **Bild 2, Seite 440** gezeigten großen Sucher. Besonders wichtig im Mehrkamerabetrieb ist die Vorschau. Mit einem Knopfdruck kann die Kameraperson sehen, welches Bild gerade gesendet oder aufgezeichnet wird. Die Kamera, deren Bild grade gesendet wird, ist an ihrem roten Kontrolllicht zu erkennen, dem sogenannten Tally-Light[1].

Das Tally-Light ist das gut sichtbare rote Licht, das in **Bild 2, Seite 440** oberhalb des Bildschirmes zu erkennen ist. Es dient auch zur Orientierung für die Protagonisten, in welche Kamera sie schauen müssen. Gleichzeitig ist es der Hinweis für das Studiopersonal, dass aufgezeichnet oder gesendet wird und für diesen Moment absolute Ruhe im Studio sein muss.

Ein weiterer Kameraanbauteil für Protagonisten ist der Teleprompter[2] oder auch Autocue (engl. Firmenname) genannt **(Bild 1)**. Auf ihm wird der zu sprechende Text angezeigt, sodass man, ohne vom Blatt abzulesen, scheinbar freisprechend in die Kamera schauen kann.

Im Studiobetrieb dienen die Anschlüsse am hinteren Teil der Kamera **(Bild 2)** für Netzbetrieb und Ein-/Ausgang für AV-Signale.

Anbauteile für Studiokameras sind beispielsweise ein **Kamerakopflicht (Bild 1)** zur Aufhellung von Gesichtern für Protagonisten mit tiefliegenden Augen und ein Kontrollmonitor **(Bild 3)** zur Selbstkontrolle der Protagonisten. Obligatorisch ist ein Headset für die Kameraperson zur Kommunikation mit der Regie.

Mit der Weiterentwicklung der Elektronik werden für den Studiobetrieb immer öfter EB-Kameras eingesetzt. Zusätzlich können Pumpstative mit fernsteuerbaren Bewegungseinheiten ausgestattet werden, wodurch eine Person aus der Regie heraus die Steuerung für mehrere Kameras übernehmen kann. Über eine Steuereinheit und Kontrollmonitore werden Kamerafahrten, Schwenk-/Neigebewegungen, Zoom und Schärfe nach Regiewunsch umgesetzt. Diese Technik ist für Sendeformate wichtig, bei denen Kamerapositionen präzise wiederholt werden müssen (z.B. Nachrichten, Magazine).

[1] tally light (engl.) = Kontrollleuchte, TV-Bedeutung; Aufnahmelicht
[2] Promptus (lat.) = entschlossen, bereit

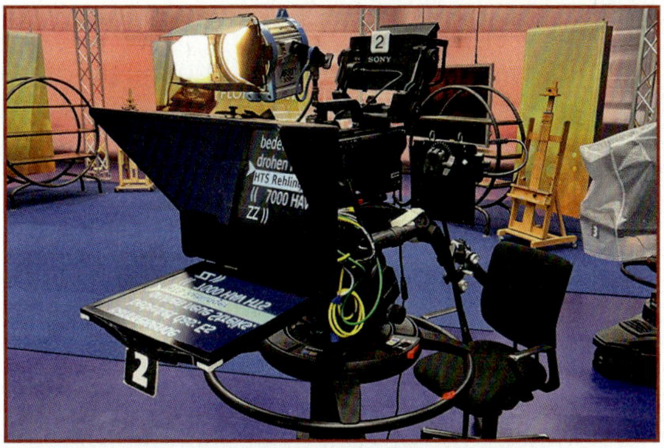


**Bild 1**: Teleprompter und Kamerakopflicht

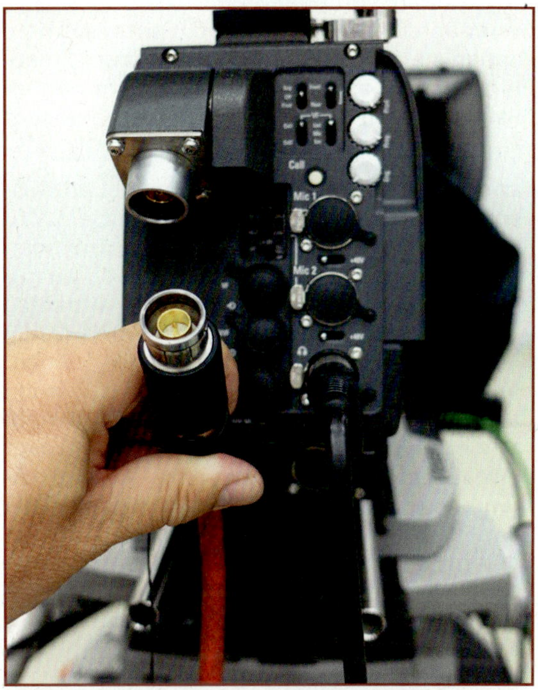


**Bild 2**: Anschlussfeld einer Studiokamera

**Bild 3**: Teleprompter und Kontrollmonitor

### 10.3.8 Modulkamera

Modulkameras **(Bild 1)** werden umgangssprachlich auch Actioncams genannt. Sie sind klein und kompakt, werden in der Regel mit einem Akku betrieben und das Bildmaterial wird auf Speicherkarten geschrieben.

Bei Sportproduktionen werden sie häufig eingesetzt, um einen subjektiven Handlungseindruck zu vermitteln. Durch ihre kleine Bauform eignen sie sich außerdem für enge Bereiche wie Armaturenbretter und Cockpits. Für Stunts, bei Explosionen und bei Abstürzen werden sie als sogenannte „Opferkamera" eingesetzt. Mit ihrer Vielzahl von Haltemöglichkeiten, wie z. B. Saugnäpfen, Klebepads und Gurtsystemen, können sie auch an Personen, Tieren, Helmen, Flugzeugen, Fahrzeugen, Musikinstrumenten **(Bild 2, Seite 433)** und in Dekorationen befestigt werden.

Actioncams müssen kompakt, robust und wasserdicht sein. Daher besitzen sie nur ein Objektiv mit einer festen Brennweite. Aufnahmen mit Weitwinkel- oder Telewinkel sind somit nur elektronisch möglich. Bei einer Tele-Aufnahme wird digital in das Bild herangezoomt. Dabei werden vom Bildsensor nur die Pixel genutzt, die das Motiv aufnehmen. Diese Pixel werden durch eine kamerainterne Software hochgerechnet und vergrößert dargestellt. Da dieser Bildausschnitt mit weniger Pixel aufgenommen wurde, verschlechtert sich hierdurch die Bildauflösung. Dies führt bei sehr starkem „digitalem Heranzoomen" zu einer Bildunschärfe. Wird herausgezoomt bis hin zu einer Weitwinkelaufnahme, werden hingegen sämtliche Pixel des Sensors genutzt **(Bild 2)**.

An der Kamera selbst befinden sich meistens nur minimale Steuerungsmöglichkeiten, wie An, Aus, Start und Stopp. Eine erweiterte Steuerung wird in der Regel erst über Bluetooth mittels einer App von einem Smartphone, Tablet, Laptop oder PC aus möglich. Hierüber werden auch direkte Datenübertragungen an die Endgeräte zur Nachbearbeitung (engl. post production) möglich. Dabei lassen sich die Videobilder mit spezieller Videoschnittsoftware verändern. Selbst Fehler beim Aufzeichnen wie Unschärfe oder Überbelichtung können im Nachhinein teilweise korrigiert werden.

Das Gehäuse ist meist aus sehr widerstandsfähigen Kunststoffen gefertigt. Dies soll sie vor schädigenden äußeren Einflüssen wie z. B. Nässe, Temperatur und Erschütterungen schützen.

**Bild 1**: Modulkameras (Actioncams)

**Bild 2**: Digitaler Zoom

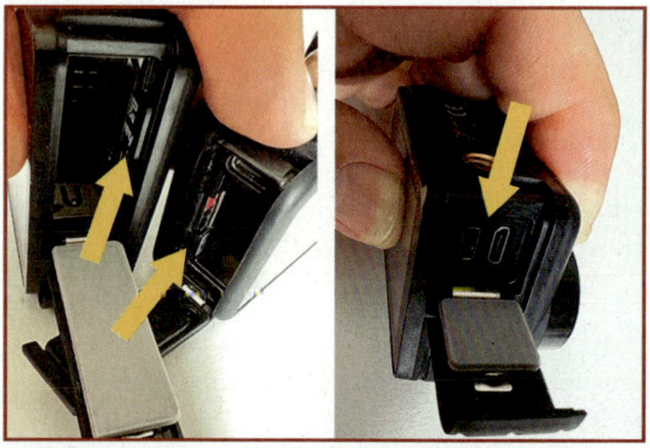

**Bild 3**: HDMI, USB und Kartensteckplätze

Die Anschlüsse von Actioncams sind auf ein Minimum reduziert. Nicht immer gibt es einen Netzanschluss, da sie normalerweise netzunabhängig mit Akkus betrieben werden. Zur Ausspielung der Daten sind AV-Anschlüsse im Mikroformat vorhanden **(Bild 3, Seite 442)**. Jedoch wird selten eine Direktausspielung genutzt. Die Daten werden in der Regel auf SD-Speicherkarten geschrieben, die sich geschützt in SD-Kartensteckplätzen im Gehäuseinneren befinden.

Sämtliche Öffnungen sind wasserdicht bis auf die vom Hersteller angegebene Wassertiefe. Allerdings schützen Unterwassergehäuse **(Bild 1)** die Kamera und ihre Daten noch wesentlich besser, vor allem, wenn die Produktion in salzhaltiger Luft und salzigem Wasser stattfindet.

Der Sucher einer Actioncam ist ein kleines Display (1,4" bis 2,5") mit sehr eingeschränkten optischen Qualitäten. Bessere Möglichkeiten bietet die Steuerung per App. Ansonsten werden die Kameras grob in die Aufnahmerichtung positioniert und es wird mit Weitwinkelfunktion aufgenommen. Zudem kann ein am Gehäuse angebrachter dünner Stab während der Aufnahme eine Richtungsorientierung geben. In der Nachbearbeitung wird kontrolliert und die Position ggf. verändert.

Als Sucher-Technologien haben sich LCD und OLED bewährt. Sie werden mittlerweile als berührungsempfindliche Touchscreens ausgelegt. Allerdings funktioniert dies nur über Wasser.

Hersteller von Modulkameras werben besonders mit der Bildstabilisierung (engl. steady shot). Verwackelte Aufnahmen, die durch die Art der Befestigung meist zwangsläufig entstehen, werden durch Software-Algorithmen herausgerechnet.

Zudem gibt es eine mechanische Option, ein sogenanntes Gimbal[1] **(Bild 2)**. Hierbei behält die Kamera bei Bewegungen immer ihre aufrechte Position und Erschütterungen werden unterdrückt. Da Actioncams fast unbegrenzte Einsatzmöglichkeiten haben, werden dafür entsprechende Befestigungen benötigt. Beispiele finden sich in **Bild 3**.

Wichtig beim Einsatz von Actioncams ist, immer ausreichend geladene Akkus in Bereitschaft zu haben. Je nach Nutzungsumgebung (Kälte) und Nutzungsart (hochauflösendes Format und Bildstabilisierung) hält eine Akkuladung nur 30 Minuten.

[1] Gimbal (engl.) = kardanische Aufhängung

**Bild 1**: Actioncam mit Unterwassergehäuse

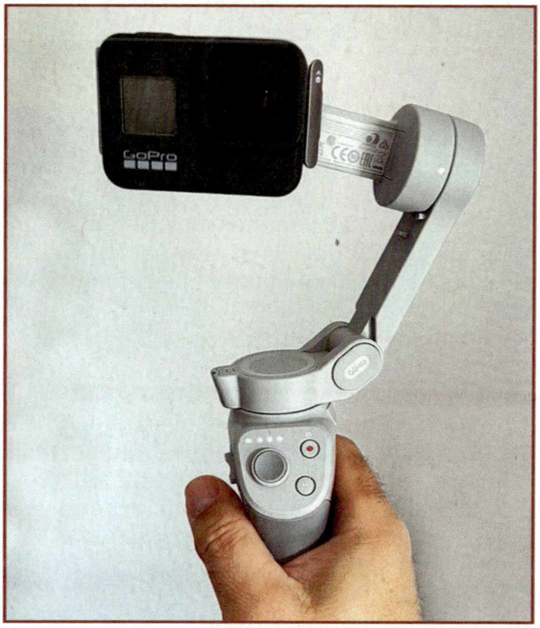


**Bild 2**: Actioncam mit Gimbal

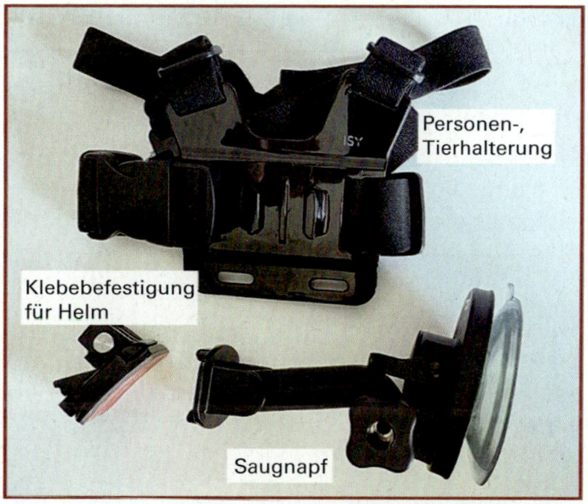


**Bild 3**: Halterungen für Actioncams

### 10.3.9 Objektive

Objektive sind lichtsammelnde optische Systeme, die aus einem Gehäuse mit Glaslinsen unterschiedlicher Krümmung bestehen. Anwendungen in der Veranstaltungstechnik sind Kamera-, Beleuchtungs- und Projektionstechnik **(Bild 1)**.

Qualitätskriterium eines Objektivs ist es, das Licht möglichst verlustfrei, also ohne Schwächung oder Streuung hindurchzuleiten. Dies wirkt sich erheblich auf den Preis aus. Daher ist bei der Handhabung hochwertiger Objektive große Sorgfalt erforderlich.

> Je hochwertiger das Linsensystem ist, desto geringer sind die Lichtverluste.

Objektive in der Kameratechnik nehmen das von (bewegten oder stehenden) Bildern abgestrahlte Licht auf und leiten es auf Lichtsensoren in der Kamera. Objektive in der Beleuchtungs- und Projektionstechnik leiten das von der Lichtquelle innerhalb des Gerätes kommende Licht auf die Projektionsfläche. Ziel ist es, das Bild auf die gesamte Fläche des Lichtsensors bzw. in der gewünschten Größe auf der Projektionsfläche scharf abzubilden.

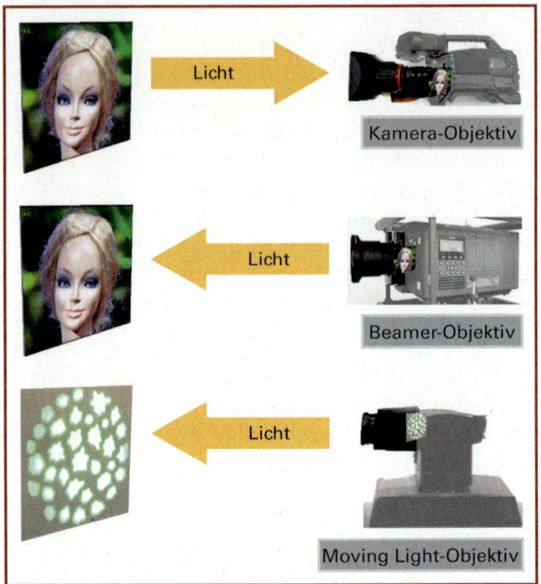


**Bild 1**: Anwendungen von Objektiven

#### Linsenarten

Lichtstrahlen ändern ihre Richtung am Übergang zwischen verschiedenen Medien, beispielsweise Luft zu Glas und Glas zu Luft. Dieser Effekt wird bei Linsen ausgenutzt. Für Objektive werden zwei verschiedene Arten von Linsen verwendet: Sammellinsen und Streulinsen **(Bild 2)**.

**Sammellinsen** (Konvexlinsen[1]) sammeln das einfallende Licht, lenken es also in Richtung der optischen Achse, also der Symmetrieachse.

> Bei Sammellinsen ist die Mitteldicke größer als die Randdicke.

**Streulinsen** (Konkavlinsen[2], Zerstreuungslinsen, Streuungslinsen) streuen das einfallende Licht, lenken es also von der optischen Achse weg.

> Bei Streulinsen ist die Mitteldicke kleiner als die Randdicke.

Durch genaue Berechnung und Hintereinanderreihung von Linsen beider Linsenarten ergeben sich Objektive mit den gewünschten optischen Parametern.

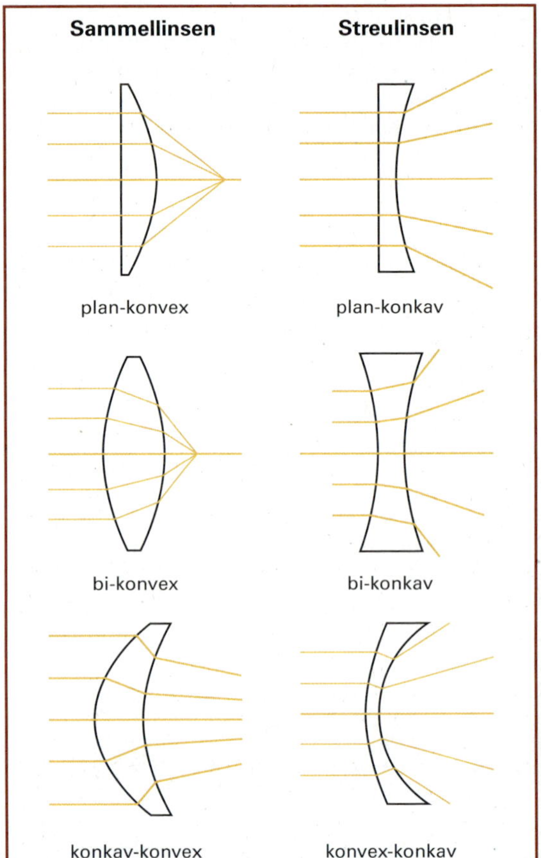


**Bild 2**: Sammel- und Streulinsen

[1] convexus (lat.) = nach oben oder unten gewölbt, Optik - nach außen gewölbt
[2] concavus (lat.) = gehöhlt; con: von allen Seiten, cavus: Höhlung; Optik: nach innen gewölbt

## Optische Parameter

**Brennpunkt:** Der Brennpunkt F[1] ist der Punkt, in dem sich alle Lichtstrahlen treffen **(Bild 1)**. Wird eine Lupe so in die Sonne gehalten, dass die Lichtstrahlen auf einen Punkt konzentriert werden, so kann ein Blatt Papier zum Brennen gebracht werden. Daher der Name Brennpunkt.

**Brennweite:** Die Brennweite $f$[2] ist der Abstand in mm zwischen dem Mittelpunkt der Linse (Lupe) und dem Brennpunkt **(Bild 1)**. Bei Objektiven gibt sie den Abstand zwischen der Aufnahmeebene (Lichtsensor) und der Objektiv-Hauptebene an.

**Bildwinkel:** Der Bildwinkel ist die Winkelweite ausgehend vom Bildsensor durch das Objekt auf die gewählte Motivgröße **(Bild 2)**. Es gilt: Je größer die Brennweite, desto kleiner der Blickwinkel.

**Öffnungsweite:** Durch Drehen am Blendenrad eines Objektivs wird die Öffnungsweite $D$[3] der Irisblende eingestellt. Dies bestimmt die Helligkeit der Bilder. Die Öffnungsweite gibt an, wie weit die Blende geöffnet ist **(Tabelle 1)**.

**Blendenzahl:** Die Blendenzahl $k$[4] ist das Verhältnis zwischen der Brennweite $f$ und der Öffnungsweite $D$. Die Abstufungen werden allgemein so gewählt, dass sich die Lichtdurchlassmenge mit steigender Blendenzahl von Stufe zu Stufe etwa halbiert **(Tabelle 1)**.

| **Blendenzahl** | |
|---|---|
| Formelbuchstabe: | $k$ |
| Einheit: | einheitenlos |
| **Formel:** | $k = \frac{f}{D}$ |

$f$ Brennweite in mm
$D$ Öffnungsweite in mm

**Beispiel:**

Bei einem Objektiv mit Blende $k = 16$ und einer Öffnungsweite $D = 3{,}13$ mm ist die Brennweite $f = 50$ mm.

Ein Objektiv mit Blende $k = 8$ und einer Brennweite $f = 50$ mm hat eine **Öffnungsweite $D = 6{,}25$ mm**.

Bei einem Objektiv mit einer Öffnungsweite $D = 25$ mm und einer Brennweite $f = 50$ mm ist die Blende $k = 2$.

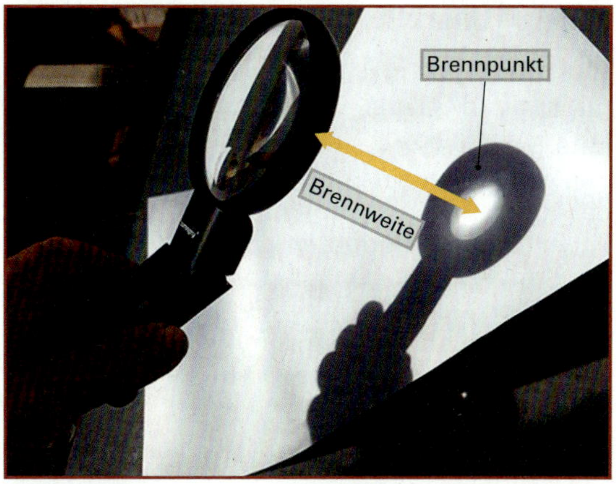


**Bild 1:** Brennpunkt und Brennweite

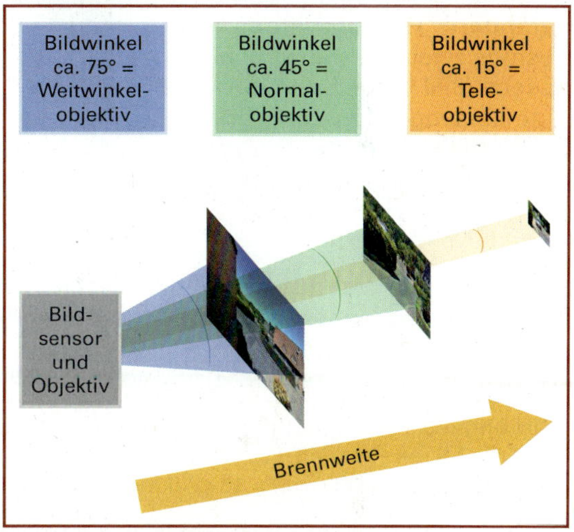


**Bild 2:** Bildgröße, Bildwinkel und Brennweite

**Tabelle 1:** Werte für $f = 50$

| $k$ | $D$ in mm | Fläche Lichtdurchlass in mm² | Lichtdurchlassmenge in % | Blendenöffnung |
|---|---|---|---|---|
| 1,4 | 35,71 | 1001,54 | 100 | ◯ |
| 2 | 25,00 | 490,87 | 49,01 | ◯ |
| 2,8 | 17,86 | 250,53 | 25,01 | ◯ |
| 4 | 12,50 | 122,72 | 12,25 | ◯ |
| 5,6 | 8,93 | 62,63 | 6,25 | ◯ |
| 8 | 6,25 | 30,68 | 3,061 | ◯ |
| 11 | 4,55 | 16,26 | 1,62 | ◯ |
| C | 0,00 | 0,00 | 0,00 | ◯ |

C Abkürzung für closed (engl.) = Blende geschlossen

[1] **F** Abk. für **F**ocus (lat.) = Brennpunkt
[2] **f** Abk. für **f**ocal length oder **f**ocal distance (engl.) = Brennweite
[3] **D** Abk. für **D**iaphragm (engl.) = (Optik) Blende mit dünner undurchsichtiger Struktur mit einer Öffnung in der Mitte.
[4] **k** Abk. für **K**ehrwert

### 10.3.10 Objektivarten

#### Normalobjektiv

Ein Normalobjektiv verfügt über eine Brennweite $f = 50$ mm. Daraus ergibt sich ein Bildwinkel von ca. 40° bis 55°, was dem menschlichen Sehempfinden entspricht. Größenverhältnisse und Abstände lassen sich daher in mit Normalobjektiven aufgenommenen Bildern am besten einschätzen.

#### Zoomobjektiv

Ein Zoomobjektiv kann seine Brennweite unter Beibehaltung der Scharfeinstellung stufenlos verändern. Hierfür werden mindestens zwei Linsengruppen eingesetzt **(Bild 1)**. Die erste notwendige Linsengruppe, der Variator, ändert die Bildgröße. Die zweite notwendige Linsengruppe, der Kompensator, dient zur Nachführung der Bildschärfe.

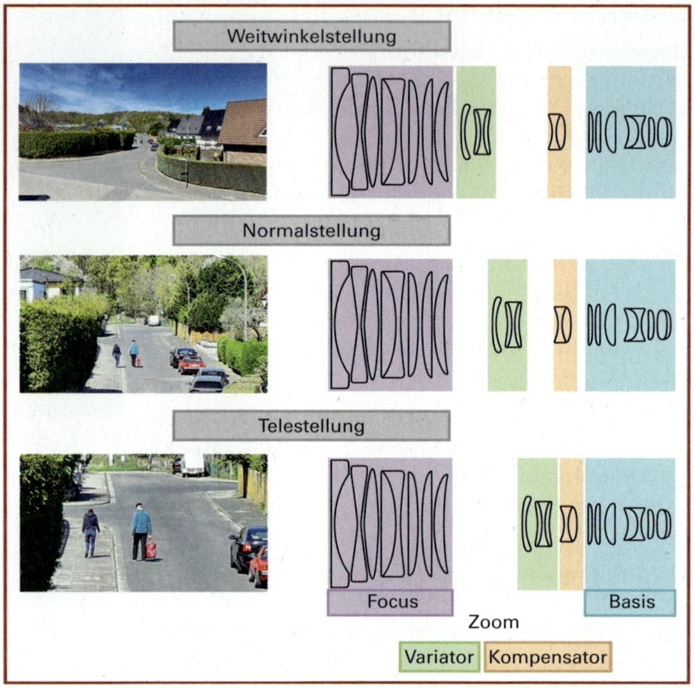


**Bild 1**: Verschiedene Stellungen eines Zoomobjektivs

Der Zoomfaktor ist das Verhältnis zwischen der längsten und der kürzesten Brennweite eines Zooms. Er gibt also an, welche Bildgrößenänderung möglich ist. Man findet ihn auf dem Typenschild des Objektivs.

**Beispiel:**

Die Angabe 15 × 7.8 auf dem Typenschild eines Zoomobjektivs steht für eine minimale Brennweite von $F = 7{,}8$ mm und eine 15-fache Vergrößerung. Die maximale Brennweite ergibt sich aus dem Produkt der beiden Ziffern: $f = 15 \cdot 7{,}8 \text{ mm} = 117 \text{ mm}$.

Zoomobjektive werden häufig mit Teleskop- und Weitwinkelobjektiven (siehe unten) kombiniert, um dem Benutzer mehr Flexibilität zu bieten.

Je mehr Linsen in einem Objektiv verwendet werden, umso größer ist die Einsatzflexibilität. Die Lichtempfindlichkeit nimmt dann jedoch ab.

#### Teleskopobjektiv

Mit einem Teleskopobjektiv (Teleobjektiv) können weit entfernte Motive vergrößert werden. Teleobjektive haben eine feste und große Brennweite. Der Bildwinkel ist beträgt dadurch nur ca. 5 bis 18°, was den Motivausschnitt einschränkt **(Bild 1 und Bild 2, Seite 445)**. Teleobjektive sind mindestens so lang wie ihre angegebene Brennweite. Damit das Bild nicht verwackelt, ist in der Regel der Einsatz eines Statives erforderlich. Der Einsatz dieser Objektive ermöglicht es, Details des Bühnengeschehens zu zeigen, wie z.B. Instrumentensolos oder Nahaufnahmen (engl. close up) vom Künstler.

#### Weitwinkelobjektiv

Mit Weitwinkelobjektiven werden große Motivausschnitte aufgenommen. Sie haben feste und im Gegenteil zu Teleskopobjektiven kleine Brennweiten von ca. 11 bis 28 mm. Der Bildwinkel beträgt ca. 75 bis 180° und ermöglicht somit sehr große Motive. Die Aufnahmen werden oft als sogenannte „Totalen" genutzt, um z.B. dem Zuschauer eine Orientierung über die gesamte Bühne zu geben. Meist wird auch erst in diesen Bildeinstellungen der Gesamteindruck des Lichtdesigns erkennbar.

## Boxobjektiv

Wie der Name schon sagt, sind diese Objektive in einer Box eingebaut **(Bild 1)**. Dadurch sind große Linsen und damit eine hohe Kontrast- und Aufnahmequalität möglich. Es ergibt sich ein großer Brennweitenbereich (*f* = 9 – 850 mm) und ein Zoombereich von ca. 90-facher Vergrößerung. Aufgrund der vielen enthaltenen Linsensysteme haben Boxobjektive ein hohes Gewicht ca. 20 bis 35 kg. Aus diesem Grund können Boxobjektive nur mit speziellen Adaptern an eine Kamera befestigt werden. Stabile Stative, meistens Pumpenstativ, sind für eine ruhige Kameraführung notwendig. Mittels einer Fernsteuerung, an den Schwenkarmen der Kamera, werden die Funktionen Irisblende, Zoom und Focus über Elektroantriebe in der Box eingestellt. Ein Boxobjektiv kommt zum Einsatz[2] wo Motive in der Entfernung stark variieren oder die Kameraposition weit vom Motiv entfernt sein muss, z. B. in Sportstadien, in Konzertarenen und auf Festivalgeländen.

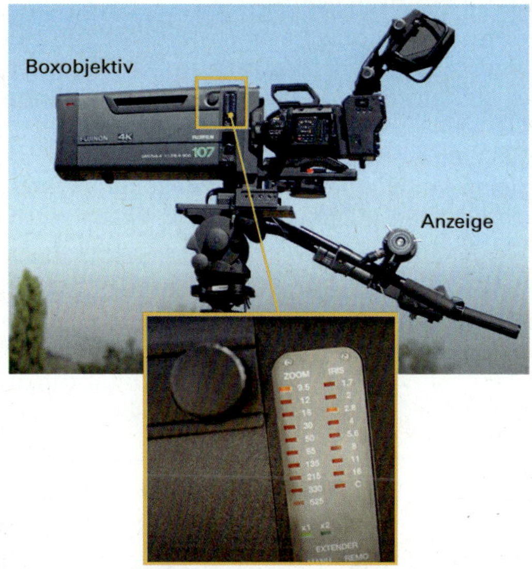


**Bild 1**: Boxobjektiv mit Anzeige und Fernbedienung

## Projektionsobjektiv

Projektionsobjektive sind ähnlich aufgebaut wie Kameraobjektive, wobei das Licht in ihnen in umgekehrter Richtung verläuft. Die optischen Parameter sind jedoch die gleichen. Die Irisblende wird durch einen Schnellverschluss, den sogenannten Shutter, ersetzt. Er wird durch ein Metallplättchen realisiert, das mechanisch in den Strahlengang gefahren wird. So ist eine komplette Abdunklung, z. B. für einen Black-Out in einer Theaterszene, möglich.

Projektionsobjektive werden motorisch ferngesteuert. Hersteller von Projektionsscheinwerfern, auch Movinglights genannt, nutzen Eigenentwicklungen für ihre Geräte. Hersteller von Videoprojektoren stellen ebenfalls eigene Objektive zur Verfügung, allerdings gibt es hierfür auch passende Objektive von anderen Herstellern.

**Technische Daten**: Für Projektionsobjektive werden normalerweise der Brennweitenbereich und der Projektionsbereich angegeben. Beispiele dazu finden sich in **Tabelle 1**. Ein Standardobjektiv hat beispielsweise einen Brennweitenbereich *f* = 75,7 – 97,5 mm und einen Projektionsbereich von ca. 2,0 – 2,6:1. Das bedeutet, aus 2,0 – 2,6 m Entfernung ergibt sich eine Bildbreite von 1 m.

**Bild 2**: Projektionsobjektive

**Tabelle 1:** Technische Daten von Objektiven

| Art | Brennweite in mm | Projektionsbereich |
|---|---|---|
| Standardobjektiv | 75,5 – 97,5 | 2.0 – 2.6:1 |
| | 97 – 131 | 1.6 – 3.5:1 |
| Weitwinkelobjektiv | 45 | 1.2:1 |
| | 30 | 0.8:1 |
| Weitwinkel-Vorsatzobjektiv | 40 – 50 | 1:1.47 – 1.95 |
| | 24.9 – 31.1 | 1:1.28 – 1.63 |
| Weitwinkel-Zoomobjektiv | 45.5 – 64 | 1.4 – 1.8:1 |
| | 38 – 48 | 1.3 – 1.8:1 |
| Teleobjektiv | 93 | 3.52:1 |
| | 112 | 4.24:1 |
| | 150 | 5.68:1 |
| Tele-Zoomobjektiv | 253 | 7:1 |
| | 63,5 – 111,5 | 2.4 – 4.3:1 |
| | 158 – 221 | 4.4 – 6.2:1 |
| Vario-Teleobjektiv | 125 – 162 | 3.5 – 4.5:1 |

## Anamorphotischer Vorsatz

Der anamorphotische Vorsatz sorgt für eine Entzerrung von vorverzerrten Abbildungen. Ein Videoprojektor **(Kapitel 10.6.2)** mit einem LCD-Chip-Format von 4:3 würde bei einem 16:9-Video nicht seinen gesamten Chip[1] bespielen und könnte somit nicht seine gesamte Lichtleistung nutzen. Oben und unten würde der Chip schwarze Balken anzeigen **(Bild 1)**.

Um hingegen die gesamte Lichtleistung nutzen zu können, wird von dem 4:3-Chip ein verzerrtes Bild ausgegeben, das dann durch den anamorphotischen Vorsatz horizontal für die Projektionsfläche entzerrt wird **(Bild 2)**.

**Bild 1**: 16:9-Film auf 4:3-Chip

**Bild 2**: Entzerrung eines vorverzerrten Bildes durch den anamorphotischen Vorsatz

### Vorteile und Anwendungen des anamorphotischen Vorsatzes

Wie in **Bild 1** und **Beispiel 1, Seite 449** zu sehen, nehmen die schwarzen Balken ohne anamorphotischen Vorsatz ca. 25 % der Chipfläche ein. Mit dem Vorsatz kann der gesamte Chip genutzt werden.

- Die Helligkeit des 16:9-Filmes ohne Vorsatz wäre also um 25 % geschwächt gegenüber der möglichen Helligkeit des Chips. Verglichen mit der nicht vorverzerrten Ausgabe ist die Helligkeit mit anamorphotischem Vorsatz also um ca. 33 % stärker.
- Zudem werden mit Vorsatz vertikal 33 % mehr Pixel genutzt als bei einer Projektion ohne anamorphotischen Vorsatz. Die vertikale Auflösung ist also ebenfalls um 33 % höher.
- Bei gleichem Abstand verbreitert sich das Bild um den Faktor 1,33. Im Vergleich zu der Darstellung mit schwarzen Balken erhält man also ein um 33 % größeres Bild.
- Der anamorphotische Vorsatz kann auch in Verbindung mit 16:9-Projektoren eingesetzt werden, wenn der Film im Cinemascope-Format 2,35:1 gespeichert ist.
- 16:9-Projektoren haben meist eine Zoomfunktion, die das Bild in der Höhe streckt, sodass hier bei Filmen im 2,35:1-Format keine schwarzen Balken sichtbar sind. Das Bild ist in der Länge auseinandergezogen. Der Videovorsatz entzerrt das Bild so, dass es im richtigen Format zu sehen ist.
- Im digitalen Kino (ebenso wie im konventionellen Kino) werden aus o.g. Gründen ebenfalls anamorphotische Vorsätze eingesetzt. Im digitalen Kino ist das Chipformat 5:4. Hier werden Optiken mit den Faktoren 1,42:1 für 16:9-TV-Format; 1,50:1 für Breitbild (Kino-Format) und 1,90:1 für Cinemascope genutzt.

[1] Chip wird in der Praxis auch „Panel" genannt.

**Beispiel 1: Helligkeitsberechnung eines 16:9-Videobildes auf einem 4:3 Projektor-Chip**

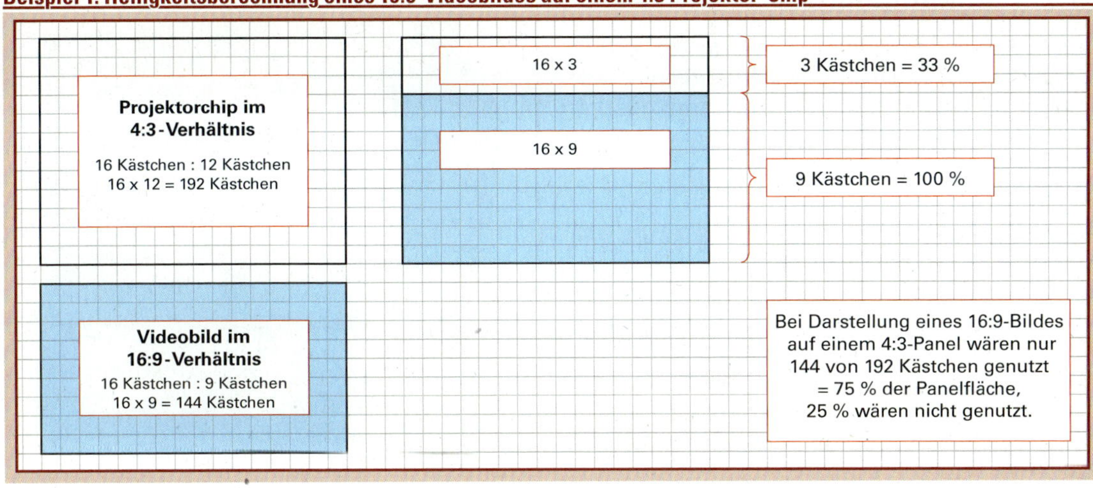


## Wiederholungsfragen: Kamerasysteme

1. Warum werden bei einem Videodreh mit einem Produktionsteam mehrere und verschiedene Kameras eingesetzt?
2. Wie ist der grundsätzliche Aufbau einer Kamera?
3. Warum sind Smartphones von zunehmender Bedeutung bei professionellen Videodrehs?
4. Begründen Sie, welche Art von DSL-Kamera genutzt wird.
5. Welchen Einfluss hat der Bildsensor auf die Bildqualität?
6. Durch welche Methoden lassen sich verwackelte Aufnahmen verhindern?
7. Warum können EB-Kameras bis zu 16 kg wiegen?
8. Mit welchen Hilfsmitteln lassen sich schwere EB-Kameras bei langen Drehzeiten mit schnellen Positionswechseln rückenschonend einsetzen?
9. Was versteht man unter dem Begriff „Pumpe"?
10. Von wo wird eine Studiokamera eingestellt und angesteuert?
11. Was sind Vorteile und Nachteile von Actioncams?
12. Welches primäre Qualitätskriterium gilt grundsätzlich für Objektive?
13. Wie wird eine hohe Qualität bei einem Objektiv erreicht?
14. Worin unterscheiden sich Sammel- und Streulinsen grundsätzlich?
15. Wie ist das Zahlenverhältnis zwischen Lichtmenge und Blendenzahl bei unterschiedlichen Blenden?
16. Welche Linseneinheiten besitzt ein Zoomobjektiv?
17. Worin liegt der Vorteil eines Boxobjektivs?
18. Welche Funktion hat eine anamorphotische Linse und wo werden solche Linsen eingesetzt?

## 10.4 Signalquellen

Neben den in **Kapitel 10.3** beschriebenen Kameras existieren noch weitere Signalquellen. Diese geben im Unterschied zu Kameras gespeicherte Daten wieder.

### 10.4.1 DVD

Die DVD ist ein optisches Speichermedium. Die Abkürzung **DVD** stand zunächst für **D**igital **V**ideo **D**isk. Im Laufe der Zeit kamen weitere Anwendungen der DVD hinzu, daher wurde das **V** in **V**ersatile (vielseitig) umbenannt **(Bild 1)**. Für die verschiedenen Strukturen und Formate von DVDs werden entsprechende Begriffe hinter die Abkürzung DVD angehängt **(Tabelle 1 und Tabelle 2)**.

Der DVD-Standard definiert:

- das Aufzeichnungsformat
- die Datenreduktionsverfahren für Bild und Ton
- Maßnahmen zum Fehlerschutz beim Datenlesen
- Zusatzdaten für die Benutzerführung (Kapitel-, Szenenaufteilung)
- Kopierschutz (national, international)
- Funktionen zur Rechteverwaltung

Zum Lesen einer DVD müssen spezielle DVD-Abspielgeräte genutzt werden. Für das Beschreiben (das Brennen) einer DVD werden sogenannte DVD-Brenner genutzt.

Sowohl das Beschreiben als auch das Lesen einer DVD funktioniert mittels eines Lasers. Die Datenaufzeichnung ist vergleichbar mit Morsesignalen. Beim Schreiben von Daten wird ein roter Laserstrahl (Wellenlänge: 636 nm – 658 nm) mit einer Optik auf die Schichttiefe (0,3 mm) der DVD fokussiert, wo sich eine lichtempfindliche Metallschicht befindet. Der Laser sendet Lichtimpulse unterschiedlicher Dauer auf diese Schicht und brennt dadurch ein Muster Gruben (Pits) und Erhöhungen (Lands) auf den Datenträger **(Bild 2)**. Ein **Übergang** vom Pit zu Land und umgekehrt wird als eine digitale logische 1 interpretiert. Findet kein Übergang, statt wird es als digitale logische 0 interpretiert. Der Höhenunterschied zwischen einem Pit und einem Land beträgt 0,15 µm. Zum Vergleich: Ein menschliches Haar ist 20 µm – 80 µm dick.

Im Gegensatz zum privaten Bereich werden DVDs in der Veranstaltungsbranche bis heute als Speichermedien genutzt, da es noch keine dauerhaft zuverlässige Alternative gibt.

**Bild 1**: Verschiedene Arten von DVDs

**Tabelle 1:** DVD-Strukturen

| Struktur | Anwendung | Kapazität |
|---|---|---|
| DVD-Audio | Audiodateien und Standbilder | ≤ 440 min |
| DVD-Video | Bewegtbilder mit Ton | ≤ 240 min |
| DVD-ROM | Daten | ≤ 17 GB |

**Tabelle 2:** DVD-Formate

| Struktur | Anwendung | Speicher |
|---|---|---|
| DVD-R, DVD+R | einmal beschreibbar | 4,7 GB |
| DVD-R DL, DVD+R DL | einmal beschreibbar | 8,5 GB |
| DVD-RW, DVD+RW | mehrfach beschreibbar | 4,7 GB |

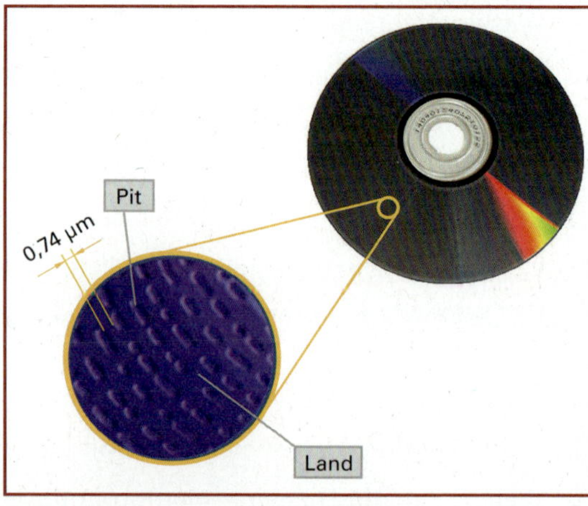


**Bild 2**: Pits und Lands bei einer DVD

## 10.4.2 Blu-ray-Disk

Die Blu-ray Disk ist eine Weiterentwicklung der DVD und somit auch ein optisches Speichermedium. Die Bezeichnung stammt aus dem Englischen: Blue Ray bedeutet blauer Strahl. Für das Schreiben und Lesen wird hier, im Gegensatz zur DVD, ein blau-violetter Laser verwendet. Durch die kleinere Wellenlänge (405 nm) dieses Lasers lassen sich auf denselben Raum mehr Informationen speichern. Äußerlich lassen Blu-rays sich nur durch die Beschriftung von DVDs unterscheiden **(Bild 1)**, da die Diskgröße mit 12 cm exakt dieselbe ist. Wie **Tabelle 1** zeigt, gibt es zwei Arten von beschreibbaren Disks.

Die Abspielgeräte und Brenner unterscheiden sich von einem DVD-Gerät durch den Laser und die passende Software-Steuerung. Mit einem Blu-ray-Player können auch DVD-Disks abgespielt werden. Ein DVD-Player kann jedoch keine Blu-ray-Disks abspielen. In der Veranstaltungsbranche werden Blu-ray-Disks als Datenspeicher oder Videoquelle genutzt.

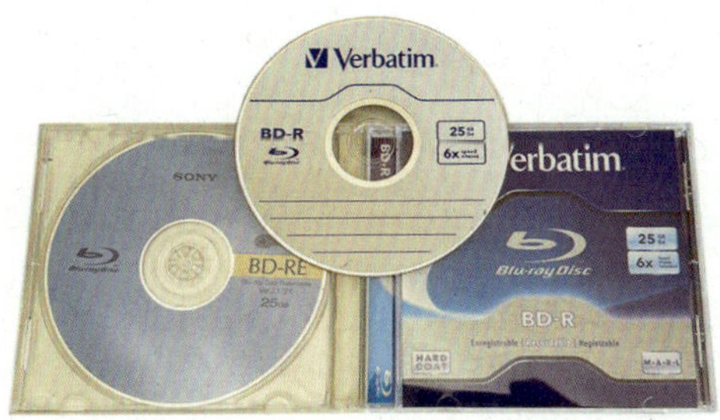


**Bild 1**: Blu-ray-Disks

## 10.4.3 SD-Karte

Die SD[1]-Karte ist ein digitales Speichermedium, das Signale in elektronischen EEPROM[2]-Bauelementen speichert. Sie wird in den Größen Normal **(Bild 2)** und Mikro **(Bild 3)** genutzt. Maßgebliche Einsatzbereiche von SD-Karten sind Foto- und Videokameras.

**Kartentypen**: Für die verschiedenen Bedarfe an Datenmengen wurden Karten mit unterschiedlichen Speicherkapazitäten entwickelt **(Tabelle 1, Seite 452)**.

[1] **SD** Abk. für **S**ecure **D**igital memory card (engl.) = sichere digitale Speicherkarte

[2] **EEPROM** Abk. für **E**lectrically **E**rasable **P**rogrammable **R**ead-**O**nly-**M**emory (engl.) = elektrisch löschbarer programmierbarer Nur-Lese Speicher

| | | |
|---|---|---|
| 1 | Extreme Pro | herstellerspezifische Kartentypbeschreibung |
| 2 | 170 MB/s | max. Lesegeschwindigkeit |
| 3 | 🔒 | manueller Schieberegler zum Karten-Schreibschutz |
| 4 | 64 GB | max. Kartenkapazität |
| 5 | SanDisk | Herstellerangabe |
| 6 | SDXC | 64 GB - 2000 GB |
| 7 | V 30 | Video Schreibgeschwindigkeit min. V = 30 MB/s |
| 8 | UHS-I | Schreibgeschwindigkeit max. 104 MB/s |
| 9 | Class 10 | Schreibgeschwindigkeit min. 10 MB/s |
| 10 | U3 | Schreibgeschwindigkeit min. 30 MB/s |

**Bild 2**: SD-Kartengröße Normal

**Tabelle 1:** Arten von Blu-ray Disks

| Name | Anwendung | Speicher |
|---|---|---|
| BD-**R** **R**ecordable | einmal beschreibbar | 25 GB |
| BD-**RE** **Re**writeable | mehrfach beschreibbar | 25 GB |

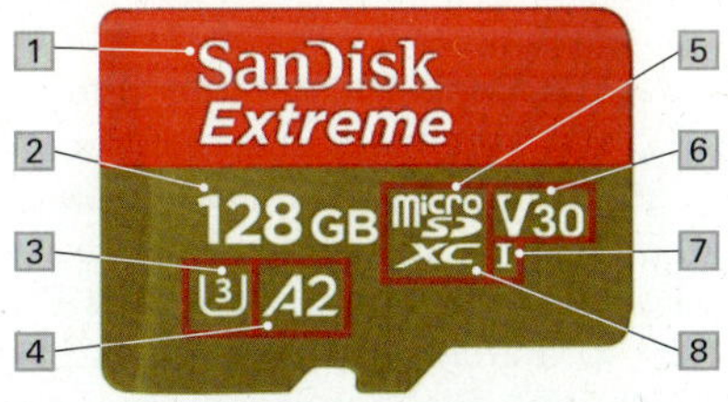


| | | |
|---|---|---|
| 1 | SanDisk Extreme | Herstellername und herstellerspezifische Kartentypbeschreibung |
| 2 | 128 GB | max. Speicherkapazität |
| 3 | U3 | Schreibgeschwindigkeit min. 30 MB/s |
| 4 | A2 | Anwenderklasse 2 |
| 5 | Micro | Kartengröße |
| 6 | V 30 | Video Schreibgeschwindigkeit min. V = 30 MB/s |
| 7 | UHS-I | Schreibgeschwindigkeit max. 104 MB/s |
| 8 | SDXC | 64 GB - 2000 GB |

**Bild 3**: SD-Kartengröße Mikro

**Geschwindigkeitsklassen:** Foto- und Videokameras benötigen je nach Bildauflösung spezielle SD-Karten, um die anfallenden Datenmengen entsprechend schnell speichern zu können **(Tabelle 2)**. ClassX war die erste Geschwindigkeitsklassifizierung. Die Bezeichnung enthält ein C für Class und eine Zahl X für die Übertragungsgeschwindigkeit. So steht C10 für 10 MB/s. Diese Speicherkarte wird für die meisten Geräte genutzt. Fortschrittlicher sind die UHS-Klassen. Auch hier kennzeichnet der Buchstabe U die Klasse und die eingebettete Zahl die Geschwindigkeit in gekürzter Form. Dabei steht 1 beispielsweise für 10 MB/s oder 3 für 30 MB/s. U1 wird in vielen hochwertigen Fotokameras eingesetzt und U3 in Videokameras, insbesondere bei 4K-Kameras, damit der hohe Datenschreibstrom nicht unterbrochen wird. Die neueste Geschwindigkeitsklasse gilt für Videokameras mit sehr hohen Auflösungen (4K, 8K, 360°, VR). Der Buchstabe V steht für Video und die Zahl beschreibt auch hier die Geschwindigkeit (z. B. V90 = 90 MB/s).

**SD-Bus-Geschwindigkeit:** Die SD-Bus-Klasse bzw. SD-Bus-Geschwindigkeit gibt Aufschluss über den möglichen Wert der Geschwindigkeit des Gesamtsystems unabhängig von der Speicherkarte **(Tabelle 3)**.

**Anwendungsklassen:** Die anfallenden Datenmengen bei der Aufnahme von Bewegtbildern in Abhängigkeit ihrer Bildauflösung müssen flüssig und ohne zeitliche Verluste gespeichert werden. Das Gleiche gilt für die Wiedergabe der Videodaten. Um Bildruckler zu verhindern sind SD-Karten mit verschiedenen Lese-/Schreib-Geschwindigkeiten entwickelt und in Anwendungsklassen eingeteilt worden **(Tabelle 4)**. IOPS[2] ist ein Standardmaß für digitale Speichermedien (z. B. SSD), wie viele Ein- und Ausgabebefehle diese durchführen können. Dies ist nicht zu verwechseln mit der Datenübertragungsgeschwindigkeit MB/s. Hierbei werden Datenpakete in entsprechender Menge pro Zeiteinheit (MB/s) gesendet. Diese werden erst „gelesen" und anschließend auf dem Speichermedium an einer freien Stelle „geschrieben".

**Tabelle 1:** Kartentypen

| Typ | Bedeutung | Speicher |
|---|---|---|
| **SD** | **S**ecure **D**igital | 8 MB – 4 GB |
| SD**HC** | **H**igh **C**apacity | 4 GB – 32 GB |
| SD**XC** | **E**xtended **C**apacity | 32 GB – 2 TB |
| SD**UC** | **U**ltra **C**apacity | 2 TB – 128 TB |

**Tabelle 2:** Geschwindigkeitsklassen

| **Geschwindigkeitsklasse** | | **Übertragungsgeschwindigkeit** | **Videoaufnahme** |
|---|---|---|---|
| ClassX | UHS[1] Video | | |
| C2 | | 2 MB/s | SD (576p) |
| C4 | | 4 MB/s | HD-Ready (720p) |
| C6 | V6 | 6 MB/s | HD (1018i) |
| C10 | U1 V10 | 10 MB/s | Full-HD (1080p) |
| | U3 V30 | 30 MB/s | 4K |
| | V60 | 60 MB/s | 8K |
| | V90 | 90 MB/s | 8K |

**Tabelle 3:** SD-Bus-Klassen

| Bus-Klasse | Geschwindigkeit | SD | SDHC | SCXC | SDUC |
|---|---|---|---|---|---|
| Standard SD | 12,5 MB/s | x | x | x | x |
| High Speed | 25 MB/s | x | x | x | x |
| UHS-I | 50 MB/s 104 MB/s | – | x | x | x |
| UHS-II | 156 MB/s 312 MB/s | – | x | x | x |
| UHS-III | 312 MB/s 624 MB/s | – | x | x | x |
| SD-express | 985 MB/s | – | x | x | x |

**Tabelle 4:** Anwendungsklassen

| Anwendungsklasse | Sequenzielle Mindestgeschwindigkeit | Minimale Geschwindigkeit bei zufälligem … | |
|---|---|---|---|
| | | … Lesen | … Schreiben |
| A1 Class 1 | 10 MB/s | 1500 IOPS | 500 IOPS |
| A2 Class 2 | | 4000 IOPS | 2000 IOPS |

[1] **UHS** = **U**ltra **H**igh speed
[2] **IOPS** = **I**nput/**O**utput **O**perations **P**er **S**econd (engl.) = Ein-/Ausgabe-Befehle pro Sekunde

## 10.4.4 Multimedia-Player

Ein Multimedia-Player **(Bild 1)** ist ein Gerät zur Aufnahme und Wiedergabe von audiovisuellen Daten (Musik, Fotos und Videos) und Multimedia-Daten (Spiele). Diese Player nutzen sowohl externe als auch interne Speichermedien (HDD[1]-Laufwerke, SD-Karten) mit schneller Schreib- und Lesegeschwindigkeit, um die Datenmengen flüssig und ohne Verzögerung zu verarbeiten. Eine Software steuert und verarbeitet die Daten über verschiedene Ein- und Ausgänge. Die Player können alle standardmäßigen Formate für Musik, Fotos und Videos lesen. Zum Schreiben und Speichern von Daten wird meistens das Dateisystem FAT 32 genutzt **(siehe auch Kapitel 10.4.6)**.

**Bild 1**: Multimedia-Player mit Ein-/Ausgängen

## 10.4.5 Medienserver

Ein Medienserver (engl. media server) wird nach DIN 15781:2017-10 definiert als „ein System von aufeinander abgestimmten Komponenten zur Verwaltung, Wiedergabe und Bearbeitung von Medieninhalten in Echtzeit." Medienserver sind also Rechner mit spezieller Software sowie schnellen Grafikprozessoren und Speichermedien, um in Echtzeit multimediale Inhalte auf Wiedergabegeräten darzustellen. Beispiele für Inhalte sind Videos, Bilder und Animationen. Beispiele für Wiedergabegeräte sind Beamer, Displays und LED-Flächen.

Mediaserver haben ebenfalls umfangreiche Funktionen zur Anpassung der Inhalte an produktionsspezifische Designs. Beispielsweise kann die Größe, Farbe und Bewegung verändert oder von 3D auf 2D oder umgekehrt transformiert werden. Das Ansteuern und Abrufen der Inhalte geschieht in der Regel mit einer Lichtsteuerkonsole und je nach Datenstrom über DMX- oder Artnet-Verbindungen **(vgl. Kapitel 8.9)**.

**Bild 2**: Medienserver

**Bild 3**: Steuerkonsole für Licht und für Medienserver

### Lichtsteuerkonsole

Da eine Lichtsteuerkonsole **(Bild 3)** nicht nur Leuchten ansteuern kann, sondern auch Medienserver, nennt man sie allgemein auch Steuerkonsole. Steuerkonsolen verfügen über große bedienerfreundliche Oberflächen, mit denen sich die vielen Funktionen der Medienserver schnell ansteuern lassen. Beispielsweise können Farben, Formen etc. schnell ausgewählt und eingestellt werden. Eine der Stärken von Medienservern liegt beispielsweise in der Bild-Anpassung auf gekrümmte Projektionsoberflächen. Hier kommen Videobeamer mit ihrer internen „keystone-correction" schnell an ihre Grenzen. Mit einem Medienserver und einer Steuerkonsole lassen sich verzerrte Bilder hingegen in kurzer Zeit individuell korrigieren.

[1] HDD, Abk. für: Hard Disc Drive (engl.) = Festplatten Laufwerk

**Content**

Für die Gewinnung von Content gibt es einen großen Markt, auf dem eine fast unendliche Vielzahl von Fotos, Bildern und Videos themenspezifisch sortiert erwerbbar sind. Der erworbene Content wird von der Internetseite direkt auf den Medienserver heruntergeladen und kann sofort mit der Steuerkonsole bearbeitet werden. Es lässt sich auch mit einer Videokamera Live-Content einspielen und bearbeiten. Bei Industrieproduktionen bringt der „Kunde" schon vorgefertigte Image- oder Produktvideos mit. Diese werden in den Medienserver geladen und brauchen nur noch in Größe, Form und Farbe auf die Wiedergabeflächen angepasst zu werden.

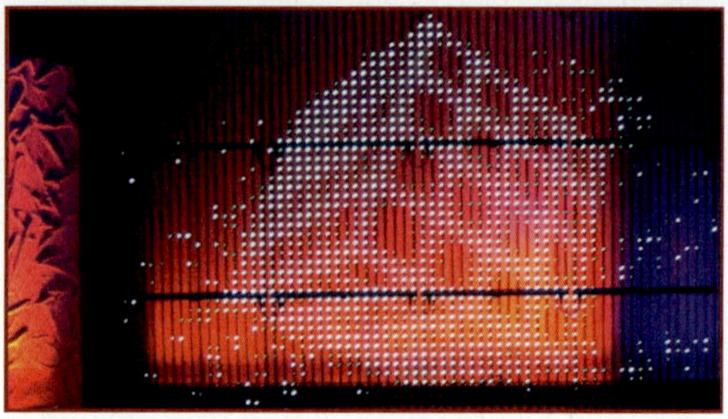

**Bild 1**: Content auf transparenter LED-Wand

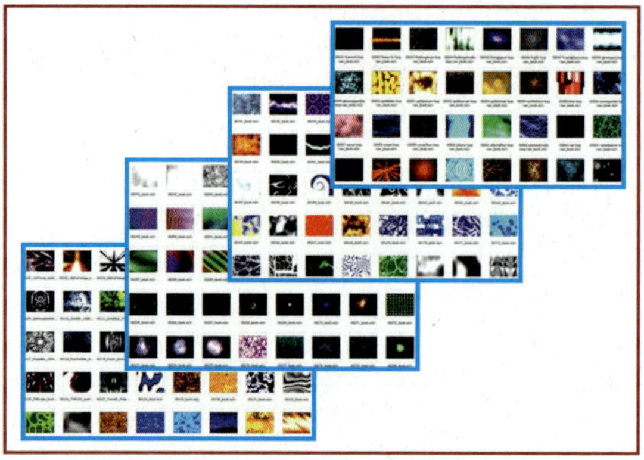

**Bild 2**: Content mit abstrakten und realen Darstellungen

**Bedien- und Entscheidungskompetenz**

Beim Einsatz von Medienservern verbinden sich zwei Gewerke: Beleuchtung und Video. Hier muss im Vorfeld geklärt werden, wer für welche Aufgaben verantwortlich ist. Es sollte klar festgelegt sein, wer die Steuerkonsole bedient und wer für die Inhalte des Medienservers verantwortlich ist. Beteiligt sind üblicherweise Fachkräfte für Veranstaltungstechnik und Mediengestalter für Bild und Ton.

## 10.4.6 Dateisysteme

Auf den in diesem Kapitel beschriebenen Speichermedien können die Daten in unterschiedlichen Dateisystemen organisiert sein. Ein Dateisystem ist eine Ablageorganisation für Daten auf Speichern mit den Funktionen: Lesen, Schreiben, Speichern, Löschen, Suchen und Verändern. Dateisysteme sind vergleichbar mit Ablagesystematiken von Büchereien: Name, Standort, Verfügbarkeit und Auflage. Das Dateisystem beinhaltet außer den oben genannten Punkten noch Dateinamen-Konventionen, Dateiattribute und die Zugriffskontrolle. Weiterhin sind Dateisysteme wichtige Komponenten für den Austausch der Daten über Schnittstellen wie z. B. USB. Hierbei muss die Kompatibilität zwischen den Betriebssystemen Windows, IOS und Linux berücksichtigt werden. **Tabelle 1** zeigt eine Übersicht einiger Dateisysteme mit ihren Namensbedeutungen und Anwendungen.

**Tabelle 1:** Übersicht verschiedener Dateisysteme

| Name | Anwendung | Betriebssystem |
|---|---|---|
| **FAT 32: F**ile **A**llocation **T**able **32** Bit<br>*Dateizuordnungssystem* | mobile Datenträger | Windows, Mac OS X, macOS,<br>Linux (evtl. zusätzlicher Treiber) |
| **exFAT: Ex**tended FAT<br>*erweitertes Dateizuordnungssystem* | mobile Datenträger | Windows, Mac OS X, macOS (ab Vers. 10.6.4),<br>Linux (evtl. zusätzl. Treiber) |
| **NTFS: N**ew **T**echnology **F**ile **S**ystem<br>*technologisch neues Dateisystem* | HDD-Festplatten | Windows, Mac OS X, macOS (mit zusätzl. App)<br>Linux (nur mit zusätzlichem Treiber) |
| **APFS: App**le **F**ile **S**ystem<br>*Dateisystem der Firma Apple* | SSD-Datenspeicher | macOS (ab Vers. 10.13, High Sierra),<br>Mac OS X und Windows mit Zusatz-Software |
| **HFS+: H**ierarchical **F**ile **S**ystem **E**xtended<br>*erweitertes hierarchisches Dateisystem* | HDD-Festplatten | Mac OS X, macOS |
| **ext4: fourth ext**ended filesystem<br>*4. erweitertes Dateisystem* | Linux | Linux, Windows (mit Zusatz-Software),<br>MAC OS X und macOS mit Zusatz-Software |

**FAT 32** zeichnet sich durch eine hohe Kompatibilität und breite Hardwareunterstützung aus. Es bietet allerdings keine Verschlüsselungs- und Komprimierungsfunktionen und die maximale Dateigröße ist auf 4 GB beschränkt. FAT 32 eignet sich ideal für kleine Partitionen.

**extFAT** ist kein allgemeiner Standard. Auch extFAT bietet keine Datenkomprimierung und außerdem auch keine Rechteverwaltung. Die maximale Dateigröße liegt bei 512 TB, ist also praktisch uneingeschränkt. Es eignet sich gut für kleine Flashspeicher ab 32 GB, wie z.B. USB-Sticks und SD-Karten.

**NTFS** bietet eine Rechteverwaltung und eine verbesserte Datensicherheit sowie die Möglichkeit der Datenkomprimierung. Die maximale Dateigröße liegt bei 256 TB. Das System ist nicht für kleine Laufwerke und Partitionen unter 400 MB Größe gedacht. Es zielt auf große Dateien und Seicherkapazitäten ab.

**APFS** ist optimiert für SSD und Flash-Speichermedien und kompatibel mit HDD- und HHD-Laufwerken. Es bietet Verschlüsselungsmöglichkeiten, optimierte Speicherplatzverwaltung, eine Systemabsturz-Sicherung und die Fusion-Drive[1] Funktion für macOS ab Version 10.14. Die maximale Dateigröße beträgt 9 Exa-Byte.

**HFS+** wird zukünftig durch APFS ersetzt werden. Es ist ein bewährtes System mit hoher Abwärtskompatibilität und einer guten Eignung für HD-Laufwerke. Die maximale Dateigröße beträgt 9 Exa-Byte.

**ext4** zeichnet sich durch gute Datensicherheit, interne Verschlüsselung (ab Version Kernel 4.1), eine Rechteverwaltung und eine optimierte Verwaltung großer Datenmengen aus. Die maximale Dateigröße beträgt 1 Exa-Byte.

Dateisysteme bieten eine strukturierte Methode zur Organisation von Daten auf Speichermedien, was den Zugriff und die Verwaltung erleichtert. Einige moderne Dateisysteme bieten Funktionen wie Komprimierung und Deduplikation[2], um den Speicherplatz effizienter zu nutzen. Zudem unterstützen viele Systeme Sicherheitsfunktionen wie Verschlüsselung, Zugriffskontrolle und Journaling, um die Integrität der Daten zu gewährleisten. Fortschrittliche Dateisysteme ermöglichen die Verarbeitung großer Dateien und Volumina, was besonders wichtig ist, wenn mit umfangreichen Datenmengen gearbeitet wird. Einige bieten Snapshot-Funktionen, mit denen Sie den Zustand des Dateisystems zu einem bestimmten Zeitpunkt einfrieren können, was nützlich ist, um Daten wiederherzustellen oder zu einem früheren Zeitpunkt zurückzukehren.

Fortschrittlichere Dateisysteme können komplex sein und dadurch Benutzer vor Herausforderungen stellen. Einige sind möglicherweise nicht vollständig mit verschiedenen Betriebssystemen kompatibel, was zu Einschränkungen bei der Datenaustauschbarkeit führen kann. Inkompatibilitäten können außerdem bei einem Wechsel zu einem neuen Dateisystem auftreten. Insbesondere Systeme mit umfangreichen Funktionen wie ZFS, können einen höheren Ressourcenbedarf haben, was sich auf die Geschwindigkeit auswirken kann. Auch Sicherheits- und Integritätsfunktionen können auf Kosten der Geschwindigkeit gehen. Darüber hinaus neigen einige Dateisysteme dazu, sich im Laufe der Zeit zu fragmentieren, was die Geschwindigkeit ebenfalls beeinträchtigen kann.

## Wiederholungsfragen: Signalquelle

1. Was definiert einen DVD-Standard?
2. Warum lassen sich auf einer Blu-ray-Disk trotz gleicher Größe wie bei einer DVD mehr Daten speichern?
3. Worin unterscheiden sich SD-Karten?
4. Wie erreichen HDD-Multimedia-Player eine flüssige Wiedergabe von AV-Medien?
5. Wofür wird ein Medienserver in der Veranstaltungsbranche genutzt und womit wird er angesteuert?
6. Was versteht man unter dem Begriff Content?

[1] Mit Fusion-Drive können herkömmliche Festplatten und SSD-Festplatten zu einem logischen Laufwerk kombiniert werden.
[2] Deduplikation: Ein Verfahren, um mehrfach vorhandene Daten zu erkennen und zu löschen.

## 10.5 Signalverarbeitung

Die Veranstaltungsbranche nutzt je nach Produktionsform gleichzeitig Signalarten aus den Bereichen: Videotechnik, Lichttechnik, Informationstechnik und Kommunikationstechnik **(Bild 1)**.

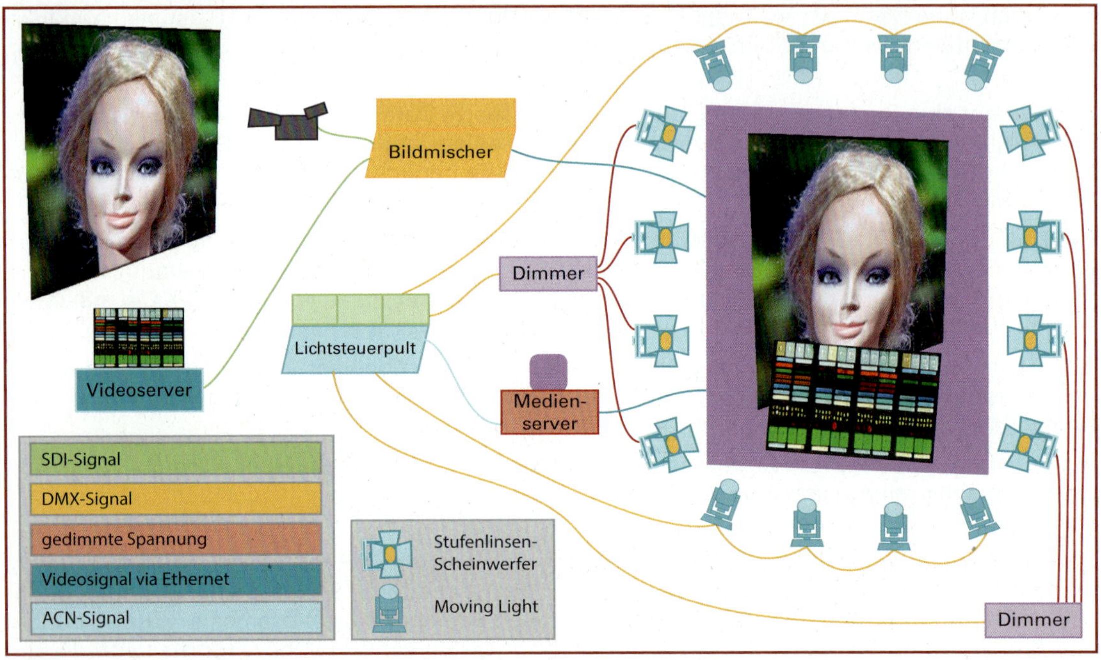


**Bild 1**: Schematischer Signalverlauf von Lichtsteuer- und Videosignalen

### 10.5.1 Videotechnik

**Kapitel 10.1 bis 10.3** zeigen, dass diese Signalverarbeitungen von Normengremien definiert werden, die auf audiovisuelle und Multimediasignale spezialisiert sind. Somit grenzt die Videotechnik sich mit der Verarbeitung ihrer Signalarten von anderen Techniken klar ab. Die Arten der Signalverarbeitung sind abhängig von der Produktionsart **(Tabelle 1)**.

**Tabelle 1:** Produktionsarten mit Datenserver

| Arten | Datenserver | | Anwendungen |
|---|---|---|---|
| | vor Ort | Cloud | |
| Live | Echtzeit-ausspielung | | TV, Konzert, Messe |
| Streaming | | Echtzeit-ausspielung | Industrie, Internet |
| Hybrid (Live + Streaming) | Echtzeit-ausspielung | Echtzeit-ausspielung | Industrie, Internet, Konzerte (neu) |
| Aufzeichnung | Zwischen-speicher | Zwischen-speicher | Archivierung, TV, DVD, Video-nachbearbeitung (Postproduction |

Die zwei Grundarten der Signalverarbeitung sind die **Echtzeit-** und **Nicht-Echtzeitverarbeitung**. Hierbei spielen Datenserver eine große Rolle. Für einen hohen Datentransfer müssen sie über schnelle Speicher- und Wiedergabe-Fähigkeiten verfügen. Allerdings ist die Geschwindigkeit des Datentransfers auch von einem kabelgebundenen (Kupfer, Glasfaser) oder kabellosen (WLAN[1]/Wifi[2], Bluetooth[3]) Netzwerk abhängig. Ein Datenserver kann sowohl intern bei einer Produktionsfirma stehen, als auch extern bei einem Cloud-Anbieter.

[1] **WLAN**, Abk. für **W**ireless **L**ocal **A**rea **N**etwork (engl.) = kabelloses, lokales Netzwerk (oft verwendeter Begriff in Deutschland)
[2] **WiFi**, Abk. für **Wi**reles **Fi**delity (engl.) = verlustfreie kabellose Datenübertragung (oft verwendeter Begriff im Ausland)
[3] Bluetooth = Funktechnik zur Datenübertragung auf kurzen Strecken

Für die Lichttechnik werden ebenfalls Signalarten (DMX, RDM, ACN, ...) von Normengremien (z. B. NVBF[1]) entwickelt. Jedoch hat die rasante Weiterentwicklung der Lichttechnik dazu geführt, dass die anzusteuernden Geräte (Movinglights, LED-Flächen, Medienserver) immer mehr Steuerkanäle benötigen. Hierfür müssen Lichtsteuerpulte in der Lage sein, die Steuersignale zu verwalten und ohne Verzögerung an die Geräte weiterzuleiten. Ein solcher Systemaufbau wird als Netzwerk bezeichnet und die verwendeten Komponenten (Steckverbindungen, Kabel, Repeater, Switches, Nodes) stammen meist aus der IKT-Branche.

## 10.5.2 Informations- und Kommunikationstechnik (IKT)

Die genutzten IKT-Komponenten sind meistens für eine Festinstallation gefertigt. In der Veranstaltungsbranche handelt es sich jedoch überwiegend um temporäre Installationen. Dabei unterliegen diese Komponenten hohen mechanischen Beanspruchungen (Auf-, Abbau, Transport). Hierdurch müssen vereinzelte Komponenten wie Kabel und Steckverbindungen diesen Bedingungen angepasst werden **(Tabelle 1).** Das gilt auch für klimatische Bedingungen wie z. B.: Temperatur, Feuchtigkeit und Staub. In der Branche nennt man dies auch **„Tour-Tauglichkeit“**. Weiterhin muss auch hier zwischen einem kabelgebundenen (Kupfer oder Glasfaser) oder kabellosen Netzwerkaufbau (WiFi, Bluetooth) unterschieden werden. In der Praxis werden meistens beide Arten eingesetzt. Eine **gründliche Planung** und ein **einwandfreier Aufbau** sind Grundvoraussetzungen für die bei Veranstaltungen benötigte jederzeit **zuverlässige Signalverarbeitung**. In der Praxis haben sich Kabel mit mangelhafter Abschirmung, defekte Verbindungen und verschmutzte Kontakte als häufigste Fehler herausgestellt. Ein häufiger Aufbaufehler ist die Verlegung von Datenkabel in Verkehrswegen von Gabelstablern. Beispiele für versteckte und nicht leicht „ersichtliche“ Fehler sind falsche Konfiguration, defekte Netzwerkadapter oder Wackelkontakte. Diese können dann nur mit speziellen Prüfgeräten und entsprechend geschulten Netzwerktechnikern behoben werden.

**Tabelle 1:** Netzwerk-Stecker und -Kabel

| | | |
|---|---|---|
| z.B. RJ-45 Kabel | • strapazierfähigere Ummantelung<br>• größere Abschirmung<br>• verstärkte Zugentlastung | Standard <br>verstärkt 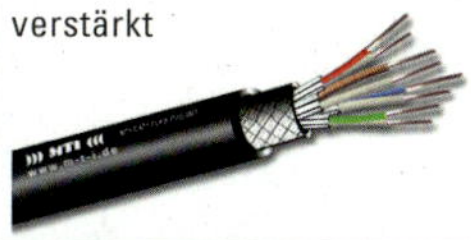 |
| z.B. RJ-45 Steckverbindung | • strapazierfähigere Steckkontakte<br>• verstärkter Knickschutz<br>• verstärkte Zugentlastung<br>• Metallhülle mit Verriegelung | Standard <br>verstärkt  |

### Ethernet[2]

Für die Veranstaltungsbranche hat sich die weit verbreitete Ethernet-Technologie aus der IKT-Branche bewährt, da die Branche in zunehmendem Maße Betriebsmittel einsetzt, die untereinander immer größer Datenmengen austauschen **(Bild 1, Seite 456)**. Der Datenaustausch findet über gemeinsame Datenleitungen (Kupfer, Glasfaser) statt. Damit es nicht zu Datenkollisionen und Verlusten kommt, wird die CSMA/CD[3]-Methode angewandt. Die Methode ist vergleichbar mit einer Besprechung von mehreren Personen in einem Raum, bei der ein Moderator auf die Verständlichkeit achtet, insbesondere darauf, dass nicht mehrere Personen gleichzeitig reden. Für die technische Umsetzung müssen die Software (Protokolle) und Hardware (Netzwerkkarten, Repeater[4], Hub[5], Switches[6], Kabel und Stecksystem) für ein kabelgebundenes Netzwerk aufeinander abgestimmt sein.

[1] **NVBF**, Abk. für DIN-**N**ormenausschuss **V**eranstaltungstechnik, **B**ild und **F**ilm
[2] **Ethernet**, Kunstwort aus **Ether** (engl.) = Äther, Medium für Funkwellenausbreitung und **net** (engl.) = Netz
[3] **SMA/CD**, Abk. für Carrier **S**ense **M**ultiple **A**ccess with **C**ollision **D**etection (engl..) = Mehrfachzugriff mit (Daten-)Trägerüberprüfung und (Daten-)Kollisionsschutz
[4] to repeat (engl.) = wiederholen
[5] Hub (engl.) = Nabe, Netzwerktechnik Datenverteiler
[6] to switch (engl.) = schalten

### 10.5.3 Topologien

Der Aufbau eines Netzwerkes mit der Anordnung der Geräte und Verlegung der Leitungen nennt man **Topologie**[1]. Für eine möglichst zuverlässige Signalverarbeitung haben sich für Veranstaltungen die Stern-, Baum- und Bus-Topologien durchgesetzt **(Bild 1)**.

#### Stern-Topologie

Die Stern-Topologie wird u.a. in der Lichttechnik eingesetzt. Das Lichtsteuerpult gilt als Datenverteiler, von dem aus die Steuersignale zu jedem angeschlossenen Gerät gesendet werden. Um den Verkabelungsaufwand zu verringern, kann die Stern-Topologie mit der Bus-Topologie gemischt werden **(Bild 2)**. Dazu sind die meisten Geräte, z.B. Movinglights, mit einem RJ-45 Stecksystem ausgestattet, das ein Durchschleifen des Signals ermöglicht. Eine auf diese Weise gemischte Topologie verringert den Aufwand und spart Zeit, ohne die Signalverarbeitung zu gefährden.

Die Topologie und ihre Mischformen werden im Vorfeld exakt geplant. Hierbei müssen insbesondere die Kabelstrecken zu den Geräten beachtet werden. Da es auf längeren Kabelstrecken zu Signalverlusten kommt, müssen hierfür Repeater eingeplant werden.

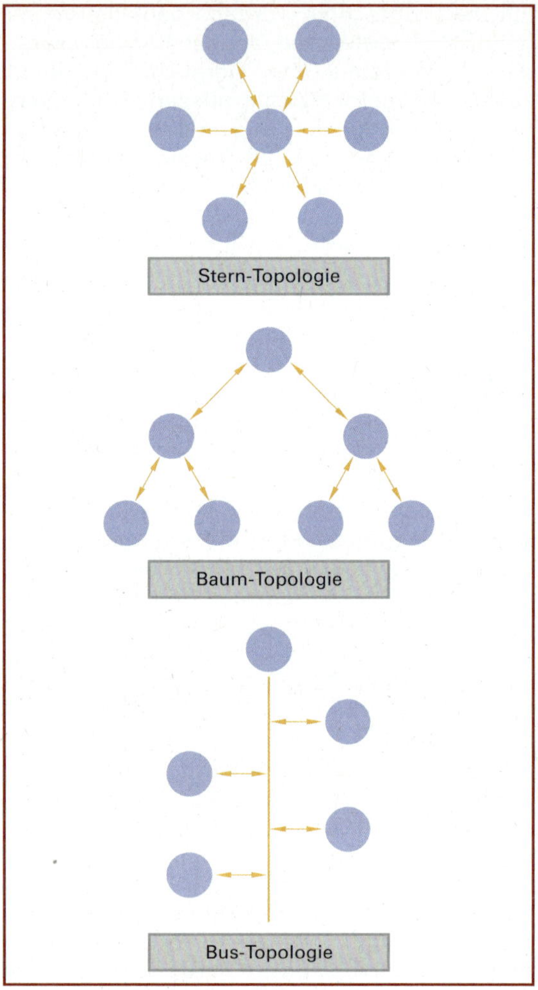


**Bild 1**: Übersicht Netzwerk-Topologien

#### Baum-Topologie

Die Baum-Topologie ist eine Kombination aus Bus- und Stern-Topologie. Sinngemäß ist die Baum-Topologie eine Verästelung der Bus-Topologie. Bei großen Shows (z.B. ESC[2], Eröffnung von Olympischen Spielen, etc.) mit viel Licht- und Video-Equipment wird diese Topologie angewendet. Um bei den Proben Zeit zu sparen, werden mehrere Programmierer mit jeweils einem Steuerpult für die verschiedenen Licht- und Videogewerke (Weißlicht, Effektlicht, LED-Flächen, Medienserver) eingesetzt. Hierbei wird ein Steuerpult als Master (engl. für Herrscher) und die nachfolgenden Pulte als Slave (engl. für Sklave) festgelegt **(Master-Slave-Verfahren) (Bild 1, Seite 459)**. Diese Topologie erlaubt, während der Programmier- und Anpassungsphasen vor Ort, dass mehrere Programmierer (engl. programmer) **gleichzeitig** die jeweiligen Licht- und Videogewerke bearbeiten können. Nach Abschluss der Proben bedient **ein Operator** mit seinem Master-Pult alle Slave-Pulte und kann die Show so allein steuern (ugs. „fahren"). Die Programmierer brauchen dann nur noch abrufbereit (Standby) zu sein.

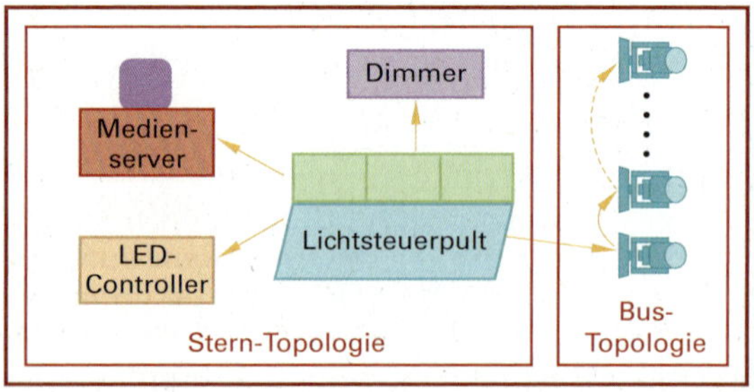


**Bild 2**: Gemischte Topologie

[1] Topologie (gr.) Zusammensetzung aus topos (gr.) = Ort; logos (gr.) = Lehre;
[2] **ESC**, Abk. für **E**urovision **S**ong **C**ontest

## Bus-Topologie

Ein Bussystem in der Informationstechnik besteht aus einem Leitungssystem zur Übertragung von digitalen Signalen. Ein Bus besteht aus einer **Adress-**, **Steuersignal**- und **Datenleitung**. Die Bus-Topologie entspricht einem Leitungsstrang, an dem mehrere Sende-/Empfangsgeräte angeschlossen sind. Movinglights werden häufig mit einer Bus-Topologie verkabelt. Das Signal durchläuft alle Movinglights und es reagiert nur das Movinglight, dessen Empfangs-Adresse mit den adressierten Sende-Daten übereinstimmt. Dies ist vergleichbar mit einem E-Mail-Versand, wo zuerst die Adresse des Empfängers angegeben werden muss. Die Betreffzeile entspricht dem Steuersignal, welches dem Empfänger zeigt, worum es in der E-Mail geht, und der Text entspricht den Daten, die beim Empfänger eine Handlung hervorrufen sollen.

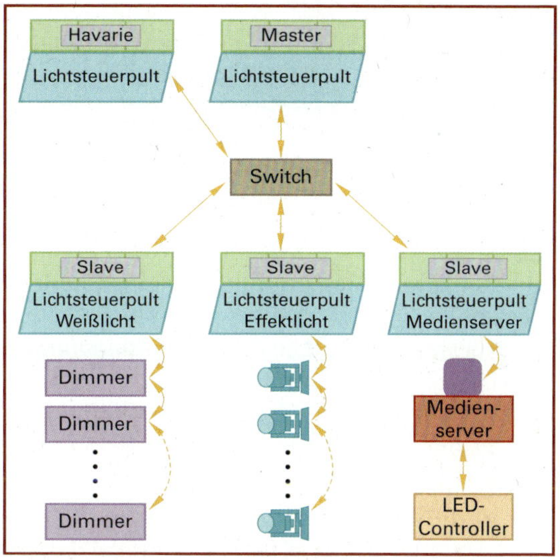


**Bild 1**: Master-Slave-Verfahren

**Tabelle 1:** Netzwerk-Topologien Vor- und Nachteile

| Vorteile | Nachteile |
|---|---|
| **Stern-Topologie** | |
| • leichte Erweiterung<br>• hohe Übertragungsgeschwindigkeit<br>• gute Sicherungs- und Kontrollmaßnahmen möglich | • Pultausfall bedeutet Systemausfall<br>• Havariepult verpflichtend<br>• aufwendige Verkabelung |
| **Baum-Topologie** | |
| – | – |
| **Bus-Topologie** | |
| • geringe Kabelwege<br>• einfache Verkabelung<br>• einfache Netzerweiterung<br>• keine aktiven Netzwerkkomponenten<br>• hohe Verfügbarkeit<br>• keine Auswirkung auf das Netz bei Ausfall eines Gerätes | • Netzwerkblockade durch<br>– ein defektes Bus-Kabel<br>– Datenkollisionen<br>• es kann immer nur ein Gerät senden<br>• je mehr Teilnehmer umso geringer der Datenstrom |

## 10.5.4 Kabel

Netzwerkkabel müssen für eine fehlerfreie Datenübertragung mechanisch und elektromagnetischen Anforderungen entsprechen. Da über die verwendeten Kupferleitungen nur kleine Ströme und Spannungen mit hohen Frequenzen fließen, sind diese gegen elektromagnetische Störungen von außen sehr empfindlich. Daher werden mehrfache Metallschirme (als Geflecht und Folie) um die Adernpaare **und** um sämtliche Adern gewickelt. Für den Veranstaltungsalltag ist es wichtig, dass die Gesamtummantelung mechanisch ihren Einsatzarten widersteht und nicht porös oder brüchig wird. Allerdings muss die Isolierung für eine gute Handhabung (verlegen, aufwickeln, abwickeln) flexibel genug sein und darf bei Kälte nicht steif werden. Die inneren Einzeladern müssen miteinander verdrillt sein, um elektromagnetische Störimpulse zu unterdrücken.

### 10.5.5 Stecksystem

**RJ-45** und **GG-45** sind zwei Arten von Stecksystemen, die für Netzwerke festgelegt wurden. **RJ-45** ist eine Steckverbindung, die von der US-amerikanischen Bundesbehörde **CFR** (**C**ode of **F**ederal **R**egulations, Part 68) für Telekommunikations-Verkabelungen genormt wurde. Offiziell lautet die Steckerbezeichnung: **RJ-45S 8P8C**

**RJ** – **R**egistered **J**ack (engl.) = eingetragener Stecker

**45** – Nummer Anschluss für Netzwerkleitungen

**S** – **S**ingle (engl.) = Einzelanschluss

**8P** – **8 P**ositions (engl.) = Kontaktpositionen

**8C** – **8 C**onnections (engl.) = Verbindungen

**GG-45** ist ein Stecksystem, bestehend aus Stecker **und** Buchse und wird für Netzwerke mit einer Datenrate ab 10 Gbit/s eingesetzt. Das Verbindungskabel entspricht dann der Leistungskategorie CAT 7. Die Bezeichnung **GG** entstammt der Entwicklerfirma (Nexans) und steht für **G**iga**G**ate. Die Zahl **45** bezieht sich auf die **Größenkompatibilität** zum Stecker RJ-**45**.

**Tabelle 1:** RJ 45 Steckerbelegung

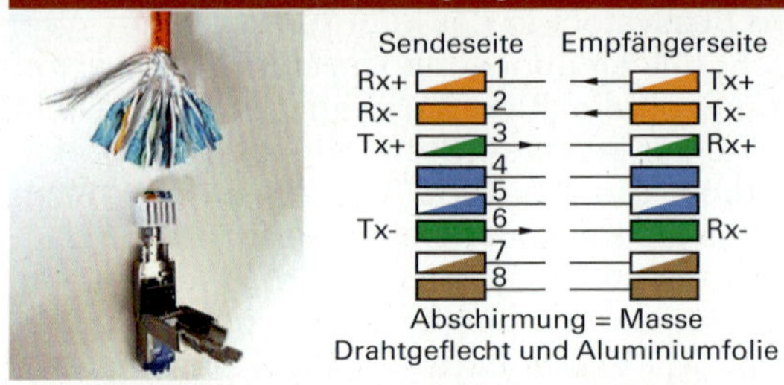


**Tabelle 2:** Leistungsklassen für Ethernet-Kabel nach EN 50173

| Kategorie (Cat) | Steckertyp | Länge m | Bandbreite MHz | Datenrate Gbit/s |
|---|---|---|---|---|
| CAT 5<br>CAT 5e | RJ 45 | 100 | 100 | 0,1<br>1 |
| CAT 6<br>CAT 6a | RJ 45 | 100<br>37 – 55 | 250<br>500 | 1<br>10 |
| CAT 7<br>CAT 7a | RJ 46<br>GG 45 | 100 | 600<br>1000 | 10<br>10 |
| CAT 8.1/8.2 | RJ 45<br>GG 45 | 30 | 2000 | 40 |

### 10.5.6 Repeater

Repeater, auch genannt Daten-Refresher, dienen dazu, ein Ausgangssignal weiterzugeben. In Abhängigkeit der Kabellängen und der Kabelkategorie **(Tabelle 1)** ergeben sich Signalverluste. Mit dem Repeater wird das Ausgangssignal regeneriert, indem sowohl der Pegel (Strom, Spannung, Frequenz) als auch die Datenlogik durch eine Fehlererkennungs- und Fehlerbehebungs-Software überprüft und ggf. angepasst werden. Man nennt Repeater umgangssprachlich auch Verstärker, was elektrotechnisch jedoch falsch ist, da ein Verstärker nur den Pegel beachtet, aber nicht die Datenlogik. Ein ankommendes Signal kann einen guten Pegel haben und dennoch erkennt das Empfangsgerät (z. B. Movinglight) die Befehle nicht.

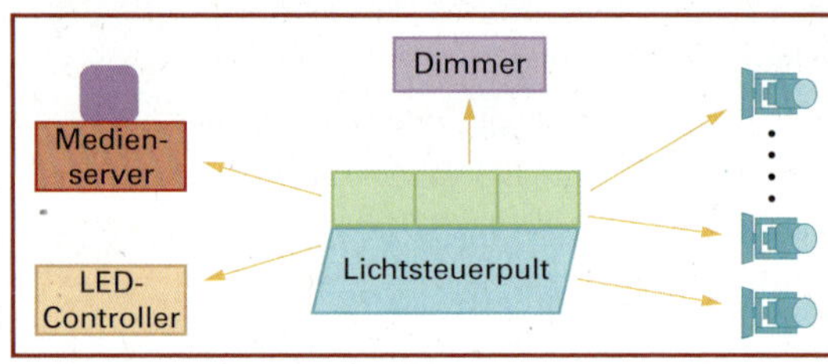


**Bild 1**: Lichtsteuerpult als Hub

### 10.5.7 Hub und Switch

Ein Hub besteht aus mehreren Anschlussbuchsen (Ports) und dient der Verbindung und Verteilung von Daten an die angeschlossenen Netzwerkgeräte (z. B.: von Pult zu Movinglights, **Bild 1**). Im Hub werden die ankommenden Daten kopiert und an alle Geräte gleichzeitig weitergeleitet. Er unterscheidet nicht, welches Gerät an seinem Port angeschlossen ist. Dabei kann immer nur ein Gerät Daten senden. Ansonsten würde es zu einer Datenkollision kommen mit der Folge einer Netzwerkblockade. Die Datenrate wird mit der Anzahl der Ports aufgeteilt. Ein Hub ist der gemeinsame Verbindungspunkt aller Netzwerkgeräte.

Im Gegensatz zum Hub merkt sich ein Switch jeden angeschlossenen Gerätetypen und verteilt die ankommenden Daten nur an den entsprechenden Adressaten. Die Anschlüsse behalten dadurch immer ihre volle Datenrate. Es können mehrere Geräte gleichzeitig miteinander kommunizieren ohne eine Datenkollision.

**Vergleich:** Ein Switch ist verglichen mit einem Hub „intelligent" und somit technisch aufwendiger und teurer. Da die Anschaffungskosten beider Geräte sich kaum noch unterscheiden, werden zunehmend Switches eingesetzt.

## 10.5.8 Videoskalierer

Der Videoskalierer (**Bild 1**, engl. video scaler) wandelt digitale Videosignale (stehende und bewegte Bilder) von einer **Ausgangsauflösung**, unter Einhaltung seiner Proportionen, in eine **Anzeigeauflösung** um. Der Videoskalierer wird eingesetzt, wenn die Bildauflösung und das Bildformat des Eingabegeräts von der des Ausgabegeräts abweichen. Beim Skalieren[1] werden Größenanpassungen und Verzerrungen von Bildern und Videos auf LED-Wänden, Displays oder Projektionsflächen vorgenommen. Wird ein Signal von einer niedrigen zu einer höheren Auflösung skaliert, nennt man dies „Hochskalieren“ und umgekehrt „Herunterskalieren“. Das Skalieren setzt softwarebasierte Methoden ein, die sich im Umfang der genutzten Algorithmen unterscheiden. Einfache Algorithmen lassen das Bild bei einer Vergrößerung schnell pixelig und unscharf wirken **(Bild 3)**. Mit komplexen Algorithmen wird jedes Eingangs-Pixel individuell auf das Anzeigeformat umgerechnet.

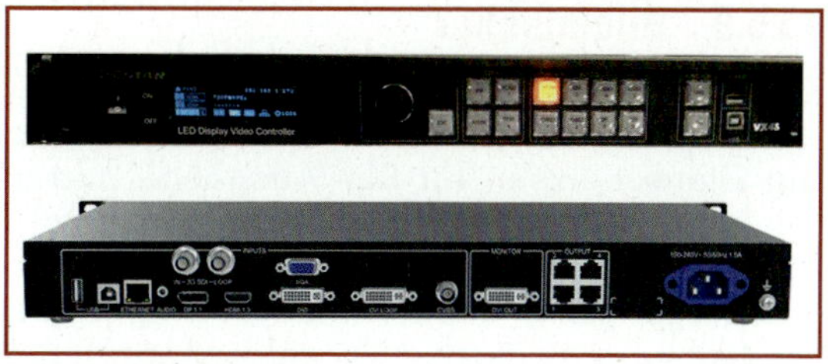

**Bild 1**: Videoskalierer

Man unterscheidet interne und externe Videoskalierer:

**Interne Videoskalierer** befinden sich im Anzeigegerät und skalieren das Eingangssignal auf das gewünschte Format des Anzeigebildschirms.

**Bild 2**: Split Screen

**Externe Videoskalierer** sind eigenständige Geräte, die in Bildregien mehrere Videosignale auf ein Display in ein entsprechendes Anzeigeformat umrechnen **(Bild 2)**. Das Verfahren für die **Bildschirmaufteilung** wird **Split Screen** genannt.

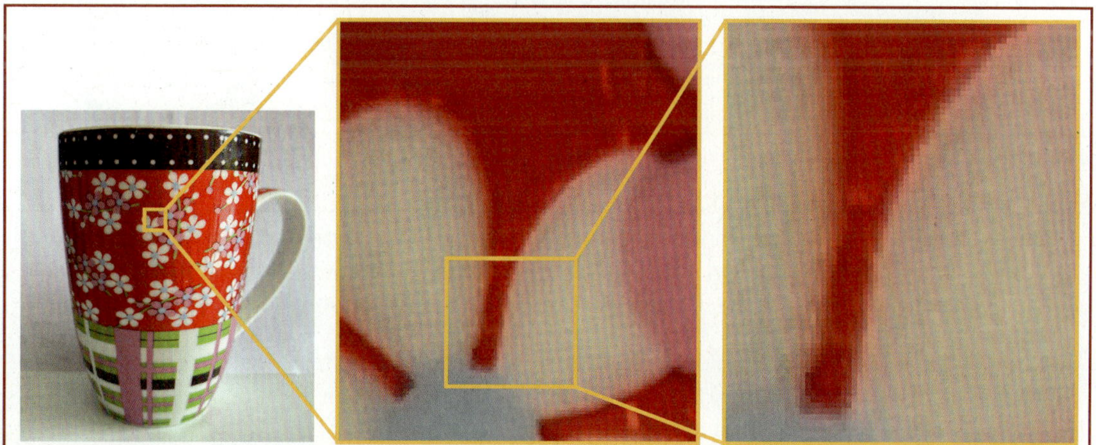

**Bild 3**: Pixeliges Bild durch Hochskalierung

[1] scala (it.) = Treppe

### 10.5.9 Bildmischer

**Bild 1**: Zentraleinheit mit schnellen Prozessoren

Der Bildmischer, auch genannt Videomischer, ist das Herzstück einer Bildregie. Er besteht aus einer Zentraleinheit **(Bild 1)** mit Signalanschlüssen für Ein-/Ausgänge und einem Bedienpult mit mehreren Monitoren **(Bild 2)**. In ihm werden gleichzeitig Eingangssignale, Mischsignale und Ausgangssignale verarbeitet. Die **Eingangssignale** kommen von Kameras, Zuspielern von Medienservern (auch MAZen[1] genannt), Schriftgeneratoren oder Live-Schalten. Kontroll-Monitore geben einen Überblick zu den anliegenden Signalen. Insbesondere lassen sich hierbei die aktuellen Kamerapositionen kontrollieren. Die Eingangssignale werden über eine interne Kreuzschiene nach sendungsspezifischen Vorgaben zu **Mischsignalen** verarbeitet. Diese werden anschließend in einer Mischebene zwischengespeichert und auf Mischebenen-Monitoren angezeigt. Das Mischsignal, welches als nächstes gesendet wird, zeigt der Vorschau-Monitor (engl. Preview). Erst nach Regieanweisung wird das Mischsignal als **Ausgangssignal** auf den Sendeausgang geschaltet und auf einen Sende-Monitor (engl. program) mitverfolgt.

Für das Mischen und Ausgeben der Videosignale gibt es die Optionen: harter Schnitt (switch), gemischter Schnitt (mix), Überblendung (dissolve), Trickblende (wipe) und Stanzen (keying).

**Bild 2**: Bildmischer-Bedienpult mit Monitoren

## Wiederholungsfragen: Signalverarbeitung

1. Welche zwei Grundarten der Signalverarbeitung werden in der Veranstaltungsbranche genutzt?
2. Welche Komponenten werden aus der IKT-Branche für die Veranstaltungsbranche genutzt?
3. Was versteht man unter Tour-Tauglichkeit bezogen auf das Signalnetz der Veranstaltungsbranche?
4. Nennen Sie typische Topologien für ein Netzwerk in der Veranstaltungsbranche.
5. Wie ist das Leitungssystem einer Bus-Topologie aufgebaut?
6. Was unterscheidet einen Switch von einem Hub?
7. Welche Funktion hat ein Videoskalierer?
8. Was versteht man unter der Abkürzung BiMi?

[1] alter Begriff für **M**agnet **A**ufzeichnung

# 10.6 Bildwiedergabetechnik

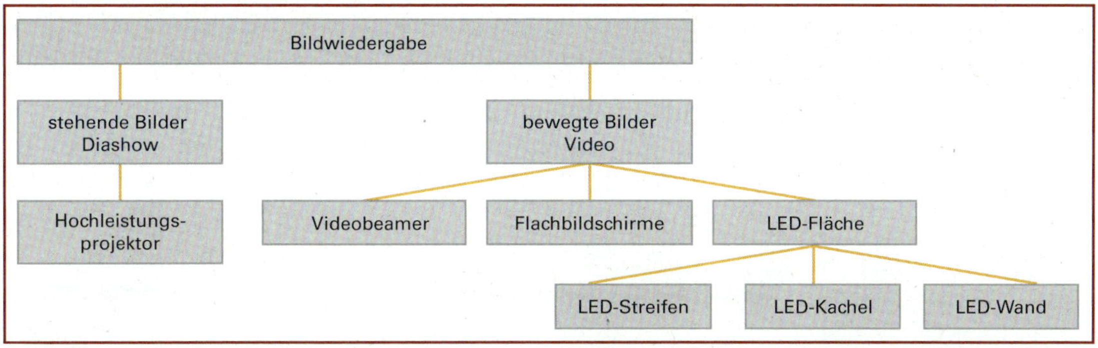


**Bild 1**: Übersicht über Bildwiedergabetechnik

In der Veranstaltungsbranche werden verschiedene Bildwiedergabetechniken genutzt **(Bild 1)**. Beispielsweise werden häufig handgemalte Bühnenbilder durch Projektionen von Großbildprojektoren **(Bild 2)** für stehende Bilder ersetzt. Für bewegte Bilder werden Videoprojektoren (Videobeamer) genutzt. Seit der Erfindung einer blauen LED 1988 und einer weißen LED 1995 werden zudem vermehrt Bildschirme und LED-Flächen für Großbild-Darstellungen eingesetzt.

**Bild 2**: Hochleistungsprojektor

## 10.6.1 Hochleistungsprojektoren

### Einsatzbereiche

Hochleistungsprojektoren werden zur Projektion von Standbildern als Bühnenbild im Theater **(Bild 3)** und zur Projektion von Standbildern auf Fassaden in der Architektur **(Bild 4)** genutzt.

**Bild 3**: Bühnenbildprojektion

Bezüglich der Bühnenbilder wird zwischen der Aufprojektion (ugs. Aufpro) und der Rückprojektion (ugs. Rückpro) unterschieden. Die Aufprojektion wird hauptsächlich für Bühnenhorizonte oder Dekorationen eingesetzt. Das projizierte Bild kommt dabei von vor der Projektionsfläche. Bei der Rückprojektion kommt das Bild von hinter der Projektionsfläche. Dadurch werden die Protagonisten nicht vom Projektionsbild beleuchtet und werfen keine Schatten auf die Projektionsfläche.

Fassadenprojektionen werden beispielsweise zur Bildinszenierung bei Städtefesten, Sport-Events oder Industrieveranstaltungen verwendet. Prinzipiell können auf diese Weise nicht nur Gebäude, sondern auch Gelände angestrahlt werden, beispielsweise mit Projektionen von Bergen oder Schneelandschaften.

**Bild 4**: Fassadenprojektion

### Technik

Der Grundaufbau von Großbildprojektoren ist immer gleich. Die durch eine elektrische Lichtquelle erzeugten Lichtstrahlen werden mittels eines Reflektors in ein optisches Linsensystem (Kondensor) gelenkt **(Bild 1)**. Dort werden die Strahlen gesammelt, parallel ausgerichtet und anschließend durch das Projektionsobjekt (Dia) in ein Objektiv geleitet. Mit dem Objektiv werden in Abhängigkeit von der Distanz zwischen Projektor und Projektionsfläche die Bildgröße und Bildschärfe eingestellt.

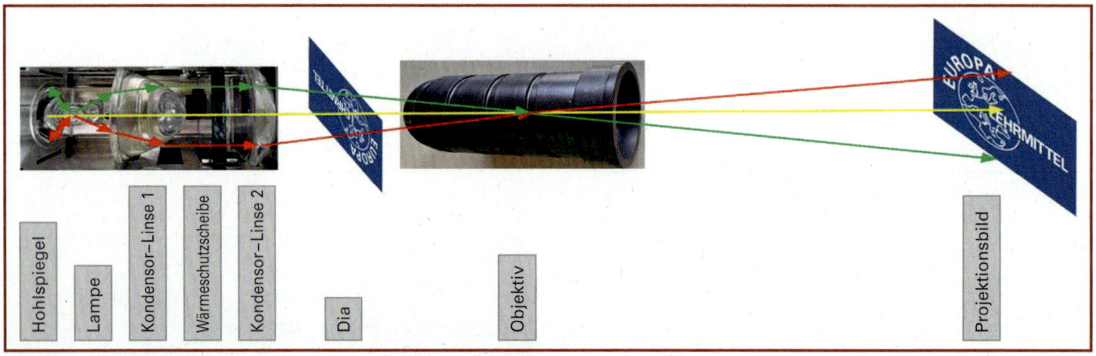


**Bild 1**: Schematischer Strahlengang eines Großbildprojektors

### Leuchtmittel

Die Lampentechnik ist entscheidend für die Helligkeit und die Farbwiedergabe der Bildprojektion. Es werden drei verschiedene Lampentechnologien eingesetzt: Bogenlampen (HMI und UHP), Kurzbogenlampen (Xenon) und Halbleiter (LED und Laser) **(Tabelle 1)**.

**Tabelle 1:** Lichtquellen für Bildprojektoren

| Bezeichnung | elektrische Leistung | Max. Lichtstärke |
|---|---|---|
| HMI: **H**ydrargyrum **M**edium-arc **I**odide | 1200 W – 12000 W | ~ 117000 lm |
| UHP: **U**ltra **H**igh **P**ressure | 100 W – 12000 W | ~ 6000 lm |
| Xenon | 75 W – 10000 W | ~ 75000 lm |
| LED: **L**ight **E**mitted **D**iode | 350 W – 570 W | ~ 3200 lm |
| Laser | 2600 – 3800 W | ~ 50000 lm |

**HMI-Lampen** sind gebräuchlich und haben eine große Lichtausbeute. Allerdings neigen sie zu Intensitätsflackern durch die Wechselspannungsansteuerung und besitzen ein ungleichförmiges Lichtspektrum, was den Einsatz mit mehreren Projektoren erschwert. Zudem halten sie die Farbtemperatur nicht über die Lebensdauer und sie produzieren einen hohen Anteil an UV-Strahlung.

**UHP-Lampen**, auch genannt Quecksilber-Hochdrucklampen, sind zuverlässig und preiswert. Aufgrund ihrer kleinen Bauweise können sie zudem leicht durch Laien gewechselt werden. Wegen des hohen Druckes von bis 200 bar sind dabei allerdings unbedingt die Vorschriften des Arbeitsschutzes zu beachten. Nachteilig ist außerdem das enthaltene Quecksilber, was sie zu Sondermüll macht.

**Xenon-Lampen** besitzen ein gleichförmiges Lichtspektrum. Die Farbtemperatur wird über die gesamte Lebensdauer hinweg gehalten. Nachteilig ist, dass sie ebenfalls unter Druck stehen, was den Umgang damit gefährlich macht. Ein Wechsel ist aufgrund der großen Bauweise (Länge bis 45 cm) nur durch geschultes Personal möglich. Zudem erzeugen sie im Betrieb schädliches Ozon, weshalb Personen in Projektornähe (z. B. FoH) durch eine gute Klimatisierung geschützt werden müssen.

Leuchtmittel stehen unter Druck und können auch im kalten Zustand platzen. Beim Wechseln, Einsetzen oder sonstigen Tätigkeiten an Leuchtmitteln müssen daher immer die bestimmungsgemäße Nutzung und die Sicherheitshinweise der Hersteller beachtet werden. Es ist eine Unterweisung durch eine fachkundige Person durchzuführen.

**LED**s sind äußerst langlebig, entwickeln geringere Betriebstemperaturen als Entladungslampen und erzeugen weder Ozon noch UV-Strahlung. Weitere Vorteile sind die gute Farbwiedergabe und die leichte Austauschbarkeit. Wichtig für LEDs ist eine präzise Kühlung, da bei höherer Temperatur die LEDs zunehmend dunkler werden würden. Aus diesem Grunde müssen in der Anwendung unbedingt alle Herstellerangaben bezüglich der Säuberung und der Handhabung von Kühleinrichtungen wie Ventilatoren, Kühlrippen oder Flüssigkeitskühlungen eingehalten werden. Die mögliche Lichtleistung von LEDs ist niedriger als die von Lasern.

**Laser** sind ebenfalls äußerst langlebig, haben die größte Lichtausbeute aller verfügbaren Leuchtmittel und eignen sich mehr als alle anderen Technologien für Langzeitinstallationen. Die komplexe Technik macht sie allerdings sehr teuer. Zudem ist, genau wie bei LEDs, auch hier eine präzise Kühlung der Halbleiter erforderlich.

## 10.6.2 Videobeamer

Mit einem Videobeamer können sowohl stehende als auch bewegte Bilder, von einem Ausgabegerät, z. B. einem A/V-Gerät, einem Desktop-Computer oder einem Notebook, auf eine Fläche projiziert werden. Hierbei unterscheiden sich die Beamer-Technologien in der verwendeten Lampentechnik und in der Art der Bilderzeugung. Hinsichtlich der Lampentechnik kommen hier UHP-Lampen, LEDs und Laser zum Einsatz. HMI und Xenon konnten sich hier technologisch nicht durchsetzen **(vgl. Kapitel 10.6.1)**. Bezüglich der Bilderzeugung haben sich die LCD- und die DLP-Technik am Markt durchgesetzt sowie die LCoS-Technik als Variante der LCD-Technik (s. u.).

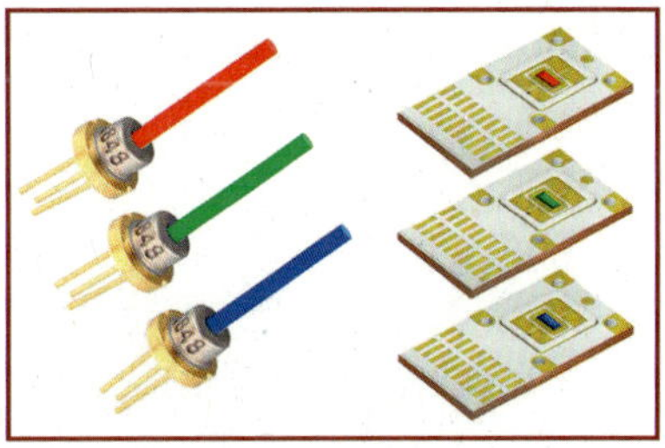

**Bild 1**: Hochleistungs-LED

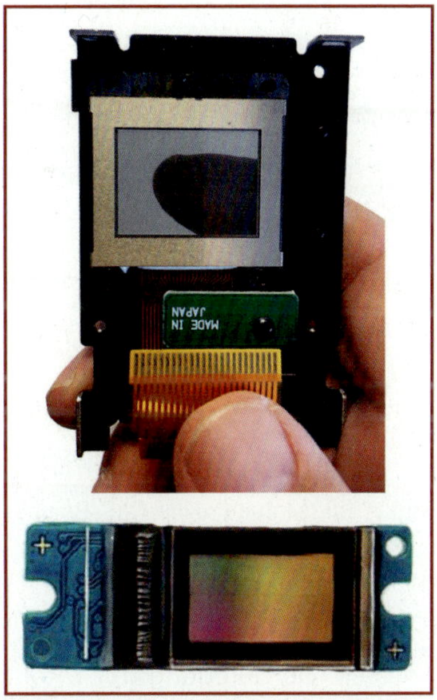

**Bild 2**: LCD- und LCoS

Wichtig beim Einsatz von Videobeamern ist die Beachtung des Wärmemanagements. Darunter versteht man die kontrollierte Kühlung der Lampe und ihrer umgebenden Komponenten einschließlich dem Gehäuse. Anwender müssen deshalb die Herstellerangaben bezüglich der Gebrauchslage des Videobeamers unbedingt beachten. Im Beamergehäuse muss die Lampe stets in einer konstanten Umgebungstemperatur gehalten werden. Bei Temperaturschwankungen, z. B. durch starke Lageänderungen des Beamers, entstehen am Lampenkolben Temperaturdifferenzen, die zu Lampenplatzern führen können. Das Wärmemanagement funktioniert mit Kühlelementen und Ventilatoren mit Staubfilter für die optischen Komponenten. Hinsichtlich der Staubfilter ist die Serviceanweisung der Hersteller zu beachten. Ein durch Staub verstopfter Filter sorgt für einen Temperaturanstieg im Gerät, was zu einer schnelleren Lampenalterung und ebenfalls zu Lampenplatzern führen kann.

Durch die Entwicklung von Hochleistungs-RGB-LEDs und RGB-Laser-Dioden wurde der Wirkungsgrad gegenüber herkömmlichen Lichtquellen um ein Vielfaches gesteigert. Daraus ergibt sich eine bessere Lichtstabilität, bessere Farben und ein geringerer Energieverbrauch. Da LED-/Laser-Module jeweils nur eine Farbe erzeugen, werden zur Bilderzeugung drei separate Module für die Grundfarben Rot, Grün und Blau zur Bilderzeugung benötigt **(Bild 1)**. Dieses Verfahren hat weniger Verluste als das Verfahren mit herkömmlichen Lampen, wo mit aufwendiger Technik die Grundfarben RGB aus dem Lichtspektrum der Lampe herausgefiltert wurden. Da diese Technik ***noch*** günstiger ist, wird sie am häufigsten genutzt. Allerdings wird sie durch die rasante Weiterentwicklung der LED-/Laser-Technik immer mehr vom Markt verdrängt.

## LCD-Technik

LCD steht für **L**iquid **C**rystal **D**isplay, also Flüssigkristallbildschirm. Die LCD-Technik funktioniert nach dem Prinzip eines Dia-Projektors. Dabei wird das Dia durch einen mit Flüssigkristallen gefüllten Bildschirm ersetzt. Die Kristalle werden einzeln über Dünnschichttransistoren (TFT) von der Seite aus angesteuert. Jeder einzelne TFT ergibt einen Bildpunkt, was somit in Summe ein Bild entstehen lässt. Mit drei einzelnen LCD-Displays, einem für jede Grundfarbe (RGB), werden die jeweiligen Bildanteile erzeugt. Über optische Spiegel werden diese vor einem Objektiv zu einem Farbbild zusammengeführt. Anschließend durchläuft das Farbbild das Objektiv und wird von ihm in Größe und Schärfe auf der Projektionsfläche angepasst.

## LCoS-Technik

LCoS steht für **L**iquid **C**rystal **o**n **S**ilicon, also Flüssigkristall auf Silizium. Die LCoS-Technik ist eine Variante der LCD-Technik. Das LCD-Display sitzt dabei auf einem Silizium-Chip, von wo die Kristalle von hinten anstatt von der Seite aus angesteuert werden. Im Gegensatz zur LCD-Technik durchläuft das Licht hier nicht das Display, sondern es wird von diesem reflektiert **(Bild 2, Seite 467)**. Der weitere Lichtfluss ist ähnlich der LCD-Technik **(Bild 1)**.

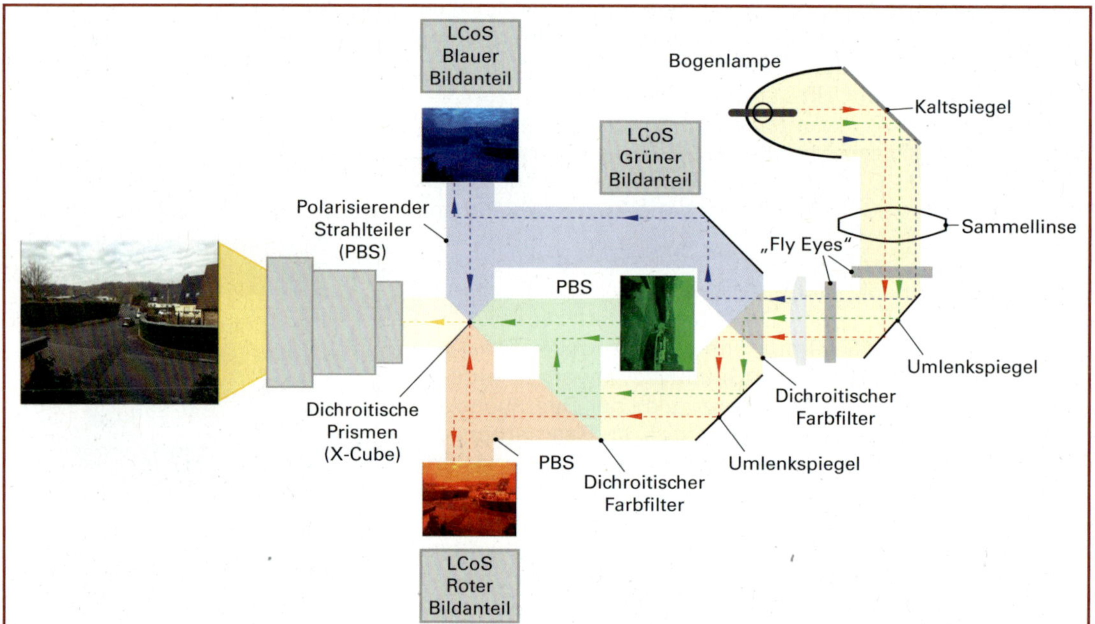


**Bild 1**: Bilderzeugung im LCoS-Beamer

Im Vergleich zur LCD-Technik werden bei der LCoS-Technik der Fliegengitter-Effekt verringert und die Kontrast- und Schwarzwerte verbessert. Der Fliegengitter-Effekt entsteht bei LCD-Displays durch die für die Ansteuerung der Kristalle benötigten Leiterbahnen. Das Display hat daher kleine Abstände zwischen den Bildpunkten (Kristallen). Durch die Bildvergrößerung auf der Projektionsfläche können diese Abstände mit dem bloßen Auge erkannt werden **(Bild 2, links)**. Da bei der LCoS-Technik die Leiterbahnen unsichtbar von hinten an die Kristalle herangeführt werden, sind die Abstände zwischen den Bildpunkten dort deutlich geringer **(Bild 2, rechts)**.

**Bild 2**: Fliegengitter-Effekt bei LCD und LCoS

## DLP-Technik

DLP steht für **D**igital **L**ight **P**rocessing, also digitale Lichtverarbeitung. Diese Technik verwendet als Herzstück einen Chip, das sogenannte DMD. Dies steht für **D**igital **M**icromirror **D**evice, also digitale Mikrospiegel-Einheit. Die enthaltenen Mikrospiegel sind einzeln ansteuerbar und jeder Mikrospiegel entspricht einem Bildpunkt (Pixel).

Ein Mikrospiegel **(Bild 1)** kann innerhalb einer Sekunde seine Position 5000-mal ändern. In der angesteuerten Position wird der Lichtstrahl Richtung Objektiv und auf die Projektionsfläche gelenkt. In der nicht angesteuerten Position wird er auf eine Lichtabsorberfläche gelenkt.

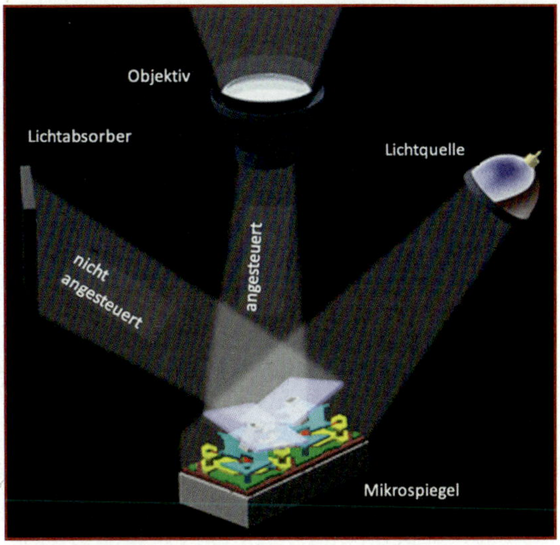


**Bild 1**: Funktionsprinzip eines Mikrospiegels

Die Bilderzeugung in einem DLP-Beamer erfolgt mit der Mikrospiegel-Einheit, einer Lichtquelle und einer rotierenden transparenten Farbscheibe mit den Grundfarben Rot, Grün und Blau **(Bild 2)**. Das jeweils gefärbte Licht fällt auf die Mikrospiegel-Einheit und wird von dort auf die Absorberfläche oder die Projektionsfläche weitergeleitet. Wird beispielsweise rotes Licht auf die Mikrospiegel-Einheit geworfen, dann werden nur die Mikrospiegel der Bildpunkte angesteuert, welche im Bild die roten Anteile haben. Auf diese Weise werden nacheinander die roten, grünen und blauen Bildanteile auf die Projektionsfläche gelenkt. Die Trägheit des menschlichen Sehens nimmt die einzelnen Farbbilder als ein Gesamtbild wahr. Allerdings ergibt sich daraus auch ein „Regenbogen-Effekt", wenn man seitwärts am Objektiv vorbeischaut.

Für den Hochleistungsbereich werden Projektoren mit drei Farbquellen eingesetzt. Hierfür eignen sich besonders gut RGB-LEDs und Laser-Dioden, da sie die Grundfarben ohne optische Verluste wiedergeben. Für eine noch höhere Helligkeit und Bildauflösung werden Projektoren mit je einer Mikrospiegel-Einheit für jede der Grundfarben eingesetzt.

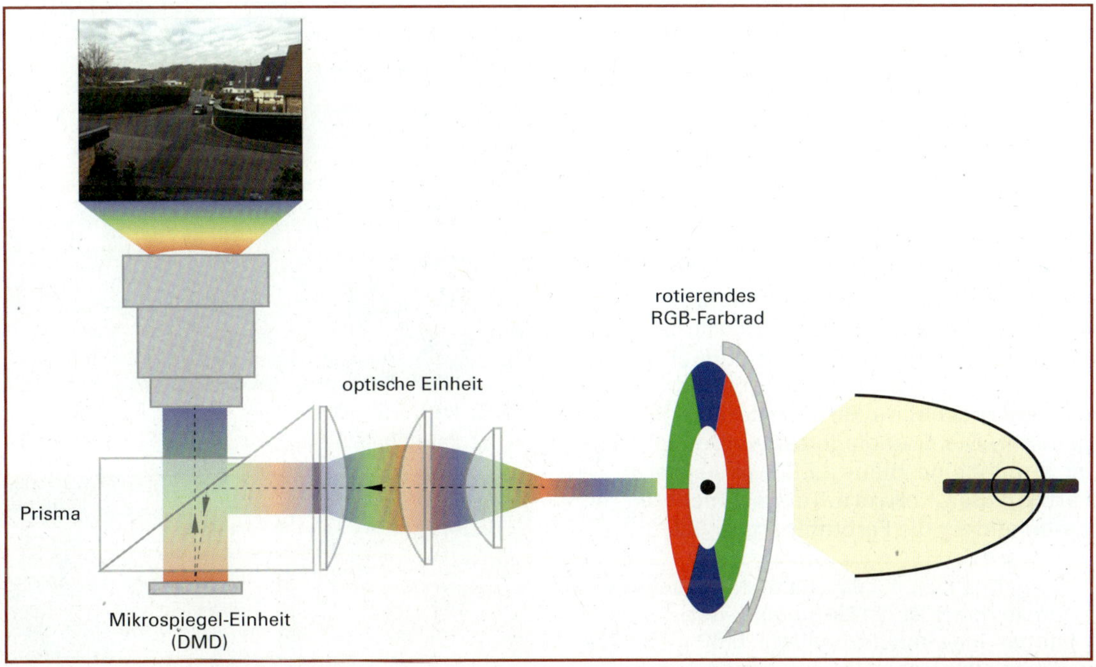


**Bild 2**: Bilderzeugung im DLP-Beamer

### 10.6.3 LED-Flächen und LED-Wände

LED-Flächen werden in der Veranstaltungsbranche sowohl für die farbige Hinterleuchtung von Kulissen (Wände, Böden, Decken, Treppen, Laufstege) als auch für die Darstellung von bewegten Bildern eingesetzt. Hierbei werden multifunktionale Lichträume geschaffen. Das heißt je nach szenischem Inhalt werden Farben, Muster oder Einspielvideos auf den Flächen in Echtzeit dargestellt. Z.B. leuchten Flächen in Quizshows grün oder rot auf, wenn Kandidaten richtig oder falsch raten **(Bild 1)**. Die meistgenutzten LED-Formen sind Streifen und Kacheln, die zusammengefügt, Ausmaße von mehreren 100 m Länge und etlichen Quadratmetern Flächen annehmen können. Beispiele hierzu finden sich auf Messen oder bei Videoinstallationen an und in Gebäuden **(Bild 2)**.

#### Herstellung

LED-Streifen, -Kacheln und -Wände sind bezüglich ihres Aufbaus sehr ähnlich. Je nach Anforderung **(Tabelle 1)**, werden Schaltpläne erstellt, Platinen-Layouts gefertigt, die LED-Typen festgelegt und die Fertigung durchgeführt. In der Fertigung werden sämtliche (Halbleiter-) Komponenten mittels Bestückungsautomaten angebracht. Anschließend werden die Produkte mit einer Ansteuersoftware versehen und nach einer Qualitätsprüfung an den Kunden versendet. Einige Hersteller erstellen in kurzer Zeit individuelle LED-Formen abgestimmt nur auf eine Veranstaltung. Meistens erfüllen sie damit Wünsche für Messe- oder große TV-Shows wie beispielsweise dem alljährlichen Eurovision Song Contest.

#### Technik

LEDs zur farblichen Gestaltung werden hauptsächlich in den Farben RGB genutzt. Jedoch werden LEDs auch zur neutralen Beleuchtung nur als „weißes Licht“ benötigt. Hierbei ist immer eine Absprache mit dem Kunden wichtig, welche weiße Lichtfarbe er benötigt. Damit ist die entsprechende Farbtemperatur in Kelvin gemeint. Die Grundlage für weißes LED-Licht ist immer eine blaue LED **(vgl. Kapitel 8)**. Der Farbton der Konvertierungsschicht ist entscheidend für die Farbtemperatur **(Bild 3)**.

Je gelber eine ausgeschaltete LED aussieht, umso höher ist die Farbtemperatur. Je orangener eine ausgeschaltete LED aussieht, umso niedriger ist die Farbtemperatur.

**Bild 1**: Szenische Farbanpassung mit LED

**Bild 2**: Hochauflösende LED-Fassaden

**Tabelle 1:** LED-Formen

| Form | Farben | Pixelabstand |
|---|---|---|
| Streifen | R, G, B, CW, WW | 5 – 55 mm |
| Kachel | R, G, B, CW, WW | 5 – 55 mm |
| Wand | R, G, B | 0,9 – 16 mm |

R: red, G: green, B: blue, CW: cold white; WW: warm white

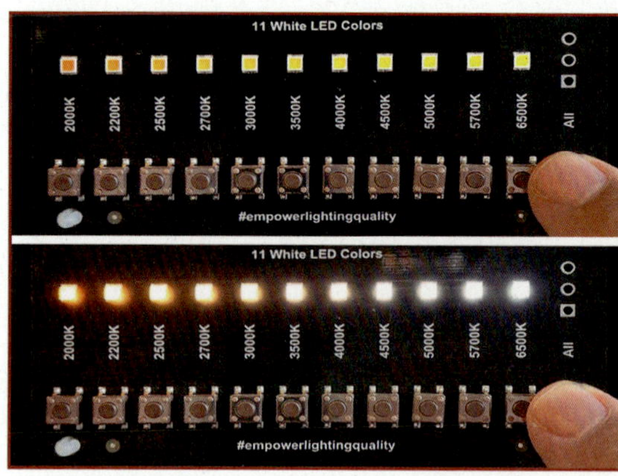


**Bild 3**: Konvertierungsschicht mit verschiedenen Farbtönen

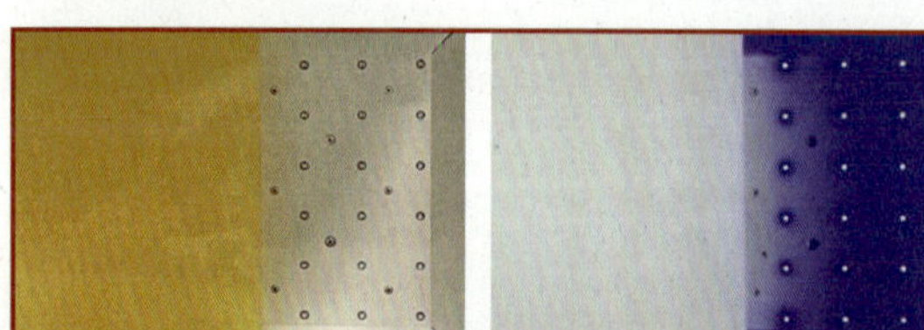

**Bild 4**: Weißes LED-Licht basierend auf blauer LED

### Wärmemanagement

Da LEDs Halbleiter sind und Halbleiter ihren Leitwert mit der Umgebungstemperatur ändern, muss unbedingt auf das Wärmemanagement geachtet werden. Bei hohen Temperaturen altern LEDs schneller und verlieren damit an Helligkeit. Dies führt bei Farb- oder Videodarstellungen zu fleckenartigen Helligkeitsunterschieden, die mit dem Auge als störend wahrgenommen werden. Hersteller geben konkrete Angaben, bei welcher Umgebungstemperatur ihre Produkte eingesetzt werden dürfen. Das Wärmemanagement wird vom Hersteller mittels Kühlkörpern, Ventilatoren und einer geeigneten Platzierung der Halbleiter auf den Platinen realisiert. Letzteres ist wichtig, da eng aneinanderliegende Komponenten sich gegenseitig beeinflussen, wie die thermographischen Aufnahmen in **Bild 1** zeigen.

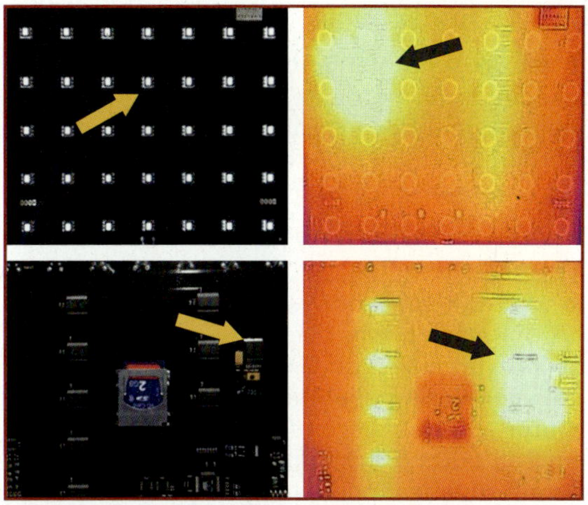

**Bild 1**: Gegenseitiger thermischer Einfluss

> Im Außenbereich müssen gesonderte Vorkehrungen zur Kühlung getroffen werden, falls die Sonne eine LED-Fläche bestrahlt.
>
> Im Innenbereich ist darauf zu achten, dass es bei Einbauten in Dekorationen nicht zum Wärmestau kommt und sich eine Brandgefahr ergibt.

### LED-Wände

LED-Wände bestehen aus zusammengesetzten LED-Kacheln. Der technische Aufwand steigt mit der Menge an RGB-LEDs, wobei es in Summe zu erheblichen Strömen (> 125 A) kommen kann. Ein weiterer großer Aufwand ist das Wärmemanagement und die Gewährleistung der mechanischen Stabilität. Bei LED-Wänden kommt es zu erheblichen Lasten, die bei Statik-Berechnungen besonders beachtet werden müssen **(vgl. Kapitel 4)**.

**Bild 2**: Moiré-Effekt am Bild

LED-Wände, die von Kameras abgefilmt werden, ergeben im Videobild Schliereneffekte, die sogenannten Moiré-Effekte **(Bild 2)**. Diese entstehen aus den gitterartigen Mustern der einzelnen LEDs auf den Wänden sowie der einzelnen Pixel der Lichtsensoren in den Kameras. Durch Überlagerung dieser Gitter ergibt sich bei der Aufnahme ein neues Muster **(Bild 3)**. Bei Kamerafahrten verändert sich dieses Muster in Form und Farbe. Bei der Bildbetrachtung wirkt dies ablenkend und störend. Daher sollten Kamerabewegungen vor einer LED-Wand möglichst vermieden werden. Abhilfe schafft ein größerer Abstand des Protagonisten zur LED-Wand und ein vergrößerter Abstand der Kamera zur LED-Wand. Die Kamerapositionen und Bewegungen müssen deshalb vorher unbedingt geprobt und festgelegt werden.

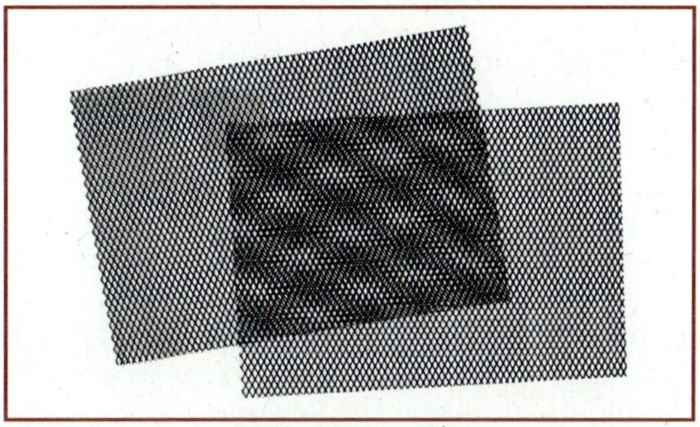

**Bild 3**: Entstehung des Moiré-Effektes

### 10.6.4 Bildschirme

In der Bildschirmtechnik unterscheidet man bei Flachbildschirmen unterschiedliche Technologien. Andere Bildschirme als Flachbildschirme werden praktisch nicht mehr eingesetzt.

Bild 1: Doppelseitig gewölbter OLED-Bildschirm

#### LCD-Bildschirme

In LCD-Bildschirmen wird die gleiche Technik eingesetzt, wie bei LCD-Projektoren (Seite 466). Im Falle von Bildschirmen nimmt das LCD-Panel die gesamte Bildschirmgröße ein. Hinterleuchtet werden die LCD-Panels von weißen LEDs (Backlight). Die Technik ist ausgereift und besonders langlebig. Möglich sind ca. 50 Terra-Stunden ($50 \cdot 10^{12}$ Stunden) bei 24/7-Betrieb. Die Display-Größen gehen bis 150 Zoll Diagonale, also 381 cm. Da die Display-Rahmen immer schmaler werden – derzeit liegen sie bei 0,9 mm bis 0,5 mm –lassen sie sich auch zu großen Bildflächen zusammenschalten. Dies wird beispielsweise bei Messen so angewendet. Der technische Aufwand hierfür ist geringer als bei LED-Wänden.

#### OLED-Bildschirme

OLED steht für **O**rganic **L**ight **E**mitting **D**iode, also organische Leuchtdiode. OLEDs sind selbstleuchtende LEDs, die aus organischem Material bestehen. Es besteht die Möglichkeit, sie auf biegsame Kunststoff-Folien aufzubringen, um sie zu Bildschirmen weiterzuverarbeiten **(Bild 1)**. Das Ziel der aktuellen Entwicklung sind langlebige großflächige OLED-Displays. OLEDs sind empfindlich gegenüber Sauerstoff und Feuchtigkeit.

Bild 2: Gewölbter AMOLED-Bildschirm

#### AMOLED-Bildschirme

AMOLED steht für **A**ctive **M**atrix-OLED, also Aktivmatrix-OLED. Ein AMOLED-Display **(Bild 2)** ist eine Weiterentwicklung der OLED-Technik. Die LEDs werden dabei in Spalten und Zeilen in eine Matrix (Aktiv-Matrix-Technik) aufgeteilt. Durch Anlegen einer Spannung an eine Spalte und Zeile wird der entsprechende Pixel über eigene Dünnschichttransistoren (TFT[1]) angesteuert. Somit verfügt jedes Pixel über eine eigene Stromversorgung. Der Bildaufbau ist schneller als bei der OLED-Technik. Dadurch werden schnelle Bewegungen flüssiger dargestellt. Diese Technik ist besonders für kleine Displays geeignet. Sie wird in vielen modernen Smartphones, Tablets und Fernsehern eingesetzt, insbesondere als kleine Displays an Geräten zur Einstellung von Parameter und zum Ablesen von Informationen. Die Herstellung großer Displays ist technisch problematisch und sehr teuer.

[1] **TFT** (Abk.) für **T**hin **F**ilm **T**ransistor (engl.) = Dünnschichttransistor

**Vorteile von OLED und AMOLED im Vergleich zu LCD:**

- satte Farben, besonders das Schwarz,
- hoher Kontrast, dadurch scharfe Darstellung
- sehr gute Blickwinkelstabilität
- keine Hintergrundbeleuchtung erforderlich
- extrem dünnes Display
- fast jede Form (gebogen, wellig, aufgerollt) möglich
- geringer Energiebedarf
- Reaktionszeiten ca. 1000-mal schneller als bei LCD-Bildschirmen

**Nachteil von OLED und AMOLED im Vergleich zu LCD:**

- geringere Lebensdauer
- Helligkeit verringert sich über die Lebensdauer; Bild wirkt unscharf, matt, glanzlos
- teurer als LCD-Displays

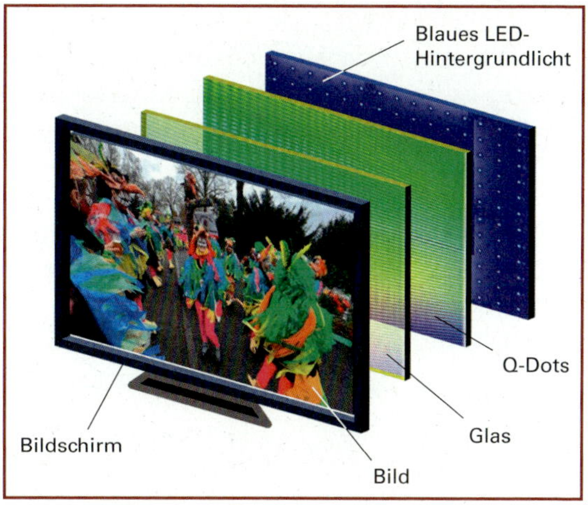

**Bild 1**: Aufbau von QLED-Bildschirmen

**Bild 2**: Betrachtungswinkel eines QLED-Bildschirms

## QLED-Bildschirme

QLED steht für **Q**uantum-Dot-LED, also Quantenpunkt-LED. QLED-Bildschirme ähneln in ihrem Aufbau LCD-Bildschirmen. Als Hintergrundbeleuchtung nutzen sie blaue LEDs. Davor ist eine Folie, in der die Quantenpunkte eingearbeitet sind. Quantenpunkte sind ultrafeine Nano-Partikel, die zu leuchten beginnen, sobald sie vom Hintergrundlicht angeregt werden. Die Farbe, mit der die jeweiligen Quantenpunkte leuchten, hängt von ihrer Größe ab (1,0 nm Blau, 1,5 nm Grün, 2,0 nm Gelb, 2,5 nm Orange, 3,0 nm Rot). Prinzipiell sind alle Farben im Bereich des sichtbaren Lichtes möglich.

**Vorteile:**

- besonders leuchtstark
- hohe Farbechtheit
- sehr gute Weißwerte, daher in heller Umgebung sehr gut geeignet
- geringe Energiekosten

**Nachteile:**

- Schwarzwert in dunkler Umgebung im Vergleich zur OLED-Technik geringer
- geringer Betrachtungswinkel, ab einem Winkel von 55° verändern sich Helligkeit und Farbe
- teurer als LCD-Bildschirme

Um die geringen Betrachtungswinkel **(Bild 2)** auszugleichen, werden diese Bildschirme von einigen Herstellern in gewölbter Form angeboten. Außerdem sollen erweiterte Technologien dieses Problem zukünftig ausgleichen.

## Wiederholungsfragen: Bildwiedergabetechnik

1. Wo werden Hochleistungsprojektoren in der Veranstaltungsbranche eingesetzt?
2. Was ist besonders beim Lampenwechsel bei Großbildprojektoren zu beachten?
3. Was versteht man unter dem Begriff Wärmemanagement?
4. Welche Funktion haben Lampen in Videobeamern?
5. Welchen Vorteil haben LED/Laser-Module im Vergleich zu herkömmlichen Lampen?
6. Was versteht man unter dem „Fliegengitter-Effekt"?
7. Wie generiert ein DLP-Projektor ein weißes Bild?
8. Wie kann mit LED-Technik weißes Licht erzeugt werden?
9. Wie kommen Schliereneffekte (Moiré-Effekte) zustande?

# 11 Beruf, Betrieb und Logistik

# 11 Beruf, Betrieb und Logistik

## 11.1 Geschichte der modernen Veranstaltungstechnik und -branche

Die heutige Branche der Veranstaltungstechnik ist eine verhältnismäßig junge Branche. Nachfolgend werden einige Meilensteine in der Entwicklung kurz vorgestellt.

Das erste Kohlekörner-Mikrophon wurde 1890 entwickelt und erst 1923 baute Georg Neumann ein erstes Kondensatormikrophon. Im Jahr 1962 wurde dann in den Bell Laboratories in USA das Elektret-Mikrofon erfunden.

Theaterbeleuchtung wurde bereits zur Renaissance verwendet. Damals erhellten Kerzen oder Öllampen die Bühnen und Theater. Ab ca. 1810 wurden Leuchten zunächst mit Gas betrieben. Das erste voll elektrisch beleuchtete Theater war das Theater in Brünn/Brno (CZ). Doch erst ab ca. 1910 setzte sich elektrischer Strom gegen viele Widerstände als Theaterbeleuchtung vollständig durch. Die für damalige Verhältnisse große Helligkeit der elektrischen Scheinwerfer wurde bereits im ersten Weltkrieg militärisch genutzt, um als mobile Flugabwehrscheinwerfer feindliche Flugzeug zu erleuchten, damit sie abgeschossen werden konnten. Ähnliche Flugabwehrscheinwerfer in großer Anzahl wurden später von der NSDAP für ihren Reichsparteitag genutzt, um damit nachts einen damals so genannten „Lichtdom" zu kreieren und so die Massen zu beeindrucken.

Bei Konzerten wurde erst ab den späten 1960er-Jahren vermehrt elektrische Beleuchtung eingesetzt, um die Bands während des Auftritts intensiver zu beleuchten. Die dafür benötigten Lampen wurden in den USA zuvor bereits in Theatern und beim Film verwendet. Am Anfang der 1970er-Jahre wurden die sogenannten PAR-Kannen **(siehe Kapitel 8.7.1)** im Vereinigten Königreich Großbritannien (UK) in großem Stil importiert und bei Konzerten aufgebaut. Im Jahr 1981 brachte die Firma SHOWCO aus den USA das erste Movinglight unter dem Markennamen Vari-Lite auf den Markt. Diese Erfindung war nur möglich, weil die Band Genesis 1 Million $ investierte und diese Lampe sowie die gesamte Steuerungstechnik das erste Mal benutzte.

**Bild 1:** Isle of Wight Festival 1970

Ein für Gitarristen wichtiges Gerät ist der Gitarrenverstärker. Der bekannteste Verstärker, ein Röhrenverstärker, wurde von Jim Marshall 1962 erstmals gebaut und ständig weiterentwickelt. Zur Verbesserung des Handlings trennte Marshall Lautsprecher (Cabinet) und Verstärker-Einheit (Amp), die dann aufeinandergestellt (engl. gestackt) wurden. Damit wurde das sogenannte „Marshall-Fullstack" geschaffen. Zahlreiche weltbekannte Gitarristen benutzten und benutzen Marshall-Amps (Verstärker) bis heute. Bis in die späten 1960er-Jahre verstärkten Bands ihren Sound hauptsächlich über ihre eigene Backline, also die Verstärker, die in der hinteren Linie der Bühne angeordnet waren. Der Gesang wurde über damals nicht besonders leistungsfähige PA-Systeme verstärkt oder über ein weiteres Gitarrenstack eingespielt. PA kommt aus dem Englischen und bedeutet Public Address. Gemeint ist die Hauptbeschallungsanlage, mit der das Publikum beschallt wird. Am Anfang der 1960er-Jahre besaßen nur wenige Bands meist selbstgebaute und leistungsschwache PA-Systeme. Bei lauterem Publikum oder zusätzlich schlecht abgestimmten Komponenten konnten sich die Bands auf der Bühne nicht mehr selbst hören. Dies führte unter anderem dazu, dass die Beatles sich nach ihrer dritten US-Tour 1966 entschlossen, nie wieder auf Tournee zu gehen.

Erst Mitte der 1960er entwickelte Charlie Watkins mit seiner Firma WEM in London ein eigenständiges und für damalige Verhältnisse leistungsfähiges PA-System mit allen modernen Merkmalen der Ansteuerung, wie z.B. dem Frontmixer. Dieses wurde unter anderem von Pink Floyd, Jimi Hendrix und David Bowie verwendet. Zu der Zeit wurde der PA-Sound noch von der Seite der Bühne gemixt und es gab keine Möglichkeit für die Musiker, sich selber zu hören. Dies wurde erst möglich, als 1967 während eines Konzertes der Sänger Roger Chapman per Zufall den Frontmonitor, im Englischen auch nach der Form als Wedge – Keil genannt, entdeckte. Durch diesen besonderen Lautsprecher, der an der Bühnenvorderkante liegt, wird den Künstlern der eigene Sound zugespielt **(siehe auch Kapitel 9)**.

Zu dieser Zeit traten immer mehr Bands auf immer größeren Festivals auf. Das größte und bis heute berühmteste Festival fand 1969 in Woodstock (USA) statt **(Bild 1)**. Damals erlebten ca. 400 000 Besucher unter schwierigsten Bedingungen ein dreitägiges Line-Up vieler bedeutender Bands der Zeit. Die Konzertproduktion hatte mit massiven Problemen zu kämpfen, entwickelte dabei jedoch bis heute geltende Organisationsprinzipien von Festivals. In Deutschland wurde auf der Insel Fehmarn 1970 das Love-and-Peace-Festival veranstaltet, bei dem Jimi Hendrix seinen letzten Live-Auftritt hatte, bevor er wenig später verstarb. Dieses Festival versank wegen verschiedener Umstände in Chaos und Gewalt.

**Bild 1**: Woodstock. Draufsicht auf die Bühne und Backstage

Im Bereich der Soundsysteme erfand Bob Heil 1970 in den USA ein neuartiges PA-System für die Band Grateful Dead, aus dem 1973 die „Wall of Sound" **(Bild 1)** entwickelt wurde, das damals größte PA-System.

**Bild 1**: „Wall of Sound" der Band „Grateful Dead"

Ebenfalls Anfang der 1970er wurde im Vereinigten Königreich die Firma IES gegründet, die Soundsysteme vermietete und in Europa erstmalig Sattelauflieger für den Transport von Equipment einsetzte. Da IES jedoch keine Zugmaschinen besaß, sprang Edwin Shirley (EST-Edwin Shirley Trucking) ein und füllte ab 1974 die Marktlücke. Bis dahin wurden die Transporte meistens in Ford Transit oder gemieteten LKW abgewickelt. Ebenfalls ca. 1974 gründete die Band The Who eine eigene Trucking-Firma, ML Services, die bald auch den ersten Schlafbus (Nightliner) in Europa auf die Straße brachte. Erst mit der Erfindung der Nightliner wurden lange und große Tourneen möglich, denn sie erlaubten es der Crew, während der Fahrt von Stadt zu Stadt darin zu schlafen. Vorher wurden Tourneen entweder mit wenig Material als Tagestour gefahren oder die Crews arbeiteten tagelang fast ohne Schlaf und mithilfe von Drogen.

**Bild 2**: 6er-Bars in der Manowar-Bühne

Weitere, für die gesamte Branche wichtige Entwicklungen brachte Eric Pearce mit seiner Firma Showlites voran. Er war der erste, der seine Dimmer mit Mehrfach-Pin-Steckern Typ „Socapex" versah und damit Multicores erfand und verwendete und er baute als Erster den Flash-Button in Pulte ein. Außerdem erfand er den „6er-Bar", ein Metallrohr, an dem sechs PAR-Lampen fest verbunden und teilweise auch verkabelt waren.

Der 6er-Bar prägte die Konzertbeleuchtung bis in die 90er-Jahre **(Bild 2)**. Pearce war auch einer der Ersten, der leichte Aluminiumtraversen schweißte und einen Verfolgerspot-Sitz mit Traversen verband.

Zur selben Zeit begannen Konzertproduktionen in den USA und im Vereinigten Königreich mit Elektrokettenzügen die Traversen, Lampen und PA an Hallendächer zu hängen, im Konzert-Slang „geflogen" genannt. In den USA wurden Hebezeuge von CM Lodestar und in Europa französische Verlinde-Motoren benutzt. Vorher gab es lediglich Kurbellifte oder mit Pressluft oder Öl betriebene Hydraulikstempel, an welche 6er-Bars oder Rahmen mit Lampen gehängt wurden.

Mit dem Wachstum der Open-Air-Festivals und der dafür benötigten Technik wurden schließlich tragfähigere Bühnendächer benötigt. Bis Anfang der 1980er-Jahre wurden Bühnen noch vollständig aus Gerüstbaumaterial errichtet. Erst ca. 1982 baute die Firma Stageco aus Werchter in Belgien Turmmodule aus Stahl, die am Boden zusammengesetzt und mit Kränen fertigmontiert wurden. Der Bühnenboden und diverse Anbauten wurden aus Standard-Gerüstbaumaterial der Weltfirma Layher gebaut. In die Towerbühne konnten nun deutlich größere Lasten eingebracht werden und die Bauzeit verringerte sich deutlich.

Die ersten professionellen Licht- und Tonfirmen in Deutschland wurden 1977/1978 gegründet. Dies waren die heute noch existierende Firma Sound Linear und die Firma Westfalen Sound, die nach diversen Erweiterungen mittlerweile unter POOLgroup firmiert.

## 11.2 Gliederung der Veranstaltungsbranche

Im Rahmen dieses Lehrbuchs wird fast durchgängig „die Veranstaltungsbranche" genannt. Dabei ist die Branche Veranstaltungstechnik keine einheitliche Branche, in der alles gleich ist oder gleiche Arbeitsbedingungen oder Gebräuche herrschen. Die Branche setzt sich zusammen aus vielen verschiedenen Teilbereichen, die alle ihre eigenen Gewohnheiten, Bezeichnungen, Umstände und Besonderheiten haben.

Grundsätzlich kann zwischen **stationären** und **mobilen Teilbereichen** unterschieden werden. Zu den stationären Bereichen gehören die sogenannten „festen Häuser", wie z. B. Oper, Schauspiel, Theater. Außerdem zählen dazu auch Stadthallen, Kongresshäuser sowie Rundfunk- und Fernsehanstalten. Die Hauptmerkmale sind die Bindung an einen festen Ort in privatwirtschaftlichem oder öffentlichem Besitz, die personelle Ausstattung mit Festangestellten sowie eine Grundausstattung mit an das Haus angepasster Veranstaltungstechnik. In diesen Orten werden regelmäßig Eigenveranstaltungen durchgeführt. Daneben finden in einigen der genannten Orte auch immer wieder Gastspiele von nationalen oder internationalen Künstlern statt.

Eine Mischung von stationär und mobil stellen Open-Air-Veranstaltungen dar, die jedes Jahr regelmäßig zur selben Zeit und am selben Ort stattfinden. Hierunter fallen Freilichtbühnen, oft mit festen Tribünen, die z. B. in eine Hügelseite gebaut wurden und eine feste Bühne oder Spielfläche besitzen **(Bild 1)**. Open-Air-Veranstaltungen, wie z. B. ein- oder mehrtägige Festivals finden oft auf einer Wiese, einem Feld oder einem Platz in einer Stadt oder sogar in einem Stadion statt **(Bild 2)**.

**Bild 1**: Klassische Freilichtbühne (Loreley)

Hier muss regelmäßig die gesamte Infrastruktur oder große Teile davon, wie z. B. Strom, WC, Wasser, Bühnen, Beleuchtung usw. temporär aufgebaut und installiert werden.

Eine weitere Mischung ergibt sich aus der Kombination eines festen Hauses in Form einer Messegesellschaft mit der Vergabe von Messedienstleistungen an Dienstleister aus der mobilen Veranstaltungsbranche. Beispiele sind die Verlegung von Strom oder die Durchführung von Messe-Rigging, bzw. die Schaffung der Hängepunkte in den Hallen.

**Bild 2**: AC/DC-Bühne 1991

Bei der mobilen Veranstaltungsbranche handelt es sich um Tourneetheater, -musical und nationale und internationale Künstler und Gruppen, die in den vorgenannten festen Häusern und Multifunktionshallen Halt auf ihrer Tournee **(s. Kapitel 11.2.1)** machen. Als Besonderheit gelten Rundfunk- und Fernsehanstalten mit mobilen Einheiten auf Außenproduktion bei sportlichen, politischen oder gesellschaftlichen Ereignissen. Ebenso werden Filme und TV-Serien unter Einsatz von Veranstaltungstechnik nicht nur im Studio, sondern im Rahmen von Außendrehs „on Location" gedreht.

Zur Erfüllung der Bedürfnisse der mobilen Teile der Veranstaltungsbranche hat sich eine große Zahl von teilweise hoch spezialisierten Dienstleistern gebildet. Darunter befinden sich nicht nur Firmen mit Beleuchtungs-, Beschallungs- und Videotechnik, sondern auch solche für Bühnenbau, mobile Strom- und Wasserversorgung, Zäune, Transport von Menschen und Material und anderem. Neben den Firmen, die für ihr Material auch das notwendige Personal, oft in freier Mitarbeit, bereitstellen und komplette Dienstleistungen erbringen, haben sich sogenannte Dry-Hire (Dry = engl. für trocken, to hire = mieten) Firmen etabliert, die ausschließlich Material, ohne jede Betreuung, vermieten.

### 11.2.1 Tourneebetrieb

Der Tourneebetrieb stellt eine Besonderheit innerhalb der Branche Veranstaltungstechnik dar. Hierbei reist z. B. ein einzelner Künstler oder eine Band für eine Reihe von Konzerten in verschiedene Städte, Regionen oder Länder, um dort aufzutreten. Tourneen waren früher häufig Marketinginstrumente, um die jeweils aktuelle „Platte“ oder CD zu promoten. Dies hat sich seit ca. 2010 mit dem Aufkommen von Musikstreaming und dem starken Rückgang des Verkaufs von physischen Tonträgern (CD, Vinyl/Schallplatte) gewandelt. Heutige Tourneen dienen als direkte Einkommensquelle der auftretenden Künstler. Dabei generieren sich die Einnahmen häufig nicht nur aus Ticketverkäufen, sondern auch aus Sponsoring-Einnahmen, dem Verkauf von Merchandising (T-Shirts und andere Fanartikel) und weiteren Beteiligungen, z. B. an der Location, wenn diese sich im Besitz des Tourveranstalters befinden sollte.

Die besondere Herausforderung einer Tournee besteht darin, das gesamte für jeden Auftritt benötigte Material und Personal komplett mitzuführen und in jeder neuen Stadt unter den dort jeweils herrschenden und jedes Mal neuen örtlichen Bedingungen schnell und sicher auf- und abzubauen, um eine erfolgreiche Show durchführen zu können.

**Bild 1**: Backline (Neil Young)

Die gesamte Veranstaltungstechnik, Dekorationen, **Backline (Bild 1)**, also die Verstärker und Instrumente der Band und oft auch noch eine mobile Küche (Catering) werden in LKWs mitgeführt.

Das Tour-Personal wird in Bussen **(Bild 2)** befördert, die mit Schlafkojen ausgestattet sind und in denen die Crewmitglieder während der Fahrt von einem in den anderen Auftrittsort schlafen können. Dies erfordert eine besonders hohe persönliche Disziplin und eine ausgezeichnete Planung. Die übliche Tournee besteht in der Regel aus mehreren Auftritten **„back-to-back“**, also mit Reise über Nacht und ab und zu eingefügten **„off-days“**, freien Tagen, die entweder in einem Hotel oder bei weiten Strecken als „Travel Day“, als Reisetag im Bus verbracht werden.

**Bild 2**: Nightliner-Busse

Die Band bzw. Künstler oder Künstlerin haben in Deutschland oft einen Vertrag mit einem örtlichen Veranstalter, der den Auftrittsort mietet und das erforderliche örtliche Personal bereithält. Dazu zählen beispielsweise Helfer (über Zeitarbeit), Security und Runner, also Personen, die mit ihrem eigenen oder einem gemieteten Transporter Einkäufe für den Tourcaterer oder die Produktion machen. Bei kleineren Tourneen oder auf Wunsch des Künstlermanagements wird manchmal auf Tour nicht das gesamte Material mitgeführt, sondern örtlich über den Veranstalter zugemietet.

Damit der örtliche Veranstalter und die Location wissen, welche Technik, Infrastruktur, Garderobeneinrichtung und andere Dinge von der Band benötigt werden und wie die Abläufe sich gestalten, gibt die Band eine sogenannte Bühnenanweisung oder auch **„Technical Rider“**, kurz „Rider“ heraus. Der Begriff „Rider“ stammt aus dem US-Vertragsrecht und bezeichnet Zusätze zu einem Vertrag, in dem Details geregelt werden, weil diese auf oder mit dem Vertrag „reiten“. Dieser Rider wird als vom Veranstalter zu erfüllender Vertragsbestandteil betrachtet und enthält oft umfassende und detaillierte Forderungen. Erfahrungsgemäß sind diverse Punkte darin verhandelbar. Dies wird vom technischen Beauftragten des Veranstalters vorab mit dem Bandmanagement diskutiert und final vereinbart.

Zu dem Rider können umfassende zusätzliche Unterlagen mitgesendet werden, wie z. B. Lichtpläne, Pyropläne, Gefährdungsbeurteilungen, Brandschutzzertifikate, Stage Plot/Zeichnungen des Bühnenaufbaus und anderes. Bei größeren Tourneen mit vielen LKWs kann der technische Leiter der Tourproduktion für jeden Ort einen separaten Plan zeichnen, in dem die Ladepositionen der LKWs und die Wege des Equipments dorthin verzeichnet sind.

Jeder LKW-Fahrer auf Tournee muss hingegen wissen, welche Cases er jeden Tag an welche Stelle in seinem LKW lädt. Dazu werden oft Ladepläne gezeichnet, die die Lage und Position von Cases im LKW Reihe für Reihe angeben **(Bild 1)**.

Die übliche Hierarchie **(Bild 2)** auf Tourneen besteht in der Regel aus einem kaufmännischen Leiter, dem Produktionsleiter, dem technischen Leiter oder Stagemanager und den Leitern der verschiedenen Teilgewerke, wie Licht, Ton, Video, Set usw.

Vor Ort kommen dann weitere Spezialisten als örtliche Kräfte hinzu. Dazu gehören Runner und Shuttlefahrer, die mit einem Minibus die Crew oder die Band vom und zum Hotel bringen. Weiter gibt es Garderobenausstatter, die die oft spärlich ausgestatteten Aufenthaltsräume der Auftrittsorte mit Möbeln, Teppichen und Vorhängen in luxuriöse Stargarderoben verwandeln sowie Lieferanten für Absperrgitter und andere Infrastruktur.

Die gesamte sogenannte **Travel Party**, also die Tourcrew plus die Band, agiert als eingeschworene Familie auf Zeit und pflegt oft eigene Rituale und Gewohnheiten. Damit die Mitglieder der Travel Party in den Auftrittsorten erkannt werden und um fremde Personen aus den Räumen Backstage fernhalten zu können, tragen die Mitglieder sogenannte Tourpässe. Dies sind besonders gestaltete Ausweiskarten, die oft umgehängt getragen werden und zum Zutritt zu den nur der Travel Party vorbehaltenen Räumlichkeiten berechtigen. Das örtliche Personal wird teilweise mit Klebepässen oder Papier-Armbändern gekennzeichnet.

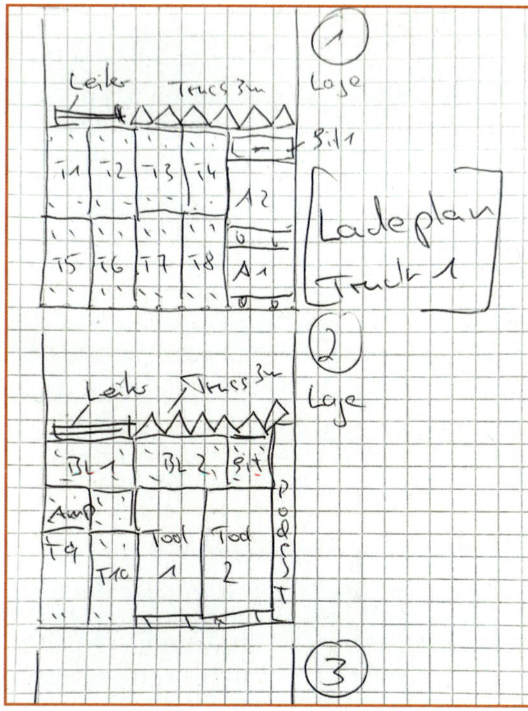


**Bild 1**: Skizze eines Ladeplans

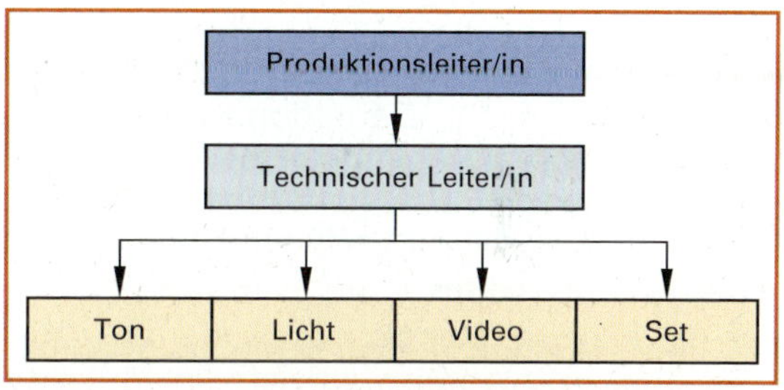


**Bild 2**: Organigramm (Bsp.) Tournee

**Bild 3**: Nach dem Open-Air on Tour

## 11.3 Logistik

Die Logistik, bzw. die Durchführung logistischer Aufgaben, ist eine der wichtigsten Nebentätigkeiten aller Betriebe in der Veranstaltungsbranche. Sei es bei Tourneen, bei denen teilweise dutzende LKWs von einem Auftrittsort zum nächsten fahren **(Bild 1)**, bei Konferenzen und Kongressen oder bei Film- und Fernseh-Produktionen. Gute Logistik ist auch in festen Spielstätten wichtig, um die für eine Veranstaltung jeweils erforderlichen Gegenstände, wie z. B. Requisiten, Stühle oder Bühnenelemente, aus dem Lager zum Aufstellort zu bringen.

**Bild 1**: Logistik nach einem Konzert

Ausgeklügelte Logistik war schon beim Bau der ägyptischen Pyramiden vor ca. 5000 Jahren notwendig und wurde von der römischen Armee perfektioniert. So lag im Römischen Reich der Straßenbau in der Verantwortung der Legionäre, die in regelmäßigen Abständen Raststätten und Lager einrichteten. Geschichtlich geht der Begriff „Logistik" auf das französische „loger", deutsch „Einquartierung" zurück.

Auch die Veranstaltungsbranche benötigte bereits früh Logistik. Ein Beispiel hierfür ist der Dichter Thespis, der im 6. Jahrhundert vor Christus seine Theaterstücke von einem Wagen aus aufführte. Nach seinem Namen wurden im deutschsprachigen Raum im 17. Jahrhundert die Wagen der Wanderbühnen „Thespiskarren" genannt. Diese Wanderbühnen gingen im gesamten Land auf ausgedehnte Tourneen. Als Vorbild dienten italienische Komödiantentruppen, die zum Ende des 15. Jahrhunderts über die Alpen den deutschsprachigen Raum eroberten und englische touring theatres ab dem 16. Jahrhundert.

### 11.3.1 Grundlagen der Logistik

Eine grundsätzliche Definition von Logistik wurde mit den „Seven Rights" nach einer Veröffentlichung von E.G. Plowman ca. 1964 gegeben. Logistik ist die zur Verfügungstellung

- des *richtigen* **Gutes**
- in der *richtigen* **Menge**
- im *richtigen* **Zustand**
- am *richtigen* **Ort**
- zur *richtigen* **Zeit**
- für den *richtigen* **Kunden**
- zu den *richtigen* **Kosten.**

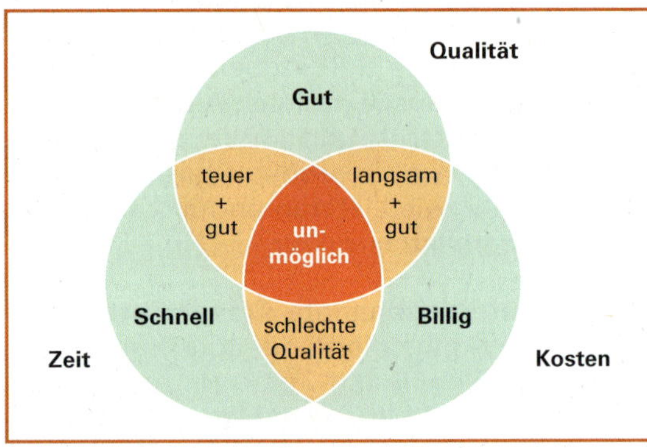

**Bild 2**: Das magische Dreieck

Dabei entstehen zwangsläufig Zielkonflikte im Unternehmen oder im Zusammenspiel mit anderen. Diese drücken sich im sogenannten „magischen Dreieck" **(Bild 2)** aus. Es sind immer nur zwei der drei Hauptkriterien (Qualität, Zeit, Kosten) gleichzeitig vollständig zu befriedigen.

Betriebswirtschaftlich werden in der Logistik vier Untersysteme mit eigenen Zielen unterschieden, die zwingend ineinandergreifen müssen: Beschaffungslogistik, Produktionslogistik, Distributionslogistik und Entsorgungslogistik. Die Ziele dieser Teilbereiche sind im Infokasten auf Seite 481 dargestellt.

In der Eventbranche spielen Beschaffungs- und Distributionslogistik die wichtigste Rolle, wobei in der Zukunft die Entsorgungslogistik aufgrund gestiegener Anforderungen an Nachhaltigkeit eine größere Bedeutung erlangen wird. Dabei sind die Grundsätze der Logistik nicht nur auf das große Ganze anzuwenden, sondern auch auf innerbetriebliche Prozesse, wie z. B. die Transportlogistik für Veranstaltungen, die Logistik bei Auf-, Ab- und Umbau einer Veranstaltung oder die Logistik im eigenen Lager.

**Beschaffungslogistik**

- Versorgungssicherheit gewährleisten: Zuverlässige Lieferanten bedeuten eine hohe Transparenz und Dispositionsqualität.
- Günstige Einkaufspreise erzielen: Durch den Einkauf bei mehreren Anbietern oder größeren Mengen lassen sich bei Lieferanten günstige Preise aushandeln.
- Lieferflexibilität einfordern: Kurze Lieferzeiten und kleine Bestände sorgen für hohe Flexibilität.
- Qualität sicherstellen: Die eingekaufte Ware durchläuft Prüfstellen, um die Qualitätsstandards zu gewährleisten.
- Niedrige Bestände, Zulaufs- und Lagerkosten realisieren: Lagerausrüstung und Lagerabläufe werden optimiert.

**Produktionslogistik (Herstellung)**

- Verbessere Flexibilität (Menge und Produktionsprogramm)
- kundennahe Produktion
- Geringere Durchlaufzeiten
- Kleinere Bestände, Sortimentsbreite und -tiefe
- Optimale Transportwege in der Produktion
- Geringere Herstellungskosten
- Sinnvoller Mix aus Eigenproduktion und Fremdbezug („Make or Buy")
- Hauptziel ist das Sicherstellen der Versorgung der Produktion.

**Distributionslogistik**

- Vorhandensein von Produkten sicherstellen
- Lager und Transportkosten senken
- Strategisches Positionieren: Einfluss des Herstellers sicherstellen

**Entsorgungs- oder auch Reverselogistik**

- Vermeiden und Verringern von Abfall
- Vermindern von Verpackungsabfall
- Verbessern des Recyclings

## 11.3.2 Lager, Lagereinrichtungen und -geräte

**Bild 1**: Hochregal

Das Lager stellt für Unternehmen der Veranstaltungstechnik einen wichtigen Betriebsteil dar, der genauso gut geplant und geleitet werden muss wie die Veranstaltung selbst. Alle gelagerten Materialien müssen schnell, effizient, ergonomisch und möglichst fehlerfrei für einen Auftrag zusammengestellt und anschließend verladen werden können. Eine effektive Lagerplanung kann z.B. die gelagerten Materialien in der hauptsächlich üblichen Reihenfolge der Verladung lagern, sodass die Wege im Lager so kurz wie möglich sind. Zur **Lagerlogistik** gehören die Planung des Wareneingangs, die Kontrolle der angelieferten Waren, wie z.B. angemieteter Gegenstände, die Planung des Transports und der Lagerflächen im Lager, die Zusammenstellung der Waren für einen Auftrag, auch **Kommissionierung** genannt und die Planung des Warenausgangs. Selbstverständlich muss ausreichend Fläche zur Verfügung stehen, um die notwendigen Vorgänge durchführen zu können, ohne sich selbst zu blockieren. Die bestmögliche Ausnutzung des zur Verfügung stehenden Raums wird mit Hochregalen **(Bild 1)** erreicht. In diesen werden die Güter in mehreren Ebenen übereinander mittels **Flurförderzeugen** wie Gabelstaplern oder Elektrohubwagen eingelagert. Dabei befinden sie sich entweder auf **Lagergeräten**, wie Europaletten oder in Gitterboxen, die auf die Regalholme gestellt werden oder die Regalfächer werden mit geschlossenen Holzplatten abgedeckt und die Güter werden direkt daraufgestellt. In vielen Lagern wird auch eine sogenannte Lagerbühne **(Bild 4, Seite 482)** aufgestellt. Dabei wird eine durchgehende, erhöhte Lagerfläche geschaffen, die mit Flurförderzeugen oder Lastenaufzügen bedient werden kann. Häufig wird der unterhalb der oberen Ebene befindliche Raum genutzt, um Kleinteilelager oder Werkstätten einzurichten. Eine Sonderform von Regalen stellen Kragarmregale dar. Bei ihnen besteht das Regal aus horizontal abstehenden Kragarmen. Auf diese können je nach Beschaffenheit entweder lange Lasten, wie z.B. Rohre, horizontal aufgelegt oder gewickelte Kabelringe an die einzelnen Kragarme gehängt werden.

Das für die Logistik im Allgemeinen wichtigste Lagergerät stellt die Europalette **(Bild 1)** dar. Diese ist europaweit in den Maßen und der Herstellung genormt. Die Standardmaße betragen 1200 mm × 800 mm × 144 mm (Länge × Breite × Höhe). Das Gewicht beträgt je nach Feuchte zwischen 20 kg und 24 kg. Die Europalette kann von allen vier Seiten mit einem Gabelstapler oder einem Hubwagen aufgenommen werden. Als weiteres beliebtes Lagergerät dient die Gitterbox, auch genannt GiBo **(Bild 2)**. Sie besteht aus Metall und ist stapelbar. Die Maße betragen 1240 mm × 835 mm × 970 mm (Länge × Breite × Höhe). Die Gitterbox ist ebenfalls von allen vier Seiten aufnehmbar und es können Paletten aufgelegt werden. Eine Klappe an der Front erleichtert das Be- und Entladen der darin zu transportierenden oder zu lagernden Gegenstände. In Gitterboxen werden häufig Kabel, Drahtseile oder ähnliche Materialien gelagert oder transportiert. Die Maße der Europalette und der Gitterbox richten sich nach den Innenmaßen der in Europa üblichen LKWs aus. So kann die Laderaumbreite in einem handelsüblichen LKW zwei Paletten bzw. Gitterboxen quer oder drei Paletten bzw. Gitterboxen längs aufnehmen.

## Transporthilfsmittel

Die Technik und Materialien der Veranstaltungsbranche müssen häufig vom Lager zum Einsatzort und wieder zurück transportiert werden. Auch innerhalb der Location sind Transporte erforderlich. Damit möglichst nicht jede Lampe, jeder Lautsprecher, jedes Kabel oder andere Gegenstände Stück für Stück einzeln bewegt werden müssen, werden diese oft in **Ladehilfsmitteln** zusammengefasst. Die bereits erwähnten Europaletten und Gitterboxen kommen hauptsächlich für schwere oder sperrige Transportgüter infrage. Sie finden sich besonders im Messebau, z. B. Gewichte oder Möbelstücke.

Für die technischen Gegenstände in der Veranstaltungstechnik oder auch Garderobenteile oder Kücheneinrichtung werden als Ladehilfsmittel und Teil des Transportsystems spezielle Transportkisten benutzt. Diese werden Flightcase, Road-Case, Transportcase oder auch kurz Case genannt **(Bild 3)**. Dabei handelt es sich um stabile Kisten aus mit oft farbigem Laminat beschichtetem Holz mit klappbarem oder komplett abnehmbarem Deckel und mindestens vier Rollen. Die Cases sind ebenfalls so bemessen,

**Bild 1**: Europaletten (drei Stück)

**Bild 2**: Gitterboxen

**Bild 3**: Transportcases

**Bild 4**: Lagerbühne

dass sie sich innerhalb des Lkw-Innenraummaßes verstauen lassen, ohne Lücken zu lassen. Dabei wird ein Grundmaß von 600 mm verwendet. Die Cases haben daher häufig eine Breite von 600 mm × 1200 mm und ermöglichen ein Innenmaß, bei dem technische Geräte in 19-Zoll Montagebreite in speziellen Schienen eingebaut werden können. Zum besseren Handling verfügen die Cases über klappbare Griffe. Ein sicherer Verschluss wird mit sogenannten Butterfly-Schlössern erreicht, die über eine Dreh- und Zugeinrichtung verfügen.

Für besonders große Gegenstände wie Dekorationsteile, spezielle Lampen oder Podestplatten wird häufig ein sogenannter Dolly **(Bilder 1 und 2)** verwendet. Mit diesem aus dem Amerikanischen kommenden Begriff wird zunächst ein flacher Transportwagen bezeichnet. In der Veranstaltungstechnik sind dies auch Transportgestelle aus Metallprofilen, in denen in den Frühzeiten der Branche Rohre mit Lampen transportiert wurden. In der Film- und Fernsehbranche ist der Dolly ein Rollwagen, auf dem eine Kamera montiert ist und mit dem weiche, ruckfreie Kamerafahrten ermöglicht werden.

Dollies werden auch genutzt, um eine größere Zahl von Dimmern, Stromverteilungen oder Verstärkern zu vereinen. Spezialdollies nehmen Lautsprecher auf und diese können direkt aus dem Dolly mit Motoren angehoben und zu einer kompletten Beschallungsanlage zusammengesetzt werden. Zum Transport von Traversenstücken werden häufig zwei Rollbretter mit je zwei Rollen genutzt, auf die die Traversen aufgelegt werden. Dabei werden immer zwei Traversen nebeneinander bis zu einer Höhe von ca. 2 m aufgestapelt und mit Zurrgurten fest mit den Rollbrettern verbunden. Zwischen jeder Lage von Traversen werden Distanzstücke aus Holz oder Kunststoff eingelegt, die mit runden Ausschnitten versehen sind. Dadurch werden die Traversen geschont und der gesamte Stapel stabilisiert.

Im Bereich der Versorgung mit technischen Gasen (z.B. $CO_2$, Propan) oder im Bühnenbau existieren Transport- und Stapelgestelle ohne Rollen, in denen z.B. Gerüstbauteile oder Gasflaschen transportiert und bereitgehalten werden. Sie werden umgangssprachlich häufig Runge **(Bilder 3 und 4)**, von den Stahlrungen an den Ecken, oder seltener auch Barille genannt.

**Bild 1**: Dollies mit PA

**Bild 2**: Dolly mit Bühnenteilen

**Bild 3**: Runge / Barille im Bühnenbau

**Bild 4**: Runge für Gasflaschen

## Transportmittel

Zum Be- und Entladen der Transporthilfsmittel der Eventbranche und zu deren Transport im Betrieb oder in der Eventlocation werden häufig sogenannte **Flurförderzeuge** benutzt. Dabei handelt es sich hauptsächlich entweder um Handhubwagen, elektrisch betriebene Hochhubwagen (auch „Ameisen" genannt, **Bild 1**) oder Gabelstapler (**Bild 2**). Gabelstapler können elektrisch, mit Treibgas oder Diesel angetrieben werden. Besonders bei Nutzung in geschlossenen Räumen ist aus Gründen des Gesundheitsschutzes der Antrieb mit Gas oder Strom zu bevorzugen.

Die Bedienung von Gabelstaplern darf nur nach ausreichender Qualifizierung und Ausstellung eines Fahrauftrags erfolgen. Es werden verschiedene Bauarten unterscheiden: Der Frontstapler ist der bekannteste (**Bild 2**). Diesen gibt es auch in geländegängigen Versionen, z. B. für den Einsatz bei Open-Air-Veranstaltungen, oder als Seitenstapler für das Aufnehmen langer Lasten.

Eine besondere Bauform ist der Teleskopstapler (**Bild 3**), für den eine Zusatzausbildung erforderlich ist. Für die Erledigung weiterer Aufgaben können Gabelstapler mit zahlreichen Anbaugeräten versehen werden, wie z. B. Räumschaufeln, Kranhaken oder Kippeinrichtungen. Eine Anhängerkupplung ermöglicht das Ziehen von Plateau- und anderen Anhängern.

Der Transport der gesamten Veranstaltungstechnik von der eigenen Firma zum Ort des Aufbaus und zurück wird mit den handelsüblichen Fahrzeugen wie Transportern oder Lastkraftwagen (LKW) durchgeführt. Dabei existieren bei den Fahrzeugen verschiedene Aufbauten. So werden Transporter bis 3,5 t zulässiges Gesamtgewicht häufig als Kastenwagen angeboten und eingesetzt. Diese können jedoch auch mit einem rechteckigen Kofferaufbau bestellt werden. Der Kofferaufbau bietet den Vorteil größeren Ladevolumens und einer ebenen Ladefläche im Gegensatz zum Kastenwagen. Der Laderaum des Kastenwagens ist häufig durch die Radkästen und eine nicht rechteckige Bauart eingeengt.

Die LKWs ab 3,5 t zulässiges Gesamtgewicht werden in verschiedenen Varianten eingesetzt. So gibt es sie mit zwei bis drei Achsen als einzelnes Fahrzeug, bzw. Solo-LKW. Dieses kann auch einen Anhänger ziehen, wobei der Betrieb von Hängerzügen in der Veranstaltungsbran-

**Bild 1**: Hochhubwagen

**Bild 2**: Gabelstapler

**Bild 3**: Teleskopstapler (mit Hakentraverse)

che selten zu finden ist. Die andere, bevorzugte Variante von Transportfahrzeugen ist der sogenannte Sattelzug. Die häufigste Aufbauvariante ist der Kastenaufbau. Ein weiterer beliebter Aufbau ist der sogenannte Curtainsider **(Bild 1)**, bei dem die Seiten des Aufbaus eine wie eine Gardine (engl. Curtain) aufziehbare Plane darstellen. Für Transporte von Bühnen und Tribünen wird die dritte Aufbauvariante, der Flachbett-Auflieger bevorzugt.

Die Beladung von Kastenaufbauten erfolgt üblicherweise durch die beiden hinteren Türen. Dafür wird häufig eine Aluminiumrampe **(Bild 2)** angelegt, über die die Flightcases und Dollies von Hand ein- oder ausgeladen bzw. gezogen oder geschoben werden. Für schwere Lasten sollte statt mit der Rampe mit dem Gabelstapler geladen werden. Das Be- oder Entladen über die Rampe erfordert einen hohen Personaleinsatz und birgt Gefahren für das Ladepersonal, insbesondere beim Laden von großen oder schweren Gegenständen **(Kapitel 3.2)**.

Damit das Volumen des Transportmittels möglichst gut genutzt wird, werden Cases häufig von Hand in mehreren Lagen übereinandergestapelt **(Bild 3)**. Für diese Aktion sollte ein gut eingespieltes Team von mindestens fünf Personen den Stapelvorgang durchführen. Dabei heben vier Personen das Case und die fünfte Person nimmt das jeweilige Case von der Rampe entgegen. In den letzten Jahren hat sich bewährt, Cases mit den Rollen übereinander zu stellen, wobei die Rollen in speziell versenkten Blechen stehen und die gestapelten Cases jeweils mit Zurrgurten fest verbunden werden.

Die anderen beiden Aufbauvarianten Curtainsider und Flachbett werden hauptsächlich mit Staplern geladen. Ein Stapler wird beim Be- und Entladen einer vierten Aufbau-Variante, der Wechselbrücke **(Bild 4)** auf jeden Fall benötigt. Hierbei handelt es sich um eine Art von Container, der jeweils auf dem Motorwagen und ggf. einem Anhänger transportiert werden kann. Diese Wechselbrücken besitzen jeweils vier ausklappbare Beine. Nachdem die Beine ausgeklappt und verriegelt wurden, werden LKW und Anhänger abgesenkt und unter den aufgeständerten Bücken weggefahren.

Der Nachteil besteht hierbei in der sehr hohen Ladekante und darin, dass nach Absetzen die Wechselbrücke nicht einfach weggefahren werden kann wie ein leerer LKW. Zum Umsetzen kann jedoch auch ein ausreichend großer Stapler benutzt werden.

**Bild 1**: Curtainsider

**Bild 2**: Aluminiumrampe

**Bild 3**: Kastenaufbau mit Ladung

**Bild 4**: Wechselbrücke

### 11.3.3 Ladungssicherung

Die zu transportierende Ladung muss ordnungsgemäß im oder auf dem Fahrzeug gesichert werden. Dabei ist es egal, ob es sich um Cases in einem Transporter oder große Bühnenteile auf einem Flachbett-Auflieger handelt. Die verschiedenen Beteiligten haben verschiedene Pflichten, unter anderem aus dem Handelsgesetzbuch (HGB), dem Straßenverkehrsgesetz (StVG), der Straßenverkehrsordnung (StVO), den VDI-Richtlinien 2700 und den berufsgenossenschaftlichen Regelwerken zu beachten.

Grundsätzlich muss ein für den gedachten Transport geeignetes Fahrzeug vorhanden sein, für das der **Halter** verantwortlich ist. Beim Kauf eines Fahrzeuges sollte auf eine sachgerechte Innenausstattung des Transportfahrzeugs mit **Ladesicherungsmitteln**, wie z. B. **Zurrschienen** und **Ösen** geachtet werden. Bei Mietfahrzeugen muss der Mieter darauf achten, dass ein geeignetes Fahrzeug angemietet wird. Grundsätzlich ist der Halter/Mieter dafür verantwortlich, dass ein Fahrzeug nicht überladen wird und ausreichende Ladungssicherungsmittel an Bord sind. Sollte ein Transport mit einer **Spedition** vereinbart werden, ist die Spedition, bzw. der **Frachtführer** nach HGB dafür verantwortlich, geeignete Ladungssicherungsmittel mitzubringen.

Bei der Beladung muss der Absender der Waren nach § 412 HGB das Gut **beförderungssicher** laden, stauen und befestigen.

Auch wenn der Absender Personal für die Verladung einsetzt, bleibt die Verantwortung bei ihm. Beförderungssicher bedeutet, dass das Gut im Rahmen einer normal verlaufenden Beförderung gegen Verschieben, Umfallen und Herabfallen vom Fahrzeug geschützt ist.

Zu einer normalen Beförderung gehören neben den üblichen Erschütterungen auch Situationen wie ein plötzliches Notbremsen oder ein Ausweichmanöver. Der Frachtführer, in der Praxis der Fahrer, hat für die **betriebs- und verkehrssichere Verladung** zu sorgen.

Es muss darauf geachtet werden, dass die zugelassenen Gewichte und Maße nicht überschritten werden. Der Frachtführer muss seine Fahrweise der Beladung anpassen und darauf achten, dass die Ladungssicherung vor und während der Fahrt wirksam ist und bleibt. Das eigene Lade- und Fahrpersonal muss angemessene Schulungen und Unterweisungen in den Betrieb des oder der Fahrzeuge erhalten. Für Schulungen in Ladungssicherung ist die VDI-Richtlinie 2700 maßgeblich, die als Grundlage für alle entsprechenden Kurse dient.

Bei der Ladungssicherung geht es hauptsächlich darum, die Reibung, die zwischen dem Ladegut und der Ladefläche besteht, so zu erhöhen, dass ein Gleiten des Ladeguts aufgrund der einwirkenden Kräfte, z. B. bei Kurvenfahrt oder beim Bremsen, faktisch unmöglich wird. Der sogenannte **Gleit-Reibbeiwert**, der die Gleitfähigkeit des Ladeguts ausdrückt, beträgt bei einer Europalette oder einer Gitterbox auf einer LKW-Ladefläche aus Holz üblicherweise 0,25. Zur Unterstützung der Reibungsverminderung können zusätzlich auch **Antirutschmatten oder -pads** verwendet werden, die einen Gleit-Reibbeiwert von 0,6 haben.

Die üblichen Mittel zur Ladungssicherung sind **Zurrmittel**, wie z. B. **Zurrgurte (Bild 1)**. Diese gibt es als zweiteiligen Gurt, bestehend aus einer Ratsche mit Verbindungsmittel und einem Gurt mit einem Gurtende und einem Verbindungsmittelende oder aus einem einteiligen Gurt mit eingenähter Ratsche, bei dem ein Ende wieder in die Ratsche geführt wird. Der Gurt besteht aus gewebtem Gurtband aus Chemiefasern.

**Bild 1**: Zurrgurte

Bei der Handhabung von Zurrgurten darf nur die reine Handkraft angewendet und es dürfen keine Verlängerungen verwendet werden.

Für die Ladungssicherung in Pkw oder Transportern stehen oft nur Zurr-Ösen am Boden der Ladefläche zur Verfügung. Hier sind Zurrnetze zu verwenden. Ein weiteres bewährtes Hilfsmittel zur Ladungssicherung ist die Klemmstange, auf Englisch auch „Loadbar" genannt. Diese wird von der Zurrschiene in der einen Fahrzeuginnenwand zur Zurrschiene in der anderen Seite geklemmt.

## 11.3.4 Transport und Güterverkehr national und international

Die Durchführung von Transporten auf der Straße in Deutschland und Europa unterliegt einer großen Zahl von Regeln. Historisch betrachtet wurde bereits 1919 eine erste Verordnung über den Güterkraftverkehr mit LKWs eingeführt. Seitdem wurden weitere Regeln erlassen, die den Transport per Eisenbahn schützen sollten. Aktuell regelt in Deutschland das **Güterkraftverkehrsgesetz (GüKG)** den gewerblichen Güterkraftverkehr auf der Straße. Es schafft Zugangsregeln für den Kraftverkehrsunternehmer und nennt die wenigen Ausnahmen.

Ähnliche Regeln finden sich in den meisten Staaten Europas. Diese grundsätzlichen Zugangsvoraussetzungen werden europaweit durch weitere Vorschriften aus dem Sozialrecht und anderer Rechtsgebiete durch entsprechende EU-Richtlinien und EU-Verordnungen ergänzt. Diese gelten für alle Arten von Transporten auf der Straße, auch zu eigenen Zwecken des Unternehmens. Eine Missachtung dieser Vorschriften kann empfindliche Strafen und weitere Kontrollen nach sich ziehen.

### Güterkraftverkehr, Werkverkehr

Nach § 1 GüKG ist **Güterkraftverkehr** die **geschäftsmäßige oder entgeltliche Beförderung von Gütern** mit Kraftfahrzeugen, die einschließlich Anhänger ein höheres zulässiges Gesamtgewicht als 3,5 Tonnen haben.

Der Unternehmer im gewerblichen Güterkraftverkehr muss eine **Erlaubnis** beantragen, für die als Zugangsvoraussetzung eine Zuverlässigkeitsprüfung, ein Fachkundenachweis, ein Nachweis der finanziellen Leistungsfähigkeit und eine Güterschadenhaftpflichtversicherung erforderlich ist. Üblich ist die Beantragung einer Gemeinschaftslizenz für Transporte in der EU.

Transporte, die ein Unternehmen für eigene Zwecke ausüben möchte, um z.B. eigenes Material zu transportieren, wie in der Veranstaltungsbranche üblich, werden als **Werkverkehr** bezeichnet. Dieser ist eine Ausnahme vom gewerblichen Güterkraftverkehr nach § 2 GüKG.

Dabei sind folgende Voraussetzungen zu erfüllen:

1. Die beförderten Güter müssen Eigentum des Unternehmens oder von ihm verkauft, gekauft, vermietet, gemietet, hergestellt, erzeugt, gewonnen, bearbeitet oder instandgesetzt worden sein.
2. Die Beförderung muss der Anlieferung der Güter zum Unternehmen, ihrem Versand vom Unternehmen, ihrer Verbringung innerhalb oder – zum Eigengebrauch – außerhalb des Unternehmens dienen.
3. Die für die Beförderung verwendeten Kraftfahrzeuge müssen vom eigenen Personal des Unternehmens geführt werden oder von Personal, das dem Unternehmen im Rahmen einer vertraglichen Verpflichtung zur Verfügung gestellt worden ist.
4. Die Beförderung darf nur eine Hilfstätigkeit im Rahmen der gesamten Tätigkeit des Unternehmens darstellen.

Ein besonders beliebter Fahrzeugtyp bei Transporten im Inland oder ins Ausland ist der Transporter bis 3,5 t zulässigem Gesamtgewicht, da diese Transporte bzw. Fahrzeuge bisher genehmigungsfrei waren. Ab Mai 2022 wurde für **grenzüberschreitende Transporte** die Genehmigungspflicht auf Fahrzeuge ab 2,5 t zulässigem Gesamtgewicht ausgedehnt.

## Fahrpersonalvorschriften

Zusätzlich zu den Regelungen des GüKG gelten europaweit detaillierte Vorschriften zum Schutz des Fahrpersonals und zur Verhinderung ungleicher Arbeitsbedingungen und Lohndumping.

Bereits seit den 1980er-Jahren müssen in LKWs ab 3,5 t zulässigem Gesamtgewicht (zul. GG) sogenannte **Fahrtenschreiber bzw. Tachographen (Bild 1)** eingebaut und betrieben werden. Es handelt sich dabei um **Kombiinstrumente**, die die Funktion eines Tachometers mit einer Schreibeinrichtung verbinden. In ihrem Inneren rotiert eine alle 24 Stunden vom Fahrer auszutauschende Thermopapierscheibe. Sie wird durch verschiedene Schreibstifte fälschungssicher beschrieben. Aufgezeichnet werden die gefahrene Geschwindigkeit in Abhängigkeit der gefahrenen Strecke, die **Lenk- und Ruhezeiten des Fahrers** und die Funktion des Gerätes.

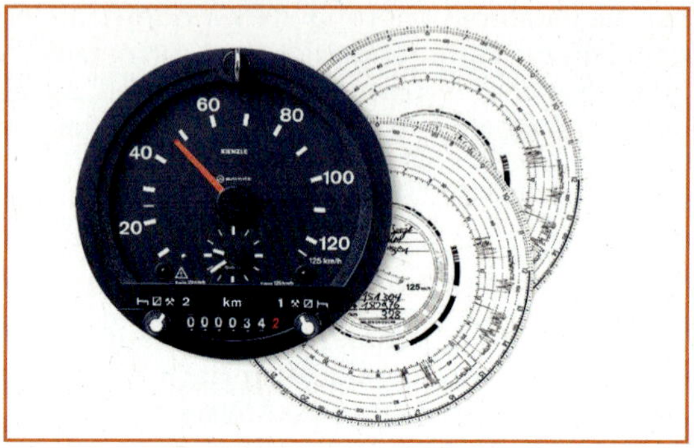


**Bild 1**: Analoger Tachograph

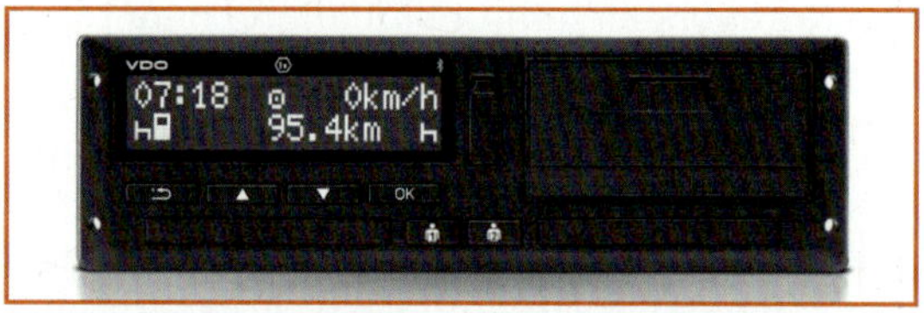


**Bild 2**: Digitaler Tachograph (VDO)

> Ein Fahrer darf maximal 4,5 h lang ununterbrochen lenken.

Seit 2006 werden europaweit in neue LKW nur noch **digitale Tachographen** (Digitacho, **Bild 2**) eingebaut. Hierbei handelt es sich um Tachographen, die die notwendigen Daten elektronisch und fälschungssicher auf Kartenchips und Festplatten aufzeichnen. Zum Betrieb muss der Unternehmer das Fahrzeug über eine **Unternehmer-Chipkarte** anmelden. Jeder Fahrer verfügt zudem über eine Chipkarte, die als **Fahrerkarte** bezeichnet wird und vom Fahrer vor Fahrtantritt in den **Digitacho** gesteckt werden muss. Die Daten des Fahrzeugs werden im Digitacho aufgezeichnet und die Daten des Fahrers auf der Fahrerkarte. Der Unternehmer ist verpflichtet, die Daten in einer besonderen Software auszulesen und zusammenzuführen. So kann er Verstöße erkennen und muss ggf. selbst Maßnahmen gegen den Fahrer einleiten. Auch die Kontrollbehörden können bei Straßenkontrollen alle Daten auslesen, Verstöße erkennen und diese ahnden.

**Lenkzeiten (LZ) und Tagesruhezeiten (TRZ)**

| | | | |
|---|---|---|---|
| LZ 1 4,5 h | Pause 45 Min. | LZ 2 4,5 h | TRZ 11 h* |

2-mal pro Woche zulässig:

| | | | | | |
|---|---|---|---|---|---|
| LZ 1 4,5 h | Pause 45 Min. | LZ 2 4,5 h | Pause 30 Min | LZ 3 1 h | TRZ 11 h* |

* Die Tagesruhezeit (TRZ) darf dreimal pro Woche auf 9 h verkürzt werden.

**Bild 3**: Lenk- und Ruhezeiten

> Zusätzlich gelten folgende Obergrenzen:
> - Gesamt**arbeit**szeit 60 h pro Woche
> - Gesamt**lenk**zeit 56 h pro Woche
> - Gesamt**lenk**zeit 90 h in zwei Wochen

Über die **EG-Verordnung EG561/2006** wurde nicht nur der Digitacho eingeführt, sondern auch die Vorschriften für die Lenk- und Ruhezeiten des Fahrpersonals ab 3,5 t zul. GG auf eine einheitliche Grundlage gestellt. Die rein deutschen Vorschriften für Fahrpersonal für Fahrzeuge zur Güterbeförderung ab 2,8 t bis 3,5 t zul. GG wurden mit der Fahrpersonalverordnung ebenso an die EG-Verordnung angepasst wie das Arbeitszeitgesetz.

Aus den Fahrpersonalvorschriften können einige grundlegende Eckwerte herausgefiltert werden, die für die Planung von Transporten wichtig sind. Die dabei erlaubten zeitlichen Abläufe finden sich in **Bild 3**. Ablauf b) ist maximal zweimal pro Woche zulässig. Die ununterbrochene Ruhezeit darf dreimal pro Woche von 11 h auf 9 h reduziert werden. Weitere Details können bei Bedarf den genannten Rechtsquellen entnommen werden. Aufgrund der lückenlosen Überwachung durch die digitalen Kontrollgeräte sind Transporte und vor allem Ladezeiten genau zu planen. Abweichungen können zu erheblichen Verzögerungen durch angeordnete Standzeiten führen. Zudem drohen hohe Geldstrafen Auswirkungen auf die gewerbliche Zuverlässigkeit des Unternehmers in Deutschland.

## Verzollung

Die meisten Firmen der Branche setzen ihr Material hauptsächlich in Deutschland oder in EU-Staaten ein. Manchmal jedoch können Kunden bedient werden, die im, aus der EU betrachtet, **zollrechtlichen Ausland** liegen. War dies lange Zeit lediglich die Schweiz, kam mit dem Brexit, dem Austritt aus der EU, nun Großbritannien hinzu. Bei der auch nur **vorübergehenden Verbringung von Material**, zollrechtlich „Waren" genannt, außerhalb der EU, sind einige **Zollbestimmungen** zu beachten.

In der Veranstaltungsbranche wird das eigene Material als sogenannte **Unionsware** üblicherweise nur vorübergehend außerhalb des **Zollgebiets der EU** verbracht, dort verwendet und kehrt unverändert wieder zurück. Sobald Ware aus der EU in ein Land außerhalb des Zollgebiets der EU verbracht werden soll, muss dies im Rahmen eines **zollrechtlichen Versandverfahrens** geschehen. Für die vorübergehende Verwendung und den Transport über ein Drittland (nicht-Unionsland) wird bei **Unionswaren (Waren, die nicht aus der EU stammen)** das T1-Verfahren angewendet, bei **Unionswaren** das T2-Verfahren. Bei diesen Verfahren ist eine Sicherheit oder Bürgschaft zu hinterlegen und eine professionelle **Zollagentur oder Spedition** ist zu beauftragen.

Das in der Branche bekannteste Verfahren ist die Beförderung mit **Carnet ATA (Bild 1)** als Versandschein. Das Carnet ATA wird von 77 Ländern weltweit für die vorübergehende Einfuhr akzeptiert und vereinfacht und beschleunigt den Prozess deutlich, wenn die Bestimmungen eingehalten werden. ATA steht für „Admission Temporaire / Temporary Admission", also für „vorübergehende Einfuhr". Hierbei sind keinerlei Einfuhrabgaben zu zahlen. Die Anwendung unterliegt strengen Regeln, die zwingend zu beachten sind. Die Waren dürfen nicht verbraucht werden. So sind z.B. Programmhefte, T-Shirts/Merchandise zum Verkauf oder Lebensmittel und Getränke für das Catering von dem ATA-Verfahren ausgenommen.

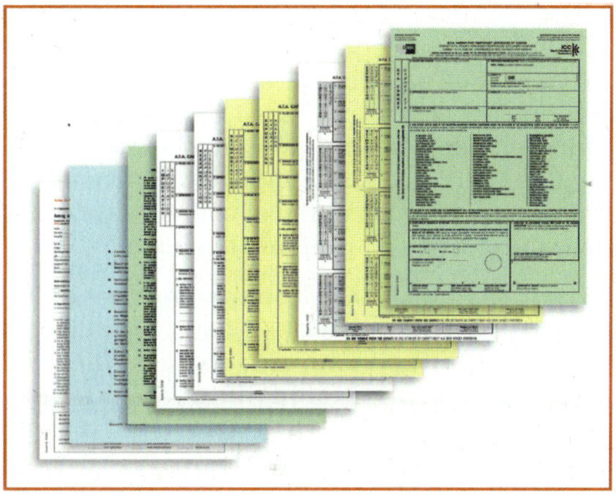

**Bild 1**: Carnet ATA

Das Verfahren wird von den **Industrie- und Handelskammern** verwaltet und überwacht. Der Anwender muss alle Waren, die mitgeführt werden, u.a. mit Bezeichnung, Seriennummer, Herkunftsland, Gewicht, Wert usw. in die vorgeschriebenen Formulare und in der vorgeschriebenen Form eintragen. Das Carnet ATA besteht aus einem **grünen Umschlagblatt**, das die Einlageblätter verbindet. Umschlagsblatt und Einlegeblätter dürfen nicht getrennt werden. Jedes Einlegeblatt besteht aus einem Stammabschnitt, der im Carnet verbleibt und einem Trennabschnitt, der vom jeweiligen Zollbeamten bei der Abfertigung vom Stammabschnitt abgetrennt wird. Die gelben Einlageblätter dienen zur Ausfuhr und Wiedereinfuhr, die weißen zur Einfuhr und Wiederausfuhr und die blauen zum Transit durch die EU. Idealerweise werden sie in der Reihenfolge der geplanten Tournee hintereinander geheftet. In der Praxis hat sich bewährt, das Carnet ATA so zusammenzustellen, dass es eins pro LKW gibt.

Nach Leisten der **Bürgschaft bei der IHK** und Ausstellung des Carnet muss der Inhaber bei seinem örtlich zuständigen Binnenzollamt die **„Nämlichkeit"** der gesamten Ware sichern lassen. Das bedeutet, dass der Carnet-Inhaber die gesamte Ware dort vorstellen muss. Der Zoll bestätigt die Nämlichkeit und „eröffnet" das Carnet mit Eintragungen auf dem Deckblatt. Ein nicht eröffnetes Carnet ATA wird beim Ausfuhrzollamt an der Grenze nicht abgefertigt. Detaillierte Information stellen die **zuständige IHK** und der **deutsche Zoll** zur Verfügung.

Im Warenverkehr mit der Schweiz gibt es als Besonderheit für vorübergehend einzuführende Waren die **„Zollanmeldung für die vorübergehende Verwendung (ZAVV)"**. Auch hier ist eine Bürgschaft erforderlich und es ist Schweizer Mehrwertsteuer für den Teil der Verwendung in der Schweiz zu zahlen. Detaillierte Informationen stellt die Schweizer Zollverwaltung zur Verfügung.

Grundsätzlich ist es wichtig, sich vor einer vorübergehenden Verwendung der eigenen Materialien außerhalb des **zollrechtlichen Inlands** sorgfältig zu informieren und die notwendigen Ressourcen in Form von Geld, Zeit und kundigen Personen zur Verfügung zu stellen.

## 11.3.5 Personal

Grundlage jeder rechtskonformen Zeit- und Ressourcenplanung in der Veranstaltungsbranche ist das **Arbeitszeitgesetz (ArbZG)**. Die darin enthaltenen Regeln zur Begrenzung der Arbeitszeiten, zur Einhaltung von Pausen- und Ruhezeiten und der Sonntagsruhe der Angestellten sind verbindlich vom Arbeitgeber zu befolgen. Die Personalausstattung aller Projekte ist so zu planen, dass die Vorgaben erfüllt werden können. Dies gilt auch auf Tourneen.

Dabei gilt es, eine werktägliche **Regelarbeitszeit** von **acht Stunden** zu beachten. Arbeitszeit ist die Zeit vom Beginn bis zum Ende der Arbeit ohne die Ruhepausen. Bis zu zehn Stunden darf gearbeitet werden, wenn die Mehrarbeit innerhalb der folgenden sechs Kalendermonate oder 48 Wochen so ausgeglichen wird, dass die Regelarbeitszeit im Schnitt wieder eingehalten wird (**Bild 1**).

Nach spätestens sechs Stunden muss die Arbeit durch eine **Ruhepause** von mindestens 30 Minuten bei Regelarbeitszeit unterbrochen werden. Die Lage der Pause muss vorher feststehen. Bei einer Arbeitszeit ab acht bis zehn Stunden muss die Pause mindestens 45 Minuten betragen. Nach Beendigung der Arbeitszeit müssen die Beschäftigten eine ununterbrochene **Ruhezeit** von elf Stunden einlegen.

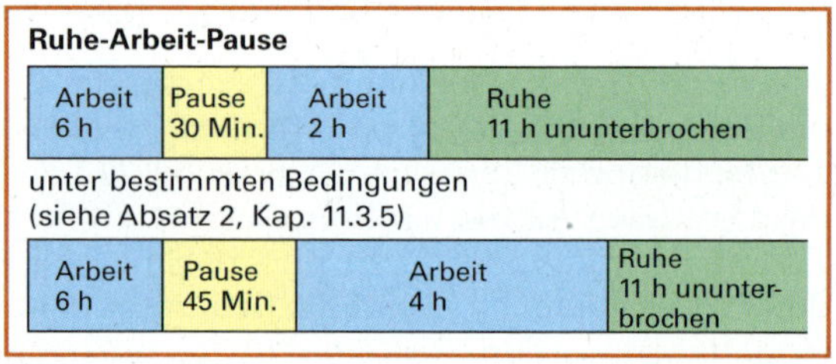


**Bild 1**: Übersicht zum ArbZG

Für sogenannte **Nachtarbeitnehmer** gelten Sonderregeln. **Nachtarbeit** ist jede Arbeit, die mindestens zwei Stunden der Nachtzeit umfasst. Die Nachtzeit beginnt um 23 Uhr und endet um 6 Uhr. Nachtarbeitnehmer sind dabei diejenigen, die entweder **Nachtarbeit in Wechselschicht** leisten **oder an mindestens 48 Kalendertagen** im Jahr Nachtarbeit ausüben. Bei diesen muss der Ausgleich der über die Regelarbeitszeit hinaus geleisteten Stunden innerhalb eines Kalendermonats oder vier Wochen erfolgen.

Eine weitere wichtige Regelung des ArbZG betrifft das grundsätzliche **Verbot der Sonn- und Feiertagsarbeit**. Damit wird der Begriff „Werktag" festgelegt. Ein Werktag ist jeder Tag der Woche von Montag bis Samstag, solange es kein Feiertag ist. Die Arbeit außerhalb der Werktage ist nur zulässig, falls die Tätigkeiten nicht an Werktagen ausgeführt werden können. Dabei gibt es für einige Gewerbe Ausnahmen für die Sonn- und Feiertagsbeschäftigung. Arbeitnehmende dürfen beispielsweise beschäftigt werden:

- **in Gaststätten und anderen Einrichtungen zur Bewirtung und Beherbergung** sowie im Haushalt,
- **bei Musikaufführungen, Theatervorstellungen, Filmvorführungen, Schaustellungen, Darbietungen und anderen ähnlichen Veranstaltungen**,
- bei nichtgewerblichen Aktionen und **Veranstaltungen von Kirchen, Religionsgesellschaften, Verbänden, Vereinen, Parteien und anderer ähnlicher Vereinigungen,**
- beim Sport und in Freizeit-, Erholungs- und Vergnügungseinrichtungen,
- beim Rundfunk, bei tagesaktuellen Aufnahmen auf Ton- und Bildträger,
- bei Messen, Ausstellungen und Märkten im Sinne des Titels IV der Gewerbeordnung sowie bei Volksfesten.

Sollte Personal an einem Sonn- oder Feiertag gemäß der genannten Ausnahmen beschäftigt worden sein, müssen dennoch **15 Sonntage im Jahr generell beschäftigungsfrei** bleiben. Zusätzlich muss für die Arbeit an einem Sonntag innerhalb von zwei Wochen ein **Ersatzruhetag** gewährt werden.

**Ausnahmen** von den vorstehenden Regeln können nur **in einem Tarifvertrag** oder **aufgrund eines Tarifvertrages** in einer Betriebs- oder Dienstvereinbarung getroffen werden. Bei Jugendlichen, z. B. Auszubildenden, gilt statt des Arbeitszeitgesetzes das **Jugendarbeitsschutzgesetz (JArbSchG)**.

Zur besseren Kontrolle ist es vorgeschrieben, dass alle Arbeitszeiten ab der ersten Minute aufgezeichnet werden.

## Beauftragung Selbstständiger

Historisch gesehen entstand die Branche Veranstaltungstechnik, indem sich viele Interessierte als selbstständige Einzelunternehmer mit ihren jeweiligen Kenntnissen betätigten. Tourneen und Produktionen wurden durch das Zusammenwirken vieler dieser **Solo-Selbstständigen**, **freien Mitarbeiter** oder englisch **„Freelancer"** unter einer Gesamtleitung durchgeführt. Diese wurden unterstützt durch ebenfalls selbstständige Aufbauhelfer vor Ort, die durch Vermittlungsagenturen an die Produktionen weitergeleitet wurden. Zum Ende der 1990er-Jahre nahm das **„Outsourcing"** von eigentlichen Kernaufgaben auch in der restlichen Wirtschaft so überhand, dass der Gesetzgeber einschritt und 1999 das **„Gesetz zur Förderung der Selbstständigkeit"** erließ. Damit war die bisherige Praxis der grenzenlosen **Beauftragungsketten** von sogenannten Selbstständigen offiziell beendet. Mit der neuen Gesetzgebung und anschließenden Gerichtsverfahren wurden Kriterien definiert, die gegen eine selbstständige Tätigkeit sprechen (siehe Kasten rechts).

➡ **Gesetz zur Förderung der Selbstständigkeit**

**Kriterien für eine nicht selbständige Tätigkeit**

- Weisungsgebundenheit und Eingebundensein
- Arbeit mit vom Auftraggeber zur Verfügung gestellten Arbeitsmitteln
- Abhängigkeit von vorgegebenem Ort und Zeit und das Fehlen von Entscheidungsfreiheit des Auftragnehmers
- Pflicht, die Leistung persönlich zu erbringen
- Fehlendes unternehmerisches Risiko des Beauftragten
- Die Übereinstimmung von eigenen Tätigkeiten mit Tätigkeiten von Angestellten des Auftraggebers
- Eine fehlende Abgrenzbarkeit des offiziell vereinbarten Werkes

Der Auftraggeber ist verpflichtet, die gedachte Beauftragung bei einem zu Beauftragenden sorgfältig auf diese Kriterien hin zu prüfen. Im Zweifelsfall sollte statt einer Beauftragung eine Anstellung in Betracht gezogen werden. Diese kann auch projektbezogen befristet erfolgen.

Bei einer nicht korrekten Beauftragung steht der Vorwurf des **Sozialversicherungsbetruges** im Raum. Es können hohe Geld- und Haftstrafen verhängt werden. Es existiert eine **Rückzahlungspflicht** der vorenthaltenen Sozialversicherungsbeiträge bis zu vier Jahre rückwirkend.

## Arbeitnehmerüberlassung

Die meisten Projekte in der Veranstaltungsbranche benötigen nicht nur den Stab an Festangestellten der ausführenden Firmen und die zusätzlich möglicherweise beauftragten Spezialisten, sondern teilweise viel **Hilfspersonal zum Auf- und Abbau**. Diese **Bühnenhelfer (engl. Stagehand)** oder Aufbauhelfer üben streng weisungsgebundene Tätigkeiten auf Anweisung und unter Leitung und Aufsicht des Stammpersonals aus.

Da keiner der Veranstaltungstechnik-Dienstleister oder Veranstalter über ausreichend eigenes Hilfspersonal verfügt, wird dieses hauptsächlich im Rahmen der **Arbeitnehmerüberlassung** von auf die Branche spezialisierten Zeitarbeitsfirmen verliehen. Die Rechtsgrundlage hierfür stellt das **Arbeitnehmerüberlassungsgesetz (AÜG)** dar. In diesem werden die Beziehungen zwischen **Entleiher** (Auftraggeber) und **Verleiher** (Auftragnehmer/Zeitarbeitsfirma) und die Bedingungen für den Verleihprozess und den Umgang mit den entliehenen Beschäftigten geregelt.

Vor einer geplanten Überlassung müssen Verleiher und Entleiher einen Vertrag **in Schriftform** schließen. Beide Parteien sind gleichermaßen für die **Einhaltung der Arbeitsschutzbestimmungen** verantwortlich und müssen deshalb vorher die Einsatzbedingungen beurteilen. Dazu muss der Entleiher genau die gewünschten Qualifikationen und Kompetenzen mitteilen und je nach gewünschtem Einsatz zusammen mit dem Verleiher eine Gefährdungsbeurteilung erstellen.

Der Entleiher ist zudem hauptsächlich verantwortlich für eine **auftragsspezifische Unterweisung** der Entliehenen Beschäftigten. Im Rahmen einer **Arbeitsschutzvereinbarung** ist detailliert zu regeln, welche Seite welche Pflichten übernimmt. So kann z. B. vereinbart werden, dass eine grundsätzliche Ausstattung mit persönlicher Schutzausrüstung der Verleiher übernimmt und der Entleiher besondere Schutzausrüstungen zur Verfügung stellt.

Vor der Beauftragung von bisher unbekannten Personaldienstleistern sollten verschiedene Dokumente, wie z. B. die **Erlaubnis zur Arbeitnehmerüberlassung**, eine **Unbedenklichkeitsbescheinigung** der Unfallversicherung u. a. abgefragt werden.

Die einzelnen Beschäftigten sind grundsätzlich beim Verleiher angestellt und werden im Rahmen von **Tarifverträgen** oder nach dem **„Equal-Pay"-Prinzip** entlohnt. Bei einer Entlohnung nach Tarifvertrag sind bei der Einsatzkalkulation generell auch Zuschläge für Nacht-, Sonntags- und Feiertagsarbeit zu berücksichtigen, die der Verleiher aufgrund des Tarifvertrages seinen Beschäftigten auszahlen muss. Bei Equal-Pay ist der Verleiher verpflichtet, seine für die entsprechende Firma verliehenen Beschäftigten gleich einem vergleichbaren Beschäftigten des Entleihers zu bezahlen und zu behandeln.

Die entliehenen Beschäftigten dürfen ausschließlich vom Entleiher beschäftigt und angeleitet werden. Eine Weiterüberlassung, auch Kettenüberlassung genannt, z. B. an den Veranstalter, ist grundsätzlich verboten.

## Wiederholungsfragen

1. Erstellen Sie eine Liste der verschiedenen Dienstleister, mit denen Ihr Betrieb zusammenarbeitet, bzw. beauftragt.
2. Erstellen Sie einen Technical Rider für eine Ihrer typischen Veranstaltungen.
3. Zeichnen Sie ein Organigramm des letzten großen Auftrags Ihrer Firma mit allen Dienstleistern.
4. Welche Bedeutung haben die Seven Rights und das magische Dreieck für die Logistik Ihres Betriebs? Finden Sie Verbesserungsmöglichkeiten.
5. Prüfen Sie, ob Ihre Lagerlogistik mit den Seven Rights übereinstimmt.
6. Wie sind die Maße einer Europalette und warum ist das so?
7. Was ist beim Einsatz von Gabel- oder Teleskopstaplern zu beachten?
8. Welche Pflichten haben Halter, Fahrer und Absender jeweils bei der Ladungssicherung?
9. Welche Besonderheiten sind beim Güterkraftverkehr und besonders beim Werkverkehr nach dem GüKG zu beachten?
10. Nennen Sie die Eckdaten der Fahrpersonalvorschriften im Güterverkehr.
11. Welche Vorteile bietet im Zollverkehr ein Carnet A.T.A gegenüber einer normalen Verzollung beim Verkehr zwischen EU- und Drittstaaten?
12. Was fällt Ihnen zum Begriff „Carnet eröffnen" ein?
13. Was ist zu beachten, wenn häufiger nach 23 Uhr Arbeiten stattfinden?
14. Sind Aufbauarbeiten an einem Sonntag für eine Veranstaltung, die am Dienstag stattfindet, nach dem ArbZG zulässig? Was ist zu beachten?
15. Wie kann bei der Beauftragung von selbstständigen Einzelunternehmern sichergestellt werden, dass der Vorwurf des Sozialversicherungsbetrugs nicht auf den Betrieb fällt?
16. Welche Formalitäten müssen bei Arbeitnehmerüberlassung (AÜ) erfüllt werden?
17. Ihr Betrieb entleiht Hilfspersonal bei einer Arbeitnehmerüberlassungsfirma. Stellen Sie zusammen, welche Unterweisungsinhalte bei einer typischen Veranstaltung der Verleiher den Arbeitnehmern vermitteln muss und welche durch Ihren Betrieb unterwiesen werden müssen.

## 11.4 Berufliche Handlungskompetenz

Die Veranstaltungsbranche ist eine sehr vielseitige Branche mit großen Entwicklungsmöglichkeiten für jeden Beschäftigten. Folgende Eigenschaften und Fähigkeiten sind für Menschen in dieser Branche sehr wichtig:

- Zuverlässigkeit,
- Verantwortungsbewusstsein,
- Teamfähigkeit,
- Initiative (Entschlusskraft),
- Selbstständiges Lernen,
- Kommunikatives (mitteilungsbereites) und kooperatives (zusammenarbeitendes) Verhalten,
- Planvolles Arbeiten sowie
- Kreativität (Gestaltungsfähigkeit) und Flexibilität.

Damit Mitarbeiter über diese Kompetenzen verfügen, müssen sie in ihrer Ausbildung dafür qualifiziert werden.

> Ein Mitarbeiter ist dann kompetent, wenn er über die für seine berufliche Tätigkeit geforderte Qualifikation verfügt.

In der Ausbildung wird darum neben der fachlichen Qualifizierung auch das Arbeiten im Team **(Seite 496)** geübt, die dazu notwendige Kommunikationsfähigkeit geschult. Mitarbeiter müssen durch Ausbildung dafür qualifiziert werden.

Für das selbstständige Erarbeiten von Wissen ist die Art und Weise der Informationsbeschaffung von Bedeutung. Die Kenntnis über Kreativitätstechniken **(Seite 499)** zur Ideenfindung sowie zum Lösen von Problemen gewinnen damit auch an Bedeutung.

> Die berufliche Handlungskompetenz **(Bild 2)** eines Mitarbeiters setzt sich zusammen aus Fach-, Methoden-, Persönlichkeits- und Sozialkompetenz.

**Technik ist Deine Leidenschaft?**

Du möchtest mit großen Bildern begeistern? Du möchtest Künstler mit Ton und Licht in Szene setzen? Dann bist Du bei uns genau richtig: Bewirb Dich für die

**Ausbildung zur Fachkraft für Veranstaltungstechnik (m/w/d)**

**Dein Profil:** Mindestalter 18 Jahre; Realschulabschluss oder Abitur; Führerschein Klasse B oder höher; Flexibilität; Teamfähigkeit; gutes technisches Verständnis.

**Deine Aufgaben:** Auf- und Abbau von Eventtechnik (Lichttechnik, Tontechnik, Medientechnik und Rigging); Unterstützung der Technik vor Ort bei der Durchführung von Events; Fachliche Planung von Veranstaltungen im Büro.

**Bild 1**: Auszug aus einer Stellenanzeige

**Kompetenz**

Eine Person ist dann kompetent[1], wenn sie

- sachverständig,
- zuständig,
- maßgebend und befugt ist.

Eine Fachkraft für Veranstaltungstechnik darf z. B. Geräte der Veranstaltungstechnik aufbauen, bzw. montieren. Sie ist damit kompetent.

**Qualifikation**

Eine Person ist auf einem Gebiet qualifiziert[2], wenn sie die Fähigkeit besitzt, auf diesem Gebiet fachgerecht und erfolgreich zu arbeiten.

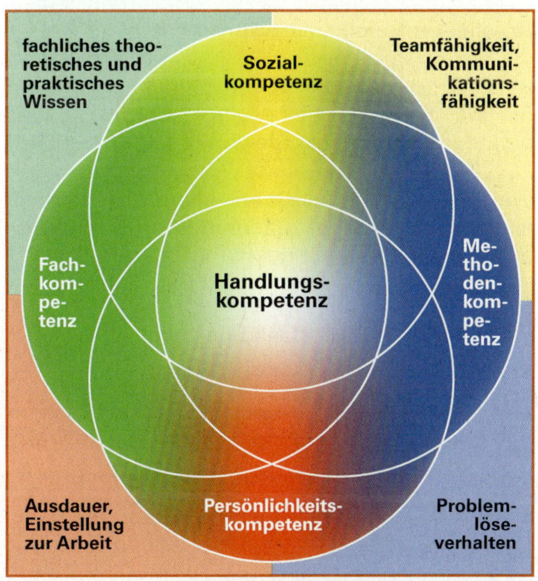


**Bild 2**: Berufliche Handlungskompetenz

[1] kompetent (lat) = zuständig, geeignet
[2] qualifiziert (lat.) = besonders geeignet

## Situationsbeschreibung: „konservative Umgangsformen"

Da die Veranstaltungsbranche aus vielen verschiedenen Teilbereichen besteht, ist es möglich, dass Sie mit Ihrem Vorgesetzten oder Kollegen z.B. im Rahmen einer Vorbesichtigung mit Menschen zusammentreffen, die eventuell konservative Umgangsformen pflegen. Daher sollten Sie wissen, wie Sie sich in dieser Umgebung verhalten sollten, oder was von der anderen Seite erwartet wird. So erhalten Sie per E-Mail eine Einladung zu einem geschäftlichen Essen. Welche Regeln sollten Sie beachten, um der Einladung zu folgen?

**Der erste Eindruck zählt**

Punkten Sie z.B. durch passende Kleidung und richtiges Benehmen.

Grundsätzlich gilt:

Der Ranghöhere, das kann auch ein Kunde sein, hat immer Vorrang. Der Ranghöhere

- entscheidet, ob er die Hand zum Gruß reicht,
- geht voran, z.B. in das Besprechungszimmer,
- erhält den rechten Platz beim Sitzen,
- setzt sich zuerst,
- geht beim Nebeneinandergehen rechts.

**Wie antworte ich auf die E-Mail?**

Die richtige Kommunikation, z.B. mittels E-Mail, ist mit entscheidend für Ihre berufliche Entwicklung. In geschäftlichen E-Mails verwendet man die klassischen Briefregeln. Es gilt:

- Geben Sie immer einen Betreff in der entsprechenden Zeile an.
- Anrede, z.B. „Sehr geehrte...", und evtl. Titel, z.B. Dr. sind notwendig.
- Beachten Sie die Rechtschreibregeln, setzen Sie Absätze.
- Keine Smileys, keine durchgängige Kleinschreibung und keine Abkürzungen, z.B. mfg für Mit freundlichen Grüßen, verwenden.
- Bedanken Sie sich für die Einladung und teilen Sie mit, ob Sie der Einladung folgen. Einfach wegzubleiben ist ein schlechter Stil.
- Ein höflicher Gruß am Ende der Nachricht ist Pflicht.

**Welche Regeln sollte ich beim Begrüßen und Vorstellen einhalten?**

Wer grüßt zuerst? Grundsätzlich gilt im Geschäftsbereich: Der Rangniedere grüßt den Ranghöheren, also z.B. Sie als Angestellter oder Auszubildender grüßen zuerst Ihren Meister, Ihren Abteilungsleiter, Ihren Chef oder den Kunden. Der Ranghöhere – nicht umgekehrt – wird Ihnen dann seine Hand zum Gruß reichen. Verwenden Sie bei einer Grußerwiderung die gleiche Grußformel wie der Ranghöhere. Es wäre unhöflich auf z.B. „Guten Morgen" einen „Guten Tag" zu wünschen. Titel in einer Anrede, z.B. Dr. oder Prof., sollten erwähnt werden.

Bei einer eigenen Vorstellung nennen Sie Ihren Vor- und Nachnamen, aber keinen Titel, also z.B. „Guten Tag, ich heiße Peter Müller". Achten Sie darauf, dass sich Ihre Hände nicht in den Hosentaschen befinden und schalten Sie vorher Ihr Mobiltelefon aus.

Welche Regeln sollte ich bei einem Geschäftsessen beachten? Gute Tischmanieren sind wichtig, um einen guten Eindruck zu hinterlassen. Dadurch pflegt und festigt man seine geschäftliche Beziehung. Es gelten bestimmte Regeln:

- Kommen Sie als Gast pünktlich oder besser vor dem Gastgeber.
- Sollten Sie und Ihr Gastgeber zu gleicher Zeit kommen, so halten Sie Ihrem Gastgeber die Türe auf.
- Beachten Sie eine mögliche Sitzordnung.
- Mit dem Bestellen in einem Restaurant beginnt immer zuerst der Gastgeber. Durch die Bestellung des Gastgebers wird signalisiert, welche Preise für die Gäste angemessen sind.
- Der Gastgeber, dies gilt auch bei einem Büfett, eröffnet das Essen.
- Achten Sie darauf, aufrecht zu sitzen. Die Hände sollten beim Essen bis zu den Handgelenken auf dem Tisch sein. Insbesondere sollten die Ellenbogen nicht auf dem Tisch abgestützt werden.
- Die Gabel sollte zum Mund geführt werden, nicht der Mund zur Gabel.

- Das Besteck **(Bild 1)** wird von außen nach innen benutzt und hat während des Essens Signalwirkung **(Bild 2)** für den Kellner.
- Gläser mit Stiel, z. B. Rotwein- oder Weißweingläser, werden immer am Stiel angefasst.
- „Zum Wohl" heißt es beim Zuprosten, „Prost" ist verpönt.
- Servietten werden nicht auf dem Teller abgelegt.
- Nach dem Essen kann man gerne einen Espresso oder Kaffee trinken.
- Bei einem Arbeitsessen darf man über Berufliches sprechen.
- Bei einer privaten Einladung, z. B. zur Kontaktpflege, hebt man sich Berufliches bis zum Schluss auf, z. B. nach dem Dessert.
- Verlassen Sie das Essen nicht zu früh, frühestens eine halbe Stunde nach dem Dessert.
- Wer bezahlt? Grundsätzlich der Gastgeber, also z. B. Ihr Chef.

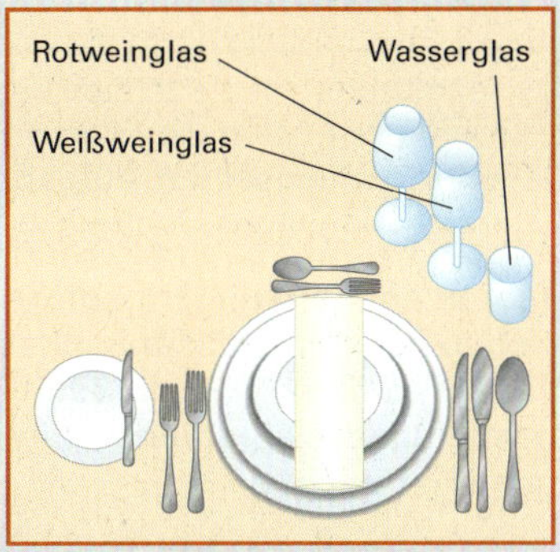

**Bild 1**: Gedeck

**Bild 2**: Bestecksignale

Einen Dank für den Abend oder für das Geschäftsessen ist gleich oder zu einem späteren Zeitpunkt Pflicht.

**Und was ist sonst noch zu beachten?**

- Niesen und Husten wird höflich übergangen, anstatt „Gesundheit" zu sagen. Man niest in ein Taschentuch oder in den Ellenbogen.
- Verwenden Sie bei Bedarf die Worte: „Bitte", „Danke" und „Entschuldigung". Entschuldigen sollten Sie sich, z. B. wenn Sie zu spät kommen, das Handy vergessen auszuschalten oder wenn Sie jemanden anrempeln.
- Entschuldigungsschreiben bei größeren Verfehlungen sind angebracht.

**Casual*-Look**

Im strengen Business-Look gilt Krawattenpflicht. Soll es Casual sein, so genügt auch z. B. eine edle Jeans mit Hemd, Poloshirt oder Bluse. Eine Krawatte ist dann nicht notwendig. Recherchieren Sie, welche Kleidung angebracht ist.

* casual (engl.) = zufällig, gelegentlich

**Welche Regeln sollte ich bei der Businesskleidung beachten?**

In der Geschäftswelt versteht man unter Businesskleidung **(Bild 3)** bei der Frau ein Kostüm mit etwas längerem Rock oder einen Hosenanzug und beim Mann den Anzug mit Hemd und Krawatte. Es gilt: Schlampige Kleidung wirkt beleidigend. Und denken Sie daran: „Kleider machen Leute".

**Bild 3**: Businesskleidung

**Welche Regeln gelten bei Kleidung unter Kollegen und auf der Produktion?**

Die regelmäßige Tätigkeit eines Veranstaltungstechnikers besteht u.a. im Auf- und Abbau des Materials, Einstellungs- und Justierarbeiten, Umbauten während der Show, Bedienung von Regiepulten und anderem. Hierbei wird immer wieder auch unter Anwesenheit des Kunden gearbeitet und manche Tätigkeiten werden für das Publikum sichtbar ausgeführt, wie z.B. das Operating von Pulten bei Hauptversammlungen oder Special Events.

Daher ist hier der „Dress Code" abzufragen und zu beachten. Für Auf- und Abbau sollte saubere, feste und robuste Arbeitskleidung getragen werden. Hilfreich sind gedeckte Farben wie grau oder schwarz. Im Sommer kann im Freien auch helle Kleidung getragen werden. Vor und während der Show sind entweder „Show-Blacks", also komplett schwarze Arbeitskleidung oder sogar eine schwarze Jeans, bzw. schwarzer Anzug als Anforderung möglich.

### 11.4.1 Teamarbeit

Teamarbeit[1] ist die zeitlich begrenzte Zusammenarbeit mehrerer Personen zum Lösen einer gemeinsamen Aufgabe, z. B. Elektroinstallation eines Gebäudes.

Teams entstehen nicht sofort, sondern finden sich in Teamentwicklungsphasen **(Bild 1)**. Dabei verlaufen diese Phasen nicht immer geordnet nacheinander ab und es kann auch Rückschläge geben.

Für die Zusammensetzung von Teams sollte auch der Arbeitsstil, z. B. Geschwindigkeit, Genauigkeit, Pünktlichkeit und Zuverlässigkeit, der einzelnen Mitglieder bekannt sein **(Bild 2)**. Das Team kann dann optimal arbeiten, wenn sich jedes Teammitglied entsprechend seinen Stärken einbringen kann.

Teams können nur dann funktionieren, wenn sie sich auf Regeln zur Verständigung und zum Miteinander einigen **(Bild 3)**. Sie können nur dann zu einem besseren Ergebnis als Einzelpersonen kommen, wenn

- Übereinstimmung über die Ziele besteht,
- Einigkeit über die Vorgehensweise herrscht,
- gemeinsame Regeln befolgt werden und
- Rollen und Rollenverteilung im Team geklärt sind.

Wichtige Voraussetzung für den Teamerfolg ist die Entwicklung des Teamgeistes. Das Gefühl „Jeder gewinnt" muss vorhanden sein.

Erfolgreiche Teamarbeit hat mehrere Faktoren **(Übersicht rechts)**. Die Erfahrungen der Teamarbeit sollten zum Abschluss des Projekts ausgewertet werden.

[1] Team (engl.) = Mannschaft, Gruppe

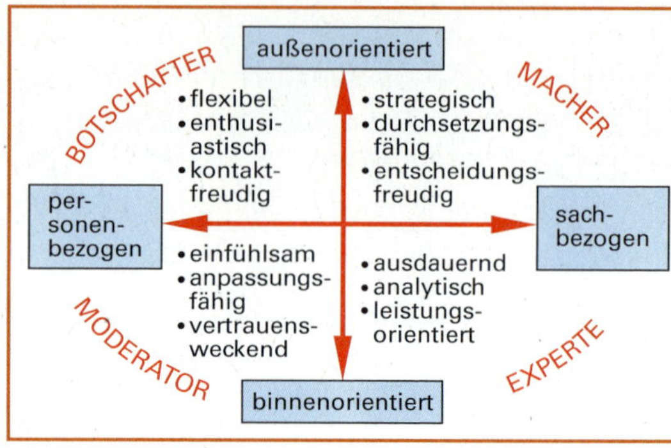


**Bild 2**: Teamtypen

## Teamregeln

- Wir begegnen uns mit Respekt.
- Alle Meinungen sind zugelassen.
- Kritik wird offen und konstruktiv geäußert.
- Wir lassen uns gegenseitig ausreden.
- Ziele und Vorgehensweise werden gemeinsam festgelegt.
- Persönliche Angriffe sind verboten.
- Unstimmigkeiten, Unmutsäußerungen werden sofort diskutiert.
- Wir helfen uns gegenseitig.

**Bild 3**: Regeln innerhalb eines Teams

**Faktoren erfolgreicher Teamarbeit**

- Alle ziehen an einem Strang.
- Jeder kann sich auf den anderen verlassen.
- Jeder hat das Gefühl, in der Gruppe etwas zu bewegen.
- Alle gehen offen miteinander um.
- Es herrscht das Gefühl, dass jeder im Projekt gewinnt.
- Es ist gegenseitiger Respekt vorhanden.
- Es wird die Stärke im Gemeinsamen erkannt.
- Jeder bringt seine Stärken ein.
- Es wird effektiv gearbeitet.

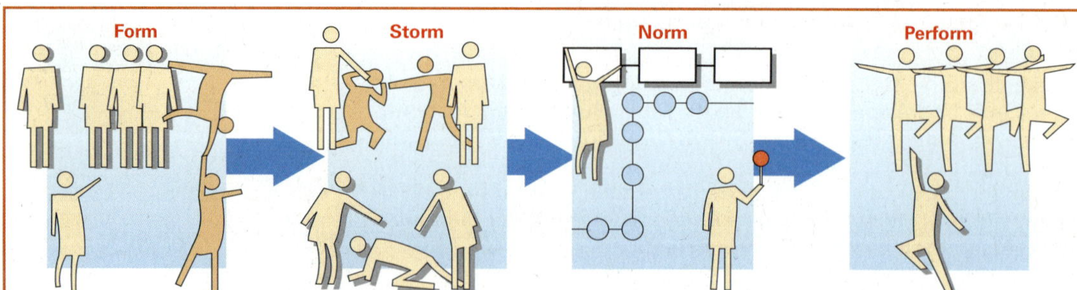


Gruppe wird in Zielsetzung, Größe und Teilnehmerkreis festgelegt.
to form (engl.) = formen

Konfliktphase: Verschiedene Ansichten, Interessen, Rollen tauchen auf und werden ausgetauscht.
to storm (engl.) = stürmen

Verhaltens- und Vorgehensmuster werden festgelegt.
norm (engl.) = Norm

Gruppe wird gemäß der festgelegten Verhaltensmuster aktiv und erzeugt Ergebnisse.
to perform (engl.) = durchführen

**Bild 1**: Teamentwicklungsphasen

## 11.4.2 Arbeitsmethoden und Zeitplanung

Anstehende Arbeitsaufträge müssen von jedem Mitarbeiter zeitgerecht, wirtschaftlich und folgerichtig durchgeführt werden. Um die Wichtigkeit einzelner Aufgaben zu erkennen, unterscheidet man z. B. nach folgenden Prinzipien und Methoden:

- Eisenhower-Prinzip[1]
- Pareto-Prinzip[3]
- ALPEN-Methode[2]
- ABC-Analyse

- **Eisenhower-Prinzip.** Die zu erledigenden Aufgaben müssen nach ihrer Dringlichkeit und Wichtigkeit untersucht werden **(Bild 1)**. Damit kann schnell entschieden werden, welchen Aufgaben bei der Bearbeitung der Vorzug zu geben ist.
- **ALPEN-Methode.** Sie ermöglicht es, auch bei einer Vielzahl von Aufgaben, den Aufgabenberg nicht als Hindernis zu sehen, sondern besser zu bewältigen **(Übersicht rechts)**.
- **Pareto-Prinzip (80:20-Regel).** Untersuchungen in der Praxis ergaben, dass in 20 % der Zeit 80 % der Arbeitsergebnisse erzielt werden **(Bild 2)**.
- **ABC-Analyse.** Mit dieser Methode lassen sich Schwerpunkte bilden. Hierbei wird der Zusammenhang zwischen Erfolgswirksamkeit und Aufwand aufgezeigt **(Bild 3)**:

  **A**-Aufgaben sind die wichtigsten Aufgaben. Sie machen etwa 15 % der Menge der Aufgaben aus. Ihr eigentlicher Wert liegt jedoch bei etwa 65 %, z. B. vom Umsatz oder Gewinn.

  **B**-Aufgaben stellen 20 % der Aufgaben dar, aber auch nur 20 % des Wertes.

  **C**-Aufgaben sind meist unwichtige Aufgaben und haben einen geringen Anteil am Erfolg.

Bei selbstorganisierter Arbeit setzt man Schwerpunkte, die planmäßig in die Tat umzusetzen sind.

**Allgemeine Tipps zum Zeitmanagement**

- Gewöhnen Sie sich soweit möglich an feste Arbeitszeiten
- Unterscheiden Sie wichtige von dringlichen Tätigkeiten
- Planen Sie Ihre Aufgaben
- Halten Sie Ihre Pläne ein
- Planen Sie auch Pausen
- Lernen Sie, Ihre Leistungsfähigkeit einzuschätzen
- Verbessern Sie Ihre Konzentrationsfähigkeit
- Planen Sie beim Lernen sowohl Lernpausen als auch Wiederholungsphasen mit ein

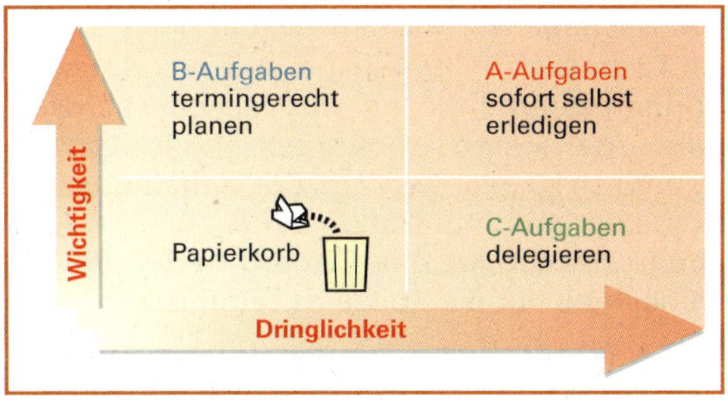


**Bild 1**: Eisenhower-Prinzip

**ALPEN-Methode**

- **A**ufgaben zusammenstellen,
- **L**änge der Tätigkeiten schätzen,
- **P**ufferzeit für Unvorhergesehenes reservieren,
- **E**ntscheidungen über Prioritäten, Kürzungen und Delegationen treffen,
- **N**achkontrolle.

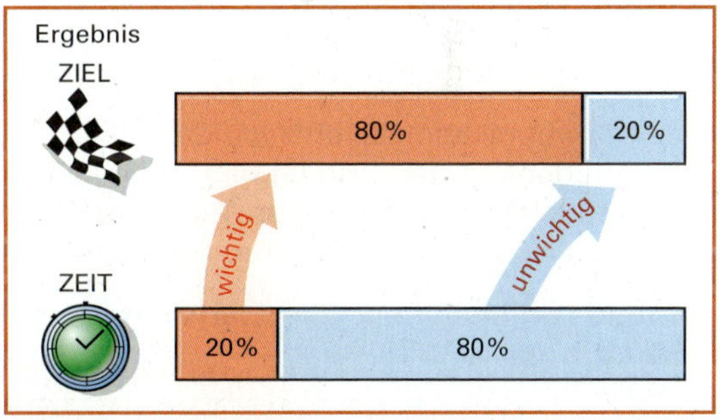


**Bild 2**: Pareto-Prinzip

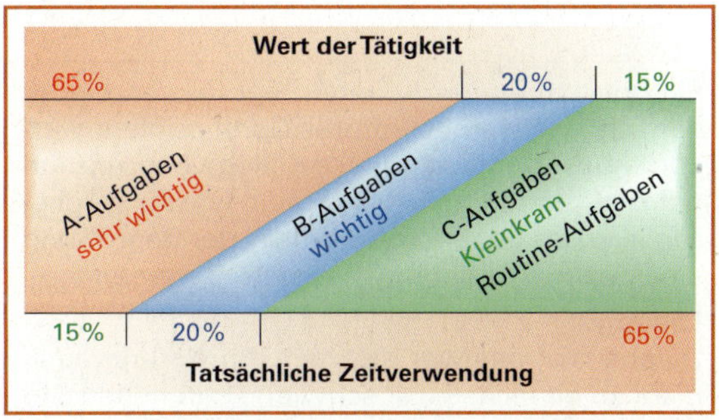


**Bild 3**: ABC-Analyse

[1] nach Dwight Eisenhower, amerikanischer Präsident, 1890 – 1969
[2] ALPEN-Methode nach J. Seiwert, deutscher Zeitmanagementexperte
[3] nach Vilfredo Pareto, 1848 – 1923, ital. Wirtschafswissenschaftler

### 11.4.3 Kommunikation

Kommunikation bedeutet im technischen Sinne, eine Verbindung zwischen Sender und Empfänger herzustellen. Bezieht man die Kommunikation auf die Menschen, so geht es hier um die Verständigung untereinander, z. B. zwischen Kunde und Fachkraft.

Kommunikationsstörungen treten zwischen Menschen dann auf, wenn Sender und Empfänger die Signale unterschiedlich auffassen und bewerten. Entscheidend dafür ist, dass neben der reinen Sachebene zwischen Sender und Empfänger die Beziehungsebene von Bedeutung ist. Hat ein Techniker z. B. gerade bei einem „nervigen" Kunden gearbeitet, so wird es ihm schwerfallen, die ersten Fragen des neuen Kunden freundlich zu beantworten. Die vielfältigen Einflüsse der Kommunikation auf die Beziehungsebene beschreibt das Eisbergmodell **(Bild 1)**, wobei man nur die Spitze der Einflüsse sieht.

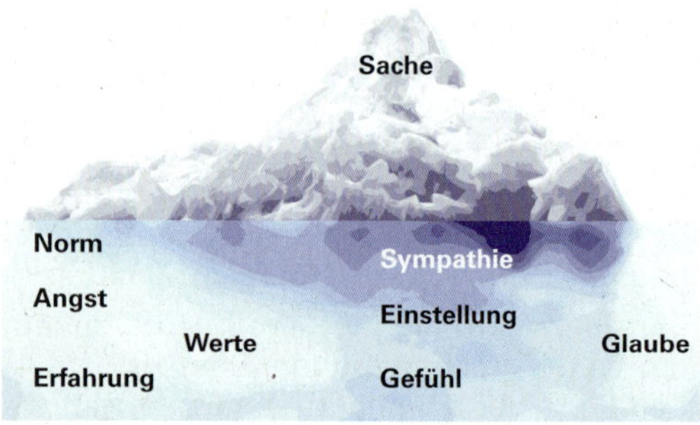


**Bild 1**: Eisbergmodell

> Neben der Sprache sind auch Mimik und Gestik für die Kommunikation von Bedeutung.

Negative Signale bestimmter Gebärden, wie z. B. Naserümpfen, spöttisches Lächeln oder gelangweiltes Aussehen, sollten vermieden werden.

> Für eine erfolgreiche Kommunikation ist entscheidend, WAS und WIE es gesagt wird.

Als Beziehungsverstärker **(Bild 2)** dienen alle Versuche, die das Gegenüber in seiner Person ernst und wichtig nehmen. Ein Kunde ist z. B. eher dann unzufrieden, wenn er nicht namentlich verabschiedet wird oder nicht auf seine Fragestellung eingegangen wird.

**Beziehungsverstärker**
- einfache Sätze bilden
- Bedürfnisse des Kunden aussprechen
- Fragen stellen
- Worte des Kunden verwenden
- den Kunden namentlich ansprechen
- Gemeinsamkeiten betonen

**Gesprächshemmnisse**
- verhören
- Vorwürfe machen
- moralisieren
- drohen oder befehlen
- Geringschätzung zeigen

**Bild 2**: Beziehungsverstärker und Gesprächshemmer

Gute Kommunikation ist entscheidend für Kundenzufriedenheit und Kundenbindung. Außerdem ist auch beim Arbeiten im Team die Kommunikationsfähigkeit von großer Bedeutung.

Kommunikationshilfen **(Bild 3)** erleichtern die Arbeit.

> Eine positive Beziehung zum Gesprächspartner verbessert die Kommunikation.

**Kommunikationshilfen**

- positive Beziehung aufbauen
- Konflikte aussprechen und aufklären
- Missverständnisse benennen
- offen miteinander sprechen
- Wahrnehmungen äußern
- aktiv zuhören durch nachfragen

**Bild 3**: Kommunikationshilfen

**Beispiel:**

Ein unerfahrenerer Kollege fragt immer wieder danach, wie ein bestimmtes Gerät bedient werden muss. Der erfahrenere Kollege begrüßt ihn mit den Worten: „Hast Du schon wieder vergessen, wie das geht?" Wie kann bei der Begrüßung eine positive Beziehung hergestellt werden?

**Lösung:**
„Glaub mir, das war für mich am Anfang auch nicht so einfach. Es ist schwierig, ein neues Gerät zu bedienen."

## 11.4.4 Kreativitätstechniken

**Kreativität**[1] ist bei der Projektdurchführung ein wesentlicher Erfolgsfaktor.

**Brainstorming**[2]. Zu einer bestimmten Fragestellung – z.B.: Welche Ansprüche sind an eine gute Beleuchtung zu stellen? – sammelt die Gruppe oder das Team spontane Äußerungen, z.B. keine Blendung, gutes Aussehen. Ein bis zwei Personen schreiben die Ideen mit. Auch scheinbar unsinnige Äußerungen können die anderen Gruppenmitglieder auf neue Ideen bringen. Deshalb dürfen die Einfälle zunächst nicht kritisiert und kommentiert werden. Erst nach der Ideenfindungsphase werden die Ideen bewertet.

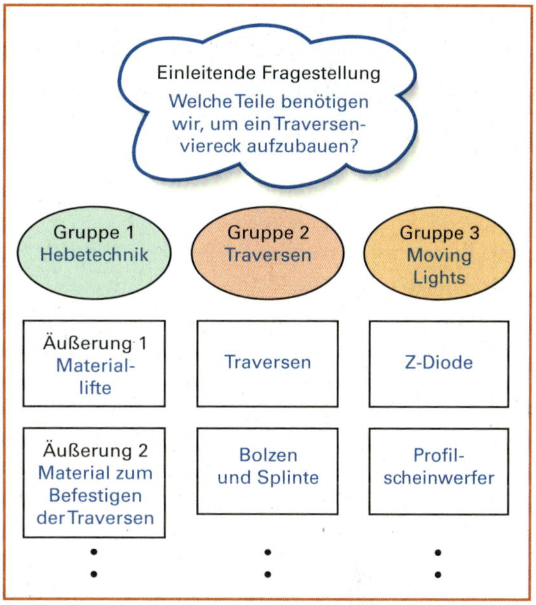


**Bild 1**: Kartenanordnung mit Metaplan

**Metaplan**[3]. Die Metaplan-Technik ist einsetzbar für Ideensammlung mit folgender Strukturierung und Visualisierung. Ein Moderator entwickelt mit den Teilnehmern durch Kartenabfrage den Besprechungsablauf. Die Karten **(Bild 1)** werden auf einer Stellwand mit den Teilnehmern gruppiert (geclustert[4]). Der Ablauf wird visuell dargeboten. Auch weniger redegewandte Teilnehmer werden integriert.

**Mind-Map-Methode**[5]. Damit lassen sich strukturiert Ideen sammeln und bildlich darstellen. Ausgehend vom Zentrum, dem Thema, werden Hauptäste gebildet, die sich in weitere Zweige aufspalten können. **Bild 2** zeigt mit einem Mind-Map die Vorteile, Hilfsmittel und Anwendungen der Mind-Map-Methode.

Der Einsatz von Kreativitätstechniken verhindert Blockaden bei Problemlösungen.

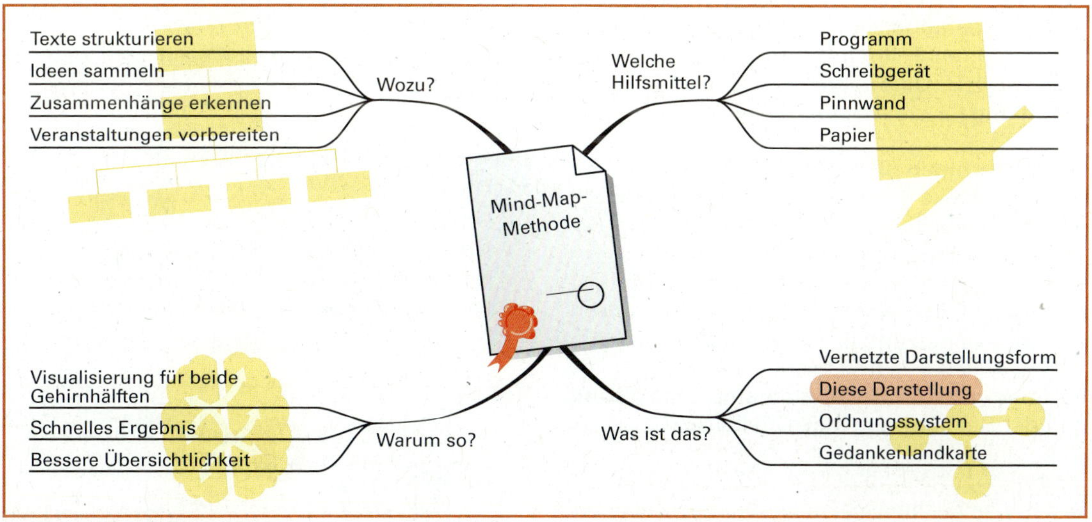


**Bild 2**: Mind-Map-Methode

[1] von creare (lat.) = erschaffen, hervorbringen
[2] wurde 1953 vom Amerikaner Alex F. Osborne entwickelt
[3] entwickelt von der Metaplan®-GmbH
[4] von to cluster (engl.) = sich sammeln, in Gruppen stehen
[5] Mind-Map (engl.) = Gedankenkarte, wurde vom Engländer Tony Buzan entwickelt

### 11.4.5 Informationsbeschaffung

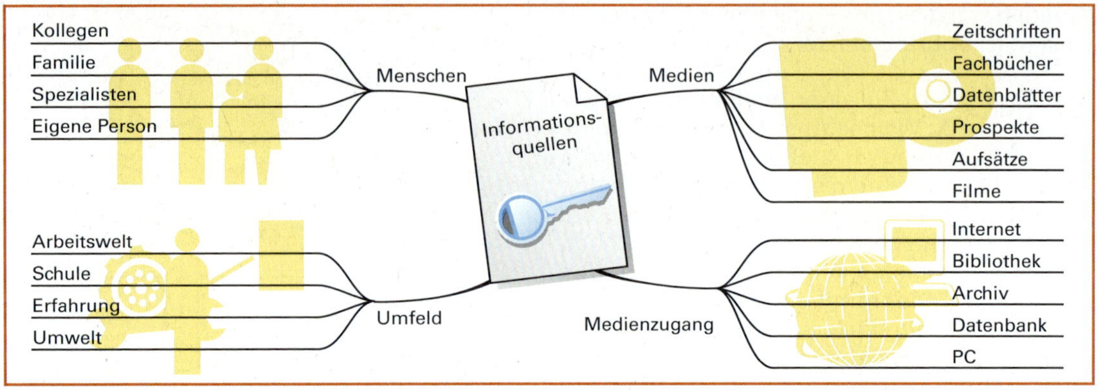


**Bild 1**: Informationsquellen als Mind-Map-Bild

Bei der Problemlösung müssen die vielfältigen Informationsquellen **(Bild 1)** bekannt sein und zeitsparend genutzt werden. Häufig ist es nicht einfach, aus der Fülle der Informationen diejenigen auszuwählen, die den größten Nutzen und Erfolg für die Problemlösung bringen.

**Online-Foren:** Im Internet existieren zahlreiche spezialisierte Online-Foren, in denen sich Kollegen aus allen Fachbereichen austauschen, diskutieren, Lösungen anbieten oder Vernetzung bieten. Manche befinden sich auf Plattformen wie z.B. Facebook oder LinkedIn, andere sind über einzelne Webseiten, Suchmaschinen oder Blogs erreichbar.

**Digitale Datenbanken** stehen z.B. als Unternehmensdatenbanken in Betrieben einem eingeschränkten Teilnehmerkreis oder über das Internet, z.B. Datenbank DIN, zum Teil gegen Bezahlung für die Allgemeinheit zur Verfügung.

**Suchmaschinen (Bild 2)** sind riesige Datenbanken, die jeweils einen Ausschnitt der angebotenen Daten aus dem Internet speichern. Bei den Volltext-Suchmaschinen wird der Datenbankbestand nach dem eingegebenen Suchbegriff durchsucht. Der Nutzer erhält als Suchergebnis Links zu den entsprechenden Web-Seiten.

Für eine gezielte Recherche sind Eingrenzungen der Suchabfrage hilfreich **(Beispiel)**.

**Beispiel:**

Über eine Suchmaschine wird ein gebrauchter VW Golf in Stuttgart gesucht. Wie lautet die Sucheingabe?

**Lösung:**
VW Golf Stuttgart Gebrauchtwagen

**Zitieren von fremden Texten**

- Bei Verwendung von fremden Textstellen ist unbedingt eine Quellenangabe zu machen.
- Zitierregeln sind nachzulesen z.B. unter: http://uni-hausarbeiten.de/zitieren/zitierregeln-fuer-hausarbeiten.

**Fragen zur Informationsbeschaffung**

- Welche Informationen werden überhaupt benötigt?
- Welche Informationsquellen stehen zur Verfügung?
- Wer beschafft die Informationen?
- Wie schnell sind die Informationen verfügbar?
- Wie sind diese Informationen zu verarbeiten?
- Welche Kosten entstehen bei der Beschaffung?

**Begriffe der Informationsbeschaffung**

- **Offline:** Es besteht keine Verbindung zum Netz.
- **Online:** Es besteht Verbindung zum Netz.
- **Web:** Kurzform für: World Wide Web.
- **Link:** Verweis von einer Datei auf eine andere Datei.

**Bild 2**: Auswahl von Suchmaschinen

# 11.5 Präsentation

## 11.5.1 Aufgaben einer Präsentation und Vorbereitung

Präsentationen[1] unterstützen die Darstellung von Arbeitsergebnissen und Verkaufsverhandlungen.

Zum Gelingen einer Präsentation **(Bild 1)** tragen bei:

- wohlüberlegter Aufbau,
- gelungene Visualisierung und
- persönliche Überzeugungskraft des Vortragenden.

Typische Fragestellungen zur Vorbereitung sind:

- Welche Sitzordnung lässt der Vortragsraum zu?
- Besteht das Publikum aus einer einheitlichen Gruppe?
- Mit wie vielen Teilnehmern ist zu rechnen?
- Welches Ziel hat die Präsentation?
- Welche Präsentationsmedien **(Bild 2)** sind vorhanden bzw. sollen eingesetzt werden?

Präsentationen sollen Teilnehmer adressatengerecht und überzeugend informieren.

**Medieneinsatz.** Der Einsatz und die Wirkung der verschiedenen Präsentationsmedien **(Bild 2)** ist zu prüfen. Flipcharts eignen sich vor allem für ein Textbild mit dem Ablauf der Präsentation. Eine Pinnwand eignet sich, um vorhergehende Gruppenergebnisse übersichtlich zu dokumentieren. Die Präsentation mittels Projektor/Beamer spielt heute die Hauptrolle. Zahlreiche Software-Programme ermöglichen eine multimediale Darstellung mit Bildern, Tönen und Texten. Neben den Visualisierungsregeln **(Seite 502)** ist auch zu beachten, dass die Bildfolge nicht zu rasch erfolgt. Im Schnitt ist pro zwei Minuten Vortrag ein Bildwechsel einzuplanen.

**Inhaltliche Vorbereitung.** Zuerst sammelt man alle Materialien, die zum Thema und zur Zielgruppe passen. Danach sind die Materialien zu sichten und auf das Wesentliche zu kürzen. Die Kernaussagen sind dann in geeignete Textbilder zu gliedern, die noch mit Diagrammen und Bildern ergänzt werden.

Die Gliederung einer Präsentation besteht aus Einleitung, Hauptteil mit Kernaussagen, Zusammenfassung der Inhalte und dem Schluss, der in einer Abschlussdiskussion bzw. Befragung des Vortragenden enden kann **(Bild 3)**.

**Checkliste zur Präsentationsplanung** ✔

**Thema**
Warum präsentiere ich?
Welches Ziel habe ich?

**Zielgruppe**
Wer sind meine Zuhörer?
Welchen Nutzen hat mein Vortrag für sie?

**Raum**
Welche Eigenschaften muss der Raum haben?
Größe ______ 80 m² ☐
Bestuhlung ______ 40 Stühle ☐
Verdunkelung ______ ✓

**Termin**
Überschneidung mit anderen Terminen überprüft? ☐

**Materialien**
Flipchart ______ ☐
Datenprojektor (Beamer) ______ ☐
Handout[2] auf Papier 20 Stk ✓
Handout über QR-Code[3] ✓

**Bild 1:** Planung einer Präsentation

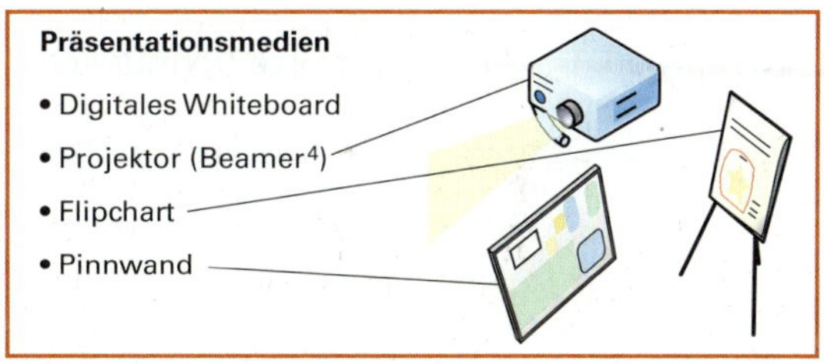


**Bild 2:** Präsentationsmedien

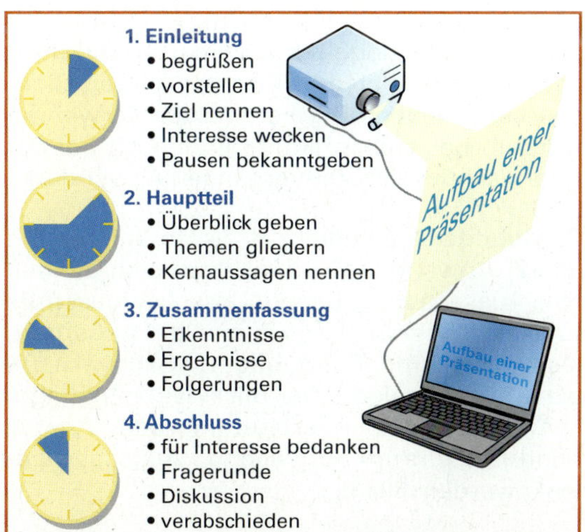


**Bild 3:** Gliederung einer Präsentation

[1] Präsentation (lat.) = das Vorstellen
[2] handout (engl.) = Informationsmaterial
[3] **QR**, Abk. für: **Q**uick-**R**esponse (engl.) = schnelle Antwort
[4] von to beam (engl.) = strahlen

## 11.5.2 Visualisierung

Zu einer gelungenen Präsentation tragen verschiedene Visualisierungselemente[1] bei **(Übersicht rechts)**.

Die Behaltensquote des Zuhörers steigt auf 50 %, wenn neben Worten und Erklärungen zusätzliche Bilder verwendet werden **(Bild 1)**. Deshalb ist es wichtig, dass neben dem gesprochenen Wort in Präsentationen bzw. den geschriebenen Texten in Dokumentationen die Sachverhalte visualisiert werden.

> Bildhafte Darstellungen erleichtern dem Leser das Verständnis und erklären schnell, leichter und besser die Zusammenhänge.

Visualisierungselemente sollen:

- zum Inhalt passen,
- dosiert und wirkungsvoll eingesetzt werden,
- gut sichtbar und übersichtlich sein und
- wichtige Aussagen hervorheben (z. B. Farbe oder Größe der Worte).

**Textbilder.** Bilder, die mit Text unterlegt sind, erleichtern dem Zuhörer das Mitverfolgen der Präsentation. Dabei sollten kurze Formulierungen, große Schriftarten und wenige verschiedene Stilelemente (Schriftarten, Farben, Dekorationselemente) verwendet werden.

**Tabellen.** Mit ihnen lassen sich Vergleiche durchführen sowie Strukturen aufzeigen **(Tabelle 1)**.

**Diagramme.** Große Datenmengen lassen sich durch verschiedene Diagrammarten **(Tabelle 1)** darstellen. Je nach gewünschter Aussage können verschiedene Diagrammarten verwendet werden. Balkendiagramme finden oft bei der Überwachung von Zeitvorgängen Anwendung.

**Schaubilder.** Sie finden z. B. als Organigramme **(Bild 2)** Anwendung. Damit lässt sich schnell eine Aussage z. B. über die Organisationsstruktur eines Unternehmens darstellen. Außerdem lassen sich mit Schaubildern Sachverhalte wirkungsvoll zeigen. Der Blick des Betrachters kann z. B. über die Farbgebung oder Anordnung im Zentrum auf wichtige Aussagen gelenkt werden **(Bild 3)**.

[1] visualisieren (lat.) = optisch darstellen

**Übersicht: Visualisierungselemente**

- Texte
- Symbole
- Tabellen
- Schaubilder
- Bilder
- Filme

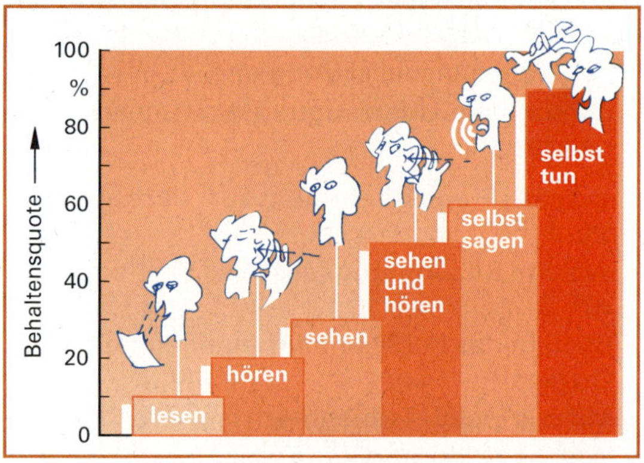


**Bild 1**: Behaltensquote mit Textbildern

**Tabelle 1:** Diagrammarten

| Linien | Balken | Block | Säule | Kreis |
|---|---|---|---|---|
| 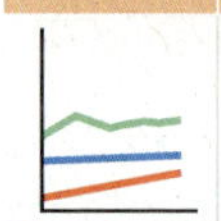 | 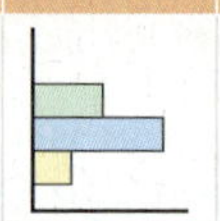 | 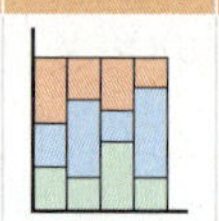 | 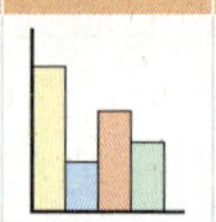 | 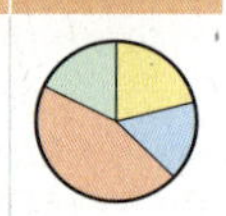 |
| K, T | K | K, T, A | K, T | A, K |
| K = Kontrast, T = Trend, A = Anteil | | | | |

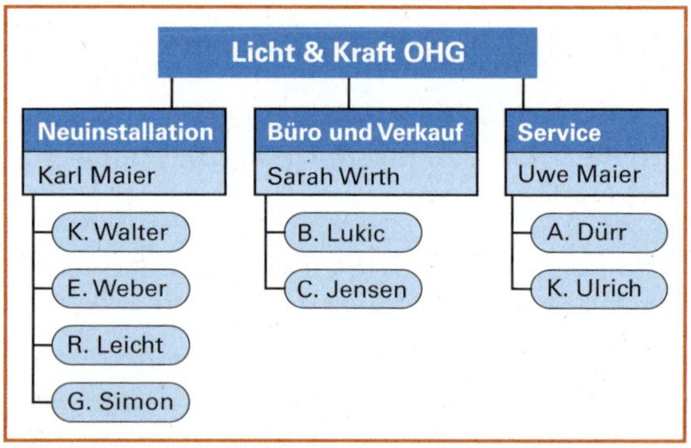


**Bild 2**: Organigramm eines Betriebs

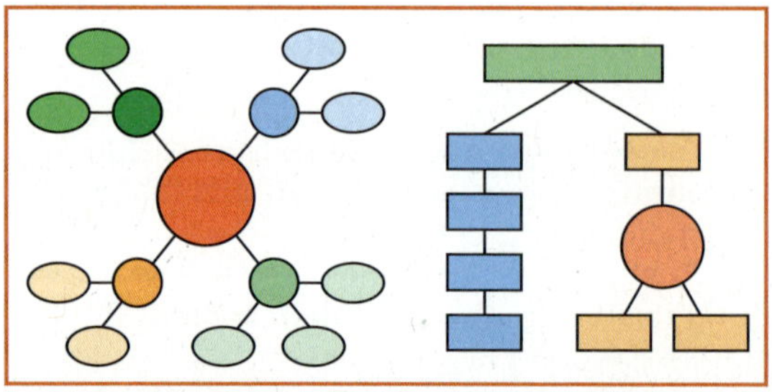

**Bild 3**: Beispiel von Farbeinsatz und Betonung bei Schaubildern

Schon die Einleitung soll die Aufmerksamkeit und Neugier der Zuhörenden wecken. Die Unterlagen sollen rechtzeitig vor der Präsentation fertiggestellt sein, damit der Vortragende nicht unter Zeitdruck kommt. Auch eine vorherige Übung der Präsentation (mit oder ohne Zuhörer) ist sinnvoll.

## 11.5.3 Vortragen einer Präsentation

Eine gut vorbereitete Präsentation findet ihre Vollendung, wenn der Vortragende auch über ein herausragendes persönliches Präsentationsverhalten verfügt.

Eine freundliche Grundstimmung ist wichtig für den Einstieg.

Die Stimme sollte nicht monoton wirken. Pausen und Betonungen erhöhen die Aufmerksamkeit. Die Texte sollen nicht abgelesen, sondern mit eigenen Worten umschrieben werden.

Der Augenkontakt zum Publikum sollte immer vorhanden sein. Wenn nötig, ist das projizierte Bild zu erklären. Hierbei kann die Touch-Turn-Talk-Methode **(Bild 1)** angewandt werden. Dabei sollte der Blickkontakt nicht nur auf eine Person bezogen sein. Zu viele und zu hastige Bewegungen während der Präsentation sind zu vermeiden. Auch eine zu ausgeprägte Körpersprache ist unpassend.

Laserpointer oder Zeigestock sollten bei Vorträgen oder Präsentationen bereitgehalten werden.

Wenn ein Referent nach den in **Bild 2** genannten Regeln handelt, wird die Präsentation sicher gelingen.

Die Zuhörer können auch durch überraschende Fragen oder Widersprüche herausgefordert werden.

Vor der anschließenden Frage- und Diskussionsrunde können Verständnisfragen zugelassen werden. Dabei kann auf die erstellten Materialien der Visualisierung zurückgegriffen werden, wenn entsprechende Erklärungen notwendig sind. Falls eine Diskussion nur schwer in Gang kommt, ist es günstig, wenn der Vortragende schon einige offene Fragen zur Anregung der Diskussion bereithält.

Jede Präsentation sollte nachbereitet werden. Erkenntnisse kann eine anonyme Beurteilung (Evaluation[1]) durch die Teilnehmer liefern.

[1] Evaluation (lat.) = Bewertung, Beurteilung

**Wie reduziere ich die Nervosität zu Beginn der Präsentation?**

1. Ich **stehe** mit beiden Beinen fest auf dem Boden.
2. Ich **schaue** in die Runde, um Ruhe und Gelassenheit zu signalisieren.
3. Ich **atme** tief durch, bevor es losgeht.
4. Erst jetzt beginne ich zu **sprechen**.
5. Ich **spreche** nur beim Ausatmen.

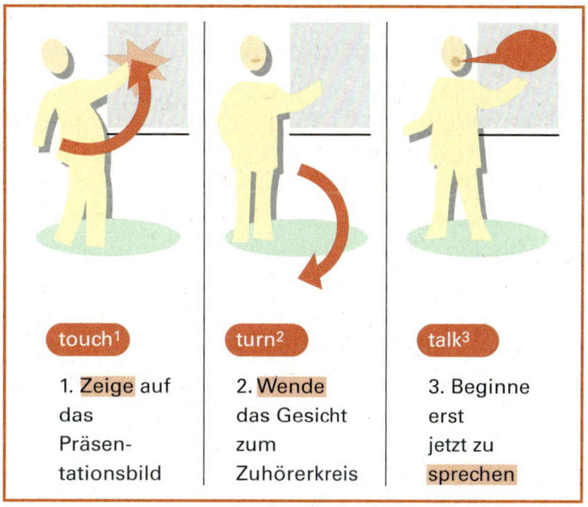


**Bild 1**: Touch-Turn-Talk-Methode

**Bild 2**: Präsentationsregeln

## 11.6 Projektmanagement

Projekte sind zeitlich begrenzte Vorhaben, die laut DIN 69901-1 „im Wesentlichen durch die Einmaligkeit der Bedingungen in ihrer Gesamtheit gekennzeichnet sind".

Projektmanagement ist ein umfassendes Führungskonzept, um umfangreiche Vorhaben termingerecht, kostengünstig und mit hoher Qualität durchzuführen **(Bild 1)**.

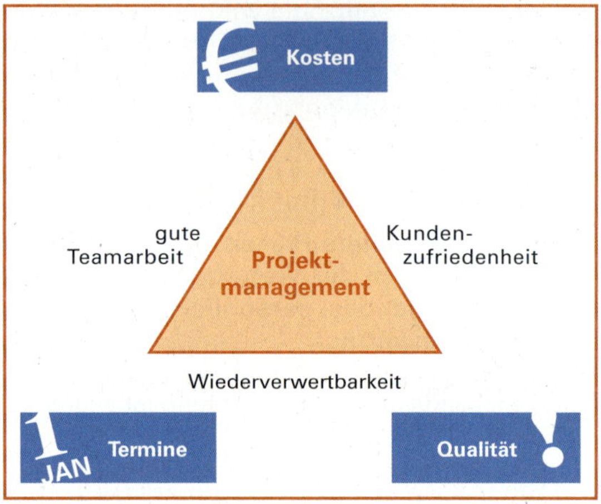


**Bild 1**: Ziele des Projektmanagements

### Lastenheft und Pflichtenheft

Die Aufgabenstellung eines Projekts muss eindeutig durch eine Leistungsbeschreibung festgelegt sein. Die exakte Formulierung durch den Auftraggeber (Kunde) geschieht in Form eines Lastenheftes, z.B. im Rahmen einer Ausschreibung. Durch die Ausschreibung werden mögliche Anbieter aufgefordert, ihre Angebote abzugeben. Die Ausschreibung kann öffentlich, begrenzt oder eingeschränkt sein. Ausschreibungen werden in der Regel online veröffentlicht. Außer der Leistungsbeschreibung legt der Auftraggeber die Angebotsfrist fest.

Das Lastenheft enthält alle wichtigen technischen, wirtschaftlichen und rechtlichen Einzelheiten des Projekts.

**Aufgaben des Projektmanagements**

- Entwurf des Projektablaufs
- Organisation der Arbeit
- Personalauswahl
- Überwachung und Leitung der Arbeiten
- Überprüfung der Ergebnisse
- Teamentwicklung **(Seite 496)**

**Lastenheft (DIN 69901-5:2009-01)**

Das Lastenheft enthält die Gesamtheit aller **Forderungen des Auftraggebers** an die Lieferungen und Leistungen eines Auftragnehmers.

Meist enthält das Lastenheft Anforderungen an die Leistung, einzuhaltende Rahmenbedingungen (z.B. Norm), vertragliche Konditionen (z.B. Gewährleistung) sowie Anforderungen an Auftragnehmer (z.B. Zertifizierung, Dokumentation, Controlling).

Hat ein Unternehmen Interesse, das Projekt durchzuführen, gibt es ein Angebot ab. Zum Angebot gehört neben dem Angebotspreis die Erstellung eines Pflichtenheftes. In ihm werden die Anforderungen des Lastenheftes als auszuführende Leistungen formuliert, d.h. die Angaben des Auftraggebers in Leistungen umgesetzt.

Das Pflichtenheft beschreibt, wie und womit die Anforderungen des Lastenheftes verwirklicht werden können.

**Pflichtenheft (DIN 69901-5:2009-01)**

Das Pflichtenheft enthält die vom **Auftragnehmer erarbeitete Umsetzung des Lastenheftes** in auszuführende Leistungen.

Das Pflichtenheft enthält das Lastenheft. Im Pflichtenheft werden die Anwendervorgaben detailliert und in einer Erweiterung beschrieben. Meist wird es in einen rechtlich-organisatorischen und einen technisch-fachlichen Teil gegliedert.

Das Pflichtenheft bedarf der Genehmigung durch den Auftraggeber. Damit ist das Pflichtenheft die verbindliche Vereinbarung zwischen Auftraggeber und Auftragnehmer für die Durchführung des Projektes.

## 11.6.1 Projektphasen

### Projektplanung

Das Projektteam trifft sich im Kick-off-Meeting[1], um die Rollen und Aufgaben im Projekt zu klären.

Projektstrukturplan und Projektablaufplan veranschaulichen die Projektplanung.

In einem **Projektstrukturplan (Bild 2)** wird das Projekt in Teilaufgaben, Aufgaben sowie Arbeitspakete zerlegt. Festgelegt wird auch die Zuständigkeit der Teammitglieder für einzelne Arbeitspakete und die zu liefernden Ergebnisse.

Im **Projektablaufplan** wird die zeitliche Reihenfolge der Arbeitspakete festgelegt. Wichtige Zwischenergebnisse nennt man **Meilensteine**, z. B. Abschluss der Installationsarbeiten, des Projekts. Der Projektablauf lässt sich z. B. grafisch darstellen **(Bild 3)**. Darin werden die **Arbeitspakete**, z. B. Programmierung von Lichtszenen, in der zeitlichen Reihenfolge eingetragen. Für die Projektplanung stehen auch verschiedene Software-Tools[2] zur Verfügung, z. B. Asana, Monday, Trello usw.

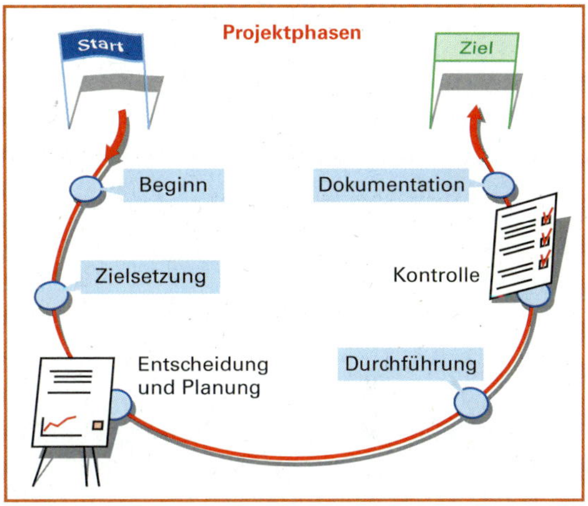


**Bild 1**: Projektphasen

### Projektdurchführung

Eine genaue Festlegung der Ziele und Zuständigkeiten des Projekts erleichtert die Durchführung.

Die Hauptaufgabe des Projektleiters in der Durchführungsphase ist es, geeignete Kontroll- und Steuermaßnahmen zur Erreichung des Projektziels sicherzustellen, z. B. durch:

- Teambesprechungen,
- Soll-Ist-Vergleiche für den Arbeitsfortschritt,
- Überprüfung der Projektkosten und
- Projektzwischenberichte für den Auftraggeber.

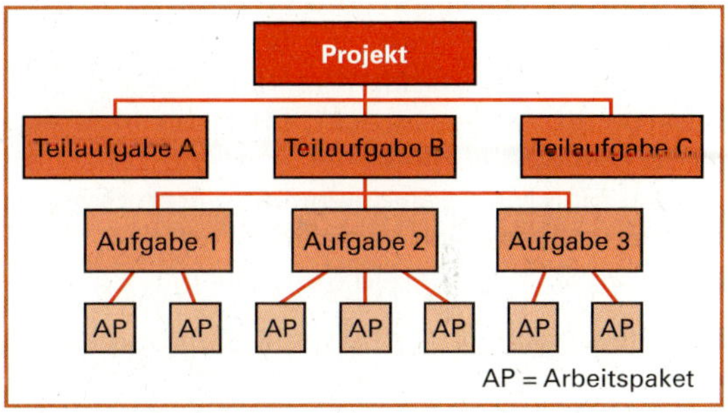


**Bild 2**: Projektstrukturplan

### Projektabschluss

Zum Projektabschluss erwartet der Auftraggeber eine termingerechte Übergabe der gewünschten Leistungen einschließlich Übernahmeprotokoll und Dokumentation. Das Team muss nach dem Projektende den Projektablauf analysieren:

- Gab es Schwachpunkte in der Projektentwicklung?
- War die Planung ausreichend?
- Wurde der Kostenrahmen eingehalten?
- Waren alle Mitarbeiter teamfähig und der Projektleiter handlungsfähig?

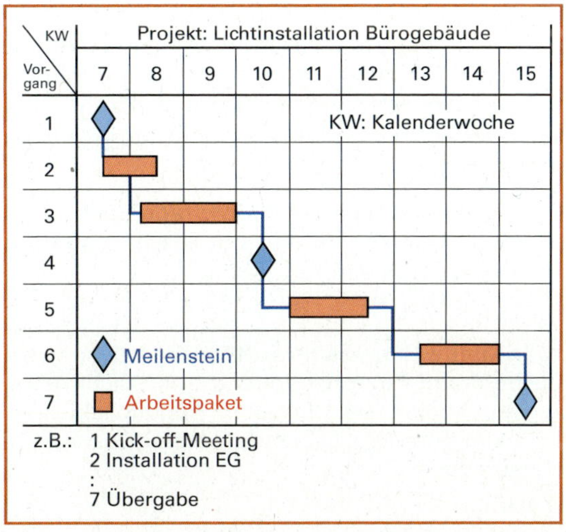


**Bild 3**: Projektablaufplan

[1] kick-off (engl.) = Anstoß, meeting (engl.) = Begegnung, Treffen
[2] tool (engl.) = Werkzeug

## 11.7 Auftrag und Umsetzung

Betriebe in der Veranstaltungsbranche können sich nur dann am Markt behaupten, wenn sie zum einen die Aufträge zur Zufriedenheit der Kunden erledigen und zum anderen auch wirtschaftlich erfolgreich arbeiten. Das bedeutet für die Betriebe nicht nur, dass die technische Ausführung des Auftrags von Bedeutung ist, sondern auch, dass sich der Betrieb am Kunden orientiert und die Wünsche der Kunden im Mittelpunkt des Interesses stehen.

Zielbewusste Kundenorientierung ist besonders wichtig bei der Gewinnung von Kundenaufträgen.

### 11.7.1 Kundenerwartungen und Umgang mit dem Kunden

Dem Betrieb muss bewusst sein, welche Erwartungen der Kunde an ihn stellt **(Bild 1)**. Um diese Kundenerwartungen zu erfüllen, müssen die Mitarbeiter des Betriebs im Umgang mit dem Kunden geschult werden. Dazu gehört zuerst die namentliche Ansprache des Kunden, um so die persönliche Beziehung zu betonen. Eine gute Beratung des Kunden setzt auch die Kenntnis von Grundregeln in der Gesprächsführung voraus. Der Kunde will freundlich empfangen werden, es ist für ihn Verständnis zu zeigen. Kunden werden durch eine übertriebene Gestik, Mimik oder durch den Redeschwall des Mitarbeiters abgeschreckt. Ebenso hinderlich ist zu geringer körperlicher Abstand zwischen Kunden und Mitarbeiter. Unnötige Fremdwörter sollten im Gespräch vermieden werden, denn sie verunsichern nur den Kunden.

Die telefonische Erreichbarkeit in den üblichen Geschäftszeiten sowie eine zeitnahe Beantwortung von Anfragen per Email oder andere Kanäle, wie z.B. LinkedIn, WhatsApp oder Facebook, wenn durch die Firma angeboten, tragen zur Kundenzufriedenheit bei. Kundenanfragen, die nicht sofort beantwortet werden können, sollten immer erfasst werden. Dies kann per Zettel oder besser per Kundenverwaltungssoftware erfolgen.

Der Kunde will sich beim Gespräch auch positiv angesprochen fühlen **(Tabelle 1)**. Negative Formulierungen sind zu vermeiden.

**Beispiel:**

Der Kunde Herr Weber ruft verärgert an, weil seine Stand-Alone-Videoinstallation nicht richtig funktioniert. Der Chef ist im Augenblick auch nicht im Büro. Wie beginnen Sie ein „positives" Gespräch?

**Lösung:**
Auswahl entsprechend **Tabelle 1.**

- Ich bin der wichtigste Kunde.
- Für meine Fragen hat der Betrieb immer Zeit.

- Meine Fragen werden verständlich beantwortet.
- Ich bekomme eine Lösung aus einer Hand.
- Die Leistungen sind termingerecht, sauber und korrekt ausgeführt.
- Das Preis-Leistungsverhältnis stimmt.

**Bild 1**: Kundenerwartungen

**Grundregeln der Gesprächsführung**
- Positive Einstellung zum Kunden.
- Freundliches Gesprächsklima.
- Angemessene Gesprächstechnik.
- Ergebnisorientierung.

**Tabelle 1:** Formulierungen

| negativ | positiv |
|---|---|
| Da bin ich nicht informiert. | Ich informiere mich und rufe zurück. |
| Dafür bin ich nicht zuständig. | Zuständig dafür ist ... |
| Das weiß ich leider nicht. | Ich kümmere mich darum. |
| Ich kann Ihnen nichts versprechen. | Ich verspreche, dass ich mein Möglichstes tun werde. |
| Sie müssen mir schon Ihren Namen sagen. | Bitte nennen Sie mir noch Ihren Namen. |
| Der Chef ist außer Haus. | Was darf ich notieren? |
| Zurzeit ist niemand im Büro. | Morgen ab 7:00 Uhr sind wir wieder für Sie da. |
| Ich habe die Unterlagen nicht. | Ich hole mir die Unterlagen. |
| Diese Woche geht nichts mehr. | Voraussichtlich nächste Woche. |
| Da kann ich Ihnen nicht helfen. | Herr ..., ich würde Ihnen gerne helfen, aber Herr ... ist außer Haus. |

## 11.7.2 Phasen eines Kundenauftrags

Typische Kundenaufträge in der Veranstaltungsbranche sind Festinstallationen von Medientechnik, Ausstattung von Konzerten, Kongressen, Festen usw. in Gebäuden oder im Freien.

Die Bearbeitung eines Kundenauftrags lässt sich in mehrere typische Phasen unterteilen:

- Auftragsanalyse,
- Auftragsplanung,
- Auftragsdurchführung,
- Auftragsauswertung **(Bild 1)**.

Da auch die Gewinnung neuer Kunden von Bedeutung ist, können die genannten Phasen um die Neukundengewinnung (Akquisition[1]) erweitert werden. Potenzielle Neukunden können durch Werbung, z.B. in Fachzeitschriften oder in Onlineplattformen angesprochen werden. Größere Personenkreise werden auch erreicht über eine Präsenz auf Fachmessen und Fach-Kongressen oder Mitgliedschaft in einem Branchenverband.

**Auftragsanalyse.** Nachdem der erste Kontakt zum Kunden hergestellt ist, sind folgende Fragen zu klären:

- Welche räumlichen und technischen Gegebenheiten, z.B. Raumpläne, Pläne von Hängepunkten, liegen beim Kunden vor?
- Benötigt der Kunde noch weitere Beratung oder will er sich über Alternativlösungen[2] informieren?
- Zu welchem Preis ist die gewünschte Leistung zu erbringen?
- In welchem zeitlichen Rahmen bzw. zu welchem Zeitpunkt ist der Auftrag auszuführen?

Dann kann ein Angebot unterbreitet werden.

**Kalkulation und Angebot**
Kapitel 11.8

**Auftragsplanung.** Erteilt der Kunde dem Betrieb aufgrund des Angebots den Auftrag, kann mit der Auftragsplanung begonnen werden. In dieser Phase werden z.B. die Pläne für die Bühne, das Licht, die Beschallung erstellt, notwendige Berechnungen durchgeführt, eventuell Mietmaterial bestellt, der Fahrzeug- und Personaleinsatz und, falls nötig, Fremdleistungen geplant.

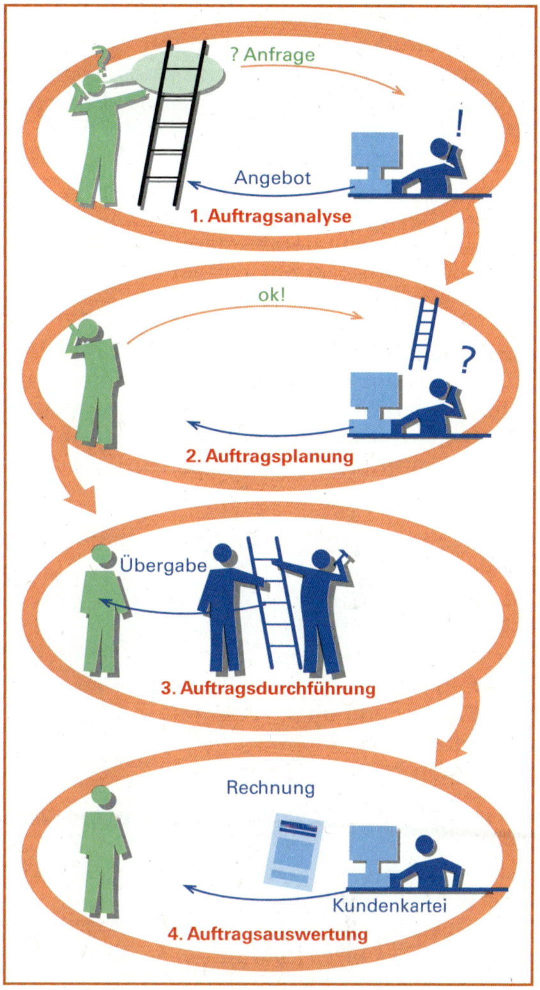


**Bild 1**: Phasen eines Kundenauftrags

**Hinweise in der Auftragsbestätigung**

- Dank für Auftrag vom ...
- Verweis auf Angebot vom ...
- Auflistung der Einzelleistungen
- Erreichbarkeit des Auftragnehmers

**Checkliste zur Auftragsplanung**

| | |
|---|---|
| ■ Planerstellung: | z.B. Lichtplan |
| ■ Berechnungen: | z.B. Bedarf an Kabeln |
| ■ Materialbeschaffung: | z.B. Dry-Hire |
| ■ Terminplanung: | z.B. welche Kalenderwoche? |
| ■ Fremdleistungsvergabe: | z.B. Rigging |
| ■ Personaleinsatz und Personalauswahl: | z.B. Anzahl an Bühnenhelfern |

[1] Akquisition (frz.) = Anschaffung
[2] alternativ (lat.) = zwischen zwei Möglichkeiten die Wahl lassend

### Auftragsdurchführung

Zum vereinbarten Aufbaubeginn beim Kunden, bzw. der Location müssen das Material, Hilfsmittel, wie z.B. Materiallifte und Werkzeug für den Auftrag bereitgestellt werden. Vor Ort erfolgen Baubesprechungen mit anderen Gewerken[1] oder mit dem Kunden.

Der Auftrag soll gemäß dem aufgestellten Arbeitsplan verlaufen und ist fach-, sach- und termingerecht auszuführen.

**Fragen zur Auftragsdurchführung**

- Sind Material und Personal zur richtigen Zeit vor Ort?
- Wird die Terminplanung eingehalten?
- Wird die Arbeit technisch korrekt ausgeführt?
- Erfolgt die fristgerechte Fertigstellung?
- Wird der Arbeitsplatz sauber verlassen?

Die durchgeführten Aufbauten und Geräte werden sowohl durch Sicht- als auch durch Funktionsprüfungen kontrolliert. Für die errichtete elektrische Anlage ist ein Prüfprotokoll zu erstellen. Für aufgehängte Lasten oder gestellte Konstruktionen sind ggf. Standsicherheitsnachweise bereitzuhalten. Sind alle erforderlichen Nachweise vorhanden und befindet sich der Aufbau im bestellten und einwandfreien Zustand, so wird der Aufbau dem Kunden übergeben, bzw. die Bühne freigegeben.

Ist bei mehrtägigen Veranstaltungen der Aufbau beendet oder bei eintägigen der Abbau, wird der Produktionsort sauber hinterlassen, Abfallstoffe bzw. Reste werden umweltgerecht entsorgt.

### Auftragsbearbeitung

Zur Auftragsbearbeitung und späteren Rechnungserstellung ist eine Aufstellung aller verwendeten Geräte, Materialien und der benötigten Zeiten erforderlich.

Diese Daten können als Stückliste der CAD-Planung, als Daten aus dem Warenwirtschaftsprogramm **(Bild 1)** oder aus anderen Listen und Notizen zusammengestellt werden. Der vor Ort verantwortliche technische Leiter oder die Bühnenfachkraft notieren alle zusätzlich verwendeten Ressourcen, wie Material oder Personalzeiten.

Bei umfangreicheren Aufträgen mit allen Auftragsphasen ist eine Nachkalkulation sinnvoll, mit der das abgegebene Angebot überprüft wird. Dabei kalkuliert der Projektleiter das ursprüngliche Angebot mit den tatsächlich verwendeten Materialien sowie der Arbeitszeit nach. Über die Verknüpfung aller Daten aus einem Warenwirtschaftsprogramm **(Bild 2)** können wertvolle Erkenntnisse aus den durchgeführten Projekten gewonnen werden.

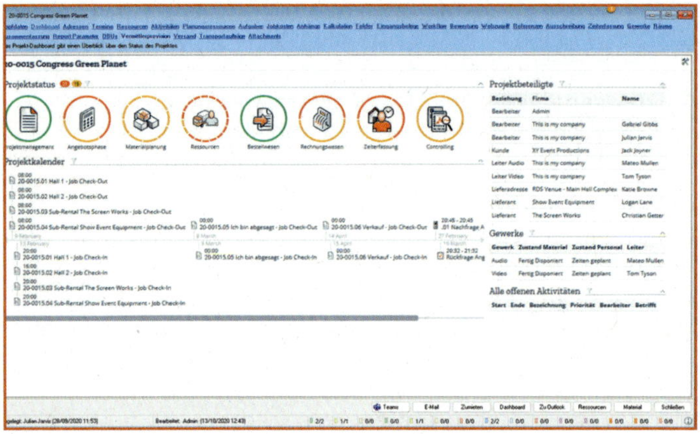


**Bild 1:** Auftragsverwaltung (easyjob - Protonic Software)

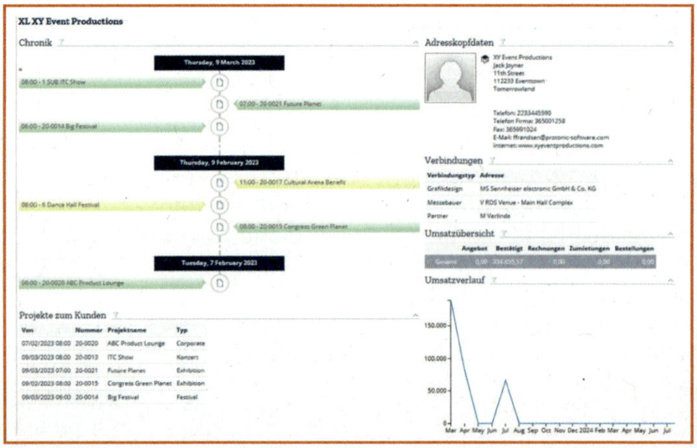


**Bild 2:** Adressdashboard (easyjob - Protonic Software)

[1] Gewerk = Zweig des Bauhandwerks

## 11.7.3 Kundenservice

Unternehmen beenden ihre Geschäftsbeziehungen mit einem Kunden nicht mit der erfolgreichen Durchführung eines Projektes oder mit der Inbetriebnahme einer Festinstallation, sondern bleiben weiter in regelmäßigem Kontakt oder bieten danach einen umfassenden Service an. Die Betreuung von Kunden, z. B. nach Festinstallation oder Langzeitmiete wird als **After-Sales-Service**[1] bezeichnet.

Sollte ein Kunde nur eine Teilleistung der eigenen Firma (z. B. Beleuchtung) beauftragt haben, kann es Erfolg haben, auch auf die anderen Leistungen (z. B. Videotechnik) hinzuweisen. Sinnvoll ist auch, beim Service Geräte auf den neuesten Stand zu bringen, z. B. Installieren neuer Software. Je nach Unternehmen werden unterschiedliche Lösungsansätze angeboten.

Zuverlässige Serviceleistungen bestimmen auch die Wettbewerbsfähigkeit eines Unternehmens.

### Nutzereinweisung

Technische Geräte und Anlagen, die als Langzeitmiete angeboten werden, weisen oft vielfältige Benutzungsmöglichkeiten auf. Dabei erscheint die Bedienung eines Gerätes immer komplizierter. Deshalb muss dem Kunden bzw. dem Anwender die optimale Nutzung erklärt werden. Der Verweis auf technische Unterlagen reicht nicht aus, wichtig ist auch die persönliche Einweisung vor Ort. Hierbei müssen ebenfalls die Grundregeln der Gesprächsführung **(Seite 498)** beachtet werden.

Die Bedienung einer Maschine bzw. die Handhabung eines Gerätes wird durch eine persönliche Unterweisung am wirkungsvollsten erklärt.

Gut eingewiesene Mitarbeiter erhöhen die Anlagenverfügbarkeit und helfen, Kosten zu sparen.

Auf Wartungsintervalle sollte hingewiesen werden.

**After-Sales-Service**[1]
Damit bezeichnet man alle Maßnahmen eines Unternehmens zur Kundenbetreuung sowie alle Serviceleistungen **nach** dem Kauf eines Produkts.

**Serviceangebote**
- Hotline
- Kundeneinweisung
- Kundenbriefe
- Kundenschulung
- Reparaturservice
- Ersatzteilservice
- Wartungsservice (z. B. Prüfung Anschlagmittel)

**Bild 2**: Kundenansprüche an den Servicemitarbeiter

**Bild 3**: Gründe für Kundenzufriedenheit im Servicebereich

**Präsentation:** Seite 641
**Kommunikation:** Seite 638

Bei der Vor-Ort-Unterweisung kann auch auf mögliche Fehlbedienungen eingegangen werden, Kundenfragen können beantwortet werden, Befürchtungen des Kunden können zerstreut werden.

Damit der Servicemitarbeiter solche Kundenschulungen erfolgreich durchführt, muss er die Erwartungen des Kunden kennen **(Bild 2)** und den Umgang mit verschiedenen Kundentypen beherrschen.

Bei allen Maßnahmen des Kundenservice muss die Kundenzufriedenheit **(Bild 3)** im Vordergrund stehen.

[1] After-Sales-Service (engl.) = Dienst nach dem Kauf

## 11.8 Kalkulation und Angebot

Der Preis, zu dem ein Unternehmer (Produzent) seine Ware oder Dienstleistung dem Kunden anbietet, ist von verschiedenen Faktoren abhängig:

**Eigene Kosten.** Alle Ausgaben für die Herstellung eines Produkts wie Löhne, Materialeinsatz, eingesetzte Maschinen, Zinsen für aufgenommene Kredite und zu zahlende Steuern müssen berücksichtigt werden. Die Kosten stellen damit die Selbstkosten des Unternehmers dar.

**Konkurrenzpreise.** Wird das Produkt zu einem höheren Preis als dem der Konkurrenten angeboten, so sind am Markt nur wenige Produkte absetzbar.

**Gewinn.** Jedes wirtschaftlich arbeitende Unternehmen will für seine Risikobereitschaft auch einen Gewinn erzielen.

**Angebotspreis (Nettoverkaufspreis).** Der Unternehmer kalkuliert diesen unter Berücksichtigung der Selbstkosten und seines Gewinnes. Für den Kunden muss darauf noch die Mehrwertsteuer **(Beispiel 1)** hinzugerechnet werden.

Will der Unternehmer seinen geplanten Gewinn sicher erreichen, so muss er Verkaufsabschläge wie Rabatt, Skonto und Provision in seiner Kalkulation hinzurechnen **(Bild 1)**. Ansonsten mindert sich z. B. im Fall der Rabattgewährung sein Gewinn **(Beispiel 2)**.

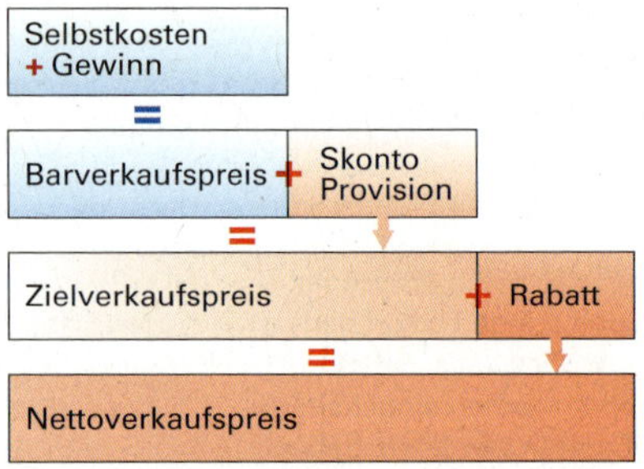


Anmerkung: Falls keine Rabatt-, Skonto- und Provisionsgewährung erfolgt, gilt Barverkaufspreis = Nettoverkaufspreis

**Bild 1:** Kalkulation mit Skonto und Rabatt

**Bruttoverkaufspreis, Gewinn**

***Nettoverkaufspreis = Selbstkosten + Gewinn***

***Bruttoverkaufspreis = Nettoverkaufspreis + Mehrwertsteuer***

***Gewinn = Gewinnzuschlagssatz/100 % · Selbstkosten***

**Beispiel 1:**

Die Selbstkosten einer Waschmaschine betragen 499 €. Als Gewinnzuschlagssatz rechnet der Unternehmer mit 15 Prozent.

Wie hoch ist der Bruttoverkaufspreis?

**Lösung:**

*Gewinn = Gewinnzuschlagssatz/100 % · Selbstkosten*
= 15 %/100 % · 499 € = 74,85 €

*Nettoverkaufspreis = Selbstkosten + Gewinn*
= 499 € + 74,85 € = 573,85 €

*Mehrwertsteuer = Nettoverkaufspreis · Mehrwertsteuersatz/100 %*
= 573,85 € · 19 %/100 % = 109,03 €

**Bruttoverkaufspreis**
*= Nettoverkaufspreis + Mehrwertsteuer*
= 573,85 € + 109,03 € = 682,88 €

**Beispiel 2:**

Der Unternehmer **(Beispiel 1)** gewährt auf den Nettoverkaufspreis der Waschmaschine einen Rabatt von 5 % sowie 2 % Skonto. Wie hoch ist sein Gewinnzuschlagssatz?

**Lösung:**

*Rabatt = Nettoverkaufspreis · Rabattsatz/100 %*
= 573,85 € · 5 %/100% = 28,69 €

*Zielverkaufspreis = Nettoverkaufspreis – Rabatt*
= 573,85 € – 28,69 € = 545,16 €

*Skonto = Zielverkaufspreis · Skontosatz/100 %*
= 545,16 € · 2 %/100 % = 10,90 €

*Barverkaufspreis = Zielverkaufspreis – Skonto*
= 545,16 € – 10,90 € = 534,26 €

*Gewinn = Barverkaufspreis – Selbstkosten*
= 534,26 € – 499 € = 35,26 €

**Gewinnzuschlagssatz** =
Gewinn/Selbstkosten · 100 % =
35,26 €/499 € · 100 % = **7,1 %**

Vom Nettoverkaufspreis wird zuerst der Rabatt abgezogen. Von dem berechneten Zieleinkaufspreis werden Skonto und Provisionen abgezogen.

Der Kunde vergleicht seinerseits die Preise auf dem Markt und verlangt bei Dienstleistungen häufig einen Kostenvoranschlag.

Angebotspreise sind im Umfang und in der Höhe für den Unternehmer bindend. Bei Kostenvoranschlägen ist eine Überschreitung möglich (ca. 20 %), sofern der Unternehmer dem Kunden die Überschreitung rechtzeitig mitteilt.

## 11.8.1 Kalkulation im Industriebetrieb

Zur Verdeutlichung von Kalkulationsprinzipien der freien Wirtschaft werden nachfolgend verschiedene Arten der Kalkulation vorgestellt. Werden in einem Unternehmen verschiedene Produkte hergestellt, so lassen sich nicht alle Kosten direkt dem Produkt zuordnen.

Die Kostenträgerrechnung unterscheidet deswegen Einzelkosten und Gemeinkosten.

**Einzelkosten** können dem Produkt (Kostenträger) direkt zugewiesen werden, z.B. über einen Materialentnahmeschein **(Bild 1)** oder Lohnkosten über einen Montagenachweis.

**Gemeinkosten** sind die darüber hinaus entstehenden Kosten, wie Wertminderungen für Maschinen, Büroausstattung, Kommunikationskosten, Gehälter für Vertrieb und Verwaltung. Sie können oft nicht eindeutig einem Kostenträger zugeordnet werden. Diese Kosten werden deshalb an ihren Kostenstellen erfasst **(Übersicht)** und mit einem **Betriebsabrechnungsbogen (BAB)** errechnet. Daraus ergeben sich dann die entsprechenden Gemeinkostenzuschlagssätze für die Kostenstellen Material, Fertigung, Verwaltung und Vertrieb.

**Übersicht: Kostenstellen nach Funktion**
- Materialbereich
- Fertigungsbereich
- Vertriebsbereich
- Verwaltungsbereich

### Zuschlagskalkulation

Mit der Zuschlagskalkulation werden die Selbstkosten eines Produkts ermittelt.

Zunächst werden zu den nachweisbaren Einzelkosten für Material und Fertigungslöhne die Gemeinkosten für Lohn und Material hinzugezählt **(Bild 2)**. Diese gesamten Kosten werden auch Herstellkosten genannt. Zu den Herstellkosten werden die Gemeinkosten für Vertrieb und Verwaltung addiert und man erhält so die Selbstkosten.

**Beispiel:**

Ein Unternehmen hat folgende Gemeinkostenzuschlagssätze mit dem Betriebsabrechnungsbogen ermittelt **(Tabelle 1)**. Für die Herstellung des Elektromotors MX 277 fallen 10 € Materialeinzelkosten und 8 € Lohneinzelkosten an. Berechnen Sie die Selbstkosten des Motors.

**Lösung:**

| | |
|---|---|
| *Materialeinzelkosten* | 10,00 € |
| *Materialgemeinkosten = Materialkosten · MZ/100 %* | + 5,50 € |
| *Lohneinzelkosten* | + 8,00 € |
| *Lohngemeinkosten = Lohneinzelkosten · LZ/100 %* | + 12,00 € |
| *Herstellkosten* | = 35,50 € |
| *Verwaltungsgemeinkosten = Herstellkosten · VwZ/100 %* | + 8,88 € |
| *Vertriebsgemeinkosten = Herstellkosten · VtZ/100 %* | + 7,10 € |
| Selbstkosten | **= 51,48 €** |

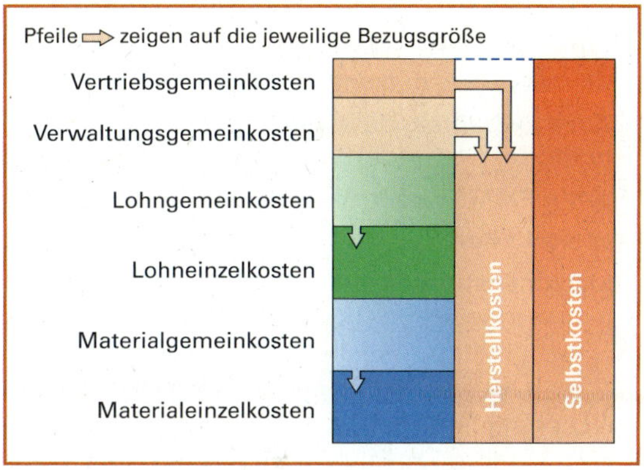


**Bild 1:** Materialentnahmeschein

| Materialentnahmeschein | | Auftrags- Nr.: 12/22 MX 277 | |
|---|---|---|---|
| Bezeichnung | Anzahl | Artikel-Nr.: | erhalten |
| Motorengehäuse | 180 | M 222345 1 | Bm |
| Wicklungen | 180 | M 345345 1 | Bm |
| | | | |
| | | Kostenstelle | FA 3 |
| Ausgegeben: | St | Datum: | 7.6.2022 |

**Bild 2:** Kosten bei der Zuschlagskalkulation

**Tabelle 1:** Gemeinkostenzuschlagssätze für Elektromotor MX 277

| Art | Höhe |
|---|---|
| Materialgemeinkostenzuschlagssatz *(MZ)* | 55 % |
| Lohngemeinkostenzuschlagssatz *(LZ)* | 150 % |
| Verwaltungsgemeinkostenzuschlagssatz *(VwZ)* | 25 % |
| Vertriebsgemeinkostenzuschlagssatz *(VtZ)* | 20 % |

**Maschinenstundensatz.** Bei der industriellen Fertigung werden sehr teure Maschinen oder Geräte eingesetzt. Deswegen werden die an einer Maschine entstandenen Kosten nicht über die Fertigungsgemeinkosten auf alle Produkte umgelegt, sondern direkt dem produzierten Produkt zugeschlagen. Dazu wird der sogenannte Maschinenstundensatz ermittelt, also die anfallenden Kosten pro Betriebsstunde.

**Beispiel 1:**

Für den Motorenprüfplatz nach **Tabelle 1** ist der Maschinenstundensatz zu berechnen.

**Lösung:**

| | |
|---|---|
| *Jahresnutzungsstunden = 12 Monate · 180 h/Monat* | 2160 h |
| *Nutzungsdauer = 10 Jahre · 2160 h/Jahr* | 21600 h |
| *WK/h = WK/Nutzungsdauer* | 8,33 € |
| *IK/h = IK/Jahresnutzungsstunden* | 4,17 € |
| *ZK/h = ZK/Jahresnutzungsstunden* | 2,50 € |
| *RK/h = RK/Monatsnutzungsdauer* | 2,50 € |
| *Arbeitskosten/h* | 3,20 € |
| Maschinenstundensatz | **20,70 €** |

**Tabelle 1:** Auszug aus einer Maschinenstundensatz-Karte

| | |
|---|---|
| Bezeichnung | Prüfplatz Motoren |
| Standort | Halle 07 |
| Anschaffungsjahr | 2017 |
| Nutzungsdauer | 10 Jahre |
| Monatliche Stundenleistung | 180 h |
| Anschaffungskosten | 150000 € |
| Wiederbeschaffungskosten *(WK)*, 120 % der Anschaffungskosten | 180000 € |
| Instandhaltungskosten *(IK)*/Jahr, 5 % der Wiederbeschaffungskosten | 9000 €/Jahr |
| Zinsen *(ZK)* auf Wiederbeschaffungskosten/Jahr, 6 % von der Hälfte der Wiederbeschaffungskosten | 5400 €/Jahr |
| Raumkosten *(RK)* 30 $m^2$ à 15 €/$m^2$ · Monat | 450 €/Monat |
| Arbeitskosten *(AK)* 0,32 €/kWh Anschlussleistung 10 kW | 3,20 €/h |
| **Maschinenstundensatz** | Siehe **Beispiel 1** |

## 11.8.2 Kalkulation von Dienstleistungen

Bei Dienstleistungen, z.B. Beratung, Software-Entwicklung oder Reparatur, stehen die Personalkosten im Vordergrund. Dabei werden die Lohnkosten über Stundensätze oder Arbeitswerte verrechnet. In den Stundensätzen sind dabei alle betrieblichen Kosten enthalten. Notwendiges Material wird in der Berechnung gesondert aufgeführt.

**Beispiel 2:**

Kalkulieren Sie den Nettopreis der Reparatur entsprechend dem Montagenachweis im **Bild 1**.

Der Nettoverkaufspreis eines Schützes beträgt 20 €, die Monteurstunde ist mit 54 € anzusetzen, als Fahrkostenpauschale werden 15 € angesetzt.

**Lösung: Tabelle 2**

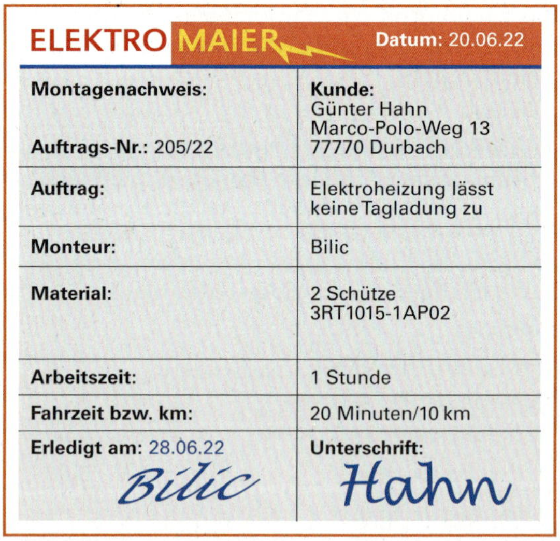
ELEKTRO MAIER — **Datum:** 20.06.22

| | |
|---|---|
| **Montagenachweis:** **Auftrags-Nr.:** 205/22 | **Kunde:** Günter Hahn, Marco-Polo-Weg 13, 77770 Durbach |
| **Auftrag:** | Elektroheizung lässt keine Tagladung zu |
| **Monteur:** | Bilic |
| **Material:** | 2 Schütze 3RT1015-1AP02 |
| **Arbeitszeit:** | 1 Stunde |
| **Fahrzeit bzw. km:** | 20 Minuten/10 km |
| **Erledigt am:** 28.06.22 Bilic | **Unterschrift:** Hahn |

**Bild 1:** Montagenachweis

**Tabelle 2:** Nettopreis der Reparatur

| | |
|---|---|
| Arbeitszeit und Fahrzeit | 72,00 € |
| Fahrkostenpauschale | 15,00 € |
| Material | 40,00 € |
| **Nettopreis** | **127,00 €** |

## 11.8.3 Kalkulation im Handwerksbetrieb

Bei aufwendigen Aufträgen, z.B. der Erneuerung einer Hausinstallation, fordert der Kunde (Auftraggeber) vom Handwerksbetrieb meist einen Kostenvoranschlag. Ebenfalls ist die Erstellung von Angeboten bei öffentlichen Ausschreibungen, z.B. Durchführung der Elektroinstallation bei einem Schulhausneubau, üblich.

Als Grundlagen für die Erstellung der Angebote dienen Kalkulationshilfen, z. B. vom ZVEH[1]. Den Kalkulationshilfen **(Tabelle 1)** sind für jeden Vorgang die zu kalkulierende Arbeitszeit in Minuten und die Materialkosten zu entnehmen. Der Listenpreis (Nettopreis) für das Material kann den Katalogen der Hersteller entnommen werden. In den Kalkulationshilfen sind Werte für bestimmte Stundenverrechnungssätze und Gemeinkostenzuschläge (GKZ) auf das Material vorgeschlagen.

Bei Ausschreibungen ist es üblich, dass für jede Position des zu erstellenden Leistungsverzeichnisses **(Tabelle 2)** ein **Einzelpreis (EP)** für Lohn und ein Einzelpreis für Material sowie der **Gesamtpreis (GP)** angegeben werden.

**Beispiel:**

Die Buchhandlung Brenner will die Beleuchtung des Lesebereiches neu gestalten. Die Baustellennotiz **(Bild 1)** enthält die wichtigsten Planungsdaten. Verwenden Sie dazu Kalkulationshilfen **(Tabelle 1)** mit dem Stundenverrechnungssatz von 42 € sowie 20 % Gemeinkostenzuschlag beim Material.

**a)** Erstellen Sie das Leistungsverzeichnis.

**b)** Formulieren Sie das schriftliche Angebot.

**Lösung:** **a) Tabelle 2** **b) Bild 2**

ELEKTRO MAIER — Datum: 27.10.22

Kunde: Buchhandlung Brenner

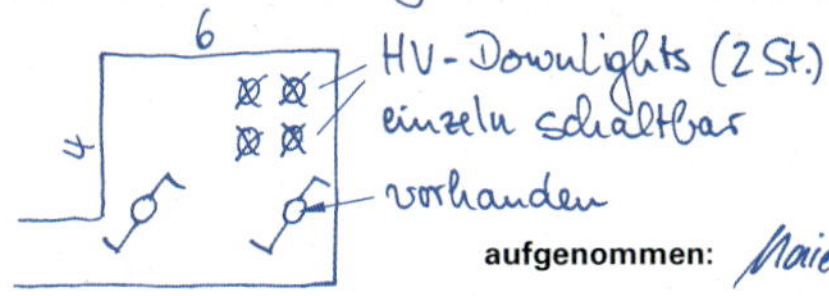


aufgenommen: Maier (Mr)

**Bild 1:** Baustellennotiz

ELEKTRO MAIER — Webergasse 6, 77770 Durbach

Herrn
Helmut Brenner
Marco-Polo-Weg 13
77770 Durbach

**Angebot vom 29.10.2022 für Beleuchtung**

Entsprechend unseres Gespräches vom 25.10.2022 bieten wir Ihnen an:

Lieferung und Montage von 2 LED-Downlights G4 230 V/2 x 12 W dimmbar in den Verkaufsräumen im Marco-Polo-Weg 13 zum verbindlichen Preis incl. MwSt. von 176,74 €.

Wir freuen uns auf Ihren Auftrag, den wir gerne kurzfristig erledigen werden.

Mit freundlichen Grüßen

J. Maier

BB Bank BIC:GENODE61BBB 2441 877 Geschäftsführer: Walter Maier – Amtsgericht Offenburg-Handelsregister HRB 3936- St-Nr.: 77007/99412 IBAN: DE17666090800001234567 UST ID: DE 201506817

**Bild 2:** Angebot

**Tabelle 1:** Auszug aus den Kalkulationshilfen

| Bezeichnung | Arbeitskosten in € | | | Materialkosten in € | | |
|---|---|---|---|---|---|---|
| **Hinweis: Angaben immer pro Stück (Stk.) oder pro Meter** | Arbeitszeit in Minuten | Basis 42 € verr. Lohn | Basis 48 € verr. Lohn | Netto in € | Mit 20 % GKZ | Mit 35 % GKZ |
| LED-Phasenanschnittdimmer montieren | 10,0 | 7,00 | 8,00 | 30,00 | 36,00 | 40,50 |
| NYM 3x1,5 mm² in Kanal oder Leerrohr verlegen | 1,5 | 1,05 | 1,20 | 0,20 | 0,24 | 0,27 |
| LED-Downlight G4, 230 V/2 x 12 W, liefern und montieren | 12,0 | 8,40 | 9,60 | 20,00 | 24,00 | 27,00 |
| UP-Doppelwechsel-Schalter montieren | 6,5 | 4,55 | 5,20 | 7,80 | 9,36 | 10,53 |

**Tabelle 2:** Leistungsverzeichnis

| Pos. | Menge | Einheit | Bezeichnung | Material in €/Stk. oder €/m | Lohn in €/Stk. oder €/m | EP in € | GP in € |
|---|---|---|---|---|---|---|---|
| 1 | 1 | Stück | LED-Phasenanschnittdimmer montieren | 36,00 | 7,00 | 43,00 | 43,00 |
| 2 | 10 | m | NYM 3x1,5 mm² in Kanal oder Leerrohr verlegen | 0,24 | 1,05 | 1,29 | 12,90 |
| 3 | 2 | Stück | LED-Downlight G4, 230 V/2 x 12 W, liefern und montieren | 24,00 | 8,40 | 32,40 | 64,80 |
| 4 | 2 | Stück | UP-Doppelwechsel-Schalter liefern und montieren | 9,36 | 4,55 | 13,91 | 27,82 |
| | | | | | | **Summe ohne MwSt.** | **148,52** |

[1] **ZVEH,** Abk. für: **Z**entral**v**erband der Deutschen **E**lektro- und Informationstechnischen **H**andwerke

Stundenverrechnungssatz. Zwischen dem bezahlten Lohn, den ein Geselle für seine Arbeit erhält und dem auf der Rechnung beim Kunden ausgewiesenen Stundenverrechnungssatz besteht ein erheblicher Unterschied, da hier auch die Lohnzusatzkosten zu berücksichtigen sind (**Bild 1**).

Außerdem steht der Arbeitnehmer dem Arbeitgeber nach Abzug von Urlaub, Feiertagen, Fortbildungen und Krankheiten nur etwa 1560 Stunden im Jahr zur Verfügung, erhält aber während der ganzen Zeit seinen Stundenlohn (**Tabelle 1**).

**Beispiel 1:**

Welchen Stundenverrechnungssatz (**Tabelle 1**) muss der Handwerksmeister dem Kunden in Rechnung stellen, wenn er einen Gewinn von 5 % anstrebt?

**Lösung:**

**Stundenverrechnungssatz** = 1,05 · 55,03 € = **57,78 €**

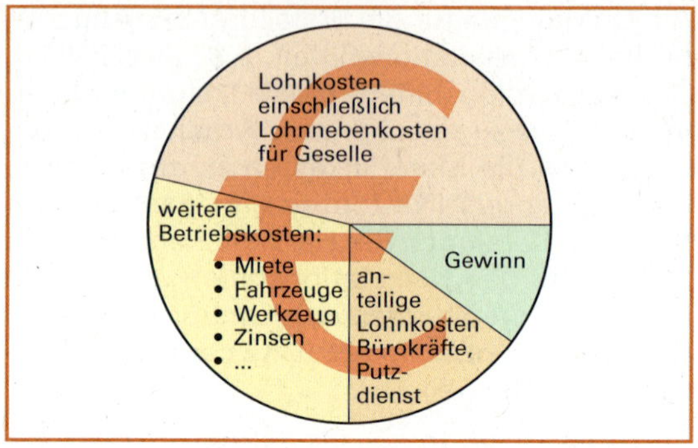


**Bild 1**: Zusammensetzung Stundenverrechnungssatz

**Tabelle 1:** Beispiel zur Ermittlung des Stundenverrechnungssatzes: Stundenlohn 21,76 €*
* Tariflohn Gruppe 6 (selbstständiger Monteur, 2022)

| Kostenart | Kosten in € |
|---|---|
| Bruttojahreslohn 52 W × 39 h/W = 2028 h Stundenlohn eines Monteurs: 21,76 € | 44 129,28 |
| Arbeitgeberbeitrag zur Sozialversicherung (ca. 20 %) | 8 112,00 |
| Gratifikationen (z. B. Urlaubsgeld) | 912,00 |
| Anteilige Lohnkosten der übrigen Mitarbeiter | 11 941,25 |
| Anteilige Betriebskosten | 20 750,00 |
| Gesamtkosten/Jahr | **85 844,53** |
| Pro Anwesenheitsstunde des Monteurs bei 1560 h/Jahr | 55,03 |

## 11.8.4 Rechnungsstellung

Die Rechnung enthält u. a. folgende Angaben (**Bild 2**):

- Datum der Rechnungsstellung,
- Auftragsnummer,
- die einzelnen Posten des Auftrags,
- Gesamtbetrag,
- Zahlungsbedingungen.

Bei der Rechnungsstellung ist auch die Mehrwertsteuer (MwSt.) zu erheben.

Das verwendete Formular enthält neben dem üblichen Briefkopf auch gesellschaftsrechtliche Angaben z. B. Firmensitz, Handelsregistereintrag, Bankverbindungen und Steuernummer.

**Beispiel 2:**

Herr Hahn zahlt die Rechnung (Bild 2) am 4. Juli 2021.

**Lösung:**

*Skonto = Gesamtbetrag · Skontosatz/100 %*
= 152,71 € · 2 %/100 % = 3,05 €

*Überweisungsbetrag = Gesamtbetrag – Skonto*
= 152,71 € – 3,05 € = 149,66 €

Seit 2009 können 20 % der Handwerkerleistungen bis maximal 1200 € jährlich von der Einkommensteuer abgezogen werden.

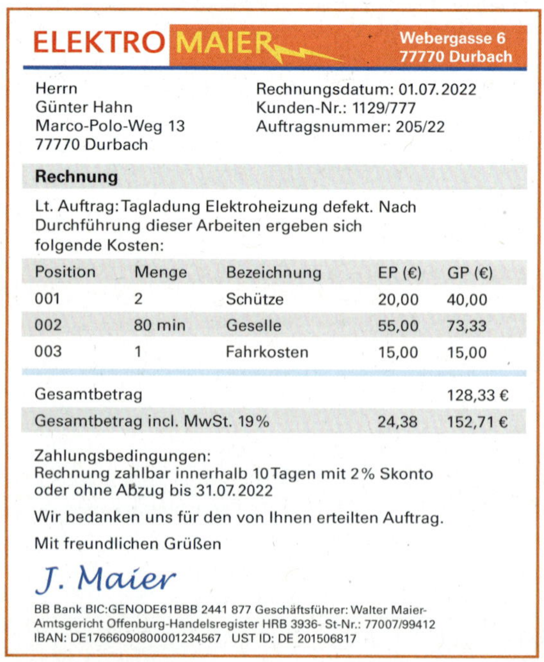

ELEKTRO MAIER
Webergasse 6
77770 Durbach

Herrn
Günter Hahn
Marco-Polo-Weg 13
77770 Durbach

Rechnungsdatum: 01.07.2022
Kunden-Nr.: 1129/777
Auftragsnummer: 205/22

**Rechnung**

Lt. Auftrag: Tagladung Elektroheizung defekt. Nach Durchführung dieser Arbeiten ergeben sich folgende Kosten:

| Position | Menge | Bezeichnung | EP (€) | GP (€) |
|---|---|---|---|---|
| 001 | 2 | Schütze | 20,00 | 40,00 |
| 002 | 80 min | Geselle | 55,00 | 73,33 |
| 003 | 1 | Fahrkosten | 15,00 | 15,00 |
| Gesamtbetrag | | | | 128,33 € |
| Gesamtbetrag incl. MwSt. 19 % | | | 24,38 | 152,71 € |

Zahlungsbedingungen:
Rechnung zahlbar innerhalb 10 Tagen mit 2 % Skonto oder ohne Abzug bis 31.07.2022

Wir bedanken uns für den von Ihnen erteilten Auftrag.

Mit freundlichen Grüßen

J. Maier

BB Bank BIC:GENODE61BBB 2441 877 Geschäftsführer: Walter Maier-
Amtsgericht Offenburg-Handelsregister HRB 3936- St-Nr.: 77007/99412
IBAN: DE17666090800001234567 UST ID: DE 201506817

**Bild 2**: Rechnung

## 11.9 Qualitätsmanagement

Aus der radikalen Kundenorientierung der japanischen Industrie entstand die Idee des Qualitätsmanagements. Unternehmen verfolgen damit die in **Bild 1** aufgeführten Ziele.

Neben der Qualität des Produktes spielten auch die Qualität des Fertigungsprozesses, z.B. Beschaffung, Lagerhaltung, Instandsetzung, Mitarbeiterausbildung sowie die Unternehmensstruktur, z.B. räumliche Gegebenheiten, eine Rolle **(Bild 2)**.

Jede Aktivität im Betrieb kann als ein Prozess aufgefasst und damit auch verbessert werden.

**Qualität** (DIN 55350-11:2008-05), **Qualitätsmanagement** (DIN EN ISO 9000)

- **Qualität** ist die Beschaffenheit einer Einheit bezüglich ihrer Eignung, die Qualitätsanforderungen zu erfüllen.
- **Qualitätsmanagement** umfasst alle aufeinander abgestimmten Tätigkeiten zur Leitung und Lenkung einer Organisation bezüglich der Qualität.

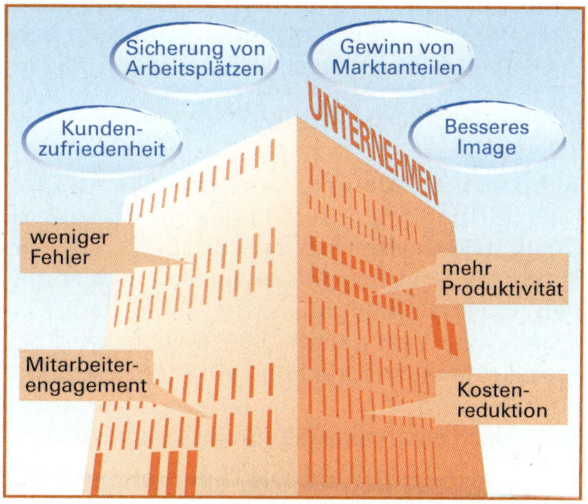


**Bild 1**: Ziele des Qualitätsmanagements

### 11.9.1 Normenreihe DIN EN ISO 9000 ff.

Damit ähnliche Produkte oder Leistungen unterschiedlicher Anbieter auf dem Markt vergleichbar sind, wurde z.B. die Normenreihe DIN EN ISO 9000 bis 9004 eingeführt. Sie enthält betriebsunabhängige, allgemeine Beschreibungen der Elemente des **Qualitätsmanagements (QM)**.

Typische Elemente des Qualitätsmanagements sind:

- Verantwortung der Leitung,
- Qualitätsmanagement-System,
- Vertragsprüfung,
- Beschaffung,
- Überprüfung des Qualitätsmanagement-Systems,
- Qualitätsaufzeichnungen und
- Prüfprozesse.

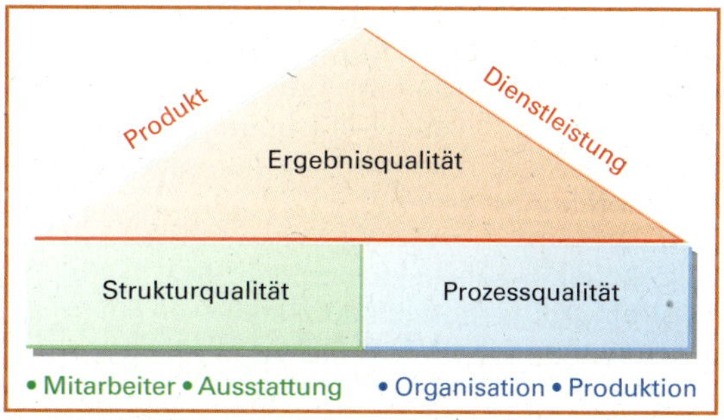


**Bild 2**: Qualitäten

**DIN EN ISO 9000:2015** enthält Grundlagen und definiert die Begriffe eines Qualitätsmanagement-Systems.

**DIN EN ISO 9001:2015** enthält die Anforderungen an ein Qualitätsmanagement-System. Von einem nach dieser Norm zertifizierten[1] Unternehmen kann der Kunde von einer Konformität der erstellten Produkte oder Dienstleistungen ausgehen.

**DIN ISO 20121:2013** ist die Norm zu nachhaltigem Veranstaltungsmanagement.

**DIN ISO 45001:2018** zertifiziert Arbeitsschutzmanagementsysteme. Diese werden z.B. durch die entsprechenden gesetzlichen Unfallversicherungsträger zertifiziert.

[1] zertifizieren = bescheinigen

## 11.9.2 TQM-Methode

Die TQM-Führungsmethode ist kein fertiges Konzept des Qualitätsmanagements, sondern ein Leitbild, das die Ausrichtung des Unternehmens vorgibt. Dieses Leitbild kann als umfassende Qualitätsstrategie begriffen werden:

- **Total.** Alle Beteiligten werden im Prozess erfasst, vom Mitarbeiter, Lieferanten bis hin zum Kunden.
- **Quality.** Alle Unternehmensaktivitäten haben eine qualitätsorientierte Ausrichtung.
- **Management.** Zur Erfüllung des Qualitätsziels müssen von der Unternehmensleitung organisatorische, personelle und technische Rahmenbedingungen geschaffen werden **(Bild 1)**.

Die folgenden vier Grundideen werden dabei verfolgt:

**1. Prozessorientierung:** Es werden die zur Leistungserbringung notwendigen Prozesse, z. B. Qualitätsverbesserung, beschrieben. Ziel, Verantwortlichkeit und Mittel sind dabei anzugeben. Qualitätsmängel werden nicht dem Mitarbeiter zur Last gelegt. Stattdessen wird der Prozess dann entsprechend verändert. Arbeitsabläufe werden somit nach dem Prozess und nicht nach einer speziellen Funktion verteilt.

**2. Kundenorientierung:** Die Unternehmensprozesse haben sich an den Erwartungen und den Wünschen der Kunden zu orientieren.

**3. Mitarbeiterorientierung:** Jeder einzelne Mitarbeiter hat ein bedeutendes Problemlöse- und Kreativitätspotenzial und bewirkt damit positive Arbeitsergebnisse. Mitarbeiter müssen sich weiterentwickeln können, ihre Leistungen sollen anerkannt werden.

In **Qualitätszirkeln** besprechen Mitarbeiter in ihrem Arbeitsbereich auftretende Probleme freiwillig und selbstständig während der Arbeitszeit.

Die Umsetzung der Lösungen erfolgt nach Genehmigung des Entscheidungsträgers eigenverantwortlich durch die Gruppe.

**4. Kontinuierliche Verbesserung:** Alle Prozesse im Unternehmen werden ständig auf Verbesserungsmöglichkeiten hin untersucht. Die Japaner nennen diesen Prozess Kaizen[1].

Der Deming[2]-Zyklus beschreibt die vier Phasen **(Bild 2)** eines **Kontinuierlichen Verbesserungsprozesses (KVP)**.

[1] Kai (jap.) = Veränderung, Zen (jap.) = zur Verbesserung
[2] Deming, amerikanischer Wirtschaftswissenschaftler

**TQM = Total Quality Management**
TQM ist die Führungsmethode einer Organisation, z. B. eines Unternehmens, bei der Qualität in den Mittelpunkt gestellt wird, die auf der Mitwirkung aller ihrer Mitglieder beruht und die auf langfristigen Erfolg durch Zufriedenstellung der Abnehmer (Kunden) und auf den Nutzen für die Mitglieder der Organisation und für die Gesellschaft zielt.

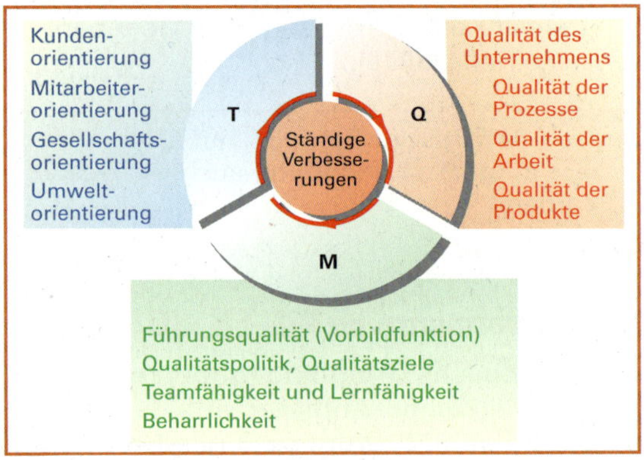


**Bild 1:** Total Quality Management

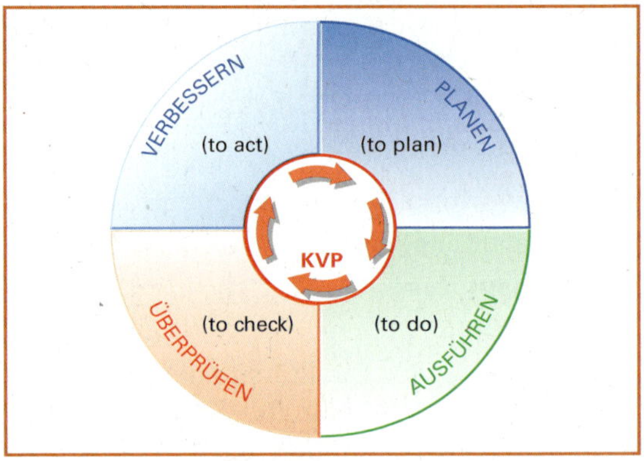


**Bild 2:** Phasen des kontinuierlichen Verbesserungsprozesses

- **Planen (to plan).** Ein Verbesserungsplan wird entwickelt, Änderungen werden definiert und Überprüfungskriterien festgelegt.
- **Ausführen (to do).** Der Verbesserungsplan wird ausgeführt.
- **Überprüfen (to check).** Der Nutzen des Verbesserungsplanes wird überprüft. Falls er bessere Ergebnisse bringt, wird er zum neuen Standard erhoben, bei auftretenden Fehlern werden die Ursachen gesucht.
- **Verbessern (to act).** Die gewonnenen Erfahrungen fließen in den Gesamtprozess zur Qualitätssteigerung mit ein.

 

## 11.9.3 Qualitätswerkzeuge

Der Japaner Ishikawa erstellte für die Qualitätszirkel elementare Werkzeuge der Qualitätssicherung.

> Qualitätswerkzeuge sind grafische Darstellungen, mit denen Probleme im Arbeitsprozess erkannt, verstanden und gelöst werden können.

Diese Qualitätswerkzeuge werden kurz auch Q7 genannt, oder in Englisch „Tools of Quality". Sie dienen zur Fehlererfassung und Fehleranalyse. Man kann mit ihnen: Probleme feststellen und eingrenzen, Faktoren der Fehlerursache bewerten, Häufigkeit von Fehlern erfassen, Auswirkung von Verbesserungsvorschlägen ermitteln und Ausreißer feststellen.

### 1. Fehlersammelliste

Mit einer Strichliste kann die Anzahl der gleichartig auftretenden Fehler gezählt werden. Beispiel: An einem Veranstaltungstag löste fünfmal dieselbe Sicherung aus.

### 2. Histogramm

In einem Säulendiagramm wird die Fehlerhäufigkeit bestimmter zusammengefasster Gruppen erfasst. Beispiel: Anzahl der fehlerbehafteten hergestellten Geräte an einzelnen Wochentagen.

### 3. Qualitätsregelkarte

Ein Prozess wird über einen bestimmten Zeitraum hinweg ständig überwacht. Abweichungen von einem Mittelwert oder Sollwert können sofort erfasst werden und es kann in den Prozess eingriffen werden. Beispiel: Die Staubfreiheit in einem Raum zur Chipherstellung wird überwacht, ist der Sollwert überschritten, muss die Produktion eingestellt werden.

### 4. Korrelationsdiagramm (Streudiagramm)

Damit kann eine Ursache-Wirkungs-Beziehung zwischen zwei Merkmalen gemessen wer-den. Beispiel: Bauelemente werden auf ihre elektrischen Grenzwerte überprüft.

### 5. Pareto-Diagramm (Ishikawa- oder Fishbone-Diagramm)

In diesem Säulendiagramm werden die Ursachen nach ihrer Bedeutsamkeit für das Produktionsergebnis zusammengefasst. Beispiel: Ein Steuerungsausfall beeinflusst zu 60 % das Produktionsergebnis, ein Defekt in der Schnittstelle nur zu 2 %.

### 6. Brainstorming

Ideen, die die vorherrschenden Denkrichtungen verlassen, sollen neue Lösungsvorschläge bringen. Beispiel: Qualitätszirkel überlegt sich Verbesserungsvorschläge.

### 7. Ursache-Wirkungs-Diagramm

Hierbei werden Ursachen, die zu Problemen führen, grafisch dargestellt. Beispiel: Wenn die Temperatur im Fertigungsraum über 30 °C ansteigt, fällt die Steuerung aus.

| Nr | Fehler | Anzahl |
|---|---|---|
| 1 | xxxx | ~~\|\|\|\|~~ \|\|\| |
| 2 | yyyy | ~~\|\|\|\|~~ |
| 3 | zzzzz | ~~\|\|\|\|~~ ~~\|\|\|\|~~ |
| 4 | www | \|\|\| |

**Bild 1:** Fehlersammelliste

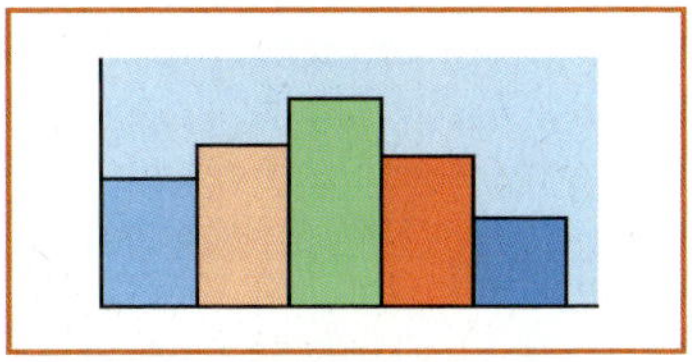

**Bild 2:** Histogramm

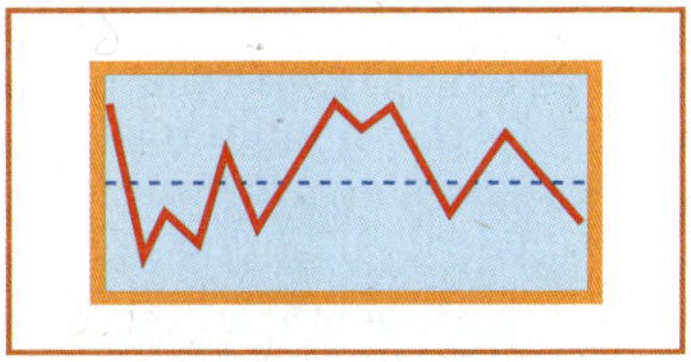

**Bild 3:** Qualitätsregelkarte

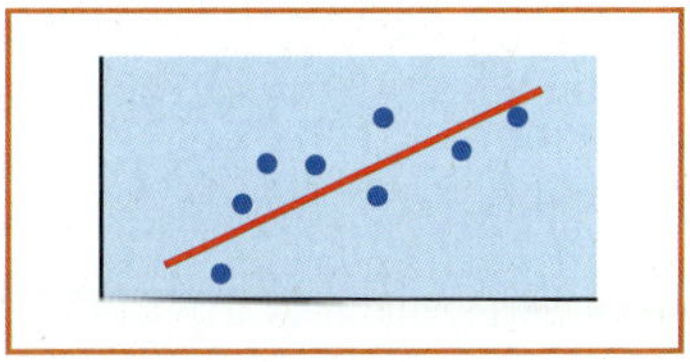

**Bild 4:** Korrelationdiagramm

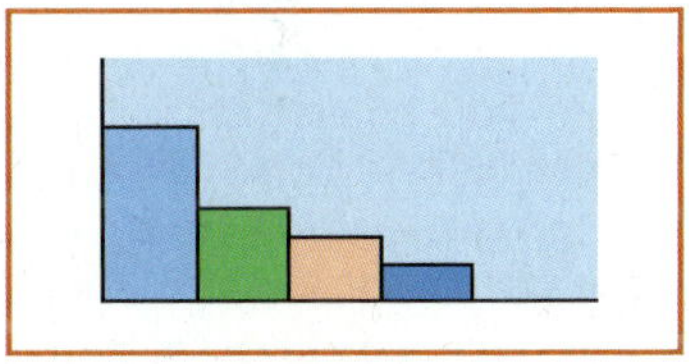

**Bild 5:** Pareto-Diagramm

**Bild 6:** Brainstorming

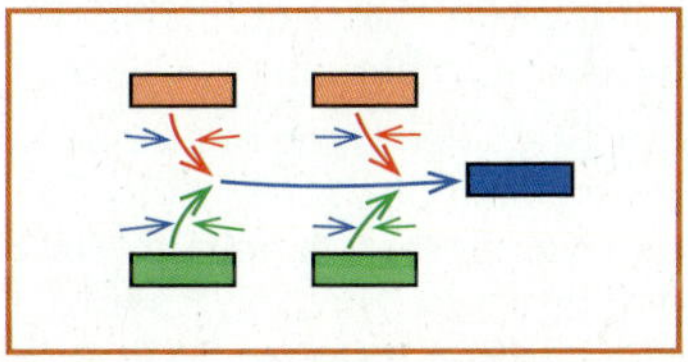

**Bild 7:** Ursache-Wirkungs-Diagramm

## Situationsbeschreibung: „Selbstständigkeit“

Nach einigen Jahren der Berufserfahrung als Fachkraft für Veranstaltungstechnik stellt sich für Sie vielleicht mit entsprechender Spezialisierung die Frage der Selbstständigkeit mit einer eigenen Firma.

### 1. Erfülle ich die persönlichen Voraussetzungen für einen Unternehmer?

Eine Unternehmensgründung will überlegt sein. Die Anforderungen an die Unternehmerpersönlichkeit (**Übersicht 1**) sind vielfältig. Nutzen Sie zu dieser Fragestellung einen der zahlreichen Gründertests.

### 2. Wie sieht meine Geschäftsidee aus?

Ihre Geschäftsidee sollte geplant sein. Im Businessplan (**Bild 1**) beschreiben Sie alle wichtigen Überlegungen zur Umsetzung Ihrer Geschäftsidee.

- Wagen Sie den Schritt in die Selbstständigkeit erst nach reiflicher Überlegung.
- Planen Sie die Umsetzung Ihrer Geschäftsidee realistisch. Prüfen Sie dazu, ob für Ihr Produkt oder Ihre Dienstleistung ein Markt vorhanden ist. Haben Sie den Markt nach Konkurrenten untersucht?
- Denken Sie auch an Ihre persönliche Absicherung und die Ihrer Familie.

### 3. Wie lässt sich meine Geschäftsidee finanzieren?

- Selbst die beste Geschäftsidee kann nicht auf einen soliden Finanzierungsplan verzichten.
- Eine Vielzahl von Punkten (**Übersicht 2**) muss vor der Unternehmensgründung geklärt sein.
- Beginnen Sie nur dann mit dem Unternehmen, wenn auch die Finanzierung gesichert ist.

### 4. Welche rechtlichen Voraussetzungen sind bei meinem Unternehmensstart notwendig?

Bei der Unternehmensgründung sind Behördengänge durchzuführen (**Bild 2**) und Meldefristen einzuhalten. Außerdem muss die Rechtsform, z. B. Einzelunternehmen oder GmbH, des Unternehmens festgelegt werden. Daraus ergeben sich dann auch Konsequenzen für die Besteuerung Ihres Unternehmens.

Der Start des Unternehmens erfordert Ihre volle Aufmerksamkeit. Nehmen Sie die Beratung bei den Kammern oder einem Unternehmensberater und Ihrer Hausbank in Anspruch.

**Übersicht 1: Checkliste meiner persönlichen Voraussetzungen**

- Bin ich risikobereit und entscheidungsfreudig?
- Habe ich Verantwortungsbewusstsein?
- Kann ich gut verhandeln?
- Wie reagiere ich in Konfliktsituationen?
- Kann ich mich rasch auf neue Situationen einstellen und bin ich belastbar?
- Erfülle ich die rechtlichen Voraussetzungen, z. B. habe ich einen Meisterbrief?
- Besitze ich eine schnelle Auffassungsgabe?
- Habe ich Organisationstalent?
- Besitze ich die notwendigen fachlichen Kompetenzen?
- Habe ich betriebswirtschaftliches Verständnis?

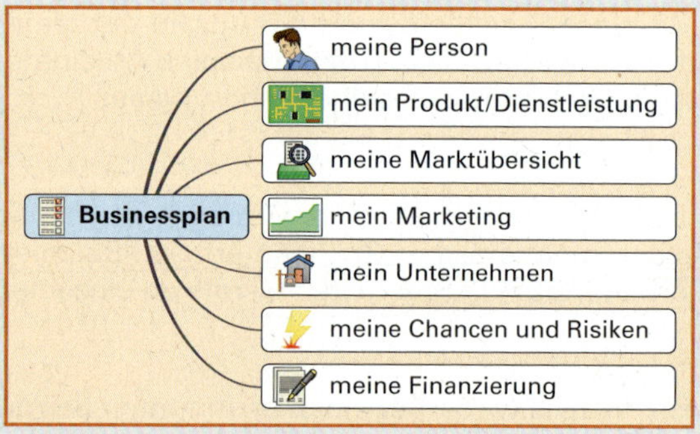


**Bild 1**: Businessplan

**Übersicht 2: Unternehmungsgründung**

- Bestimmen Sie das notwendige Startkapital.
- Ermitteln Sie Ihr vorhandenes Eigenkapital.
- Prüfen Sie auch eine Teilhabe der Familie bzw. eines Geschäftspartners.
- Planen Sie Ihren monatlichen Verdienst und die monatlichen Kosten in Ihrem Unternehmen, z. B. für Kommunikation, Energie und Miete ein.
- Schätzen Sie auch die finanziellen Folgen eines Scheiterns des Unternehmens ab.
- Informieren Sie sich in der Förderdatenbank über aktuelle Förderprogramme, z. B. KfW-Unternehmerkredit, ERP-Mittel oder High-Tech-Gründerfonds. Für die Kreditabwicklung der Fördermittel ist Ihre Hausbank zuständig.

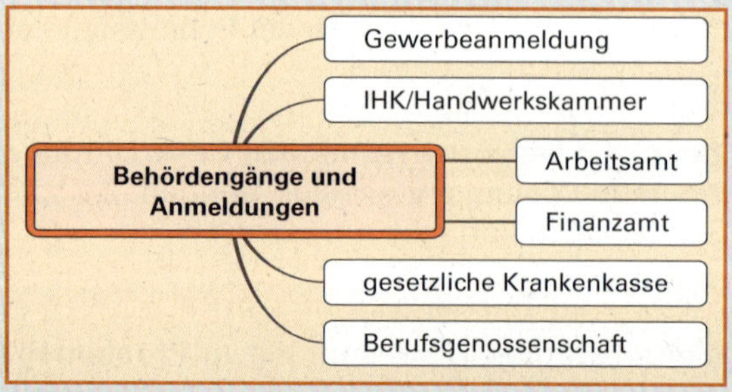


**Bild 2**: Behördengänge und Anmeldungen

## Wiederholungsfragen

1. Erstellen Sie eine Mind-Map zum Thema: Anleitung für eine gute Präsentation.
2. Machen Sie in Ihrem Betrieb, in Ihrer Stadt oder in der Schule eine Umfrage mit folgenden Fragen:
   **a)** Was bedeutet der Begriff Kaizen?
   **b)** Was halten Sie von der Botschaft dieses Spruches: Kein Tag soll im Betrieb vergehen ohne irgendeine Verbesserung?
   **c)** Für welchen Verbesserungsvorschlag haben Sie von Ihrem Betrieb schon eine Prämie erhalten?

   Arbeitsaufgaben
   **d)** Werten Sie die Umfrageergebnisse aus und visualisieren Sie sie mit geeigneten Visualisierungselementen.
   **e)** Präsentieren Sie die Umfrageergebnisse vor der Klasse.
3. Der Lehrer will in einer Suchmaschine gezielt ermitteln, ob das Referat direkt aus dem Internet bezogen wurde. Wie geht er vor?
4. Erstellen Sie die Rechnung zu dem Montagenachweis **(Tabelle 1)**.
   Der Nettoverkaufspreis für den Bewegungsmelder RC-Plus 270 Grad beträgt 121,23 € und für den Ecksockel 9,53 €. Für eine Monteurstunde werden 55 € und pro gefahrenen Kilometer 0,75 € verrechnet.

**Tabelle 1:** Montagenachweis

| | |
|---|---|
| ELEKTRO RUF | Datum: 08.08.2021 |
| **Montagenachweis:**<br><br>**Auftrags-Nr.** 113/19 | Kunde:<br>Uwe Fischer<br>Marco-Polo-Weg 16<br>77770 Durbach |
| **Auftrag:** | Bewegungsmelder im Hauseingang einbauen |
| **Monteur:** | Rapp |
| **Material:** | RC-Plus 270 Grad, weiß<br>Ecksockel weiß |
| **Arbeitszeit:** | 1,5 Stunden |
| **Fahrzeit bzw. Strecke:** | 30 Minuten/20 km |
| Erledigt am: 28.08.21<br>Rapp | Unterschrift: Fischer |

5. Welche Regeln müssen bei einer gelungenen Präsentation eingehalten werden?
6. Der Schulträger beschreibt im Lastenheft für die Beleuchtung der PC-Räume im Berufsschulneubau folgende Vorgaben **(Bild 1)**. Welche Angaben müssen dazu dann im Pflichtenheft enthalten sein?

> ... Beleuchtung für 10 PC-Räume (siehe Raumpläne) ist zu planen und zu installieren ...
>
> ... gefordert werden dimmbaren Leuchten ...

**Bild 1**: Auszug aus dem Lastenheft

7. Erstellen Sie zum Thema Baugruppen eines Netzgerätes eine Mind-Map.
8. Die Selbstkosten eines Frequenzumrichters sind zu kalkulieren. Dazu gibt die **Tabelle 2** die Gemeinkostenzuschlagssätze an.

**Tabelle 2:** Gemeinkostenzuschlagssätze

| | |
|---|---|
| Materialgemeinkosten-zuschlagssatz (MZ) | 35 % |
| Lohngemeinkostenzuschlagssatz (LZ) | 250 % |
| Verwaltungsgemeinkosten-zuschlagssatz (VwZ) | 30 % |
| Vertriebsgemeinkosten-zuschlagssatz (VtZ) | 25 % |

9. Familie Ewald Rieger wünscht ein Angebot für den Einbau eines Bewegungsmelders im Hauseingang.
   Ermitteln Sie mithilfe der Kalkulationshilfen **(Tabelle 3)** den Bruttoangebotspreis. Nehmen Sie dabei einen Stundenverrechnungssatz von 55 € sowie einen Materialzuschlagssatz von 20 % an. Die Fahrtkostenpauschale ist mit 18 € anzusetzen.

**Tabelle 3:** Auszug aus Kalkulationshilfe

| Bewegungs-meldersysteme | Montage-zeit in min | Netto-verkaufs-preis in € |
|---|---|---|
| Bewegungsmelder<br>Schutzart IP54<br>Erfassungsbereich: 280°<br>Zeiteinstellung:<br>15 sek – 16 min<br>Lichtwert: 2–2500 lx<br>IR-Fernbedienung | 64,7 | 114,30 |

10. Nennen Sie wichtige Voraussetzungen für den Teamerfolg.

# Anhang 1 – Liste der Verbände der Veranstaltungswirtschaft

**APWPT**: Association of Professional Wireless Production Technologies e.V. vertritt Anwender, Hersteller und Dienstleister drahtloser Werkzeuge der Kunst, Kultur, Content- und Veranstaltungsproduktion. www.apwpt.org

**AUMA**: Ausstellungs- und Messe-Ausschuss der Deutschen Wirtschaft e.V. vertritt und stärkt die Interessen von Ausstellern, Veranstaltern, Serviceunternehmen und Besuchern auf dem nationalen und internationalen Weltmarkt. www.auma.de

**BAVBT**: Bundesarbeitgeberverband der Bühnen- und Tribünenbauer e.V. vertritt die Interessen und ist der Bundesarbeitgeber-verband der Bühnen- und Tribünenbauer. www.bavbt.de

**BDKV**: Bundesverband der Konzert- und Veranstaltungswirtschaft e.V. vertritt alle Sparten und Genres des deutschen Konzert- und Veranstaltungsgewerbes sowie der Dienstleistungsberufe im Bereich der Künstlerbetreuung. www.bdkv.de

**BVB**: Bundesverband Beleuchtung & Bühne (Kamerabühne) e.V. vertritt den Bereich der Beleuchtung & Kamerabühne. www.bvb-verband.de

**bvvs**: Bundesverband Veranstaltungssicherheit e.V. vertritt Fachplaner in den Bereichen Veranstaltungssicherheit, Besuchersi-cherheit, Sicherheitsberatung. www.bvvs.org

**Deutscher Bühnenverein**: Bundesverband der Theater und Orchester vertritt die Interessen und ist Arbeitgeberverband der Theater und Orchester. www.buehnenverein.de

**DTHG**: Deutsche Theatertechnische Gesellschaft e.V. vertritt die Interessen des technischen, technisch/künstlerischen und künstlerischen Bereichen der gesamten Kulturproduktion. www.dthg.de

**EVVC**: Europäischer Verband der Veranstaltungs-Centren e.V. vertritt etwa 750 Versammlungsstätten wie z.B. Stadthallen, Kongresshäuser und Arenen in kommunaler und privater Trägerschaft. www.evvc.org

**FAMA**: Fachverband Messen und Ausstellungen e.V. versammelt mit rund 50 Mitgliedern einen wesentlichen Teil der deutschen Messewirtschaft.

**fwd**: Bundesvereinigung Veranstaltungswirtschaft e.V. vertritt Interessen der Veranstaltungswirtschaft. www.forward.live

**IgPV**: Interessengemeinschaft der Personaldienstleister der Veranstaltungswirtschaft e.V. vertritt den Bereich Personaldienst-leistung und Arbeitnehmerüberlassung in der Veranstaltungswirtschaft. www.igpv.org

**Igvw**: Interessengemeinschaft Veranstaltungswirtschaft e.V. Zielsetzung ist es, gemeinsam bei bedeutsamen Themen Position zu beziehen, diese öffentlich zu vertreten und Branchenstandards zu setzen. www.igvw.org

**Inthega**: Interessengemeinschaft der Städte mit Theatergastspielen e.V. vertritt die Interessen der Gastspielbranche. www.inthega.de

**Isdv**: Interessengemeinschaft der selbständigen DienstleisterInnen in der Veranstaltungswirtschaft e.V vertritt selbständige Dienstleister*innen mit und ohne Angestellte in der Veranstaltungswirtschaft. www.isdv.net

**Livecom**: Vereinigung der österreichischen Veranstaltungsdienstleister. www.livecom.at

**LIVEKOMM**: LiveMusikKommission e.V. vertritt die Interessen von Musikclubs, Kulturzentren und Festivals. www.livekomm.org

**OETHG**: Die Österreichische Theatertechnische Gesellschaft Fachverband aller im Bühnen- und Veranstaltungsbereich tätigen Mitarbeiterinnen und Mitarbeiter sowie Selbstständige und Fachfirmen aus Österreich. www.oethg.at

**Produktionsallianz**: Interessenvertretung mit rund 370 Mitgliedern aus den Bereichen Animation, Dokumentation, Entertain-ment, Fernsehen, Kino und Werbung. www.produzentenallianz.de

**Svtb**: Schweizer Verband der technischen Bühnen- und Veranstaltungsbranche vertritt technische und handwerkliche Fachkräfte, die in der Veranstaltungsbranche in der Schweiz tätig sind. www.svtb.ch

**Vdt**: Verband Deutscher Tonmeister e.V. vertritt Tonschaffende aus den Bereichen Kunst, Medien, Kommunikation und Technik. www.tonmeister.org

**VDVO**: Verband der Veranstaltungsorganisatoren e.V. zentrales Netzwerk für Veranstaltungsplaner:innen, Eventprofis und innovative Start-ups im deutschen MICE-Markt. www.vdvo.de

**VLLV**: Verband der Lichtdesigner und Licht- und Medienoperator in der Veranstaltungswirtschaft e.V. vertritt die Interessen aller Lichtdesigner und Licht- und Medienoperator in der Veranstaltungswirtschaft. www.vllv.de

**VPLT**: Der Verband für Medien- und Veranstaltungstechnik e.V. vertritt technische Dienstleister sowie Hersteller und Vertriebe der Medien- und Veranstaltungstechnik. www.vplt.org

# Anhang 2 – Mess- und Prüfprotokoll zur Übergabe eines Speisepunktes

Produktionstitel: Ort: Datum:

Verantwortliche Elektrofachkraft:

**Anschlusspunkt:**

| Gebäude / Raum: |
|---|
| Stromkreis |

**Sichtprüfungen:**

| | Mängel Ja | Mängel Nein |
|---|---|---|
| Zustand des Anschlusspunktes | ☐ | ☐ |
| Abschalt - und Trennvorrichtungen | ☐ | ☐ |
| Kennzeichnung des Stromkreises | ☐ | ☐ |

Funktionsprüfung & Messung nach DIN VDE 0100-600 / DIN VDE 0105
verwendete Messgeräte :
**Messungen**

| Messung | | | Messwert | Richtwert | | Mängel Ja | Mängel Nein | Bemerkung |
|---|---|---|---|---|---|---|---|---|
| **Schutzleiter** | | | spannungsfrei | auf Erdpotenzial | | ☐ | ☐ | |
| **Spannungsmessung** | L1 - N | | V | 230 V | (207 ... 244 V) | ☐ | ☐ | |
| | L2 - N | | V | | | | | |
| | L3 - N | | V | | | | | |
| | L1 - L2 | | V | 400 V | (360 ... 424 V) | | | |
| | L1 - L3 | | V | | | | | |
| | L2 - L3 | | V | | | | | |
| | Drehfeld-Richtung | | Phasenfolge | Rechtsdrehfeld | | | | |
| **RCD Messung $\Delta$ $I_N$ / Abschaltzeit in s** (falls RCD vor Anschlusspunkt vorhanden) | | | Auslösezeit bei $I_{\Delta N}$ (Nenn-Fehlerstrom): ms **oder** Auslösung bei ansteigendem Prüfstrom: mA | < 300ms bei $I_{\Delta N}$; $0{,}5 \cdot I_{\Delta N}$ ... $I_{\Delta N}$ | | ☐ | ☐ | |
| **Schleifenimpendanzmessung** | | | | | | | | |
| $I_a = 230\ V / Z_{Schl}$ | L1 - PE | $Z_S$ | Ω | LS-Schalter Typ B: | $I_a > 5 \cdot I_N$ | ☐ | ☐ | |
| | | $I_a$ | A | LS-Schalter Typ C: | $I_a > 10 \cdot I_N$ | | | |
| | L2 - PE | $Z_S$ | Ω | | | | | |
| | | $I_a$ | A | Schmelzsicherungen Verteilungsstromkreis | $I_a > 5 \cdot I_N$ | | | |
| | L3 - PE | $Z_S$ | Ω | Schmelzsicherungen Endstromkreis | $I_a > 10 \cdot I_N$ | | | |
| | | $I_a$ | A | | | | | |

**Prüfergebnis:**
**Anschlusspunkt ist betriebssicher** ☐ **Anschlusspunkt ist *nicht* betriebssicher** ☐

**Zu beseitigende Mängel:**

Ort, Datum, Unterschrift

# Anhang 3 – Muster-Errichterbescheinigung einer mobilen elektrischen Anlage

| Veranstaltung: | Prüfer: |
|---|---|
| Kunde: | |
| Bemerkungen: | |

| Besichtigung: | | | | | |
|---|---|---|---|---|---|
| | Richtige Auswahl der Betriebsmittel | | Leitungsverlegung ordnungsgemäß | | Schutzpotenzialausgleich vorhanden |
| | Betriebsmittel mängelfrei | | Kennzeichnung Stromkreise und Verteiler vorhanden | | Zusätzlicher (örtlicher) Schutzpotenzialausgleich vorhanden |
| | Brandabschottung ordnungsgemäß | | Sicherheitsbeleuchtung ordnungsgemäß errichtet (falls erforderlich) | | Dokumentation vorhanden siehe Ergänzungsblätter |

| Erprobung: | | | | | |
|---|---|---|---|---|---|
| | Funktion der elektrischen Anlage | | Rechtsdrehfeld der Drehstrom-Steckdosen | | Funktion der RCD |
| Funktion der Trenneinrichtung (Hauptschalter) | | | | | Funktion der Sicherheitsbeleuchtung (falls erforderlich) |

| Messung: | Schutzmaßnahme Automatische Abschaltung der Stromversorgung messtechnisch nachgewiesen | | Durchgängigkeit der Schutzpotenzialausgleichsleiter messtechnisch nachgewiesen | |
|---|---|---|---|---|

| Prüfergebnis: | | |
|---|---|---|
| | | |
| Die elektr. Anlage entspricht den anerkannten Regeln der Technik: | | Ja Nein |

Ort, Datum, Unterschrift

# Anhang 4 – Netzverteilungsplan Detailansicht

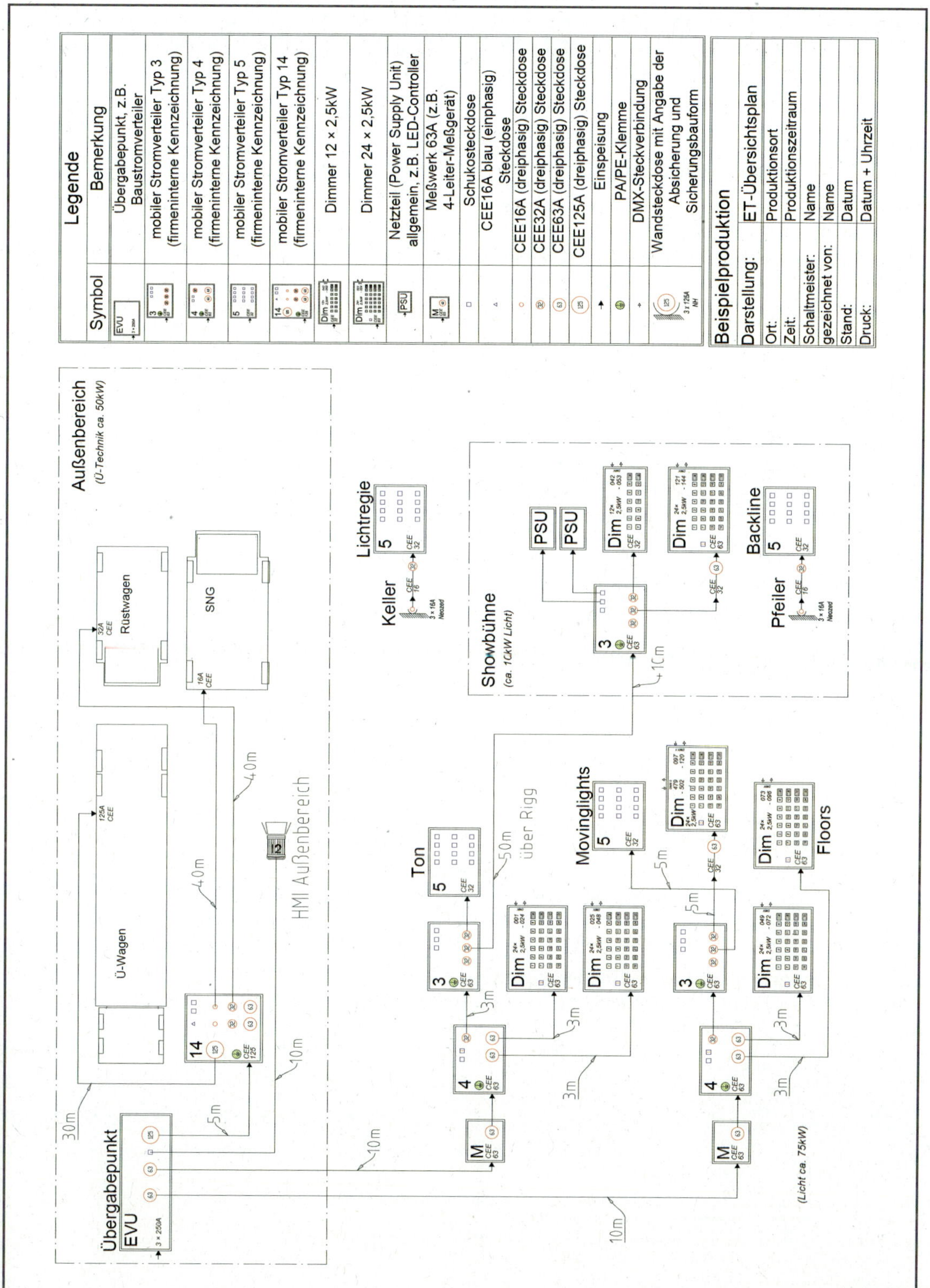

# Anhang 5 – Anwendung von Verlängerungsleitungen und Mehrfachsteckdosen

## Hinweise zum Verlegen und Betrieb von Leitungen nach IGVW SQP4 (beweglicher Einsatz)

Zugbelastung beim Verlegen und Betrieb (VDE 0298-3) maximal 15 N/mm² Leiterquerschnitt (aktive Leiter); bei höheren Zugbelastungen (z. B. hängender Betrieb) sind entweder Leitungen mit z. B. Bewehrungen oder Tragseil zu verwenden oder der Einsatz führt zu einer schnelleren Ablegereife der Leitungen infolge mechanischer Schädigungen (die nicht ohne weiteres bei einer Sichtprüfung erkennbar sind).

| Isolationsmaterial | Temperaturbereich (beweglicher Einsatz) | mechanische Belastung | Anmerkungen zum Einsatz |
|---|---|---|---|
| PVC mit normaler Wärmefestigkeit | 5 °C bis +70 °C Betriebstemperatur ≤ 50 °C | geringe mechanische Stabilität, relativ stabil bis ca. 50 °C, bei höheren Temperaturen zunehmend plastisch, bei niedrigen Temperaturen besteht Bruchgefahr (Haarrisse) | z. B. H03W-F; bei mechanischer und thermischer Beanspruchung wie z. B. im Veranstaltungsbereich ist der Einsatz nicht erlaubt |
| PVC mit erhöhter Wärmefestigkeit | −5 °C bis +70 °C Betriebstemperatur ≤ 60 °C | stabil bis ca. 60 °C, bei höheren Temperaturen zunehmend plastisch, starke Verkürzung der Lebensdauer bei Temperaturen (auch kurzzeitig) > 90 °C | z. B. H05W-F; bei mechanischer und thermischer Beanspruchung ist der Einsatz nicht zu empfehlen; im Veranstaltungsbereich nur in Ausnahmefällen zu verwenden |
| Gummi mit normaler Wärmefestigkeit | −25 °C bis +60 °C Betriebstemperatur ≤ 60 °C | stabil bis ca. Grenztemperatur, bei höheren Temperaturen zunehmend brüchig (starke Verkürzung der Lebensdauer) | z. B. H07RN-F; H07RN-F – vorgeschriebene bzw. geforderte Mindestqualität der Leitungsausführung im Veranstaltungsbereich, Ausführung H05RN-F nur für leichte Geräteanschlussleitungen bis max. 1,5 m Länge |
| Gummi mit erhöhter Wärmefestigkeit | −25 °C bis +110 °C Betriebstemperatur ≤ 80 °C | stabil bis ca. Grenztemperatur, bei höheren Temperaturen brüchig | H07GG-F; kostenintensivere Variante zur Gummiisolation mit normaler Wärmefestigkeit |
| Gummi mit erhöhter mechanischer Festigkeit | −25 °C bis +80 °C Betriebstemperatur ≤ 60 °C | hohe mechanische Festigkeit, flammwidrig, ölbeständig | z. B. NSSHöu; im Veranstaltungsbereich aufgrund des hohen Preises nur für Sonderzwecke, Isolation gelb |
| Silikon | −60 °C bis +180 °C kurzzeitig höhere Temperaturbelastung möglich | geringe mechanische Beanspruchungen („weicher" Gummi), gute Flexibilität bei tiefen Temperaturen | z. B. SiHF; hoher Preis; Einsatz bei hohen Umgebungstemperaturen, mechanisch geschotz verlegen; ggf. auf Belüftung achten, Isolation rotbraun |
| Polyurethan (PUR) | −40 °C bis +80 °C | hohe mechanische Belastung, besonders gegen Kerbungen und Abrieb stabil, gute Flexibilität bei tiefen Temperaturen | z. B. H07BQ-F; Mantelisolation aus PUR, beständig gegen Öle, Feite, Benzin, relativ hoher Preis, Isolation orange |

## Leiterquerschnitte und Längen von Schukoleitungen

Einphasen-Wechselstromkreise bei einem Spannungsfall von 4 %

| Querschnitt | 2,5 mm² | | 1,5 mm²*) | |
|---|---|---|---|---|
| Absicherung | 10 A | 16 A | 10 A | 16 A |
| Leitungslänge maximal | 65 m | 40 m | 40 m | 25 m |

*) Anmerkung:

Der Einsatz von Schukoleitungen mit einem Leiterquerschnitt von 1,5 mm² ist zwar unter Beachtung best immter Einschränkungen möglich (DIN VDE 0100-711), darf aber unter den Bedingungen der Veranstaltungsbranche nur bis zur (‚gesteckten') Gesamtlänge von 25 m (16-A-Absicherung) bzw. 40 m (10-A-Absicherung) Verwendung finden.

Der Mindestquerschnit für flexible Leitungen sollte in der Veranstaltungsbranche 2,5 mm² betragen.

# Anhang 6 – Liste elektrotechnisch relevanter Vorschriften

**EnWG:** Gesetz über die Elektrizitäts- und Gasversorgung

**EMVG:** Gesetz über die elektromagnetische Verträglichkeit von Betriebsmitteln

**NAV:** Verordnung über Allgemeine Bedingungen für den Netzanschluss und dessen Nutzung für die Elektrizitätsversorgung in Niederspannung

**TAB 2007:** Technische Anschlussbedingungen der Verteilungsnetzbetreiber / Energieversorgungsunternehmen

**TRBS 1203:** Zur Prüfung (von Arbeitsmitteln) befähigte Personen

**BGV A1 / GUV-V A1:** Grundsätze der Prävention

**DGUV Vorschrift 2:** Betriebsärzte und Fachkräfte für Arbeitssicherheit

**DGUV Vorschrift 3:** Elektrische Anlagen und Betriebsmittel

**DGUV Vorschrift 17/18:** Veranstaltungs- und Produktionsstätten für szenische Darstellung

**DGUV Regel 100-001:** Grundsätze der Prävention (Regel, erläutert die Vorschrift)

**DGUV Grundsatz 315-390:** Grundsätze für die Prüfung maschinentechnischer Einrichtungen in Bühnen und Studios

**DGUV Information 203-002:** Elektrofachkräfte

**DGUV Information 203-005:** Auswahl und Betrieb ortsveränderlicher elektrischer Betriebsmittel nach Einsatzbereichen

**DGUV Information 203-006:** Auswahl und Betrieb elektrischer Anlagen und Betriebsmittel auf Bau- und Montagestellen

**DGUV Information 215-310:** Sicherheit bei Produktionen und Veranstaltungen- Leitfaden

**DGUV Information 203-036 und DGUV Information 203-037:** Laser-Einrichtungen für Show- oder Projektionszwecke

**IGVW SQP4:** Mobile Elektrische Anlagen in der Veranstaltungstechnik

**DIN VDE 0100-600:** Prüfungen von elektrischen Anlagen

**DIN VDE 0100-711:** Ausstellungen, Shows und Stände

**DIN VDE 0100-717:** Ortsveränderliche oder transportable Baueinheiten

**DIN VDE 0100-718:** Bauliche Anlagen für Menschenansammlungen

**DIN VDE 0100-740:** Vorübergehend errichtete elektrische Anlagen für Aufbauten, Vergnügungseinrichtungen und Buden auf Kirmesplätzen, Vergnügungsparks und für Zirkusse

**DIN VDE 0105:** Betrieb von elektrischen Anlagen

**DIN VDE 0108-100:** Sicherheitsbeleuchtungsanlagen

**DIN VDE 0298:** Verwendung von Kabeln und isolierten Leitungen für Starkstromanlagen

**DIN VDE 0413:** Messen, Steuern, Regeln; Geräte zum Prüfen von Schutzmaßnahmen in elektrischen Anlagen

**DIN EN 50678 VDE 0701:** Allgemeines Verfahren zur Überprüfung der Wirksamkeit der Schutzmaßnahmen von Elektrogeräten nach der Reparatur

**DIN EN 50699 VDE 0702:** Wiederholungsprüfung für elektrische Geräte

**DIN VDE 0800-2:** Informationstechnik Potentialausgleich und Erdung

**DIN 14685:** Tragbare Stromerzeuger

**DIN 15765:** Veranstaltungstechnik - Multicore-Systeme für die mobile Produktions- und Veranstaltungstechnik

**DIN 15766:** Veranstaltungstechnik - Einzelleiter-Stecksysteme für Niederspannungsnetze AC 400/230 V für die mobile Produktions- und Veranstaltungstechnik

**DIN 15767:** Veranstaltungstechnik – Energieversorgung in der Veranstaltungs- und Produktionstechnik

**BS 7909:** Code of practice for temporary electrical systems for entertainment and related purpose

# Glossar – Grundbegriffe

> *Wäre ja doof, wenn der Hand beim `ne Kiste Dinger, Steine und Eier zur Stage Left-Holen auf `nem Hund ausrutscht, sich die Ratsche, die noch hinten an `na Knagge hing an den Kopf knallt, weil er nicht gehört hat, dass ein Lichti noch ´nen Reutlinger mit Gizmo am Schlupf an die Pipe gesafed hat und er dann voll dagegen gelaufen ist.*

| | |
|---|---|
| **19-Zoll-Gespräch** | Vermeintlich fachliches Gespräch über Geräte, die meist im 19-Zoll-Format verbaut werden unter Zuhilfenahme von möglichst vielen branchenspezifischen Begriffen. Wird gerne zur Profilierung der Gesprächsführenden genutzt. |
| **6er-Bar** | 6 PAR-Scheinwerfer in einer Reihe an einem Rundrohr, bereits fertig verkabelt. Bar: engl. für Leiste, Latte. |
| **abgespielt** | „etwas hat abgespielt." Eine Dekoration, ein Requisit oder ein Stück wird nicht mehr benutzt oder gespielt |
| **Abhöre** | Lautsprecher in der Regie oder im Kontrollraum zur Beurteilung der Abmischung oder anderer Tonprodukte. |
| **ablegen / ablegereif** | Etwas der weiteren Verwendung entziehen, da es derart nicht weiter zu verwenden ist. |
| **ablegereif** | Etwas ist über die zulässigen Maße verschlissen und kann deshalb nicht mehr verwendet werden. |
| **Abriss** | Ugs. für schnellen, kontrollierten Abbau, z. B. bei zu erwartenden Unwetterereignissen. |
| **Abstecher** | Ugs. für Gastspiel. |
| **aerodynamischer Beiwert** | Für die Ermittlung von Windlasten anzusetzender Formbeiwert der vom Wind angeströmten Fläche. |
| **Affenschaukel, Distanzaufhängung** | Leitungsverlegung in der Luft, bei der von Aufhängepunkt zu Aufhängepunkt ein Durchhang entsteht. |
| **Agroflor** | Ugs. für →*Gaze* oder Bühnengaze nach dem Hersteller „Agrofloor". |
| **Akt** | Abschnitt einer Aufführung (Oper, Musical, Theater). |
| **Ameise** | Kleiner elektrischer Hubwagen. Namensgebend ist die Firma „Ameise". Allgemein auch Niederflurtransporthubwagen oder Elektrohubwagen. |
| **Amp Hausen** | Bereich unter der Bühne, an dem die Endstufen für die PA gebündelt stehen. |
| **Amphitheater** | Offenes Rundtheater ohne Überdachung. |
| **Anhängerarbeitsbühne** | Hubarbeitsbühne, die als Anhänger transportiert werden kann, aber nicht selbstfahrend ist. |
| **Anprobe** | Kostüme werden probeweise angezogen, Maße genommen und ggf. abgesteckt. |
| **anschlagen** | Montieren von Arbeitsmitteln mit dem Ziel des Haltens oder Bewegens von Lasten. |
| **Anschlagwirbel** | Anschraubbare bewegliche Öse zum Anschlagen von Lasten. (Achtung: Belastungsrichtung beachten!) |
| **Applausordnung** | Aufstellung und Abfolge der Darsteller beim Applaus. |
| **Applausvorhang** | Aufziehen des Vorhanges zwischen dem Verbeugen beim Applaus. |
| **attack** | Ansprechzeit in Regelkreisen wie z. B. in Dynamikprozessoren (Kompressor, Gate, Limiter). |
| **Auditorium** | Publikumsbereich, meist bestuhlt. |
| **Auf-Pro** | Projektionsfolie, auf die aus Publikumssicht von vorne projiziert wird. Auch: Aufpro. |
| **Auftritt** | 1) Das Erscheinen auf der Bühne.<br>2) Ugs. für Konzert. |
| **Aufzug** | Unterteilung einer Aufführung durch das Schließen und Aufziehen des Vorhangs. |
| **Ausführungsgenehmigung** | Befristete Genehmigung zum Betrieb eines Fliegenden Baus. Bestandteil des Prüfbuches. |
| **Aushang** | Stoffdekoration, die im Bühnenraum an Laststangen gehängt wird. |
| **Backline** | Instrumente, Verstärker und Boxen einer Band. |
| **Backdrop** | Engl. Begriff für →*Prospekt.* |
| **Ballyhoo** | Das gewollt planlose Hin-und-her-Bewegen der Lichtkegel von Verfolger-Scheinwerfern über das Publikum und durch den Saal. |
| **Banane** | Gebogene, aufgehängte →*Line-Array*-Lautsprecher-Anordnung in Form einer Banane. |
| **Bandschlinge** | Nylon Rundschlinge zum Anschlagen von Lasten ohne Schlaufe. |
| **Bandzug** | Elektrischer Zug mit einem Stahlband als Lastmittel. |
| **Bänzel** | Ugs. für →*Bindeband.* |
| **Barrier** | Engl. für →*Bühnenbarrikade.* |
| **Basement** | Basis-Traversenelement für einen →*Groundsupport.* Kurzform: Base. |

| | |
|---|---|
| **Basket** | Umgelegtes Lastband zum →*Anschlagen* einer Last. |
| **Baubuch** | Umgangssprachlich für Prüfbuch eines Fliegenden Baus. |
| **Beamer** | Ugs. Bezeichnung in Deutschland für Projektoren. Diesen Begriff gibt es im Englischen nicht. |
| **Beleuchterstange** | Lange Stange, Rohr oder Stab zum Justieren von konventionellen Scheinwerfern in großer Höhe. |
| **Beltpack** | Drahtloses Intercom-System, siehe auch →*Bolero*. |
| **bidirektional** | Verbindung von zwei Geräten, die damit in beide Richtungen miteinander kommunizieren können. |
| **biegeweich** | Flexibel verdrehbarer Anschluss oder Bettung (Gelenk). Kann keine Biegemomente weiterleiten. Gegenteil: biegesteif. |
| **biegesteif** | Unflexibler Anschluss oder Bettung. Kann Biegemomente weiterleiten. Gegenteil: biegeweich. |
| **Bimi** | Abgekürzter Funktionstitel einer Person am Bildmischer. |
| **Bindeband** | Kurze Stoffbänder zum Befestigen von →*Prospekten*, →*Backdrops* oder anderen textilen Dekorationen. |
| **Blackout** | Komplettes und plötzliches Ausschalten aller Scheinwerfer als szenischer Effekt. Kurzform: Black. |
| **Black-Wrap** | Schwarze, enorm hitzebeständige Aluminiumfolie zum Abdunkeln von Spalten und Schlitzen an Scheinwerfern. |
| **Bleiband** | Ballastierung von Vorhängen, die bspw. als Band aus Kugeln in den unteren Saum eines →*Prospekts* eingeschoben werden kann. |
| **Blinder** | Enorm helles Rücklicht zum Blenden des Publikums als Lichteffekt. |
| **Bluewheels** | Engl. für blaue Rollen. Ugs. für die Standard-Lenkrolle und Bockrolle. |
| **Bobine (-n Antrieb)** | Wickelzylinder für elektrische Seilzüge, auf welchem das Seil aufgewickelt wird. |
| **Bodenklappe** | Aufklappbarer Teil des Bühnenbodens. |
| **Bodenriegel** | Parallel zum Boden liegender Stab/Träger zum Verbinden der Fußpunkte von Stützen. |
| **Bodentafel** | Herausnehmbarer Teil des Bühnenbodens. |
| **Bodentuch** | Textiler Bodenbelag zum Gestalten von Bühnen. Sehr gut zu bemalen. Gummierte Variante liegt sehr gut und verrutscht wenig. |
| **Bolero** | Ugs. für drahtloses Intercom-System der Fa. Riedel. |
| **Bombe** | Speakon-Kabel Verlängerung. Auch: Doppelbuchse. |
| **Boom (Stativ)** | 1) Gelenkiges Mikrofon–Stativ. Auch: Tonarm.<br>2) Im Theater oder Musical eine senkrechte Traverse oder Rohr, das oft beweglich auf Rollen ist und an das diverse Leuchten befestigt werden. Wird in die Gassen auf der Bühne gestellt. |
| **Boomarm** | Traversenausleger. Ein an einer Traverse befestigtes Rohr, welches auskragt. |
| **Bracing** | Diagonalstrebe in einer Traverse (oder einem Tragwerk). |
| **Brecht-Vorhang** | Spielvorhang, der meist auf der Bühne zum schnellen Auf- und Zuziehen auf einem gespannten Stahlseil läuft und meist händisch bedient wird. |
| **Bridle** | Engl. für Zaum. Mehrsträngige Anschlagvariante mit flexiblen Anschlagmitteln zur Schaffung von Anschlagpunkten an Gebäudetragwerken oder zur Lastverteilung an Lastaufnahmemitteln wie Traversen. |
| **Bügelhebeband** | Lastband mit beidseitigen Bügeln zum Anheben von Lasten. |
| **Bügelwagen** | Transportwagen mit einem Stahlbügel zum Schieben und Sichern der Ladung. |
| **Bühnenanweisung/BA** | Zusatzvereinbarung zum Vertrag zwischen Künstler und Veranstalter. Hierin werden die technischen Details und Anforderungen des Gastspiels genannt, die der Veranstalter vor Ort erfüllen muss. |
| **Bühnenbarrikade** | Absperrungen oder Wellenbrecher aus Aluminium. Oft MoJo-Type-Barriers genannt nach dem ersten Hersteller. |
| **Bühnenbohrer** | Holzschraube mit Handgriff zum Befestigen von z. B. Stützen und Kulissen. |
| **Bühnengaze** | Feinmaschig gewirktes Netzgewebe aus Kunststofffasern. Nur bedingt winddurchlässig. Je nach Lichtverhältnissen blickdicht. |
| **Bühnengewicht** | Spezielle Grauguss-Gewichte zum Ballastieren eines →*Handkonterzugs* mit spezieller Form zur Selbstsicherung. |
| **Bühnengraben** | Bereich zwischen Bühne und Publikum, der mit Bühnenbarrikade zum Publikum abgetrennt ist. |
| **Bühnenschnur** | Kunstfaserschnur zum schnellen Einsatz auf der Bühne für untergeordnete Befestigungen ohne spezifische Lastanforderungen. |
| **Bühnenschräge** | Winkel einer Bühnenoberfläche. Eine ansteigende Bühne ermöglicht bessere Sichtverhältnisse über die Bühnentiefe. |
| **Bus** | Subgruppe oder Sammelschiene zur Zusammenführung von mehreren Signalen zu einem. |
| **Bütec** | Bühnenpodestplatte des Herstellers „Bütec“. |

| | |
|---|---|
| **Case** | Stabile Transportkiste aus verstärktem Multiplexsperrholz oder Siebdruckplatte mit Metallprofilen und -ecken. |
| **Castors** | Engl. für Rollen oder Räder in Bock- und Lenkrollenaufhängung. |
| **Catch/Butterfly** | Schnapp-/Drehverschluss, der optisch einem Schmetterling ähnelt. Dient zum sicheren und festen Verschluss von Flightcases. |
| **Catwalk** | Laufsteg. Bspw. als Zugang (zur Arbeitsgalerie) auf Haupttragwerken oder als Verlängerung einer Bühne nach vorne ins Publikum. Auch Ego-Nase genannt. |
| **Chain hoist** | Engl. für Kettenzug. |
| **C-Haken** | Engl.: C-Clamp. Metallhaken aus gebogenem Blechstreifen zum Einhängen und Sichern von Scheinwerfern mit einer Knebelschraube. |
| **Cherrypicker** | Ugs. für Hubarbeitsbühne in Form eines →*Gelenksteigers*. |
| **Choke** | Engl. für Würgeschlinge. Lastschlaufe im Rigging, welche die Last umschlingt. |
| **Climber** | Auch: Climbing Hand. Engl. für kletternder Helfer. Person, die beim Aufbau von Bühnen und Gerüsten dem Gerüstbauer/Scaffolder zuarbeitet. |
| **Cornerblock** | Traverseneckbauteil. |
| **Coupler** | Engl. für Schelle. |
| **Crashbarrier** | Auch: Bühnengitter, Crowdbarrier. Massivere und schwerere Ausführung des →*Hamburger Gitters*. |
| **CTB (Filter)** | Color Temperature Blue. Farbkorrekturfilter, der das durchgelassene Licht mit einer höheren Farbtemperatur (bläulicher) erscheinen lässt. Licht, welches einen CTB-Filter passiert, wirkt kühler. |
| **CTO (Filter)** | Color Temperature Orange: Farbkorrekturfilter, der das durchgelassene Licht mit einer niedrigeren Farbtemperatur (orangefarben) erscheinen lässt. Licht, welches einen CTO-Filter passiert, wirkt wärmer. |
| **Cue** | 1) Lichtsteuerung: Einsatzmoment einer Lichtstimmung oder Stichwort für den Einsatz einer Aktion bzw. einer Verwandlung.<br>2) Musiksteuerung/DJ-ing: gespeicherter Einsatzpunkt innerhalb eines Musikstücks. |
| **Cyclorama** | Rundhorizont, oft als Wickelhorizont für eine textile Dekoration zum Schaffen eines seitlich und hinten umlaufenden Abschlusses der Bühne. |
| **Daisy Chain** | 1) Tontechnik: Serielle Verbindung von Gerät zu Gerät.<br>2) Rigging: Bandschlinge mit abgenähten Feldern zum Einsetzen von Umlenkrollen oder Ähnlichem. |
| **Dämmschichtbildner** | Holzbeschichtung, die sich bei Einwirken von Feuer zu einem festen Kohlenstoffschaum aufbläht und damit gegen Wärmeaufnahme schützt. |
| **Decker** | Deckvorhang zum Abdecken eines Bereichs oder Wand, der nicht gesehen werden soll. |
| **Delay-Line** | Zweite Reihe Lautsprecher mit zeitlicher Anpassung (Delay/Verzögerung) entsprechend der Laufzeitdifferenz des Schalls aufgrund der räumlichen Entfernung zwischen Hauptbeschallung und Delay-Line. |
| **Delta** | Kettenschnellverschluss in Dreiecksform. |
| **Dernière** | Frz. für letzte. Letzte Vorstellung einer Aufführung. |
| **Deutscher Vorhang** | Hauptvorhang der zum Öffnen komplett nach oben gezogen wird. |
| **Dimmer** | Gerät zur Steuerung der Helligkeit von Leuchten und Scheinwerfern. |
| **Dimmer-City** | Ugs. Begriff für den Ort, an dem die Dimmer einer Beleuchtungsanlage stehen. Auch: Dimmer-Bay, Dimmer-Beach. |
| **Disto** | Abkürzung für Distometer und Markenname der Firma Leica für ein Lasermessgerät für Längen, Winkel und Neigungen. Ugs. auch für Geräte anderer Hersteller. |
| **Dolly** | 1) Rollwagen für den Transport von großen, schweren, langen oder vielen kleinen Gegenständen. Oft geschweißt aus Kantrohr.<br>2) Rollwagen, auf dem eine Kamera befestigt ist, damit sie geschoben/gezogen werden kann. |
| **Dorsal** | Lat.: zum Rücken hin. Aufhängöse am oberen Rückenbereich von Auffanggurten der PSAgA; geeignet für dynamische Fallbeanspruchungen. |
| **Dosenlibelle** | Messgerät. Gefäß mit Kunststoffdeckel, Flüssigkeitsfüllung und Luftblase zum waagerechten Ausrichten von Flächen und Gegenständen. |
| **Doughty Clamp** | Klemme zum Befestigen von bspw. Scheinwerfern an Rohren der Firma Doughty. |
| **Drahtseilklemme** | Klemmvorrichtung zum Zusammenklemmen von Seilenden (in der Veranstaltungstechnik nicht zugelassen). |
| **Drallfänger** | Element zum Aufnehmen von Seilen und Ketten und Ausgleichen von axialen Verdrehungen. |
| **Dransäge** | Humoristische Wunschvorstellung zur Umkehrung des Sägevorgangs. |
| **Drehmomentschlüssel** | Schraubenschlüssel, oft mit Nuss, zum Festziehen von Bolzen und Muttern mit definiertem Drehmoment. |
| **Eier** | Konus. Konischer Verbinder zur Verbindung von Traversenteilen. |

| | |
|---|---|
| **einbrennen** | Vorgang des ersten Betriebes neuer Scheinwerfer. Dabei wird der Lack stark erhitzt und scheidet dabei intensive Gerüche aus. |
| **Einlegeplatte** | Plattenelemente zum Einlegen oder Herausnehmen in der Bühnenoberfläche. |
| **Einmessen** | 1) Bau: Aufmaß einer Baustelle.<br>2) Tontechnik: analytisches Messen der Frequenzwiedergabe einer Musikanlage. |
| **Einrauschen** | Ugs. für Einmessen einer Musikanlage unter zu Hilfenahme von verschiedenen Rausch-Arten. |
| **Einschlagmutter** | Gewinde in einem Zylinder mit umgebogenen Zähnen, die in ein Holz eingeschlagen oder gedrückt werden können und als Gegenstück zur Schraube dienen. |
| **Einzellast** | Punktförmig wirkende Last. |
| **ELA-Anlage** | Elektroakustische Anlage als Durchsageanlage für Informationen, optimiert für Sprachverständlichkeit und Reichweite. Bezeichnet üblicherweise die Sprachalarmierungsanlage (SAA). |
| **Encore** | Frz. für Zugabe. |
| **Endfire** | Subwoofer Anordnung, meist bei Großveranstaltungen. Durch die räumliche Aufstellung sowie eine passende Verzögerung der einzelnen Subwoofer wird eine effiziente Leistungsverteilung zum Publikum bei gleichzeitiger Bassentlastung zur Bühne erreicht. |
| **Ensemble** | Gruppe von Darstellern, meist für eine feste Besetzung eines Hauses. |
| **En-suite** | Frz. für nächste. Bezeichnet eine Theater oder Musicalproduktion, die durchgängig wiederholt gespielt wird. Auch: Long-run. |
| **Fächerscheibe** | 1) Unterlegscheibe zum Sichern von Schrauben und Muttern.<br>2) Schleifscheibe auf dem Winkelschleifer. |
| **Falldämpfer** | Teil der Persönlichen Schutzausrüstung gegen Absturz zum Dämpfen des Fangstoßes. |
| **Fangstoß** | Kurze maximale Kraft beim Fall in ein Seil und in die PSAgA. |
| **Federscheibe** | Unterlegscheibe mit Federwirkung zum Sichern von Schrauben und Muttern. |
| **Flächenlast** | Flächig verteilt wirkende Last, ähnlich dem Druck ($kN/m^2$). |
| **Flämisches Auge** | Pressklemme mit Kausche als Seilendverbindung. |
| **Flansch** | Kante oder umlaufende Lippe an Bauteilen zum flächigen Verbinden durch Bolzen, Klemmen oder Riegeln. |
| **Flauschband** | Weiche Seite beim Klettband. |
| **Flex** | Umgangssprachliche für Winkelschleifer. Benannt nach der Firma „Flex", welche dieses Werkzeug 1954 erstmalig einführte. |
| **Fliegen** | „etwas fliegen". Aufhängen von Lasten (Scheinwerfer, Lautsprecher, Dekorationen, Personen, etc.) meist in Zügen. |
| **Flipchart** | Engl. für Tafelschreibblock. Ein Block aus 50 Blättern Papier in DIN A0 zum Beschreiben bei Präsentationen und Meetings. |
| **Flügelmutter** | Schraubenmutter mit zwei abstehenden vertikalen Flächen zum händischen Anziehen und Lösen. |
| **Flugrahmen** | Spezielle Aufhängungen für Geräte, die eine Montage in der Höhe, an Zügen etc. ermöglichen, bspw. für Beamer. |
| **Flurfunk** | Ugs. für Klatsch und Tratsch zwischen Beschäftigten mit oft unseriösen Inhalten oder gefährlichem Halbwissen. |
| **Fluter** | Flächenleuchte z. B. zum Ausleuchten großflächiger Hintergründe und Projektionsfolien. |
| **Flybars** | Engl. für Zugstangen. |
| **FOH** | Abkürzung für: Front of House. Engl. Bezeichnung für den Regieplatz im Saal mit guter Sicht auf das Bühnenhaus. Ort für Ton-, Licht- und Videoregie inkl. Pulte. |
| **Fokkernadel** | Sicherung von Kronenmuttern etc. (aus der Luftfahrt). |
| **Foldbackklammer** | Federstahlklammer, die durch Aufbiegen eines Flachstahls geklammert wird. |
| **Follow-Spot** | Kurzform: Follow. Verfolger-Scheinwerfer. Besonders heller Scheinwerfer, der genutzt wird, um einzelne Personen, z. B. Solisten, auf der Bühne gesondert anzuleuchten. Auch: →*Verfolger.* |
| **Foyer** | Eingangsbereich oder Sammelbereich in einer Veranstaltungsstätte. |
| **Französischer Vorhang** | Hauptvorhang, der diagonal und vertikal geöffnet wird. |
| **Freizug** | 1) Frei im Raum, nicht parallel zur Bühnenlängs- oder querachse positionierter Prospektzug. Meist mit synchron fahrenden Punktzügen realisiert.<br>2) Zug aus Seil und Umlenkrolle. |
| **Frequenz** | Anzahl der Schwingungsperioden pro Zeiteinheit (meist auf eine Sekunde bezogen). Die Einheit lautet Hertz (Hz). 1 Hz = 1/s. |
| **Frosch** | 1) Klemme zur Befestigung von Vorhängen und Stoffen, z. B. „Easyfix" der Firma Gerriets.<br>2) Ugs. für Drahtseilklemme. |

| | |
|---|---|
| **Fundus** | Lager für Dekorationen und Kostüme von abgespielten Produktionen, z. B. im Theater oder der Oper. |
| **Gaffa** | Klebeband mit Faserverstärkung zum Befestigen von Kabeln, Teppichen und anderen schweren Gegenständen. |
| **Gaffer** | Person. Tätigkeitsbezeichnung im US-Film und -TV für den ranghöchsten Beleuchter. |
| **Gaffgun** | Rollgestell zum Abrollen und gleichzeitigen Aufbringen von Klebeband auf den Boden mit einem langen Stiel aufrecht laufend zu bedienen. Z. B. für Tanzbodenbefestigung oder Kabelverlegung. |
| **Galerie** | 1) Erhöhter Laufsteg an den Bühnenseiten, der für Arbeiten begehbar ist (Arbeitsgalerie).<br>2) Erhöhter Zuschauerbereich; meist der höchste Rang. |
| **Ganze und halbe Steine** | Ugs. für große und kleine →*Bühnengewichte.* |
| **Gassen** | Seitliche in der Tiefe gestaffelte Abtrennungen auf der Bühne für Auftritte oder Beleuchtungselemente. Engl.: alley. |
| **Gassenwagen** | Metallgestelle zur Aufnahme von Scheinwerfern als Gassenbeleuchtung. |
| **Gator** | Kleinfahrzeug mit 2 bis 4 Sitzplätzen und kleiner Ladefläche zum Transport von Menschen und Material auf Open-Air-Produktionen. Namensgebung nach der Markenbezeichnung des ersten Herstellers. |
| **Gaze** | Locker gewebtes gitterartiges Gewebe aus Kunststofffasern. Zum Teil sichtdurchlässig und bedingt schall- oder winddurchlässig. |
| **Gel** | Engl. für Farbfolie. |
| **Gelenksteiger** | Hubarbeitsbühne mit Ausleger aus gelenkigen Kragarmen. |
| **Gelenkteleskopbühne** | Hubarbeitsbühne mit Kombination aus gelenkigen Auslegern und Teleskoparmen. |
| **Genie** | Ugs. Begriff für Hubarbeitsbühne oder Materiallifte. Hergeleitet von der Marke Genie der Firma Terex Germany GmbH. |
| **GiBo** | Ugs. Abkürzung für Gitterbox. Lagerbox mit Maßen entsprechend EPAL-Richtlinien (Europaletten-Richtlinien). |
| **Gig** | Ugs. für Konzert bzw. Bühnenauftritt als Einzelereignis. |
| **Gitterrost** | Gitter zum Einlegen als Boden des Schnürbodens, durch den Seile der Züge geführt werden können. |
| **Gizmo** | Engl. für Ding. Universelle Traversenaufhängung. Auch als „Hangingadapter" zum Schaffen eines Hängepunkts zwischen zwei Gurten einer Traverse. |
| **Gobo** | Engl.: Graphical Optical Blackout. Ausgeschnittenes Muster in Metall- oder Glasscheiben zur Projektion von Schattenmustern. |
| **G-Quick** | Befestigungsband aus Gummi mit Kugel. |
| **Grounder** | Rigger, der am Boden arbeitet und dort die notwendigen Anschlagmittel und Baskets vorbereitet. |
| **Groundsupport** | Auf dem Boden aufgebaute Traversenkonstruktion. Oft mit Towerliften. |
| **Guckkastenbühne** | Theaterbühne mit umschlossenem Portal (Proszenium). |
| **Gummistrapse** | →*Spannfix.* |
| **Hakenband** | Kratzige Seite beim Klettband. |
| **Halbschelle** | Schelle aus Alu oder Stahl, die mittels Gewindebolzen befestigt wird. Im Gegensatz dazu Doppelschelle oder Drehschelle, die auf beiden Seiten eine Schelle haben. |
| **Hamburger Gitter** | Auch: Hamburger Reiter, Polizei-Gitter. Sicherheitszaun-Element mit Plattform als Kippschutz, mit Haken und Ösen zum Verbinden miteinander. |
| **Hammertacker** | Auch: Schlagtacker. Werkzeug zum Anbringen von Tackernadeln mit einer Hammerbewegung. |
| **Hand(s)** | Ugs. für angelernte/unterwiesene Hilfskräfte bei Auf- und Abbauten. |
| **Handkonterzug** | Bühnentechnische Einrichtung zum Heben von Lasten mit Gegengewichten und händischer Bedienung. |
| **Haxen** | Auch: Schal, Schenkel. Seitlicher, schmaler Stoffvorhang zur Begrenzung der Bühne an der Seite und bspw. Schaffung von →*Gassen.* |
| **Helm Schiene** | Schienensystem der Firma Helm. |
| **Hilti** | Schlagbohrmaschine der Firma Hilti. |
| **Hinterbühne** | Hinterer, meist nicht einsichtiger Bereich einer Bühne. Oft mit Tor abgetrennt. |
| **Hubsteiger** | Motorbetriebene Arbeitsbühne zum In-die-Höhe-Befördern von Personen. |
| **Hund** | Rollbrett zum Befördern von Lasten. |
| **Hussen** | Stoffüberwurf oder Überzüge |
| **In die Bremse fallen** | Schlagartiges Bremsen aus der Bewegung. |
| **Inbusschlüssel** | Werkzeug für Innensechskant-Schrauben. Akronym für Innensechskantschraube Bauer und Schaurte (Werkzeug und erster Hersteller). |
| **Inclinometer** | Neigungsmesser. Ermöglicht das Messen des Winkels einer Neigung bezogen auf den Untergrund. |

| | |
|---|---|
| **Inspizient** | Funktionsbezeichnung für die Person in festen Häusern im deutschen Sprachraum, die die Einsätze und Auftritte an alle Gewerke und Auftretenden mitteilt. Meist über Inspizientenananlage. Inspizientenpult steht auf einer Seite der Bühne mit Einsicht auf alle Bereiche. Im englischen Sprachraum: Stagemanager. |
| **Intercom** | Kabelgebundenes oder kabelloses Kommunikationssystem zwischen verschiedenen Personen mit Funktion während einer Aufführung. Besteht aus Kopfhörer mit Mikrofon und Beltpack/Übertragungseinheit am Gürtel. |
| **Italienischer Durchlauf** | Show-Durchlauf bei dem nur die technischen Abläufe, Verwandlungen, Umzüge und Orte der Darsteller geprobt werden. |
| **Italienischer Vorhang** | Hauptvorhang der zum Öffnen von unten diagonal aufgezogen wird. |
| **Joystick** | Dem Steuerknüppel eines Flugzeugs nachempfundenes Eingabegerät, welches üblicherweise zweidimensionale Eingabedaten liefert (x- und y-Achse). |
| **Kabel-Pick** | Ein einzelner Anschlagpunkt, an dem die von Dimmern oder Stromverteilern kommenden Kabel befestigt und mittels eines Elektrokettenzuges in die Höhe gehoben werden können. |
| **Kabelsalat** | Ugs. für unordentlich verlegte, verworrene oder ineinander verschlungene Kabel. |
| **Kabuki** | Schnell-Abwurf-System für Bühnenvorhänge und Dekorationen. |
| **Kalotte** | Lautsprecher-Membran in Form eines Halbkugelausschnittes. |
| **Karabiner** | Aufklappbarer Verbindungsring zum schnellen Verbinden und Trennen von Seilen und Ketten. |
| **Kausche** | Verstärkung eines Stahlseil-Auges aus Stahl zum Stützen und Verstärken der Stahlseilenden. |
| **Keder** | Schienensystem zum Einschieben von Vorhängen oder Planen. |
| **Keilendklemme** | Klemmkeil zum Sichern eines Drahtseils in einem Seilschloss. |
| **Kettbiner** | Mischung aus Kettenglied und Karabiner. |
| **Kettengehänge** | Kombination mehrerer Anschlagketten (zweisträngig, dreisträngig, viersträngig, usw.). |
| **Kettenschloss** | Manuell verschließbare Verbindung einer Fahrradkette o. Ä. |
| **Kettenschnellverschluss** | Auch: Kettenschnellverbinder, Schnellverbindungsglied. Wird zum Verbinden und Trennen von Seilen, Ketten oder Schlupfen eingesetzt. |
| **Kettenzug** | Hebezeug mit Kette als Tragmittel. |
| **Klinke** | Klinken-Steckverbindung von Kabeln (oft Instrumentenkabel). |
| **Knagge** | Dreieckige Stütze zum Aufstellen von Dekorationswänden. |
| **Knebelschraube** | Gewindestange mit aufgeschweißtem Rundstahl oder länglichem Kunststoffaufsatz als Griff. |
| **Kommandosprache** | Sprache im Sprechfunk. Es wird zuerst der Namen / die Funktion des Empfängers genannt, dann der eigene Name bzw. die eigene Funktion. Beispiel: „Regie für Licht". Empfangene Nachrichten werden mit „Roger" oder „Copy" bestätigt. |
| **Kommandotau** | Betätigungsseil, bzw. Kommandoseil, für Handkonterzüge. |
| **Komplettprobe** | Durchlauf mit allen Mitwirkenden und allen technischen Gewerken. |
| **Königsstuhl** | Lager (Drehzentrum) einer fest eingebauten Drehbühne. |
| **Köster-Winde** | Ugs. benutzter Firmenname für elektrische Seilwinde mit Wickelkonus. |
| **Kostümprobe** | Erste Bühnenprobe mit Kostümen. Im Englischen: Dressed Rehearsal. |
| **Kragarm** | Auch: Kragträger. Ein einseitig gelagerter Träger. |
| **Kreuzfuß** | Geschweißte Halterung aus Rundrohr mit gekreuzten Blechstreifen als Standfuß zur platzsparenden Halterung von Scheinwerfern oder Dekorationen. |
| **Kronemutter** | Kronenförmige Schraubenmutter mit Splint zur Sicherung. |
| **Kuhfuß** | Ugs. für Brecheisen. Längeres Werkzeug zum Herausziehen und –hebeln von Nägeln oder zum Aufbrechen von Kisten, Türen u. Ä. Regional auch: Geißenfuß. |
| **Kupferhammer** | Hammer mit Kopf aus Kupfer, zum Einschlagen von Aluminium-Pins. |
| **Kurtine** | Brandschutzvorhang. Auch: Eiserner Vorhang. |
| **Lappen** | Ugs. für Vorhang. „Der Lappen muss hochgehen." |
| **Lastannahme** | In der statischen Berechnung anzusetzende Last durch eine Einwirkung, z. B. Wind, Personen oder Schnee. Die Lastannahmen sind für bauliche Anlagen im Eurocode 1 (DIN EN 1991) verbindlich festgelegt. |
| **Lastband** | Theaterlastband mit Schlaufe zum direkten Einhängen. |
| **Lastschlaufe** | Ugs. für →*Lastband.* |
| **Lateral** | Lat. für seitlich. Seitliche Halteöse am Auffanggurt der PSAgA für kleine Stoßkräfte, keine Auffangstöße. |
| **Lattenrost** | Schnürboden aus Holzlatten aufgebaut, Seilführung zwischen den einzelnen Latten. |
| **Laufkatze** | Bewegliche Seilumlenkung für Seilzüge zur Ablenkung an variablen Positionen |

| | |
|---|---|
| **Layher-Gerüst** | Baugerüstsystem der Firma „Layher", aus dem u.a. Open-Air Bühnen, FoH und Delay-Tower gebaut werden |
| **Layher-Narbe** | Druckstelle durch stählerne Gerüst-Schelle an Aluminium Truss-Gurtrohr. Diese können z.B. von Materialien eines Layher-Gerüstes stammen. Der Einsatz dieser Schellen ist daher an Aluminium Truss-Rohren verboten. |
| **Leckage** | Etwas hat ein Loch oder ist undicht und verliert ungewollt seinen Inhalt (Gas, Flüssigkeit). „etwas leckt" |
| **Leimbinder** | Balken aus Brettschichtholz (BSH) für tragende Unterkonstruktionen. |
| **Leporello** | Gefaltete Spielterminübersicht, meist für den jeweiligen Monat. Namensherkunft: registerführende Figur „Leporello" in der Mozart-Oper „Don Giovanni". |
| **Lichte Höhe** | Maß für die innere nutzbare Höhe eines Raumes oder einer Durchfahrt. |
| **Lichthase** | Ugs. für Beleuchtungs-Statist. |
| **Line-Array** | Vertikal untereinander angeordnete Lautsprecherboxen, die eine zylinderförmige Schallabstrahlung über einen weiten Frequenzbereich ermöglichen. *→Seite 401.* |
| **Lifeline** | Ein temporär oder dauerhaft zwischen zwei Befestigungspunkten gespanntes horizontales Drahtseil zum Anschlagen mit einer PSAgA mit mitlaufendem Höhensicherungsgerät bei Arbeiten in der Höhe. |
| **loadcase** | Engl. für Belastungsfall. |
| **Loading-Dock** | Engl. für Laderampe. Bezeichnet diesen Bereich hauptsächlich an Open-Air Bühnen. |
| **Lochband** | Dünnes Metallband mit kleinen Löchern zum schellen Verschrauben und Sichern von Dekorationen untereinander oder am Boden. |
| **Loge** | Abgetrennter Sitzbereich im Zuschauerraum, oft im höheren Bereich oder Rang. |
| **Magazin** | Ugs. für Lager oder Lagerraum. |
| **Malerkrepp** | Papierklebeband aus dem Malerbereich. |
| **Malervlies** | Aus geschredderten Altkleidern verklebtes Textil, oft mit Kunststoffunterseite zum Abdecken bei Bau- oder Malerarbeiten. |
| **Mannheimer Gitter** | Transportables Gitterzaun-Element zum schnellen Absperren von Wegen und Flächen. Auch: Mannesmann Gitter, Luxemburger Gitter, Monrovia-Gitter, C-2-Gitter. |
| **Marley** | Ugs. für Tanzteppich. Bezeichnung nach dem ersten Hersteller: Marley. |
| **Maschinenstand** | Position des Steuerpults zum Betätigen und Programmieren von Bühnenmaschinerie. |
| **Maßknüppel** | Auch: Dreikantmaßstab, Prismenstab, Dreikant. Dreiseitiges Lineal zum Messen von Längen in Plänen verschiedener Maßstäbe. |
| **Meat-Rack** | Engl. wörtl. für Fleisch-Ständer. Bezeichnung für Rollwagen mit fest montierten Stangen zum Einhängen von Leuchten für den Transport. |
| **Mero-System** | Stahlrohr Baukastensystem zum Bauen von Raumfachwerken der Firma „Mero-TSK". |
| **Mesh** | →*Gaze*-artiger Stoff mit vielen kleinen Löchern. |
| **Messerips** | Niederfloriger Teppichboden minderer Qualität mit feinen Rippen. Meist für Messebau ohne lange Lebensdauer. |
| **Molton** | Weiches, angerautes Baumwollgewebe, oft für Bühnenvorhänge und Dekorationen verwendet. |
| **Monitor** | Spezielle Lautsprecher auf der Bühne, die auf die Musiker gerichtet sind, damit sie sich selbst hören. |
| **Motorbass** | Subbass, Linear-Bass. |
| **Mugge** | Ugs. für Konzert oder Auftritt (im deutschen Sprachraum). |
| **Multicore** | Vieladriges Verlängerungskabel zur Sammlung von vielen Steckverbindungen in einem dicken Kabel. |
| **Multiloops** | Auch: Expressschlinge. Bandschlinge mit abgenähten Feldern zum Einhängen von Umlenkrollen o.Ä. |
| **Multiplexplatte** | Platten aus Verbundholz, welche aus mindestens fünf 1-2 mm starken, miteinander verleimten Furnierholz-Lagen bestehen. |
| **Nadelfilz** | Durch Nadeln verfestigtes Faservlies. |
| **Nessel** | Ungebleichtes textiles Gewebe in Leinwandbindung. Früher aus Brennnessel heute aus Baumwolle oder Leinen. |
| **Nietösen** | Ösen zum Einnieten in Hänger, als Aufhängung mit Bindeband. |
| **Nightliner** | Reisebus der mit Kojen zum Schlafen während der Fahrt ausgestattet ist. Befördert die Crew und Band von einem Auftrittsort über Nacht zum nächsten. |
| **Nivellierwage** | Sich selbst ausrichtendes Messinstrument aus verbundenen Röhren zum Herstellen einer horizontalen Ausrichtung. |
| **Noise** | Engl. für Lärm. In der Tontechnik für Störgeräusche, Rauschen oder Brummen. |
| **Normsturzzahl** | Kennwert zur Festlegung der Festigkeit von Kletterseilen durch genormte, simulierte Stürze ins Seil, wie bei einem Bergabsturz. |

| | |
|---|---|
| **Nupsi** | Ugs. für Hebel, Nippel, Knopf, Drücker oder Pinn. |
| **Nuss** | Auswechselbarer Kopf eines Steckschlüssels in verschiedenen Größen. Gesammelt im Nuss-Kasten als Werkzeugkiste. |
| **Nutenklemmstein** | Podestverbinder für Podestplattensysteme. |
| **Obergurt** | Oberer Längsholm einer Traverse. |
| **Off-Day** | Auf Tournee ein freier Tag. |
| **Orchestergraben** | Versenkter Bereich vor der Bühne, in dem das Orchester bei Opern und Theatern positioniert ist. |
| **Outrigger** | Traversenkonstruktion mit überstehenden Kragarmen, bspw. für →*PA*. |
| **PA** | Public Adress. Lautsprecher-Cluster, welches das Publikum beschallt, im Gegensatz zu einem Monitor, der die Bühne beschallt. |
| **Paletten-Hubwagen** | Gabelhubwagen, Hubwagen oder Handhubwagen. |
| **Paravents** | Auffaltbare, selbststehende Wandelemente, die über Scharniere in eine gewünschte Position gebracht werden und als Raumteiler, Dekorationen oder Sichtschutz dienen können. |
| **PAR-Kanne** | PAR-Scheinwerfer (Parabolic Aluminized Reflector). Klassischer Bühnenscheinwerfer aus den 50er Jahren. |
| **Parkett** | Bezeichnung für die Zuschauerplätze ebenerdig im Saal. Hochparkett sind höher gelegene Zuschauerplätze bei ansteigendem Saalboden-Niveau. |
| **Parterre** | Ebenerdig. Alternative Bezeichnung für die Zuschauerplätze im Parkett des Saals. |
| **PA-Wing** | Die auf der linken und rechten Seite einer Open-Air Bühne befindlichen Anbauten, in denen sich die →*PA* befindet |
| **Phantompower** | 48 V-Spannung in der Tontechnik, die zur Spannungsversorgung beim Betrieb von Kondensatormikrofonen benötigt wird. |
| **Pick Point** | Allg.: Hängepunkt. Oft für mit Bolzen gesicherten Hängepunkt an Traversen für z. B. Motoren verwendet. |
| **Pink eye** | Ringöse mit speziellem rosa Lack, der bei Überlastung verfärbt. |
| **Pink Noise** | Engl. für Pinkes Rauschen. Auch: 1/f-Rauschen. Rauschgeräusch, bei dem die Amplituden der Anteile mit steigender Frequenz reduziert werden. Alle hörbaren Frequenzbereiche werden dabei vom durchschnittlichen menschlichen Gehör als gleich laut wahrgenommen. |
| **Pinökel** | Ugs. auch Pinöpel, Schmiernippel. Ventil zum Abschmieren von Lagern mit einer Fettpresse. |
| **Pins** | Auch FD-Bolzen oder Kegelstift zur Sicherung von Traversen-Konen. |
| **Pipe** | Engl. für Rohr. |
| **Pipe-and-Drape** | Aus Stativen, Rohren und Stoffen bestehendes System (oft selbst gebaut) um in Räumen einen schwarzen oder andersfarbigen Aushang über alle Raumseiten zu schaffen. |
| **Plafond** | Dekorationsteil in Form eines Dachs o. Ä., meist als oberer Abschluss einer Bühnendekoration. |
| **Plafondring** | Schaffung von Anschlagmöglichkeiten und Hängepunkten durch Verschrauben. Meist mit Lasche zum Anschlagen eines Plafonds. |
| **Planenzug** | Komponente der Membrankraft. |
| **Plastiklautsprecher** | Ugs. für minderwertige und meist sehr günstige Lautsprecher. |
| **Plattenwagen** | Transportwagen zum Transportieren von Holzplatten, Wänden o. Ä. in vertikaler Lage. |
| **Praktikabel** | Podest aus klappbaren Holzrahmen. Diese werden aufgefaltet und eine Podestplatte wird aufgelegt. |
| **Premiere** | Frz. für erste Aufführung einer neuen Produktion. |
| **Presshülse** | Länglicher Metallring, der zum Herstellen von Seilendverbindungen über das Seil geschoben und mit Spezialwerkzeug gequetscht (verpresst) wird. |
| **Pressklemme** | →*Presshülse*. |
| **Prospekt** | Meist hinterster →*Aushang*, gemalte Dekoration auf Textil. Vgl. →*Backdrop*. |
| **Prospektklammer** | Klemmende Befestigung von Prospekten an Zugstangen. |
| **Prospektschelle** | Schaffen von Hängepunkt an Zugstangen o. Ä. zur Befestigung von Prospekten. |
| **Proszenium** | Rahmen der Bühnenöffnung einer Guckkastenbühne bestehend aus Portaltürmen und Portalbrücke. |
| **Prusikknoten** | Auch: Prusikschlinge. Ein Klemmknoten, der sich unter Last zusammenzieht. |
| **Pull-Back** | Engl. für Zug-zurück. Zieht →*Line-Array* in Bogen-Form. |
| **Pult** | Abkürzung für Mischpult, Lichtpult, Maschinenpult, Notenständer, Rednerpult oder Inspizientenpult. |
| **Punch** | Impulsverhalten. |
| **Punktzugstrecke** | Träger oder Schiene entlang derer ein Punktzug verschoben und verwendet werden kann. |
| **Rang** | Höhergelegene Zuschauerplätze, nicht auf Saalboden-Niveau. Meist in mehreren Ebenen Galerieartig oder Balkonartig rund um den Saal angeordnet bis zum Portal. Auch: Balkon, Upper Circle. |

| | |
|---|---|
| **Ratsche** | Auch: Knarre. Schraubwerkzeug zum Befestigen von Schrauben und Muttern, ohne neu anzusetzen. Die Drehrichtung kann eingestellt werden. |
| **Ratschenlastspanner** | Spannsystem für Ketten, mit und ohne Verkürzungshaken. |
| **Rauschen** | Störgeräusch aus überlagerten Frequenzen eines breiten Spektrums. |
| **Reepschnur** | Statisches und dehnungsarmes Seil mit kleinem Durchmesser. |
| **Reutlinger** | Drahtseilhalter. Längeneinstellbare Stahlseilende mit Öse, Gabel oder Ring der Firma Reutlinger. Auch: Gripper. |
| **Rifts** | Holz-Dielen mit stehenden Jahresringen aus Schwarzkiefer oder Oregon-Pine für Bühnenböden. |
| **Ringmutter** | Schraubenmutter mit Ringöse. |
| **Ringschraube** | Schraube mit Ringöse. |
| **Riser** | Engl. für Podest. Z. B. Drum-Riser als Schlagzeugpodest. |
| **R-Klemme/R-Clip** | Sicherungs-Splint in R-Form. Z. B. bei Schäkeln. Auch: Dauersplint. |
| **Rohrwellenzug** | Maschinenzug, bei dem mehrere Seile über eine gemeinsame Welle aufgewickelt werden. |
| **Rollenrost** | Ebene im Bühnenturm für Umlenkrollen von Zügen. |
| **Rollwagen** | Gestell zum Befördern von Lasten. |
| **Rück-Pro** | Projektionsfolie auf die aus Publikumssicht von der Rückseite projiziert wird. Auch: Rückpro. |
| **Rundschlinge** | Nylon Rundschlinge zum Anschlagen von Lasten ohne Schlaufe. |
| **Runge** | Senkrecht stehende Strebe an einer Ladefläche von Fahrzeugen oder Wagen zum Stützen der Ladung. Umgangssprachlich für Normpalette aus Stahl mit vier Rungen zur Aufnahme von z. B. Gerüstteilen. |
| **Rungenwagen** | Transportwagen mit Runge zum Abstützen der Ladung. |
| **Runner** | Engl. für Läufer. Person, die in Film- und Konzertproduktionen schnellstmöglich Dinge besorgt oder Personen wie z. B. Crew oder Künstler fährt. |
| **Sackkarre** | Zweirädrige Transportkarre, deren Radachse als Hebel dient. Auch mit 6 Rädern zum Treppensteigen. Auch: Sackrolli, Sackrodel, Bierrodel. |
| **Safety** | Kurzes Stahlseil zur Sekundärsicherung von gehängten Lasten (Scheinwerfer, Lautsprecher, Dekorationen, etc.). |
| **Saum** | Vernähter Rand eines Stoffs. |
| **Scaffolder** | Auch: Scaffer. Engl. für Gerüstbauer. |
| **Scaler** | Formatwandler |
| **Schäkel** | Verbindungselement für Seile und Ketten zum Anschlagen von Lasten. |
| **Schal** | Senkrecht an den Bühnenseiten hängender Stoff. |
| **Scheibe mit Lappen** | Hochgebogene Unterlegscheibe. Sichert gegen Verdrehen oder Losdrehen. |
| **Schlaffseil** | Lose, nicht straff geführtes Seil bei Zügen etc. |
| **Schlagschnur** | Auch: Schnippschnur. Mit Kreideversehene Schnur zum Markieren von Geraden beim Aufriss am Boden o. Ä. |
| **Schlaufenhebeband** | Lastband mit beidseitigen Schlaufen zum Anheben von Lasten. |
| **Schleppkabel** | Daten oder Versorgungskabel bei beweglichen Bühneneinrichtungen, die hinterher geschleppt werden. |
| **Schleuderschiene** | Auch: Wurfkamise. Ein- oder mehrläufige Gardinen- oder Vorhangschienen, in denen Gleiter oder Rollen laufen, an denen Vorhänge, Prospekte oder andere Dekorationen beweglich befestigt und händisch auf oder zu gezogen werden können. |
| **Schlitten** | Bewegliche Befestigung für Kontergewichte beim Handkonterzug. |
| **Schlossschraube** | Maschinenschraube mit rundem Kopf und quadratischem Innenanschlag. Nur die Mutter muss mit Werkzeug gedreht werden, die Schraube wird durch ihre Form in Drehrichtung fixiert. |
| **Schlotz** | Verunreinigte, schmierige und meist viskose Ablagerungen. |
| **Schnabelsteife** | Kulissenstütze, mit Verriegelungsmechanismus. |
| **Schnaki** | Podestplatte des Herstellers „Schnakenberg". Ähnlich →*Bütec*. |
| **Schnippschnur** | Auch: Schlagschnur. Mit Kreideversehene Schnur zum Markieren von Geraden, beim Aufriss am Boden o. Ä. |
| **Schnürboden** | Ebene im Bühnenturm, in der die Seile von Bühnenzügen geführt werden. |
| **Schubkette** | Hubeinrichtung, die als Tragmittel eine spezielle sich selbst verriegelnde Kette verwendet. |
| **Schuko** | Schutzkontakt. Steckersystem, bei dem ein zusätzlicher Kontakt für den Schutz vor elektrischen Schlägen vorgesehen ist. Meist für dreiadrige Steckerverbindung zur Versorgung elektrischer Geräte mit 230 V. |
| **Seilschloss** | Einstellbare Seilendverbindung. |

| | |
|---|---|
| **Selbsthemmung** | Eine Bewegung von Getriebe, Gewindemutter oder Spindel ohne äußerliche Krafteinwirkung zur Drehung ist nicht möglich. |
| **Sexchanger** | Adapterkabel zur Umkehrung der Steckrichtung von Kabeln. |
| **Shelf** | Im Equalizer Absenkung auf einer Seite des Frequenzspektrums. |
| **Siemens Lufthaken** | Humoristische Wunschvorstellung zur freien Positionierung von Zügen mit Lasthaken an nicht zugänglichen Positionen in der Luft. |
| **Site** | Engl. für Gelände. Oft für Veranstaltungsgelände oder Ort von Open-Air Veranstaltungen verwendet. |
| **Site-Crew** | Teil der Helfer-Crew, die ausschließlich Geländearbeiten durchführt (z. B. Zäune und Barrikaden stellen und kleinere Handwerksarbeiten). |
| **Skirting** | Stoffverkleidung von Podesten, Tischen und Bühnen. |
| **Sleeve** | Anschlussblock für Traversen in mehrere Richtungen. |
| **Sling** | Engl. für Schlinge. Schlaufe aus →*Lastband*. |
| **Snake** | Engl. für Schlange. Bezeichnet Kabelbündel, oft auch das →*Multicore* von der Bühne zum →*FoH*. |
| **Soffitte** | Oberer, schmaler Vorhangstreifen zum Verdecken oder Dekorieren von Truss oder am oberen Rand zu verdeckenden Einrichtungen. Kann mit Schals einen Rahmen bilden. |
| **Soufflage** | Tätigkeit des Souffleurs (frz. für Zuflüsterer, Zubläser). Leises Mitlesen des Textes von Schauspieler oder Sänger; Geben von Einsätzen. |
| **Spacer** | Kurzes Traversenstück zum Ausgleichen von Längenunterschieden. |
| **Spannfix** | Befestigungsband aus Gummi mit Haken. |
| **Spanngurt** | Auch: Zurrgurt. Sehr belastbare gewebte Bänder, die mit einem verzahnten Hebelverschluss (auch Ratsche) zum Befestigen und Sichern von Ladung gespannt werden können. |
| **Spannstift** | Kleine Hülse aus gewickeltem, federndem Stahlblech, der zur Verbindung von Bauteilen in eine Bohrung gesteckt wird und dann leicht auffedert (z. B. in Traversen). |
| **Spax** | Auch: Spaxschraube. Ugs. für selbstschneidende Holzschraube oder Universalschraube. |
| **Sperrzahnschraube** | Selbstsichernde Schraube. Lösen wird durch Zähne in Auflagefläche des Schraubkopfes verhindert. |
| **Spidercam** | Ugs. für seilgeführtes Kameraflugsystem. Benennung nach der spinnenartigen Aufhängung. |
| **Spigot** | TV-Zapfen. Bolzen zur Aufnahme von Schellen oder Scheinwerferhalterungen zum Einstecken und Sichern in Stativen. |
| **Spirallift** | Hebevorrichtung, deren Tragmittel sich in Form einer Säule aus Stahlbändern bildet. |
| **Spitztau** | Kurzes Seilstück (meist Tau bzw. Seil aus Naturfaser) mit Öse und Spitze zum schnellen Verbinden und Lösen von Schnürverbindungen. |
| **Spitzzange** | Auch: Schnabelzange. Zange mit spitz und konisch zulaufenden, an der Berührungsstelle abgeflachten Zangenbacken. |
| **Spleißnadel** | Spitzes Werkzeug zum Spleißen von Seilen. Die Nadel besitzt eine Kerbe zum Durchführen der einzelnen Kardeelen. |
| **Splint** | Auch: Clip, Federstecker. Wird zum Sichern von Pins bzw. Kegelstiften oder Steckbolzen (an z. B. Traversenverbindungen) verwendet. |
| **Sprengring** | Federstahlring zum axialen Sichern von Lagern und Rädern. |
| **Spurkranzrolle** | Transportrolle mit an einer oder beiden Seiten erhöhten Kragen zur Führung an Schienen. |
| **Stab-Anker** | Nagelförmiger Einschlagstab zur Fixierung von Fliegenden Bauten, z. B. Zelten. |
| **Stage left** | Linke Seite der Bühne mit Blickrichtung von der Bühne ins Publikum. Gebräuchlich im englischen Sprachraum. Siehe auch →*Stage Right*. Im deutschen Sprachraum werden die Bühnenrichtungen aus der Sichtrichtung des Publikums benannt. |
| **Stage Manager** | →*Inspizient* im englischen Sprachraum. |
| **Stage right** | Rechte Seite der Bühne mit Blickrichtung von der Bühne ins Publikum. Gebräuchlich im englischen Sprachraum. Siehe auch →*Stage Left*. Im deutschen Sprachraum werden die Bühnenrichtungen aus der Sichtrichtung des Publikums benannt. |
| **Standsicherheits-nachweis** | Statische Berechnung mit Nachweis ausreichender Tragfähigkeit der Bauteile und Nachweis der Windstabilität. |
| **Staudruck** | Winddruck – abhängig von der Windgeschwindigkeit. |
| **Steelflex** | Flexible Rundschlinge mit Kern aus Stahlseilen. |
| **Steher** | Ugs. für tragendes vertikales Element aus z. B. Traversenmaterial oder vertikale Stäbe im Fachwerk. |
| **Stempelmastbühne** | Hubarbeitsbühne mit tragendem Teleskopmast. |
| **sternal** | Lat. für Brustbein. Hier: Vordere Auffangöse an der PSAgA für dynamische Fallbeanspruchung und Auffangstöße. |

| | |
|---|---|
| **Stift** | Ugs. für Auszubildender oder Auszubildende. |
| **Stoppmutter** | Selbstsichernde Mutter mit eingelassenem Kunststoffring zur Drehhemmung. |
| **Strickleiter** | Leiter aus festen Sprossen, die mit Seilen untereinander verbunden sind. |
| **Stromkuh** | Ugs. für Verteilerkasten von Laststromanschlüssen auf →*Schuko-Stecker*. |
| **Subcore** | Untergeordnetes Multicore. |
| **Subgruppe** | In Subgruppen (oder Bussen) werden Signale einzelner Kanäle gesammelt. Diese Bündelung erlaubt schnelleres und zielgerichteteres Arbeiten. |
| **Swivel** | Engl. für Wirbel. Auch: Drallfänger, Drehring, Drehhaken. Wird zum axialen Ausgleich von Verdrehungen an Seilen verwendet. |
| **Tanzteppich** | Aus Kunststoff, oft Linoleum, bestehende, feste, rollbare Folie. Wird oft aus Bühnen gelegt, um Tänzern ein sicheres und gedämpfteres Tanzen zu ermöglichen. |
| **Techniker Schwarz** | Etwas mit schwarzem Klebeband abkleben, anstatt es schwarz zu streichen. |
| **Techniker-Karre** | Transportwagen oder Rungenwagen. |
| **tippen** | „ein Case tippen". Transportcase hochkant stellen. |
| **Tischversenkung** | Podium mit Hebetisch zum Heben und Versenken von Darstellern oder Dekorationen. |
| **Torx** | Wortmarke für ein Schraubenmitnahmeprofil in Form eines Innen- oder Außensechsrunds. Häufig für Holz- und Universalschrauben verwendet. |
| **Totenschein** | Offizielle schriftliche Kundgabe, dass ein Stück am Theater oder der Oper abgespielt hat, also nicht mehr aufgeführt wird. |
| **Tothängen** | Etwas außer Last hängen. |
| **Trägerklemme** | Klemme zur Befestigung mit einer Schraube an eine Flanke eines T-Trägers o. Ä. Auch: Trägerklemmstein (≠Nutenklemmstein), Dinger, Flankenklemme. Engl.: flangeclamp. |
| **Trailerbühne** | Mobile, auf einem Fahrzeugchassis, meistens einem Anhänger, montierte Bühne. |
| **Travel-Day** | Auf Tournee ein Tag, der ausschließlich zum Reisen von einem zu einem weiter entfernt gelegenen Auftrittsort benutzt wird. |
| **Tritt** | Ugs. für eine kleine Treppe oder Leiter. |
| **TRS** | Tip, Ring, Sleeve. Klinkenstecker mit drei Kontakten für Stereosignale oder symmetrische Signalübertragung. |
| **Truss** | Traverse. |
| **Truss-Base** | Grundplatte zum Aufstellen von Traversen. |
| **Try-Out** | Durchlaufprobe mit Publikum vor der Premiere zum Testen der Publikumswirksamkeit. |
| **T-Träger** | Stahlträger mit T-Profil. |
| **Turtles** | Engl. für Schildkröten. Rollensätze mit drei Lenkrollen um eine drehbare Achse auf einem Drehteller angeordnet. |
| **TV-Adapter** | Adapter zur Aufnahme von →*TV-Zapfen*. |
| **TV-Zapfen** | Befestigungsbolzen zur Verbindung von Scheinwerferhalterungen, die verriegelt werden können. |
| **Übersprechen** | Auch: Nebensprechen, Crosstalk.<br>1) Unerwünschtes Übertragen von Signalen zwischen parallel verlegten Leitungen.<br>2) Unerwünschte Aufnahme benachbarter Signalquellen bei dicht nebeneinander positionierten Mikrofonen. |
| **Untergurt** | Unterer Längsgurt einer Traverse. |
| **Unterpallung** | Unterfütterung von Stützen zur Vergrößerung der Aufstandsfläche, um die Bodenpressung zu reduzieren, oder den Reibwert zu verändern. |
| **Unterverteilung** | Elektrischer Verteiler in Form eines Kastens mit Sicherungs- und Schaltelementen zur Verteilung von Niederspannungen. |
| **Unterzug** | Unter einer Fläche angeordneter Träger zum Lastabtrag. |
| **U-Profil** | Metallstange mit U-Querschnittsform. |
| **Uschi** | Ugs. Abkürzung für Unterlegscheibe. |
| **Vario-Tape** | PVC-Klebeband „Vario" der Firma „Gerriets" zum Verkleben von Tanzteppichbahnen. |
| **Velours** | Frz. für Samtstoffe. |
| **Ventral** | Lat. für den Bauch betreffend. Halteösen am Sitzgurt im Bauchbereich zum statischen Halten in Hängeposition. |
| **Verfolger** | Verfolger-Scheinwerfer. →*Follow-Spot*. |
| **Versatz(kasten)** | Auf der Bühne an strategisch guten Orten angebrachte Kästen mit Anschlüssen für das Strom- oder Mediennetzwerk. |

| | |
|---|---|
| **Versatzklappe** | Bühnenklappe, hinter der sich ein Versatzkasten befindet. |
| **Verwandlung** | Szenischer Umbau oder Verfahrung von Dekoration zum Herstellen einer neuen Bühnensituation. |
| **Vorspannkraft** | Kraft bzw. Moment zum Anziehen einer Schraube-Mutter-Verbindung (Mutteranziehmoment). |
| **Voute** | Frz. für Gewölbe. Bezeichnet Bühnenzugänge links und rechts des Portals im Theater oder der Oper. |
| **Wagnervorhang** | Hauptvorhang mit Kombination aus diagonalem und vertikalem Aufzug. Unterart des →*französischen Vorhangs*. |
| **Wago-Klemme** | Federkraftklemme zum lösbaren Anschließen von Kabeln und Drähten in der Elektrotechnik der Firma „Wago“. |
| **Wantenspanner** | Spannschloss im Bereich der Seefahrt. |
| **Wedge** | Engl. für keilförmigen Bühnenmonitor. |
| **Weichauge** | Seilendverbindung in Form von Seil-Ösen bzw. Seilaugen ohne Kausche. |
| **Wellenbrecher** | Umgangssprachlich für Bühnenbarrikade/Barrier. In VStättVO jedoch Abschrankung genannt, während Wellenbrecher die Abschrankung vor Stehplätzen in einem Stadion bezeichnet. |
| **White Noise** | Engl. für weißes Rauschen. Störgeräusch mit konstantem Leistungsdichtespektrum in einem bestimmten Frequenzbereich. |
| **Windstabilität** | Resistenz eines Fliegenden Baus gegen Gleiten, Kippen und Abheben. |
| **Wind-Up** | Kurbelstativ. |
| **Wurfkamise** | Auch: Schleuderschiene. Ein- oder mehrläufige Gardinen- oder Vorhangschienen, in denen Gleiter oder Rollen laufen, an denen Vorhänge, Prospekte oder andere Dekorationen beweglich befestigt sind und händisch auf oder zu gezogen werden können. |
| **Yoyo-Leuchten** | Zugstange mit Beleuchtungsmitteln immer wieder hoch- und runterfahren, um das Leuchtmittel einzustellen und nicht mit Leiter oder HAB einleuchten. (seltener auch „japanisches“ Leuchten). |
| **Zahnlücke** | Räumliche Anordnung von Subwoofern. Parallel zum Bühnenrand mit maximal einer halben Wellenlänge Abstand zueinander. |
| **Zarge** | Rahmenkonstruktion mit Einlegetafeln als Podestplatte bzw. Tragwerk genutzt. |
| **Z-Brücke** | Beleuchtungsbrücke über dem Zuschauerraum. |
| **Zug** | Maschinentechnische Einrichtung zum Heben von Lasten (Hebezeug) mit Seil, Kette oder Stahlband als Tragmittel. |
| **Züge koppeln** | Mehrere Hebezeuge werden gemeinsam genutzt, um ein Lastaufnahmemittel zu bewegen und damit größere Gewichte zu bewegen. |
| **Zumbelband** | Auch: Zumpel. Isolierband, welches als schnell wieder ablösbares Klebeband zum temporären Befestigen von Kabeln z. B. an Traversen benutzt wird. |
| **Zurrgurt** | Auch: Spanngurt. Sehr belastbare gewebte Bänder, die mit einem verzahnten Hebelverschluss (auch Ratsche) zum Befestigen und Sichern von Ladung auf Spannung gebracht werden können. |
| **Zurrkette** | Ketten mit Ratschenlastspanner (einteilig und mehrteilig). |

Zur persönlichen Ergänzung sind Leerzeilen gelassen. Viele Begriffe variieren mitunter regional und von Sparte zu Sparte. Wir bitten um Nachsicht, wenn nicht alle Bedeutungen oder Abwandlungen berücksichtigt wurden. Um eine immer vollständigere Tabelle und bessere Erklärungen zu erzielen, bitten wir um Nominierung weiterer Begriffe mit knappen Erklärungen zur Ergänzung der nächsten Auflage dieses Buches:

veranstaltungstechnik@europa-lehrmittel.de

| Abkürzung | Erklärung |
|---|---|
| ACL | Aircraft Landing Light. Meist vier oder acht an einer Bar in Reihe montierte Leuchten mit eng gebündeltem Strahl. Auch: →*Blinder*. |
| AMA | Alles-Mit-Allen. Erste komplette Durchlaufprobe einer Aufführung mit allen Gewerken. |
| BP | Bauprobe. |
| CAD | Computer added Design. |
| CAT 5 | Verkabelungsklasse für Computernetzwerke. Kategorie 5 |
| CE | Akronym für Conformité Européenne (europäische Konformität). Kennzeichnung von Produkten entsprechend europäischen Anforderungen aus den Harmonisierungsvorschriften. |
| CEE-Steckdose (16/32/63) | Ugs. für Normsteckverbinder (IEC 60309) mit 16 A / 32 A / 63 A Absicherung für 3-phasige 400 V-Drehstromstecker (rot) ugs. auch: Starkstromstecker, 1-phasigen 230 V-Stecker (blau) ugs. auch: Campingstecker. |
| CE-Erklärung | Erklärung des Herstellers, dass ein Produkt den aktuellen Anforderungen der Europäischen Gemeinschaft entspricht. |
| DGUV | Deutsche Gesetzliche Unfallversicherung. |
| DI | Direct Injection. DI-Box zur Signalsymmetrierung, galvanischen Trennung und Impedanzwandlung. |
| DIN | Deutsches Institut für Normung. |
| DMX | Digital Multiplex. |
| EQ | Equalizer. |
| ER | Einrichtung eines Bühnenaufbaus. |
| EV | Eiserner Vorhang. |
| FEM | Finite-Elemente-Methode. |
| FI | Fehlerstromschutzschalter. |
| FoH | Front of House. Ort des Licht- und Tonpultes im Bereich vor dem Bühnenhaus, meist mit separatem Aufbau. |
| GP | Generalprobe. Finale Durchlaufprobe vor der Premiere. |
| HDF | Hochdichte Faserplatte. |
| HE | Höheneinheit für 19-Zoll-Geräte. 1,75 Zoll = 44,45 mm. |
| HF(-Kabel) | Kabel, welches hohe Frequenzen übertragen kann. |
| HGL | Hintergrundleuchte, oft Fluter zum Einfärben von Hintergrund-Dekorationen oder Projektionsfolien. |
| HiBü | Hinterbühne. Hinterer, meist nicht einsichtiger Bereich einer Bühne, oft mit Tor abgetrennt. |
| HP | Hauptprobe. Komplette Durchlaufprobe vor der Generalprobe. |
| HSR | Hauptschallraum. Technische Zentrale eines Radio- und Fernsehstudios. |
| LS(-Kabel) | Lautsprecher-Kabel. Entspr. NF-Kabel, hat aber anderen Einsatzzweck. |
| LV | Leistungsverzeichnis. Beschreibt Teilleistungen einer im Rahmen von Ausschreibungen und Aufträgen zu erbringenden Gesamtleistung. |
| MBL | Engl.: minimum breaking load. Mindestbruchkraft. Rechnerische tatsächliche Kraft, bei der ein Bauteil versagt. |
| MDF | Mitteldichte Faserplatte. |
| NF(-Kabel) | Niederfrequenz Kabel. Beispiele: Cinch, XLR. Gegenteil: HF-Kabel. |
| OSB | Engl.: oriented structual board. Auch: Grobspanplatte. Holzplatte aus gepresst verleimten Holzschnitzeln. |
| PA | Public Adress. Lautsprecher-Cluster, welches das Publikum beschallt, im Gegensatz zu einem Monitor, der die Bühne beschallt. |
| PSA | Persönliche Schutzausrüstung. |
| SeiBü | Seitenbühne. |
| STP-Kabel | Engl.: Shielded Twisted Pair. Symmetrische, verdrillte Leitung mit Schirm. |
| SWL | Engl.: Safe Working Load. Maximal zulässige Traglast. Wird nicht mehr verwendet; ersetzt durch →*WLL*. |
| TE | Technische Einrichtung. |
| UV | Unterverteilung. |
| WEZ | Wärmeeinflusszone. |
| WLL | Engl.: Working Load Limit. Internationale Bezeichnung der Tragfähigkeit eines Anschlagmittels für den industriellen Hebezeugbetrieb. Angabe in Kilogramm (kg) oder Tonnen (t). |

# Sachwortverzeichnis

## A

## C

## M

## P

## Q



## R

## S

# Bildquellenverzeichnis

**Adam Hall GmbH, LD Systems®** Neu-Anspach: S. 364/1

**Adobe Systems Software Irland Ltd., Adobe Stock,** IRL-Dublin: S. 3 © Frédéric Prochasson, © Medienzunft Berlin, © fefufoto, S. 42/1 © Frédéric Prochasson, S. 46/1 © majonit, S. 46/3 © Val Thoermer, S. 46/4 © Anton Gvozdikov, S. 53/1a © spuno, S. 53/1b © Rudolf Geiger, S. 53/1c © fotografci, S. 53/1d © RioPatuca Images, S. 53/1e © Gina Sanders, S. 53/1f © Mediaparts, S. 53/1g © Kzenon, S. 56/1 © denboma, S. 57/2 © Marlene, S. 58/1 © Klaus Rein, S. 58/2 © thauwald-pictures, S. 63/1 © Chris Redan, S. 185/1 © fefufoto, S. 292/1 © Miguel Garcia Saavedra, S. 296/3 © ktsdesing, S. 297/1 © Sébastien Maurer, S. 297/2 © Steven P. Stueckler, S. 297/3 ()C happyvector071, S. 297/4 © artfamily, S. 308/1 © designua, S. 308/3 © shawnfighterlin, S. 308/4 © BM Digital, S. 322/2 © CIGI, S. 322/3 © frederikloewer, S. 323/1 © vinap, S. 324/1 © mast3r, S. 325/1 © elen31, S. 325/3 © Andriy Bezuglov, S. 328/1 © Gorodenkoff Productions OU, S. 330/1 © Kozlik_mozlik, S. 333/1 © Medienzunft Berlin, S. 336/3 © ksl, S. 338/2 © David Rautureau, S. 343/2 © Iakov Filimonov, S. 344/1 © Andrei Armiagov, S. 345/3 © bnenin, S. 357/2 © Batuhan Toker, S. 390/1 © 9parusnikov, S. 411/1 © Eugenio Marongiu, S. 413/2 © Eugenio Marongiu, S. 414/1 Abb. Screen © wayhome.studio, S. 414/1 Abb. Computer © GLandStudio, S. 414/1 Abb. Notebook © Vector light Studio, S. 414/1 Abb. Tablet © stas111, S. 414/1 Abb. Smartphone © smile3377

**Alamy Ltd.,** UK-Abingdon, Oxon: S. 409/1, S. 470/1 © John D. Ivanko, S. 432/4 © Andrew Orchard sports photography, S. 434/2 © Aleksandr Bognat

**AllesBeste GmbH,** Berlin: S. 442/1

**Artex Personensicherungssysteme GmbH, A Delta Plus Company,** Oberraden: S. 24/1a

**ASM Steuerungstechnik GmbH,** Bad Wünnenberg-Haaren: S. 117/2

**BEHA-AMPROBE GmbH,** Glottertal: S. 274/1, S. 279/3

**Busch-Jaeger Elektro GmbH,** Lüdenscheid: S. 267/1

Continental Automotive Technologies GmbH, Hannover: S. 488/1, S. 488/2

**dbx, Inc,** USA-Sandy: S. 387/3

**Denon Deutschland D&M Germany GmbH,** Nettetal: S. 350/1

**Dette, Joachim,** Berlin: S. 99/1, S. 111/1

**Deutsche Gesetzliche Unfallversicherung e.V. (DGUV), Berlin:** S. 38/1 „DGUV Information 205-001 „Betrieblicher Brandschutz in der Praxis", S. 40-1 „DGUV Information 205-025" © Steffen und Lindner GmbH

**DGUV,** Köln: S. 188/1

**Deutsches Museum (Bildstelle),** München: S. 218/3

**DPA Microphones A/S,** DK-Kokkedal: S. 348/2

**dpa Picture-Alliance GmbH,** Frankfurt am Main: S. 34/1 © dpa/ akg-images, S. 463/3 © Maurizio Gambarini, S. 463/4 © PETER SCHNEIDER, S. 470/1 © Caro/Ruffer, S. 470/2 © Niu Daqing, S. 474/1 © picture alliance/ ASSOCIATED PRESS, S. 475/1 © picture alliance/AP Photo/ Marty Lederhandler

**DocCheck Medical Services GmbH, Frank Geisler,** Köln: S. 302/1

**EPOS AG,** München: S. 237/1 unten

**Eurotruss BV,** NL-Leeuwarden: S. 150/1, S. 177/1, S. 178/2+3

**Expo Engineering GmbH,** Oelde: S. 153/1, S. 154/1, S. 156/1, S. 157/1+2, S. 158/1+2, S. 159/1-3, S. 160/1+2, S. 161/1, S. 162/1+2, S. 163/1-3, S. 165/1, S. 166/3, S. 169/1, S. 171/1, S. 172/1+2, S. 173/1, S. 174/1+2, S. 175/1, S. 178/1, S. 180/1-4, S. 181/1, S. 182/1+2

**Fast Media GmbH,** Wettenberg: S. 315/3

**Fluke Deutschland GmbH,** Kassel: S. 275/3

**Fördergemeinschaft Gutes Hören GmbH,** Hannover: S. 341/1

**Formularverlag CW Niemeyer GmbH & Co. KG,** Hameln: S. 489/1

**Georg Neumann GmbH,** Berlin: S. 345/1

**GMC-I Gossen-Metrawatt GmbH,** Nürnberg: S. 193/1, S. 195/2, S. 275/2, S. 281 oben

**Hager Vertriebsgesellschaft mbH & Co.KG,** Blieskastel: S. 264/3

**HARTING Stiftung & Co. KG,** Espelkamp: S. 353/2

**Heinrich Kopp GmbH,** Kahl: S. 266/3a, S. 266/3b

**Hille, Roland,** Jena: S. 112/1, S. 120/1, S. 120/2

**Hogerson, Jerry,** USA-Anaheim Hills, CA: S. 476/1

**IGVW | Interessengemeinschaft Veranstaltungswirtschaft e.V.,** Langenhagen: S. 521, S. 522, S. 523

**IKAR GmbH,** Fulda: S. 24/1b

**Klark Teknik,** PHL-Makati City: S. 356/1

**KORG & MORE, Musik Meyer GmbH,** Marburg: S. 382/1

**Kroschke SIGN,** Braunschweig: S. 280/2

**Kultour GmbH,** Münster: S. 152/1, S. 176/1, S. 183/1

**Labor Pahl GmbH,** Dreieich: S. 407/1

**Lightpower GmbH,** Paderborn: S. 310/2, S. 311/2, S. 312/1, S. 316/1, S. 319/1, S. 319/2, S. 321/1

**Lück, Michael,** Oelde: S. 179/1

**Mackie,** USA-Bothell: S. 372/1

**MA Lighting International GmbH,** Paderborn: S. 320/1, S. 320/2

**Manley Laboratories, Inc.,** USA-Chino: S. 387/2

**Midas,** PHL-Makati City: S. 372/2

**MTI MedienTechnik Industrie GmbH & Co. KG,** Brackel: S. 457/T1b

**Music & Sales P.E. GmbH,** St. Wendel: S. 401/1

**MXS Overseas Ltd, DREAMGRIP™,** CHN-Hongkong: S. 434/1

**Neutrik EMEA GmbH,** Dachau: S. 354/1, S. 457/T1d

**Phywe Systeme GmbH & Co. KG,** Göttingen: S. 216/2, S. 245/1

**Roland Europe Group Ltd,** UK-Theale: S. 373/3

**Sandax GmbH,** Norderstedt: S. 486/1a+b

**SECOMP Electronic Components GmbH,** Ettlingen: S. 457/T1a, S. 457/T1c

**SEEBURG acouytic line GmbH,** Senden-Freudenegg: S. 401/2, S. 401/3

**Sennheiser electronic GmbH & Co. KG,** Wedemark: S. 347/1

**Shure Europe GmbH,** Eppingen: S. 348/1, S. 348/3, S. 349/1

**Shutterstock, Inc.,** USA-New York: S. 41/1 © Kozlik, S. 290/3 © petrroudny43, S. 291/1 © petrroudny43, S. 468/2 © 2018 solepsizm

**SIEMENS AG,** München: S. 251/1, S. 263/2

**SPOTLIGHT sc,** ITA-San Giuliano Milanese: S. 299/3, S. 311/3

**Staatliche Feuerwehrschule Würzburg: S.** 38/2

**Stadt Nürnberg:** S. 46/2

**TEAC Europe GmbH,** Wiesbaden: S. 372/3

**Thomann GmbH,** Burgebrach: S. 356/2

**topro Thomas Obeth Projektbüro e.K.,** Geisingen: S. 181/2

**Verlag Europa-Lehrmittel, aus AV-Medientechnik, Europa-Nr.: 37418,** Haan-Gruiten: S. 284/1, S. 288/1, S. 290/1, S. 296/1, S. 296/2, S. 302/2, S. 306/1, S. 307/1, S. 307/2, S. 307/3

**VISATON GmbH & Co. KG,** Haan: S. 400/2

**W. Bender GmbH & Co. KG,** Grünberg: S. 267/2

**WILHELM LAYHER GMBH & CO KG,** Güglingen-Eibensbach: S. 170/1

**WOA Festival GmbH,** Wacken: Cover, S. 3

**Yamaha Music Europe GmbH,** Rellingen: S. 373/2

**Zanini, Falco,** Köln: S. 9/1, S. 149/1

**Zentralverband der Deutschen Elektro- und Informationstechnischen Handwerke (ZVEH),** Frankfurt am Main: S. 277/1-2

**Zoom Sound Service GmbH,** Berlin: S. 373/1

Bilder im Lehrbuch ohne Bildquellenangabe wurden von den Autoren und dem Zeichenbüro des Verlags Europa-Lehrmittel, Ostfildern bearbeitet und erstellt.